# Systemgastronomie in Theorie und Praxis

**1. bis 3. Ausbildungsjahr**

**Herausgeber:**

Prof. Dr. Harald Dettmer

**Autoren:**

Harald Dettmer
Sabrina Dettmer
Jürgen Dietrich
Anton Hann
Ingrid Hartges
Thomas Hausmann
Hans Jürgen Höllriegel
Werner Hühn
Hagen Jankowski
Rainer Knopf
Elisabeth Köhnke
Johann Logins

Otto Manina
Verena Mayer
Matthias Meilwes
Bernd Radicke
Werner Schneid
Marile Schneider-Günter
Michael Schopohl
Lydia Schulz
Sandra Warden
Heinz-Peter Wefers
Ingo B. Wessel

**Unter Mitarbeit von:**

Matthias Räwer

3., vollständig neu konzipierte Auflage

**Handwerk und Technik · Hamburg**

## Zum Geleit

Im August 2008 feierte der Ausbildungsberuf Fachmann/Fachfrau für Systemgastronomie seinen 10. Geburtstag – wie es sich gehört mit Torte und Musik unter zahlreichen Auszubildenden und Ausbildern sowie großer Anteilnahme der Branche im Rahmen des Forums Systemgastronomie des DEHOGA. Ohne jeden Zweifel steht fest, dass die Geschichte dieses Ausbildungsberufes eine nahezu beispiellose Erfolgsgeschichte ist. Begannen im Geburtsjahr 1998 noch 395 junge Leute ihre Ausbildung in diesem Beruf, waren es in 2008 bereits fast 3000 – mit weiter steigender Tendenz.

Umfragen zeigen, dass die Zufriedenheit der Auszubildenden enorm hoch ist und die weit überwiegende Zahl optimistisch in ihre berufliche Zukunft blickt. Zu Recht, sind doch die Karriereperspektiven in der Markengastronomie ermutigend: Ob als Junior-Assistent, stellvertretender Storemanager, Franchisenehmer oder in der Unternehmenszentrale – junge Fachleute werden in der Systemgastronomie schon bald nach ihrer erfolgreichen Ausbildung in verantwortungsvollen Positionen eingesetzt. Übernahmequoten und Prüfungsergebnisse sind überdurchschnittlich.

Fachleute für Systemgastronomie sind Kaufleute und Praktiker mit Dienstleistungskompetenz und Organisationstalent zugleich. Sie kennen sich mit der Beratung von Gästen genauso gut aus wie mit Warenwirtschaftssystemen, Marketing oder der Planung des Personaleinsatzes. So bunt wie ihr Berufsalltag, so vielfältig ist auch die Berufsausbildung. Ausbildungsbetrieben und Berufsschulen kann ein großes Engagement und eine qualifizierte Ausbildung bescheinigt werden.

Das vorliegende Lehrbuch bietet jungen Menschen, die sich für eine Ausbildung in dem Wachstumssegment Systemgastronomie entschieden haben, die Möglichkeit, ihr Wissen und Können gezielt zu verbessern, zu verbreitern und mithilfe von Aufgaben zu vertiefen. Dass das Lehrbuch „Systemgastronomie in Theorie und Praxis" nunmehr alle drei Ausbildungsjahre abdeckt, spiegelt die verbreitete Tendenz in den Berufsschulen wider, die angehenden „Systemer" von Beginn an in separaten Fachklassen zu beschulen – eine Tendenz, die der DEHOGA sehr begrüßt, trägt sie doch maßgeblich zur Praxisnähe des Unterrichts bei.

Denjenigen, die zum Gelingen dieses Werkes beigetragen haben, insbesondere dem aus Praktikern und Lehrkräften bestehenden Autorenteam sowie der Fachabteilung Systemgastronomie im DEHOGA, gebühren Dank und Anerkennung für die geleistete Arbeit. Auszubildenden, Ausbildungsunternehmen und Berufsschullehrern wünschen wir eine weiterhin erfolgreiche Arbeit.

Berlin, Frühjahr 2009

Ernst Fischer
Präsident des Deutschen Hotel- und Gaststättenverbandes
(DEHOGA-Bundesverband)

---

**Umschlaggestaltung:** Harro Wolter, Hamburg

**Grafiken:** Boris Kaip, München

ISBN 978-3-582-04954-4

Das Werk und seine Teile sind urheberrechtlich geschützt. Jede Nutzung in anderen als den gesetzlich zugelassenen Fällen bedarf der vorherigen schriftlichen Einwilligung des Verlages.
Hinweis zu § 52a UrhG: Weder das Werk noch seine Teile dürfen ohne eine solche Einwilligung eingescannt und in ein Netzwerk eingestellt werden. Dies gilt auch für Intranets von Schulen und sonstigen Bildungseinrichtungen.
Die Verweise auf Internetadressen und -dateien beziehen sich auf deren Zustand und Inhalt zum Zeitpunkt der Drucklegung des Werks. Der Verlag übernimmt keinerlei Gewähr und Haftung für deren Aktualität oder Inhalt noch für den Inhalt von mit ihnen verlinkten weiteren Internetseiten.

Verlag Handwerk und Technik G.m.b.H.,
Lademannbogen 135, 22339 Hamburg; Postfach 63 05 00, 22331 Hamburg – 2009
E-Mail: info@handwerk-technik.de – Internet: www.handwerk-technik.de

Satz: Satzpunkt Ursula Ewert GmbH, 95444 Bayreuth
Druck: Himmer AG, 86167 Augsburg

# Vorwort

## zum ersten Lehrbuch für Fachkräfte der Systemgastronomie in Deutschland
## Systemgastronomie – ein wachsendes Segment

1998 konnten die ersten Auszubildenden im neu geschaffenen Berufsbild „Fachmann/Fachfrau für Systemgastronomie" ihre Tätigkeit beginnen; damit ging der Wunsch einer ganzen Branche in Erfüllung.

2008 feierte dieses relativ junge Berufsbild sein 10-jähriges Jubiläum.

„Systemgastronomie" hat als Begriff im deutschsprachigen Raum noch keinen so guten Klang; viele denken zunächst vor allem an Burger, an Essen im Stehen und Gehen, und ziehen nostalgisch Vergleiche mit der sogenannten „guten alten Zeit" – als man für Essen und Trinken noch Muße hatte …

Aber eigentlich steckt in der Systemgastronomie die Zukunft von Essen und Trinken außer Haus. Hier werden die Managementkonzepte umgesetzt, die z. B. in den USA den Restaurant-Markt beherrschen. Auch Cocktails, Longdrinks und Salsa-Musik werden bereits in Betrieben der Systemgastronomie kredenzt; die Erlebnisgesellschaft ist längst professionell geplant und geführt. Und nichts anderes bedeutet der Zusatz „SYSTEM".

Die stets wachsende Zahl systemgastronomischer Betriebe bedingte steigende Abschlüsse von Ausbildungsverhältnissen in der Branche. Eine qualifizierte Ausbildung stellt eine gute Basis für einen sicheren Arbeitsplatz und/oder eine eventuelle Selbstständigkeit als Franchisenehmer in dieser Sparte des Gewerbes dar.

Das Buch, das Sie in Ihren Händen halten, ist ein Leitfaden von erfahrenen Managern und Lehrkräften der Systemgastronomie für solche, die es werden wollen, unter Maßgabe des Rahmenlehrplans. Es vermittelt in anschaulicher Weise und mit vielen praktischen Beispielen, wo und wie man im gastgewerblichen Betrieb mit professionellen Managementmethoden eingreifen sollte, um zukunftsweisend zu arbeiten.

Das Lehrbuch ist in 4 Lerninhalte gegliedert:

**Lerninhalt 1 – Grundlagen**
**Lerninhalt 2 – Marketing**
**Lerninhalt 3 – Personalwirtschaft**
**Lerninhalt 4 – Steuerung und Kontrolle.**

Sie sind farblich unterschiedlich aufbereitet und somit sofort erkennbar.

> Die dritte Auflage enthält erstmals die gesamten Lerninhalte der Ausbildung zum/zur Fachmann/Fachfrau für Systemgastronomie.

Dabei steht der Gast im Mittelpunkt des Geschehens: Das ist der Schlüssel zum Erfolg!

Bad Harzburg, Frühjahr 2009
Herausgeber und Verfasser

# Inhaltsverzeichnis

**Einleitung** 1

## Lerninhalt 1
## Grundlagen

**1 Systemgastronomie – Einordnung und Gegenstand** 3

1.1 Begriff „Systemgastronomie" 3
1.2 Entwicklung in Deutschland 3
1.3 Erfolgsfaktoren 4
1.4 Standardisierung 5
1.4.1 Bedeutung von Standards für den Gast 6
1.4.2 Bedeutung von Standards für den Gastronomen 6
1.4.3 Standardisierungsgrade 8
1.4.4 Erstellen eines Handbuches 9
1.5 Konzepte, Segmente, Unternehmen am Markt 10
1.5.1 Fast-Food-Systemgastronomie 12
1.5.2 Verkehrs- und Messegastronomie 12
1.5.3 Handelsgastronomie 13
1.5.4 Freizeitgastronomie 14
1.5.5 Full-Service-Gastronomie 15
1.5.6 Systemgastronomie und Individualgastronomie – Zusammenwachsen und Annäherung 16
1.6 Verkaufsprogramme – Produkt- und Sortimentsorientierung 16
1.7 Verkaufssysteme – Servicepolitik 17

**2 Funktionen und Aufgaben der Zentrale und der Betriebsstellen** 20

2.1 Aufbauorganisation 20
2.1.1 Organisationsstrukturen 21
2.1.2 Zusammenarbeit zwischen Zentrale und Betriebsstelle 23
2.2 Ablauforganisation 24
2.2.1 Arbeitsabläufe planen und organisieren 25
2.2.2 Information und Kommunikation 26

**3 Expansion durch Multiplikation und Qualitätssicherung** 29

3.1 Filial- und Franchise-System 29
3.1.1 Filial-System 29
3.1.2 Franchise-System 33
3.1.3 Vergleich Filial-/Franchise-System und Einzelunternehmen 39
3.1.4 Andere Kooperationssysteme in der Gastronomie 39
3.2 Qualitätskontrolle und -sicherung (Qualitätsmanagement) 41
3.2.1 Interne Instrumente 43
3.2.2 Externe Instrumente 48

**4 Arbeitssicherheit und Gesundheitsschutz** 52

4.1 Gesetzliche Grundlagen der Arbeitssicherheit 52
4.2 Berufsunfälle und vorbeugende Maßnahmen 54
4.3 Brandschutz 58
4.4 Erste Hilfe 61

**5 Umweltschutz** 65

5.1 Belastung der Luft 65
5.1.1 Luftbelastung durch Abgase 65
5.1.2 Belastung der Innenraumluft 66
5.1.3 Stromerzeugung belastet die Luft 66
5.2 Wasser und Abwasser 67
5.3 Abfälle und Umwelt 69
5.3.1 Müllvermeidung 69
5.3.2 Mülltrennung 71

**6 Lebensmittelrechtliche Grundlagen und Hygiene** 73

6.1 Lebensmittelrechtliche Grundlagen 73
6.1.1 Lebensmittelüberwachung 73
6.1.2 Lebensmittelrecht 75
6.1.3 Lebensmittel-Monitoring 83
6.2 Mikroorganismen und Hygiene 85
6.2.1 Vermehrung und Lebensbedingungen von Mikroben 85
6.2.2 Stoffwechsel von Mikroben 87
6.2.3 Wichtige Mikroorganismen 87
6.3 Hygiene in der Küche 89
6.3.1 Lebensmittel-/Produkthygiene 89
6.3.2 Produktionshygiene 91
6.3.3 Personalhygiene 92
6.3.4 Betriebsstättenhygiene 93
6.4 Ungeziefer – Schädlinge 96
6.4.1 Arten von Schädlingen 96
6.4.2 Abwehrmaßnahmen 97

**7 Wirschaftsdienst** 99

7.1 Reinigung und Pflege 99
7.1.1 Werkstoffe – Materialien 99
7.1.2 Reinigungs- und Pflegemittel 100
7.1.3 Reinigungsgeräte und -hilfsmittel 101
7.2 Organisation und Reinigungsplanung 102

# Inhaltsverzeichnis

**8 Arbeiten in der Küche** 104

- 8.1 Inhaltsstoffe von Lebensmitteln 104
- 8.1.1 Wasser 104
- 8.1.2 Fette – Lipide 105
- 8.1.3 Kohlenhydrate 107
- 8.1.4 Eiweiß – Proteine 110
- 8.1.5 Mineralstoffe 112
- 8.1.6 Vitamine 113
- 8.1.7 Ballaststoffe 115
- 8.1.8 Sonstige natürliche Inhaltsstoffe 115
- 8.1.9 Sekundäre Pflanzenstoffe – bioaktive Moleküle 116
- 8.1.10 Unerwünschte Inhaltsstoffe 116
- 8.2 Ernährung 119
- 8.2.1 Grund- und Leistungsumsatz 119
- 8.2.2 Verdauung 120
- 8.2.3 Stoffwechsel 122
- 8.3 Ernährungsformen 125
- 8.4 Pflanzliche Lebensmittel 126
- 8.4.1 Gemüse 128
- 8.4.2 Pilze 131
- 8.4.3 Obst 132
- 8.4.4 Getreidearten 133
- 8.5 Tierische Lebensmittel 137
- 8.5.1 Milch und Milchprodukte 137
- 8.5.2 Eier 141
- 8.5.3 Fisch, Fischerzeugnisse, Schalen- und Krustentiere 142
- 8.5.4 Fleisch 146
- 8.6 „Hilfsmittel" für die Zubereitung 155
- 8.7 Vorbereitung und Verarbeitung von Lebensmitteln 160
- 8.7.1 Trockene Vorbereitung 161
- 8.7.2 Nasse Vorbereitung 161
- 8.7.3 Zerkleinerungsarbeiten (mechanisch und manuell) 162
- 8.7.4 Verarbeitungstechniken für Lebensmittel 163
- 8.7.5 Garmethoden 163
- 8.7.6 Haltbarmachen von Lebensmitteln in der konventionellen Speisenzubereitung 164
- 8.8 Zubereitungen von Lebensmitteln – Gerichte 166
- 8.8.1 Kalte Vorspeisen 166
- 8.8.2 Suppen 168
- 8.8.3 Zwischengerichte 169
- 8.8.4 Hauptgerichte 169
- 8.8.5 Nachspeisen 171
- 8.9 Convenience-Produkte 173
- 8.9.1 Einteilung der Convenience-Produkte nach Konservierungsarten 177
- 8.9.2 Einteilung in Convenience-Grade 177
- 8.9.3 Ausgewählte Convenience-Produkte in der Systemgastronomie 178
- 8.9.4 Vor- und Nachteile von Convenience-Produkten 181

**9 Service** 186

- 9.1 Serviceorganisation 188
- 9.1.1 Servicemitarbeiter 188
- 9.1.2 Verkaufsbereich 189
- 9.1.3 Mitwirkende Abteilungen 204
- 9.1.4 Management und Leitungsebene 205
- 9.2 Sortimentsgestaltung 208
- 9.3 Getränke 218
- 9.3.1 Alkoholfreie Getränke 218
- 9.3.2 Aufgussgetränke 222
- 9.3.3 Alkoholhaltige Getränke 231
- 9.4 Bar 256

**10 Beratung und Verkauf im gastgewerblichen Betrieb** 267

- 10.1 Kommunikationsgrundlagen 267
- 10.1.1 Verbale Kommunikation 268
- 10.1.2 Nonverbale Kommunikation 268
- 10.1.3 Kommunikationsstörungen 270
- 10.2 Umgang mit dem Gast 272
- 10.2.1 Gästetypen 273
- 10.2.2 Gästebetreuung 276
- 10.3 Verkaufsgespräch 283
- 10.4 Verkauf im Restaurant 286
- 10.4.1 Menüberatung 286
- 10.4.2 Korrespondierende Weine 293

**11 Bürokommunikation und -organisation** 297

- 11.1 Persönliche Kommunikation 297
- 11.2 Arbeitsplatzbezogene schriftliche Arbeiten – Registratur und Ablage 299
- 11.3 Daten sichern 300
- 11.4 Datenschutz 302

**12 Recht** 304

- 12.1 Grundlagen 304
- 12.2 Zivil- und Vertragsrecht 304
- 12.2.1 Rechts- und Geschäftsfähigkeit 305
- 12.2.2 Willenserklärungen und Rechtsgeschäfte 305
- 12.2.3 Wichtige Vertragsarten in der Systemgastronomie 306
- 12.2.4 Formvorschriften 311
- 12.2.5 Anfechtung und Nichtigkeit von Rechtsgeschäften 312
- 12.2.6 Verjährung von Ansprüchen 312
- 12.2.7 Haftung 312
- 12.2.8 Fundsachen 313
- 12.2.9 Automatenaufstellungsvertrag 313
- 12.3 Handels- und Gesellschaftsrecht 314
- 12.4 Wettbewerbsrecht 318
- 12.4.1 Markenrecht 318
- 12.4.2 Gesetz gegen den unlauteren Wettbewerb (UWG) 319
- 12.5 Abgaben für Musik, Radio und Fernsehen: GEMA und GEZ 321

| | | |
|---|---|---|
| 12.6 | Gaststätten- und Gewerberecht | 322 |
| 12.6.1 | Gaststättenerlaubnis (= Konzession) | 322 |
| 12.6.2 | Sperrzeiten | 323 |
| 12.6.3 | Alkohol-Vorschriften/ Rauchverbote | 323 |
| 12.6.4 | Vorschriften über Spiele | 324 |
| 12.7 | Jugendschutz | 325 |
| 12.8 | Auszeichnung, Bezeichnung, Kennzeichnung | 326 |
| 12.8.1 | Preisangaben | 327 |
| 12.8.2 | Schankgefäße | 327 |
| 12.8.3 | Lebensmittelkennzeichnung | 328 |

## Lerninhalt 2
## Marketing

| | | |
|---|---|---|
| 1 | **Marketing – Entwicklung und Grundlagen** | **331** |
| 2 | **Gastorientierte Unternehmensführung** | **334** |
| 2.1 | Unternehmensziele | 337 |
| 2.2 | Grundsatzplanung | 338 |
| 2.3 | Unternehmensphilosophie | 344 |
| 3 | **Marktforschung** | **346** |
| 3.1 | Erhebungsarten | 347 |
| 3.2 | Erhebungsmethoden | 349 |
| 3.3 | Marktsegmentierung | 355 |
| 4 | **Marketingziele** | **365** |
| 5 | **Marketingstrategien** | **368** |
| 6 | **Marketinginstrumente** | **372** |
| 6.1 | Distributionspolitik | 374 |
| 6.2 | Leistungspolitik | 375 |
| 6.3 | Preispolitik | 383 |
| 6.4 | Kommunikationspolitik | 394 |
| 6.5 | Beziehungsmarketing | 411 |
| 6.5.1 | Moderne Marketingkommunikation der Systemgastronomie | 412 |
| 6.5.2 | Ausgewählte Aktivitäten im Beziehungsmarketing | 412 |
| 7 | **Marketingplanung** | **414** |
| 8 | **Eventmarketing** | **416** |
| 9 | **Produktpräsentation** | **418** |
| 9.1 | Angebotsgestaltung | 418 |
| 9.2 | Präsentationsrichtlinien | 423 |
| 10 | **Beschwerdemanagement** | **427** |
| 11 | **Betriebswirtschaftliche Bewertung der Marketingmaßnahmen** | **431** |

## Lerninhalt 3
## Personalwirtschaft

| | | |
|---|---|---|
| 1 | **Personalwirtschaft – Definition und Aufgaben** | **438** |
| 2 | **Aus- und Weiterbildung in der Systemgastronomie** | **439** |
| 2.1 | Aufbau der Ausbildung | 439 |
| 2.2 | Abschluss des Berufsausbildungsvertrags | 442 |
| 2.3 | Rechte und Pflichten während der Berufsausbildung | 444 |
| 2.4 | Berufliche Aufstiegs-, Fort- und Weiterbildungsmöglichkeiten | 446 |
| 3 | **Personalplanung und -beschaffung** | **448** |
| 3.1 | Personalmarketing | 448 |
| 3.2 | Personalplanung | 450 |
| 3.2.1 | Quantitative Personalbedarfsplanung | 451 |
| 3.2.2 | Qualitative Personalbedarfsplanung | 452 |
| 3.3 | Personalbeschaffung | 455 |
| 3.3.1 | Personalbeschaffungsplanung | 455 |
| 3.3.2 | Personalauswahl | 459 |
| 4 | **Personalführung, -entwicklung und Leistungsbeurteilung** | **465** |
| 4.1 | Personalführung | 465 |
| 4.1.1 | Führungskompetenzen | 466 |
| 4.1.2 | Führungsaufgaben | 466 |
| 4.2 | Führungskonzeptionen | 467 |
| 4.2.1 | Führungsprozess | 467 |
| 4.2.2 | Führungsstile | 469 |
| 4.2.3 | Führungstechniken/-prinzipien | 471 |
| 4.2.4 | Führungsmittel | 472 |
| 4.3 | Personalentwicklung und -schulung | 474 |
| 4.3.1 | Motivation | 474 |
| 4.3.2 | Einführung neuer Mitarbeiter | 475 |
| 4.3.3 | Aus-, Fort-, Weiterbildung und Betreuung | 476 |
| 4.3.4 | Prämien und Tantiemen | 477 |
| 4.4 | Personal- und Leistungsbeurteilung | 478 |
| 4.4.1 | Rechtliche Grundlagen | 478 |
| 4.4.2 | Beurteilungsverfahren | 479 |
| 4.4.3 | Beurteilungstermine | 479 |
| 4.4.4 | Beurteilungskonzepte und -kriterien | 479 |
| 4.4.5 | Formen der Mitarbeiterbeurteilung | 480 |
| 4.4.6 | Beurteilungsgrundsätze | 480 |
| 4.4.7 | Beurteilungskriterien | 481 |
| 4.4.8 | Beurteilungsgespräch | 481 |
| 4.4.9 | (Arbeits-)Zeugnisse | 482 |

# Inhaltsverzeichnis

| 5 | Arbeits- und Sozialrecht | 485 |
|---|---|---|
| 5.1 | Tarifvertrag | 486 |
| 5.2 | Arbeitsverträge und deren Wirkung | 488 |
| 5.3 | Arbeitnehmerschutz | 490 |
| 5.4 | Mitwirkung und Mitbestimmung | 494 |
| 5.5 | Sozialversicherungsrecht | 496 |
| 5.5.1 | System der Sozialversicherungen | 496 |
| 5.5.2 | Beiträge zur Sozialversicherung | 497 |
| 5.5.3 | Versicherungspflicht | 498 |
| 5.5.4 | Geringfügige Beschäftigung („Minijob") | 498 |
| 5.5.5 | Gleitzone | 500 |

| 6 | Personalverwaltung und -einsatzplanung | 503 |
|---|---|---|
| 6.1 | Aufgaben bei Beschäftigungsaufnahme | 503 |
| 6.1.1 | Abschluss des Arbeitsvertrags | 503 |
| 6.1.2 | Einstellungsunterlagen und Personalakte | 504 |
| 6.1.3 | Besonderheiten bei ausländischen Arbeitnehmern | 506 |
| 6.1.4 | Personalbetreuung und Einarbeitung | 507 |
| 6.2 | Personaleinsatzplanung | 507 |
| 6.2.1 | Organigramm, Stellenbeschreibung und Stellenbesetzungsplan | 508 |
| 6.2.2 | Arbeits- und Fehlzeiten | 508 |
| 6.2.3 | Umsatzplanung und Produktivität | 509 |
| 6.3 | Lohn- und Gehaltsabrechnung | 510 |
| 6.3.1 | Rechtliche Grundlagen und Bestandteile der Lohn- und Gehaltsabrechnung | 511 |
| 6.3.2 | Lohnabrechnung mit Abzügen und Zuschlägen | 521 |
| 6.4 | Aufgaben bei Ende der Beschäftigung | 524 |
| 6.4.1 | Beendigungsgründe | 524 |
| 6.4.2 | Austrittsgespräch | 525 |
| 6.4.3 | Abwicklung des Austritts und Austrittspapiere | 525 |
| 6.5 | Personalkosten, Personalstatistik und Personalcontrolling | 526 |

## Lerninhalt 4
## Steuerung und Kontrolle

| 1 | Controlling – Definition und Aufgaben | 529 |
|---|---|---|
| 2 | Controllinginstrumente im Controllingprozess | 531 |
| 2.1 | Finanzbuchhaltung | 532 |
| 2.1.1 | Bestandsrechnung | 532 |
| 2.1.2 | Erfolgsrechnung | 532 |
| 2.2 | Kostenartenrechnung | 534 |
| 2.2.1 | Betriebsergebnisrechnung | 534 |
| 2.2.2 | Kurzfristige Erfolgsrechnung | 539 |
| 2.3 | Kostenstellenrechnung | 541 |
| 2.3.1 | Uniform System of Accounts | 542 |
| 2.3.2 | Bereichsergebnisrechnung | 543 |
| 2.4 | Kostenträgerzeitrechnung | 544 |
| 2.5 | Statistik | 547 |
| 2.5.1 | Rechnerische Umformung des Zahlenmaterials | 547 |
| 2.5.2 | Gastgewerbliche Kennzahlensysteme | 548 |
| 2.6 | Kostenträgerstückrechnung | 557 |
| 2.6.1 | Kalkulation | 557 |
| 2.6.2 | Deckungsbeitragsrechnung | 562 |
| 2.7 | Planungsrechnung | 565 |
| 2.7.1 | Break-even-Analyse | 565 |
| 2.7.2 | Budgetierung | 567 |

| 3 | Controllingberichte | 569 |
|---|---|---|
| 3.1 | Inhalt | 569 |
| 3.2 | Darstellungsformen | 569 |
| 3.2.1 | Tabellarische Darstellung | 569 |
| 3.2.2 | Grafische Darstellung | 570 |

| 4 | Warenwirtschaft | 572 |
|---|---|---|
| 4.1 | Beschaffungsplanung | 572 |
| 4.1.1 | Bedarfsermittlung | 572 |
| 4.1.2 | Lieferantenauswahl | 572 |
| 4.1.3 | Optimale Bestellmenge | 575 |
| 4.1.4 | Optimaler Bestellzeitpunkt | 576 |
| 4.2 | Bestellung | 577 |
| 4.3 | Warenannahme | 578 |
| 4.4 | Lagerhaltung | 578 |
| 4.5 | Warenentnahme | 581 |
| 4.6 | Warenwirtschaftssystem | 582 |
| 4.6.1 | Entwicklung | 583 |
| 4.6.2 | Anforderungen | 583 |
| 4.6.3 | Einkauf und Bestellwesen | 583 |
| 4.6.4 | Wareneingang | 584 |
| 4.6.5 | Produktion | 584 |
| 4.6.6 | Umsatzerfassung | 585 |
| 4.6.7 | Rechnungsbegleichung | 585 |
| 4.6.8 | Inventur | 585 |
| 4.6.9 | Statistische Auswertung | 586 |
| 4.6.10 | Ausblick | 589 |

| Quellen und weiterführende Literatur | 591 |
|---|---|
| Bildquellenverzeichnis | 592 |
| Sachwortverzeichnis | 593 |

# Einleitung

Die Restaurantkette Green Paradise ist ein Unternehmen der Systemgastronomie mit Stammsitz in Hannover.

Seit der Gründung des Filialunternehmens mit drei Systemrestaurants in Norddeutschland im Jahre 2000 ist viel passiert:

Inzwischen gibt es 25 Green Paradise-Restaurants im Zentrum deutscher Großstädte und 7 Green Paradise-Restaurants im europäischen Ausland, die als Filialsysteme geführt werden. Darüberhinaus ist die Zentrale des Unternehmens seit 2 Jahren erfolgreicher Franchisegeber für 18 Green Paradise-Restaurants in Städten mit 100 000 – 300 000 Einwohnern.

Aufgrund der gastronomischen Produktpalette erfolgt die Lagerhaltung und -organisation im Magazin als breites, flaches Sortiment.

Im Food-Bereich beinhaltet die Produktpalette:
- Tellergerichte,
- Snacks,
- diverse Themen- und Aktionsbüfetts sowie
- Kuchen- und Eisspezialitäten.

Im Beverage-Bereich werden u. a. angeboten:
- alkoholfreie/alkoholische Mischgetränke,
- Bier,
- Wein,
- Cocktails.

Das Unternehmen der Systemgastronomie wird derzeit als GmbH & Co. KG geführt; für die Zukunft erwägt das Management, das System in eine Aktiengesellschaft umzuwandeln.

Dem gastronomischen Erfolgsrezept im F&B-Systembereich liegt ein Full-Service-Angebot zugrunde. Das Speisenangebot im Food-Bereich besteht aus traditionellen Speisen, extravagant-exotischen Snacks aus Convenienceprodukten sowie den Zielgruppen und/oder der Tageszeit angepassten Self-Service-Büfetts. Im Beverage-Bereich bemüht sich die Geschäftsleitung, individuelle Trends aufzugreifen, die auch neue Zielgruppen ansprechen.

Das Restaurant Green Paradise hat in den vergangenen Jahren vom Trend der gehobenen Take-Away-Verpflegung, vom Tourismusboom (Städtereisen) und vom Wertewandel in der Gesellschaft in Richtung Ökologie profitiert.

Mithilfe der neuen Produktgruppe „Greenline" für vegetarische Gerichte konnte das Unternehmen in den meisten Green Paradise-Restaurants in den vergangenen 4 Jahren ein Marktwachstum von durchschnittlich 5 % pro Jahr erzielen.

Neben der Nutzung regenerativer Energien und einer bewussten Vermeidung von Verpackungen beim Speisenangebot soll die Farbe „grün" im Unternehmenskonzept einen besonderen Stellenwert einnehmen.

Verglichen mit anderen Betrieben der Systemgastronomie betreibt die *Restaurant M. Green Paradise* GmbH & Co. KG für den F&B-Bereich entsprechend dem Produktangebot eine Preispolitik im mittleren bis gehobenen Preissegment.

Maßnahmen der Kommunikationspolitik der *Restaurant M. Green Paradise* GmbH & Co. KG beschränkten sich in der Vergangenheit auf Anzeigen in den regionalen Tageszeitungen sowie Displays und Flyer in den Restaurants. Als besondere Schwerpunkte der Werbung wurden dabei Aktionen und Specials herausgestellt. Das Unternehmen ist am Markt als ein Anbieter bekannt, der bemüht ist, möglichst vielfältige Zielgruppen anzusprechen.

Im Rahmen Ihrer Tätigkeit als neuer Mitarbeiter in einer Filiale der *Restaurant M. Green Paradise* GmbH & Co. KG werden Sie von der Geschäftsleitung gebeten, an Ideen zur „Entwicklung einer zukunftsweisenden Unternehmensstrategie" mitzuwirken. Das F&B-Angebot soll für aktive, dynamische Gäste (möglichst aller Altersstufen) profiliert werden, die neue Trends verfolgen und ausprobieren. Für die Zielgruppen sind Sport, Freude, Spaß, Innovation und Events – verbunden mit einem positiven Lebensgefühl – ebenso kennzeichnend wie der bewusste, kritische Umgang mit ökonomischen und ökologischen Grundsätzen in der Gesellschaft. Ihr Mitwirken an der „Entwicklung einer zukunftsweisenden Unternehmensstrategie" beinhaltet die Umsetzung der wesentlichen Unternehmensziele der *Restaurant M. Green Paradise* GmbH & Co. KG, die wie folgt zusammengefasst werden können:

▶ Verbesserung der produktbezogenen und/oder kaufmännischen Fachkenntnisse aller Mitarbeiter,

▶ Erhöhung der Dienstleistungs- und Servicequalität durch optimierte Standards,

▶ Erhöhung des Bekanntheitsgrads (nationale Ebene und europäisches Ausland),

▶ Verbesserung der überprüfbaren Standards der Systemorganisation (Formularwesen, Handbücher, TQM, Zertifizierung nach DIN 9000–9005),

▶ Verbesserung der Wirtschaftlichkeit (z. B. durch Erhöhung des Deckungsbeitrags mithilfe von Mischkalkulationen),

▶ Verbesserung der Controllingsysteme in den Filialen, in der Zentrale und im Zusammenwirken zwischen Franchisegeber und Franchisenehmer,

▶ Einsatz moderner Kommunikationstechniken.

## Lerninhalt 1 – Grundlagen

# 1 Systemgastronomie – Einordnung und Gegenstand

„Eigener Herd ist Goldes wert" sagt ein altes Sprichwort; doch der Herd bleibt in deutschen Haushalten zunehmend kalt. Deutsche geben neuesten Untersuchungen zufolge immer mehr Geld für Essen außerhalb der eigenen vier Wände aus. Zuverlässige Prognosen besagen, dass der Außer-Haus-Verpflegungsmarkt weiter wächst – und gegessen wird dabei überall; neben den klassischen Angebotsformen wird der Anteil der Systemgastronomie jedoch überproportional zunehmen.

Was aber ist „Systemgastronomie" und worin unterscheidet sie sich von der klassischen Gastronomie?

## 1.1 Begriff „Systemgastronomie"

**Situation**

**Stellenmarkt**
**Systemgastronomie/Bistros**

Ihr neuer Arbeitsbereich ist in einem Tochterunternehmen einer europaweit tätigen Handelsgesellschaft mit hervorragendem Qualitätsimage. Die dazugehörende Systemgastronomie gewinnt zunehmende Bedeutung und erfordert für die zukunftsorientierte Expansion personelle Verstärkung in unserer Zentralverwaltung.

Vor diesem Hintergrund suchen wir für den Bereich Standardisierung

**einen Fachmann/eine Fachfrau für**

## Systemgastronomie

„Systemgastronomie betreibt, wer entgeltlich Getränke und/oder Speisen abgibt, die an Ort und Stelle verzehrt werden können, und über ein standardisiertes und multipliziertes Konzept verfügt, welches zentral gesteuert wird." *(Def. von Managern namhafter Systemgastronomieunternehmen).*

Die einzelnen Elemente der Definition sind:
- **Abgabe von Speisen und Getränken (Food & Beverage) gegen Entgelt**
  Hier wird die Abgrenzung zu karitativen oder ähnlichen Einrichtungen gezogen. Es wird ausgedrückt, dass Gastronomie zum Zwecke der Ertragsoptimierung betrieben wird.
- **... die an Ort und Stelle verzehrt werden können**
  Dieser Passus zeigt die Unterscheidung zum Lebensmitteleinzelhandel (LEH). Der erste Teil der Definition trifft auf alle gastronomischen Betriebe zu.
- **Systemgastronomische Betriebe verfügen über ein standardisiertes und multipliziertes Konzept**
  Das Auftreten am Markt, die Gestaltung der Sortimente, das Festlegen von Rezepturen, der Einkauf, die Gestaltung von Arbeitsabläufen usw. werden nach erfolgreicher Erprobung festgeschrieben. Dieses Konzept muss auch an anderen Standorten realisierbar sein. Der Deutsche Hotel- und Gaststättenverband – Bundesverband (DEHOGA) setzt die Untergrenze für die Aufnahme in der Fachabteilung „Systemgastronomie" **mit mindestens drei Betrieben** des gleichen Betriebstyps an.
- **... welches zentral gesteuert wird**
  Die Betriebseinheiten an den einzelnen Standorten sind für die operative Umsetzung des Konzeptes verantwortlich. Marketing-, Einkaufs-, Produktentwicklungs-, Controllingaufgaben usw. werden von einer Zentrale übernommen.

Damit ist die **Abgrenzung zur Individualgastronomie gegeben**.

## 1.2 Entwicklung in Deutschland

Die Geschichte der deutschen Gastronomie lässt sich bis in die Römerzeit zurückverfolgen. Eine Entwicklung zur Systemgastronomie dagegen setzte erst im Zeitalter der industriellen Revolution ein.

Der Umbruch in der Arbeitswelt, das Rollenverständnis von Mann und Frau, führte zu vielen Veränderungen. Es entstanden Großküchen zur Versorgung der Arbeiternehmer (AN) in den Fabriken. Die Herstellung und Konservierung von Lebensmitteln wurde industrialisiert – der Beginn der Convenience-Produkte.

# 1 Erfolgsfaktoren

Erfahrungen aus der Truppenverpflegung im Feld, wie Zurücklegen weiter Strecken, Lagerung und Produktion großer Mengen, standen Pate für die Lösung logistischer Aufgaben in Systembetrieben.

Die Einflüsse der Alliierten weckten neue Bedürfnisse. „Der American Way of Life" führte zu neuen Produkten, z. B. Hamburger, Spareribs und Cola.

Fremdarbeiter brachten ihre Betriebstypen, wie Pizzabäckereien, Eiscafes und die vielen weiteren ethnischen Betriebstypen und Systeme mit. Die gastronomische Landschaft veränderte sich und wurde auch für „Otto Normalverbraucher" international.

Ein Meilenstein war der Siegeszug der **„hedonistischen Erlebnisgesellschaft"** in den 80er-Jahren. Der Konsument im Westen war mit der Grundversorgung so gut abgesichert, dass das Ausgehen zunehmend mit den Bedürfnissen nach Unterhaltung, Animation, Kommunikation, Technik und anderen Bedürfnissen verknüpft wurde.

Nur diejenigen Betriebe bekamen Zulauf, die über Speisen und Getränke hinaus eine besondere Atmosphäre boten: Unterhaltung, Musik, Theater, Inszenierungen, Kulissen.

Damit begann der Aufschwung der **Freizeit- und Erlebnisgastronomie**.

Querdenker ließen völlig neue Betriebstypen entstehen. Die Gastronomie bot mehr als Essen und Trinken. Hier stand Erlebnis, Kommunikation, einfach Spaß haben im Vordergrund.

> **In-Sight**
> - Café Extrablatt
> - Alex
> - Sausalitos
> - Echilada
> - Tanzpalast Wuzzenstein
> - Pomp Duck

Die erfolgreichen neuen Betriebe strebten nach Expansion, welche in der Anfangsphase meist unstrukturiert war. Aber mit zunehmender Anzahl der Betriebe war die Systematisierung aus marketingpolitischen und wirtschaftlichen Gründen geboten.

In der Handelsgastronomie änderten sich das Erscheinungsbild und das Angebot erheblich. Zunächst stand die Versorgung der Einkaufenden im Vordergrund. Die Verweildauer in den Warenhäusern sollte nicht durch Hunger und Durst negativ beeinflusst werden. Die gastronomischen Einrichtungen wurden vom Warenhausmanagement als Dienstleistungseinrichtungen und nicht als Profit-Center gewertet.

Ab den 80er-Jahren mussten sich auch die gastronomischen Einrichtungen in den großen Handelskonzernen als Profit-Center bewähren. Systematisierung und neue Angebotsformen prägten den Umbruch. Die ersten Freeflow-Restaurants mit Selbstbedienungsmarktständen und Warmspeisemodulen im Bediensystem sowie SB-Kassen entstanden in der Handelsgastronomie. Mit diesem Konzept „Frische, Erlebnis und Schnelligkeit" konnte man neben den Warenhauskunden die einkaufende und arbeitende Bevölkerung am Standort gewinnen.

Die zunehmende **Mobilität** der Bevölkerung und der damit verbundene Ausbau der Autobahnen, Bahnhöfe und Flughäfen zog auch hier neue Standortchancen für Food & Beverage nach sich. Einfache Rastpunkte mit Imbissversorgung entwickelten sich zu komplexen Versorgungsstationen an Autobahnen, Bundesstraßen, Bahnhöfen und Flughäfen.

In Mitteleuropa gibt es heute kaum mehr einen Punkt, an dem sich ein Mensch nicht beinahe „auf Armeslänge" (Strategie von Coca-Cola Company) versorgen kann. Damit ist die **Verkehrsgastronomie** zu einem der stärksten Segmente der Systemgastronomie geworden.

## 1.3 Erfolgsfaktoren

> **Situation**
>
> **Erfolgsdaten – 20 Jahre Joey's Pizza**
> - über 60 Mio. Stück verkaufte Pizzen seit 1988
> - mehr als 500 Mio. € Gesamterlös in 20 Jahren
> - rund 1,1 Mio. Kundenstamm
> - knapp 4 000 Mitarbeiter
> - über 30 000 Bestellungen/Tag
> - erfolgreichste Innovation: Pizza Mediterrana 2002 (kam im Pizza-Ranking innerhalb kurzer Zeit unter die Top 3)
> - verrückteste Innovation: Pizza Crazy Dog 2003 (Hot-Dog-Pizza) und Pizza Größenwahn 1988 (mit praktisch allem, was die Küche hergibt)
> - All-time-Bestseller: Pizza Waikiki (seit 1988)
>
> Der Netto-Umsatz stieg von 240 000 € in 1988 auf 63,4 Mio. € in 2007. (food-service 5/08)

Wo liegen die versteckten Erfolgsgeheimnisse von Gastronomie mit System?
Die Antwort liegt zunächst einmal darin, dass Systemgastronomie die Forderung nach Spezialisierung konsequent umsetzt.
Viele Gastwirte wagen nicht, sich zu spezialisieren. Sie wollen jedem eventuellen Bedürfnis ihrer Gäste gerecht werden.
Die Folge ist, dass den Gästen zwar eine große Auswahl an Speisen und Getränken geboten wird, die Qualität in Zubereitung und Präsentation jedoch häufig hinter der Vielfalt zurückbleibt.
Für die Gastronomie gilt, was andere Branchen schon längst erleben: Man muss sich spezialisieren!

> **Nicht mehr alles für Alle, sondern Bestimmtes für bestimmte Gäste anbieten!**

Spezialisierung bedeutet Konzentration auf ein Segment, das perfekt ausgearbeitet und umgesetzt wird. Die hieraus erwachsene Kompetenz führt im Idealfall dazu, dass ein bestimmtes Produkt (Steak, Fisch, Pizza, Hamburger usw.) oder Erlebnis (Kaffeebar, Diskothek usw.) mit einem bestimmten Namen verbunden sind. Aus diesem Grund wird die Systemgastronomie auch häufig als **Markengastronomie** bezeichnet.

In der Ausarbeitung des Konzeptes ist
- die Analyse der Zielgruppe,
- das Erarbeiten des Standortprofils,
- der Marktauftritt (z. B. Logo, Fassadengestaltung, Uniform),
- Öffnungszeiten,
- Serviceprofil

ein absolutes Muss, um erfolgreich zu sein.

> **Marke und System bedingen sich gegenseitig.**

Die Marke in der System- und Kettengastronomie ist das Versprechen ein Erlebnis beliebig oft reproduzieren zu können, in der gleichen Qualität der Speisen, der Getränke, des Service, der Atmosphäre und des Eventangebots. Eine Marke ist der Weg, aus einem Gast, der ganz rational das Preis-Leistungs-Verhältnis abwägt, einen Stammgast zu machen.

Gelebt wird die individuelle „Gastronomiemarke" in jedem einzelnen Betrieb des Systems. Dabei ist die Umsetzung des Versprechens durch jeden einzelnen Mitarbeiter für den Erfolg großer Marken von überragender Bedeutung. Jeder Mitarbeiter ist ein wichtiger Teil der Markengastronomie, ohne den diese Marke nicht existieren würde. Denn was hilft teure Werbung, wenn die Werbeversprechen nicht am Ort des Verkaufs (Point of Sale) eingehalten werden.

Neben der Markenbildung ist **Expansion ein Ziel von Systemen**. In der Regel starten neue Systeme als Filialsystem. Um eine schnelle Marktpenetration (...durchdringung) zu erreichen, wird vielfach im Franchise- oder einem sonstigen Kooperationssystem expandiert.

Das Leistungsversprechen an die Gäste muss in allen Betrieben gleich umgesetzt werden, daher ist ein Controlling unabdingbar. Neben der gastorientierten Umsetzung des Konzeptes, ist die betriebswirtschaftliche Auswertung von hoher Bedeutung. Der Vergleich aller Betriebe nach einheitlichen Kriterien lässt Stärken und Schwächen schnell erkennen. Die Ergebnisse kommen dem einzelnen Betrieb und dem Gesamtsystem zugute.
Systeme entwickeln Standards, einerseits um eine gleichbleibende hohe Qualität gewährleisten zu können, andererseits um Kosten zu sparen.

Abschließend sollte auf die **Risiken** für den einzelnen Gastronomiebetrieb eingegangen werden.
In der Chance der Expansion und der zentralen Steuerung liegt gleichzeitig das Risiko der **Inflexibilität**. Große Systeme mit vielen Betrieben können sich nicht auf ständig neue Markttrends einstellen, denn das würde bedeuten, dass die Standards, die eingeführt sind, zu häufig wieder grundlegend verändert werden müssten. Deswegen sind Risiken für den Erfolg einer Systemgastronomie die Starrheit und die mangelnde Reaktionsfähigkeit auf veränderte Märkte. An einem herausragenden Beispiel in der Nachkriegsgeschichte kann dieses Risiko deutlich beobachtet werden: Das Unternehmen Wienerwald, das einmal an der Spitze der Systemgastronomie stand, konnte sich nicht schnell genug auf neue Bedürfnisse einstellen.

## 1.4 Standardisierung

> **Situation**
>
> Alex erzählt seinem Freund Peter, dass er heute das Frühstücksbüfett nach festgelegten Standards aufgebaut hat. Peter fragt, warum nicht jeder Mitarbeiter den Warenaufbau nach seinen eigenen Vorstellungen gestalten kann, schließlich könnte so viel mehr Kreativität einfließen. Alex antwortet ihm daraufhin: „Das Rad muss nicht immer wieder von Neuem erfunden werden."
> Was wollte Alex damit sagen?

### Begriffsbestimmung

Das Wort „Standard" stammt aus dem Englischen und bedeutet unter anderem „Richtschnur". Man kann den Begriff „Standard" auch mit „Norm" übersetzen.
Wir begegnen Standardisierungen auf Schritt und Tritt, ohne sie bewusst wahrzunehmen, z. B. Papierformate nach DIN-Norm. Sie dienen der Vereinfachung und der Kostenersparnis. Stellen wir uns einmal vor, jeder Papierhersteller produziert nach

eigenen Formaten. Es hätte ein Kette von Konsequenzen, z. B. jeweils spezielle Briefumschläge, PC-Drucker, Schreibmaschinen. Sortiermaschinen der Post müssten diese Formate verarbeiten können u. v. m. Technisch sind diese Probleme lösbar, jedoch mit einem höheren Kostenaufwand. Dies zeigt sich z. B. in der Gebührentabelle der Post für Briefformate außerhalb der Norm.

**Gründe der Standardisierung** sind die Vereinfachung und die Vereinheitlichung.

Den Vorteil von Standardisierungen erkannten bereits zu ihrer Zeit gefragte Maler und Möbeldesigner früherer Jahrhunderte. Sie hatten Gehilfen, die nach den Vorgaben ihrer Meister vorarbeiteten. Die komplizierten Teile erledigten die Meister selbst. So konnten sie die Fülle von Aufträgen bewältigen. Das zeigt, dass **die Systematisierung von Arbeitsabläufen die Arbeitsproduktivität erhöht.**

Diese Erkenntnis machte sich auch Henry Ford zunutze. Sein Ziel war es, dass sich jeder Amerikaner ein Auto leisten kann. Er wollte ein Auto produzieren, dessen Preis keiner unterbieten konnte.

**Zitat: „Sie können den Ford T in jeder Farbe haben, solange die Farbe Schwarz ist".**

Hier wird ein weiterer Aspekt der Standardisierung deutlich. Durch die Konzentration auf begrenzte Produkte und/oder Produkttiefe, nach standardisierten Abläufen produziert, werden Kosten eingespart, die an die Kunden weitergegeben werden können.

Ein anderer Aspekt der Standardisierung ist die Qualitätssicherung. Die Arbeit wird in Einzelschritte aufgegliedert und festgeschrieben und nach diesen Vorgaben erledigt. Somit ist ein unabhängig von Einzelpersonen gleiches Qualitätsniveau gewährleistet.

Um den Standard auf gleich hohem Niveau zu halten, ist Controlling erforderlich.

## 1.4.1 Bedeutung von Standards für den Gast

Die amerikanische Hotelkette „Holiday Inn" warb lange Zeit erfolgreich, dass ihre Zimmer überall auf der Welt gleich ausgestattet sind. Die Gäste schätzten dies, es gab ihnen ein Gefühl der Vertrautheit, sie wussten, was sie erwartet, und konnten sich darauf einstellen. Besonders amerikanische Systemer, die auf der ganzen Welt mit Filialen (**Outlets**) vertreten sind, legen auf den **Wiedererkennungswert** hohen Wert. Reisende in aller Welt, die schnell etwas verzehren wollen oder unsicher sind, vertrauen auf ihnen bekannte Marken, z. B. McDonald's, Burger King. Die Gäste haben erfahren, dass Produkte, Qualität und Service in allen Stores gleich sind. Sobald sie das entsprechende Markenzeichen sehen, baut sich ein ihnen bekanntes Bild auf.
Neben dem „Vertrauten" hat sich dem Gast eingeprägt, dass er in Systembetrieben ein gutes Preis-Leistungs-Verhältnis vorfindet.

Diese Betriebe sind im hohen Maße standardisiert. Handbücher für Management und Mitarbeiter legen Abläufe genau fest. Viele Kontrollen sorgen für gleichbleibende Qualität. Anhand von Checklisten werden Eigen- und Fremdkontrollen durchgeführt. Diese engen Kontrollen sind unabdingbar, denn das System ist nur so gut wie das schwächste Glied in der Kette. Einmal verloren gegangenes Vertrauen – durch schlechte Erfahrungen in einzelnen Outlets – ist nur schwer wieder zurückzugewinnen.

## 1.4.2 Bedeutung von Standards für den Gastronomen

Die Standardisierung dient im Wesentlichen der klaren Profilierung gegenüber Gästen und der Ertragsoptimierung.

Systemgastronomische Unternehmen platzieren einen neuen Betriebstyp erst nach der Konzeptplanung und einer erfolgreichen Machbarkeitsanalyse.

Bei der Konzepterstellung werden das im Unternehmen vorhandene Know-how, die angestrebten Ziele, das Zielpublikum und das Standortprofil ermittelt. Im Folgenden wird dargestellt, mit welcher Sortiments-, Service- und Preispolitik das Zielpublikum an ausgewählten oder vorhandenen Standorten angesprochen werden soll.

Nachdem in der Wirtschaftlichkeitsberechnung Umsatzerwartung, Kostenstruktur und Kapitalrentabilität positiv bewertet wurden, erfolgt der nächste Schritt: das **Realisierungskonzept**. Hier werden die ersten Standards festgeschrieben.

# Standardisierung

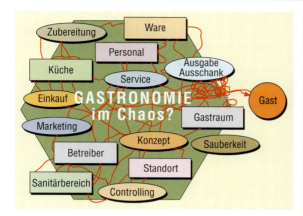

In einem bereits bestehenden systemgastronomischen Unternehmen muss der neue Betriebstyp der Gesamtphilosophie des Unternehmens entsprechen. Die folgenden Punkte müssen das Gesamtsystem, aber auch die Eigenprofilierung des neuen Betriebstyps berücksichtigen:

**Einheitliches Erscheinungsbild (Corporate Design)**

- eine Marke, ein Logo, ein Standard für Schrift, Farben und Formen
- Außengestaltung (Architektur, Fassade, Schaufenster)
- Innengestaltung (Verkaufsräume, Regale, Verkaufshilfen, Preisaushänge, Ausstellungsmaterial)
- Geschäftsformulare sowie Prospektmaterial, Briefpapier, Rechnungsbögen, Visitenkarten, Formulare für den internen Gebrauch
- Gestaltung der Firmenfahrzeuge (Pkw, Lkw, Roller für Außer-Haus-Service)
- Berufsbekleidung
- Werbung (TV- und Radio-Spots, Zeitungsanzeigen, Internetseiten, Plakate, Handzettel, Prospekte) usw.

**Einheitliche Unternehmenspolitik (Corporate Behaviour)**

- Preispolitik
- Angebotspolitik
- Sonderaktionen
- Personalpolitik usw.

**Einheitliche Kommunikation im Unternehmen (Corporate Communications)**

- Produktwerbung
- Firmenwerbung
- Dienstleistungswerbung
- interne Kommunikation usw.

Betriebstypenspezifische Standards werden meist in Handbüchern dokumentiert. Wesentliche **Handbücher sind:**

**1. Eröffnungshandbuch**

- Ausbildung der Manager
- Bestellung der Einrichtung/Ausstattung
- Auswahl und Bestellung des Kassensystems
- Auswahl der Lieferanten und Erstbestellung
- Organisation der Müllentsorgung
- Personalbedarfsplanung
- Schaltung von Anzeigen für die Personalsuche
- Einstellung der Mitarbeiter
- Dienstpläne erstellen
- Festlegung der Kassenrichtlinien
- Probelauf der Geräte
- Probelauf Personal
- Überprüfung der PC-Anlage
- evtl. erneuter Probelauf Personal
- Eröffnung usw.
- Checklisten

**2. Handbuch Rezeptur und Produktion**

- Bestandteile (Einzelprodukte)
- Mengen pro Portion
- Produktionschargen (wie viele Portionen in einem Produktionsgang produziert werden sollen)
- Zubereitung
- zu verwendende Geräte und Hilfsmittel
- Präsentation (Freeflow, Marktstände usw.)
- Tellerpräsentation
- Portionshilfen
- Regenerierung
- Qualitätskontrolle (Temperatur, optische Kontrolle usw.)
- Lagerung von Roh- und vorproduzierter Ware
- Verarbeitung von Restanten bzw. Entsorgung
- Kalkulation
- Einkauf/Logistik
- Sauberkeit
- Checklisten zur Eigenkontrolle

**3. Handbuch Verkauf**

- Sortiment (Food, Beverage, Non-Food)
- Warenpräsentation
- Warenauf- und -abbau im Zeitablauf (Büfetts)
- Sachmittelausstattung und deren Einsatz
- Sauberkeit
- Verhalten gegenüber Gästen
- Kassieren
- Beschwerdemanagement
- Dekoration (Ganzjahres- und jahreszeitliche bzw. Aktionsdekoration)
- Verhalten im Gastraum
- Checklisten zur Eigenkontrolle

# 1 Standardisierung

**4. Handbuch Technik**
- Handbuch aller vorhandenen Geräte
- Einsatz dieser Geräte
- Reinigung und Wartung dieser Geräte
- Checkliste zur Eigenkontrolle

**5. Handbuch Personal**
- Gewinnen und Einstellen neuer Mitarbeiter
- Personaladministration
- Personalschulung (Einstellung, permanente Schulung)
- Personalentwicklung (Karriereplanung, Aus-, Fort- und Weiterbildungspläne)
- Personalführung/Motivation/Ideenpool/ permanentes Verbesserungsmanagement
- Personalbeurteilung
- Abmahnung/Kündigung
- Unfallverhütung/Verhalten im Schadensfall/ Verhalten bei Feuer, Sonstiges
- Checklisten

**6. Handbuch Management/Controlling**
- Warenwirtschaft
- Personaleinsatzpläne
- Berichtswesen
- Checklisten
- Trainingshandbuch

Die Handbücher „Rezeptur und Produktion", „Verkauf" und „Technik" sind i. d. R. für die Mitarbeiter am jeweiligen Arbeitsplatz bestimmt. Die anderen Handbücher sind Hilfsmittel für das betriebliche Management.

## 1.4.3 Standardisierungsgrade

Je nach Unternehmensphilosophie oder Betriebstyp werden Standards sehr eng formuliert (= Anweisung) oder eher als Richtlinie dargestellt.
Man kann die Standardisierung in vier verschiedene Grade einteilen:

**1. Standardisierung eines Rahmens (Rahmenrichtlinie)**
Es werden Eckwerte festgesetzt. Innerhalb dieser definierten Eckpunkte soll sich der Arbeitsablauf oder die Aufgabenerfüllung bewegen.

**Beispiel**

In der Zeit von 11.00 h bis 14.30 h ist die Salatbar mit 12 verschiedenen Salaten zu bestücken. Es sollen Blattsalate, Gemüsesalate, Kartoffelsalate, Nudelsalate, Eiersalate, Fischsalate oder Pilzsalate unter Berücksichtigung der Jahreszeit angeboten werden. Bei der Auswahl und Warenpräsentation ist eine farbliche Vielfalt zu beachten.

**2. Standardisierung von Modulen**
Ein Beispiel hierfür ist ein Reinigungsplan für den Gastraum eines Gastronomieunternehmens.

In einem solchen Reinigungsplan wird z. B. festgelegt, wie Sitze oder Polsterungen zu pflegen sind, wie mit den Präsentationsflächen der Waren umgegangen wird oder wie die Ausgabetheken gereinigt werden.

Wann diese einzelnen Bereiche gesäubert werden, hängt von dem Verschmutzungsgrad, von dem aktuellen Tag oder auch der verfügbaren Arbeitskraft ab, d.h., der Ablauf der einzelnen Module wird von Fall zu Fall festgesetzt. Wenn allerdings die Crushed-Ice-Wanne oder die Sitzflächen der Stühle gereinigt werden, gibt es feststehende Regeln, wie sie gereinigt werden.

**3. Standardisierung von ganzen geschlossenen Abläufen (alternative Programmwege)**
Die dritte Standardisierungsform legt ganze Abläufe fest, die ausgelöst werden, wenn eine bestimmte Situation eingetreten ist.

**Beispiel**

… hierfür ist eine Handlungsanweisung für ein Autobahnrestaurant: „Was tun, wenn ein Bus kommt?" Sollte ein Reisebus vor dem Restaurant halten oder sich per Funk ankündigen, muss nach einem festgelegten Schema die Arbeit vorbereitet werden. Beispielsweise prüfen, ob genügend Tabletts, Besteck und Teller da sind, Wegräumen von Lieferanten- und Bestückungswage usw., damit die 50 bis 60 Gäste aus einem Reisebus in der vorgeschriebenen Zeit ihre Bestellung aufgeben oder ihre Ware zum Tisch nehmen können.

**4. Komplette Standardisierung**
Die totale Standardisierung gilt für ganz besondere Situationen, zum Beispiel für Feueralarm.

Hier ist eine klare Feueranweisung einzuhalten, unabhängig davon, was an der einzelnen Station oder an dem einzelnen Tag passiert. Sollte es brennen, müssen die Räume z. B. folgendermaßen verlassen, werden …. Hier gibt es keine Ausnahme und dieser Standard ist in jedem Fall umzusetzen.

Abschließend soll noch kurz auf die **Konsequenzen** eingegangen werden, die entstehen, wenn von den gesetzten Standards abgewichen wird.

Im besten Fall wird die Situation auch ohne Einhalten der Standards gelöst. Meist jedoch mit höherem personellen oder zeitlichen Einsatz, der an anderer Stelle wieder fehlt.

Im schlechteren Falle hinterlässt ein uneinheitliches Auftreten beim Gast den Eindruck, dass das System gar kein System ist, sondern eine Anhäufung von Individualisten unter einem gemeinsamen Namen. Damit kann das Abweichen von Standards auch andere Betriebe des Systems schädigen. Eine mutwillige Abweichung ohne Rücksprache im Team oder mit der Betriebsleitung kann weitaus größere Folgen haben, als für den Einzelnen zunächst ersichtlich sein mag.

### 1.4.4 Erstellen eines Handbuches

Ein Konzept wird erst lebendig, wenn alle am Leistungsprozess Beteiligten wissen, was ihre Aufgaben zur Konzeptumsetzung sind. Dazu bedarf es arbeitsplatzbezogener/tätigkeitsbezogener Informationen und Anweisungen. Dies wird in Handbüchern (engl.: Manual) dokumentiert.

Beide Worte gehen auf das Wort Hand zurück, denn es ist etwas, das man in die Hand nehmen soll. Mit einfachen Worten ausgedrückt, will das Handbuch den Nutzer bei bestimmten Aufgaben/Problemen anregen: NIMM MICH IN DIE HAND, FINDE DIE LÖSUNG UND DANN TU ETWAS!

Das in Handbüchern dargestellte Know-how eines Systems ist wesentlicher Bestandteil im Franchising. Dafür zahlt ein Franchisenehmer u. a. Franchise-Gebühren. Daran kann man erkennen, welchen Stellenwert Handbücher haben.

Es wird zwar von „Handbuch" gesprochen, aber eine Gestaltung in Buchform ist ungeeignet.
Ein Handbuch „lebt"; d. h., es werden laufend Ergänzungen und/oder Änderungen von der Systemzentrale mit der Aufforderung versandt, die Handbücher stets auf dem Laufenden zu halten. Deshalb sind Ringordner am geeignetsten.

Die jeweiligen Handbücher unterliegen unterschiedlicher Beanspruchung. Dies muss bei der Auswahl der Trägermaterialien (i. d. R. Ordner, Diskette, CD, Videofilm) berücksichtigt werden.

Ordner werden meist in den Farben des Systems gestaltet. Manche Unternehmen entscheiden sich für eine bereichsbezogene Gestaltung. Wesentlich ist, dass Ordner, die häufig verwendet werden, stabil und abwaschbar sind. Auf den Ordnerrücken ist neben dem Logo und ggf. der Betriebstypenbezeichnung der Handbuchinhalt ersichtlich.

Da Handbücher „Werkzeuge" sind, müssen sie am jeweiligen Arbeitsplatz aufbewahrt werden und jederzeit für die einzelnen Zielgruppen erreichbar sein. Besondere Beanspruchung erfahren daher Rezepturen und Anrichtweisen. Ihr Aufbewahrungsort ist die Küche. Deshalb sollen sie entweder laminiert oder in Klarsichthüllen aufbewahrt werden. In der Praxis hat sich gezeigt, dass ein an der Wand befestigtes Ordnungssystem gut geeignet ist.

Disketten, CDs oder Videofilme sind in der Regel in der Hand der Manager und werden im Büro gelagert.

### Aufbau

Handbücher sollen klar, logisch und übersichtlich aufgebaut sein.
Ein Inhaltsverzeichnis dient der schnellen Information über Untertitel und Inhalte. Meist entscheidet man sich für ein Ordnungssystem nach Nummern (z. B. DIN 1421). Dieses Ordnungssystem sollte einen Austausch von Blättern bzw. Ergänzungen ermöglichen.
Die einzelnen Kapitel werden durch Trennblätter aufgeteilt. Auf jedem Trennblatt soll der Inhalt gut leserlich als Stichwort dargestellt sein. Symbole unterstützen hierbei.

### Inhalt

Ziel ist es, dass Management und Mitarbeiter die Handbücher gern „in die Hand nehmen"!
Die Information ist in kurzen Sätzen mit einfachen Worten präzise darzustellen.
Die Sprache soll so gewählt werden, dass auch Mitarbeiter, deren Muttersprache nicht Deutsch ist, die Information schnell und eindeutig aufnehmen können.
Bilder und Symbole sind sehr hilfreich. Oftmals lassen sich hiermit Inhalte kurz und genau vermitteln.
Der Verfasser von Handbüchern hat in der Praxis zu kontrollieren, ob die Inhalte umfassend, klar und eindeutig formuliert und dargestellt wurden. Anschließend müssen entsprechende Anpassungen vorgenommen werden.

**Checklisten** helfen Management und Mitarbeitern:
▶ „Betriebsblindheit" zu vermeiden,
▶ kritische Punkte zur Qualitätssicherung immer im Auge zu haben,
▶ eine Eigenkontrolle ihrer Arbeit vornehmen zu können und
▶ somit einen hohen Qualitätsstandard halten zu können (siehe hierzu auch Kap. 1.4.2).

# 1.5 Konzepte, Segmente, Unternehmen am Markt

## Situation

| Rg. | Vj. | Unternehmen | Kat. | Vertriebslinien | Netz | Umsatz (o. MwSt.) Mio. € 2007 | Umsatz (o. MwSt.) Mio. € 2006 | Zahl der Betriebe 2007 | davon FR[2)] | 2006 |
|---|---|---|---|---|---|---|---|---|---|---|
| 1 | 1 | McDonald's Deutschland Inc., München | QS | McDonald's, McCafé | g | 2.699,0 | 2.573,0 | 1.301 | 956 | 1.276 |
| 2 | 2 | LSG Sky Chefs Deutschland GmbH, Neu-Isenburg[3)] | VG | LSG | g | 720,0 | 700,0 | 43 | 0 | 43 |
| 3 | 3 | Burger King GmbH, München | QS | Burger King | g | 710,0* | 645,0 | 607 | 449 | 525 |
| 4 | 4 | Autobahn Tank & Rast Holding GmbH, Bonn[4)] | VG | T&R Raststätten | n | 570,0* | 550,0* | 387 | 377 | 389 |
| 5 | 5 | Nordsee Fisch-Spezialitäten GmbH, Bremerhaven[5)] | QS | Nordsee | m | 295,0 | 299,7 | 354 | 32 | 358 |
| 6 | 6 | Metro Group (Konzerngastronomie), Düsseldorf | HG | Dinea, Grillpfanne, Axxe, Metro C&C etc. | m | 258,5 | 257,3 | 272 | 8 | 276 |
| 7 | 7 | Karstadt Warenhaus GmbH, Essen | HG | Karstadt, Le Buffet | n | 203,7 | 209,3 | 149 | 4 | 161 |
| 8 | 9 | Ikea Deutschland GmbH & Co. KG, Hofheim-Wallau[5)] | HG | Ikea-Gastronomie | g | 172,0 | 153,0 | 43 | 1 | 40 |
| 9 | 8 | Aral AG, Bochum | VG | PetitBistro | g | 170,6 | 163,0 | 1.238 | 1.237 | 1.240 |
| 10 | 15 | Subway International B.V., Köln | QS | Subway | g | 142,0 | 106,0 | 542 | 542 | 409 |
| 11 | 10 | Mövenpick Gesellschaften Deutschland, Stuttgart | FS | Marché, Mövenpick, Mövenpick-Hotelrest. | m | 138,0* | 130,0* | 43 | 5 | 41 |
| 12 | 11 | SSP Deutschland GmbH, Eschborn | VG | Bahnhof/Straße: Gastro & Handel | g | 136,6 | 129,6 | 194 | 0 | 202 |
| 13 | 12 | YUM! Restaurants International Ltd. & Co. KG, Düsseldorf | QS | Pizza Hut, KFC | g | 133,9 | 126,6 | 125 | 106 | 117 |
| 14 | 13 | Edeka Zentrale AG & Co. KG, Hamburg | QS | Metzger-/Bäcker-Imbiss: Schäfer's, K&U usw. | n | 130,0* | 125,0 | 2.400 | 0 | 2.400 |
| 15 | 16 | Gate Gourmet GmbH Deutschland, Neu-Isenburg[3)] | VG | Gate Gourmet, LTC | g | 106,0 | 105,0 | 10 | 0 | 11 |
| 16 | 14 | Stockheim Unternehmensgruppe, Düsseldorf | VG | Flughafen-, Bahnhof-, Messe-Restaurants | n | 105,5 | 108,0 | 27 | 0 | 27 |
| 17 | 17 | Maredo Restaurants Holding GmbH, Düsseldorf | FS | Maredo | m | 99,4 | 97,1 | 60 | 1 | 60 |
| 18 | 21 | Kuffler Gruppe, München | FS | Spatenhaus, Mangostin, Käfer'S, Weinzelt u.a. | n | 98,7 | 86,9 | 36 | 17 | 37 |
| 19 | 20 | Block House Gruppe, Hamburg | FS | Block House, Elysée-Gastro, Jim Block | m | 98,3 | 87,4 | 43 | 0 | 42 |
| 20 | 23 | Kamps Bakeries GmbH, Schwalmtal | QS | Kamps | n | 92,0 | 82,0 | 930 | 870 | 970 |
| 21 | 19 | DB Fernverkehr AG, Frankfurt/Main | VG | Zugcatering | m | 90,8 | 94,4 | 540 | 0 | 540 |
| 22 | 22 | Shell Deutschland Oil GmbH, Hamburg | VG | Shell Café-Backshops/ Autohöfe | g | 89,9 | 85,1 | 1.075 | 1.075 | 1.075 |
| 23 | 18 | Feinkost Käfer GmbH & Co. KG, München | EC | Käfer Partyservice, Käfer Gastronomie | g | 81,0 | 96,0 | 9 | 3 | 8 |
| 24 | 35 | Starbucks Coffee Deutschland GmbH, Essen | QS | Starbucks | g | 75,0* | 52,0* | 113 | 0 | 75 |
| 25 | 24 | Arena One GmbH, München | EC | Event-/Sport-Catering | c | 72,0 | 65,0 | 10 | 0 | 10 |
| 26 | 30 | Hallo Pizza GmbH, Langenfeld | QS | Hallo Pizza, Gameiro | n | 63,9 | 56,4 | 152 | 152 | 140 |
| 27 | 26 | Esso Deutschland GmbH, Hamburg | VG | On the Run, Snack&Shop | g | 63,5 | 62,5 | 480 | 380 | 480 |
| 28 | 34 | Joey's Pizza Service GmbH, Hamburg | QS | Joey's Pizza Service | n | 63,4 | 52,6 | 134 | 134 | 121 |
| 29 | 29 | Le CroBag GmbH & Co. KG, Hamburg | QS | Le CroBag | n | 60,3 | 56,7 | 120 | 79 | 116 |
| 30 | 31 | Europa-Park Mack KG, Rust/Baden | FZ | Freizeit-Gastronomie | c | 59,4 | 55,2 | 41 | 0 | 40 |
| 31 | 28 | Mitchells & Butlers Germany GmbH, Wiesbaden | FZ | Alex, Alex Brasserie, All Bar One | m | 58,6 | 58,9 | 44 | 3 | 46 |
| 32 | 32 | Accente Gastronomie Service GmbH, Frankfurt/Main | EC | Diebels, Messegastronomie, Louisiana, Friesenhof u.a. | n | 55,3 | 54,8 | 55 | 8 | 54 |
| 33 | 36 | Brezelbäckerei Ditsch GmbH, Mainz | QS | Ditsch Brezelbäckerei | m | 54,1 | 48,1 | 180 | 180 | 173 |

# Konzepte, Segmente, Unternehmen am Markt

## Situation (Fortsetzung)

| Rg. | Vj. | Unternehmen | Kat. | Vertriebslinien | Netz | Umsatz (o. MwSt.) Mio. € 2007 | Umsatz (o. MwSt.) Mio. € 2006 | Zahl der Betriebe 2007 | davon FR[2] | 2006 |
|---|---|---|---|---|---|---|---|---|---|---|
| 34 | 38 | Allresto Flughafen München Hotel-/ Gastst. GmbH, München | VG | Airport-Gastronomie | c | 52,0 | 46,0 | 35 | 5 | 34 |
| 35 | 27 | Aramark (Stadion) Holding GmbH & Co. KG, Neu-Isenburg | EC | Stadion-/Arena-Catering | g | 50,0* | 60,0* | 11 | 0 | 11 |
| 36 | 40 | Wiener Feinbäckerei Heberer GmbH, Mühlheim am Main | QS | Stehcafés/Snack-Counter | n | 49,1 | 45,4 | 290 | 290 | 294 |
| 37 | 33 | Globus SB-Warenhaus Holding GmbH & Co. KG, St. Wendel | HG | Globus SBW Gastronomie | m | 47,9 | 45,9 | 37 | 0 | 38 |

*Schätzwert
1) ohne Hotellerie, Gastro gesamt inkl. Fremdregie-Betriebe
2) FR = Fremdregie/Franchising
3) keine gastronomietypische Absatzsituation
4) Pachtbetriebe der Tank & Rast
5) Saison/Geschäfts- nicht mit Kalenderjahr identisch/angepasst
6) Überschneidungen von Franchisegeber/-nehmer werden vernachlässigt. Insgesamt unter 3%

Kat = Kategorie/Segmente
QS = Fast Food, Imbiss, Home Delivery
VG = Verkehrsgastronomie
HG = Handelsgastronomie
FZ = Freizeitgastronomie

FS = Fullservicegastronomie
EC = Event/Messe/Sport-Catering
Netz (räumlicher Radius)
g = global; m = multinational;
n = national; r = regional;
c = in einer Stadt

Quelle: food-service, Deutscher Fachverlag

Der Markt der Systemgastronomie bietet beinahe eine ähnliche Vielfalt und Breite wie der sonstige gastronomische Markt. Keinesfalls zutreffend ist, was viele Menschen vermuten: dass Systemgastronomie mit Fast Food und diese mit „Junkfood" gleichzusetzen sei, vielleicht auch noch amerikanischer Herkunft. Systemgastronomie hat mit Fast Food zunächst gar nichts zu tun. Man kann Fast Food mit System anbieten, muss es aber nicht, wenn jedoch, so ist **Fast Food** eine Teilbranche. Auf den nächsten Seiten sollen die wesentlichen Segmente des Marktes der Systemgastronomie in Deutschland skizziert werden. Man kann die Systembetriebe nach mannigfachen Kriterien einteilen, so z. B. nach der Serviceform, der Sortimentgestaltung oder nach besonderen Standorten.

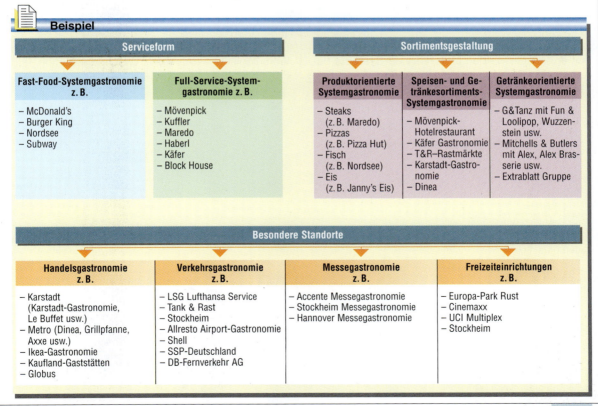

**Beispiel**

**Serviceform**

Fast-Food-Systemgastronomie z. B.
- McDonald's
- Burger King
- Nordsee
- Subway

Full-Service-Systemgastronomie z. B.
- Mövenpick
- Kuffler
- Maredo
- Haberl
- Käfer
- Block House

**Sortimentsgestaltung**

Produktorientierte Systemgastronomie
- Steaks (z. B. Maredo)
- Pizzas (z. B. Pizza Hut)
- Fisch (z. B. Nordsee)
- Eis (z. B. Janny's Eis)

Speisen- und Getränkesortiments- Systemgastronomie
- Mövenpick-Hotelrestaurant
- Käfer Gastronomie
- T&R–Rastmärkte
- Karstadt-Gastronomie
- Dinea

Getränkeorientierte Systemgastronomie
- G&Tanz mit Fun & Loolipop, Wuzzenstein usw.
- Mitchells & Butlers mit Alex, Alex Brasserie usw.
- Extrablatt Gruppe

**Besondere Standorte**

Handelsgastronomie z. B.
- Karstadt (Karstadt-Gastronomie, Le Buffet usw.)
- Metro (Dinea, Grillpfanne, Axxe usw.)
- Ikea-Gastronomie
- Kaufland-Gaststätten
- Globus

Verkehrsgastronomie z. B.
- LSG Lufthansa Service
- Tank & Rast
- Stockheim
- Allresto Airport-Gastronomie
- Shell
- SSP-Deutschland
- DB-Fernverkehr AG

Messegastronomie z. B.
- Accente Messegastronomie
- Stockheim Messegastronomie
- Hannover Messegastronomie

Freizeiteinrichtungen z. B.
- Europa-Park Rust
- Cinemaxx
- UCI Multiplex
- Stockheim

## 1.5.1 Fast-Food-Systemgastronomie

Das **Segment Fast Food** nimmt in der deutschen Systemgastronomie die größte Rolle ein. In der Auflistung der Top-100-Gastronomieunternehmen in Deutschland nimmt das Segment „Fast Food" nach der Definition der Zeitschrift food-service ca. 52 % des Umsatzvolumens ein.

**Fast Food** beschreibt eine bestimmte Art und Weise, wie verzehrfertige Speisen und/oder Getränke an den Gast gebracht werden. Diese Art und Weise lässt sich am ursprünglichen Begriff des englischen „fast" (= schnell) festmachen und beschreibt die Gastronomie, die aus Sicht des Gastes einen insgesamt schnellen Bestell- und Verzehrvorgang ermöglicht.

Von den Top 10 der deutschen Gastronomieunternehmen sind allein vier dem Segment Fast-Food-Systemgastronomie zuzuordnen, nämlich McDonald's, Burger King, Nordsee, YUM (Pizza Hut, KFC).

In der Fast-Food-Systemgastronomie finden sich fast ausschließlich Unternehmen, die sich auf bestimmte Produkte oder Produktgruppen spezialisiert haben. Auch wenn bei den führenden US-amerikanischen Fast-Food-Ketten in Deutschland der Umsatzanteil der Hamburger auf unter ein Drittel gesunken ist, sind sie in den Köpfen von vielen Verbrauchern als Hamburger-Restaurants positioniert und haben dort ihre größte Produktkompetenz.

Die meisten der Fast-Food-Systemgastronomen haben **Counterservice**, d.h., der Gast holt sich die bestellte Ware gleich unmittelbar am Tresen/Theke. Er verzehrt die Ware entweder am Tisch des Restaurants oder nimmt sie mit zum Außer-Haus-Verzehr.

Immer häufiger werden **Lieferservice-Systeme** genutzt. Diese Systeme verzichten häufig auf Verkaufs-outlets. Sie produzieren in verkehrsgünstig gelegenen Produktionsstätten in mietgünstigeren Gewerbegebieten bzw. Stadtrandlagen. Ihr Verkauf erfolgt per Zustellung i.d.R. mit Autos.

Die Sortimente bei Fast-Food-Systemgastronomen sind straff und hoch standardisiert, auch die Produktionstechnik ist auf das Sortiment und die spezifischen Bedürfnisse des Systems hin konzipiert und hoch spezialisiert. Auch der sehr große Markt der Individualgastronomie im Segment Fast Food ist zu betrachten. Zehntausende von Imbissständen, -wagen, -buden ziehen trotz fehlender Image- und Markenkompetenz eine „Heerschar" von Verbrauchern an. So beträgt z. B. der Umsatz der deutschen Kebab-Betriebe trägt mehrere hundert Millionen Euro pro Jahr – auch ohne Markenkompetenz.

## 1.5.2 Verkehrs- und Messegastronomie

Als Verkehrsgastronomie bezeichnet man alle gastronomischen Aktivitäten an Autobahnen, in Bahnhöfen, in Flughäfen, auf Schiffen, in Zügen oder in Flugzeugen. Alle gastronomischen Einrichtungen im Rahmen einer Messeveranstaltung zählen zur Messegastronomie.

Verkehrs- und Messestandorte sind von hoher Frequenz gekennzeichnet. Die Frequenzkurve verläuft aber nicht linear, sondern hat hohe Ausschläge. Dies trifft in besonderem Maße für die Autobahnraststätten zu, die zu einer Öffnungszeit von 24 Stunden an 365 Tagen verpflichtet sind.

Die Ausschläge stellen hohe Anforderungen an Warenlogistik, Produktion, Warenpräsentation und Personaleinsatz (siehe unten).

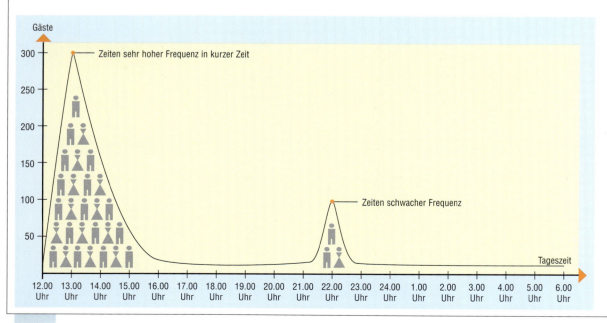

Die Systembetriebe an diesen Standorten müssen durch Standardisierung in allen Bereichen wie Beschaffung, Lagerung, Produktion, Warenaufbau, -präsentation, Verkauf, Reingung und Personaleinsatz gewährleisten, dass viele Gäste in kürzester Zeit bedient werden. Andererseits ist ein hohes Maß an Flexibilität erforderlich, um situationsgerecht handeln zu können.

Die **Betriebe der Verkehrs- und Messegastronomie** hatten in der Vergangenheit nicht den besten Ruf, z. B. „Die Autobahnraststätten sind zu teuer bei mäßiger Qualität.", „Die Bahnhöfe sind schmutzig und unattraktiv.", „Auf Messen wird man nur abgezockt." Dieses Urteil trifft heute i.d.R. nicht mehr zu, da sich vieles bewegt hat.

Im Zuge der Privatisierungsumsetzung der **DB** wurden neue Konzepte entwickelt mit der Absicht, Bahnfahren und die Bahnhöfe wieder attraktiv zu gestalten. Vorbilder waren hier die Flughäfen mit ihrem deutlich besseren Image als das der Bahnhöfe. Die Bahn hegt heute den Anspruch „Erlebnisgastronomie mit Gleisanschluss" an allen Bahnhöfen zu sein, wie dies bereits in Leipzig, Frankfurt, Köln, Hannover, Berlin usw. der Fall ist. Aber auch mittlere und kleinere Bahnhöfe werden nach Umbaumaßnahmen in das Trading-up mit einbezogen. Die Bahn sieht die Wertigkeit des Reisebeginn- und -endpunktes als ganzheitliches Erlebnis einer Bahnreise. So entstand das Konzept „DBServiceStore" als modulares Konzept besonders für kleinere und mittlere Bahnhöfe.

Neben der Implementierung (Einbau funktionsfähiger Systeme) neuer eigener Konzepte ist die Bahn bestrebt, immer mehr bekannte Marken in die Bahnhöfe zu holen – was ihr auch bereits gelang.

Trotz Bordrestaurant und Bordbistro mit standardisierten Sortimenten und Serviceleistungen blieb das Zuggeschäft defizitär. Auch Versuche, z. B. von McDonald's im Zug, führten nicht zum gewünschten Ergebnis. Da Schließungen von Bordrestaurants auf unrentablen Strecken zu erheblichen Protesten führten, betreibt die Bahn nunmehr das Zuggeschäft in Eigenregie.

An **Autobahnen** führten die Bemühungen mit neuen Konzepten und einem franchiseähnlichen Kooperationssystem zum gewünschten Erfolg, wie dies internationale Wettbewerbe zeigen. Die deutschen Raststätten werden im europäischen Vergleich von den Gästen zu den Spitzenbetrieben an Autobahnen in Europa gezählt.

Die privatisierte Nachfolgegesellschaft der „Gesellschaft für Nebenbetriebe (GfN)", eine ehemals 100%ige Tochter des Verkehrsministeriums, „Autobahn Tank & Rast GmbH" konnte an vielen Standorten ihr neues Konzept „Rastmarkt" mit einem Freeflow-Restaurant, einem Café/Bistro und einem Shop realisieren. Für die ehemaligen Line-Systeme an kleineren Standorten wurde das Konzept „Rastpunkt" entwickelt. Auch für Tankstellen wurden eigenständige Konzepte mit einheitlichem Erscheinungsbild umgesetzt. Neben dem Umsetzen eigener Konzepte ist die Gesellschaft an der Integration von Marken interessiert, z. B. McDonald's, Burger King, Barilla, Segafredo. Aber auch Systembetriebe, z. B. die Firma Axxe vom Metrokonzern oder Mövenpick, haben einige Standorte an Autobahnen mit ihren eigenständigen Konzepten übernommen.

**Marktführer** im Segment **Verkehrsgastronomie** ist die LSG SkyChefs. Die Lufthansa-Tochter ist Weltmarktführer für Bordverpflegung mit hohen Marktanteilen in Europa und USA.

Das **Messegeschäft** wurde in der Vergangenheit von spezialisierten mittelständischen Unternehmen, z. B. der „Reiss GmbH & Co. KG", oder Abteilungen bzw. Tochtergesellschaften der Messegesellschaften bestimmt. Heute finden wir im Messegeschäft Unternehmen, die Erfahrungen im Bereich der Event-Veranstaltungen haben oder auch in anderen Marktsegmenten vertreten sind, z. B. die Stockheim Unternehmensgruppe.

### 1.5.3 Handelsgastronomie

Die Handelsgastronomie entwickelte sich von einer Serviceeinrichtung für Einkaufende in ein eigenständiges Profitcenter der Handelsunternehmen; d.h., sie sind eine organisatorisch und ergebnisverantwortliche selbstständige Einheit.

Die Restaurants in den Waren- und Kaufhäusern waren in der Vergangenheit Abteilungen der einzelnen Filialen der Handelsunternehmen. Der Restaurantleiter und seine Mitarbeiter waren dem örtlichen Filialmanagement unterstellt.

Im Zuge der Eigenverantwortlichkeit in den 80er-Jahren erfolgte eine Zentralisierung und Systematisierung der gastronomischen Angebote im Handelsbereich. Erst ab diesem Zeitpunkt kann man von Handelssystemgastronomie sprechen. So entstanden die ersten **Freeflow-Restaurants** in Deutschland in der Handelsgastronomie, und zwar bei Quelle in Nürnberg; Karstadt und Kaufhof folgten dem Beispiel.

Die Handelsgastronomie spricht heute neben den Kunden im eigenen Hause die Arbeits- und Wohnbevölkerung im Umfeld sowie die Passanten am jeweiligen Einkaufsort an. Da sie i. d. R. von den Öffnungszeiten der Handelsaktivitäten abhängig ist, geht der

Handelsgastronomie das Abend- und Wochenendgeschäft weitgehend verloren. Ihre Umsatzspitzen haben die Betriebe der Handelsgastronomie im Mittagsgeschäft. Trotz Verlängerung der Ladenöffnungszeiten und der veränderten Konsumgewohnheiten im Frühstücksgeschäft hat sich die Umsatzkurve nicht wesentlich verändert.

Die Expansionspolitik im Bereich der Handelsgastronomie war in der Vergangenheit stark von der Expansion- und Übernahmepolitik der Muttergesellschaften geprägt. Die rückläufigen bzw. stagnierenden Entwicklungen im klassischen Handelssegment veranlasste Handelsgastronomen, neue Segmente und Standorte für sich zu erschließen, z. B. Übernahme von Autobahnraststätten oder die Aufnahme von Einzelhandelssortimenten in der Produktpalette.

Bei der Betrachtung statistischer Auswertungen im Mehrjahresvergleich sind Verschmelzungen und Zukäufe, wie am Beispiel der zwei umsatzstärksten Warenhausgastronomen im Schaubild dargestellt, zu berücksichtigen.

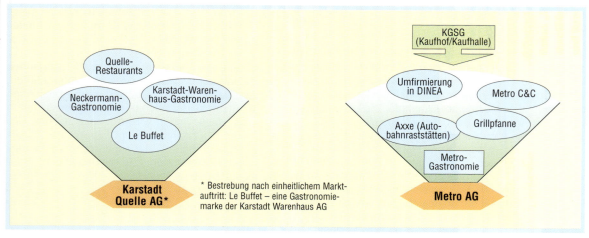

Grundlagen, Einordnung und Gegenstand der Systemgastronomie

## 1.5.4 Freizeitgastronomie

Zur Freizeitgastronomie werden alle gastronomischen Einrichtungen gezählt, die an einem Standort vertreten sind, wo das Freizeitvergnügen im Vordergrund steht. Sei es in Arenen, Stadien, Multiplex-Kinos, Musicals, Freizeit- und Erlebnisparks oder in Diskotheken usw.

Dank der wachsenden Bedeutung der Freizeitgestaltung boomt dieser Markt weiter. Die Fachzeitschrift „food-service" schreibt: „Es ist wertmäßig die kleinste der fünf Gruppen, doch seit Jahren stets mit überragenden Wachstumsraten, abgesehen von Einrichtungen in Kinos."

Die Besucher wollen vor Ort ein gastronomisches Angebot vorfinden. War man früher bereit, z. B. bei einem Zoobesuch sich selbst zu versorgen oder an einem Imbiss Hunger und Durst zu stillen, so erwarten die Besucher von Freizeiteinrichtungen heute einerseits ein vielfältiges Angebot an Speisen und Getränken mit schnellem Service in unterschiedlichen Preissegmenten, andererseits wollen sie die Möglichkeit zur Selbstversorgung erhalten wissen.

Viele Betreiber von Freizeiteinrichtungen wollen das Umsatz- und Gewinnpotenzial der Gastronomiebereiche selbst nutzen und verbieten den Verzehr von mitgebrachten Speisen und Getränken.

Betrachtet man die **Betriebstypen der Freizeitgastronomie**, so stellt man fest, dass kein anderes Segment eine so hohe Vielfalt aufweist. Die Bandbreite reicht vom Bauchladen bis zum Erlebnisrestaurant. Essen und Trinken gewinnt immer mehr an Bedeutung in Sport- und Freizeiteinrichtungen. Ging es in der Vergangenheit primär darum, Hunger und Durst zu stillen, wollen die Besucher heute z. B. in VIP-Lounges kulinarisch verwöhnt werden.

Die wachsende Herausforderung an das gastronomische Angebot in Freizeiteinrichtungen zeigt sich z. B. in den ethnischen Themenparks im Europa-Park Rust oder der Inszenierung von Traumwelten wie Pomp Duck and Circumstance oder Wellenzauber (Witzigmann und Roncalli).

In der Vergangenheit war das Segment Freizeitgastronomie durch eine geringe Systematisierung gekennzeichnet. Die hohen Anforderungen, z. B. in Pausenzeiten bei Sport- und Kulturveranstaltungen, in kurzer Zeit einen Ansturm von Gästen zu bewältigen, ist nur mit einem modularen, standardisierten System mit systematisierten Arbeitsabläufen zufriedenstellend zu lösen. Neben der logistischen Herausforderung ist ein Mitarbeiter-Team erforderlich, das ausschließlich für die Dauer der Veranstaltung kurzfristig zur Verfügung steht. Darüber hinaus müssen diese Mitarbeiter hoch motiviert, belastbar und lernbereit sein.

Eine **zunehmende Systematisierung** können wir auch im Bereich der großen Diskotheken/Tanzpaläste erkennen. Der Grad der Systematisierung war zunächst eher gering. Das System-Know-how erstreckte sich in der Regel auf die Betriebs- und Eröffnungsplanung sowie eine gemeinsame Kommunikationspolitik bei zentraler Organisation (Veranstaltungsprogramm).

Neuere Konzepte gehen über diese Systematisierung hinaus und haben gleiche Module sowie ein gleiches Einrichtungs- und Ausstattungskonzept.

## 1.5.5 Full-Service-Gastronomie

In Abgrenzung zum verbreiteten Counterservice bei Fast Food oder bei Selbstbedienung in verschiedenen handels- und verkehrsgastronomischen Betrieben wird von Full-Service-Systemgastronomie gesprochen, wenn der Gast wie in einem herkömmlichen Restaurant am Tisch bedient und dort auch das Geld kassiert wird. Die **Unterscheidung zur Individualgastronomie** liegt auch hier in den oben genannten Merkmalen der Standardisierung, der Marke und zentralen Steuerung sowie der Multiplikation.

Die Full-Service-Systemgastronomie ist sehr viel stärker europäisch geprägt als die Fast-Food-Systemgastronomie. Hier finden sich Unternehmen wie Mövenpick, Block House, Kuffler, Käfer und andere, in Deutschland also vielfach bekannte Namen und über Jahrzehnte gewachsene Kompetenz. Beim Betrachten von Erlösen und Wachstum schneidet die Full-Service-Systemgastronomie allerdings nicht so gut ab. Hohe Personalkosten aufgrund des Servicekonzeptes tragen dazu bei.

In der Full-Service-Systemgastronomie haben der Betriebsleiter/die Betriebsleiterin und alle Mitarbeiter eine hohe Verantwortung als Gastgeber im Service. So erklärt sich, dass in dieser Form der Systemgastronomie mehr Fachkräfte aus den bekannten gastgewerblichen Berufen beschäftigt sind.

Mit der Systematisierung in diesem Segment werden neben den Service- und Produktionsabläufen vor allem folgende Ziele angestrebt:
▶ Sicherung einer konstanten Qualität,
▶ Reduktion von Kosten sowie
▶ konsequente Planung und Steuerung der betriebswirtschaftlichen Abläufe.

## 1.5.6 Systemgastronomie und Individualgastronomie – Zusammenwachsen und Annäherung

Die gestiegene Erwartung der Gäste an die Dienstleistungsqualität und das Bewusstsein für Service und Erlebnisqualität führen dazu, dass Systemgastronomie und Individualgastronomie immer mehr Gemeinsamkeiten aufweisen.

Individualgastronomie ist stärker zu standardisieren, um den Herausforderungen der Zukunft im Bereich des Kostenmanagements, der Finanzierung sowie der Markenprofilierung gewachsen zu sein. Die Systemgastronomie steht vor der Herausforderung, die gestiegenen Ansprüche an Service und Dienstleistung am Gast dadurch zu befriedigen, dass das gesamte Team mehr Gastgeber als Verkäufer ist.

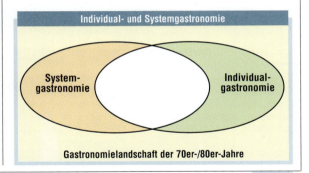

# 1 Verkaufsprogramme – Produkt- und Sortimentsorientierung

Gastronomielandschaft zu Beginn des Jahrtausends

In diesem „Spannungsfeld" zwischen System- und Individualgastronomie finden sich immer mehr Betriebe der sogenannten **Szene-, Kommunikations- oder Eventgastronomie**. Häufig sind es sogenannte Seiteneinsteiger, d.h. Personen ohne gastronomische Fachausbildung, die entweder mit betriebswirtschaftlichem oder mit psychologisch-soziologischem Ansatz und Hintergrundwissen Gastronomiebetriebe eröffnen und konsequent führen.

Sie haben keine Bedenken, Arbeitsprozesse zu standardisieren, auch wenn sie damit gegenüber ihrem Marktumfeld eine Sonderstellung einnehmen. Sie haben aber auch keine Hemmungen, bestimmte Standardisierungen abzulehnen und Freiräume zu gestatten, ja sogar herauszufordern, soweit die Bedürfnisse der Gäste und ihre Zufriedenheit dies erfordern.

Es soll damit zum Ausdruck gebracht werden, dass weder die Systematisierung noch die sogenannte Freiheit des Wirtes und seine Individualität ausschließliche Lösungen sein können. Systematisierung ist ein Mittel zum Zweck, um zum einen Gäste zu erreichen und zu binden, zum anderen Umsatz und Gewinn zu steigern. Die **Funktion als Gastgeber** wird in Zukunft immer wichtiger und ist mit den Vorzügen der Systemgastronomie zu kombinieren.

## 1.6 Verkaufsprogramme – Produkt- und Sortimentsorientierung

### Situation
Systemgastronomische Unternehmen beruhen darauf, dass das Verkaufsprogramm, d.h. alles, was dem Gast angeboten wird, im Vorfeld durchdacht und während des Betriebes regelmäßig strategisch angepasst wird. Damit ergibt sich aber auch die grundsätzliche Frage, womit man sich beim Gast profilieren will. Wie breit soll das Sortiment sein, wie tief, und welche Eckpfeiler müssen definiert sein?

Dass der Gast generell ein breites Sortiment erwartet, stimmt nicht. Dies zeigen die großen Erfolge der Produktspezialisten, z.B. der Steakhäuser, der Hamburger-Restaurants und der Pizzerien.

Generell können die folgenden Möglichkeiten für die Ausrichtung der Sortimentspolitik unterschieden werden. Die Reihenfolge lehnt sich an die Bedeutung in der Geschichte der Marken- und Systemgastronomie an.

### Producter – Profilierung durch Spezialisierung
Kennzeichen: Konzentration auf ein Grundprodukt oder einen Produktbereich, z.B. Kaffee oder Muffins; alles Weitere ist Komplementärsortiment

#### Beispiel
… Wienerwald in den 70er-Jahren (mit Hähnchen) und McDonald's zu Beginn der Jahrtausendwende (als die Hamburger noch 60 bis 70 % des Umsatzes ausmachten)

### Monoproducter – Profilierung durch Kompetenz
Kennzeichen: absolute Konzentration auf ein spezialisiertes Produkt, z.B. Pizza, dazu ggf. auf eine spezielle Zubereitungsart, z.B. Pizza aus dem Steinofen

#### Beispiel
… Pizza Hut

### Sortimenter – Profilierung durch harmonische Vielfalt
Kennzeichen: breiteres Sortiment unterschiedlicher Schwerpunkte, z.B. Salat, Gemüsegerichte, Pasta oder Nachspeisen

#### Beispiel
… Maredo, Le Buffet, Mövenpick

### Komplexe Systeme – Profilierung durch spezialisierte Vielfalt
Kennzeichen: mehrere spezialisierte Betriebstypen oder Verkaufsstellen unter einem Dach integriert, evtl. mit gemeinsamer Infrastruktur wie Verzehrfläche und Hygieneeinrichtungen.

#### Beispiel
… Foodcourts in Einkaufscentern und Bahnhöfen, gemeinsame Standorte von Block House (Steaks), Nordsee (Fisch und Seafood) und Nudelmacher (Pasta)

**Profil eines Foodcourts:** Jeder einzelne Betriebstyp dieses komplexen Systems muss für sich allein ein Profil haben, damit der gesamte Foodcourt sein unverwechselbares Profil erhält und Publikum anzieht.

# Verkaufssysteme – Servicepolitik

**Kombinationstypen A – Profilierung durch Synergien und neue Zusammenstellungen**
Kennzeichen: mehr als eine authentische Küche in einem Konzept, evtl. je nach Standort modular kombinierbar

**Beispiel**

… Mangostin Asia (Kombination Thai- und japanisches Restaurant, Colonial Restaurant und Bar)

**Kombinationstypen B – Profilierung durch Kombination mit Zusatznutzen**
Kennzeichen: nicht nur Essen, Trinken und Erlebnis, sondern Einzelhandel, Internet-Café usw.
Veränderte Kostenstrukturen und Rentabilitätsziele zwingen die Gastronomen immer stärker, sich mit Zusatzverkäufen zum Hauptgeschäft „Verzehr von Speisen und/oder Getränken an Ort und Stelle" auseinanderzusetzen. Neben dem Essen oder dem Kaffee zum Mitnehmen sind betriebstypenbezogene Sortimente zu erarbeiten.

**Beispiel**

… DB-Service-Store → Einzelhandelssortiment, Snacks, Getränke sowie Verkaufsschalter für Fahrkarten
… Hard-Rock-Café → Handelssortiment an Merchandisingprodukten überwiegend aus den Bereichen Musik und Bekleidung

## 1.7 Verkaufssysteme – Servicepolitik

Eines der Kennzeichen der Systemgastronomie ist es, die Servicepolitik gut durchdacht zu haben und nicht immer automatisch am Tisch zu bedienen oder über das Büfett abholen zu lassen. Vielmehr könnte die Auffassung richtig sein, dass erst durch die Entwicklung der Systemgastronomie eine Vielfalt von Serviceformen möglich wurde. Es stellt sich die Frage, welche **Serviceformen** können dem Gast angeboten werden:

| | Ausrichtung der Sortimentspolitik in der Systemgastronomie | | |
|---|---|---|---|
| Sortimentsbreite und Sortimentstiefe | ▶ Monokultur | ▶ Profilierung durch Kompetenz | ▶ z. B. Pizza-Hut ▶ Le CroBag |
| | ▶ Producter | ▶ Profilierung durch Spezialisierung | ▶ McDonald's ▶ Burger King ▶ Nordsee |
| | ▶ Sortimenter | ▶ Profilierung durch harmonische Vielfalt | ▶ Marché ▶ Handelsgastronomie Karstadt, Dinea, Ikea u. a. |
| | ▶ Kombinationstypen A | ▶ Profilierung durch Synergien und neue Zusammenstellungen | ▶ Mangostin Asia ▶ Block House, Maredo ▶ Tank & Rast ▶ Alex u. a. |
| | ▶ Komplexe Systeme | ▶ Profilierung durch spezialisierte Vielfalt | ▶ Foodcourts ▶ Leipziger Hauptbahnhof u. a. |
| | ▶ Kombinationstypen B | ▶ Profilierung durch Dienstleistungskombination ▶ Zusatznutzen | ▶ Mövenpick ▶ Hotelkonzepte, z. B. Elysée, Hamburg ▶ Center Parcs Europa ▶ UCI Multiplex ▶ DBServiceStores |

(Die Zuordnung der Systemtypen sind Beispiele für eine mögliche Segmentierung. Überschneidungen bei der Zuordnung einzelner Systeme sind deshalb möglich!)

Es sind zu unterscheiden:

**Full Service**
▶ Klassischer Vorlegeservice
▶ Tellerservice

**Selbstbedienung/Self-Service**
▶ Büfettservice
▶ Freeflow
▶ Freeline
▶ Online
▶ Counter

Siehe hierzu Kap. auch 9.2 und 10.4.

# Verkaufssysteme – Servicepolitik

Die Systemgastronomie war der Wegbereiter für das sogenannte „Kochen vor dem Gast". Mehrere Gründe haben dazu geführt, dass die Produktion oder auch nur die Endproduktion der Speisen von der Küche in den Servicebereich verlegt wurde:

▶ zunehmender Druck nach Schnelligkeit, d.h. die Erwartung des Gastes, zwischen Bestellung und Verzehr keine Zeit zu verlieren
▶ zunehmende Erwartung des Gastes nach Auswahl
▶ Wunsch der Gäste nach Transparenz, d.h. der Wunsch zu sehen, was man bestellt, um die Ware zumindest optisch erfassen zu können
▶ Berücksichtigung individueller Wünsche des Gastes bei der Endzubereitung
▶ Unterhaltungseffekt

In der Entwicklung zum Erlebnis als Gesamtkunstwerk wird auch das Kochen und das Fertigmachen der Speisen zunehmend inszeniert. Es trägt zum Gesamterlebnis des „Essengehens" bei, ohne dass – wie klassisch üblich – am Tisch aufwendig vorgelegt wird.

Eine Folge ist das Reduzieren von unproduktiven Nebenflächen: Wurden in früheren Zeiten von 100 % Betriebsfläche 50 bis 60 % für Küche, Lager, Toiletten usw. aufgewandt, so werden in modernen systemgastronomischen Unternehmen vielfach bereits 70 bis 80 % der Fläche dem Gast zugänglich gemacht.

Kochen vor dem Gast – sei es aus Gründen der Show, aus Gründen der Rationalität oder der Produktpräsentation – erfordert Gastorientierung und aktives Verkaufen, gepaart mit systemgastronomischen Kenntnissen.

## Aufgaben

1. Welche drei wesentlichen Merkmale kennzeichnen die Systemgastronomie?

2. Ein Gastronom besitzt vier voneinander unabhängige Betriebe, die sich jeweils durch einen hohen Grad an Standardisierung auszeichnen. Erfüllt er bereits alle Kriterien, um als Systemgastronom bezeichnet zu werden? Falls nein, welches Kriterium ist nicht erfüllt?

3. Nennen Sie mindestens vier Punkte in der Geschichte, die die Entwicklung der Systemgastronomie gefördert haben.

4. Wir betrachten das Speiseangebot in zwei unterschiedlichen gastronomischen Betrieben. Bei einem Betrieb handelt es sich um ein Steakhaus. Auf der Speisekarte befinden sich folglich nur Gerichte, die als Hauptspeise Steak beinhalten. Das andere Restaurant bietet auf seiner Speisekarte etwa 80 Gerichte an, wobei das Angebot sehr vielfältig ist. Überlegen Sie bitte, warum im oben genannten Fall die gewählte Spezialisierung des Steakhauses vorteilhaft sein kann.

5. Welche Vorteile bietet ein systematisiertes Einrichtungs- und Ausstattungskonzept für neue Standorte?

6. Welche Auswirkungen hat die Bündelung von mehreren Betrieben unter einem Dach auf die Personalplanung?

7. Nennen Sie Risiken, die die Systemgastronomie in sich birgt.

8. Beschreiben Sie die vier Standardisierungsgrade.

9. Welches Ziel verfolgt die Standardisierung?

10. In welche Segmente lässt sich die Systemgastronomie in Deutschland einteilen?

11. Welche Gründe bedingen ein Zusammenrücken von System- und Individualgastronomie?

12. Warum gibt es Betriebe, die zur individualisierten Systemgastronomie oder zur systematisierten Individualgastronomie gerechnet werden?

13. Annicke Querfeld betreibt als Hobby das Serviettenfalten schon seit mehreren Jahren. Sie arbeitet mit drei weiteren Kolleginnen in einem systemgastronomischen Betrieb und verziert als Einzige ihren Arbeitsplatz mit kunstvollen Dekorationen aus gefalteten Servietten. Die Gäste loben sie für ihre Fertigkeiten. Ihr Vorgesetzter ist da ganz anderer Ansicht und fordert sie auf, die Dekoration zu entfernen. Überlegen Sie, warum der Vorgesetzte anderer Ansicht sein könnte.

14. Barbara Berg wird im Rahmen ihrer Ausbildung in der Zentrale Marketing eingesetzt. Hier soll sie für eine neue Kaffeebar ein Handbuch erstellen. Bitte nennen Sie mindestens fünf Kapitel des Handbuches und erläutern Sie diese kurz.

15. Der Vorsitzende des Kegelvereins „Die fidelen Bierbäuche" ist mal wieder bei seinem Lieblingsthema, nämlich den „modernen Zeiten". Er beschwert sich über den „Einheitskram" bei den sogenannten Systemgastronomen. Früher war alles besser, da hatten die Restaurateure sogar noch Fantasie, was die Ausstattung ihrer Restaurants und das Essen angeht. Rudi Redlich, ein neues Mitglied, steht auf und nennt gute Gründe für die Systematisierung. Helfen Sie ihm bei seiner Bewährungsprobe, indem Sie drei gute Gründe als Argumentationshilfe nennen.

# Infobox Sprache / Übergreifende Aufgaben

## Infobox Sprache

### Systemgastronomie – Einordnung und Gegenstand

| 🇩🇪 Deutsch | 🇬🇧 Englisch |
|---|---|
| Angebotsformen | types of offers |
| Arbeitsablauf | work routine |
| Bedienung | service |
| Betriebsleiter | manager |
| Erfolg | success |
| Finanzierung | financing |
| Freizeiteinrichtungen | leisure facilities |
| Freizeitgestaltung | free-time activities, leisure activities |
| Handbücher | manuals |
| Handel | commerce |
| Imbissstand | fast food stall |
| Konzepte | conceptions, concepts |
| Kosten | costs |
| Kostenmanagement | cost management |
| Lieferservice | delivery service |
| Markenprofilierung | brand profiling |
| Markt | market |
| Marktführer | market leader |
| Messestandort | trade fair site |
| Mobilität | mobility |
| Planung | planning |
| Preis-/Leistungsverhältnis | price-performance ratio |
| Produktorientierung | product orientation |
| Qualitätssicherung | quality assurance |
| Segmente | segments |
| Selbstbedienung | self-service |
| Serviceform | service types |
| Sortiment | range |
| Sortimentsbreite | range of products, product mix breadth |
| Sortimentsgestaltung | product range design, product mix design |
| Sortimentsorientierung | (product) range orientation |
| Sortimentstiefe | product mix depth |
| Spezialisierung | specialization |
| Standardisierung | standardization |
| Steuerung | control |
| Systematisierung | systematization |
| Tochtergesellschaft | subsidiary |
| Umsatz | turnover |
| Unternehmensgruppe | consortium |
| Veranstaltung | event |
| Verantwortung | responsibility |
| Verkaufsprogramm | sales programme |
| Zusatznutzen | additional advantage |

## Übergreifende Aufgaben

**M**

1. Im vorstehenden Kapitel werden Sie mit vielen neuen Fachbegriffen konfrontiert. Legen Sie ein kleines Nachschlagewerk an, in dem Sie alle Begriffe kurz definieren (alternativ kann diese Arbeit in Kleingruppen erfolgen). Auf diese Weise entsteht ein kleines Fachlexikon. Natürlich kann dies auch auf alle folgenden Kapitel ausgeweitet werden.
2. Erstellen Sie einen kurzen Fragebogen, mit dem Sie das Wissen über den Bereich „Systemgastronomie" herausfiltern können. Der zu befragende Personenkreis ist nach Interessenlage festzulegen. Die sich ergebenden Wissenslücken können Grundlage für einen Infozettel, Infoflyer oder einen Artikel in der örtlichen Presse (Schülerzeitung o. Ä.) sein.
3. Erstellen Sie ein komplettes Verkaufsprogramm für:
   a) einen Monoproducter (z. B. Pizza oder ein selbst gewähltes Produkt),
   b) einen Sortimenter (z. B. Vollkornsnacks und Salate, regionale Küche, Küche anderer Regionen oder ein selbst gewähltes Sortiment).
   Lassen Sie Ihre Konzeption von erfahrenen Kollegen, Vorgesetzten oder Lehrern auf die Umsetzbarkeit hin überprüfen.
4. Die beiden Bereiche „Systemgastronomie" und „traditionelles Speiserestaurant" können in Form einer separaten Mind-Map gut miteinander verglichen werden; führen Sie einen solchen Vergleich.

**@**

1. Suchen Sie im Internet nach Definitionen für den Begriff „Systemgastronomie". Bewerten Sie die gefundenen Definitionen (Beschreibungen) und erstellen Sie gegebenenfalls eine verbesserte, ergänzende bzw. neue Version.
2. Der DeHoGa-Bundesverband hat eine Fachsparte, die sich nur mit der Systemgastronomie beschäftigt. Erkunden Sie auf der Internetseite des DeHoGa die unterschiedlichen Themenbereiche dazu.
2. Für Auszubildende in der Systemgastronomie gibt es verschiedene Internetforen. Finden Sie einige heraus.
3. Suchen Sie die Web-Seiten von drei systemgastronomischen Betrieben der gleichen Sparte heraus und vergleichen Sie die Angaben zu
   a) der Produktpalette,
   b) zu Angeboten für Arbeits- und Ausbildungsplätzen und
   c) zur Darstellung über Filialen/Restaurants oder Stores.

1. a) Berechnen Sie die Umsatzsteigerung des systemgastronomischen Betriebes Joey's Pizza von 1988 zu 2007 in Prozent (vgl. Situation auf Seite 12).
   b) Welcher durchschnittlichen jährlichen Steigerung entspricht das?
2. a) Ein Auszubildender in der Systemgastronomie hat einen Tagesenergiebedarf von 12 000 kJ. Wie viel % seines Tagesbedarfs hat er durch den Verzehr eines Hamburgers (vgl. Abb. Seite 8) gedeckt?
   b) 0,8 g Eiweiß pro Kilogramm Körpergewicht reichen in der Regel aus, um den Tagesbedarf zu decken.
   c) Wie viel Gramm Eiweiß benötigt eine Person mit einem Körpergewicht von 68 kg?
   d) Zu wie viel Prozent hat diese Person ihren täglichen Eiweißbedarf durch den Verzehr eines Burgers (vgl. Abb. Seite 8) gedeckt?
3. Berechnen Sie aus den Angaben auf Seite 12 folgende Werte:
   a) Die Umsatzsteigerung in Prozent von 2006 zu 2007.
   b) Den auf den ermäßigten Steuersatz und den Regelsteuersatz entfallenden Umsatz, wenn der Verteilungsschlüssel 3 : 7 betragen soll.
   c) Die auf die Umsätze unter b) entfallende Umsatzsteuer nach Steuersätzen getrennt.
   d) Den durchschnittlichen Umsatz je Betrieb in 2006 und 2007.
   e) Die Zunahme der Betriebe in Prozent.

# 2 Funktionen und Aufgaben der Zentrale und der Betriebsstellen

In jeder Organisation, seien es Unternehmen, Vereine oder sonstige Institutionen, übernehmen Menschen Aufgaben, deren Erfüllung mit dazu beiträgt, dass das Ziel der Organisation als Ganzes erfüllt wird. Es ist immer stark von der Art der gewählten Organisationsform, der Kompetenzenzuteilung und von der Klarheit der Aufgabenbeschreibung abhängig, ob die Organisation effizient arbeitet oder ob viele Arbeiten mehrfach an unterschiedlichen Stellen verrichtet werden und gute Ideen im Dickicht der Strukturen verloren gehen.

Der organisatorische Aufbau von Betrieben[1]) bzw. Unternehmen lässt sich nach zwei Darstellungsarten untergliedern:
- der Aufbauorganisation, in der Beziehungen unter den einzelnen Funktionen geregelt werden, und
- der Ablauforganisation, die Prozesse in einem Betrieb bzw. Unternehmen beschreibt.

## 2.1 Aufbauorganisation

**Situation**

Susanne und Dieter Mauritz haben vor Jahren gemeinsam das Restaurant „Great Barrier Reef" gegründet. Die Innenausstattung des Restaurants spiegelt die farbenfrohe Fauna und Flora dieses großen Unterwasserriffs vor der australischen Ostküste wider, die beide auf einem Tauchurlaub so fasziniert hatte. Die Speisekarte unterstützt mit vielen exotischen Fischsorten und einigen typisch australischen Fleischgerichten den Gesamteindruck. Da das Restaurant einen tollen Erfolg hatte, haben die beiden inzwischen die Great Barrier Reef GmbH gegründet, die bereits 45 gleiche Restaurants in anderen Städten eröffnet hat.

Susanne und Dieter Mauritz haben erkannt, dass sie durch Standards im Produktbereich und in der Ausstattung der Restaurants ihre Expansion beschleunigen können. Probleme bereitet ihnen aber noch der Aufbau der Organisation, die benötigt wird, um die Expansion nicht durch administrative Engpässe scheitern zu lassen. Hinzu kommt, dass die beiden durch Freunde die Anregung erhielten, ihre leckeren Vorspeisenangebote, die im typischen Restaurant nicht ausreichend zur Geltung kommen, auch anders zu vermarkten. So haben sie inzwischen auch einige kleinere Einheiten im Bistrostil eröffnet, in denen sie eine an kleinen und schnellen Gerichten interessierte Zielgruppe ansprechen. Auch die „Little Barrier Reefs" müssen irgendwie in die Organisation einbezogen werden.

---
[1] Merke: „Jedes Unternehmen ist ein Betrieb, aber nicht jeder Betrieb ist ein Unternehmen", d. h. z. B.: McDonald's ist das Unternehmen, jede Filiale ein Betrieb.

Jedes/r Unternehmen/Betrieb ist in eine Vielzahl unterschiedlicher **Teilaufgaben** gegliedert, die in ihrem Zusammenspiel erst das Funktionieren des Unternehmens ermöglichen. Voraussetzung hierfür ist, dass die Aufgaben sinnvoll in Einzelaufgaben unterteilt werden, wovon jede einen entscheidenden Faktor für das Gelingen der Gesamtaufgabe darstellt.

Zunächst muss also eine Analyse erfolgen, die die Definition jeder einzelnen Teilaufgabe in einem Unternehmen/Betrieb zur Aufgabe hat. Dann können Tätigkeiten, die in einem engen inhaltlichen Zusammenhang stehen, zu einer **Stelle** zusammengefasst werden. Diese Stelle wird mit einem Mitarbeiter besetzt, der anhand der Definition der Teilaufgaben weiß, wie sein Aufgabenbereich aussieht.

**Beispiel**

Susanne und Dieter Mauritz haben einen Product-Manager im Marketing der Great Barrier Reef GmbH eingestellt, der für Preisgestaltung, Werbung, Aktionsplanung, kontinuierliche Produktverbesserung und die Entwicklung neuer Produktideen zuständig ist.

Wie viele Teilaufgaben zu einer Stelle zusammengefasst werden können, hängt von der Komplexität der einzelnen Teilaufgaben ab. Beachtet werden muss auf jeden Fall, dass die anfallende Arbeit von einem Mitarbeiter in der dafür vorgesehenen Arbeitszeit bewältigt werden kann. Hierbei ist es durchaus möglich, dass es sich um Teilzeitstellen mit einem entsprechend geringeren Arbeitsvolumen handelt.

In den meisten Unternehmen liegt diese Zusammenfassung der Teilaufgaben in schriftlicher Form vor und wird als **Stellenbeschreibung/Funktionsbeschreibung** dem Mitarbeiter ausgehändigt. Aufgrund dieser Stellenbeschreibung wird es auch möglich, die Arbeit des Mitarbeiters nach einiger Zeit relativ objektiv zu beurteilen, denn die Kriterien der Beurteilung werden aus der Erfüllung der Teilaufgaben abgeleitet. Damit zeigt sich, dass der Mitarbeiter mit der Übernahme einer Stelle auch die Verantwortung für die Erfüllung der Tätigkeit übernimmt.

Aus den Stellenbeschreibungen leiten sich aber auch die **Kompetenzen**, d. h. seine Befugnis ab. Es sollte in diesen festgelegt sein, wie weit seine Entscheidungsspielräume im Rahmen seiner Stelle reichen, z.B., welche Budgetbefugnisse der Mitarbeiter hat.

Gleichzeitig wird in der Stellenbeschreibung festgelegt, wie sich diese Stelle in die Gesamtorganisation einfügt. Damit wird eine Hierarchiebildung erzeugt. In dieser **Hierarchie** findet sich jeder Mitarbeiter auf einer bestimmten Stufe wieder. Er weiß, wie viele Mitarbeiter er hat, die ihm unterstellt sind, und wer sein Vorgesetzter ist. Von seinem Vorgesetzten erhält er Aufgaben und Anweisungen, an seine Mitarbeiter delegiert er Teilaufgaben und ist diesen gegenüber weisungsbefugt.

Durch ein solches System werden Überschneidungen im Kompetenzbereich vermieden, die nur zu unnötigen Reibungsverlusten in den Unternehmen führen, die keine klaren Strukturen geschaffen haben.

Die einzelnen Funktionen unterscheiden sich nicht nur nach Inhalt der Aufgabe, sondern auch nach dem Maß der Verantwortungsübernahme, insbesondere auch der Personalverantwortung. Generell gilt, dass in den unteren Hierarchiestufen ausführende Tätigkeiten (Ausführungsfunktion) im Vordergrund stehen, mit steigender **Verantwortung** erhalten die Mitarbeiter dann eine Leitungsfunktion. In diesen Funktionen tragen die Mitarbeiter Personal-, Entscheidungs- und Budgetverantwortung.

### 2.1.1 Organisationsstrukturen

Es haben sich im Laufe der Entwicklung von Unternehmen verschiedene Organisationsstrukturen entwickelt, nach denen Unternehmen aufgebaut werden.

Damit interne und externe Personen sich schnell über die Organisationsstrukturen eines Unternehmens informieren können, werden diese Strukturen grafisch als **Organigramm** festgehalten.

Organisatorische Einheiten sowie deren Aufgaben, Kommunikationsbeziehungen, Über- bzw. Unterordnung und sich daraus ergebende Weisungsbefugnisse werden als Grafik dargestellt.

**Linienorganisation**
In der Reinform der Linienorganisation erhält der Mitarbeiter **Anweisungen** nur von übergeordneter Stelle und darf diese auch nur an die nachgeordnete Stelle weitergeben. Das Überspringen einzelner Hierarchiestufen ist nicht gestattet. Hier handelt es sich um die Organisation des klassischen „Dienstweges", auf dem alles erledigt werden muss. Keiner darf eine Hierarchiestufe überspringen, es gibt auch keine Querverbindungen zwischen Bereichen. Aufgrund der Ineffizienz dieser Organisationsform wird man sie in Reinform kaum mehr antreffen.

**Beispiel**

Je kleiner ein Unternehmen ist, desto flacher werden seine Organisationsstrukturen sein, d. h. desto weniger Hierarchieebenen werden vorhanden sein. Tendenziell werden mehr Stufen nötig, wenn die Größe und damit die Komplexität eines Unternehmens zunimmt.

**Stablinienorganisation**
Im Stabliniensystem werden bestimmte Aufgabenbereiche ausgegliedert.

Die **Stabsstellen** übernehmen meist beratende Tätigkeiten, da dort Spezialisten beschäftigt werden, die sich in bestimmte Problematiken einarbeiten und durch ihre unterstützende Arbeit die Entscheidungsfindung beeinflussen. So hat die **Geschäftsführung** oft eine Stabsstelle, die volkswirtschaftliche Daten auswertet und entsprechende Präsentationen vorbereitet.
Stabsstelleninhaber haben in der Regel nur eine beratende Funktion ohne Weisungsberechtigung, können jedoch im Einzelfall Weisungsbefugnis erhalten.

# Aufbauorganisation

**Beispiel**

## Spartenorganisation

Die Spartenorganisation findet dann Anwendung, wenn z. B. durch Firmenkäufe oder Expansion in neue Bereiche die Vielfältigkeit der Arbeitsfelder eines Unternehmens zu groß geworden ist, als dass die Steuerung durch **einen** Vertrieb, **eine** Marketingabteilung usw. noch möglich wäre.

Gleichzeitig kann es aber sein, dass bestimmte Funktionen trotzdem noch für alle Sparten zusammen wahrgenommen werden (z. B. Buchführung und Controlling), um Einsparpotenziale durch Synergieeffekte zu nutzen.
Die Sparten sind meist **Profitcenter** und damit als Einheit für ihr Ergebnis verantwortlich.

**Beispiel**

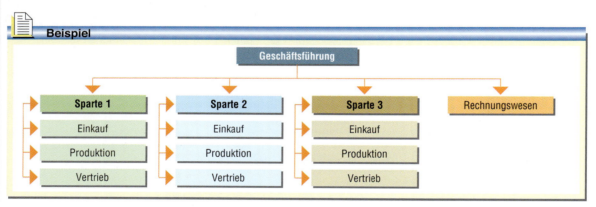

## Matrixorganisation

In der Matrixorganisation kommt es auf eine Zusammenarbeit an, da hier bestimmte Funktionen gleichgeordnet sind und daher zusammenarbeiten müssen, ohne dass einer der Beteiligten weisungsbefugt ist.

So kann beispielsweise der Vertrieb seinen Personalbedarf direkt mit der Personalabteilung abstimmen.

Dadurch werden unnötige Abstimmungs- und Genehmigungsprozesse vermieden und der administrative – oftmals bürokratische – Aufwand stark verringert.

**Beispiel**

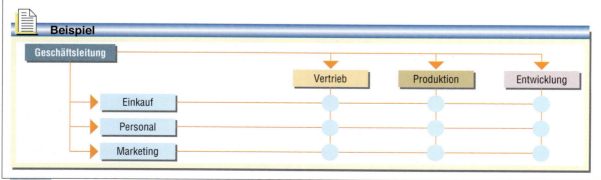

# 2.1.2 Zusammenarbeit zwischen Zentrale und Betriebsstelle

Unternehmen der Systemgastronomie haben eine zentrale Verwaltung, der verschiedene Funktionen zugeordnet werden, die der Unterstützung der **Betriebsstellen** vor Ort dienen. Zusätzlich wird das Unternehmen von der Zentrale aus geleitet. Die Unternehmensführung ist für die strategische langfristige Ausrichtung des Unternehmens zuständig, während die einzelnen Abteilungen für die Sicherstellung der Erreichung der kurzfristigen Geschäftsziele verantwortlich sind.

**Beispiel**

Um die Zusammenarbeit zwischen der Zentrale der Great Barrier Reef GmbH und den Betriebsstellen sicherzustellen, haben Susanne und Dieter Mauritz zusammengetragen, welche unterschiedlichen Funktionsbereiche es längerfristig in der GmbH geben muss und welche Verantwortungen diese Bereiche übernehmen sollen.

| Funktionen in der Zentrale | |
|---|---|
| **Funktionsbereiche** | **Aufgaben** |
| Marketing | Produktmanagement, Preismanagement, Werbung, Distribution, Verpackung, Marktforschung, Festlegung von Produktionsabläufen und Beschreibung von Produktionsstandards, langfristige Marketingplanung, Markenpflege, Service |
| Personal | Einstellungen, Schulungen, Personaladministration, Unterstützung der Betriebsstellen, langfristige Personalplanung, Personalmarketing, Zusammenarbeit mit den Arbeitnehmervertretern |
| Buchhaltung | Rechnungskontierung, Betriebsstellenbuchhaltung, Erstellung der Bilanzen und der G+V |
| Controlling | Überwachung von Kennzahlen und Lenkung von Steuerungsgrößen, Revision |
| Technik | Standardisierung der Produktionstechnik, Entwicklung neuer Technologien, Support der Betriebsstellen, Standardisierung von Arbeitsabläufen |
| Produktentwicklung | Entwicklung von Produktinnovationen, Produktverbesserungen |
| Einkauf | Sicherstellung der kontinuierlichen Warenversorgung, Suche nach günstigen Alternativ-/Aktionsprodukten, Einkauf neuer Produkte am Markt |
| Logistik | Sicherstellung der Warenbelieferung, optimale Versorgung der Betriebsstellen unter Rentabilitätsbetrachtung |
| Qualitätssicherung | Definition und Überprüfung der Einhaltung der hygienischen Standards, Wareneingangs- und Ausgangskontrolle, Stichprobenkontrollen in den Betriebsstellen |
| PR | Public Relations: Öffentlichkeitsarbeit für das gesamte Unternehmen |

Gleichzeitig unterteilen sich auch die Funktionen in den Betriebsstellen in einzelne **Funktionsbereiche** und Aufgaben, um sich so einmal über die Struktur in den Betriebsstellen klar zu werden und eindeutige Aufgabenbereiche zuteilen zu können.

| Funktionen in der Betriebsstelle | |
|---|---|
| **Funktionsbereiche** | **Aufgaben** |
| Verkauf | Produktangebot und -präsentation, Qualitätskontrolle, Verkauf und Kasse, Service (Bedienung, Abräumservice, Kundentoiletten), Aktionsdurchführung, Reklamationsbearbeitung |
| Marketing | Local-Store-Marketing (lokale Aktionen), Einsatz des nationalen Materials für den Point of Sale (POS) |
| Administration | Umsatzabhängige Disposition, Wareneingangskontrolle, Warenwirtschaftssysteme, Rechnungswesen (soweit nicht zentralisiert) |
| Personal | Personaladministration und -einsatzplanung, Einstellungen und Kündigungen, Förderung von Mitarbeitern, Schulungen und Teambesprechungen |
| Controlling | Standortbezogene Kennzifferanalysen (Deckungsbeiträge, Kostenstrukturen, Kundenzahlen) |
| Produktion | Standardisierte Zubereitung der Gerichte, Festlegung der optimalen Arbeitsabläufe in der individuellen Betriebsstelle, Qualitätskontrolle, umsatzabhängige Produktionsplanung |
| Einkauf | Eventuell zusätzlicher Einkauf benötigter Produkte vor Ort, Kalkulation |

**Beispiel**

Susanne und Dieter Mauritz ist bewusst, dass sich die Verteilung der Aufgaben zwischen der Zentrale und der Betriebsstelle zunächst noch zulasten der Betriebsstelle darstellen wird. Es bestehen nämlich nicht so viele Betriebsstellen, dass es wirtschaftlich sinnvoll ist, eine zu starke Zentralisierung anzustreben. Die Rolle der Zentrale wird wirtschaftlich erst mit zunehmender Expansion interessanter.
Der administrative Bereich – Buchhaltung, Controlling, Teile der Personaladministration – läuft heute schon aus der Zentrale EDV-unterstützt ab, da die Great Barrier Reef GmbH so kostengünstiger arbeitet. Auch ein zentralisiertes Marketing ist inzwischen etabliert.

Die klare und zielgerichtete Aufgabenverteilung zwischen Zentrale und Betriebsstelle ist aus Effizienzgründen wichtig.

In der Zentrale werden Spezialisten beschäftigt, die das Management der Betriebsstellen unterstützen. Dadurch sollen den Betriebsstellen komplexe sowie ständig wiederkehrende, monotone Aufgaben abgenommen werden.

# 1 Ablauforganisation

Wichtig für eine gute Zusammenarbeit ist auf beiden Seiten:
- Zuverlässigkeit
- Klare Abgrenzung der Aufgaben
- Bereichsübergreifendes Denken und Handeln
- Offene Kommunikation
- Klare Vorstellungen von dem Aufgabenspektrum des jeweils anderen
- Festgelegte Kommunikationswege.

## Kommunikationswege in der Organisation

Zwischen den Funktionsbereichen der Zentrale und der Betriebsstelle muss selbstverständlich eine funktionierende Kommunikation stattfinden.

Die folgende Abbildung zeigt Kommunikationswege aus Betriebsstellensicht.

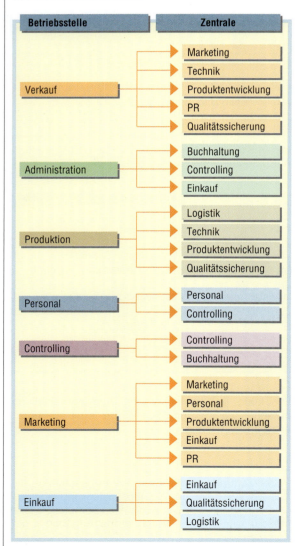

Die Ausgestaltung dieser Kommunikationswege ist stark abhängig von
- den hierarchischen Strukturen (wer kann mein Anliegen entscheiden; muss ich meinen Vorgesetzten einschalten),
- dem Formularwesen (ist eine standardisierte Prozedur auf einem bestimmten Formular üblich und vorgegeben),
- den vorhandenen Kommunikationsmedien (welches aus der vorhandenen Auswahl nutze ich) im jeweiligen Unternehmen.

### Aufgaben

1. Skizzieren Sie die Aufbauorganisation in Ihrem Unternehmen. Um welche Art der Organisation handelt es sich hier?
2. Erstellen Sie eine Stellenbeschreibung für einen stellvertretenden Restaurantmanager.
3. Diskutieren Sie, wie Sie sich eine zukunftsorientierte Gestaltung der Organisation der Great Barrier Reef GmbH vorstellen könnten, indem Sie Expansionsinteressen und die Diversifikation in Richtung Bistro berücksichtigen.
4. Listen Sie die Funktionsbereiche in Ihrem Unternehmen nach Betriebsstelle und Zentrale getrennt auf. Ordnen Sie jedem Funktionsbereich die von ihm durchgeführten Aufgaben zu. Diskutieren Sie anhand dreier Beispiele, weshalb es bei einzelnen Aufgaben zu Überschneidungen zwischen Zentrale und Betriebsstelle kommen kann.
5. Welche Störfaktoren behindern Ihrer Erfahrung nach die Zusammenarbeit zwischen Zentrale und Betriebsstelle? Schildern Sie aus der Sichtweise beider Seiten, wie es zu Konflikten kommen kann.
6. Stellen Sie dar, welche Kommunikationswege in Ihrem Unternehmen aus Betriebsstellensicht vorhanden sind.
7. Geben Sie für die oben aufgezeigten Kommunikationswege je ein Beispiel möglicher Themen, die über diese Kommunikationswege besprochen werden.

## 2.2 Ablauforganisation

### Situation

Susanne und Dieter Mauritz stellten bei ihren Besuchen in den einzelnen Restaurants fest, dass die Zubereitung und Präsentation der einzelnen Gerichte, die auf der Karte stehen, nicht immer identisch war. Auch nach geführten Gesprächen mit den einzelnen Betriebsstellenleitern bezüglich der Einheitlichkeit gab es immer wieder Abweichungen.
Sie überlegen daher, wie sie die Gleichheit der von ihnen angebotenen Produkte in den unterschiedlichen Betriebsstellen sicherstellen können. Ein erster Schritt ist für sie die Festlegung der Abläufe in der Produktion. Bei der Umsetzung fällt ihnen auf, dass es noch eine Reihe anderer Prozesse in den Restaurants gibt, die für ein identisches Esserlebnis sorgen, unabhängig davon, in welcher Stadt sich ein „Great Barrier Reef"-Restaurant befindet. Um das angedachte Konzept verwirklichen zu können, fangen sie an, möglichst viele Einzelheiten zu beschreiben, um einen Standard zu erreichen, mit dem in Zukunft in allen Betrieben geplant und gehandelt werden sollte.

Die Ablauforganisation beschreibt Prozesse im Unternehmen. Sie legt also fest, **wie** bestimmte Aufgaben vollzogen werden, die im Unternehmen anfallen.

Um eine solche Organisationsstruktur zu entwickeln und darzustellen, ist es notwendig, Prozesse zu definieren. Danach sind räumliche und zeitliche Vorgaben zu machen und eventuell Hilfsmittel zu benennen, die bei der Verrichtung der Aufgabe unterstützend eingesetzt werden können.

Je detaillierter die einzelnen **Arbeitsabläufe** in der Systemgastronomie beschrieben werden, umso stärker lassen sich standardisierte Abläufe festlegen, die dem Mitarbeiter keinen Handlungsspielraum lassen. Dadurch werden die Fehlerquoten der Mitarbeiter gesenkt und die Einhaltung der Ablaufprozesse wird zu immer wieder identischen Resultaten führen.

Ein Beispiel für eine erfolgreiche Ablaufbeschreibung aus dem Produktionsbereich ist der Big Mäc. Dieser wird auf der ganzen Welt nach dem gleichen vorgegebenen Arbeitsablauf, mit den gleichen Bestandteilen und den gleichen Hilfsmitteln hergestellt. Dadurch verspricht er auf der ganzen Welt durch seinen Namen den gleichen Geschmack.

## 2.2.1 Arbeitsabläufe planen und organisieren

Arbeitsabläufe zu planen und zu organisieren ist eine äußerst komplexe Aufgabe. Für diese ist viel fachliches Know-how notwendig ist, wenn man optimale Resultate erreichen will.

Daher lassen die systemgastronomischen Unternehmen Experten an die Arbeit: Mitarbeiter, die über dieses Know-how verfügen, werden eingesetzt, um einen Großteil der im Betrieb anfallenden Arbeitsprozesse zu beschreiben. Durch diese Standardisierung wird es möglich, auch mit ungelernten bzw. angelernten Mitarbeitern die Einhaltung der im gesamten Unternehmen gewünschten Produkt- und Qualitätsstandards zu erreichen.

**Unterteilung der Arbeitsabläufe**
Je nach Grad der Standardisierung werden in den Unternehmen/Betrieben der Systemgastronomie verschiedenste Bereiche durch die Ablauforganisation erfasst und beschrieben.

Diese Bereiche, in denen Abläufe beschrieben werden können, sind:
▶ Kunden (Verkauf und Service),
▶ Produktion,
▶ Präsentation,
▶ Administration,
▶ Warenwirtschaft,
▶ Verkaufsförderung,
▶ Personalbereich,
▶ Controlling und
▶ Einkauf.

Darüber hinaus müssen oft die einzelnen Bereiche in Vorgänge aufgeteilt werden, da sonst die Komplexität der Ablaufbeschreibung zu hoch wird. Der Kundenbereich kann beispielsweise in folgende Vorgänge aufgegliedert werden, für die dann wieder einzelne Ablaufbeschreibungen erfolgen:
▶ Begrüßung der Kunden,
▶ Frage nach den Wünschen,
▶ Anbieten eines besonderen Produktes,
▶ Beratungsgespräch,
▶ Reklamationsgespräch,
▶ Überreichung der Speisen und Getränke,
▶ Kassiervorgang und
▶ Verabschiedung.

Für jeden dieser Vorgänge lassen sich, je nach Grad der **Standardisierung** in einem Unternehmen, Arbeitsabläufe entwickeln.

Im Bereich der Produktion werden die Herstellung und das Handling der Produkte näher beschrieben. Dadurch werden neben der einheitlichen Präsentation und dem einheitlichen Geschmack auch die Qualitäts- und Hygienestandards festgelegt, die die optimale Abgabe des Produktes an den Kunden sicherstellen.

 **Beispiel**

Susanne und Dieter Mauritz haben für einen ihrer Snacks eine entsprechende Ablaufbeschreibung entwickelt, die es auch dem ungelernten Mitarbeiter ermöglicht, genau nach Standard zu produzieren und ein optimales Resultat zu erzielen:

**Zubereitung Thunfisch-Baguette**

Zutaten:
| | |
|---|---|
| ¼ | Baguette-Stange |
| 15 g | Mayonnaise |
| 150 g | Thunfisch in Öl |
| 40 g | Tomatensoße mit Kräutern (Fertigprodukt) |
| 6 | Streifen Paprika (2 grün, 2 gelb, 2 rot) |
| 3 | Scheiben Tomaten |
| 75 g | Raspelkäse |

Arbeitsschritte:
➔ Latexhandschuhe anziehen
➔ Baguette zunächst in der Mitte teilen und dann waagerecht durchschneiden
➔ Das Baguettestück mit 15 g Mayonnaise bestreichen
➔ 150 g Thunfisch gleichmäßig auf dem Baguette verteilen
➔ 40 g Tomatensoße mit Kräutern darübergeben
➔ 6 Streifen bunten Paprika und 3 Scheiben Tomaten jeweils abwechselnd (2 × Paprika, 1 × Tomate) verteilen
➔ den Käse gleichmäßig darüberstreuen
➔ bei 200 °C 15 Minuten überbacken

Achtung:
➔ Einwandfreien Zustand der Dose mit Thunfisch vor dem Öffnen überprüfen! Beschädigte oder aufgeblähte Dosen keinesfalls verwenden!
➔ Thunfisch nach Gebrauch sofort wieder kühlen.

Es ist auch sinnvoll, Zeiten und Zutaten zu definieren und die Mitarbeiter mit weiteren produktspezifischen Informationen auszustatten.

Außerdem ist eine bildliche Darstellung der Arbeitsschritte nützlich. Durch diese wird erreicht, dass die Mitarbeiter die Arbeitsschritte besser erlernen und sich besser merken können. Somit lässt sich das gefertigte Produkt „auf einen Blick" mit dem gewünschten Ergebnis vergleichen.

### Planung und Steuerung

Um die tägliche Funktionsfähigkeit in den Betrieben zu gewährleisten, hat in der Systemgastronomie eine detaillierte und auf den einzelnen Tag abgestimmte **Personaleinsatzplanung** zu erfolgen. Durch diese wird gewährleistet, dass das während der Öffnungszeiten schwankende Arbeitsvolumen an den unterschiedlichen Arbeitsplätzen abgedeckt wird.

Dieses Ziel ist zu erreichen, wenn der Betrieb in verschiedene Arbeitsbereiche aufgeteilt wird, z. B. Küche, Spüle. Für diese Arbeitsbereiche ist eine Minimalbesetzung bei äußerst geringen Umsätzen festzulegen. So könnte es auch sein, dass Küche und Spüle in diesem Fall von nur einem Mitarbeiter betreut werden. Ausgehend von dieser Minimalbesetzung eines Betriebes wird je nach erwartetem Kundenaufkommen der Einsatz weiterer Mitarbeiter für den jeweiligen Arbeitsbereich geplant.

Durch die Betrachtung der einzelnen Stunde wird erreicht, dass sich eine ausreichende Anzahl der Mitarbeiter zu den notwendigen Zeiten in den entsprechenden Arbeitsbereichen befindet.
Je genauer die Zeiten bekannt sind, die ein Mitarbeiter benötigt, um beispielsweise ein Produkt zuzubereiten, desto genauer kann der Leiter der Betriebsstelle im Voraus die benötigte Mitarbeiteranzahl kalkulieren.
Andererseits werden dem Leiter Arbeitsstundenkennzahlen zur Verfügung gestellt, die dem jeweiligen Umsatzvolumen statistisch erfasste Kennzahlen gegenüberstellen. Sie zeigen dem Leiter, wie viele Arbeitskräfte er bei dem erwarteten Umsatzvolumen eigentlich vor Ort haben dürfte. Dieses ermöglicht ihm, seine eigene Planung kritisch zu hinterfragen und sein Personalkostenbudget einzuhalten.

### Analysemöglichkeiten zur Optimierung der Ablaufplanung

Dem Leiter eines systemgastronomischen Unternehmens/Betriebes stehen eine Reihe von Analysemöglichkeiten zur Verfügung. Eine effiziente Personaleinsatzplanung wird dadurch gewährleistet.

▶ **Frequenzanalysen:** Wie viele Kunden haben während bestimmter Zeiträume wie viel Umsatz gemacht?

▶ **Artikelstatistiken:** Welche Produkte wurden wie häufig gekauft?

▶ **Vorjahreszahlen-, Umsatz- und Einsatzplanung:** Wie viel Umsatz wurde im Vorjahr an einem vergleichbaren Tag gemacht? Wie sah damals die Personaleinsatzplanung aus, wie sahen die nachträglich notierten Ist-Zahlen aus?

▶ **Kundenzufriedenheitsanalysen:** Sind die Kunden mit der Serviceschnelligkeit, der Freundlichkeit, der Hygiene und der Produktqualität zufrieden?

▶ **Qualitätskontrollen:** Sind die gefertigten Produkte jederzeit in der gewünschten Qualität an den Gast abgegeben worden?

▶ **Personalkosten:** Habe ich mich an die geplanten Personalkosten gehalten, unter Berücksichtigung der Umsatzentwicklung zum Plan?

▶ **Mitarbeiterzufriedenheit:** Sind die Mitarbeiter mit ihrem Arbeitsplatz zufrieden, fühlen sie sich regelmäßig überfordert? Wie hoch sind die Krankenstände, wie hoch ist die Fluktuation?

Durch die regelmäßige Auswertung dieser Analysen erhält der Leiter ständig Hinweise auf die **Qualität seiner Einsatzplanung** und kann diese kontinuierlich optimieren, um sich den ständig im Wandel befindlichen externen Faktoren schnell und sensibel anzupassen.

## 2.2.2 Information und Kommunikation

Die Information und die Kommunikation sind die Grundlage für jede Form der Zusammenarbeit in einem Unternehmen/Betrieb.

### Information

Informationen sind zu verstehen als auf einen bestimmten Zweck bezogenes und für eine Entscheidung relevantes Wissen.

Es muss sichergestellt werden, dass ein Unternehmen alle wichtigen Informationen erhält, wahrnimmt, verarbeitet und weiterleitet.

Das Ausfindigmachen von Informationsquellen, die Erfassung der Informationen, die zielgerichtete Weiterleitung an die richtigen Personen sowie deren Aufnahme und Verarbeitung in Analysen ist heute eine der schwierigsten Aufgaben eines Unternehmens. Hinzu kommt die gezielte Weitergabe von unternehmensinternen Informationen an die Außenwelt.

Die Informationsquellen sind überaus vielfältig (TV, Rundfunk, Zeitungen, Zeitschriften, interne und externe Meetings, Berichte anderer Mitarbeiter, Rundschreiben, Datenbanken u. v. a.) und seit der massiven Verbreitung des Internets nahezu unübersehbar.

Das erfolgreiche Handeln eines Unternehmens hängt von möglichst vollständigen Informationen ab. Diese sind zu sinnvollen Analysen zusammenzufassen, was für das Informationsmanagement im Unternehmen immer wichtiger wird.

Das **Informationsmanagement** ist grundsätzlich die Aufgabe der Zentrale, die sowohl externe Informationsquellen ausgiebig nutzen sollte als auch interne Informationen aufnehmen und verarbeiten muss. Diese werden dann an die Personen oder Personengruppen weitergeleitet, die von der Information betroffen sind, oder für die die Information eine wichtige Arbeitsgrundlage sind.

Externe Informationen, die weitergegeben werden, sind z. B. Zeitungsberichte über das eigene Unternehmen oder den Wettbewerb. Interne Informationen könnten Hinweise eines Kollegen über besonders gute Ideen seiner Mitarbeiter ebenso wie Daten über Umsätze oder Rankinglisten der Betriebe sein.

Wichtig ist, dass neben der Qualität auch die Quantität der Informationen gezielt gesteuert wird, damit die Mitarbeiter nicht in einer Flut von Informationen untergehen und die wichtigen dabei übersehen.

**Kommunikation**
Der **Austausch von Informationen** zwischen den einzelnen Mitgliedern einer Organisation ist die Kommunikation, die die Grundlage für das Management eines Unternehmens darstellt.

Daher ist die Voraussetzung für eine funktionsfähige Organisation ein **Kommunikationssystem**, das Informationen mit der ihrer Dringlichkeit angemessenen Schnelligkeit und einer sehr hohen Sicherheit an alle in der Organisation von dieser Information betroffenen Mitarbeiter weiterleitet.

### Beispiel
Susanne und Dieter Mauritz erfahren von einem ihrer Lieferanten, dass eine Chargennummer des Thunfisches, der für das oben dargestellte Thunfisch-Baguette verwendet wird, gesperrt werden musste, da sonst gesundheitliche Beeinträchtigungen bei Kunden zu erwarten sind.
Daraufhin werden in einer telefonischen Rundrufaktion alle in den Betrieben Verantwortlichen informiert, um welche Chargennummer es sich handelt, damit sichergestellt werden kann, dass nicht bereits entsprechende Produkte in der Küche verarbeitet wurden und wie mit den nicht mehr einsetzbaren Produkten zu verfahren ist.

Die **Auswahl des Kommunikationsmediums** hängt stark von der Dringlichkeit und der Vertraulichkeit der Information ab. Es stehen diverse Medien zur Verfügung, die mit hoher Sicherheit, aber unterschiedlicher Schnelligkeit und unterschiedlichen Kosten informieren, auch Informationen weiterleiten:

- ☎ Telefon
- 📠 Fax
- 💻 Electronic Mail
- ✉ Briefpost
- 💻 Computerkonferenzen
- 💻 Internet und Intranet

Die Auswahl des jeweiligen Mediums wird von demjenigen getroffen, der für die Weiterleitung der Information verantwortlich ist.

Wenn eine persönliche Information der Mitarbeiter geplant ist, sind wiederum verschiedene Möglichkeiten denkbar, die meist von der Anzahl der Mitarbeiter und der Durchführbarkeit abhängig sind.

### Beispiel
Susanne und Dieter Mauritz wollen ein neues Baguette einführen, das ebenfalls komplett standardisiert in allen Betrieben gefertigt und präsentiert werden soll. Sie veranstalten ein Teammeeting mit den Verantwortlichen des Vertriebs, präsentieren das Produkt und diskutieren anschließend, wie die gesamte Organisation informiert werden soll.

Das Produkt soll auf einer Tagung den Leitern und Stellvertretern der Betriebe vorgestellt werden. Diese sollen dann eine Schulung für alle Mitarbeiter abhalten. Alternativ können sie die Mitarbeiter auch in Gruppengesprächen oder Einzelgesprächen informieren. Dabei muss der Leiter sich die erfolgte Einweisung auf einer Liste schriftlich bestätigen lassen und nach Abschluss an Susanne und Dieter Mauritz weiterleiten.

### Aufgaben

1. Welche Prioritäten sollten die Mitarbeiter von Susanne und Dieter Mauritz bei der Auswahl der Bereiche setzen, für die sie eine Beschreibung der Prozesse erstellen?

2. Fertigen Sie beispielhaft je eine Ablaufbeschreibung für die Bereiche Ihres Betriebes.

3. Welche Analysemöglichkeiten stehen Ihnen in Ihrem Betrieb zur Verfügung?

4. Wo sehen Sie Optimierungsmöglichkeiten für Ihr Unternehmen in der Personaleinsatzplanung?

# Infobox Sprache / Übergreifende Aufgaben

## Infobox Sprache

### Funktionen und Aufgaben der Zentrale und der Betriebsstellen

| Deutsch | Englisch |
|---|---|
| Analyse | analysis |
| Anweisung | order, instruction |
| Arbeitsablauf | work flow |
| Aufgabe | task, job |
| Betriebsstelle | business premises |
| Buchhaltung | accounting |
| Einkauf | purchasing department |
| Fachwissen | specialized knowledge |
| Funktion | function |
| Funktionsbereich | function, area of operation |
| Geschäftsführung | management |
| Hierarchie | hierarchy |
| Kommunikationsweg | communication channel, channel of communication |
| Kompetenz | competence |
| Logistik | logistics |
| Mitarbeiter | employee, staff member |
| Organisationsstruktur | organizational structure |
| Personal | staff, personnel |
| Produktentwicklung | product development |
| Produktion | production |
| Qualitätssicherung | quality assurance |
| Rechnungswesen | accounting, accountancy |
| Spezialist | specialist |
| Stabsstelle | staff unit |
| Standardisierung | standardization |
| Stellenbeschreibung | job profile |
| Struktur | structure |
| Technik | technology |
| Teilzeitstelle | part-time employment |
| Unternehmen | enterprise, company |
| Verantwortung | responsibility |
| Vertrieb | sales |
| Vorgesetzter | superior |
| Weisungsbefugnis | authority to give instructions |
| Zentrale | head office |
| Zuverlässigkeit | reliability |

## Übergreifende Aufgaben

1. Erstellen Sie in Kleingruppen eine inhaltliche Konzeption für eine Mitarbeiterschulung (die Zielgruppen können nach den jeweiligen Gegebenheiten ausgewählt werden). Anschließend sind die erstellten Konzepte in Form von Rollenspielen praxisorientiert umzusetzen.
2. Entwickeln Sie für ein Unternehmen der Systemgastronomie ein betriebsbezogenes Gesundheitskonzept (die Unternehmensstruktur ist vorher entsprechend festzulegen). Berücksichtigen Sie dabei den Grundsatz „Ein Betrieb ist nur so gesund wie seine Mitarbeiter". Die Bearbeitung kann gruppenweise für dieselbe Unternehmensstruktur erfolgen.
3. In der Systemgastronomie gibt es unterschiedliche Einsatzbereiche für Mitarbeiter. So ist auch das Anforderungs- und Kompetenzprofil spezifisch. Fort- und Weiterbildung sind jedoch für alle Mitarbeiter eine regelmäßige Pflicht. Informieren Sie sich über Fort- und Weiterbildungsangebote für Mitarbeiter der Systemgastronomie. Nutzen Sie Internet, Angebote von Innung, Handwerkskammern, Unternehmen, Industrie, privaten Anbietern, Hochschulen, Fachschulen u. a. Erstellen Sie eine Übersicht der Angebote für Mitarbeiter der Küche.

1. Beschreiben Sie den Unterschied zwischen Inter- und Intranet.
2. Stellen Sie Ihren Mitschülern die wesentlichen Inhalte des Internetauftritts Ihres Ausbildungsbetriebes vor.
3. Welche Informationen werden zwischen Ihrem Ausbildungsbetrieb und der Zentrale über das Inter- oder Intranet ausgetauscht bzw. weitergeleitet?
4. Erkunden Sie die Preise für Briefpost (Standardbrief 20 Gramm) und eine Telefoneinheit (mind. 1 Minute) für Geschäftskunden.
5. Suchen Sie nach Stellenausschreibungen im Internet für den Bereich „Systemgastronomie". Diskutieren Sie in der Klasse das gewünschte Anforderungsprofil.

1. Ein Storemanager verbringt 50 % seiner Arbeitszeit mit Organisations- und Verwaltungsaufgaben, ein Schichtführer 15 %.
   a) Wie viel Stunden und Minuten eines 8-stündigen Arbeitstages verbringt ein Schichtführer mit Organisationsaufgaben/Tätigkeiten?
   b) Der Arbeitszeitanteil für Organisation und Verwaltung eines Storemanagers ist demnach um 35 %-Punkte höher. Wie viel Prozent sind das?
   c) Ein Schichtführer erhält monatlich 1 850,00 € Bruttoarbeitslohn zu dem noch ca. 40 % Lohnzusatzkosten für den Arbeitgeber hinzukommen. Welcher Lohnkostenanteil in € entfällt auf den Bereich Produktion und Verkauf, welcher auf den Bereich Organisation und Verwaltung?
2. Im Beispiel auf Seite 27 werden die Arbeitsabläufe für die Herstellung eines Thunfischbaguettes beschrieben. In der Regel gibt es dafür auch Zeitvorgaben.
   a) Schätzen Sie die notwendige Arbeitszeit für die Herstellung entsprechend der Beschreibung.
   b) Berechnen Sie die Lohnkosten für die Herstellung bei einem Stundenlohn von 7,50 € und Lohnzusatzkosten von 38 %.
3. Ein Kilogramm Raspelkäse (vgl. Beispiel auf S. 27) kostet im Einkauf 5,60 €. Um wie viel € verändert sich der Wareneinsatz, wenn
   a) bei der Herstellung 10 % mehr Käse und
   b) 10 Gramm weniger Käse verwendet werden?

# 3 Expansion durch Multiplikation und Qualitätssicherung

Wie bereits angesprochen, war im letzten Jahrhundert die Gastronomie in Deutschland durch die Individualgastronomie geprägt. Hier stand der Wirt im Vordergrund. Der Gast ging in sein „Gasthaus". Dort kannte er sich aus und fühlte sich wohl.

Mit zunehmender Mobilität der Bevölkerung gewann die **Markenprofilierung** auch in der Gastronomie an Bedeutung. An die Stelle des Wirtes trat die Marke. Der Gast kann sich standortunabhängig auf die Leistung einer Marke verlassen.
Ein Produkt sollte zur Marke geführt werden. Neben Professionalität der Leistung ist die Multiplikation eine wesentliche Voraussetzung zur Markenbildung. In Deutschland erfolgte die Expansion gastronomischer Betriebe zunächst im Filial-System.
Nach einem Amerikabesuch gründete Friedrich Jahn (Wienerwald) vor ca. 50 Jahren die ersten Franchisebetriebe in der Gastronomie. Heute bietet eine Vielzahl existierende Franchise-Systeme Gastronomen eine wirtschaftlich solide Existenz.

Unternehmen der Handelsgastronomie Filial-Systeme sind.

Unternehmen mit wenigen Filialen werden meist von einem Hauptbetrieb geführt. Typisch für Filial-Systeme ist die Bildung von Zentralen.

### Organisation des Filial-Systems
Strategische und verwaltungsbezogene Aufgaben werden aus den Filialen ausgegliedert. Die Hauptaufgabe der Filiale ist das Umsetzen der Konzepte vor Ort mit überwiegend verkaufsbezogenen Tätigkeiten. Dies bedeutet in der Gastronomie, dass für Management und Mitarbeiter in den Filialen die „Arbeit am Gast" im Vordergrund steht. Aufgaben wie die Produktentwicklung, Sortimentsgestaltung, Preisfindung, Planung von Werbe- und Verkaufsförderungsaktionen, Optimierung von Arbeitsabläufen usw. sind Aufgaben der Zentrale. Bindeglied zwischen Zentrale und Filialen sind die Regionalleiter. Ihnen unterstehen mehrere Betriebe einer Region.

### Filialorganisation

## 3.1 Filial- und Franchise-System

### Situation
Petra May und Alexander Kurz stehen vor der Prüfung und unterhalten sich über ihre Karrierepläne.
Petra wird in einer Filiale eines Systemgastronomie-Unternehmens ausgebildet und berichtet über die Personalentwicklung ihres Betriebes. Sie erzählt Alexander, dass sie sich zur Assistentin ausbilden lassen möchte und später Restaurantleiterin werden will. Alexander ist bei einem Franchisenehmer eines renommierten Systems beschäftigt. Für ihn steht fest, selbst einmal Franchisenehmer werden zu wollen. Schließlich will er selbstständig arbeiten. „Dies wird auch vom Restaurantleiter gefordert", entgegnet Petra. Dem Gespräch gesellt sich Felix Reuter hinzu und meint: „Bevor hier ein ‚Glaubenskrieg' ausbricht – was unterscheidet ein Franchise-System von einem Filial-System? Nach außen sehen doch beide gleich aus."

### 3.1.1 Filial-System

**Filialunternehmen** sind Betriebe mit **mindestens fünf Betrieben** an unterschiedlichen Standorten, die unter einer einheitlichen Leitung stehen. Besonders ausgeprägt ist diese Vertriebsform im Einzelhandel. Daher ist es nicht verwunderlich, dass die großen

# Filial- und Franchise-System

Neben der regionalen Zuordnung wird heute mit zunehmender Betriebstypenvielfalt die betriebstypenbezogene Zuordnung praktiziert. **Aufgabe der Regionalleiter** ist es, die Restaurantleiter vor Ort hinsichtlich der Umsetzung aller zentral geplanten Maßnahmen zu beraten und zu kontrollieren.

## Aufgaben der Zentralressorts

Systemzentralen sind in in der Regel in fachbezogene Ressorts aufgegliedert. Eine mögliche Untergliederung zeigt das vorstehende Schaubild. In kleineren Unternehmen gibt es eine geringere Anzahl von Ressorts, während größere Unternehmen stärker untergliedern.

## Aufgabenstellung der einzelnen Bereiche

### Marketing
- Erstellen von Marktanalysen durch Marktforschung und Marktbeobachtung
- Optimieren bestehender Betriebstypenkonzepte und Entwicklung neuer Betriebstypen aufgrund der Marktanalysen
- Festlegen von Standortfaktoren für die einzelnen Betriebstypen
- Entwickeln neuer Produkte bzw. Optimierung bestehender Produkte, Erarbeiten von Rezepturen, Festlegen der Anrichteweise in SB-Auslagen und der Tellerpräsentation
- Festlegen der Kommunikationsmittel in den Betrieben (Produkt- und Preisauszeichnung, Werbemittel, Grunddekoration, Aktionsdekoration, tageszeitliche Dekoration und Produktpräsentation)
- Bestimmen der betriebstypenspezifischen Einrichtung und Ausstattung in Zusammenarbeit mit Technik/Einrichtung
- Festlegen der Sortimente in Zusammenarbeit mit der Operation (Verkauf)
- Bestimmen der Preise/Preisspannen für das gastronomische Angebot in den einzelnen Betriebstypen des Unternehmens in Zusammenarbeit mit der Operation
- Planen von Verkaufsaktionen in Zusammenarbeit mit dem Einkauf
- Erstellen von Werbekonzepten und deren Durchführung
- Planen und Durchführen von Public-Relations-Maßnahmen (sofern keine eigenständige Presseabteilung vorhanden)
- Erarbeiten von Leistungs- und Qualitätsstandards

### Einkauf
- Analyse des Beschaffungsmarktes für Food, Getränke und Non-Food (Aktionsartikel, Lieferanten, Produkte)
- Listen der Systemlieferanten und Festlegen der Einkaufskonditionen (Einkaufspreise, Mindestbestellmengen, Lieferrhythmen, Skonto, Rabatte, Boni, Zahlungsziele, Werbekostenzuschüsse usw.)
- Festlegen des Zentralsortimentes in Zusammenarbeit mit Marketing
- Erarbeiten des Logistikkonzeptes und Festlegen der Warenbeschaffung für die Betriebe
- Kontrolle der Systemlieferanten

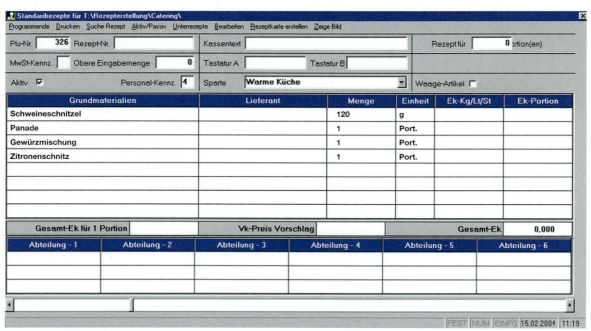

**Programmteil Rezepturen**

## Bau/Technik
- Analyse des Beschaffungsmarktes für Einrichtung, Geräte und Sachmittel
- Planen und Durchführen von Baumaßnahmen neuer und bestehender Betriebe
- Festlegen der Systemlieferanten und der Konditionen für Einrichtungsgegenstände, wärme- und kältetechnische Geräte, Geschirr und sonstige Sachmittel, Wartungsverträge
- Kontrolle der Systemlieferanten

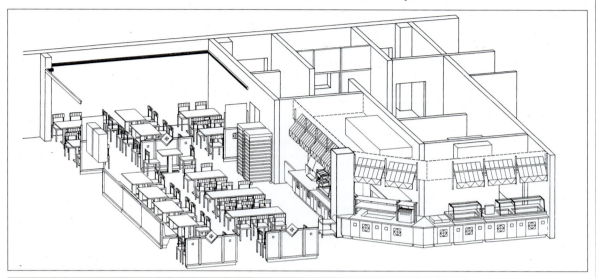

## Personal
- Analyse des Personalbeschaffungsmarktes
- Erarbeiten und Durchführen des Personalmarketingkonzeptes
- Vertretung des Unternehmens in personalwirtschaftlichen Belangen nach außen (Kammern, Verbände, Öffentlichkeit)
- Erarbeitung von Personalentwicklungsplänen
- Planen von Motivations- und Anreizsystemen (Karriereplan, Prämien usw.)
- Erarbeiten von Arbeitsverträgen für das System
- Zentrale arbeitsrechtliche Maßnahmen wie Abmahnungen, Kündigungen usw.
- Erarbeiten von Stellenbeschreibungen
- Beschaffen von Führungsmitarbeitern für die Betriebe und Mitarbeiter der Zentrale
- Planen und Durchführen von zentralen Personalschulungen
- Ermitteln personalwirtschaftlicher Kennzahlen für die einzelnen Betriebstypen und Festlegen der Planungsbandbreiten für die Betriebe
- Kontrolle der Dienstleister im Personalwesen

## Finanzen/Controlling
- Analyse des Finanzmarktes
- Analyse des Beschaffungsmarktes für Hard- und Software
- Erarbeiten und Durchsetzen des Controlling-Konzeptes
- Festlegen der Hard- und Softwaresysteme für das Unternehmen

- Festlegen der zu ermittelnden Kennzahlen und der Erstellungsrhythmen in Zusammenarbeit mit Marketing und Operation
- Ermitteln aller relevanten Kennzahlen und deren Dokumentation
- Regeln des Geldverkehrs
- Durchführen von Revisionen (Audits)

**Recht**
- Gesamtes Vertragsrecht in der Regel ohne Arbeitsrecht, z. B. Miet- und Pachtverträge, Lieferungs- und Wartungsverträge, Werks- und Dienstleistungsverträge mit Dienstleistern
- Rechtliche Beratung der Geschäftsführung
- Ggf. anwaltschaftliche Vertretung des Unternehmens vor Gericht
- Korrespondenz mit Fachanwälten

**Operation**
- Umsetzen aller Zentralvorgaben vor Ort
- Kommunikation mit den Betrieben (von oben nach unten, von unten nach oben)
- Information, Beratung und Kontrolle der Betriebe
- Planen und Sicherstellen der betrieblichen Ergebnisse (Umsatz, Foodcost, Personalkosten, sonstige betriebliche Kosten)
- Ermitteln des Investitionsbedarfs (Ersatz- und Erhaltungsinvestitionen)
- Einbringen der Erfahrungen vor Ort in die zentralen Planungsarbeiten

Der Operationsleiter ist der Vorgesetzte der Restaurantleiter; die anderen Bereichsleiter sind in der Regel Fachvorgesetzte der Restaurantleiter.

**Rechtliche Vertretung**
Das Unternehmen wird durch die Geschäftsführung rechtsverbindlich nach außen vertreten. Mitarbeiter mit Leitungsaufgaben erhalten in der Regel Vollmachten wie Prokura (ppa.) oder Handlungsvollmacht (i. V.).

Recherchen bei großen deutschen Filialsystemen der Gastronomie haben Folgendes ergeben:
Die **Gastronomiekonzession** für alle Betriebe erhalten in der Regel die GmbH-Geschäftsführer der Zentrale, GmbH-Geschäftsführer regional- bzw. betriebstypenbezogener Untergliederungen von Einzelgesellschaften oder Branchendirektoren der Zentrale.
Der Filialbetrieb wird durch den **Restaurantleiter** vertreten.
Für die Einhaltung gesetzlicher Bestimmungen und Verordnungen, insbesondere lebensmittelrechtlicher Gesetze sowie der Vorschriften zur Unfallverhütung in den Betrieben, sind die Restaurantleiter verpflichtet und haften hierfür. Die befragten Unternehmen regeln dies in ihren Arbeitsverträgen bzw. im Revers „Übertragung von Unternehmerpflichten", die vom Restaurantleiter zu unterzeichnen sind.

---

**Le Buffet** System-Gastronomie und Dienstleistungs-GmbH

Sie sind Mitarbeiter der *Le Buffet System-Gastronomie und Dienstleistungs-GmbH* in der Funktion

**Operation Manager.**

Im Rahmen Ihrer Funktionsausübung ist es Ihr Ziel, unter Berücksichtigung der Le Buffet-Grundsätze zum Erfolg der Le Buffet GmbH beizutragen, indem Sie:
- die Realisierung der verabschiedeten Ergebnis- und Marketingziele in den von Ihnen betreuten gastronomischen Einheiten steuern,
- produkt- und objektbezogene Marketingkonzeptionen und -maßnahmen für die gastronomischen Einheiten der Gesellschaft entwickeln, planen und ihre Umsetzung überwachen,
- die von Ihnen beeinflussbaren betriebswirtschaftlichen Größen permanent verbessern,
- kontinuierlich an der Weiterentwicklung zukunftsorientierter gastronomischer Systeme mitarbeiten,
- den zügigen Ausbau der Franchising-Ertragsschiene sichern.

In Ihrer Funktion als Operation Manager haben Sie feststehende Aufgaben in den Bereichen:

① Analyse
② Planung
③ Durchführung
④ Kontrolle
⑤ Führung
⑥ Kommunikation

Darüber hinaus können Sie jederzeit mit Sonderaufgaben betraut werden.

Ihre Stellvertretung wird in Absprache mit Ihnen durch Ihre Führungskraft geregelt.

Sie sind verpflichtet, Ihren Stellvertreter so vorzubereiten, dass er seine Aufgaben ordnungsgemäß wahrnehmen kann.

Sie sind Führungskraft der Le Buffet-Regionalleiter und für Ihre(n) Sachbearbeiter.

Sie selbst berichten an den für Sie zuständigen Geschäftsführer.

Ihre Funktionsbeschreibung wird in regelmäßigen Abständen im Hinblick auf Aktualität überprüft.

---

Der Restaurantleiter ist der Ansprechpartner für Vertreter des Gewerbeaufsichtsamtes, der Berufsgenossenschaft usw.

Die **Stellvertreter-Erlaubnis** wird in Bundesländern und Städten unterschiedlich gehandhabt. Sie wird beim Gewerbeamt beantragt. Bei jedem Wechsel des Restaurantleiters ist eine neue Stellvertreter-Erlaubnis einzuholen. Manche Gewerbeämter verlangen ein polizeiliches Führungszeugnis sowie einen Auszug aus dem Gewerbezentralregister.

**Aufgaben und Kompetenzen des Restaurantleiters**
Aufgaben und Verantwortlichkeiten sowie Überstellungs- und Unterstellungsverhältnisse sind in Stellenbeschreibungen geregelt. Der Restaurantleiter ist in der Regel kein leitender Angestellter im Sinne des *Betriebsverfassungsgesetzes*.
Der Restaurantleiter trägt die Verantwortung u. a. für
- die Umsatz-, Kalkulations- und betriebliche Kostenplanung in den Bandbreiten der Zentralvorgaben,
- das Umsetzen der Planungsziele,
- die Personaleinsatzplanung,
- die Produktion und Präsentation des Zentral- und Regionalsortiments nach Rezeptur- und Anrichtevorgaben der Zentrale,
- die produktionsorientierte Bestellung bei gelisteten Lieferanten,

# Filial- und Franchise-System

- die qualitätsorientierte Lagerhaltung unter Einhaltung aller lebensmittelrechtlichen Bestimmungen,
- das Durchführen der Zentralaktionen,
- das Umsetzen aller Leistungs- und Qualitätsstandards des Systems,
- die Mitarbeiterqualifizierung,
- das Einhalten aller organisatorischen Richtlinien des Systems,
- das Einhalten aller gesetzlichen, insbesondere lebensmittelrechtlicher Gesetze und Verordnungen.

## Expansion im Filial-System
Erfolgreiche Konzepte erfordern:
- Systematisierung
- Spezialisierung
- Optimierung von Betriebsabläufen
- Markenprofil (Unverwechselbarkeit, Verlässlichkeit, Image)
- Werbung
- Multiplikation

Konzepte haben heute in der Regel eine kürzere Lebensdauer als in der Vergangenheit. Ständige Innovationen und Anpassungen an die Marktbedingungen sind erforderlich.
Die Expansionsgeschwindigkeit ist im Filial-System an die Finanzkraft des Unternehmens gebunden.
Die Entwicklung der Anzahl von Betrieben in der Gastronomie im Filial-System zeigt die folgende Aufstellung.

| Unternehmen | Anzahl der Betriebe 2000 | Anzahl der Betriebe 2007 |
|---|---|---|
| Nordsee | 338 | 354 |
| Metro (mit Dinea, Grillpfanne, Axxe, Metro C&C usw.) | 323 | 272 |
| Karstadt (mit Karstadt, Le Buffet, Starbucks[1]) | 187 | 149 |
| Maredo Restaurants | 70 | 60 |
| Mövenpick | 51 | 43 |
| Block House | 38 | 43 |
| Stockheim (Flughafen-, Bahnhof-, Messegastronomie) | 25 | 27 |
| McDonald's | 1 091 | 1 301 |
| Burger King | 268 | 607 |

[1] In 2006 gehörte Starbucks nicht mehr zu Karstadt (Anzahl der Starbuck-Betriebe = 75)

Eine schnellere Möglichkeit der Multiplikation bietet das Franchise-System. Reine Filial-Systeme werden immer seltener.
Filial-Systeme bieten selbstständigen Unternehmern verstärkt ihr Know-how, ihre Marke wie Organisation an und werden Franchisegeber.

## 3.1.2 Franchise-System

Der europäische Verhaltenskodex für Franchising, der zugleich Ethikkodex für Mitglieder und Anwärter des Deutschen Franchise-Verbandes e.V. Berlin (DFV) ist, erläutert den Begriff wie folgt:

„**Franchising** ist ein Vertriebssystem, durch das Waren und/oder Dienstleistungen und/oder Technologien vermarktet werden. Es gründet sich auf eine enge und fortlaufende Zusammenarbeit rechtlich und finanziell selbstständiger und unabhängiger Unternehmen, den Franchisegebern und seinen Franchisenehmern. Der **Franchisegeber** gewährt seinen Franchisenehmern das Recht und legt ihnen gleichzeitig die Verpflichtung auf, ein Geschäft entsprechend seinem Konzept zu betreiben. Dieses Recht berechtigt und verpflichtet den **Franchisenehmer**, gegen ein direktes oder indirektes Entgelt im Rahmen und für die Dauer eines schriftlichen, zu diesem Zweck zwischen den Parteien abgeschlossenen Franchise-Vertrages bei laufender technischer und betriebswirtschaftlicher Unterstützung durch den Franchisegeber, den Systemnamen und/oder das Warenzeichen und/oder die Dienstleistungsmarke und/oder andere gewerbliche Schutz- oder Urheberrechte sowie das Know-how, die wirtschaftlichen und technischen Methoden und das Geschäftssystem des Franchisegebers zu nutzen.
**Know-how** ist ein Paket von nichtpatentierten praktischen Kenntnissen, die auf Erfahrungen des Franchisegebers und Erprobungen durch diesen beruhen und die geheim, wesentlich und identifiziert sind".

**Es bedeutet:**
**Geheim** Das Know-how ist nicht jedermann bekannt und nicht leicht zugänglich, z. B. Rezepturen, Produktionsverfahren, betriebswirtschaftliche Kennziffern des Betriebstyps usw.
**Wesentlich** Das Know-how ist für das Umsetzen des Konzeptes also den Erfolg am Markt, die Wirtschaftlichkeit von hoher Bedeutung, z. B. Festlegen von Leistungs- und Qualitätsstandards.
**Identifiziert** Das Know-how ist ausführlich beschrieben und nachvollziehbar, z. B. in Handbüchern und Schulungsmaterial.

> Der Wortstamm „franchise" kommt aus dem Französischen. Im Mittelalter bedeutete es die Überlassung von Privilegien gegen Geld oder gegen Leistung von Diensten.
> Beispiele:
> - Frankreich überließ Kaufleuten das Recht, Messen zu veranstalten.
> - Die englische Krone gab Vertrauensleuten das Privileg der Steuereinnahme.

## Merkmale des Franchise-Systems
In Ableitung der Definition ergeben sich folgende Merkmale für das Franchise-System:
- Der Franchisegeber und die Franchisenehmer arbeiten auf eigene Rechnung, auf eigenen Namen und auf eigene Gefahr.
- Der Franchisegeber verfügt über ein erprobtes und am Markt erfolgreich eingeführtes Konzept.
- Das System tritt einheitlich am Markt auf (Eigenbetriebe des Franchisegebers und Betriebe der Franchisenehmer).

# Filial- und Franchise-System

▶ Das Franchise-System ist durch eine arbeitsteilige und spezialisierte Organisation gekennzeichnet.
▶ Der Franchisegeber gibt sein Know-how an die Franchisenehmer weiter.
▶ Der Franchisegeber gewährt dem Franchisenehmer laufende Unterstützung.
▶ Der Franchisegeber hat gegenüber dem Franchisenehmer ein Weisungs- und Kontrollrecht zur Sicherung des systemkonformen Verhaltens.
▶ Das Franchise-System ist eine auf Dauer angelegte Kooperation.

## Ziele der Franchise-Partner

Das Franchise-System ist ein Kooperationssystem rechtlich selbstständiger Unternehmen zum Erreichen wirtschaftlicher Ziele. Kooperation bedeutet immer ein freiwilliges Aufgeben von Freiheitsgraden der Partner. Beiden Parteien ist bewusst, dass durch die arbeitsteilige Struktur des Systems die Leistungspotenziale einer Systemzentrale und die Flexibilität und Motivation mittelständischer Betriebe gebündelt werden.

Der **System-Nehmer** erhält einerseits die Chance, in ein am Markt eingeführtes System einzusteigen, d. h., er kann mit einem am Markt bekannten Namen/Logo an seinem Standort auftreten. Andererseits erbringt eine Systemzentrale Leistungen, die er selbst nicht oder nur unzureichend erbringen kann, z. B. Werbung, betriebswirtschaftliche Kennzahlen, Schulung, Entwicklung eigener Produkte.

Der **System-Geber** gewinnt einen motivierten Unternehmer, der über standortbezogenene Marktkenntnisse und beste Gästekontakte verfügt. Darüber hinaus ist er bereit, eigenes Kapital einzusetzen.
Ziel der Kooperation ist eine langfristige Zusammenarbeit. Beide Parteien vertrauen dem Leistungsvermögen und -willen der Partner. Dabei steht der Gast immer im Vordergrund. Beide Parteien wollen mit einer starken Marke ihre wirtschaftlichen Ziele erreichen. Eine starke Marke erfordert Arbeit im Detail und konsequente Disziplin aller Beteiligten.

**Nutzen für den Franchisegeber sind u. a.:**
- Wachstum ohne Erweiterung des eigenen Filialnetzes
- Schnelle Durchdringung des Marktes
- Erschließen neuer Märkte und Standorte
- Franchisenehmer bringt Eigenkapital ein
- Wirtschaftliches Risiko trägt der Franchisenehmer
- Aufbau von betrieblichem Management und Mitarbeitern nicht erforderlich
- Einflussnahme auf Franchise-Betriebe – Kontrolle des systemkonformen Marktauftritts
- Know-how-Gewinn durch partnerschaftlich besetzte Franchise-Gremien

**Nutzen für den Franchisenehmer sind u. a.:**
- Minderung des Risikos (besonders für den Existenzgründer)
- Integration in einen leistungsstarken Verbund ohne Verlust der Selbstständigkeit
- Inanspruchnahme von Schutzrechten (Nachweis in Kopie verlangen)
- Leistungen einer Systemzentrale nutzen können
- Vorteile eines Großunternehmers, z. B. Werbung, PR, Verkaufsaktionen, Zentraleinkauf
- Eigene Fortbildung und Mitarbeiterschulung
- Wirtschaftliche Sicherheit durch permanente Hilfestellung und Kontrolle des Systems
- Einflussnahme durch Mitwirken in Kommissionen und Arbeitskreisen

## Organe des Franchise-Systems

Das Franchise-System ist mehr als die Addition der Leistung einer Systemzentrale und aller Franchisenehmer. Zusammenarbeit in partnerschaftlich besetzten Gremien, gemeinsame Zielvereinbarung, konsequente Umsetzung in allen Franchise-Betrieben u. a. erzeugen Synergien zum Wohle des Systems und somit für alle am System beteiligten Partner.

In den **Leitsätzen des Verhaltenskodex für Franchising** werden Pflichten für beide Partner genannt (vgl. Europäischer Verhaltenskodex, gültig seit 1. Januar 1992, Pkt. 2.2.-2.4):

### ... für Franchisegeber
- Vor Gründung des Franchise-Systems wurde das Konzept in einem angemessenen Zeitraum und in wenigstens einem Pilotbetrieb erfolgreich umgesetzt
- Eigentümer oder rechtmäßiger Nutzungsberechtigter des Firmennamens, Warenzeichens oder sonstiger Kennzeichnung seines Netzes
- Durchführung einer Anfangsschulung für den System-Nehmer
- Laufende kommerzielle und/oder technische Unterstützung für die Dauer der Vertragszeit

### ... für Franchisenehmer
- Bemühen um nachhaltiges Wachstum seines Betriebes, Wahrung der Identität und des guten Rufes des Systems
- Zugang zu nachprüfbaren wirtschaftlichen Daten schaffen, Gewährung des Zugangs zu Räumlichkeiten und Unterlagen für den Franchisegeber mit dem Ziel, Leistung und Wirtschaftlichkeit beurteilen zu können
- Das vom Franchisegeber zur Verfügung gestellte Know-how darf auch nach Vertragsbeendigung Dritten nicht weitergegeben werden

### ... für Franchisegeber und Franchisenehmer
- Fairness im Umgang miteinander; bei Streitigkeiten erhält der Franchisenehmer eine schriftliche Abmahnung mit der Aufforderung, die Mängel in einer angemessenen Zeit zu beheben
- Klagen, Beschwerden und Meinungsverschiedenheiten sollen durch faire und sachliche Gespräche in direkten Verhandlungen geklärt werden

In der Regel verfügen Franchise-Systeme über folgende Systeminstitutionen:
- Beirat
- Kommissionen
- Franchisenehmer-Vollversammlung

Die Aufgaben und Kompetenzen dieser Organe werden meistens in Satzungen und Geschäftsordnungen festgeschrieben. Ihre wesentlichen Aufgaben werden nachfolgend dargestellt.

### Beirat
Der Beirat ist ein beratendes Gremium. Nach Auffassung des Bundeskartellamtes ist die Installierung eines Beirates grundsätzlich zulässig, solange die Beiräte nicht tatsächlich die Geschäftspolitik der Franchisenehmer bzw. des Systems bestimmen (vgl. Richtlinien des DFV – Beiräte in Franchise-Systemen –).

Der Beirat berät die Systemzentrale
- ... in allen wichtigen systemrelevanten Entscheidungen,
- ... in Fachfragen der Marketingpolitik,
- ... in Sachen Weiterentwicklung des Systems,
- ... übernimmt Vorbildfunktion hinsichtlich der Umsetzung der vereinbarten Maßnahmen.

Darüber hinaus steht er allen Franchisenehmern als Ansprechpartner zur Verfügung.

### Kommissionen
Die Kommissionen werden im Prinzip aufgabenbezogen gebildet. Sie bestehen einerseits aus Vertretern der System-Nehmer, die in der Vollversammlung der System-Nehmer und/oder vom System-Geber berufen werden und aus Mitarbeitern der Systemzentrale. Folgende Kommissionen können gebildet werden:
- Werbung und Verkaufsförderung
- Sortiment und Einkauf
- Personal und Schulung
- Warenwirtschaft
- Einrichtung und Ausstattung.

Die einzelnen Kommissionen können für Sonderaufgaben Arbeitskreise bilden. Über ihre Arbeit berichten die Kommissionen dem Beirat.

### Vollversammlung
Ein wichtiges Kommunikationsmittel im Franchise-System ist die Vollversammlung. Sie findet regelmäßig mindestens einmal jährlich statt. Je nach Anzahl der System-Nehmer sind Vollversammlungen national oder regional.
In der Vollversammlung werden die Franchisenehmer über die Arbeit des Beirates und der Kommissionen informiert.
Die Systemzentrale berichtet über die Ergebnisse der abgelaufenen Periode und informiert über Ziele, Aktionen usw. der kommenden Periode.
Aktiv an der Weiterentwicklung des Systems beteiligen sich die Mitglieder der Vollversammlung durch die Beteiligung an Workshops, die im Rahmen einer Vollversammlung durchgeführt werden.

### Franchise-Vertrag
Das *Bürgerliche Gesetzbuch (BGB)* regelt z. B. Kauf-, Miet-, Dienst- und Werkvertrag; das *Handelsgesetzbuch (HGB)* normiert das Recht der Kaufleute und insbesondere des Handelsvertreters. Eine eigenständige Regelung des Franchisings gibt es bis heute jedoch nicht.
Auf europäischer Ebene wurde eine Regelung in Form einer Verordnung geschaffen, die mittlerweile auch im deutschen Recht gilt. Diese *EU-Gruppenfreistellungsverordnung für vertikale Wettbewerbsbeschränkung* regelt die Voraussetzungen zur kartellrechtlichen Freistellung wettbewerbsbeschränkter Vertragsregelungen zwischen Franchisegeber und Franchisenehmer vom Kartellverbot.
So finden auf den Franchise-Vertrag Regelungen aus unterschiedlichen Rechtsgebieten Anwendung (vgl. Gastgewerbliche Schriftenreihe Nr. 72, Seite 62).

Dies sind u. a.
- Bestimmungen des Bürgerlichen Gesetzbuchs, insbesondere allgemeiner Teil, allgemeines Schuldrecht, die Regelungen zu den allgemeinen Geschäftsbedingungen (§§ 305 ff. BGB) sowie zum Verbraucherschutz (§§ 505, 355 BGB)
- Bestimmungen des Handelsgesetzbuchs, insbesondere §§ 60, 61, 74 ff., 89 b und 90 a HGB
- Bestimmungen des Gesetzes gegen Wettbewerbsbeschränkungen, insbesondere §§ 1, 2 GWB
- Bestimmungen des Gesetzes gegen den unlauteren Wettbewerb (UWG)
- Bestimmungen des Markengesetzes (MarkG).

**RECHT**

**DER GESTALTUNGSRAHMEN FÜR FRANCHISE-VERTRÄGE**

Rechtsberatung RAin Ruth Dünisch, teclegal München

Der Blick in das Gesetz erleichtert in der Regel die Rechtsfindung. Nicht so beim Franchising. Diese moderne Vertriebsform für Waren und Dienstleistungen ist gesetzlich nicht explizit geregelt.

Lediglich auf europäischer Ebene findet sich eine Kodifizierung in Form einer Verordnung. Diese EU-Gruppenfreistellungsverordnung für vertikale Wettbewerbsbeschränkungen, die seit 2000 in Kraft ist, stellt bestimmte wettbewerbsbeschränkende Klauseln in Franchise-Verträgen vom europäischen Kartellverbot frei. Im Übrigen hat die EU-Kommission in Brüssel den nationalen Franchise-Verbänden die Aufgabe der Selbstregulierung dieses Wirtschaftszweiges übertragen.

Man kann daraus erkennen, dass es sich beim Franchise-Vertrag um einen komplizierten **Typenkombinationsvertrag** handelt. Es ist daher ratsam, einen spezialisierten Rechtsanwalt mit der Formulierung des Vertrages zu beauftragen.

So ist beispielsweise Folgendes zu beachten:
- Besteht eine wiederkehrende Bezugsverpflichtung und
- handelt es sich um einen Existenzgründer, benötigt der Vertrag eine Widerrufsklausel (Belehrung über Widerrufsrecht).

Trotzdem weist der Verband darauf hin, dass sich in den letzten Jahren eine ausgeprägte Rechtsprechung gebildet hat, die dem Praktiker durchaus einen rechtlichen Rahmen vorgibt.

Der Ethikkodex des DFV besagt, dass der Vertrag und alle vertraglichen Vereinbarungen im Zusammenhang mit dem Franchise-Verhältnis in der Amtssprache des Landes, in dem der Franchisenehmer seinen Sitz hat, abzufassen oder von einem beeideten Übersetzer dieser Sprache zu übertragen und dem Unterzeichner unmittelbar auszuhändigen sind.

**EUROPÄISCHER VERHALTENSKODEX FÜR FRANCHISING**

zugleich

**E T H I K K O D E X**

**FÜR DIE MITGLIEDER UND ASSOZIIERTE MITGLIEDER**

**DES**

**DEUTSCHEN FRANCHISE-VERBANDES E. V. BERLIN**

Dieser Vertrag soll die Interessen des Systems, die gewerblichen und geistigen Eigentumsrechte des Franchisegebers schützen und die einheitliche Identität und das Image des Franchise-Systems wahren.
Der Franchise-Vertrag regelt die Verantwortung und Verpflichtungen beider Parteien und schreibt eindeutig alle anderen wesentlichen Bedingungen des Vertragsverhältnisses fest.

Als unentbehrliches Minimum nennt der **Ethikkodex** folgende Inhalte:
- Rechte und Pflichten des Franchisegebers
- Rechte und Pflichten des Franchisenehmers
- Waren und Dienstleistungen, die der Franchisegeber dem Franchisenehmer zur Verfügung stellt
- Bestimmungen über den Gebrauch der typischen Kennzeichnung, des Firmennamens, des Warenzeichens, der Dienstleistungsmarke, des Ladenschildes, des Logos oder anderer besonderer Identifikationsmerkmale des Franchisegebers
- Zahlungsverpflichtungen des Franchisenehmers (wie Eintrittsgebühr, lfd. Franchise-Gebühr, Werbekostenbeitrag)
- Vertragsdauer und Grundlage der Verlängerung (soll so bemessen sein, dass sich die Anfangsinvestition des Franchisenehmers bis zum Vertragsende amortisieren kann)
- Regelung über die Vertragsbeendigung
- Bedingungen eines Verkaufs/einer Übertragung des Franchise-Betriebes; ggf. Vorkaufsrechte des Franchisegebers
- Recht des Franchisegebers, das Konzept/System an neue oder geänderte Marktverhältnisse anzupassen

- Bestimmungen über die Rückgabe des materiellen und immateriellen Eigentums des Franchisegebers oder eines anderen Inhabers nach Vertragsende

Darüber hinaus soll der **Franchise-Vertrag** zu folgenden Punkten klare Aussagen treffen (vgl. Gastgewerbliche Schriftenreihe Nr. 72, Seite 63 ff.):

- Systemeinstufung (Master- oder Einzelfranchising)
- Möglichkeit und Kriterien der Übernahme mehrerer Franchisebetriebe
- Persönliche und fachliche Voraussetzungen des Franchisenehmers
- Erforderliche Höhe des Eigenkapitals, ggf. Staffelung bei Leasing
- Höhe der Systemeintrittsgebühr, Höhe und Berechnungsgrundlage der laufenden Franchise-Gebühr sowie der Werbekostenumlage
- Pflicht zur Systemausbildung des System-Nehmers und seiner Mitarbeiter (vor und während der Vertragslaufzeit)
- Kosten für den Franchisenehmer für Schulungsmaßnahmen und Schulungsmittel
- Arbeitspflicht des Franchisenehmers (eigene Führung oder Bedingungen an das betriebliche Management); ggf. Wettbewerbsverbot für weitere Betriebe im Segment des Franchisegebers
- Richtlinien zur baulichen Gestaltung, der Einrichtung und Ausstattung des Franchise-Betriebes
- Verpflichtung zur Einhaltung aller vorhandenen und zukünftigen Leistungs- und Qualitätsstandards des Systems; Sanktionen bei Nichteinhaltung
- Ausschließlichkeitsrechte für Produkte, Rezepturen oder Verfahren; ggf. Ausschließlichkeit zur Beschaffung von Rohprodukten, Convenience, Sachmitteln usw. zur Sicherstellung des einheitlichen Marktauftritts und aller Qualitäts- und Leistungsstandards
- Festlegen der Pflicht- und Wahlsortimente für Food-, Beverage- und sonstige Angebote sowie Dienstleistungen
- Anforderungsprofil an die Mitarbeiter (persönliche und fachliche Voraussetzungen, Tragen von Uniformen usw.)
- Mindestöffnungszeiten
- Pflicht zur Teilnahme am systeminternen Betriebsvergleich (Art und Rhythmen des Berichtswesens)
- Kontrollrechte des Franchisegebers (Wer kontrolliert was, wann, wie?)
- Mitwirkung im Beirat und in Kommissionen (Berufungsverfahren, Berufungsperiode, Aufgaben usw.)
- Schweigepflicht und Nichtweitergabe des System-Know-hows wie Handbücher, Schulungsunterlagen, Kennzahlen, Formularwesen, EDV-Software, Systemlieferanten und Konditionen
- Gesellschaftsform des Franchise-Betriebes (Einzelunternehmen oder andere Gesellschaftsform)

> Der **Master-Franchisenehmer** hat das Recht, Einzelfranchise-Nehmer unter Vertrag zu nehmen.
> Voraussetzungen und Bedingungen regelt der Master-Franchise-Vertrag. **Master-Franchising** findet im internationalen Franchising Anwendung, um so z. B. Standorte und Know-how des Master-Franchisenehmers im nationalen Markt zu nutzen. Zunehmend nutzen Großunternehmen im Gastgewerbe (z. B. Hotelketten, Systemgastronomie) und in anderen Dienstleistungsbranchen (z. B. Handel, Freizeit-Center) das Know-how von Franchisegebern der Gastronomie, um ihr eigenes Angebot zu bereichern. Man spricht hier von sogenannten Branding-Allianzen.

Brandig-Allianz: FINA/McDonalds

## 1 Filial- und Franchise-System

| Betriebstyp | Einstiegsgebühr in Tsd. € | Lfd. Gebühr in % vom Umsatz | Werbekosten in % vom Umsatz | Erforderl. Eigenkapital in Tsd. € |
|---|---|---|---|---|
| FF[1] | 3–16 | i. d. R. 5 | 1–5 | 3–77 |
| AS[2] | 16–36 | 5–6 | 3–6 | 26–77 |
| FZ[3] | 11–52 | 4–5,5 | | 39–103 |

[1] FF = Fast Food, Imbiss, Heißverkauf, Home delivery;
[2] AS = Full Service – Gastronomie – ausgebautes Sortiment, ausgebauter Service
[3] FZ = Freizeitgastronomie

In den ergänzenden Bestimmungen bemerkt der Verhaltenskodex/Ethikkodex für Mitglieder des Franchiseverbandes Folgendes:
„Franchising ist demnach mehr als eine Vertriebsvereinbarung, eine Konzession oder ein Lizenzvertrag, da sich beide Vertragsparteien zu Leistungen verpflichten, die über den Rahmen einer herkömmlichen Geschäftsbeziehung hinausgehen."

**Bedeutung des Franchise-Systems in der Gastronomie**
Das Franchise-System hat in der Systemgastronomie eine hohe Bedeutung mit wachsender Tendenz. Im Jahr 2007 zählt die Franchise-Branche in Deutschland ca. 910 Franchise-Systeme, 55 700 Franchisenehmer mit rund 441 000 Beschäftigten. Der Umsatz der Franchise-Branche beträgt über 41 Mrd. Euro (vgl. Deutscher Franchise-Verband, Berlin).

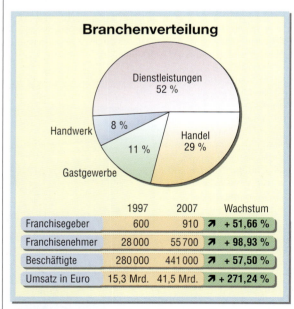

Quelle: Deutscher Franchise-Verband e. V., www.franchiseverband.com

Von den größten Unternehmen/Systemen der Gastronomie in Deutschland bieten ca. 45 Franchise-Systeme bzw. sonstige Kooperationssysteme an.

**Franchiseportale** bieten aktuelle Informationen über Franchisepartner und Angebote. Zum Beispiel:

**Burger King (D)**
Fast-Food-Restaurant
Lebens- & Genussmittel,
Gastronomie & Lieferservice

**Subway (D)**
Frisch und individuell zubereitete Sandwiches und Salate
Lebens- & Genussmittel,
Gastronomie & Lieferservice

**Pizza Hut (D)**
Pizzeria-Systemgastronomie
Lebens- & Genussmittel,
Gastronomie & Lieferservice

**Enchilada, Besitos, Lehner's, Aposto (D)**
Verschiedene Gastronomie-Konzepte
Lebens- & Genussmittel,
Gastronomie & Lieferservice

**Joey's (D)**
Pizzeria-Systemgastronomie
Lebens- & Genussmittel,
Gastronomie & Lieferservice

**McDonald's (D)**
Systemgastronomie
Lebens- & Genussmittel,
Gastronomie & Lieferservice

**Bagel Brothers Sandwich and Coffee (D)**
Fast Food Sandwich & Coffee Restaurants
Lebens- & Genussmittel,
Gastronomie & Lieferservice,
Fach- & Einzelhandel

**Hoons (D)**
Gastronomie mit Geflügel-Spezialitäten
Lebens- & Genussmittel,
Gastronomie & Lieferservice

## 3.1.3 Vergleich Filial-/ Franchise-System und Einzelunternehmen

Unterschiede zwischen dem Filial-/Franchise-System und Einzelunternehmen werden unter dem Blickwinkel des System-Nehmers dargestellt.

| Merkmale | Filial-System | Franchise-System | Einzelunternehmen |
|---|---|---|---|
| Kooperation | Hierarchische Organisation | Einbindung in ein am Markt erprobtes System | Individualität und Eigenständigkeit |
| Nutzung von Schutzrechten | Nur für eigene Filialen | Wesentlicher Bestandteil des Franchise-Systems | Voraussetzung ist eigene Beantragung und Genehmigung durch Patentamt |
| Konzepterarbeitung und laufende Anpassung an Veränderungen des Marktes | In der Regel gegeben | Wesentlicher Bestandteil des Franchise-Systems | Muss vom Unternehmer selbst erbracht werden |
| Erarbeiten der Instrumente zur Umsetzung des Marketingkonzeptes | In der Regel gegeben | Wesentlicher Bestandteil des Franchise-Systems | Muss von Unternehmer selbst erarbeitet werden |
| Festlegen der Verkaufspreise | Zentralvorgaben | Franchisenehmer | Einzelunternehmer |
| Betriebstyp ist erfolgreich am Markt eingeführt | In der Regel gegeben | Voraussetzung, um ein Franchise-System gründen zu können | Zu erbringende Pionierarbeit |
| Weisungs- und Kontrollrechte des Systemgebers | Filiale hat Anweisungen der Zentrale zu befolgen | System-Geber hat spezielles Weisungs- und Kontrollrecht | Keine |
| Schulung und Beratung | Zentrales Aus-, Fort- und Weiterbildungswesen | Wichtiger Bestandteil des Systems | Eigeninitiative |
| Laufende Betreuung | Durch Systemzentrale und Regionalbetreuer | Durch Systembetreuer | Keine |
| Betriebswirtschaftliche Kennziffern und Vergleichsdaten | Zentrale Auswertung und Information der Filialen | Franchise-Betriebe sind zur Datenweitergabe verpflichtet und erhalten Systemauswertung | Keine Vergleichsdaten; ggf. Austausch von Kennzahlen mit befreundeten Unternehmen |

## 3.1.4 Andere Kooperationssysteme in der Gastronomie

Traditionell kennen wir in der Gastronomie das **Pachtsystem**. Die Möglichkeiten der Einflussnahme auf die Pachtbetriebe sind begrenzt, wenn es sich um Bierlieferungsverträge mit der Brauerei (Verpächter) handelt.
Eine klare Trennung zwischen Gastronomie und Einzelhandel ist kaum möglich.
Man unterscheidet **gastronomieorientierte Einzelhandelsbetriebe** und **einzelhandelsorientierte Gastronomiebetriebe**.

**Convenience-Stores**, die verzehrfertige Produkte und Handelswaren mit hohem Conveniencegrad anbieten, stehen hoch im Trend. Dies zeigen zahlreiche Shops an Tankstellen, Autobahnen und in Bahnhöfen.

Die Fachpresse zählt die Umsätze im Verzehrbereich dieser Shops sowie von Metzgereien und Bäckereien zu den Fast-Food-Umsätzen der Branche.

Die **Tankshops** werden primär im Pachtsystem geführt. Die Shell Oil GmbH führte 2002 in mehr als 1000 Shops das Agentursystem ein. Inzwischen hat das Agentursystem für das Gastronomieangebot keine Bedeutung mehr. Die ca. 450 gastronomischen Einheiten (Snacks, Backshops und Bistros) in Pachtstationen werden in einem Marken- und Lizenzsystem (Shell Café) betrieben. Das Agentursystem beschränkt sich im Wesentlichen auf Handelsware.

In einem **Agentursystem** verkaufen die Tankstellen-Betreiber die Waren im Auftrag und auf Rechnung der Mineralölgesellschaft (Agentursystem ist im Nassgeschäft – Benzin- und Schmiermittel – üblich). Der wesentliche Unterschied zum Franchise-System ist die Festschreibung der Verkaufspreise durch den Systemgeber.

Bei einem **Lizenzsystem** zahlt der Lizenznehmer eine Gebühr z. B. für den Markennamen (Shell Café). Die Sortiments- und Preisgestaltung bestimmt er grundsätzlich selbst. Der Systemgeber kann Empfehlungen aussprechen.

# 1 Filial- und Franchise-System

Neben dem Agentursystem gewinnen andere Kooperationssysteme in der Gastronomie, z. B. Partnerschaftssysteme, an Bedeutung. Pate dieser Systeme war das Franchise-System. Die Novellierung der *EU-Gruppenfreistellungsverordnung für Franchise-Vereinbarungen* sieht vor, dass diese Verordnung für alle vertikalen Vertriebssysteme zutreffen soll.

Marken- und Lizenzsystem (Shell Café)

## Aufgaben

1. Petra May und Alexander Kurz treffen sich nach einigen Jahren zufällig auf einem gemeinsamen Management-Seminar für Führungskräfte und Franchise-Partner eines bekannten Systemgastronomen.
Petra ist inzwischen Restaurantleiterin in einem Filialbetrieb des System-Gebers, und Alexander ist vor kurzem Franchisenehmer geworden.
Beide erinnern sich an ihr Gespräch kurz vor ihrer Prüfung. In diesem Gespräch ging es um selbstständiges Arbeiten in der Aufgabenstellung als Restaurantleiter bzw. als Franchisenehmer.
  1.1 Nennen Sie die wesentlichen Unterschiede hinsichtlich der Kompetenz zwischen dem Restaurantleiter in einem Filial-Unternehmen und einen Franchisenehmer.
  1.2 Alexander erzählt Petra, dass vor einigen Tagen das Gewerbeaufsichtsamt seinen Betrieb besuchte. Der Beamte wollte neben den Gesundheitszeugnissen aller in der Produktion und im Verkauf beschäftigten Mitarbeiter auch die Gastronomiekonzession sehen. Schließlich habe ein Betreiberwechsel stattgefunden.
Gibt es Unterschiede hinsichtlich der Gastronomiekonzession im Filial- und im Franchise-System? Wenn ja, welche?
  1.3 Petra und Alexander erinnern sich an ihr kleines Streitgespräch vor ihrer Prüfung und an die Bemerkung von Felix Reuter: „Nach außen sehen doch beide gleich aus."
Wie kommt es, dass für Felix kein Unterschied zu erkennen ist, ob es sich um Betriebe eines Filial- oder eines Franchise-Systems handelt?
  1.4 Petra und Alexander unterhalten sich über Vorteile und über Risiken eines Franchisenehmers im Vergleich zu einem Restaurantleiter. In diesem Zusammenhang will Petra wissen, für welchen Zeitraum der Franchise-Vertrag abgeschlossen wurde. Alexander sagt ihr, dass die Vertragsdauer 10 Jahre betrage und eine Option zur Verlängerung bestehe.
Erklären Sie, warum der Franchise-Vertrag über eine so lange Zeit abgeschlossen wurde.
  1.5 Petra stellt fest, dass die Vertragsdauer für den Franchisenehmer eine faire Sache sei.
Sie will von Alexander wissen, was denn mit den „schwarzen Schafen" geschieht, die sich während der Vertragsdauer nicht systemkonform verhalten. „Bei uns Restaurantleitern ist die Sache klar. Nach einigen Abmahnungen droht die Kündigung." Alexander erklärt Petra, dass der Franchisegeber ein umfangreiches Auswahlverfahren durchführt. Neben den persönlichen und finanziellen Voraussetzungen der Bewerber werden System-Integrationsfähigkeit und -bereitschaft geprüft.
Wie kann der System-Geber seine Franchisenehmer führen, damit es nicht zur vorzeitigen Kündigung des Vertrages wegen systemschädigendem Verhalten kommt?
2. Für Restaurant-Management und Mitarbeiter steht die „Arbeit am Gast" im Vordergrund.
Welche Aufgaben werden in der arbeitsteilig strukturierten Filialorganisation von der Zentrale wahrgenommen?
3. Aus einer Stellenbeschreibung:
„Der Restaurantleiter ist verpflichtet, alle gesetzlichen Bestimmungen, insbesondere die lebensmittelrechtlichen Gesetze und Verordnungen, in seinem Betrieb einzuhalten."...
Welche Konsequenzen ergeben sich hieraus für den Restaurantleiter?
4. Nennen Sie mindestens 5 Aufgaben eines Restaurantleiters!
5. Führen Sie mindestens 3 Merkmale für eine erfolgreiche Expansion in der Systemgastronomie auf.
6. Die Entwicklung der Anzahl der Betriebe wuchs in den letzten Jahren bei Franchise-Systemen schneller als bei Systemgastronomiebetrieben im Filialsystem. Nennen Sie Gründe hierfür.
7. In Franchise-Systemen haben Handbücher einen hohen Stellenwert. Warum ist das so?
8. Warum entscheiden sich viele Existenzgründer für ein Franchise-System?
9. Rechte und Pflichten von Franchisegeber und Franchisenehmer werden in einem Vertrag geregelt.
Nennen Sie jeweils 2 Pflichten der Parteien.
10. „Franchising ist mehr als eine Vertriebsvereinbarung, eine Konzession oder ein Lizenzvertrag, da sich beide Vertragsparteien zu Leistungen verpflichten, die über den Rahmen einer herkömmlichen Geschäftsbeziehung hinausgehen."
Begründen Sie diese Aussage.
11. Was ist der wesentliche Unterschied zwischen einem Agentur- und einem Franchise-System?

## 3.2 Qualitätskontrolle und -sicherung (Qualitätsmanagement)

### Situation

Anlässlich einer Tagung im Green Paradise zum Thema „Qualitätskontrolle und -sicherung" sagte ein Redner: „Wenn die Herren dort hinten so leise wären wie die vor ihnen, welche die Zeitung lesen, dann könnten die hier vorn ungestört schlafen!"

Die Aussage ist oftmals bezeichnend für die Einstellung zur Qualitätssicherung bzw. deren Umsetzung.

Qualitätssicherung wird häufig missverstanden – aber wenig verstehen ist besser als vieles missverstehen.

Der Begriff **„Qualität"**, die Maßnahmen zur Sicherstellung von Qualität sowie die Denkweise in diesem Zusammenhang haben sich wesentlich verändert.

In der Systemgastronomie steigen die Qualitätsanforderungen ständig. Dafür verantwortlich sind vor allem die gestiegenen Ansprüche der Gäste, verschärfte politisch-rechtliche Regelungen sowie der wachsende Wettbewerbsdruck. So wird es für einen systemgastronomischen Betrieb immer wichtiger, innovative Strategien zu entwickeln, um dadurch auf die Entwicklungen am Markt zu reagieren. Aufbau, Einführung und Zertifizierung eines systematisch praktizierten Qualitätsmanagements sind unerlässlich, um die Qualität erbrachter Leistungen und erstellter Produkte nachhaltig zu sichern; darüber hinaus gilt es, alle Verbesserungsmöglichkeiten auszuschöpfen (vgl. Wetterau/Seidl/Fladung (Hrsg.), S. 375).

**Qualität** ist auf lange Sicht die einzige Überlebenschance gastronomischer Unternehmen am Markt. Sie betrifft das ganze Image, die Erscheinung einer Marke. Wenn auch Qualität subjektiv empfunden wird, so soll sie für das Gastgewerbe wie folgt definiert werden:

> **„Qualität ist, wenn die Gesamtheit der Erfahrung mit dem Produkt zu 100% der Gästeerwartung entspricht."**

Der Begriff **Qualität** hat viele Facetten und bedeutet für die Unternehmen der Systemgastronomie das Angebot **standardisierter Leistungen** (Produkte und Dienstleistungen) auf hohem Niveau. **Langfristige Gästebindung und -gewinnung** wird von gut ausgebildeten Mitarbeitern „produziert" und sichert nachhaltig den Erfolg des Systems. Qualitätsverlust wird in der Regel nicht reklamiert, sondern mit der Abwanderung zum Mitbewerber quittiert.

Eine derartig gästeorientierte Qualität zu erhalten, ist die Aufgabe aller Mitarbeiter/-innen eines systemgastronomischen Unternehmens. Qualitätsbewusstes Handeln lässt sich jedoch nicht schriftlich oder mündlich anweisen; es erfordert Einsicht und Überdenken der eigenen Einstellung. Dieses Verhalten findet Eingang in ein **Qualitätsmanagement (QM)**, das heute aus fast keinem Unternehmen mehr wegzudenken ist.

Der ablauforientierte Aufbau eines QM-Systems könnte wie folgt aussehen:

| Einführung eines Qualitätsmanagement-Systems – Aufbauplanung | |
|---|---|
| **Vorbereitung** | ▶ Festlegung der Unternehmensziele<br>▶ Festlegung des Leitbildes<br>▶ Erhebung des Ist-Zustandes (Sollwerte?)<br>▶ Stärken-Schwächen-Analyse<br>▶ Festlegung von Zuständigkeiten in der Projektphase |
| **Konzeption der Rahmenbedingungen** | ▶ Schulung und Motivierung von Unternehmensleitung und Mitarbeitern<br>▶ Entwicklung von Checklisten zur Analyse<br>▶ Erstellung eines Projektplans |
| **Planungs- und Erarbeitungsphase** | ▶ Konzeption eines Qualitätshandbuchs<br>▶ Erstellung von Arbeitsanweisungen und Arbeitsablaufplänen<br>▶ Festlegung der Verantwortungsbereiche |
| **Durchführung<br>Bewährung<br>Bewertung<br>Controlling** | ▶ Erprobung der QM-Anweisungen, Checklisten und Arbeitsabläufe<br>▶ Bewertung und Verbesserung mithilfe von Checklisten<br>▶ Controlling mithilfe von internen Audits oder von Externen durchgeführten Audits |

## 1 Qualitätskontrolle und -sicherung (Qualitätsmanagement)

Als wichtigste Phasen/Bestandteile des Qualitätsmanagements sind zu nennen:

Die **Qualitätsplanung** ist das Auswählen, Klassifizieren und Gewichten der Qualitätsmerkmale hinsichtlich der Realisierbarkeit und der Erfordernisse des Produktes oder der Dienstleistung. Wichtigster Punkt ist dabei das Erstellen eines Pflichtenheftes.

Bei der **Qualitätslenkung** geht es darum, Mittel und Wege zu finden, ein Produkt oder eine Dienstleistung entsprechend der Qualitätsplanung herzustellen oder zu erbringen.

Eine **Qualitätssicherung** umfasst schwerpunktmäßig die mit der Dokumentation zusammenhängenden Tätigkeiten im systemgastronomischen Unternehmen. Von besonderer Bedeutung ist dabei das QM-Handbuch, das Verfahrensweisen aufzeigt, um die Anforderungen des QMs zu bewältigen.

Erst in der **Qualitätsprüfungsphase** zeigt sich, ob sich die Mühe gelohnt hat, und die Reaktionen der Gäste werden zeigen, inwieweit das Produkt den Erfordernissen entspricht oder nicht.

Die **Qualitätsverbesserung** versucht, die betrieblichen Maßnahmen im Rahmen des QMs zu steigern, um dadurch eine höhere betriebliche Effektivität zum Wohle der Gäste zu erzielen.

Damit wird offensichtlich, dass eine reine Endkontrolle nicht ausreicht – QM beginnt bereits beim Hersteller, z. B. in Brauereien, Brennereien.
Aus dieser Betrachtungsweise ergeben sich wesentliche **Grundsätze**, die für ein umfassendes **Qualitätsmanagement-System** unbedingt notwendig sind:

▶ Alle Gästewünsche und Erwartungen auf jeder Stufe der Lieferkette müssen bekannt sein und berücksichtigt werden.
▶ Alle Bereiche in der Produktentstehung, also beginnend bei der Planung, Produktion, Auftragsabwicklung, Auslieferung, müssen mit in das Qualitätssicherungssystem einbezogen werden.
▶ Auch alle Mitarbeiter im gesamten Unternehmen sind in den Prozess der Qualitätssicherung einzubeziehen, d. h., das Wissenspotenzial der Mitarbeiter ist zu nutzen.
▶ Alle Zulieferer und Vorlieferanten sind ebenfalls mit in das Qualitätssicherungssystem zu integrieren, damit bereits das Rohmaterial den gestellten Erwartungen entspricht.
▶ Idealerweise sind alle Produkte standardisiert und werden laufend optimiert.

**Ziel** eines modernen **Qualitätsmanagement-Systems** muss also sein, zufriedene Gäste und Mitarbeiter zu haben, das Entstehen von Fehlern und fehlerhaften Produkten zu vermeiden und ständige Verbesserung und Optimierung aller Prozesse im Unternehmen zu gewährleisten.

Auf dem QM baut das **TQM** auf. **Das Total-Quality-Management-Konzept** ist in erster Linie ein Führungsmodell, das die **Identifikation** und **Motivation der Mitarbeiter** mithilfe von Informationen, Leistungs-Feed-back, Einbindung in Entscheidungsprozesse, Erweiterung von Handlungskompetenzen, identifikationsfördernder Arbeitsgestaltung und unterschiedlicher Anreizsysteme (z. B. qualitätsbezogene Prämien) erhöhen möchte.

| Total Quality Management (TQM) – Aufbauplanung | |
|---|---|
| Analyse der IST-Qualität | ▶ Marktforschung (intern/extern) <br> ▶ Mystery Guests (Testgäste) <br> ▶ Gästebefragungen (intern/extern) <br> ▶ Lob- und Beschwerdeanalyse |
| Planung der SOLL-Qualität | ▶ Abzuleiten von den unternehmerischen Qualitätszielen und auf die entsprechende Hierarchieebene und die unmittelbar betroffenen Mitarbeiter zu übertragen („top-down" = von oben nach unten) |
| Konzeption von Standards | ▶ Hierarchieebenen erarbeiten in Qualitätszirkeln die entsprechenden Standards („bottom-up" = von unten nach oben) |
| Umsetzung der SOLL-Qualität | ▶ TQM-Lenkungsgremium erarbeitet Unternehmens-, Betriebs- und Abteilungsstandards, die im Rahmen von Qualitätshandbüchern schriftlich fixiert werden und für alle Mitarbeiter verbindlich sind |
| Controlling der neuen Standards (IST-Qualität) | ▶ Messsysteme und Erfolgskontrollen ermitteln die von den Gästen tatsächlich erlebten Erfahrungen <br> ▶ Indikatoren: quantitativ (z. B. Wartezeiten beim Check-in/-out, Anzahl berechtigter Reklamationen, Stornoquoten) oder qualitativ (z. B. Image, Beliebtheit) |
| Kontinuierliche Verbesserung der Standards | ▶ Systematische und regelmäßige Erfassung, Analyse und Aufarbeitung der vorhandenen Daten (Quality Reports) <br> ▶ Ergebnisse werden allen Mitarbeitern zugänglich gemacht |

# Qualitätskontrolle und -sicherung (Qualitätsmanagement)

„Die wichtigsten **Bausteine eines TQM** sind:
1. Zielklarheit im Unternehmen
2. Gästeorientierung
3. Ständige Optimierung der Prozesse
4. Mitarbeiterbeteiligung
5. Bereitschaft zur Veränderung
6. Imagepflege

| Konzepte zur umfassenden Umsetzung der Qualitätspolitik (=Total Quality Management) ||
|---|---|
| **Anwenderbezogen** | **Herstellungsbezogen** |
| **Ergebnisqualität** Entsprach die angebotene Leistung den Erwartungen des Gastes (z. B. ruhige Übernachtung zu angemessenen Preisen)? | **Prozessqualität** Wie hat der Gast die erbrachte Leistung erlebt (z. B. freundliche Mitarbeiter, gute Atmosphäre)? |
| **Gästeorientierung** ||

(Dettmer/Hausmann 2008, S. 117)

Das **Total Quality Management** erfordert vom gastgewerblichen Unternehmen die Einbeziehung aller an der Erstellung der Dienstleistung beteiligten Mitarbeiter. Ziel ist die konsequente Orientierung des Dienstleistungsprozesses und -ergebnisses an den Qualitätsanforderungen der Gäste zur Schaffung von **Customer Satisfaction** (Kundenzufriedenheit).

## Zertifizierung nach DIN EN ISO 9000 ff.

Durch Die **I**nternational **S**tandard **O**rganization (**ISO**) und ihre Normen wurde ein Standard für Qualitätssicherungssysteme (QM) geschaffen, der für das Erreichen eines Qualitätsmanagements entscheidend ist.

Wenn ein Unternehmen die Normen nachweislich erfüllt, wird in einem für drei Jahre gültigen Zertifikat bescheinigt, dass es nach einem umfassenden QM-System arbeitet.

Die Qualitätsnormenreihe DIN EN ISO 9000 ff. in ihrer neuesten Fassung von 2005 misst dem Erreichen der Gästezufriedenheit herausragende Bedeutung bei. Es gilt, die Wünsche und Erwartungen der Gäste zu ermitteln, z. B. durch Gästeaudits, Gästebefragungen.

Die grundlegende Prämisse der ISO-9000-Norm besteht in der Dokumentation von Arbeitssystemen. Durch das TQM-Controlling, d. h. die konsequente Festlegung von Arbeitsmethoden, das Aufzeigen der Ergebnisse, das Entwickeln von Verbesserungen und das schriftliche Festlegen von Verfahrensrichtlinien, nach denen der Leistungsprozess ablaufen soll, kann das Unternehmen die sich stetig verbessernden Qualitätsstandards durchsetzen.

**Nutzen der Zertifizierung**
▶ **Verbesserung der Wettbewerbssituation**
Zertifikat gilt als Qualitätsindikator, Zertifizierung als Voraussetzung zur Auftragsvergabe (z. B. Einkauf von Reiseveranstaltern)
▶ **Erhöhung der Produktivität**
Rationalisierung der Arbeitsprozesse (Arbeitsablaufplanungen) und Fehlervermeidung (Checklisten)
▶ **Qualitätssteigerung**
Konsequente Gästeorientierung, Eliminierung von Schwachstellen
▶ **Mitarbeitermotivation**
Motivationsförderndes Führungsverhalten, geregelte Hierarchieebenen und überschaubare Arbeitsanweisungen
(vgl. Dettmer/Hausmann 2008, S. 118 f.)

Die vom QM angestrebten Ziele lassen sich auch durch **Benchmarking** unterstützen. Letzteres versucht von den Besten zu lernen. Benchmark steht für Bezugspunkt oder Maßstab. Systematisch werden dabei die eigenen Schwächen identifiziert und mit den Besten der Branche verglichen; daran schließt sich die bewusste Orientierung an den Erfolgsfaktoren anderer Marktteilnehmer sowie das Anpassen des Gelernten an die eigenen Belange an. Benchmarking entspricht der Marktrealität, denn der Gast vergleicht ständig die Leistungen der Systemgastronomen und entscheidet sich für das beste Angebot. Damit ist Benchmarking das Übertragen der Praktiken der Gäste auf die Anbieter.

Nachfolgend wird zwischen internen und externen Instrumenten zur Qualitätskontrolle und Qualitätssicherung unterschieden, wobei hier nur einige beispielhaft betrachtet werden können.

## 3.2.1 Interne Instrumente

Die **Aufgabe eines Qualitätssicherungssystems** in der Systemgastronomie ist es, das Entstehen von Fehlern und fehlerhaften Produkten jeglicher Art zu vermeiden und damit zu gewährleisten, dass alle Gäste jederzeit sichere, gesunde Lebensmittel in gleichbleibend guter Qualität erhalten.

Gesetzliche Grundlage bezüglich „sicherer" Lebensmittel ist – neben den allgemeinen Vorschriften und Vorschriften für einzelne Lebensmittel des deutschen Lebensmittelrechts – die *Lebensmittelhygiene-Verordnung (LMHV)*.

Sie gilt immer dann, wenn Lebensmittel gewerbsmäßig hergestellt, behandelt oder in Verkehr gebracht werden.

# 1 Qualitätskontrolle und -sicherung (Qualitätsmanagement)

Mit zunehmender Größe eines Unternehmens wird das QM immer wichtiger und es steigt die Gefahr, dass sich Fehler einschleichen.

Daher arbeiten die meisten Großunternehmen in der Systemgastronomie – zusätzlich zu den behördlichen Kontrollen – mit externen Unternehmen (Labors) zusammen, die Qualitätskontrollen durchführen.

Die einzelnen **Stufen eines allgemeinen Qualitätssicherungssystems** lassen sich wie folgt darstellen:

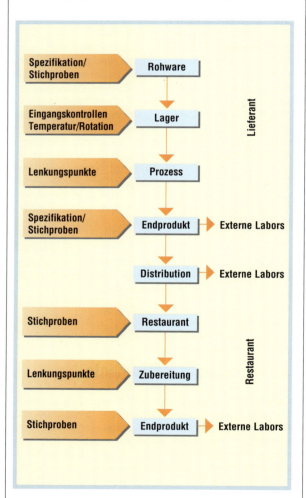

Unter **Qualitätssicherung auf Lieferantenebene** werden alle Maßnahmen verstanden, die die Entwicklung, Herstellung und Distribution der „Rohprodukte" umfassen.

Dies umfasst die folgenden Bereiche:

| | |
|---|---|
| **Auswahl des Lieferanten:** | • Vergleich potenzieller Lieferanten (Marke, Qualitätssicherungssysteme, Audits)<br>• Entscheidung<br>• Geheimhaltungserklärung |
| **Entwicklung eines Produktes:** | • Produkt-Details klären<br>• Anpassung an geltendes Lebensmittelrecht<br>• Festsetzung/Verpflichtung Spezifikation<br>• Auswahl Rohstoffe<br>• Definition Verarbeitungskriterien<br>• Definition Lagerbedingungen/Haltbarkeit<br>• „Product Approval"<br>• Zusammenarbeit mit anderen Lieferanten |
| **Aufbau produktspezifischer Qualitätssicherung beim Lieferanten** | |
| **Rohstoffe/Zutaten** | • Audit Vorlieferanten/Training<br>• Fixierung Rohwarenspezifikation<br>• Definition Wareneingangskontrollen<br>• Definition Lagerbedingungen |
| **Verarbeitung** | • Linien-/Prozess-Parameter festlegen<br>• Kommunikation<br>• Produktion/Qualitätssicherung<br>• Erarbeitung kritischer Kontrollpunkte<br>• Überprüfung HACCP-Plan<br>• Interne Qualitätssicherungsmaßnahmen<br>• Audits<br>• Verpackung/Deklaration klären |
| **Good Manufacturing Practise** | • Einzelheiten festlegen, Kriterien ermitteln<br>• Reinigungspläne ausarbeiten<br>• Programm Personalhygiene |
| **Vorbeugende Instandhaltung und Sonstiges** | • Maßnahmen fixieren<br>• Externe Überprüfung der Analysemethoden<br>• Internes/externes Auditsystem aufbauen<br>• Kontrolle der Qualitäts-/Produktionsdaten<br>• Interne/externe sensorische Beurteilung<br>• Zertifizierung DIN ISO 9000 ff.<br>• Lieferantenoptimierungsprozess erarbeiten<br>• Schädlingsbekämpfung |
| **Distribution** | • Festlegung der Eingangskontrollen<br>• Kontrolle der Verkehrsfähigkeit durch externes Labor |

# Qualitätskontrolle und -sicherung (Qualitätsmanagement) — 1

## Green-Paradise-Speisen-Sicherheitsprogramm – Kontroll-Liste

| Firma | | |
|---|---|---|
| Adresse | | |
| Telefon | Telefax | |
| EC-Zulassung | Nummer | Jahr der Zulassung |
| Ansprechpartner | | |
| Green-Paradise-Ansprechpartner | | |
| Datum | | |

### Zeitabhängige Maßnahmen

| Gesamtanzahl der bewerteten Artikel | | Gesamtanzahl mit **2** bewerteter Artikel | | Termin für den nächsten Besuch | |
|---|---|---|---|---|---|
| Gesamtanzahl mit **S** bewerteter Artikel | | Gesamtanzahl mit **3** bewerteter Artikel | | | |
| Gesamtanzahl mit **1** bewerteter Artikel | | Gesamtanzahl mit **C** bewerteter Artikel | | | |

### Bewertungsskala

| (S) Zufriedenstellend | Entspricht den Erwartungen von Green Paradiese für ein verständliches und nachvollziehbares Speisen-Sicherheitsprogramm. |
|---|---|
| (1) Geringfügige Mängel | Betrifft nicht direkt Qualität, Hygiene und Sicherheit.<br>• **Zeitplan, in dem** Bemerkungen, die mit „geringfügige Mängel" (**1**) bewertet wurden, in Zusammenarbeit mit der Qualitätssicherungs-Abteilung von Green Paradise abgestellt werden müssen. |
| (2) Mittelschwere Mängel | Es besteht die Möglichkeit, dass Qualität, Hygiene und Sicherheit betroffen sind.<br>• Alle Bemerkungen, die Bewertung „mittelschwere Mängel" (**2**) betreffen, sind innerhalb von 3 Monaten nach der Besprechung gegenstandslos zu machen. |
| (3) Schwerwiegende Mängel | Betrifft die Produktqualität oder stellt ein erweitertes Risiko für die Sicherheit der Speisen dar.<br>• Alle Bemerkungen, die als „schwerwiegende Mängel" (**3**) eingestuft wurden, müssen so schnell wie möglich, jedoch spätestens innerhalb eines Monats nach der Besprechung, gegenstandslos gemacht werden. Gefährdungen der Speisensicherheit müssen vor der nächsten Produktion oder nach Anweisung des örtlichen Qualitäts-Sicherheitsbeauftragten beseitigt werden. |
| (C) Kritische Mängel | Nicht annehmbar, betrifft direkt die Qualität oder Speisensicherheit.<br>• Wenn ein Punkt mit (**C**) bewertet wird, müssen alle Lieferungen sofort gestoppt werden. |

| **Baustein** | **Inhalt** | **Letzte Überprüfung** |
|---|---|---|
| 1a | Gute Produktionsabläufe: persönliche Gesundheit, Hygiene und Speisenzubereitung | |
| 1b | Gute Herstellungsabläufe: Reinigungsprogramm die Ausstattung und Produktionsstätte selber betreffend & planmäßige Instandhaltung | |
| 2 | Abfallmanagement, Schädlingsbekämpfung und Produktionsstätten-Sicherheit Herkunftsbezeichnung | |
| 3 | Mit Speisen in Verbindung stehende Gesetze, Laborprogramme, externe Inspektionen Akzeptanz von HACCP | |
| 4 | HACCP–Umsetzung | |
| 5 | Umsetzung des Speisen-Sicherheitsprogramms | |

### Ziele des Umsetzungsprozesses

1. Die Umsetzung eines Lieferanten-Speisen-Sicherheitsprogrammes ist ein ständiger Kontrollprozess. Green Paradise muss wissen, dass jeder Lieferant ein aktuelles Speisen-Sicherheits-Programm anwendet und an kontinuierlichen Verbesserungen arbeitet.
2. Green Paradise braucht eine Bestätigung, dass der Aufbau und die Umsetzung von HACCP zusätzliche Sicherheit für die Organisation von Speisenproduktionsprozessen bietet.
3. Green Paradise ermutigt Hersteller darzustellen, dass Risiko-Analyse, Ablaufkontroll-Validierung (reproduzierbare Prozesse), korrigierende Eingriffe und Selbstkontrolle auf Dauer angelegt sind. „Beste Abläufe" sollten innerhalb des gesamten Systems Anwendung finden.
4. Green Paradise erwartet von seinen Lieferanten Verständnis für die Wichtigkeit von aktuellen Management-Grundsätzen, das Vorhandensein von Urkunden, Aufzeichnungen usw. für behördliche Inspektionen wie zur Darstellung, dass die kaufmännische Sorgfaltspflicht beachtet wird.

# 1 Qualitätskontrolle und -sicherung (Qualitätsmanagement)

**Dokumente und Aufzeichnungen**  **Aktuelles Datum**

Lieferant ………………………… Produkt ………………………… …………………………

| S | 1 | 2 | 3 | C | Dokumente | Ausgabe/ Datum | Bemerkung/ Nummer |
|---|---|---|---|---|---|---|---|
| | | | | | Anerkannte Green-Paradise-Produkt-Spezifikation(en) | | |
| | | | | | Lieferantenseitige Mitglieder des Speisen-Sicherheitsteams, Verantwortungsbereich(e) und die 24-Stunden-Rufbereitschaft | | |
| | | | | | Zutaten- und Materialspezifikationen | | |
| | | | | | Zutaten-, Material- und Eingangskontrollen sowie Testverfahren (einschließlich Wasser) | | |
| | | | | | Training außerhalb von Green Paradise, Aufarbeitung von Programmen für Gesundheit, Hygiene, „gute Herstellungsabläufe" und HACCP | | |
| | | | | | Gute Herstellungsabläufe des Herstellers eingeschlossen, aber mit mindestens folgenden Programmen: Gesundheits- und Personalhygiene von Angestellten sowie Besuchern | | |
| | | | | | Schriftliche Anweisung über die Reinigung von Ausrüstungsgegenständen, Sanitäranlagen, Rahmenprogramme (täglich und innerhalb eines regelmäßigen Zeitabschnittes) sowie Sicherheitsdatenblätter für Arbeitsmaterialien | | |
| | | | | | Schriftliche vorbeugende Wartungsprogramme für Gebäude und Ausstattung | | |
| | | | | | HACCP-Plan einschließlich Risiko-Analyse für die Wiederverwertung, Kontrollen und Durchführungsprotokollen | | |
| | | | | | Schädlingsbekämpfungsprogramm, Kurzdarstellung der Versicherungen, zugelassene Chemikalien sowie Sicherheitsdatenblätter. Schriftliche Grundsätze betreffend Glas, Industrieglas sowie die Vorgehensweise bei Glasbruch | | |
| | | | | | Schriftliche Herkunftsbezeichnung und Produkt-Rückruf-Programme | | |
| | | | | | Schriftliche Abläufe zur Durchführung von Inspektionen | | |
| | | | | | Grundsätze für den Umgang mit Gästebeschwerden und die Vorgehensweise bei Verbesserungsaktionen | | |
| | | | | | System zur Nachprüfbarkeit der Herkunftsbezeichnung von Zutaten mittels Produktionscodes und Rückrufaktionen | | |

| S | 1 | 2 | 3 | C | Aufzeichnungen<br>Aufzeichnungen besprochen zwischen ………………… und ………………… | | Bemerkung/ Nummer |
|---|---|---|---|---|---|---|---|
| | | | | | Meetings des Speisensicherheitsteams – besprochene Themen, Aktionspläne, Erledigungsfristen | | |
| | | | | | Abgeschlossenes Training der Mitarbeiter in den Bereichen Gesundheit, Hygiene, gute Herstellungsmethoden sowie HACCP | | |
| | | | | | Aufzeichnungen über den Wareneingang von Zutaten und Material einschließlich der guten Herstellungsmethoden und der Ergebnisse der mikrobiologischen, physikalischen und chemischen Überprüfung der Zutaten (einzeln oder als Bestandteil von HACCP) | | |
| | | | | | Regelmäßige Eigenkontrolle der guten Herstellungsmethoden, intern, innerhalb der Firma und/oder durch Dritte | | |
| | | | | | Tägliche Überprüfung der Sanitäranlagen (einzeln oder als Bestandteil von HACCP) | | |
| | | | | | Vorbeugende Instandhaltung des Gebäudes sowie Verbesserungsmaßnahmen | | |
| | | | | | Schädlingsbekämpfung und Verbesserungsmaßnahmen | | |
| | | | | | Gästebeschwerden und Verbesserungsmaßnahmen | | |
| | | | | | Herkunftsnachweis, Herstellungscodes und Rückrufübungen | | |
| | | | | | Überprüfung von HACCP, Verbesserungsmaßnahmen/Abweichungsprotokoll und Umsetzung | | |

# Qualitätskontrolle und -sicherung (Qualitätsmanagement)

## MONTAG, 6. Juli

Übertrag von nicht durchgeführten Aufgaben des VORTAGES

☐ _____

### Aufgaben: Frühschicht

☐ 1. **Combi/8634 HT:** Reinigungsprogramm durchführen
☐ 2. **Shake:** Combi/8634 HT: Sirupleitungen reinigen, desinfizieren, nachspülen
☐ 3. **Sundae:** Combi/8634 HT: Topping-Behälter-Wasserstand überprüfen, notfalls auffüllen. Topping, wenn nötig, auffüllen.
☐ 4. **Steamer:** Steamzyklus überprüfen
☐ 5. **Multiplexanlage:** Füllhöhe und Brixwerte überprüfen.
☐ 6. **Kindergeburtstagsraum:** Oberflächen frei von Verschmutzung, Fallschutzböden und Abpolsterungen unbeschädigt. Keine fremden Gegenstände im Sicherheitsbereich (z. B. Bestuhlungsteile). Schutzeinrichtungen (z. B. Geländer) in Ordnung. Insgesamt sauber. Siehe auch Inspektions-Checkliste Kindergeburtstagsraum.
☐ 7. **Computer-Einstellung überprüfen bei:** Pommes frites, Fisch und Apfeltaschen

### Follow up innerhalb der Schichten

☐ 1. **Geschmacksproben** von Frühstücksprodukten, Pommes frites, Getränken, Shakes, Sundae, Sandwiches, Salat, Chicken nehmen.
Servietentemperatur bei Kaffee, Kakao, Orangensaft, Getränken überprüfen.
☐ 2. **Füllhöhe:** bei Getränken überprüfen.
☐ 3. **Füllhöhe** bei Shake/Sundae überprüfen.
☐ 4. **Hebeanlage:** überprüfen, Laufkontrolle.

### Aufgaben: Spätschicht

☐ 1. **E-Filter 92er:** reinigen
☐ 2. **E-Filter alt:** Reinigen bei Fisch/Chicken-Fritteuse
☐ 3. **Flame-Guard-Filter** reinigen; auch Filterhaube notfalls reinigen.
☐ 4. **Combi/8634-HT:** Reinigungsprogramm durchführen
☐ 5. **Getränketürme (Multiplex):** Reinigungsprogramm durchführen
☐ 6. **Patty-Truhe:** leeren, abtauen, reinigen und desinfizieren
☐ 7. **Combimaschine:** Sundaemix komplett wegschütten.
Shakemix aus Gefrierzylinder wegschütten.
☐ 8. **Gefrorene Brote:** Tagesbedarf aus TK-Raum holen!
Verbrauchsdatum beachten und notieren!
☐ 9. **Kühlraum:** auftauen für nächsten Tag: 0-Saft, Salatzutaten, Verbrauchsdatum beachten und notieren.
☐ 10. **Orangensaftgerät:** modellentsprechend vorgehen, Zapfüllen reinigen und desinfizieren.
☐ 11. **Geschirrspüler:** nach Benutzung Wasser ablassen und Leerspülung zur Selbstreinigung.
☐ 12. **Fett wechseln:** PF ☐1☐2☐3☐5☐6 AT ☐1☐2 FM ☐1☐2 CN ☐1☐2
Fett filtern: 4,5 Minuten zirkulieren lassen.
☐ 13. **Eiswürfelbehälter im Thekenbereich:** leeren, desinfizieren, durchspülen.

Wenn ein Wert nicht dem Sollwert entspricht, müssen Sie sofort korrigierend eingreifen. Schreiben Sie Ihre Korrekturmaßnahme auf das Blatt „Korrekturmaßnahmen". AA = Außenanzeige

Zeichen Schichtführer    1    2    3

Gelesen von Restaurantleiter

---

### KKP 1   Temperatur der Anlieferung: auf dem Lieferschein vermerken
Salattemperatur bei Anlieferung _____ °C

### Thermometerüberprüfung _____ OK
### Hygieneeinrichtungen _____ OK

### KKP 2   Rohprodukt einwandfrei HB ___ OK HR ___ OK Promo ___ OK

| | TK-Raum | | | TK-Schrank 1 | | | TK-Schrank 2 | | | Aufsperrdienst (Luft) |
|---|---|---|---|---|---|---|---|---|---|---|
| Kühltemperaturen | AA | Luft | Prod. | AA | Luft | Prod. | AA | Luft | Prod. | |
| Frühschicht * | ___°C** | ___°C | ___°C | | ___°C | ___°C | | ___°C | ___°C | Chicken ___°C |
| Mittelschicht * | ___°C** | ___°C | ___°C | | ___°C | ___°C | | ___°C | ___°C | Fisch ___°C |
| Spätschicht * | ___°C** | ___°C | ___°C | | ___°C | ___°C | | ___°C | ___°C | PattyFr. 1 ___°C |
| | | | | | | | | | | PattyFr. 2 ___°C |
| | | | | | | | | | | PattyFr. 3 ___°C |

*Aufzeichnungsgerät: Kontrolle des Temperaturverlaufes während der vergangenen 24 Stunden. **Bei Restaurants ohne Aufzeichnungsgerät (°C).

### KKP 3   Kühlraum

| | | | | Pluskühlschrank 1 | | | Pluskühlschrank 2 | | | Aufsperrdienst |
|---|---|---|---|---|---|---|---|---|---|---|
| Kühltemperaturen | AA | Luft | Prod. | AA | Luft | Prod. | AA | Luft | Prod. | |
| Frühschicht * | ___°C** | ___°C | ___°C | | ___°C | ___°C | | ___°C | ___°C | Saladette ___°C |
| Mittelschicht * | ___°C** | ___°C | ___°C | | ___°C | ___°C | | ___°C | ___°C | Vitrine 1 ___°C |
| Spätschicht / * | ___°C** | ___°C | ___°C | | ___°C | ___°C | | ___°C | ___°C | Vitrine 2 ___°C |

*Aufzeichnungsgerät: Kontrolle des Temperaturverlaufes während der vergangenen 24 Stunden. **Bei Restaurants ohne Aufzeichnungsgerät (°C).

### KKP 4 - MHD / Verfalldaten
**Schlussdienst**
MHD _____ OK
2. MHD _____ OK
FiFo _____ OK

### KKP 5 - Fritteusen

| | Grill 1 | | Grill 2 | | Grill 3 | | Grill 4 | |
|---|---|---|---|---|---|---|---|---|
| Frühschicht | | | | | | | | |
| Fett-Level | ___/OK | | ___/OK | | ___/OK | | ___/OK | |
| Fett-Temp. messen (IST) | ___°C | Sek. | ___°C | Sek. | ___°C | Sek. | ___°C | Sek. |
| Temp.-Einstellung | | | | | | | | |
| Wiederaufheizzeit | | | | | | | | |
| Produktzeiteinstellu. ablesen | | Sek. | | Sek. | | Sek. | | Sek. |
| Kerntemperatur | ___°C | | ___°C | | ___°C | | ___°C | |
| Mittelschicht | | | | | | | | |
| Temp.-Einstellung | | | | | | | | |
| Produktzeiteinstellu. ablesen | | Sek. | | Sek. | | Sek. | | Sek. |
| Spätschicht | | | | | | | | |
| Temp.-Einstellung | | | | | | | | |
| Produktzeiteinstellu. ablesen | | Sek. | | Sek. | | Sek. | | Sek. |

### KKP 6 - Grills

Nach der Frühstückszeit umgestellter Grill bzw. zugeschaltete Grills

| | Clamshell / Flach | | | GP-Chicken | | GP-Nuggets | | Promotion | |
|---|---|---|---|---|---|---|---|---|---|
| Frühschicht | | | | OK | | OK | | OK | |
| | Grill 1 | | | ___°C | Sek. | ___°C | Sek. | ___°C | Sek. |
| Spritzschutz, Schild, Spachteln Kratzer | | | /OK | ___ OK | | ___ OK | | ___ OK | |
| Produkteinstellung | | | /OK | | | | | | |
| Produktzeiteinstellung | | | /OK | | | | | | |
| Temperatureinstellung /Temperatur ist | | | | | | | | | |
| Temperatur obere Platte | ___°C | | | | | | | | |
| Temperatur untere Platte V | ___°C | | | | | | | | |
| Temperatur untere Platte M | ___°C | | | | | | | | |
| Temperatur untere Platte H | ___°C | | | | | | | | |
| Kerntemperatur | | | | | | | | | |
| Patty aufreißen (keine rosa Stellen) | | | | | | | | | |
| Mittelschicht Grilleinstellung prüfen | Grill 1 ___/OK | | | Grill 2 ___/OK | | Grill 3 ___/OK | | Grill 4 ___/OK | |
| Spätschicht Grilleinstellung prüfen | Grill 1 ___/OK | | | Grill 2 ___/OK | | Grill 3 ___/OK | | Grill 4 ___/OK | |

### KKP 7. Heißhalten

| | Frühschicht | | | | Manuelle Reinigung | Combi | OK | Nicht OK |
|---|---|---|---|---|---|---|---|---|
| | GP.Chicken | | GP.HR | OK Nicht OK | | | Aufsperrd. | |
| Kerntemperatur | ___°C | | ___°C | | | | Schlussd. | |

### KKP 8. HT
Pasteurisierung (Aufsperr)
Mixfüllung (Schluss)

# 1 Qualitätskontrolle und -sicherung (Qualitätsmanagement)

Unter **Qualitätssicherung auf Restaurantebene** sind alle Schritte und Maßnahmen zu verstehen, die im Restaurant durchgeführt werden, beginnend mit der Anlieferung der „Rohprodukte" bis zum Verkauf der „fertigen Speisen" an den Gast. Zum **HACCP-Ansatz** in der Lebensmittelherstellung und -sicherheit siehe auch Lerninhalt 1, Kap. 6.

## 3.2.2 Externe Instrumente

Als externe Instrumente zur Qualitätskontrolle und Qualitätssicherung werden im Folgenden vor allem

**die Befragung und die Beobachtung**

vorgestellt.

Generell dienen diese Instrumente der Informationsgewinnung zum
- Aufzeigen der Möglichkeiten und Erhöhen der Gästezufriedenheit,
- Sicherung der Umsetzung des Qualitäts-/Service-Standards,
- Mitarbeitermotivation zur Sicherung der Umsetzung des Personal-Qualitäts-Standards.

Damit dienen diese Instrumente der Qualitätskontrolle und Qualitätssicherung.

Zu unterscheiden ist dabei, welche Zielgruppe betrachtet wird. Die zu ermittelnden Informationen können zum einen über eine bereits bestehende Zielgruppe gewonnen werden, also über bereits bestehende Gäste; zum anderen ist die Informationsgewinnung über potenzielle Neukunden denkbar, die dem Markt oder einem neuen Konzept zugeführt werden sollen.

Im Mittelpunkt der Informationsgewinnung kann außerdem das Management oder das Personal stehen, das den Dienst am Gast ausübt.

Eine **Befragung** ist nach verschiedenen, strukturierten Formen zu unterscheiden sowie nach der Art der Befragung (mündlich oder schriftlich).

| Kommunikationsform<br>Kommunikationsart | teilstrukturiert | stark strukturiert | |
|---|---|---|---|
| mündlich | Gruppendiskussion<br>Experteninterview | Einzelinterview<br>(Face to Face oder telefonisch) | mündlich und schriftlich kombiniert:<br>– telefonische Ankündigung des Fragebogenversandes |
| schriftlich | Expertenbefragung | persönliche Verteilung und Abholung<br><br>postalische Befragung | – Versand oder Überbringung des schriftlichen Fragebogens<br><br>– telefonische Kontrolle, evtl. telefonische Ergänzungsbefragung |

Qualitative Informationen werden teilstrukturiert erfasst unter besonderer Berücksichtigung von Sprache, Bedürfnissen und Perspektiven des Befragten. Quantitative Informationen werden zumeist aus stark strukturierten Befragungen gewonnen, diese sind quantitativ analysierbar.

Befragungen können einmalig durchgeführt werden, um zu einem bestimmten Zeitpunkt einen Status zu erheben. Um beispielsweise im Zuge einer Marketingkampagne Veränderungen zu ermitteln, wird die gleiche Fragestellung zu verschiedenen Zeitpunkten angesetzt, man spricht vom sogenannten „Tracking" im Zeitverlauf.

Erfolgt das Tracking bei einer repräsentativ ausgewählten, gleichbleibenden Gruppe, liegt eine **Panelbefragung** vor.

Die **Gruppendiskussion** ist eine Befragung in einer Gruppensituation.

Basis einer solchen Gruppendiskussion ist die Frage, ob der Mitarbeiter seinen Beitrag zur Umsetzung des Marken-/Leistungsversprechens und des Dienstleistungsgedankens kennt, wie er ihn gestalten und verbessern kann.

Eine derartige Befragung erfolgt innerhalb einer Gruppe anhand eines Leitfadens mit teilweise vorgegebenen Fragen, um die Diskussion über ein vorgegebenes Thema zu steuern und die Zielsetzung nicht aus dem Auge zu verlieren.

Unter einem **Einzelinterview** ist eine persönliche (mündliche) Befragung von Personen zu verstehen, die zu bestimmten Fragestellungen Informationen liefern soll.

Mit einer **Gästebefragung** wird der Zufriedenheitsgrad der Gäste ermittelt. Bei niedrigem Zufriedenheitsgrad oder Problemen ergeben sich Anhaltspunkte für Verbesserungen – speziell im Servicebereich.

Bei einer **Expertenbefragung** werden Fachleute hinsichtlich Marktentwicklung und aktueller Trends interviewt. Um einen möglichst hohen Informationsfluss zu erreichen, werden bei dieser Befragungsform nur teilweise strukturierte Fragen verwendet.

In der Systemgastronomie wird häufig eine besondere Form der Befragung eingesetzt – der **Servicebogen**.

# Qualitätskontrolle und -sicherung (Qualitätsmanagement)

## Gut genug für »Einfach gut«?

Lieber Gast!

Green Paradise bemüht sich stets, Ihnen freundlichen und schnellen Service, qualitativ hochwertige Speisen und Getränke in angenehmer und sauberer Atmosphäre und zu angemessenen Preisen zu bieten. Natürlich würden wir gerne wissen, ob Sie zufrieden waren. Ihre Meinung ist für uns sehr wichtig, um noch besser auf Ihre Wünsche eingehen zu können.

Helfen Sie uns dabei; verteilen Sie auf dem Fragebogen Noten von 1 bis 6.

Bitte werfen Sie den Fragebogen dann in den Briefkasten im Restaurant.

Vielen Dank!

Ihr Green-Paradise-Kundenservice

### Ihre Meinung ist für uns wichtig

| Ich war heute | sehr zufrieden | | | | | nicht zufrieden |
|---|---|---|---|---|---|---|
| | 1 | 2 | 3 | 4 | 5 | 6 |
| 1. mit dem freundlichen Service | | | | | | |
| 2. mit der Schnelligkeit der Bedienung | | | | | | |
| 3. mit der Frische der Produkte | | | | | | |
| 4. mit der Temperatur der Speisen und Getränke | | | | | | |
| 5. mit dem Geschmack der Produkte | | | | | | |
| 6. mit der Qualität der Produkte | | | | | | |
| 7. mit der Sauberkeit des Restaurants | | | | | | |
| 8. denn ich habe alles wie bestellt erhalten | | | | | | |

| Dieses Green Paradise Restaurant als Restaurant, | gefällt mir | | | | | gefällt mir nicht |
|---|---|---|---|---|---|---|
| | 1 | 2 | 3 | 4 | 5 | 6 |
| 9. in dem sich Erwachsene wohlfühlen können | | | | | | |
| 10. in dem sich Kinder wohlfühlen können | | | | | | |
| 11. in dem ich mich sinnvoll ernähren kann | | | | | | |
| 12. mit abwechslungsreicher Speisenauswahl | | | | | | |
| 13. mit abwechslungsreicher Getränkeauswahl | | | | | | |
| 14. mit angenehmer Inneneinrichtung | | | | | | |
| 15. mit angemessenen Preisen | | | | | | |

Weitere Anregungen:

Datum: _____ Uhrzeit: _____

| Ich besuche Green Paradise mindestens 1× in der Woche | mind. 2–3× im Monat | seltener |
|---|---|---|
| Mein Alter: _____ Geschlecht: weiblich | männlich | |

---

Dieser **Fragebogen** ist vollständig strukturiert und ist von den Gästen auszufüllen. Die Formulierung der Fragen ist einfach und eindeutig, um jegliche Missverständnisse beim Ausfüllen auszuschließen.

Der Zufriedenheitsgrad der Gäste wird dabei beispielsweise anhand der Merkmalsausprägungen „sehr zufrieden" und „nicht zufrieden" gemessen und in Ziffern von 1 bis 6 übersetzt. Durch die Abstufung der Zahlen können die Relationen zwischen den Merkmalsausprägungen gemessen werden (= Skalierung). Am häufigsten wird hierbei der Mittelwert jedes Kundenzufriedenheitskriteriums aus allen Kundenkarten pro Restaurant bestimmt, die Kundenzufriedenheit wird quantifiziert.

Um eine möglichst hohe Rücklaufquote der ausgefüllten Fragebögen zu erreichen, werden häufig Anreize in Form von kleinen Geschenken eingesetzt. Vollständig ausgefüllte Fragebögen können auch an einen Adressverteiler versandt werden.

Ein weiteres externes Instrument zur Qualitätskontrolle und zur Qualitätssicherung ist die **Beobachtung**. Hierbei wird das individuelle und soziale Verhalten und Handeln untersucht.

Die Beobachtung wird dort einer Befragung vorgezogen, wo die Beobachtung

▶ einfacher und billiger ist,
▶ schnellere Informationen und
▶ zuverlässigere Resultate als die Befragung liefert.

So kann man beispielsweise durch Beobachtung und einfaches Zählen feststellen, wie viele Passanten und welche Passantengruppen (Geschlecht, Alter usw.) im Laufe eines Tages einen bestimmten Weg nehmen, wenn es darum geht, einen geeigneten Standort für ein Systemgastronomie-Restaurant zu finden.

# 1 Qualitätskontrolle und -sicherung (Qualitätsmanagement)

Meistens werden Beobachtungspersonen eingesetzt, um Situationen oder Personen zu registrieren – manchmal kommen aber auch Aufzeichnungsgeräte zum Einsatz. Hierzu gehören z. B. Zählgeräte für Besucher – Verkehrsfrequenzen oder auch Kameras zur Aufnahme von Reaktionen und Verhaltensweisen.

Als weitere Technik wird das Verfahren der **Selbstaufschreibung** verwendet, indem eine zu beobachtende Personengruppe z. B. ihr bevorzugtes Essen in einem Systemgastronomie-Restaurant notiert.

Last but not least ist an dieser Stelle ein **Instrument des Qualitätsmanagements** zu nennen, das wohl zu den wichtigsten überhaupt zählt, **„Der Mystery Guest"** (anonymer Gast). Hierbei handelt es sich um eine in der Systemgastronomie gebräuchliche Form der speziellen Beobachtung, die mit **Secret Shopping** bezeichnet wird.

Unter Secret- oder auch Mystery Shoppern versteht man den Einsatz von Testpersonen, die als Gäste auftreten und aus neutraler Sicht z. B. den Service oder die Qualität eines Restaurants überprüfen.

Diese Testpersonen sind keine Mitarbeiter des zu überprüfenden Unternehmens, sondern werden von sogenannten **Mystery-Shopping-Agenturen** vermittelt. Die Schulung dieser Testpersonen erfolgt durch qualifizierte Mitarbeiter des prüfenden Unternehmens. Vermittelt werden z. B. spezielle Kenntnisse der Produktpräsentation (3 Soßen zur Auswahl, Aussehen eines Produktes) oder von Service-Standards (Begrüßung, Reihenfolge der Zusammenstellung).

Auf Grundlage der getätigten Beobachtungen werden in einer Gesamtauswertung die Stärken und Schwächen zusammengefasst, analysiert und bei Schwachpunkten Verbesserungsmöglichkeiten aufgezeigt.

Dieser „Externe" mit viel Erfahrung und Sachkenntnis testet die Qualität eines systemgastronomischen Betriebes/Restaurants letztlich mit dem Ziel, die Bedürfnisse der Gäste möglichst optimal zu befriedigen. In diesem Zusammenhang legt der **„Tester"** sein Augenmerk auch auf die Mitarbeiter/-innen des Betriebes, denn sie sollten gastorientiert und flexibel handeln. Nur wenn die Hardware (= Betriebsausstattung) und Software (= Mitarbeiter) übereinstimmen, lässt sich die gewünschte Gästezufriedenheit erreichen.

Ein derartiger Test stellt eine objektive wie messbare Bewertungsgrundlage dar für:

▶ Anpassungen
▶ Investitionen
▶ Neuerungen
▶ evtl. Ablaufsänderungen
▶ ggf. Personalentscheidungen

Auf der Grundlage o. a. Kriterien lässt sich ein unmittelbar umsetzbarer Maßnahmen- und Aktionsplan für das jeweilige Unternehmen erstellen und auch ein Betriebsvergleich durchführen.

## Aufgaben

1. Nennen Sie die wesentlichen Bestandteile des Qualitätsmanagements und erklären Sie deren Zusammenwirken.

2. Welche Punkte gehören zur produktspezifischen Qualitätssicherung beim Lieferanten?

3. Sie befinden sich im dritten Ausbildungsjahr zum/zur Fachmann/Fachfrau für Systemgastronomie und arbeiten im Restaurant „Green-Paradise-Town". Ihr Restaurantleiter, der auch gleichzeitig Ihr Ausbilder ist, hat Ihnen die Verantwortung für die Warenannahme der Tiefkühlprodukte übertragen.

   Beim Öffnen eines Kartons im Produktionsbereich stellen Sie drei Tage später fest, dass sich ein Fremdkörper (Glasscherbe) in den Hähnchenteilen befindet.

   a) Welche Punkte sind bei der Warenannahme von Tiefkühlprodukten generell zu beachten?

   b) Welche Maßnahmen müssen Sie aufgrund des Fremdkörpers einleiten?

4. Christian Christensen steht vor einem Rätsel. Als Abteilungsleiter ist er verantwortlich für das Qualitätsmanagement des Systemgastronomieunternehmens „Green-Paradise-Burger" mit 15 Restaurants und 750 Mitarbeitern.

   Zu seinen Aufgaben gehört es, die Qualitätsstandards im Service zu überprüfen.

   Alle Systemgastronomiebetriebe auf ein hohes Qualitätsniveau zu bringen, ist über interne und externe Schulungen ohne Weiteres möglich.

   Schwieriger ist es jedoch, dieses hohe Niveau auch flächendeckend zu halten.

   Welche Möglichkeiten der externen Qualitätssicherung hat Herr Christensen, um auf längere Sicht den hohen Qualitätsstandard im Service aufrechtzuerhalten?

5. Welche Kommunikationsform sollte Herr Christensen wählen für

   a) eine Gruppendiskussion mit Mitarbeitern des Systemgastronomieunternehmens „Green-Paradise-Burger"?

   b) eine schriftliche Befragung der Gäste durch einen Servicebogen?

## Infobox Sprache

**Expansion durch Multiplikation und Qualitätssicherung**

| 🇩🇪 Deutsch | 🇬🇧 Englisch |
|---|---|
| Betriebsablauf | operations flow, operations process |
| Einkaufspreis | cost |
| Expansionsgeschwindigkeit | pace of expansion |
| Filiale | branch |
| Filialsystem | chain-store-system |
| Finanzkraft | financial power |
| Flexibilität | flexibility |
| Franchise-Geber | franchisor |
| Franchise-Nehmer | franchisee |
| Franchise-System | franchise-system |
| Franchise-Vertrag | franchise agreement |
| Investitionsbedarf | capital expenditure requirements |
| Lieferant | supplier |
| Mindestbestellmenge | minimum order quantity |
| Motivation | motivation |
| Optimierung | optimization |
| Preisspanne | price margin |
| Qualitätsmanagement | quality management |
| Qualitätssicherung | quality assurance |
| Qualitätsverbesserung | quality improvement |
| Schweigepflicht | professional secrecy |
| Standortfaktor | locational factor |
| Stichprobe | spot-check |
| Umsatz | turnover |
| Unterstützung | support |
| Werbekonzept | advertising concept |
| Wirtschaftlichkeit | profitability |
| Zahlungsverpflichtung | payment commitment |
| Zahlungsziel | term of payment |
| Zutaten | ingredients |

## Übergreifende Aufgaben

1. Ihr Restaurantleiter und Ausbilder hat sämtliche Mitarbeiter am Sonntag früh zu einem Meeting eingeladen. Ein Tagesordnungspunkt ist die Schulung zur Hygiene und Produktsicherheit im Restaurant, die lt. LMHV (Lebensmittel-Hygieneverordnung) jährlich zu wiederholen ist. Da Sie im Rahmen Ihrer Ausbildung schon an mehreren Mitarbeiterschulungen teilgenommen haben, überträgt Ihr Ausbilder Ihnen die Durchführung dieser Schulung. Erarbeiten Sie eine 30-minütige Präsentation zum Thema Hygiene und Produktsicherheit unter besonderer Berücksichtigung des HACCP-Konzeptes (s. auch Lerninhalt 1, Kap. 6.1.2).
2. Christian Christensen entschließt sich, einige Gäste in einem persönlichen Interview zur Gästezufriedenheit zu befragen. Er arbeitet die Fragebögen hierfür selbst aus. Welche Grundsätze in der Konzeption hat er zu beachten?
3. Entwickeln Sie je eine Checkliste für alle im
   a) TK-Lager/Kühlhaus,
   b) Lager für Trockenprodukte
   vor der Warenannahme und Einlagerung zu erledigenden Arbeiten und Kontrollen.

---

1. Suchen Sie in verschiedenen Internetportalen Franchiseangebote in Ihrer näheren Umgebung mit unterschiedlich hoch erforderlichem Eigenkapital.
2. Das Bundeswirtschaftsministerium (BMWI) unterstützt Existenzgründer u. a. durch Information. Suchen Sie auf der Seite des BMWI nach Informationen zum Bereich Existenzgründung mittels Franchise.
3. Erkunden Sie im Internet die wesentlichen Vertragsinhalte eines Franchisevertrages.

---

1. Berechnen Sie die prozentuale Veränderung der Betriebe/Betriebsstätten (vgl. Übersicht Seite 35) von 2000 zu 2007 für die Unternehmen:
   a) Nordsee,
   b) Stockheim und
   c) Burger King.
2. Berechnen Sie
   a) den durchschnittlichen Umsatz je Franchisebetrieb,
   b) den durchschnittlichen Umsatz je Beschäftigen in einem Franchisebetrieb für das Jahr 2007 (vgl. Angaben Seite 40).
   c) Treffen Sie auf der Grundlage Ihrer Berechnungen eine Aussage zur Produktivitätsentwicklung in Franchisebetrieben.
3. Ein Franchisenehmer hatte im letzten Jahr einen durchschnittlichen Bruttoumsatz von 37 800,00 €.
   a) Berechnen Sie den Nettoumsatz für den Fall, dass 1/3 der Umsätze dem Regelsteuersatz und 2/3 der Umsätze dem ermäßigten Steuersatz unterliegen.
   b) Ermitteln Sie die monatliche Franchisegebühr in €, wenn diese 4,5 % des Nettoumsatzes beträgt.
   c) Zusätzlich zur Franchisegebühr muss eine Werbekostenpauschale von 2,5 % des Nettoumsatzes bezahlt werden. Berechnen Sie diese in €.
   d) Wie viel € verbleiben dem Franchisenehmer pro Monat nach Abzug der Franchisekosten zur Deckung seiner fixen und variablen Kosten?

# 4 Arbeitssicherheit und Gesundheitsschutz

## 4.1 Gesetzliche Grundlagen der Arbeitssicherheit

### Situation

Die häufigsten Arbeitsunfälle im Gastgewerbe sind Schnittverletzungen. Immer öfter zählen zu den Ursachen für Arbeits- und Wegeunfälle Stress und Alkohol, wobei eine Ursache teilweise die andere bedingt.
Die Arbeit im Gastgewerbe ist durch ein hohes Ausmaß an „Emotionsarbeit" gekennzeichnet: Eine professionelle Servicekraft zeichnet sich durch besondere Freundlichkeit aus. Sie geht flexibel auf die Kundenwünsche ein und stellt die eigenen Emotionen nicht selten hinten an. Der Umgang mit Gästen, das Behandeln von Reklamationen und Sonderwünschen erfordert „gute Nerven" und bringt häufig auch Stress, Zeitdruck und Hektik mit sich.
Diese emotionalen Anforderungen können sich auf Dauer auf die Gesundheit und Sicherheit der Mitarbeiter im Gastgewerbe auswirken.

Nach § 3 **Arbeitsschutzgesetz** (ArbSchG) ist jeder Arbeitgeber verpflichtet, selbst oder durch entsprechend beauftragte Personen, alle notwendigen Maßnahmen des Arbeitsschutzes zu treffen, die die **Sicherheit und Gesundheit der Beschäftigten bei der Arbeit** beeinflussen.

Er muss die Maßnahmen auch auf ihre Wirksamkeit überprüfen und ggf. anpassen.

Die Formulierung im § 3 ist sehr offen gewählt und umfasst z. B.
- die Sicherheit der Arbeitsgeräte, des Arbeitsplatzes, der Arbeitsmaterialien und Rohstoffe,
- die Sicherheit der Berufskleidung und Schutzausrüstungen sowie deren Reinigung mit Reinigungs-/Waschmitteln,
- die Sicherheit der Räume und Wege einschließlich der Beleuchtung, Stolper-, Rutsch- und Sturzgefahren,
- Hygiene am Arbeitsplatz und in den Betriebsräumen sowie

- Schutz vor Arbeitsüberlastung (= emotionaler Arbeitsschutz) und dadurch bedingte gesundheitliche Gefährdungen und Schäden.

Alle diese Maßnahmen sollen der Vermeidung von **Arbeitsunfällen** und **Berufskrankheiten** dienen.

Der Arbeitgeber muss dabei die in *§ 4 Arbeitsschutzgesetz* festgelegten Grundsätze befolgen:

1. Die Arbeit ist so zu gestalten, dass eine Gefährdung für Leben und Gesundheit möglichst vermieden und die verbleibende Gefährdung möglichst gering gehalten wird.
2. Gefahren sind an ihrer Quelle zu bekämpfen.
3. Bei den Maßnahmen sind der Stand der Technik, Arbeitsmedizin und Hygiene sowie sonstige gesicherte arbeitswissenschaftliche Erkenntnisse zu berücksichtigen.
4. Maßnahmen sind mit dem Ziel zu planen, Technik, Arbeitsorganisation, sonstige Arbeitsbedingungen, soziale Beziehungen und Einfluss der Umwelt auf den Arbeitsplatz sachgerecht zu verknüpfen.
5. Individuelle Schutzmaßnahmen sind zu anderen Maßnahmen nachrangig.
6. Für besonders schutzbedürftige Beschäftigtengruppen sind spezielle Gefahren zu berücksichtigen.
7. Den Beschäftigten sind geeignete Anweisungen zu erteilen.
8. Mittelbar oder unmittelbar geschlechtsspezifisch wirkende Regelungen sind nur zulässig, wenn dies aus biologischen Gründen zwingend geboten ist.

Beim Erfüllen aller Aufgaben im Bereich des Arbeits- und Gesundheitsschutzes muss der Arbeitgeber neben dem ***Arbeitsschutzgesetz*** (Arbeits- und Gesundheitsschutz allgemein, Unterweisungspflichten, Erste Hilfe, Rechte und Pflichten der Arbeitnehmer, Zuständigkeit von Behörden, Sanktionen bei Nichteinhaltung) weitere Vorschriften berücksichtigen.

Die wichtigsten sind:
- ***Arbeitssicherheitsgesetz*** – AsiG
  Dieses regelt die Bestellung von Betriebsärzten, Sicherheitsingenieuren und anderen Fachkräften für Arbeitssicherheit und deren Aufgaben.

# Gesetzliche Grundlagen der Arbeitssicherheit 1

- ***Geräte- und Produktsicherheitsgesetz** – GPSG*
  Hier werden die Anforderungen an technische Arbeitsmittel und Verbraucherprodukte und deren Überprüfung/Überwachung geregelt.

- ***Arbeitsstättenverordnung** – ArbStättV*
  Sie zeigt die Anforderungen an die Einrichtung und den Betrieb der Arbeitsstätte, den Nichtraucherschutz und Anforderungen an Personal- und Sanitärräume, Erste-Hilfe-Räume auf.

- ***Betriebssicherheitsverordnung** – BetrSichV*
  Sie regelt die Sicherheit und den Gesundheitsschutz bei der Bereitstellung von Arbeitsmitteln und deren Benutzung bei der Arbeit, die Sicherheit beim Betrieb überwachungsbedürftiger Anlagen und die Organisation des betrieblichen Arbeitsschutzes.

- ***Gewerbeordnung** – GewO*
  Hier werden u.a. der technische Arbeitsschutz und der Umgang mit gefährlichen Stoffen geregelt.

- ***EU-Richtlinien** zur Angleichung des Gemeinschaftsrechts an nationale Vorschriften*

- ***Regelwerk der Berufsgenossenschaft BGN***
  *(= Berufsgenossenschaft Nahrungsmittel und Gaststätten)*

Verschiedene Institutionen wachen darüber, dass die Vorschriften zum Arbeits- und Gesundheitsschutz eingehalten werden.

1. Die **staatliche Gewerbeaufsicht** überwacht die Einhaltung der Arbeitsschutz- und Hygienebestimmungen sowie das Einhalten persönlicher Schutzvorschriften, z.B. die des *Mutterschutzgesetzes*.

2. Die **zuständige Berufsgenossenschaft** (Träger der gesetzlichen Unfallversicherung) überwacht das Einhalten der Schutzvorschriften – meist im Schadensfall –, betreibt aber auch Unfallprävention, Aufklärung durch Schulungen und Informationsschriften sowie Beratung durch speziell ausgebildete Sicherheitsingenieure.
   - Die gesetzliche Unfallversicherung ist ein Zweig der gesetzlichen Sozialversicherung. Sie ist eine Pflichtversicherung, von der sich der Arbeitgeber nicht befreien kann. Gesetzliche Grundlage der Unfallversicherung ist insbesondere das *Sozialgesetzbuch (SGB)* VII.
   - Die Berufsgenossenschaften haben die Aufgabe, Arbeitsunfälle und Berufskrankheiten sowie arbeitsbedingte Gesundheitsgefahren zu verhindern bzw. ihnen vorzubeugen und im Schadensfall die verletzten oder erkrankten Personen sowie deren Hinterbliebene zu entschädigen.

Die Berufsgenossenschaft Nahrungsmittel und Gaststätten (BGN) ist für den Bereich Gastronomie bundesweit zuständig. Jeder Unternehmer im Gastgewerbe ist, gleichgültig, ob in seinem Unternehmen versicherte Personen tätig sind oder nicht, kraft Gesetzes Mitglied der BGN.
Der Unternehmer ist verpflichtet, sich innerhalb einer Woche nach Tätigkeitsbeginn bei der Berufsgenossenschaft anzumelden. Auch Änderungen von Art und Gegenstand des Unternehmens, Erweiterung, Einstellung oder Änderung der Rechtsform des Unternehmens sind innerhalb von vier Wochen schriftlich mitzuteilen.

> **Arbeitsunfälle**, bei denen der Arbeitnehmer so verletzt wurde, dass er voraussichtlich länger als drei Tage arbeitsunfähig ist, müssen **innerhalb von drei Tagen** der Berufsgenossenschaft gemeldet werden.
> Tödliche und besonders schwere Unfälle sind **sofort** fernmündlich, schriftlich oder per E-Mail der Berufsgenossenschaft, dem Gewerbeaufsichtsamt und ggf. der Ortspolizeibehörde (tödlicher Unfall) zu melden.

Unterstützt wird der Arbeitgeber bei der Erfüllung seiner Aufgaben im Rahmen der Arbeitssicherheit und des Gesundheitsschutzes durch:

1. **Sicherheitsbeauftragte**, die in jedem Betrieb mit mehr als 20 Beschäftigten zu benennen sind *(§ 22 SGB VII)*. Ist ein Betriebsrat vorhanden, so hat dieser bei der Bestellung des Sicherheitsbeauftragten mitzuwirken;

2. **Betriebsärzte und Fachkräfte für Arbeitssicherheit** (zuständig für Arbeitsschutz und Unfallverhütung), die nach *§ 3 Arbeitssicherheitsgesetz (AsiG)* schriftlich zu bestellen sind. Dabei hat der Arbeitgeber die Möglichkeit, eine Sicherheitsfachkraft für seinen Betrieb fest als Arbeitnehmer einzustellen und einen Betriebsarzt zu verpflichten oder einen überbetrieblichen Dienst zu beauftragen.
   Die BGN bietet im Rahmen der Mitgliedschaft die Möglichkeit, die kombinierte Leistung einer Fachkraft für Arbeitssicherheit und eines Betriebsarztes zu beauftragen – eine gute Lösung, besonders für kleinere Unternehmen.
   Abweichend von dieser **Regelbetreuung** können **Betriebe mit 10 oder weniger Arbeitnehmern** von der Bestellung einer Sicherheitsfachkraft und eines Betriebsarztes absehen, wenn sie an Qualifizierungsmaßnahmen der BGN teilnehmen;

3. einen **Arbeitsschutzausschuss**, den Betriebe mit mehr als 20 Beschäftigten zusätzlich bilden müssen.

**1** Berufsunfälle und vorbeugende Maßnahmen

Wesentliche individuelle Arbeitsschutzbestimmungen im Sinne des § 4 Nr. 5 des Arbeitsschutzgesetzes sind u. a.:
▶ *Arbeitszeitordnung*
▶ *Jugendarbeitsschutzgesetz*
▶ *Mutterschutzgesetz* und *Mutterschutzrichtlinien*
▶ Rehabilitation und Teilhabe behinderter Menschen *(Schwerbehindertengesetz)* im *Sozialgesetzbuch IX*
▶ *Allgemeines Gleichstellungsgesetz*

Nähere Ausführungen zu den Einzelgesetzen finden Sie im Lerninhalt 1, Kap.10/Lerninhalt 3, Kap. 4.

### Aufgaben

1. *Grundgesetz Artikel 2 Absatz 2*
   „Jeder hat das Recht auf Leben und körperliche Unversehrtheit. Die Freiheit der Person ist unverletzlich. In diese Rechte darf nur aufgrund eines Gesetzes eingegriffen werden."
   Erläutern Sie die gegenseitige Abhängigkeit von Gesetz und praktischer Umsetzung.
2. a) Nennen Sie die wesentlichen Bestimmungen zum Arbeitnehmerschutz.
   b) Erläutern Sie die Ziele dieser Schutzbestimmungen.
3. Erkunden Sie in Ihrem Ausbildungsbetrieb, wer
   – Sicherheitsbeauftragter,
   – Fachkraft für Arbeitssicherheit,
   – Betriebsarzt
   ist oder mit der Wahrnehmung dieser Aufgaben beauftragt wurde und wie Sie die entsprechende Person erreichen können.
4. Erkunden Sie in Ihrem Ausbildungsbetrieb oder bei der bgn:
   a) welchen Gefahrenklassen die Tätigkeit eines ausbildenden Systemgastronomen zugeordnet ist,
   b) wie viel € Beitrag zur Berufsgenossenschaft ein Arbeitgeber für einen ausgebildeten Systemgastronomen (Vollzeitbeschäftigung mit 40 Wochenstunden und 1 600,00 € Monatslohn) pro Jahr entrichten muss.

## 4.2 Berufsunfälle und vorbeugende Maßnahmen

### Situation

Autsch, ausgerutscht.

Treppensturz durch falsches Tragen oder …

Ca. 20 % aller den Berufsgenossenschaften gemeldeten Arbeitsunfälle sind Sturz-, Stolper- oder Rutschunfälle. Durchschnittlich geschehen in den abgebildeten Situationen ähnliche Unfälle täglich ca. 600-mal. Die Folgen für die Betroffenen und die Kosten für die Berufsgenossenschaft sind dabei schwerwiegender bzw. höher als meist vermutet.

Sie reichen von Prellungen, die durch Heilbehandlungen behoben werden können, bis zu komplizierten Brüchen mit dauerhaften Schäden, die wegen Erwerbsunfähigkeit eine Unfallrente zur Folge haben.

**Auszug aus der Unfallstatistik der BGN – Bereich Gaststätten, Beherbergungsunternehmen – 2008:**

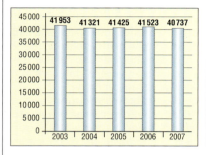
Arbeitsunfälle
(2003: 41 953; 2004: 41 321; 2005: 41 425; 2006: 41 523; 2007: 40 737)

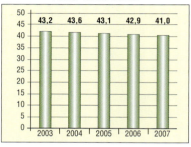
Arbeitsunfälle je 1 000 Vollarbeiter
(2003: 43,2; 2004: 43,6; 2005: 43,1; 2006: 42,9; 2007: 41,0)

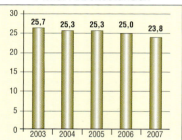
Arbeitsunfälle je 1 Mio. Arbeitsstunden
(2003: 25,7; 2004: 25,3; 2005: 25,3; 2006: 25,0; 2007: 23,8)

Im Bereich Prävention bemühen sich alle Berufsgenossenschaften vermehrt um Aufklärung und Sensibilisierung der Arbeitgeber und Arbeitnehmer zur Vermeidung derartiger Arbeitsunfälle. Der Bereich der Systemgastronomie findet bei der Beschreibung der Aufgaben und Ziele der BGN im Bereich der Prävention besondere Erwähnung:

# Berufsunfälle und vorbeugende Maßnahmen

**Entwicklung von Modellen** zur Betreuung von Betrieben mit standardisierter Betriebsweise, z. B. der Systemgastronomie.

Oft reicht schon ein kleiner Handgriff oder ein bisschen Vorsicht. Denn: **Unfälle** werden in den meisten Fällen durch Menschen verursacht.

Die Ursachen von Stolper-, Rutsch- und Sturzunfällen lassen sich in zwei **Kategorien** einteilen, in „baulich-technische" und „menschlich-verhaltensbeeinflusste".

Zu den „baulich-technischen" zählen u.a. Hindernisse in Laufwegen, unebene und verschmutzte Fußböden, falsches Schuhwerk, mangelhafte Beleuchtung der Verkehrswege wie Treppen und Flure sowie unübersichtliche, betriebsbedingte Verhältnisse.

Zu den „menschlich-verhaltensbeeinflussten" Faktoren zählen Unachtsamkeit, übertriebene Eile, Hast und mangelnde Aufmerksamkeit beim betrieblichen Arbeitsablauf. Außerdem sind noch Müdigkeit, Bequemlichkeit und der Alkohol- bzw. Medikamentenkonsum zu nennen.

## Vorbeugende Maßnahmen zum Unfall- und Gesundheitsschutz

| Gefahrenquellen | Gegenmaßnahmen |
|---|---|
| Material- oder Fertigungsmängel an Geräten und Maschinen | Sofortige Mängelüberprüfung bei Anlieferung von Geräten |
| Mängel an Signal- und Bedienungseinrichtungen von Maschinen | Vor der täglichen Inbetriebnahme Überprüfung aller Signal- und Bedienungseinrichtungen |
| Mangelhafte Sicherung gegen Zugriff zu unvermeidbaren Schneid- und Quetschstellen | Sicherstellung, dass Schneidmesser bis auf die Schneidstelle abgedeckt sind |
| Eingeschränkte oder mangelhafte Standfestigkeit und Tragfähigkeit von Leitern | Sicherheitseinrichtungen einer Stehleiter sind auf Funktionsfähigkeit zu überprüfen, Spannvorrichtungen müssen fest verankert sein, die Sicherheitsbrücke muss arretierbar sein |
| Verwendung von behelfsmäßigen Arbeitsmitteln | Grundsätzlich nur auf fach- und sachgerechte Arbeitsmittel zurückgreifen |
| Mangelhafte oder fehlende Absperrung oder Abdeckung von Gefahrenquellen | Erkannte Gefahrenquellen sind sofort zu sichern und abzusperren, wenn möglich, ist die Ursache umgehend zu beheben |
| Verstellte oder nicht gekennzeichnete Fluchtwege | Kennzeichnung und Freihalten der Fluchtwege sind schon im Interesse eines jeden Mitarbeiters oberstes Gebot, bei Missachtung greifen harte Maßnahmen |
| Dampf- und Heißwasser-Verbrühung | Sicherheitseinrichtung gewährleistet, dass Dampf und Heißwasser nicht unbeabsichtigt austreten können, außerdem ist darauf zu achten, dass die Kaffeemaschine den Bestimmungen der Druckbehälter-Verordnung entspricht (eine mind. halbjährliche Wartung ist zu empfehlen) |
| Unachtsamkeit bei der Beseitigung von Abfall aus Dosen, Porzellan oder Glasbruch | Durch Trennen und sorgfältige Aufbewahrung der verschiedenen Abfallmaterialien werden Schnittwunden vermieden, Porzellan- oder Glasbruch nie mit der Hand, sondern nur mit Kehrschaufeln und Besen aufnehmen |
| Schadhafte oder mangelhafte Beleuchtung des Arbeitsplatzes | Sofort Abhilfe schaffen, wenn nötig, durch Facharbeiter |
| Unangemessener Lärm, der die Verständigung erschwert | Lärm am Arbeitsplatz ist konzentrationshemmend und daher schädlich – Lärmquelle beseitigen |
| Fehlerhafte Gas-, Wasser- oder Elektroinstallation | Nur vom Fachmann derartige Gefahrenquellen beseitigen lassen |
| Mangelhafte Überwachung durch Ausbilder | Nur durch ständige Schulung der Ausbilder ist eine verantwortungsvolle Ausbildung sichergestellt |
| Fehlen der empfohlenen oder vorgeschriebenen persönlichen Körperschutzausrüstung | Zum Schutz des eigenen Körpers werden z. B. Arbeits- und Sicherheitsschutz überprüft und angewandt |
| Unsachgemäße Verlegung von Bodenbelägen, Wandbespannungen und Deckenverkleidungen | Nächstmöglichen Termin zur Beseitigung dieser Gefahrenquelle nutzen |
| Unsachgemäße Handhabung am Wasserbad (Bain-Marie) | Örtliche Überhitzung im Bereich der Heizeinrichtung wird z. B. durch einen gelochten Zwischenboden verhindert, die Ablasseinrichtung ist gegen unbeabsichtigtes Öffnen (z. B. Klapp- oder Drehgriff) gesichert, gasbeheizte Wasserbäder sind an allen Brennstellen mit Flammüberwachungseinrichtungen ausgerüstet |
| Gefährdung durch Fußböden und Treppen | Fußböden sind dann rutsch- und trittsicher, wenn sie eben sind und ihre Oberfläche auch bei leichter Nässe noch genügend griffig ist. Bei Treppen ist darauf zu achten, dass die Stufen nicht ausgetreten sind, eine rutschfeste Oberfläche haben und ein Handlauf (oder zwei), wenn vorgeschrieben, angebracht ist. Treppen, die schlecht einsehbar sind, erhalten ausreichende Beleuchtung |
| Gefährdung durch heißes Fett in der Fritteuse | Auf sicheren Standplatz der Fritteuse achten, das Fett rechtzeitig austauschen und Temperaturregler und -begrenzer immer auf Funktionstüchtigkeit überprüfen; die Ablasseinrichtung gegen unbeabsichtigtes Öffnen sichern |

# 1 Berufsunfälle und vorbeugende Maßnahmen

Außer den genannten Unfallquellen und Gefahrenstellen sind noch zu nennen: die physische Überforderung des Mitarbeiters (bedingt durch zu schnelles Arbeitstempo oder durch unregelmäßige Pausen), das fehlende Gefühl (Sensibilisierung) des Mitarbeiters für Unfallgefahr und -risiko sowie allgemeine Unachtsamkeit (hervorgerufen durch fehlende Motivation oder Ärger bzw. Streit mit den Kollegen). Hier helfen das intensive Mitarbeitergespräch und eine lückenlose Aufklärung der Unfallgefahren. Nur so erreicht man ein ausgewogenes Betriebsklima und reduziert die Unfallgefahren auf ein Minimum.

## Sicherheitszeichen

Um ein Höchstmaß an Sicherheit am Arbeitsplatz zu erreichen, weist eine große Anzahl an Sicherheitszeichen auf Gefahren am Arbeitsplatz hin (Sicherheitszeichen gem. der berufsgenossenschaftlichen Vorschrift für Sicherheit und Gesundheit am Arbeitsplatz/SGVAB).

1. Bedeutung der **Sicherheitsfarben**

| Sicherheitsfarbe | Bedeutung | Hinweise – Angaben |
|---|---|---|
| Rot | Verbot | Gefährliches Verhalten |
| Rot | Gefahr | Halt, Evakuierung |
| Rot | Material und Einrichtungen zur Brandbekämpfung | Kennzeichnung und Standort |
| Gelb | Warnung | Achtung, Vorsicht, Überprüfung |
| Grün | Hilfe, Rettung | Türen, Ausgänge, Wege, Stationen, Räume |
| Grün | Gefahrlosigkeit | Rückkehr zum Normalzustand |
| Blau | Gebot | Besonderes Verhalten oder Tätigkeit – Verpflichtung zum Tragen einer persönlichen Schutzausrüstung |

2. Bedeutung der geometrischen **Formen der Sicherheitszeichen**

| Geometrische Form | Bedeutung |
|---|---|
| ⬤ | Gebots- und Verbotszeichen |
| ▲ | Warnzeichen |
| ■ | Rettungs- oder Brandschutzzeichen |
| ▬ | Rettungs-, Hinweis- oder Zusatzzeichen |

3. **Kombination** von geometrischen Formen und Sicherheitsfarben und ihre Bedeutung

| Geometr. Form / Sicherheitsfarbe | ⬤ | ▲ | ■ |
|---|---|---|---|
| Rot | Verbot | | Brandschutzmittel und -geräte zur Brandbekämpfung |
| Gelb | | Warnung Vorsicht! | |
| Grün | | | Rettung Erste Hilfe |
| Blau | Gebot | | Hinweis |

4. Sicherheitszeichen und Sicherheitsaussagen
a) **Verbotszeichen**

Rauchen verboten · Feuer, offenes Licht und Rauchen verboten · Verbot, mit Wasser zu löschen · Kein Trinkwasser

b) **Warnzeichen**

Warnung vor feuergefährlichen Stoffen · Warnung vor ätzenden Stoffen · Warnung vor gefährlicher elektrischer Spannung · Warnung vor einer Gefahrenstelle

c) **Gebotszeichen**

Fußschutz benutzen · Handschutz benutzen · Augenschutz benutzen

# Berufsunfälle und vorbeugende Maßnahmen

### d) Rettungszeichen

Erste Hilfe

Rettungsweg

Notausgang

Rettungswege

Notausgänge

Sammelstelle

Krankentrage

Neben den genannten möglichen Unfallursachen nimmt die **Gefahr durch elektrischen Strom** eine besondere Stellung ein.

### Maßnahmen

▶ Nur Schutzkontaktstecker/-steckdosen verwenden!
▶ Beschädigte Geräte nicht weiterverwenden!
▶ Keine Do-it-yourself-Reparaturen durchführen!
▶ Nur geprüfte (VDE-Zeichen) Geräte, Leitungen und Stecker verwenden!
▶ Alle Sicherheitszeichen besonders beachten!

Zusätzlich sind die Kenn- und Prüfzeichen an elektrischen Geräten zu beachten.

Wichtige **Kenn- und Prüfzeichen** sind:

Hochspannungsteil eines Gerätes

VDE-Zeichen:
Verband Deutscher Elektrotechniker

Geprüfte Sicherheit
Sicherheitszeichen zum Maschinenschutzgesetz

EU-Konformität

Die dennoch immer wieder vorkommenden Stromunfälle sind zurückzuführen auf Unkenntnis, Unachtsamkeit und Leichtsinn.

Entscheidend für die Gefährdung sind die Stärke des Stroms, der im Fehlerfall durch den Körper fließt, und die Zeitdauer der Stromwirkung.

Gefahr besteht dann, wenn Teile eines elektrischen Gerätes durch Isolationsfehler unter Stromspannung geraten. Berührt man ein solches Gerät bei gleichzeitigem Kontakt etwa zu einer Metallleitung, Zentralheizung oder einem gut leitenden Fußboden, dann fließt der Strom durch den Körper und damit zur Erde, der Kreislauf ist geschlossen.

### Unfall durch Giftstoffe

Neben elektrischem Strom sind auch die Gefahren durch Gifte, Gase und leicht entzündliche Stoffe zu nennen.

Gifte sind grundsätzlich in Giftschränken (doppelt gesichert) aufzubewahren, von Lebensmitteln fernzuhalten und entsprechend zu kennzeichnen.

### Kennzeichnung von Gefahrenstoffen

Hochentzündlich

Leichtentzündlich

Ätzend

Reizend

Gesundheitsschädlich

Giftig

### Aufgaben

1. Listen Sie alle Gefahrenquellen auf, die Ihnen in Ihrem Ausbildungsbetrieb auffallen. Zeigen Sie danach auf, welche Vorsichtsmaßnahmen sich zur Beseitigung dieser Gefahrenquellen treffen lassen.
2. Welche Personen müssen in Ihrem Ausbildungsbetrieb Sicherheitsschuhe tragen?
3. Untersuchen Sie die Reinigungsmittel in Ihrem Betrieb auf die sechs Gefahrstoffzeichen. Benennen Sie Reinigungsmittel und Gefahrstoffzeichen.
4. Welche Warn- und Gebotszeichen gibt es in Ihrem Ausbildungsbetrieb und wo sind sie angebracht?
5. Welche Sicherheits- oder Schutzkleidung gibt es in Ihrem Ausbildungsbetrieb und bei welchen Tätigkeiten muss sie getragen werden?

## 4.3 Brandschutz

### Situation

Im Brandfall bleiben nur 3 Minuten zur Flucht

**Brandschutz-Checkliste**
1. Sind eigene, nicht brennbare Behälter mit dicht schließendem Deckel für die Aufnahme von Rauchtabakresten aufgestellt?
2. Ist das Küchenpersonal aufgeklärt, wie Brände in Frittiergeräten zu vermeiden beziehungsweise zu löschen sind?
3. Sind elektrische Anlagen und Geräte auf ihre Betriebssicherheit vom Fachmann in letzter Zeit geprüft worden?
4. Sind an den Aufzügen Aufkleber angebracht, die auf das Benutzungsverbot im Brandfall hinweisen?
5. Schließen die Türen zwischen Fluren und Treppenräumen dicht und lassen sie sich in Fluchtrichtung öffnen?
6. Sind Flure und Treppenräume von brennbaren Stoffen freigehalten?
7. Sind die Rettungswege ausreichend gekennzeichnet und von einengenden Gegenständen freigehalten?
8. Sind vorgeschriebene Feuerlöscher gut sichtbar und für jeden schnell erreichbar angebracht?
9. Sind die Mitarbeiter – auch die ausländischen – über Brandschutz und richtiges Verhalten im Brandfall informiert worden?

### Grundsätze des Brandschutzes

Brände entstehen nicht „einfach so". Es gibt Voraussetzungen, ohne die kein Feuer brennen kann.
Die drei wichtigsten Faktoren für Feuer sind:

1. Luftsauerstoff ist in der Regel reichlich vorhanden.
2. Hitze, d. h. Aktivierungsenergie zu einer unkontrollierten Reaktion, zu einer Zündung von Brennstoff und Sauerstoff, liefern z. B. Flammen, Funken, statische Elektrizität, heiße Oberflächen oft aus technischen Defekten. Aber auch Fahrlässigkeit, wie unvorsichtige Schweißarbeiten, kann für die nötige Zündtemperatur sorgen.
3. Der Brennstoff selbst.

Brandschutz ist immer und überall in erster Linie das Bemühen, diese Kombination zu verhindern.

Daher kommt dem effektiven Brandschutz besondere Bedeutung zu.

### Brandschutzunterweisungen

Arbeitgeber/Führungskräfte sind gesetzlich verpflichtet, ihr Personal/Mitarbeiter zu unterweisen. Die Unterweisung muss jährlich wiederholt werden.

Bei Betrieben mit bis zu 100 Mitarbeitern ist geeignetes Personal in der Handhabung von Feuerlöschgeräten zu unterweisen. Bei Betrieben mit mehr als 100 Mitarbeitern ist eine in der Löschtechnik besonders unterwiesene Gruppe von Personen, vorzugsweise Stammpersonal, für erste Lösch- und Rettungsmaßnahmen aufzustellen. Dies ist mit der örtlichen Feuerwehr abzustimmen.

Eine *Brandschutzordnung* ist jedem Betriebsangehörigen auszuhändigen und von diesem zu bestätigen. Außerdem ist eine *Brandschutzordnung* in jedem Aufenthaltsraum des Personals gut sichtbar auszuhängen.

Zum Schutz größerer Menschenansammlungen oder wichtiger Anlagen sowie feuergefährdeter Bereiche, in denen mit einer raschen Brandausbreitung zu rechnen ist (z. B. Restaurant), sind ortsfeste Löschanlagen erforderlich. Diese werden von Hand oder automatisch ausgelöst.

Als Auslöseelemente kommen **Wärmemelder** (Temperaturdetektoren) sowie **Ionisations-Rauchmelder** infrage. Beim Wärmemelder sprechen die Detektoren beim Überschreiten eines vorgegebenen Temperaturwertes an. Der Ionisations-Rauchmelder ist ein empfindlicher Frühwarndetektor, der nicht nur auf sichtbaren Rauch oder Qualm, sondern auch auf unsichtbare Verbrennungsgase sowie andere Gase und Dämpfe anspricht.

Die am weitesten verbreitete Wasserlöschanlage ist die **Sprinkleranlage**. Sie ist eine ortsfeste, selbsttätig wirkende Melde- und Löschanlage.

# Brandschutz

## § Gesetze

**Grundsätzlich ist der Unternehmer für die Sicherheit**, also den Arbeits-, Brand- und Umweltschutz im Betrieb verantwortlich – hinsichtlich des Brandschutzes unter anderem in folgenden Gesetzen:
§ 3 ArbSchG, § 618 Abs. 1 BGB, § 62 Abs. 1 HGB.

Sofern der Arbeitgeber die damit verbundenen Aufgaben nicht persönlich wahrnimmt, muss er diese an **geeignete Personen** delegieren.
Im Rahmen des vorbeugenden Brandschutzes werden solche Personen häufig als **Brandschutzbeauftragte** bezeichnet. Ihre Bestellung wird vom VdS (Richtlinien für Gewerbe- und Industriebetriebe, für Hotels und Beherbergungsbetriebe sowie für Krankenhäuser) empfohlen. Gesetzlich bzw. behördlich vorgeschrieben werden Brandschutzbeauftragte derzeit z. B. in einigen Bundesländern für **Krankenhäuser** und in den meisten Bundesländern für **Verkaufsstätten**.
Die Bestellung eines Brandschutzbeauftragten honorieren die Versicherungen manchmal mit Rabatten.

### Verhalten im Brandfall
1. Alarmieren
2. Retten
3. Brand bekämpfen

Brennbare Flüssigkeiten und Gase bilden häufig eine große Gefahrenquelle für Brände im Betrieb. Sie sind deshalb besonders zu lagern.

## Lagerung brennbarer Flüssigkeiten und Gase

| Propangas | Kohlensäure | Brennspiritus | Hochprozentige Spirituosen | Reinigungsmittel |
|---|---|---|---|---|
| In Gebäuden mit Aufenthaltsräumen dürfen Flaschen mit max. 14 kg Füllgewicht aufgestellt werden. Eine übermäßige Erwärmung muss vermieden werden. Behälter über 14 kg sind im Freien in Schutzschränken oder in besonderen Räumen aufzustellen. | Sie wird in druckfeste Stahlflaschen abgefüllt und stehend oder liegend in einem kühlen, trockenen Raum gelagert oder verwendet. In beiden Fällen ist die Flasche vor dem Umfallen/Wegrollen zu sichern. | Die Behältnisse sind in einem abgeschlossenen Raum zu lagern. | Hier gelten die gleichen Vorsichtsmaßnahmen wie bei Brennspiritus. Bei beiden brennbaren Flüssigkeiten ist zudem das Personal auf die Gefahren (auch Suchtgefahr) besonders hinzuweisen. | Reinigungsmittel sind in abgeschlossenen Räumen zu lagern. Ihre Verwendung ist zu kontrollieren, da sie aus ökologischer Sicht nicht unbedenklich ist. |

**Für brennbare Gase und Flüssigkeiten in Spraydosen gilt:**

### ! Maßnahmen
▶ Nicht in offene Flammen sprühen!
▶ Nicht gewaltsam öffnen!
▶ Niemals in Augen sprühen!
▶ Nur völlig leer entsorgen!
▶ Vor Sonne und Hitze schützen!
▶ Leere Dosen nicht verbrennen!
▶ Sprühgut niemals einatmen!

# Brandschutz

| Allgemeine Brandverhütungsmaßnahmen | |
|---|---|
| Unachtsamkeit | Unachtsamkeit und mangelnde Kenntnisse der Brandgefahren sind die Ursache vieler Brände. |
| Umgang mit Feuer und offenem Licht | Der Umgang mit Feuer und offenem Licht erfordert immer besondere Vorsicht! Kein Kerzenlicht in Dachböden, Scheunen, Abstellräumen und Kellern, wenn notwendig Taschenlampe verwenden. |
| Gas- und Flüssiggasanlagen | Gas- und Flüssiggasanlagen und die dazugehörigen Leitungen dürfen nur von sachkundigen Handwerkern installiert werden. |
| Flüssiggasbehälter | Flüssiggas ist schwerer als Luft! Flüssiggasbehälter sind daher nie in Kellerräumen, aber auch nicht in Treppenhäusern, Durchgängen und Nebenausgängen aufzustellen. Flüssiggasbehälter sind vor Wärmeeinwirkung (Sonnenbestrahlung, Ofen usw.) zu schützen. |
| Anschluss von Gasflaschen | Gasflaschen müssen immer absolut dicht angeschlossen werden. Nach jedem Wechsel ist eine Dichtheitsprobe mittels Prüfspray oder Seifenwasser durchzuführen, keinesfalls aber „Ableuchten" mit offener Flamme. |
| Elektrogeräte | Nur Geräte mit gültigen Prüfzeichen verwenden und nur vom Fachmann reparieren lassen. Die Verwendung von Wärmegeräten mit offenen Heizspiralen ist grundsätzlich verboten. Elektrogeräte können bei Auftreten eines Defektes unter Umständen zu einem Brand führen. Schalten Sie beim Verlassen der Wohnung oder des Arbeitsplatzes Geräte aus, die nur unter Aufsicht betrieben werden dürfen. |
| Sicherungen | Keinesfalls „geflickte" (überbrückte) Sicherungen verwenden, da diese nicht den erforderlichen Schutz gewährleisten. Für einen ausreichenden Vorrat an Reservesicherungen sorgen. Besser ist die Verwendung von Sicherungsautomaten. |
| Verlängerungskabel | Verlängerungskabel müssen Wärme an die Umgebung abgeben können. Werden sie unter Teppichen verlegt oder bleiben sie während der Arbeit auf einer Kabeltrommel aufgespult, kann es zu einem Wärmestau und damit zum Brand kommen. Beschädigte Verlängerungskabel nicht weiterverwenden. Verlängerungskabel müssen für ihren Verwendungszweck zugelassen sein. |
| Steckdosen | Stecker müssen fest in die Steckdose eingesteckt sein. Stecker und Steckdosen sind für eine bestimmte maximale Belastung ausgelegt. Damit es zu keiner Überhitzung kommt, Überlastung vermeiden. Die Verwendung von Mehrfachsteckdosen ist nur für den Anschluss von Kleingeräten (Radio, Fernseher, Videorekorder usw.) zulässig. |
| Heißes Fett | Speisefett kann in wenigen Minuten überhitzt werden und sich selbst entzünden. Fettbrände sind die häufigste Ursache für Küchenbrände. Brennendes Fett niemals mit Wasser löschen (siehe unten). Kein tropfnasses Bratgut in heißes Fett einbringen, da durch das ausspritzende Öl Brandgefahr entsteht. Frittiergeräte dürfen nicht unbeaufsichtigt betrieben werden. Frittiergeräte sind zwar mit einem Thermostat ausgerüstet, es kann aber durch einen Defekt zu einer Überhitzung kommen. Altes Fett ist leichter entzündbar als frisches, daher erhöht ein häufigerer Fettwechsel die Brandsicherheit. |
| Aufstellung von Wärmegeräten | Kochplatten, Kaffeemaschinen, Teewassererhitzer u. Ä. sind immer auf schwer entflammbarer Unterlage aufzustellen und sollen mindestens 0,5 m Abstand zu brennbaren Materialien haben. Wärmegeräte sind zwar mit Einrichtungen zur Vermeidung von Überhitzung ausgestattet, dürfen jedoch nur unter Aufsicht betrieben werden. Heizspiralen von Tauchsiedern müssen immer von Flüssigkeit umgeben sein. |
| Küchendunstabzüge | Das Wechseln der Filter von Küchendunstabzügen ist eine wesentliche Brandschutzmaßnahme. Den in der Betriebsanleitung vorgegebenen maximalen Nutzungsraum nicht überschreiten. |
| Feuergefährlicher Abfall | Abfälle, die zur Selbstentzündung neigen (lösungsmittel- bzw. ölgetränkte Putzlappen u. Ä.) dürfen nur im Freien und in verschließbaren Metallbehältern gelagert werden. |
| Hantieren mit offenem Feuer oder Licht | Gas- und Petroleumlampen sowie Kerzen haben schon viel Unheil angerichtet. Sie dürfen nie ohne Aufsicht und nie in leicht brennbarer Umgebung betrieben werden. |

# Erste Hilfe

**Achtung!**
Fritteusen stellen in der Küche die größte Gefahr dar. Ein eingebauter Thermostat garantiert, dass das Fett nie so heiß wird, dass es sich entzünden kann. Wenn dieser jedoch einmal versagt, kann das Fett brennen.
Fritteusenbrände müssen mit Schaumlöschern oder Wasserlöschern mit Zusätzen gelöscht werden. Die **Löschdecke** ist nicht mehr aktuell.

## Brandschutz- und Rettungszeichen

Feuerlöscher    Notruftelefon    Feuermelder

### Aufgaben

1. Welche Verbots- und Warnzeichen müssen Sie am Lager/der Lagerstelle für Spiritus anbringen?
2. Ein Großhändler wirbt mit folgender Aussage:
   „Ihre Vorteile beim Einkauf: CE-Artikel aus europäischer Herkunft" – Was bedeutet diese Aussage?
3. Auf einem Regal oberhalb einer Fritteuse hat ein Mitarbeiter ein Glas mit 0,33 l Mineralwasser abgestellt.
   Durch eine Unachtsamkeit fällt das Glas samt Inhalt in die heiße Fritteuse.
   Wie müssen Sie einen ggf. dadurch entstehenden Fritteusenbrand löschen?
4. Eine Brandschutzordnung dient zur Vorsorge und hilft bei Notfällen. Zählen Sie die Maßnahmen in der richtigen Reihenfolge auf, die bei einem Notfall einzuleiten sind.
5. Erinnern Sie sich an Ihre Brandschutzunterweisung? Was hatte sie zum Inhalt? Was muss sie beinhalten?

## 4.4 Erste Hilfe

### Situation

**Unterlassene Hilfeleistung**
Nach § 323c des *Strafgesetzbuches (StGB)* wird mit Freiheitsstrafe bis zu einem Jahr oder mit Geldstrafe bestraft, „wer bei Unglücksfällen oder gemeiner Gefahr oder Not nicht Hilfe leistet, obwohl dies erforderlich und ihm den Umständen nach zuzumuten, insbesondere ohne erhebliche eigene Gefahr und ohne Verletzung anderer wichtiger Pflichten möglich ist."
Das heißt: Selbst wenn in der Aufregung mal eine Erste Hilfe nicht richtig gelingt, obwohl sorgfältig und nach bestem Wissen gehandelt wurde, kann man dafür strafrechtlich nicht belangt werden. Nur wenn jemand nicht hilft oder vorsätzlich einen Schaden verursacht, ist dies strafbar.
Nicht wenige Menschen sind der Auffassung, wenn sie beim Notruf aufgeregt falsche Angaben machten, müssten sie den Rettungswagen, Notarzt oder gar den Hubschraubereinsatz selbst bezahlen.
Man kann versichert sein: Ein Ersthelfer hat mit der Kostenabwicklung nichts zu tun, auch dann nicht, wenn er in guter Absicht Rettungsmittel anfordert und sich später herausstellt, dass sie nicht benötigt werden. Im Gegenteil, wenn einem Ersthelfer bei der Hilfeleistung selbst Schäden oder Auslagen entstehen, so werden diese durch die Versicherung ersetzt.

Unter **Erster Hilfe** versteht man alle Maßnahmen, die bei Unfällen, Erkrankungen und Vergiftungen bis zum Eintreffen des Arztes oder des Rettungsdienstes erforderlich sind, damit sich der Gesundheitszustand des Betroffenen nicht weiter verschlechtert.

**Ablauf:**
▶ Verunglückte aus akuter Gefahr retten.
▶ Lebensrettende Sofortmaßnahmen durchführen (z. B. Blutstillung, Beatmung, Seitenlagerung).
▶ Schmerzen durch sachgemäße Lagerung oder andere Hilfeleistungen lindern.
▶ Verletzte betreuen und trösten.
▶ Den Rettungsdienst/Arzt selbst alarmieren oder Notruf veranlassen.

**Merke:** Erste Hilfe ersetzt nicht die Behandlung durch einen Arzt.

Oft ist die erste Hilfsmaßnahme am Unfallort entscheidend für den späteren Heilungsverlauf einer Verletzung bzw. für die Rettung eines Menschen.

Deshalb müssen in jedem Unternehmen gut ausgebildete Ersthelfer vorhanden sein, die schnell und richtig helfen können, und zwar bei

▶ bis zu 20 anwesenden Versicherten 1 Ersthelfer,
▶ mehr als 20 anwesenden Versicherten
  a) in Verwaltungs- und Handelsbetrieben 5 %
  b) bei sonstigen Betrieben 10 % der anwesenden Beschäftigten.

### Aufgaben des Ersthelfers
Der Ersthelfer muss schnell und richtig erkennen, was geschehen ist. Weiter muss er überlegen, welche zusätzliche Gefahr droht, und zielstrebig – unter Berücksichtigung der jeweiligen Situation – handeln.

Er darf keine Maßnahmen ergreifen, die Rettungsdienstmitarbeitern und Ärzten vorbehalten sind. Dazu gehört auch die Verabreichung von Medikamenten.

**Richtiges Verhalten**
● Ruhe bewahren
● Erkennen, überlegen, handeln
● Zusätzliche Schädigungen verhindern
● Unfallstelle absichern
● Hilfe herbeiholen
● Notruf
● Verletzten möglichst nicht allein lassen

# 1 Erste Hilfe

Damit beim Notruf schnell agieren werden kann, muss der Anrufende nach folgendem Frageschema vorgehen:

**Wo** geschah es?
Unfallort, Straße/Nr., Ortsbeschreibung
**Was** geschah?
Kurze Beschreibung des Unfallhergangs
**Wie** viele Verletzte?
**Welche** Art von Verletzungen?
Ungefähre Verletzungsart, besonders lebensbedrohliche Verletzungen nennen
**Warten** auf Rückfragen
Gegebenenfalls Name und Telefonnummer für Rückrufe

▶ Zeit und Ablauf des Unfalls,
▶ Art und Umfang der Verletzung,
▶ Zeitpunkt, Art und Weise der Erste-Hilfe-Leistung sowie die Namen des Verletzten, des Ersthelfers und etwaiger Zeugen,
▶ verwendete Medikamente bzw. Verbandsmaterialien.

Außerdem schreibt die *Arbeitsstättenverordnung* die Bereithaltung von Sanitäts- und Erste-Hilfe-Ausstattungen vor (siehe Infobox Sprache am Ende des Kapitels).

**Krankentragen und andere Transportgeräte**
In Arbeitsstätten mit großen räumlichen Ausdehnungen müssen Krankentragen/Transportmittel an mehreren, gut erreichbaren Stellen bereitgestellt sein.
Die Anzahl der in einem Betrieb notwendigen Krankentragen und deren Beschaffenheit ist in *§ 31 Arbeitsstättenverordnung* geregelt.
Die „Anleitung zur Ersten Hilfe bei Unfällen" ist im Betrieb an geeigneten Stellen, z. B. am Verbandkasten oder im Personalaufenthaltsraum, auszuhängen. Auf dieser Aushangtafel zur Ersten Hilfe sind auch die Anschriften und die Fernsprechnummern des örtlichen Rettungsdienstes, der praktizierenden Ärzte sowie des nächsten zugelassenen Krankenhauses anzugeben.

Jedes Unternehmen ist verpflichtet, die Erste-Hilfe-Leistungen aufzuzeichnen.

Die Aufzeichnungen können z. B. mittels Verbandbuch, Kartei oder EDV-Anlage festgehalten werden und müssen fünf Jahre lang aufbewahrt bzw. gespeichert bleiben. Dazu gehört:

| | | **Hilfsmaßnahmen bei einem Arbeitsunfall** | |
|---|---|---|
| **ohne nachfolgende Arbeitsunfähigkeit** | **Versorgung durch:**<br>▶ Ersthelfer<br>▶ Betriebssanitäter<br>▶ niedergelassenen Arzt | **innerbetrieblich:**<br>Eintragung der Verletzung in das Verbandbuch durch den Ersthelfer und Meldung an den Vorgesetzten:<br>▶ Name<br>▶ Datum, Zeitpunkt und Ort des Unfalls<br>▶ Art und Umfang der Verletzung und der Erste-Hilfe-Leistung<br>▶ Unfallhergang |
| **mit nachfolgender Arbeitsunfähigkeit** | **Versorgung durch:**<br>▶ Ersthelfer<br>▶ Betriebssanitäter<br>▶ Betriebsarzt<br>▶ niedergelassenen Arzt<br><br>Transport zum Durchgangsarzt bzw. ins Krankenhaus (falls erforderlich, durch Rettungsdienst) | **innerbetrieblich:**<br>Eintragung der Verletzung in das Verbandbuch (s. o.), Unfallmeldung an den/die unmittelbare/n Vorgesetzten. Diese/r benachrichtigt:<br>▶ den Vorgesetzten<br>▶ die Sicherheitsfachkraft<br>▶ den Betriebsrat<br>▶ die Personalabteilung<br><br>**an Außenstehende:**<br>▶ Unfallanzeige an BG und GAA[1)]<br>▶ bei tödlichen und schweren Unfällen telefonische und telegrafische Benachrichtigung an BG/GAA und Ortspolizeibehörde |

[1)] BG = Berufsgenossenschaft / GAA = Gewerbeaufsichtsamt

## Aufgaben

1. a) In einem systemgastronomischen Betrieb der Warenhausgastronomie sind ständig durchschnittlich 22 Beschäftigte anwesend. Wie viele ausgebildete Ersthelfer müssen anwesend sein?

   b) In einer Filiale einer Fast-Food-Kette sind ständig durchschnittlich 5 Beschäftigte anwesend. Wie viele ausgebildete Ersthelfer müssen anwesend sein?

2. Der Auszubildende Karl wird von einem verletzten Mitarbeiter um eine Schmerztablette gebeten. Wie verhält sich er richtig?

3. Zwei der wichtigsten deutschen Notrufnummern sind **110** und **112**. Wen erreichen Sie unter der jeweiligen Nummer?

4. Der Auszubildende Karl hat sich beim Hacken von Petersilie in den Finger geschnitten. Die Wunde blutet. Da kein Ersthelfer in der Nähe ist, nehmen Sie Pflaster und Verbandsmaterial aus dem Verbandkasten und leisten eine Erstversorgung. Danach geht Karl zur weiteren Versorgung der Wunde zu einem ausgebildeten Ersthelfer. Was müssen Sie noch erledigen?

5. Welche Rechtsfolgen kann unterlassene Hilfeleistung für die untätige Person haben?

# Infobox Sprache / Übergreifende Aufgaben

 **Infobox Sprache**

### Inhalt eines Verbandskastens gemäß DIN 13169-E – große Betriebsfüllung – neu
### Anzahl der Beschäftigten 51–200

| Nummer/quantity | Deutsch – Artikel | Englisch – Article | Größe/Size |
|---|---|---|---|
| 4 | Augenkompressen | sterile eye pads | at least 50 mm × 70 mm |
| 1 | Broschüre zur Anleitung zur Ersten Hilfe | first aid instruction booklet | |
| 2 | Dreiecktücher | triangular bandages | |
| 8 | Einmalhandschuhe | disposable gloves | |
| 1 | Erste-Hilfe-Schere | first aid scissors | |
| 10 | Fingerkuppenverbände | fingertip bandages | 4 cm × 7 cm |
| 3 | Fixierbinde, elastisch | gauze bandage | 4 m × 6 cm |
| 3 | Fixierbinde, elastisch | roll gauze | 4 m × 8 cm |
| 2 | Heftpflaster | sticking/adhesive plaster | 5 m × 2,5 cm |
| 1 | Inhaltsverzeichnis | table of contents | |
| 2 | Netzverband für Extremitäten, mind. 4 m gedehnt | net bandages for limbs | at least 4 m stretched |
| 4 | Pflasterstrip à 5 Stück | plastic bandage strips | 19 mm × 72 mm |
| 2 | Rettungsdecke | thermal blanket | at least 210 cm × 160 cm |
| 6 | Verbandspäckchen, groß | large first aid dressings | |
| 4 | Verbandspäckchen, mittel | medium first aid dressings | |
| 2 | Verbandtuch | trauma dressings | 60 cm × 80 cm |
| 2 | Verbandtücher | trauma dressings | 40 cm × 60 cm |
| 4 | Verschließbarer Folienbeutel | zip log bags | 30 cm × 40 cm |
| 12 | Vlieskompressen, steril | sterile gauze dressings, pads | 10 cm × 10 cm |
| 20 | Vliesstofftücher | non-adherent pad | 20 cm × 30 cm |
| 10 | Wundschnellverbände | adhesive bandages | 18 cm × 2 cm |
| 16 | Wundschnellverbände | adhesive bandages | 10 cm × 6 cm |

 **Übergreifende Aufgaben**

1. In Form einer Mind-Map zum Thema „Unfallgefahren am Arbeitsplatz" soll jeder Schüler alle möglichen Gefahrenquellen bzw. Risikobereiche in seinem Ausbildungsbetrieb darstellen. Unter Berücksichtigung der erstellten Mind-Maps wird am Ende der Unterrichtseinheit über Maßnahmen zur Unfallverhinderung, geeignete Vorbeugung und den Unfallschutz gesprochen. Die Besprechungsergebnisse sollen entsprechend auf den Mind-Maps ergänzt werden.
2. Entwickeln Sie ein geeignetes Formular (mittels PC), welches als Unfallprotokoll in Ihrem Betrieb verwendet werden kann. Falls ein solcher Vordruck bereits existiert, vergleichen Sie ihn mit dem neu entwickelten.
3. a) Erstellen Sie ein schulbezogenes Infoblatt, aus dem alle Schüler kurz und zielgerichtet erfahren, was I) bei einer Verletzung und II) im Brandfall zu tun ist. Berücksichtigen Sie dabei die Gegebenheiten der Schule (z. B. Aufzüge, Etage, Klassenraumlage, Hinweis auf Brandschutz- u. Rettungszeichen). Je nach Schulgröße ist es sinnvoll, für den Brandfall differenzierte Texte im Hinblick auf die Fluchtwege zu formulieren.
   b) Stellen Sie fest, inwieweit für die Gäste in Ihrem Betrieb solche Informationen vorliegen. Bewerten und überarbeiten Sie diese. Machen Sie Verbesserungsvorschläge oder erstellen Sie ein betriebsbezogenes Infoblatt (analog Nr. 3a).

# Übergreifende Aufgaben – Fortsetzung

1. Suchen Sie im Internet nach dem Arbeitsschutzgesetz. Was besagt § 1, Abs. 1 des ArbSchG?

2. Suchen Sie im Internet nach der Web-Präsenz der Berufsgenossenschaft Nahrungsmittel und Gaststätten. Informieren Sie sich dort, was zu tun ist, wenn ein Unfall geschehen ist. Was macht in diesem Zusammenhang ein Durchgangsarzt?

3. Suchen Sie im Internet nach der Buchstabenfolge „bvbf". Wer verbirgt sich hinter dieser Abkürzung?

1. In einem Restaurant ist eine Sprinkleranlage installiert. Die Anschaffungskosten betrugen 22 000,00 Euro. Die Anlage wird jährlich linear mit 10 % abgeschrieben. Welchen Buchwert hat die Anlage nach Ablauf von drei Jahren?

2. Es soll eine Treppe mit 16 Stufen mit neuem, schwer entflammbarem treppengeeignetem Teppichboden der Qualitätsnorm B 1 ausgelegt werden. Für eine Stufe werden 0,45 Quadratmeter benötigt. Ein Quadratmeter der gehobenen Qualität kostet 36,50 Euro. Für Kleber wird 1,25 Euro pro Quadratmeter gerechnet. Der Teppichleger rechnet mit fünf Arbeitsstunden zu je 11,50 Euro. Wie viel kostet das komplette Verlegen?

3. Für eine Küche sind drei neue Fettbrand-Löscher zu einem Preis von je 125,00 Euro netto zu beschaffen. Der Lieferer gewährt 8 % Rabatt. Welcher Betrag ist zu bezahlen?

4. Im Jahr 2007 mussten für 18 138 zusätzliche Personen Unfallrenten wegen Arbeitsunfällen bezahlt werden. Verschaffen Sie sich einen rechnerischen überblick über die möglichen Kosten und legen Sie dabei nachfolgende Angaben zugrunde:
   – durchschnittliche Rentenbezugszeit 23 Jahre
   – durchschnittliche monatliche Bruttorente 925,00 €.
   a) Ermitteln Sie den Rentenbetrag in € für ein Jahr und für die gesamte Dauer der Bezugszeit.
   b) Bei der durchschnittlichen Rentenbezugszeit hat man sich um 2,5 Jahre verschätzt. Welcher zusätzliche Rentenbetrag muss finanziert werden?
   c) Welcher Betrag müsste zu a) und b) aufgebracht werden, wenn die Renten jeweils nach einem Jahr um 0,9 % ansteigen?

5. Auszug aus der Unfallstatistik 2008 der BGN:

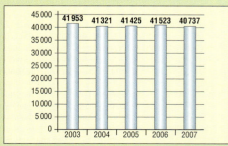

Wegeunfälle

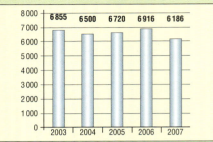

Berechnen Sie die Veränderungen (absolut und in Prozent) von 2004 zu 2005 und von 2005 zu 2006 und zeigen Sie den Trend auf

6. Die Übersicht zeigt die Entwicklung der meldepflichtigen Unfälle und der Entschädigungsleistungen im Zuständigkeitsbereich der BGB.
   a) Lesen Sie die Anzahl der meldepflichtigen Unfälle und der Entschädigungsleistungen für die Jahre 1997, 1999, 2003 und 2006 ab und notieren Sie diese.
   b) Ermitteln Sie die absoluten und prozentualen Veränderungen, bezogen auf Ihre Ergebnisse zu a).
   c) Welche Entschädigungssumme entfiel in den Jahren 1997, 1999, 2003 und 2006 durchschnittlich auf jeden meldepflichtigen Unfall?
   d) Beschreiben Sie den Trend beider Übersichten.

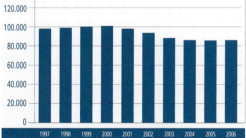
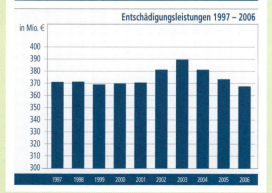

# 5 Umweltschutz

## 5.1 Belastung der Luft

### Situation

Jeder weiß, Autos mit Benzin- und Dieselmotoren erzeugen Abgase, vor allem Kohlendioxid. Viele Länder haben sich verpflichtet, die Kohlendioxidmengen zu verringern, weil es hauptverantwortlich für das Aufheizen der Atmosphäre ist.

Nebenstehendes Diagramm zeigt, wie sich die Kohlendioxidmenge in Deutschland entwickelt hat. Der Bereich Verkehr mit der Mineralölverbrennung verursacht heute in erster Linie die $CO_2$-Belastung. Kann der Gastronomiebetrieb etwa auch dazu beitragen, die Kohlendioxidmenge zu verringern?

Bringen Sie in Erfahrung, wie viele Lieferfahrzeuge an einem Tag Ihren Betrieb ansteuern. Erfragen Sie, welche Entfernung jedes Fahrzeug zu Ihnen zurücklegen musste und welchen Kraftstoffverbrauch es durchschnittlich auf 100 km hat. Ermitteln Sie aus diesen Zahlen die Kraftstoffmenge, die an diesem Tag verbraucht wurde, um Ihren Betrieb zu beliefern. Machen Sie Vorschläge, wie diese Kraftstoffmenge verringert werden könnte.

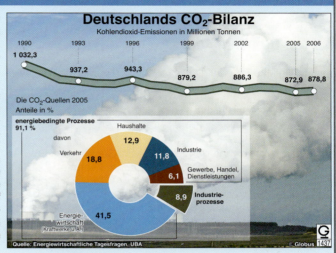

### 5.1.1 Luftbelastung durch Abgase

Abgase im strengen Sinne entstehen in der Systemgastronomie kaum. Sie sind ähnlich zusammengesetzt wie in jedem Haushalt.

Entscheidend für die Umwelt ist die Frage, ob sich diese „Abgase" schädlich auswirken.

| Bereich | Abluftbestandteile (Auswahl) | Umweltverträglichkeit |
|---|---|---|
| Küche | Verbrennungsabgase von Gasherden, Röstgase, Aromastoffe von Lebensmitteln, z. T. Desinfektionsmittelgeruch | ▶ Verbrennungsabgase, z. B. Kohlendioxid (s. a. Kap. 5.1.3 Energieverbrauch)<br>▶ Aromastoffe, Alkohol und Röstgase gelangen umweltverträglich wieder zurück in den Naturkreislauf.<br>▶ Desinfektionsmittel belasten die Umwelt |
| Restaurant | Verbrennungsabgase von Kerzen, Alkoholgeruch | |
| Sanitärbereich | Desinfektionsmittelgeruch, Chlor | |

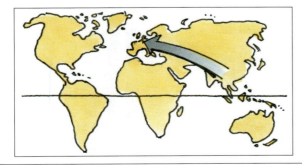

Indirekt belastet ein gastgewerblicher Betrieb aber die Luft durch alle Transporte von Rohstoffen und Lebensmitteln in den Betrieb. Ein Betrieb, der überwiegend Lebensmittel aus dem näheren Umkreis bezieht, verursacht nur geringe Umweltschäden durch Transport. Im Gegensatz dazu sind extreme Entfernungen z. T. per Luftfracht zu überwinden, wenn viele exotische Lebensmittel und Rohstoffe verwendet werden.

Umgerechnet auf 1 kg Orchideen verursacht die Luftfracht von Thailand nach Frankfurt (9 500 km)

10,1 kg Kohlendioxid und 70,1 g Stickoxide beim Verbrennen von 4,1 Litern Flugbenzin.
Für 1 kg Weintrauben aus Südafrika nach Frankfurt (10 000 km) sind es 10,7 kg Kohlendioxid und 73,5 kg Stickoxide. Beide Abgase heizen die Atmosphäre auf. Stickoxide zerstören zusätzlich die Ozonschicht.

> Die Folgen unseres Luxus spüren noch unsere Enkel und Urenkel.

## 5.1.2 Belastung der Innenraumluft

Zwei alltägliche Beispiele sollen zeigen, wie auch im Gastronomiebetrieb die Innenraumluft belastet wird. Diese Schadstoffe gelangen beim Lüften zwangsläufig nach außen und vermehren dort die Luftbelastung, wenn auch nur geringfügig.

**Kerzenlicht** ist für uns der Inbegriff von Gemütlichkeit und angenehmer Atmosphäre. Eine Festtafel ohne Kerzen ist undenkbar.

Doch machen wir uns auch die **Nachteile** bewusst:
- Eine Kerze (50 g) verbraucht bei der Verbrennung ~160 g Sauerstoff und erzeugt ~150 g $CO_2$.
- Kerzenflammen mit zu langem Docht erzeugen krebserregenden Ruß.
- Bei schlechter Sauerstoffversorgung entsteht giftiges Kohlenmonoxid.
- Je nach Reinheitsgrad des Wachses entwickeln sich weitere gesundheitsschädliche Abgase.

Noch genauer sind die **Bestandteile des Zigarettenrauchs** untersucht. Mehr als 3000 (!) chemische Verbindungen wurden nachgewiesen (z. B. Ammoniak, Blausäure, Stickoxide, Benzol usw.). Über 40 dieser Verbindungen sind krebserregend (Vinylchlorid, Hydrazin, Formaldehyd usw.). Im sog. Nebenstrom der Zigarette ist die Konzentration der Giftstoffe bis zu 130-mal höher als im Hauptstrom, den der Raucher inhaliert. Der Nebenstromrauch würde sich im Raum verteilen und die Luft für alle Gäste belasten (Passivraucher).

**Gegenmaßnahmen:**
- Schadstoffe gar nicht erst entstehen lassen.
- Klimaanlagen mit wirksamen Filtern
- Entlüftungsventilatoren nach draußen (Deckenventilatoren sind wenig wirksam, sie wirbeln Staub auf und verteilen nur die Schadstoffe)
- Grünpflanzen können einzelne Schadstoffe aus der Luft filtern: Philodendron, Zierbanane, Grünlilie (= Chlorophytum) verbrauchen Formaldehyd, Blütenscheide (= Spatiphyllum), Efeu, Drachenlilie (= Dracaena) machen Benzol unschädlich.

### Nichtraucherschutz

Inzwischen gelten auch in Deutschland unterschiedliche „Nichtraucherschutzgesetze" in den einzelnen Bundesländern, die das Rauchen in öffentlich zugänglichen Gebäuden – und damit auch in gastgewerblichen Betrieben – verbieten bzw. stark einschränken.

Die hier zuständigen 16 Bundesländer konnten sich nicht auf eine einheitliche Regelung einigen. Alle Bundesländer lassen jedoch eine Ausnahme vom generellen Rauchverbot in Gaststätten für abgetrennte Nebenräume zu.

Nach dem vorliegenden höchstrichterlichen Urteil wurden die Länder aufgefordert, ihre „Nichtraucherschutzgesetze" zu überarbeiten. Verfassungsrechtlich stehen dem Grundrecht der Nichtraucher auf Gesundheitsschutz das Grundrecht der Gastronomen auf Berufsfreiheit sowie deren Recht am eingerichteten und ausgeübten Gewerbe gegenüber.

Die weitere Entwicklung bleibt abzuwarten. Zum aktuellen Stand können Informationen beim DEHOGA bzw. im Internet eingeholt werden.

## 5.1.3 Stromerzeugung belastet die Luft

Gleichgültig, wofür die Energie benutzt wird, immer wird zu einem gewissen Grad auch die Luft belastet. Denn auch heute noch wird ein großer Teil des Stroms in Verbrennungskraftwerken erzeugt.
Bei allen Verbrennungen entstehen Abgase (Rauch, Kohlendioxid, Kohlenmonoxid, Stickoxide, Schwefeldioxid). Selbst moderne Abgasreinigungsanlagen können nicht alle Schadstoffe beseitigen. Kohlendioxid wird immer in die Luft geblasen.
Nur sogenannte **erneuerbare Energien** (Sonnenenergie, Wasser- und Windkraft, Biogaskraftwerke) sowie Atomkraft leisten keinen Beitrag zur Luftverschmutzung.

**Kohlendioxid** ist das häufigste „Treibhausgas" und hauptsächlich verantwortlich für die ständige Klimaerwärmung. Seine Konzentration stieg über die letzten Jahrzehnte laufend an.

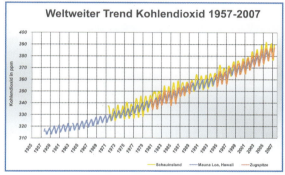

CO$_2$-Langzeitmessreihen: ab 1957 an der GAW-Station Mauna Loa, Hawaii; ab 1972 an der GAW-Station Schauinsland und ab 1995 an der GAW-Station Zugspitze des Bundesumweltamtes (ppm = engl. „parts per million" = Teile pro Million; 1 ppm CO$_2$ bedeutet: 1 cm$^3$ Kohlendioxidgas verteilt in einem Kubikmeter Luft).

### Aufgaben

1. Stellen Sie anhand der Etiketten bei verschiedenen Obstarten fest, aus welchem Land sie kommen und bestimmen Sie mithilfe einer Weltkarte die Entfernung von Frankfurt aus.
2. Bestimmen Sie das Gewicht einer Kerze und das Gesamtgewicht aller Kerzen, die bei einer Veranstaltung brennen. Berechnen Sie daraus die Kohlendioxidmenge, die entsteht, wenn alle Kerzen vollständig abbrennen.
3. Erklären Sie, inwiefern auch der Einsatz von elektrischem Strom die Luft belastet.
4. Bringen Sie in Erfahrung, auf welche Weise Ihr Betrieb die Räume und das Wasser heizt, und ermitteln Sie den Tagesverbrauch.
5. Bringen Sie mithilfe des Internets beim Umweltbundesamt aktuelle Zahlen in Erfahrung. In welchem Umfang werden Mineralöl, Stein-, Braunkohle, Naturgas und Kernenergie zur Energiegewinnung verwendet im Vergleich zu erneuerbaren Energiequellen?
6. Finden Sie über das Internet (Umwelt-Bundesamt) heraus, wie sich die Kohlenstoffdioxidkonzentration der Luft in den letzten Jahren entwickelt hat.
7. Stellen Sie weitere Stromsparmöglichkeiten für einen Gastronomiebetrieb zusammen.

Durch **Energiesparen** lassen sich am besten die Kohlendioxidmengen verringern. Moderne Heizungen sparen direkt im Betrieb Heizöl oder Erdgas, neu isolierte Fassaden, Wärmeschutzverglasungen oder moderne Türen vermindern Wärmeverluste im Gebäude.

Stromerzeugung produziert Treibhausgase und konsequentes Stromsparen reduziert sie. Überall wo Strom verbraucht wird, muss geprüft werden, wie er verringert werden kann.

Aber auch kleinere **Maßnahmen** sind wirkungsvoll:

▶ Sparlampen statt Glühlampen verbrauchen bei gleicher Helligkeit nur 20 % der Energie

▶ Thermostatventile an jedem Heizkörper

▶ Bewegungsmelder mit automatisch gesteuerter Beleuchtungsschaltung beim Betreten, Verlassen von Fluren, Toiletten, Treppenhaus usw.

▶ Nachtbeleuchtung mit weniger Lichtquellen

▶ Fernsehempfänger ohne Stand-by-Schaltung

▶ Waschmaschinen mit Zeitschaltuhren bei Nachttarif laufen lassen

▶ Recyclingpapiertücher statt elektrischer Händetrockner

▶ Erwärmen von Wasser mittels Sonnenenergie (Solarzellen)

## 5.2 Wasser und Abwasser

### Situation

Bestimmen Sie in Ihrem Betrieb die Gesamtzahl der Handtücher und der Wäschestücke, die an einem Tag zum Austausch kommen.
Errechnen Sie daraus den Prozentsatz der gesparten Wäschestücke. Bestimmen Sie hiermit die ungefähre Anzahl der gesparten Waschmaschinenfüllungen sowie die Ersparnisse an Wasser und Waschmittel. Überraschende Werte erzielen Sie, wenn Sie diese Zahlen auf einen Monat und ein Jahr hochrechnen.

In Bezug auf den Wasserverbrauch und die Abwassermengen lässt sich ein Gastronomiebetrieb durchaus mit einem sehr großen Privathaushalt vergleichen. Ähnliche Wasserbelastungen wie dort entstehen auch hier: Seifenreste, Kot, Urin, Desinfektionsmittel, Spül- und Reinigungsmittel, Speise- und Getränkereste, Wasser von der Speisenherstellung usw.

Speisereste, Fäkalien, Seife und einige andere natürliche Reinigungsmittel werden von Mikroorganismen so weit abgebaut, dass die Abbauprodukte problemlos wieder in den natürlichen Stoffkreislauf gelangen. Sie dienen zuletzt als Pflanzennährstoffe. Nachteile sind die großen Mengen an Nährstoffen und der hohe Sauerstoffverbrauch in den Gewässern. Um beides zu vermeiden, werden Abwässer in Kläranlagen gereinigt. Über 90 % der deutschen Bevölkerung sind an Kläranlagen angeschlossen.

# 1 Wasser und Abwasser

**Umweltbelastend** sind vor allem **biologisch nicht abbaubare Bestandteile**. Dazu zählen z. B. viele Desinfektions- und Pflanzenschutzmittel, aber auch Bestandteile von Wasch- und Spülmitteln, Medikamentenrückstände. Sie bleiben selbst nach der Klärung noch im Wasser, wenn nicht eine aufwendige und teure chemische Reinigungsstufe nach der biologischen Abwasserreinigung folgt. Derartige Substanzen gelangen in die Gewässer und schließlich in die Ozeane, wo sie sich laufend anreichern.

Problematisch sind biologisch nicht abbaubare Stoffe aber auch deshalb, weil knapp 30 % des Trinkwassers in Deutschland aus sogenanntem **Uferfiltrat** stammt, also aus Gewässern, die bereits belastet sind.

Soll Uferfiltrat auf den Reinheitsgrad gebracht werden, wie er für Trinkwasser gesetzlich vorgeschrieben ist, muss es kostenaufwendig gereinigt werden.

Für die tägliche Praxis im Gastronomiebetrieb bedeutet das zweierlei:

## 1. Wasserverschmutzungen weitgehend vermindern

- Örtliche Wasserhärte beim Wasserwerk erfragen.
- Weiches Wasser spart Enthärtungsmittel.
- Waschmittel nach der Wasserhärte dosieren, z. T. kann man bis zur Hälfte der angegebenen Menge einsparen.
- Umweltschonende, phosphatfreie Waschmittel verwenden.
- Auf Weichspüler verzichten.
- Vor- und Kochwäsche einsparen.
- Biologisch abbaubare Reinigungsmittel einsetzen.
- Konsequente Sauberkeit vermeidet einen Teil der Desinfektionsmittel.
- Auf den Toiletten Eimer und Beutel für Damenhygieneartikel bereitstellen.
- Duftspender im WC und WC-Steine vermeiden.
- Essig ersetzt oft teure und hoch konzentrierte Entkalkungsmittel für Armaturen.
- Auf Sanitär- und Rohrreiniger verzichten.
- Wird Wäsche außer Haus gewaschen, auf Betriebe mit ökologischer Wäschebehandlung achten.
- Für Bepflanzungen keine chemischen Pflanzenschutzmittel verwenden.
- Pflanzendünger sparsam einsetzen.
- Keine groben Küchenabfälle sowie Fett- und Ölreste in den Ausguss schütten.
- Für Spülmaschinen phosphatfreie bzw. phosphatarme Mittel verwenden.
- Desinfektionsmittel nicht unnötig einsetzen.
- Regelmäßiges Reinigen der Herde erspart aggressive Chemie, z. B. Schmutz noch im warmen Backofen mit Neutralreiniger entfernen.
- Fettabscheider der hauseigenen Kanalisation regelmäßig entsorgen, da Fette und Öle die Rohre verkleben und verstopfen. Zusätzlich belasten Fette den biologischen Abbauvorgang in Kläranlagen.

## 2. Wasserverbrauch verringern

Der Verbrauch an Trinkwasser sank in den letzten Jahren erheblich, aber der Wert von 124 Liter/Tag (1975) ist noch nicht wieder erreicht. Der Verbrauch muss noch weiter sinken, denn in extrem heißen Sommern kommt es schon in einigen Regionen Deutschlands zu ernsthaften Trinkwasserengpässen.

**Einige Möglichkeiten zur Verringerung des Trinkwasserverbrauchs:**

- Automatische Wasserabschaltungen/Sensoren für WC-Spülungen und Handwaschbecken
- Spartasten für WC-Spülungen
- Tropfende Wasserhähne reparieren
- Waschprogramme auf den Verschmutzungsgrad der Wäsche einstellen
- Geschirr- und Gläserspülmaschinen nur bei voller Kapazitätsauslastung laufen lassen
- Regenwasser zum Gießen sammeln
- Rasensprengen mit Trinkwasser vermeiden
- Nicht unter fließendem Wasser arbeiten

> Wassersparen mindert Kosten und schont die Umwelt.

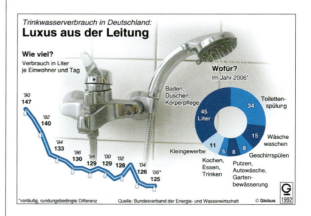

Trinkwasserverbrauch in Deutschland: **Luxus aus der Leitung**

## Aufgaben

1. Prüfen Sie mehrere Spül- und Reinigungsmittel daraufhin, ob sie biologisch abbaubar sind.

2. Erklären Sie die Wirkungsweise eines Fettabscheiders und seine Bedeutung.

## 5.3 Abfälle und Umwelt

### Situation

Bringen Sie in Erfahrung, welche Art von Abfalltonnen Ihr Betrieb benutzt und wie häufig diese geleert werden. Schätzen Sie mithilfe des Tonnenvolumens ab, wie viel Müll der jeweiligen Sorte pro Woche anfällt.
Stellen Sie diese Werte in der Einheit m³ als Säulendiagramm dar. Wiederholen Sie diesen Ablauf in einer zweiten Woche, um festzustellen, wie diese Müllmengen schwanken.
Die Statistik zeigt das Gesamtmüllaufkommen der Bundesrepublik an jährlichem Hausmüll. Die Gastronomie trägt ähnlich wie Privathaushalte zu den sog. Müllbergen bei. Wieso aber sind Abfälle problematisch?

Es gibt kaum noch Stellen, wo die steigenden Abfallmengen aufbewahrt werden können (Deponien). Auch wenn große Teile des Mülls durch Abfallfresser und Mikroorganismen verzehrt werden, es bleiben Unmengen an Schadstoffen, welche nicht biologisch abbaubar sind. Sie gelangen ins Grundwasser, schädigen Pflanzen, Tiere und verseuchen unser Trinkwasser (s. a. Kap. 5.2).

Zusätzlich vermehren sich in **Mülldeponien** Mikroorganismen, Ungeziefer und Schädlinge enorm und stellen ein großes Hygiene-Risiko dar (s. Lerninhalt 1, Kap. 6.3). Selbst die **Müllverbrennung** ist nicht problemlos: Aus Müll entsteht dann zwar wertvolle Energie, aber gefährliche Rückstände in der Asche machen eine Entsorgung als sog. Sondermüll erforderlich.

Daraus folgen nur zwei Möglichkeiten, welche überall – und damit auch in der Gastronomie – praktiziert werden sollten:

### 5.3.1 Müllvermeidung

Am Beispiel der Portionspackungen wird das Problem deutlich: Bei Honig spart man nicht nur Müll, sondern auch rund 40 % der Materialkosten, wenn statt der Portionsdöschen aus einem 5-kg-Eimer serviert wird.
Nimmt der Lieferant zusätzlich den leeren Honigeimer zurück, verringert sich die Müllmenge erneut.

Einige Beispiele für **Möglichkeiten der Müllvermeidung:**
**Im Service:** Konfitüre, Honig, Butter, Margarine, Vollkornbrot, Kaffeesahne und vieles andere gibt es in Großgebinden, ebenso Kaffeepulver, Müsli und Cornflakes.

> Großgebinde statt Portionspackungen!

**In der Küche:** Butter wird im 5-kg-Block, Milch im 2-l- oder 5-l-Großbehälter gekauft. Ähnliches gilt für Speiseöl und viele andere Rohstoffe.

> Mehrweg- statt Einwegbehälter!

 Schon beim Einkauf kann auf die Entlastung der Umwelt geachtet werden. Umweltverträglich produzierte Erzeugnisse sind mit dem sogenannten **Umweltengel** gekennzeichnet.

 Umweltschonend erzeugtes **Recyclingpapier** oder **chlorfrei gebleichte Papiere** sind von herkömmlichem Papier oft kaum noch zu unterscheiden. Zahlreiche Papiererzeugnisse für die Systemgastronomie (z. B. Prospekte, Speisenkarten, Handzettel, ja sogar Schreibpapier) können so die Umwelt entlasten.

 **Kontrolliert ökologisch erzeugte Lebensmittel** tragen das entsprechende **Biosiegel**. Mehrere Organisationen stellen derartige Produkte ohne Pestizide, Masthilfsmittel, künstliche Düngungsmittel her (z. B. Anog, Biokreis, Bioland, Biopark, Demeter, Grünes Land, Naturland, Ökosiegel).

> Umweltfreundliche Produkte verstärkt einsetzen!

In der Systemgastronomie von besonderer Bedeutung ist auch die Verwendung von Verpackungsmaterialien für das Außer-Haus-Geschäft oder im Fast Food, z. B. Schachteln für Burger oder Pommes frites, Verpackungen für Take-away, spezielle

# 1 — Abfälle und Umwelt

Becher für Kaffee „to go" oder Pizzaschachteln für Home Delivery.

Einerseits müssen diese Verpackungen funktional sein. Beispielsweise sollen sie gute Warmhalteeigenschaften haben, gut transportabel sein und der Gast muss leicht und angenehm aus ihnen essen und trinken können.

Andererseits muss hier besonders darauf geachtet werden, dass kein unnötiger Verpackungsmüll bzw. schwierig zu recycelnde Verpackungsstoffe produziert werden. Soweit möglich sollte man also auf zusätzliche Umverpackungen, mit Aluminium beschichtete Packverpackungen oder Verpackungen aus geschäumten Materialien verzichten.

Besonders in den Segmenten Fast Food und Verkehrsgastronomie ist es für den Systemgastronomen wichtig, mit dafür zu sorgen, dass die Umgebung des Betriebes weitgehend abfallfrei ist. Für ausreichende **Abfallbehälter**, am besten mit Möglichkeiten zur Abfalltrennung, ist also zu sorgen. Auch kann Abfall in der Nähe des Betriebes aufgesammelt werden.

Die Organisation Grüner Punkt organisiert die Sammlungen und Wiederverwertung. Für die Müllabfuhr ist zu zahlen.

Aufgedruckte oder eingepresste Symbole erleichtern speziell das Sortieren von Kunststoffen.

Buchstaben kennzeichnen die Kunststoffsorte: z. B.
PP = Polypropylen
PS = Polystyrol (Styropor)
PE = Polyethylen

Ziffern und Buchstaben geben Auskunft über den Plastiktyp (z. B. LD = low density = niedrige Dichte).

**Altglas** wird schon sehr lange gesammelt, über 80 % des Altglases werden wiederverwertet. Neben der Rohstoffeinsparung wird vor allem Energie in beachtlichem Umfang gespart. Besonders eindrucksvoll ist das Recycling bei Papier. Zeitungspapier und Wellpappe bestehen heute zu 100 % aus **Altpapier**.

Bei Hygienepapier beträgt der Altpapiereinsatz rund 70 %. Eine Studie des Bundesumweltministeriums verglich vier Händetrocknungsmöglichkeiten in Bezug auf Rohstoff-, Energie- und Wasseraufwand. Abfall- und Emissionsmengen wurden mit eingerechnet. Recycling-Papiertücher erzielten bei Weitem die besten Werte.

## 5.3.2 Mülltrennung

Extrem hoch ist der **Verpackungsaufwand bei Lebensmitteln**: Folien, Verbundkartons, Blechdosen, Einwegflaschen, Plastikbecher und -tüten, Styroporpakete usw. Riesige Materialmengen gelangen nach einmaligem Gebrauch in den Abfall.

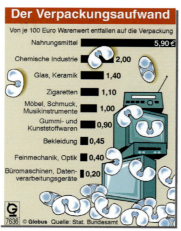

| Rohstoffe | Emissionen | Energie | Abfall | Wasser | Summe |
|---|---|---|---|---|---|
| Elektrischer Händetrockner | | | | | |
| 5 | 12 | 15,25 | 4,7 | 4,7 | 41,65 |
| Stoffhandtücher | | | | | |
| 15,63 | 6 | 10 | 4,7 | 4,7 | 41,03 |
| Papiertücher, neuer Zellstoff | | | | | |
| 15,5 | 12,88 | 13,13 | 15,63 | 15 | 72,14 |
| Recycling-Papiertücher | | | | | |
| 5 | 7,13 | 6,63 | 4,69 | 10,63 | 34,08 |

**Vier Händetrocknungssysteme im ökologischen Vergleich**

**Plastikverpackungen** lassen sich ebenfalls gut recyceln, vorausgesetzt sie sind nicht vermischt mit anderen Müllbestandteilen. Der Aufwand an Reinigung und Sortierung in die verschiedenen Kunststoffarten (Styropor, Polyethylen, Polypropylen usw.) ist geringer als die Neuerzeugung aus den Rohstoffen.

**Kompostierbare Abfälle** sind alle pflanzlichen Reste, die im Betrieb anfallen. Dazu gehören Obst- und Gemüseabfälle, aber auch Nussschalen, Schnittblumen und pflanzlicher Tischdekor.
Derartiger Kompost macht locker aufgeschichtet ein **natürliches Recycling** durch. Insektenmaden, Würmer und vor allem Mikroorganismen fressen die

Diese Einwegverpackungen verursachen enorme Kosten (5,9 % des Warenwerts), ganz abgesehen davon, dass riesige Rohstoff- und Energiemengen aufgewendet werden mussten, um all die Verpackungen zu erzeugen.
Jeder, der etwas wirtschaftlich denkt, muss zu der Erkenntnis kommen, dieses Material zu sammeln, zu sortieren und dem Wirtschaftskreislauf wieder zuzuführen (**Recycling**).

# Abfälle und Umwelt

Abfälle. Aus ihren Ausscheidungen und kleinsten Pflanzenresten bildet sich wertvoller **Humus** mit allen Nährstoffen für neues Pflanzenwachstum. Zusätzlich entsteht als Abfallprodukt der mikrobiellen Tätigkeit sog. **Biogas**, dessen Zusammensetzung dem Erdgas ähnlich ist. Es besteht überwiegend aus Methan ($CH_4$, Sumpfgas). Die Verbrennung liefert Wärme und elektrische Energie.

Aus alledem folgt: Es macht Sinn, Abfälle aus wirtschaftlichen und ökologischen Gründen zu trennen und zu sammeln.

**Wir sammeln getrennt:**

**Küche**
▶ kompostierbare Abfälle (Obstschalen, Gemüseabschnitte, Eierschalen, überlagerte pflanzliche Lebensmittel, verdorbenes Obst, Nussschalen usw.)
▶ Knochen, Fleischparüren (für Tierkörperbeseitigungsanlage – Sondermüll)
▶ Speisenrückgaben (Tierfutter nach Sterilisation)
▶ übriges Verpackungsmaterial getrennt nach Weißblech, Aluminium, Glas, Kunststoff, Papier
▶ verbrauchte Brat- und Frittierfette und Fettrückstände aus dem Fettabscheider gehen in Spezialbehältern an Tierkörperbeseitigungsanstalten oder andere Spezialbetriebe

Selbstverständlich müssen Sammelbehälter abgedeckt und regelmäßig entleert werden.

**Restaurant**
▶ kompostierbare Abfälle (Kaffeesatz, Teebeutel, Schnittblumen, Servietten, Papiermanschetten, Papierhandtücher, Kork usw.)
▶ Altglas   ▶ Verpackungsmaterial   ▶ Restmüll

**Verwaltung**
Selbst hier können Papier, Kunststoff und Restmüll getrennt werden. Der Handel bietet zu diesem Zweck ästhetische und hygienisch einwandfreie Mülltrennungsbehälter.

Schwierig zu recyceln sind immer noch Elektronikschrott, Batterien, Leuchtstoffröhren und Fensterglas. Diese Materialien werden speziell entsorgt. Städtische Entsorgungsbetriebe übernehmen diese Stoffe (z. T. kostenlos).

## Aufgaben

1. Besorgen Sie sich im Rathaus, beim Landkreis oder direkt bei den Stadtwerken Faltblätter und Broschüren, die Aufschluss über das örtlich geltende Müllentsorgungskonzept geben.

2. Holen Sie bei den Verbraucherberatungsstellen/Internet Material über Organisationen, die ökologisch unbedenkliche landwirtschaftliche Erzeugnisse liefern.

3. Besuchen Sie einen ökologisch wirtschaftenden Landwirt, notieren Sie sein Sortiment, seine Preise und befragen Sie ihn, inwieweit er die Gastronomie beliefert.

4. Vervollständigen Sie die Beispiellisten der kompostierbaren Abfälle im Küchen- und Restaurantbereich.

5. Stellen Sie Büromaterialien zusammen, die außer den genannten Beispielen in ökologisch unbedenklichen Alternativen angeboten werden.

6. Begründen Sie den Sinn der Müllvermeidung.

7. Erklären Sie die Gründe für eine Mülltrennung.

8. Ordnen Sie den getrennt gesammelten Materialien
   a) Altglas,
   b) Plastik,
   c) Altpapier,
   d) Aluminium/Weißblech,
   e) Kompost
   folgende Abfälle zu:

| | |
|---|---|
| Briefkuvert | Seifenspendernachfüllbeutel |
| Frischhalteklarsichtfolie | Katalog |
| Konservendose | Weinflaschen |
| Tageszeitung | Obstkarton |
| Spirituosenflasche | Klarsichtgemüseschale |
| Joghurtbecher | abgeblühte Schnittblumen |
| Joghurtbecherdeckel | Kronkorken |
| Klarsichthülle für Schriftstücke | ausgelaugtes Kaffeepulver |
| Reklameprospekt | Flaschenschraubverschlüsse |
| Behälter mit Prägung PP LD | Wellpappe |
| Fischdose | Twist-off-Deckel |
| grüne Ölflasche | welke Petersilie |

# Infobox Sprache / Übergreifende Aufgaben

## Infobox Sprache

### Umweltschutz

| 🇩🇪 Deutsch | 🇬🇧 Englisch |
|---|---|
| Abfall | waste, rubbish, garbage, trash |
| Abgas | waste gas, exhaust fumes (pl) |
| Abwasser | sewage, effluent, waste water |
| Altglas | glass for recycling/used glass |
| Altpapier | waste paper |
| Atomkraft | nuclear power |
| Deponie | disposal site |
| Desinfektionsmittel | disinfectant |
| erneuerbare Energien | renewable energy sources |
| Kohlendioxid | carbon dioxide |
| Kunststoff | synthetic, synthetic material |
| Mülltrennung | separation of waste, rubbish separation |
| Restmüll | residual waste, non-recyclable waste |
| Schadstoff | pollutant, harmful substance |
| Sonnenenergie | solar energy |
| Sparlampe | energy saving bulb, low-energy bulb |
| Strom (elektrisch) | current, electricity |
| Stromerzeugung | generation of electricity |
| Trinkwasser | drinking water |
| Umweltschutz | environment(al) protection |
| Wasserkraft | hydro(electric) power, water power |
| Wasserverbrauch | water consumption |
| Wasserverschmutzung | water pollution |
| Windkraft | wind power |

## Übergreifende Aufgaben

**M**

1. Erstellen Sie zu Beginn dieses Kapitels (paar- oder gruppenweise) zwei Mind-Maps zum Lernfeld „Umweltschutz". Bei der einen steht der Mensch im Zentrum und bei der anderen Ihr Betrieb. Das Thema für die erste Mind-Map lautet: Wie wirkt der Mensch auf die Umwelt? und für die zweite Mind-Map: Wie wirkt Ihr Betrieb auf die Umwelt? Am Ende der Unterrichtseinheit werden die einzelnen Mind-Maps überarbeitet oder zusammengefasst (für Mensch und Betrieb separat).
2. Stellen Sie sich vor, Sie sind Vertreter einer Behörde, die Umweltzertifikate für gastgewerbliche Betriebe ausstellt. Formulieren Sie einen geeigneten Kriterienkatalog, der dann weitgehend erfüllt sein muss, um eine solche amtliche Bescheinigung zu erhalten. Wie kann ein Betrieb das für Werbezwecke nutzen?

## Übergreifende Aufgaben – Fortsetzung

**@**

1. Besorgen Sie mithilfe des Internets Angaben über die Anzahl der Kompostierungsanlagen in Deutschland und die dort verarbeiteten Müllmengen.
2. Holen Sie bei einem Entsorgungsunternehmen aktuelle Zahlen über das Sammeln von Glas, Altpapier, Weißblech und Aluminium ein.
3. Informieren Sie sich über Broschüren, eventuell übers Internet, bei Organisationen, die kontrolliert ökologische Lebensmittel vermarkten, nach weiteren Grundsätzen der Produktion.
4. Informieren Sie sich mithilfe des Internets beim Verband Deutscher Papierfabriken über aktuelle Einsatzquoten von Altpapier für die verschiedenen Papiererzeugnisse.
5. Besuchen Sie die Internetseiten „www.wasser-wissen.de" der Universität Bremen. Im Lexikon finden Sie einen Beitrag über Wäschereiabwässer. Was ist alles im Abwasser nach dem Waschen zu finden?
6. In den Internetseiten „www.abfallberatung.de" finden Sie unter Branchenkonzepte auch einen Beitrag der *ArGe Abfallberatung in Unterfranken* zu Hotel/Gastronomie mit der Möglichkeit zum Download. Überprüfen Sie anhand der dort abgebildeten Checkliste, inwieweit Ihr Ausbildungsbetrieb hinsichtlich der Abfallvermeidung auf dem neuesten Stand ist.

1. Die Grafik über die deutsche $CO_2$-Bilanz, vgl. „Situation" Kap. 5.1, gibt einen Überblick über die Entwicklung der $CO_2$-Emission in Deutschland.
    a) Wie viel Tonnen $CO_2$ entfielen 2002 auf:
       - Gewerbe, Handel, Dienstleistungen,
       - Straßenverkehr,
       wenn man für 2002 die gleiche Verteilung wie 2005 zugrunde legt?
    b) Geben Sie die Veränderung des $CO_2$-Ausstoßes von 2005 zu 2006 in Prozent an.
    c) Welche internationale Vereinbarung regelt die maximalen $CO_2$-Ausstoßmengen für jedes Land? Recherchieren Sie im Internet.
    d) Angenommen, die Entwicklung von 2002 zu 2006 setzt sich von 2006 bis 2010 fort. Mit welcher Menge an $CO_2$-Ausstoß ist dann für 2010 zu rechnen?
2. Anlässlich einer Geburtstagsfeier in Ihrem Ausbildungsbetrieb werden fünf dreiflammige Kerzenleuchter (Kerzen zu je 50 g), ein fünfflammiger Kerzenleuchter (Kerzen zu je 50 g) und 50 Einzelkerzen (Kerzen zu je 25 g) eingesetzt.
   Wie hoch sind durch diesen Einsatz verursachter
    a) Sauerstoffverbrauch,
    b) $CO_2$-Ausstoß?
   Verwenden Sie die Werte unter Kap. 5.1.2.
3. Erkunden Sie in Ihrem Ausbildungsbetrieb die Menge an Waren (nur Lebensmittel), die täglich/wöchentlich per Luftfracht eingekauft wird. Berechnen Sie die Emissionswerte, die dadurch verursacht werden für
    - Kohlenstoffdioxid,
    - Stickoxide.
   1 000 km verursachen ca. 1,1 kg Kohlendioxid und 7,4 kg Stickoxide. Gehen Sie von einer Flugstrecke bis Ankunft Frankfurt/Main aus. Geben Sie Ihre Ergebnisse in kg und t an.
4. Ein Restaurant kauft 30 kg Erdbeeren aus Israel. Die Flugstrecke von Israel bis Frankfurt/Main beträgt 3 100 km. Der Kerosinverbrauch (Flugbenzin) liegt bei 1,3 Liter je kg für die gesamte Strecke.
    a) Welche Emissionsmenge könnte bei Einsatz regionaler Produkte eingespart werden? 1 000 km verursachen ca. 1,1 kg Kohlendioxid und 7,4 kg Stickoxide.
    b) Wie viel kg Kerosin könnten eingespart werden?
    c) Könnte Ihr Ausbildungsbetrieb unter Berücksichtigung des Standards und Images auf die Verwendung von Erdbeeren aus Israel verzichten? Erörtern Sie.

# 6 Lebensmittelrechtliche Grundlagen und Hygiene

## 6.1 Lebensmittelrechtliche Grundlagen

### Situation

Lebensmittelrecht ist in Deutschland zumeist EU-weit geltendes Verbraucherschutzrecht, ein Paragrafendschungel. Für die von Werbung verführten und immer „umfangreicher" werdenden Verbraucher soll da die seit 1. Juli 2007 geltende Claims-Verordnung Abhilfe schaffen. Für nährwertbezogene Angaben wie „fettfrei", „energiearm" oder „leicht" gelten nun überall die gleichen Kriterien, jedoch nur, soweit man damit wirbt. Auf den Packungen müssen bei den entsprechend beworbenen oder gekennzeichneten Produkten jetzt die Nährwertangaben bzw. der Energiegehalt angegeben werden.
Der Verbraucher hat die Wahl, sich danach zu richten oder auch nicht. Noch gibt es keine direkten Strafen für „schlechtes" oder gesundheitsschädliches Verbraucherverhalten. Anders sieht es für im Lebensmittelbereich tätige Unternehmen/Unternehmer aus. Sie müssen sich im immer umfangreicher werdenden Lebensmittelrecht auskennen und die Vorschriften befolgen, ansonsten drohen erhebliche Strafen.

### 6.1.1 Lebensmittelüberwachung

### Situation

Drei Vertreter des örtlichen Veterinär- und Lebensmittelaufsichtsamtes stehen morgens um 7.30 Uhr mit Aktenkoffern vor der Zentrale des *Green Paradise* in Hannover. Sie fordern Unterlagen zur Kalkulation und Rezepten, sowie die Aufzeichnungen des Wareneingangs für die gesamte Kette.

Zeitgleich sind je zwei Vertreter der örtlichen Veterinär- und Lebensmittelaufsichtsämter bei vier Filialen des *Green Paradise* vorstellig. Sie verlangen Einsicht in alle Aufzeichnungen nach HACCP-Konzept und wollen alle Küchen, Lagerräume und Personalräume überprüfen.

Müssen die verantwortlichen Geschäftsführer das zulassen? Haben betriebsfremde Personen so weit reichende Rechte in Privatbetrieben?

Die **amtliche Lebensmittelüberwachung** dient dem Schutz der Verbraucher. Die Inspekteure wirken aber auch bei der Bearbeitung von Verbraucherbeschwerden und bei der Aufklärung lebensmittelbedingter Erkrankungen mit. Einheitliche Bundesvorschriften zur Durchführung der Überwachung sollen die den einzelnen Bundesländern zugeordnete Überwachung sicherstellen. Die tatsächliche Durchführung wird von Behörden in den einzelnen Städten und Landkreisen vorgenommen.

**So funktioniert die Lebensmittelüberwachung:**
Die Lebensmittelüberwachung umfasst das Überprüfen und die Kontrolle von Lebensmitteln, Tabakwaren, Kosmetika und sonstigen Bedarfsgegenständen.

Sie beinhaltet
1. Kontrolle der Betriebe vor Ort durch Betriebsprüfungen und Inspektionen (Produkt-, Produktions- und Personalhygiene) und ggf. Einleitung erforderlicher Maßnahmen zum Abstellen von Mängeln, die sich aus der Prüfung ergeben haben;
2. Entnahme, Untersuchung und Beurteilung von Proben und ggf. Einleiten von Maßnahmen zur Beseitigung von Missständen;

Proben zur Beurteilbarkeit des Verdorbenheitsgrades von Frittierfett

3. Kontrolle des Vorhandenseins eines betrieblichen Eigenkontrollsystems (HACCP), seiner Durchführung und Beurteilung bezogen auf die Effektivität. Dabei werden auch die Aufzeichnungen und Dokumentationen über Art und Herkunft der Erzeugnisse zum Zweck der Rückverfolgbarkeit und die Durchführung von gesetzlich vorgeschriebenen Personalschulungen und Unterrichtungen geprüft.

# 1 Lebensmittelrechtliche Grundlagen

| Kontrollen bei Betriebsbesichtigungen | |
|---|---|
| **Betriebsräume** | Küche, Kühlräume, Magazine, Restaurant, Toiletten, Gästezimmer, Fußböden, Abfalllagerung usw. |
| **Geräte, Einrichtungen** | Küchengeräte, Gläser, Geschirr, Schankanlage, Sanitäranlagen, Lüftung, Handtücher, Gläsertücher, kaltes Büfett usw. |
| **Bücher, Unterlagen** | Speisenkarten, Rezeptbücher, „Schankanlagenbetriebsbuch", Wareneingangsbuch, HACCP-Listen (siehe auch Kap. 6.4) usw. |
| **Personal** | Berufskleidung, Hände, Haare, Personalräume |

Die **Betriebsüberprüfungen** finden grundsätzlich während der üblichen Betriebszeiten an den Werktagen statt, falls erforderlich aber auch in den Früh- und Abendstunden sowie an Samstagen, Sonn- und Feiertagen.

**Rechtsgrundlagen** sind in nationales Recht umgesetzte **EU-Verordnungen und EU-Richtlinien, Bundesrecht** (*Lebensmittel- und Futtermittelgesetzbuch – LFGB*) und **Landesrecht der einzelnen Bundesländer** (Verwaltungsvorschriften für die Durchführung der amtlichen Lebensmittelüberwachung). Die Bundesländer haben sich durch einen Bundesratsbeschluss festgelegt auf

▶ die Kontrollfrequenzen der Betriebe,
▶ die Anzahl der Proben: jährlich 5.9 Proben/1000 Einwohner.

Bei Verstößen hat die **Lebensmittelaufsicht** neben der Festlegung und Kontrolle von Auflagen folgende **Sanktionsmöglichkeiten**:

▶ Erheben von Verwarnungsgeldern,
▶ Einleiten und Bearbeiten von Bußgeld- und Strafverfahren,
▶ Durchführen von Sicherstellungen sowie das Veranlassen von Beschlagnahmen und
▶ als stärkste Maßnahme die Betriebsschließung.

Es können auch bestimme Lebensmittel aus dem Verkehr gezogen bzw. vom Markt genommen werden.

Die Geschichte der Lebensmittelüberwachung in Deutschland ist lang, sie begann im Jahr 1876 mit der Gründung des Kaiserlichen Gesundheitsamtes in Berlin. 1918 übernahm diese Aufgabe das Reichsgesundheitsamt und 1952 das Bundesgesundheitsamt. Als Nachfolgebehörden waren später das Institut für gesundheitlichen Verbraucherschutz und Veterinärmedizin (BgVV) und derzeit das **Bundesinstitut für Risikobewertung (BfR)** als oberste Bundesbehörde zuständig.

Ein weiteres Mittel der Lebensmittelkontrolle und -überwachung ist das **Lebensmittel-Monitoring**, vgl. dazu die Ausführungen am Ende des Kapitels. **Zweck der lebensmittelrechtlichen Vorschriften und Kontrollen ist:**

1. **Schutz der Gesundheit des Verbrauchers** vor nachteiliger Beeinflussung durch den Konsum von Lebensmitteln.
   Dazu gehört u.a., dass keine gesundheitsschädigenden Stoffe beim Anbau, z.B. Düngemittel (§ 9 LFBG), oder der Viehzucht, z.B. Rückstände von Medikamenten (§ 10 7 LFGB – Stoffe mit pharmakologischer Wirkung), in die Lebensmittelkette gelangen. Weiterhin dürfen bei der Lebensmittelproduktion keine gesundheitsschädigenden Stoffe verwendet oder sonstige Zusatzstoffe nur in bestimmten Höchstmengen zugegeben werden (§§ 6 und 7 LFGB). Außerdem gilt ein Bestrahlungsverbot für Lebensmittel (§ 8 7 LFGB) mit nicht zugelassenen ultravioletten oder ionisierenden Strahlen.

2. **Schutz des Verbrauchers vor Irreführung und Täuschung** durch fehlende, unvollständige, falsche oder nicht eindeutige Angaben (§ 11 LFBG).
   Hierzu gehören u.a. korrekte und vollständige Angaben der Inhaltsstoffe und eine eindeutige Verkehrsbezeichnung. Lebensmittel dürfen nicht nachgemacht oder verfälscht werden. So muss bei „Bio" auch wirklich ein biologisches Produkt enthalten sein und Kalbsleberpastete darf nicht als Gänseleberpastete angeboten werden. Es dürfen auch keine falschen Qualitätsvorstellungen geweckt werden, die das Produkt dann nicht erfüllt.

3. **Schutz des Verbrauchers vor falschen Versprechungen** auf Produktverpackungen oder in der Werbung **bezogen auf gesundheitliche oder krankheitsverhindernde Wirkung** von Lebensmitteln. Das gestiegene Gesundheitsbewusstsein der Verbraucher soll nicht ausgenutzt werden. So dürfen Tees nicht als „gut gegen Husten" oder Molkedrinks mit Schlankheitsversprechen oder Schutz vor Übergewicht angeboten werden.

4. **Information des Verbrauchers** durch Angabe von Inhaltsstoffen, Menge, Mindesthaltbarkeitsdatum, Zusatzstoffen, Art und Beschaffenheit des Produkts und Ursprung bzw. Herkunft (§ 11 LFBG).

# Lebensmittelrechtliche Grundlagen

5. **Vorgabe klarer Handlungsanweisungen** und Richtlinien für alle „Lebensmittelunternehmer" über alle Anbau-, Aufzucht-, Produktions-, Vertriebs- und Weiterverarbeitungsstufen. Daneben muss es natürlich auch Kontrollinstanzen und Sanktionsmöglichkeiten bei Nichteinhaltung der Vorschriften geben. Das Lebensmittelrecht schreibt sehr genau vor, was erlaubt und was verboten ist, wer die Einhaltung der Vorschriften überwacht (Lebensmittelüberwachung) und mit welchen Konsequenzen der „Lebensmittelunternehmer" bei Nichteinhaltung rechnen muss.

Im **Lebensmittelrecht** gibt es zahlreiche Regelungen und Vorschriften, die ständig entsprechend den Anforderungen der Verbraucher, des technischen Fortschritts und neuer naturwissenschaftlicher Erkenntnisse verändert und ergänzt werden müssen. Zwei Beispiele verdeutlichen diese Notwendigkeit:

1. Immer mehr Menschen lehnen in den letzten Jahren Lebensmittel ab, die mit Kunstdünger, Pflanzenschutzmitteln und künstlichen Wachstumshormonen erzeugt werden. **Ökologische Lebensmittel** liegen heute im Trend. Eine Verordnung regelt seit 1991 den ökologischen Landbau und die Kennzeichnung entsprechender Produkte.
2. Die Mehrzahl der Bevölkerung lehnt auch **gentechnisch veränderte Lebensmittel** ab. Eine EU-Verordnung schreibt seit 2004 vor, dass verarbeitete Lebensmittel, die gentechnisch veränderte Rohstoffe enthalten oder aus ihnen gewonnen werden, zu kennzeichnen sind. Das Gleiche gilt für gentechnisch erzeugtes Obst und Gemüse.

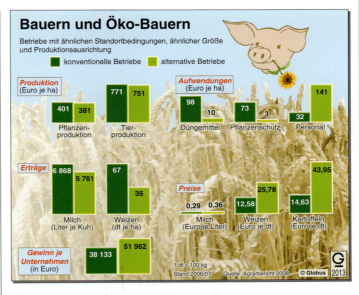

## 6.1.2 Lebensmittelrecht

### Situation

Der erste nachgewiesene Fund lebensmittelrechtlicher Vorschriften ist eine phönizische Steinplatte um 1000 v. Chr. mit der Inschrift: „Du sollst den Wein deines Nachbarn nicht verzaubern". Andere Funde mit ähnlichen Aussagen stammen von den Hethitern aus Zentralanatolien: „Du sollst das Fett deines Nachbarn nicht vergiften/verzaubern".

Ziel dieser Vorschrift war der Schutz des Einzelnen und der Gemeinschaft vor gesundheitlichen Schäden und vor Betrug, denn schon immer versuchten Menschen durch „Panschen" von Lebensmitteln Vorteile zu erlangen. Der Schutzgedanke wurde auch in das heutige Lebensmittelrecht der EU übernommen.
Lebensmittelrecht war aber nicht nur Verbraucherrecht; es war auch „Staats- und Wirtschaftsrecht". Schon vor ca. 3000 Jahren verwendeten die Azteken die wertvollen Kakaobohnen nicht nur als Nahrungs-, sondern auch als Zahlungsmittel. Zahlungs- wie Lebensmittel sind aber nie ganz fälschungssicher.

So wurden auch Kakaobohnen gefälscht. Sie wurden vorsichtig angeröstet, leicht rötlich eingefärbt oder man ließ sie in Wasser quellen, um ihr Aussehen und damit den Wert zu verbessern. So konnte man sie als teurere Sorte ausgeben.

Überliefert sind z. B. folgende Kurse:
30 Kakaobohnen = 1 kleines Kaninchen
3 Kakaobohnen = 1 Avocado
1 Kakaobohne = 1 Tomate

# 1 Lebensmittelrechtliche Grundlagen

Seit dem 01.01.2006 gelten in der Bundesrepublik die unter dem Begriff EU-Hygienepaket bekannten Vorschriften. Dieses Paket umfasst:

**EG-Basis-Verordnung Nr. 178/2002:**
- Grundsätze und Prinzipien der Lebensmittelsicherheit auf allen Stufen der Lebensmittelkette
- Rückverfolgbarkeit der Lebensmittel auf allen Stufen der Lebensmittelproduktion
- Errichtung der Europäischen Behörde für Lebensmittelsicherheit (EFSA, s. Ende des Kapitels)

**EU-Verordnung Nr. 852/2004** über Lebensmittelhygiene:
- Ausdehnung der lebensmittelrechtlichen Vorschriften auf alle Unternehmen der Lebensmittelkette
- Festlegung der Errichtung und Durchführung von Eigenkontrollverfahren (HACCP)
- Festlegung der HACCP-Grundsätze (Bestimmung von kritschen Kontrollpunkten, Festlegung von Grenzwerten, Überwachunsverfahren, Korrekturmaßnahmen und Regelung der Dokumentations- und Aufzeichnungspflichten

**EU-Verordnung Nr. 853/2004** mit spezifischen Hygienevorschriften für Lebensmittel tierischen Ursprungs:
- Grundregeln für Lebensmittel tierischen Ursprungs
- Inverkehrbringen dieser Produkte mit einem Genusstauglichkeitskennzeichen oder einem Identitätskennzeichen
- Hygieneanforderungen für in die Gemeinschaft eingeführte Lebensmittel tierischen Ursprungs
- Kriterien für einzelne tierische Produkte, z. B. Rohmilch

**EU-Verordnung Nr. 854/2004** mit Vorschriften für die amtliche Lebensmittelüberwachung:
- Durchführung der Betriebsprüfungen
- Entnahme und Analyse von Proben
- Maßnahmen, die aufgrund der Kontrollen zu ergreifen sind
- Überprüfung der Durchführung der betrieblichen Eigenkontrollen (HACCP)
- Prüfung der Rückverfolgbarkeit von Lebensmitteln

**EU-Verordnung Nr. 882/2004** über amtliche Kontrollen zum Überprüfen der Einhaltung des Lebensmittel- und Futtermittelrechts sowie der Bestimmungen zur Tiergesundheit und zum Tierschutz inkl. Aufhebungsrichtlinie RL 2004/41 zur Aufhebung bestimmter Richtlinien über Lebensmittelhygiene und Hygienevorschriften für die Herstellung und das Inverkehrbringen von zum menschlichen Verzehr bestimmten Erzeugnissen tierischen Ursprungs

Gleichzeitig dazu sind am 01.01.2006 vier *Durchführungsverordnungen (VO - EG)* zur Änderung der Verordnungen in Kraft getreten:
- Nr. 2073/2005 über mikrobiologische Kriterien für Lebensmittel
- Nr. 207/2005 Erläuterungen zu den vorgesehenen amtlichen Kontrollen
- Nr. 2075/2005 besondere Vorschriften für die amtlichen Fleischuntersuchungen auf Trichinen
- Nr. 2076/2005 Übergangsregelungen für die Durchführung der Verordnungen (EG) Nr. 853/2004, (EG) Nr. 854/2004 und (EG) Nr. 882/2004 sowie (EG) Nr. 853/2004 und (EG) Nr. 854/2004

Diese Rechtsvorschriften gelten als EU-Recht teilweise unmittelbar in den Mitgliedsstaaten, z.B. *EG-Basis-Verordnung Nr. 178/2002* und *EU-Verordnung Nr. 852/2004 (= EU-Lebensmittelhygieneverordnung)*, zum Teil wurden sie in nationales Recht umgesetzt, wie das *Lebensmittel- und Futtermittelgesetz (LFGB)*, das das alte *Lebensmittel- und Bedarfsgegenständegesetz (LMBG)* zum größten Teil abgelöst hat.

Seit dem 8. August 2007 gibt es die **Verordnung zur Durchführung von Vorschriften des gemeinschaftlichen Lebensmittelhygienerechts**, die
- ▶ wieder eine Deutsche Lebensmittelhygiene-Verordnung
- ▶ Änderungen und Aufhebungen verschiedener produktübergreifender und produktbezogener Vorschriften

zum Inhalt hat.

Wesentliche Elemente des **LFGB**:
1. **Definitionen wichtiger Begriffe des Lebensmittelrechts (§§ 2 und 3 LFGB)**

| Begriffe | Definition | Zusätzliche Erläuterungen/Abgrenzungen |
|---|---|---|
| **Bedarfsgegenstände** | 1. Materialien und Gegenstände, die dazu bestimmt sind, mit Lebensmitteln in Berührung zu kommen. | Alle bei der Lagerung oder Herstellung verwendeten Geräte/Küchengeräte (Töpfe, Messer, Schneidbretter, Maschinen usw.) und alle beim Inverkehrbringen verwendeten Geräte, Maschinen und Behältnisse (Gläser, Flaschen, Folien, aber auch Getränkeschankanlagen). |

# Lebensmittelrechtliche Grundlagen

| Begriffe | Definition | Zusätzliche Erläuterungen/Abgrenzungen |
|---|---|---|
| **Bedarfsgegenstände** | 2. Packungen, Behältnisse oder sonstige Umhüllungen, die dazu bestimmt sind, mit kosmetischen Mitteln in Berührung zu kommen.<br>3. Gegenstände, die dazu bestimmt sind, mit den Schleimhäuten des Mundes in Berührung zu kommen.<br>4. Gegenstände, die zur Körperpflege bestimmt sind.<br>5. Spielwaren und Scherzartikel.<br>6. Gegenstände, die dazu bestimmt sind, nicht nur vorübergehend mit dem menschlichen Körper in Berührung zu kommen.<br>7. Reinigungs- und Pflegemittel, die für den häuslichen Bedarf oder für Bedarfsgegenstände im Sinne von 1. bestimmt sind.<br>8. Imprägnierungsmittel und sonstige Ausrüstungsmittel für Bedarfsgegenstände im Sinne von 6., die für den häuslichen Bedarf bestimmt sind.<br>9. Mittel und Gegenstände zur Geruchsverbesserung in Räumen, die zum Aufenthalt von Menschen bestimmt sind.<br><br>Wenn in einer spezifischen Verordnung wie der *Lebensmittelhygieneverordnung* von Bedarfsgegenständen die Rede ist, sind die hier aufgeführten Gegenstände und Mittel gemeint. | z. B. Besteck, Ränder von Gläsern und Tassen, Zahnstocher, Strohhalme<br><br>z. B. Handwaschbürste, Handtücher<br><br>z. B. Bekleidungsgegenstände, Bettwäsche, Masken, Perücken, Haarteile, künstliche Wimpern, Armbänder<br>z. B. Geschirrspülmittel<br><br>z. B. Weichspüler, Wäschestärke, Anlaufschutz für Metallgegenstände<br><br>z. B. Luftfilter, Luftbefeuchter, Raumspray |
| **Behandeln** | Behandeln ist das Wiegen, Messen, Um- und Abfüllen, Stempeln, Bedrucken, Verpacken, Kühlen, Gefrieren, Tiefgefrieren, Auftauen, Lagern, Aufbewahren, Befördern sowie jede sonstige Tätigkeit, die nicht als Herstellen oder Inverkehrbringen anzusehen ist. | |
| **Herstellen** | Herstellen ist die Produktion (einschließlich Urproduktion: Aufzucht, Anbau), das Zubereiten, das Be- und Verarbeiten und das Mischen. | |
| **Inverkehrbringen** | Inverkehrbringen ist das **Bereithalten** von Lebensmitteln für Verkaufszwecke einschließlich des Anbietens zum Verkauf oder jeder anderen Form der Weitergabe, gleichgültig ob unentgeltlich oder nicht, sowie der Verkauf selbst, der Vertrieb oder andere Formen der Weitergabe. | Damit fällt auch die Verabreichung von Proben/Kostproben unter das Inverkehrbringen. |
| **Lebensmittel** | Lebensmittel (LM) sind alle Stoffe oder Erzeugnisse, die dazu bestimmt sind oder von denen nach vernünftigem Ermessen erwartet werden kann, dass sie in verarbeitetem, teilweise verarbeitetem oder unverarbeitetem Zustand von Menschen aufgenommen werden.<br><br>Zu den Lebensmitteln zählen auch Getränke und alle Stoffe, die dem Lebensmittel bei seiner Herstellung, Ver- oder Bearbeitung absichtlich zugesetzt werden – einschließlich Wasser. | **Unverarbeitete LM:**<br>rohes Obst und Gemüse<br>**Verarbeitete LM:**<br>alle LM in Speisen<br>**Teilweise verarbeitete LM:**<br>Rohkostsalate<br><br>Nicht zu den Lebensmitteln gehören Futtermittel, lebende Tiere, soweit sie nicht für das Inverkehrbringen zum menschlichen Verzehr hergerichtet sind (z. B. Austern), Arzneimittel, kosmetische Mittel, Tabak und Tabakerzeugnisse, Betäubungsmittel und psychotrophe Stoffe sowie Rückstände und Kontaminanten (schädigende Stoffe). |
| **Lebensmittelunternehmen** | Lebensmittelunternehmen sind alle Unternehmen, unabhängig von der Gewinnerzielungsabsicht, die eine mit der Produktion, der Verarbeitung und dem Vertrieb von Lebensmitteln zusammenhängende Tätigkeit ausführen (privatwirtschaftlich oder öffentlich-rechtlich organisiert). | Damit gehört auch der Erzeuger (Bauer, Landwirt) zu den Lebensmittelunternehmern, ebenso aber alle gastgewerblichen Betriebe und Kantinen. |
| **Lebensmittelunternehmer** | Lebensmittelunternehmer sind die natürlichen oder juristischen Personen, die dafür verantwortlich sind, dass die Anforderungen des Lebensmittelrechts in dem ihrer Kontrolle unterstehenden Lebensmittelunternehmen erfüllt werden. | Versorgt eine öffentliche oder private Einrichtung (z. B. Kindergarten, Krankenhaus, Altenheim) Personen mit Lebensmitteln oder Speisen, so gehört auch diese zu den Lebensmittelunternehmern. |

# 1 Lebensmittelrechtliche Grundlagen

| Begriffe | Definition | Zusätzliche Erläuterungen/Abgrenzungen |
|---|---|---|
| **Verbraucher** | Verbraucher ist der Letztverbraucher (Endverbraucher) eines Lebensmittels, der das Lebensmittel **nicht** im Rahmen der Tätigkeit eines Lebensmittelunternehmens verwendet.<br><br>Verbraucher sind auch alle Personen, an die ein kosmetisches Mittel oder ein Bedarfsgegenstand zur persönlichen Verwendung im eigenen Haushalt abgegeben wird. | Verbraucher sind alle Privatpersonen und Unternehmer, z. B. ein Bauunternehmer, der Geschäftsfreunden Speisen und Getränke in seinen Geschäftsräumen anbietet, soweit der Unternehmer nicht „Lebensmittelunternehmer" ist. |
| **Zusatzstoffe/ Lebensmittel-zusatzstoffe** | Lebensmittelzusatzstoffe sind Stoffe mit oder ohne Nährwert, die in der Regel weder selbst als Lebensmittel verzehrt noch als charakteristische Zutat eines Lebensmittels verwendet werden und **die einem Lebensmittel aus technologischen Gründen** beim Herstellen oder Behandeln **zugesetzt werden**, wodurch sie selbst oder ihre Abbau- oder Reaktionsprodukte mittelbar oder unmittelbar zu einem Bestandteil des Lebensmittels werden oder werden können, z. B. Hefe und andere Backtriebmittel.<br><br>Den Lebensmittel-Zusatzstoffen stehen gleich:<br>– Stoffe mit oder ohne Nährwert, die üblicherweise weder selbst als Lebensmittel verzehrt noch als charakteristische Zutat eines Lebensmittels verwendet werden und die einem Lebensmittel **aus anderen als technologischen Gründen** beim Herstellen oder Behandeln **zugesetzt werden**, wodurch sie selbst oder ihre Abbau- oder Reaktionsprodukte zu einem Bestandteil des Lebensmittels werden/werden können.<br><br>Ausgenommen sind:<br>– Mineralstoffe und Spurenelemente, außer Kochsalz<br>– Aminosäuren und deren Derivate (Ableitungen)<br>– Vitamine A und D sowie deren Derivate (Ableitungen)<br><br>**Zusatzstoffe müssen in die Zutatenliste aufgenommen werden.** | Als Lebensmittel-Zusatzstoffe gelten nicht:<br>– Stoffe, die nicht selbst als Zutat eines Lebensmittels verzehrt werden, jedoch aus technologischen Gründen während der Be- oder Verarbeitung von Lebensmitteln verwendet werden<br>– unbeabsichtigte technologisch unvermeidbare Rückstände in gesundheitlich unbedenklichen Anteilen (Verarbeitungshilfsstoffe), z. B. $CO_2$-Gas für Bierzapfanlagen<br>– Aromen, ausgenommen künstliche Aromastoffe<br>– Pflanzenschutzmittel |

## 2. Lebensmittelrechtliche Prinzipien und Prinzipien im Umgang mit Bedarfsgegenständen

Grundsätzlich gilt im Lebensmittelrecht das **Missbrauchsprinzip:** „Es ist alles erlaubt, was nicht verboten ist."

**Grundsätzlich ist verboten:**
1. Lebensmittel für andere Personen derart herzustellen oder zu behandeln, dass ihr Verzehr gesundheitsschädlich ist;
2. gesundheitsschädliche Lebensmittel in den Verkehr zu bringen (*§ 5 LFGB*) und
3. Lebensmittel, die nicht sicher sind, in den Verkehr zu bringen (*Artikel 14 VO EG Nr. 178/2002*). Außerdem gehören die bereits unter „Zweck der lebensmittelrechtlichen Vorschriften und Kontrollen aufgelisteten Verbote" dazu.
   Lebensmittel gelten als nicht sicher, wenn davon auszugehen ist, dass sie gesundheitsschädlich und/oder für den Verzehr durch den Menschen nicht geeignet sind;
4. Stoffe, die keine Lebensmittel sind und deren Verzehr gesundheitsschädlich ist, als Lebensmittel in den Verkehr zu bringen;
5. mit Lebensmitteln verwechselbare Produkte für andere herzustellen oder in den Verkehr zu bringen;
6. Bedarfsgegenstände derart herzustellen oder zu behandeln, dass sie bei bestimmungsgemäßem Gebrauch geeignet sind, die Gesundheit durch ihre stoffliche Zusammensetzung zu schädigen, insbesondere durch toxikologisch wirksame Stoffe oder durch Verunreinigungen;

**Beispiele**
- Geputztes Silberbesteck wird unzureichend gespült und verursacht Entzündungen.
- Zu viel Weichspüler führt nach Benutzung der Duschtücher zu Allergien.
- Unzureichend gespülte Gläser erzeugen bei den Gästen Ausschlag.
- Giftige Glasuren bei Porzellan

7. Gegenstände oder Mittel, die bei bestimmungsgemäßem Gebrauch geeignet sind, die Gesundheit durch ihre stoffliche Zusammensetzung, insbesondere durch toxikologisch wirksame Stoffe oder durch Verunreinigungen, zu schädigen, als Bedarfsgegenstände in den Verkehr zu bringen;

**Beispiele**
- Die neue Pfannenbeschichtung erweist sich in der Praxis als nicht beständig. Es gehen giftige Schwermetall-Ionen auf die Speisen über.
- Plastikgeschirr gibt bei der Verwendung giftiges Cadmium ab.
- Der Deckel am Konfitürenglas war innen zerkratzt, es kommt zu einer gesundheitsschädlichen Aluminumanreicherung.

# Lebensmittelrechtliche Grundlagen

8. Bedarfsgegenstände, die dazu bestimmt sind, beim Herstellen, Behandeln, Inverkehrbringen oder dem Verzehr von Lebensmitteln mit den Lebensmitteln in Berührung zu kommen (*§ 2 Abs. 6 LFGB*) oder auf diese einzuwirken, beim gewerbsmäßigen Herstellen oder Behandeln so zu verwenden, dass die Bedarfsgegenstände geeignet sind, bei der Aufnahme der Lebensmittel die Gesundheit zu schädigen (*§ 30 LFGB*).

### Beispiele
- Fleisch wird durch den nicht gereinigten Wolf gedreht, es kommt zu Lebensmittelvergiftungen.
- Frittierfett wird zu lange und zu hoch erhitzt (Fett wird gesundheitsschädigend – Magen- und Darmbeschwerden).
- Fleischspieß auf zersplitterten Bambusstäbchen kann zu Verletzungen im Mundraum führen.

Erkennt ein Lebensmittelunternehmer, dass ein Lebensmittel gesundheitsschädlich oder nicht sicher ist, so muss er die zuständigen Behörden unterrichten.
Neben dem neuen *LFGB* bleiben weitere besondere Hygienevorschriften bestehen:
▶ *EU-Hygieneverordnung* (EU-Verordnung Nr. 852/2004 Lebensmittelhygiene)
▶ *Infektionsschutzgesetz (IfSG)*
▶ *Gaststättengesetze*

Ausgewählte Vorschriften der *EU-Hygieneverordnung* (gilt unmittelbar in den Mitgliedsstaaten):
In Artikel 2 wird der **Hygienebegriff** festgelegt.
**Lebensmittelhygiene** betrifft alle Maßnahmen und Vorkehrungen, die notwendig sind, um Gefahren unter Kontrolle zu bringen und zu gewährleisten, dass ein Lebensmittel unter Berücksichtigung seines Verwendungszwecks für den menschlichen Verzehr tauglich ist.
Neben allgemeinen Forderungen, z. B. zur Lebensmittelsicherheit und Stärkung der Verantwortung der Lebensmittelunternehmer, wurden die Grundsätze des HACCP-Konzepts neu formuliert.

### Was bedeutet die Abkürzung HACCP?

| | | | |
|---|---|---|---|
| H = | Hazard = | Gefahr, Risiko | |
| A = | Analysis = | Analyse | **Gefahrenanalyse** |
| C = | Critical = | kritisch | **kritischer** |
| C = | Control = | Kontroll- | **Kontrollpunkte** |
| P = | Points = | Punkte | |

Aus dieser Gefahrenanalyse (= HACCP) gehen kritische Lenkungspunkte (CCPs) hervor, die genau zu steuern und zu überwachen sind, um gesundheitliche Gefahren vom Verbraucher/Gast abzuwenden.

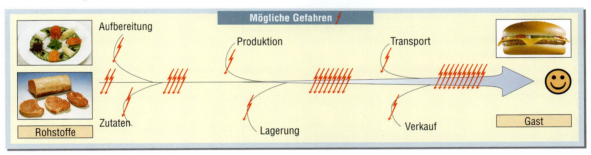
Mögliche Gefahren

**Grundsätze des HACCP-Konzepts:**
a) Ermittlung und Zwischenschaltung ungeeigneter Kontrollverfahren
b) Bestimmen der kritischen Kontrollpunkte auf der Prozessstufe, auf der eine Kontrolle notwendig ist, um eine Gefahr zu vermeiden, auszuschalten oder auf ein akzeptables Maß zu reduzieren
c) Festlegen von Grenzwerten für die kritischen Kontrollpunkte, anhand derer zwischen akzeptablen Werten und nicht akzeptablen Werten unterschieden wird, um Gefahren auszuschließen oder auf ein akzeptables Maß zu reduzieren
d) Festlegen und Durchführen effizienter Verfahren zum Überwachen der kritischen Kontrollpunkte
e) Festlegen von Korrekturmaßnahmen für den Fall, dass die Überwachung zeigt, dass ein kritischer Kontrollpunkt nicht mehr unter Kontrolle ist
f) Festlegen von regelmäßig durchgeführten Überprüfungen und Untersuchungen zur Feststellung, ob den Vorschriften entsprochen wird/wurde
g) Erstellen von Dokumenten und Aufzeichnungen, die nachweisen, dass den Vorschriften entsprochen wird (die Dokumente und Aufzeichnungen sollen dabei der Art und Größe des Lebensmittelunternehmens angemessen sein)

Das **HACCP-Konzept** soll auf folgende Fragen eine Antwort geben:

| Überwachungs- und Kontrollmaßnahmen | |
|---|---|
| WER | kontrolliert? (Name, Vertretung regeln) |
| WANN | wird kontrolliert? (Häufigkeit, Zeitpunkt) |
| WO | wird kontrolliert? (z. B. Rampe, Kerntemperatur) |
| WIE | wird kontrolliert? (z. B. Thermometer, pH-Wert) |
| WAS | wird kontrolliert? (z. B. Rohstoff, Zwischenprodukt, Enderzeugnis) |

## 1 Lebensmittelrechtliche Grundlagen

**Korrektur- und Lenkungsmaßnahmen bei festgestellten Fehlern/Mängeln**

| | |
|---|---|
| WER | fällt die Entscheidung über evtentuelle Korrektur/Lenkung? |
| WELCHE | Korrektur/Lenkung wird eingeleitet? (z. B. Überprüfen der Maschine, Änderung der Rezeptur, Anweisungen an die Mitarbeiter) |
| WAS | geschieht mit nicht ordnungsgemäßer Ware? |
| WER | dokumentiert? (Name, Vertretung regeln) |
| WIE | wird dokumentiert? (Umfang) |

**Prüfung**

| | |
|---|---|
| WER | überprüft die korrekte Durchführung der Überwachungs- und Kontrollverfahren? (Name, Vertretung regeln) |
| WER | überprüft, ob die angeordneten Korrektur- und Lenkungsmaßnahmen tatsächlich richtig durchgeführt wurden? |
| WER | überprüft, ob die Korrektur- und Lenkungsmaßnahmen greifen, d. h. die Fehler tatsächlich abgestellt sind? |

Quelle: aid 3747/2006

Den **„Lebensmittelunternehmer"**, also auch den **Gastwirt**, trifft für alle seine Arbeitnehmer, die mit Lebensmitteln umgehen, eine **Überwachungs- und Schulungspflicht** betreffend Lebensmittelhygiene. Arbeitnehmer, die mit der Festlegung oder Durchführung des HACCP-Konzepts betraut sind, müssen in diesem Bereich geschult werden. Die Schulungen sind regelmäßig (Regelfall: 1 × jährlich) zu wiederholen. Schulungsmaßnahmen müssen dokumentiert werden.

Weiterhin befinden sich die Vorschriften über die Personalhygiene und Vorschriften über Lebensmittelabfälle in der „EU-Lebensmittelhygiene".

**Vorschriften des *Infektionsschutzgesetzes (IfSG)*:**
Ziel des Gesetzes ist der Schutz der Gesundheit vor Gefahren durch Infektionskrankheiten.
Für gastronomische Betriebe sind besonders wichtig:
1. die Belehrungspflicht und
2. Beschäftigungsverbote.

**Belehrung:**
Vor erstmaliger Aufnahme der Tätigkeit muss der Arbeitnehmer in mündlicher und schriftlicher Form über Tätigkeitsverbote und Meldepflichten bei Krankheitsverdacht (s. § 42) belehrt werden. Die Erstbelehrung erfolgt beim örtlichen Gesundheitsamt. Nach der Belehrung muss der Belehrte schriftlich erklären, dass ihm keine Tatsachen für ein Beschäftigungsverbot bezüglich seiner Person bekannt sind.
Über die Erstbelehrung muss eine **Bescheinigung des Gesundheitsamts** oder eines beauftragten Arztes vorgelegt werden. Die Bescheinigung darf bei Arbeitsaufnahme **nicht älter als drei Monate sein**.

Die Belehrung ist vom Arbeitgeber oder einer beauftragten Person jährlich zu wiederholen, was zu dokumentieren ist.

**Tätigkeits- und Beschäftigungsverbote** *(§ 42 IfSG)*
Personen, die
1. an Typhus, Paratyphus, Cholera, Shigellenruhr, Salmonellose, einer anderen infektiösen Gastroenteritis oder Virushepatitis A oder E erkrankt oder dessen verdächtigt sind,
2. an infizierten Wunden oder an Hautkrankheiten erkrankt sind, bei denen die Möglichkeit besteht, dass deren Krankheitserreger über Lebensmittel übertragen werden können,
3. die Krankheitserreger Shigellen, Salmonellen, enterohämorrhagische Koli- oder Choleravibrionen ausscheiden,

dürfen beim Herstellen, Behandeln oder Inverkehrbringen der in Absatz 2 (s. u.) genannten Lebensmittel nicht tätig sein oder beschäftigt werden, wenn sie dabei mit diesen in Berührung kommen.

**Vorschriften des *Gaststättengesetzes (GastG)*:**
Im Zuge der Föderalismusreform im Jar 2006 wurde den Bundesländern aufgegeben, eigene Regelungen im Bereich Gaststättenrecht/Gaststättengesetz bis zum Ende des Jahres 2009 zu erlassen.
Bis dahin gelten die bestehenden zu Konzessionserteilung und die damit verbundenen Bedingungen, z. B. Vorlage eines Unterrichtungsnachweises über wesentliche Grundlagen der Hygiene und des Lebensmittelrechts, fort.
Bisher haben die Bundesländer Brandenburg und Thüringen (Stand 1.10.2008) eigene Gaststättengesetze erlassen, welche jedoch keine Gaststättenerlaubnis im bisherigen Sinne mehr vorsehen, eine Gewerbeanzeige ist ausreichend.
Inhaber von Betrieben mit Alkoholausschank müssen die persönliche Zuverlässigkeit nachweisen, der Unterrichtungsnachweis ist dort entfallen.

Neben den allgemeinen und besonderen Hygienevorschriften gelten auch für das Gastgewerbe weitere produktübergreifende und produktbezogene Vorschriften. Nachfolgend eine Auswahl:

| Produktübergreifende Vorschriften | Produktbezogene Vorschriften |
|---|---|
| ▶ Lebensmittelkennzeichnungsverordnung *(LMKV)* | ▶ Fleischverordnung *(FleischV)* |
| ▶ Preisangabenverordnung *(PAngV)* | ▶ Käseverordnung *(KäseV)* |
| ▶ Eichgesetz *(EichG)* | ▶ Eier und Eierprodukteverordnung *(EiProdV)* |
| ▶ Fertigverpackungsverordnung *(FertigverpackungsV)* | ▶ Milcherzeugnisverordnung *(MilchErzV)* |
| ▶ Nährwertkennzeichnungs-Verordnung *(NWKV)* | ▶ Butterverordnung *(ButterV)* |
| ▶ Los-Kennzeichnungs-Verordnung *(LKV)* | ▶ Fruchtsaftverordnung *(FruchtsaftV)* |
| ▶ Zusatzstoffverkehrs-Verordnung *(ZVerkV)* und Zusatzstoffzulassungs-Verordnung *(ZZulV)* | ▶ Konfitürenverordnung *(KonfV)* |
| | ▶ Kakaoverordnung *(KakaoV)* |

# Lebensmittelrechtliche Grundlagen

| Produktübergreifende Vorschriften | Produktbezogene Vorschriften |
|---|---|
| ▶ Lebensmittelbestrahlungs-Verordnung *(LMBestrV)*<br>▶ Diätverordnung *(DiätV)*<br>▶ EG/EU-Öko-Verordnung<br>▶ Verordnung über gentechnisch veränderte Lebensmittel und Futtermittel | ▶ Mineral- und Tafelwasserverordnung *(MTVO)*<br>▶ Bierverordnung *(BierV)*<br>▶ Weingesetz *(WeinG)* und Weinverordnung *(WeinV)*<br>▶ Alkoholhaltige Getränkeverordnung *(AGeV)*<br>▶ Honigverordnung *(HonigV)* |

Außer Kraft sind: *Hackfleischverordnung (HFlV)* und *Speiseeisverordnung*.

An die **Lebensmittel-Kennzeichnungs-Verordnung** sind nicht nur Hersteller und Händler gebunden. Auch die Gastronomie hat die dortigen Regeln einzuhalten, wenn Speisen und Getränke auf Speisenkarten angeboten werden. Die Handelsmarke oder Fantasiebezeichnung „Kockbräu" würde nicht genügen, der Zusatz „Pilsbier" ist hier erforderlich.

Zur **Lebensmittelkennzeichnung** gibt es drei Möglichkeiten:
1. **Gesetzlich festgelegte Bezeichnungen** müssen verwendet werden (z. B. Vollmilch, Magerquark, Pilsbier, Doppelbock).
2. Fehlt eine gesetzlich festgelegte Bezeichnung, genügt die „**verkehrsübliche**" oder handelsübliche Bezeichnung (z. B. Schweinekotelett, Rinderfilet, rote Grütze).
3. Oft ist eine **Beschreibung** nötig, die eine zutreffende Vorstellung ermöglicht (z. B. Sardinen in Öl, Quark mit frischen Kräutern).

Reine **Fantasiebezeichnungen** oder Handelsmarken allein sind **nicht erlaubt**.

Ein **Gentechnik-Hinweis** ist bei Obst, Gemüse und bei Produkten mit gentechnisch veränderten Zutaten nötig. Ausgenommen sind hier Eier, Fleisch und Milchprodukte von Tieren, die gentechnisch veränderte Futtermittel bekamen, sowie Zusatzstoffe, die mit gentechnisch veränderten Mikroorganismen gewonnen wurden.

Für **fertig verpackte Lebensmittel** gelten zusätzliche Vorschriften:

| | |
|---|---|
| **Korrekte Bezeichnung/ Verkehrsbezeichnung** | z. B. Magermilchjoghurt mit Vanillegeschmack |
| **Mengenangaben** | Volumen, Gewicht brutto/netto (Füllgewicht, Abtropfgewicht) |
| **Zutatenliste** | Rohstoffe, bei Fleisch und Fisch die Anteile |
| **Alkoholgehalt** | erst ab 1,2 %vol |
| **Zusatzstoffe mit E-Nummern** | z. B. Konservierungs-, Farb-, künstliche Aromastoffe |
| **Gentechnik-Hinweis** | z. B. unter Verwendung gentechnisch veränderter Rohstoffe |
| **Mindesthaltbarkeit** | Datum der garantierten Qualität |
| **Lagerungshinweis** | z. B. kühl und trocken |
| **Verarbeitungshinweis** | z. B. gekühlt verarbeiten |

## Mindesthaltbarkeitsdatum (MHD)

Das Mindesthaltbarkeitsdatum gibt an, bis zu welchem Zeitpunkt das Lebensmittel seine spezifischen Eigenschaften wie Geschmack oder Konsistenz behält. Es ist kein letztes Verkaufs- oder Verzehrdatum. Auch nach Ablauf dieses Datums ist das Lebensmittel in der Regel bei sachgemäßer Lagerung nicht in seiner Qualität gemindert, sollte aber möglichst sorgfältig auf Mängel geprüft und bald verbraucht werden, z. B. Milch *„bei +8 °C mindestens haltbar bis ..."*

| Haltbarkeit | Erlaubte Kennzeichnung | Beispiel |
|---|---|---|
| kürzer als drei Monate | Tag und Monat | Milch: „mindestens haltbar bis 20.05..." |
| länger als drei Monate | Monat und Jahr | Teigwaren: „mindestens haltbar bis Dezember 20.." |
| länger als 18 Monate | Jahr | Mineralwasser: „mindestens haltbar bis Ende 20.." |

Folgende Lebensmittel müssen nicht mit dem Mindesthaltbarkeitsdatum gekennzeichnet werden:
▶ verpacktes frisches Obst und Gemüse
▶ Getränke mit einem Alkoholgehalt von mindestens 10 Volumenprozent
▶ Speisesalz
▶ Kaugummi
▶ Speiseeis in Portionspackungen

Lebensmittel, die mikrobiologisch sehr leicht verderblich sind, z. B. verpacktes Hackfleisch, müssen anstelle des Mindesthaltbarkeitsdatums mit dem letzten **Verbrauchsdatum** versehen werden.

„zu verbrauchen bis 14. Dezember 20.. – Lagerung bei höchstens 5 °C"

Nach Ablauf des Verbrauchsdatums dürfen diese Lebensmittel dem Kunden nicht mehr angeboten werden und sollten auch nicht mehr verzehrt werden.

# 1 Lebensmittelrechtliche Grundlagen

Treten bei der genauen Bezeichnung von Lebensmitteln Zweifel auf, helfen die sogenannten **Leitsätze** weiter. In Gruppen zusammengefasst werden die Zusammensetzungen und Beurteilungsmerkmale von fast allen Lebensmitteln aufgelistet. (In den Leitsätzen findet man z. B. den Unterschied zwischen Herings- und Delikatessheringssalat, zwischen Kartoffelplätzchen und Kartoffelklößen und die Anwort auf die Frage, ob sie auch „Knödel" genannt werden dürfen.) Das **deutsche Lebensmittelbuch** fasst alle sogenannten Verkehrsbezeichnungen zusammen und gibt Qualität und Zusammensetzung der betreffenden Lebensmittel an. Das Bundesministerium für Verbraucherschutz, Ernährung und Landwirtschaft erweitert es laufend.

Für **Speisenkarten** gelten sinngemäß die Vorschriften der Lebensmittelkennzeichnung in Bezug auf die Zusatzstoffangabe mit den E-Nummern, den Alkoholgehalt und den Gentechnik-Hinweis.

### Auswahl einiger zugelassener Lebensmittelzusatzstoffe

| | Verwendung | Beispiele | Bemerkungen |
|---|---|---|---|
| **künstliche Süßstoffe** | Zuckerersatz in Getränken, Diätlebensmitteln | Saccharin, Cyclamat | 500 × süßer als Zucker, leicht abführend |
| **Zuckeraustauschstoffe** | Diätlebensmittel für Zuckerkranke | E 420 Sorbit<br>E 421 Mannit | leicht abführend<br>unbedenklich |
| **künstliche Konservierungsstoffe** verhindern Mikrobenwachstum | Konserven, Konfitüren, Schnittbrot, Backwaren<br>Meerrettich, Nüsse | E 200 Sorbinsäure<br>E 210 Benzoesäure<br>E 220 Schwefeldioxid | Geschmacksänderung, leberbelastend, allergieauslösend, Kopfschmerzen, zerstört Vitamin $B_{12}$ |
| **Emulgatoren** stabilisieren Emulsionen | Margarine, Cremes, Mayonnaise, Backwaren | E 322 Lecithin<br>E 471 Mono-, Diglyceride | unbedenklich<br>unbedenklich |
| **Antioxidantien** verzögern Fettzersetzung, Ranzigwerden | Backfette, Backwaren, Trockensuppe, Instantlebensmittel | E 306 Tocopherolhaltige Extrakte<br>E 300 Ascorbinsäure | unbedenklich<br>unbedenklich |
| **Säurestabilisatoren** halten den Säuregrad | Konserven, Milcherzeugnisse, Konfitüre, Creme | Fruchtsäuren<br>E 300 Ascorbinsäure | unbedenklich<br>unbedenklich |
| **Verdickungsmittel, Gelierstoffe** quellen, Standfestigkeit | Pudding, Gelee, Konfitüre, Speiseeis, energiereduzierte Lebensmittel, Fleischwaren | E 400 Alginsäure<br>E 310 Johannisbrotkernmehl<br>E 440 Pektin<br>Gelatine | unbedenklich<br>unbedenklich<br>unbedenklich<br>unbedenklich |
| **Geschmacksverstärker** stützen den Geschmack | in Fertiggerichten, industrieller Feinkost, Fleischgerichten, Fleischerzeugnissen | E 620 Glutaminsäure<br>E 621 Natriumglutamat (Glutaminsäuresalz, Salz, Enzyme, Gewürz) | unbedenklich<br>unbedenklich |
| **Farbstoffe**, natürliche Kunststoffe | Süßwaren, Limonaden, Speiseeis, Spirituosen, Käse, Gebäck, Patisserieerzeugnisse | E 150 d Ammonsulfat-Zuckercouleur<br>E 160 a Carotine<br>E 162 Betenrot | unbedenklich<br>unbedenklich<br>unbedenklich |
| **natürliche Aromastoffe, naturidentische Aromastoffe** | Getränke, Süßwaren, Feinkost, Fertiggerichte, Pudding, Backwaren | Extrakte aus Vanille, Gewürzen oder Früchten | unbedenklich |
| **künstliche Aromastoffe** | Patisserieerzeugnisse | synthetisch hergestellt | unbedenklich |

### Weitere wichtige Kennzeichnungsvorschriften:

| Kennzeichnungselemente | Lebensmittel | Rechtliche Grundlage |
|---|---|---|
| **Alkoholgehalt** | Pflichtangabe bei Lebensmitteln mit mehr als 1,2 Volumenprozent Alkohol | *Lebensmittel-Kennzeichnungs-Verordnung* |
| **Fettgehalt** | Bei Käse muss der Fettgehalt in der Trockenmasse oder die Fettgehaltsstufe angegeben sein (s. Kap. 8.5.1) | *Käse-Verordnung* |
| **Nährwertangabe** | Diabetiker- oder Diätprodukte | *Nährwert-Kennzeichnungs-Verordnung* |
| **Verarbeitungshinweis** | Eingeschweißter oder TK-Brot- oder Brötchenprodukte: z. B. vor Verzehr fertig backen (20 Min. bei 170 °C) | *Fertigverpackungs-Verordnung* |

# 1 Lebensmittelrechtliche Grundlagen

| Kennzeichnungselemente | Lebensmittel | | Rechtliche Grundlage |
|---|---|---|---|
| **Preis**<br>▶ End-/Inklusivpreis<br>+<br>▶ Grundpreisangabe | betrifft alle Lebensmittel für die Endverbraucher (auch Speisenkarte)<br>Preis je kg oder 100 g bzw. je l oder 100 ml – auch auf Speisenkarte, z. B. „Tagesfisch 4,50 € je 100 g" | | *Preisangaben-Verordnung*<br><br>*Mess- und Eichgesetz,*<br>*Fertigverpackungs-Verordnung* |
| **Handelsklassen** | z. B. Speisekartoffeln „Extra", „I", „II", „Drillinge" (s. Kap. 8.4.1) | | *Handelsklassengesetz* |
| **„Füllstrich"** | Schankgläser in der Gastronomie (s. Kap. 9.2.3) | | *Schankgefäß-Verordnung* |
| **Los-Kennzeichnung** | ▶ Pflichtangabe für Lebensmittel, bei denen das Mindesthaltbarkeitsdatum nicht die vollständige Angabe von Tag, Monat und Jahr aufweist<br>▶ Ziel ist es, den Weg eines beanstandeten Lebensmittels zurückverfolgen zu können | | *Los-Kennzeichnungs-Verordnung* |
| **Herkunftsbezeichnung** | ▶ Geschützte Ursprungsbezeichnung, z. B. Parmaschinken: Zutaten und Verarbeitung müssen aus der genannten Region stammen<br>▶ Geschützte geografische Angaben, z. B. Schwarzwälder Schinken<br>▶ Garantiert traditionelle Spezialität, z. B. Mozarella: Hier wird eine traditionelle Zusammensetzung oder ein traditionelles Herstellungsverfahren hervorgehoben | | *Rechtsvorschrift zur Herkunftsbezeichnung* |
| **Öko-Siegel** | für Bio-Lebensmittel, die z. B. ohne chemisch-synthetische Pflanzenschutz- oder Düngemittel hergestellt sind | | *EU-Öko-Verordnung* |

## 6.1.3 Lebensmittel-Monitoring

Ein weiteres Instrument zur Verbesserung des Verbraucherschutzes vor gesundheitlich nachteilig wirkenden Lebensmitteln oder Stoffen in Lebensmitteln ist das seit 1994 verankerte **Lebensmittel-Monitoring**. Man versteht darunter die regelmäßige Beobachtung, Messung und Bewertung von unerwünschten Stoffen, z. B. Schadstoffbelastungen wie Schwermetallbelastung oder Düngerrückstände in und auf Lebensmitteln.

Ziel ist es, repräsentative Daten über das Vorkommen von Rückständen und Verunreinigungen in Lebensmitteln und Veränderungen des Auftretens (Trend) zu erhalten.

Die Auswahl der Lebensmittel erfolgt jährlich neu entsprechend der Planvorgaben eines in den allgemeinen Verwaltungsvorschriften zur Durchführung des Lebensmittel-Monitorings (*§ 4 Abs. 3 AVV LM*) für einen bestimmten Zeitraum festgelegten Rahmenplans und repräsentativen Warenkorbs (130 Lebensmittel). Jährlich werden 15 bis 20 Lebensmittel/Lebensmittelgruppen aus folgenden Bereichen untersucht:

▶ tierische/pflanzliche Lebensmittel
▶ Säuglingsnahrung
▶ Lebensmittel aus dem koordinierten Überwachungsprogramm der EU

Die Überwachungsbehörde untersucht diese Lebensmittel auf eine Auswahl möglicher Rückstände. Dies können sein:

▶ Rückstände von Pflanzenschutzmitteln
▶ organische Kontaminanten (z. B. PCBs, Dioxine, polyzyklische aromatische Verbindungen)
▶ Elemente (z. B. Schwermetalle)
▶ Nitrat/Nitrit
▶ Rückstände von pharmakologisch wirksamen Stoffen

# 1 Lebensmittelrechtliche Grundlagen / Infobox Sprache

Seit 2003 wird ein Teil dieser Lebensmittelproben auch unter besonderen stoff- bzw. lebensmittelbezogenen Fragestellungen untersucht, z. B. Nitrat im Feldsalat. Es werden gleichbleibend jährlich ca. 240 Proben pro Lebensmittel untersucht.

Wenn akute Gefahr besteht, können Medien und weitere Bundes- oder Landesbehörden eingeschaltet (= öffentliche Warnung) und betroffene Lebensmittel sichergestellt bzw. vom Markt genommen werden.

### Europäischer Codex Alimentarius
Das europäische und deutsche Lebensmittelrecht wird im Zuge der Globalisierung immer mehr durch internationales Recht/internationale Empfehlungen – den Codex Alimentarius – beeinflusst. Dieser Codex enthält eine Sammlung internationaler Lebensmittelstandards zur Beseitigung von Handelshemmnissen aufgrund unterschiedlicher Produktionsstandards und -vorschriften.

### Europäische Behörde für Lebensmittelsicherheit (European Food Safety Authority – EFSA)
Regelmäßig erschüttern Lebensmittelskandale den Verbraucher, z. B. Methanol in Wein, BSE-verseuchtes Rindfleisch, Nitrofen in Futtermitteln. Die Europäische Behörde für Lebensmittelsicherheit hat das Ziel, die Verbraucher in den Mitgliedsstaaten unabhängig und wissenschaftlich gesichert zu informieren, vor gesundheitlichen Gefahren zu warnen und letztendlich das Vertrauen der Konsumenten in die Lebensmittel zu gewinnen.

## Aufgaben

1. Erklären Sie den Begriff Lebensmittelhygiene.
2. Bedarfsgegenstände:
   a) Was sind Bedarfsgegenstände in der Gastronomie?
   b) Zählen Sie je vier Bedarfsgegenstände auf aus den Bereichen
      – Küche
      – Restaurant
      – Magazin/Lager
3. Beamte der Lebensmittelaufsicht sehen sich bei Betriebsbesichtigungen häufig zuerst die Personaltoiletten an. Welche Gründe mag es dafür geben?
4. Welche Pflichtschulungen oder Pflichtbelehrungen muss der Arbeitgeber durchführen und wie häufig muss er sie wiederholen?
5. Erklären Sie Sinn und Zweck einer versiegelten Gegenprobe bei einer Probenentnahme in einem verdächtigen Lebensmittelverarbeitungsbetrieb.
6. Die Systemgastronomie bedient sich bei der Erfüllung der gesetzlichen Vorschriften häufig des Kontrollinstruments Check- und Dokumentationslisten. Welche Listen gibt es in Ihrem Ausbildungsbetrieb und was wird darin erfasst?
7. Ein Betrieb bezieht seit mehreren Jahren TK-Seezungenfilets. Die panierten Seezungenfilets werden mit Butterreis und Gemüse oder Salat zum Preis von 7,50 € angeboten. Ein Gast wird bei dem günstigen Preis stutzig, bestellt und lässt den Fisch prüfen. Es stellt sich heraus, dass es sich bei dem Fisch nicht um Seezunge handelt.
   a) Hat der Gast Rechte gegenüber dem Gastronomen?
   b) Wie kann der Gastronom nachweisen, dass er nicht mit Absicht gehandelt hat?
8. Nehmen Sie sich die Speisen- und Getränkekarte Ihres Ausbildungsbetriebes und stellen Sie fest, welche Zusatzstoffe in den angebotenen Speisen und Getränken enthalten sind. Fertigen Sie je eine Auflistung.

## Infobox Sprache

### Lebensmittelrechtliche Grundlagen

| 🇩🇪 Deutsch | 🇬🇧 Englisch |
|---|---|
| Aromastoff | flavouring |
| EU-Verordnung | EU decree |
| Farbstoff | artificial colouring |
| Geschmacksverstärker | flavor enhancer |
| gesundheitsschädlich | harmful to health |
| Lebensmittel | food |
| Lebensmittelhygiene | food hygiene |
| Lebensmittelrecht | food law |
| Lebensmittelüberwachung | control of foodstuffs |
| Mindesthaltbarkeitsdatum | best-before date |
| Verbraucher | consumer |
| Verwendungszweck | purpose |

# 6.2 Mikroorganismen und Hygiene

## Situation

11. September 2006: In einem Frankfurter Kühlhaus werden mehr als 26 Tonnen verdorbenes Rind- und Schweinefleisch entdeckt. Lebensmittelkontrolleure müssen immer mehr Fleischwaren untersuchen.

**Fleisch-Skandal – Was Sie jetzt wissen müssen**

*Was genau passiert, wenn Fleisch verdirbt?*
„Wird die Kühlkette des Fleisches unterbrochen, es falsch oder zu lange gelagert, vermehren sich die natürlichen Keime im Fleisch", erklärt Udo Pollmer (51), Chef des Europäischen Instituts für Lebensmittel- und Ernährungswissenschaften. „Diese Mikroorganismen bauen dann das Eiweiß im Fleisch ab. Dabei entstehen stickstoffhaltige Verbindungen. Das Fleisch fängt an zu stinken."

*Wie gesundheitsgefährdend sind Keime im Fleisch?*
„Man muss zwei Arten von Keimen unterscheiden", sagt Professor Sebastian Suerbaum (43), Mikrobiologe an der Medizinischen Hochschule Hannover (MHH). „Es gibt krank machende Keime, wie zum Beispiel Salmonellen, Escherichia coli oder Campylobacter, und solche, die für den Menschen nicht direkt gesundheitsgefährdend, sondern nur unappetitlich sind. In den Fällen, die jetzt aufgedeckt wurden, wurden nur letztere nachgewiesen." Ist die Zahl dieser Keime jedoch sehr hoch, kann der Verzehr des betroffenen Fleisches zu Übelkeit und Durchfall führen (www.bild.de).

---

Beim Stichwort **Hygiene** (gr. = Sauberkeit) denken viele an Bakterien, an Krankheiten und verschimmelte Lebensmittel. Dabei wird Hygiene in erster Linie mit Putzen, Reinigen oder Waschen in Verbindung gebracht. Vielmehr geht es in der Hygiene aber um die menschliche Gesundheit. Demnach muss sie als ein Bereich angesehen werden, der versucht, Krankheiten zu verhüten und die Gesundheit zu erhalten, zu fördern bzw. zu schützen. So kann Hygiene auch als „Gesundheitslehre" bezeichnet werden, die man wiederum in viele Teilbereiche gliedern kann, z. B. Arbeits-, Betriebs-, Krankenhaus-, Lebensmittel-, Sozial-, Umwelthygiene.

Für den Bereich Lebensmittelhygiene muss das Hauptaugenmerk auf die Mikroorganismen gelegt werden.

Mikroorganismen oder **Mikroben** (= Kleinstlebewesen) sind so klein, dass sie erst unter dem Mikroskop sichtbar werden. Sie sind im Durchschnitt ein Millionstel Meter lang, d. h., 1 000 dieser einzelligen Lebewesen aneinandergereiht ergeben erst einen Millimeter. In einen einzigen cm³ passen etwa 1 Billion Bakterien.

Die über 30 000 verschiedenen Mikrobenarten leben überall: in Gewässern, an Land, auf Pflanzen, im Erdreich. Sie besiedeln als Parasiten (Schmarotzer) Tiere und Pflanzen. Der Mensch hat Mikroben auf der Haut, in den Schleimhäuten, im Darm.

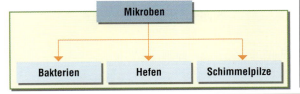

Mikroben zersetzen abgestorbene Pflanzen und Tiere und führen sie dem Naturkreislauf wieder zu. Dies ist auch der Grund, weshalb sie Lebensmittel ungenießbar machen. Die weitaus größte Zahl ist für uns Menschen ungefährlich. Nur einige Hundert verursachen Krankheiten durch giftige Ausscheidungsprodukte.

## 6.2.1 Vermehrung und Lebensbedingungen von Mikroben

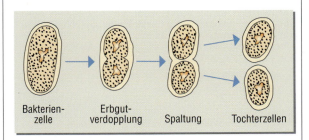

Bakterienzelle — Erbgutverdopplung — Spaltung — Tochterzellen

Als einzellige Lebewesen vermehren sich Mikroorganismen auf sehr einfache Weise über die sogenannte **Zellteilung**. Sie verdoppeln bei günstigen Lebensbedingungen ihr Erbmaterial und teilen sich. Auf diese Weise bekommt jede sogenannte Tochterzelle das gleiche Erbgut.

# Mikroorganismen und Hygiene

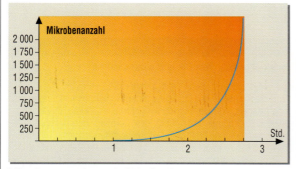

Mikrobenvermehrung bei idealen Bedingungen

Bei einigen Bakterien ist eine Verdoppelung der Zellzahl schon nach 20 Minuten erreicht. Bei langsameren Bodenbakterien beträgt die Teilungsrate rund zwei Stunden.

Viele Mikroben, besonders Schimmelpilze, vermehren sich über **Sporen** (gr. Spora = Samen). Sporen sind eigentlich keine echten Samen, sondern winzige Hüllen, in denen praktisch nur die Erbanlagen stecken. Derartige Sporen sind äußerst widerstandsfähig, sie halten extreme Kälte, Trockenheit und Hitze aus. Treffen sie auf geeignete Lebensbedingungen, sind sie als Zelle wieder aktiv.

Alle Mikroben haben vergleichbare **Lebensbedingungen**. Sie benötigen wie alle übrigen Lebewesen Wasser, Nährstoffe, Luftsauerstoff, Wärme und zusätzlich einen geeigneten pH-Wert in ihrer Umgebung. Nur wenige Spezialisten können auch ohne Sauerstoff leben.

### Wasseraktivität – $a_w$-Wert

Chemisch reines, **destilliertes Wasser** enthält keinerlei fremde Ionen, also nur freies Wasser, und damit den höchsten $a_w$-Wert: **eins**.
Demgegenüber umgibt sich jedes fremde Ion mit einer Wasserhülle. Die Wassermoleküle der Hülle sind an das Ion gebunden, sind also nicht mehr frei verfügbar. Ein Stoff, der nur unfreies Wasser enthält, hat den $a_w$-Wert null.
Lebensmittel weisen immer Ionen auf, also besteht deren Wasser zum Teil auch aus unfreiem Wasser. Sie enthalten also immer Werte zwischen null und eins.
Trockenlebensmittel besitzen wenig Wasser, sie kommen auf sehr niedrige $a_w$-Werte.

| Lebensmittelbeispiele | $a_w$-Wert |
|---|---|
| Frischfleisch | 0,98 |
| Hartkäse | 0,92 |
| Räucherschinken | 0,84 |
| Mehl | 0,60 |
| Schokolade | 0,45 |
| Trockenmilch | 0,20 |

Mikroben genügt schon etwas **Feuchtigkeit**, um leben zu können. Ob Lebensmittel von Mikroben befallen werden, entscheidet das sogenannte freie verfügbare Wasser.

**Mikroben** brauchen zum Überleben freies Wasser, sie **bevorzugen** daher **hohe $a_w$-Werte**.

| | kein Mikrobenwachstum | | | | | | Mikrobenwachstum Hefe-Bakterien | | | |
|---|---|---|---|---|---|---|---|---|---|---|
| $a_w$-Werte: | 0 | 0,1 | 0,2 | 0,3 | 0,4 | 0,5 | 0,6 | 0,7 | 0,8 | 0,9 | 1 |

Als **Nahrung** dienen den Mikroben alle drei Hauptnährstoffe. In erster Linie werden kohlenhydratreiche Lebensmittel befallen. Die Mehrzahl der Mikroben kann Kohlenhydrate zerlegen.
Auch Eiweiß wird verdaut, es geht in Fäulnis über. Reines Fett ist wenig anfällig für Bakterienbefall. Dies erklärt die lange Haltbarkeit sehr fettreicher Lebensmittel.

Die Mehrzahl der Mikroben bevorzugt mittlere **pH-Werte**. Pilze wachsen im neutralen und schwach sauren Bereich am besten. Milchsäurebakterien fühlen sich in leicht saurer Umgebung am wohlsten bis zu pH 4.

Aber auch im schwach Basischen findet noch Wachstum einiger Arten statt.
Diese pH-Bereiche decken sich mit denen der meisten Lebensmittel.
Nur extrem saure Lebensmittel (z. B. Essig) bleiben von Bakterien verschont.

### Beispiele

| Beispiele | pH-Wert |
|---|---|
| Essigsäure | 2,8 |
| Zitronen | 2,5 |
| Äpfel | 3,3 |
| Süßkirschen | 4,0 |
| Fleisch | 5,9 |
| Joghurt | 4,1 |

Weitaus die größte Zahl der Mikroben wächst am besten bei **Wärme** (15 °C bis 40 °C), in einem Temperaturbereich ähnlich wie unsere Körpertemperatur. Niedrigere und höhere Werte verlangsamen die Vermehrung entscheidend. Oberhalb von 70 °C überleben Mikroben kaum.

Kälte liebende Bakterien können sich noch bei –10 °C vermehren.

Deshalb wurden die Vorschriften für das TK-Lager und die Kühlkette auf –18 °C festgelegt.

In Bezug auf den **Sauerstoffbedarf** gibt es drei Typen von Mikroben:
▶ Eine Gruppe benötigt wie Mensch und Tier Luftsauerstoff (aerob). In luftdichten Verpackungen sterben diese Arten ab.
▶ Andere Arten wachsen sowohl mit als auch ohne Sauerstoff (fakultativ aerob oder anaerob).
▶ Die gefährlichsten Arten leben ohne Sauerstoff (anaerob), sie vermehren sich auch im Inneren von Konservendosen und Vakuumverpackungen. Das sind die Sporenbildner, Bazillen, die noch bis 120 °C aktiv sind.

## 6.2.2 Stoffwechsel von Mikroben

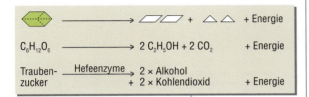

Ein bekanntes Stoffwechselprodukt von Mikroben ist **Alkohol**, den Hefepilze erzeugen. Er entsteht neben Kohlendioxid aus Traubenzucker bei der alkoholischen Gärung, der Vorgang dient den Hefen zur Energiegewinnung.

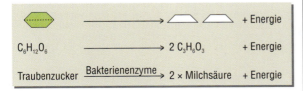

Die **Milchsäuregärung** ist der häufigste Stoffwechselweg von Bakterien. Ausgangsstoffe sind Kohlenhydrate, vor allem Traubenzucker (z. B. Herstellung von Sauerkraut).
Die übrigen Mikrobenarten führen andere Gärungen durch, bei denen Essig-, Ameisen-, Butter- und Zitronensäure entstehen oder andere Alkohole, Ammoniakgas oder Azeton. Manche dieser Stoffe sind am Käsearoma beteiligt, einige Kolibakterien bilden neben Milchsäure auch noch Vitamin K.

**Toxine** (gr. toxikon = Pfeilgift) nennt man giftige Produkte der Mikroben. Auch Alkohol ist ein Gift, wenn es auch erst in hohen Konzentrationen giftig wirkt. Der Giftstoff Botulin (im verdorbenen Fleisch enthalten) wirkt bereits bei der Aufnahme von 0,01 mg tödlich. Andere Bakteriengifte verursachen Durchfall, Blutvergiftungen und z. T. gefährliche Erkrankungen (Diphterie, Gasbrand, Tetanus, Ruhr, Typhus, Cholera).

## 6.2.3 Wichtige Mikroorganismen

Rund 400 Schimmelarten siedeln häufig als Fäulniserreger auf Lebensmitteln. Zahlreiche Bakterien sind ausgesprochene Krankheitserreger. Kolibakterien besiedeln den menschlichen Dickdarm (lat. coli = des Dickdarms) und zersetzen dort Restnährstoffe und Ballaststoffe (s. a. Kap. 2.1.7 (B)).

Wilde Hefen bevorzugen zuckerhaltige Lebensmittel, um sie zu vergären. Kulturhefen und Edelschimmel werden erfolgreich in der Getränkeindustrie und bei der Käseherstellung eingesetzt.

**Verschimmelte Lebensmittel** erkennt man leicht. Befallene Lebensmittel sollten im Plastikbeutel entsorgt werden. So wird verhindert, dass sich die winzigen Schimmelsporen über die Luft ausbreiten und andere Lebensmittel infizieren. Befallene Lebensmittel sollten vollständig weggeworfen werden, da ausgehend vom sichtbaren Schimmelkörper extrem dünne Fäden (Pilzhyphen, Pilzmyzel) das Lebensmittel durchziehen.

Gefährlicher sind **bakteriell verseuchte Lebensmittel**. Man erkennt sie nicht von außen, da Bakterien im Inneren versuecht sind und ihr Gift produzieren.
Handelt es sich um Kälte liebende Arten, geht ihre Vermehrung auch im Kühlschrank und teilweise sogar in der Tiefkühltruhe weiter. Hier hilft nur peinlichste Sauberkeit und Einhaltung der Kühlkette.

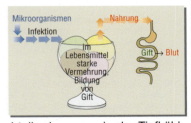

Selbst in Konservendosen kann der Inhalt infiziert sein, wenn nicht ausreichend sterilisiert wurde. Aufgewölbte Dosendeckel sind ein sicherer Hinweis. Die sogenannte **Bombage** muss entsorgt werden, ihr Inhalt könnte lebensbedrohlich sein, auch könnte sie bei zu hohem Druck platzen und lebensgefährliche Verletzungen verursachen.

**Von Hefen befallene** zuckerhaltige **Lebensmittel** und Getränke fallen durch ihren Geruch auf, Gasblasen steigen auf. Auch hier gilt die Regel:

Das Lebensmittel vollständig entsorgen, da in der Regel wilde Hefen die Ursache sind, welche meist giftige Substanzen herstellen.

# 1 Mikroorganismen und Hygiene / Infobox Sprache

**Schutz vor Lebensmittelvergiftungen bietet nur konsequente Hygiene.**

Beispiele für ungefährliche, **nützliche Arten von Mikroorganismen:**

| Mikrobenart | Stoffwechselprodukte | Erwünschte Wirkung | Unerwünschte Wirkung |
|---|---|---|---|
| Milchsäurebakterien | Milchsäure | Joghurt, Milcherzeugnisse, Sauerkraut, Sauerteig | zersetzen zuckerhaltige Fruchtsäfte |
| Essigsäurebakterien | Essigsäure | Essig aus Obst, Weintraubenrückständen | zersetzen Wein, Bier, Fruchtsäfte |
| Blauschimmel | Säuren, Aromastoffe | Edelpilzkäse, Roquefort | Fäulnis auf Früchten |
| Weißschimmel | Säuren, Aromastoffe | Camembert, Brie, Weichkäse | Fäulnis auf Früchten |
| Edelfäule | Säuren, Bouquetstoffe | auf Weintrauben | Fäulnis auf Früchten |
| Hefen | Alkohol, Kohlendioxid | Bier, Wein, Spirituosen, Sauerteig, Hefegebäck | Zersetzung zuckerhaltiger, feuchter Lebensmittel |

**Salmonellen** sind ein **Beispiel gefährlicher Mikroben** (s. a. Kap. 6.2). Sie überleben mit und ohne Sauerstoff und sind so an ein Leben im Erdreich gut angepasst. Freilandhühner, Gänse, Wildgeflügel und Schweine holen sich beim Picken und Wühlen im Boden Salmonellen. Diese Tiere besitzen sie oft als Darmbakterien und sind daran gewöhnt. Über infiziertes Fleisch, Geflügel oder Eier gelangen die Erreger in den Menschen und führen zu Durchfall, Darmentzündungen und Blutvergiftungen. Salmonellen selbst und ihr Gift werden ab 90 °C zerstört, sodass von voll durchgegarten Lebensmitteln keine Gefahr ausgeht.

## Aufgaben

1. Überprüfen Sie bei der Frischfleischlieferung die Temperaturen mit dem Thermometer auf dem Lieferfahrzeug.
Tragen Sie das Ergebnis in das zutreffende Kontrollbuch ein.
Stellen Sie einen Soll-Ist-Vergleich an.
2. Die Systemgastronomie arbeitet viel mit Standards und Checklisten.
    a) Welche Checklisten gibt es in Ihrem Betrieb für die Warenannahme und die Lagerung der Waren?
    b) Welche Temperaturstandards gelten in Ihrem Ausbildungsbetrieb bezüglich der Warenlagerung in den unterschiedlichen Lagerbereichen?
Fertigen Sie zu a) und b) eine Übersicht
3. Erläutern Sie die Regel „First in – First out". Nutzen Sie zur Erklärung das Beispiel Konserven.
4. Ein altes Hausmittel lautet sinngemäß: Brottrommeln oder Gefäße, in denen Brot über mehrere Tage aufbewahrt wird, nicht nur spülen, sondern mit Essig ausreiben. Begründen Sie diese Maßnahme.
5. Erklären Sie, wie es kommt, dass Früchte (z. B. Pfirsiche, Erdbeeren, Kirschen, Nektarinen) fast immer an den Stellen schimmeln, an denen die Schale verletzt wurde.
6. Erklären Sie, warum Lebensmittel aus hygienischen Gründen gegart werden.
7. Erklären Sie, wie es möglich ist, dass bei Konservendosen immer wieder eine Bombage (Aufwölbung des Deckels bei Zersetzung des Inhalts) vorkommt, obwohl alle Dosen ordnungsgemäß sterilisiert wurden.
8. Eine Regel für die Verwendung von Tiefkühlkost lautet: Bereits aufgetaute Lebensmittel nicht wieder einfrieren. Begründen Sie den Sinn dieser Regel.
9. Edelpilzkäse, z. B. Roquefort, verändern im Laufe der Lagerung sowohl ihr Aussehen als auch ihren Geschmack. Erläutern Sie diesen Sachverhalt und geben Sie eine Begründung an.
10. Sie planen eine Urlaubsreise in südliche Länder. Ihr Freund war wiederholt dort und warnt Sie eindringlich: „Iss bloß kein Steak oder nur blutig gebratenes anderes Fleisch, sondern immer voll durchgebratenes Fleisch!"
Welche Gründe kann es für diese Warnung geben?
11. Beschreiben Sie, wie die berühmten Löcher in den Käse gelangen.
12. Schimmelfreie Käsesorten, z. B. Emmentaler Käse, überziehen sich nach einigen Tagen mit einer deutlich sichtbaren dünnen Schimmelschicht, wenn sie gemeinsam mit unverpacktem Camembert- oder Briekäse in einer Käsedose aufbewahrt werden, obwohl sie keine Berührung miteinander hatten. Erklären Sie diesen Vorgang und geben Sie eine Begründung dafür an.
13. Zählen Sie alle notwendigen Lebensbedingungen für Mikroben auf.
Erklären Sie, was mit den Mikroben geschieht, wenn nur eine einzige dieser Lebensbedingungen stark zuungunsten der Mikroben verändert wird, alle übrigen bleiben optimal.
14. Suchen Sie im Internet unter der Adresse der staatlichen Lebensmittelkontrollstellen (eventuell Landesamt für Verbraucherschutz) nach statistischen Angaben über Lebensmittelvergiftungen mit
    a) Salmonellen,
    b) Lebensmittelvergiftungen insgesamt.

## ⓘ Infobox Sprache

### Mikroorganismen und Hygiene

| 🇩🇪 Deutsch | 🇬🇧 Englisch | 🇩🇪 Deutsch | 🇬🇧 Englisch |
|---|---|---|---|
| Bakterie | bacterium | Mikrobe | microbe |
| Fäulnis | rottenness | Mikroorganismus | micro-organism |
| Feuchtigkeit | humidity | Milchsäuregärung | malolactic fermentation |
| giftig | poisonous | Sauberkeit | clean(li)ness |
| Hygiene | hygiene | Schimmel | mould |
| Kühlkette | cold chain | Stoffwechselprodukt | product of metabolism |
| Lebensmittelvergiftung | food poisoning | verschimmelt | mouldy |

# 6.3 Hygiene in der Küche

### Situation

Montag, 7.30 Uhr: TK-Produkte werden angeliefert. Die Auszubildende Silke Müller verfolgt den Weg der angelieferten TK-Hähnchenkeulen von der Anlieferung bis zur Ausgabe an den Gast am nächsten Tag und schreibt die unterschiedlichen Stationen auf.
1. Warenannahme und Wareneingangskontrolle
2. Lagerpflege und Einlagerung bei mindestens −18 °C
3. Vorbereitung für die Küche durch fachgerechtes Auftauen
4. Verarbeitung durch Garen (Grillen)
5. Anrichten und Ausgabe/Servieren der Speise
6. Ggf. Abfallentsorgung bei Speiseresten

Machen Sie dieses ebefalls mit einem TK-Produkt, einem Frischprodukt (Obst oder Gemüse) und mit Trockenware aus dem Produktsortiment Ihres Ausbildungsbetriebes. Beschreiben Sie die einzelnen Arbeitsschritte und Tätigkeiten genau.

Aus den einzelnen Stationen der TK-Hähnchenschenkel ergeben sich vier Hygienebereiche:

1. Die **Lebensmittelhygiene** oder Rohstoffhygiene sorgt für hygienisch einwandfreie Ware bereits bei der Anlieferung und Lagerung.

2. Die **Produktionshygiene** gewährleistet, dass sich Lebensmittel nicht durch Maschinen, Geräte oder Arbeitsflächen infizieren. Der Produktionsablauf muss sicherstellen, dass Mikroben vermindert werden und wenig Gelegenheit haben, sich zu vermehren.

3. **Personalhygiene** sorgt dafür, dass vom Küchen- und Servierpersonal so wenig Keime wie möglich auf die Speisen gelangen.

4. Die **Betriebsstättenhygiene** stellt sicher, dass alle Lager-, Arbeits- und Aufenthaltsräume sowie deren Einrichtung hygienisch einwandfrei sind. Gleiches gilt für alle Räume, die für Gäste zugänglich sind. Der Gast darf weder durch Speisen im Restaurant noch durch seinen Aufenthalt im Betrieb einem erhöhten Infektionsrisiko ausgesetzt sein.

## 6.3.1 Lebensmittel-/Produkthygiene

Erste Voraussetzung für einen unbedenklichen Verzehr von Lebensmitteln ist ihr einwandfreier hygienischer Zustand. Aufgrund von Kenntnissen über die Gefahrenquellen bei der Produktion, dem Transport, bei der Lagerung, dem Verkauf, bei der Verarbeitung (Zubereitung) sowie im Servicebereich kann ein Lebensmittelverderb verhindert werden. So ist der Schutz der Verbraucher vor Gesundheitsschädigungen gewährleistet.

Die Grundlagen der Lebensmittelhygiene sind in der europaweit geltenden *Verordnung (EG) Nr. 852/2004* verankert.

Aus Erfahrung kennen wir die unterschiedliche Haltbarkeit von Lebensmitteln. Frische Früchte und Frischfisch z. B. verderben oft schon innerhalb von Stunden. Hülsenfrüchte und Reis lassen sich dagegen wochenlang aufbewahren. Entscheidend ist die Feuchtigkeit der betreffenden Rohstoffe und speziell die Feuchtigkeit an der Oberfläche (s. a. Kap. 6.2.1).

> **Je feuchter das Lebensmittel, desto schneller der Verderb!**

Weiche, leicht verletzbare Oberflächen ermöglichen den schnellen Verderb (z. B. Beeren, Pfirsiche, Gemüse). Dicke, derbe Schalen verlängern die Haltbarkeit erheblich. Zum Teil sind diese sogar noch von Natur aus mit keimhemmenden Überzügen versehen (Wachse, ätherische Öle; z. B. bei Äpfeln, Auberginen, Zitrusfrüchten).

> **Je weicher das Lebensmittel, desto schneller der Verderb!**

Einige Lebensmittel sind bereits bei der Lieferung innen mit Mikroben verseucht (z. B. Geflügel, Eier mit Salmonellen, s. a. Kap. 6.2.3). Geflügel infiziert sich leicht mit gefährlichen Bodenbakterien, ohne selbst zu erkranken. Es kommt zur Übertragung auf den Menschen.

> **Besonderes Risiko geht von Geflügel und Eiern aus!**

Unsachgemäße Sterilisierung von Konserven birgt das Risiko, dass Botulinusbakterien überleben und sich vermehren. Sie wirken durch ihr Gift tödlich (s. a. Kap. 6). Äußeres Merkmal sind aufgewölbte Dosendeckel, sogenannte Bombagen.

> **Vorsicht! Bombagen stets vernichten!**

Verschimmelte Lebensmittel sind risikoreich, da der größte Teil des Schimmels im Lebensmittelinneren vorliegt. Das große Pilzgeflecht ist von außen nicht erkennbar (s. a. Kap. 6.2.3). Besonders gefährlich sind verschimmelte Milchprodukte und Nüsse.

# Hygiene in der Küche

**Höchsttemperaturen für kühlbedürftige Lebensmittel**

| Lebensmittel | | Messort (L, P)[1] | Temperatur (°C) |
|---|---|---|---|
| Butter | | P | +10 |
| Frischkäse (-zubereitungen) | | P | +10 |
| Weichkäse u. geschnittener Käse außer Hartkäse | | P | +10 |
| andere Milcherzeugnisse, kühlbedürftig | | P | +10 |
| Konsummilch, pasteurisiert | | P | +8 |
| Fleisch, frisch | | P | +7 |
| Geflügelfleisch, frisch | | P/L | +4 |
| Hackfleisch und Hackfleischzubereitungen | aus zugelassenen Betrieben | P/L | +2 |
| | aus anderen Betrieben – Lagerung | L | +4 |
| | – alsbaldige Abgabe | L | +7 |
| andere Fleischzubereitungen | aus zugelassenen Betrieben | P | +7 |
| | aus anderen Betrieben – Lagerung | L[1]/P[2] | +4 |
| | – alsbaldige Abgabe | L[4]/P[5] | +7 |
| Geflügelfleischzubereitungen[6] | aus zugelassenen Betrieben | P | +4 |
| | aus anderen Betrieben – Lagerung | L[1]/P[2] | +4 |
| Fleischerzeugnisse, leicht verderblich | | P | +7 |
| Fischereierzeugnisse, frisch sowie Krebs- und Weichtiererzeugnisse, gekocht | | L | in schmelz. Eis oder +2 |
| Hühnereier | | L | +8[3] |
| roheihaltige Lebensmittel (z. B. Frischeimayonnaise) | | P | +7[4] |
| Eiprodukte, leicht verderblich | nicht vorbehandelt | P | +4[5] |
| | vorbehandelt | L, P | +4 |
| andere leicht verderbliche Lebensmittel<br>– auch Backwaren mit nicht durcherhitzten Füllungen oder Auflagen;<br>– frische zerkleinerte Salate; Feinkostsalate u. Ä. | | L | +7 |

Die Lagertemperatur (L) ist die Höchsttemperatur, bei der kühlbedürftige Lebensmittel bis zur Abgabe an den Verbraucher aufzubewahren sind bzw. aufbewahrt werden sollten. Die Produkttemperatur (P) ist die Höchsttemperatur, die in kühlbedürftigen Lebensmitteln an allen Punkten einzuhalten ist bzw. eingehalten werden sollte.
[1] Nur für Erzeugnisse im Sinn der *Hackfleisch-Verordnung*.
[2] Andere Zubereitungen.
[3] Ab dem 18. Tag nach dem Legen.
[4] Abgabe innerhalb von 24 Stunden nach Herstellung.
[5] Verwendung am Tag der Herstellung.

(vgl. Informationen des Bundesinstituts für Verbraucherschutz und Veterinärmedizin)

---

Häufig sind Lebensmittel von Natur aus oder durch ihre Erzeugung vor Verderbnis geschützt. Dafür sorgen: niedriger Wassergehalt, hohe Zucker-, Salz- und/oder Fettanteile oder antibakterielle Substanzen wie Alkohol, ätherische Öle, Bitterstoffe. Oft treten Haltbarkeit verlängernde Faktoren kombiniert auf.

Bei den nachfolgenden Ausführungen soll durch die Darstellung der kritischen Kontrollpunkte (CCP) immer die praktische Verbindung zum HA**CCP**-Konzept aufgezeigt werden.

Aus der unterschiedlichen Anfälligkeit für Mikroorganismen ergeben sich **kritische Kontrollpunkte** (CCP, s. a. Kap. 5 (A)) bei der Lagerung. Verschiedene Lagertemperaturen je nach Lebensmittel halten das Verderbnisrisiko gering. Um den Reifungsprozess zu beschleunigen oder zu verzögern, können Früchte bei unterschiedlichen Temperaturen gelagert werden.

Alle **Lagerungstemperaturen müssen regelmäßig kontrolliert und protokolliert werden.**

Das Risiko ist nur dann gering, wenn schon bei der **Lieferung** im Lieferfahrzeug die entsprechende Kühltemperatur herrscht. Auch dies erfordert eine **stichprobenartige Kontrolle**. Außerdem muss das Lieferfahrzeug einwandfrei sein.

Zur korrekten Lagerung gehört auch, dass die Lagerdauer entsprechend der Mindesthaltbarkeit nicht überschritten wird.

**Mindesthaltbarkeit konsequent beachten, MHD kontrollieren!**

Für das Trockensortiment (Mehl, Reis, Hülsenfrüchte, Zucker usw.) ist eine kühle und trockene Lagerung bei +10 bis +15 °C vorgeschrieben. Niedrige Temperaturen und geringe Feuchtigkeit hindern eventuelle Schädlinge an der Vermehrung und am Wachstum. Entscheidend ist, dass die Verpackungen unbeschädigt bleiben, um Schädlingen und Mikroben den Zugriff zu erschweren.

**Beschädigte Verpackungen aussortieren!**

### 6.3.2 Produktionshygiene

Folgende Beispiele aus der **Speisenherstellung** erläutern **mögliche Risiken**:

▶ **Risikoreiche, leicht verderbliche Rohstoffe**: Waldpilze werden rascher ungenießbar als Äpfel; Frischfisch hält nicht so lange wie Hartkäse (s. Kap. 6.2.1).

▶ **Risiko der Kühlung**: War das Fleisch ordnungsgemäß gekühlt?

▶ **Risiko einer starken Zerkleinerung**: Die Gefahr, dass Mikroben Hackfleisch verderben, ist um ein Vielfaches höher als bei großen Bratenstücken.

▶ **Risiko durch viele Arbeitsschritte**: Je mehr Arbeitsschritte nötig sind, desto leichter gelangen durch Berührung mit Werkzeug und Gefäßen Mikroben in die Speise.

▶ **Risiko bei der Garmethodenwahl**: Welche Temperaturen werden wie lange erreicht? Völlig durchgegarte Steaks weisen weniger Keime auf als rosa gebratene. Beim Frittieren und Rösten entstehen ab 220 °C nicht nur schwarzbraune, bittere Röststoffe, sondern auch giftige Abbauprodukte. Hier liegt ein Risiko vor.

▶ **Risiko bei der Aufbewahrung**: Sind Speisen frisch zubereitet oder warm gehalten? Sind sie abgedeckt oder offen?

▶ **Risiko bei der Dekoration/Garnitur**: Selbst wenn die Speise hygienisch einwandfrei produziert wurde, stellt ein nicht sorgfältig gesäubertes Dekor ein Infektionsrisiko dar.

Beim **Bearbeiten von Lebensmitteln** gilt:
▶ Sog. unreine Bereiche sind von reinen zu trennen. Dort, wo Frischgemüse gereinigt wird, können empfindliche Lebensmittel wie Fleisch und Fisch nicht verarbeitet werden. Reicht der Platz nicht, müssen die Rohstoffe nacheinander bearbeitet werden.
▶ **Speziell für Geflügel**: Arbeitsflächen, die mit Geflügel in Berührung kamen, müssen gereinigt und desinfiziert werden. Das Infektionsrisiko durch Salmonellen ist zu groß.

Für das **Garen** ist Folgendes zu beachten:

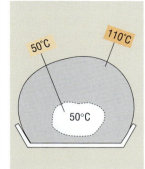

Ein Ziel des Garens ist das Abtöten von Keimen. Der Zweck wäre verfehlt, wenn der Braten nur am Rand hohe Temperaturen erreicht und der Kern nicht. Im Inneren wären Mikroben immer noch in der Lage, sich zu vermehren und den Braten zu verderben. Entscheidend ist immer die sog. **Kerntemperatur**.

| Vorgeschriebene Kerntemperaturen für | |
|---|---|
| Hackfleisch, Fleisch, Fisch, Geflügel | 70 °C über 10 Minuten oder 80 °C über 3 Minuten |
| **Ausnahme:** Kurzgebratenes | |

▶ Um die Kerntemperaturen sicher zu erreichen, müssen Gartemperaturen und Garzeiten entsprechend gewählt werden. Laut *Hygiene-VO* sind Kerntemperaturen stichprobenartig zu kontrollieren und zu protokollieren.
▶ Da für **Kurzgebratenes** nur beste Fleischqualität infrage kommt und da hier die Kerntemperatur erheblich schneller erreicht wird, reicht in diesem Fall die Zeit für eine nennenswerte Bakterienvermehrung nicht aus.

### Warmhalten von Speisen

▶ Korrekt gebratenes Fleisch ist weitgehend keimfrei und kann warm gehalten werden, wenn es zwischendurch nicht zu stark abkühlt.
▶ Die **Warmhaltezeit warmer Speisen** darf 4 Stunden bei Temperaturen von 65 °C nicht überschreiten. Auch die Bain-Marie-Temperatur muss stichprobenartig kontrolliert und protokolliert werden.

# 1 Hygiene in der Küche

Eine hygienisch einwandfreie Arbeit bei der Herstellung sowie der Kühlungsaufwand wären umsonst, wenn beim **Auftauen von Tiefkühlerzeugnissen** Fehler gemacht würden:

**C** ▶ **Tiefkühlware** muss während des Auftauens vor Infektionen geschützt werden, da die Oberfläche schnell in Temperaturbereiche kommt, die eine Bakterienvermehrung ermöglichen. Am besten abgedeckt bei max. +10 °C auftauen (Auffangschale mit Abtropfgitter).

**C**
**P** ▶ **Tiefkühlgeflügel** muss getrennt von der übrigen Tiefkühlware auftauen. Die Auftauflüssigkeit (Auffangschale mit Abtropfgitter) muss sofort entsorgt werden, ohne dass sie mit anderen Lebensmitteln in Kontakt kommt.

Überwachen lassen sich die Hygieneanforderungen in allen Bereichen durch HACCP-Stufenpläne. Im Bereich der Produktionshygiene könnte dieser für die Ausgabe eines Fleischproduktes folgendermaßen aussehen:

| HACCP-Stufenplan | Beispiel Speisenausgabe |
|---|---|
| Wo liegt das spezielle Risiko? | Zu niedrige Temperaturen beim Warmhalten der Speisen |
| Wo lässt sich das kontrollieren? | Bain-Marie |
| Welche Verfahren, Hilfsmittel gibt es zur Kontrolle? | Thermometer |
| Die Kontrolle selbst; Festhalten der Ergebnisse | Nur 58 °C, Vorschrift 65 °C Name, Datum, Unterschrift |
| Wie kann der Fehler korrigiert werden? | Thermostatregler korrigieren, evtl. Gerät austauschen |
| Überprüfung des Gesamtsystems, falls sich Fehler häufen | Thermostat/Gerät defekt → Reparatur |

Nach ähnlichem Muster werden alle anderen kritischen Punkte kontrolliert. Auf diese Weise entstehen Kontroll- oder **Checklisten**, mit denen die Risikofaktoren stichprobenartig erfasst werden.

| Checklisten für … | |
|---|---|
| Warenannahme | Anlieferungstemperaturen |
| Lebensmittellager | Tiefkühlraum −18 °C |
| | Kühlraum +7 °C |
| | Kühlraum +2 °C |
| Lebensmittelvorbereitung | Keimzahlen verschiedener Arbeitsplatten, Geräte und Maschinen |
| Warme Küche | Kerntemperaturen beim Garen Frittierfett: Farbe, Geruch |
| Speisenausgabe | Warmhaltetemperaturen; Kühltemperaturen für Speiseeis, Salatbar usw. |

Weitere Checklisten kontrollieren **Einrichtungen**, Geräte und Maschinen der Küche: z. B. Fliegengitter an Fenstern, abwaschbare, glatte Wände, Arbeitsplatten, Arbeitsmaschinen, Spül- und Handwaschbecken mit kaltem und warmem Wasser, Abfallbehälter mit Deckel, Abfalllager im Freien, Toiletten usw. (s. a. Kap. 6.4.4). Für alle Betriebsräume sind **Reinigungspläne** erforderlich.

## 6.3.3 Personalhygiene

Um das Übertragen von Krankheitserregern auf Lebensmittel zu verhindern, müssen alle Mitarbeiter in der Küche ein hohes Maß an persönlicher Sauberkeit einhalten.

Daraus ergeben sich einige Folgen:
Personalhygiene bedeutet nicht nur die eigene Sauberkeit, sondern schließt die Arbeitskleidung und die Arbeitsweise mit ein. Vor Aufnahme einer Tätigkeit im Umgang mit Lebensmitteln ist eine Belehrung erforderlich.

**Körperpflege** fängt beim Waschen an. Auch wer vermeintlich nur „saubere" Arbeit verrichtet, wird immer wieder schmutzig – aus sich heraus. Unsere Haut ist eine „Schmutzfabrik", die rund um die Uhr Talg, Schweiß und Hornschuppen abstößt. So werden mit dem Schweiß dauernd Abbauprodukte ausgeschieden. Körperpflege erschöpft sich also nicht in der Gesichts- und Händepflege. Sie reicht vom Kopf bis zu den Zehenspitzen, erstreckt sich auf Haut und Haar, auf den Mund und den Intimbereich.
Da wir bei der Vorbereitung und Verarbeitung immer wieder Kontakt mit dem Lebensmittel bekommen, betreffen etliche Forderungen vor allem die Hände.

> **Vor jedem Betreten der Küche Hände gründlich waschen!**

Vor allem die Reinigung mancher Lebensmittel erfordert anschließend ein Reinigen der Hände.

> **Nach unreinen Arbeitsgängen Hände reinigen!**

Besonders wichtig wird dies bei der **Arbeit mit Geflügel**. Wird frisches oder Tiefkühlgeflügel vorbereitet, müssen die Hände anschließend sogar desinfiziert werden. Ähnliches gilt für Fleisch, Fisch, Wild und Ei.

> **Nach der Arbeit mit rohem Geflügel, Fleisch, Fisch und rohen Eiern Hände waschen und desinfizieren!**

Jeder in der Küche trägt die Verantwortung dafür, dass von seinen Händen keine Keime auf Lebensmittel gelangen können, auch wenn wir niesen oder die Nase putzen.

> **Nach jedem WC-Besuch Hände waschen und desinfizieren!**

# 1 Hygiene in der Küche

Sehr häufig werden Einmalhandschuhe verwendet:
▶ zum Schutz der Lebensmittel und
▶ zum eigenen Schutz (z. B. Fleischsaftallergie).

Saubere **Arbeitskleidung** war immer schon eine Voraussetzung für eine Beschäftigung in der Küche. Dazu gehören auch der regelmäßige Wechsel, die ordnungsgemäße Reinigung der Berufskleidung sowie das Umkleiden außerhalb der eigentlichen Produktionsräume.

Sollte eine Person an meldepflichtigen Krankheiten neu erkranken, muss die Beschäftigung sofort unterbrochen werden, bis das Gesundheitsamt die Erlaubnis neu erteilt. Zu **meldepflichtigen Krankheiten** zählen: Botulismus, Cholera, Diphtherie, Masern, Milzbrand, Ruhr, Tuberkulose u. a.

| Risiko-bereich | Forderungen | Begründung |
|---|---|---|
| **Körper** | • regelmäßiges Duschen/Waschen | • zur eigenen Sicherheit, beugt Erkrankungen vor |
| **Haare** | • regelmäßig Kopf- und Barthaare waschen | • zwischen den Haaren ist es feucht und warm → Mikrobenwachstum |
| **Hände** C C P | • keine Fingerringe, Armbänder, Armbanduhren • kein Nagellack • kurze Fingernägel • keine angeklebten Fingernägel | • Zwischenräume zwischen Schmuck und Haut sind schlecht zu reinigen, bleiben feucht und warm → ideale Schlupflöcher für Mikroorganismen |
| **Mund** | • sorgfältige Mund- und Zahnhygiene | • Infektionen, Eiterherde, Speisereste stellen Ansammlungen von Mikroben dar → gelangen beim Atmen in die Luft |
| | **Keine Beschäftigung ohne Belehrung vom Gesundheitsamt!** | **Infektionsschutzgesetz (IfSG, § 42 ff)\*** |
| **Erkrankungen** C C P | • mit Wunden, Hautinfektionen, Durchfall kein direkter Kontakt mit Lebensmitteln → andere Küchenarbeit, Pflaster, Gummihandschuhe • bei meldepflichtigen Erkrankungen das Gesundheitsamt informieren → Beschäftigungsverbot | • Krankheitserreger können Lebensmittel infizieren und auf diesem Weg andere Menschen anstecken • es droht die Gefahr von Epidemien, Schutz der übrigen Mitarbeiter |
| **Arbeitskleidung** C C P | • geeignete saubere Berufskleidung, Spezialhandschuhe • Berufskleidung nicht außerhalb tragen | • es kommt zu direktem Kontakt (Kleidung → Hand, Lebensmittel) • Gewebezwischenräume sind warm, feuchter → Brutstätten für Mikroben • Schutz des Personals vor Mikroorganismen |

Hygienemaßnahmen für Küchenpersonal

## 6.3.4 Betriebsstättenhygiene

Auch sorgfältige und verantwortungsbewusste Hygienemaßnahmen in der Küche gehen ins Leere, wenn andere wichtige Voraussetzungen nicht vorhanden sind. Was nützen korrekte Lagertemperaturen, wenn in der Kühlraumbelüftung kein Luftfilter vorgesehen ist und Millionen von Keimen auf dem Kühlgut verteilt werden! Wie sollen Hände einwandfrei sauber werden, wenn in der Personaltoilette das Handwaschbecken fehlt? Daraus folgt: Für die baulichen, räumlichen Voraussetzungen ist die Geschäftsführung zuständig. Für die Nutzung und regelmäßige Reinigungsmaßnahmen sind alle Mitarbeiter verantwortlich.

> Wir praktizieren Hygiene für unsere Gäste, für unsere Mitarbeiter und unseren Betriebserfolg!

Grundsätzlich gibt es auch in der Systemgastronomie den Front- oder Gästebereich und den Backbereich für Lagerung, Produktion und Personal.

| Betriebs-bereich/Ausstattung | Hygienische Anforderungen | |
|---|---|---|
| **Wasserstellen** | mit fließend kaltem und heißem Wasser, getrennt vom Handwaschbecken (Duschen) | |
| **Arbeitsbereiche** | räumlich voneinander getrennt | |
| **Fußböden** | wasserundurchlässig, mit Abfluss | |
| **Wände** | wasserundurchlässig, glatt, abwaschbar | |
| **Fenster** | Insektengitter, falls die Fenster ins Freie zu öffnen sind | |
| **Arbeitsflächen** | korrosionsbeständig, glatt, abwaschbar, leicht zu reinigen | CCP |
| **Werkzeug** | korrosionsfest, leicht zu reinigen, sterilisierbar | CCP |
| **Arbeitsgeräte, Maschinen** | glatte Oberflächen, korrosionsfest, hitzebeständig, leicht zu reinigen | CCP |
| **Schneidbretter** | aus hartem Kunststoff | CCP |
| **Transport-behälter** | leicht zu reinigen, zu desinfizieren, korrosionsfest | CCP |
| **Kühlbereiche** | gut zu belüften, Luftfilter, Außenthermometer, getrennt nach Temperatur der Lebensmittelarten | CCP |
| **Personal-toiletten** | Handwaschbecken mit kaltem und warmem Wasser Einmalhandtücher (oder Rollen) Desinfektionslösung ausreichende Belüftung austauschbare Luftfilter | CCP |
| **übrige Toiletten** | ohne direkten Zugang zu Räumen, in denen Lebensmittel gelagert oder verarbeitet werden | |
| **Personalauf-enthaltsraum** | Handwaschbecken, einwandfreie Trocknungsmöglichkeit Desinfektionslösung | |
| **Abfallbereich** | verschließbare Behälter, leicht zu reinigen, ggf. zu desinfizieren Räume sauber und frei von tierischen Schädlingen | CCP |
| **Gästebereich** | ohne direkten Zugang zu Lager-, Produktions- oder Personalbereichen, leicht zu reinigender Boden, ausreichende Belüftung, im SB-Bereich gut zu reinigende Tablettstationen und ggf. Abfallbehälter | |

Hygienische Anforderungen an die Betriebsausstattung, ausgewählte Beispiele

# 1 Hygiene in der Küche

Für den täglichen Arbeitsablauf sind neben oben aufgeführten Gegebenheiten die regelmäßigen Reinigungsarbeiten von Bedeutung.

Unsere **Arbeitsflächen** sind nicht zufällig der Gegenstand in der Küche, welcher am häufigsten gereinigt wird. An diesem Beispiel soll geklärt werden, wie eine sinnvolle Reinigung aussehen kann, wenn sie den Forderungen des HACCP-Konzepts gerecht werden soll:

**C** — In einer ersten **Grobreinigung** werden alle Abfälle, z. B. Parüren, zusammengeschoben, aufgenommen und entfernt. Ein erstes trockenes Wischen beseitigt feineren Schmutz. Abwischen mit heißem Wasser beseitigt den sichtbaren Schmutz weitgehend. (Mikroorganismen haften aber nach wie vor auf der Arbeitsfläche, zumal nicht die gesamte Fläche von der Grobreinigung erfasst wurde.)

**C** — Zur **Hauptreinigung** werden heißes Wasser und Reinigungsmittel eingesetzt, um auch fetthaltigen Schmutz vollständig zu beseitigen. Die gesamte Fläche wird bearbeitet, da auch entfernte Spritzer erfasst werden sollen (ggf. desinfizieren).

**Nachspülen** mit heißem Wasser beseitigt Spülmittelreste. (Kaltes Wasser könnte gelöstes Fett erstarren lassen, sodass es festklebt.)

**P** — Die **Trocknung** hat nur dann Sinn, wenn keine neuen Keime aufgebracht werden. Die Tücher müssen bei Bedarf gewechselt oder Einmalpapier verwendet werden. Die Trocknung ist aber notwendig, um restlichen Mikroben die Möglichkeit der Vermehrung zu nehmen. Schneidebretter, spezielles Handwerkszeug sollten luftgetrocknet werden.

Wird **Desinfektion** gefordert, sind vor allem die Bedienungsanleitungen der Desinfektionsmittel zu beachten. Besonders wichtig sind die **Dosis** und **Einwirkungsdauer** des Mittels. Es kann nur dann Mikroben abtöten, wenn es genügend lange einwirkt. Ebenso notwendig ist aber auch ein **gründliches Nachspülen** mit sauberem Wasser, denn all diese Chemikalien sind für den Menschen gesundheitsschädlich. Desinfektionsmittelreste dürfen nicht auf/in Lebensmittel gelangen. Das Trockenreiben erfolgt wie bei der normalen Reinigung.

**Sparsamer Verbrauch von Reinigungs- und Desinfektionsmitteln im Interesse der Umwelt!**

Die **Ungezieferbekämpfung**, bei der Insekten, Kriechtiere, Maden, Würmer und kleinere Nagetiere bekämpft werden, geht über die normale Reinigung hinaus. In der Mehrzahl sind diese Kleinlebewesen für den Menschen nicht direkt schädlich, aber sie übertragen Mikroben auf Lebensmittel oder den Menschen und können deshalb nicht geduldet werden. Tritt verstärkt Ungeziefer auf, ist es immer ein Zeichen von unhygienischer Arbeitsweise: Auf Fußböden, in Ecken und Winkeln liegen zu viele Lebensmittelreste, Verpackungen sind beschädigt usw. Die Ungezieferbeseitigung und **Desinfektion** ist Aufgabe von Fachleuten.

**Sauberkeit beugt Ungeziefer vor!**

Zwangsläufig gibt es im Restaurant weniger kritische Punkte als in der Küche, wo Lebensmittel wiederholt berührt und verändert werden.

Im Restaurant werden Speisen tranchiert, vorgelegt; sie bekommen Kontakt mit **Geschirr und Besteck**. Das Spülen wäre hier ein wichtiger kritischer Punkt.

Bei Trinkgefäßen liegt das hygienische Risiko beim Spülen, was z. T. direkt am **Büfett** geschieht. Risikoreich sind auch die Bierkühlung und die **Bierzapfanlage**. Hierfür gibt es entsprechende Vorschriften.

Die **Hygienerisiken** der Kaffee- und Teeküche beginnen bei den Rohstoffen und gehen bis zum Kaffeeautomaten und Sahnebläser. Eisbereiter, Misch- und Mixgefäße, Arbeitsflächen, Gläser, Portionierer und Bargefäße usw. sind Risikostellen der Bar.

**Gästetoiletten** und alle anderen Einrichtungen, mit denen Gäste in Berührung kommen, müssen hygienisch einwandfrei sein.

Aus alledem folgt, auch im Restaurant gibt es mehrere **Checklisten**, in die der Verantwortliche Temperaturen und Keimzahlen bei Stichproben einträgt.

**Reinigungspläne** sorgen für vorschriftsmäßige Hygiene in allen Räumen, zu denen die Gäste Zugang haben.

Die **Arbeitskleidung** des Servier- und Barpersonals stellt bei Weitem kein so großes Hygienerisiko dar wie die der Köche. Dennoch muss sie stichprobenartig kontrolliert und regelmäßig gewaschen werden.

Da jeder Mensch rund 1 000 000 Keime pro Stunde abgibt, ist Körperhygiene in der Gastronomie wichtig. Die **Personalhygiene** ist deshalb nicht nur eine Frage des Aussehens.

Für den Wohnbereich und vor allem für die Sanitärräume bestehen genaue **Reinigungspläne**. Sie geben Auskunft:
▶ Wie häufig muss gereinigt werden?
▶ Welche Gegenstände sind zu reinigen?
▶ Welches Mittel wird dafür benutzt?
▶ Wie lange sollten die Mittel einwirken?
▶ Wer führt die Reinigung oder Desinfektion durch?

# Hygiene in der Küche / Infobox Sprache

**Beispiel für einen Reinigungsplan**

| Gegenstand | Wie oft? | Vorgang | Einwirkzeit | Reinigungsmittel | Wer? | Kontrolle |
|---|---|---|---|---|---|---|
| Waschbecken | 1 × tägl. | sprühen, wischen | 3 Min. | „Desipur" | Schulz | Weber 4.3.08 |
| Spiegel | 1 × tägl. | wischen | – | Glasex | Schulz | Weber 4.3.08 |
| WC-Becken | 1 × tägl. | einstreuen, bürsten | 20 Min. | WC-Pur | Schulz | Weber 4.3.08 |
| usw. | … | … | … | … | … | … |

## Aufgaben

1. Wählen Sie aus dem Sortiment Ihres Betriebes acht Molkereiprodukte aus und bestimmen Sie anhand der Mindesthaltbarkeitsdaten die noch verbleibende Lagerdauer.
2. Kontrollieren Sie bei zwei verschiedenen Lieferfahrzeugen für Tiefkühlprodukte die Temperatur des Kühlbereichs und die Sauberkeit des Fahrzeugs.
3. Prüfen Sie, inwieweit Thermometer von Tiefkühltruhen und Tiefkühlschränken im Lebensmitteleinzelhandel sichtbar sind. Notieren Sie die aktuellen Temperaturen und die der eingelagerten Lebensmittel.
4. Geben Sie für folgende Lebensmittel die Lagertemperaturen an: Kiste mit frischen Gurken, frisches Hackfleisch, TK-Hühnchen, Sauerkirschen im Glas, Softgetränke in Flaschen, Frischfisch.
5. Sie stellen bei der Kontrolle im Lager bei einer Packung geschnittenen Vollkornbrots unter der Klarsichthülle mehrere bräunlich grüne Schimmelflecken fest. Was ist zu tun?
6. Wie müssen TK-Lebensmittel aufgetaut werden? Wählen Sie ein Fleisch- oder Fischprodukt aus Ihrem Ausbildungsbetrieb und beschreiben Sie den Vorgang.
7. a) Welche Mindesttemperaturen sind in Ihrem Ausbildungsbetrieb für das Garen von Fisch- und/oder Fleischprodukten vorgeschrieben?
   b) Wie wird die Einhaltung von Mindesttemperaturen geprüft?
8. a) Fertigen Sie eine Planskizze des Küchen- oder Produktionsbereiches Ihres Ausbildungsbetriebes und tragen Sie kritische Kontrollpunkte mit Nummern ein.
   b) Geben Sie Erläuterungen zu den einzelnen Nummern der kritischen Kontrollpunkte an.
9. Erklären Sie, weshalb speziell nach der Verarbeitung von Geflügel eine Desinfektion der Arbeitsfläche vorgeschrieben ist.
10. Sie lassen eine Packung tiefgefrorener Krabben auftauen, stellen fest, dass ein Teil der aufgetauten Menge nicht benötigt wird. Ihr Kollege Andy empfiehlt: „Friere die Krabben doch einfach wieder ein!" Beurteilen Sie seine Aussage.
11. Erstellen Sie in Form einer Tabelle einen Reinigungsplan für Ihren Ausbildungsbetrieb. Geben Sie dabei die zu reinigenden Geräte oder Arbeitsmittel, die Räumlichkeiten, die Häufigkeit der Reinigung und die Art der Reinigung an.
12. Bringen Sie in Erfahrung, wo im Betrieb Desinfektionslösung für Hände steht, und notieren Sie die Verarbeitungshinweise. Begründen Sie die einzelnen Hinweise.
13. Erklären Sie, weshalb Arbeitskleidung für Küchenpersonal aus kochfestem Baumwollgewebe gefertigt ist.
14. Begründen Sie, weshalb Nagellack für Küchenpersonal während der Arbeit verboten ist.
15. Liefern Sie eine Begründung dafür, dass Abfalltonnen mit einem Deckel zu versehen sind.
16. Welchen Sinn hat es, für Arbeitsflächen und Küchengeräte glatte Oberflächen zu fordern?

## Aufgaben

17. Neue Auszubildende haben in Ihrem Ausbildungsbetrieb ihre Ausbildung begonnen. Planen Sie inhaltlich eine Schulung zu den Bereichen Produkt- und Produktionshygiene.
18. Nehmen Sie ein beliebiges Vorspeisengericht von der Speisenkarte Ihres Betriebes. Stellen Sie nacheinander sämtliche Stationen zusammen, die alle Rohstoffe dieses Gerichts durchlaufen, bis die Vorspeise auf dem Teller des Gastes liegt. Kreuzen Sie die Stellen an, wo ein Hygienerisiko auftritt.

## Infobox Sprache

### Hygiene in der Küche

| Deutsch | Englisch |
|---|---|
| Arbeitsfläche | work surface |
| Arbeitskleidung | work clothes |
| Botulismus | botulism |
| Cholera | cholera |
| Desinfektion | disinfection |
| Diphterie | diphteria |
| einwandfrei | perfect |
| Gefahrenquelle | source of danger |
| Haltbarkeit | shelf life |
| Infektionsrisiko | risk of infection |
| Kerntemperatur | core temperature |
| Körperpflege | personal hygiene |
| Krankheitserreger | pathogen |
| Kühlbereich | cold area |
| Lagerung | stocking |
| Lebensmittelhygiene | food hygiene |
| Masern | measles |
| meldepflichtige Krankheit | notifiable illness |
| Milzbrand | splenic feaver/anthrax |
| Ruhr | dysentery |
| Tuberkulose | tuberculosis |

## 6.4 Ungeziefer – Schädlinge

**Situation**

Krabbelt es oder nicht? Wer einmal die „leckeren" Raupen der Dörrobstmotte in seinem Müsli finden musste, wird künftige Müsliportionen immer mit einem gewissen Argwohn mustern.

Tiere, die zu den Schädlingen zählen, sind oft gar nicht die Verursacher für Lebensmittelvergiftungen. Ungeziefer selbst ist lästig, unappetitlich, ekelerregend, aber nicht giftig.

Gefährlich werden diese Tiere durch ihre Lebensweise auf dem Boden, auf Abfällen und auf Lebensmitteln. Auf diese Weise werden sie zu Überträgern von Mikroben.

Fliegen beispielsweise halten sich gerne auf Tierkot, Müll, Kadavern und faulenden Pflanzenresten auf. Dort heften sich an ihre Beine unzählige Mikroben, die so auf frische Lebensmittel übertragen werden.

Fliegenkot und -urin sind zusätzlich ein idealer Nährboden für Keime. Damit sind von Fliegen befallene Lebensmittel immer auch stark mikrobiell verseucht.

Nur wenige Schädlinge verursachen direkt Gesundheitsschäden, z. B. Hauterkrankungen durch die Dörrobstmotte und Allergien durch Milben.

### 6.4.1 Arten von Schädlingen

Im Gegensatz zu den Mikroben kann man alle Schädlinge wegen ihrer Größe mit bloßem Auge sehen. Auch wenn die Tiere selbst sich verstecken, sind sie an ihren Spuren oder an ihrem Kot zu erkennen.

Neben Mäusen und Ratten, die bisweilen im Abfallentsorgungsbereich auftreten, kommen in der Systemgastronomie verschiedene Arten von Motten, Käfern und Milben vor. Meist werden diese mit der verpackten Ware „eingeschleppt" und vermehren sich während der Lagerung.

**Fazit:** Besonders bei der Warenannahme von Getreideprodukten und Dörrobst auf „illegale Einwanderer" achten.

| | | | |
|---|---|---|---|
| **Küchenschabe**<br>23–28 mm lang |  | **Mehlmotte**<br>25 mm Spannweite<br>Gespinstfäden auf Getreideprodukten und Nüssen |  |
| **Essig-, Taufliegen, Obstfliegen**<br>2–4 mm lang; auf Obstresten<br>Larven 5 mm lang |  | **Dörrobstmotte**<br>20 mm Spannweite<br>auf Trockenobst,<br>Nüssen<br>und Schokolade |  |
| **Mehlkäfer**<br>18 mm lang<br>auf Getreideprodukten |  | **Mehlmilben** (Spinnentier)<br>0,5 mm lang<br>auf feuchten, stärke- und zuckerhaltigen Lebensmitteln |  |

# 1 Ungeziefer – Schädlinge / Infobox Sprache / Übergreifende Aufgaben

## 6.4.2 Abwehrmaßnahmen

**Im Lebensmittellagerbereich**
▶ Lagerräume trocken halten
▶ Ca. 25 cm Bodenfreiheit unter Regalen berücksichtigen, um die Bodenreinigung zu gewährleisten
▶ Lebensmittel aus geöffneten Packungen in dicht schließende Dosen oder Gläser füllen
▶ Verpackungen auf Beschädigungen prüfen
▶ Waren bei Empfang auf Schädlinge prüfen
▶ Pflanzliche Frischware bei Befall aussortieren
▶ Befallene Vorräte vernichten

**Im Küchenbereich**
▶ Lebensmittel- und Speisereste abdecken, z. B. mit Folien, oder in verschlossenen Behältern lagern
▶ Lebensmittelabfälle abdecken und schnell entsorgen
▶ Fliegengitter vor den Fenstern, Elektroinsektenfallen im Eingangsbereich
▶ Türen nicht unnötig offen stehen lassen

Von Schädlingen befallene Lebensmittel werden bei der Warenannahme vollständig zurückgewiesen. Sollte der Schädlingsbefall erst später festgestellt werden, so empfiehlt es sich, die Lebensmittel luftdicht in Plastik zu verpacken und in verschlossenen Behältern zu entsorgen.

## Aufgaben

1. Begründen Sie, weshalb Mehl dennoch vernichtet werden muss, auch wenn alle Mehlkäfer und Larven vollständig ausgesiebt werden.
2. Erklären Sie, weshalb der Pâtissier Holger den Auszubildenden Lars beauftragt hat, das Lager zu reinigen, obwohl doch offensichtlich nur der beschädigte Sack Mehl von Schädlingen befallen war.
3. Welche Schädlinge können Mehl befallen?
4. Welche Art von Schädlingen findet man nahezu immer in den „grünen Tonnen", in denen kompostierbare Abfälle gesammelt werden? Begründen Sie Ihre Vermutung.

## Infobox Sprache

### Ungeziefer – Schädlinge

| Deutsch | Englisch |
|---|---|
| Dörrobstmotte | Indian meal moth |
| Fliege | fly |
| Fliegengitter | fly screen |
| Käfer | beetle |
| Küchenschabe | cockroach |
| Maus | mouse (mice, Pl) |
| Mehlkäfer | meal beetle |
| Mehlmilbe | flour mite |
| Milbe | mite |
| Obstfliege | fruit fly |
| Ratte | rat |
| Schädling | pest |
| Schädlingsbefall | pest infestation |
| Ungeziefer | pests, vermin |

## Übergreifende Aufgaben

1. Die Schüler notieren alle Maßnahmen und Regelungen (auf Plakat), die nach ihrer Ansicht in einem „Lebensmittelgesetz" verankert sein müssen. Im Verlauf der Kapitelbesprechung kann auf die notierten Maßnahmen und Regelungen genauer eingegangen werden. Am Ende kann in Form einer Grafik eine zusammenfassende Darstellung erfolgen.
2. Die Klasse lädt, wenn möglich, einen Vertreter der Lebensmittelüberwachungsbehörde ein. Sie/er soll den Schülern einen Einblick in den Arbeitsalltag geben. Im Vorfeld haben die Schüler ihre Vorstellungen, wie ein solcher Arbeitstag aussehen könnte, z. B. auf Plakaten festgehalten. So ist ein Vergleich zwischen Vorstellung (evtl. auch Wissen) und Realität möglich. Ferner ist es sinnvoll, wenn die Schüler vorab Fragen gesammelt haben, die sie im Verlauf des Vortrags dem Lebensmittelkontrolleur stellen.
3. Zunehmend kaufen die Verbraucher naturbelassene Lebensmittel (sogenannte Bio- und Ökoprodukte). Angeboten werden diese Produkte in Bäckereien, Bioläden, Fleischereien, Lebensmittelmärkten, Reformhäusern, Direktvermarktung, über den Versandhandel u.a. Obwohl diese Produkte teurer sind, steigt die Zahl der Verbraucher, die bereit sind, dafür mehr Geld auszugeben. Ein Wellness-Hotel möchte sein Speisen- und Getränkeangebot auf Bio- und Ökoprodukte umstellen.
   a) Stellen Sie alle erforderlichen Maßnahmen und Voraussetzungen für ein diesbezügliches Angebot zusammen.
   b) Nach Erarbeitung des Kapitels „Marketing" kann für dieses Vorhaben ein attraktives Werbekonzept (einschließlich Werbemaßnahmen) entwickelt werden.
4. Sammeln Sie alle Zeitungs- und Zeitschriftenartikel über gentechnisch veränderte Rohstoffe und Lebensmittel. Stellen Sie die Pro- und Kontra-Argumente zusammen. Diskutieren Sie darüber und entscheiden Sie sich für eine Position, die für Ihren Betrieb passend ist.
5. Erkunden Sie in Ihrem Ausbildungsbetrieb den wertmäßigen Anteil der Bio-Lebensmittel am gesamten Lebensmitteleinkauf.
6. Die Klasse erstellt eine Übersicht über das Vorwissen zum Themenbereich „Hygiene, Mikroben und Ungeziefer". Die weitere Bearbeitung des Kapitels kann danach ausgerichtet werden.

# Übergreifende Aufgaben – Fortsetzung

**Methodenvorschlag zu Kapitel 6.3**
Bevor dieses Kapitel bearbeitet wird, sollen die Schüler eine Auflistung von Gefahrenpunkten im Umgang mit Rohstoffen, Lebensmitteln und Bedarfsgegenständen (orientiert an der betrieblichen Praxis), z. B. auf Plakaten, festhalten. Gleichzeitig muss kurz beschrieben werden, welches Risiko hier jeweils besteht. Am Ende der Kapitelbesprechung kann die vorab gemachte Auflistung eingehend analysiert werden.

7. Jeweils zwei Schüler führen sogenannte Abklatschtests durch, um Mikroben nachzuweisen. Hierzu werden folgende Materialien benötigt: Petrischalen mit einem Standardnährboden (aus dem Schullabor oder Apotheke), Klebeband, Etiketten. Durch vorsichtiges Berühren des Nährbodens mit verschiedenen Gegenständen (z. B. diverse Arbeitsgeräte, ungewaschene/gewaschene Finger, Geldstück, Lebensmittel, Putztuch) werden diese beimpft. Die beimpften Petrischalen müssen sofort verschlossen und beschriftet werden. Nach vier bis sieben Tagen Aufbewahrung bei Zimmertemperatur erfolgt die Auswertung. (Hinweis: In einem Brutschrank – ca. 30 °C – verkürzt sich die Wartezeit auf zwei bis drei Tage.) Jedes Schülerpaar stellt seine Versuchsbeobachtungen und die Schlussfolgerungen der Klasse vor.
8. Entwickeln Sie in Arbeitsgruppen ein Formblatt für die hygienische Eigenkontrolle in Ihrem Betrieb. Führen Sie anhand dieses Formblatts die Eigenkontrolle durch. Werten Sie die Ergebnisse aus und ziehen Sie Schlüsse.

1. Informieren Sie sich beim Bund für Lebensmittelrecht e. V./ www.bll.de, über lebensmittelrechtliche Angebote für Schüler und Schule. Suchen Sie ein Angebot heraus und informieren Sie Ihre Mitschüler darüber.
2. Wichtige Gesetze und Verordnungen finden Sie online unter der Adresse http://bundesrecht.juris.de im Internet. Suchen Sie hier die Verordnung zur Kennzeichnung von Lebensmitteln (*LMKV*). Welche Informationen können Sie in der Anlage 3 zu dieser Verordnung finden?
3. Informieren Sie sich im Internet über weitere Einzelheiten der Kennzeichnungspflicht für Gentechnikprodukte ganz allgemein (www.gentechnik-kennzeichnung.de).
4. Recherchieren Sie im Internet die aktuelle Entwicklung der Umsatzzahlen des Handels mit Bio-Lebensmitteln und vergleichen Sie diese Zahlen absolut und prozentual mit den Zahlen des Basisjahres 2004.
5. Auf den Webseiten von Wikipedia finden Sie bei der Suche nach dem Begriff „Mikroorganismus" eine große Zahl wissenswerter Fakten: z. B., dass Mikroorganismen in einer erstaunlichen Vielfalt sehr unterschiedlicher Habitate gedeihen. Finden Sie diesen Begriff und erläutern Sie ihn.
6. Auf der Internetpräsenz des Bundesinstituts für Risikobewertung ist das Dokument „Ausgewählte Fragen und Antworten zu verdorbenem Fleisch" zu finden. Beantworten Sie anhand dieses Dokuments die Frage, welche Gesundheitsrisiken beim Verzehr von verdorbenem Fleisch bestehen können.

1. Sie entdecken auf einem Käse-Rad Schnittkäse mit dem Gewicht von 4,6 kg folgende Angaben:
40 % Fett i. Tr.
Der Wasseranteil beträgt bei diesem Käse 48 %. Wie viel Gramm beträgt der tatsächliche/absolute Fettgehalt des Käses?
2. Für die Herstellung von Früchtequark werden zwei Eimer mit je 5 kg Quark mit einem Fettgehalt von 40 % i.Tr. eingekauft. Der Wasseranteil beträgt 68 %.
   a) Wie viel Gramm Fett sind in einem kg Quark enthalten?
   b) Wie viel Gramm Fett enthält eine Portion Früchtequark, die zu 2/5 aus Früchten besteht und mit Saccharin gesüßt wurde?
3. Einige Hersteller werben auf ihren Quarkcremeprodukten mit der Angabe: nur 0,1 oder 1 % Fettgehalt.
   a) Was bedeutet diese Aussage?
   b) Worin unterscheidet sich diese Aussage von x % i. Tr.?
   c) Wie viel Gramm Fett sind in einem 500-Gramm-Becher Quarkcreme mit der Angabe nur 1 % Fett bzw. 0,1 % Fett enthalten?
4. Durch den Einsatz von geeigneten Reinigungsmitteln können Mikroorganismen abgetötet und auch ihre Neubildung bzw. Vermehrung gehemmt werden. Auf einer Edelstahlarbeitsplatte befinden sich nach der Reinigung mit Wasser pro m² 1 000 000 Keime, die sich bei geeigneten Lebensbedingungen alle 20 Minuten verdoppeln.
   a) Wie viele Keime befinden sich nach einer Stunde auf der Arbeitsplatte?
   b) Durch die Reinigung mit einem entsprechenden Reinigungsmittel kann die Keimzahl 3/7 reduziert werden. Wie viele Keime befinden sich nach der Anwendung des Reinigungsmittels pro m² noch auf der Arbeitsplatte?
   c) Die Vermehrung der Keime wird durch das Reinigungsmittel um 55 % reduziert. Wie viele Keime befinden sich nach einer Stunde auf der Arbeitsplatte?
5. Berechnen Sie die Anzahl an Mikroben nach vier Std. Lagerzeit, wenn die Teilungsdauer 20 Minuten in Anspruch nimmt und beste Vermehrungsbedingungen vorliegen. Gehen Sie von einem Anfangskeimgehalt von zehn Mikroben aus.
6. Berechnen Sie die Mikrobenanzahl nach vier Stunden Lagerzeit, ausgehend von einem Anfangskeimgehalt von zehn Mikroben, wenn sonst beste Bedingungen herrschen, aber durch Kühlung die Teilungsdauer auf 120 Minuten verlängert wurde.
7. Ein angerichtetes Tatar von insgesamt 50 g hat pro g 200 000 Keime. Berechnen Sie die Gesamtkeimzahl des Tatars nach einer Stunde, wenn eine Teilungsrate von 20 Minuten zu erwarten ist.
8. Erkunden Sie die Rechtsfolgen bei Verstößen gegen Hygienevorschriften bei der örtlichen Gewerbeaufsicht, beim Gesundheitsamt oder im Internet. Die einschlägigen Gesetze enthalten meist zum Schluss entsprechende Vorschriften.
9. Ein Unternehmer hat einen Jahresgewinn von 80 000,00 € bei einem durchschnittlichen Eigenkapital von 650 000,00 €.
   a) Berechnen Sie die Verzinsung des eingesetzten Kapitals.
   b) Wegen verschiedener Verstöße gegen Hygienevorschriften muss er ein Bußgeld i. H. v. 5 000,00 € bezahlen. Wie viel Prozent beträgt die Eigenkapitalverzinsung in diesem Fall?
   c) Berechnen Sie den Unterschied der Ergebnisse zu a) und b) in % und %-Punkten.

# 7 Wirschaftsdienst

Die Abteilung Wirtschaftsdienst gibt es in der Praxis der Systemgastronomie eigentlich nicht als eigenständigen Bereich. Ein großer Teil der dazu gehörigen Aufgaben wird von den Zentralen übernommen. Diese geben den Wirtschaftsdienst betreffende Funktionen oftmals an Reinigungssystemanbieter weiter, die für ein Gesamtunternehmen Reinigungskonzepte entwickeln; diese ähneln sich sehr stark. In der Regel sind derartige Reinigungskonzepte ein Baustein innerhalb des HACCP-Konzepts eines Unternehmens. Die Stores haben lediglich Teilaufgaben in den Bereichen Reinigung und Kontrolle.

Auch in der Systemgastronomie sind Sauberkeit und ein angenehmes Ambiente in der persönlichen Nutzenskala und den Erwartungen des Gastes weit oben angesiedelt. Da zum einen die Ausstattung der Räumlichkeiten innerhalb eines Systemanbieters standardisiert ist, sich zum anderen die Ausstattungsmodelle der Mitbewerber untereinander ähnlich sind, bleibt als eine der wenigen Differenzierungsmöglichkeiten nur das Bemühen, sich auch im Wirtschaftsdienst durch hervorragende Leistungen von den Mitbewerbern abzugrenzen.

## 7.1 Reinigung und Pflege

### Situation

Sehr geehrte Gäste,
die sanitären Anlagen werden täglich mehrmals gereinigt. Ergeben sich trotzdem Beanstandungen, wenden Sie sich bitte an einen Mitarbeiter in den Gasträumen.

| Datum | Uhrzeit | Kontrolle |
|---|---|---|
| 19. August | 10:00 | Jo |
| 19. August | 11:30 | Jo |
| 19. August | 13:00 | Jo |
| 19. August | 14:30 | Ha |

**Schmutz** ist Materie am falschen Ort und muss mit geeigneten Mitteln entfernt werden. Reinigungs- und Pflegearbeiten können aber nur dann effektiv und wirtschaftlich erfolgen, wenn die Reinigungsmittel genauestens den Vorgaben entsprechend für die unterschiedlichen Verschmutzungen und Werkstoffe unter Verwendung der geeigneten Reinigungsgeräte und Techniken eingesetzt werden.

**Reinigung** ist das Zusammenwirken geeigneter Komponenten, um Schmutz zu entfernen und gleichzeitig Werkstoffe nicht anzugreifen. Zusätzlich ist wünschenswert, einen Pflegeeffekt zu erzielen, um das Ablagern von weiterem Schmutz zu verhindern und gleichzeitig Werkstoffe vor Umwelteinflüssen zu schützen. Somit wird eine längere Lebensdauer der Gegenstände erreicht und deren Gebrauchswert erhöht.

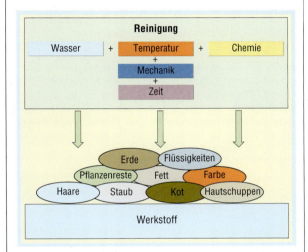

**Reinigungsvorgang**

**Reinigen**
= Entfernen von Verunreinigungen jeglicher Art (Schmutz, Flecke, Beläge usw.).

**Pflegen**
= Behandeln der Oberflächen mit Pflegemitteln, um diesen ein besseres Aussehen, z. B. Glanz, zu verleihen bzw. das Material vor chemischen oder mechanischen Einwirkungen zu schützen.

### 7.1.1 Werkstoffe – Materialien

Werkstoffe ist eine Sammelbezeichnung für Materialien, aus denen Gebrauchsgegenstände hergestellt werden. Je nach Nutzanwendung, Belastung, spezifischen Eigenschaften und auch Hygienerichtlinien kommen unterschiedliche Werkstoffe in den verschiedenen Bereichen der Systemgastronomie zur Anwendung.

Sie lassen sich hinsichtlich der anzuwendenden Reinigungsmethoden klassifizieren in:

# 1 Reinigung und Pflege

| Werkstoff | Beispiele |
|---|---|
| Metallische Werkstoffe | ▶ Stahl/Eisen (z. T. veredelt) Edelstahl, Eisen, Gusseisen <br> ▶ reine Metalle Silber, Kupfer, Bronze, Zinn, Zink usw. <br> ▶ Legierungen Messing, Alpaka, Cromargan usw. |
| Mineralische Werkstoffe | ▶ Glas <br> ▶ Stein und Steinzeug <br> ▶ Porzellan |
| Organische Werkstoffe | ▶ Holz <br> ▶ Leder <br> ▶ Naturfasern |
| Kunststoffe | Vielfältige organisch-chemische Werkstoffe, die durch chemische Veränderung von Naturstoffen oder aus anorganischen und organischen Rohstoffen künstlich hergestellt werden. |

**Reinigungs- und Pflegemittel**

| chemisch wirkende: | mechanisch wirkende: | kombiniert wirkende: |
|---|---|---|
| lösen die Schmutzschicht oder bilden einen Schutzfilm auf dem Material. | durch Schleifen, Polieren oder Scheuern wird die Schmutzschicht entfernt. | mithilfe von Putzwatte, Putztüchern oder verseiften Putzkissen werden die Materialien bearbeitet und geschützt. |

Natürlich ist es wünschenswert, wenn Mitarbeiter/-innen über Grundkenntnisse über Materialien und deren Pflegeeigenschaften verfügen. In der Systemgastronomie werden jedoch mehrheitlich keine eigenen Entscheidungen über den Einsatz von Reinigungsmitteln für bestimmte Materialen gefordert, im Gegenteil, sie sind untersagt.

## 7.1.2 Reinigungs- und Pflegemittel

Für den zu reinigenden Untergrund ist auch unter dem Gesichtspunkt der gleichzeitigen Pflege das am besten geeignete Produkt aus der Vielfalt der angebotenen, meist chemischen Mittel zu wählen. Nur durch die richtige Dosierung und Anwendung wird der bestmögliche Erfolg, sparsamer Einsatz und auch eine umweltschonende Entsorgung der Reinigungslauge sichergestellt.

Reinigungsmittel entfalten ihre Reinigungskraft durch chemische-, mechanische oder kombinierte Wirkung.

Auch die Auswahl der geeigneten Reinigungsmittel erfolgt zumeist zentralseitig. Die Zentrale vergibt diese Aufgabe im Rahmen von Reinigungssystemen und Konzepten wiederum an externe Anbieter. In der Regel dürfen die Einzelstores hier keine eigenen Entscheidungen fällen, sie haben das von der Zentrale vorgegebene System ohne Änderungen zu übernehmen.

Die Systemgastronomie versucht sich für den regelmäßigen Einsatz auf wenige Reinigungsmittel zu beschränken. Nachfolgend eine Übersicht:

| Reinigungsmittel | Einsatzbereich |
|---|---|
| Alkoholreiniger | Glasflächen und Spiegel wasserbeständige Oberflächen |
| Allzweckreiniger (Universal-, Neutralreiniger) | alle Materialien und Gegenstände, soweit nicht ein spezielles Reinigungsmittel erforderlich ist |
| Desinfektionsmittel | nur in Bereichen, die besonderen hygienischen Anforderungen unterliegen |
| Grundreiniger | entfernt alte Pflege- und Reinigungsmittelrückstände, Fett- und Ölverschmutzungen |
| Möbelpflegemittel | versiegelte und unversiegelte Holzflächen |
| Naturseife | Kunststein und Kunststoffe |

In **Reinigungs- oder Hygieneplänen** (vgl. Kap. 7.2) werden neben dem Umfang der Reinigung Materialien/Gebrauchsgegenstände/Einrichtungsgegenstände, Reinigungsmittel/Produkte, die davon ausgehende mögliche Gefährdung sowie Schutzmaßnahmen und ggf. Reinigungstechnik festgelegt.

Ein Auszug aus einem Reinigungsplan bzw. ein Teilplan könnte folgendermaßen aussehen:

| Symbol | Reinigungsmittel/ Produkt | Materialien/ Gebrauchsgegenstände/Einrichtung | Mögliche Gefährdung | Schutzmaßnahmen | Reinigungstechnik |
|---|---|---|---|---|---|
|  | ① rot Grillreiniger | – Grill und Backöfen | – ätzend | – Augenschutz und Handschuhe | – einsprühen, auswischen, nachspülen |
|  | ② rot <br> – Geschirrspülmittel <br> – Klarspüler (Maschine) | – Geschirr, Besteck, Töpfe usw. | – reizend <br> – ätzend | – Handschuhe <br> – Schutzbrille und Handschuhe | – maschinell |

# Reinigung und Pflege

| Symbol | Reinigungsmittel/ Produkt | Materialien/ Gebrauchsgegenstände/Einrichtung | Mögliche Gefährdung | Schutzmaßnahmen | Reinigungstechnik |
|---|---|---|---|---|---|
| (gelb) | ① Desinfektionsreiniger (verdünnt) | – Sanitäranlagen, gefliese Wände, Böden im Küchenbereich<br>– Arbeitsflächen | – reizend | – Handschuhe | – wischen mit verdünnter Lösung |
| (gelb) | ② Desinfektionsmittel Spray (klar nachspülen erforderlich) | | – reizend | – Handschuhe empfohlen | – einsprayen und klar nachspülen/ wischen |
| (blau) | Glasreiniger mit Alkohol | – Fenster, Spiegel, Vitrinen- und Thekenwände, teilweise Kunststoffplatten und Tische usw. | | | – einsprühen und trockenreiben |
| (grün) | ① Seifenreiniger universal<br>② Spülmittel auf Seifenbasis | – Bodenreiniger für␣Gasträume, Büro<br>– Geschirr, Tabletts | | | – wischen mit verdünnter Lösung<br>– abwaschen und spülen |

Ein systemgastronomischer Betrieb kommt somit mit ca. sieben verschiedenen Reinigungsmitteln aus. Teilweise sind diese ganz genau auf die verwendeten Materialien, Geräte und Gebrauchsgegenstände eines Unternehmens abgestimmt, in jedem Fall aber geprüft und zertifiziert.

>  **Maßnahmen**
> 
> Für alle Mittel gilt, dass
> ▶ die Gebrauchsanweisung genau zu lesen und zu beachten ist;
> ▶ die Dosierung umweltfreundlich zu erfolgen hat;
> ▶ alle Gegenstände, die mit Lebensmitteln in Berührung kommen, gründlich nachgespült werden.

Reinigungsmittel in den Kategorien Rot und Gelb haben in der Regel eine Gefahrenstoffkennzeichnung (vgl. Kapitel 4.2).
Hier hat der Arbeitgeber nach der Gefahrenstoffverordnung besondere Pflichten:

1. Bereithalten von Sicherheitsdatenblättern für die einzelnen Produkte mit Gefahrenstoffen,
2. Mitarbeiterunterweisung zu den einzelnen Gefahrenstoffen vor der ersten Verwendung durch den Mitarbeiter. Die Mitarbeiterunterweisungen müssen dokumentiert, aufbewahrt und jährlich wiederholt werden.

Doch nicht nur Gegenstände werden gereinigt, auch für die Bereitstellung der Gästeseife und Handtücher (Einmalhandtücher aus Papier oder Stoffhandtücher auf Rollen im Spendersystem) in den Gästetoiletten muss der Wirtschaftsdienst sorgen.
Bei der Gästeseife handelt es sich in der Regel um Flüssigseife oder Seifenschaum im Spender.

Gleiches gilt für Seife und Seifenspender der Mitarbeiter. Hier kommt jedoch Seife mit desinfizierender Wirkung zum Einsatz, die bei der Anwendung mindestens 30 Minuten einwirken muss. Im Mitarbeiterbereich kommen fast ausschließlich Einmalhandtücher aus Papier zum Einsatz.

## 7.1.3 Reinigungsgeräte und -hilfsmittel

Der Markt an Reinigungsgeräten und -material bietet eine Vielzahl verschiedener Hilfen an, die wie folgt unterschieden werden:

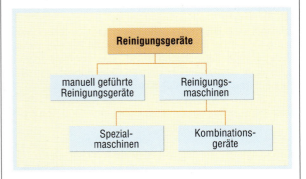

Bei den täglich auszuführenden Reinigungsarbeiten kann nicht auf manuell geführte Reinigungsgeräte verzichtet werden, zumal dort, wo aus Platzgründen kein Maschineneinsatz möglich ist oder die Oberflächen nur leicht verschmutzt sind.
Im Einsatz sind
▶ unzählige Arten an verschiedenen Reinigungstüchern, -schwämmen und Mopps,
▶ Nass- und Feuchtwischgeräte mit Fahreimern,

- Besen, Bürsten und Schrubber,
- Fensterwischer,
- Wandreinigungsgeräte.

| Trockenreinigung | |
|---|---|
| **Reinigungsgeräte** | **Anwendungsmöglichkeiten** |
| Kehrmaschine, Besen | textile und nicht textile Fußböden |
| Bürsten | Heizkörper, widerstandsfähige Textilbespannungen |
| Bohnermaschine | glatte Fußböden |
| Staubtuch | Tische, Stühle, Schränke usw. |
| Trockenstaubsauger | Teppiche, Teppichböden, Gardinen, Heizkörper usw. |

| Feucht- bzw. Nassreinigung | |
|---|---|
| **Reinigungsgeräte** | **Anwendungsmöglichkeiten** |
| Wasserabzieher | Stein- und Kunststoffböden, Fenster |
| Schwamm | Waschbecken usw. |
| Schrubber, Bürste | Steinfußböden, Treppen |
| Hochdruckreiniger, Nassstaubsauger | Steinfußböden (Außenbereich/Lager usw.) |
| Wischtücher | Fliesen, Kacheln |
| Scheuertuch | stark verschmutzte und raue Oberflächen, z. B. Treppen, Terrassen usw. |
| Aufnehmer | Fußböden aller Art |
| Dampfreiniger | Küche, Sanitär- und Nassbereiche |

Einige der Reinigungsgeräte, z. B. Bohnermaschine, Hochdruckreiniger und Nasssauger, werden nicht von den systemgastronomischen Betrieben beschafft, sondern gehören Fremdfirmen, die die damit anfallenden Arbeiten übernehmen.

Bei den unterschiedlichen Wischtüchern gibt es eine Vielzahl von Einwegprodukten, die nach ein- oder mehrmaliger Nutzung entsorgt werden. Bei den mehrfach verwendbaren Tüchern überwiegen diejenigen aus Mikrofaser.

Bei Wischtüchern für Arbeitsplatten gibt es in manchen Unternehmen die interne Anweisung, dass diese stündlich ausgewechselt und entsorgt werden müssen.

### Aufgaben

1. Nennen Sie mögliche Geräte und Maschinen, die sich für die Reinigung von Küchen und Vorbereitungsräumen besonders eignen.
2. Warum dürfen nur zertifizierte Reinigungsmittel zum Einsatz kommen?
3. Welche Komponenten wirken bei der Reinigung zusammen?

## 7.2 Organisation und Reinigungsplanung

Die **Reinigungsplanung** wird in der Regel ebenfalls durch die Zentralen unter Einschaltung von Reinigungssystemanbietern entsprechend den besonderen Erfordernissen des speziellen Unternehmens erstellt.

Hierbei sind besonders die bei einem Unternehmen zum Einsatz kommenden Geräte, räumliche Ausstattung von Sanitäranlagen, Produktionsbereichen/Küche und Gästebereich zu berücksichtigen, zumeist als ein **Teil des HACCP-Konzepts**.

Der Reinigungsplan umfasst dabei die Planung für die

- von internen Mitarbeitern durchzuführenden Aufgaben
- von externen Mitarbeitern/Fremdfirmen durchzuführenden Aufgaben

Beide Teilpläne werden unterschieden nach:
- täglich anfallenden Reinigungsaufgaben
- sich in längeren Abständen wiederholende Aufgaben (z. B. Büroräume nur Mo. und Do. feucht wischen, Fensterputzen 1 × wöchentlich).

Für alle Aufgaben werden Art und Umfang sowie die zu verwendenden Reinigungsmittel (vgl. Übersicht, Kap. 7.1.2) genau festgelegt. Die Fremdfirma hat sich in der Regel zu verpflichten, ausschließlich die vom Auftraggeber für bestimmte Reinigungsarbeiten ausgewählten Reinigungsmittel zu verwenden.

Die **mitarbeiterbezogene Planung** ergibt sich zumeist direkt aus dem Dienstplan in Verbindung mit dem Arbeitsvertrag oder Stellen- und Arbeitsplatzbeschreibung. Der Dienstplan legt fest, wer wann an welchem Arbeitsplatz arbeitet. Der Arbeitsvertrag oder die Stellenbeschreibung enthalten die Aufgabe, dass jeder Mitarbeiter seinen Arbeitsplatz inklusive der dazugehörigen Geräte selbst reinigen muss.

Gasträume, Küchenböden oder Küchengrundreinigungen usw. werden in der Regel durch Fremdfirmen gereinigt oder durch extra für Zwecke der Reinigung eingestelltes Personal. Diese Reinigungsarbeiten werden meist nach Betriebsschluss oder auch am Wochenende durchgeführt. So lässt z. B. ein systemgastronomischer Betrieb seine Verkaufstheke inklusive Eisbett einmal wöchentlich am Wochenende durch eine Fremdfirma reinigen.

Zur mitarbeiterbezogenen Planung gehört im weitesten Sinne auch die Beschaffungs- und Reinigungsplanung für die Berufsbekleidung.

Hier gibt es im Wesentlichen drei Grundmodelle:
- Leasingwäsche wird nach festen Vorgaben gewechselt und gereinigt,
- unternehmenseigene Wäsche wird von einer Fremdfirma entsprechend den Unternehmensvorgaben gewechselt und gereinigt,
- Mitarbeiter waschen eigene oder unternehmenseigene Wäsche selbst.

Doch auch bei der Mitarbeiterwäsche bleibt nichts dem Zufall überlassen, alles ist hinsichtlich Zeit und Umfang genau festgelegt und für „Notfälle" gibt es eine Reserve.
Die **Bedarfsplanung** erfolgt bei kleineren Betrieben meist nur einmal monatlich, bei größeren Betrieben einmal wöchentlich in Form einer Materialanforderung für Reinigungsgeräte und -mittel an die Zentrale.

Zusätzlich zu den eigentlichen Reinigungsarbeiten werden zugleich die entsprechenden Überwachungsmechanismen und **Kontrollen** geplant und auch durchgeführt. Hierzu werden meist durch die Zentrale entsprechende Checklisten erarbeitet.
Die **Kontrollen** der Eigen- und Fremdleistungen obliegen dem Storemanager, der sie ggf. an die Schichtführer delegiert. Die Leistungen der Fremdfirmen werden zunächst von dieser durch eigene Schichtführer oder Einsatzleiter kontrolliert und vom Storemanager stichprobenartig überprüft.

## Aufgaben

1. Wie stellen Sie in Ihrem Store sicher, dass gerade die nicht täglichen Reinigungsarbeiten auch wie im Plan vorgesehen durchgeführt werden?
2. a) Stellen Sie fest, welche Reinigungsarbeiten in Ihrem Ausbildungsbetrieb von Fremdfirmen erledigt werden, welche von eigenem Personal.
   b) Wie viel Zeit ist für die jeweiligen Reinigungsarbeiten vorgesehen?
   c) Welcher Anteil Ihrer täglichen Ausbildungszeit entfällt auf Reinigungsarbeiten?

## Infobox Sprache

### Wirtschaftsdienst

| Deutsch | Englisch |
|---|---|
| Seife | soap |
| desinfizierende Seife | disinfecting soap |
| Reinigung | cleaning |
| Reinigungsmittel | cleansing agent |
| reizend | irritant |
| ätzend | corrosive (zerfressend), pungent (Geruch) |
| Handtücher | towel |
| Einmalhandtücher | disposable towel |
| Lappen/Wischlappen | cloth, floorcloth |

## Übergreifende Aufgaben

1. Wie planen und kontrollieren Sie spezielle Reinigungen, zum Beispiel die Reinigung der Fettabluftanlage oder der Fassade? Erstellen Sie eine Checkliste für nötige Vorbereitungen, Absprachen und Kontrollen.
2. Erstellen Sie eine Liste der in Ihrem Ausbildungsbetrieb eingesetzten maschinellen Reinigungsgeräte. Halten Sie dazu auch die Leistungsdaten fest.
   Unterteilen Sie die Reinigungsgeräte in die Gruppen eigene Geräte, Leasinggeräte und Geräte von Fremdfirmen.
   Erfragen Sie anschließend die ungefähren Anschaffungskosten für jedes Gerät und den stundenmäßigen Einsatz jedes Gerätes pro Monat/Jahr.
   Welchen Zusammenhang können Sie zwischen Anschaffungskosten, Umfang des Einsatzes und Eigentümer der Geräte feststellen?

1. Informieren Sie sich im Internet über die Auswirkung von Chemie und Umweltverschmutzung hinsichtlich einer sorglosen Entsorgung von Abfall und Abwässern.
2. Informieren Sie sich im Internet über die Umweltverträglichkeit von modernen Reinigungsmitteln und vergleichen Sie diese Informationen mit Reinigern aus früheren Zeiten. Interviewen Sie ggf. dazu ältere Mitarbeiter.

1. Ein Kanister mit Glasreinigungsmittelkonzentrat enthält 5 Liter und kostet im Einkauf netto 9,80 €. Zur Herstellung einer anwendungsfertigen Lösung müssen 100 ml Reinigungsmittel mit je 1 Liter Wasser gemischt werden.
   a) Wie viel € kostet 1 Liter der Lösung?
   b) Wie viel Liter Lösung erhält man aus einem Kanister Reinigungsmittelkonzentrat?
   c) Viele Betriebe kaufen trotz der höheren Einstandspreise einer vergleichbaren Menge nur verwendungsfertige Produkte ein. Warum? Begründen Sie Ihre Antwort.
2. Ein Reinigungsmittel muss in verdünnter Lösung angewendet werden. Auf 5 Liter Wasser kommen 20 ml Reinigungskonzentrat aus einer Flasche mit 0,75 Litern.
   Wie viel Liter Reinigungslösung können mit dem gesamten Flascheninhalt angesetzt werden?
3. Es fallen täglich durchschnittlich 0,8 m³ Abfall aus den verschiedenen Abfallbehältern (Flaschen, Verpackung usw.) an. 1,1 m³ Restmüll verursachen 78,00 € Entsorgungskosten zuzüglich gesetzlicher Umsatzsteuer.
   a) 40 % des anfallenden Mülls könnten getrennt und damit auch getrennt entsorgt werden. Der getrennte Müll würde durch das Abfallbeseitigungsunternehmen als Wertstoff zum Preis von 39,50 € je m³ entsorgt.
      – Wie viel m³ Müll fällt pro Jahr im Restaurant an?
      – Wie viel Kosten fallen dadurch bei der Entsorgung als Restmüll (gemischt) an?
   b) Zeigen Sie Einsparmöglichkeiten durch Mülltrennung mit dazugehörigen Berechnungen auf.

# 8 Arbeiten in der Küche

## 8.1 Inhaltsstoffe von Lebensmitteln

### Situation

Der Ausbildungsrahmenplan sieht für Auszubildende in der Systemgastronomie den Schwerpunkt „Umgang mit Gästen, Beratung und Verkauf" vor. Dazu gehören auch:
- ▶ Erwartungen von Gästen hinsichtlich Beratung, Betreuung und Dienstleistung zu ermitteln,
- ▶ Gäste über das Angebot an Dienstleistungen und Produkten zu informieren.

Da immer mehr Verbraucher auf ihre Ernährung achten oder aus gesundheitlichen Gründen darauf achten müssen, wird das Personal in der Systemgastronomie auch immer häufiger mit Fragen wie diesen konfrontiert:

Enthält der Ketchup auch wirklich keinen Zucker und ist für Diabetiker geeignet? Wie viel Fett oder Kalorien (Kilojoule) enthält der Käse?
Aus diesem Grund müssen auch Fachleute für Systemgastronomie über gute Waren- und Produktkenntnisse verfügen.
Suchen Sie fünf verpackte Lebensmittel unterschiedlicher Lebensmittelgruppen aus dem Sortiment Ihres Ausbildungsbetriebes heraus und listen Sie die angegebenen Inhaltsstoffe auf. Hätten Sie einem Gast genaue Auskunft zu den Produkten geben können?

Untersucht man Lebensmittel genauer, stellt man fest, einige Inhaltsstoffe enthalten die Lebensmittel bereits von Natur aus. Es sind Bestandteile der verarbeiteten Rohstoffe. Andere Stoffe gelangen erst bei der Verarbeitung in das Lebensmittel.

| Lebensmittel | |
|---|---|
| **Natürliche Inhaltsstoffe** | **Zusatzstoffe** |
| Kohlenhydrate | Farbstoffe |
| Fette | Konservierungsstoffe |
| Eiweißstoffe | Geschmacksverstärker |
| Wasser | Süßstoffe |
| Mineralstoffe | Emulgatoren |
| Vitamine | Stabilisatoren |
| Ballaststoffe | Verdickungsmittel |
| Sonstige | Schaumverhüter usw. |

Bei den natürlichen Inhaltsstoffen fallen solche auf, deren Menge fast das gesamte Gewicht des Lebensmittels ausmacht. Andere kommen nur in Milligramm-Mengen vor, bei wieder anderen fehlen sämtliche Mengenangaben.

Betrachtet man die Nährwertangaben, tauchen immer drei gleiche Begriffe auf „Zucker, Eiweiß, Fett" oder auch „Kohlenhydrate, Proteine, Lipide". Diese drei sog. Hauptnährstoffe versorgen den Körper mit Energie. Alle übrigen Nährstoffe liefern keine Wärmeenergie, sind aber trotzdem lebensnotwendig.

### 8.1.1 Wasser

Im ersten Moment denken viele beim Stichwort „Wasser" nicht an Nahrungsmittel, obwohl Wasser der Nahrungsbestandteil ist, von dem wir die weitaus größte Menge täglich zu uns nehmen. Auch unser Körper besteht mit rund 70 % zum größten Teil aus Wasser.

Die **Wasseraufnahme** erfolgt gewöhnlich gemeinsam mit anderen Nahrungsbestandteilen.

| Wasseraufnahme pro Tag | | Wasserabgabe pro Tag | |
|---|---|---|---|
| 1 500 ml | Getränke | 1 650 ml | Urin |
| 1 000 ml | Speisen | 650 ml | Schweiß |
| 300 ml | Oxidationswasser | 350 ml | Atem |
| | | 150 ml | Kot |
| 2 800 ml im Durchschnitt | | 2 800 ml im Durchschnitt | |

Über Obst, Gemüse und andere wasserreiche Lebensmittel decken wir knapp ein Drittel des täglichen Bedarfs. Getränke liefern etwa die Hälfte.

Gut ein Zehntel des Wasserbedarfs wird von sogenanntem **„Oxidationswasser"** gedeckt. Immer dann, wenn der Zellstoffwechsel Nährstoffe zur Energiegewinnung verbrennt, entsteht bei dieser Oxidation Wasser. Der Körper nutzt es genauso wie Wasser, welches über den Verdauungskanal zugeführt wird.

Die täglich aufgenommene Wassermenge wird wieder ausgeschieden, da der Organismus Wasser nicht speichern kann.

Je nach Gewinnungsort weist Wasser unterschiedliche Wasserhärten auf, die von gelösten Salzionen verursacht werden ($Ca^{++}$ Calcium-Ionen, $Mg^{++}$ Magnesium-Ionen, $HCO_3^-$ Hydrogencarbonat, $SO_4^{--}$ Sulfat, $NO_3^-$ Nitrat). Damit trägt Trinkwasser gleichzeitig zur Mineralstoffversorgung bei.

# Inhaltsstoffe von Lebensmitteln

## Bedeutung für den Körper

- Wasser dient als **Kühlmittel** für den Körper. Rund 2,5 Millionen Schweißdrüsen scheiden salzhaltiges Wasser aus, es entzieht dem Körper beim Verdunsten Wärme.
- Der Körper nutzt Wasser als **Lösungsmittel** für die Mehrzahl aller Nahrungsbestandteile, Zersetzungsprodukte, Stoffwechselabfälle, Giftstoffe und Medikamente.
- Gleichzeitig ist Wasser das wichtigste **Transportmittel** für die oben genannten Stoffe. Über die Blutbahn gelangen sie in jeden Winkel des Organismus.
- Wasser ist **Quellmittel** für körpereigene Proteine.
- Wasser stellt neben den Proteinen den wichtigsten **Baustoff der Zellen** und Gewebe dar. Der Wasserinnendruck der Zellen strafft die Zellmembranen, gibt Form und hält das Gewebe aufrecht. Verringert sich der Druck, werden Gewebe schlaff, die Haut bekommt Falten.
- Für zahlreiche Stoffwechselvorgänge wird Wasser als **Reaktionspartner** benötigt.

## Küchentechnologische Bedeutung

Nicht nur für den Körper ist Wasser enorm wichtig, auch in der Küche findet es vielseitige Verwendung und das nicht nur bei der Nahrungszubereitung.

Speziell die Carbonathärte ($HCO_3^-$) und Calciumionen wirken sich nachteilig auf die Zubereitung von Aufgussgetränken aus. Aromastoffe können z. B. nicht ausreichend aus Teeblättern herausgelöst werden. Hierfür sollte enthärtetes Wasser verwendet werden.

| Die vier **Härtebereiche** | |
|---|---|
| **Härtebereich 1** (weich) bis 1,3 Millimol = 73 mg CaO (0–7 °dH) | **Härtebereich 3** (hart) 2,5–3,8 Millimol = 213 mg CaO (bisher 14–21 °dH) |
| **Härtebereich 2** (mittel) 1,3–2,5 Millimol = 140 mg CaO (7–14 °dH) | **Härtebereich 4** (sehr hart) über 3,8 Millimol < 213 mg (über 21 °dH) |
| °dH = alte Bezeichnung für Wasserhärte (1 °d = 1 Grad deutsche Härte = 10 mg CaO (= Calciumoxid) pro l) | |

Die Wasserhärte sollte bekannt sein, da vor allem Reinigungsvorgänge entscheidend beeinträchtigt werden. Kalkniederschläge in Wasserboilern erhöhen den Stromverbrauch und zerstören diese auf Dauer.

## 8.1.2 Fette – Lipide

| Fette/Lipide | |
|---|---|
| **Beteiligte Elemente** | C Kohlenstoff, H Wasserstoff, O Sauerstoff |
| **Energie pro Gramm** | 37 kJ (9 kcal) |
| **Tagesbedarf** | 1 g pro kg Körpergewicht |
| **Hauptaufgabe im Körper** | Brennstoff (Energiegewinnung), Reservestoff |

Die wissenschaftliche Bezeichnung für Fette „Lipide" (griech. lipos = Fett) ist gleichzeitig auch der internationale Name. Er setzt sich auch in Deutschland immer mehr durch. Wir kennen von unseren Lebensmitteln ganz unterschiedliche Arten von Fetten.

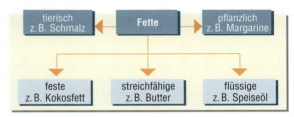

Fette bestehen aus relativ einfachen Molekülen. Ihr wichtigster Bestandteil sind die sog. **Fettsäuren**. Es handelt sich dabei um lang gestreckte Moleküle aus aneinandergereihten Kohlenstoffatomen, an deren freien Bindungsarmen Wasserstoffatome sitzen. Nur das erste Kohlenstoffatom bildet zusammen mit einer OH-Gruppe und einem Sauerstoffatom die sog. **Säuregruppe**:

$$\mathrm{HO-C\!\!=\!\!O}$$

Bei einem Teil der Fettsäuren sind alle Kohlenstoff-Bindungsarme vollständig mit Wasserstoffatomen verbunden. Man spricht von **„gesättigten Fettsäuren"**.

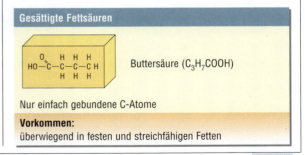

Nur einfach gebundene C-Atome

**Vorkommen:** überwiegend in festen und streichfähigen Fetten

# 1 Inhaltsstoffe von Lebensmitteln

Bei der anderen Gruppe, den **„ungesättigten Fettsäuren"**, fehlen Wasserstoffatome, weshalb Kohlenstoff-Bindungsarme mit Nachbar-C-Atomen Doppelbindungen ausbilden (– C = C –).

An diesen Doppelbindungen entsteht eine Lücke von zwei Wasserstoffatomen: **einfach ungesättigte Fettsäure**.

Entsprechend ergeben zwei und mehr Doppelbindungen **mehrfach ungesättigte Fettsäuren (MUF)**.

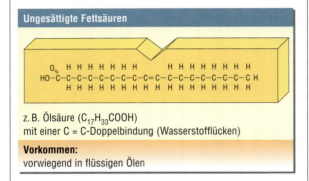

z. B. Ölsäure ($C_{17}H_{33}COOH$)
mit einer C = C-Doppelbindung (Wasserstofflücken)

**Vorkommen:**
vorwiegend in flüssigen Ölen

Drei dieser mehrfach ungesättigten Fettsäuren werden **essenziell** (= wesentlich, wichtig, lebensnotwendig) genannt, da der menschliche Körper sie nicht selbst herstellen kann. Fehlen essenzielle Fettsäuren in der Nahrung, kommt es zu Mangelerscheinungen (Wachstumsstörungen, Hautveränderungen).

Der tägliche Bedarf an essenziellen Fettsäuren beträgt 10 g, das entspricht etwa 18 g Öl! Essenzielle Fettsäuren kommen in allen pflanzlichen Fetten und im Fischöl vor. Im Fischöl sind die Fettsäuren mehrfach ungesättigt (Omega-3-Fettsäuren).

Im Fett oder Öl unserer Lebensmittel sind die Fettsäuren überwiegend verbunden mit **Glycerin**, einem speziellen Alkohol mit drei OH-Gruppen. Diese OH-Gruppen können ebenfalls leicht abgetrennt werden. Sie verbinden sich jeweils mit dem Säurewasserstoff der Fettsäure zu einem Wassermolekül. An dem jetzt freien Bindungsarm des Glycerins hängt nun eine Fettsäure.

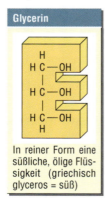

In reiner Form eine süßliche, ölige Flüssigkeit (griechisch glyceros = süß)

Je nachdem, wie viele OH-Gruppen des Glycerins von Fettsäureresten ersetzt werden, spricht man von Mono-, Di- oder Triglyceriden.

**Beispiele**

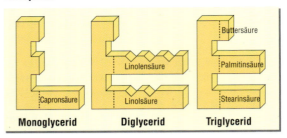

Natürliche Speisefette enthalten alle drei verschiedenen Glyceridarten, sog. freie Fettsäuren und freies Glycerin in unterschiedlichen Zusammensetzungen. Da Eigenschaften und **Qualität** in erster Linie von den Fettsäuren abhängen, werden i. d. R. nur diese angegeben. Öle sind überwiegend wertvoller als feste Fette, am wertvollsten sind Fette mit einem besonders hohen Anteil an mehrfach ungesättigten Fettsäuren. Für Margarine und Spezialfette werden die verschiedenen Fettsorten ganz gezielt gemischt, um ganz bestimmte Eigenschaften zu erzielen.

 **Beispiel**

Olivenöl: 15 % gesättigte Fettsäuren, 75 % einfach ungesättigte Fettsäuren, 10 % mehrfach ungesättigte Fettsäuren

Ein Fett ist leicht verdaulich und verfügbar, wenn es einen niedrigen Schmelzpunkt hat und daher schnell emulgiert und enzymatisch gespalten werden kann.

Fette erfüllen vielfältige **Aufgaben im Körper**:
▶ Jede einzelne Zelle enthält in ihren dünnen Membranen unzählige Fettsäuren. Sie bewirken den Zellaufbau, speziell Zellkern und Zellmembranen.
▶ Fett dient im Körper als Isolierung gegen Kälte.
▶ Fett eignet sich vorzüglich als Reservestoff, um daraus Energie zu gewinnen, denn von allen drei Hauptnährstoffen liefern Lipide den höchsten Energiebeitrag.
▶ Fett hält unsere Haut geschmeidig, macht sie in gewissem Grad wasserabweisend und bietet Schutz vor Infektionen durch Mikroben.
▶ Fettsäuren bilden die Grundlage für zahlreiche körpereigene Substanzen.
▶ Fett dient in der Muttermilch als Nährstoff für den Säugling.
▶ Fett ist Gegner des Stresshormons Adrenalin.
▶ Fett beeinflusst den Cholesterinspiegel, trägt zum Senken bei.

**Küchentechnologische Bedeutung von Fetten:**
▶ Fette lassen sich erst **in emulgierter Form** gleichmäßig mit Wasser vermischen (Soße, Mayonnaise). Viele Speisefette sind bereits emulgiert

(Butter, Margarine). In den meisten fetthaltigen Lebensmitteln kommt Fett emulgiert vor (Milch, Käse, Sahne (0,5 bis 0,7 g), Avocado usw.).

▶ **Fette lösen** zahlreiche **fettlösliche Substanzen** aus den Lebensmitteln (Vitamine, Geschmacks-, Aroma-, Farbstoffe) und machen sie so erst verfügbar („Fett rundet den Geschmack ab").

▶ Beim Erhitzen schmelzen Fette und erreichen bei noch höheren Temperaturen ihren **Rauchpunkt**. Dort beginnt die Fettzersetzung, wobei gesundheitsschädliche Abbauprodukte entstehen. Dies ist zu beachten beim Braten und Frittieren.

| Rauchpunkt | |
|---|---|
| Butter | ab 150 °C |
| Margarine | ab 170 °C |
| Schweineschmalz | ab 190 °C |
| Rindertalg | ab 190 °C |
| Pflanzenöle | ab 220 °C |
| gehärtete Pflanzenfette | ab 240 °C |

Höhere Temperaturen beschleunigen zwar das Garen in der Fritteuse, es besteht aber das Risiko, dass krebserregende Fett-Abbauprodukte in das Gargut gelangen.
Verantwortungsbewusste Köche vermeiden derartig hohe Temperaturen.

▶ Bei **gehärteten Fetten** wurde an die Wasserstofflücken ungesättigter Fettsäuren künstlich Wasserstoff angelagert. Dies erhöht ihren Schmelzpunkt, flüssiges Öl wird fester, „härter" bei Zimmertemperatur. So entstehen aus Ölen streichfähige Fette und Spezialfette.

In **natürlichen Fetten** kommen noch andere Stoffe vor. Sie sind deshalb mit Fett vergesellschaftet, weil sie sich in Wasser nicht lösen. Sie sind also „fettlöslich". Ein Teil dieser Substanzen hat Ähnlichkeiten mit Lipiden, man nennt sie **komplexe Lipide**.

Andere Substanzen nutzen das Fett nur als Lösungsmittel und heißen deshalb **Fettbegleitstoffe**. Bekannteste Beispiele sind sog. fettlösliche Vitamine (s. a. Kap. 8.1.6).

**Fettähnliche oder Fettbegleitstoffe, komplexe Lipide** (früher Lipoide), enthalten neben Glycerin und Fettsäuren noch andere Substanzen im Molekül, z. B. Metalle, Phosphor, Zucker sowie Proteine.

Sie sind in Lebensmitteln weitverbreitet und erfüllen im Körper häufig wichtige Aufgaben.

| Komplexe Lipide – Fettbegleitstoffe | |
|---|---|
| Beispiele und Vorkommen komplexer Lipide | Aufgaben komplexer Lipide |
| ▶ **Natürliche Wachse:** Wasser abweisende Fruchtüberzüge (Äpfel, Pflaumen, Trauben, …); langkettige Fettsäuren an Alkohol gebunden | ▶ natürliche Emulgatoren |
| ▶ **Lecitin:** natürliche Emulgatoren; Phosphat und Zucker an Fettsäure gebunden (in Eigelb, Getreidekeimen, Pflanzenöl) | ▶ schützen Fette vor Verderb  ▶ Geschmacks- und Aromaträger |
| ▶ **Carotinoide:** natürliche rote, gelbe Farbstoffe (Karotten, Tomaten, Paprika, Orangen, Speisefette) | ▶ schützen die Haut vor UV-Strahlen |
| ▶ **Cholesterine:** Bestandteil tierischer Zellmembranen; fettlöslicher ungesättigter Alkohol (in tierischen Fetten) | ▶ unterstützen Verdauung und Stoffwechsel |

## 8.1.3 Kohlenhydrate

Kohlenhydrate erhielten ihren Namen von den Wörtern **Kohlen**stoff und „**Hydrat**" (= Verbindung mit Wasser). Nach dem bekanntesten Vertreter nennt man sie auch oft „Zuckerstoffe", die internationale Bezeichnung lautet Saccharide (gr. sakcharon = Zucker).

| Kohlenhydrate | |
|---|---|
| Beteiligte Elemente | C Kohlenstoff, H Wasserstoff, O Sauerstoff |
| Energie pro Gramm | 17 kJ (4 kcal) |
| Tagesbedarf | 5 g pro kg Körpergewicht |
| Hauptaufgabe | Brennstoffe (Energiegewinnung) |

Kohlenhydrate kommen in der Natur fast ausschließlich von Pflanzen. Alle grünen Pflanzen sind in der Lage, aus dem Wasser des Bodens und dem Kohlendioxid der Luft Zucker herzustellen.

Diese Synthese läuft nur in den grünen Blättern ab, da hierfür das sog. Blattgrün oder Chlorophyll als Hilfsstoff (Katalysator) benötigt wird. Die erforderliche Energie liefert das Sonnenlicht. Deshalb spricht man auch von **Fotosynthese**. Als Abfallprodukt entsteht Sauerstoff.

# Inhaltsstoffe von Lebensmitteln

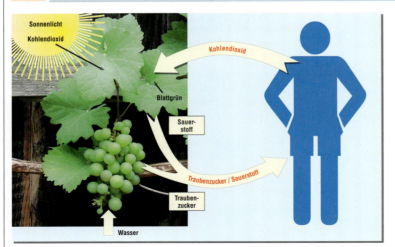

Fotosynthese: Erzeugung von organischen Stoffen in Lebewesen unter Verwendung von Lichtenergie

Gesamtgleichung

$$6\ H_2O + 6\ CO_2 \xrightarrow{\text{Licht} / \text{Blattgrün}} C_6H_{12}O_6 + 6\ O_2$$

Wasser + Kohlendioxid → Traubenzucker + Sauerstoff

Alle Pflanzen stellen zunächst Glucose her und wandeln diese dann in die verschiedenen Zuckerarten um. Alle Pflanzenteile bestehen mehr oder weniger aus Kohlenhydraten, sie dienen Mensch und Tier zur Ernährung. Der ausgeschiedene Sauerstoff wird zur Atmung verwendet. Umgekehrt scheiden Mensch und Tier Kohlendioxid aus, das von Pflanzen wieder zur Fotosynthese genutzt wird. So entsteht ein Kreislauf, der unzähligen Lebewesen das Leben ermöglicht.

Die Einteilung der Kohlenhydrate erfolgt in Einfach- (Monosaccharide), Doppel-(Disaccharide), Mehrfach-(Oligosaccharide) und Vielfachzucker (Polysaccharide). Glucose (Traubenzucker) ist bei Weitem der häufigste Einfachzucker, ein ringförmiges Molekül aus insgesamt 24 Atomen.

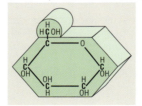

## Aufbau, Eigenschaften und Vorkommen der wichtigsten Kohlenhydrate

| Bezeichnung | Aufbau | Eigenschaften | Vorkommen |
|---|---|---|---|
| **Einfachzucker** Glucose = Traubenzucker | | gut wasserlöslich süß | süße Früchte Honig Blut (0,1 %) |
| Galaktose = Schleimzucker | | schlecht wasserlöslich schwach süß | meist in Verbindung mit anderen Zuckern |
| Fructose = Fruchtzucker | | gut wasserlöslich höchste Süßkraft aller Zucker (130 %) | süße Früchte Honig |
| **Doppelzucker** Maltose = Malzzucker | 2 × Glucose | sehr gut wasserlöslich leicht süß | Malz in keimenden Samen überall, wo Stärke abgebaut wird |
| Saccharose = Rohrzucker, Rübenzucker = Haushaltszucker | Glucose + Fructose | gut wasserlöslich süß (100 %) schmelzend bei 160 °C karamellisierend bei 170 °C (danach schwarz – Coleur) | Zuckerrübe 20 %, Zuckerrohr 24 %, Mohrrübe 3 %, Haushaltszucker 100 % |

# Inhaltsstoffe von Lebensmitteln

## Aufbau, Eigenschaften und Vorkommen der wichtigsten Kohlenhydrate

| Bezeichnung | Aufbau | Eigenschaften | Vorkommen |
|---|---|---|---|
| Lactose = Milchzucker | Glucose + Galaktose | wasserlöslich, schwach süß | Kuhmilch 5 %, Muttermilch 6 % |
| **Mehrfachzucker** Dextrin | etwa 8 × Glucose | leicht wasserlöslich, quellfähig, schwach süßlich | Backwerk, Brotkruste, Zwieback, überbackene, stärkehaltige Speisen |
| Inulin | etwa 50 × Fructose | sehr schlecht wasserlöslich, leicht bitter | Süßkartoffel, Artischocke |
| **Vielfachzucker** Stärke = Amylose + Amylopektin | bis 3 000 × Glucose; bis 100 000 × Glucose, verzweigt | wasserunlöslich, quellfähig, geschmacklos, verkleistert in heißem Wasser | Getreide, Kartoffeln, Früchte, Gemüse, Hülsenfrüchte |
| Glykogen = tierische Stärke | ähnlich wie Amylopekin aufgebaut, stärker verzweigt, 100 000 × Glucose | Reservestoff, quellfähig, geschmacklos | Leber 18 % |
| Cellulose | lang gestreckte Glucoseketten | wasserunlöslich, schwach quellfähig, geschmacklos, unverdaulich, ohne Energie | Getreidespelze, Gemüse, Obst } Zellwände |

Kohlenhydrate sind mengenmäßig der wichtigste Nährstoff. Ihre küchentechnische Bedeutung ist sehr groß.
- **Dextrine** sind Bruchstücke der Stärke. Sie entstehen, wenn verkleisterte Stärke trocken erhitzt wird (Backen, Rösten). Stärke verfärbt sich dann braun und verändert den Geschmack von geschmacklos zu leicht süßlich. Beide Veränderungen sind erwünscht und werden vielfältig genutzt (braune Soßen, braune Mehlschwitze, Gebäckkruste, Toast usw.). Im Vergleich zur reinen Stärke sind Dextrine leichter verdaulich.
- Beim gemeinsamen Erhitzen von Kohlenhydraten mit Proteinen bildet sich eine Mischung aus brauner Farbe und schwach bitterem Geschmack (Bratenkruste, Panade, Gegrilltes, Gebäck, Bohnenkaffee usw.). Bei vielen Lebensmitteln entstehen beide Substanzen, die sogenannten **Röstbitterstoffe** und Dextrine, da nur wenige Lebensmittel Kohlenhydrate alleine enthalten.
- Werden Glucose oder Saccharose geschmolzen und weiter erhitzt, kommt es zur Karamellisierung. Es entsteht das braune **Karamell**. Dieses Zersetzungsprodukt findet Verwendung als Lebensmittelfarbstoff (Zuckercouleur) und Aroma in Gebäck, Süßwaren und Getränken.
- Beim Erhitzen von Stärke mit Wasser verkleistert sie, quillt auf, wird klebrig und standfest. Die **Stärkeverkleisterung** nutzen Köche bei der Herstellung von Pudding und Gebäck, Soßen erhalten ihre Bindung und vieles mehr. Schneeweißes Stärkepulver der Industrie ist vorbehandelt (modifiziert), um die Verkleisterung zu beschleunigen.
- Stärkehaltige Lebensmittel (z. B. Kartoffeln, Teigwaren, Reis, Brot) dienen als **Beilagen** für zahlreiche Gerichte.
- Der Doppelzucker **Saccharose** ist der wichtigste Rohstoff der Süßwarenindustrie und der Patisserie.

- **Maltose** ist für die **Bierherstellung** unverzichtbar. Hefe kann den Malzzucker leicht vergären.
- Nahezu alle **kohlenhydrathaltigen Rohstoffe** können vergoren werden und sind somit Grundlage der unterschiedlichsten **Spirituosen**.

## 8.1.4 Eiweiß – Proteine

Da das Wort „Eiweiß" auch das Eiklar meint, spricht man beim Nährstoff Eiweiß besser von Protein (griech. Protos = der Erste, der Wichtigste). Proteine sind tatsächlich der wichtigste Nährstoff. Ihre Bedeutung für den Menschen ist vielfältiger als die der anderen beiden Nährstoffe. Schon die Anzahl der beteiligten Elemente ist anders, vor allem aber ihre Bedeutung für den Organismus.

| Eiweiß / Protein | |
|---|---|
| Beteiligte Elemente | C Kohlenstoff, H Wasserstoff, O Sauerstoff, N Stickstoff, S Schwefel |
| Energie pro Gramm | 17 kJ (4 kcal) |
| Tagesbedarf | 1 g pro kg Körpergewicht |
| Hauptaufgabe | Baumaterial jeder Körperzelle, Stoffwechselhilfsstoff (Enzyme), viele Hormone, Abwehrstoffe, Energielieferant |

Im **Aufbau** unterscheiden sich Proteine ebenfalls von den Kohlenhydraten und Lipiden. Die Struktur ist äußerst vielfältig und ebenso die Aufgaben im menschlichen Körper.
Alle Proteine sind mehr oder weniger komplexe Kettengebilde aus 20 verschiedenen „Perlen", den sogenannten **Aminosäuren**.
Alle diese natürlich vorkommenden Aminosäuren sind dem Prinzip nach ähnlich aus drei verschiedenen Abschnitten gebaut:

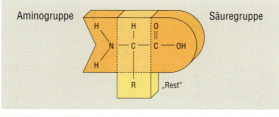

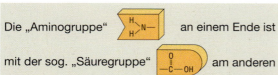

Die „Aminogruppe" an einem Ende ist mit der sog. „Säuregruppe" am anderen Ende über ein Kohlenstoffatom als Bindeglied miteinander verknüpft.

Der dritte Bestandteil, der sogenannte Aminosäurerest, besteht im einfachsten Fall nur aus einem Wasserstoffatom (Glycin). Aber auch Reste mit bis zu 20 Atomen kommen vor (Tryptophan).

Aminosäurereste unterscheiden sich z. T. ganz erheblich untereinander. Entscheidend für den Wert des Proteins sind eben diese Reste. Schon eine fehlende Aminosäure verändert die Proteineigenschaften.

| Nicht essenzielle Aminosäuren | | | | | |
|---|---|---|---|---|---|
| Alanin | Ala | Cystein | Cys | Histidin | His |
| Arginin | Arg | Glutamin | Gln | Prolin | Pro |
| Asparagin | Asn | Glutaminsäure | Glu | Serin | Ser |
| Asparaginsäure | Asp | Glycin | Gly | Tyrosin | Tyr |
| **Essenzielle Aminosäuren** | | | | | |
| Isoleucin | Ileu | Methionin | Met | Tryptophan | Trp |
| Leucin | Leu | Phenylalanin | Phe | Valin | Val |
| Lysin | Lys | Threonin | Thr | | |

Acht **essenzielle Aminosäuren** kann der menschliche Organismus nicht selbst herstellen, er muss sie mit der Nahrung täglich zuführen.

Entsteht aus einzelnen Aminosäuren ein Protein, lagern sich viele Aminosäuren zu Ketten zusammen. Wieder ist es der Säurewasserstoff, der sich mit der OH-Gruppe der Aminogruppe zu Wasser verbindet. Beide frei werdenden Bindungsarme halten die einzelnen Aminosäuren zusammen.
Kurze Ketten heißen **Peptide**, längere Ketten (mit zum Teil mehreren Tausend einzelnen Aminosäuren) nennt man **Proteine**.

Noch wichtiger als die Aminosäureart ist deren Anordnung im Proteinmolekül. Die genaue Reihenfolge ist erblich festgelegt. Ändert sich diese Reihenfolge, verändern sich Form, Eigenschaften und Verdaulichkeit des Proteins. Geringe Formveränderungen bei einem Enzymprotein beispielsweise bewirken schon dessen Unwirksamkeit.

Eine Raumstruktur entsteht, wenn lange Aminosäureketten-Spiralen noch einmal spiralisiert werden. Mehrere Ketten können miteinander erneut spiralisiert, seilartig „versponnen" werden. So entstehen elastische, zugfeste **faserförmige Proteine**.

Wird die Kette nur treppenförmig geknickt, ergeben zahlreiche geknickte, parallel angeordnete Fäden, flächige, stabile Häutchen (Bindegewebehäute) **Faltblattstrukturen**.

Faserförmige und Faltblattproteine sind äußerst stabil und dementsprechend schlecht und langwierig zu verdauen.

# Inhaltsstoffe von Lebensmitteln

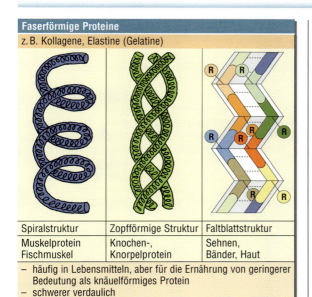

| Faserförmige Proteine |||
|---|---|---|
| z. B. Kollagene, Elastine (Gelatine) |||
| Spiralstruktur | Zopfförmige Struktur | Faltblattstruktur |
| Muskelprotein Fischmuskel | Knochen-, Knorpelprotein | Sehnen, Bänder, Haut |

– häufig in Lebensmitteln, aber für die Ernährung von geringerer Bedeutung als knäuelförmiges Protein
– schwerer verdaulich
– weniger gut wasserlöslich

Die Spiralfäden selbst sind oft verknäult, sodass **knäuel-, kugelförmige Proteine** entstehen. Dieser Protein-Typ ist gut verdaulich.

**Knäuelförmige, kugelförmige Proteine**
z. B. roter Muskelfarbstoff

**Vorkommen:** Milch-, Bierproteine, Muskel-, Blutfarbstoff, Getreide-, Eiproteine, Fleisch, Fisch

**Eigenschaften:** gut verdaulich, gut wasserlöslich

In den Proteinstrukturen bieten unterschiedliche Atome und zahlreiche Hohlräume Bindungsmöglichkeiten für andere, proteinfremde Stoffe. Lagern sich solche Stoffe dort an, kommt man zu sog. **komplexen Proteinen** (früher Proteide). Viele davon findet man in Lebensmitteln, wenn auch nur in sehr geringen Mengen. Meist lassen sie sich gut verdauen.

## Eiweißarten

| Einfache Proteine auf Aminosäurebasis | Proteine | Vorkommen |
|---|---|---|
| | Albumin | Fisch, Fleisch, Ei, Milch, Gemüse |
| | Globulin | Fisch, Fleisch, Milch, Hülsenfrüchte, Getreide |
| | Kleber/Gluten Glutenin Gliadin | Getreide |
| | Kollagen | Sehnen, Knorpel, Gräten, Schwarten, Knochen |
| **Komplexe Proteine** (Aminosäuren mit Nichteiweiß gebunden) | | |
| Eiweiß + Phosphat | Casein | Milchprodukte |
| Eiweiß + Farbstoffe (Metallionen, z. B. Fe) | Hämoglobin Myoglobin | Blut-, Muskelfarbe Hummerfarbe |
| Eiweiß + Fettsäure | Lipoproteine | Milchprodukte, Backwaren, Eigelb |
| Eiweiß + Nucleinsäure | Nucleoproteine | Zellkern = Erbanlagen, Hülsenfrüchte |

**Biologische Wertigkeit der Proteine:**
Nicht alle Lebensmittelproteine sind für den menschlichen Organismus gleich wertvoll, da nicht jedes Nahrungsprotein die gleiche Anzahl essenzieller Aminosäuren liefert. Denkbar wäre, dass ein Protein fast keine essenziellen Aminosäuren hat.

Der Organismus könnte also kaum körpereigenes Protein herstellen, der biologische Nutzen wäre entsprechend gering.

Die biologische Wertigkeit von Protein gibt an, zu welchem Prozentsatz das Lebensmittelprotein vom menschlichen Körper in körpereigenes Protein umgewandelt werden kann.

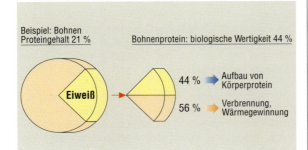

Beispiel: Bohnen Proteingehalt 21 %
Bohnenprotein: biologische Wertigkeit 44 %
44 % Aufbau von Körperprotein
56 % Verbrennung, Wärmegewinnung

| Biologische Wertigkeit einiger Lebensmittelproteine in % ||||
|---|---|---|---|
| **Pflanzliche Lebensmittel** || **Tierische Lebensmittel** ||
| Sojabohnen | 76 | Quark | 98 |
| Vollkornbrot | 68 | Dorsch | 92 |
| Kartoffeln | 67 | Milch | 91 |
| Reis, poliert | 66 | Rindfleisch | 87 |
| Haselnüsse | 50 | Schweinefleisch | 84 |
| Weißbrot | 44 | Hühnerei | 81 |
| Rosenkohl | 40 | Gelatine | 1 |

Die höchste biologische Wertigkeit entspricht 100 %. Für jedes Lebensmittel wird errechnet, wie viel körpereigenes Protein es bilden kann. Kein Lebensmittel erreicht 100 %.

Die biologische Wertigkeit kompletter Mahlzeiten erhöht sich beim **Kombinieren von Lebensmitteln**. Proteine von hoher biologischer Wertigkeit kombiniert man mit Nahrungsproteinen niedriger Wertigkeit. Insgesamt liefert die Mahlzeit dann alle essenziellen Aminosäuren.

**Beispiel**

Milch weist eine hohe biologische Wertigkeit auf, hat aber zu wenig Threonin. Weizenprotein mit wesentlich niedrigerer biologischer Wertigkeit besitzt dagegen viel Threonin und gleicht den Mangel der Milch aus. Milcherzeugnisse und Weizenprodukte ergänzen sich also gut. Ähnliches gilt für Kartoffeln und Hühnerei.
Als einfache Faustregel gilt: Pflanzliche Proteine können tierische Proteine gut ergänzen.

**Eigenschaften der Proteine:**
Viele Proteine besitzen ein gutes **Quellvermögen**. Besonders viel Wasser nehmen lösliche, kugelförmige Proteine auf (Gelatine, Pektin).
Geht die räumliche Struktur der Proteine verloren, fallen sie in sich zusammen, es kommt zur **Denaturierung** (früher Gerinnung). Dieser Vorgang geschieht bei zahlreichen Zubereitungsverfahren:

| Denaturierung von Proteinen | |
|---|---|
| **Ursachen:** | ▶ Schlagen: Eischnee, Schlagsahne |
| | ▶ Hitze: Spiegel-, Rührei, hartes Ei, Milch, ... |
| | ▶ Säure: Sauermilch, Joghurt, Käse, Aspik, ... |
| **Folgen:** | ▶ Festigkeit: flüssiges, gelöstes Protein wird fest (Ei) |
| | ▶ Farbe: farbloses Eiklar wird weiß (Spiegelei) |
| | ▶ Verdaulichkeit: im denaturierten Zustand verbessert (Verdauungsenzyme können besser angreifen) |
| | ▶ Biologische Wirkung geht verloren. Erhitzte, gesäuerte Lebensmittel haben zerstörte Enzyme, der enzymatische Abbau ist gestoppt. |

Zu den Proteinen zählen auch komplexe Moleküle, bei denen das reine Protein noch mit anderen Substanzen verbunden ist. Man nennt sie **eiweißhaltige, eiweißähnliche Stoffe** oder **komplexe Proteine** (früher Proteide).

Die **Aufgaben der Proteine** sind vielfältig:
▶ Proteine sind das **wichtigste Baumaterial des Körpers**. Zellen werden erneuert, Wunden verheilen, der kindliche Organismus wächst, Drüsen produzieren Flüssigkeiten. Überall sind Proteine erforderlich, besonders essenzielle Aminosäuren.
▶ Aminosäuren, die nicht zum Aufbau benötigt werden, liefern **Energie**.
▶ **Enzyme** sind überwiegend Aminosäuren (s. a. Kap. 8.1.8) und gehören somit zu den Proteinen. Sie übernehmen und fördern im Körper bestimmte Funktionen (z. B. bei der Verdauung).

▶ Viele **Hormone** bestehen aus Proteinen.
▶ Proteine ermöglichen den **Transport vieler Stoffe** durch die Zellmembranen.
▶ Abwehrstoffe gegen Infektionen haben Proteincharakter.
▶ **Erbanlagen** sind an Proteine geknüpft.

**Küchentechnologische Bedeutung der Proteine:**
▶ **Wertbestimmender Bestandteil** vieler Haupt- und Zwischengerichte sind proteinreiche Lebensmittel (Fleisch, Wurst, Geflügel, Wild, Fisch, Meeresfrüchte, Käse, Feinkosterzeugnisse).
▶ Denaturiertes Protein ist verantwortlich für die **Schnittfestigkeit vieler Erzeugnisse** (Pasteten, Sülze usw.).
▶ **Lockerung und Schaumbildung** von Schlagsahne und Eischnee gelingen nur mit Protein, welches in den Bläschen beim Denaturieren das eingeschlossene Gas festhält.
▶ Proteinähnliche Stoffe dienen auch als **Emulgatoren**.
▶ Die **Denaturierung** ist häufig das Ziel der Nahrungszubereitung, sie **verbessert die Verdaulichkeit**.

## 8.1.5 Mineralstoffe

Während Lipide, Kohlenhydrate und Proteine unter anderem der Energiegewinnung zugeführt werden, liefern Mineralstoffe keine Energie. Auch in Bezug auf die Mengen gibt es erhebliche Unterschiede im Vergleich zu den Hauptnährstoffen: Von den einzelnen Mineralstoffen sind nur Bruchteile von Milligramm bis wenige Gramm täglich erforderlich. Sie erfüllen trotz der geringen Mengen lebenswichtige Aufgaben im Körper. Fehlt der betreffende Mineralstoff, treten Mangelerscheinungen auf.

Die Bezeichnung **Mineralstoff** erklärt das Vorkommen (lat. minera = Erzgrube): Mineralstoffe befinden sich hauptsächlich im Gestein und Boden.

Jedes Lebensmittel enthält ein wenig Mineralstoffe. Zur Vereinfachung werden nicht die ganzen Moleküle, sondern nur die beteiligten Ionen angegeben.

Die Angaben in Nährwerttabellen sind oft unterschiedlich, da der Mineralstoffgehalt erheblich vom Standort, Klima, von der Düngung oder von der Fütterung abhängt.

Man unterscheidet **Mengenelemente** (mehr als 50 mg/kg Körpergewicht) und **Spurenelemente**. Letztere erfüllen schon in winzigen Spuren ihre Wirkung, einige sind in höheren Konzentrationen sogar schädlich.

Inhaltsstoffe von Lebensmitteln

| Element, Tagesbedarf | | Aufgaben im Körper | Mangelerscheinungen |
|---|---|---|---|
| Kalium, K | 1 600 mg | Wasserhaushalt, Muskel-, Nerven-, Enzymtätigkeit, Zellatmung | Muskelschwäche |
| Phosphor, P | 1 000 mg | Erbanlagen, Energiestoffwechsel, Knochenbau | Knochenerweichung, Muskelschwäche |
| Calcium, Ca | 1 000 mg | Knochenbau, Zähne, Muskeltätigkeit, Blutgerinnung | Muskelkrämpfe, Knochenentkalkung |
| Natrium, Na | 500 mg | Wasserhaushalt, Schweiß, Nierentätigkeit, Muskelerregung, Enzyme, Nervensystem | noch keine beobachtet |
| Magnesium, Mg | 350 mg | Enzymaktivierung, Zellatmung | Herzrhythmusstörungen, Muskelkrämpfe |
| **Mengenelement insgesamt knapp 8 000 mg pro Tag** | | | |
| Eisen, Fe | 12 mg | Blut-, Muskelfarbstoff, Zellatmung | Blutarmut, brüchige Haare und Nägel |
| Zink, Zn | 10 mg | Enzymbestandteil | Immunschwäche, Wachstumsstörungen |
| Kupfer, Cu | 2 mg | Enzymbestandteil, höhere Mengen giftig | Blutarmut |
| Jod, I | 0,2 mg | Bestandteil des Schilddrüsenhormons | Schilddrüsenvergrößerung, Schwangerschaftsbeschwerden |
| Selen, Se | + | Enzymbestandteil, höhere Mengen giftig | Hautschuppen, Nagelveränderungen |
| Fluor, F | + | Zahnschmelz | Zahnschäden während des Wachstums |
| Silicium, Si | + | Bindegewebe, wachstumsfördernd | noch keine beobachtet |
| **Spurenelemente insgesamt rund 29 mg pro Tag (+ Bruchteile von mg)** | | | |
| **Täglicher Gesamtbedarf für Erwachsene etwa 8 000 mg** | | | |

### Mineralstoffbedarf

▶ abhängig vom Geschlecht, bei Frauen erhöhter Eisenbedarf
▶ abhängig vom Körpergewicht
▶ abhängig vom Alter, im Wachstum erhöht (Ca, P, Fe, F)
▶ abhängig von der Tätigkeit; Transpirieren = Schwitzen erhöhter Kochsalzbedarf bei hohen Temperaturen
▶ erhöhter Bedarf nach Kaffee-, Tee- und Alkoholgenuss

**Küchentechnologische Bedeutung** haben nur wenige Mineralstoffe:

▶ **Kochsalz** (NaCl) gibt Geschmack und wirkt höher konzentriert konservierend.
▶ **Kochsalz** kann im Kochwasser das Zusammenfallen von Gemüse verzögern.
▶ **Natriumnitrit** ($NaNO_2$) dient als Pökelhilfsstoff zur Fleisch-Umrötung.
▶ **Phosphat** ($Na_3PO_4$) macht als Schmelzsalz Schmelzkäse geschmeidig.

**Abwechslungsreiche Kost** versorgt den Körper ausreichend mit Mineralstoffen. Alkohol- und koffeinhaltige Getränke steigern die Kochsalzausscheidung und können zu Mangelerscheinungen führen. Ähnlich wirken starke körperliche Arbeit und hohe Transpiration. Kochsalzmangel kann Kopfschmerzen verursachen. Deutschland ist ein Jodmangelgebiet, jodiertes Speisesalz beugt Jodmangel vor. Mit Fluor versetztes Salz verhindert Fluormangel.

## 8.1.6 Vitamine

Die **Bezeichnung** Vitamin (lat. Vita = Leben, Amin = spezielle Stickstoffverbindung) ist irreführend, da Vitamine in der Mehrzahl nicht zu den Aminen zählen. Der Name stammt aus der Zeit, als nur wenige Vitamine entdeckt und der chemische Aufbau noch nicht bei allen untersucht war. Heute verwendet man immer häufiger die internationale chemische Bezeichnung, z. B. Calciferol (Vit. D) oder Ascorbinsäure (Vit. C).

Pflanzen und Mikroben produzieren die relativ kompakten Vitaminmoleküle. Sie gelangen mit der Nahrung in die Tiere und den Menschen. Dort wirken sie schon in geringsten Mengen. Die Darmbakterien des Menschen bilden auch Vitamine ($B_1$, $B_6$, $B_{12}$, K) und ergänzen die Versorgung.

Vitamine mit Säurenatur liegen zum Teil als Salze vor (Pantothenat, Ascorbat, Folat). Im Körper werden sie leicht vom Metall-Ion getrennt und verwandeln sich in die entsprechende Säure (Pantothen-, Ascorbin-, Folsäure).

Da viele **Vitamine** nicht nur durch äußere Einflüsse im Lebensmittel selbst oder bei der Verarbeitung zerstört werden, sondern auch bei ihrer Stoffwechseltätigkeit im Körper, müssen wir sie Tag für Tag neu zu uns nehmen. Fettlösliche Vitamine können im Körper meist in der Leber gespeichert werden, die wasserlöslichen sind nicht speicherbar und werden über die Niere rasch ausgeschieden. Sie müssen laufend zugeführt werden. Bei einer übermäßigen Zufuhr (mit der normalen Nahrungsaufnahme nicht möglich) von fettlöslichen Vitaminen kann es zu einer Hypervitaminose mit Vergiftungserscheinungen kommen.

## Inhaltsstoffe von Lebensmitteln

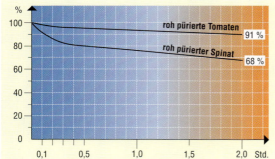

Vitamin-C-Verluste beim Stehenlassen an der Luft

**Eigenschaften von Vitaminen:**
▶ **Vitamine sind unterschiedlich löslich.** Man unterscheidet **fettlösliche** (E, D, K, A) und **wasserlösliche** (alle B-Vitamine, C, Biotin, Folsäure, Niacin, Pantothensäure).
▶ Einige Vitamine sind sauerstoffempfindlich (A, C, Folsäure).
▶ Manche sind **lichtempfindlich** (A, $B_2$, $B_6$, C, E, K, Folsäure, Niacin).
▶ Zwei Vitamine (C, E) schützen Lebensmittelinhaltsstoffe vor dem Verderb durch Sauerstoff: **Antioxidationsmittel**.
▶ Vitamine liefern keinerlei Energie.

Aus den Eigenschaften der Vitamine folgt ihre **küchentechnologische Bedeutung bzw. Verarbeitung:**
▶ Es gilt, die Verluste dieser wertvollen Vitamine so gering wie möglich zu halten.
▶ Lebensmittel kühl und dunkel lagern, um die Lichteinwirkung zu verhindern.
▶ Frische Lebensmittel zur Schonung sauerstoffempfindlicher Vitamine rasch verarbeiten.
▶ Kurze Garzeiten bevorzugen, um hitzeempfindliche Vitamine zu schonen.
▶ Wasserlösliche Vitamine gehen ins Kochwasser über und sind verloren, daher ist Dämpfen besser als Kochen.

Einige Vitamine befinden sich im Lebensmittel noch als Vorstufen, sogenannte **Provitamine**. Solche Moleküle werden erst vom Organismus verändert, ehe sie ihre Wirkung entfalten. Bei dem gelben Pflanzenfarbstoff Carotin (in Karotte, Mais, Paprika, vielen Gemüsearten) genügt eine Spaltung in der Mitte und es entstehen zwei Moleküle Vitamin A. Provitamin D aus der Nahrung gelangt in die Hautzellen und wird dort durch UV-Licht in Vitamin D verwandelt.

### Vorkommen und Bedeutung einiger Vitamine für den Körper

| Bezeichnung Tagesbedarf | Wirkung, Aufgaben im Körper | Mangelerscheinungen | Vorkommen |
|---|---|---|---|
| **Fettlösliche Vitamine** | | | |
| **Vitamin A** Retinol 0,8–1 mg | Sehvorgang, Wachstum, Proteinstoffwechsel, Haut-, Schleimhautschutz | Herabgesetzte Sehschärfe, Nachtblindheit, Schleimhauterkrankungen | Butter, Käse, Margarine, Speiseöl, Eidotter – als Provitamin im Gemüse |
| **Vitamin D** Calciferol 0,005 mg | Unterstützt die Aufnahme von Calcium und Phosphat | Knochenentkalkung, Zahnschmelzdefekt, fehlerhafte Zahnstellung, Rachitis | Fisch, Milch, Eidotter |
| **Vitamin E** Tocopherol 12–15 mg | Kohlenhydratstoffwechsel, Wachstum, beeinflusst Hormone, Antioxidationsmittel im Körper | Schwangerschaftsstörungen, Wachstumsverzögerung | Getreidekeime, Sojabohnen, Erdnüsse, Speiseöl, Erbsen, Spinat, Eigelb, Milch, Fleisch |
| **Wasserlösliche Vitamine** | | | |
| **Vitamin C** Ascorbinsäure 100 mg | Stoffwechselhilfsstoff, Knochen-, Hormonbildung, Infektionsabwehr | Frühjahrsmüdigkeit, Appetitlosigkeit, Herzbeschwerden, verzögerte Wundheilung, Zahnfleischbluten, Skorbut | Früchte, Fruchtgemüse, Kartoffeln, Petersilie, Weißkohl, Sauerkraut, Schweineleber |
| **Vitamin $B_1$** Thiamin 1–1,2 mg | Kohlenhydrat-, Fett- und Proteinstoffwechsel | Herzstörungen, Blutgefäßschwäche, Beri-Beri: Muskel-, Nervenschwäche | Hefe, Weizenkeime, Vollkornprodukte, Eier, Leber, Schweinefleisch |
| **Vitamin $B_2$** Riboflavin 1,2–1,4 mg | Bestandteil eines Atmungsenzyms, Sauerstoffregulierung, Wachstumsfaktor | Zellatmungsstörung, Wachstumsstillstand, Haut-, Schleimhauterkrankungen, Magen-, Darmerkrankungen | Milch, Vollkornprodukte, Hefe, Pflanzenkeime, Leber, Nieren, Eigelb |
| **Vitamin $B_6$** Pyridoxin 1,2–1,5 mg | Coenzymbestandteil, Aminosäurestoffwechsel | Verstärkte Talgbildung, Hautschuppen, Hautausschlag, Nervenstörung | Kartoffeln, Hefe, Vollkornprodukte, Getreidekeime, Gemüse, Obst, Fleisch, Eier |
| **Vitamin $B_{12}$** Cobalamin 0,003 mg | Wachstum der roten Blutkörperchen, Stoffwechsel | Gestörte Blutbildung, Nervenschäden | Milch, Eier, Fleisch, Fisch |
| **Pantothensäure** 6 mg | Stoffwechsel | Nerven-, Wachstumsstörungen, Schädigungen von Schleimhäuten | Gemüse, Obst, Hefe, Getreide, Eier, Leber, Fisch |

## 8.1.7 Ballaststoffe

Als Ballaststoffe bezeichnet man unverdauliche Lebensmittelbestandteile, die den Organismus kaum verändert verlassen und keine Energie liefern.

**Pflanzliche** Lebensmittel enthalten häufig **Ballaststoffe**. Tierische Ballaststoffe sind seltener, da unverdauliche Bestandteile i. d. R. beseitigt werden. Nur die Schale kleinerer Krebstiere wird z. T. mitverzehrt. Sie besteht aus **Chitin** (griech. chiton = Brustpanzer). Den gleichen Stoff, aus dem alle Krebstierschalen aufgebaut sind, findet man auch in der Gerüstsubstanz der Pilze. Dies macht ihre schlechte Verdaulichkeit verständlich.
Obwohl Ballaststoffe keinen Nährwert aufweisen, sind sie von **Bedeutung für den Körper**. Sie quellen im Darm auf und entfalten so ihre vielseitige Wirkung:
- bessere Darmdurchblutung, innere Massage
- Darmdehnung erhöht Darmtätigkeit
- verbesserte Ausnutzung der Nahrung
- längeres Sättigungsgefühl durch Darmdehnungsreiz
- Stuhlgangerleichterung
- Vorbeugen gegen Darmträgheit und Verstopfung
- Förderung der Darmbakterien
- binden krebsauslösende Substanzen und ihre Ausscheidung

| Mengenempfehlung: mind. 30 g täglich/Erwachsene |
|---|

Auch **küchentechnologisch** sind Ballaststoffe von **Bedeutung**:
**Blanchieren** oder Garen macht ballaststoffreiche Gemüse weicher, bekömmlicher, leichter verdaulich (Kohlarten); evtl. müssen vorher Strünke oder Blattrippen entfernt werden.

## 8.1.8 Sonstige natürliche Inhaltsstoffe

### Geruchs-, Geschmacks- und natürliche Farbstoffe

| Geruchs- und Geschmacksstoffe | | | |
|---|---|---|---|
| Fruchtsäuren | Zitronensäure:<br>Weinsäure:<br>Apfelsäure:<br>Oxalsäure:<br>Bernsteinsäure:<br>Chlorogensäure:<br>Ascorbinsäure: | Zitrusfrüchte<br>Trauben<br>Früchte<br>Rhabarber<br>Honig<br>Kaffee<br>Obst, Gemüse | schwach sauer, angenehm säuerlicher Geschmack |
| Gerbstoffe in | Kaffee, Tee, Kakao, Quitten, Sauerkirschen, Wein | | herb, bitterer Geschmack |
| ätherische Öle in | Kaffee, Tee, Gewürzen, Orangenschalen, Zwiebeln, Knoblauch, Kräutern, Rettich, Meerrettich | | leicht flüchtig, intensiver Geruch |

- in geringen Konzentrationen bereits wirksam
- im Zusammenwirken verschiedener Substanzen ergibt sich der typische Geruch und Geschmack – das Aroma

| Natürliche Farbstoffe | |
|---|---|
| Chlorophyll (grün) | Gemüse, Obst |
| Carotine (gelb) | Obst, Gemüse |
| Carotinoide (gelb, rot) | Obst, Gemüse |
| Hämoglobin = Blutfarbstoff | Blutwurst |
| Myoglobin = Muskelfarbstoff | Fleisch |
| Hummerrot | Krebstiere |

Natürliche Lebensmittelfarben sind meist ein Farbstoffgemisch, z. B. besteht Tomatenrot aus 6 Substanzen.

### Wirkung von Farb- und Aromastoffen
- appetitanregende Wirkung
- verstärkte Speichelproduktion
- verbesserte Bekömmlichkeit

### Enzyme
Die Mehrzahl aller Reaktionen in Zellen wird von Enzymen verursacht. Diese proteinhaltigen Verbindungen wirken schon in geringen Konzentrationen.

### Natürliche Giftstoffe in Lebensmitteln, Toxine
Auswahl einiger natürlicher Toxine:

| Giftstoff | Vorkommen | Wirkung/Gegenmaßnahmen |
|---|---|---|
| Koffein | Kaffee, schwarzer Tee, Matetee, Cola, Kakao | Nervenerregung, verstärkte Bildung von Verdauungssäften |
| Oxalsäure | Spinat, Mangold, Rhabarber | verringert Ca- und Mg-Aufnahme, nur im Übermaß schädlich |
| Solanin | grüne und keimende Kartoffeln, grüne Tomaten | Übelkeit, Krämpfe, Kochwasser nicht verwenden |
| Blausäure | bittere Mandeln, Pfirsich-/Kirschkerne, roher Holunder | Atemnot, Bewusstlosigkeit, abkochen, garen |
| Pilzgifte | Hallimasch, rohe Frühjahrsmorchel | Übelkeit, Durchfall, Pilze nur gegart verzehren |
| Botulinum | verdorbenes Fleisch | Übelkeit, Kopfschmerzen, Tod infolge Atemlähmung, Verabreichen von Botulismusserum (dann nicht mehr tödlich) |

Es gilt immer: In geringer Dosis sind Gifte meist unschädlich. Ein Mokka regt an, mehrere Tassen Kaffee verdünnen die Verdauungssäfte, reizen Nerven und Schleimhäute.

## 8.1.9 Sekundäre Pflanzenstoffe – bioaktive Moleküle

**Radikale** sind Moleküle, bei denen C-Atome nur über drei Bindungsarme mit anderen Atomen verbunden sind. Der vierte Bindungsarm, das vierte Elektron, hängt frei am Kohlenstoff. Solche Atome sind jedoch nicht negativ geladen wie Ionen, denn sie weisen keinen Elektronenüberschuss auf. Auch Stickstoff- und Sauerstoffatome bilden Radikale. Sie sind äußerst aggressiv und bindungsfreudig. Durch diese Eigenschaft zerstören sie andere Moleküle.
Da im Zellstoffwechsel laufend Radikale entstehen, haben vor allem Pflanzen sog. **Radikalenfänger** entwickelt. Diese fangen fortwährend Radikale ab, machen diese unschädlich, werden allerdings dabei selbst zerstört.
So schützen sich Pflanzen vor Zerstörung durch eigene Abfälle. Die gleiche Wirkung entfalten Radikalfänger auch im menschlichen Körper, wenn er Pflanzenkost aufnimmt. Seine eigenen radikalen Zellgifte werden von pflanzlichen Radikalfängern unschädlich gemacht. Besonders das Erbgut und die Zellmembranen sind zu schützen. Die Zellentartung zu Krebszellen wird verhindert. Der Zellinhalt bleibt gesund, Krankheiten wird vorgebeugt.

**Antioxidanzien** haben die Aufgabe, Sauerstoff vom Zellinhalt fernzuhalten, denn er oxidiert und zerstört Zellmaterial. Nur „streng bewacht" von Enzymen darf er zur Zellatmung in die Zelle. Gelangt er unkontrolliert hinein, geht sie meist zugrunde. Antioxidanzien fangen Sauerstoff ab und machen andere Substanzen, die ebenfalls oxidierend wirken, unschädlich. So schützt sich die Pflanze selbst, vor allem aber ihre Früchte und Samen, vor Zerstörung.
Häufig besitzen Antioxidanzien zahlreiche Doppelbindungen, die sehr empfindlich auf Oxidationen reagieren. Der oxidierende Stoff wird unwirksam, das Antioxidanz hat allerdings seine Schutzwirkung auch verloren.
Der Mensch profitiert von pflanzlichen Antioxidanzien. Sie entfalten ihre Schutzwirkung auch in seinen Zellen. Zahlreichen Krankheiten kann so vorgebeugt werden.

Streng genommen sind fast alle Nahrungsbestandteile bioaktiv. Im Gegensatz zu nachstehenden sekundären Pflanzenstoffen sind aber alle bisher behandelten Nahrungsstoffe lebensnotwendig. Fehlen sie, treten in relativ kurzer Zeit Mangelerscheinungen auf. Fehlen hingegen sekundäre Pflanzenstoffe, beobachtet man Mängel erst sehr spät.

Sehr viele bioaktive Moleküle wirken als Radikalfänger und Antioxidanzien. In Früchten sitzen sie häufig in oder direkt unter der Schale.

Am Beispiel Apfel soll der Sinn erklärt werden: Auffällig ist, dass Äpfel oft nur an einer Seite rot sind. Die gegenüberliegende Fläche bleibt grün. Die rote Seite ist die, welche der Sonne zugewandt war. Dort „bombardiert" das UV-Licht der Sonne die Frucht. Der Apfel bildet dort rote Farbstoffe (Carotinoide, Flavonoide) als „UV-Filter".

So gelangt weniger aggressives UV-Licht in die Frucht. Das Zellmaterial, vor allem Samen, bleiben geschützt.

Schälen wir z. B. den Apfel, entfernen wir wertvolle Pflanzenstoffe. Also Äpfel nur sorgfältig waschen, um Schmutz und ggf. Reste von Pflanzenschutzmitteln zu entfernen. Nur so entfaltet das Nahrungsmittel seinen vollständigen Wert.

Alle **sekundären Pflanzenstoffe** haben gemeinsam:
▶ Sie schützen Pflanzen, vor allem deren Früchte und Samen, vor schädlichen Einflüssen.
▶ Sekundäre Pflanzenstoffe sind mitverantwortlich für die oft sehr lange Haltbarkeit vieler Früchte, Wurzeln und Knollen.
▶ Sie kommen nur in winzigen Mengen im Lebensmittel vor.
▶ Sie liefern dem Körper keine Energie.
▶ Sie wirken im Körper in geringsten Konzentrationen.
▶ Bei ihrer Wirkung im Körper werden sie selbst zerstört und danach ausgeschieden.

Aus all dem folgt, **pflanzliche Lebensmittel** sollten viel häufiger verzehrt werden, wenn möglich frisch und als Rohkost.

## 8.1.10 Unerwünschte Inhaltsstoffe

Schon bei der Erzeugung in der Landwirtschaft gelangen Stoffe in pflanzliche und tierische Lebensmittel, die von Natur aus dort nicht enthalten sind. Einige dieser Substanzen haften nur an der Oberfläche und lassen sich leichter beseitigen. Andere Rückstände befinden sich im Lebensmittelinneren und gelangen beim Verzehr in unseren Organismus.

Eine weitere Gruppe von Lebensmittelzusatzstoffen wird bei der Verarbeitung zugefügt (s. a. *Lebensmittelrecht*). Nicht alle künstlichen Inhaltsstoffe lassen sich durch küchentechnische Maßnahmen beseitigen oder unschädlich machen, sodass im Laufe der letzten Jahre die Belastung mit sogenannten Rückständen immer größer wurde.

# Inhaltsstoffe von Lebensmitteln

| Beispiele künstlicher Inhaltsstoffe in Lebensmitteln | |
|---|---|
| aus der Erzeugung | aus der Lagerung und Verarbeitung |
| Umweltschadstoffe Rückstände von Düngemitteln, Pflanzenschutz-, Tierarznei-, Masthilfsmitteln | Fäulnishemmstoffe Alkohol, Säuren zugelassene Zusatzstoffe |

▶ **Luft- und Grundwasserschadstoffe** gelangen auf die Oberfläche und ins Innere pflanzlicher Lebensmittel. Dazu gehören: giftige Schwermetalle z. B. in Müll, der verbotenerweise in die Landschaft gekippt wurde, Benzin-, Diesel-, Schmierölreste aus defekten Tanks oder Motoren, Abrieb von Autoreifen, Ruß, Stickoxide, Dioxin- und Furangiftstoffe aus defekten Filtern von Verbrennungsanlagen und viele weitere Umweltschadstoffe.

▶ Beispiele für **Düngemittelrückstände** sind Nitrat und Nitrit. Beide Substanzen reichern sich vor allem im Pflanzenstrunk und in derben Blattrippen an. Beim Putzen von Kohl, Spinat, Mangold und vielen Blattsalaten können diese Teile entfernt werden. Nitrit wirkt giftig, da es den roten Blutfarbstoff zerstört.

▶ **Pflanzenschutzmittelreste** aus der Erzeugung und **Fäulnishemmstoffe** aus der Lagerung haften vor allem an der Oberfläche von Obst und Gemüse. Sie sind häufig fettlöslich und biologisch nicht abbaubar. Sie reichern sich daher in der Leber und im Fettgewebe des Menschen an. Sorgfältiges Waschen und Schälen beseitigt große Teile dieser Rückstände.

▶ Problematisch sind **Tierarznei- und Masthilfsmittelreste**, weil sie bei der Zubereitung nicht beseitigt und vollständig zerstört werden können. Spuren solcher Stoffe (z. B. Antibiotika, Wachstumshormone) wirken im menschlichen Körper wie Medikamente.

▶ **Alkohol und Säuren** entstehen oft unerwünscht durch Gärung bei der Lagerung. Mit Geruchsproben kann man Säuren feststellen und betroffene Lebensmittel beseitigen. Erwünschte Alkohol- und Säurebildung wird dagegen schon seit Jahrhunderten zur Konservierung genutzt, z. B. für alkoholische Getränke, Milcherzeugnisse, Sauerkonserven.

▶ Immer neue **Zusatzstoffe** erprobt die Industrie zur Lebensmittelverarbeitung. Zulassung und Verwendung sind gesetzlich geregelt und nur dann in gewissen Höchstmengen erlaubt, wenn keine gesundheitlichen Bedenken bestehen (s. a. Lerninhalt 1, Kap. 6.1).
Beispiele sind: künstliche Süß-, Konservierungs-, Farb- und Aromastoffe, Schaumverhütungs- und Verdickungsmittel.

Die Fülle künstlicher Inhaltsstoffe, die der Mensch zu sich nimmt, steht im Verdacht, Allergie- und Stoffwechselerkrankungen zu verursachen. Ziel der Gastronomie muss sein, Lebensmittel so zu verarbeiten, dass möglichst wenig künstliche Inhaltsstoffe enthalten sind. Viele Betriebe bieten den Gästen bereits Speisen und Getränke aus kontrolliert biologisch angebauten Rohstoffen an, da diese oftmals weniger Rückstände enthalten.

## Aufgaben

### Kohlenhydrate

1. Welche Lebensmittel enthalten viele Kohlenhydrate? Zählen Sie auf.
2. Welche Bedeutung haben Kohlenhydrate für die menschliche Ernährung?
3. Ein Gast fragt vor der Bestellung eines Nudelgerichts für seine an Diabetes leidende Mutter, ob dieses Gericht geeignet sei. Geben Sie Auskunft.
4. Der Filialleiter lässt für die Gasträume des Restaurants zusätzliche Zimmerpflanzen beschaffen. Begründung: Luftverbesserer. Beurteilen Sie seine Maßnahme.

### Fette

5. Beurteilen Sie eine Abmagerungsdiät, die auf jegliches Fett verzichtet.
6. Entscheiden Sie, welches Fett einen höheren Anteil gesättigter Fettsäuren enthält: Speiseöl oder Frittierfett. Begründen Sie Ihre Entscheidung.
7. Ihr neuer Kollege Lars behauptet, man könne mit jedem beliebigen Fett frittieren, weil der Schmelzpunkt höher liege als bei flüssigen Ölen. Stellen Sie den Sachverhalt richtig und erklären Sie, wovon es abhängt, ob sich ein Fett zum Frittieren eignet.

### Protein

8. Stellen Sie die Lebensmittel mengenmäßig zusammen, die Sie zum Frühstück aßen, und ermitteln Sie daraus mit der Nährwerttabelle die Proteinzufuhr dieser Mahlzeit.
9. Liefern Sie Begründungen dafür, dass Proteinmangel sich für den Menschen bedrohlicher auswirkt als Kohlenhydratmangel.
10. Viele Vegetarier sind bereit, als einzige tierische Proteinquelle Milch oder Hühnereier zuzulassen. Erklären Sie, weshalb Milch vorteilhafter ist.
11. Zählen Sie besonders proteinreiche Lebensmittel aus dem Sortiment Ihres Ausbildungsbetriebes auf.

# 1 Inhaltsstoffe von Lebensmitteln

## Aufgaben – Fortsetzung

12. Beurteilen Sie ein Haferflockenmüsli im Hinblick auf die Versorgung mit essenziellen Aminosäuren. Ein Gast fragt Sie, womit er diese Haferflocken kombinieren soll, um die Qualität der Proteinversorgung zu verbessern: mit Milch, Quark oder mit Wasser. Raten Sie ihm entsprechend.
13. Was versteht man unter Denaturierung der Proteine und wodurch wird sie bewirkt?
14. Welche Personengruppen sollten besonders proteinreiche Nahrungsmittel zu sich nehmen?

### Mineralstoffe

15. Stellen Sie tabellarisch für fünf verschiedene Mineralwässer die Mineralstoffe Natrium, Kalium, Calcium, Magnesium, Sulfat und Chlorid zusammen und ermitteln Sie den Durchschnitt für jeden einzelnen Mineralstoff.
16. Welches Obst liefert mehr Mineralstoffe: 150 g Äpfel oder 150 g Bananen?
17. Ein Sportler möchte nach dem Training neben einem mineralstoffhaltigen Getränk auch eine entsprechende Speise bestellen.
    a) Warum?
    b) Welche in Ihrem Ausbildungsbetrieb angebotenen Speisen sind besonders mineralstoffreich?
18. Erklären Sie, wie es möglich ist, dass Kinder oft einen höheren Calciumbedarf haben als Erwachsene, obwohl ihr Körpergewicht nicht halb so hoch ist.
19. Erklären Sie, weshalb Blutarmut häufig mit eisenhaltigen Medikamenten behandelt wird.

### Vitamine

20. Schon die alten Seefahrer kannten Mangelerscheinungen durch Vitaminmangel. Welche Produkte empfehlen Sie neben Obst und Gemüse aus dem Sortiment Ihres Ausbildungsbetriebes?
21. Erklären Sie, weshalb es für die Ernährung sinnvoll ist, wenn Lebensmittel mit Carotin gefärbt werden anstatt mit anderen Lebensmittelfarben.
22. Nehmen Sie Stellung zu der Meinung, tierische Lebensmittel enthielten sowieso keine Vitamine.
23. Mike und Angela kaufen gemeinsam ein. Beim Speiseöl äußern sie sich folgendermaßen: Angela: „Ich nehme lieber die farblose Flasche Olivenöl, da sehe ich wenigstens, was drin ist." Mike: „Du siehst sowieso nur das Carotin. Öl in dunklen Flaschen ist viel gesünder, noch besser wäre eine Metalldose!" Nehmen Sie Stellung zu beiden Meinungen.

### Wasser

24. Listen Sie für einen Tag sämtliche Getränke auf, die Sie zu sich nehmen, und bestimmen Sie daraus die Wasserzufuhr. Beurteilen Sie Ihre individuelle Wasserzufuhr pro Tag.
25. Begründen Sie, weshalb sich der Körper trotz laufender Wärmeproduktion nicht überhitzt.
26. Fachleuten genügt kurzes Drücken und Betasten, um bei manchen Lebensmitteln deren Frischezustand einzuschätzen (z. B. Gurken, Tomaten, Rettich, Möhren usw.). Erläutern Sie die Zusammenhänge.
27. Beurteilen Sie folgende Aussage: „Sofort schlanker durch unseren Entwässerungstee".

### Sonstige natürliche Inhaltsstoffe

28. Welcher natürliche Farbstoff wird häufig zum Einfärben von Lebensmitteln verwendet?
29. Welche Farbstoffe können Sie auf der Speisenkarte und den Lebensmittelverpackungen in Ihrem Haushalt und/oder Ausbildungsbetrieb finden und welche davon sind natürliche Farbstoffe?
30. Eine Bekannte empfiehlt Ihnen, vakuumverpackten Kaffee in eine dicht schließende Dose umzufüllen und im Kühlschrank aufzubewahren. Welchen Grund könnte diese Maßnahme haben?
31. Andy gibt goldgelbe Pfirsichhälften aus der Dose zum Abtropfen auf ein Sieb und träufelt Zitronensaft darüber. Sven beobachtet ihn und meint: „Das kannst du dir sparen, die werden nicht braun!" Erklären Sie den Sachverhalt.
32. Auf einem Glas Himbeerkonfitüre lesen Sie: „mit Obstpektin…". Erläutern Sie den Zweck dieses Zusatzstoffs und beurteilen Sie seine Wirkung auf den Menschen.

### Ballaststoffe

33. Warum empfehlen Ärzte zur Gewichtsreduktion unter anderem ballaststoffreiche Kost?
34. Welche Produkte aus dem Sortiment Ihres Ausbildungsbetriebes empfehlen Sie einem Gast, der Wert auf ballaststoffreiche Kost legt?
35. Beurteilen Sie den Wert einer Kraftdiät, die monatelang ausschließlich tierisches Eiweiß zur Muskelbildung und Traubenzucker bzw. Stärke als Energielieferanten zulässt.
36. Jörg und Sven stehen vor dem Konfitürenregal im Supermarkt. Sie vergleichen Inhaltsstoffe und Preise. Jörg: „Himbeermarmelade, gleicher Hersteller, gleicher Fruchtanteil, alles gleich; nur die mit den Kernen ist 20 Cent teurer!" Darauf Sven: „Das Bessere ist immer teurer!" Nehmen Sie Stellung zu Svens Äußerung.

### Sekundäre Pflanzenstoffe – bioaktive Moleküle

37. Knoblauch wurde in vielen alten Heilkundebüchern bei Infektionskrankheiten empfohlen. Erklären Sie diese Tatsache.
38. Erklären Sie die relativ lange Haltbarkeit naturbelassener Zitronen, obwohl sie weder gewachst noch mit Schimmelverhütungsmitteln behandelt wurden.
39. Freilandeier von Hühnern, die Sommer und Winter im Freien leben, weisen 1 115 µg Carotinoide pro 100 g auf. Eier von Hühnern, welche dicht gedrängt in überdachten, luftigen Käfigen auf dem Erdboden gehalten (Bodenhaltung) werden, kommen auf 423 µg pro 100 g.
    a) Erklären Sie diesen Unterschied.
    b) Woran können Sie bei gekochten Eiern erkennen, aus welcher Art der Hühnerhaltung das Ei stammt? Liefern Sie eine Begründung.

**Übergreifende Aufgaben finden Sie am Ende des Kapitels 8!**

# Infobox Sprache

## Inhaltsstoffe von Lebensmitteln

| 🇩🇪 Deutsch | 🇫🇷 Französisch | 🇬🇧 Englisch |
|---|---|---|
| Aminosäure | acide (m) aminé, aminoacide | amino acid |
| Antioxidationsmittel | antioxidant (m) | antioxidant |
| ätherisches Öl | huile (f) essentielle | essential (volatile) oil |
| Ballaststoff | fibre (f/pl) (alimentaire) | dietary fibre |
| Eiweißstoff | protéine (f) | protein |
| Emulgator | émulsifiant (m) | emulsifying agent, emulsifier |
| Farbstoff | colorant (m), pigment (m) | colouring agent, dye |
| Fett | graisse (f), matière (f) grasse, corps (m) gras | grease, fat |
| Fettsäure | acide (m) gras | fatty acid |
| Fruchtsäure | acide (m) alpha hydroxyle (AHA) | fruit acid |
| Gerbstoff | tannin (m) | tanning agent |
| Kohlenhydrat | glucide (m) | carbohydrate |
| Konservierungsstoff | conservateur (m) | preserving agent |
| Kühlmittel | liquide (m) de refroidissement (m) | cooling agent, coolant |
| Mineralstoffe | substances (f/pl) minérales | mineral nutrients / mineral salt |
| Molekül | molecule (f) | molecule |
| Provitamin | provitamine (f) | provitamin |
| Quellmittel | agent (m) de gonflement (m) | swelling agent |
| Spurenelement | oligo-élément (m) | trace element |
| Stabilisator | stabilisateur (m) | stabilizer |
| Süßstoff | édulcorant (m), aspartam (m) | sweetener |
| Trinkwasser | eau (f) potable | drinking water |
| Verdickungsmittel | agent (m) épaississant | thickening (agent) |
| Vitamin | vitamine (f) | vitamin |
| Wasser | eau (f) | water |
| Zusatzstoff | additif (m) | (food) additive |

## 8.2 Ernährung

### Situation

Alois aus der Zentrale treibt in seiner Freizeit Kraft- und Ausdauersport. Sein Appetit ist bei der ganzen Belegschaft bekannt und in der Kantine versorgt er sich mit riesigen Portionen ...

Jeder weiß aus Erfahrung, dass körperliche Bewegung Hunger verursacht. Doch wo finden Ernährungsvorgänge statt? Wie laufen sie ab? Wie viel Nahrung ist notwendig?

### 8.2.1 Grund- und Leistungsumsatz

Selbst in völlig entspannter, regungsloser Lage ohne jede Muskelbewegung benötigen wir Energie zur Aufrechterhaltung der Körperfunktionen. Das Herz schlägt, das Gehirn arbeitet, die Atmung findet statt und alle inneren Organe arbeiten. Diese absolute Mindestmenge an Energie für das Überleben heißt **Grundumsatz**.

| Säugling | 140 % | |
| Jugendlicher | 120 % | |
| Erwachsener | 100 % | = 100 kJ/kg Körpergewicht und Tag |
| alter Mensch | 80 % | |

**Veränderungen des Grundumsatzes im Lauf des Lebens**

Energie für:
- Leberfunktion
- Gehirntätigkeit
- Herztätigkeit
- Nierenfunktion
- Körpertemperatur
- Verdauungsvorgang
- usw.

← **Körpergröße, Körpergewicht**

← **Körperbau, Proportionen:** Körperoberfläche bei großen, schlanken Menschen bei gleichem Gewicht größer als bei kleineren, dicken Menschen → größerer Wärmeverlust

← **Geschlecht:** Grundumsatz bei Frauen 10 % geringer

← **Lebensalter:** Wachstum benötigt zusätzliche Energie. Langsamere Körperfunktionen im Alter → geringerer Umsatz

← **Klima:** Wärmeverluste bei Kälte; erhöhter Energiebedarf bei Hitze durch verstärkte Transpiration

← **Krankheit:** bei Fieber erhöhter Grundumsatz

**Faktoren, die den Grundumsatz beeinflussen**

# 1 Ernährung

Zur **Messung des Grundumsatzes** liegt ein Mensch völlig ausgeruht und regungslos in einer Klimakammer. Die Wärme, die er jetzt produziert, kann nicht von der Bewegung seiner Skelettmuskeln kommen. Es ist Wärmeenergie, welche nur die inneren Organe erzeugen.

Die Klimakammer erwärmt sich dadurch ein wenig und aus der Temperaturerhöhung lässt sich der Grundumsatz errechnen. Er ist von Mensch zu Mensch verschieden und nimmt im Laufe des Lebens ab.

Für Erwachsene gilt eine stark vereinfachte Faustregel:

**Tages-Grundumsatz = 100 kJ pro kg Körpergewicht**

Sämtliche Energie, die zusätzlich zum Grundumsatz für Arbeit und Freizeit verbraucht wird, wird in **PAL-Einheiten** (Physical Activity Level) gemessen. Schon beim bequemen Sitzen beträgt die Steigerung rund 10 % des Grundumsatzes. Die Nackenmuskulatur wird angespannt, um den Kopf hochzuhalten. Weitere Muskeln sind aktiv, der Puls erhöht sich.

Steigt die Muskelarbeit noch mehr, steigt auch der Grundumsatz. Schon beim Stehen ist eine Steigerung von ca. 20 % und beim Gehen ohne Last eine Steigerung von ca. 55 % gegeben.

**Grundumsatz × PAL-Wert = Gesamtumsatz**

Der PAL-Wert orientiert sich an der körperlichen Aktivität im Beruf (berufliche Tätigkeit) und Freizeit (Freizeitverhalten).

Zu einem Basis-Energieverbrauch (Grundumsatz) wird eine definierte körperliche Aktivität addiert. Der PAL-Wert ist wie nachfolgend beschrieben messbar. International wird der Gesamtumsatz eines Menschen als ein Mehrfaches des Grundumsatzes angegeben.

Übliche PAL-Werte:
- 1,2 für ausschließlich sitzende oder liegende Lebensweise
- 1,4–1,5 für ausschließlich sitzende Tätigkeit mit wenig oder keiner anstrengenden Freizeitaktivität
- 1,55–1,65 bei überwiegend sitzenden Tätigkeiten
- 1,5-1-7 für sitzende Tätigkeit, zeitweilig auch zusätzlicher Energieaufwand für gehende oder stehende Tätigkeiten, z. B. Laboranten, Studierende
- **1,8–1,9 für überwiegend gehende und stehende Arbeit, z. B. Hausfrauen, Verkäufer, Kellner, Mechaniker, Handwerker**
- 2,0–2,4 für körperlich anstrengende berufliche Arbeit, z. B. Bauarbeiter, Landwirte, Bergarbeiter, Leistungssportler
- 2,4 für Schwerstarbeiter

Für sportliche Aktivität oder andere anstrengende Freizeitaktivitäten (30 bis 60 Minuten Sport an 4 bis 5 Tagen pro Woche) werden zusätzlich pro Tag 0,3 PAL-Einheiten addiert.

Aus dem PAL-Wert ergeben sich neue Richtwerte für die Energiezufuhr. Der Wert liegt für Männer im Alter von 25 bis 51 Jahren zwischen 3000 und 2400 kcal, für Frauen bei 2900 und 2300 Kilokalorien.

### Beispiel

**Berechnung des Energiebedarfs – Normalgewichtige 40-jährige Hausfrau:**

Der Grundumsatz von 1340 kcal (durchschnittlicher Grundumsatz von Frauen im Alter von 25 bis 51 Jahren mit Referenzkörpergröße und Normalgewicht) wird mit

8 Stunden Arbeit mit einem hohen durchschnittlichen Energieaufwand von 2,4 (= PAL-Wert) × Grundumsatz und

8 Stunden weitere Tätigkeiten mit einem mittleren Energieaufwand von 1,6 (= PAL-Wert) × Grundumsatz sowie

8 Stunden Schlaf mit einem Energieaufwand von 0,95 (= PAL-Wert) × Grundumsatz ermittelt.

So ergibt sich der mittlere tägliche Energiebedarf der Hausfrau als (2,4 × 8 (Stunden) + 1,6 × 8 (Stunden) + 0,95 × 8 (Stunden)) geteilt durch 24 (Stunden) × Grundumsatz = 1,65 × 1340 = 2211 kcal (Energiebedarf) pro Tag.

Zur **PAL-Wert-Bestimmung** wird der Versuchsperson ein Gerät umgehängt und über Schläuche an Nase und Mund angeschlossen. Es misst automatisch den Sauerstoffverbrauch und errechnet daraus den jeweiligen Energieverbrauch. Jede Energiegewinnung läuft im Körper über eine Nährstoffverbrennung in Zusammenhang mit Sauerstoff. Ist der Sauerstoffverbrauch bekannt, lässt sich daraus die erzeugte Energiemenge errechnen.

## 8.2.2 Verdauung

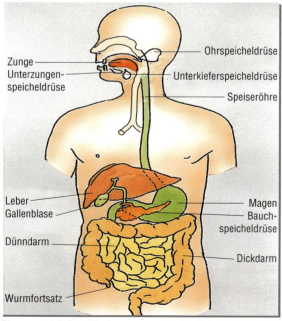

Die menschlichen Verdauungsorgane im Schema

# Ernährung

Der Verdauungskanal zieht sich von oben nach unten durch den Rumpf des Menschen. Er ist in einzelne **Verdauungsorgane** gegliedert. Ihre Aufgabe ist es, Speisen und Getränke so weit zu zerkleinern und in einzelne Moleküle aufzuspalten, dass diese durch die Darmwand hindurch ins Blut gelangen können. Zu diesem Zweck sind Dutzende verschiedener Enzyme erforderlich, welche von speziellen **Drüsen** erzeugt werden.

Die Verdauungsorgane bestehen aus mehr oder weniger langen Muskelschläuchen mit einer Schleimhaut im Inneren. Die **Muskeln** sorgen für die Durchmischung und den Weitertransport des Speisebreis. Die **Schleimhaut** erzeugt in unzähligen winzigen Drüsen Schleim, um das Organ vor Selbstverdauung zu schützen.

In der Schleimhaut liegen unendlich viele kleinste **Blutgefäße**, welche die Nährstoffe in sich aufnehmen und zu einer großen Vene leiten. Diese sog. Pfortader transportiert alles zunächst zur Leber. Von dort aus werden die Nährstoffe mit dem Blutkreislauf im gesamten Körper verteilt.

**Verdauungsergebnisse** sind jeweils die kleinsten Nährstoffeinheiten, also Einfachzucker, Fettsäuren, Glycerin und Aminosäuren. Vitamine und Mineralstoffe sind von vornherein klein genug, um die Darmwand zu durchdringen, ähnlich wie die sonstigen natürlichen und künstlichen Nahrungsinhaltsstoffe. Alle Substanzen, mit Ausnahme längerer Fettsäuren und sonstiger fettlöslicher Stoffe, sind wasserlöslich und für den Transport im Blut geeignet. Die Fettsäuren werden über die Lymphflüssigkeit abtransportiert.

| Verdauungsorgan  Zugeordnete Verdauungsdrüsen | Wirksame Stoffe – Verdauungsvorgänge |
|---|---|
| **Mund**  Zunge, Zähne, je 2 Ohr-, Unterkiefer-, Unterzungenspeicheldrüsen sowie viele kleine Speicheldrüsen | Alle Speicheldrüsen erzeugen 0,5 bis 1 l Speichel pro Tag. Das Enzym **Amylase** führt eine grobe **Spaltung der Stärkemoleküle** durch. Über den Rachen ziehen Aromastoffe hoch zur Nasenschleimhaut und lösen **Geruchsempfindungen** aus.  Die Zunge registriert den **Geschmack**, bewegt die Bissen und schiebt sie zwischen die Zähne, die für eine **Zerkleinerung** sorgen. Speichelflüssigkeit löst viele wasserlösliche Nahrungsstoffe und macht die **Bissen gleitfähig**. Die Zunge schiebt die Bissen nach hinten an das Gaumensegel. Dieses verschließt den Nasenraum und löst den Schluckreflex aus. |
| **Speiseröhre** | In der Speiseröhre werden einzelne Schlucke wie im Fahrstuhl langsam abwärtsbefördert. Zu diesem Zweck öffnen sich nacheinander zahlreiche Ringmuskeln und machen jeweils den Weg frei für ein kurzes Stück nach unten.  **Heißes** wird **abgekühlt** und **Kaltes erwärmt** sich. |
| **Magen**  säure-, schleim-, enzymbildende Zellen | Säurebildende Zellen erzeugen **Salzsäure** (pH 1,5 bis 2) und verursachen eine **Denaturierung der meisten Proteine**. Proteinspaltende Enzyme (z. B. Pepsin) beginnen danach mit der **Protein-Zerlegung** in größere Bruchstücke.  Der niedrige pH-Wert tötet die Mehrzahl der aufgenommenen Bakterien ab, es kommt zur weitgehenden **Desinfektion des Speisebreis**. Alkalischer zäher Schleim schützt die Magenwand vor Verätzung (Selbstverdauung), Längs-, Ring- und Schrägmuskeln **kneten und mischen** den Mageninhalt intensiv.  Währenddessen halten zwei starke Schließmuskeln, „Magenmund und Pförtner", den Magen fest verschlossen. |
| **Zwölffingerdarm**  Leber/Gallenblase    Bauchspeicheldrüse | Im Zwölffingerdarm mündet der Gallengang und der Ausführungsgang der Bauchspeicheldrüse. Die **Leber** erzeugt täglich 1 l Gallensaft, der in der Gallenblase gesammelt wird. Sind Fette im Speisebrei enthalten, pumpt die Gallenblase über den Gallengang etwas Gallenflüssigkeit in den Darm. Gallensaft wirkt als **Emulgator**, er **neutralisiert** zusätzlich den **sauren Speisebrei** aus dem Magen und aktiviert zahlreiche Enzyme.  Die **Bauchspeicheldrüse** produziert 0,5 bis 1 l Bauchspeichel, der für jeden Nährstoff verschiedene **Enzyme** bereithält („Enzym-Cocktail"). Natron unterstützt die neutralisierende Wirkung der Gallenflüssigkeit und aktiviert Enzyme. |

# 1 Ernährung

| Verdauungsorgan<br>Zugeordnete Verdauungsdrüsen | Wirksame Stoffe – Verdauungsvorgänge |
|---|---|
| **Dünndarm** | Der 4 m lange Dünndarm ist laufend in Bewegung, Muskeln durchmischen den sehr flüssigen Darminhalt laufend und schieben ihn langsam weiter.<br>Alle erforderlichen **Enzyme** sind vorhanden und leisten bei 37 °C und leicht alkalischem pH-Wert die **Hauptverdauung**: Protein spaltende Enzyme schneiden der Reihe nach **Aminosäuren** von den Proteinketten ab. Kohlenhydrat spaltende Enzyme zerlegen längere Ketten zu **Einfachzuckern** und Fett spaltende Enzyme teilen Fette in **Glycerin** und **Fettsäuren**.<br>Die Mehrzahl der **Nährstoffmoleküle** gelangt durch die Darmwand **ins Blut**. Kurze Fettsäuren gehen ins Blut, längere Fettsäuren gelangen in die Lymphflüssigkei. Die Schleimhaut schützt vor Selbstverdauung und dient als Gleitmittel. |
| **Dickdarm** | Die Mehrzahl aller Nährstoffe ist in kleinste Einheiten zerlegt worden, die auch bereits ins Blut gelangten. **Restnährstoffe** werden **weiter enzymatisch abgebaut** und ins Blut aufgenommen. **Darmbakterien** (Colibakterien) zerlegen ebenfalls Restnährstoffe und teilweise auch unverdauliche Ballaststoffe (Cellulose). Sie **erzeugen Darmgase** und einige **Vitamine**.<br>Auf dem Weg durch den ca. 1,5 m langen Dickdarm wird dem sehr flüssigen Darminhalt die größte Menge **Wasser entzogen** und ans Blut abgegeben. |
| **Mastdarm mit After** | Der Mastdarm ist meistens leer und der Aftermuskel verschlossen. Füllt er sich mit Kot, verursacht ein **Dehnungsreiz** in der Mastdarmwand **Stuhldrang**. Es kommt zur Entleerung. Der Kot enthält überwiegend unverdauliche Bestandteile und eine riesige Zahl an Colibakterien, die sich vorher im Dickdarm stark vermehren konnten. |

Sieben Verdauungsorgane bewerkstelligen gemeinsam mit sechs großen Speicheldrüsen, u. a. der Leber, der Bauchspeicheldrüse und unzähligen kleinsten Drüsen den komplizierten Verdauungsablauf, bei dem zahlreiche einzelne Vorgänge äußerst fein aufeinander abgestimmt sind. Zusätzlich sind schon die Ausgangsstoffe für die Verdauung, unsere Nahrungsmittel, äußerst verschieden zusammengesetzt. Es ist leicht verständlich, dass dieses komplexe Geschehen auch leicht gestört werden kann.

Folgende Übersicht zeigt einige **Verdauungsstörungen**, die recht häufig auftreten:

| Störung<br>Mögliche Ursachen |
|---|
| **Erbrechen**<br>Magenüberfüllung, verdorbene, zu fette Speisen, Gallenerkrankungen |
| **Durchfall**<br>Unverdauliche Stoffe, bakterielle Infektionen, Speisenallergien, Medikamentenmissbrauch, verdorbene Speisen |
| **Sodbrennen**<br>Gewürze, scharf Gebratenes, hoher Kaffeekonsum, süße Speisen |
| **Schluckauf**<br>Zu heißes, zu kaltes, zu hastiges Essen |
| **Blähungen**<br>Zwiebeln, Hülsenfrüchte, Kohl, Magenerweiterung, veränderte Darmbakterien |
| **Verstopfung**<br>Flüssigkeitsmangel, Ballaststoffmangel, Durchblutungsschwäche der Darmschleimhaut |

## 8.2.3 Stoffwechsel

Bis zu dem Punkt, wo kleinste Nährstoffeinheiten den Darm verlassen und ins Blut gelangen, spricht man von „Verdauung". Im Blut befinden sich Moleküle, die noch eindeutig den Nährstoffen zuzuordnen sind. Nicht umsonst spricht man von Blutzucker und Blutfetten. Der „**Stoffwechsel**" beginnt erst dann, wenn Nährstoffe in die Körperzellen gelangen. Dort werden sie radikal verändert, sie „wechseln" ihre Natur.

Die Verbrennung von Kohlenhydraten und Fetten dient der **Energiegewinnung**. Beide Nährstoffe bestehen nur aus drei verschiedenen chemischen Elementen und können deshalb nahezu den gleichen Stoffwechselweg in der Zelle benutzen.

Für beide Verbrennungen ist **Sauerstoff** erforderlich. Auch die Ergebnisse sind gleich: **Kohlendioxid und Wasser**.

Unterschiedlich sind die Abgasmengen, die Wärmeentwicklung und die Geschwindigkeit. Die Verbrennung in den Zellen erfolgt aber nicht stürmisch, wie die von Holz an der Luft, und schon gar nicht explosionsartig, wie bei Benzin und Erdgas, sondern langsam, in kleinsten Schritten.

Im **Zuckerstoffwechsel** zerlegen Enzyme das **Glucosemolekül** in zwei Hälften mit je 3 Kohlenstoffatomen. Von diesen Hälften werden so lange $CO_2$-Moleküle und Wasserstoffatome (H) abgetrennt, bis alle Kohlenstoffatome in Form von **Kohlendioxid** die Zelle verlassen. Wieder andere Enzyme sorgen dafür, dass je zwei Wasserstoffatome mit einem Sauerstoffatom verbunden werden. Dies ergibt als zweites Verbrennungsprodukt Wasser. In vielen Zwischenschritten entstehen winzige Energieportionen, welche die Zelle pausenlos aufheizen. Die Zelle nutzt diese Energie aber auch zum Aufbau neuer Substanzen.

**Fettstoffwechsel: Glycerin** besteht bereits aus drei Kohlenstoffatomen und wird genauso behandelt wie eine Zuckerhälfte.

**Fettsäuren** werden enzymatisch in kurze Abschnitte der Länge von je zwei Kohlenstoffatomen zerschnitten. Sie gelangen dann gleichsam als „Einzelbriketts" in den Zuckerstoffwechsel. Er verheizt sie ebenso wie die Zuckerbruchstücke. Im Unterschied zur Glucose liefern Fettsäuren aber mehr Kohlendioxid, mehr Wasser und eine höhere Energiemenge. Alle Einfachzucker und alle Fettsäuren haben z. T. die gleichen Stoffwechselwege. In der Regel wird der Energiebedarf durch die Kohlenhydrate gedeckt. Dieser Stoffwechselvorgang vollzieht sich schneller als der komplizierte Fettstoffwechsel.

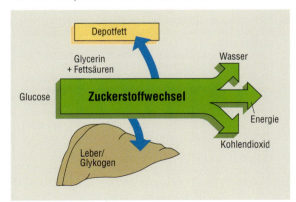

Stoffwechsel bei Zucker- und Fettüberschuss

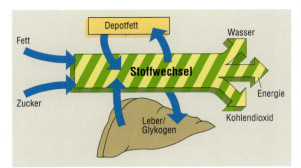

Übersichtsschema des Zucker- und Fettstoffwechsels

### Nahrungsüberschuss

Liefert die Nahrung mehr Zucker als verbrannt wird, bildet der Körper Reserven: Überschüssige Glucose gelangt in die Leber, wird dort zu Glykogen (tier. Stärke) zusammengebaut und gespeichert.

Der Glykogenspeicher ist mit 300 g allerdings schnell gefüllt. Sollte immer noch Glucoseüberschuss vorhanden sein, setzen Enzyme Stoffwechselzwischenprodukte mit je zwei Kohlenstoffatomen zu Fettsäuren zusammen. Diese sammeln sich im Fettgewebe unter der Haut. Bei **Fettüberschuss** läuft die Reservenbildung genauso ab.

**Nahrungsmangel** lässt umgekehrt beide Vorräte schrumpfen. Erst wenn der Glykogenspeicher vollständig geleert ist, geht der Körper an die Fettreserven. Depotfett wird dann je nach Bedarf im Stoffwechsel verbrannt.

Der **Eiweißstoffwechsel** verläuft grundsätzlich anders. Weitaus die meisten Aminosäuren, welche das Blut anliefert, werden in den Zellen sofort verwendet, um neue, **körpereigene Proteine** aufzubauen.

| 1. Entzug der Aminogruppe | 2. Entzug von Kohlendioxid |
|---|---|
| Ein Leberenzym trennt die Aminogruppe ab. Mithilfe anderer Enzyme entsteht daraus Harnstoff. Dieser Giftstoff muss über Nieren und Blase den Körper verlassen. | Ein anderes Leberenzym trennt die Säuregruppe ab, baut sie zu $CO_2$ um, Kohlendioxid gelangt mit dem Blut zur Lunge und wird ausgeatmet. |

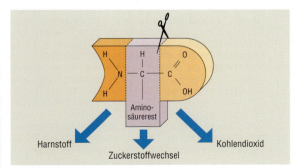

Schema Aminosäurestoffwechsel

Nur ein kleiner Teil der Aminosäuren wird verbrannt. Da diese Moleküle neben Kohlenstoff, Wasserstoff und Sauerstoff immer Stickstoff enthalten, ist der Stoffwechsel komplizierter. Endprodukte sind **Harnstoff, Kohlendioxid** und **Wasser**. Komplizierter gebaute Aminosäurereste liefern den Rohstoff für wichtige Körpersubstanzen wie Coenzyme, Hormone usw. Einfachere Aminosäurereste gelangen in den Zuckerstoffwechsel.

**Die übrigen Nahrungsbestandteile** benötigen teilweise keine Veränderung, da sie direkt verwendet werden (Mineralstoffe, Spurenelemente, Vitamine). Fruchtsäuren eignen sich als Brennstoff für den Zuckerstoffwechsel. Andere Stoffe werden in der Leber so lange verändert, bis die Körperzellen die Produkte verwenden oder die Nieren sie ausscheiden können. Wieder andere Stoffe wandern über Schweiß- und

# 1 Ernährung

Talgdrüsen der Haut nach außen oder gelangen über die Atemluft aus dem Körper. Allerdings entstehen auch giftige Abbauprodukte (z. B. beim Alkoholabbau), die sich schädlich auswirken.

Der **Blutzuckerspiegel** wird laufend vom Zwischenhirn gemessen. Sobald er längere Zeit absinkt, entsteht **Hunger**. Reiben bei leerem Magen die Magenwände aneinander, empfindet der Mensch ebenfalls Hunger.

Das Durstzentrum im Zwischenhirn kontrolliert den Wasserhaushalt. **Durst** stellt sich ein, wenn 0,5 % des Körpergewichts an Wasser verloren gehen.

**Appetit** tritt auch auf, wenn wir satt sind. Auslöser sind der Duft und das Aussehen von Speisen. Oft genügt bereits die Vorstellung von einem leckeren Gericht und schon arbeiten Verdauungsdrüsen.

Die **natürliche Steuerung** kann **gestört** werden durch:
- unregelmäßige Mahlzeiten,
- zu üppige Mahlzeiten, hastiges Essen überlasten den Magen – die Nahrung wird unzureichend durchsäuert,
- zu kalte und zu heiße Getränke belasten die Magenschleimhaut und
- einseitige Kost, zu wenig Abwechslung bei den Lebensmitteln führen zu Mangelerscheinungen.

## Aufgaben

### Grund- und Leistungsumsatz

1. Lisa und Julia sind gleich alt und arbeiten auf der Etage eines Hotels. Beide essen im Hotel und achten peinlich auf ihr Gewicht. Trotzdem muss Julia die eine oder andere Mahlzeit ausfallen lassen, um ihr Gewicht zu halten. Erklären Sie, weshalb Julia leichter zunimmt.
2. Melanie ist Tante geworden und besucht ihren Neffen. Die Mutter füttert ihn alle drei Stunden und immer kann er trinken. Die 88-jährige Oma wohnt mit im Haus, schläft sehr viel, will oft nichts essen, hält aber ihr Gewicht. Erklären Sie die Ursachen für die unterschiedlichen Nahrungsmengen bei der Oma und ihrem Enkel.
3. Messungen an Versuchspersonen ergaben: Autofahren auf der Landstraße verursacht einen Leistungsumsatz von 252 kJ pro Stunde. Autofahren in der Stadt hingegen 840 kJ/Std. Begründen Sie diesen gewaltigen Unterschied.

### Verdauung

4. Begründen Sie, weshalb der Fettverdauung im Dünndarm eine Fettemulgierung vorgeschaltet ist.
5. Begründen Sie, weshalb der Dünndarm mehr als doppelt so lang ist wie der Dickdarm.
6. Erklären Sie, auf welche Weise Magen und Darm vor Selbstverdauung geschützt sind.
7. Suchen Sie eine Erklärung dafür, dass sowohl Gallengang als auch Ausführungsgang der Bauchspeicheldrüse bereits am Anfang des Dünndarms – im Bereich des Zwölffingerdarms – münden und nicht erst in der Mitte oder gar am Ende des Dünndarms.
8. Beschreiben Sie mögliche Folgen für die Darmbakterien, wenn aufgrund einer Infektionskrankheit über längere Zeit Antibiotika eingenommen werden.
9. Ein Kollege klagt über Sodbrennen. Geben Sie ihm einen Rat.

10. Erklären Sie das Durstgefühl nach einem Durchfall.
11. Erläutern Sie, weshalb vor zu heißem und zu hastigem Essen gewarnt wird.
12. Begründen Sie, weshalb eiweißreiche, brotarme Kost mit viel Fleisch leichter zu Verstopfung führt als Mischkost.
13. Die Verweildauer von Speisen im Magen ist vom Fettgehalt und vom Proteintyp abhängig. Faserförmiges Bindegewebeprotein erhöht die Verweildauer erheblich. Stellen Sie folgende Zahlenangaben in einem Säulendiagramm grafisch dar:

    | | | |
    |---|---|---|
    | Reis, Fisch | 1,5 Std. | Verweildauer im Magen |
    | Gemüse, Milch, Brot | 2 Std. | „ |
    | Gekochtes Fleisch | 3 Std. | „ |
    | Gebratenes Fleisch | 5 Std. | „ |
    | Sehr fettes Fleisch, Ölsardinen | 8 Std. | „ |

### Stoffwechsel

14. In Kapitel 2.1.1 (B) „Wasser" war von „Oxidationswasser" die Rede. Begründen Sie, inwiefern der Mensch einen Teil seines Wasserbedarfs aus dem Stoffwechsel seiner eigenen Zellen beziehen kann.
15. Begründen Sie, weshalb man die Leber das wichtigste Stoffwechselorgan nennt.
16. Die Energie, die der Stoffwechsel freisetzt, wird bekanntlich auch für Muskelbewegungen benötigt. Erklären Sie, welchen Sinn es hat, wenn Sie beim Treppensteigen automatisch schneller atmen und Ihr Herz schneller schlägt.
17. Erklären Sie die Tatsache, dass Zucker und Fett weitgehend gegenseitig austauschbar sind, dass Protein jedoch weder durch Fett noch durch Zucker ersetzt werden kann.
18. Wie kommt es, dass Menschen mit Übergewicht ebenso wie Normalgewichtige Hunger verspüren, obwohl sie doch längere Zeit von ihren Reserven zehren könnten?
19. Unterscheiden Sie Hunger von Appetit.

**Übergreifende Aufgaben finden Sie am Ende des Kapitels 8!**

## Infobox Sprache

### Ernährung

| Deutsch | Französisch | Englisch |
|---|---|---|
| Bauchspeicheldrüse | pancreas (m) | pancreas |
| Bluthochdruck | hypertension (f) | high blood pressure, hypertension |
| Durchfall | diarrhée (f) | diarrhoea |
| Durst | soif (m) | thirst |
| Erbrechen | vomissement (m) | vomiting |
| Galle | vésicule (f) biliaire | gall |
| Hunger | faim (f) | hunger |
| Leber | foie (m) | liver |
| Magen | estomac (m) | stomach |
| Mund | bouche (f) | mouth |
| Stoffwechsel | metabolism (m) | metabolism |
| Verdauungsstörung | trouble (m) digestif | indigestion |

## 8.3 Ernährungsformen

Es gibt zahlreiche unterschiedliche Ernährungsformen. Viele Menschen möchten ihre Ernährungsweise bewusst von anderen abgrenzen, z. B. aus gesundheitlichen, ethischen, religiösen oder auch ökologischen Grunden. Zu den Ernährungsformen zählen z. B.:
▶ Mischkost
▶ vollwertige Kost
▶ Vollwerternährung
▶ Vegetarismus
▶ Hay'sche Trennkost
▶ antroposophe Ernährung,
▶ Makrobiotik

**Vollwerternährung**
Die Vollwerternährung versucht, mit einer ausgewogenen Nahrungsmittelauswahl und mehreren kleinen Mahlzeiten pro Tag eine optimale Nährstoffversorgung zu erzielen, ohne dass ernährungsbedingte Störungen und Mängel auftreten.

1. Es werden **überwiegend pflanzliche Rohstoffe**, möglichst aus kontrolliert biologischem Anbau, bevorzugt.

▶ Als Kohlenhydratlieferanten werden stärkehaltige Lebensmittel, besonders **Vollkornerzeugnisse** empfohlen, da Stärke länger anhaltende Sättigung erzeugt und Vollkornprodukte einen hohen Mineralstoff-, Vitamin- und Ballaststoffgehalt aufweisen (Brot, Müsli, Gebäck, Teigwaren, Suppeneinlagen und Füllungen aus Vollkorn). Raffinierter Zucker (Haushaltszucker) wird abgelehnt, da er die Blutzuckerwerte zu schnell erhöht.

▶ **Obst** sollte gründlich gewaschen und möglichst ungeschält verzehrt werden, da gerade in und unter der Schale wertvolle Pflanzenstoffe vorkommen (s. Kap. 2.1.9).

▶ Viel **Gemüse** wird roh und kurz gegart gegessen (Rohkost, Salat). Gemüse liefert auch viele Mineral-, Ballaststoffe und Vitamine.
▶ Als Proteinlieferanten werden **Milchprodukte** mit möglichst geringem Fettgehalt bevorzugt (Milch, Buttermilch, Quark, Joghurt, Käse).

# 1 Ernährungsformen

- **Fleisch** sollte nicht täglich auf dem Speiseplan stehen, da hoher Fleischkonsum einen Überschuss an tierischem Protein verursacht und die Harnsäurewerte erhöht.
- **Pflanzliche Fette** werden bevorzugt, um die Versorgung mit mehrfach ungesättigten Fettsäuren sicherzustellen. Hochwertige Öle sind für die Rohkost- und Salatbereitung vorgesehen. Als Bratfett empfiehlt man Pflanzenmargarine oder Sonnenblumenöl. Öl, Mayonnaise oder Sahne für Soßen ersetzt man durch Joghurt oder Dickmilch. Nüsse ergänzen die Fettzufuhr.

2. Die **Zubereitung** soll **fettarm und schonend** erfolgen.
- Schonende **Garmethoden** (Dämpfen, Dünsten, Garen in Folie) werden empfohlen. Zur Entlastung der Verdauungsorgane soll etwa die Hälfte der Energiezufuhr mit gegarten Lebensmitteln gedeckt werden.
- **Kochsalz** wird sparsam verwendet, stattdessen **viele Kräuter und Gewürze** zur Geschmacksgebung. Auf verstecktes Kochsalz ist zu achten, da es häufig als Konservierungsstoff dient (Hartkäse, Fleisch-, Feinkosterzeugnisse).

3. **Genussmittel**
- **Alkohol** ist stark einzuschränken, da er den Kreislauf und die Leber belastet. Er liefert zusätzliche Energie (30 kJ pro g; mehr als 1 g Kohlenhydrate!).
- **Koffeinhaltige Getränke** sind zu meiden. Kaffeesäuren führen bei starkem Kaffeekonsum oft zu Magenübersäuerung.
- **Süßwaren** verführen zu unkontrollierter Zuckerzufuhr und damit zu Übergewicht.

## Vegetarische Kostformen

Bei den Vegetariern werden drei Gruppen unterschieden:
- Die gemäßigte Form heißt **Ovo-lakto-Vegetarier** (lat. ovum = Ei; lac = Milch). Als tierische Proteinquellen werden Eier und Milchprodukte zugelassen.
- **Lakto-Vegetarier** verzichten auch auf Eier und lassen nur Milchprodukte zu.
- Die strengsten Vegetarier, sog. **Veganer**, essen ausnahmslos pflanzliche Lebensmittel.

Forscher untersuchten, ob derlei einseitige Ernährung zu Mangelerscheinungen führten. Die Ergebnisse zeigen: Nur dann, wenn der Speiseplan sich auf wenige Pflanzen beschränkt und die einseitige Kostform über mehrere Jahre besteht, kommt es langfristig zu Vitamin-$B_{12}$-Mängeln (evtl. Vitamin D). Die Kombination verschiedener pflanzlicher Lebensmittel (u. a. auch Sojaerzeugnisse und Nüsse) führt nicht zu Ernährungsmängeln, viele Messwerte

(erhöhter Blutdruck, Blutfettwerte, Cholesterin usw.) sind besser als bei fleischhaltiger Kost.

**Reduktionsdiät** (gr. Diaita = Lebenseinteilung)
Personen mit **Übergewicht** müssen ihr Gewicht reduzieren (lat. reducere = vermindern), um Erkrankungen vorzubeugen (z. B. Diabetes, Bluthochdruck, Kreislaufprobleme). Liegt das Gewicht 10 % über dem Normalgewicht, spricht man bereits von Übergewicht.

Zur Bestimmung des Normalgewichts dient der sog. **Body-Mass-Index (BMI)**.

$$BMI = \frac{\text{Körpergewicht in kg}}{(\text{Körpergröße in m})^2}$$

| Frauen Untergewicht | Normalgewicht | Übergewicht | Fettsucht |
|---|---|---|---|
| 15 16 17 18 19 20 21 22 23 24 25 26 27 28 29 30 31 32 33 34 … |||| 
| Untergewicht **Männer** | Normalgewicht | Übergewicht | Fettsucht |

**Grundregeln für die Reduktionsdiät:**
- „Leere Energieträger" (Sahne, Süßwaren usw.) meiden. Kristallzucker durch Süßstoff oder andere Zuckeraustauschstoffe ersetzen. Diese sollten jedoch vorsichtig eingesetzt werden, da manche u. a. abführend wirken können.
- „Energiehaltige" Getränke (alkoholische und gesüßte Getränke) erheblich einschränken, sie regen den Appetit an. Unter Alkoholeinfluss legt man schnell gute Vorsätze ab.
- Fettarme Lebensmittel und Zubereitungsarten bevorzugen (Grillen, in Folie garen). Ballaststoffreiche Lebensmittel verstärkt essen.
- Gesamtenergie auf rund 4500 kJ/Tag reduzieren.
- Kleinere Zwischenmahlzeiten einlegen (Obst usw.).
- Die Hauptmahlzeit mit Salat- und Gemüserohkost beginnen.
- Kilojoule konsequent zählen.
- Langsam essen, gut und lange kauen.
- Viel körperliche Bewegung wirkt sich positiv aus.

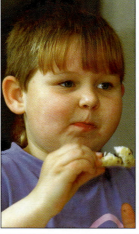

## Aufgaben

1. Bestimmen Sie, inwieweit Ihr individuelles Gewicht vom Normalgewicht bzw. vom Idealgewicht abweicht.
2. Überprüfen Sie Ihre Speisenkarte daraufhin, inwieweit die einzelnen Speisen für Übergewichtige besonders geeignet wären.
3. Stellen Sie anhand des Frühstücksbüfetts Ihres Betriebes ein Frühstück zusammen, das die Anforderungen an eine natriumreduzierte Diät erfüllt.
4. Mittelalterliche Mönche verwendeten Bier als erlaubtes Fastengetränk. Erklären Sie, wieso diese Flüssigkeit, die doch den Magen relativ schnell wieder verlässt, zur Sättigung führt.
5. Beschreiben Sie, inwiefern ein Mensch heutzutage an Bewegungsmangel leidet. Geben Sie diejenigen Diätformen an, die durch verstärkte Bewegung, z. B. Sport, positiv beeinflusst werden könnten.
6. Ulrich ist Diabetiker. Er verwendet nur noch Vollkornschrot. Er meint, er dürfe davon mehr pro BE essen als von Weizenmehl der Type 405. Nehmen Sie Stellung zu seiner Behauptung.
7. Ein Gast muss „streng natriumarme" Diät halten. Er schwankt beim Getränk zwischen einem „Fruchtsaft light" mit Cyclamat als Süßstoff, einer Cola-Limonade oder einem alkoholfreien Bier. Welches Getränk empfehlen Sie ihm? Begründen Sie Ihre Entscheidung.

**Übergreifende Aufgaben finden Sie am Ende des Kapitels 8!**

## Infobox Sprache

### Ernährungsformen

| 🇩🇪 Deutsch | 🇫🇷 Französisch | 🇬🇧 Englisch |
|---|---|---|
| Ernährungsformen | formes (f/pl) d'alimentation (f) | types of diet |
| Normalgewicht | poids (m) normale | normal weight |
| Veganer/-in | végétalien (m), végétalienne (f) | vegan |
| Vegetarier/-in | végétarien (m), végétarienne (f) | vegetarian |
| vegetarische Kostformen | sortes (f) de nourriture (f) végétarienne | vegetarian diets |
| Vollkornerzeugnis | produit (m) alimentaire complet | wholemeal product |
| Vollwerternährung | alimentation (f) complète, alimentation (f) à valeur intégrale | wholefood nutrition |

## 8.4 Pflanzliche Lebensmittel

### Situation

Veganer ernähren sich ausschließlich von pflanzlichen Lebensmitteln. Veganismus ist eine vorwiegend ethisch begründete Lebensweise und Einstellung, welche die Nutztierhaltung und den Konsum tierischer Produkte völlig ablehnt. Der Veganismus beinhalter eine besonders weit reichende vegetarische Ernährungsweise: Der Konsum von Fleisch, Fisch, Milch und Eiern sowie Lebensmittelbestandteile aus tierischen Produkten, z. B. Gelatine in Gummibärchen, wird abgelehnt. Für die Beratung dieser Gäste ist nachfolgendes Kapitel besonders wichtig.

Vitamine und Mineralstoffe werden heute in großem Umfang in Drogerie- und Supermärkten für Jedermann als Nahrungsergänzungsmittel angeboten. Immer mehr Menschen nutzen diese Präparate, um etwas für ihre Gesundheit zu tun. Es geht jedoch auch anders.

Die aid-Ernährungspyramide zeigt wie.

Helfen Sie dem Auszubildenden Erik bei der Zusammenstellung eines Ernährungsplans für einen Tag entsprechend den Vorgaben der Ernährungspyramide. Berücksichtigen Sie dabei überwiegend Produkte aus Ihrem Ausbildungsbetrieb.

Copyright: aid infodienst

## 8.4.1 Gemüse

Pflanzliche Lebensmittel sind für die menschliche Ernährung unerlässlich und stellen einen wichtigen Bestandteil der Speisenzubereitung dar. Sie liefern Energie und Kohlenhydrate (z. B. Getreide und Kartoffeln), Fett (z. B. Avocado und Ölsaaten) und Eiweiß (z. B. Hülsenfrüchte wie Bohnen). Darüber hinaus enthalten sie lebenswichtige Vitamine, Mineralstoffe und Ballaststoffe. Besonders Gemüse und Obst wird eine präventive Wirkung in Bezug auf die Entstehung von Krankheiten bescheinigt. Die Deutsche Gesellschaft für Ernährung empfiehlt deshalb den täglichen Verzehr von ca. 650 Gramm Obst und Gemüse für Erwachsene. Dieser Wert wird jedoch leider meist nicht erreicht.

Der Geschmack der Gemüsearten reicht von fast geschmacklos (Kopfsalat) bis scharf, pikant (Chilis, Meerrettich, Knoblauch). Er lässt sich auf Oxalsäure, schwefelhaltige Stoffe und ätherische Öle zurückführen. Gemüse sind als Beilagen zu eiweiß- und fetthaltigen tierischen Lebensmitteln gut geeignet.

Weiterführende Informationen finden Sie im Internet, z. B. unter www.gemueselexikon.de, sowie im kleinen Nachschlagewerk „Lebensmittel von A bis Z".

In der Gastronomie ist es sinnvoller, den Bereich der pflanzlichen Lebensmittel anders als üblich aufzuteilen. Im Vordergrund stehen nicht die einzelnen Pflanzenarten, sondern die Verwendungen verschiedener pflanzlicher Erzeugnisse.

**Gemüse sind essbare Pflanzenteile meist einjähriger Pflanzen.** Die geläufigste Einteilung der Gemüse ist die nach den jeweils verzehrbaren Pflanzenteilen, z. B.:

### Fruchtgemüse

Fruchtgemüse sind sich in ihren Inhaltsstoffen weitgehend ähnlich:
- extrem hoher Wassergehalt (Gurke 97 %, im Vergleich: Bier 93 %, Milch 87 %)
- hoher Mineralstoffgehalt von rund 0,5 % (K, Na, Ca, P, Mg)
- hoher Vitamingehalt, vor allem Vitamin C; weiterhin B-Vitamine
- extrem geringer Fettgehalt (Ausnahme: Avocadofrüchte 23,5 %)
- kaum Eiweiß

| Gemüse | Wasser | Eiweiß | Fett | Kohlenhydrate | Ballaststoffe | Mineralstoffe |
|---|---|---|---|---|---|---|
| Fruchtgemüse | 91 | 1,2 | 0,2 | 5 | 2 | 0,6 |
| Blütengemüse | 87 | 2,8 | 0,2 | 6 | 3,8 | 0,2 |
| Blattgemüse | 93 | 2 | 0,4 | 3 | 1 | 0,6 |
| Sprossgemüse | 91 | 2 | 0,2 | 4,7 | 1,6 | 0,5 |
| Kohlgemüse | 88 | 3 | 0,5 | 5 | 3 | 0,5 |
| Zwiebelgemüse | 81,5 | 3 | 0,2 | 14 | 1 | 0,3 |
| Wurzelgemüse | 84 | 1,5 | 0,3 | 10,7 | 3 | 0,5 |
| Samengemüse (ohne Soja) | 6 | 22 | 1,5 | 58 | 11 | 1,5 |
| Sojabohne | 9 | 39 | 18 | 27 | 4 | 3 |

**Inhaltsstoffe in %, Durchschnittswerte**

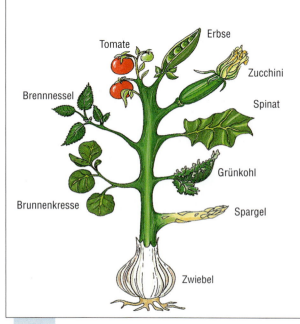

Aubergine

Erbsen

| Fruchtgemüse | Exotische Fruchtgemüse |
|---|---|
| Aubergine (Eierfrucht)<br>Grüne Bohnen<br>Grüne Erbsen<br>Kaiserschoten (Zuckererbsen)<br>Kürbisgewächse:<br>– Speisekürbis<br>– Gurken<br>– Melonen (Obst)<br>– Zucchini<br>Paprika<br>Peperoni<br>Tomaten<br>Zuckermais | Avocado<br>Chayote<br>Okraschote<br>Papaya |

# Pflanzliche Lebensmittel

## Keimlinge

Sie liefern ausreichend Ballast- und Mineralstoffe sowie Vitamine. Man unterscheidet in der Regel:
▶ **Getreidekeimlinge** von Gerste, Hafer, Roggen und Weizen; sie sind temperaturempfindlich, kaum lagerfähig und sollten möglichst am gleichen Tag verzehrt werden.
▶ **Keimlinge von Hülsenfrüchten**, z. B. Sojabohnen, Kichererbsen, Mungobohnen und Linsen.
▶ **Grüne Keimlinge**, z. B. Luzerne, Gartenkresse, Rettich und Senf.

Linsensprossen

Sojakeime

| Keimlinge | | |
|---|---|---|
| Getreidekeimlinge | Hülsenfruchtkeimlinge | Grüne Keimlinge |
| – Gerste<br>– Hafer<br>– Roggen<br>– Weizen | – Sojabohnen<br>– Mungobohnen<br>– Kichererbsen<br>– Linsen | – Gartenkresse<br>– Luzerne<br>– Rettich<br>– Senf |

## Hülsenfrüchte

Unter Hülsenfrüchten versteht man die reifen, getrockneten Samenkerne von Erbsen, Bohnen, Linsen und Sojabohnen. Sie werden durch das Entziehen des Wassers haltbar gemacht. Vor dem Garen sollten Hülsenfrüchte 8 bis 10 Stunden in kaltem Wasser eingeweicht werden, damit sie aufquellen.

Neben Eiweiß und Kohlenhydraten liefern Hülsenfrüchte auch hohe Anteile an Mineralstoffen und Spurenelementen, z. B. Phosphor, Eisen, Calcium, Mangan, Zink, Kupfer und Jod, sowie Vitamine. Besonders A, $B_1$ und $B_2$ sind in Hülsenfrüchten enthalten.

Erwähnenswert sind auch die beachtlichen Mengen an Ballaststoffen.

Rote Kidneybohnen

Linsen

| Hülsenfrüchte |
|---|
| Bohnen, Erbsen, Linsen, Sojabohnen |

## Wurzel- und Knollengemüse

**Wurzelgemüse** sind küchensprachlich essbare, nährstoffreiche Speicherwurzeln, die botanisch als Rüben gelten. **Knollengemüse** sind essbare, knollenförmige Speicherorgane (keine Wurzeln).

Knollensellerie

Rote Rüben/Rote Bete

| Wurzel- und Knollengemüse | | |
|---|---|---|
| Knollensellerie<br>Möhre (walzenförmig)<br>Karotte (rund) | Pastinak<br>Rettich, Radieschen<br>Meerrettich (Kren)<br>Rote Rübe | Teltower Rübchen<br>Weiß- oder Steckrübe<br>Schwarzwurzel |

## Knollengewächse

Das wichtigste und bekannteste Knollengewächs ist die Kartoffel. Die Kartoffelsorten werden in verschiedensten Handelsklassen, sortiert nach Größe, Sortenreinheit und Mindestgröße, angeboten. Kartoffeln haben verschiedene Kocheigenschaften: festkochend, vorwiegend festkochend und mehligkochend. Kartoffeln gibt es in unterschiedlichen Formen und Farben, je nach Sorte.

### Inhaltsstoffe der Kartoffel

▶ Der Nährstoffgehalt ist nahezu gleich wie bei Reis oder Weizengrieß.
▶ Rund ⅔ des Gewichts sind Kohlenhydrate, überwiegend Stärke.
▶ Der Fettgehalt ist sehr gering.
▶ Der Mineralstoffgehalt liegt bei 1 %.
▶ Der Eiweißgehalt ist gering (2 %), dafür aber die biologische Wertigkeit sehr hoch (67 %).
▶ Der Eigengeschmack ist relativ neutral und beeinträchtigt den Geschmack anderer Speisen wenig.

| Knollengewächse |
|---|
| Kartoffeln, rote Süßkartoffeln, weiße Süßkartoffeln, Topinambur, Yamwurzel |

## Sprossgemüse

Zu den Sprossgemüsen zählen ausgesprochene Delikatessen, z. B. Spargel oder Artischocke. Sprossgemüse zeichnen sich mit wenigen Ausnahmen besonders in den Frühlingsmonaten durch ihren hohen Vitamin-C- und Mineralstoffgehalt aus.

**Rhabarber**

**Weißer Spargel**

| Sprossgemüse |
|---|
| Artischocke [1], |
| Bambussprossen, Bleichsellerie, Chicorée, Fenchel, Hopfensprossen, Palmherzen, Rhabarber, Spargel weiß/grün |
| [1] auch Blütengemüse genannt |

## Kohlgemüse

Bemerkenswert an den Kohlgemüsen ist ihre lange Haltbarkeit. Schwefelhaltige Verbindungen erzeugen den teilweise strengen Geschmack und Geruch. Der hohe und feste Rohfaseranteil verursacht lange Kochzeiten (Ausnahme Brokkoli, ca. 2–4 Minuten) und die schlechte Verdaulichkeit einiger Kohlsorten.

**Blumenkohl**

**Wirsing**

| Kohlgemüse |
|---|
| Blumenkohl [1]/Romanesco [1], Brokkoli [1], |
| Chinakohl, Grünkohl, Kohlrabi, Pak choi, Rosenkohl, Rotkohl, Weißkohl, Wirsing |
| [1] auch Blütengemüse genannt |

## Salate und Blattgemüse

**Salate** werden je nach Aussaat und Ernteweise auch eingeteilt in Schnitt-, Pflück-, Blatt- und Kopfsalat. Meist sind drei Ernten pro Jahr möglich. In der Küche werden alle Salate ähnlich zubereitet.

**Feldsalat**

**Friséesalat**

**Blattgemüse** sind vorrangig Mineralstofflieferanten (1 % K, P, Ca, Fe). Die Ballaststoffe und Rohfasern liegen in besonders zarter, bekömmlicher Form vor (Rohkost). Sie haben einen leicht bitteren Geschmack (wird vorwiegend gekocht verarbeitet.)

**Mangold**

**Spinat**

| Salate/Blattgemüse | | |
|---|---|---|
| Bataviasalat | Feldsalat | Mangold |
| Chicorée: rot und hell | Kopfsalat | Spinat |
| Eichblattsalat | Radicchio | Weinblätter |
| Eisbergsalat | Rauke (Rucola) | |
| Endivien-/Friséesalat/ | Römischer Salat | |
| Eskariol | Winterportulak | |

## Wildgemüse

Wildgemüse stammen aus freier Natur von Wiesen und Äckern, von Wald und Wegrändern sowie Hecken und Gräben. Der Unterschied zu Kulturgemüsen besteht darin, dass sie nicht auf Feldern und Gärten unter Zugabe von Dünger und Pflanzenschutzmitteln mit mechanischer Bearbeitung produziert werden. Wildgemüse hat einen höheren Gehalt an Vitaminen und Mineralstoffen als Kulturgemüse und findet vor allem in der Vollwertküche Verwendung.

# 1 Pflanzliche Lebensmittel

Bärlauch

Brunnenkresse

| Wildgemüse |
|---|
| Bärlauch, Brennnessel, Brunnenkresse, Löwenzahn, Sauerampfer |

## 8.4.2 Pilze

Wenn Pilze als Lebensmittel verwendet werden, sind es die oberirdischen Fruchtkörper des Pilzgeflechts, die man verarbeitet. Sie vermehren sich durch Sporen und wachsen wild in Wäldern oder auf Wiesen.

> Pilze sind in erster Linie Mineralstofflieferanten.

### Inhaltsstoffe und Nährwert

Pilze weisen eine ähnliche Zusammensetzung wie Gemüse auf.

| | | |
|---|---|---|
| Wasser 90 % | Kohlenhydrate 4 bis 6 % | Fett 0,8 % |
| Ballaststoffe 2 % | Mineralstoffe 0,5 bis 1,5 % | |
| Eiweiß 1,5 bis 3 % von geringer biologischer Wertigkeit | | |

Die Ballaststoffe (2 %) bestehen aus unverdaulichem Chitin. Diese Substanz ist häufig Ursache für die schlechte Verdaulichkeit mancher Pilze.

Bei den Vitaminen müssen vor allem B-Vitamine und Vitamin D erwähnt werden; Vitamin A fehlt völlig. Trüffelpilze sind nicht nur wegen ihres Aromas begehrt, sie liefern auch mehr Eiweiß und Kohlenhydrate als andere Pilze.

## Zwiebelgemüse

Der hohe Zuckergehalt der Zwiebelgemüse wird von ihrem scharfen Geschmack überdeckt. Er kommt von schwefelhaltigen Verbindungen, die vor allem bei Knoblauch eine bakterienhemmende Wirkung ausüben. Dies erklärt die lange Haltbarkeit. Zerkleinerung setzt flüchtige Enzyme frei, die unsere Tränendrüsen reizen.

Frühlingszwiebel

Lauch/Porree

| Zwiebelgemüse | |
|---|---|
| Frühlingszwiebel | Schalotten-/Soßenzwiebel |
| Gemüse-/Sommerzwiebel | Knoblauch |
| Küchen-/Lagerzwiebel | Lauch, Porree |
| Perl-/Silberzwiebel | Schnittlauch |

| Pilzarten | |
|---|---|
| Wald- und Wiesenpilze | Hallimasch, Marone, Morchel, Pfifferling, Rotkappe, Speisemorchel, Steinpilz, Stockschwämmchen, Trüffel |
| Kulturpilze | Wiesenchampignon, Austernseitling, brauner Egerling, Champignon, Riesenträuschling, Shiitakepilz |

### Gemüse-Einkaufskalender
Durch die weltweite Vermarktung der Lebensmittel finden Sie auf vielen Speisenkarten fast alle Obst-, Gemüse- und Salatsorten das ganze Jahr über.

Da in der Systemgastronomie sehr viel Convenience-Produkte verwendet werden, spielt hier die Saison der einzelnen Gemüse eine untergeordnete Rolle.

Austernseitling

Steinpilz

Pflanzliche Lebensmittel

## 8.4.3 Obst

Für eine ausgewogene Ernährung ist Obst mit seinen wertvollen Bestandteilen, wie Vitaminen, Mineralstoffen, Fruchtsäuren, Pektinen und Gerbstoffen, unerlässlich und sollte deshalb täglich in irgendeiner Form auf unserem Speiseplan stehen. Natürlich ist der Rohverzehr zu bevorzugen.

Nachreifende Früchte

### Obstinhaltsstoffe

Alle Obstarten sind ähnlich zusammengesetzt (Ausnahme Nüsse): hoher Wassergehalt, geringer Eiweiß- und Fettgehalt, Kohlenhydrate, Ballast- und Mineralstoffe, Vitamine (vor allem C, ferner B, Carotin).
Tropische und Zitrusfrüchte liefern etwa 2,5-mal so viel Vitamin C wie einheimisches Kern- und Steinobst. Den höchsten Gehalt haben Hagebutten (1250 mg) und Acerolas (1300 mg).

So oft wie möglich sollte man **Obst frisch verzehren**. Obst ist leicht verdaulich und eine ideale Ergänzung zur übrigen Kost. Die Vitamin-, Mineralstoff- und Ballaststoffversorgung steht dabei im Vordergrund. Durch seinen fruchtigen Wohlgeschmack wirkt Obst ausgesprochen appetitanregend.

**Das typische Obstaroma** entsteht aus einer Mischung zahlreicher Substanzen:
- **Fruchtsäuren** (Zitronen-, Wein-, Apfel-, Oxalsäure)
- **Gerbstoffe** (leicht bitterer, strenger Geschmack)
- **Alkohole, ätherische Öle u.a.** (vor allem in Schalen der Zitrusfrüchte)

Weitere wichtige Inhaltsstoffe:
- **Enzyme** im Obst (sind für die Reifungsvorgänge verantwortlich)
- natürliche **Farbstoffe** (gelb, orange, rot, blau, violett)

**Obst liefert in erster Linie leicht lösliche Zucker, Vitamin C, Mineral-, Ballaststoffe und Fruchtsäuren!**

Nicht nachreifende Früchte

Durch niedrige Temperaturen (5 °C), spezielle Zusammensetzung und Feuchtigkeit der Luft und Dunkelheit lässt sich der Nachreifungsprozess einiger Fruchtsorten um Monate verlängern (Äpfel). Künstliche Überzüge (Bienenwachs, andere Wachse, Harz, Öl) vermindern den Wasserverlust und behindern den Angriff von Mikroben. Durch Besprühen mit Konservierungsstoffen beugt man Schimmel und Fäulnis vor.

### Obstarten

Unter Obst versteht man **Früchte mehrjähriger Pflanzen:**

| Zitrusfrüchte | |
|---|---|
| Blutorange | Orange |
| Clementine | Pomelo |
| Grapefruit | Pomeranze |
| Kumquat | Satsuma |
| (Zwergpomeranze) | Saure Limette |
| Mandarine | Zitrone |

### Obstreifung und Obstlagerung

**Der Reifungsvorgang von Obst** beginnt an der Pflanze und setzt sich auch bei der Lagerung fort:
- **Stärke** und **Rübenzucker werden abgebaut** zu Trauben- und Fruchtzucker.
- **Chlorophyll wird abgebaut**; vorher verdeckte Farben kommen zum Vorschein.
- **Früchte werden weich**: Enzyme bauen Zellwandpektine ab.
- **Früchte schrumpfen**, verlieren Wasser.

Kumquat

Pomelo (Kreuzung aus Grapefruit und Pampelmuse)

# Pflanzliche Lebensmittel

| Beerenobst | Wildbeeren |
|---|---|
| Brombeere | Hagebutte |
| Erdbeere | Heidel- oder Schwarzbeere |
| Himbeere | Holunder |
| Johannisbeere | Kratz- oder Kroatzbeere |
| (rot, weiß, schwarz) | Moosbeere |
| Loganbeere | Preiselbeere |
| Stachelbeere | Sanddorn |
| Weintraube | Schlehe |
| | Walderdbeere |

| Andere, exotische Früchte | |
|---|---|
| Acerola | Litschi |
| Ananas | Mango |
| Banane | Passionsfrucht |
| Dattel | Röhrenkassie |
| Feige | Tamarillo |
| Guave | Wassermelone |
| Granatapfel | Honigmelone |
| Johannisbrot | Kantalupmelone |
| Kaki | Galliamelone |
| Kaktusfeige | Ogenmelone |
| Kiwi | |

Holunder

Preiselbeere

Kaki

Litschi

| Schalenobst/Nüsse | |
|---|---|
| Cashewnuss | Mandel, Paranuss |
| Haselnuss | Pekannuss |
| Kastanie (Marone) | Pinienkern |
| Kokosnuss | Pistazie |
| Macadamianuss | Erdnuss |

Kastanie (Marone)

Pekannuss

## 8.4.4 Getreidearten

Vor langer Zeit als wichtiges Zahlungsmittel für Steuerabgaben benutzt, in den Wohlstandsjahren etwas in Vergessenheit geraten, sind die verschiedenen Getreidearten heute wieder fester Bestandteil unserer Ernährung.

Die Zusammensetzung der Körner fast aller Getreidearten ist ähnlich:
▶ Stärke 65 %
▶ Eiweiß 11 %
▶ Ballaststoffe 8 %
▶ Fett 2 %
▶ Feuchtigkeit 12 %

Man unterscheidet zwischen Brot-, sonstigen zum Backen verwendeten Mahlprodukten und sonstigen Getreidearten.

| Kernobst | Steinobst |
|---|---|
| Apfel | Aprikose, Nektarine, |
| Birne | Pfirsich, Pflaume (rot), |
| Hagebutte | Pflaume (blau), Mirabelle, |
| Holzapfel | Reineclaude, Sauerkirsche, |
| Quitte | Schlehe, Zwetschge |

Quitte

Mirabelle

| Brotgetreide | Sonstige zum Backen verwendete Mahlprodukte | Sonstige Getreidearten |
|---|---|---|
| Roggen Weizen | Buchweizen, Dinkel/Grünkern | Gerste, Hafer, Hirse, Mais, Reis |

# 1 Pflanzliche Lebensmittel

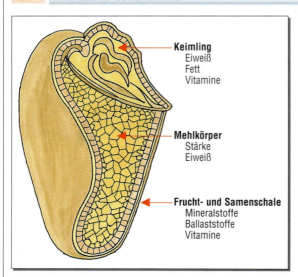

Aufbau eines Getreidekorns

## Vermahlung von Getreide

### Rohstoffe für Backwaren

Bei **Mehl** überwiegen Roggen- und Weizenerzeugnisse. Die übrigen Getreidesorten (Buchweizen, Dinkel, Gerste, Hafer, Hirse, Mais, Reis) werden nur für Spezialbackwaren und andere Getreideprodukte verarbeitet. Bei den Backwaren kommt Brot und Brötchen die größte Bedeutung zu. Feinbackwaren stehen mengenmäßig an zweiter Stelle, sind aber vielfältiger in den Sorten.

Die **Typenzahl** gibt an, wie viel Milligramm Asche (unverbrennbare Mineralstoffe) zurückbleiben, wenn 100 g wasserfreies Mehl verbrannt wird.

Helles Mehl (z. B.: Typ 405) = wenig Mineralstoffe, Auszugsmehl
Dunkles Mehl (z. B.: Typ 1700) = viel Mineralstoffe, Vollkornmehl

Mit der Typenzahl ändern sich automatisch Nährwert, Backfähigkeit und Helligkeit der Mehle.

**Weizenmehltypen**: 405, 550, 812, 1050, 1600
**Weizenschrot**: 630, 1200, 1700
**Roggenmehltypen**: 610, 815, 997, 1150, 1370
**Roggenschrot**: 1800

|  | Weizenmehle | Roggenmehle |
|---|---|---|
| Stärke | 68,0 % | 69,0 % |
| Löslicher Zucker | 3,2 % | 5,5 % |
| Eiweiß | 11,3 % | 8,3 % |
| Fett | 1,7 % | 1,3 % |
| Ballaststoffe | 0,5 % | 1,0 % |
| Mineralien | 0,8 % | 1,2 % |
| Wasser | 14,5 % | 13,8 % |

Zusammensetzung von Weizen- und Roggenmehlen (Durchschnittswerte)

**Backschrot** enthält neben Mehl auch noch grobe Bruchstücke des Mehlkerns.

**Vollkornschrot** und **Vollkornmehl** unterscheiden sich von „normalem" Mehl und Schrot dadurch, dass die Körner mit Keimling und Samenschale verarbeitet wurden. Entsprechend höher sind Ballaststoff-, Mineralstoff-, Vitamingehalt und Nährwert. Sie haben deshalb keine Typenzahl.

## Brotgetreide

### Roggen
Roggen gibt dem Körper Kraft und Ausdauer!
Er wird vorwiegend zu Schrot und Mehl vermahlen und zu Brot verarbeitet.

### Weizen
Weizen ist bei uns das meistverwendete Brotgetreide. Er wird zu Schrot, Grieß, Dunst, Mehl, Stärke und Kleie vermahlen:

Schrot: grob zermahlene Körner mit Schale
Grieß: Größe der Körner zwischen Schrot und Dunst
Dunst: grobes, griffiges, körnig anzufühlendes Mehl
Mehl: fein vermahlener Weizen
Stärke: feinst vermahlener Weizen, pulverisiert durch Entfernen der Zellelemente
Kleie: ausgesonderte Schalenteile

## Sonstige Getreidearten

### Mais
Der uralte, aus Mexiko und Peru stammende „Mahiz" wird heute hauptsächlich in Amerika angebaut. Keine Getreideart findet eine solch umfangreiche Verwendung wie der Mais: Maismehl, Maisgrieß (Polenta), Maisstärke, Popcorn, Cornflakes.

Roggen

Weizen

# Pflanzliche Lebensmittel 1

## Reis

Reis, das auf der Welt am meisten angebaute Getreide, stammt aus Ostasien und wird unter dem botanischen Namen „Oryza sativa" nach folgender Körnung unterteilt:
- Oryza sativa japonica
  ein sogenannter Klebreis
- Oryza sativa Indica
  klebt weniger, Verwendung meist als Trockenreis

Die Zubereitung und Verwendung von Reis ist fast immer gleich. Unterschiede ergeben sich durch die Reissorte und vor allem durch seine Vorbehandlung.

**Rundkornreis:** weiß, weicher Kern; verliert beim Kochen viel Stärke und trübt das Kochwasser. Für Milchreis geeignet.

Rundkornreis/Milchreis

Wildreis

**Langkornreis:** lange, schlanke Sorten, glasig harter Kern (Patna-Reis). Er ist festkochend und gibt wenig Stärke an das Kochwasser ab (Reisbeilage, Suppeneinlage).

**Naturreis = Braunreis = Cargoreis:** ist enthülst, enthält aber Keimling und Silberhäutchen und damit alle wertvollen Bestandteile.

**Weißreis = geschliffener und polierter Reis:** Das Schleifen entfernt Silberhäutchen (Samenschale) und Keimling. Es führt zu größerer Haltbarkeit, weil Keimfett nicht ranzig werden kann, verursacht aber Mineralstoff- und Vitaminverluste.

**Parboiled Reis:** Nicht enthülster Reis wird mit Wasserdampf und Druck behandelt. Dabei lösen sich Mineralstoffe und Vitamine und werden ins Kerninnere gepresst. Anschließendes Enthülsen und Schleifen verursacht jetzt 25 % geringere Verluste an Vitaminen und Mineralstoffen. Diese Sorte ist auch in der Gastronomie weitverbreitet, da die Kocheigenschaften zusätzlich verbessert wurden.

**Arborio und Vialone nano** (Italien): Rundkornreis, besonders geeignet für Risotto.

**Schnellkochender Reis = Instantreis:** Durch Vorkochen und anschließendes Trocknen erzielt man zwar kurze Kochzeiten von knapp 5 Minuten, muss aber Mineralstoff- und Vitaminverluste in Kauf nehmen. Kuko ist ein vorgedämpfter Reis im Kochbeutel

**Wilder Reis** ist der Samen einer wild wachsenden Gräserart, die mit dem Reis nicht verwandt ist. Die Körner werden oft mit echtem Reis gemischt und ergeben mit ihrer schwarzen Samenschale einen wirkungsvollen Kontrast.

**Sonstige zum Backen verwendete Mahlprodukte sind:**
- Buchweizen
- Dinkel
- Grünkern

## Nährmittel und pflanzliche Stärke- und Bindemittel

### Nährmittel

Nährmittel und pflanzliche Bindemittel sind Weiterverarbeitungsprodukte aus Getreide.

**Grieß** ist ein körnig vermahlenes Hartweizenprodukt.

**Getreideflocken** sind geschältes Getreide, das unter Dampfeinwirkung gepresst wird, z. B. Haferflocken.

**Knusperflocken** sind vorgekochte, getrocknete, gepresste und bei 300 °C geröstete Flocken. Geschmack und Farbe entstehen durch Dextrinierung und Karamellisierung.

**Mehl** ist auch ein Nährmittel.

### Pflanzliche Stärke- und Bindemittel

In der Küche sind pflanzliche Stärke- und Bindemittel für Suppen und Soßen, in der Patisserie für Puddings und Cremes unverzichtbar.

| Stärke- und Bindemittel | | |
|---|---|---|
| Stärke/Bindemittel | Zusammensetzumg | Verarbeitung |
| Kartoffelstärke | geruchlos, weiß, gröbste Stärkeart | binden Suppen und Soßen |
| Weizenstärke | geruchlos, cremefarbig, feinste Stärke | Süßspeisen, Gebäck |
| Maisstärke | geruchlos, weißgelblich | Puddings, Cremes, Cremepulver |
| Sago – echter Sago | weiß, perlartig, Sagopalmstamm, wird durchsichtig und trocken | Suppeneinlage, Kaltschalenbindung |
| Mehl | siehe Vorseite! | |

In der Systemgastronomie werden meist küchenfertige Mischungen zum Binden von Speisen verwendet.

# 1 Pflanzliche Lebensmittel / Infobox Sprache

## Aufgaben

1. Nach welchen Gesichtspunkten können pflanzliche Lebensmittel eingeteilt werden?

2. Nennen Sie je zwei
   a) Fruchtgemüse,
   b) Hülsenfrüchte und
   c) Kohlgemüse.

3. Welche der von Ihnen unter 2. genannten Gemüsearten werden in Ihrem Ausbildungsbetrieb verwendet?

4. Geben Sie wesentliche Inhaltsstoffe der Kartoffel und ihre biologische Wertigkeit an.

5. Der Chamignon ist sowohl ein Wiesenpilz als auch ein bedeutender Kulturpilz. Für welche Gerichte werden Champignons in der Systemgastronomie verwendet?

6. Welche Obstsorten haben den höchsten Vitamin-C-Gehalt?

7. Was versteht man unter nachreifenden Früchten? Nennen Sie drei Beispiele.

8. Nennen Sie je drei
   a) Zitrusfrüchte,
   b) Arten Beerenobst und
   c) Kernobst.

9. Beschreiben Sie den Aufbau eines Getreidekorns.

10. Welche Getreide sind typische Brotgetreide?

11. Mehl wird im Handel meist mit Angabe der Typenzahl verkauft. Was bedeutet Typ 405?

12. Was versteht man unter Nährmitteln?

**Übergreifende Aufgaben finden Sie am Ende des Kapitels 8!**

## Infobox Sprache

### Pflanzliche Lebensmittel

| Deutsch | Französisch | Englisch |
|---|---|---|
| Bohnen | haricots (m) | beans |
| Brot | pain (m) | bread |
| Brötchen | petits pains (m/pl) | bread rolls |
| Erbsen | petits pois (m) verts | green peas |
| Früchte | fruits (m) | fruits |
| Gemüse | légumes (m) | vegetables |
| Getreide | céréales (f) | cereals |
| Grieß | semoule (f) | semolina |
| Gurken | concombres (m) | cucumbers |
| Kartoffeln | pommes (f) de terre | potatoes |
| Keimlinge | germes (m/pl) | germs, shoots |
| Knusperflocken | flocons (m/pl) croustillants | flakes |
| Mais | maïs (m) | corn |
| Mehl | farine (f) | flour |
| Nuss | noix (f) | nut |
| Obst | fruits (m/pl) | fruits |
| Pilze | champignons (m/pl) | mushrooms |
| Reis | riz (m) | rice |
| Roggenmehl | farine (f) de seigle (m) | rye flour |
| Salat | salade (f) | salad |
| Sprossen | germes (m), pousses (f/pl) | sprouts |
| Tomaten | tomate (f) | tomato |
| Weizenmehl | farine (f) de blé (m) | wheat flour |

# 8.5 Tierische Lebensmittel

## Situation

Nahezu genauso reichhaltig wie bei pflanzlichen ist das Angebot an tierischen Lebensmitteln. Durch die hohe biologische Wertigkeit von tierischem Eiweiß genügt bereits eine geringe Menge, um den täglichen Bedarf zu decken. Für eine gesunde Ernährung müssen tierische und pflanzliche Nahrungsmittel in einem ausgewogenen Verhältnis stehen. Noch umfassender als das Grundangebot ist die Palette an Produkten, die bei der Weiterverarbeitung von tierischen Lebensmitteln hergestellt werden können.

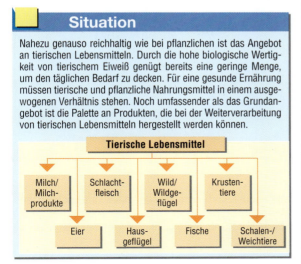

Wie die Lebensmittelpyramide (Kap. 8.4) zeigt, muss der Mensch von tierischen Nahrungsmitteln die geringste Menge pro Tag zu sich nehmen.

## 8.5.1 Milch und Milchprodukte

### Milch

Milch wird vom Körper hervorragend genutzt. Das Milcheiweiß hat eine 86%ige biologische Wertigkeit, 86 von 100 g Milcheiweiß werden vom Körper in körpereigenes Eiweiß umgewandelt (Förderung des natürlichen Darmbakterienwachstums).

Nur bei wenigen Menschen, denen spezielle Enzyme zur Verdauung des Milchzuckers fehlen, verursacht Milch Verdauungsstörungen oder Allergien.

Die wichtigsten Bestandteile auf 100 g Rohmilch:

Mit Ausnahme von Vorzugsmilch wird Milch **grundsätzlich erhitzt**, um Mikroben abzutöten.

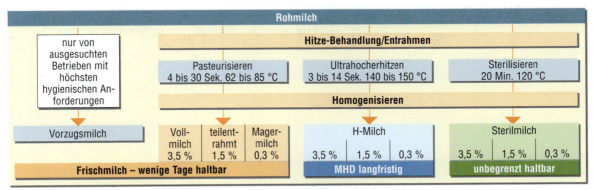

Schema der Milchbehandlung, Trinkmilcharten mit Fettgehaltsstufen

Je nach gewünschter Haltbarkeit werden noch weitere Verfahren angeschlossen. Länger haltbare Milch muss zusätzlich **homogenisiert** werden, um das emulgierte Fett extrem fein zu verteilen und ein Aufrahmen auch bei längerer Lagerung zu verhindern. **Entrahmen** führt zu den gesetzlich vorgeschriebenen Fettgehaltsstufen. All diese Maßnahmen müssen auf der Verpackung vermerkt sein.

**Kondensmilch** ist grundsätzlich homogenisiert und sterilisiert, sie wird durch Eindicken dickflüssiger. Handelsüblich sind 7,5 %, 10 % (Kaffeesahne) und 15 % Fettgehalt (Sahnekondensmilch).

**Schlagsahne, flüssig,** entsteht durch Anreichern mit Milchfett auf mindestens 30 % Fettgehalt, denn erst ab 27 % Fett erhält man einen stabilen Schaum.

# 1 Tierische Lebensmittel

**Trockenmilch** wurde das Wasser weitgehend entzogen. Sie ist lange lagerfähig und wird in unterschiedlichen Fettgehaltsstufen hergestellt.

## Butter – Buttermilch

Rahm oder durch Milchsäurebakterien gesäuerter Rahm wird geschlagen. Dabei lagern sich die Fettkügelchen immer enger aneinander. Sie trennen sich vollständig von der Flüssigkeit (Buttermilch), werden geknetet und ergeben so Butter.

Butterzusammensetzung

Je nach Ausgangsrohstoff entsteht Süß- oder Sauerrahmbutter. In der Buttermilch bleiben zurück: Wasser mit flockigem Eiweiß, Fettreste, Mineralstoffe und Vitamine.

Je nach Aussehen, Geruch, Geschmack und Geschmeidigkeit ergeben sich die Qualitätsstufen:

**Sauerrahmbutter**
Mithilfe von Milchsäurebakterien entstehen Aromastoffe, die der Sauerrahmbutter den typischen Geschmack verleihen.

**Süßrahmbutter**
Milch oder Sahne werden süß verbuttert. Süßrahmbutter schmeckt sahnig-mild.

**Mild gesäuerte Butter**
Butter, bei der süßer Rahm verwendet und der während des Herstellungsprozesses Milchsäurebakterien, Milchsäurekonzentrat oder Milchsäure zugesetzt wird. Geschmacklich liegt sie zwischen Süßrahm- und Sauerrahmbutter.

**Halbfettbutter** („light") enthält 40 % Butterfett, 54 % Wasser und ein Quellmittel (Gelatine, Stärke).

**Gewürzte** oder **mit Kräutern versetzte Butterarten** werden in der Gastronomie sehr häufig verwendet.

## Sauermilcherzeugnisse

Alle gesäuerten Milcherzeugnisse haben gemeinsam, dass Milchzucker von Bakterienreinkulturen zu Milchsäure vergoren wird. Sie lässt Eiweiß gerinnen und verbessert die Verdaulichkeit und Haltbarkeit. Je nach Fettgehalt der Rohmilch ergeben sich verschiedene Fettgehaltsstufen. Bindemittel (Gelatine) erhöhen die Festigkeit. Zusätze (Früchte, Konfitüre, Nüsse, Getreide u. Ä.) erzeugen Geschmacksvarianten.

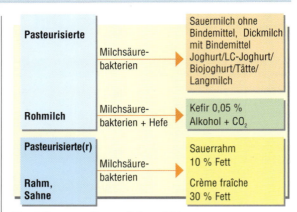

Herstellung von Sauermilchprodukten

Milchsäurebakterien stellen zwei unterschiedliche Milchsäuretypen her: „L(+) = rechtsdrehende" Milchsäure und „D(–) = linksdrehende" Milchsäure.

## Käse

### Käseherstellung und Unterscheidungsmöglichkeiten

Durch die Gerinnung der Milch werden die festen Milchbestandteile (= Eiweiß, Fette sowie einige Mineralstoffe und Vitamine) von der Molke (= Wasser und darin gelöste Vitamine und Mineralstoffe, etwas Eiweiß und wenig Fett) voneinander getrennt.

Man unterscheidet nach dem Gerinnungsverfahren (Säuerung oder Labgerinnung) zwei Käsesorten:

▶ **Sauermilchkäse**
Milchsäurebakterien werden der Milch zugesetzt. Diese bauen Milchzucker zu Milchsäure ab. Die Milchsäure bringt das Kasein zur Gerinnung, Molke und Bruch (geronnenes Eiweiß) trennen sich.

▶ **Süßmilch- oder Labkäse**
Der Milch wird ein Enzym (Lab = Milcheiweiß spaltendes Enzym aus dem Kälbermagen) zugesetzt.

Die entstandene Molke wird als Molkegetränk, Molkepulver für die Lebensmittelindustrie oder auch als Tierfutter verwertet. Die Bruchmasse wird dann zu Käse verarbeitet.

Zunächst wird der Bruch erwärmt (ca. 40 °C) und mit der Käseharfe geschnitten. Dies fördert das Austreten der Molke aus dem Eiweißgerüst. Je stärker der Bruch bearbeitet wird, umso niedriger wird der Wassergehalt der Käsemasse und der fertige Käse hat eine feste (schnittfeste, harte) Konsistenz. Weitere Schritte, die den Wasserentzug, gleichzeitig aber auch die Haltbarkeit und den Geschmack des Käses beeinflussen, sind das Pressen der Bruchmasse, das Salzen der so geformten Käselaibe und die Lagerung während der Reife.

# Tierische Lebensmittel

| Je nach **Wassergehalt** unterscheidet man: | |
|---|---|
| Weichkäse | (mehr als 67 %) |
| Halbfester Schnittkäse | (55–63 %) |
| Schnittkäse | (62–69 %) |
| Hartkäse | (50 % und weniger) |
| Frischkäse | (mehr als 73 %) |
| Sauermilchkäse | (61–73 %) |

| **Fettstufen** von Käse: | |
|---|---|
| Magerkäse | 0 bis 10 % Fett i. Tr. |
| Viertelfettkäse | 10 bis 20 % Fett i. Tr. |
| Halbfettkäse | 20 bis 30 % Fett i. Tr. |
| Dreiviertelfettkäse | 30 bis 40 % Fett i. Tr. |
| Fettkäse | 40 bis 45 % Fett i. Tr. |
| Vollfettkäse | 45 bis 50 % Fett i. Tr. |
| Rahmkäse | 50 bis 60 % Fett i. Tr. |
| Doppelrahmkäse | 60 bis 85 % Fett i. Tr. |

Der **Fettgehalt des Käses** beeinflusst dessen
- Beschaffenheit: Er ist cremiger und hat ein gutes Schmelzverhalten,
- Nährwert: Je fetter der Käse, desto höher ist sein Energiegehalt,
- Geschmack: Fett ist ein Aromaträger und gibt dem Käse einen rahmigen, runden Geschmack.

Einen weiteren Zusatz erhält **Edelpilzkäse**. Die Schimmelpilzkulturen werden der Bruchmasse beigemengt oder gelegentlich auch nach dem Pressen der Bruchmasse eingeimpft (traditionell bei Roquefort).

**Weißschimmelkäse** werden nach dem Pressen mit einer Flüssigkeit, die Pilzsporen enthält, besprüht oder in ein sogenanntes „Pilzbad" gegeben.

Der besondere Geschmack der Weiß- und Edelschimmelkäse entsteht durch von den Pilzen abgegebene Enzyme, die überwiegend Fett in aromatische Fettsäuren zerlegen, die dann das Aroma bestimmen.

| Käsesorten und Reifung | | | | | |
|---|---|---|---|---|---|
| Frischkäse (F) | Sauermilchkäse | Süßmilchkäse/Labkäse | | | |
| | | Weichkäse (W) | halbfester Schnittkäse (hSch) | Schnittkäse (Sch) | Hartkäse (H) |
| ohne Reifung | wenige Tage | wenige Tage | 1–2 Monate | | bis zu 1 Jahr |
| Quark, Schichtkäse, Frischkäse, Mozzarella, Hüttenkäse usw. | Harzer, Mainzer, Olmützer, Quargel usw. | Brie, Romadur, Camembert, Limburger, Münsterkäse usw. | Butterkäse, Edelpilz-, Danablukäse, Stilton usw. | Tilsiter, Edamer, Gouda, Trappistenkäse, Geheimratskäse usw. | Emmentaler, Appenzeller, Greyerzerkäse, Edamer usw. |

## Käsereifung

Neben der Unterscheidung nach Fett- und Wassergehalt gibt es eine weitere Möglichkeit: die Reifung. Man unterscheidet Käse ohne Reifung, sog. Frischkäse, und Käse mit Reifung.

**Ohne Reifung:**
- Quark (unterschiedliche Fettgehaltsstufen von Mager- bis Sahnestufe)
- Schichtkäse (unterschiedliche Fettgehaltsstufen in Schichten)
- Rahm- oder Doppelrahmfrischkäse (auch als fettreduzierte Varianten)
- Mozzarella (plastische Konsistenz durch Erhitzen)
- Scheibletten, Kochkäse, Schmelzkäse (hitzebehandelte Käsesorten)

Bei Käse **mit Reifung** verändern sich die Käse je nach Reifedauer in Konsistenz, Geschmack, Farbe und Geruch. Die Reifedauer kann zwischen ca. einer Woche und bis zu ca. zwei Jahren variieren. In dieser Zeit laufen, verursacht durch Enzyme verschiedenster Bakterien, eine Reihe biochemischer Prozesse ab, die für die Veränderungen des Käses verantwortlich sind.

Weichkäse reifen, bedingt durch ihren höheren Wassergehalt, schneller. Sie reifen von außen nach innen. Die festeren Käse zeigen eine gleichmäßige, langsamere Reifung über den ganzen Laib.

Der absolute Fettgehalt eines Käses verändert sich während der Reife im Verhältnis zur Käsemasse.

Durch die Reifevorgänge geht Wasser verloren, die Käsemasse nimmt ab, so steigt der prozentuale Anteil des Fettes an. Deshalb wird das Käsefett in % Fettgehalt in der Trockenmasse (i. Tr.) angegeben.

Die **Trockenmasse** entspricht 100 %. Sie enthält alle Bestandteile des Käses (Eiweiß, Fett, Kohlenhydrate, Vitamine und Mineralstoffe) ohne Wasser.

### Beispiel

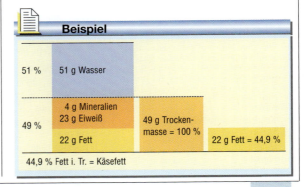

51 % — 51 g Wasser
49 % — 4 g Mineralien, 23 g Eiweiß, 22 g Fett
49 g Trockenmasse = 100 %
22 g Fett = 44,9 %
44,9 % Fett i. Tr. = Käsefett

# Tierische Lebensmittel / Infobox Sprache

Käse, die während der Reife „gewaschen" werden, gehören in die Gruppe der Rotschmierkäse. Sie werden während der Reife regelmäßig mit einer Flüssigkeit aus Wasser, Salz und ausgewählten Bakterien „gewaschen". Die dabei entstehende rötliche, schmierige Oberfläche gibt den Käsen ihren Namen (z. B. Münster, Livarot, Limburger).

### Beispiel

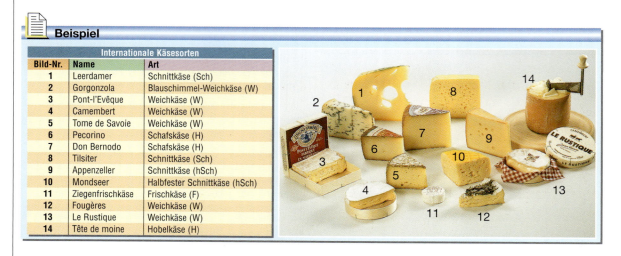

| Bild-Nr. | Name | Art |
|---|---|---|
| | **Internationale Käsesorten** | |
| 1 | Leerdamer | Schnittkäse (Sch) |
| 2 | Gorgonzola | Blauschimmel-Weichkäse (W) |
| 3 | Pont-l'Evêque | Weichkäse (W) |
| 4 | Camembert | Weichkäse (W) |
| 5 | Tome de Savoie | Weichkäse (W) |
| 6 | Pecorino | Schafskäse (H) |
| 7 | Don Bernodo | Schafskäse (H) |
| 8 | Tilsiter | Schnittkäse (Sch) |
| 9 | Appenzeller | Schnittkäse (hSch) |
| 10 | Mondseer | Halbfester Schnittkäse (hSch) |
| 11 | Ziegenfrischkäse | Frischkäse (F) |
| 12 | Fougères | Weichkäse (W) |
| 13 | Le Rustique | Weichkäse (W) |
| 14 | Tête de moine | Hobelkäse (H) |

## Lagerung von Milch und Milchprodukten

In der Gastronomie werden Milchprodukte, z. B. Quark oder Joghurt, in größeren Mengeneinheiten gekauft. Aus diesem Grund ist stets darauf zu achten, dass die Verpackungen nach jeder Entnahme gut verschlossen werden. Da Milch und Milchprodukte den Geruch von Fleisch, Fisch etc. sehr leicht annehmen, sind sie außerdem von anderen Lebensmitteln getrennt aufzubewahren.

## Lagerung und Haltbarkeit von Käse

Auch nach dem Kauf reifen Käse weiter. Der Lagerung kommt daher eine besondere Bedeutung zu. Die Käse bedürfen einer steten Pflege, wobei die Umgebungsbedingungen der Reifezeit bestimmend sind.
- ▶ **Luft und Feuchtigkeit:** Luft kann zur Austrocknung des Käses führen. Austrocknung sollte z. B. mithilfe einer Folie vermieden werden. Um eine gewisse Luftzirkulation zu ermöglichen, kann die Folie leicht perforiert werden.
- ▶ **Temperatur:** Die Reifetemperaturen liegen zwischen ca. 9 °C und 12 °C. Höhere Temperaturen beschleunigen den Reifeprozess und sind nur in Ausnahmefällen (z. B. unreifer Weichkäse) sinnvoll. Die Lagertemperatur sollte daher ca. 10–13 °C nicht wesentlich überschreiten. Frischkäse werden natürlich kühl, d. h. unter 10 °C, gelagert.
- ▶ **Licht:** Das Milchfett verändert sich durch UV-Strahlen nachteilig, auf eine dunkle Lagerung ist daher zu achten.
- ▶ **Lagerfähigkeit:** Je größer die Käsestücke sind und je optimaler die Lagerbedingungen den ursprünglichen Reifebedingungen angepasst werden konnten, umso länger kann Käse gelagert werden.
  - Frischkäse ca. 1 Woche
  - Weichkäse einige Tage
  - Hart- und Schnittkäse evtl. mehrere Wochen, aber mindestens ca. 2 Wochen

### Infobox Sprache

| Milch- und Milchprodukte | | |
|---|---|---|
| **Deutsch** | **Französisch** | **Englisch** |
| Butter | beurre (m)140 | butter |
| Joghurt | yaourt (m), yogourt (m) | yoghourt |
| Käse | fromage (m) | cheese |
| Kondensmilch/Kaffeesahne | lait (m) condensé, lait (m) concentré | condensed milk |
| Milch | lait (m) | milk |
| Quark | fromage blanc (m) | curd |
| Sahne | crème (f) | cream |

# 8.5.2 Eier

Die weitaus größte Zahl der Eier verwenden Betriebe aus der Lebensmittelindustrie. Daraus lassen sich die vielseitigen Einsatzmöglichkeiten des Rohstoffs Ei ableiten.

## Aufbau und Nährwert von Eiern

Wenn von „Eiern" die Rede ist, sind im gesetzlichen Sinne ausschließlich **Hühnereier** in der Schale gemeint. Bei anderen Eiern (Ente, Gans, Pute usw.) muss die Vogelart deutlich gekennzeichnet sein.

Die Inhaltsstoffe von Eiern schwanken speziell bei Mineralstoffen und Vitaminen. Sie sind in erster Linie von der Fütterung abhängig. Ähnliches gilt für die Dotterfarbe, die auf den Gehalt an Carotin zurückzuführen ist (4 mg/100 g).

Eier gehören zu den wertvollsten Eiweißlieferanten mit einer **biologischen Wertigkeit des Eiproteins** von 94 %. Sie enthalten auch **Cholesterin** und **Lecithin** (1650 mg bzw. 6,6 mg), jedoch nur im Dotter (bei Eigewicht von 58 g).

Die Nährstoffe der Eier können zu 95 % vom Menschen verwertet werden. Ihre Verdaulichkeit ist gut, lediglich sehr hart gekochte Eier sind schwer verdaulich.

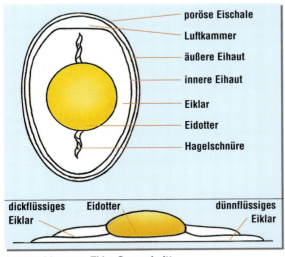

**Aufgeschlagenes Ei im Querschnitt**

Der Frischezustand des Eis hängt u.a. von der Höhe der **Luftkammer** ab. Mit zunehmendem Alter des Eis vergrößert sie sich, da während der Lagerung Wasser verdunstet. Die Höhe der Luftkammer kann mittels Durchleuchten festgestellt werden und darf in Eiern der Klasse A nicht höher als 6 mm sein.

## Kennzeichnung von Eiern

1. Name und Anschrift des Verpackungsbetriebs
2. Kennnummer der Packstelle
3. Güte- und Gewichtsklasse
4. Zahl der verpackten Eier
5. Mindesthaltbarkeitsdatum, gefolgt von Empfehlungen für die geeignete Lagerung

Seit 2004 ist die Angabe der Haltungsform Pflicht. Eier der Klasse A müssen mit einem Erzeugercode versehen werden, aus dem die Art der Legehennenhaltung und die Herkunft (Herkunftsland und Erzeugerbetrieb) abgeleitet werden können. Lose zum Verkauf angebotene Eier müssen mit einem Stempel direkt auf dem Ei gekennzeichnet sein.

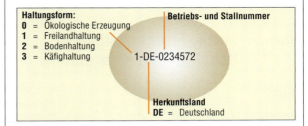

## Güteklassen

| Klasse | Bezeichnung |
|---|---|
| A | „Klasse A" oder „Güteklasse A" oder „A" oder in Verbindung mit „frisch" – Luftkammer unter 6 mm |
| B | „Klasse B" oder „für die Industrie bestimmte Eier" oder „Eier 2. Qualität" und „deklassierte Eier" – Luftkammer über 6 mm |
| C | „Klasse C" oder „für die Industrie bestimmte Eier" umfasst „deklassierte Eier" |

## Mindesthaltbarkeitsdatum

Die Hühnereier-Verordnung schreibt vor, dass die Eier innerhalb von höchstens 21 Tagen nach dem Legen an den Verbraucher abzugeben sind, wobei vom 18. Tag nach dem Legen eine Kühltemperatur zwischen +5 °C und +8 °C einzuhalten ist.

**Die Mindesthaltbarkeitsdauer beträgt maximal 28 Tage nach dem Legen.**

Die Anforderungen an roheihaltige Lebensmittel in Gaststätten und Einrichtungen zur Gemeinschaftsverpflegung sind in § 7 der Ei- und Eiproduktverordnung geregelt.

| Gewichtsklassen | | |
|---|---|---|
| XL | sehr groß | 73 g und darüber |
| L | groß | 63 g bis unter 73 g |
| M | mittel | 53 g bis unter 63 g |
| S | klein | unter 53 g |

# 1 Tierische Lebensmittel / Infobox Sprache

Eier sollen wegen der **Salmonellengefahr** in Gastronomieküchen nur noch durchgegart serviert, Spiegeleier von beiden Seiten gebraten, Frühstückseier nur noch hart gekocht werden. Werden frische Eier oder Eibestandteile verwendet, so sind die strengen Vorschriften der *Eiprodukt-VO* zu beachten.

**Lagerung von Eiern**
Entsprechend der Lagerung von Milchprodukten sind auch Eier im Kühlraum separat von anderen Lebensmitteln aufzubewahren.

## ⓘ Infobox Sprache

### Eier

| 🇩🇪 Deutsch | 🇫🇷 Französisch | 🇬🇧 Englisch |
|---|---|---|
| Eidotter/Eigelb | jaune (m) d'œuf | yolk/yellow of an egg |
| Eier | œufs (m) | eggs |
| Eiweiß | blanc (m) d'œuf (m) | white of an egg |

## 8.5.3 Fisch, Fischerzeugnisse, Schalen- und Krustentiere

### Fisch

Speisefische gelangen heute aus internationalen Gewässern rings um den Erdball über Tausende von Kilometern zum Verbraucher. Moderne Fabrikschiffe mit Kühl- und Verarbeitungstechnik noch an Bord und eine ununterbrochene Kühlkette sorgen dafür, dass der Verbraucher im Binnenland auf ein vielfältiges Angebot zurückgreifen kann.

Fische stellen ihre Körpertemperatur auf die sie umgebende Wassertemperatur ein (wechselwarm). Die meisten atmen durch Kiemen, haben helles Fleisch, und da sie vom Wasser getragen werden, eine lockere Zellstruktur.

### Inhaltsstoffe und Nährwert von Fisch

Fische liefern so gut wie **keine Kohlenhydrate**, aber **15 bis 20 % Eiweiß** mit hoher biologischer Wertigkeit (80 bis 84 %). Nach dem **Fettgehalt** sind zwei Gruppen zu unterscheiden:

| Magerfische mit weniger als 10 % Fett | Fettfische mit mehr als 10 % Fett |
|---|---|

Charakteristisch für Fischfett ist die **hohe Zahl** wertvoller **langkettiger, mehrfach ungesättigter Fettsäuren**. Bei den **Mineralstoffen** ist neben Phosphor, Fluor und Kalium der **hohe Jodgehalt** zu nennen. Schellfisch enthält 100-mal mehr Jod als Schweinefleisch. Im Durchschnitt: Fisch 0,068 mg und Fleisch 0,004 mg Jod pro 100 g.

**Fettreiche Fische** weisen höhere Werte an **fettlöslichen Vitaminen** auf. Eine Fischmahlzeit pro Tag deckt den Bedarf an fettlöslichen Vitaminen bei Weitem. Der Gehalt an wasserlöslichen Vitaminen ist etwas niedriger als bei Schlachtfleisch. Selbst fettere Fische sind **leicht verdaulich** aufgrund des zarten Bindegewebes.

Problematisch sind Fische durch ihren Gehalt an Umweltschadstoffen. Da die Mehrzahl der Schadstoffe fettlöslich ist, reichern sie sich im Fischfett an, bei Raubfischen mehr als bei pflanzenfressenden Fischen. Raubfische verleiben sich mit der Beute auch deren Schadstoffgehalt ein.

Weiteres Interessantes finden Sie im Internet (z.B. www.deutschesee.de).

Folgende **Angaben** sind auf den **Verpackungen** beim Verkauf von Fisch, Krebs- und Weichtieren verpflichtend:

- ▶ **Handelsbezeichnung** der verwendeten Fisch-, Weichtier oder Krebsart (auch lateinisch)
- ▶ **Produktionsmethode**
  - → „gefangen in" – für Fänge aus der Seefischerei
  - → „aus Binnenfischerei" – für Fänge aus Binnenfischerei
  - → „aus Aquakultur" – für gezüchtete Erzeugnisse
- ▶ **Fanggebiet**
  - → für Fänge aus der Seefischerei, z.B. Nord-Atlantik, SW-Atlantik, Ostsee
  - → für Fänge aus Binnenfischerei und Aquakultur ist die Angabe des EU-Mitgliedstaates oder des jeweiligen Drittlandes verpflichtend, aus dem das Fischereierzeugnis stammt.

Diese Kennzeichnung gilt nur für frische und bearbeitete Fischereierzeugnisse.

| Grundeinteilung der Fische | | |
|---|---|---|
| **Einteilung** | Süßwasserfische | Salzwasserfische |
| **Körperform** | Rundfische | Plattfische |
| **Qualität** | Konsumfische | Edelfische |
| **Fettgehalt** | Magerfische | Fettfische |
| **Sonstige Fische** | – Schuppenfische<br>– Knorpelfische<br>– Salmoniden (Fettflossenträger) | – Hautfische<br>– Knochenfische |
| **Wanderfische** | Anadrome Fische | Katadrome Fische |

Tierische Lebensmittel

## Süßwasserfische

**Beispiele:**
- Wels/Waller
- Zander
- Hecht
- Karpfen
- Regenbogenforelle
- Saibling

**Regenbogenforelle**

Süßwasserfische leben in Binnengewässern und Flüssen, wobei auch ein Großteil aus Züchtungen auf den Markt kommt. In der Systemgastronomie werden Süßwasserfische nur sehr selten verarbeitet, wenn dann als TK-Ware.

## Salzwasserfische

Der größte Teil der Fische, die für die menschliche Ernährung von Bedeutung sind, kommt aus dem Meer. Am häufigsten werden in der Gastronomie die unterschiedlichen Arten von Rund- und Plattfischen verwendet.

| Rundfische | |
|---|---|
| **Dorschartige Fische** | **Sonstige Rundfische** |
| Alaska Pollac | Dornhai |
| Blauer Wittling | Heringshai |
| Blauleng | Katfisch (Steinbeißer) |
| Kabeljau (Dorsch) | Knurrhahn |
| Schellfisch | – roter Knurrhahn |
| Seehecht (Hechtdorsch) | – grauer Knurrhahn |
| Seelachs (Köhler) | Lachs |
| Wittling (Merlan) | Makrele |
| **Heringartige Fische** | Meeraal |
| Hering | Muräne |
| Sardelle | Rotbarsch (Gold- oder |
| Sardine (Pilchard) | Seebarsch) |
| Sprotte | Rote Meerbarbe |
| Stint | Streifenbarbe |
| **Brassenarten** | Roter Drachenkopf |
| Goldbrasse | St. Petersfisch |
| Rotbrasse | Seeteufel (Angler) |
| Streifenbrasse (Bandbrasse) | Thunfisch |
| | – weißer Thunfisch |
| | – roter Thunfisch |
| | Wolfsbarsch |

**Rot- oder Goldbarsch/Seebarsch**

**Lachs**

## Plattfische

Das wesentliche Merkmal dieser Fische ist die seitlich stark zusammengedrückte Körperform.

**Einige Plattfische**
- Atlantischer Heilbutt (Weißer Heilbutt)
- Schwarzer Heilbutt
- Flunder (Butt)
- Glattbutt (Kleist oder Tarbutt)
- Scholle (Goldbutt)
- Steinbutt
- Zungenbutt (Hundszunge)
- Rochen
- Rotzunge (echte Rotzunge)
- Seezunge

### Warenannahme und Lagerung von Fisch

| Erkennungsmerkmale frischer Fisch | Erkennungsmerkmale älterer Fisch |
|---|---|
| Pralle, nach außen gewölbte Augen, glänzende Pupillen, klare Augenhornhaut, klare Außenschleimhaut, glänzende Hautfarbe, rote Kiemen, kaum Fischgeruch, elastisches Fleisch, gibt auf Druck nach, um dann in die Ausgangslage zurückzukehren. | Eingefallene, nach innen gewölbte Augen, graue Pupillen, trübe Augenhornhaut, trübe, milchige Außenschleimhaut, stumpfe Hautfarbe, gelblich graue Kiemen, starker säuerlicher Fischgeruch, Fleisch unelastisch, es bleiben Druckstellen sichtbar. |

Lebend gehandelter Fisch kommt in der Systemgastronomie, außer ggf. bei Nordsee, nicht vor; frischer Fisch nur sehr selten.

**Frischfisch wird auf einem Gitter und auf Eis gelagert.**

**Fisch gehört zu den am leichtesten verderblichen Lebensmitteln!**

# 1 Tierische Lebensmittel

Wegen der problematischen Haltbarkeit wird Fisch bereits auf hoher See tiefgefroren und verarbeitet (portioniert, paniert usw.). Tiefkühlerzeugnisse sind bei nicht unterbrochener Kühlkette in der Regel von hoher Qualität.
Aufgetauter Fisch verdirbt schnell, verliert Saft und sollte unter keinen Umständen wieder eingefroren werden!
Auftauen von gefrorenen Fischen bei +5 °C (unter Beachtung der FischhygieneVO).

## Fischerzeugnisse

Das bekannteste Luxusprodukt aus Fisch ist **Kaviar**. Verschiedene Störarten, die vorwiegend im Schwarzen und Kaspischen Meer leben, liefern uns den echten Kaviar. Je größer das Korn und je heller die Farbe, umso wertvoller ist er.

**Nährstoffgehalt** von 100 g echtem Kaviar:
Eiweiß 25,0 g Kohlenhydrate 4,5 g
Fett 15,7 g Cholesterin 0,3 g

**Beluga (blau), Osietra (gelb), Sevruga (rot)**

**Sevruga (kleinkörnig), Osietra (mittelkörnig)**

Als **Kaviarersatz** ist der Rogen von Lachs, Seehase oder Forelle im Handel. Zuchtkaviar bzw. Kaviar aus Aquakulturen haben in der Gastronomie an Bedeutung gewonnen.

Weitere Fischerzeugnisse werden in der Gastronomie und im Handel als **Halb- oder Vollkonserven** angeboten bzw. verwendet. Durch Konservierung bleibt der Fisch länger haltbar und angebotsfähig.

Die gängigsten **Konservierungsarten für Fisch sind**: Räuchern, Marinieren, Salzen und Trocknen. Häufig werden zwei Verfahren nacheinander kombiniert: Räuchern oder Braten verbunden mit Marinieren. Mildes Salzen wird oft durch Trocknen oder Räuchern ergänzt. Bei der Kombination Marinieren und Fermentieren unterstützen sich die zugegebenen Säuren und die enzymatisch erzeugten Abbauprodukte gegenseitig.

**Fischmarinaden** a) Heringssülze, b) Matjes, c) Rollmops, d) Bismarckhering, e) Sardinen, f) Sardellen-Filets und -röllchen

### Marinierter Fisch

**Marinaden** werden aus Essigsäure, Milchsäure, Salz, Gewürzen, Zwiebeln hergestellt. Mayonnaise oder Öl sind als Ergänzungen üblich.
**Bismarckheringe:** sauer marinierte, ausgenommene Heringe ohne Kopf
**Delikatessheringe:** besonders zarte Heringe, sauer mariniert
**Kronsild (Kronsardinen):** kleine, sauer marinierte Heringe ohne Kopf
**Rollmops:** Salzhering ohne Kopf und Schwanz, gefüllt und gerollt, Fischmindestanteil 80 %

### Geräucherter Fisch

Diese sind durch das Kalträucherverfahren (ein bis sechs Tage bei etwa 15 bis 20 °C) länger haltbar als beim Heißräuchern (maximal vier Stunden bei 70 bis 90 °C).
▶ **Bückling**
▶ **Schillerlocken**
▶ **Räucheraal**

### Gesalzener Fisch

Das Salzen ist das älteste Konservierungsverfahren für Fisch.
**Matjesheringe:** noch nicht geschlechtsreife Heringe, mild gesalzen. Der Salzgehalt darf 20 % nicht überschreiten; enzymatisch gereift.
**Salzheringe:** können bis zu 25 % Salz enthalten, sind monatelang haltbar.

### Kombinierte Konservierungsverfahren

**Räucherlachs:** norwegischer, nordamerikanischer Lachs, gesalzen und geräuchert

Tierische Lebensmittel

**Lachsbückling** (Lachshering): ausgenommener, kalt geräucherter Salzhering

**Brathering**: frischer, geköpfter, ausgenommener Hering, der nach dem Mehlieren gebraten und anschließend mariniert wurde

**Kochmarinaden**: Fische, Fischteile – gekocht, gewürzt, gemeinsam mit Gemüseabschnitten und mit saurem Gelatineaufguss überzogen

**Anchosen**: Sprotten, Heringe oder andere fettreiche Fische reifen nach dem Einlegen in Salz, Gewürzen und Zucker durch eigene Enzyme. Die schwach rötliche Färbung rührt von Sandelholz her.

**Anchovis**: nach dem Anchoseverfahren gereifte europäische Sardellen

## Surimi (Fischfleisch)

Zerkleinertes Fischfleisch (meist Alaska Pollack) wird durch wiederholtes Auswaschen von Eiweißbestandteilen und Kneten zu einer glatten weißen Fischpaste verarbeitet. Nach Zugabe von Gewürzen, Stärke und Geschmacksstoffen wird die Masse zu muskelfaserähnlichen Strukturen geformt.
Surimi wird mit Salz, Zucker und chemischen Mitteln konserviert und auch „optisch" schmackhaft gemacht und ist ein Imitat für Krebs-/Krabbenfleisch.

**Surimi-Produkte**

## Krusten-, Schalen- und Weichtiere

Typisch für diese Tiergattung sind die fünf Paar Füße, deren vorderstes Paar meistens mit Scheren oder Greifzangen ausgestattet ist. Der Körper ist von einer kalk- und chitinhaltigen Kruste umschlossen, von rötlich bläulicher oder auch brauner Farbe.

### Nährwerte von Krusten-, Schalen- und Weichtieren

|  | Eiweiß | Fett | Kohlenhydrate | Mineralien gesamt | Vitamine gesamt |
|---|---|---|---|---|---|
| Hummer | 15,9 g | 1,9 g | 0,3 g | 808 mg | 7,02 mg |
| Nordseegarnele | 16,8 g | 1,4 g | – | 797 mg | 4,48 mg |
| Flusskrebs | 15,0 g | 0,5 g | – | 776 mg | 2,25 mg |
| Auster | 9,0 g | 1,2 g | 4,8 g | 468 mg | 2,65 mg |
| Miesmuschel | 11,7 g | 1,9 g | 2,2 g | 972 mg | 2,03 mg |
| Tintenfisch | 15,3 g | 0,8 g | – | 202 mg | 1,88 mg |

Diese Zehnfüßler werden eingeteilt in:

| Langschwanzkrustentiere | | Kurzschwanz-krustentiere |
|---|---|---|
| hartschalig | weichschalig | |
| Hummer | Geißelgarnelen | Königskrabbe |
| Languste | Tiefseegarnelen | Taschenkrebs |
| Bärenkrebs | Felsengarnelen | Nordische Eismeerkrabbe |
| Kaisergranat | Sandgarnelen | |
| Flusskrebs | | Langostino |

**Flusskrebs** (hartschaliges Langschwanzkrustentier)

**Schwänze der Geißelgarnele/Hummerkrabbe** (weichschaliges Langschwanzkrustentier)

Kurzschwanzkrustentiere sind z. B. **Königskrabben** und **Taschenkrebse**.

## Muscheln

Muscheln zählen zu den ältesten Tierarten der Welt und sind ein hochwertiges Nahrungsmittel für den Menschen. Sie liefern reichlich Mineralsalze, Vitamin A, B, C und D sowie Eiweiß. Es gibt etwa 8000 verschiedene Arten, die in allen Gewässern der Erde vorkommen. Ihr Geschmack hängt wesentlich vom Wasser und vom Nahrungsangebot ab.

Obwohl für **Muscheln**, die bei uns auf den Markt kommen, ständig Qualitätskontrollen durchgeführt werden, ist es außerordentlich wichtig, folgende Punkte zu beachten:
▶ Rohe Muscheln, die sich vor der Zubereitung geöffnet haben und auf Berührung nicht wieder schließen, dürfen nicht mehr verwendet werden.

## Tierische Lebensmittel / Infobox Sprache

- Beim Dünsten oder Dämpfen müssen die Muscheln sich öffnen. Sollte dies nicht der Fall sein, sind sie nicht genießbar.
- Muscheln sollten immer frisch verzehrt werden. Ist dies nicht gewährleistet, sollte man sie vernichten. Sie haben einen sehr hohen Eiweißgehalt und sind daher rasch verderblich – **Vergiftungsgefahr!** Ein Stoffwechselgift aus der sich zersetzenden Leber ist die Ursache hierfür.

Die am häufigsten in der Gastronomie verwendeten Muscheln sind:
- Mies- oder Pfahlmuscheln
- Jakobsmuscheln
- Herzmuscheln

### Austern

Im Alter von ca. drei bis vier Jahren hat die Auster ihre Verkaufsgröße erreicht. Man kann das Alter an den abgesetzten Ringen erkennen.

Man isst Austern von September bis April, also in Monaten mit dem Buchstaben r. Im Sommer – Juli und August – laichen die Austern. Sie werden dadurch mager im Fleisch und sind sehr geschwächt, was bei sommerlicher Hitze leicht zum Verderb führt.

Austern schlürft man, heißt es im Volksmund und meint damit, dass sie einfach hinuntergeschluckt werden. **Aber:** Austern müssen gut durchgekaut werden, denn sie sind fast so hart wie Kalbfleisch. Austern werden lebend in Körben oder Fässchen, nach Größen (Gewicht) sortiert, mit 25, 50 oder 100 Stück angeboten.

> Alle Austern, die nach Deutschland importiert werden, müssen als Exportbegleitpapier ein Gesundheitszeugnis haben, aus England vom Health Office Colchester, aus Holland vom Rijksinstituut voor Visserijonderzoek, Den Haag.

### Infobox Sprache

#### Fisch

| Deutsch | Französisch | Englisch |
|---|---|---|
| Austern | huîtres (f) | oysters |
| Fisch | poisson (m) | fish |
| Flusskrebs | écrevisse (f) | freshwater crayfish |
| Geräucherter Fisch | poisson (m) fumé | smoked fish |
| Hering | hareng (m) | herring |
| Hummer | homard (m) | lobster |
| Königskrabbe | crabe (m) géant, crabe royal | red king crab |
| Krustentiere | crustacés (m) | crustaceans |
| Lachs | saumon (m) | salmon |
| Languste | langouste (f) | crayfish |
| Muscheln | coquillages (m) | mussels |
| Süßwasserfische | poissons (m) d'eau (f) douce | freshwater fishes |
| Salzwasserfische | poissons (m) de mer (f) | sea fishes, saltwater fishes |
| Thunfisch | thon (m) | tuna |

## 8.5.4 Fleisch

Wenn von Fleisch die Rede ist, so ist unter Ernährungs- und rechtlichen Gesichtspunkten meist Schlachtfleisch gemeint.

### Begriffsbestimmungen

Eine Richtlinie der EU beschränkt den Begriff Fleisch auf Muskelfleisch (Skelettmuskulatur) von Rindern, Kälbern, Schweinen, Schafen, Ziegen und Pferden. Dabei ist die Tierart, von der das Fleisch stammt, anzugeben. Gemäß den Leitsätzen für Fleisch und Fleischerzeugnisse erfasst der Begriff alle für den menschlichen Genuss geeigneten Teile von geschlachteten oder erlegten warmblütigen Tieren, also auch Fett- und Bindegewebe sowie bestimmte Innereien.

| Man unterscheidet: | |
|---|---|
| helles Fleisch | Kalb, Lamm, Ferkel, Kitz |
| dunkles Fleisch | Rind, Schaf, Schwein, Ziege |

**Schlachtfleischerzeugnisse** umfassen Fleisch- und Wurstwaren aller Art, tierische Fette wie Schweineschmalz oder Rindertalg.
Alle anderen Fleischarten wie Geflügel, Wildgeflügel oder Wild müssen entsprechend bezeichnet werden.

# Tierische Lebensmittel

## Aufbau des Muskelfleisches

Unter der Bezeichnung „**Muskelfasern**" versteht man das eigentliche Fleisch.

Das **Bindegewebe** verbindet die Muskelfasern und hält sie zusammen. Es ist zäh und wird zunächst durch die Fleischreifung, dann durch Braten, Kochen oder Dünsten weich und essbar.

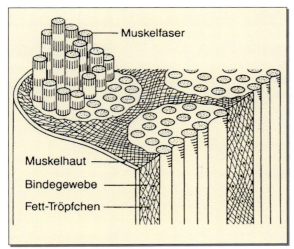

Aufbau von Muskelfleisch

## Fleischreifung

Frisch geschlachtetes Fleisch ist in der Totenstarre fast ungenießbar, zäh, wenig aromatisch. Erst im Laufe der Reifung, nach Auflösung der Totenstarre, wird es schmackhaft, aromatisch, leichter verdaulich und bekömmlich. Ursache hierfür sind fleischeigene Enzyme, die Kohlenhydrate zu Milchsäure umwandeln. Das Fleisch wird säuerlich, der pH-Wert sinkt.

| Reifedauer für Fleisch bei ca. +2 °C ||
|---|---|
| Schwein | zum Braten 3 bis 5 Tage |
| Kalb | zum Braten 3 bis 8 Tage |
| Lamm | zum Braten 3 bis 8 Tage |
| Rind | zum Kochen 3 bis 6 Tage |
|  | zum Braten bis zu 10 Tagen |
|  | zum Kurzbraten bis zu 21 Tagen |

### Vakuumreifen

Das Fleisch wird im Vakuumbeutel ohne Luft eingeschweißt (Vorteile: kräftiges Aroma und geringerer Gewichtsverlust).

## Fleischqualität

Die Fleischqualität hängt ab von/vom
- Alter
- Geschlecht und Rasse
- Fütterung
- Reifung
- Haltung: frei laufend oder in Stallungen
- Schlachtung: Stresssituationen, etwa beim Transport, Be- und Entladen der Tiere und vor der Schlachtung, spielen eine große Rolle. Dabei bilden die Tiere vermehrt Enzyme und Stoffwechselprodukte. Oft führt das zu Reifungsfehlern.

## Fleischbeschau

Jedes Tier unterliegt vor und nach dem Schlachten der amtlichen Fleischbeschau. Die Lebendbeschau soll die Verbreitung von Krankheitserregern während des Schlachtens verhindern und Anzeichen einer Erkrankung bereits am lebenden Tier feststellen (Schlachttierbeschau).

## Fleischinhaltstoffe, Verdaulichkeit

Gereiftes Fleisch hat keine Kohlenhydrate mehr, es liefert wertvolles tierisches Eiweiß hoher biologischer Wertigkeit (Schwein 84 %, Rind 87 %). Je nach Tierart und Muskelart beträgt der Fettgehalt zwischen 1 und 50 %.

| Nährstoff- und Wassergehalt von mittelfettem Fleisch bei Rind, Kalb, Schwein und Hammel in g pro 100 g ||||
|---|---|---|---|
|  | Fett | Eiweiß | Wasser |
| Rind | 21,7 | 17,5 | 60,0 |
| Kalb | 3,3 | 20,4 | 75,0 |
| Schwein | 45,0 | 11,9 | 42,0 |
| Hammel | 26,4 | 16,4 | 56,3 |

**Fleischfette** gehören zu den weniger wertvollen Fetten. Da sie überwiegend aus gesättigten Fettsäuren bestehen, weisen sie einen hohen Schmelzpunkt auf (Rinder-, Hammeltalg). Ihr Gehalt an essenziellen Fettsäuren ist sehr gering!

**Verdaulichkeit** und **Bekömmlichkeit** hängen vom Bindegewebe und Fettgehalt ab. Das Fleisch junger Tiere ist leichter verdaulich, Kalbfleisch lässt sich am leichtesten, Kuhfleisch am schwersten verdauen. Hammelfleisch muss sehr heiß serviert und gegessen werden, da sein Fett bereits bei rund 40 °C wieder fest wird.

# 1 Tierische Lebensmittel

## Teile vom Schwein

## Zusammensetzung und Nährwert

In 100 g Schweinefleisch sind enthalten:

| Teilstück | Eiweiß | Fett | Energie kJ |
|---|---|---|---|
| Schinken | 15,2 | 31,0 | 1515 |
| Schulter | 14,0 | 35,0 | 1653 |
| Kotelett | 15,2 | 30,6 | 1498 |
| Bauch | 11,7 | 42,0 | 1883 |
| Hachse/Haxe (Eisbein) | 17,7 | 22,0 | 1201 |
| Niere | 16,5 | 5,2 | 523 |

| Teile | Nr. | Zubereitungsmöglichkeiten |
|---|---|---|
| **Kammspeck** | 1a | zum Spicken und Bardieren von Fleisch |
| **Rückenspeck** | 1b | zum Salzen und Räuchern oder zum Auslegen von Terrinen |
| **Schweinerücken** (Kotelettstück als Rippenstück) | 2a | in **Karrees** gespalten zum Braten; gepökelt, geräuchert als **Kasseler Rippenspeer**; portioniert mit Knochen als **Stielkotelett** zum Braten, Grillen und Backen |
| **Schweinerücken** (Lendenstück) | 2b | gespalten zum Braten; portioniert mit Knochen und Filet als **Lendenkotelett** zum Braten und Grillen; mit oder ohne Knochen zum Braten |
| **Schweinekamm** (Nacken) | 2c | Schmoren, Pökeln und Räuchern; portioniert als **Nackensteak** zum Grillen oder Braten; als **Karbonade** zum Schmoren |
| **Schlegel** (Keule) | 3 | ganze Keule mit Knochen, gepökelt, geräuchert, zum Braten oder Kochen; ausgelöst einzelne Teile zum Pökeln und Räuchern; ausgelöst zerlegt in: <br>• **Oberschale** für Schnitzel/Steaks <br>• **Unterschale** zum Braten oder für Schnitzel <br>• **große Nuss** für Schnitzel/Steaks |
| **Filet** | 4 | **kleine Nuss** für Schnitzel/Medaillons im Ganzen gebraten, in **Medaillons**; geschnitten zum Braten oder Grillen |
| **Wamme** | 5 | zum Braten oder für Eintopfgerichte |
| **Bauch** | 6 | zum Pökeln und Räuchern; zum Kochen für Eintopfgerichte; zum Füllen und Braten |
| **Schulter** (Bug, Blatt) | 7 | zum Pökeln und Räuchern als Vorderschinken; ausgelöst zum Braten; klein geschnitten für Ragouts, Eintopfgerichte |
| **Vorderhachse** | 8 | gepökelt und gekocht als **Eisbein**; im Ganzen gebraten, geschmort |
| **Hinterhachse** | 9 | gepökelt, gebraten, gekocht oder geräuchert; frische Hachse gebraten |

Nacken

Dicke Rippe

Nuss

Schinkenspeck

Kotelett

Filet

Oberschale

Unterschale

Schulter und Schäufle

Bauch

Schweineschnitzel

Schinkeneisbein

# Tierische Lebensmittel 1

## Teile vom Rind

Für den gastronomischen Gebrauch wird hauptsächlich Jungrind-, Ochsen- und Färsenfleisch verarbeitet, das eine hell- bis kräftig rote Fleischfarbe, zartes Bindegewebe und eine leichte Marmorierung hat.

Diese Fleischsorten kommen als Vorder- und Hinterviertel oder als Teilstücke in den Handel.

Die Herkunft von Rindfleisch wird auf einem Etikett besonders nachgewiesen.

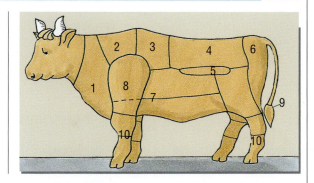

| Teile | Nr. | Zubereitungsmöglichkeiten |
|---|---|---|
| **Nacken** (Kamm) | 1 | zum Schmoren; für Ragouts und Gulasch |
| **Fehlrippe** | 2 | zum Schmoren und Kochen; für Ragouts, Gulasch und Eintopfgerichte |
| **Hochrippe** | 3 | im Ganzen zum Rosabraten, z. B. in der Salzkruste; **Rinderkotelett**: 400 bis 600 g, zum Grillen und Braten; ausgelöst als Rostbraten 180 bis 200 g |
| **Roastbeef mit Knochen** | 4 | • **Porterhouse-Steak**: mit Filet und Knochen, ca. 700 bis 1000 g<br>• **T-Bone-Steak**: wie Porterhouse-Steak, aber leichter, mit T-förmigen Knochen, ca. 400 bis 500 g<br>• **Club-Steak**: entspricht einem T-Bone-Steak ohne Filet, ca. 300 g bis 350 g; diese Schnittarten eignen sich zum Grillen oder Kurzbraten |
| **Roastbeef ohne Knochen** | | im Ganzen gebraten, warmes oder kaltes Roastbeef zum Kurzbraten oder Grillen: |
| | | **Entrecôte (f)** 200 g |
| | | **Entrecôte (f) double** 400 g |
| | | **Entrecôte (f) château** 700 bis 800 g |
| **Filet** | 5 | im Ganzen gebraten; portioniert als:<br>• **Filetspitzen** ca. 150 g<br>• **Filets mignons** (3 Stck.) 160 bis 180 g insgesamt<br>• **Tournedos** (2 Stck.) 160 bis 180 g insgesamt<br>• **Filetsteak** 180 bis 200 g<br>• **Châteaubriand** (doppeltes Filetsteak) 380 bis 400 g<br>• **Filetkopf**, je nach Zubereitung 150 bis 180 g |
| **Keule** bestehend aus: | 6 | zum Kurzbraten oder Grillen<br>• **Blume/Hüfte**: vorwiegend zu **Rumpsteak** geschnitten, 180 bis 200 g im Ganzen rosa gebraten, zum Kochen oder Schmoren<br>• **Oberschale**: für Rouladen und Tatarfleisch; Rindersteaks<br>• **Schwanzstück** (Teilstück der Unterschale): zum Schmoren; Rinderschnitzel zum Dünsten; der untere, zur Spitze verlaufende Teil mit ca. 1,5 kg ist der Original-Tafelspitz<br>• **Schwanzrolle** (Teilstück der Unterschale): z. Schmoren u. Kochen<br>• **Kugel**: im Ganzen oder Schnitzel zum Schmoren; Tatarfleisch |
| **Spannrippe** | 7 | für Suppentöpfe und Brühen |
| **Schulter** | 8 | zum Schmoren, Kochen; für Ragout, Gulasch und **Karbonaden** |
| **Schwanz** | 9 | zum Schmoren; für Suppen |
| **Hesse** | 10 | in Scheiben geschnitten zum Kochen, Schmoren; für Gulasch; als **Klärfleisch** |

Da die **Wirbelsäule** des Rindes zum **BSE-Risikomaterial** gehört, werden **T-Bone-Steak** und **Porterhouse-Steak** nicht mehr überall angeboten.

# 1 Tierische Lebensmittel

Falsches Filet

Beinscheiben

Dicke und flache Schulter

Runde und flache Kugel, Blume

Roastbeef, Rumpsteak, Entrecôte

Filet, Steaks

Oberschale

Unterschale

Brustspitze

Querrippe

## Zusammensetzung und Nährwert

In 100 g Rindfleisch sind enthalten:

| Teilstück | Eiweiß | Fett | Energie kJ |
|---|---|---|---|
| Oberschale | 20,6 | 4,25 | 548 |
| Hüfte | 17,4 | 18,5 | 1059 |
| Roastbeef | 16,4 | 19,2 | 1063 |
| Filet | 19,2 | 4,41 | 527 |
| Hohe Rippe | 16,7 | 23,5 | 1243 |
| Nacken | 19,4 | 6,23 | 602 |
| Mittelbrust | 16,0 | 21,1 | 1130 |
| Leber | 19,7 | 3,1 | 590 |

Hüfte, Steaks

Hüftdeckel, Tafelspitz

## Teile vom Kalb

Kalbfleisch ist fettarm und unterscheidet sich von älteren Tieren durch seine hellrote Farbe.

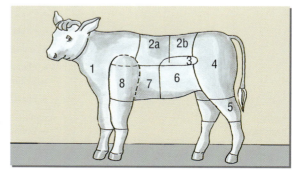

| Teile | Nr. | Zubereitungsmöglichkeiten |
|---|---|---|
| **Hals (Kamm)** | 1 | zum Schmoren; ohne Knochen gerollt; für Ragout, Frikassee |
| **Kotelett** | 2a | **mit Knochen** im Ganzen gebraten oder portioniert als **Stielkotelett** gebraten oder gegrillt; **ohne Knochen** im Ganzen gebraten oder portioniert als **Kalbsrückensteak** zum Grillen und Kurzbraten ausgelöst, gerollt mit Niere und |
| **Sattelstück** (Nierenstück) | 2b | Filet als **Kalbsnierenbraten** (diese Zubereitungsart findet kaum mehr Verwendung, da Niere und Filet sehr teuer sind); ausgelöst, portioniert als **Kalbsrückensteak** oder **Schnitzel** |
| **Filet** | 3 | im Ganzen gebraten; portioniert, zu **Medaillons** geschnitten, zum Kurzbraten |
| **Keule** (Schlegel) | 4 | ausgebeint und aufgeteilt in:<br>• **Oberschale**: für Steaks u. Schnitzel<br>• **Unterschale**: im Ganzen gebraten oder für Schnitzel<br>• **große Nuss**: im Ganzen gebraten oder für Schnitzel<br>• **kleine Nuss**: im Ganzen gebraten oder für Schnitzel und Medaillons |
| **Hinterhachse/Vorderhachse** | 5 | im Ganzen gebraten; in Scheiben geschnitten für Osso buco; ausgebeint für Gulasch oder Ragout |

# Tierische Lebensmittel

| Teile | Nr. | Zubereitungsmöglichkeiten |
|---|---|---|
| **Bauch** | 6 | zum Rollen und Braten; für Ragout |
| **Brust** | 7 | im Ganzen gefüllt und gebraten; ausgebeint, portioniert als **Kalbsbrustschnitte** geschmort; Spezialgerichte, z. B. „Tendrons", geschmorte Kalbsbrustschnitte |
| **Schulter (Bug)** | 8 | ausgebeint zum Braten; klein geschnitten für Ragout; zum Kochen für Blankett; Frikassee |

Filet

Hachse

Kalbsschnitzel, -kotelett, -steak

Schwanzrolle

Hüfte

Nuss

Oberschale

Unterschale, Tafelspitz

Brust

Nacken, auch Hals

## Zusammensetzung und Nährwert

In 100 g Kalbfleisch sind enthalten:

| Teilstück | Eiweiß | Fett | Energie kJ |
|---|---|---|---|
| Nierenbraten | 21,1 | 3,05 | 510 |
| Hachse/Haxe | 20,9 | 1,57 | 448 |
| Keule | 20,7 | 1,63 | 444 |
| Brust | 18,6 | 6,28 | 594 |
| Leber | 19,2 | 4,3 | 598 |

## Lamm – Schaf – Hammel

**Schaffleisch** ist ein Sammelbegriff, der das Fleisch von Tieren verschiedener Altersstufen (vom jungen Lamm bis zum ausgewachsenen Schaf) und Geschlechter (weibliche, männliche und kastrierte Tiere) umfasst. In den Frischfleischverkauf kommt fast ausschließlich Fleisch junger Tiere. Lammfleisch stammt von Tieren, die unter zwölf Monate alt sind.

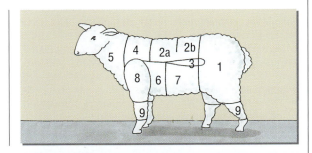

| Teile | Nr. | Zubereitungsmöglichkeiten |
|---|---|---|
| **Keule** (Schlegel) | 1 | vorzugsweise im Ganzen zum Rosabraten, z. B. in der Kräuterkruste; geschmort, z. B. nach Bäckerinart; ausgelöst (wegen des hohen Parierverlusts eher selten verwendet) für **Schnitzel** und **Medaillons** |
| **Kotelettstück** | 2a | im Ganzen gebraten; zu Karrees gespalten und gebraten; portioniert zu **Koteletts** zum Grillen oder Kurzbraten; ausgelöst als **Lammrückenfilet** im Ganzen gebraten oder als **Lammfüßchen** oder **Medaillons** zum Kurzbraten oder Grillen |
| **Sattelstück** | 2b | im Ganzen gebraten (meistens ab 2 Personen); ungespalten zu „**Lambchops**"; ausgelöst als **Lammrückenfilet** |

# 1 Tierische Lebensmittel

| Teile | Nr. | Zubereitungsmöglichkeiten |
|---|---|---|
| **Filet** | 3 | im Ganzen gebraten; für Spezialgerichte, z. B. im Wirsingmantel |
| **Kamm** | 4 | für Ragout und Eintopfgerichte; ausgebeint, gerollt und geschmort |
| **Hals** | 5 | für Ragout und Eintopfgerichte |
| **Brust** | 6 | zum Füllen; für Eintopf- und Spezialgerichte, z. B. „Irish Stew" |
| **Dünnung** | 7 | für Eintopfgerichte |
| **Schulter** (Bug) | 8 | mit Knochen für Spezialgerichte, z. B. französischer Lammeintopf; ausgelöst für Ragouts, Eintopfgerichte oder gerollt und gebraten |
| **Hachse** | 9 | für Spezialgerichte, z. B. geschmorte Lammhachse „provenzalische Art" |

Keule

Hachse

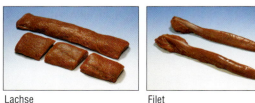
Lachse         Filet

Hals (Nacken)

Schulter

## Zusammensetzung und Nährwert

In 100 g Lammfleisch sind enthalten:

| Teilstück | Eiweiß | Fett | Energie kJ |
|---|---|---|---|
| Schulter | 15,6 | 25 | 1280 |
| Rücken | 15,6 | 25 | 1280 |
| Keule | 18 | 18 | 1046 |
| Koteletts | 14,9 | 32 | 1548 |

Brust

Rücken und Kotelett

## Hackfleisch

Hackfleisch wird aus **Schweine- oder Rindfleisch** hergestellt. Das Fleisch muss von Sehnen und größeren Bindegewebsstücken befreit werden. Der Fettgehalt richtet sich nach der Sorte. Die sehr starke Zerkleinerung (2 bis 3 mm beim „Wolf") führt zu extrem starker Oberflächenvergrößerung, zu Erwärmung und damit zu sehr schnellem Verderb. Zum Verbraucherschutz wurde die *Hackfleisch-VO* erlassen, die Folgendes festlegt:
- Personen, die Fleisch für Hackfleisch auswählen, müssen fachlich geeignet sein
- Lagerbedingungen bei Temperaturen von 4 bis 7 °C
- eine Liste zugelassener Zusätze (Pökelsalz ist verboten!)
- Angabe des BEFFE-Wertes (= Anteil an bindegewebsfreiem Fett)
- Verkauf im Freien, auf Märkten, ist verboten
- Hackfleisch muss im Regelfall noch am selben Tag bis Betriebsschluss weiterverarbeitet werden. (Bei speziell behandeltem Hackfleisch, das mit einem Verbrauchsdatum versehen ist, gilt der Aufdruck auf der Verpackung.)

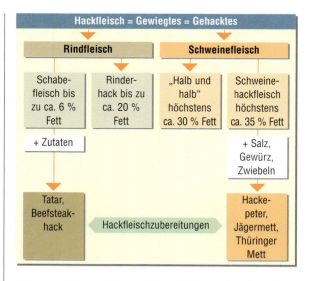

Die gesetzlichen Vorschriften für Hackfleisch gelten sinngemäß auch für andere Fleischzerkleinerungen, z. B. Geschnetzeltes, Schaschlik, aber auch für Schnitzel, die mit dem Mürbeschneider oder in ähnlicher Weise behandelt werden, und für zerkleinerte Innereien.

# Tierische Lebensmittel

## Innereien

Nicht alle Innereien eignen sich zum menschlichen Verzehr. Verdaulichkeit und Bekömmlichkeit sind sehr vom Alter der Tiere abhängig. Wegen des extrem hohen Cholesterin-, Purin- und Harnsäure-Anteils sollte man Innereien nicht zu oft verzehren.

In der Gastronomie werden folgende Innereien zur Zubereitung von Gerichten verwendet:
- Leber
- Herz
- Niere
- Zunge
- Lunge
- Bries

In der Systemgastronomie wird, wenn überhaupt, lediglich Leber, zumeist als TK-Ware, verwendet.

## Fleischerzeugnisse

Die rötlichen Farbtöne von Fleischerzeugnissen entstehen durch **Pökelsalzzugabe**. Nur ganz wenige Fleischerzeugnisse bleiben ungepökelt und damit hellgrau.

### Herstellung von Fleischerzeugnissen

**Bündner Fleisch** entsteht, wenn Keulenfleisch vom Rind nach der Lakepökelung bis zu fünf Monate lang getrocknet wird. Weißer Schimmelbelag ist üblich.
Nur das an der Luft des Graubündner Oberlandes getrocknete Fleisch darf die Bezeichnung „Bündner Fleisch" tragen.

**Rohschinken:** Schweinekeulen werden nach dem Pökeln kalt geräuchert.

Beim **Schwarzwälder Schinken** übergießt man die Keulen während des Räucherns immer wieder mit austretendem Fleischsaft.

Bei **Roll-** und **Nussschinken** wurde der Knochen ausgelöst.

Für **Lachsschinken** verwendet man den ausgelösten Kotelettstrang.

**Parmaschinken** – die Keulen einer nur in der Region Parma gezüchteten Schweinerasse geben den Grundstoff. Sie werden mit Meersalz gesalzen, zwei Monate lang getrocknet und gewendet und in speziellen mehrgeschossigen „Schinkenreifhäusern" bis zu zwölf Monate luftgetrocknet.
Das Consorzio Proscuitto di Parma erteilt die fünfzackige Krone der Herzöge von Parma nach strengen Qualitätskontrollen.

**Rauchfleisch** stellt man in ähnlicher Weise wie Schinken her (z. B. Bauchlappen).

Auch **Speck** gehört in die Gruppe der Räucherwaren (Pökeln oder Salzen + Räuchern).

Für **Kasseler Rippenspeer** wird der Kotelettstrang gepökelt und heiß geräuchert.

Das gleiche Verfahren ergibt **Kasseler Kamm, Bauch oder Schulter**.

**Kochschinken** entsteht aus gepökelten Fleischstücken, die in Metallformen gekocht und anschließend überräuchert werden.

**Rohschinken**     **Rollschinken**

## Geflügel – Hausgeflügel

Mit „Geflügel" ist nur Hausgeflügel gemeint, also Tiere, die wie Schlachttiere gehalten und durch gezielte Fütterung gemästet werden.

Hausgeflügel wird in zwei Arten unterteilt:
- **Helles Geflügel**
  Hähnchen, Poularde, Truthahn, Suppenhuhn, Stubenküken, Kapaun
- **Dunkles Geflügel**
  Taube, Ente, Gans, Perlhuhn

**Hähnchenbrust**     **Hähnchenschenkel**

### Angebotszustände und Handelsklassen

- **Frisch**: Reifes, genussfertiges, frisches Geflügel kann bei Temperaturen von 0 bis 2 °C bis zu fünf Tage lang aufbewahrt werden. Eine saugfähige Unterlage sollte die austretende Flüssigkeit aufnehmen (Papier).
- **Gefroren**: Geflügel oder Geflügelteile durch Schockfrostung auf eine Kerntemperatur von mindestens −12 °C eingefroren.
- **Tiefgefroren**: Durch Schockfrostung auf eine Kerntemperatur von mindestens −18 °C eingefroren und gelagert.

## Tierische Lebensmittel / Infobox Sprache

**Tiefkühlgeflügel** ist „brat- oder kochfertig" hergerichtet, d.h. völlig ausgenommen, ohne Kopf und Füße. Leber, Herz und Magen, eventuell der Hals, sind extra verpackt beigefügt. Von „grillfertig" spricht man, wenn diese Innereien fehlen.

| Einteilung der Geflügelarten | | |
|---|---|---|
| **Geflügelart** | **Alter** | **Gewicht** |
| Hähnchen | 5–6 Wochen | 800–1200 g |
| Suppenhuhn | 12–15 Monate | 1–2 kg |
| Poularde | 10–12 Wochen | 1,2–2,5 kg |
| Junger Truthahn | 8–10 Wochen | 3,8–4,2 kg |
| Truthenne | 15 Wochen | 12–13 kg |
| Truthahn | 20 Wochen | 18–19 kg |
| Junge Ente | 10 Wochen | 1,5–2 kg |
| Ente | 12 Wochen | 1,8–2,5 kg |
| Junge Gans | bis zu 5 Monaten | 2–4 kg |
| Gans | bis zu 8 Monaten | 4–6 kg |

### Zusammensetzung und Nährwert

Der genießbare Teil von 100 g Ware enthält

| Geflügelart | Eiweiß g | Fett g | Energie kJ |
|---|---|---|---|
| Brathähnchen | 15 | 4 | 450 |
| Suppenhuhn | 20 | 13 | 840 |
| Gans | 10 | 20 | 960 |
| Ente | 15 | 14 | 810 |
| Pute | 22 | 7 | 686 |

### Wild

Wildfleisch weist im Durchschnitt eine dunklere Farbe als Schlachtfleisch auf.

▶ Das Fleisch ist feinfaseriger, zarter.

▶ Erheblich geringere Bindegewebs- und Fettanteile verursachen die leichtere Verdaulichkeit.

▶ Der Puringehalt liegt etwas niedriger als bei Schlachtfleisch.

▶ Beim Mineralstoffgehalt ergeben sich kaum Unterschiede.

▶ Wild liefert weniger Vitamine.

Man unterscheidet zwischen **Haarwild** (Wild mit Fell) und **Federwild** (Wildgeflügel):

| **Haarwild** | **Federwild** |
|---|---|
| **Schalenwild**<br>Damwild, Elch, Gams, Mufflon, Reh, Rotwild, Sikahirsch | Fasan, Rebhuhn, Rothuhn, Moorhuhn, Wachtel, Schnepfe, Wildtaube, Wildente, Krickente, Wildgans |
| **Schwarzwild**<br>Wildschwein | |
| **Ballenwild**<br>Feldhase, Wildkaninchen | |

Einteilung der Wildarten

## Infobox Sprache

| Fleisch | | |
|---|---|---|
| **Deutsch** | **Französisch** | **Englisch** |
| Fett | graisse (f), matière (f) grasse, corps (m) gras | fat/grease |
| Filet | filet (m) | filet |
| Fleisch | viande (f) | flesh/meat |
| Gans | oie (f) | goose |
| Geflügel | volaille (f) | poultry |
| Hackfleisch | viande (f) hachée | minced meat |
| Kalb | veau (m) | veal |
| Kotelett | côtelette (f) | cutlet, chop |
| Lamm | agneau (m) | lamb |
| Rebhuhn | perdrix (f) | partridge |
| Rind | bœuf (m) | beef |
| Schinken | jambon (m) | ham |
| Schnitzel | escalope (f) | (pork) escalope |
| Schwein | porc (m) | pork |
| Wild | gibier (m) | game |
| Wildente | canard (m) sauvage | wild chuck |

## Aufgaben

1. Warum wird Milch fast immer erhitzt?
2. Mit welchem Fettgehalt wird Schlagsahne gehandelt und warum?
3. Nach welchen Gesichtspunkten kann Käse eingeteilt werden?
4. Worauf hat der Fettgehalt eines Käses Einfluss?
5. Zu welcher Käsesorte gehört:
    a) Brie,
    b) Quark,
    c) Gouda?
6. Erklären Sie den Begriff Prozent in Trockenmasse (% i.Tr.)!
7. Wie muss Käse gelagert werden?
8. Woran erkennt man ältere Eier?
9. Wie viel Tage beträgt das MHD von Eiern?
10. Wie viel Prozent Fett enthalten Fettfische mindestens?
11. a) Nach welchen Gesichtspunkten können Fische eingeteilt werden?
    b) Nennen Sie je Gesichtspunkt ein Beispiel.
12. Wie muss Frischfisch gelagert werden?
13. Wie muss TK-Fisch aufgetaut werden?
14. Was versteht man unter Surimi?
15. Was versteht man unter Fleisch und Fleischreifung?
16. Wozu verwendet man folgende Fleischteile:
    a) Schweinerücken,
    b) Schweinenacken,
    c) Unterschale vom Schwein,
    d) Roastbeef, Hesse und Schwanz vom Rind,
    e) Ober- und Unterschale vom Kalb und
    f) Lammkeule?
17. Geflügel:
    a) In welchen Angebotsformen wird Geflügel gehandelt?
    b) In welcher Form gibt es Geflügel, Geflügelteile oder Geflügelzubereitungen in Ihrem Ausbildungsbetrieb?

**Übergreifende Aufgaben finden Sie am Ende des Kapitels 8!**

---

## 8.6 „Hilfsmittel" für die Zubereitung

### Situation

Salz wird nicht ohne Grund „das weiße Gold" genannt, denn ohne Salz ist das Leben nicht möglich. Jeder kennt das Sprichwort: „... ist wie das Salz in der Suppe." Der Verwender des Sprichwortes will damit die Wichtigkeit eines Gegenstandes oder einer Gegebenheit hervorheben.

**Salz: lebensnotwendiges Mineral und unentbehrlich in der Küche**

Das zitierte Sprichwort macht deutlich, wie Gewürze, Kräuter und andere Zutaten unsere Speisen schmackhaft und gesünder machen, ggf. deren Zubereitung erst ermöglichen.

## Gewürze und Kräuter

Gewürze und Kräuter sind aus der Küche nicht wegzudenken. Kaum ein Gericht, kein Gebäck, ja, selbst viele Getränke könnten ohne Gewürze nicht zubereitet werden.

### Gewürze

Die Mehrzahl der Gewürze stammt aus den Ländern der Tropen und Subtropen. Auch die Mittelmeerländer liefern Gewürze. Nur ganz wenige Sorten sind einheimisch (Koriander, Wacholder).

**Gewürze enthalten**
▶ getrocknete Pflanzenteile,
▶ sehr viel ätherische Öle,
▶ natürliche Farbstoffe,
▶ kaum Nährstoffe.

**Gewürze wirken**
▶ in geringen Mengen geschmacks- und geruchsverbessernd,
▶ appetitanregend, verdauungsfördernd,
▶ verbessernd auf die Bekömmlichkeit der Speisen,
▶ teilweise schweißtreibend, blutdrucksteigernd,
▶ färbend auf Speisen, dekorativ beim Anrichten,
▶ wachstumshemmend auf Mikroben.

# "Hilfsmittel" für die Zubereitung

**Gewürze werden unterteilt in:**
- Samen und Samengewürze
- Wurzelgewürze
- Fruchtgewürze
- Blattgewürze
- Blütengewürze
- Rindengewürze
- Zwiebelgewürze

Die leicht **konservierende Wirkung der Gewürze** gewinnt zunehmend an Bedeutung und erklärt auch die lange Haltbarkeit kräftig gewürzter Lebensmittel (Gewürzmarinaden, Dauergebäck). Trotzdem empfiehlt sich eine dunkle, kühle, trockene Lagerung der Gewürze in luftdicht verschlossenen Gefäßen, vor allem wegen der leicht flüchtigen ätherischen Öle.

Heute gilt das Wort „**Gewürz**" uneingeschränkt auch für alle in der Speisenzubereitung verwendeten einheimischen Kräuter in Form frischer oder getrockneter Pflanzenteile mit aromaintensiven Eigenschaften.

**Beispiele Samen und Samengewürze**
- Anis
- Bockshornklee
- Fenchel
- Kardamom
- Koriander
- Muskatnuss
- Kümmel
- Sternanis

Kümmel

Muskatnuss

**Beispiele Wurzelgewürze**
- Ingwer
- Kurkuma

**Beispiele Fruchtgewürze**
- Chili (getrocknet)
- Pfeffer
- Piment (Nelkenpfeffer)
- Wacholder

Chilis getrocknet

Pfeffer

**Beispiele Blattgewürze**

Lorbeer

Rosmarin

Zu den **Blütengewürzen** gehören Nelken, zu den **Rindengewürzen** gehört Zimt.

## Kräuter

Bei Kräutern weisen in der Regel die Blätter einen intensiveren Geschmack auf als Stängel und Stiele. Kräuter können im Gegensatz zu Gewürzen frisch verwendet werden und sind tiefgefroren saisonunabhängig. Getrocknet verlieren sie Farbe und Aroma.

**Ätherische Öle** sind auch bei Kräutern die eigentlichen Geschmacksträger. Konträr zu den fetten Ölen verdunstet dieses pflanzliche Öl und hinterlässt keine Ölflecken. Kräuter weisen viele Ähnlichkeiten mit Gewürzen auf.

**Beispiele für Kräuter**
- Basilikum
- Beifuß
- Bohnenkraut
- Dill
- Estragon
- Kerbel
- Kresse
- Majoran
- Oregano
- Petersilie (Blattpetersilie und krause Petersilie)
- Pfefferminze
- Salbei
- Schnittlauch
- Thymian
- Zitronenmelisse

Estragon

Oregano

## Würzmittel

**Salz** ist eines der ältesten Mineralien und lebensnotwendig für den Stoffwechsel. Es zählt zwar nicht zu den Gewürzen, dient aber seit Langem als Würzmittel für Speisen.

Die **Eigenschaften des Salzes**:
- Es ist wasserlöslich.
- Es verstärkt den Geschmack der Speisen.
- Es hat konservierende Wirkung bei Lebensmitteln.
- Es zieht Feuchtigkeit an bei unsachgemäßer Lagerung. Portioniertes Fleisch sollte man nicht im Voraus salzen, da es dem Fleisch die Flüssigkeit entzieht, das Fleisch wird trocken.
- Es beeinflusst bei zu hoher Aufnahme Herz und Kreislauf negativ.

**Meersalz** wird aus Meer- oder Salzseewasser durch Verdunsten gewonnen und kommt als grobkörniges Salz in den Handel.

**Siede- und Salinensalz** entsteht durch Eindampfen in Vakuumverdampferanlagen, wobei die Sole verdunstet.

**Steinsalz** wird bergmännisch aus Salzablagerungen, die unter der Erde liegen, abgebaut.
Tafelsalz ist besonders fein kristallisiertes, vermahlenes, getrocknetes Kochsalz, das unter Zugabe von Antiklumpmitteln seine Rieselfähigkeit behält.

**Nitritpökelsalz** ist eine Mischung aus salpetersaurem Natrium und Kochsalz, dessen Zusammensetzung gesetzlich festgelegt ist (0,4–0,5 % Nitritzugabe).

> Nitrit ist umstritten, da es Fleisch und Wurstwaren „umrötet".

**Jodiertes und fluoriertes Speisesalz** ist Tafelsalz, dem Natrium- oder Kaliumjodat und Fluorid zugesetzt werden. Jod verhütet die Kropfbildung, Fluor festigt den Zahnschmelz und vermindert die Kariesanfälligkeit.

**Gewürzmischungen** werden in unterschiedlichster Zusammensetzung für verschiedene Lebensmittel angeboten (Essiggurkengewürz, Spekulatiusgewürz usw.).

Die bekannteste ist **Curry**, ein Gemisch aus Nelken, Koriander, Kurkuma (Gelbwurz als farbgebender Hauptbestandteil), Kardamom, Pfeffer, Zimt, Ingwer, Paprika, Kümmel und Muskatblüte. Diese Mischungen gibt es auch als Gewürzpasten, z. B. gelbe, rote oder grüne Currypaste.

Bei **Speisesenf** handelt es sich um eine Paste, die aus Senfsamenschrot oder -mehl und Wein- oder Branntweinessig angesetzt wird. Mit Zucker, Salz und entsprechend der jeweiligen Senfsamensorte erzielt man verschiedene Geschmacksrichtungen von süß (bayerisch) bis extra-scharf. Kräuterzusätze oder andere Gewürze ergeben die zahlreichen Abwandlungen (Estragon, Knoblauch, Paprika, Tomaten usw.).

**Worcestersoße** (englische Würzsoße) ist ein Kochsud aus Curry und zahlreichen Gewürzen in Essig und Sherry.

**Ketchup** enthält in pürierter Form Tomaten, Pilze, grüne Walnüsse, Austern, Sardellen und Gewürze.

**Flüssige Würzmittel** enthalten pflanzliches Eiweiß, Wasser, Hefeextrakt, Aroma und Geschmacksverstärker. Sie sind vielseitig verwendbar für Eintöpfe bis hin zum Salat. Diese Würzmittel verstärken den Eigengeschmack der jeweiligen Speise.

Bei **Marinaden** handelt es sich um Essigaufgüsse aus Kräutern, Gewürzen, Salz und Zucker. Oft werden sie ergänzt durch Zwiebeln und Gemüsestreifen.

Der Chilischotenextrakt **Tabascosoße** zählt zu den schärfsten Würzmitteln.

Ein salziger Sojabohnensud, der mit Zucker und Gewürzen verfeinert wurde, ergibt die **Sojasoße**.

## Essig

Essig ist von Essigsäurebakterien vergorener Alkohol. Viele alkoholhaltige Flüssigkeiten eignen sich zur Essiggewinnung. Wein und Branntwein ergeben die aromatischsten Sorten. Das filtrierte Erzeugnis muss mindestens 5 % Säure aufweisen.
Einige bekannte **Essigsorten** sind:

# 1 „Hilfsmittel" für die Zubereitung

▶ **Balsamicoessig:** ein besonderes Angebot aus Italien (aceto balsamico – Balsamessig) aus Modena, die Trauben sind weiß/bianco oder rot/rosso. Durch sehr lange Lagerung (bis 30 Jahre) entsteht ein ausgezeichneter, mild würziger Essig. Ähnlich wie beim Wein wird diese Essigspezialität mit Jahrgang angeboten und ist daher entsprechend teuer.

▶ **Kräuteressig:** ein 5%iger Essig mit Zusatz von feinen Kräutern mit genauer Angabe, z. B. Chiliessig, Dillessig

(1) Balsamicoessig, rot/weiß
(2) ital. Rotweinessig

**Zucker** wird hauptsächlich aus Zuckerrüben und -rohr gewonnen. Im Haushalt werden vorwiegend Weiß-, Würfel-, Puder-, Gelier- und Einmachzucker verwendet.

**Zuckeraustauschstoffe** sind ein für den Diabetiker geeigneter Zuckerersatz (Sorbit, Xylit, Mannit, Isomalt und Fructose).

**Süßstoffe** haben keinen Energiewert und eignen sich deshalb besonders für Diabetikerlebensmittel. Süßstoffe sind Saccharin, Cyclamat, Aspartam und Acesulfam.

**Honig** ist eine Bezeichnung, unter der nur der von Bienen stammende Honig angeboten werden darf. Es ist verboten, Bestandteile zu entziehen und Stoffe zuzusetzen. Die handelsüblichen Sorten sind Wald- oder Blütenhonig, Wabenhonig, Schleuderhonig.

**Invertzuckercreme** ist die Bezeichnung für Kunsthonig und besteht aus Rüben- oder Rohrzucker und Glucosesirup. Sie darf aromatisiert und gefärbt werden. Der Name „Kunsthonig" darf nicht mehr verwendet werden.

## Süßungsmittel

Zucker, Sirupe, Honig, Zuckeraustauschstoffe und Süßstoffe

# Speiseöl und Speisefett

In diesem Kapitel werden **pflanzliche und tierische Speiseöle und -fette** zusammen dargestellt.

Speisefette und -öle haben als Energielieferanten sowie wegen ihrer essenziellen Fettsäuren und fettlöslichen Vitamine sehr große Bedeutung für die menschliche Ernährung. Zunächst werden sie nach ihrer Herkunft in tierische Fette sowie pflanzliche Fette/Öle unterschieden. Eine zweite Kategorisierung hat die Konsistenz zur Grundlage: flüssig, halbflüssig und fest.

Schließlich differenziert man sie nach der Zusammensetzung der gesättigten, einfach ungesättigten sowie mehrfach ungesättigten Fettsäuren. Die Fettsäuren, zum Beispiel Linol- und Arachidonsäure,

# „Hilfsmittel" für die Zubereitung

sind physiologisch gesehen für einen gesunden Organismus essenziell, d. h. lebensnotwendig. Sie können im menschlichen Körper nicht gebildet werden.

Ihr Fehlen führt zu gravierenden Mangelerkrankungen. Deshalb werden z. B. Distel-, Soja-, Sonnenblumen-, Weizenkeim- oder Maiskeimöl wegen ihrer hohen Anteile an ungesättigten Fettsäuren der Nahrung zugegeben.

Küchentechnisch haben die Speisefette und -öle einen ebenso hohen Stellenwert, da sie zur Intensivierung des Geschmacks und zur Verbesserung der Konsistenz beitragen: So erhöhen sie z. B. die Geschmeidigkeit und Saftigkeit vieler Produkte, verstärken die Krustenbildung bei einer Reihe von Zubereitungsarten und verschönern nicht zuletzt auch die Optik.

**Pflanzliche Öle** werden aus Saaten und Früchten durch Pressen und Extraktion gewonnen. Speiseöle, die nach einer Ölpflanze benannt sind, dürfen nur aus dem reinen, unvermischten Öl dieser Pflanze bestehen.

Speiseöle, auch unter der Bezeichnung Tafel-, Salat-, Koch-, Back- oder Mischöl auf dem Markt, können daher aus unterschiedlichen Mischungen pflanzlicher Öle hergestellt werden.

**Ölsorten** für die Speiseöl-Versorgung sind z. B.:

- Sojabohnenöl
- Distelöl
- Maiskeimöl
- Rapsöl
- Olivenöl
- Sonnenblumenöl
- Erdnussöl
- Kürbiskernöl

Sofern es sich um kaltgepresste Öle handelt, werden sie vorwiegend für Salate und Marinaden verwendet. Raffinierte Speiseöle finden in der Küche auch zum Braten, Backen und Frittieren Verwendung.

**Pflanzliche Fette** entstehen durch Härtung dieser Öle. **Margarine** ist ein butterähnliches Erzeugnis und eine Wasser-in-Fett-Emulsion. Zur Herstellung werden heute vorwiegend pflanzliche Öle und Fette, daneben 18–20 % Wasser und Magermilch, Emulgatoren sowie Aroma- und Farbstoffe verwendet. Der Fettgehalt muss mindestens 80 % betragen. Margarine soll dunkel, kühl und luftgeschützt lagern.

**Plattenfette** sind gehärtete Erdnussfette mit Anteilen aus Palmöl oder wenig gehärtetem Sojaöl. Sie haben einen niedrigen Schmelzbereich, hohen Rauchpunkt und sind unempfindlich gegenüber Sauerstoff.

**Tierische Öle**, darunter versteht man Seetieröl (Tran), spielen bei der Nahrungsfettherstellung keine wesentliche Rolle und finden in der Küche keine Verwendung.

**Tierische Fette** werden je nach Tierart bezeichnet:
- **Butter:** Ausgangsprodukt ist Rahm. Der Fettgehalt muss mindestens 82 % betragen.
  Verwendung: zum Zubereiten von Eierspeisen, Backen und Verfeinern von Suppen und Soßen.
- **Butterschmalz** ist ein vom Wasser und Eiweiß weitgehend befreites Butterfett und wird angeboten mit 96 oder 99,8 % Fett. Es eignet sich zum Braten, Backen und Frittieren.
- **Schweineschmalz** wird durch Ausschmelzen von Flomen, Bauch- oder Rückenspeck gewonnen. Verwendung: zum Braten, Backen und zur Teigherstellung.
- **Rindertalg** entsteht durch Ausschmelzen von Bauch- und Nierenfett und wird in der Küche kaum verwendet.
- **Gänseschmalz:** Schmalzrückstände beim Braten werden geschmacksbildend z. B. bei Rotkohl verwendet.

Fette und Öle ermöglichen das Garen über 100 °C. Eine Geschmacksverbesserung der Speisen entsteht durch Röststoffe und Krustenbildung beim Braten und Backen.

### Aufgaben

1. Welche Wirkungen haben Gewürze auf den menschlichen Organismus und auf Lebensmittel?
2. Welche Gewürze und Gewürzmischungen werden in Ihrem Ausbildungsbetrieb verwendet?
3. Zu welchen Speisen verwendet man:
   a) Schnittlauch,
   b) Petersilie,
   c) Basilikum und
   d) Oregano?
4. Welche Eigenschaften hat Salz und welche unterschiedlichen Arten gibt es?
5. Was sind:
   a) Marinaden,
   b) Zuckeraustauschstoffe?
6. Nennen Sie je drei tierische und drei pflanzliche Fette.
7. Welche Fette verwendet man zum Braten, welche für Salate?

Übergreifende Aufgaben finden Sie am Ende des Kapitels 8!

# 1 Infobox Sprache / Vorbereitung und Verarbeitung von Lebensmitteln

## Infobox Sprache

### Gewürze und Kräuter

| 🇩🇪 Deutsch | 🇫🇷 Französisch | 🇬🇧 Englisch |
|---|---|---|
| Chili | piment (m) fort, chili (m) | chili |
| Curry | curry (m) | curry (powder) |
| Dill | aneth (m) | dill |
| Essig | vinaigre (m) | vinegar |
| Gewürze | épices (f) | spices |
| Ketchup | ketchup (m) | ketchup |
| Kräuter | fines herbes (f/pl) | herbs |
| Petersilie | persil (m) | parsley |
| Pfeffer | poivre (m) | pepper |
| Schnittlauch | ciboulette (f) | chive |
| Sojasoße | sauce (f) soja | soy sauce |
| Speisesenf | moutarde (f) | mustard |

### Hilfs- und Süßungsmittel

| 🇩🇪 Deutsch | 🇫🇷 Französisch | 🇬🇧 Englisch |
|---|---|---|
| Honig | miel (m) | honey |
| Süßstoffe | édulcorants (m/pl) | artificial sweeteners |
| Zucker | sucre (m) | sugar |
| Zuckeraustauschstoffe | sucre (m) artificiel | sugar substitutes |

### Speiseöle und Speisefette

| 🇩🇪 Deutsch | 🇫🇷 Französisch | 🇬🇧 Englisch |
|---|---|---|
| Butter | beurre (m) | butter |
| Margarine | margarine (f) | margarine |
| Öl | huile (f) | oil |
| Olivenöl | huile (f) d'olive(f) | olive oil |

## 8.7 Vorbereitung und Verarbeitung von Lebensmitteln

### Situation

Bei Erik soll es heute Abend eine Pizza und einen frischen Salat geben.

Bevor Erik sein Abendessen genießen kann, muss er noch einiges tun. Auf der Pizzapackung steht meist eine ausführliche Anweisung, doch was muss er noch alles mit dem Salat machen? Listen Sie die Arbeitsschritte mal auf.

Kaum ein Lebensmittel kann ohne küchentechnische Behandlung verzehrt werden. Selbst reife Früchte werden zumindest gewaschen.

In vielen Bereichen des Nahrungsmittelhandwerks, z.B. in der Gastronomie, der Gemeinschaftsverpflegung und natürlich auch in der Lebensmittelindustrie, ist ein technologischer Vorgang notwendig, um die Rohstoffe genusstauglich zu machen. In diesem Falle sprechen wir von „**Lebensmitteltechnologie**".

# 1 Vorbereitung und Verarbeitung von Lebensmitteln

| Vorbereitungsphase | Mischen | Garmethoden | Fertigstellung |
|---|---|---|---|
| – **Trockene Vorbereitung**<br>  Schälen, Putzen, Parieren,<br>  Tournieren<br>– **Nasse Vorbereitung**<br>  Waschen, Wässern,<br>  Weichen–Quellen<br>– **Wiegen, Messen und**<br>  **Zerkleinerungsarbeiten**<br>  – Manuelle Zerkleinerung<br>  – Maschinelle Zerkleinerung | – Mischen unterschiedlicher<br>  Rohstoffe<br>– Anwendung verschiedener<br>  Arbeitstechniken | – Kochen<br>– Dämpfen<br>– Frittieren<br>– Braten<br>– Grillen<br>– Backen<br>– Mikrowelle | – Tranchieren<br>– Portionieren<br>– Das Anrichten<br>  servierfertiger Speisen in<br>  Tassen, Schalen und<br>  Schüsseln, auf Tellern oder<br>  Platten |

## 8.7.1 Trockene Vorbereitung

Nachstehend werden einige Arbeiten, die zu den trockenen Vorbereitungen zählen, erläutert.

### Schälen
Obst und Gemüse werden geschält, weil ihre Schale auch unverdauliche Nahrungsbestandteile enthält.

Beispiele:
▶ Kohlrabi (holzige Schale entfernen)
▶ Zwiebel, Knoblauch (Schale entfernen)
▶ Orange, Zitrone, Banane, Nuss (Schale entfernen)

Allerdings beseitigt man beim Schälen von Obst auch wichtige Mineralstoffe und Vitamine, deshalb kann frisches Obst oder Gemüse teilweise nach gründlichem Waschen auch mit Schale verarbeitet oder verzehrt werden, z. B.
▶ Zucchini, Gurke, Karotte
▶ Apfel, Birne, Nektarine

| Schäl- und Putzverluste von Gemüse | | | |
|---|---|---|---|
| Zwiebeln | 15 % | Wirsing | 30 % |
| Rosenkohl | 25 % | Blumenkohl | 35 % |
| Weißkohl | 25 % | Spargel | 35 % |
| Paprika | 25 % | Spinat | 35 % |
| Möhren | 25 % | Schwarzwurzeln | 40 % |
| Blattsalat | 30 % | Kohlrabi | 45 % |

### Tournieren
Unter dem „Tournieren" versteht man das Formgeben von Gemüse, Kartoffeln oder Brotschnitten. So werden z. B. rohe Kartoffeln zu Schloss- oder Olivenkartoffeln geformt, Toastbrotscheiben in Herz- oder Dreieckform geschnitten.

### Portionieren
Teile von Schlachtfleisch, Wild, Geflügel oder Fischen werden in Portionsgröße geschnitten.

### Tranchieren
Beim Tranchieren werden bereits zubereitete Fleischteile vom Schlachtfleisch, Wild, Wild- oder Hausgeflügel portioniert.

### Enthäuten
Enthäuten ist das Abziehen der Haut von Schlachttieren, Wild, Wildgeflügel und Fischen.

**Abziehen einer Seezunge**    **Enthäuten eines Fischfilets**

## 8.7.2 Nasse Vorbereitung

Drei **Vorbereitungsarbeiten** nutzen Wasser zu ganz unterschiedlichen Zwecken.

### Waschen
Zweck des Waschens ist das Beseitigen von Schadstoffen, Schmutz und Mikroben. Dieser Vorgang wird in stehendem Wasser durch Abreiben oder Abbürsten durchgeführt. Lauch wird unter fließendem Wasser gewaschen.

# 1 Vorbereitung und Verarbeitung von Lebensmitteln

Es ist zu beachten, dass Gemüse und Obst **ungeschält** und **unzerkleinert nur** in kaltem Wasser (Brauchwasser) und nicht zu lange gewaschen werden. Denn **warmes** Wasser und **zu lange** dauerndes Waschen laugt wasserlösliche **Eiweißstoffe** (Albumine), **Vitamine** (C und B$_1$), **Mineral- und Zuckerstoffe** heraus. Die Nährstoffverluste bei zerkleinertem Gemüse sind größer.

| Vitamin-C-Verluste nach 15 Minuten | | |
|---|---|---|
| | in stehendem Wasser | bei fließendem Wasser |
| Spinat | 2 % | 17 % |
| Kohlrabi | 9 % | 13 % |
| Kartoffeln | 2 % | 5 % |

### Wässern
Gewässert werden Lebensmittel, denen man Bitter- und Geruchsstoffe oder Salz entziehen möchte.
Kartoffeln lässt man im geschälten Zustand vor der Weiterverarbeitung im Wasser stehen, um den Luftsauerstoff abzuschließen. Sonst würden die Peroxydasen (Enzyme) mithilfe des Luftsauerstoffs eine leichte Bräunung der Kartoffeln bewirken.

### Blanchieren
Beim Blanchieren werden Lebensmittel kurze Zeit siedendem Wasser oder Fett ausgesetzt, aber nicht gegart.

## 8.7.3 Zerkleinerungsarbeiten
(mechanisch und manuell)

Beim Zerkleinern kommen je nach Rohstoff, Zerkleinerungsgrad und -absicht ganz unterschiedliche Werkzeuge, Maschinen und Techniken zum Einsatz. Zerkleinerungstechniken sind genau auf die Lebensmittel abgestimmt; z. B. lassen sich trockene Gewürze schlecht mit dem Messer hacken und Gewürzmühlen würden beim Zerkleinern frischer, saftiger Kräuter verkleben.
Man unterscheidet drei wichtige Zerkleinerungsmethoden:
1. Messerschnitt: manuell, maschinell und Würfelschneider
2. Scherschnitt (Schneidsystem des Wolfes)
3. Schneid-Mahl-Zerkleinerung

### Manueller Messerschnitt
Unter manuellem Messerschnitt versteht man das Bearbeiten von Lebensmitteln von Hand, wobei für den jeweiligen Rohstoff das passende Werkzeug verwendet werden sollte:
▶ Auslösen von Fleisch: Ausbeinmesser
▶ Schneiden von Schnitzeln und Steaks: Fleischmesser
▶ Schneiden von geräucherten Lachsseiten: Lachsmesser
▶ Tournieren (Formen) von Gemüse, Obst und Kartoffeln: Tourniermesser
▶ Schneiden von Gemüse und Kartoffeln in Würfel und Streifen: Kochmesser

### Messer

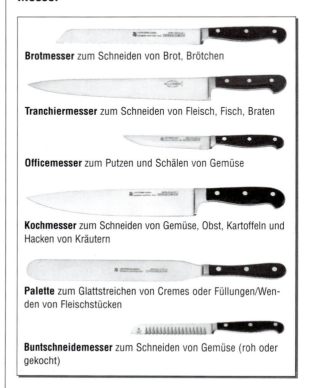

**Brotmesser** zum Schneiden von Brot, Brötchen

**Tranchiermesser** zum Schneiden von Fleisch, Fisch, Braten

**Officemesser** zum Putzen und Schälen von Gemüse

**Kochmesser** zum Schneiden von Gemüse, Obst, Kartoffeln und Hacken von Kräutern

**Palette** zum Glattstreichen von Cremes oder Füllungen/Wenden von Fleischstücken

**Buntschneidemesser** zum Schneiden von Gemüse (roh oder gekocht)

### Werkzeuge

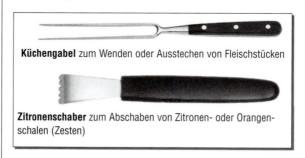

**Küchengabel** zum Wenden oder Ausstechen von Fleischstücken

**Zitronenschaber** zum Abschaben von Zitronen- oder Orangenschalen (Zesten)

Kartoffeln, Obst und Gemüse werden für die Weiterverarbeitung meist zerkleinert. Dafür haben sich in der Gastronomie vielfältige Schnitttechniken herausgebildet.

#### Beispiele für die Schnittarten von Gemüse
▶ Gemüsewürfel
▶ kleine Gemüsewürfel/Brunoise
▶ blättrig geschnittenes Gemüse
▶ Gemüsestreifen/Julienne

# Vorbereitung und Verarbeitung von Lebensmitteln

Gemüsestreifen/Julienne

Kleine Gemüsewürfel/Brunoise

Zwiebeln werden in Zwiebelstreifen, Zwiebelringe, Zwiebelwürfel oder kleine Zwiebelwürfel/Brunoise geschnitten

Obst wird für Obstsalat z. B. gewürfelt, in Scheiben geschnitten oder filetiert.

Filetieren einer Blutorange

Fertige Filets

## 8.7.4 Verarbeitungstechniken für Lebensmittel

### Mischen

Unter Mischen versteht man das gleichmäßige Vermengen unterschiedlicher Stoffe.
Um Stoffe gleichmäßig zu mischen, benutzt man verschiedene Arbeitstechniken: Kneten, Schlagen und Emulgieren.

### Kneten

Das Kneten kann man in zwei Techniken einteilen: manuell oder maschinell.
Durch gute Vermischung der Teigbestandteile (Mehl, Flüssigkeit und andere Zutaten) wird die Teigbildung günstig beeinflusst. Aus dem ungeordneten Mehl-Eiweiß entsteht dabei ein dehnfähiges und relativ gasdichtes Teiggerüst.
Maschinentypen: Wendelkneter und Spiralkneter

### Schlagen

Unter dem Schlagen versteht man das Einschlagen von Luft unter zähe Flüssigkeiten. Denn nur zähe Flüssigkeiten vermögen Luftblasen zu halten. Eiweiß und Milchfett sind zähflüssig (viskos). So hat z. B. Öl eine ca. 600fach größere Zähigkeit als Wasser. Beim Ei-

weiß ist die Viskosität noch größer. Durch Zusatz von feinkörnigem Zucker wird die Viskosität des Eiweißes noch verstärkt. Zu Schnee geschlagenes Eiklar bezeichnet man als Gel, ungeschlagenes als Sol.

### Emulgieren

Hierunter versteht man das **Mischen von zwei flüssigen Phasen**. In der Lebensmitteltechnologie emulgiert man eine Fettphase mit einer wässrigen Phase. Man spricht nicht von einer Mischung zwischen Fett und Wasser, weil z. B. im Wasser der Milch auch noch Salze und Eiweiß, im Milchfett Vitamine und Carotin gelöst sind. Wasser und Fett, zwei sonst nicht mischbare Stoffe, kann man mithilfe von Emulgatoren zu einer festeren Konsistenz vermischen.

### Auslösen/Ausbeinen

Beim Auslösen/Ausbeinen von Fleischteilen werden Knochen und Knorpel von Schlachtfleisch, Wild, Wild- und Hausgeflügel entfernt.

### Parieren

Schlachtfleisch enthält außer dem schieren Muskelfleisch noch Häute, Sehnen, Knorpel und Fettgewebe. Diese geringwertigen Teile werden beim Parieren entfernt. In der Küche nennt man die Reste auch Parüren.

Parieren

### Panieren

Mehlieren und Panieren (🇫🇷 pain = Brot) werden häufig beim Frittieren oder Braten angewandt. Stärkehaltige Panierungen nehmen beim Garen austretendes Wasser auf, bräunen und bilden schmackhafte Röstprodukte.

## 8.7.5 Garmethoden

Heute kann man in der Küche zwischen mehr als einem Dutzend Techniken auswählen, um jedes Lebensmittel je nach Zweck optimal zu garen.

Temperaturen von 75 °C bis etwa 300 °C verursachen Eiweißgerinnung, Bindegewebslockerung, machen die Lebensmittel leichter verdaulich und damit bekömmlich. Durch die Hitze werden Mikroben weitgehend abgetötet. Gegarte Speisen sind also hygienisch einwandfrei.

**Nachteile des Garens:** Hitze zerstört Zellen; Flüssigkeit tritt aus, verdampft, es kommt zu Nährstoff-

und Gewichtsverlusten. Lebensmittel schrumpfen und verlieren z. T. ihre Form und Farbe. Hitzeempfindliche Vitamine (Vitamin C) werden zerstört.

**Wichtige Garverfahren im Überblick**

### Gratinieren
Bereits gegarte oder vorgegarte Speisen werden bei sehr starker Oberhitze (250 bis 300 °C) im „Salamander" (Gratiniergerät) mit Soßen, Käse oder Eimasse überbacken und überkrustet.

### Kombinierte Garmethoden

**Schmoren** oder Braisieren verknüpft das Braten (Krustenbildung) mit dem Kochen (intensives Auslaugen, Fondbildung) und eignet sich vor allem für Fleisch und Wild.

### Dünsten
Das Gargut wird erst in Fett angeschwitzt, anschließend muss es bei geschlossenem Deckel in Flüssigkeit gar ziehen, um den Dampf zu kondensieren.

**Poelieren** ist ein schonendes Dünsten mit heller Bräunung (Putenfleisch).

**Glasieren** ist eine Art des Dünstens, die bei zuckerhaltigen Rohstoffen (Zwiebeln, Karotten usw.), Fleisch und Geflügel angewandt wird.

**Flambieren** ist kein Garen im herkömmlichen Sinne; Brenndauer und die niedrigen Flammentemperaturen der Spirituosen sind zu gering. Entsprechende Lebensmittel (Fleisch, Krustentiere, Obst usw.) müssen roh verzehrbar oder vorgegart sein.

### Weitere technische Garverfahren

**Niedertemperatur-Garen** (NT-Garen)
**Cook and Chill** (Kochen und Kühlen)
**Cook and Freeze** (Kochen und Gefrieren)
**Sous-vide-Verfahren** – Vakuumgaren

## 8.7.6 Haltbarmachen von Lebensmitteln in der konventionellen Speisenzubereitung

Seit alters her ist es das Ziel der Menschen, ihre leicht verderblichen Lebensmittel haltbar zu machen. Die Methoden sind vielfältig, z. T. auch sehr erfolgreich, und garantieren oft jahrelange Haltbarkeit.

Sehr oft werden mehrere Verfahren kombiniert, um das Ergebnis zu verbessern. Veränderungen des Lebensmittels müssen so gut wie immer in Kauf genommen werden.

Folgende Tabelle liefert einen Überblick:

| Verfahren | Wirksames Prinzip | Geeignete Lebensmittel | Haltbarkeit | Bemerkungen |
|---|---|---|---|---|
| **Physikalische Verfahren** | | | | |
| Sterilisieren | 100–140 °C 15–30 Minuten, Abtöten sämtlicher Mikroben und Dauerformen, verringerter Luftdruck → Sauerstoffmangel verhindert Oxidationen | Milch, andere Getränke, Lebensmittel in Dosen, Gläsern | mehrere Monate, Jahre | Geschmacks-, Farb-, Strukturveränderungen, Aroma-, Vitaminverluste, z. T. Proteingerinnung, Stärkeverkleisterung, auch hitzebeständige Sporen sterben ab |
| Pasteurisieren | 4 Sek. 85 °C oder 15–30 Sek. 75 °C oder 2–3 Sek. 135–150 °C, Mehrzahl der Mikroben stirbt ab, hitzebeständige Dauerformen überleben | Milch, Fruchtsäfte, Sauerkonserven, Würstchen | wenige Tage bis Wochen | geringere Veränderungen, geringere Verluste |
| Kühlen | 2–10 °C, Lebenstätigkeit von Mikroben stark verlangsamt | frische Lebensmittel | wenige Tage | kaum Veränderungen, Verdunstungsverluste |
| Tiefgefrieren | –18 °C; Mikrobenvermehrung und -stoffwechsel extrem gering, kältebeständige Mikroben überleben → Vermehrung beim Auftauen | Gemüse, Kräuter, Fleisch, Fisch, Geflügel, Fertiggerichte | mehrere Wochen bis Monate | geringe Veränderungen, geringe Verluste an Nährstoffen, Auftauverluste, Eiskristalle zerstören Zellen |

# Vorbereitung und Verarbeitung von Lebensmitteln

| Verfahren | Wirksames Prinzip | Geeignete Lebensmittel | Haltbarkeit | Bemerkungen |
|---|---|---|---|---|
| **Physikalische Verfahren** | | | | |
| Trocknen | Wasserentzug, $a_w$-Wert-Senkung; Mikroben fehlt frei verfügbares Wasser | Milch, Kräuter, Gewürze, Tee, Obst, Ei, Fleisch, Fisch | mehrere Wochen bis Monate | Farb-, Aroma-, Strukturveränderungen |
| Gefriertrocknen | Gefrieren unter Vakuum → gleichzeitiger Wasserentzug | Brühen, Soßen, Instantgetränke | z. T. Jahre | sehr aromaschonend |
| Vakuumverpacken | nur sauerstoffabhängige Mikroben sterben ab, sauerstoffunabhängige Mikroben überleben (Botulinus …) | rohe und gegarte Lebensmittel, Kaffee | einige Wochen | meist in Kombination mit Tiefgefrieren, kaum Verluste, Inhalt sichtbar, leicht zu kontrollieren |
| Bestrahlen | mit energiereichen Strahlen | – | – | in Deutschland verboten! |
| **Chemische Verfahren** | | | | |
| Zuckern | frei verfügbares Wasser fehlt → Mikrobenvermehrung stark eingeschränkt | Früchte (Orangeat), Konfitüren, Süßwaren | wenige Wochen | Geschmacks-, Strukturveränderungen, oft in Kombination mit Sterilisieren; $a_w$-Wert-Minderung (s. Kap. 6) |
| Salzen | frei verfügbares Wasser fehlt → Mikrobenvermehrung stark eingeschränkt | Fisch, Fleisch, Gurken, Gemüse | wenige Wochen | Geschmacks-, Strukturveränderungen, oft in Kombination mit Sterilisieren; $a_w$-Wert-Minderung (s. Kap. 6) |
| Pökeln | Pökelsalz: 99,5 % NaCl, 0,5 % Natriumnitrit, $a_w$-Wert-Senkung | Fleisch, Fleischerzeugnisse, Schinken | wenige Monate | Farbänderung, Muskelfarbstoff wird verändert und hitzebeständig, oft in Kombination mit Hitzebehandlung |
| Säuern | eine pH-Wert-Verschiebung beeinträchtigt das Mikrobenwachstum (Essig-, Wein-, Milchsäure) | Essiggemüse, Fleisch, Sauerkraut | wenige Monate | Milchsäure wird oft im Lebensmittel selbst gebildet (Sauerkraut, Oliven, Sauermilch), Geschmacks-, Strukturveränderungen |
| Einlegen in Alkohol | Hefe stellt ihre Gärung bei 15%vol ein, Alkohol giftig für Mikroben | Obst (Rumtopf), Spirituosen | je nach %vol | Lebensmittel muss vollständig bedeckt sein, intensive Geschmacksveränderung |
| Räuchern | Heißrauch: 80 °C → Trocknung + Hitze + Rauchbestandteile, wenige Stunden | Brüh-, Kochwurst, Fisch | wenige Tage | Kombination aus drei Verfahren, Geschmacksänderungen, Verluste, gesundheitsschädliche Rauchbestandteile |
| | Kaltrauch: 25 °C → Trocknung + Rauchbestandteile, z. T. mehrere Monate, giftige Rauchbestandteile töten Mikroben ab | Schinken, Dauerwurst, Rohwurst, Lachs | Wochen, einige Monate | zwei Verfahren kombiniert, Oberflächen entfernen, Geschmacksänderung, Verluste, Rauchbestandteile schädlich, z. T. krebserregend |
| Chemische Konservierungsstoffe | Substanzen wirken stark hemmend auf Mikrobenvermehrung | Fruchtoberflächen, Konserven, Backwaren, Brot | je nach Lebensmittel | nur nach gesetzlicher Vorschrift |

**Für alle konservierten Lebensmittel gilt: Mindesthaltbarkeit beachten!**

## Aufgaben

1. Nennen Sie drei Obst- und Gemüsesorten, die geschält werden müssen.
2. Welche wichtigen Inhaltsstoffe von Obst oder Gemüse gehen beim Schälen verloren?
3. Welche Fleischgerichte müssen vor dem Garen portioniert werden, welche danach? Machen Sie je zwei Angaben.
4. Erik hat sich vor der weiteren Zubereitung des Salates für Waschen entschieden. Welche Grundsätze sollte er dabei beachten?
5. Erik möchte der Salatmarinade Zwiebeln hinzufügen. Welche Schnittart sollte er für die Zwiebeln wählen? Begründen Sie Ihre Antwort.
6. Es gibt unterschiedliche Garmethoden. Welche eignen sich besonders gut für:
   a) Pellkartoffeln,
   b) Rindersteak,
   c) Forelle blau,
   d) Rouladen,
   e) Kaiserschoten/Erbsenschoten,
   f) Fischfilet?

**Übergreifende Aufgaben finden Sie am Ende des Kapitels 8!**

## Infobox Sprache

### Vorbereitung und Verarbeitung von Lebensmitteln

| Deutsch | Französisch | Englisch |
|---|---|---|
| anrichten | présenter | to prepare |
| braten | rôtir | to roast |
| garen | faire cuire | to cook |
| Garmethoden | modes (m/pl) de cuisson (f) | thermal methods of preparation |
| grillen | griller | to grill |
| kneten | pétrir | to knead |
| kochen | cuire, bouillir | to cook, to boil |
| kühlen/abkühlen | réfrigérer | to cool |
| Lebensmittel | denrées (f/pl) alimentaires | food |
| Messer | couteau (m) | knife |
| schneiden | couper | to cut |
| tiefgefrieren | congeler, surgeler | to deep freeze |
| waschen | laver | to wash |
| zerkleinern | couper qc en petits morceaux | to cut up, to chop |

## 8.8 Zubereitungen von Lebensmitteln – Gerichte

### Situation

Erik geht mit seinen Eltern essen. Im Restaurant bestellt er das klassische 5-Gang-Menü Nummer 1:

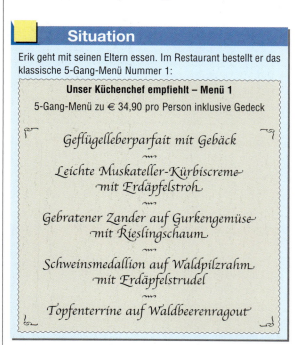

**Unser Küchenchef empfiehlt – Menü 1**

5-Gang-Menü zu € 34,90 pro Person inklusive Gedeck

*Geflügelleberparfait mit Gebäck*

*Leichte Muskateller-Kürbiscreme mit Erdäpfelstroh*

*Gebratener Zander auf Gurkengemüse mit Rieslingschaum*

*Schweinsmedallion auf Waldpilzrahm mit Erdäpfelstrudel*

*Topfenterrine auf Waldbeerenragout*

Derartige Menüangebote sind in der Systemgastronomie selten, es gibt sie jedoch, auch wenn man sie manchmal aus verschiedenen Komponenten der Speisekarte zusammenstellen muss. Das von Erik bestellte Menü folgt im Aufbau der klassischen Menüregel (vgl. Lerninhalt 1, Kap. 10.4).

Je nach Ausbildungsbetrieb oder späterem Arbeitsplatz werden von Fachleuten für Systemgastronomie auch umfangreiche Produkt- und Speisenkenntnisse gefordert.
Hier nun einige Vorschläge, die dem Aufbau entsprechend dem klassischen Menü folgen.

### 8.8.1 Kalte Vorspeisen

**Zu den kalten Vorspeisen zählen:**
- Salate von Blattsalaten ohne Beilagen
- Salate mit Beilagen (z. B. Rinderfiletstreifen, Hähnchen- oder Putenbruststreifen, Roastbeefscheiben, Krabben, Garnelen, Hummer, Fisch)

**Blattsalate mit Garnelen**

## Zubereitungen von Lebensmitteln – Gerichte 1

▶ Rohkostteller
Es handelt sich um unbehandelte, rohe Gemüse und Blattsalate sowie Frischobst, eventuell ergänzt mit Trockenobst, Kürbis- und Sonnenblumenkernen. Rohkost wird weder angemacht noch mariniert; die passenden Salat- oder Dipsoßen oder Dressings werden separat dazu gereicht. Sie werden durch energiearme Milchprodukte, wie Buttermilch, Joghurt und Magerquark, ergänzt.

▶ Gemüse- oder Obstcocktails mit und ohne Beilagen

▶ Pasteten, Terrinen und Galantinen

▶ Canapés
Canapés werden ausschließlich aus entrindetem Weißbrot mundgerecht in verschiedene Formen (rund, oval, eckig, dreieckig) geschnitten, mit geklärter Butter bestrichen und geröstet.

Anschließend werden sie mit Delikatessen wie
▷ gebeiztem Lachs,
▷ Schaumbrot,
▷ Garnelen
▷ Räucherlachs,
▷ Hummer,
▷ Kaviar

belegt, auf Platten angerichtet und bei Stehempfängen mit Serviette gereicht.

**Rohkostteller**

Beispiele von kombinierten Salaten aus pflanzlichen und tierischen Rohstoffen:

| Pflanzlicher Rohstoff | Tierischer Rohstoff |
|---|---|
| Radicchio, Endivien, Eichblatt, Lollo rosso, Feldsalat mit French Dressing | gebratene Hühnerbrüstchen oder Putenbruststreifen; rosa gebratene Entenbrust |
| Chicorée, Radicchio, Kopfsalat mit Tausend-Inseln-Dressing | gebratene Garnelen oder Lachsstreifen; gekochte Grönlandgarnelen |
| Eissalat, Kopfsalat, Frisée, Lollo rosso mit italienischer Salatsoße | Schinken- und Käsestreifen, hart gekochtes Ei oder gebratene Rinderfiletscheiben |
| angemachter Rotkrautsalat mit Äpfeln; Balsamicoessig, Öl, Salz, Pfeffer, Honig | rosa gebratenes Hasen- oder Rehrückenfilet |
| Waldorfsalat | gebratenes Hausgeflügel oder Brüstchen von Wildgeflügel (Fasan, Rebhuhn) |
| Feldsalat, Endiviensalat, Kartoffeln mit Schweizer Dressing | kross gebratene Speck- oder Schinkenwürfel mit Knoblauch-croûtons |

Zu den Salaten oder auch Rohkostgerichten werden zumeist Salatsoßen, Dressings oder Dips gereicht. Beispiele für Salatsoßen:

| Marinaden/Soßen | Bestandteile | Verwendung |
|---|---|---|
| **Essig-Öl-Soße** | Essig, Öl (1:2), Salz, Pfeffer, Zucker | zu allen Salaten |
| **Vinaigrettesoße** | Essig, Öl (1:1), Salz, Pfeffer, Kräuter, Kapern, Zwiebeln, passierte, gekochte Eier | zu allen Salaten |
| **Kräutersoße** | Essig, Öl (1:2), Salz, Pfeffer, Kräuter | zu allen Salaten |
| **French Dressing** | Essig, Öl (1:3), Salz, Pfeffer, Senf, Knoblauch | Blattsalate, leichtere Gemüsesalate |

# 1 Zubereitungen von Lebensmitteln – Gerichte

**Dips** sind cremige Soßen auf der Basis von z.B. Mayonnaise, Joghurt, Frischkäse oder Tomaten/Tomatenmark, die mit Gemüse/Obst, Kräutern und Gewürzen verfeinert werden.

**Dressings** (engl. „to dress" = bekleiden, anziehen) sind dickflüssiger als Salatsoßen, haften besser auf den Blättern und brauchen deshalb nur locker überzogen zu werden (= nappiert). Die dickflüssige Eigenschaft bekommt das Dressing durch Mayonnaise, Joghurt, Sahne, Quark oder andere Erzeugnisse, z.B. Ketchup.

| Dressings | Bestandteile | Verwendung |
|---|---|---|
| Joghurt-/ Quarkdressing | Öl, Joghurt, Zitronensaft, Orangensaft, Salz, Pfeffer, Kräuter | alle Salate |
| Roquefortdressing | Roquefortkäse passiert, Sahne oder Joghurt, Zitronensaft, Weißwein, Öl, Pfeffer | Sellerie-, Tomaten-, Blattsalate |

## 8.8.2 Suppen

Suppen werden in der Systemgastronomie meist nicht selbst hergestellt, sondern als Convenience-Produkt zugekauft.

**Mögliche Einteilung von warmen Suppen:**

| | |
|---|---|
| **Klare Suppen** | Grundsubstanz sind klare Gemüse- oder Fleischbrühen. Klare Suppen gibt es mit oder ohne Einlage. |
| **Gebundene Suppen** | Gebundene Suppen können mit stärkehaltigen Produkten (z.B. Weizenmehl), Pürees von Gemüse oder Kartoffeln gebunden werden. Wie bei allen anderen Suppen auch, ist die Grundlage einer gebundenen Suppe eine aromatische Fleisch-, Fisch- oder Gemüsebrühe. Gebundene Suppen können mit oder ohne Einlage serviert werden. |
| **Gemüsesuppen** | Grundlage bildet in der Regel Brühe, zu der diverse Gemüse und ggf. Fleisch hinzugegeben werden. Gemüsesuppen gibt es gebunden und ungebunden. |
| **Rahm/Cremesuppen** | Bei den Rahmsuppen betont man den Geschmack durch Mixen des Grundstoffs mit einem Mixstab, z.B. Brokkoli, Möhren usw. Verfeinert werden Rahmsuppen mit Sahne und ggf. Butterflocken. |
| **Legierte Suppen** | Die Grundlage gleicht der Rahmsuppe. Der Unterschied liegt lediglich in der Vollendung. Legierte Suppen werden mit einer Legierung (Liaison) verfeinert. Die Legierung besteht aus einem Gemisch aus Eigelb und Sahne und dient sowohl zur Geschmacksverbesserung als auch zur Bindung von Suppen und Soßen. |

| Suppeneinlagen für Fleischbrühe | |
|---|---|
| **Teigwaren** | Fadennudeln, Pfannkuchenstreifen, kleine Brandteigkrapfen, Biskuitschöberl |
| **Knödel** | Leberknödel, Speckknödel, Markknödel |
| **Klößchen** | aus Geflügel, Kalbfleisch, Fisch oder Quark |
| **Nockerl** | Butter-, Grieß-, Lebernockerl |
| **Gemüse** | kleine Gemüsewürfel, Gemüsestreifen, blättrig geschnittenes Gemüse |
| **Eier** | Eierstich, Eierflocken |
| **Brot** | geröstete Brotwürfel aus Weiß- oder Graubrot |
| **Reis, Sago, Graupen** | Graupen werden vorher weich gekocht und dienen als Suppeneinlagen |

**Kalte Suppen**
Kalte Suppen haben zumeist Gemüse (Gurken, Rote Bete) in roher oder gekochter Form als Grundlage. Der Grundbrühe entsprechen hier Joghurt, Kefir oder Buttermilch.

**Kaltschalen**
Kalte Suppen süßer Geschmacksrichtung nennt man „Kaltschalen". Der Grundbrühe entsprechen hier Fruchtsäfte, verdünnter Wein, Milch oder Bier. Als Bindung eignen sich stärkehaltige Erzeugnisse. Kleine Fruchtabschnitte, vor allem Beeren, werden als Einlage verwendet.

| Einige Nationalsuppen | | |
|---|---|---|
| Frankreich, Zwiebelsuppe | Rind | gebratene Zwiebeln, geröstete Weißbrotscheiben, Parmesankäse |
| Frankreich, Bouillabaisse | Fisch | Krusten-, Schalentiere, Mittelmeerfische, Lauch, Fenchel, Tomaten |
| Italien, Minestrone | Rind | Gemüsestreifen, Reis, Kartoffeln, Tomaten, Speck, Makkaroni, Spaghetti, Parmesan |
| Ungarn, Gulaschsuppe | Rind | Rindfleischwürfel, Zwiebeln, Tomatenmark, Paprika-, Tomaten-, Karottenwürfel, Mehl, Ei |
| Russland, Borschtsch | Rind | Gemüse, Bauchspeck, Rote Bete, Essig, saure Sahne, Quarkpastetchen |
| Spanien, Gazpacho (kalt) | Gemüse | Paprika, Zwiebeln, Knoblauch, Olivenöl und geröstete Weißbrotwürfel |

## 8.8.3 Zwischengerichte

Das klassische Zwischengericht in einem 5-Gang-Menü ist ein Fischgericht, welches teilweise lediglich in einer kleineren Portionierung als das Hauptgericht angeboten wird. Ansonsten ist ein Zwischengericht ein Gericht für den „kleinen Hunger".

**Typische Zwischengerichte sind:**

- gefüllte Blätterteigpasteten (mögliche Füllungen: Hühner- oder Kalbfleischragout, Champignonragout, Hummer-, Langusten- und Krabbenfleisch),
- Pasta-/Spaghettigerichte,
- gefüllte Teiggerichte,
- Pizza,
- Quiche oder Speckkuchen,
- Gnocchi,
- Risotto – (ist eine schmackhafte Reiszubereitung, die vorwiegend aus der italienischen Küche stammt. Typische Risotto-Reissorten sind Vialone oder Arborio. Bei der Zubereitung werden außerdem verwendet: Olivenöl, Schalotten, Weißwein, helle Fleischbrühe und Parmesan. Geschmacksträger bzw. Einlagen werden je nach Art des Risottos gewählt, z. B. Safran, Tomaten, Pilze, Scampi),
- Rührei oder Omelett,
- Aufläufe,
- Fischfilets, Fischröllchen oder -terrinen,
- Hummer, Langusten und Riesengarnelen (gebraten, gekocht oder gegrillt), ggf. mit Salat- oder anderer Beilage,
- Muscheln in Gemüse- oder Weißweinsud.

**Beispiele für gefüllte Teiggerichte**

| Gericht | Füllung | Servierart mit |
|---|---|---|
| Ravioli | Fleisch, Fisch, Krustentiere, Pilze, Spinat | Tomaten-, Mornay-, Basilikumrahm- oder Hummerrahmsoße |
| Tortellini | Fleisch, Ricotta (italien. Frischkäse), Pilze | Tomaten-, Mornay- oder Rahmsoße |
| Lasagne | Fleischsoße, Spinat, Gemüsewürfel, Pilze | Béchamel- oder Tomatensoße |
| Cannelloni | Fleisch, Geflügelleber, Spinat, Gemüsewürfel | Tomaten-, Mornay- oder Gorgonzolasoße |
| Maultaschen | Spinat, Quark, Fleisch, Geräuchertes, Zwiebeln | Fleischbrühe, Käsesoße oder mit Käse und Butter |

Ravioli      Tortellini

## 8.8.4 Hauptgerichte

Die Anzahl der Hauptgerichte ist so umfangreich und vielfältig, dass hier nur ein kleiner Überblick gegeben werden kann. Hier ist jeder selbst zum Studium von Kochbüchern aufgefordert. Im klassischen Menü ist das Hauptgericht ein Fleischgericht. Zum Fleischgericht gehören Gemüse- und Sättigungsbeilagen und ggf. Soße.

Hier eine kleine Übersicht, was man aus den Fleischteilen von Rind, Kalb, Schwein und Lamm in der Systemgastronomie hauptsächlich herstellt. Je nach verwendetem Fleischstück und gewählter Zubereitung hat das Gericht dann einen anderen Namen.

| | Rind | Schwein | Kalb | Lamm |
|---|---|---|---|---|
| **Kurzbratgerichte** | ▶ Steak | ▶ Schnitzel<br>▶ Kotelett<br>▶ Schweine(-nacken, -rücken)steak | ▶ Schnitzel<br>▶ Kotelett<br>▶ Medaillons | ▶ Kotelett<br>▶ Filet oder Lachse<br>▶ Medaillons |
| **Braten/Schmorbraten im Stück** | ▶ Rinderbraten<br>▶ Roastbeef | ▶ Schweinebraten<br>▶ Schweinehachse (Eisbein) | ▶ Kalbsbraten<br>▶ Kalbskeule<br>▶ Kalbshachse | ▶ Lammkeule |
| **Schmorgerichte von zerkleinerten/geschnittenen Fleischteilen** | ▶ Gulasch<br>▶ Roulade | ▶ Gulasch | ▶ Gulasch<br>▶ Kalbsröllchen oder Roulade<br>▶ Ragout | ▶ Gulasch<br>▶ Ragout |
| **Gekochte (gesiedete) Fleischteile** | ▶ Ochsenbrust<br>▶ Tafelspitz | ▶ Schweinehachse (Eisbein) | ▶ Kalbshachse | |
| **Geschnetzeltes** | Kann grundsätzlich von allen Tierarten, meist aus Keule oder Filet, hergestellt werden. | | | |
| **Eintopfgerichte*)** | Mit Suppenfleisch lassen sich Eintopfgerichte von jeder Tierart herstellen. | | | |

*) Eintopfgerichte sind ein Hauptgericht, werden aber nicht innerhalb eines klassischen Menüs angeboten.

# 1 Zubereitungen von Lebensmitteln – Gerichte

**Krustenbraten auf Sauerkraut mit Semmelknödeln**

**Lammkoteletts**

Gerichte mit Innereien werden in der Systemgastronomie mit Ausnahme von Leber (Schweine-, Rinder-, Kalbs- und Geflügelleber) kaum angeboten. Gleiches gilt für Gerichte mit Fleisch vom Wild.

Eine große Bedeutung haben dagegen **Hackfleisch- und Geflügelgerichte**.

## Hackfleischgerichte

Zu warmen Hackfleischgerichten verarbeitet man Schweine-, Rind-, Kalb und Lammfleisch. Als Lockerung dienen eingeweichte Brötchen oder Weißbrot und zur Bindung verwendet man Eier, Paniermehl oder Haferflocken.

Über die „Standardgeschmackszutaten" – Röst- oder gedünstete Zwiebeln, Salz und Gewürze – hinaus erzielt man Geschmacksvariationen durch die Beigabe von Kräutern, Pilzen, Gemüse, Käse, Sardellen usw.

| Kurz gebraten | Gebraten | Gekocht |
|---|---|---|
| flach portioniert | im Ofen als Großportion | kugelig portioniert |
| **Hacksteaks** <br> – Deutsches Beefsteak, Frikadelle, Boulette (Rind, Schwein gemischt) <br> – Hamburger (nur Rind) | **Hackbraten** <br> in Brotform im Ofen gebraten, in Scheiben angerichtet; dunkle Soße = „Falscher Hase" | **Klopse** <br> – Fleischklops (Rind/Schwein/Geflügel), mit Gemüse versetzt, in Brühe gegart <br> – Königsberger Klopse (siehe rechts) |
| **Beilagen** | | |
| Erbsen, Blumenkohl, Kartoffeln, Schwarzwurzeln, Rosenkohl, Rotkohl; Kartoffelpüree, Rahmkartoffeln, Salzkartoffeln, Reis; braune Soßen und ihre Ableitungen | | Rote-Bete-Salat, Sauergemüse; Salzkartoffeln, Reis; Kapern-, Kräutersoße |

## Geflügelgerichte

**Zubereitungsarten für Geflügel:**
Das Fleisch des Mastgeflügels ist mager, weißfleischig, feinfaserig und hat einen geringeren Anteil an Bindegewebe als das Schlachtfleisch. Geflügel muss für die weitere Verarbeitung sehr sorgfältig gesäubert und vorbereitet werden, um hygienisch unbedenkliche und geschmacklich einwandfreie Rohstoffe zu erzielen.

| Garmethoden von hellem und dunklem Geflügelfleisch | |
|---|---|
| **Braten** | Am schmackhaftesten wird Geflügel durch Braten. Die gebräunte Haut verhindert übermäßigen Saftverlust und schmeckt hocharomatisch. Deshalb ist Braten bei Weitem die häufigste Garmethode für größere, besonders aber für jüngere Geflügeltiere und -teile. Unterschiede ergeben sich vor allem in Bezug auf die Fleischfarbe. |
| **Grillen** | Um das Austrocknen beim Grillen zu verhindern, legt man die Teile vor dem Garen in eine Kurzmarinade aus Öl und Gewürz ein und bestreicht zusätzlich während des Grillens die Oberfläche mit dieser Marinade. Auch beim Grillen am Spieß empfiehlt es sich, das Geflügel des Öfteren zu bepinseln. |
| **Frittieren** | Geflügelfleisch oder -teile eignen sich gut zum Frittieren in einer Mehl-, Ei-, Semmelbröselpanade (Wiener Art) oder in Backteig (französisch). |
| **Kochen/Dünsten** | Aus gekochtem bzw. gedünstetem Geflügel entstehen Ragout und Frikassee. Ihre Zubereitung entspricht weitgehend derjenigen von Kalbfleisch. |
| **Schmoren** | Vorzugsweise Geflügelteile (Puten-, Gänse-, Entenkeulen) werden unter Zugabe von Wein, Brühen und Gemüse geschmort. |

Gerichte aus Schalentieren, Krustentieren und Fisch wurden bereits bei den Zwischengerichten erwähnt.

## Beilagen

Als **Gemüsebeilagen** im weitesten Sinne werden zum Hauptgericht Salate und verschiedene Zubereitungen von Pilzen und Gemüse gereicht (vgl. 8.4.1 und 8.4.2).

Die **Sättigungsbeilage** besteht meist aus Kartoffeln oder Kartoffelzubereitungen oder Zubereitungen aus Getreideerzeugnissen.

| Kartoffeln | • zum Kochen, Braten, Backen<br>• für Knödel<br>• für Aufläufe |
|---|---|

**Kroketten**

**Kartoffel-Rösti**

| Getreideerzeugnisse | • für Teigwaren<br>• Reis, Risotto<br>• für Knödel<br>• für Gnocchi und Polenta |
|---|---|

## Soßen

Die wichtigsten warmen Soßen sind die helle und braune Grundsoße und Bechamelsoße (Milchgrundsoße). Diese Soßen werden jeweils aus dem zum Hauptbestandteil gehörenden Fond oder Bratensaft (Fischsud) gemacht.

Durch Ableitung der Soßen werden besondere Geschmacksrichtungen erzielt:

| Helle Grundsoße | Braune Grundsoße | Milchgrundsoße (Bechamelsoße) |
|---|---|---|
| ▶ Dillsoße<br>▶ Weißweinsoße<br>▶ Champignonsoße<br>▶ Hummercremesoße | ▶ Rotweinsoße<br>▶ Burgundersoße<br>▶ Madeirasoße | ▶ Rahmsoße<br>▶ Käsesoße<br>▶ Champignonrahmsoße (oder andere Pilzrahmsoßen) |

Die **aufgeschlagenen Buttersoßen** werden in der Systemgastronomie fast immer als Convenience-Produkt verwendet.

Unter den aufgeschlagenen Buttersoßen versteht man eine Emulsion aus den Hauptrohstoffen

▶ Eigelb,
▶ zerlassene Butter,
▶ Reduktion (Geschmacksträger).

Man unterscheidet zwischen **Sauce Hollandaise** und **Sauce Bearnaise**.

Die Hauptrohstoffe Butter und Eigelb sind bei beiden Soßen gleich und werden im gleichen Verhältnis verwendet. Der Unterschied liegt lediglich in der Würzung und Vervollständigung:
▶ **Holländische Soße**
Salz, frisch gemahlener weißer Pfeffer, Cayennepfeffer, Zitronensaft
▶ **Bearner Soße**
Salz, frisch gemahlener weißer Pfeffer, Cayennepfeffer, gehackter Estragon, Kerbel

Von den kalten Soßen ist die **Mayonnaise** die bei Weitem wichtigste kalte Soße. Sie stellt eine Emulsion auf der Grundlage von Pflanzenöl dar. Schaumig gerührtes Eigelb dient als Emulgator; Essig, Zitronensaft und Salz geben den Geschmack. Ihre zahlreichen Ableitungen werden vorzugsweise in der kalten Küche und zu fettarmen Rohstoffen (Fisch, Krustentiere) serviert.

| Ableitungen | Zutaten | Verwendung |
|---|---|---|
| Remouladensoße | Gewürzgurken, Kapern, Sardellen, Kräuter, Senf | Fisch, Ei, kalter Braten |
| Chantillysoße | Cayennepfeffer, geschlagene Sahne, Zitronensaft | Spargel, Artischocken |
| Cocktailsoße | Tomatenketchup, Meerrettich, Tabasco, Cognac, Zitronensaft | Cocktails von Krustentieren, Fischen |

## 8.8.5 Nachspeisen

### Einteilung der Nachspeisen

▶ **Gefrorene Nachspeisen:** Creme-, Frucht-, Rahm- und Milchspeiseeis, Eisparfait (Halbgefrorenes), Sorbet, Spoom

▶ **Teige und Massen**
Aus Teigen und Massen werden z. B. hergestellt:
– Apfelstrudel,
– Windbeutel,
– Mürbeteigkuchen, -kekse oder Toreletts (auch Tarteletts)

▶ **Kalte Nachspeisen:**
– Cremes, Flammeris und Puddinge
– Gelee- und Obstsüßspeisen
Als kalte Nachspeisen werden teilweise auch Obstsalate gereicht.

# 1 Zubereitungen von Lebensmitteln – Gerichte / Infobox Sprache

**Crème Caramel**

▶ **Warme Nachspeisen:**
- Pfannkuchen, Crêpes, Palatschinken, Omeletts, Aufläufe, Puddinge

Nachspeisen werden in der Systemgastronomie meist als Convenience-Produkt vom Handel bezogen und nur noch ggf. garniert und serviert.

## Aufgaben

1. Geben Sie je eine Nach- und Hauptspeisenempfehlung für den kalorienbewussten Gast.
2. Erkunden Sie (Kochbuch, Internet) die Rezepturen für:
   a) ein Hauptgericht aus Schweinefleisch mit Beilagen,
   b) ein Hauptgericht aus Rindfleisch mit Beilagen und
   c) ein Hauptgericht aus Fisch mit Beilagen.
3. Ein Gast wünscht ein „magenfreundlich" zubereitetes Fischgericht. Welches Fischgericht empfehlen Sie?
4. a) Stellen Sie aus dem Sortiment Ihres Ausbildungsbetriebes ein 3-Gang-Menü mit Vorspeise, Hauptgang und Nachspeise zusammen.
   b) Beschreiben Sie zu jedem Gang das Zubereitungsverfahren und die Anrichteweise.
5. a) Stellen Sie für Ihren Ausbildungsbetrieb drei verschiedene Salatsoßen zusammen.
   b) Erstellen Sie für jedes Angebot die Rezeptur.
   c) Machen Sie je Salat einen Anrichtevorschlag, nach dem alle Mitarbeiter den Salat anrichten können.
   Erstellen Sie dazu:
   – eine Zeichnung,
   – eine Zutatenliste mit genauen Mengenangaben.
   d) Kalkulieren Sie die Materialkosten für einen der Salate.
6. Welche Soßen und Dressings gibt es in Ihrem Ausbildungsbetrieb als Convenience-Produkt? Notieren Sie von zwei Produkten die Zutatenliste.
   Erkunden Sie den Unterschied zwischen: Filetsteak, Rumpsteak und Nackensteak.
7. Ein Gast hat folgende Hauptgerichte bestellt:
   a) Schweinerollbraten
   b) Rinderroulade
   c) Hähnchenbrustfilet gegrillt
   d) gedünstetes Kabeljaufilet
   e) gebratenes Seelachsfilet
   Geben Sie entsprechende Beilageempfehlungen (Gemüse-/Salatbeilage und Sättigungsbeilage).

*Übergreifende Aufgaben finden Sie am Ende des Kapitels 8!*

## Infobox Sprache

### Zubereitung von Lebensmitteln – Gerichte

| Deutsch | Französisch | Englisch |
|---|---|---|
| Beilagen | accompagnements (m/pl), garnitures (f/pl) | side dishes, garnish |
| Fleisch | viande (f) | meat |
| Geflügel | volaille (f) | poultry |
| Gemüse | légumes (m/pl) | vegetables |
| Gemüsesuppen | potages (m/pl), soupes (f/pl) aux legumes (m/pl) | vegetable soups |
| Kalbfleisch | veau (m) | veal |
| Lammfleisch | agneau (m| | lamb |
| Menü | menu (m) | menu |
| Nachspeisen | desserts (m/pl) | sweet dishes, desserts |
| Obst | fruits (m/pl) | fruits |
| Rindfleisch | bœuf (m) | beef |
| Rohkost | crudités (m/pl) | raw fruits and vegetables |
| Salate | salades (f/pl) | salads |
| Schweinefleisch | porc (m) | pork |
| Soße | sauce (f) | sauce |
| Suppen | soupes (f/pl), potages (m/pl) | soups |
| Vorspeisen | hors d'œuvre (m), entrées (f/pl) | appetizers, starters |

## 8.9 Convenience-Produkte

### Situation

Vor über 100 Jahren wurde das erste Convenience-Produkt, die „Erbswurst", kreiert. Sie sollte für die Hausfrau die Arbeit in der Küche beschleunigen.

„Dauerbrenner" seit 1889!

Heute ist das Warenangebot an Convenience-Produkten für
▶ Haushalt,
▶ Gastronomie und
▶ Gemeinschaftsverpflegung
kaum noch überschaubar.

„Das Angebot von Convenience-Produkten für die Außer-Haus-Verpflegung wächst kontinuierlich. Schätzungsweise 4000 neue Artikel kommen jährlich auf den Markt, die den Verpflegungsverantwortlichen das tägliche Handwerk erleichtern oder gar ihre Arbeit ersetzen. ... Insgesamt hat sich Tiefkühlkost als wichtigster Vertreter des Convenience-Sektors in allen Betriebstypen (Business, Care, Systemgastronomie, Hotels) durchgesetzt."

Wehmöller, Dörte; in: aid,<br>25. Juli 2008

Auch die **konventionelle Küche** verwendet heute zu ca. 25 bis 30 % Convenience-Produkte. Die Anzahl der Convenience-Produkte steigt ständig, weil ihre Verwendung „angenehm, bequem, gemütlich" (englische Bedeutung) ist. Dies ist auch der Gedanke der Convenience-Produkte, Bequemlichkeit im Sinne von Zeiteinsparung bzw. Arbeitsersparnis. **Convenience-Food** sind Produkte, die vorverarbeitet werden, also vor dem eigentlichen „Zubereiten der Speisen" bereits einer Verarbeitung unterzogen werden. Rohstoffe werden, abhängig von dem erwünschten Convenience-Grad, so weit im Voraus bearbeitet, dass in der Stufe der Zubereitung einige Arbeitsgänge wie Waschen, Schneiden oder Garen eingespart werden können. Die verschiedenen Produkte können je nach Beschaffenheit und geleisteter Vorarbeit in mehrere Grade eingeteilt werden. Das bedeutet, je höher der Grad an Vorverarbeitung der Lebensmittel ist, desto weniger Vorbereitungszeit in der Küche fällt an, um das Produkt verzehrfertig zu machen.

Der **Grundgedanke von Convenience-Food** ist also eine sinnvolle Vorleistung der Lebensmittelindustrie. Es handelt sich somit also um **industriell** vorgefertigte Lebensmittel. Der Übergang von Convenience-Food zu Rohprodukten ist heute fast fließend. Viele ehemalige Convenience-Produkte werden heute bereits als Rohware bezeichnet, z. B. Speiseeis, Nudeln, Sauerkraut.

Systemgastronomische Betriebe im Bereich **Fast Food** setzen zwischen 80 und 100 % Convenience-Produkte der unterschiedlichen Convenience-Grade ein. Die Betriebe haben keine eigene Produktionsküche; die Zubereitung der Speisen erfolgt in **Readyfood-Küchen** mit einer geringen Fertigungstiefe. Die Aufbereitung der Speisen erfolgt in Form von Mikrowellen und Umluftöfen, Grill- und Griddleplatten, Fritteusen, Salamandern. Der kalte und Pâtisserieteil besteht lediglich aus Lager-, Tiefkühl- und Kühlmöglichkeiten für Fertigprodukte. Für die Speisenzubereitung ist die fachliche Qualifikation eines Küchenmitarbeiters ausreichend: Durch ihn erfolgt jeweils eine qualifizierte Mitarbeitereinweisung der z. T. nicht qualifizierten Aushilfsmitarbeiter.

Readyfood-Küche

Andere systemgastronomische Betrieb arbeiten mit Kochcentern.

**Kochcenter** sind **kombinierte Produktions- und Fertigungsküchen**, die mit ca. 50–60 % Convenience-Food der Convenience-Grade 2–4 arbeiten.

Die Produktion von Speisen, z. B.
- ▶ Braten von Rumpsteak,
- ▶ Zubereiten/Bereitstellen von Sättigungsbeilagen, Gemüse, Salat, Soßen, Dips und Garnituren
- ▶ Anrichten der Teller und
- ▶ Speisenausgabe

wird von einem Mitarbeiter durchgeführt, der alle Fertigungsschritte kennt und bedient. Durch die Besetzung mehrerer Kochcenter kann der Betrieb kurzfristig und flexibel auf höhere Produktionszahlen reagieren. Kochcenter sind u. a. in **Online-, Freeline-**, oder **Freeflow- oder Büfett-Systemen** üblich.

Durch die räumliche Trennung von Produktion und Fertigung kann mithilfe dieser Servicesysteme das sogenannte **Front-Cooking** praktiziert werden: Die vorbereiteten Speisen werden direkt vor dem Gast zubereitet. Durch das sensorische Erlebnis, ab Fertigungsprozess beteiligt zu sein, werden „alle Sinne" des Gastes optimal angesprochen, der Appetit angeregt und letztlich der Verzehr- bzw. Kaufwunsch gefördert.

Durch die Beispiele unterschiedlicher Produktions- und Fertigungskonzepte wird deutlich, dass der Einsatz von Convenience-Food die Wirtschaftlichkeit und die Arbeitsabläufe in den Küchen der Systemgastronomie weitgehend beeinflusst: Die Logistik der Systemküchen (Bereich der Distributionspolitik) wird optimiert und durch **„Just-in-time"-Lieferungen** kann eine **rationelle Warenbeschaffung** erfolgen.

Die hohe, gleichbleibende Produktqualität des Speisenangebots wird durch Convenience-Food standardisiert.

Die **Personalkosten** sinken sowohl durch die geringeren Qualifikationen und fachlichen Anforderungen an die Küchenmitarbeiter als auch durch die Reduzierung der Arbeitszeit (durch Convenience-Food) und die **Optimierung der Arbeitsprozesse** in der Küche. Dies gilt allerdings nur, wenn teure, qualifizierte Mitarbeiter gegen preisgünstigere Mitarbeiter ausgetauscht werden können.

Das nachstehende **Kalkulationsbeispiel** zeigt, wie viel mehr Zeit für die klassische Zubereitung aufzuwenden ist sowohl bei der Herstellung der Creme in 12 Produktionsschritten als auch bei Bereitstellung und Reinigung der Geräte. Die höheren Kosten für die eingesetzten Convenience-Produkte werden durch die geringen Arbeitskosten „überkompensiert" und führen zu einer Gesamtersparnis von 24 %.

Dieser Betrag sagt noch nichts aus über die **Verminderung der Betriebskosten** durch geringere Energiekosten, Reduzierung der Investitionskosten bei der Küchenplanung (< Raumbedarf, < Arbeitsflächen, < Geräte, < Kühlhausfläche) und geringere Personalkosten, weil weniger qualifizierte Mitarbeiter eingesetzt werden können.

**Produktsicherheit** und **Zubereitungsgarantie** sind weitere Argumente, die für die Zubereitung mit Convenience-Food sprechen. Bei einer Degustation von klassisch zubereiteten oder aus Convenience-Food hergestellten Speisen wurden von 70–80 % der Testesser in Bezug auf Aussehen, Konsistenz und Geschmack keine/nur geringe Unterschiede festgestellt.

Front-Cooking

# Convenience-Produkte

## Restaurant Green Paradise – Preisvergleich

### Dessertherstellung (100 Portionen à 75 ml): Wareneinsatz und Personalkosten

| Bayerische Creme, klassisch | | Bayerische Creme, Convenience-Produkt | |
|---|---|---|---|
| **1. Wareneinsatz** <br> 3,6 l Milch — 4 Vanilleschoten <br> 30 Eigelb — 3,6 l Sahne <br> 900 g Zucker — 60 Blatt Gelatine | | **1. Wareneinsatz** <br> 1300 g Bayerische Creme (Pulver) <br> 2,8 l Wasser <br> 3,25 l Sahne | |
| **Wareneinsatz** | **20,50 EUR** | **Wareneinsatz** | **26,00 EUR** |
| **2. Arbeitszeit** <br> 1. Vorbereitung der Rezeptur <br> 2. Aufkochen der Milch/Zutaten <br> 3. Aufschlagen der Ei-Zucker-Masse <br> 4. Ei-Zucker-Masse in Milch geben <br> 5. Masse zur Rose abbinden <br> 6. Eingeweichte Gelatine dazugeben <br> 7. Masse passieren <br> 8. Masse im Wasserbad kalt schlagen <br> 9. Sahne separat aufschlagen <br> 10. Sahne unter die Eimasse ziehen <br> 11. Portionieren <br> 12. Reinigung des Arbeitplatzes | 15 min <br><br><br><br> 38 min <br><br><br><br><br> 7 min <br> 8 min <br> 7 min | **2. Arbeitszeit** <br> 1. Vorbereitung der Rezeptur <br> 2. Wasser mit Pulver aufschlagen <br> 3. Sahne dazugeben und weiterschlagen <br> 4. Portionieren <br> 5. Reinigung des Arbeitsplatzes | 4 min <br> 5 min <br> 6 min <br> 8 min <br> 3 min |
| **Gesamtarbeitszeit** | **75 min** | **Gesamtarbeitszeit** | **26 min** |
| **3. Gesamtkosten** <br> Wareneinsatz <br> Arbeitszeit (Stunde à 20,00 EUR) | <br> 20,50 EUR <br> 25,00 EUR | **3. Gesamtkosten** <br> Wareneinsatz <br> Arbeitszeit (Stunde à 20,00 EUR) | <br> 26,00 EUR <br> 8,67 EUR |
| **Gesamtkosten** | **45,50 EUR** | **Gesamtkosten** | **34,67 EUR** |
| **Kosten pro Portion** | **0,46 EUR** | **Kosten pro Portion** | **0,35 EUR** |

Der höhere Zeitaufwand bei konventioneller Speisenfertigung ist überwiegend durch die Vielzahl an Arbeitsschritten bedingt.

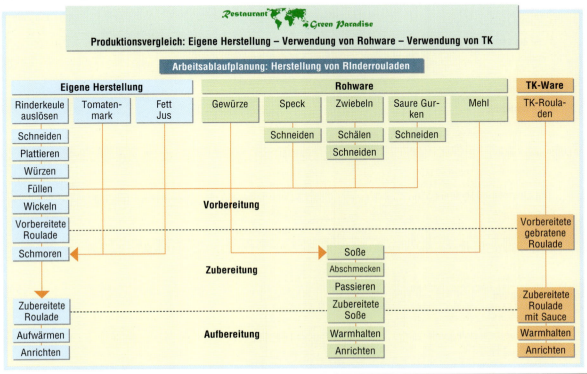

# 1 Convenience-Produkte

Der Wareneinsatz ist bei Convenience-Produkten zwar immer viel höher als bei konventioneller Fertigung, durch Einsparungen bei anderen Kostenfaktoren, z. B. Personalkosten, können häufig aber höhere Deckungsbeträge erzielt werden.

Voraussetzung für die Eignung eines Produktes als Convenience-Produkt ist die Konservierbarkeit.

Restaurant Green Paradise

| Zeit-Preis-Kalkulation für 10 Portionen | | | |
|---|---|---|---|
| **Verteiler:**<br>Restaurant<br>Lagerorganisation<br>Buchhaltung<br>Controlling | **Rezeptur**<br>Lasagne<br>al forno Bolognese<br>10 Portionen zu je 350g | **À-la-carte-Präsentation**<br>Beispiel:<br>Musterteller | |
| **Kalkulation: Deckungsbeitragsrechnung** | | zuständig: F&B, Küche | |
| **Zutaten/Qualität** | **Manuelle Herstellung** | **TK-Ware ofenfertig** | **Gekaufte Lasagneplatten Manuelle Herstellung** |
| **Material** | | 35,30 EUR | 11,53 EUR |
| **1. für den Teig** | | | |
| 4 Eier | 1,12 EUR | | |
| 200 g Hartweizengrieß | 0,12 EUR | | |
| 400 g Weizenmehl | 0,38 EUR | | |
| Salz | 0,05 EUR | | |
| **2. für das Ragout** | | | 17,41 EUR |
| 200 g mageres Schweinefleisch | 1,70 EUR | | |
| 200 g Rindfleisch | 2,16 EUR | | |
| 200 g roher Schinken | 5,60 EUR | | |
| 100 g fetter Speck | 0,55 EUR | | |
| 2 mittelgroße Möhren | 0,40 EUR | | |
| 2 Stangen Staudensellerie | 1,80 EUR | | |
| 4 EL Butter | 1,28 EUR | | |
| 4 EL Tomatenmark | 1,52 EUR | | |
| 1/2 l Fleischbrühe | 1,30 EUR | | |
| 2 Zwiebeln | 0,60 EUR | | |
| 2 TL getrockneter Oregano | 0,50 EUR | | |
| Salz, Pfeffer aus der Mühle | | | |
| **3. für die Béchamelsoße** | | | 2,84 EUR |
| 4 EL Butter | 1,28 EUR | | |
| 2 EL Mehl | 0,06 EUR | | |
| 1 l Milch | 1,20 EUR | | |
| Salz, Muskatnuss | 0,30 EUR | | |
| **4. Fertigstellung** | | | 3,27 EUR |
| 200 g geriebener Parmesan | 1,35 EUR | | |
| 6 EL Butter zum fetten der Form | 1,92 EUR | | |
| **Materialkosten** | **25,19 EUR** | **35,30 EUR** | **35,05 EUR** |
| + Vorbereitungszeit (Min. 0,50 EUR) | 60 Minuten | 5 Minuten | 15 Minuten |
| + Zubereitungszeit (Min. 0,50 EUR) | 40 Minuten | 20 Minuten | 40 Minuten |
| + Entsorgungszeit (Min. 0,50 EUR) | 10 Minuten | 5 Minuten | 10 Minuten |
| **Personalkosten** | **55,00 EUR** | **15,00 EUR** | **32,50 EUR** |
| **Errechnung des Deckungsbeitrags (DB)** | | | |
| **Inklusivpreis (IP) je 10 Portionen** | (13,80 €/P) 138,00 EUR | (13,80 €/P) 138,00 EUR | (13,80 €/P) 138,00 EUR |
| ÷ 19 % USt.<br>= Netto-Verkaufspreis (NVP) | 22,03 EUR<br>115,97 EUR | 22,03 EUR<br>115,97 EUR | 22,03 EUR<br>115,97 EUR |
| ÷ Wareneinsatz<br>÷ variable Kosten: anteilige Löhne<br>÷ variable Kosten: Entsorgung/Energie | 25,19 EUR<br>55,00 EUR<br>1,00 EUR | 35,30 EUR<br>15,00 EUR<br>0,20 EUR | 35,05 EUR<br>32,50 EUR<br>0,80 EUR |
| **= Deckungsbeitrag (10 Portionen)** | 34,78 EUR | 65,47 EUR | 47,62 EUR |
| **= DB für eine Portion** | **3,48 EUR** | **6,55 EUR** | **4,76 EUR** |

## 8.9.1 Einteilung der Convenience-Produkte nach Konservierungsarten

Convenience-Produkte lassen sich auch durch die Art der Haltbarmachung und Verpackung unterscheiden. Von der Art der gewählten Konservierungsmethode ist jedoch auch die Qualität der Produkte abhängig.

### Dosen und Gläser

Eine häufig anzutreffende Art ist die Konservierung und Lagerung der Produkte in Dosen oder Gläsern.

Nach den notwendigen Vorarbeiten wie Putzen, Waschen und Zerkleinern werden die Produkte pasteurisiert und luftdicht in Dosen oder Gläsern verschlossen.

### Trockenprodukte

Trockenprodukte sind eine gebräuchliche Art von Convenience-Food, wobei durch Sprüh-, Gefrier- oder Lufttrocknung den Lebensmitteln Flüssigkeit entzogen wird. Bestes Beispiel dafür sind Nudeln. Besonders häufig anzutreffen ist diese Art der Konservierung auch bei Kräutern, Edelpilzen und Hülsenfrüchten.

### Vakuumierung

Eine Methode der kurzfristigen Haltbarmachung ist die Lagerung (Reifung, z. B. bei Fleisch) von Lebensmitteln in Behältern oder Kunststoffbeuteln, denen nach dem Abfüllen der Lebensmittel die enthaltene Luft entzogen wird. Man nennt dieses Verfahren **Vakuumierung**. Hierbei ist jedoch zu beachten, dass diese Art nur für eine sehr begrenzte Zeitspanne und nur für bestimmte Produkte anzuwenden ist, da üblicherweise eine Keimfreimachung oder Pasteurisierung nicht erfolgt.

**Pasta als vakuumiertes Frischprodukt**

### Tiefkühlung

Vierte und heute wohl wichtigste Konservierungs- und Lagermethode ist die Tiefkühlung. Dabei werden die Produkte nach der üblichen Vorbereitung bei

–40 bis –45 °C schockgefrostet,
ca. –30 °C tiefgefroren und
ca. –18 bis –20 °C gelagert.

### Kühlung

**Chilled Food** ist eine neue Sonderform der Kühlkost. Hier werden die gegarten Lebensmittel direkt nach dem Kochprozess auf +2 °C bis +3 °C schnellgekühlt. Sie sind dann bei Kühllagerung (ca. +4 °C) mehrere Tage haltbar. Je nach Verfahren (Cook & Chill oder Sous Vide) erhöht sich die Haltbarkeit auf bis zu 35 Tage, wobei keine Konservierungsstoffe verwendet werden. Diese Kühlkost hat einen hohen Verarbeitungsgrad und wird oft mit dem Attribut „frisch" vermarktet.

**Tiefkühlkost** hat in den Bereichen Systemgastronomie und Gemeinschaftsverpflegung einen Gesamtanteil von ca. 38 % am Gesamtsortiment, Chilled Food ca. 12 %. Innerhalb von 10 Jahren (1995–2005) hat sich bei Tiefkühlkost als Standard-Convenience eine Absatzsteigerung von ca. 40 % und bei Tiefkühlkost als High-Convenience von 147 % ergeben (vgl. aid Juli 2008).

## 8.9.2 Einteilung in Convenience-Grade

Genügten bislang noch wenige Bezeichnungen für die Vorbereitungsstufen, so unterscheidet man heute sechs verschiedene Convenience-Grade oder **Verarbeitungsstufen**.

## 1 Convenience-Produkte

Der Convenience-Grad drückt dabei den wertmäßigen Anteil der Vorverarbeitung vom gesamten Warenwert in Euro des jeweiligen Produktes aus.

| Convenience-Grade | |
|---|---|
| 1. Grundstufe | Diese Produkte sind einer küchenfremden Verarbeitung unterzogen worden, d. h. einem Arbeitsgang, der eigentlich nicht zum Aufgabenbereich einer Küche gehört.<br>Als Beispiel sind hier Tierhälften zu nennen, die der Metzger noch zerteilen muss, oder Mehl, das dann vom Bäcker/Konditor/Pâtissier verarbeitet werden kann. |
| 2. Küchenfertig | Hier handelt es sich um Produkte, die vor dem Garen in der Küche noch bearbeitet werden müssen.<br>Der ursprüngliche Ausdruck für diese Verarbeitungsstufe war „Vorbereitung".<br>Heute versteht man darunter natürliche, küchenfertige Produkte wie grob gereinigtes, unvorbereitetes Gemüse, ungeschälte Kartoffeln usw. und nicht von Natur aus küchenfertige Produkte wie zerlegte Fleischteile oder Kartoffelprodukte wie Kroketten- oder Knödelpulver usw.<br>Der Convenience-Grad liegt in diesem Bereich bei ca. 15 %. |
| 3. Garfertig | Die Produkte dieses Convenience-Grades können ohne weitere Vorbereitungsarbeiten gegart werden.<br>Beispiele dazu sind: Nudeln, geputztes und geschnittenes Gemüse, portioniertes Fleisch usw.<br>Der Convenience-Grad liegt hier bei 30 % bis 50 %.<br>Der bisherige Ausdruck hierfür ist „pfannen- oder kochfertig". |
| 4. Mischfertig | In dieser Stufe (bisher wurden diese als halbfertige oder teilfertige Speisen bezeichnet) ist ein Garen nicht erforderlich.<br>Lediglich ein Mischen mit anderen Komponenten oder Regenerieren ist für diese Produkte erforderlich.<br>Beispiele für mischfertige Produkte sind: Kartoffelpüreepulver, Nasskonserven, Instantbrühen, Salatdressings usw. Der Convenience-Grad ist abhängig vom jeweiligen Produkt und liegt zwischen 70 % und 90 %. |
| 5. Regenerierfertig | Es handelt sich hier um bereits vorgegarte und regenerierfertige Speisen.<br>Menükomponenten oder komplette Menüs sind nach dem Erhitzen für den Gast fertig und vom Service abrufbar.<br>Der bisher verwendete Ausdruck „tisch- oder tafelfertig" ist im eigentlichen Sinne nicht richtig, da er erst den Zustand der nächsten Stufe beschreibt.<br>Produkte dieser Stufe erreichen als Fertiggerichte oder fertige Menükomponenten im Allgemeinen einen Convenience-Grad bis zu 100 %. |
| 6. Verzehrfertig | Diese Stufe umfasst alle Speisen, die von einem externen Lieferanten als direkt verzehrbereit angeliefert werden.<br>Auch die Verzehrtemperatur ist in dieser Stufe bereits erreicht, als Arbeitsgang kann lediglich noch in der Küche das Portionieren hinzukommen.<br>Beispiele hierfür sind Desserts, kalte Gerichte wie Galantinen, Terrinen, Brot und Gebäck bzw. heiß gelieferte Speisen zum sofortigen Verzehr. |

## 8.9.3 Ausgewählte Convenience-Produkte in der Systemgastronomie

Wie schon in der Eingangssituation beschrieben, kommen jährlich ca. 4 000 neue Convenience-Produkte auf den Markt. Viele davon sind auch für die unterschiedlichen Bereiche der Systemgastronomie interessant und relevant. Es können hier jedoch nur die Hauptgruppen vorgestellt werden.

# Convenience-Produkte aus pflanzlichen Rohstoffen

## Convenience-Produkte aus Kartoffeln

Vorgefertigte Kartoffelprodukte haben in der Gastronomie aus wirtschaftlichen Gründen bereits ihren festen Platz. Die arbeitsintensive Vorbereitung entfällt.

| Küchenfertige Erzeugnisse | |
|---|---|
| Kartoffelkonserven | Geschälte, hitzesterilisierte Kartoffeln werden in Gläsern und Dosen angeboten, auch als Halbkonserven in aluminiumbeschichteten Folien- oder Vakuumbeuteln. |
| Trockenprodukte | • Knödel-/Kloßmehl<br>– gekochte Kartoffelknödel, bestehen aus 75 % Kartoffelpüree, Kartoffelpulver oder -flocken,<br>– Knödel halb und halb, gemahlene Trockenkartoffeln<br>– rohe Knödel, bestehen aus Kartoffelreibsel<br>• Kartoffelpulver (Reibekuchen)<br>• Trockenkartoffelreibsel, aus rohen, grob geriebenen Kartoffeln unter Zugabe von Kochsalz/Gewürzen<br>• Trockenkartoffelpüree in Form von Flocken, Granulat oder Pulver<br>• Kartoffelsuppenpulver aus gekochten, getrockneten Kartoffeln unter Beigabe von Gemüse und Gewürzen |
| Tiefgefrorene Produkte | Am häufigsten angewendete Art der Konservierung, wobei die Pommes frites in verschiedensten Schnittarten an erster Stelle stehen. Außerdem:<br>• Kartoffelkroketten ⎫<br>• Kartoffelbällchen ⎬ gleiche Grundmasse<br>• Herzoginkartoffeln ⎭<br>• „Rösti"<br>• Kartoffelknödel |
| Verzehrfertige Produkte | Kartoffelchips, -stäbchen, werden mit verschiedenen Würzungen unterschiedlichster Art angeboten. |
| Gegarte/vorgegarte Produkte | Große Kartoffeln für Back- oder Ofenkartoffeln |

## Convenience-Produkte aus Gemüse

Aus verschiedensten Gründen wird heutzutage für die Gastronomie Gemüse in konservierter Form angeboten. Tiefgefrorenes Gemüse steht hier an erster Stelle. Es ist dem frischen Gemüse in qualitativer Hinsicht fast gleichzusetzen, erfordert einen geringeren Arbeitsaufwand, hat keine Putz- und Schälverluste und ist zu bestimmten Jahreszeiten wesentlich preisgünstiger als frisches Gemüse.
Das Tiefkühlen führt aber teilweise bei Lebensmitteln mit Zellgewebe, also auch bei pflanzlichen Lebensmitteln, zu deutlichen Geruchs- und Geschmacksveränderungen sowie zu Verfärbungen und drastischen Vitamin-C-Verlusten. Um diese Qualitätseinbußen zu vermindern, ist es unerlässlich, Gemüse vor dem Gefriervorgang zu blanchieren.

| Erzeugnisse aus Gemüse | |
|---|---|
| Gemüsesaft/Gemüsecocktail | wird z. B. aus Tomaten, Roten Beten, Karotten oder Sauerkraut unter Zusatz von Geschmacksträgern hergestellt |
| Gemüsekonserven | bereits gegartes Gemüse, das bei Temperaturen zwischen 110 bis 120 °C sterilisiert ist, hoher Vitamin- und Mineralstoffverlust |
| Trockengemüse | vorbereitetes, blanchiertes Gemüse in verschiedenen Formen geschnitten und in Trocknungsanlagen bei 50 bis 70 °C getrocknet |
| Gärungsgemüse Sauerkraut | durch Salzen, Einstampfen und Bildung von natürlichen Milchsäurebakterien hergestellt |
| Gemüsesauerkonserven | angewandt bei Gurken, Mixed Pickles, Bohnen, Roten Beten, Sellerie und Perlzwiebeln durch Einlegen in eine würzige Essigsäurelösung, kann durch zusätzliches Pasteurisieren (Erhitzen auf unter 100 °C) haltbar gemacht werden |
| Tiefkühlgemüseprodukte | • **vorbehandelt** (blanchiert), z. B. Karotten, Blumenkohl, Bohnen, Brokkoliröschen, Erbsen, Mischgemüse<br>• **vorgefertigt**, z. B. Blattspinat, Rahmspinat, Wirsing, Rotkohl, Mischgemüse in Rahmsoße<br>• **Fertigprodukte**, z. B. Gemüsekroketten, Gemüsefrikadellen |
| Frischgemüse | • fertige Salatmischungen (Blattsalate) im luftdurchlässigen Plastikbeutel<br>• geschälter Spargel |
| Salat | Salatmischungen mit Gemüse (z. B. frische Kartoffelstifte oder -raspel) |
| Gegartes/vorgegartes Gemüse | Rote Bete oder Sellerieknollen gegart und vakuumiert |

## Convenience-Produkte aus Pilzen

| Convenience-Verfahren | Angebotsform | Verwendete Pilze |
|---|---|---|
| Pilznasskonserven | Dosen, Gläser in Flüssigkeit, verschiedene Qualitätsstufen | Champignons, Pfifferlinge, Steinpilze, Morcheln |
| Pilzerzeugnisse | gesalzen, in Essig, Konzentrat, Granulat, Pulver für Soßen und Suppen, tiefgekühlt | Champignons, Steinpilze, Morcheln, Mischpilze |
| Getrocknete Pilze | vakuumgefriergetrocknet<br>Hinweis: vor Gebrauch in Wasser anquellen, säubern, in Wasser einweichen. Einweichwasser als wertvollen Inhalts- und Geschacksstoff mitverwenden. | Champignons, Steinpilze, Pfifferlinge, Morcheln |

# 1 Convenience-Produkte

## Convenience-Produkte aus Obst

**Tiefgefrorene Früchte** werden nach der Ernte gesäubert, abgepackt und bei Temperaturen von –30 bis –40 °C schockgefrostet. Bei einer Lagerung von –18 °C kann dieses Obst etwa zwölf Monate ohne großen Qualitätsverlust gelagert werden.

> Eine zügige Verarbeitung hält die Saftverluste gering.

Tiefgefrorene Früchte werden wie Frischobst verwendet, weisen jedoch niedrigere Vitamin-C-Werte auf.

**Obstkonserven** (Gläser und Dosen) sind Erzeugnisse, die durch Wärmebehandlung luftdicht abgeschlossen haltbar gemacht werden. Es handelt sich hierbei um halbiertes, geviertelte, gewürfeltes oder entsteintes Obst, das mit verschiedenen Zuckerkonzentrationen konserviert wird.

Als **Dunstobst** wird ein zuckerarmes Kompott bezeichnet, wobei statt einer Zuckerlösung Wasser zum Aufgießen verwendet wird (für Diabetiker geeignet).

**Obstdicksäfte** werden verwendet als Süßungs- oder Würzmittel und auch als Topping, z. B. Marmeladen, Konfitüren und Brotaufstriche.

Häufig werden in der Küche der Gastronomie auch **Convenience-Produkte mit Obstbestandteilen** verwendet, z. B.
- Joghurt, Quarkcreme, Buttermilchdesserts mit Früchten
- Fruchteis
- Rote Grütze
- diverse Obstkuchen
- Knödel mit Frisch- oder Backobstfüllungen usw.

## Convenience-Produkte aus Getreide

**Trockenprodukte**
- Frühstückscerealien, Müsli, Chips, Kracker
- Flocken- oder Pulvermischungen für Kloßteig, Kartoffelpuffer und Kartoffelbrei
- Nudel-/Pastaprodukte
- Schnellkochreis oder -grieß
  **Schnellkochender Reis = Instantreis**: Durch Vorkochen und anschließendes Trocknen erzielt man zwar kurze Kochzeiten von knapp 5 Minuten, muss aber Mineralstoff- und Vitaminverluste in Kauf nehmen. Kuko ist ein vorgedämpfter Reis im Kochbeutel.
- Mischungen zur Soßenbindung
- Backmischungen

**„Nassprodukte"**
- Kloßteig, frisch und gekühlt
- Pasta, frisch, vakuumiert und gekühlt
- diverse Backteige aus dem Kühlregal
- fertig gegarter und zubereiteter Reis oder Nudeln, als vakuumierte oder TK-Produkte (z. B. Gemüsereis, Butterreis, Risotto)
- Gemüse-/Getreidebratlinge als vakuumierte oder TK-Produkte

## Convenience-Produkte aus Backwaren

- Teigrohlinge, die aufgebacken werden
- halb fertige Brötchen
- Party-Gebäck zum Aufbacken
- Gebäck aus Hefeteig
- Blätterteigerzeugnisse, z. B. Aprikosentaschen
- Biskuitmassen, z. B. Rouladen, Tortenböden
- Sandmassen, z. B. Sand-/Teekuchen, Torten

## Convenience-Produkte aus tierischen Rohstoffen

### Convenience-Produkte aus Eiern

Da Eierprodukte rechtlich gesehen den Charakter von Lebensmitteln haben, müssen sie seitens der Produzenten entsprechend vorbehandelt werden, bevor sie in den Verkauf gelangen dürfen. Daher sind sie frei von Salmonellen und es besteht bei ihrer Verwendung keine Gefahr für die Gesundheit. Allerdings sind sie genau nach den Produzentenvorgaben herzustellen.

Von der Industrie werden angeboten:
- **gekochte und „gepellte"** Eier (als Frühstückseier oder für das Salatbüfett), vakuumiert
- **Spiegeleier**, portioniert und vakuumiert
- **Eierstich** als Suppeneinlagen (als Konserve im Glas oder in der Dose)
- **Eirolle**: Verwendung in der kalten Küche für Garnituren oder Eier/Eierbestandteile zur Weiterverarbeitung (z. B. im Tetrapack)
- **Eigelb pasteurisiert**: Verwendung z. B. Sauce Hollandaise oder in der Pâtisserie
- **Eiklar pasteurisiert**: Verwendung in der Pâtisserie oder zum Klären von Suppen
- **Vollei pasteurisiert**: Verwendung für Kuchen, Torten oder in der Küche

### Convenience-Produkte aus Fischen

Die Hersteller von Convenience-Food bieten auch bei Fischen eine große Bandbreite an Zubereitungsarten, die von portionierten Stücken über (teil-)vorgefertigte und geräucherte Produkte bis zu Soßen, Suppen und Salaten reichen. Fisch-Convenience-Produkte werden sowohl von Privathaushalten als auch von gastronomischen Küchen häufig genutzt.

# Convenience-Produkte

| Einige Beispiele: | |
|---|---|
| Paniert | Seelachsfilet in Spezialpanaden |
| Geräuchert | Räucherlachs ohne Gräten, ohne Haut – vorgeschnitten; Forellenfilet ohne Gräten, ohne Haut |
| Graved Lachs Terrinen | Vorgeschnitten mit Gravedsoße; Räucherlachsterrine mit Schellfischmus; Lachsterrine mit Spinat |
| Spezialitäten in Teighüllen | Lachsfilet in Blätterteig mit Brokkolifüllung; Zanderfilet im Reisblatt |
| Suppen | Edelfischsuppe, hergestellt nach speziellen Rezepten mit Fischwürfeln als Einlage |
| Soßen | Fischvelouté |
| Salate | Roter Heringssalat mit roten Rüben, Äpfeln, Zwiebeln, Mayonnaise; Heringshappen mit Gurken, Zwiebeln, Sauerrahmdressing |
| Vollkonserven | Diverse Fischzubereitungen in Soße oder Marinade (Rollmops im Glas, Brathering, Fisch in Tomatensoße) |
| TK-Produkte | Verzehrfertige TK-Produkte mit und ohne Beilagen |

## Convenience-Produkte aus Krusten- und Weichtieren

Halbfertig- oder Fertigprodukte von Krusten- und Weichtieren erhalten – ebenso wie die **Fisch-Convenience-Produkte** – einen immer höheren Stellenwert in der gastronomischen Küche, da sie nicht nur eine einfachere Vorratshaltung sowie ökonomischere und schnellere Zubereitung ermöglichen, sondern meist auch von hoher Qualität sind.

| Beispiel | |
|---|---|
| Vorspeisen | Asiatische Snacks: Frühlingsröllchen mit Garnelen, Sojasprossen, Gemüse, Gewürze; gefüllte Teigtaschen mit Meeresfrüchten |
| Suppen | Hummerrahmsuppe |
| Spieße | Tempura, Riesengarnelenspieße |
| Cocktails | Nordsee-Krabbencocktail; Crevettencocktail |
| Salate | Meeresfrüchtesalat mit Muscheln, Tintenfisch und Fischen |
| Paniert | Riesengarnelen mit exotischen Soßen |

## Convenience-Produkte aus und mit Fleisch

In vielen Betrieben der gesamten Gastronomie haben vorgeschnittene, portionierte, vakuumverpackte Fleischteile küchenfertig, bratfertig, eingelegt, vorgewürzt usw. Einzug gehalten.

Die Angebotspalette ist – bezogen auf den Grad der Verarbeitung und die Art der Konservierung – sehr vielfältig. Kaum verarbeitete (ggf. mariniert oder paniert), vakuumierte und TK-Produkte machen jedoch den größten Teil aus.

Am weitesten fortgeschritten ist die Verwendung von Convenience-Produkten im Bereich von Geflügel. Die nachfolgenden Beispiele können deshalb in abgewandelter Form größtenteils auch auf Teile von Schwein, Rind, Kalb und Lamm übertragen werden.

### Convenience-Produkte aus Hausgeflügel

Als Dauerwaren gewinnen Geflügelerzeugnisse immer mehr an Bedeutung, nicht zuletzt deshalb, weil sie z. T. leichter verdaulich sind als entsprechende Erzeugnisse aus Schlachtfleisch.

Nicht nur ganze Geflügel kommen in den Handel, sondern auch **Geflügelteile**, z. B.

- Hälfte — halber Schlachtkörper
- Viertel — Vorder- oder Hinterviertel
- Brust — mit Haut und Knochen, wie gewachsen
- Schenkel — Ober- und Unterschenkel mit Knochen
- Brustfilet — geteilte halbe Brust ohne Knochen und Rippen
- Putenrollbraten — ohne Knochen
- Gänsekeulen — mit Haut und Knochen
- Entenbrust — mit Brustbein und Rippen

| Beispiele von Convenience-Produkten aus Geflügel: | |
|---|---|
| Pute | Geräucherte Keulen; Rollschinken; Fleischkäse; geräucherte Brust; Wurstarten (Kochwürste, Salami) |
| Hähnchen | Brust: gefüllt mit Schinken und Käse; ungefüllt; paniert; unpaniert Keulen: ausgelöst und gefüllt mit Farce; naturbelassen mit Haut und Knochen |
| Gans | Geräucherte Brust; Teile (Keule und Brust) zum Braten; Schmalz und Leberaufstrich |
| Ente | Geräucherte Brust; Teile (Brust, Keule) zum Braten; Leberpastete, -galantine, -aufstrich |
| Fertigprodukte in Dosen | Geflügelrahmsuppe; klare Geflügelsuppe; Ragout |

## 8.9.4 Vor- und Nachteile von Convenience-Produkten

Ein Standardkonzept zum Einsatz von Convenience in der Küche gibt es nicht, da die Bedingungen und Anforderungen, die der Gast an ein Restaurant und der Gastronomiebetrieb an sich selbst stellen, so vielfältig und verschieden sind, wie das Angebot an Convenience-Produkten selbst.

# Convenience-Produkte

Folgende Faktoren beeinflussen den **Einsatz von Convenience-Produkten** in der Systemgastronomie maßgeblich:

### 1. Betriebswirtschaftliche Gründe
- saisonunabhängiges Marktangebot
- Ausgleich saisonaler Preisschwankungen
- geringerer Dispositionsaufwand durch Zeit-, Energie- und Personalreduzierung
- genaues Produktionscontrolling: schnelle Kalkulation und Kostenerfassung
- Optimierung der Lagerhaltung durch ein Just-in-time-Liefersystem
- Reduzierung der Vorbereitungs- und Zubereitungszeit
- Reduzierung der Reinigungsarbeiten
- geringe/keine Schäl- und Parierverluste

### 2. Küchentechnische Gründe
- standardisierte Produktauswahl
- standardisierte Zubereitung nach Rezepturen
- gleichbleibende Qualität und Geschmack
- Ausschaltung von Zubereitungsrisiken
- Auslastung aller küchentechnischen Geräte

### 3. Hygienische Gründe
- vom Hersteller kontrollierte Qualität
- Produkthaftung des Herstellers
- Reduzierung des Lagerrisikos
- Abfallreduzierung
- HACCP bzw. Lebensmittelhygiene-VO: Verringerung der CPs und CCPs bei der Speiseherstellung und -zubereitung.

Daraus ergeben sich Vor- und Nachteile:

### Vorteile

▶ **Gleichbleibende Qualität**
Besonders bei Agrarprodukten, aber auch bei Fleisch und Fisch, ist eine gleichbleibende Qualität bei herkömmlicher Beschaffung nicht immer einzuhalten bzw. erfordert einen immensen Aufwand an Zeit und Personal im Bereich Einkauf. Nicht immer kann der von der Küche erwartete Frischegrad und die entsprechende Konsistenz, gerade bei saisonabhängigen Produkten, gewährleistet werden.

▶ **Zeitersparnis**
In Abhängigkeit vom gewählten Convenience-Grad werden die Arbeiten der Mise en place in der Küche verringert oder entfallen ganz. Die dafür frei werdenden Kapazitäten der Küche können auf andere Aufgaben übertragen werden.

▶ **Genauerer Einkauf**
Durch genaue Spezifikation der benötigten Produkte in Qualität und Gewicht werden nur die für die Speiseproduktion notwendigen Rohmaterialien oder Menükomponenten gekauft. Die aufwendige, aber wirtschaftlich notwendige Verwertung von Resten und nicht für den Gast verwendbarer Teile wie Endstücke, Parüren, Knochen usw. entfällt.

▶ **Abfallreduzierung**
Zu einem Kostenfaktor ist auch die Entsorgung von Abfällen geworden, die nicht außer Acht gelassen werden darf. Durch den oben beschriebenen portionsgerechten Einkauf werden Küchenabfälle reduziert, da viele Lieferanten dazu übergehen, wiederverwendbare Behälter einzusetzen.

Einkauf bei 1 kg Nettogewicht Gemüse:

| Gemüseart | Bruttogewicht Einkauf | Verlust in % |
|---|---|---|
| Erbsen in Schoten | 2,7 kg | 63 |
| Bohnen | 1,3 kg | 26 |
| Spinat | 1,8 kg | 44 |
| Rosenkohl | 1,6 kg | 38 |
| Karotten | 1,3 kg | 23 |
| Spargel | 2,2 kg | 55 |
| Kohlrabi | 1,5 kg | 33 |
| Blumenkohl | 1,9 kg | 47 |

▶ **Reduzierung des Lageraufwands**
Der Gedanke eines Just-in-time-Liefersystems kommt für Restaurants immer näher. Dabei kann die Übertragung der Lagerhaltung an den Lieferanten und die verbrauchsnahe Bestellung zur Reduzierung der Lagerflächen beitragen. Damit geht ein erheblicher Kostenvorteil einher.

▶ **Verbesserte Hygiene**
Schmutzarbeiten der Vorbereitung werden aus der Küche verbannt und vom Lieferanten übernommen. Lediglich hygienisch einwandfreie Waren werden an die Küche geliefert und dort weiterverarbeitet.
Convenience-Produkte sind aber nur dann hygienischer, wenn sie entsprechend gelagert (TK-Ware) und in der Küche hygienisch weiterverarbeitet werden.

▶ **Produktqualität**
In einigen Fällen ist die Produktqualität von TK-Convenience-Produten (z. B. fangfrisch eingefrorener Fisch) besser als die Qualität der Frischware oder gleich.

▶ Verlängerte **Haltbarkeit**, weniger Verderb.

Convenience-Produkte haben zwar einen höheren Bezugspreis als frische Produkte, man spart bei ihrem Einsatz jedoch einen großen Teil Arbeits-/Lohnkosten, wodurch sie oftmals billiger angeboten werden können als frische Produkte oder man eine höhere Gewinnspanne/Marge realisieren kann.

Außerdem können diese Produkte flexibel – entsprechend der Gastnachfragen – eingesetzt werden, da sie keine langen Zubereitungszeiten haben.

### Nachteile

▶ **Vitamin- und Farbverlust**
Convenience-Produkte mit den Graden 4, 5 und 6 sind oft beträchtlich ärmer an Vitaminen sowie Farb- und Geschmacksstoffen.

▶ **Zusätze**
Um die gewünschte längere Haltbarkeit zu ermöglichen, finden Zusatzstoffe wie chemische Konservierungsstoffe, Antioxidanzien, Genusssäuren, künstliche Farbstoffe und Geschmacksverstärker ihren Einsatz. Gerade in einer Zeit der verstärkten Umweltbelastung und der Diskussion über chemisch und gentechnisch veränderte Lebensmittel lehnen dies viele Gäste ab. Diese Zusatzstoffe müssen in der Speisenkarte angegeben werden. Hinzu kommt, dass die Gäste durch die schon erwähnten Allergien nach Produkten ohne Konservierungs- oder Zusatzstoffe fragen.

▶ **Hoher Verpackungsaufwand**
Im Gegensatz zu frischen Rohstoffen verursachen Convenience-Produkte gerade der höheren Grade eine erhebliche Menge an Verpackungsmüll, speziell durch ihre portionsweise Verpackung. Einige Hersteller versuchen dies durch wiederverwendbare Behälter einzugrenzen.

▶ **Belastung der Umwelt**
Durch die zentrale Produktion der Lebensmittel entsteht zwingend zusätzlicher Transportbedarf. Dies führt wiederum zu stärkerer Umweltbelastung. Auch die Lagerung von TK-Ware trägt zu einer höheren Umweltbelastung durch Energieverbrauch bei.

▶ **Abhängigkeit von der Industrie**
Gerade in einer Konkurrenzsituation, in der jeder Betrieb versucht, seine Besonderheit herauszustellen und eine USP (Unique Selling Proposition) zu erreichen (vgl. Kap. 7.1 (A)), gibt man im Bereich der Verpflegung zugunsten eines Einheitsgeschmacks seine Individualität auf. Durch moderne technische Geräte und einen sinnvollen Einsatz von Convenience-Produkten gerade der Grade 2 und 3 lässt sich sicherlich die Effizienz einer Küche steigern.

▶ **Investitionen/Investitionskosten**
Häufig sind bestimmte Kücheneinrichtungsgegenstände/-geräte für den Einsatz von Convenience-Produkten erforderlich.

## Aufgaben

1. Erklären Sie den Begriff „Vakuumieren".
2. Stellen Sie in Ihrem Ausbildungsbetrieb die Anzahl der Convenience-Produkte fest. Fertigen Sie eine Tabelle nach Art der Konservierung und Convenience-Grad.
3. Im Restaurant Green Paradise sind Aktionswochen „Wiener Schmankerln" geplant. Ein Bestandteil der Aktionskarte soll das original Wiener Schnitzel sowie Schnitzel nach Wiener Art sein.
   a) Begründen Sie, welche Convenience-Food in welchen Convenience-Graden Sie für die Aktionswochen „Wiener Schmankerln" (inklusive Beilagen) wählen.
   b) Führen Sie ein Produktionscontrolling für das Tellergericht Wiener Schnitzel (inkl. Beilagen) durch (Preisvergleich klassische Zubereitung – Convenience-Food: Wareneinsatz und Personalkosten).
4. Für eine Tagungsveranstaltung (60 Personen) soll ein dreigängiges Menü ausschließlich aus Convenience-Food produziert werden. Beschreiben Sie Ihre Produktauswahl und die im Kochcenter anfallenden Arbeitsschritte.
5. Suchen Sie sich ein Convenience-Produkt mit Convenience-Grad 2 (küchenfertig) in Ihrem Ausbildungsbetrieb aus und beschreiben Sie die noch nötigen Arbeitsschritte bis zur Verzehrfertigkeit.
6. Welchem Convenience-Grad gehören folgende Lebensmittel an:
   a) TK-Pommes frites,
   b) Fischstäbchen,
   c) Kirschkompott aus dem Glas.

**Übergreifende Aufgaben finden Sie am Ende des Kapitels 8!**

## Infobox Sprache

### Convenience-Produkte

| Deutsch | Französisch | Englisch |
|---|---|---|
| Arbeitsersparnis | économie (f) en/de travail (m) | saving of labo(u)r |
| küchenfertig | prêt à cuisine | ready for kitchen processing |
| tiefgefroren | surgelé, congelé | deep-frozen |
| verzehrfertig | prêt à manger | ready to eat |
| Zeitersparnis | économie (f) de temps (m) | saving of time |

# Übergreifende Aufgaben

1. Besorgen Sie bei der Verbraucherzentrale eine Broschüre über gesetzlich zugelassene Zusatzstoffe.
Identifizieren Sie mit ihrer Hilfe die Zusatzstoffe von fünf verschiedenen fertig verpackten Lebensmitteln.

2. Erstellen Sie für die Bereiche „Inhaltsstoffe von Lebensmitteln" und „Ernährung/Ernährungsformen" jeweils Prüfungsfragen (zur Wiederholung) im Multiple-Choice-Verfahren.
Gehen Sie folgendermaßen vor: Legen Sie fest, wie viele Fragen formuliert werden sollen (ca. 12 bis 20); entscheiden Sie sich für die Anzahl der Antwortvorgaben (3, 4 oder 5); vereinbaren Sie die Anzahl der richtigen Antworten (eine oder mehrere); bilden Sie vier Arbeitsgruppen, wobei jede AG einen Bereich übernimmt; nutzen Sie auch das Internet.
Nach Erstellung des jeweiligen Fragenkatalogs wird dieser reihum den anderen Gruppen zur Bearbeitung vorgelegt (Rotationsverfahren).
Durch Punktevergabe wird die Gruppe mit dem größten Wissen ermittelt.

3. Für die Erschließung der Themenbereiche „Vitamine" und „Mineralstoffe" bietet sich an, dass jeweils ein Schüler in der Ich-Form ein Vitamin oder einen wichtigen Mineralstoff (z. B. Calcium, Eisen, Jod, Kalium, Magnesium) präsentiert.
Alternativ kann dies auch als Interview durchgeführt werden. Hierzu einige Kernfragen für den Interviewer: „Wie heißt du?"; „Wozu wirst du benötigt?"; „Was kannst du alles?"; „Was machst du am liebsten?"; „Was ist, wenn du fehlst?" o. Ä.

4. Listen Sie für ca. 3 Tage alle von Ihnen verzehrten Lebensmittel und Getränke nach Art und Menge auf. Ordnen Sie anschließend alle Produkte den unterschiedlichen Gruppen der Lebensmittelpyramide zu und stellen Sie sich Ihre eigene tatsächliche Pyramide auf. Analysieren Sie die Abweichung. Hat das Ergebnis der Abweichungsanalyse Folgen für Ihre künftige Ernährung?

5. Organisieren Sie die Besichtigung einer Bäckerei, Konditorei, Fleischerei, Molkerei, Mühle oder Gärtnerei (Nutzpflanzenanbau). Dabei sollen Sie einen Einblick in die Lebensmittelherstellung und Produktion, Hygiene, Logistik u. a. erhalten.

6. Welche Anforderungen muss ein Gericht erfüllen, damit es „systemtauglich" ist?

7. Befragen Sie ältere Menschen, ggf. Ihre Eltern, nach ihren Lieblingsgerichten. Erkunden Sie anschließend in einem Kochbuch die Rezepturen und die Zubereitungsart für diese Gerichte und beurteilen Sie diese anschließend bezogen auf die „Systemtauglichkeit".

@

1. Suchen Sie im Internet nach verschiedenen Erklärungen/Definitionen für Lebensmittel.

2. Zu den einzelnen pflanzlichen Produkten, z. B. Gemüse, Obst, Kräuter, konnten im Buch nur wenige Abbildungen gezeigt werden.
Suchen Sie zu den verschiedenen pflanzlichen Produkten „Internet-Lexika" und erstellen Sie aus den Angaben Ihre eigenes digitales Lexikon.
Sie können die Aufgaben ggf. in der Klasse aufteilen und verschiedene eigene „Lexika" erstellen.

3. Lebensmittelskandale sind immer wieder ein Thema. Informieren Sie sich im Internet über die Lebensmittelskandale des letzten Jahres.

4. Im Internet gibt es viele „Kochbücher" und Rezeptsammlungen. Stellen Sie eine Linksammlung mit Beschreibung der wesentlichen Merkmale der Internetauftritte zusammen.

1. Der Auszubildende Alexander wiegt 72 kg und ist 178 cm groß.
    a) Berechnen Sie seinen BMI.
    b) Zu wie viel kg besteht sein Körpergewicht aus Wasser?
    c) Wiegen Sie sich selbst und stellen sie fest, zu welchem Kilogrammanteil Ihr Körper aus Wasser besteht.

2. Lebensmittel haben eine unterschiedliche biologische Wertigkeit. Wievielmal mehr müssen Sie vom pflanzlichen Lebensmittel mit der geringsten biologischen Wertigkeit zu sich nehmen, um die gleiche Menge an in Eiweiß umwandlungsfähigem Lebensmittelprotein aufzunehmen wie bei dem Lebensmittel mit der höchsten biologischen Wertigkeit?

3. Der Mensch muss täglich ca. 8000 mg Mineralstoffe aufnehmen.
    a) Welchen prozentualen Anteil haben Kalium, Calcium und Magnesium daran?
    b) Welche Folgen kann es haben, wenn ein Mensch zu wenig Calcium und Magnesium zu sich nimmt?
    c) Durch welche Gerichte kann der Mensch den Tagesbedarf an Kalium, Calcium und Magnesium decken? Machen Sie Vorschläge mit entsprechender Mengenangabe als Begründung.

4. Täglich soll der erwachsene Mensch durchschnittlich 30 g Ballaststoffe zu sich nehmen.
    a) Berechnen Sie mithilfe der Nährwerttabelle, wie viel Gramm Ballaststoffe in folgendem Frühstück enthalten sind:
    1 gekochtes Ei
    40 g Butter
    2 Scheiben Vollkornbrot zu je 45 g
    1 Brötchen (Weißmehl) 30 g
    20 g Orangenmarmelade
    20 g gekochter Schinken
    b) Wie viel Prozent des Tagesbedarfs an Ballaststoffen werden durch dieses Frühstück gedeckt?

## Übergreifende Aufgaben – Fortsetzung

5. Ermitteln Sie das Durchschnittsgewicht einer Konfitürenportion vom Frühstücksbüfett.
   Berechnen Sie anhand der Nährwertangaben auf dem Gefäß den Zuckergehalt pro Portion.

6. Bestimmen Sie anhand der Nährwerttabelle den Fettgehalt von Butter und Margarine und geben Sie an, wie viel reines Fett jeweils in einem Portionsdöschen enthalten ist.
   Gehen Sie von Portionspackungen mit einem Gewicht von jeweils 20 g aus.

7. Berechnen Sie bei folgenden Lebensmitteln den Prozentgehalt der mehrfach ungesättigten Fettsäuren bezogen auf die Gesamtfettsäuremenge (= 100 %).

| 100 g Lebensmittel enthalten | Fettsäuren insgesamt (Gramm) | mehrfach ungesättigte Fettsäuren (in g) |
|---|---|---|
| Trinkmilch | 3,2 | 0,1 |
| Hühnereigelb | 26,9 | 4,5 |
| Pflanzenmargarine | 76,3 | 25,5 |
| Rindertalg | 91,4 | 4,6 |
| Hering | 16,3 | 4,2 |

8. Eine Brie-Torte mit einem Gewicht von 1,2 kg kostet im Einkauf 7,20 €.
   Auf der Packung steht 50 % i. Tr. Der Wasseranteil beträgt 68 %.
   a) Berechnen Sie die Materialkosten für 50 g Käse.
   b) Wie viel Gramm Fett sind in einer Portion von 50 g enthalten (vgl. Kap. 8.5.1)?

9. Ein Becher Rahmfrischkäse mit 60 % i. Tr. hat einen Inhalt von 500 g. Der Wasseranteil beträgt 75 %.
   Wie viel Gramm Fett sind in einem Becher von 500 g enthalten (vgl. Kap. 8.5.1)?

10. Makrele wird heiß geräuchert, wobei ein Räucherverlust von durchschnittlich 30 % auftritt.
    Welches Gewicht hat eine frische Makrele von 580 g nach dem Räuchern?

11. Tiefgefrorene Riesengarnelen kosten je kg 9,78 € netto (Abtropf-/Auftaugewicht 800 g).
    a) Wie viel % beträgt der Auftauverlust.
    b) Wie hoch sind die Materialkosten für eine Portion Garnelen mit 120 g?

12. Butterreis kann als TK-Ware zum Preis von 2,19 € (netto) je kg in Beuteln mit je 2,5 kg bezogen werden.
    a) Wie viel Euro kostet eine verzehrfertige Portion Butterreis, wenn für das Auftauen und Erwärmen noch 0,18 € Energiekosten je kg hinzukommen?
    b) Das Restaurant erhält eine Lieferung von 12 Beuteln TK-Butterreis. Wie viel Euro kostet die gesamte Lieferung?

# 9 Service

Die Systemgastronomie hat es verstanden, die Verfügbarkeit von Speisen, Getränken und anderen Dienstleistungen außerhalb der klassischen Gastronomie zu etablieren und einen klaren Gästewunsch zu entwickeln.

Mit innovativen Methoden und unkonventionellem Service wird die Kauflust für Produkte und Dienstleistungen, die nicht an das traditionelle Restaurantumfeld gebunden sind, geweckt und gewinnt immer mehr an Bedeutung und Beliebtheit.

Damit sind beim **Service je nach Betriebstyp** (Kategorie/Segment) die unterschiedlichsten Formen und Varianten denkbar und realisierbar:
Das Fast-Food-Restaurant, das Catering in verschiedenen Variationen (Event und Air), die Bistro-Steakhaus-Gastronomie im Freeflow oder in klassischer Form (Full Service), aber auch „Home-Delivery" bzw. „Take-away-Food" (Liefer- und Mitnahmespeisen).

Diese Unternehmensbereiche entwickeln ihre individuelle Atmosphäre durch den individuellen Stil des Service, der Servicemitarbeiter, der Einrichtung, der Servicegegenstände und Geräte.

Hier soll in jedem systemgastronomischen Betrieb eine unverwechselbare Identität entstehen (Corporate Identity), die die Gäste an die Marke und den unverwechselbaren Geschmack bindet.

Es gibt in der Systemgastronomie eine unglaubliche Vielfalt und Variationsbreite, die Kreativität und Erfindungsreichtum in alle Richtungen offen lässt und vom klassischen bis zum eher einfachen Service von Getränken und Speisen alle Möglichkeiten anbietet.

## Formen der Produktpräsentation in der Systemgastronomie

| Serviceform | Definition | Bedeutung |
|---|---|---|
| →Full Service<br>– Exklusiv | • Beim **À-la-carte-Service** äußern die Gäste ihre Wünsche (Speisen, korrespondierende Getränke) nach den Angeboten der jeweiligen Karte nach eigenen Vorstellungen.<br>• Beim **Vorlegeservice (französische Methode)** wird zunächst die Platte präsentiert, anschließend an Einzeltischen oder an der Tafel serviert.<br>• Beim **Servieren vom Beistelltisch (englische Methode)** wird dem Gast nicht direkt vorgelegt, sondern am Guéridon auf den Teller. | • Beinhaltet alle vorbereitenden Arbeiten (Mise en place), die Gästebetreuung (Gästeempfang, Verkaufsgespräche, Service, Bonieren), die Abrechnung und die Verabschiedung der Gäste.<br>• Serviermethoden und Arbeitsablaufplanungen sind unterschiedlich und werden in den Systemen individuell ergänzt (vgl. Definition). |
| →Full Service<br>– Tellerservice | • Beim **Tellerservice (amerikanische Methode)** wird das Gericht schon im Produktionsbereich angerichtet und von der rechten Seite des Gastes eingesetzt. Damit kommt die Anrichtweise ins Blickfeld des Gastes und wird als Qualitätsmerkmal wahrgenommen und bewertet. | • Serviermethoden und Arbeitsablaufplanungen sind unterschiedlich und werden in den Systemen individuell ergänzt (vgl. Definition).<br>• Diese Methode findet in den meisten Systemen bei Vorspeisen, Suppen, Hauptgang und Dessert Anwendung. |
| →Demi-Service<br>– Büfettservice | • Den Servicemitarbeitern kommen beim **Büfettservice** folgende Aufgaben zu:<br>– Optische und hygienische Überprüfung<br>– Gästeberatung<br>– Hilfe beim Zerlegen, Zerteilen bzw. bei der Entnahme von Speisen und Getränken<br>– Unterstützung beim Tragen der Teller | • Büfetts, gleichgültig für welche Speisen und Anlässe, erfordert die Selbstbedienung des Gastes. Er wird von Mitarbeitern am bzw. hinter dem Büfett unterstützt. Die weitere Speisenzusammenstellung und den Transport zum Tisch übernimmt der Gast.<br>• Arbeitsablaufplanungen werden in den Systemen individuell ergänzt (vgl. Definition). |
| →Self-Service<br>– Online | • **Online** ist die klassische Serviceform der Gemeinschaftsverpflegung. Die Gäste werden in einer Schlange, d. h. in einer bestimmten Richtung an dem Angebot Richtung Kasse vorbeigeführt. | • Arbeitsablaufplanungen sind unterschiedlich und werden in den Systemen individuell ergänzt.<br>• Kombinationen:<br>Online – Büfettservice<br>Online – Counter |
| →Self-Service<br>– Freeline | • **Freeline** bedeutet, dass der Gast bei dieser Serviceform die Auswahl zwischen zwei gegenüberliegenden Theken mit identischem Angebot hat. | • Arbeitsablaufplanungen sind unterschiedlich und werden in den Systemen individuell ergänzt.<br>• Kombinationen (z. B. Autobahngastronomie):<br>Freeline – Büfettservice<br>Freeline – Counter |
| →Self-Service<br>– Freeflow | • **Freeflow** ist eine Serviceform, die es dem Gast ermöglicht, zwischen den unterschiedlichen Ständen zu flanieren.<br>• Freeflow ist der Wegbereiter des „**Kochens vor dem Gast**":<br>– Optische Transparenz der Speisenauswahl<br>– Erwartung des Gastes nach Auswahl<br>– Optimale Zeitplanung: Bestellung-Verzehr | • Arbeitsablaufplanungen sind unterschiedlich und werden in den Systemen individuell ergänzt.<br>• Kombinationen (z. B. Mövenpick-Marché):<br>Freeflow – Büfettservice<br>Freeflow – Counter<br>• Gast ist an keine Speisenfolge gebunden. Da in Freeflow-Einheiten die Produktion meist vor dem Gast stattfindet, rückt der Küchenmitarbeiter ins Rampenlicht und hat größeren Gästekontakt als bei anderen Serviceformen. |
| →Counter | • Die Serviceform **Counter** hat die Systemgastronomie vom Einzelhandel übernommen. Kennzeichen sind die räumliche Trennung von Mitarbeitern und Gästen durch den Counter (Tresen), über den Speisen und zugleich Geld gegeben werden. Die meisten bekannten Fast-Food-Systeme verwenden diese Serviceform. | • Arbeitsablaufplanungen sind unterschiedlich und werden in den Systemen individuell ergänzt<br>• Kombinationen:<br>Counter – Büfettservice |

## 9.1 Serviceorganisation

### Situation

**Deutschland sucht den „Super-Syga"**

Das Arbeiten in der Systemgastronomie ist interessant und abwechslungsreich, stellt aber auch hohe Anforderungen an jeden einzelnen Mitarbeiter.
Diskutieren Sie in der Klasse welche, körperlichen, intellektuellen und charakterlichen Anforderungen an einen professionellen Servicemitarbeiter heute zu stellen sind.

Im gesamten Betrieb, in allen Abteilungen existieren viele Kontaktpunkte und Anforderungen die beachtet werden müssen, um eine gästeorientierte, akzeptable Serviceleistung zu erbringen.

Das Deutsche Institut für Service-Qualität (DISQ) testet regelmäßig verschiedene systemgastronomische Betriebe und beurteilt Servicequalität nach Sauberkeit, Angebot, Kompetenz und Freundlichkeit aller Mitarbeiter im Betrieb.

Die unterschiedlichen Aspekte müssen in einer je nach Produktpräsentation individuellen „Service-Organisation" zusammengeführt werden, die dann die Grundlage für einen professionellen Service im systemgastronomischen Betrieb darstellt.

Diese Organisation ist eine Schnittstelle zu den anderen Bereichen des systemgastronomischen Betriebes, vor allem zum Breich Verkaufsförderung (= Salespromotion), denn dieser ist praktisch untrennbar mit dem Absatz von Produkten und Dienstleistungen verbunden.

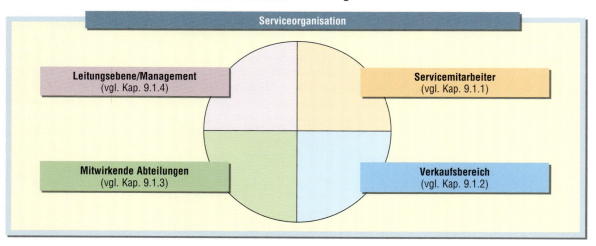

### 9.1.1 Servicemitarbeiter

Die Servicemitarbeiter verbringen mehr Zeit mit den Gästen, als jeder andere Mitarbeiter. So sind sie verantwortlich dafür, dass jeder Gast den Betrieb mit einer positiven Serviceerfahrung erlebt.

#### Anforderungen an die Servicemitarbeiter

Der Ruf eines Gastronomiebetriebes wird im besonderen Maße von seinen Servicemitarbeitern geprägt. Sie sind die direkten Ansprechpartner für die Gäste und verantwortlich dafür, ob diese sich wohlfühlen oder nicht. Damit Servicemitarbeiter verkaufsfördernd und dienstleistungsorientiert arbeiten können, sind folgende **Eigenschaften und Fähigkeiten** Voraussetzung:

- gepflegte Umgangsformen
- höfliches, unaufdringliches Verhalten
- korrekte Berufsbekleidung
- dem Niveau und Stil des Hauses entsprechendes äußeres Erscheinungsbild (Haarschnitt, Fingernägel, Rasur, Zähne, Haltung, Sauberkeit, dezenter Schmuck, unaufdringliches Make-up sowie saubere, gepflegte Kleidung und Schuhe).

# Serviceorganisation

Das Erscheinungsbild und die korrekte Berufsbekleidung haben für jeden Betrieb einen hohen Identifikationswert und sind fester Bestandteil der **Corporate Identity** (einheitliches Erscheinungsbild des Unternehmens nach innen und außen), die als Garant für die Unverwechselbarkeit

des Betriebes steht. Bei der Arbeit in der Systemgastronomie wird der ganze Mensch, die ganze Persönlichkeit gefordert und nicht nur das Fachwissen, wie aus nachstehender Aufstellung den einem/er Fachmann/Fachfrau für Systemgastronomie zugeschriebenen „Eigenschaften" ersichtlich wird:

- körperliche Belastbarkeit, insbesondere Beine, Füße und Rücken
- kommunikative Kompetenz, Redegewandheit, Beratungfähigkeit
- Sprachkenntnisse
- richtiges Einschätzen der unterschiedlichen Gästetypen bzw. -gruppen
- umfangreiches Fachwissen
- Bereitschaft, flexible Arbeitszeiten zu akzeptieren
- Teamfähigkeit
- Dienstleistungsbereitschaft

## Berufsbekleidung

Die heute noch hauptsächlich bei Veranstaltungen auf höherem Niveau vorzufindende Berufskleidung „schwarz-weiß" bzw. schwarz-schwarz" wird in den meisten systemgastronomischen Betrieben durch aufgelockerte, kreative Varianten ersetzt.

Farbige Bistroschürze oder auch ein Shirt oder eine Haube mit Firmenlogo dienen dazu, einen zum Ambiente des Betriebes passenden Eindruck herzustellen. In den meisten Betrieben besteht eine **Kleiderordnung**, bei deren Auswahl und Beschaffung gegebenenfalls der Betriebsrat mitbestimmt. Insbesondere zu Fragen der Kostenübernahme zur Anschaffung und der Reinigung, gibt es in nahezu allen gastgewerblichen Tarifverträgen spezielle Regelungen.

## 9.1.2 Verkaufsbereich

### Gestaltung und Einrichtung

Das Arbeiten im Verkaufsbereich ist in der Systemgastronomie von großer Variationsbreite gekennzeichnet. Je nach Betriebsimage ist der Verkaufsbereich in verschiedenen Betrieben unterschiedlich gestaltet.
Die Unterscheidung in Full Service, Demi-Service, Self-Service, Counterservice ist von Bedeutung und bestimmt die **Gestaltung des Verkaufsbereiches** je nach Betriebsart

- im Restaurant am Tisch ①
- im Restaurant mit Freeflow ②
- beim Event ③
- im Veranstaltungsservice ④
- an der Bar ⑤
- im Take away ⑥
- im Home-Delivery ⑦

# 1 Serviceorganisation

Der systemgastronomische Betrieb, je nach Art und Anlass gestaltet, nimmt einen großen Teil des Instruments „Verkaufsförderung" ein. Eintretende Gäste müssen angenehm überrascht sein. Dies ist nicht nur von der Auswahl der Einrichtungsgegenstände, sondern auch von der Atmosphäre abhängig.

> **Es gibt keine zweite Chance, einen ersten Eindruck zu hinterlassen!**

**Die Restauranträume** müssen:
- sauber und hygienisch,
- richtig temperiert,
- stets gut gelüftet und
- in Bezug auf Art und Ausstattung den jeweiligen Nutzungen angepasst sein.

## Einrichtungsgegenstände

Einrichtungsgegenstände gehören zum Blickfang in einem Restaurant. Von der Art des Restaurants und somit vom Gästekreis ist es abhängig, in welcher Art und Qualität sie zu beschaffen sind. Allerdings zählen beim Einkauf nicht nur die Optik und der Preis, wesentlich ist auch die Zweckmäßigkeit.

Herkömmliche Restauranttische sollten ca. 75 cm und die Sitzflächen der Stühle ca. 45 cm hoch sein. Diese Maße sind für Gäste mittlerer Größe ideal und für größere und kleinere akzeptabel.

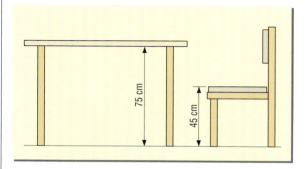

Praktisch sind Tischfüße, auf die je nach Bedarf runde oder quadratische Platten ohne Umstände aufgeschraubt werden können.

# Serviceorganisation

| Gängige Tischgrößen | | |
|---|---|---|
| 70 × 70 cm | 80 × 120 cm | 70 cm |
| 80 × 80 cm | 90 × 140 cm | 80 cm |
| 90 × 90 cm | 80 × 140 cm | 90 cm |
| 100 × 100 cm | 90 × 160 cm | 100 cm |

**Tischgrößen** lassen sich erweitern durch Einlegeplatten bei ausgezogenen Tischen, durch Ansteckplatten und durch Zusammenstellen der Tische zu Tafelformen.

Zu besonderen Anlässen werden rechteckige und quadratische Tische zu unterschiedlichen Tafelformen zusammengestellt. Dabei ist für die Größe und Form vor allem die Anzahl der Personen ausschlaggebend. Darüber hinaus sind zu beachten:
▶ die Größe und die Grundfläche des Raumes, in den sich die Tafel harmonisch einordnen soll,
▶ der freie Raum um die Tafel herum muss so bemessen sein, dass die Servicearbeiten während des Essens reibungslos durchgeführt werden können.

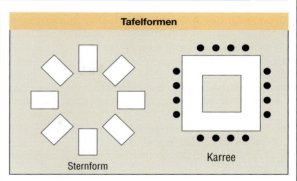

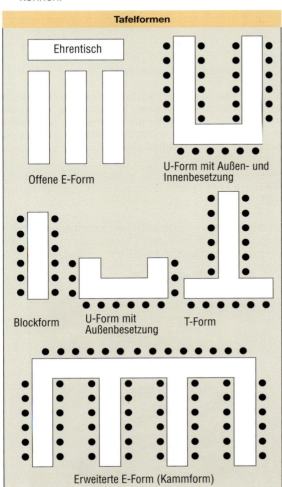

## Tischwäsche

Die Tisch- und Tafelwäsche ist je nach Betrieb unterschiedlich, da sie auf die übrige Ausstattung abgestimmt wird, um ein harmonisches Gesamtbild zu erzeugen.

Die Tischwäsche spielt nur in wenigen systemgastronomischen Betrieben eine Rolle, da die meisten systemgastronomischen Betriebe ohne Tischwäsche auskommen oder Tischwäsche nur sehr sparsam eingesetzt wird.

Im Event- und Cateringbereich ist Tischwäsche von besonderer Bedeutung und ein wichtiges Gestaltungs- und Dekorationselement.

Folgende **Arten von Tischwäsche** finden im Gastgewerbe Verwendung:

### Tischtuchunterlagen (Moltons)

Tischtuchunterlagen sind überwiegend aus aufgerauter Baumwolle oder Synthetik. Mit Gummibändern im Saum können sie an den Tischplatten, mit Bändern an den Ecken, an den Tischbeinen befestigt werden oder werden einfach aufgelegt.

# 1 Serviceorganisation

**Gründe für das Auflegen der Tischtuchunterlagen**
- Durch die raue Beschaffenheit des Moltons kann das Tischtuch nicht verrutschen.
- Tischtücher lassen sich besser auflegen und auswechseln.
- Geräusche werden beim Einsetzen von Geschirr und anderen Tischgeräten durch „weiches Aufsetzen" gedämmt.
- Gläser- und Geschirr werden durch „weiches Aufsetzen" geschont.
- Tischtücher werden an den Tischkanten und -ecken geschont.
- Beschädigungen an der Tischoberfläche durch heiße Teller oder Platten werden vermieden.
- Verschüttete Flüssigkeiten werden aufgesaugt.
- Bei dunkler Tischoberfläche wird eine Farbbeeinträchtigung (Durchschimmern des dunklen Holzes) weißer Tischtücher vermieden.
- Der Tisch sieht weicher, abgerundeter und vollkommener aus.
- Geschirr/Gläser haben eine bessere Standfestigkeit.

**Tischtücher**

Tischtücher sind weiß oder farbig, das Material kann z. B. Zellstoff, Baumwolle, Halbleinen oder Leinen sein. Symbole, die das *Textilkennzeichnungsgesetz* bei textilen, gewebten Naturfasern vorschreibt, sind hilfreich beim Erkennen.

Bei Halbleinen sind mindestens 40 % Leinenanteil vorgeschrieben. Tischtücher haben wie viele andere Gewebe **Kanten** und **Brüche**. Sie entstehen durch Mangeln oder Bügeln.

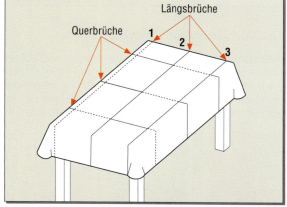

1 Unterbruch   2 Mittelbruch   3 Oberbruch

Die Kanten sind die **Web-** und die **Nahtkanten**. Die Webkanten sind die festen Kanten, die durch die Schuss- und Kettfäden entstehen. Die Nahtkanten, auch Schnittkanten genannt, entstehen durch das Umnähen der abgeschnittenen Seiten. Die **Größe** eines Tischtuchs ist von der Größe der Tischplatte abhängig. Der Überhang sollte an allen Seiten mindestens 20 cm, aber nicht mehr als 30 cm betragen.

**Tafeltücher**

Tafeltücher sind für zusammengestellte Tische (Tafeln) geeignet. Sie können maßgerecht angefertigt werden, sind in der Regel aber größere Tischtücher, die übereinandergelegt die Tafeloberfläche bedecken.
Die Tücher sollen mindestens 10 cm überlappen. Die eintretenden Gäste dürfen nicht in die Überlappung sehen können.

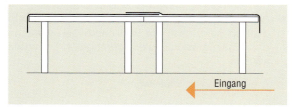

**Deckservietten (Mitteldecken)**

Deckservietten sind zum Überdecken kleiner Flecke auf Tischtüchern geeignet, können aber auch auf saubere Tischtücher aufgelegt werden und diese somit vor Flecken bewahren. Deckservietten sind auch zur Tischdekoration geeignet.
Gängige Größen:
  80 × 80 cm
  90 × 90 cm
100 × 100 cm

Deckservietten aus Zellstoff werden oft auch farblich passend zur Tischdecke und Serviette eingesetzt und sind dann Bestandteil der Tischdekoration.

# Serviceorganisation

## Mundservietten

Mundservietten sind zum Abtupfen des Mundes, zum Schutze der Kleidung und als Tischdekoration geeignet. Dekorativ sind sie dann, wenn sie zu Serviettenformen gestaltet (gebrochen) werden. Bei umfangreicher Gestaltung sollten aus hygienischen Gründen Servierhandschuhe getragen werden.
Mundservietten werden je nach Anlass zu unterschiedlichen Formen gefaltet (gebrochen).

Die Größen der Mundservietten sind von den jeweiligen Speisen abhängig.
Gängige Serviettengrößen:
20 × 20 cm    40 × 40 cm
24 × 24 cm    50 × 50 cm
33 × 33 cm    60 × 60 cm

## Beispiele

### Doppelter Tafelspitz

① Falten Sie die geöffnete Serviette am vorgegebenen Mittelknick so, dass die geöffnete Seite zu Ihnen zeigt (1).

② Führen Sie die rechte obere Ecke zur senkrechten Mittellinie, sodass ein großes Dreieck entsteht (2).

③ Die linke Hälfte des Dreiecks können Sie nun auf die rechte Hälfte umschlagen (3).

Wenn Sie mit der linken Seite der Serviette ebenso verfahren, entsteht der doppelte Tafelspitz (4).

④

### Hut

① Legen Sie die ausgebreitete Serviette entlang des Mittelknicks zusammen, sodass zwei Lagen entstehen. Danach die obere linke Ecke zur Mitte nach unten falten, sodass ein Dreieck entsteht (1).

② Die rechte Hälfte nach links über das Dreieck schlagen (2).

③ Die Spitze des Dreiecks und die daraufliegenden zwei Lagen zusammen festhalten und nach oben schlagen (3).

Den letzten Knick fest andrücken und die Serviettenform aufstellen (4).

④

### Palmwedel

① Falten Sie die ausgebreitete Serviette diagonal zur Hälfte (1).

② Legen Sie das so entstandene Dreieck in Ziehharmonikafalten (2).

Wenn Sie die Serviettenform so in der Mitte falten, dass die längeren Seiten sich in der Mitte treffen, entsteht automatisch der Palmwedel (3).

③

### Crown

① Falten Sie zunächst die ausgebreitete Serviette an der vorgegebenen Mittellinie, sodass zwei Lagen entstehen. Nun wird die erste Lage bis zur oberen Kante zurückgefaltet (1).

② Wenden Sie die Serviette und falten Sie die zweite Lage ebenfalls bis an die obere Kante (2).

③ Falten Sie die Serviettenform nun in vier gleich große Teile (3).

④ Drücken Sie diese Kanten fest an und halten Sie die Serviette mit beiden offenen Enden nach oben zeigend fest (4).

⑤ Ziehen Sie dann vorsichtig die oberen Lagen in den Zwischenraum unten zurück, sodass Dreiecke entstehen, zunächst von einer, dann von der anderen Seite (5).

Öffnen Sie nun die Krone (6).

⑥

### Sail

① Serviette komplett öffnen und dann diagonal zum Dreieck falten (1).

② Rollen Sie nun die Servietten von der Grundseite her auf (2).

Anschließend die Serviette in der Mitte brechen und aufstellen (3).

③

# Serviceorganisation

### Japanese fan

Falten Sie den unteren ebenso wie den oberen Teil der ausgebreiteten Serviette zunächst bis zur Mittellinie nach innen (1).

Jetzt knicken Sie die Serviette entlang der ursprünglichen Mittellinie (2).

Legen Sie die Serviette längs in 6–8 Ziehharmonikafalten (3).

Danach beginnen Sie, die inneren Spitzen der Ziehharmonikafalten im rechten Winkel nach unten zu ziehen, sodass kleine Dreiecke entstehen. Verfahren Sie so mit beiden Seiten des Fächers (4).

Öffnen Sie nun den fertigen Sternfächer (5).

### Sidney

Legen Sie die Serviette so, dass die vier offenen Lagen nach unten (zu Ihnen) zeigen. Die untere Spitze der ersten Lage nun nach oben falten, ein paar Millimeter unterhalb der oberen Ecke (1).

Die zweite (dritte und vierte) Spitze ebenfalls nach oben falten, jeweils ein paar Millimeter unterhalb der vorhergehenden (2).

Klappen Sie nun beide Seiten nach hinten, sodass unten eine Spitze entsteht (3).

Schieben Sie dann die beiden Seiten etwas zusammen und richten Sie die Serviette auf (4).

Sidney ist nun „fertig" für den Teller (5).

## Handservietten

Handservietten werden über dem linken Unterarm getragen und müssen grundsätzlich in einem einwandfreien Zustand sein (Hygiene).
Handservietten sind z. B. sinnvoll
▶ beim Tragen heißer Teller oder Platten zum Schutz der Hände,
▶ um Fingerabdrücke auf Tellern oder Platten durch das Tragen zu vermeiden,
▶ zum Tragen und Öffnen von Wein- und Sektflaschen und
▶ zum Glattstreichen evtl. kleiner Unebenheiten auf Tischtüchern.

### Faltung der Handservietten

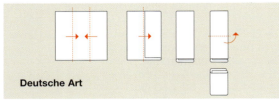
**Deutsche Art**

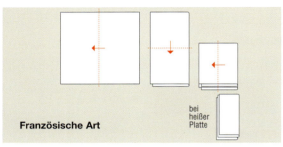
**Französische Art**

### Sets und Tischläufer

Sets gelten als Ersatz für Tischtücher. Sie werden oft verwendet, wenn dekorative oder kostbare Tischoberflächen für die Gäste sichtbar und dennoch geschont bleiben sollen. Sehr beliebt sind sie auch als Malsets für Kinder, um die Wartezeit zu überbrücken.

## Skirtings

Skirtings (Büfettschürzen) vermeiden, dass Gäste z. B. unter Büfetts (einen evtl. „Stauraum") sehen können. Sie werden mit Klettleisten, Klammern oder anderen Haltevorrichtungen an der Tischkante befestigt. Aufbewahrt werden sie auf Skirtingbügeln.

## Hussen

Hussen sind Bezüge aus Stoff oder auch Vlies für Tische, Stühle und Bänke. Sie verleihen ohne viel Aufwand eine klassische Eleganz und können farblich dem Ambiente des Betriebes, der Veranstaltung angepasst werden.

## Geschirrteile

Geschirrteile werden heute aus verschiedenen Materialien hergestellt oder fantasievoll kombiniert. Porzellan, Holz, Metall, Glas, textile Bestandteile, Kunststoffe, aber auch Papier oder Pappe sind Elemente einer ambitionierten, modernen Geschirrgestaltung. Das ästhetische und fantasievolle Anrichten von Speisen und die Funktionalität des Geschirrs müssen im systemgastronomischen Betrieb in Einklang gebracht werden. Ein wichtiger Bestandteil ist immer noch Geschirr aus Porzellan, wobei Qualität, Ausführung und Dekor des Geschirrs von der Betriebsart abhängen.

# 1 Serviceorganisation

Je nach Porzellanart ist deren Rohstoffzusammensetzung quantitativ unterschiedlich.

In europäischen Restaurants wird meistens Geschirr aus Hartporzellan eingesetzt. Es wird überwiegend in Europa produziert. Weichporzellan stammt hauptsächlich aus China, Japan und England. Feuerfestes bzw. hitzebeständiges Porzellan wird in fast allen Ländern hergestellt, in denen Porzellan produziert wird.

**Bei der Dekoranbringung sind drei Methoden gängig.**

**Unterglasdekor**
Das Dekor wird nach dem Glühbrand auf dem Scherben angebracht, der Scherben in die Glasurmasse eingetaucht und gebrannt.

**Inglasurdekor**
Dekoranbringung nach dem Glühbrand auf dem Glattbrand, erneutes Brennen.

**Aufglasdekor**
Dekoranbringung auf Glattbrand, dann Schmelzbrand bei lediglich ca. 900 Grad Celcius.

Grundsätzlich werden **Coup- und Fahnenteller** unterschieden.

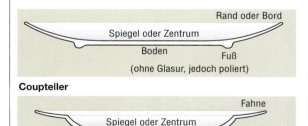

Couptteller

Fahnenteller

Teller, Schälchen, Schüsseln und Platten haben sich teilweise von der obligatorischen runden bzw. ovalen Form getrennt; den Designern wird mehr freie Hand gelassen.

| | Teller und ihre Verwendung |
|---|---|
| **Tiefe Teller** | Tiefe Teller werden für Speisen verwendet, bei denen ein höherer Tellerrand erforderlich ist, z. B.<br>– für Suppen sowie Eintopfgerichte,<br>– für Spaghetti und andere Teigwarengerichte,<br>– für Frühstücksgerichte, wie Cornflakes und Müsli.<br>Tiefe Teller werden außerdem als Ablageteller verwendet, z. B. für Muschel- oder Austernschalen. |
| **Flache Teller** | **Platzteller**<br>Platzteller mit ca. 31 cm ⌀:<br>Platzteller sind große dekorative Teller, die den Gedeckplatz markieren und auf denen die Teller der vorgegebenen Speisenfolge aufgesetzt werden. Sie sollten erst mit dem letzten Gang ausgehoben werden, jedoch frühestens nach dem Hauptgang.<br>Platzteller sind immer größer als der größte aufgesetzte Teller. Deckchen schützen die Oberfläche der Platzteller und gewährleisten ein geräuscharmes Einsetzen der anderen Speisenteller.<br>(Platzteller aus Edelstahl ca. 33 cm ⌀)<br><br>**Speisenteller**<br>Hier werden die Speisen im amerikanischen Service von der Küche angerichtet oder im englischen oder französischen Service vom Servicepersonal am Tisch angerichtet bzw. vorgelegt. Ihre Größen bzw. ihre Durchmesser richten sich nach dem Flächenbedarf für die Speise, nach der aktuellen Anrichteweise und nach den neuesten Servierregeln.<br><br>Teller mit ca. 28 cm ⌀:<br>englischer Teller oder Grillteller genannt<br>– für Tellergerichte, bei denen die gesamte Speisenmenge auf einmal angerichtet wird |

# Serviceorganisation 1

| Teller und ihre Verwendung (Fortsetzung) | |
|---|---|
| Flache Teller | – für Portionsfische (z. B. Forelle, Seezunge), für die beim Filetieren eine größere Fläche erforderlich ist<br>– für Stangenspargel<br>– für dekorative Vorspeisen und Desserts (auch farbige Porzellan- oder Glasteller)<br>Es ist heute durchaus üblich, dass man z. B. Fischgerichte und Stangenspargel auf extra dafür vorgesehenen Platten anrichtet, von denen der Gast auch isst. |
| | **Teller mit ca. 25 cm ⌀:**<br>Sie werden auch als **Menüteller** oder **französische Teller** bezeichnet.<br>– für Vorspeisen, Zwischengerichte und Nachspeisen<br>– für Hauptspeisen, die dem Gast am Tisch mit einer maßvoll dosierten Menge gereicht oder vorgelegt werden<br>– Ablageteller, z. B. für Karkassen<br>– Trageteller für tiefe Teller |
| | **Teller mit ca. 20 cm ⌀:**<br>– zum Frühstück<br>– für Gebäck<br>– für Salate<br>– für Desserts<br>– Ablageteller, z. B. für benutzte Vorlegebestecke<br>– Trageteller, z. B. für Suppentassen |
| | **Teller mit ca. 17 cm ⌀:**<br>– auch als Brot- und Toastteller<br>– als Ablageteller für kleine, nicht verzehrbare Speisenanteile, z. B. Gräten |

Qualität, Ausführung und Dekor des Geschirrs hängen auch von der Betriebsart ab. In einfachen Betrieben sind die wichtigsten Kriterien Robustheit, Haltbarkeit und Zweckmäßigkeit (Stapelbarkeit, geringer Platzbedarf).

**Vorteile des Kompaktgeschirrs**

Man beschränkt sich im Allgemeinen auf die wichtigsten Grundformen wie Suppen-, Fleisch- und Dessertteller. In Betrieben mit breiterem und gehobenem Anspruch müssen Qualität und das Design höheren Ansprüchen genügen. Hier werden dann auch Brotteller, Gourmetteller, unterschiedliche Tassenformen usw. verwendet.

Damit **Porzellangeschirr** für gastronomische Zwecke geeignet ist, sind folgende Anforderungen zu erfüllen:

▶ Geschirr passt zu angebotenen Speisen
▶ Bruchunempfindlichkeit
▶ stapelbar (Systemgeschirr/Kompaktgeschirr)
▶ temperaturunempfindlich gegenüber kalten und heißen Speisen
▶ leicht zu reinigen
▶ mindestens 10 Jahre nachkaufbar
▶ spülmaschinengeeignet/-fest durch entsprechende Formgebung
▶ Glasurart (Inglasur- bzw. Unterglasurdekore)

## Behandlung des Porzellans

Porzellangeschirr kann mit der Spülmaschine oder per Hand gereinigt werden. In beiden Fällen sind einige Regeln zu beachten. Wird die Säuberung per Hand bevorzugt (z. B. bei Aufglasdekor), sollte es grundsätzlich separat gesäubert werden.
Bestecke oder andere Kratzer verursachende Teile (Töpfe, Bleche usw.) würden ggf. die Porzellanoberfläche, die Glasur oder das Dekor beschädigen.
Bei der Verwendung einer Geschirrspülmaschine (Spülautomaten) sind Bestecke, Kannen und Teller oder auch andere Teile getrennt in dafür vorgesehenen Einstellvorrichtungen unterzubringen. Eine gemeinsame Säuberung ist dadurch möglich.

 **Maßnahmen**

Folgende Ausführungsbestimmungen müssen dabei berücksichtigt werden:
▶ Alle Geschirrteile so einordnen, dass sie nicht miteinander in Berührung kommen.
▶ Eine Wasserenthärtungsvorrichtung sollte integriert sein.
▶ Vom Hersteller empfohlene Geschirrspülmittel sollten verwendet werden.

Im Allgemeinen arbeiten Markenspülmittel nach demselben Prinzip:
▶ **Spülmittel** entspannen das Wasser. Ein geringerer Grenzflächenwinkel wird geschaffen. Dies ermöglicht ein besseres Unterspülen und somit Abheben der Schmutzteile.
▶ **Fettreste** werden emulgiert. Sie werden kolloidal im Wasser verteilt. Es findet also keine echte Lösung (Molekulardispersion), sondern lediglich eine äußerst feine Verteilung im Lösungsmittel statt.
▶ **Schmutzteile** dispergieren. Sie werden in der Schwebe gehalten und können so mit dem Spülwasser ausgeschieden werden.

Nach dem Trocknungsvorgang sind die Geschirrteile mit einem nicht flusenden Leinentuch zu polieren. Es ist darauf zu achten, dass keine Fingerabdrücke auf dem Porzellan entstehen. Sollen wertvolle Teller übereinandergestapelt werden, empfiehlt es sich, jeweils eine schützende Papierserviette zwischen diese zu legen. Der Abrieb wird somit vermieden.

Die Anzahl der zu beschaffenden Geschirrmengen ist von der Größe des Restaurants und von der Gästefrequentierung abhängig.

Systemgastronomische Betriebe mit Take-away - und/oder Außer-Haus-Geschäft stellen besondere Anforderungen an die Präsentation ihrer Produkte und somit auch besondere Anforderungen an Geschirrkomponenten.
**Foodverpackungen** als Komplettangebot von der Menüschale bis zur Siegelfolie oder transparentem Deckel sind als anspruchsvolle Verpackungslösungen für die Systemgastronomie unverzichtbar.

Damit **Kunststoffgeschirr** für systemgastronomische Zwecke geeignet ist, sind folgende Anforderungen zu erfüllen:
▶ kompakt und platzsparend
▶ einfach und effizient in der Handhabung
▶ ansprechende Warenpräsentation
▶ gut stapelbar und für Transport geeignet
▶ fest schließende Deckel
▶ tiefkühlgeeignet und erhitzbar
▶ Anti-Fog und mikrowellengeeignet
▶ hygienisch
▶ geschmacksneutral
▶ ökologisch unbedenklich oder sogar recycelbar (Firmenphilosophie)

## Bestecke

Bestecke tragen entscheidend zum Gesamteindruck eines gedeckten Tisches bei. Zweckmäßigkeit und Formgebung sind ebenso wesentlich wie das Material, das einen großen Einfluss auf die Lebensdauer der Bestecke hat. In der Systemgastronomie gilt auch hier, wie bei der Tischwäsche und bei dem Geschirr, dass die Ausführung und der Formenreichtum des Bestecks der Klassifizierung, Ausstattung und Esskultur des Betriebes entsprechen müssen.
So gibt es auch große systemgastronomische Betriebe, die ganz auf die Benutzung von Besteck verzichten. Man stelle sich einmal vor, der Kunde müsse seinen Burger oder die Take-away-Pizza mit Messer und Gabel verzehren. Hier sind Esskultur-Esspsychologie tragender Bestandteil der Firmenphilosophie und verbieten geradezu die Benutzung von Besteck.

**Herkömmliche Bestecke** sind in große, mittlere und kleine Bestecke unterteilt.
Faustregel:
Großvolumige Speisen ( z. B. Hauptgänge ) erfordern große Bestecke.
Speisen von mittlerem Volumen (z.B. Zwischengerichte/Dessertvariation) erfordern mittelgroße Bestecke.
Speisen von kleinem Volumen (z.B. Cremespeisen im Glas) erfordern kleine Bestecke.

## Besteckherstellung

1 Heftbesteck; 2 Hohlheftbesteck; 3 Monoblockbesteck

Bei **Heftbestecken** werden die Hefthälften auf die meist metallische Verlängerung der Klinge aufgeklebt oder aufgenietet.

Bei **Hohlheftbestecken** wird der die Klinge verlängernde Dorn in die Aushöhlung des Heftes eingefügt und mit Spezialleim befestigt.

**Monoblockbestecke** sind aus einheitlichem Material, Heft und Klinge sind in einem Stück gefertigt.

## Besteckmaterial

**Edelstahl** ist eine Stahlart mit Beimengungen (Legierungen) anderer Metalle wie Chrom oder Nickel. Chrom schützt vor Rosteinwirkungen, Nickel vor Säuren.

> **Stahl**
> + mindestens 13 % Chrom
> + mindestens 8,5 % Nickel
> = rost- und säureunempfindlicher Edelstahl

**Cromargan**. Die Bezeichnung ist gesetzlich geschützt. Die Silbe „crom" weist auf die Verwendung von Chrom hin, „argan" steht für „argentum" (lat. Silber) und bezieht sich auf den Silberglanz des Materials.
Die Kennzeichnung z. B. 18/10 bedeutet 18 Anteile Chrom und 10 Anteile Nickel.
Werden Bestecke als „rostfrei" bezeichnet, wird häufig auch die Gravierung „stainless" verwendet.

Bei **versilberten Bestecken** kann der Kern aus unterschiedlichen Materialien wie Messing, Chromstahl, Alpaka oder Chromnickelstahl bestehen. Grundsätzlich wird zwischen der **Normal-** und der **Hart-** oder **Patentversilberung** unterschieden.

| Normalversilberung | Die gesamte Besteckoberfläche wird gleichmäßig stark versilbert. |
|---|---|
| Hart- oder Patentversilberung | Die mehr beanspruchten Besteckstellen (z. B. Löffelspitze) werden doppelt und mehr versilbert. Diese Methode verzögert den Zeitpunkt einer Nachversilberung. |

Der Zahlenstempel kennzeichnet die Silberauflage. Die angegebene Zahl bezieht sich auf die Menge an Silber in Gramm, die für eine Fläche von 24 Quadratdezimetern verwendet wurde.

**Echtsilberbestecke** bestehen in der Regel aus 800 Teilen Reinsilber. Sterlingsilber enthält 925 Anteile.

Der Silbergehalt wird durch die Zahlenprägung auf den Besteckteilen angegeben oder durch das Zeichen Echtsilber zum Ausdruck gebracht.

Bestecke werden nach Gruppen unterteilt. Innerhalb dieser ist wiederum nach Arten zu differenzieren. Welche Bestecke für einen Betrieb erforderlich sind, ist vom Niveau des Hauses und somit von dessen Angebot auf der Speisenkarte abhängig.

## Systembestecke

Systembestecke sind nicht in große oder mittlere Bestecke unterteilt. Eine dazwischenliegende Größe wurde gewählt. Sie sind dadurch vielseitig einsetzbar.

## Herkömmliche Bestecke

| Speisenspezifische Verwendungszwecke für herkömmliche Bestecke | | |
|---|---|---|
| **Großes Besteck** | Löffel | ▶ zu Suppen, die in Suppentellern serviert werden<br>▶ zum Vorlegen von Speisen, die geschöpft werden können (z. B. Zuckerschoten, Reis)<br>▶ zum Anlegen bei Saucieren |
| | Messer und Gabel | ▶ zu Hauptgerichten, sofern kein Spezialbesteck erforderlich ist (z. B. Fischbesteck) |

# 1 Serviceorganisation

| | Speisenspezifische Verwendungszwecke für herkömmliche Bestecke | |
|---|---|---|
| **Großes Besteck** | Löffel und Gabel | ▶ zu selbstständigen Spaghettigerichten (z. B. Spaghetti bolognese, Spaghetti carbonara) Gabel rechts, Löffel links<br>▶ zum Vorlegen von Speisen (z. B. im französischen Service) |
| **Mittelbesteck** | Messer | ▶ zum kontinentalen Frühstück<br>▶ als Buttermesser auf dem Brotteller |
| | Löffel | ▶ zu Suppen, die in Suppentassen serviert werden<br>▶ zu Frühstücksspeisen, auch wenn diese in tiefen Tellern angerichtet sind (z. B. Cornflakes, Müsli) |
| | Gabel | ▶ als zusätzliche Salatgabel, wenn zum Hauptgang ein Fischgericht serviert, statt Gemüse ein Salatteller eingestellt wird und Fischmesser und Fischgabel eingedeckt sind |
| | Messer und Gabel | ▶ zum erweiterten Frühstück und Frühstücksbüfett<br>▶ zu kalten und warmen Vorspeisen, die auf Tellern angerichtet sind<br>▶ zu Zwischengerichten<br>▶ zu Käse als Zwischengericht nach dem Hauptgang oder als Abschluss eines Menüs |
| | Löffel und Gabel (Entremets-Besteck) | ▶ zu Teigwarengerichten (z. B. Ravioli, Tortellini)<br>▶ zu ungefüllten und gefüllten Omeletts<br>▶ zu Desserts, die mindestens auf einem 2er-Speiseteller angerichtet sind (z. B. Crêpes, Eisbombe, Eis- und Obstvariationen mit Frucht-/Soßenspiegel) |
| **Kleines Besteck** | Löffel | ▶ zu Heißgetränken (z. B. Kaffee, Tee, Kakao) |
| | Löffel und Gabel | ▶ zu Joghurt und Quarkspeisen zum Frühstück<br>▶ zu exotischen Suppen, die in Spezialtassen serviert werden<br>▶ zu Süßspeisen in Schalen oder Gläsern ohne feste Bestandteile (z. B. Eis mit Sahne ohne Früchte, Cremespeisen und Pudding)<br>▶ zu Vorspeisen, in Kelchen oder Gläsern serviert (z. B. Cocktails)<br>▶ zu Desserts, die ebenfalls in Kelchen oder Gläsern serviert werden und Früchte als Bestandteil haben<br>▶ zu Eisdesserts, die auf einem Mittelteller (ca. 20 cm ⌀) angerichtet sind |

Alle Besteckarten gibt es in unterschiedlichen Ausführungen und Preislagen. Die Preise sind hauptsächlich vom verwendeten Material abhängig.
Die Formgebung ist, ähnlich wie beim Porzellan, durch kreativ fantasievolle Designer modisch beeinflusst worden und je nach Klassifizierung und Ausstattung des Restaurants sehr unterschiedlich.

Neuester Trend ist das „**Flying Buffet**" mit ganz individuellem Service auf Löffelschalen aus Porzellan oder Happy Spoons aus Cromargan; extravagantes Spezialbesteck für Amuse Gueule, Amuse Bouche,

Canapés und Desserts beim Stehempfang, als Pausen-Snack oder am Tisch serviert.

## Gläser/Getränkebecher

Für die Gastronomie gibt es eine große Auswahl an Gläsern im Handel, für jeden Geschmack, Preisklasse und jede Trinkkultur. Die Qualität eines Glases wird vom Grundmaterial, Klang, Lichtbrechungsvermögen, von der Form und der Wandstärke bestimmt.

### Rohstoffe der Gläser

Der Getränkeservice fordert, je nach Getränk, unterschiedliche Gläser und Geräte und so werden Gläser und Geräte nach Verwendung und Zweckmäßigkeit sowie unterschiedlicher Qualität eingekauft.

**Nach der Qualität des verwendeten Grundmaterials unterscheidet man:**

**Kalk-Natronglas**
Rohstoffe: Sand ($SiO_2$)
Natron (Natriumoxid)
Kalk (Calciumoxid)
Preisgünstige Gläser, in der Regel mit Pressnähten, haben wenig Glanz und sind leicht zerbrechlich.

## Kristallglas

Rohstoffe: Wie Kalk-Natronglas, aber Calciumoxid wird durch Barium, Zink, Blei oder Kalium ersetzt.

**Pressbleikristall** muss mindestens 18 % Bleioxid enthalten,
**Bleikristall** mindestens 24 %,
**Hochbleikristall** mindestens 30 %.
**Borosilikatglas** ist unempfindlich gegenüber Temperaturwechsel und formbeständig bis ca. 550 Grad Celcius. Dieses Material wird z.B. bei der Herstellung von Tee- und Groggläsern verwendet.

Nach dem **Verwendungszweck** unterscheidet man:

## Schankgläser

Einfache Zweckgläser aus Pressglas mit hoher Haltbarkeit, meist dickwandig, daher spülmaschinenfest und mit geschweißtem Rand.
Schankgläser sind Gläser mit Füllstrich. Diese zeigen dem Büfettier an, wie weit die Gläser gefüllt werden sollen und den Gästen, dass sie die bestellte Menge erhalten haben.

Der Füllstrich muss
▶ gut sichtbar sein,
▶ waagerecht verlaufen,
▶ mindestens 10 mm lang sein.

Das *Eichgesetz* bildet die Grundlage für gesetzliche Anforderungen der Schankgefäße.

**Schankgläser** dürfen nur mit folgenden Nennvolumen hergestellt werden:

| 2 cl | 10 cl | 0,2 l | 0,4 l | 2,0 l |
| 4 cl |       | 0,25 l | 0,5 l | 3,0 l |
| 5 cl |       | 0,3 l | 1,0 l |       |

**Schankgefäße** (z.B. Karaffen) haben nachstehende Nennvolumen:

| 0,2 l | 0,5 l | 1,5 l | 3,0 l |
| 0,25 l | 1,0 l | 2,0 l | 4,0 l |
|       |       |       | 5,0 l |

Die Gäste können sich anhand des Füllstrichs an der Karaffe oder dem angegebenen Nennvolumen auf dem Flaschenetikett bezüglich der korrekten Getränkemenge überzeugen.

## Tischgläser

Sie sind qualitativ hochwertiger, meist Kristallgläser in den Standardformen (Wasserbecher oder Allzweckglas, Bierglas, Weiß- und Rotweinglas, Sektglas).

## Tafelgläser

Diese Gläser sind wesentlich besser in der Qualität, fast immer aus Bleikristall. Sie sind vielfältiger in den Formen, elegant und immer mit Stiel.

## Gläserreinigung

Gläser werden mit Wasser und einem milden Spülmittel per Hand oder in der Geschirrspülmaschine gereinigt und dann auf jeden Fall nachpoliert.
Beim Polieren ist zu beachten:
▶ Verwenden Sie ein Poliertuch, das nicht fasert und geruchsneutral ist.
▶ Halten Sie das Glas so, dass der Fuß nicht abgedreht werden kann.
▶ Vorsicht bei zu nassen Gläsern! Beim Polieren wird mehr Kraft aufgewendet und es kommt leicht zu Bruch.

## Gläserformen

Allen **unten abgebildeten Gläsern** wurden Bezeichnungen hinsichtlich deren Verwendung hinzugefügt. Nicht alle Gläser lassen sich stur in dieses Schema einfügen; es ist durchaus möglich, das eine oder andere Glas auch für andere Getränke zu verwenden.

1 Becherglas
2 Stielglas

1 Biertulpe
2 Bierkugel/ Ballon
3 Berliner-Weiße-Glas

1 Altbierbecher
2 Bierbecher
3 Bierkrug
4 Weizenbierglas

# Serviceorganisation

1 Burgunderglas
2 Bordeauxglas
3 Roséglas
4 Weißweinglas

1 Moselweinrömer
2 Heurigenkrug

1 Sektkelch
2 Sektflöte
3 Sektspitze
4 Sekttulpe
5 Sektschale

1 Digestifglas
2 Sherryflöte
3 Süßweinglas

1 Likörschale
2 Grappaglas

1 Cognacschwenker
2 Weinbrandschwenker
3 Cognactulpe/Digestifglas

1 Collinstumbler
2 Highballtumbler
3 Whiskytumbler
4 Stamper

1 Cocktailschale
2 Cocktailspitz/Martiniglas

1 Latte-Macchiato-Glas
2 Teeglas
3 Irish-Coffee-Glas
4 Grogglas

## Einwegtrinkgefäße

In der Systemgastronomie werden im Fast-Food-Segment oft Einweggetränkebecher benötigt. Der Getränke-Service erfolgt in Trinkbechern und Trinkgläsern aus Kunststoff, Styropor oder aus Pappe.

An **Trinkbecher/Trinkgläser aus Kunststoff** werden folgende Anforderungen gestellt:
▶ lebensmittelecht
▶ FCKW-frei
▶ temperaturbeständig (–5°C – 60°C)

**Getränkebecher** aus Pappe sind innen beschichtet, damit das Heißgetränk nicht den Becher auflöst und bei Kaltgetränken der Becher außen nicht beschlägt.

## Weitere Geräte

Außer Textilien, Geschirrteilen und Bestecken sind weitere Geräte erforderlich, die für einen reibungslosen und korrekten Service unverzichtbar sind. Zuallererst sind hier die Geräte zu nennen, die für die Logistik und damit für einen reibungslosen Serviceablauf eines systemgastronomischen Angebots verantwortlich sind. Das Spülen, Aufbewahren, Transportieren und Präsentieren der Speisen und

# Serviceorganisation

Getränke sind, je nach Betriebsart wichtige Serviceelemente, die durch spezielle Geräte erst professionell durchgeführt werden können.

## Speisen- und Geschirrlogistik

Geschirr ist in einem systemorientierten Betrieb im geschlossenen System portabel und hygienisch gereinigt aufzubewahren sowie zu transportieren.

**Tablettsysteme** sind für das Speisen- und Getränkeangebot in Fast-Food-Restaurants und Self-Service-Gastronomie ein wichtiger Servicebestandteil.

Speisen, die kalt oder warm serviert werden, sind im Außer-Haus-Geschäft in geeigneten Behältern zu transportieren.

# 1 Serviceorganisation

## 9.1.3 Mitwirkende Abteilungen

Durch die unterschiedlichen **Produktpräsentationen** in der Systemgastronomie ist die Bedeutung der Küchenmitarbeiter für den Service individuell und flexibel.

Im klassischen Service ist die Küche ein wichtiger Zeit- und Repräsentationsfaktor. Wie lange muss ein Gast auf sein Essen warten? Wie sieht das Essen aus? Ist es richtig garniert? Pflegt der Küchenchef den Kontakt zu seinen Gästen, indem er im Restaurant erscheint, um von den Gästen ein Feedback über die verzehrten Speisen zu bekommen?

In systemgastronomischen Betrieben, in Freeflow-Einheiten, findet die Produktion von Speisen meist vor dem Gast statt (Front-Cooking). Der Küchenmitarbeiter rückt in den Vordergrund und trägt auch im Servicebereich wesentlich zum professionellen Eindruck bei. Aus diesem Grund müssen auch die Küchenmitarbeiter die Regeln zum Umgang mit Gästen in Beratung und Verkauf beherrschen.

Besonders in Fast-Food-systemgastronomischen Betrieben arbeiten die **Küchenmitarbeiter als serviceorientierte Fachkräfte** zum Teil im permanenten Gästekontakt. Hier entwickelt sich als eine erfolgsorientierte Variante die japanische Esskultur mit Sushi und vielen anderen fernöstlichen Gerichten zum Premiumprodukt der schnellen Gastronomie.

Die Kunden nehmen an einer Bartheke Platz, greifen nach dem, was sie mögen, und so lange, wie sie es mögen. Die Mitarbeiter hinter der Theke bereiten die Speisen zu und beraten produkt- und serviceorientiert bei Speisen- und Getränkeauswahl.

## Outsourcing oder Insourcing

Das Vergeben von Leistungen/Aufgaben an externe Dienstleistungsunternehmen setzt sich mehr und mehr durch. Dabei werden bestimmte Produkte oder Dienstleistungen nicht mehr selbst erstellt oder durchgeführt, sondern „eingekauft".

Outsourcing ist ein Kunstwort, das sich aus den Begriffen **Out**side Re**sourc**e Us**ing** zusammensetzt. Es beinhaltet das Ausgliedern bisher innerbetrieblich erfüllter Aufgaben an ein vom eigenen Unternehmen rechtlich unabhängiges drittes Unternehmen. Das heißt, die Eigenerstellung von Leistungen (**Insourcing = In**side Re**sourc**e Us**ing**) durch das Nutzen von Faktoren wie Personal, Kapital, Know-how, Rohstoffe, Energie (= Ressourcen), die zur Produktion von Gütern und Dienstleistungen benötigt werden, wird durch ihren Fremdbezug ersetzt.

Häufig wird Insourcing aber auch als Wiedereingliederung (Re-Insourcing) von bisher fremdvergebenen Aufgaben in das eigene Unternehmen verstanden. Gründe dafür sind häufig die unzureichende Qualität der eingekauften Produkte oder Dienstleistungen.

In diesem Zusammenhang wird also eine **Make-or-buy** (selber machen oder einkaufen?) -Entscheidung des Managements erwartet, die nicht nur aufgrund einer kostenrechnerischen Betrachtung gefällt werden kann. Vielmehr müssen auch soziale, mitarbeiterorientierte und qualitative sowie gastorientierte Aspekte beachtet werden. Von Outsourcing ist also dann die Rede, wenn die vertragliche Bindung an Drittfirmen mittel- oder langfristig ist (um Outsourcing von einmaligen oder wenigen Auftragsvergaben abgrenzen zu können) und ganze Betriebsbereiche ausgelagert werden.

Ein mit Outsourcing verwandter Begriff ist **Outtasking**, bei dem jedoch im Gegensatz zum Outsourcing nur einzelne (Teil-)Aufgaben (englisch: „tasks") und keine kompletten Betriebsfunktionen an externe Partner übertragen werden. Das Unternehmen behält somit die Planung und Kontrolle und ist damit weniger abhängig von Drittunternehmen.

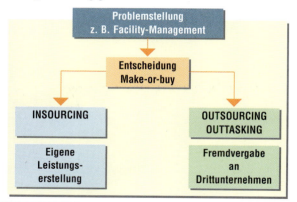

Im Rahmen von Wirtschaftlichkeitsprüfungen einzelner Abteilungen in gastronomischen Betrieben zeigen sich oft starke Auslastungsschwankungen, die zu Leerzeiten des eingesetzten Personals führen. Diese Leerkosten müssen reduziert werden, um wirtschaftlich zu arbeiten.

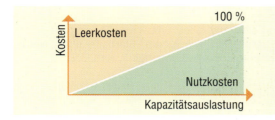

Dienstleistung ist bekanntermaßen nicht lagerfähig. Die Fremdvergabe von Reinigungsaufgaben oder Wäsche-Dienstleistungen sind daher seit Langem fester Bestandteil vieler Unternehmensstrategien, um Kosten zu reduzieren.

Ansatzpunkte ergeben sich zusätzlich im **Facility-Management**, also Hausmeisterarbeiten im weitesten Sinn bis hin zur Pflege der Außenanlagen durch Spezialisten.

Neu in Outsourcing-Überlegungen aufgenommen werden Aufgaben, die vor allem die IT-Ausstattung des Unternehmens betreffen. Der Grund für **IT-Outsourcing** ist zum einen das fehlende Know-how eigener Mitarbeiter oder die unzureichende technische Ausstattung für bestimmte Aufgaben, z. B. wenn IT-Firmen beauftragt werden, das Erstellen des Internet-Auftritts (Web-Design) und zugleich die Bereitstellung der Internetpräsenz auf FTP-Servern (Web-Hosting) zu übernehmen.

Viele verwaltungstechnische Aufgaben werden im Rahmen des **Outtaskings** an unternehmensexterne Dienstleister übertragen, z. B. die Erledigung steuerlicher Angelegenheiten durch ein Steuerberatungsbüro, Aufgaben der Lohnbuchhaltung durch ein Rechenzentrum, Besetzung freier Stellen durch eine Personalberatung oder die ständige Beauftragung einer Marketingagentur.

Aus Kostensicht werden aus bisherigen fixen Kosten nun variable Kosten, da nur noch nach tatsächlicher Leistung Kosten entstehen. Erfahrungsgemäß sind verbrauchsabhängige, variable Kosten für den Hotelier wesentlich leichter zu steuern als fixe Kosten.

Es ergeben sich zusätzlich folgende **Vorteile durch Outsourcing**:

▶ Kosteneinsparungen beim Personalmanagement
  ▷ keine Lohnfortzahlung bei Krankheit oder Urlaub, da die Mitarbeiter bei der Drittfirma angestellt sind und von dieser leistungsorientiert eingesetzt werden
  ▷ geringerer Verwaltungsaufwand, die Erledigung der Aufgaben bei der Lohnbuchhaltung oder Neubesetzung von Stellen erfolgt durch Drittfirmen
  ▷ flexibler im Einsatz von Mitarbeitern, da keine Urlaubs- oder Krankheitstage zu berücksichtigen sind
▶ Verringerung der wirtschaftlichen Risiken
  ▷ geringere Produkthaftung
  ▷ kleineres unternehmerisches Risiko
▶ bessere Wettbewerbsfähigkeit durch
  ▷ geringeren Kostenaufwand
  ▷ kleinere, aber speziellere Leistungspalette
  ▷ Konzentration auf die Kernkompetenzen
  ▷ mehr Flexibilität aufgrund des kleineren Verwaltungsapparats
  ▷ geringere Produktions- und Lagerkosten

Damit lassen sich die wichtigsten **Outsourcingmotive** wie folgt zusammenfassen:

## 9.1.4 Management und Leitungsebene

Die Präsenz des Managers im Betrieb ist von großer Bedeutung, denn für die Gäste und die Mitarbeiter ist er Ansprechpartner in allen Fragen.

Für die Mitarbeiter ist er ein Vorbild, das durch sein Tun und Lassen, gerade in kritisch unberechenbaren Situationen, wegweisend ist .

# 1 Serviceorganisation

Die Förderung der Unternehmenskultur und der Mitarbeiter-Motivation ist für die Managementebene/Leitungsebene eine zentrale Aufgabe. Es werden Leitbilder für eine optimale Unternehmenskultur entwickelt. Mitarbeiter/-innen erarbeiten Werte, die sie im Umgang miteinander für wichtig erachten. Modernes Wertemanagement zielt nicht auf die Kontrolle von Zahlen und Prozessen ab, sondern auf den Transfer der Unternehmenswerte in den Unternehmensalltag. Es wird dann ein Bewusstsein dafür geschaffen, dass mit gelebten Werten und Wertorientierung Führungskräfte und Mitarbeiter jederzeit die Entwicklung des Unternehmens, dessen eigene Wettbewerbsfähigkeit und dessen Fortschritt und Zukunft beeinflussen.

Diese Werte werden in jedem Betrieb individuell festgelegt und gelebt.

## Unternehmenswerte/Leitbild der Zusammenarbeit

| | | |
|---|---|---|
| **Offenheit** | = | Wir kommunizieren persönlich und direkt miteinander. |
| **Ehrlichkeit** | = | Wir schaffen gegenseitiges Vertrauen. |
| **Verantwortung** | = | Wir respektieren und achten uns und erkennen die Arbeiten und Leistungen aller mit ihren Stärken und Schwächen an. |
| **Zuverlässigkeit** | = | Wir erreichen unsere Ziele, indem wir zuverlässig und vertrauensvoll miteinander umgehen. |
| **Leidenschaft** | = | Wir arbeiten mit sichtbarer Begeisterung und Einsatz und motivieren uns gegenseitig. |

Die **Kommunikationsfähigkeit** ist ein wichtiger Bestandteil. Jeder Mitarbeiter ist dabei auf seine Weise zu Lust und Leistung zu motivieren. Auch die Servicemitarbeiter müssen sich angenommen fühlen. So wie der Manager seine Mitarbeiter behandelt, behandeln die Mitarbeiter ihre Gäste.

Jede Unternehmensstrategie ist nur so gut, wie die Mitarbeiter, die diese umsetzen. Es sollte das Ziel eines Managers sein, jedem Mitarbeiter etwas Neues beizubringen (siehe Lerninhalt 1, Kap. 2.2/3.2).

Mitarbeiter werden bei ihrer Arbeit angeleitet, was nicht bedeutet, Befehle zu erteilen, sondern nötige Hilfestellung zu geben – in fachlicher und mentaler Art. Eine solche „Wegbegleitung" brauchen auch erfahrene Mitarbeiter – vor allem wenn sie neue Aufgaben übernehmen.

Die Beziehung Führungskraft – Mitarbeiter bleibt eine Zweckbeziehung. Das heißt: Es geht nicht darum, wie sich die Mitarbeiter entwickeln und ihr Leben gestalten. Ziel ist, dass die Mitarbeiter ihre Aufgaben in der Organisation angemessen wahrnehmen (siehe Lerninhalt 3, Kap. 3.3).

## Teamarbeit

Gastgewerbliche Betriebe fordern, dass ihre Mitarbeiter kommunikations- und teamfähig sind. Denn Betriebe, ob klein oder groß, können nur dann professionell bestehen, wenn dort im Team gearbeitet wird, d. h. wenn alle gemeinsam anpacken.

**Teamfähigkeit** gehört zu den wichtigsten Eigenschaften, die heute in der Berufswelt gefordert werden; auch in der Schule wird in einigen Bundesländern die Teamfähigkeit in den Kopfnoten bewertet.

Gelingt es dem Management, die Teamarbeit erfolgreich zu gestalten, dann ist diese Form der Arbeitsorganisation anderen Formen vielfach überlegen. Das Management sollte die Arbeitsbeiträge der einzelnen Teammitglieder so organisieren, dass sie sich gegenseitig beeinflussen und ergänzen und sich so ein Synergieeffekt aus der Vielzahl der Einzelleistungen ergibt.

Bei der **Teambildung** ist zu beachten, dass ein gutes Team nicht von einer Sekunde auf die andere entsteht. Auch eine neu zusammengestellte Fußballmannschaft muss sich zunächst erst zusammenraufen, um die Einzelpotenziale auszuschöpfen, die in der Mannschaft stecken. Im Rahmen dieses Prozesses spielt der **Teamchef** (Trainer/Mannschaftskapitän) eine wichtige Rolle, weil er die Teamentwicklungsprozesse identifizieren und optimieren kann.

Experten sehen die **Teamentwicklung** in Projekten als einen Prozess an, der mehrere Phasen umfasst:

| Freundlich im Team |
|---|
| **Training 1: Freundlich im Job** <br> **Pro und kontra:** Freundlichkeit ist mein Privatvergnügen! <br> – Eine Diskussion <br><br> Warum Freundlichkeit in der Gastronomie zum Job gehört <br> – Gruppenarbeit mit anschließendem Vortrag oder Ergebnisse und ihre Begründungen <br><br> „Freundlichkeitsbringer" und „-killer": Was „schmiert" die Stimmung und was lässt sie „knirschen"? – Ideen sammeln und Gewichten der erfolgversprechendsten „Bringer" und schlimmsten „Killer" mit Punkten |
| **Training 2: Mitarbeitereinsatz** <br> Die **Instrumente**: <br> • Arbeitseinsatzplanung, Zuordnung zu Arbeitsplätzen und Aufgaben. Wer kann was tun? Wer möchte was tun? <br> • Jobrotation: der Wechsel von Arbeitsplatz zu Arbeitsplatz <br> • Voraussetzungen und Organisation <br> • Schicht- und Urlaubsplanung. Teildienst. Konfliktquellen und ihre Überwindung <br> – Drei Gruppenaufgaben und ihre Lösungen |
| **Training 3: Teamregeln** <br> Das erfolgreiche Team ist aufgaben- und menschenorientiert! Die wichtigsten **Regeln** für <br> • erfolgreiche Ergebnisse <br> • erfolgreiche Zusammenarbeit <br> • Entwicklung anwendungsbezogener Regeln mit anschließender Gewichtung <br><br> Konkrete Maßnahmen in unserem Haus, abgeleitet aus den wichtigsten Regeln – Lerngespräch |

(Vgl. Thombansen, Ulla: Teamgeist als Trumpf, Frankfurt am Main, S. 118)

Je besser der Teamchef in der Lage ist, die gegebene Situation im Spiel, aber auch im Training richtig einzuschätzen und daraus resultierende Entscheidungen umzusetzen, desto größer wird der Erfolg der Mannschaft. Dasselbe gilt auch für den gastgewerblichen Betrieb.

Entstehen Konflikte, so wird jedes Team geschwächt. Wenn diese dann dauerhaft aus dem Weg geräumt sind, können sich Leistungsfähigkeit und Erfolg entwickeln.

> Menschen im Team müssen sich nicht unbedingt lieben, aber sie sollen sich gegenseitig achten und respektieren.

Ein guter Teamleiter wird von den Teammitgliedern als Berater gesucht, und zwar nicht nur in geschäftlichen Angelegenheiten, sondern auch in privaten Dingen. Die Teammitglieder haben also Vertrauen zu einem guten Teamleiter. Das kann dieser aufbauen, indem er gerecht und sachlich zu Werke geht und Vorschlägen aus der Gruppe immer aufgeschlossen gegenübersteht.

Diese Eigenschaften verbuchen viele Mitarbeiter eines Hotels vielleicht für sich. Um in der Praxis ein guter Teamleiter zu sein, bedarf es jedoch noch einiger zusätzlicher Fähigkeiten. Zum einen sind psychologische Grundkenntnisse wichtig, denn sie helfen dabei herauszufinden, welcher Mitarbeiter für welche Aufgabe am idealsten einzusetzen ist. Dieses richtige Delegieren von Aufgaben ist nicht jedermanns Sache. Wirkungsvoll kann ein Mitarbeiter nämlich nur arbeiten, wenn er seiner Ausbildung entsprechend eingesetzt wird.

Zum **Begriff Teamarbeit** gibt es im Gastgewerbe zwei Verständnisebenen: Zum einen wird der gesamte Mitarbeiterstamm als Team betrachtet, das zum Ziel hat, seine Leistung gemeinsam so gut wie möglich zu verkaufen.

Zum anderen wird aus diesem Mitarbeiterstamm eine Gruppe ausgewählt, die eine zeitlich befristete Aufgabe zu bewältigen hat. Diese Verständnisebene ist im Grunde mit der ersten identisch. Die Gruppe der an einem Ziel arbeitenden Menschen ist lediglich kleiner und der Arbeitsauftrag ist als Sonderaufgabe ersichtlich.

### Aufgaben

1. Servicekräfte werden aus als „Visitenkarte" des Hauses bezeichnet. Wie kann man das begründen?

2. Das Erscheinungsbild der Servicemitarbeiter ist von großer Bedeutung. Einige wesentliche Eigenschaften kann man vom Äußeren jedoch nicht ableiten. Nennen Sie vier.

3. Sie arbeiten in einem kinderfreundlichen Restaurant. Machen Sie Vorschläge für einen kinderfreundlichen Service, damit sich Kinder und Eltern während des Aufenthaltes wohlfühlen.

4. Tischwäsche leasen? Finden Sie Vor- und Nachteile.

5. Suchen Sie in Ihrem Ausbildungsbetrieb nach Aufgaben, die zum Bereich der Gebäude- bzw. Liegenschaftsunterhaltung gehören. Welche Aufgaben könnten hier von externen Firmen im Rahmen von Outsourcing bzw. Outtasking übernommen werden, die bisher noch von eigenen Mitarbeitern erledigt werden?

6. Ein erfolgreiches Team ist aufgaben- und menschorientiert! Entwickeln Sie Regeln, die für ein erfolgreiches Miteinander unabdingbar sind.

## Infobox Sprache

### Serviceorganisation

| Deutsch | Französisch | Englisch |
|---|---|---|
| Abteilung | département | department |
| Arbeitsabläufe | processus (m) de fabrication (f) | work routine |
| Berufsbekleidung | vêtement (m) de travail (m) | work(ing) clothes |
| Besteck | couverts (m/pl) | cutlery |
| Dienstleistungsunternehmen | entreprise (f) de services (m/pl) | service company |
| Einrichtungsgegenstände | meubles (m/pl) | furnishings, fittings, pieces of equipment |
| Einsatzbereich | domaine (m) d'activité (f) | job assignment |
| Einwegtrinkgefäß | verre (m) perdu | disposable tumbler, ~ cup, ~ mug, ~ glass |
| Esskultur | culture (f) culinaire | gastronomic culture |
| Fachwissen | savoir (m) technique | specialized knowledge |
| Gästekontakt | contact (m) avec les clients | contact with guests |
| Gästetyp | type (m) de client (m) | types of guests |
| Gedeck | couvert (m) | cover |
| Geschirr | vaisselle (f) | crockery, dishes |
| Gestaltung | organisation (f), présentation (f), conception (f) | planning, design |
| Getränkebecher | gobelet (m) | glass, tumbler, goblet, mug |
| Gläserreinigung | nettoyage (m) de verres (m/pl) | glass cleaning |
| Hygiene | hygiène (f) | hygiene |
| Küchenmitarbeiter | membre (m) de la brigade de cuisine (f) | member of kitchen statt |
| Leidenschaft | passion (f) | passion |
| Leitbild | modèle (m) | model |
| Leitungsebene | niveau (m) de gestion (f) | level of management |
| Logistik | logistique (f) | logistics |
| Mitarbeiter | collaborateur (m) | member of staff |
| Motivation | motivation (f) | motivation |
| Organisationsstruktur | structure (f) d'organisation (f) | organizational structure |
| Produktpräsentation | présentation (f) du produit (m) | product presentation |
| Serviette | serviette (f) | napkin |
| Speisen | repas (m), nourriture (f) | meals, food |
| Teambildung | formation (f) d'équipe (f) | team formation |
| Teamfähigkeit | compétence (f) d'équipe (f) | team ability |
| Tischwäsche | linge (m) de table (f) | table linen |
| Umgangsformen | manières (f/pl) | manners |
| Veranstaltung | événement (m) | event |
| Verantwortung | responsabilité (f) | responsibility |
| Verkaufsbereich | secteur (m) de ventes | sales area |
| Wirtschaftlichkeit | rentabilité (f) | profitability, economic efficiency |
| Zuverlässigkeit | fiabilité (f) | reliability |

## 9.2 Sortimentsgestaltung

### Situation

Arno und Beate sind bei den neuen Nachbarn Heiko und Susanne zum Essen eingeladen. Der Tisch ist geschmackvoll eingedeckt und die beiden sind über Geschirr-, Glas- und Besteckkultur überrascht. Ob es sich um einen Kollegen aus der Gastronomie handelt?
Speisenfolge und Zubereitung der Speisen lassen das Essen zu einem Genuss werden. Heiko erzählt bei Tisch, dass er Hobbykoch sei und schon mannigfaltige Kurse besucht habe.

Arno lobt den Gastgeber und erwähnt, dass er sich in der Ausbildung zum **Fachmann für Systemgastronomie** befinde. Heiko meint daraufhin ein wenig überheblich, dann kann ich Dich zu meinem nächsten Kurs „Sortimentsgestaltung" gleich mit anmelden, denn das ist für die Systemgastronomen bestimmt kein Thema.
Arno zeigt Heiko, wie sich die Entwicklung der Sortimentsgestaltung in der Systemgastronomie darstellt.

In den sechziger Jahren erlebte die Bundesrepublik das sogenannte Wirtschaftswunder. Es herrschte relative Vollbeschäftigung und es wurde gutes Geld verdient. Dabei blieben die Freizeit und die Muße, in Ruhe zu essen, auf der Strecke.
**„Time is money"** war die Devise.

In dieser Zeit veränderte sich der deutsche Gastronomie-Markt sehr schnell. Neben den Traditionsbetrieben (einheimische Einzelbetriebe) strömten Schnellrestaurants nach amerikanischem Vorbild, Steakhäuser und ausländische Gastronomien auf den deutschen Markt. Die Gastronomie in den

# Sortimentsgestaltung

Warenhäusern (Handelsgastronomie) hatte bis zu diesem Zeitpunkt reine Servicefunktion (Erfrischungsräume). Diese Restaurants wurden auf SB-Systeme umgestellt. Es waren die **Anfänge der Systemgastronomie** in Deutschland.

Mit Veränderung der Essgewohnheiten und des veränderten Zeitgeistes haben sich die Erwartungen der Gäste an ein zeitgemäßes Speisenangebot gravierend verändert.

## Entwicklung der Essgewohnheiten

| GESTERN | HEUTE | MORGEN |
|---|---|---|
| Traditionelle Essgewohnheiten | Starke Dynamik der Essgewohnheiten | Auflösung der Essnormen |
| – einheimische Gerichte<br>– Anteil Außer-Haus-Verzehr am Nahrungsmittelverbrauch unter 10 %<br>– Einhaltung der Tagesmahlzeiten<br>– klassische Faktoren der Kundeneinschätzung<br>  + Speisen/Angebot<br>  + Preise<br>  + Service | – ethnische Küche, Seafood, Geflügel, weniger Fleisch<br>– Fast Food, Convenience-Food<br>– Anteil Außer-Haus-Verzehr ca. 20 %<br>– Mehr als 60 % der Kinder bevorzugen Fast Food bzw. Convenience-Food<br>– steigender Anteil der Einpersonen-Haushalte | – Pluralisierung der Essstile, Nebeneinander von Natürlichkeit und Synthetik, Fast Food und kreativ designtem Essen<br>– ständig neue Modewellen<br>– Anteil Außer-Haus-Verzehr ca. 30 %<br>– zunehmende Bedeutung des emotionalen Mehrwertes neben der Kernleistung Essen und Trinken („Produkt hinter dem Produkt") |

## Tageszeiten

Das Gastronomieangebot unterliegt den speziellen Anforderungen der jeweiligen Tageszeit.
Es werden unterschieden:

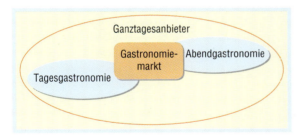

Die in der Folge beschriebenen Betriebstypen finden sich in der Freizeit- und Verkehrsgastronomie, aber auch in der Gemeinschaftsverpflegung wieder.
Die getränkegeprägte Gastronomie komplettiert die Abendgastronomie.

Das Ausblenden einzelner Tageszeiten beeinflusst die Motivstruktur der Gäste.

| Tagesgastronomie | Abendgastronomie |
|---|---|
| – hohe Preissensibilität<br>– Charakter zum kleinen Snack<br>– keine Wartezeiten/Mittagspause<br>– starke Familienorientierung/Kinder<br>– Fast-Casual-Atmosphäre<br>– Selbstbedienung | – höhere Ausgaben pro Gast<br>– Charakter zum 2- bzw. 3-Gang-Menü<br>– höheres Zeitbudget<br><br>– Freunde, Geschäftsleute<br><br>– Third-Place-Atmosphäre<br>– Service |

## Sortimentsschwerpunkte

| | Tagesgastronomie Handelsgastronomie Freeflow-Restaurant | Ganztagesanbieter Fast Food Snack-Verkauf | Abendgastronomie Full Service Steak House |
|---|---|---|---|
| Frühstück | X | X | – |
| mittags | X | – | X |
| Kaffee/Kuchen | X | – | – |
| abends | – | – | X |
| Snacks | X | X | X |

## Tagesgastronomie – Handelsgastronomie

Ende der 70er Jahre lösten Freeflow-Systeme die bis dahin in den Warenhäusern praktizierten Online-Systeme ab. Seit dieser Zeit wurde das Freeflow-System weiterentwickelt. Insbesondere die Sortimente unterlagen einem großen Wandel.

## Sortimentsentwicklung Freeflow

| Gestern | Heute | Morgen |
|---|---|---|
| starre Sortimentsstruktur<br>bürgerliche Küche<br>breite Sortimente<br>hohe Convenience-Stufe<br>Qualität<br>statische Warenpräsentation<br>Einhaltung der Tageszeiten | kundenorientierte Sortimentsrhythmik<br>ethnische Küchen<br>straffe Sortimente<br>Convenience-Komponenten<br>Qualität/Vielfalt/Gesundheit<br>Dynamik des Produzierens am Point of Sale<br>Eating around the clock | saisonale Angebotspolitik<br>Cross-over-Kitchen<br>Tagesangebote<br>Frischprodukte mit Herkunftsgarantie<br>Qualität/Wellness/Genusswert/Vitalität<br>Frontcooking/Showkitchen<br>erlaubt ist, was und wann es schmeckt |

# 1 Sortimentsgestaltung

In den **Freeflow-Restaurants** werden je nach Tageszeit unterschiedliche Sortimentsschwerpunkte angeboten.

| | |
|---|---|
| 9.30 Uhr–11.00 Uhr | Frühstück, Snacks |
| 11.00 Uhr–14.30 Uhr | warme Speisen, Snacks |
| 14.30 Uhr–16.00 Uhr | Kuchen, Gebäck, Eiscreme, Snacks |
| ab 16.00 Uhr | warme Speisen, Snacks |

Am Beispiel eines **„Le Buffet"-Freshflow-Restaurants** ist die Bestückung der einzelnen Büfetts zu den unterschiedlichen Tageszeiten ersichtlich.

| Büfett | 9:30–11:30 Uhr | 11:00–14:30 Uhr | ab 14:30–16:00 Uhr | ab ca. 16:00 Uhr |
|---|---|---|---|---|
| 1 | frisch gepresste Säfte* | frisch gepresste Säfte* | frisch gepresste Säfte* | frisch gepresste Säfte* |
| 2 | Kaltgetränke | Kaltgetränke | Kaltgetränke | Kaltgetränke |
| 3 | Coca Cola & Kaltgetränke | Coca Cola & Kaltgetränke | Coca Cola & Kaltgetränke | Coca Cola & Kaltgetränke |
| 4 | **Aufbau,** Salat*, kalte Speisen | Salat*, kalte Speisen | Salat*, kalte Speisen | Salat*, kalte Speisen |
| 5 | belegte Panini | Salat*, Antipasti | Salat*, Antipasti | Salat*, Antipasti |
| 6 | **Aufbau,** Asia, Produktion & Beilage | Asia*, Produktion & Beilage | Asia*, Produktion & Beilage | Asia*, Produktion & Beilage |
| 7 | **Aufbau,** Asia, Auswahl | Asia*, Auswahl | Asia*, Auswahl | Asia*, Auswahl |
| 8 | **Aufbau,** Grillartikel, Fisch | Grillartikel, Fisch | Grillartikel, Fisch | Grillartikel, Fisch |
| 9 | warmes Frühstücksgebäck | Pasta/Gemüse*, Soßen/Beilagen | Pasta/Gemüse*, Soßen/Beilagen | Pasta/Gemüse*, Soßen/Beilagen |
| 10 | warmes Frühstück | Pasta/Gemüse*, Soßen/Beilagen | Pasta/Gemüse*, Soßen/Beilagen | Pasta/Gemüse*, Soßen/Beilagen |
| 11 | Brot/Brötchen/Biobrot Konfitüre/Butter usw. | regionale Spezialität | Süßspeisen warm | pikante Backartikel |
| 11A | **Eisfass,** Bircher Müsli, frische Früchte* | **Eisfass,** Tagessalate | **Eisfass,** Tagessalate | **Eisfass,** Tagessalate |
| 12 | **Aufbau,** Suppen, Eintöpfe | Suppen, Eintöpfe | Suppen, Eintöpfe | Suppen, Eintöpfe |
| 13 | Brötchen | Dessert/Frischobst* Kuchen/Obstsalat* | Dessert/Frischobst* Kuchen/Obstsalat* | Dessert/Frischobst* Kuchen/Obstsalat* |
| 14 | Frühstücksaufschnitt, Delikatessen | Kuchen, Gebäck | Kuchen, Gebäck | Kuchen, Gebäck |
| 15 | Eis – homemade | Eis – homemade | Eis – homemade | Eis – homemade |
| 16 | Kaffee/Schoko, Kaffeespezialitäten | Kaffee/Schoko, Kaffeespezialitäten | Kaffee/Schoko, Kaffeespezialitäten | Kaffee/Schoko, Kaffeespezialitäten |
| 17 | Teespezialitäten | Teespezialitäten | Teespezialitäten | Teespezialitäten |
| 18 | Kaffee/Schoko, Kaffeespezialitäten | Kaffee/Schoko, Kaffeespezialitäten | Kaffee/Schoko, Kaffeespezialitäten | Kaffee/Schoko, Kaffeespezialitäten |

Position mit * = vegetarisch

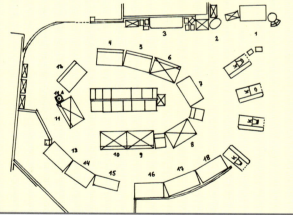

### Aktionen
Jährlich werden ca. 10 Aktionen über einen Zeitraum von 3–4 Wochen durchgeführt.

Die **Aktionthemen** sind:
- Länderaktionen wie Frankreich, Italien
- saisonale Aktionen wie Oktoberfest, Spargel, Erdbeeren
- Trendartikel wie Seafood, Wellness

Täglich wechselnd wird 1 Aktionsgericht geführt.

# Sortimentsgestaltung

## Freeflow-Trendartikel

| | | | |
|---|---|---|---|
| **Frühstück**<br>– Bacon & Co.<br>– Croissant & Co.<br>– Frühstücksgedecke | – Müsli<br>– Brotspezialitäten<br>– Brötchenspezialitäten | **Desserts**<br>– frischer Obstsalat, grob geschnitten<br>– Yoghurt- und Quarkspeisen mit Früchten<br>– kleines Tagesdessert | |
| **Warme Speisen**<br>– Seafood<br>– Geflügel<br>– Asia<br>– Pasta<br>– Gemüse | – regionale Gerichte<br>– American Finger Food<br>– Kindergerichte | **Kalte Speisen**<br>– Ciabatta, Baguettes<br>– Antipasti<br>– moderne Salate<br>– gartenfrische Salate,<br>   Dressings nach Wahl | – Keimlinge, Sprossen,<br>   frische Kräuter, Pesto<br>– kleiner Beilagensalat |
| **Gebäck/Kuchen**<br>– frische Obstkuchen<br>   bzw. -schnitten<br>– gedeckte Obstkuchen | – Muffins<br>– Kaffeegedecke | **Säfte**<br>– frisch gepresster<br>   Orangensaft | – Frucht-Cocktails<br>   aus frischen Früchten<br>– Milchshakes |
| **Warme Getränke**<br>– Kaffeespezialitäten<br>– Teespezialitäten | | **Kalte Getränke**<br>– Mineralwasser, auch still<br>– Cola Range<br>– Hefeweizen | – AFG<br>– Wein<br>– Sekt |

 **Beispiele**

Getränke

Warme Speisen

Säfte

# 1 Sortimentsgestaltung

## Freshflow-Frische-Konzept

Das Freshflow-Frische-Konzept basiert auf morgens lokal eingekaufter, kurz gelagerter und frisch verarbeiteter Rohware. Lagerung, Produktion, Präsentation – alles passiert vor den Augen des Gastes. Dies garantiert Frische, Transparenz, Sauberkeit und Ehrlichkeit für den Gast. Alle Rohstoffe werden „from the scratch" verarbeitet, d. h. ohne jegliche Convenience-Produkte. Dem neuen Gästeanspruch zu mehr Frische, Gesundheit, Natürlichkeit und Schnelligkeit wird durch ein zeitgemäßes aber auch traditionsbewusstes Sortiment plus Freiheit, die Zusammenstellung und Portionierung der Speise individuell zu bestimmen, mit diesem Konzept Rechnung getragen.

**Herzstück der Restaurants** sind jeweils die zentralen Marktstände. 11 Food-Stationen zählen die Restaurants.

### Asia-Büfett

Asia-Cooking

### Beispiel

„Asia-Büfett" (auch vegetarisch)

Die Rohprodukte werden in Schüsseln auf Crasheis präsentiert. Der Gast wählt selbst nach seinem Gusto seinen Rohstoffmix aus. Hierfür stehen rote, grüne und gelbe Portionsschalen bereit.

Folgende Rohstoffe stehen zur Auswahl:

– 2 Sorten Fleisch, dünn geschnitten (Rind, Schwein, Pute, Lamm etc.)
– 1 Sorte Seafood (Shrimps, Krabben, Lachs usw.)
– 16–18 Sorten Gemüse (Pilze, Keimlinge, Zwiebeln, Küchenkräuter etc.)

Durch die Farbe der Schalen bestimmt der Gast seine Geschmacksrichtung.

– rot = süßsauer
– grün = Erdnusssauce
– gelb = Thai-Curry

| \multicolumn{3}{c}{Food – Stationen} | | |
|---|---|---|
| **Station** | **Anzahl der Artikel** | **Artikel** |
| Antipasti/Salatbar* | 8–10 | Salate, Antipasti, Accessoires, 4 Dressings |
| Suppenbar | 3 | Suppen, Eintöpfe |
| Fischstand | 1–2 | Fisch, Schalentiere |
| Grillstation | 1–2 | Grillgerichte |
| Marktküche | 1 | Tagesgericht, regionale Spezialität |
| Gemüseküche* | 10 | Beilagen (Gemüse, Kartoffeln, Nudeln) |
| Pastaküche | 3 | Pastagerichte |
| Asiabüfett (Wok) | 3 | Geschmacksrichtungen |
| Dessertbüfett* | 6–8 | Desserts, 1 Tagesdessert |
| Patisserie/Konditorei | 8–10 | Kuchen, Gebäck |
| Eisbüfett | 6–8 | Eiskrem, Sorbet |

Positionen mit * werden in 3 Portionsgrößen (Tellergrößen klein, mittel, groß) angeboten. **Keinerlei Verkauf über die Waage.**

Anfangs als reine SB-Ausgabestation gebaut, hielt auch hier ein vielfältiges, buntes und frisches Angebot seinen Einzug. Inzwischen gibt es Systeme, bei denen der Gast sich die Zutaten seines Essens selbst zusammenstellt und diese vor seinen Augen à la minute frisch gegart werden. Die Produktgruppen Asia und Pasta eignen sich für diese Angebotsform.

Der Gast reicht dem asiatischen Koch seine Schale mit den von ihm ausgewählten Rohprodukten, die dieser dann à la minute in einem Induktionswok mit der entsprechenden Soße zubereitet und auf einem Teller anrichtet. Der Gast entnimmt aus einem Reiskocher seine gewünschte Menge Reis.

# Sortimentsgestaltung

## Freshflow-Menü

Ähnlich wie bei einem klassischen Menü, bei dem ein Gericht dem nächsten folgt, kann der Gast im Fresh-Flow-Restaurant von Marktstand zu Marktstand schlendern und sich selbst sein Menü frei in Zusammensetzung und Menge zusammenstellen. Der Gast stellt also sein Menü je nach Appetit, Budget und zeitlichem Rahmen selbst zusammen.

| Vorschlag eines 6-Gänge-Menüs: | |
|---|---|
| Kalte Vorspeise: | Kleiner Antipasti-Teller mit Ciabatta-Brot und Butter/Pesto |
| Suppe: | Brokkolirahmsuppe |
| Zwischengericht: | Gedünstetes Lachsfilet mit bunten Gemüsestreifen, Dillrahmsoße und Butterkartoffeln |
| Sorbet: | Apfel-Sorbet |
| Hauptgericht: | Putenbrustmedaillons gebraten mit Tomaten-Estragonsoße, Bandnudeln und Zucchinigemüse |
| Dessert: | Frische Erdbeeren |

## Ganztagesanbieter – Fast Food

In den 50er-Jahren entstanden in den USA „Hamburger-Restaurant-Ketten" (Burger King, McDonald's usw.), die seit den 70er-Jahren auch in Deutschland vertreten sind.

Zwischenzeitlich bereichern weitere Gastronomie-Marken den Fast-Food-Markt.

Hot Dogs, Chicken, Currywurst, Sandwiches, Pommes frites usw. werden als standardisierte Produkte von hoher Qualität angeboten. Alle diese Kleinflächenkonzepte haben eines gemeinsam – es sind voll systematisierte Betriebe, wie **Frites van Holland**.

Hauptartikel bei Frites van Holland sind, wie der Name bereits sagt, frische holländische Pommes frites, die in drei Portionsgrößen angeboten werden. Verarbeitet wird ausschließlich grob geschnittene Rohware, die frisch und vakuumiert angeliefert wird. Die Kartoffelstäbchen werden zunächst blanchiert und nach dem Auskühlen auf Bestellung in einer Hochleistungsfritteuse frittiert.

Dazu gibt es wahlweise sechs verschiedene Toppings und Soßen. Abgerundet wird das Sortiment mit Frikandel (holländische Bratbrühwurst), Chicken-Filets und Softdrinks. Das schmale Sortiment wird mit sogenannten Spar-Menüs ergänzt.

| Sortiment | | | |
|---|---|---|---|
| – Pommes frites | klein | normal | groß |
| – Pommes frites „spezial" mit Frites-Soße, Ketchup und Zwiebelwürfel | | | |
| – Frikandel | | | |
| – Chicken-Filets | | | |
| – Frites-Soße | | | |
| – Tomaten-Ketchup | | | |
| – Curry-Ketchup | | | |
| – Erdnussoße | | | |
| – Zwiebelwürfel | | | |
| – Coca Cola | klein | normal | groß |
| – Coca Cola Light | klein | normal | groß |
| – Fanta | klein | normal | groß |
| – Apfelschorle | klein | normal | groß |
| – Bonaqua | klein | normal | groß |

**Spar-Menüs (Beispiele)**

Menü 1 – 4,95 EUR | Menü 2 – 4,90 EUR | Menü 3 – 2,65 EUR

| Grundsätze der Sortimentsgestaltung | |
|---|---|
| – straffe Sortimente | – zentraler Einkauf |
| – Finger-Food | – Produktvorgaben/Rezepturen |
| – Standardisierung/ Top Qualität | – Technik auf die Produkte abstimmen |
| – hoher Conveniencegrad | – optimale Zu- und Abluft |
| – Spar-Menüs | – übersichtliche Menü-Bords |
| – hoher Take-away-Anteil | – attraktive, zweckmäßige Verpackung |
| – einfaches Handling | |
| – Schnelligkeit | |

# 1 Sortimentsgestaltung

## Abendgastronomie – Full Service

Ende der 60er- und Anfang der 70er-Jahre wurden in Deutschland die ersten Steakhaus-Ketten gegründet. Die Inspiration für die Entwicklung dieses Gastronomie-Betriebstyps holten sich die Gründer dieser Ketten in Nord- und Südamerika.

| STEAKHÄUSER | | |
|---|---|---|
| **Restaurantkette** | **Gründer** | **gegründet** |
| Block House | Eugen Block | 1968 |
| Churrassco (heute nur noch in der Schweiz) | Hans Albert Freiherr von Maltzahn | 1969 |
| Maredo | Manfred Holl | 1973 |

Wer wissen will, was klassische Systemgastronomie charakterisiert, der nimmt am besten eine der großen Steakhaus-Ketten unter die Lupe. Denn gerade dieser Betriebstyp verdeutlicht jene wesenbestimmenden Merkmale besonders gut, die Spezialistentum auf dem Dienstleistungssektor ausmachen, nämlich:

– Leistungsbeschränkung (straffes Sortiment),
– rationelle, systematische Produktion,
– gastorientiertes Mitarbeiterkonzept,
– massives Marketing.

Klassische Steakhäuser findet man selten in kleineren Städten. Der Erfolg der Steakhäuser stellt sich nicht von alleine ein. Man orientiert sich am Markt, das bedeutet in sechs Punkten:

1. Den optimalen Standort wählen.
2. Die richtigen Speisen und Getränke anbieten.
3. Erlebnisatmosphäre schaffen.
4. Auf gute, gleichbleibende Qualität achten.
5. Den Verkaufspreis nie aus den Augen verlieren.
6. Intensive Schulung aller Mitarbeiter, „Gastorientierung".

**Das Wesentliche eines Steakhauses** ist das Sortiment und das Ambiente. Beides ist wie bei kaum einem anderen Betriebstyp so eng miteinander verbunden. Die Mehrzahl der Gäste reiht Steakhäuser in die Gruppe der Erlebnisgastronomie ein, erlebt wird der perfekte Umgang mit der Ware, das Salatbüfett, ausländisch anmutende Atmosphäre und prompter, guter Service. Gerade den Service betonen alle Steakhäuser. Regelmäßige und intensive Schulung der Mitarbeiter gilt als Systembestandteil. Das zeichnet Spezialisten aus.

### Typisch für Steakhäuser

– starkes Branding der Marke
– der Stier als Markenzeichen
– Image-Farben Rot und Schwarz
– südamerikanische Atmosphäre im Restaurant
– fröhliche Stimmung
– straffe Sortimente
– Fleisch aus Südamerika
– starke Mittag- und Abendspitzen, kaum Vormittags- und Nachmittagsgeschäft
– Grillstation und Salatbar im Restaurant

## Sortimentsentwicklung

Auch in diesem Segment unterlagen in den letzten drei Jahrzehnten die Sortimente einem starken Wandel. Die Auslöser waren die veränderten Verzehrgewohnheiten, das Gesundheitsbewusstsein der Gäste und nicht zuletzt die BSE-Krisen.

| | |
|---|---|
| **70er-Jahre:** | Absolut-Mono-Produkte-Profil „Steak & Salat + Baked Potato" |
| **80er-Jahre:** | Mono-Produkte-Profil mit Ergänzungen „Fleisch & Seafood" (Renner: Steak & Lobster) |
| **90er-Jahre:** | Produkt-Profil-Ausweitung „Alles vom Grill" (Rind, Geflügel, Lamm, Fisch usw.) |
| **UNVERÄNDERT:** | **Kernkompetenz Steak & Salat** |

Am **Beispiel** der Steakhauskette **„Block House"** ist die **aktuelle Sortimentsgestaltung** ersichtlich. Block House ist ein Familienrestaurant, das die ganze Familie anspricht.

### Dieses Unternehmen unterscheidet:

1. Standardkarte
2. Business Lunch
3. Aktionen
4. Sortiment Handelsware

### 1. Standardkarte

**Kernsortiment Steakmenüs**
Grundsatz für die Planung des Sortimentes ist die Ausrichtung auf ein 2-Gang-Menü. Diesem Grundsatz ist sowohl die jeweilige Portionsgröße als auch die Zusammenstellung der einzelnen Gerichte untergeordnet. Zu jedem Steakgericht wird zur Vorfreude bzw. zur zeitlichen Überbrückung und als Appetitanreger für das Hauptgericht vorweg ein frischer Salat mit Dressing nach Wahl serviert.

Die Hauptgerichte/Steakgerichte sind in unterschiedlichen Portionsgrößen zusammengestellt, so findet sich für jeden Appetit/Hunger ein Gericht mit der passenden Portionsgröße auf der Speisenkarte.

Sortimentsgestaltung 1

### Frisches Vorweg

Unsere STEAK-MENÜS enthalten einen frischen BLOCK HOUSE Salat vorweg.

**BLOCK HOUSE Salat** — saisonale Blattsalate, Tomaten, Paprika, Gurken, Zwiebeln und Champignons — 3,40
- American lieblich, cremig, mit Estragon verfeinert
- French pikant, mit Kräutern und etwas Knoblauch
- Italian würzig, mit Kräutern und etwas Balsamico Essig
- Balsamico mit Balsamico Essig und gutem Olivenöl

**Caesar Salad** — Römer- und Rucolasalat mit Knoblauchcroûtons, angemacht mit French Dressing und Parmesan — 4,00
**Carpaccio** — hauchdünne Scheiben vom Rind mit Pesto, Parmesan und Rucola, dazu ofenfrisches BLOCK HOUSE Brot — 6,90
**Bruschetta** — frische Tomatenwürfel mit Pesto aus Basilikum, Olivenöl und Zwiebeln auf unserem Röstbrot — 3,40
**Rucola-Tomatensalat** — mit milden roten Zwiebeln, angemacht mit Balsamico Dressing — 3,70

**Gartensalat mit Pilzen** — gebratene Austernpilze auf Rucola- und Römersalat, angemacht mit Tomatenwürfeln und Italian Dressing — 4,90
**Büsumer Krabben** — aus der Nordsee, mit Radieschen, Dill, Zwiebeln, Gurken und Olivenöl, dazu unser Brot — 6,00
**Gemüse-Sticks** — knackiges Rohkost-Gemüse mit Sour Cream, Bruschetta, Coleslaw und BLOCK HOUSE Brot — 3,40

### Suppen
**Bull Soup** — Rinderbrühe mit Fleisch und Gemüse, kräftig im Geschmack, dazu Brot — 3,80
**Französische Zwiebelsuppe** — klassisch mit Weißwein gekocht und Käse überbacken — 4,60

### Zum Dazubestellen
- BLOCK HOUSE Brot mit Knoblauch, frisch aus dem Ofen — 0,70
- Baked Potato mit Sour Cream — 2,60
- Green Peppercorn Sauce würzig, mit vielen grünen Pfefferkörnern — 1,80
- Kartoffelgratin — 2,80
- Pommes frites — 2,00
- Kräuterbutter, Sour Cream, Barbecue-Steak-Sauce — je 0,70
- Frisches Saisongemüse — 3,00
- Blattspinat „Brasserie" feinwürzig, mit Zwiebeln — 3,00
- Knackiges Pfannengemüse frisch gebratene Paprika, Kaiserschoten, Champignons und rote Zwiebeln — 3,00
- Coleslaw „American Style" hausgemachter, frischer Weißkohlsalat mit Karotten- und Gurkenraspeln — 1,90
- Frische Pilze à la Crème — 3,60

### BLOCK HOUSE

**Unsere STEAK-MENÜS enthalten einen frischen Salat vorweg, Baked Potato mit Sour Cream und BLOCK HOUSE Brot.**

**MR. RUMPSTEAK** — vom ausgewählten jungen BLOCK HOUSE Rind mit kleinem Fettrand für die Saftigkeit, 250g. Kernig und zart 19,20

**MRS. RUMPSTEAK** — ein erstklassiger Zuschnitt unserer Fleischerei, 180g, aus dem jungen, herzhaften Rinderrücken 15,40

**HEREFORD RIB-EYE** — aus dem Zwischenrippenstück, 250g, gut marmoriert mit kleinem Fettauge, deshalb so saftig und zart 17,60

**RIB-EYE MASTERCUT, 12 oz.** — zart gereifte Hochrippe, 350g, der Stolz unserer Fleischer, heiß vom Lavagrill, damit alles Gute drin bleibt, mit BLOCK HOUSE Meerrettich 22,90

**AMERICAN TENDERLOIN** — das beste Stück des Filets, 250g, hoch und dick geschnitten, außen kross und innen zartrosa 25,90

**FILET MIGNON** — 180g aus dem zartesten Teilstück vom jungen Rind, gewürzt mit dem beliebten BLOCK HOUSE Steak Pfeffer 20,60

**PRIME-RIB STEAK** — das Premium Steak am Knochen für Kenner, aus der zartgereiften Hochrippe deutscher Jungrinder. 500 - 700g schwer per 100 g 5,20
Unsere Beilagen für jede weitere Person 6,70

### Frische Brasseriekuche / Vegetarisch / American Bistro

**Vorweg empfehlen**
**American Salad** — bunte, knackige Salate mit zarten Putenmedaillons, gebratenen Champignons und American Dressing
**Turkey Caesar Salad** — Römer- und Rucolasalat mit French Dressing und Parmesan angemacht, zarte Putenmedaillons und Knoblauchcroûtons
**Oldenburger Putenbrust** — saftig gegrillt, dazu Baked Potato mit Sour Cream und frischer Coleslaw
**Frischer Fjord Lachs** — aus den Fjorden Norwegens, mit feinwürzigem Blattspinat, Kartoffelgratin und Zitrone
**Neuseeland Lamm** — 180g, zartrosa gegrillter Lammrücken, mit Kartoffelgratin, Kräuterbutter und feinwürzigem Blattspinat

**Pilz Potato** — unsere Baked Potato mit knackigem Pfannengemüse und frischen Pilzen à la Crème

**Huftsteak** — 163g, aus dem Herzstück der Rinderhüfte mit Coleslaw, Baked Potato und Brot
**Classic Block Burger** — 200g reines BLOCK HOUSE Beef. Dazu Baked Potato mit Sour Cream, Brot und frischer Coleslaw

Gern empfehlen wir Ihnen

---

Ein neues Produkt ist das **„Prime-Rib-Steak for two"**. Vorweg gibt es eine große Schüssel Salat mit Dressing nach Wahl. Dann ein 500 g Rib Eye mit den bekannten Beilagen auf heißem Granitstein serviert. Ein neuer Restaurantspaß, originell und unterhaltsam.

Neben dem Kernprodukt **„Steak"** werden auch Alternativen angeboten, nämlich Vorspeisen und Starters, Suppen und Beilagen auch als Snack für den kleinen Appetit. Unter der Rubrik **„Frische Brasserieküche"** werden vegetarische Gerichte, Salatkompositionen als Hauptgericht, Fisch, Geflügel und Lammgerichte angeboten. Für die jüngere Zielgruppe werden im Bereich **American Bistro** Hamburger, Spare Ribs, Hüftsteak und Barbecue-Teller geführt.

Im Getränkebereich werden Bier, Softdrinks, Spirituosen, Aperitifs und Bitter, Wein, Champagner, Kaffee sowie Tee angeboten.

| Produktgruppe | Anzahl/Artikel |
|---|---|
| **Speisen** | |
| – Frische Salate und Starters | 6 + 3 Dressings |
| – Suppen | 3 |
| – Beilagen | 12 |
| – Steakmenüs | 7 |
| – Frische Braisserieküche | 9 |
| – Vegetarische Küche | 4 |
| – American Bistro | 6 |
| – Dessert/Sonderkarte | 3 + Eiskrem |
| – Kindergerichte/Sonderkarte | 6 |

| Produktgruppe | Anzahl/Artikel |
|---|---|
| **Getränke** | |
| – Beer | 4 |
| – Softdrinks | 13 |
| – Spirituosen | 16 |
| – Aperitifs + Bitter | 4 |
| – Wein + Champagner | 10 |
| – Kaffee + Tee | 7 |

### Grundsätze der Sortimentsgestaltung/Standardkarte

- 2-Gang-Menü
- kleine Vorspeisen
- unterschiedliche Portionsgrößen (Steaks)
- Familie: Alternativen wie vegetarische Gerichte, Fisch usw.
- junge Zielgruppe: American Bistro
- unsere kleinen Gäste (Kinderkarte)
- Mittagsgerichte (Business Lunch)
- Essen zu zweit (Prime-Rib-Steak for two)
- für den kleinen Appetit (Snacks)
- straffe Sortimente: „Weniger ist mehr"
- Qualität und Frische
- Schnelligkeit „Time is Money"
- Frontproduktion
- alle Produkte vorportioniert aus der eigenen „Block-House-Fleischerei" bzw. eigenen „Block-Menü-Produktion"

215

# 1 Sortimentsgestaltung

## 2. Business-Lunch

Zur Forcierung bzw. besseren Auslastung des Mittagsgeschäftes (täglich frisch bis 15.00 Uhr) wurde das „Business Lunch" eingeführt.

„In 5 bis 10 Minuten serviert", das ist das Versprechen an die Gäste.

Von Montag bis Freitag werden täglich wechselnd zwei Business-Gerichte zu einem attraktiven Verkaufspreis angeboten. In der Regel sind es zwei Gänge mit Komponenten, die sich so nicht auf der Speisenkarte wiederfinden. Bei der Auswahl der Gerichte finden neben Klassikern sowohl regionale und besonders saisonale Einflüsse Berücksichtigung. Einziger Lieferant für diese Gerichte ist die eigene Produktionsstätte „Block Menü".

Die Planung erfolgt ca. 8 Wochen vorher in einem alle 4 Wochen wechselnden Rhythmus. Mit diesem Vorlauf werden Einkaufsvorteile erzielt und die Auslastung der eigenen Produktionsstätte kann besser koordiniert werden.
Die einzelnen Wochen werden so geplant, dass die Hauptkomponenten der Gerichte jeweils aus Rind, Schwein, Geflügel, Gemüse und Fisch (Freitag immer) usw. bestehen und auch innerhalb dieser Wochen Abwechslung bieten. Nachfolgend ein Wochenplan Business Lunch.

---

**Grundsätze der Sortimentsgestaltung / Business Wochenplan**

(Für den Bereich Business Lunch gelten die Kriterien der Tagesgastronomie)
– Tagesgastronomie
– 2-Gang-Menü
– regionale Ausrichtung
– saisonale Ausrichtung
– attraktiver Verkaufspreis
– Top Qualität
– Schnelligkeit (Produktion und Service)
– 4-Wochen-Plan
– 8-Wochen-Vorlauf
– bessere Einkaufskonditionen
– bessere Auslastung der Produktionsstätten
– alle Produkte aus einer Hand
– gezielte Abwechslung der Hauptkomponenten (Rind, Geflügel, Fisch usw.)

---

## 3. Aktionen

Jährlich werden ca. 8 bis 10 Aktionen über einen Zeitraum von ca. 3 Wochen durchgeführt.

---

**Einige Grundsätze**

– Die Aktionen folgen nicht nahtlos aufeinander, somit können die Aktionsgerichte restlos abverkauft werden.
– Die Preisleistung muss für den Gast ersichtlich sein (keine Billigangebote).
– Die Kernkompetenz „Fleisch" steht im Fokus.
– Die Food-Fotos/Werbemittel müssen brillant sein: „Food appeal".
– Die Hauptkomponenten „Fleisch" werden „à la minute" gegrillt bzw. gebraten.
– Die Gewichte der Hauptkomponenten weichen von den Gewichten aus der Standardkarte ab (Vergleichbarkeit).
– Die Aktionen bestehen in der Regel aus 3 Artikeln (1 × Food, 1 × Beverage, 1 × Vorspeise oder 1 × Dessert).
– Das Markenprodukt „Block-House-Brot" ist, wenn möglich, immer Bestandteil.
– Die Aktionen werden saisonal ausgerichtet.
– Erfahrungen (Abverkauf, Image, Wareneinsatz, Gäste-Feedback, Handling) durchgeführter Aktionen werden bei der Planung berücksichtigt.
– Langfristige Planung ermöglicht günstige Einkaufspreise und optimale Werbemittel.
– Die Aktionen werden ca. 2 Wochen vorher per Rechnungshülle, Menageneinleger, Mailings usw. vorangekündigt.
– Die Aktionen werden mit Food-Dekoration (z. B. Korb mit Pilzen auf dem Salatbüfett) unterstützt.

---

**Montag, 03.01.** € 6,50

**Perlhuhnbrust**
gefüllt, in milder Pilzrahmsauce, dazu Spätzle.
Vorweg ein BLOCK HOUSE Salat

**Beef Potato** € 6,90
Baked Potato gefüllt mit kross gebratenen Rindfleischstreifen, Champignons, Pfefferrahmsauce und BLOCK HOUSE Brot

**Dienstag, 04.01.** € 6,50

**Rinderleber**
zart und saftig gebraten, mit kross gebackenen Zwiebelringen, gedünsteten Apfelspalten und Kartoffelpüree

**Putenmedaillons** € 6,90
mit sahnigem Kartoffelgratin und BLOCK HOUSE Brot.
Vorweg ein Coleslaw Salat

**Mittwoch, 05.01.** € 6,50

**Königsberger Klopse**
in feiner Kapernsauce, mit Butterreis und Rote Beete

**Huftsteak** € 6,90
saftig gegrillt, mit feinwürzigem Blattspinat und Baked Potato mit Sour Cream.
Vorweg ein BLOCK HOUSE Salat

**Donnerstag, 06.01.** € 6,50

**Vier Nürnberger Rostbratwürstchen**
mit Wirsinggemüse in Rahm und Salzkartoffeln

**Spinat-Pilzgratin** € 6,90
Frische Pilze in Rahm und Blattspinat mit zartschmelzendem Edamer überbacken und BLOCK HOUSE Brot

**Freitag, 07.01.** € 6,50

**Seelachsfilet in Sesampanade**
mit buntem Kartoffelsalat, Remouladen-Dip und Zitrone

**Drei kleine Rindersteaks** € 6,90
kross gegrillt mit feinen Pilzen in Rahm und BLOCK HOUSE Brot.
Vorweg ein BLOCK HOUSE Salat

# Sortimentsgestaltung / Infobox Sprache

**Beispiele von Verkaufsaktionen**

## 4. Sortiment Handelsware

Dass man sowohl Bekanntheitsgrad als auch Image einer gastronomischen Marke auch im Einzelhandel nutzen kann, davon profitiert Block House durch die Diversifikation seit Jahren. Die beliebten Produkte wie Salatdressings, Grillsoßen, Grillgewürze, Sour Cream, Rote Grütze usw. finden Sie auch im gut sortierten Lebensmitteleinzelhandel.

Hier ein Auszug des Sortimentes:

**Diese BLOCK HOUSE Produkte finden Sie im gut sortierten Einzelhandel.**

**BLOCK HOUSE-Dressings**
American, 250 ml
French, 250 ml
Joghurt, 250 ml
Italian, 250 ml

**BLOCK HOUSE-Saucen**
Senf-Dill-Sauce, 80 ml
Remoulade, 250 ml
Steak-Sauce, 250 ml
Chili-Sauce, 250 ml
Knoblauch-Sauce, Aioli, 250 ml

**BLOCK HOUSE Sour Cream**
Sour Cream, 200 g
mit Mayonnaise, 200 g

**BLOCK HOUSE Rote Grütze**
aus 7 Früchten gekocht, 375 g

**BLOCK HOUSE-Pfeffer**
Steak-Pfeffer, 50 g
Fleisch-Pfeffer, grün, 50 g

**BLOCK HOUSE-Butter**
Kräuterbutter, 125 g
Knoblauchbutter, 125 g

**BLOCK HOUSE-Meerrettich**
Sahne-Meerrettich, 80 g
Naturscharf-Meerrettich, 90 g

**BLOCK HOUSE Tomaten Ketchup**
in der 300 ml und 450 ml-Flasche

### Aufgaben

1. Was wissen Sie über die Entstehungsgeschichte der Menükunde und welche Bedeutung hat sie heute in der Systemgastronomie?
2. Die Systemgastronomie gliedert sich in fünf Segmente. Nennen Sie diese und ordnen Sie jeweils zwei Unternehmen/Systeme zu.
3. Wir unterscheiden zwischen Tages- und Abendgastronomie. Die Besuchsmotive der Gäste bzw. die Anforderunen an diese Tageszeiten sind sehr unterschiedlich. Nennen Sie jeweils vier typische Besuchsmotive.
4. In der Handels- und Verkehrsgastronomie wurden die Online-Systeme durch Freeflow-Systeme abgelöst. Stellen Sie die Weiterentwicklung der Freeflow-Systeme dar.

### Infobox Sprache

**Sortimentsgestaltung**

| Deutsch | Englisch |
|---|---|
| Aktionen | actions |
| Geschäftsessen | business lunch |
| Kernsortiment | main product range |
| Sortimentsentwicklung | product range development |
| Sortimentsgestaltung | product mix design, product range design |
| Sortimentsschwerpunkte | product range priorities |
| Standardkarte | standard menu |

# 9.3 Getränke

Auch die Systemgastronomen sind heutzutage aufgefordert, dem anspruchsvollen Gast Auskunft und Empfehlung bezüglich der angebotenen Getränke zu geben. Dabei ist die jeweilige Produktpalette selbstverständlich auf den Betrieb ausgerichtet.

Erkennbar ist jedoch, dass sich das Sortiment in seiner Breite entwickelt hat. So genügt es nicht mehr, Kenntnisse im Bereich der alkoholfreien Getränke, Aufgussgetränke und Bier zu besitzen. Vielmehr ist das betriebliche Angebot – je nach Ausrichtung – vielerorts um eine mehr oder weniger große Auswahl beispielsweise an Wein, Schaumwein, Likörwein und Spirituosen erweitert worden.

Deshalb sollten stets aktuelle Trends in die Angebotsgestaltung des Betriebes einbezogen werden (siehe Situation).

Getränkestraße

## 9.3.1 Alkoholfreie Getränke

> **Situation**
>
> Gemeinsam mit weiteren Auszubildenden Ihres Betriebes bereiten Sie sich auf die bevorstehende Zwischenprüfung vor.
>
> Petra hat die Idee, sich zunächst einmal einen genauen Überblick bezüglich des Sortiments an alkoholfreien Getränken Ihres Betriebes zu verschaffen.

### Bedeutung der alkoholfreien Getränke

Besonders in der Tages- und Verkehrsgastronomie haben die alkoholfreien Getränke (AfG) einen hohen Stellenwert. Aber auch in der Freizeit- und Szenegastronomie gewinnen diese Getränke immer mehr an Bedeutung. Angebot und Präsentationsform unterscheiden sich je nach Betriebstyp. In der Regel werden Wässer, Limonaden, Fruchtsäfte, Fruchtsaft- und Limonadenmixgetränke, Energy-Drinks, Milch, Kakao, Kaffee und Tees angeboten.

In der Verkehrsgastronomie tragen zum großen Teil Heißgetränke sowie alkoholfreie Kaltgetränke zum Gesamtgetränkeumsatz bei. Die Jahresstatistik eines Betriebes weist folgende Werte im Getränkebereich aus:
Die Heißgetränke haben einen Anteil von 54 %, die alkoholfreien Getränke von 39 % und die alkoholischen Getränke lediglich 7 %.

Durchschnittlich trinkt jeder Deutsche ca. 300 Liter Erfrischungsgetränke, Wasser, Fruchtsaft und Nektar.

### Wässer

Mineral- und Heilwasser werden i.d.R. in 0,25 l- oder 0,7 l-Flaschen angeboten. Tafelwasser erhält der Gast abgepackt, z.B. in Dosen, oder offen in Gläsern oder Karaffen. Offenes Tafelwasser wird in den Betrieben meist selbst hergestellt.

**Mineralwasser** ist in Deutschland das beliebteste alkoholfreie Getränk. Der Pro-Kopf-Verbrauch stieg von durchschnittlich ca. 100 Litern im Jahr 2000 auf derzeit ca. 130 Liter im Mineral- und Heilwasserbereich an. Mineralwasser wird – wenn kohlensäurehaltig – dem Gast gekühlt angeboten. Kohlensäurefreie Mineralwasser und Heilwasser hingegen werden im Allgemeinen ungekühlt gereicht.

Besonders beliebt sind darüber hinaus Schorlen, Limonaden oder Sportgetränke auf Mineralwasserbasis. So verzeichneten die Wellness- und Lifestyle-Produkte bei Wässern mit Zusätzen, gefolgt von Schorlen den stärksten Zugewinn.

Laut *Mineral- und Tafelwasserverordnung* wird wie folgt unterschieden:

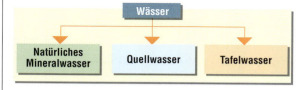

### Natürliches Mineralwasser

**Mineralwasser muss u.a.**
▶ seinen Ursprung in einem unterirdischen, vor Verunreinigungen geschützten Wasservorkommen haben,
▶ aus einer oder mehreren künstlichen oder natürlichen Quellen gewonnen werden,
▶ von ursprünglicher Reinheit sein, durch seinen Gehalt an Mineralstoffen, Spurenelementen und anderen Bestandteilen ernährungsphysiologischen Wert haben,

# Getränke

- hinsichtlich seiner Zusammensetzung, Temperatur und anderer wesentlicher Merkmale im Rahmen natürlicher Schwankungen konstant bleiben,
- frei von Krankheitserregern sein,
- bei weniger als 1 000 mg gelösten Mineralstoffen oder weniger als 250 mg freiem Kohlendioxid pro Liter hinsichtlich ernährungsphysiologischer Gesichtspunkte in wissenschaftlichen Verfahren überprüft worden sein,
- um Verunreinigungen und Fälschungen auszuschließen, am Quellort in die für den Verbraucher vorgesehenen Behältnisse abgefüllt und verschlossen werden (Abfüllungen in Container sind nicht zulässig),
- amtlich anerkannt sein.

Natürliche Mineralwässer unterscheiden sich durch den Kohlensäuregehalt und die Inhaltsstoffe.

| Bezeichnungen nach dem Kohlensäuregehalt | Inhaltsstoffe sind z. B. | |
|---|---|---|
| ▶ Wasser mit vollem Kohlensäuregehalt<br>▶ Mineralwasser mit halbem Kohlensäuregehalt<br>▶ Stilles Mineralwasser | ▶ Kalium<br>▶ Natrium<br>▶ Chlorid<br>▶ Zink<br>▶ Mangan | ▶ Calcium<br>▶ Magnesium<br>▶ Fluorid<br>▶ Silicium<br>▶ Sulfat |

## Säuerlinge – Sprudel – Heilwasser

Natürliches Mineralwasser darf als **Säuerling** bezeichnet werden, wenn dieses mehr als 250 mg Kohlendioxid pro Liter enthält.
**Sprudel** sind Säuerlinge, die aus einer künstlichen oder natürlichen Quelle überwiegend durch natürlichen Kohlensäuredruck entweichen.
Als Sprudel darf auch Mineralwasser deklariert werden, das unter Zusatz von Kohlensäure abgefüllt wird.
**Heilwasser** ist Mineralwasser, dessen heilende Eigenschaften während einer erprobten Zeit nachgewiesen werden konnten. Heilwasser unterliegen dem *Arzneimittelgesetz*.

## Quellwasser

Quellwasser wird wie natürliches Mineralwasser aus unterirdischen Wasservorkommen gewonnen. Eine amtliche Anerkennung des Quellwassers ist nicht erforderlich. Grenzwerte hinsichtlich der chemischen Inhaltsstoffe für z. B. Arsen, Cadmium, Chrom sind vorgegeben.
Die Etikettbeschriftung muss so gewählt werden, dass eine Verwechslung mit Mineralwasser ausgeschlossen ist. Diese Verordnung gilt auch für Tafelwasser.

## Tafelwasser

Tafelwasser ist künstliches mineralhaltiges Wasser, das durch eine Weiterbehandlung des Trink- oder Quellwassers bereitet wird.

Laut oben genannter Verordnung sind folgende Zusatzstoffe zugelassen:
- Magnesium-, Calcium-, Natrium- und Natriumhydrogencarbonat
- Calcium- und Natriumchlorid
- Kohlendioxid
- natürliches salzhaltiges Wasser (Sole) bzw. natürliches Mineralwasser, dessen Salzgehalt durch Wasserentzug erhöht wurde
- Meerwasser
- auch Kohlensäure kann hinzugeführt werden

## Aromatisiertes Wasser

Aromatisieren durch Zusatz natürlicher Fruchtauszüge ist bei allen Wässern möglich. Sie werden als „Erfrischungsgetränke aus natürlichem Mineralwasser" deklariert.

## Limonaden

**Limonaden** bestehen aus
- Fruchtsaft,
- Genusssäuren,
- Wasser mit Kohlensäure.
- natürlichen Essenzen,
- mind. 7 % Zucker und

Während der Gesetzgeber die Mindestfruchtanforderungen bei Fruchtsaftgetränken lediglich heruntergestuft hat, wird bei Limonaden und Brausen gänzlich darauf verzichtet.

Ist auf dem Etikett der Bestandteil „Fruchtsaft" prozentual angegeben, müssen folgende Fruchtanteile enthalten sein:

| Trauben | Kernobst | Zitrusfrüchte | and. Früchte |
|---|---|---|---|
| mind. 15 % | mind. 15 % | mind. 3 % | mind. 5 % |

In die **Kategorie Limonaden** gehören auch
- Cola-Limonaden, die je nach Sorte 6,5 bis 25 mg Koffein pro 100 ml enthalten müssen.
- Chininhaltige Limonaden, deren Bittergeschmack überwiegend (bis höchstens 85 mg/l) aus Chinin stammt (z. B. Bitter Lemon).
- Kräuterlimonaden, denen Auszüge aus der Ingwerwurzel zugesetzt wurden (z. B. Ginger Ale).

Coca Cola, Fanta, Sprite usw. sind fast zum Synonym für Limonaden geworden. In der Gastronomie werden für diese Produkte i. d. R. Zapfanlagen eingesetzt. Die Hersteller liefern Fertiggetränke (Premix) und Sirup (Postmix) in Stahlbehältern, z. B. zu 9 l oder 18 l an. Betriebe mit hohen Absatzzahlen entscheiden sich für Postmixanlagen. Um dem Gast eine gleichbleibend gute Qualität bieten zu können, müssen das Mischverhältnis (1 : 6) und die Wassertemperatur (4 °C) regelmäßig kontrolliert werden.

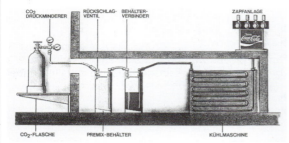

**Premix-Anlage**

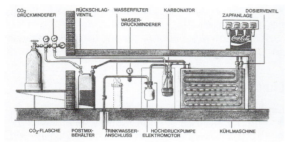

**Postmix-Anlage**

**Limonaden** werden i. d. R. offen in 0,2 l-, 0,3 l- und 0,5 l-Gläsern oder in Flaschen mit 0,3 l oder 0,5 l Inhalt angeboten. Das Limonadensortiment soll grundsätzlich nur gut gekühlt präsentiert werden.
Umsatzrenner ist bei den Softdrinks der Klassiker Coca Cola. Erwähnenswert ist aber auch der Markterfolg des Kultgetränks Bionade, einer aus Würze (Malzextrakt) durch Zusatz von u. a. Kräutern erzeugten Limonade, die sich nicht nur im Fitness- und Wellnessbereich zunehmender Beliebtheit erfreut.
In der SB-Gastronomie kann der Gast sich Softdrinks i. d. R. selbst zapfen. Aufgabe der Mitarbeiter ist es:
– Premix- bzw. Postmix-Behälter oder $CO_2$-Flaschen rechtzeitig auszutauschen,
– Post- bzw. Premixanlage zu kontrollieren,
– Zapfanlage sauber zu halten,
– stets frische Gläser in der entsprechenden Sortierung bereitzustellen und
– Gästen, die mit der Anlage Probleme haben, zu helfen.

**Zapfanlage**

Limonaden und Limonadenmixgetränke werden auch in Schränken mit Kühlaggregaten angeboten. Hier ist es wichtig, dass der Gast sich schnell einen Überblick verschaffen kann. Daher werden gleiche Produkte kompakt präsentiert. Das Etikett ist „das Gesicht der Ware" und zeigt immer nach vorne. Die Mitarbeiter sorgen hier für stetige Warenpräsenz, Ordnung und Sauberkeit. Ebenso stellen sie sicher, dass der Gast ein dem Getränk entsprechendes Glas in der Nähe des Getränkeschranks entnehmen kann.

**Getränkeschrank**

## Brausen

**Brausen** dürfen im Gegensatz zu Säften, Nektaren, Fruchtsaftgetränken und Limonaden künstliche Farb- und Aromastoffe zugefügt werden. Die Verwendung von **Süßstoff** (Saccharin) ist gestattet.
Um Verunsicherungen seitens der Verbraucher zu vermeiden, sind Abbildungen von Früchten auf dem Etikett nicht erlaubt. Die Geschmacksrichtungen werden auf dem Etikett durch Angaben wie „mit Zitronenaroma" oder „mit Zitronengeschmack" gekennzeichnet.

## Säfte, Sport-, Energy- und Wellness-Drinks

„Gesundheit und Wellness, Fruchtschorlen und klassische Cocktail-Säfte – voilá, die Riesenthemen im Saft-Bereich". Hier tickt Zukunftshoffung, denn damit sind verstärkt auch junge Zielgruppen zu gewinnen, so schrieb die food service in einem Artikel „Trend Special Getränke" bereits vor einigen Jahren. Der Trend hält bis heute an.
Diese Getränke haben zwar noch nicht den umsatzmäßigen Stellenwert wie Limonaden oder Limonadenmischgetränke, werden in der Systemgastronomie aber immer vielfältiger angeboten. Die Klassiker Orangensaft und Apfelsaft sind längst nicht mehr die einzigen Vertreter im Saftsortiment. Der Produktpräsentation wird hohe Bedeutung beigemessen. Freeflow-Anlagen von Marktrestaurants bieten dem Gast meist mehrere Sorten von Fruchtsäften – teils frisch vor Ort gepresst. Die Gäste kön-

nen i.d.R. vorbereitete Gläser den bereitstehenden Crushed-Eis-Wannen entnehmen.

**Frisch gepresster Orangensaft**

Neben der offenen Präsentation von Fruchtsäften werden dem Gast Säfte, Fruchsaftschorlen, Sport-, Energy- und sonstige Wellness-Drinks in Flaschen angeboten.
Die meisten Getränke werden gekühlt angeboten. Für die Präsentation in Freeflow-Anlagen gelten die gleichen Präsentationsgrundsätze wie für Limonaden und Wasser.

**Saftpräsentation in Karaffen, die in Crushed-Eis-Wannen stehen**

## Fruchtsäfte

Fruchtsäfte bestehen zu 100 % aus dem reinen Saft frischer oder durch Kälte haltbar gemachter gesunder Früchte. Diese werden in fünf Kategorien unterteilt.

**Beispiel**

| | |
|---|---|
| Kernobst | Birnen, Äpfel, Quitten |
| Südfrüchte | Ananas, Bananen, Mango |
| Zitrusfrüchte | Zitronen, Orangen, Grapefruit |
| Steinobst | Pfirsiche, Kirschen, Mirabellen |
| Beeren | Johannisbeeren, Heidelbeeren, Weintrauben |

Zwei **Herstellungsmöglichkeiten** sind zulässig, um der Aussage „zu 100 % aus dem Saft frischer Früchte" gerecht zu werden:
▶ die Bereitung aus frisch gepressten Früchten und
▶ die Bereitung aus Konzentrat.
Direktsäfte sind Fruchtsäfte, die aus frischen Früchten gepresst wurden, durch Pasteurisieren haltbar gemacht wurden, keinerlei Zusätze erhalten haben und weder geschönt noch destilliert sind.

### Zuckerzusatz

Zur Korrektur etwaigen natürlichen Mangels an Zucker darf bis 15 g/Liter Zucker zugesetzt werden (ausgenommen Trauben- und Birnensaft). Dieser Zusatz ist nicht deklarationspflichtig.
Soll durch einen darüber hinausgehenden Zuckerzusatz ein süßerer Geschmack erreicht werden, ist dieses zu kennzeichnen.

### Fruchtnektare

Fruchtnektare sind Getränke aus
▶ frischem oder konzentriertem Fruchtsaft bzw.
▶ frischem oder konzentriertem Fruchtmark.
Sie müssen je nach Fruchtart und dem damit verbundenen Fruchtsäureanteil einen Mindestgehalt zwischen 25 und 50 % Fruchtbestandteilen enthalten. Zur Geschmacksregulierung ist Zuckerzusatz bis zu 20 % zulässig. Unterschiedliche Kennzeichnungen sind möglich bzw. vorgeschrieben.

Fruchtnektare aus
▶ einer Fruchtart (z.B. Orangen) werden als „....nektar",
▶ zwei und mehr Fruchtarten als „Fruchtnektar",
▶ mehr als zwei Fruchtarten als „Mehrfruchtnektar" bezeichnet.

Der Mindestanteil an Fruchtbestandteilen in dem jeweiligen Getränk ist auf dem Etikett anzugeben.

### Fruchtsaftgetränke

Fruchtsaftgetränke sind Getränke aus Fruchtsäften oder Konzentraten, Wasser und Zucker.

Der Fruchtanteil in Prozenten und die Mindesthaltbarkeitsangabe sind auf dem Etikett angeführt. Natürliche Aromastoffe dürfen verwendet werden.

# 1 Getränke

## Fruchttrunk

Dieses sind Getränke, die sich aufgrund ihrer Zusätze nicht in die Kategorie Säfte bzw. Nektare einordnen lassen. Mögliche Zusätze sind z. B. Mineralien, Vitalstoffe, Ballaststoffe, Molke und Kräuterextrakte.

## Gemüsegetränke

Gemüsegetränke sind schmackhaft und energiearm. Außerdem enthalten sie wertvolle Vitamine und Mineralien. Sie unterteilen sich in zwei Gruppen: „Gemüsesaft" und „Gemüsetrunk".
Der **Gemüsesaft** stammt zu 100 % aus Gemüse oder aus konzentriertem Gemüsemark. Hauptsächlich werden Tomatensaft und Mehrfachgemüsesäfte angeboten.
Als **Gemüsetrunk** (Gemüsenektar) darf deklariert werden, was zu mindestens 40 % (bei Rhabarber 25 %) aus Gemüse besteht.
Bei entsprechender Etikettkennzeichnung ist der Zusatz von Salz, Zucker, Gewürzen, Kräutern, Essig und Genusssäuren erlaubt.
Zusätze chemischer Stoffe (z. B. Konservierungs- oder Farbstoffe) sind nicht gestattet.

Befragungen in Betrieben der Erlebnis-, Club- und Freizeitgastronomie bestätigen die bereits aufgezeigten Trends. Sie ergaben, dass der Gast pro Besuch durchschnittlich 2–3 Gläser konsumiert. Eines davon aus der AfG-Range. An erster Stelle stehen Wasser, gefolgt von Saft-Schorlen, Energy-Drinks und alkoholfreien Cocktails.

## 9.3.2 Aufgussgetränke

### Situation

Auf der in Kürze stattfindenden Feier der Auszubildenden Ihres Betriebes soll ein Quiz mit der Thematik Heißgetränke durchgeführt werden.
Sie sind mit der Entwicklung der Fragen beauftragt und sollen gleichzeitig einen Löser anfertigen.

## Kaffee und Kaffeehäuser

Kaffee ist der Deutschen liebstes Getränk. Sein Absatz liegt noch über dem von Mineralwasser, Bier und Fruchtsaft.

### Beispiel

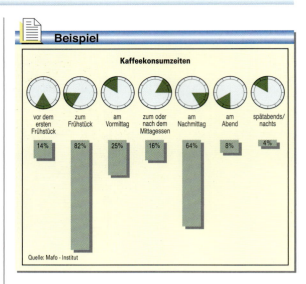

Quelle: Mafo - Institut

Obwohl Kaffee rund um die Uhr getrunken wird, schätzen die meisten Menschen ihn zu den klassischen Zeiten besonders, nämlich zum Frühstück und am Nachmittag. Rund 75 % des von den Befragten verzehrten Kaffees werden zu Hause getrunken und nur 25 % außer Haus. Dennoch gilt Kaffee in der Gastronomie als eines der bestkalkulierten Produkte überhaupt, das seit Jahren sichere Umsatzzahlen liefert. Die neuen Kaffeespezialitäten treiben den Konsum weiter in die Höhe.

Besonders die junge Käuferschicht bevorzugt den Genuss von Espresso oder Cappuccino und die Zubereitungsform Eintassenportionen aus Kaffeevollautomaten. Dieses Wachstum ging vor allem zulasten des klassischen Filterkaffees.

## Entwicklung und Verbrauch

Die **Ursprünge des Kaffees** liegen im Hochland von Äthiopien, in den Bergwäldern des alten Königreichs Kaffa. Dort wurden Bohnen anfänglich von den Nomadenstämmen gekaut, bevor man auf die Idee kam, die Bohnen erst zu rösten und dann mit Wasser aufzugießen.

Im 11. Jahrhundert gelangte die **Kaffeepflanze** in den arabischen Raum. Von dort stammt auch der Name. Das Wort Kaffee leitet sich von dem arabischen „quawah" ab, was soviel wie „Kraft" bedeutet.
Der ernsthafte Kaffeeanbau startete um 1500 im Jemen und in Arabien.
Mitte des 18. Jahrhunderts wurde Kaffee zum Modegetränk und Luxusartikel, auf den Steuern und Zölle gezahlt worden sind. Somit wurde die Kaffeesteuer eingeführt, die bis heute gültig ist.

Kaffee hat Geschichte geschrieben, Kultstatus erlangt und ist heute ein beliebtes Alltagsgetränk, das in aller Welt in vielen Variationen getrunken wird.

# Getränke

Kaffee ist nach Erdöl der zweitwichtigste Rohstoff im Welthandel und eine attraktive Steuereinnahmequelle.

Umfragen haben ergeben, dass rund 90 % aller Deutschen täglich Kaffee trinken, im Durchschnitt mehr als vier Tassen am Tag, am liebsten mit Milch und/oder Zucker. Ein Viertel der Befragten nehmen ihren Kaffee schwarz.

Kaffee und Kaffeespezialitäten haben in allen Betriebstypen der Systemgastronomie einen hohen Stellenwert. Vor allem Kaffeespezialitäten haben starken Zuspruch in allen Konsumentengruppen. Konsumgewohnheiten wie Kaffee zum Frühstück oder Nachmittag sind längst aufgebrochen. Kaffee wird zu jeder Tageszeit und zu allen möglichen Anlässen getrunken. Sei es beim Einkauf zwischendurch oder am Abend in der Diskothek. Deshalb schenken alle Systemgastronomen dem Kaffeeangebot hohe Aufmerksamkeit.

Große Unternehmen der Systemgastronomie entwickeln meist keine eigenen Konzepte, sondern arbeiten mit bereits am Markt etablierten Spezialanbietern auf der Basis von Joint-Venture- oder Master-Franchise-Verträgen zusammen. In diesem Bereich ist der Marktauftritt von Segafredo und Lavazza an deutschen Autobahnen zu nennen.

Ein **Beispiel aus der Handelsgastronomie** anhand von Karstadt: Der Kaffeehandel Starbucks testete 1982 in Seattle den ersten Betriebstyp. Pate für das Konzept stand die Kaffeebar-Tradition Italiens. Der Test wurde zum Erfolg und aus dem Kaffeegeschäft wurde die Coffee-House-Kette Starbucks mit rund 11 000 Coffee Houses weltweit.

In Deutschland startete das Unternehmen gemeinsam mit Karstadt auf der Grundlage eines Joint-Venture-Vertrages. Derzeit sind daraus ca. 120 Kaffeehäuser geworden.

Coffeeshop

Das größte Unternehmen der Systemgastronomie in Deutschland, „McDonald's", geht hingegen eigene Wege und eröffnete 2003 das erste McCafé in Deutschland. Das Unternehmen will mit diesem Shop-in-the-Shop-Konzept neue Gäste gewinnen und somit auf bestehenden Flächen mehr Umsatz erzielen. So befanden sich bereits zwei Jahre später 10 % der 600 weltweiten McCafé's in Deutschland (derzeit allein in Deutschland nahezu 500).

Bereits in 2002 wurden 1200 McDonald's-Restaurants mit neuen Kaffeemaschinen ausgestattet. Man verabschiedete sich vom klassischen Filterkaffee und konnte den Kaffeeumsatz um 30 % steigern.

Das Café wird eigenständig betrieben und selbst die Systemkleidung der Mitarbeiter unterscheidet sich vom herkömmlichen McDonald's-Outfit. Ein weiteres Unterscheidungsmerkmal zeigt sich in der Präsentation. Der Gast erhält seinen Kaffee oder Tee nicht mehr in Pappbechern, sondern es wird in echtem Porzellan serviert.

**Beispiele: Coffee-Shops**

# Getränke

Heute zählen wir ca. 800 Coffee-Bars und Coffee-Shops – exklusive der 450 des Marktführers „Tchibo" – auf deutschem Boden und der Trend zu weiteren Betrieben ist ungebrochen. Experten gehen davon aus, dass der Markt Platz für 1500 und mehr Outlets dieser Art bietet.

Der **Stil der Coffee-Bars** verfolgt, je nach Philosophie der Anbieter, eine anglo-amerikanische, eine italo-amerikanische oder italienische Linie. Darüber hinaus werden auch noch individuelle Konzepte eingesetzt. Das Segment ist bunt gemischt, beginnend beim Solitär über lokale Miniketten bis zu globalen Marken. Kaffeebar-Konzepte mit den meisten Outlets in Deutschland sind Segafredo, Lavazza, Starbucks, World Coffee, Wiener's Kaffeebar, Cafetiero, Einstein Kaffee, Balzac Coffee und Café Nescafé.

Mit der Entstehung der Kaffeebar-Konzepte hat sich auch die **Angebotsform des Kaffees** verändert. So erfreuen sich schon seit längerer Zeit die sogenannten Flavoured-Coffees immer größerer Beliebtheit. Es handelt sich dabei um eine Kombination von Kaffee und Flavour (Sirups) wie Vanille, Haselnuss, Karamell oder Irish Cream, Butterscotch, Banane. Darüber hinaus sind die eisgekühlten und cremigen Trendgetränke – bekannt unter Namen wie Frio!, Frappuccino oder Frappé – aus dem Angebot nicht mehr wegzudenken.

Bei diesen Getränken werden die Basis, Eis und evtl. ein Flavour oder Schokostreusel gemixt und danach nach Wunsch verfeinert.

Die Grundlage des Angebots in der Systemgastronomie bilden die folgenden **Spezialkaffees**:

- **Espresso:**
  dunkel geröstetes Kaffeemehl im Dampfdruckverfahren hergestellt
- **Espresso Macchiato:**
  Espresso mit einem Schuss Milchschaum
- **Ristretto:**
  kurzer, kräftiger Espresso
- **Cappuccino:**
  Espresso mit heißer Milch und Milchschaum
- **Caffè Latte:**
  heiße Milch und Milchschaum über den Espresso geben
- **Latte Macchiato:**
  Espresso in die Milch und den Milchschaum geben, sodass drei Schichten entstehen
- **Café au lait:**
  Filterkaffee und heiße Milch im Verhältnis 1:1
- **Caffé Moccha:**
  Espresso mit heißer Milch, Kakao und Schokoflavour und ggf. Sahne im Glas
- **Caffé doppio:**
  Das ist ein doppelter Espresso, der in einer entsprechend größeren Tasse serviert wird.
- **Espresso granitá/Café granitée:**
  Espressokaffee, verrührt mit etwas Zucker, wird im Tiefkühler gefroren. Das gefrostete Getränk wird zerstoßen und zerkleinert und in einem Parfait-Glas mit geschlagener Sahne serviert.
- **Kapuziner:**
  Das ist ein Cappuccino auf Wiener Art: Er besteht aus Espresso, erhitzter Milch und einem satten Klacks Sahne (Schlagobers) als Haube.
- **Eiskaffee/Eisschokolade:**
  Ein bis zwei Kugeln Vanilleeis werden in ein schlankes Glas gefüllt. Kalter Espresso/Trinkschokolade werden darüber geschüttet. Abschließend wird das Eisgetränk mit geschlagener Sahne und Schokoraspeln garniert und fertig ist der Klassiker der italienischen Eisdielen.
- **Café Créme/Schümli:**
  Café Créme wird aus Bohnenkaffee hergestellt. Der Röstkaffee ist deutlich heller als beim Espresso. Für jede Tasse wird der Kaffee frisch gemahlen und einzeln unter Druck gebrüht. Durch diese Art der Zubereitung hat jede Tasse eine gleichmäßige Créme, daher auch die Bezeichnung „Schümli" (gleich kleiner Schaum).

Natürlich gibt es noch viele weitere Kaffeespezialitäten mit fantasievollen Bezeichnungen, und so manches Heißgetränk kann auch in einer sogenannten „freeze"-Version angeboten werden.

Mit der erweiterten Angebotspalette steigen natürlich auch die Anforderungen an die Mitarbeiter der Systemgastronomie hinsichtlich der Produktkenntnisse.

**Beispiele: Mögliche Servierformen**

Cappuccino — Latte Macchiato
Espresso Macchiato — Eiskaffee
Flavoured Coffee — Special Coffee
Espresso — Espresso Sorbetto

# Getränke 1

## Kaffeeanbau

Voraussetzungen für einen erfolgreichen Kaffeeanbau sind:

- Temperatur nicht unter 0 °C,
- reichhaltiger Niederschlag, der von kurzen Trockenphasen unterbrochen sein sollte,
- eine Mischkultur mit anderen Pflanzen, z. B. Bananen, als Wind- und Sonnenschutz,
- humusreicher, lockerer Boden, bevorzugt vulkanisch und
- Höhenlagen zwischen 600 und 1200 Metern über dem Meeresspiegel.

Die Kulturpflanze Kaffee wird heute in über 80 Ländern der Erde angebaut. Diese Anbauländer sind in einem Anbaugebiet 25° nördlich und südlich des Äquators, in der gesamten Subtropenzone der Erde angesiedelt. Die bedeutendsten Exportländer von Kaffee sind Brasilien und Kolumbien.

| Mittel-amerika | Süd-amerika | Afrika | Asien |
|---|---|---|---|
| Costa Rica | Brasilien | Kenia | Indien |
| Guatemala | Kolumbien | Tansania | Indonesien |
| El Salvador | Venezuela | Kamerun | Neu Guinea |
| Honduras | Ecuador | Angola | Java |
| Kuba | Peru | Liberia | Sumatra |
| Nicaragua | | | Arabien |
| Mexiko | | | Jemen |

Je nach Gebiet und Lage der Kaffeeplantagen wird zwischen **Hochland-** und **Tieflandkaffee** unterschieden.
Hochlandkaffee (meistens „coffea arabica", s. u.) wächst zwischen 600 bis 2 000 m und Tieflandkaffee (meistens „coffea robusta", s. u.) unter 600 m über dem Meeresspiegel.

| Kennzeichen und Eigenschaften | |
|---|---|
| **Hochlandkaffee** | **Tieflandkaffee** |
| – reift langsam | – reift schnell |
| – kleine Bohnen | – große Bohnen |
| – starkes Aroma | – wenig Aroma |
| – unebener Bohnenschnitt | – ebener Bohnenschnitt |
| – sparsam im Verbrauch | – wenig ergiebig |
| – teurer als Tieflandkaffee | – preiswert |

### Kaffeebäume – Kaffeekirschen

Insgesamt gibt es über 80 verschiedene Kaffeebaumarten. Die bekanntesten Kaffeebäume sind
- der arabische Kaffeebaum (coffea arabica) und
- der Robusta-Kaffeebaum (coffea robusta).

Der arabische Kaffeebaum (er stammt aus Äthiopien) deckt etwa 90 % des weltweiten Kaffeebedarfs.

Café Arabica gilt als die edelste Kaffeeart. Sein Aroma ist voller als das von Coffea Robusta.

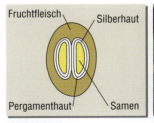
**Kaffeekirsche**

**Teil eines Kaffeebaums**

Die **Kaffeebohne** ist der Samen der Kaffeekirsche, der in deren Fruchtfleisch (im Erzeugerland für Liköre verwendet) meist paarweise eingebettet ist. Er ist von einer Silberhaut und einer Pergamenthaut umgeben. Die Kaffeekirschen werden im reifen Zustand ca. 1,5 bis 2 cm groß.

### Inhaltsstoffe von Kaffee

Neben Rohfasern, Eiweiß, Fett und Gerbstoffen enthalten Kaffeebohnen das anregend wirkende Koffein. Weiterhin sind das Trigonellin, Chlorogensäuren und die Röststoffe wesentliche **Bestandteile des Kaffees**.

- ▶ **Koffein**
  Koffein ist das anregende, in größeren Mengen schädliche Alkaloid Trimethylxanthin. Ein weißes kristallines Pulver, das u. a. auf das Zentralnervensystem wirkt, die Herztätigkeit beschleunigt, die Blutgefäße erweitert und die Nierenausscheidung beeinflusst. Der Koffeingehalt des herkömmlichen Kaffees beträgt 1 bis 2,5 %. Wird zuviel Koffein aufgenommen, kann es zu Herzklopfen, Schweißausbrüchen und nervösem Zittern kommen.

- ▶ **Trigonellin**
  Die Wirkung im Organismus ist ähnlich der vom Koffein. Es wird jedoch während des Röstens stark abgebaut.

- ▶ **Chlorogensäuren**
  Sie fördern die Magensäureproduktion und können bei starkem Kaffeegenuss zu Sodbrennen führen. Wichtig ist auch folgender Zusammenhang: Das Koffein ist im Rohkaffee in einen Kalium-Chlorogensäurekomplex einbezogen. Beim Rösten wird es offenbar freigesetzt, sodass es nach Kaffeegenuss schnell resorbiert wird. Darauf beruht die relativ schnelle Wirkung des Koffeins im Organismus.

- ▶ **Röststoffe**
  Sie werden während des Röstens gebildet und regen die Darmtätigkeit und den Appetit an.

## Aufbereitung der Kaffeekirschen zu Rohkaffee

Die geernteten Kaffeekirschen müssen einem Aufbereitungsprozess unterzogen werden. Dabei unterscheiden wir die nasse und die trockene Aufbereitung.

**Nasse Aufbereitung**

Das nasse Verfahren stammt ursprünglich aus Westindien und wird heute vor allem bei Arabica-Kaffee angewendet. Es liefert die sogenannten „**gewaschenen Kaffees („milds")**", die man an der hellen, gelblich weißen Kerbe erkennen kann.

Die frisch geernteten Kirschen werden als Erstes in lange Kanäle, die von klarem Quellwasser durchflutet sind, geschwemmt. Danach wird ein großer Teil des Fruchtfleisches mit einer speziellen Walze – dem Pulper – von den Bohnen gequetscht. Bohnen, an denen noch Fruchtfleischreste und Fruchtschleim haften, wandern in sorgfältig gereinigte Gärtanks. Dort beginnt unter Zugabe von Wasser der **Gärungsprozess**, der normalerweise zwischen 18 und 24 Stunden dauert.

Wenn die Bohnen sich rau anfühlen, werden sie aus dem Tank in ein Wasserkanalsystem gespült und dort durch intensives Bewegen mit langen Holzschiebern im frischen Quellwasser gewaschen. Fruchtfleischreste können so abfließen, der schwere **Pergamino** – so nennt man die gewaschenen Bohnen, die noch von ihrer schützenden Pergamenthülse (Samenschale) umgeben sind – bleibt zurück.

Sie werden jetzt in der Sonne oder in Heißluftanlagen getrocknet und dann in Schälmaschinen von ihrer Hülle (Pergament- und Silberhaut) befreit. Danach werden die Bohnen nach Größe, Gewicht und Form sortiert.

Danach folgt die Feinarbeit. Man unterzieht die Bohnen einer kritischen Prüfung. Schlechte und unreife Bohnen müssen sorgfältig aussortiert werden. Anschließend wird der Rohkaffee in Jutesäcke verpackt und vor der Verschiffung noch einer kritischen Qualitätskontrolle unterzogen.

Das Ergebnis ist gewaschener Rohkaffee in höherer Qualität.

**Trockene Aufbereitung**

Dieses Verfahren wird in wasserarmen Gebieten angewendet. Wesentliche Arbeitsschritte sind hierbei:

- ▶ Die Kaffeekirschen werden zum Trocknen des Fruchtfleisches durch Luft und Sonne drei bis vier Tage auf Zementböden ausgebreitet.
- ▶ Nach dem Austrocknen werden sie maschinell geschält und die Pergament- und Silberhäute entfernt.
- ▶ Der so entstandene Rohkaffee wird nach Größen sortiert.

Das Ergebnis ist ungewaschener Rohkaffee einfacher Qualität.

## Rösten des Rohkaffees

Nach der Aufbereitung der Kaffeekirschen wird der Rohkaffee geröstet. Das Rösten erfolgt in den Verbraucherländern, z. B. in **sich drehenden Rösttrommeln**. Die **Temperaturen** betragen dabei **200 bis 250 °C**. Beim Rösten bewirkt die sehr heiße Luft, die über die Bohnen strömt, dass:

- ▶ das Wasser der Bohnen verdampft und der Kaffee dadurch ca. 1/5 seines Gewichts verliert,
- ▶ die Zellen der Kaffeebohnen aufplatzen und dadurch ihr Volumen verdoppeln,
- ▶ Duft- und Geschmacksstoffe entstehen und
- ▶ der Zucker sich in Karamel verwandelt und die Bohnen so dunkel werden.

## Lagerung des Röstkaffees

Um die Qualität des Kaffees länger zu erhalten, sollte er in verschließbaren Behältern trocken, licht- und luftgeschützt sowie kühl aufbewahrt werden. Gemahlener Kaffee bietet dem Sauerstoff eine große Angriffsfläche, das Aroma hat nach ca. einer Woche nur noch mindere Qualität (bei ungemahlenem Kaffee ca. ab zwei Wochen).

## Kaffee – Zubereitung

**Herkömmlicher Kaffee**

Herkömmliche Kaffees sind die, die nicht in die Kategorie Spezialkaffee eingeordnet werden können.

## Getränke

**Herstellungsmöglichkeiten**
- manuelles Filtern
- per Tassenfilter
- mit Kaffeedispensern
- mit gewerblichen Kaffeemaschinen

Bei **manuellem Filtern** das Kaffeemehl zuerst mit minimaler Wasserzufuhr aufquellen lassen. Das restliche Wasser nach und nach in die Filtermitte (nicht am Rand entlang) zugießen.

**Kaffeemaschinen** arbeiten nach dem Überbrühverfahren und dem Druckverfahren, das sich wiederum in das Espressoprinzip und das Dampfdruckprinzip unterteilt.

**Regel für die Kaffeezubereitung**
- Nur gute Kaffeequalitäten wählen.
- Die richtige Kaffeepulvermenge verwenden.
  - Tasse Kaffee          6– 8 g
  - Tasse Espresso        6– 8 g
  - Kännchen Kaffee      12–16 g
  - Kännchen Mokka      15–20 g
- Die richtige Lagerung des Kaffees:
  - Kaffeebehältnisse gut verschließen, Luftsauerstoff beeinträchtigt den Geschmack.
  - Kaffee trocken lagern. Kaffee zieht Feuchtigkeit an. Folge: Qualitätsminderung.
  - Kaffee nicht bei geruchsintensiven Waren lagern.
- Kaffeebohnen erst kurz vor dem Verbrauch mahlen, das Aroma bleibt bis zum Verbrauch erhalten.
- Die Wahl des optimalen Mahlgrades der Bohnen beachten:
  - für direkten Aufguss grobe Mahlung,
  - für Filteraufguss feine Mahlung,
  - für Großaufguss mittlere Mahlung.
- Die richtige Wasserhärte zur Verfügung haben.
- Weiches bis mittleres Wasser ist optimal. Wasser von dieser Härte laugt das Kaffeemehl gut aus und erhöht das Aroma (nicht immer möglich).
- Nur frisches (kein abgestandenes) Wasser im siedenden Zustand verwenden.
- Grundsätzlich sauberes und vorgewärmtes Geschirr benutzen.
- Nur säurebeständiges Geschirr (Porzellan) verwenden.
- Auf größte Sauberkeit achten, da fremde Stoffe das Aroma verderben.
- Kaffee nicht länger als 30 bis 40 Minuten vorrätig halten, bei länger bevorratetem Kaffee leiden Qualität, Geschmack und Aroma.

Die Zubereitung von Kaffee eröffnet so viele Möglichkeiten, dass es für den Gastronomen heute nicht mehr ausreicht, nur drei oder vier Produkte auf der Getränkekarte anzubieten.

Mit neuen, vielfältigen Kaffeespezialitäten wird das systemgastronomische Angebot erweitert und flexibel an neue Trends angepasst.

### Zubereitung mit Alkohol

Je nach Außentemperaturen oder Vorlieben für bestimmte Geschmacksrichtungen kann Kaffee auch mit Spirituosen angereichert werden.

| Pharisäer | Café Rio |
|---|---|
| 4 bis 5 cl braunen Rum in einer Pharisärtasse mit 2 Kaffeelöffel Zucker verrühren und mit heißem Kaffee auffüllen. Mit Sahnehaube garnieren. | 1 Kugel Vanille- oder Schokoladeneis mit kaltem Kaffee und 3 cl Mokkalikör im Elektromixer vermischen. Mit Sahnehaube und Schokoladenraspeln garnieren. |
| **Kaffee Advocaat** | **Kaffee Cobbler** |
| 4 cl Eierlikör in eine Tasse heißen Kaffee einrühren und mit Sahnehaube und wenig Kaffeepulver garnieren. | Ein Cobblerglas mit gestoßenem Eis mit 4 cl Weinbrand, 4 cl Kaffeelikör, 2 cl Zuckersirup und kaltem Kaffee auffüllen. Mit Trinkhalm servieren. |
| **Maria Theresia** | **Fiaker** |
| 2 cl Orangenlikör und 1 cl Mokkalikör und flüssigen Zucker in ein Glas geben, mit Mokka auffüllen und mit Sahnehaube und Zuckerstreusel garnieren. | Großen Mokka mit 1 cl Rum aromatisieren und mit Sahnehaube garnieren. |
| **Café Capriccio** | **Kaffee mit Schuss** |
| Starken heißen Kaffee mit 2 cl Cointreau und etwas Vanillezucker verrühren, mit Sahnehaube garnieren. | Heißen Kaffee mit einer harmonisierenden Spirituose nach Wunsch (ca. 1 cl) verrühren und mit Zucker servieren. |
| **Kaisermelange** | **Holländischer Kaffee** |
| Dieselbe Menge starken Kaffee und Milch (1/8 l) vermischen, ein Eigelb und etwas Honig sowie ca. 1 cl Weinbrand einquirlen. | Heißen Kaffee mit 3 cl Eierlikör verrühren, mit Sahnehaube und Schokoladenpulver garnieren. |
| **Rüdesheimer Kaffee** | **Irish Coffee** |
| Siehe Kap. 3.4.4 Zubereitungen von Getränken am Tisch des Gastes. | Siehe Kap. 3.4.4 Zubereitungen von Getränken am Tisch des Gastes. |

# Getränke

## Tee

Tee trank man bereits ca. 2 700 Jahre vor Christus in Indien und China. Im 17. Jahrhundert wurde der Tee auch in Europa bekannt, zuerst als Heil-, später als Genussmittel. Bis zum 19. Jahrhundert war der chinesische Tee dominierend. Heute sind Sri Lanka (früher Ceylon) und Indien die führenden Lieferländer (Tee aus Sri Lanka ist heute immer noch als Ceylon-Tee bekannt). Die bekanntesten Teesorten kommen aus den Gebieten Darjeeling und Assam (Indien).
In geringeren Mengen wird Tee auch in Japan, China und Kenia (Afrika) angebaut. Weitere Länder spielen nur eine untergeordnete Rolle.

Tee wird aus den Blättern des Teebaums (durch häufiges Stutzen einem Strauch ähnlich) bereitet. Wie beim Kaffee unterscheidet man zwischen Hoch- und Tieflandgewächsen. Durch das kühlere Klima und die dadurch längere Reifezeit sind die Hochlandgewächse von feinerem Aroma und besserem Geschmack. Gepflückt werden in der Regel nur die jüngeren Triebe mit den Blattknospen und die oberen Blätter (two leaves and a bud). Im Süden Indiens und in Sri Lanka (Ceylon) lässt das tropische Klima Ernten über das ganze Jahr zu. Die Qualität ist jeweils von der Erntezeit abhängig.

| Erntezeit | Bezeichnung des Tees | Aroma und Farbe |
|---|---|---|
| Erste Ernte nach der Winterperiode (1. Trieb) | first flush | zartes, duftiges Aroma heller Tee |
| Mai bis Juli (2. Trieb) | second flush | würziges Aroma dunkler Tee |
| August bis Oktober | bread and butter tea | durchschnittliches Aroma und mittlere Farbe |

Je nach verwendetem Blattgrad sind die Teeeigenschaft und die Qualität unterschiedlich.

### Blattgradbezeichnungen

Die Blattgradbezeichnungen beziehen sich auf Tees von ganzen Blättern und auf solche von gebrochenen Blättern.

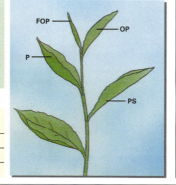

| FOP | = Flowery Orange Pekoe |
|---|---|
| OP | = Orange Pekoe |
| P | = Pekoe |
| PS | = Pekoe Souchong |

### Aufbereitung der Blätter für schwarzen Tee

| Welken | Die Blätter werden auf Netzen ausgebreitet. Sie verlieren dadurch ca. 30 % an Feuchtigkeit. |
|---|---|
| Rollen | Die Blattzellen platzen, der entweichende Zellsaft verbindet sich mit dem Luftsauerstoff; die Fermentation (Oxidations- und Gärungsprozess) wird eingeleitet. |
| Fermentieren | Die beim Rollen begonnene Fermentation wird verstärkt. Aus dem Zellsaft entwickeln sich Geschmacksstoffe, die Bitterstoffe werden vermindert und die Blätter färben sich rot. Das Koffein wird aktiviert und der Gerbstoffgehalt vermindert. |
| Trocknen | Das restliche Wasser wird entzogen, die Blätter werden dunkel. Aus 4 kg grünem Blatt entsteht 1 kg schwarzer Tee. |
| Sortieren | Im Rüttelsieb werden die Blätter nach Größen sortiert. |

Beim **CTC-Verfahren** (crushing, tearing, curling), was „zermalmen, reißen, rollen" bedeutet, werden die kurz gerollten und im Rüttelsieb vorsortierten Blätter zwischen gedornten Walzen zerrissen, wobei die Blattstängel und Blattgerippe ausgeschieden und die zerkleinerten Blattfleischstücke weiterverarbeitet werden.
Die so behandelten Teeblätter werden von den einzelnen Teefirmen weiterverarbeitet. Unterschiedliche Sorten kommen schließlich auf den Markt.

## Grüner Tee

Je nach Intensität der Fermentation entsteht **schwarzer Tee** (stark fermentiert), **Oolong Tee** (halb fermentiert) oder **grüner Tee** (nicht fermentiert).
Grüner Tee ist eigentlich nur eine Vorstufe, dessen weitere Bearbeitung zu Oolong Tee bzw. schwarzem Tee führt. Er wird überwiegend in Japan und in China (Teestrauch Camellia sinensis) hergestellt.
Im Vergleich zu fermentiertem Tee wird hier auf die Fermentation verzichtet, was eine Veränderung bzw. Zerstörung der enthaltenen Wirkstoffe wie Tannin ausschließt. Diese Gerbstoffe wirken beruhigend auf Darm und Magen und das enthaltene Fluorid wirkt gegen Karies und Parodontose. Andere gesundheitliche Vorteile bewirken die Vitamine und Alkaloide (siehe auch Tees mit Heilwirkung unten).
Die Farberhaltung der grünen Blätter wird aber neben dem ausbleibenden Fermentieren auch dadurch erreicht, dass diese vor dem Rollen gedämpft werden.
Die bekanntesten Sorten sind u. a. Gunpowder Chun Mee, Hyson und Lung Chin.

## Weißer Tee

Ursprünglich ein grüner Tee, der früher überwiegend am chinesischen Kaiserhof getrunken wurde. Er wird aus ungeöffneten Blattknospen des Teestrauchs hergestellt. Die Knospen werden weder fermentiert noch gedämpft, sondern lediglich an der Luft getrocknet.

## Rauchtee

Dabei werden große Blätter über harzreiche Hölzer gedörrt. Rauchtee wird überwiegend in China produziert.

## Teemischungen

Sie werden nach dem Geschmack der Endverbraucher vorgenommen. Die bekanntesten sind
- Englischer Tee: Darjeeling-, Assam-, Ceylontee
- Ostfriesischer Tee: Assam-, Java-, Sumatratee
- Russischer Tee: Darjeeling, Ceylon-, Chinatee
- Darjeeling-Himalaja-Tee: ausges. Hochgewächse

## Aromatisierter Tee

Aromatisierte Tees bestehen aus schwarzen Teesorten, denen bei der Aufbereitung die jeweiligen Geschmacks- und Aromastoffe in Form von Frucht- oder Pflanzenteilen oder ätherischen Ölen zugefügt wurden.

**Geschmacksgeber** sind z. B.
- Äpfel
- Vanille
- Maracuja
- Zitronen
- Wildkirschen
- Brombeeren

## Teeähnliche Erzeugnisse

Diese Produkte werden aus Blüten, Blättern oder Früchten der jeweiligen Pflanzen erzeugt. Viele davon können auch der Kategorie Tees mit Heilwirkung zugeordnet werden.

## Tees mit Heilwirkung

Zu den bekanntesten Tees zählen:
- Kamillentee (schweißfördernd bei Erkältungen/Fieber, Blähungen, Magenbeschwerden, Zahnschmerzen)
- Brennnesseltee (Kopfschmerzen, Erschöpfung)
- Huflattichtee (Husten und Heiserkeit)
- Pfefferminztee (Magenschmerzen)
- Salbeitee (Entzündungen des Rachens und der Mundhöhle)
- Malven-Hibiskus-Tee (Husten und Verschleimung)

Ein Tee mit Heilwirkung und gleichzeitig ein aromatisierter Tee ist der zum Trend-Tee avancierende **Chai Tee**. Dieses indische Nationalgetränk wird in der Regel aus Assam-Tee bereitet, durch Zutaten wie Ingwer, Zimtrinde, Kardamom, Nelke und natürliche Vanille aromatisiert und mit einem „guten Schuss" heißer Milch, etwas Honig oder Zucker getrunken.

**Kardamom** wirkt verdauungsfördernd und beruhigt den Magen, das Allheilmittel **Ingwer** wirkt krampflösend, stärkt das Immunsystem, wirkt appetitanregend und ebenfalls verdauungsfördernd.

## Lagerung

Tee kann luftdicht und trocken über längere Zeit gelagert werden. Schwarzer Tee ist besonders geruchsempfindlich; er sollte nicht mit Kräutertees zusammen aufbewahrt werden.

## Tee – Zubereitung

Tee wird in der Regel durch
- Teebeutel,
- Aufguss,
- Teefilter zubereitet.

Eine weniger gebräuchliche, aber recht originelle Art ist die Verwendung eines **Samowars**.
Hierbei handelt es sich um ein Gerät russischen Ursprungs, in dem heißes Wasser für die Teebereitung vorrätig gehalten wird. Tassen, Kännchen und Gläser müssen grundsätzlich vorgewärmt werden. Das Teewasser muss frisch und kochend sein.

**Teemenge pro Tasse:**
1,5 bis 2 g (gehäufter Teelöffel)
**Teemenge pro Kanne:**
1,5 bis 2 g × Anzahl der Tassen
+ 1 gehäuften Teelöffel extra
**Teebeutelinhalt:**
1,7 bis 2 g

**Anregende oder beruhigende Wirkung des schwarzen Tees**

Die Wirkung ist von der Ziehdauer abhängig.
- 2 bis 3 Minuten Ziehdauer – anregend
- längere Ziehdauer – leicht bis stark beruhigend

Die Intensität der beruhigenden Wirkung wird von der Menge der während des Ziehens frei gewordenen Gerbsäure bestimmt. Länger als 5 Minuten sollte schwarzer Tee nicht ziehen, da er dann bitter wird. Als **Beigabe** zum schwarzen Tee bieten sich an: Sahne, Milch und Zucker (Streu-, Würfel- oder Kandiszucker). Jedoch sollte auf Zitrone verzichtet werden, da sie das Aroma völlig verändert. (Es sei denn, der Gast wünscht es.)

**Zubereitung von grünem Tee**
- Tee ca. 2 bis 5 Minuten in aufgekochtem, dann auf ca. 80 °C abgekühltem Wasser ziehen lassen.
- Lediglich mit Streu-, Würfelzucker oder Süßstoff servieren.

Grüner Tee sollte idealerweise pur und ungesüßt getrunken werden, um sein zartes Aroma nicht zu beeinflussen.

**Zubereitung von Eistee**
- Teeglas bis zur Hälfte mit Würfeleis füllen.
- Doppelt starken Tee bereiten, nach Erfordernis süßen und in das Glas füllen.
- Mit Zitronenspalten servieren und mit einer Orangenscheibe garnieren.

Der doppelt starke Tee ist erforderlich, da er durch das auftauende Eis wieder verdünnt wird.

**Zubereitung des Ostfriesentees**

5-Minuten-Tee aus Ostfriesenmischung bereiten und mit frischer Sahne auffüllen. Kandiszucker dazugeben.

## Zubereitung mit Alkohol

**Tee mit Rum oder Arrak**
Heißen Tee mit 4 cl heißem Rum oder Arrak im Flakon oder Originalfläschchen (Menge für den Gast nachvollziehbar) und Zucker servieren.

**Schottischer Tee**
Tee mit 3–4 cl schottischem Whisky und 1 Teelöffel Zucker verrühren, mit Sahne garnieren.

| Aufbereitung der Kakaosamen | |
|---|---|
| **Fermentieren** | In Steinbehältern oder Gruben werden die hellen Kakaobohnen gerottet (fermentiert). Dies hat zur Folge:<br>▶ Milderung des herben Geschmacks,<br>▶ leichte Vorbräunung der Bohnen,<br>▶ Bildung eines angenehmen Aromas und<br>▶ Lösen des Fruchtfleisches von den Bohnen. |
| **Trocknen** | Durch Sonneneinwirkung oder Warmluft werden die Bohnen getrocknet, das Aroma beginnt sich zu entwickeln. |
| **Rösten** | Aroma bildet sich weiter aus, Braunfärbung tritt ein. |
| **Brechen** | In Brechvorrichtungen werden die gerösteten Bohnen von Schalen, Samenhäutchen und Keimen befreit. |
| **Mischen** | Unterschiedliche Kakaoarten werden vermischt, eine Geschmacksverbesserung wird erreicht. |
| **Mahlen und Pressen** | Erwärmte Kakaostücke werden gemahlen und durch hydraulische Pressen zu Kakaobutter verarbeitet. |
| **Mahlen** | Durch erneutes Mahlen wird Kakaopulver gewonnen. |

## Kakao – Schokolade

Kakao gab es bereits im 15. Jahrhundert in Mexiko. Auch heute zählt Mexiko neben den mittel- und südamerikanischen Staaten Venezuela, Kolumbien und Ecuador zu den Hauptanbaugebieten. Auch die afrikanischen Staaten Ghana, Guinea, Nigeria und Kamerun sind als Kakaolieferanten von Bedeutung.

Das Ausgangsprodukt der Kakaoherstellung sind die Samen, die sich in gurkenförmigen 15 bis 20 cm langen und 7 bis 10 cm dicken Früchten befinden. Im getrockneten Zustand enthalten sie

– bis 10 % Wasser
– bis 52 % Fett
– bis 15 % Eiweiß
– bis 15 % Stärke
– bis  8 % Gerbstoffe
– bis 1,5 % Theobromin
– bis 0,2 % Koffein

Diese Werte sind je nach Sorte unterschiedlich.

Je nach abgepresster Fettmenge wird zwischen schwach entöltem und stark entöltem Kakao unterschieden.

| **Schwach entölt** | | **Stark entölt** | |
|---|---|---|---|
| Aroma: | voll | Aroma: | vermindert |
| Farbe: | dunkelbraun | Farbe: | hellbraun |
| Geschmack: | mild | Geschmack: | kräftig |
| Fett: | über 20 % | Fett: | über 8 % bis 20 % |
| Nährwert: | sehr nahrhaft | Nährwert: | wenig nahrhaft |

Beide Sorten Kakao sind auch mit Saccharose gezuckert als **Schokoladenpulver** erhältlich. Mindestens 32 % Kakaopulver müssen enthalten sein.

**Kakaotrunk** besteht aus Kakaopulver, Milch und Zucker;

**Kakaogranulat** aus Kakao, Zucker, Fett, Eiweiß und Vitaminen.

Wegen ihrer Inhaltsstoffe müssen diese Produkte besonders sorgfältig gelagert werden. Es ist darauf zu achten, dass sie
▶ nur in verschlossenen Behältnissen aufbewahrt werden. Die enthaltene Stärke zieht Feuchtigkeit an und führt zu Klumpenbildung.
▶ nicht in der Nähe stark riechender Lebensmittel oder anderer Gegenstände gelagert werden. Sie nehmen Fremdgerüche an.

Nur richtig gelagerte Ware garantiert die Güte der zuzubereitenden Getränke.

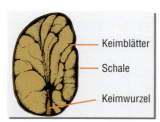

**Aufbau einer Kakaobohne**

## Kakao- und Schokoladengetränke – Zubereitung

### Kakaotrunk
Kakaotrunk besteht aus stark entöltem Kakaopulver + Zucker + Milch + ggf. Wasser.

**Zutaten für eine Tasse**
10 g Kakaopulver
wenig kaltes Wasser oder Milch
kochende Milch
geschlagene Sahne

Zubereitung:
▶ Kakaopulver in kalter Milch oder kaltem Wasser verrühren (verhindert Klumpenbildung).
▶ In vorgewärmte Tasse umfüllen.
▶ Mit kochender Milch auffüllen.
▶ Mit Schlagsahne garnieren.

Bei einem Kännchen Kakao werden die Sahne und der Zucker separat gereicht.

### Trinkschokolade
Schokoladenpulver ist schwach entölt und enthält bereits Zucker und Milchpulver.

**Zutaten für eine Tasse**
10 g Schokoladenpulver
heiße Milch oder Wasser
geschlagene Sahne

Zubereitung:
▶ Schokoladenpulver mit heißem Wasser oder Milch vermischen.

Da Schokoladenpulver bereits mit Zucker angereichert ist, kann beim Servieren auf Zucker verzichtet werden.

### Eiskakao
Kalten Kakao mit ein bis zwei Kugeln Vanille- oder Schokoladeneis in einem Kelchglas mit einer Sahnehaube und einigen Schokoladenraspeln servieren. Kaffee- oder langstieligen Limonadenlöffel und Trinkhalm reichen.

### Eisschokolade
Wird wie Eiskakao (anstatt Kakaopulver wird Schokoladenpulver verwendet) zubereitet und serviert.
Aus Gründen der Arbeitserleichterung werden Kakao und Schokolade für die entsprechenden Getränke häufig portionsgerecht in Form von Instantpulver angeboten.

## Zubereitung mit Alkohol

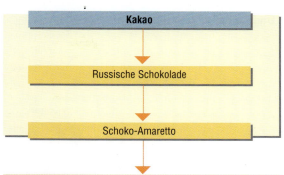

**Russische Schokolade**
In eine Spezialtasse heiße Schokolade geben und mit 4 cl heißem Wodka bzw. Rum verrühren; mit Sahnehaube und Kakaopulver garnieren.

**Schoko-Amaretto**
2 cl Amaretto erhitzen, mit heißem Kakao auffüllen, Sahnehaube aufsetzen.

### 9.3.3 Alkoholhaltige Getränke

#### Wein

 **Beispiel**

Da auch Weine zum Getränkesortiment Ihres Betriebes zählen, fordert Sie Ihr Ausbilder auf, sich mit dieser Thematik näher zu beschäftigen.

Zu diesem Zweck überreicht er Ihnen einen Fragebogen, für dessen Beantwortung er Ihnen eine Woche Zeit einräumt.

In Deutschland wird unterschieden zwischen
▶ Tafelweingebieten,
▶ Landweingebieten und
▶ bestimmten Anbaugebieten für Qualitätswein.

Innerhalb dieser Anbaugebiete wurden weitere geografische Abgrenzungen vorgenommen. Die Weinbaugebiete für Tafelweine sind in Untergebiete, die bestimmten Anbaugebiete in Bereiche unterteilt.

# 1 Getränke

## Weine aus Deutschland

**Bestimmte Anbaugebiete**

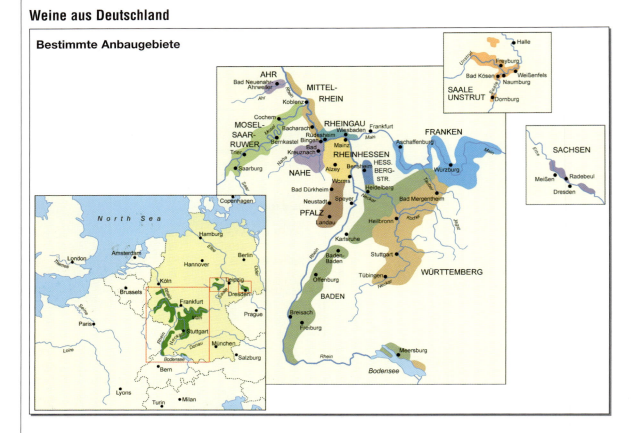

| 13 bestimmte Anbaugebiete | 41 Bereiche | 21 Landweingebiete | 7 Tafelwein- gebiete | Tafelwein – Untergebiete |
|---|---|---|---|---|
| Baden | Bodensee, Markgräflerland, Kaiserstuhl, Tuniberg, Breisgau, Ortenau, Bad. Bergstraße, Kraichgau, Tauberfranken | Taubertäler Landwein Badischer Landwein | Oberrhein Oberrhein Oberrhein | Römertor Burgengau Burgengau |
| Württemberg | Remstal-Stuttgart, Oberer Neckar, Württembergisch Unterland, Württ. Bodensee, Bayer. Bodensee, Kocher-Jagst-Tauber | Schwäbischer Landwein Bayer. Bodensee Land- wein*⁾ | Neckar | |
| Franken | Mainviereck Maindreieck Steigerwald | Landwein Main Regensburger Landwein | Bayern | Main Donau Lindau |
| Pfalz | Südliche Weinstraße Mittelhaardt/Deutsche Weinstraße | Pfälzer Landwein | Rhein-Mosel | Rhein |
| Rheinhessen | Bingen, Nierstein, Wonnegau | Rheinischer Landwein | Rhein-Mosel | Rhein |
| Nahe | Nahetal | Nahegauer Landwein | Rhein-Mosel | Rhein |
| Hess. Bergstraße | Starkenburg, Umstadt | Starkenburger Landwein | Rhein-Mosel | Rhein |
| Rheingau | Johannisberg | Rheingauer Landwein | Rhein-Mosel | Rhein |
| Ahr | Walporzheim/Ahrtal | Ahrtaler Landwein | Rhein-Mosel | Rhein |
| Mittelrhein | Loreley, Siebengebirge | Rheinburgen-Landwein | Rhein-Mosel | Rhein |
| Mosel** | Burg Cochem, Bernkastel, Obermosel, Moseltor, Saar, Ruwertal | Landwein der Mosel Saarl. Landwein Landwein der Ruwer Landwein der Saar | Rhein-Mosel | Moseltal Moseltal Moseltal Moseltal |
| Sachsen | Meißen Elstertal | Sächsischer Landwein | Albrechtsburg | |

# Getränke

| 13 bestimmte Anbaugebiete | 41 Bereiche | 21 Landweingebiete | 7 Tafelweingebiete | Tafelwein – Untergebiete |
|---|---|---|---|---|
| Saale-Unstrut | Thüringen Schloß Neuenburg, Mansfelder Seen | Mitteldeutscher Landwein | | |
| Ohne Zuordnung | | Mecklenburger Landwein Brandenburger Landwein | Stargarder Land Niederlausitz | |

\* Bayerischer Teil des bestimmten Anbaugebiets Württemberg
\*\* Seit dem 01.08.2007 heißt das Anbaugebiet „Mosel-Saar-Ruwer" „Mosel", eine zweijährige Übergangsregelung wurde eingeräumt.

Alle Anbaugebiete im Überblick (DWi, Seminarbuch S. 30/31)

---

Auch wenn vor allem die deutschen Weißweine auf dem Weltmarkt bekannt sind, werden inzwischen gut ein Drittel rote Rebsorten angebaut. Die Nachfrage nach Rotweinen steigt ständig, nicht zuletzt weil die Trauben auch für die immer beliebter werdenden Roséweine verarbeitet werden.

Die **Bereiche des Weinbaus** unterteilen sich wiederum in
- Gemarkungen (Gemeinden),
- Großlagen,
- Einzellagen.

Die Qualität der Reben bzw. der Weine kann in den einzelnen Anbaugebieten oder deren Teilbereichen recht unterschiedlich sein. Mehrere Faktoren, z. B. Klima und Boden, spielen dabei eine Rolle.

### Rebsorten
Reb- oder Traubensorten sind nicht nur an der Beerenfarbe und -größe, sondern auch an deren Blätterformen zu erkennen.

### Wichtige Rebsorten im Überblick

| Weiße Rebsorten | Rote Rebsorten |
|---|---|
| Riesling | Blauer Spätburgunder |
| Müller-Thurgau | Dornfelder |
| Silvaner | Blauer Portugieser |
| Kerner | Schwarzriesling |
| Grauer Burgunder | Trollinger |
| Weißer Burgunder | Lemberger |
| Bacchus | Regent |
| Scheurebe | Blauer Frühburgunder |
| Gutedel | |
| Chardonnay Elbling (Sektgrundwein) | |
| Gewürztraminer | |

Die Hauptlese beginnt Mitte bis Ende September. Für den Lesebeginn ist das **Mostgewicht** mit ausschlaggebend.

> Unter dem **Mostgewicht** ist der Extraktgehalt (in erster Linie der Zuckergehalt) im Most zu verstehen. Er wird mit einer **Öchslewaage** oder einem Handrefraktometer gemessen und in Öchslegraden ausgedrückt.

Die **Öchslegrade** zeigen an, um wie viel Gramm der Most schwerer ist als ein Liter Wasser bei 20 Grad. Aus dem Ergebnis kann der Zuckergehalt errechnet werden.

Die jeweils erforderlichen Öchslegrade sind unterschiedlich und richten sich nach der Herkunft des Weins.

Die Mindestmostgewichte für die Deutschen Prädikatsstufen befinden sich auf der nächsten Seite.

Die Anwendung eines Handrefraktometers ist relativ einfach.

Nach dem Anbringen einer Mostprobe auf dem Prisma erscheint in der Optik des Refraktometers die entsprechende Auswertung.

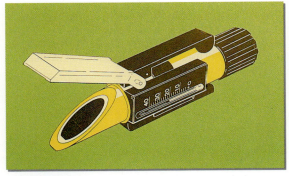

**Handrefraktometer**

## Güteklassen deutscher Weine

Je nach Beschaffenheit des Traubenmostes, die wiederum von
- der Zeit der Lese,
- dem Zuckergehalt des Mostes,
- dem Klima,
- der Bodenbeschaffenheit und
- der Rebsorte

abhängt, werden deutsche Weine unterschiedlichen Güteklassen zugeordnet.

| Deutsche Güteklassen | | |
|---|---|---|
| **Tafelwein** | **Qualitätswein bestimmter Anbaugebiete (QbA)** | |
| Tafelwein Landwein | Qualitätswein (möglicher zusätzlicher Qualitätshinweis, Riesling – Hochgewächs) | Prädikatswein |

### Tafelwein
Die Tafelweine nehmen die unterste Stufe der deutschen Weinhierarchie ein.
- Sie dürfen nur aus den für Tafelwein vorgesehenen Gebieten stammen.
- Sie müssen aus amtlich zugelassenen Rebsorten bereitet sein.
- Der Mindestalkoholgehalt ist in den einzelnen Anbaugebieten festgelegt,
- die Anreicherung ist erlaubt.

Deutsche **Tafelweine** dürfen innerhalb der deutschen Tafelweingebiete verschnitten werden. Das Tafelweingebiet oder eines seiner Untergebiete darf auf dem Etikett nur genannt werden, wenn mind. 85 % des Weins aus Trauben dieses Gebiets stammen.

### Landwein
Sie stammen aus Landweingebieten und sind trocken oder halbtrocken bereitet.
Der natürliche Alkoholgehalt muss mind. 0,5 %vol über dem Mindestalkoholgehalt der Tafelweine in den jeweiligen Gebieten liegen. Der vorhandene Alkoholgehalt muss mindestens 8,5 %vol betragen.

### Qualitätswein bestimmter Anbaugebiete (QbA)
Inländische Qualitätsweine müssen
- aus für die Herstellung für Qualitätswein des bestimmten Anbaugebiets zugelassenen Rebsorten bestehen,
- zu 100 % aus dem deklarierten Anbaugebiet stammen (bei engeren geografischen Angaben 85 %),
- typisch in Aussehen, Geruch und Geschmack sein,
- den erforderlichen Mindestalkoholgehalten in den einzelnen Gebieten entsprechen,
- sich erfolgreich einer amtlichen Prüfung unterzogen haben.

Sie dürfen
- innerhalb des bestimmten Anbaugebiets verschnitten werden (siehe „Verschnitt der Weine"),
- ebenso wie Tafelweine aus angereichertem Most bereitet sein (siehe „Weinherstellung").

### Prädikatswein
Diese Weine sind Erzeugnisse der höchsten deutschen Qualitätsstufe.

Inländische Prädikatsweine müssen
- den vorgeschriebenen Mindestalkoholgehalten entsprechen – diese sind von den jeweiligen Prädikatsstufen abhängig – und
- sich erfolgreich einer amtlichen Prüfung unterzogen haben.

Die Trauben zu ihrer Bereitung müssen
- zu hundert Prozent aus dem deklarierten Anbaugebiet stammen.

Prädikatsweine sind nach ihrer Wertigkeit in Prädikatsstufen eingeteilt. Die erforderlichen Öchslegrade sind von der geografischen Herkunft der Beeren abhängig.

**Beschaffenheit der Beeren** für die einzelnen Prädikatsstufen:

| | |
|---|---|
| **Kabinett** | Ausgereifte Trauben. Lese meist Ende September bis Oktober. |
| **Spätlese** | Spätere Lese. Trauben im vollreifen Zustand. |
| **Auslese** | Nur vollreife Trauben unter Aussonderung kranker und unreifer Beeren. |
| **Beerenauslese** | Es dürfen nur edelfaule, mindestens jedoch überreife Beeren verarbeitet werden. Lese nur von Hand. |
| **Eiswein** | Trauben müssen in gefrorenem Zustand geerntet und gekeltert werden. Es gibt keinen weinrechtlichen Hinweis. |
| **Trockenbeerenauslese** | Nur aus weitgehend eingeschrumpften, edelfaulen Beeren. Ist wegen besonderer Beereneigenschaft oder Witterung ausnahmsweise keine Edelfäule eingetreten, genügen auch überreife, eingeschrumpfte Beeren. Lese nur von Hand. |

| | |
|---|---|
| Kabinett | 70–82 Öchslegrade |
| Spätlese | 76–90 Öchslegrade |
| Auslese | 83–100 Öchslegrade |
| Beerenauslese | 110–128 Öchslegrade |
| Eiswein | 110–128 Öchslegrade |
| Trockenbeerenauslese | 150–154 Öchslegrade |

(Mindestmostgewichte laut DWI 2007)

# Getränke

Seit dem Jahrgang 2000 sind die Bezeichnungen **Classic** und **Selection** für Qualitätsweine b. A. zugelassen. Bei den so bezeichneten Weinen handelt es sich um trockene, rebsortentypische Weine der gehobenen Mittelklasse bzw. Oberklasse. Die eingeführten Bezeichnungen sollen zu einer Profilschärfung der deutschen Weine im In- und Ausland beitragen.

Die vorgenannten Qualitätsbezeichnungen sind neben anderen Angaben auf dem Weinetikett zu deklarieren.

### Weinflaschen

Schlegelflasche — Bocksbeutel — Buddelflasche

Burgunderflasche — Likörweinflasche
Bordeauxflasche

| Flaschentyp | Formen | Zulässige Nennfüllmengen | |
|---|---|---|---|
| Weinflaschen | 1. Schlegelflasche<br>2. Bocksbeutel<br>3. Buddelflasche<br><br>4. Burgunderflasche<br>5. Bordeauxflasche<br>6. Likörweinflasche<br>7. Chiantiflasche | 0,1 l<br>0,187 l<br>0,25 l<br>0,375 l<br>0,5 l<br>0,75 l<br>1,0 l<br>1,5 l | 2,0 l<br>3,0 l<br>4,0 l<br>5,0 l<br>6,0 l<br>8,0 l<br>9,0 l<br>10,0 l |

## Weinetiketten

Um dem Verbraucher die Weinauswahl zu erleichtern, enthält das Weinetikett vorgeschriebene Angaben und solche, die der Gesetzgeber als Zusatzangaben erlaubt.

### Wein-Etikett
Vorgeschriebene Angaben:
▶ bestimmtes Anbaugebiet, aus dem der Wein stammt
▶ Nennvolumen
▶ Alkoholgehalt in %vol
▶ Erzeuger oder Abfüller
▶ Qualitätsbezeichnung ggf. mit Angabe des Prädikats
▶ amtliche Prüfnummer
▶ bei Export der Name des Erzeugerlandes
▶ Loskennzeichnung (in der Regel gilt die amtliche Prüfnummer)
▶ „enthält Sulfite" bzw. „enthält Schwefeldioxid" bei einer Konzentration von mehr als 10 mg/l Schwefeldioxid

### Mögliche Zusatzangaben
Zusätzliche Angaben können entweder auf dem eigentlichen Etikett oder einem separaten Etikett vermerkt sein:

Aus der umfangreichen Auflistung zulässiger Angaben sollen hier nur einige genannt werden:
▶ Angabe von bis zu drei Rebsorten
▶ Angabe des Jahrgangs
▶ präzisere Herkunftsbezeichnung
▶ Verwendung des Buchstaben „e" in Verbindung mit der Mengenangabe, sofern die Flaschen den Einfüllvorschriften der EU entsprechen
▶ die Geschmacksangaben „süß", „lieblich", „halbtrocken", „trocken" und „feinherb"
▶ Weingut, Erzeugerabfüllung, Weinhändler, Winzer, Importeur, Burg, Domäne, Kloster
▶ Prämierungen, Weinsiegel, Gütezeichen
▶ eine Marke
▶ bei Qualitätsweinen b. A., z. B. die Angabe „im Holzfass gereift", wenn mind. 75 % des Weins (bei Rotwein sechs Monate und bei anderen Weinen vier Monate) im Holzfass gelagert wurden
▶ analytische Angaben dürfen gemacht werden, ohne jedoch die Bezeichnung „Diabetiker" zu nennen

Bei **Jahrgangsangaben** inländischer Qualitätsweine b. A. müssen laut *Weinverordnung* mindestens 85 % der Trauben aus dem angegebenen Jahr stammen, bei **Rebsortenangaben** muss der Wein bei Nennung einer einzigen Rebsorte zu 85 % aus dieser stammen, bei Angabe von zwei oder drei Rebsorten sind diese ausschließlich (mit Ausnahme evtl. verwendeter Süßreserve) verwendet worden, wobei die erstgenannte Rebsorte den höheren Anteil hat.

# 1 Getränke

Dieser Prozentsatz ist auch bei Angabe der Gemarkung oder Lage verbindlich.

Obwohl die Rebsortenangabe auf dem Etikett nicht erforderlich ist, bestimmen die Rebsorten den Charakter des Weins in hohem Maße.

## Weinsiegel, Gütezeichen und sonstige Auszeichnungen

Bei **Weinsiegeln** wird zwischen dem **roten**, dem **grünen** und dem **gelben** unterschieden.
Sie stehen für die jeweiligen Geschmacksrichtungen. Die Begriffe „trocken", „halbtrocken", „lieblich" und „süß" sind festgelegt.

**Trocken** (gelbes Weinsiegel), Zuckergehalt bis
▶ 4 g/l oder
▶ 9 g/l, wenn der Gesamtsäuregehalt höchstens um 2 g/l niedriger ist als der Restzuckergehalt.

**Halbtrocken** (grünes Weinsiegel) bei einem Restzuckergehalt von mehr als 4 oder 9 g/l bis
▶ 12 g/l oder bis höchstens
▶ 18 g/l, wenn der Gesamtsäuregehalt (in g/l) durch den jeweiligen Mitgliedsstaat zusätzlich entsprechend festgelegt wurde.

**Lieblich** (rotes Weinsiegel), wenn der Restzuckergehalt den des halbtrockenen Weins übersteigt und höchstens 45 g/l ausmacht.

**Süß** (rotes Weinsiegel), wenn der Restzuckergehalt 45 g/l übersteigt.

Das rote Weinsiegel war bereits lange vor dem gelben und grünen eingeführt. Es war lediglich der Hinweis auf erhöhte Qualität des Weins.
Das **Badische Gütezeichen** ist ein staatlich anerkanntes Gebietsgütezeichen. Die Anforderungen sind höher als die für die Weinsiegel.
Das **Gütezeichen FRANKEN** ist für Qualitätsweine in Bocksbeuteln bis zu drei Litern Inhalt vorgesehen.
Auch hier gibt es unterschiedliche Ausführungen. Die mit dem gelben Rand kennzeichnen trockene Weine.

## Weitere Weinauszeichnungen

Besonders herausragende Weine und Sekte b.A., die zuvor bereits höchste Noten erreicht hatten, erhalten seit 1998 bei der DLG die Auszeichnung Goldener Preis.

## Amtliche Prüfungsnummer

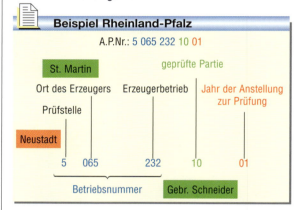

Die Kennzeichnungen der Prüfstelle und der Anbaugemeinde können entfallen, wenn diese offensichtlich sind.

## Weineigenschaften

Weine unterschiedlicher Herkunft, Rebsorten und Jahrgänge weisen auch unterschiedliche Eigenschaften auf.

| Beispiel | |
|---|---|
| elegant | (keine echte Beschreibung, sondern nur Sympathievergabe) |
| fruchtig | (Geschmack) Süße und Säure sind gut schmeckbar (Geruch) erinnert deutlich an Früchte |
| mild | Wein mit mäßig ausgeprägter Säure |
| blumig | erinnert an Blumen (Wiesenblumen) |
| leicht | Wein mit wenig Süße und Alkohol (Summe) |
| körperreich | Summe von Alkohol und Süße ist hoch |
| gehaltvoll | siehe bei körperreich |
| süffig | harmonischer Wein unterer oder mittlerer Qualität |
| frisch | jung und säurebetont |
| säurebetont | Säure deutlich schmeckbar |
| rassig | säurebetont |
| herb | gerbstoffreich |
| herzhaft | geschmacksintensiv |
| kräftig | wie körperreich, jedoch säurebetont |
| spritzig | junger Wein mit spürbarer Kohlensäure |

# Weinherstellung

## Weißweinherstellung

| | |
|---|---|
| Traubenlese | Ende September bis November |
| Entrappen | Die Beeren werden von den Stielen getrennt. Dies geschieht hauptsächlich bei Weißweinen der oberen Qualitätsstufen und bei der Rotweinbereitung, damit bei der Weiterverarbeitung die in den Stielen vorhandene Gerbsäure nicht in den Wein gelangen kann. |
| Zerkleinern in der Traubenmühle | Durch das Mahlen der Trauben entsteht die Maische. Sie besteht aus zerkleinerter Schale, Fruchtfleisch, Kernen und Beerensaft. |
| Schwefeln | Der Maische wird schweflige Säure zugesetzt. Die Höchstmengen werden durch EG-Verordnungen festgelegt. Das Schwefeln dient der Hygiene und der Haltbarkeit (Oxidationsschutz). |
| Pressen, Keltern | Mostgewinnung |
| Feststellen des Mostgewichts | bei 20 °C |
| Vorklären des Mosts | Dies geschieht durch Separatoren und Absetzbehälter. Schmutzpartikel vom Weinbergboden setzen sich nach Stunden am Boden des Klärbehälters ab. |
| Eventuelle Mostbehandlungen | **Kohleschönung:** Sie beseitigt Geruchs- und Geschmacksfehler.<br>**Betonitbehandlung:** Betonit ist Ton mit starkem Quellungs- und Absorptionsvermögen. Eiweißstoffe werden gebunden. |
| Anreicherung | u. a. Zugabe von Zucker vor Beendigung der Gärung zum Zwecke der Alkoholerhöhung ist bei Prädikatswein verboten. |
| Alkoholische Gärung | Abbau des in Most oder Maische vorhandenen Zuckers durch Hefen, dabei entsteht letztendlich Alkohol und Kohlensäure, welche weitgehend entweicht. |
| Abstich | Trennen des Jungweins von der Hefe durch Umfüllen. |
| Schönen | Fortsetzung der Klärung durch zeitweiliges Zusetzen von Schönungsmitteln, dient der optischen Stabilität. |
| 2. Abstich | Durch Filtersysteme wird geklärt. |
| Abfüllen des Weins | Das Abfüllen kann auf kalt steriler oder warmer Basis vorgenommen werden. |

Eine weitere wichtige kellertechnische Maßnahme ist das **Verschneiden**. Darunter versteht man das Vermischen von Maischen, Mosten oder Weinen aus einem oder mehreren Jahrgängen und (oder) unterschiedlicher Herkunft, um das Endprodukt harmonischer und gefälliger zu machen. Man unterscheidet hauptsächlich Herkunfts-, Jahrgangs- und Rebsortenverschnitte.

## Weißweinherstellung (nach Troost)

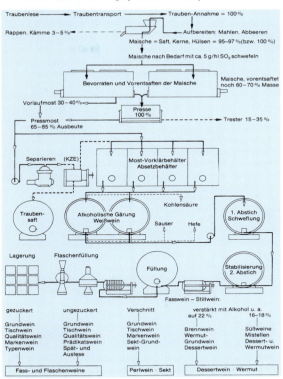

## Rotweinherstellung

Da sich die meisten Farbstoffe der roten Trauben in den Schalen befinden, ist bei der Rotweinherstellung die Mostgärung nicht möglich. Die roten Farbstoffe müssen aus den Schalen gelöst werden. Dieses kann durch Pressen der Trauben nur im geringen Maße erreicht werden, sodass die Maische vergoren werden muss. Der dabei entstehende Alkohol löst die Farbstoffe aus der Schale und färbt den Most rot. Eine Alternative ist, die Farbstoffe durch Erhitzen der Maische auf 55–85 °C zu lösen. Nach der Vergärung der Maische wird der angegorene rote Most in Gärtanks oder Gärfässer umgefüllt. Die Weiterverarbeitung entspricht der Weißweinherstellung.

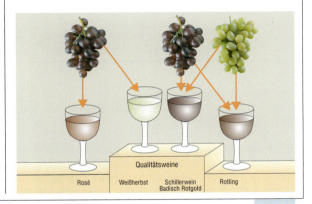

### Roséwein

Roséwein wird aus Rotweintrauben nach dem Weißweinverfahren bereitet. Da der gekelterte Most nur wenig rote Farbstoffe enthält (siehe Rotweinherstellung), weist dieser Wein eine rosa Farbe auf. Lt. Gesetzgeber reicht es jedoch aus, dass ein Roséwein aus Rotweintrauben von blass bis hellroter Beschaffenheit ist; zum Herstellungsverfahren werden keine Vorschriften gemacht.

### Weißherbst

Weißherbst ist ein Roséwein gehobener Kategorie. Erfüllt ein Roséwein die Auflagen, die an einen Qualitätswein gestellt werden (siehe Qualitätsweine bestimmter Anbaugebiete) und wurde er nur aus einer Rebsorte bereitet, darf er als Weißherbst deklariert werden. Er muss mind. zu 95 % aus hell gekeltertem Most hergestellt werden, ein geringfügiger Verschnitt mit Rotwein bzw. Rotweinmost ist möglich.

### Rotling

Rotlingweine sind hellrot und werden aus einem Gemisch aus Rotwein- und Weißweintrauben und deren Maische hergestellt.

### Schillerwein

Schillerweine sind Rotlingweine, die die Anforderungen an einen Qualitätswein bestimmter Anbaugebiete erfüllen und aus Württemberg stammen.

### Badisch Rotgold

Als Badisch Rotgold dürfen nur die Rotlingweine bezeichnet werden, die die Auflagen an einen Qualitätswein bestimmter Anbaugebiete erfüllen und aus einem Maischeverschnitt aus mindestens 51 % Ruländer und Blauem Spätburgunder hergestellt werden.

## Typenweine

Sogenannte typisierte Weine haben eine eindeutige und geschützte Bezeichnung. Das *Weingesetz* und einige Verordnungen bestimmen die Herstellung.

**Beispiel**

**Liebfrauenmilch**
Anbaugebiete: Rheinhessen, Pfalz, Nahe, Rheingau
Zugelassene Rebsorten: Riesling, Müller-Thurgau, Silvaner oder Kerner
Auflagen: mindestens Qualitätswein

**Riesling-Hochgewächs**
Anbaugebiete: nicht gebietsgebunden
Zugelassene Rebsorten: Riesling
Auflagen: mindestens Qualitätswein, mindestens 10 Grad Öchsle mehr als für Qualitätswein erforderlich

## Spezielle Weinsorten

Darüber hinaus gibt es spezielle Weinsorten, z. B. den Perlwein oder den Sauser.

Bei **Perlwein** handelt es sich um ein kohlensäurehaltiges Erzeugnis mit einem Überdruck von 1 bis 2,5 bar, wobei die Kohlensäure entweder weineigen ist oder durch Imprägnierverfahren zugesetzt werden kann. Perlwein wird aus Tafel- oder Qualitätswein erzeugt.

**Sauser** bzw. **Federweißer** ist ein Wein, der sich noch in der Gärung befindet, dessen Zucker aber schon weitgehend in Alkohol und Kohlensäure aufgespalten ist. Er ist noch milchig-trüb und schmeckt mehr nach Most als nach Wein.

## Weinlagerung

Die Qualität des Weines bestimmt, ob und wie lange er gelagert werden kann.
Spätlesen bis Eisweine können über Jahre gelagert werden, Weine geringerer Wertigkeiten reifen schneller und sind nur kürzere Zeit lagerfähig.

### Optimale Lagerbedingungen

▶ Lagertemperaturen je nach Wein 8 bis 15 °C
▶ Luftfeuchtigkeit 70 bis 75 %
▶ Lichteinwirkung so gering wie möglich halten
▶ Geruchsbeeinträchtigungen vermeiden
▶ Erschütterungen vermeiden
▶ verkorkte Flaschen liegend lagern
▶ Weinlager gut lüften

Ideale Lagerung bieten temperaturregelbare Weinklimaschränke.

## Weine aus anderen Ländern

### Frankreich

**Vins de table**
Diese Weine gehören der untersten Qualitätsstufe der französischen Weine an. Sie sind in der Regel verschnitten und dürfen angereichert werden.

**Vins de pays**
Tafelweine gehobener Qualität mit höherem Alkoholgehalt als die Tafelweine derselben Zone. Sie dürfen nicht mit Weinen anderer Regionen verschnitten werden und müssen sich einer Analysen- und Geschmacksprüfung erfolgreich unterzogen haben.

**A.O.C.-Weine (Appellation d'Origine Contrôlée)**
Weine der höchsten französischen Güteklasse mit kontrollierter Herkunftsbezeichnung, die hauptsächlich aus den folgenden Anbaugebieten stammen:

▶ Bordeaux ▶ Jura
▶ Bourgogne ▶ Savoie
▶ Val de Loire ▶ Sud-Ouest
▶ Alsace ▶ Longuedoc-Roussillon
▶ Provence ▶ Champagne
▶ Côtes-du-Rhône ▶ Corse

Aber auch andere Qualitätseinteilungen (siehe z. B. Bordeaux-Medoc) sind geläufig.

# Getränke

## Französische Weinbaugebiete

## Bordeaux/Le Bordelais

Das Bordelais ist eines der größten Anbaugebiete der Welt. Die z. T. Weltruhm erlangten Weine sind häufig Verschnitte aus mehreren Rebsorten.

| Bedeutende Regionen u. a. | Rebsorten u. a. | |
|---|---|---|
| | rote: | weiße: |
| 1 Médoc<br>2 Graves<br>3 Barsac<br>4 Sauternes<br>5 Entre-Deux-Mers<br>6 Saint-Emilion<br>7 Pomerol | Cabernet-Sauvignon<br>Cabernet Franc<br>Merlot<br>Malbec<br>Petit Verdot | Sauvignon blanc<br>Sémillon<br>Muscadelle<br>Colombard |

Die wohl bedeutendste ist die Region Médoc.
Die **Klassifizierung** der Médoc-Weine wird in crus (klassifiziertes Gewächs) vorgenommen, z. B.:
▶ Premiers grands crus classés
  Vier Weine zählen zur Klassifizierung „Premiers grands crus classés":
  – Château Lafite-Rothschild aus Pauillac
  – Château Latour aus Pauillac
  – Château Margaux aus Margaux
  – Château Mouton-Rothschild aus Pauillac

Der Begriff „Château" ist ein Synonym für den Begriff „Weingut" und wird vornehmlich im Bordeaux verwendet.

Eine weitere Qualitätsbezeichnung im Médoc ist **crus bourgeois**. Dabei handelt es sich um Weine der Mitglieder des Syndikat des crus bourgeois, die qualitativ teilweise recht hoch anzusiedeln sind.

## Burgund (Bourgogne)

Die Bourgogne-Weine sind überwiegend kräftig und in der Regel nicht verschnitten. Über 80 % der dort produzierten Weine sind Rotweine.

Die Klassifizierung wird in die Kategorien (AOC) vorgenommen, z. B.
▶ Grands crus,
▶ Premiers crus,
▶ communale (Gemeindeweine),
▶ régionale (Distriktsweine).

| Bedeutende Regionen u. a. | Rebsorten u. a. | |
|---|---|---|
| | rote: | weiße: |
| Chablis (Yonne)<br>Côte d'Or mit<br>▶ Côte de Nuits<br>▶ Côte de Beaune<br>Beaujolais | Pinot noir<br>Gamay noir | Chardonnay<br>Aligoté<br>Pinot blanc |

### Chablis

Die „Weißweininsel" Chablis bringt überwiegend trockene, körperreiche Weißweine auf den Markt. Sie werden aus der Chardonnaytraube bereitet und gelten als die bekanntesten Weißweine Frankreichs. Chablisweine werden in vier Qualitätsstufen unterteilt.

▶ **Grand Crus**
  Spitzenerzeugnisse mit gutem Bukett; angenehme Säure und Stärke runden den Wein ab.
▶ **Premiers Crus**
  Respektable Weine, die aber den Charakter, das Bukett und die Eleganz der Grands Crus nicht erreichen.
  Sie werden unter der Bezeichnung Lage oder unter Lagengruppen angeboten.
▶ **Chablis**
  Wein mittlerer Qualitätsstufe, der auf dem Etikett keine Lagenbezeichnung führt.
▶ **Petit Chablis**
  Einfacher, leicht säuerlicher Wein; nicht lange haltbar.

### Côte d'Or

Die Goldküste ist in Côte de Nuits und Côte de Beaune unterteilt. Die Côte de Nuits ist für die hervorragenden Rotweine aus der Pinot-noir-Rebe und die Côte de Beaune für die Weißweine aus der Chardonnay-Rebe bekannt.

### Beaujolais

Beaujolaisweine werden überwiegend aus der Gamayrebe hergestellt. Sie werden ebenfalls in unterschiedlichen Qualitäten angeboten.
▶ Beaujolais
▶ Beaujolais-Villages
▶ Beaujolais Supérieur
▶ Beaujolais Primeur

Die bekanntesten sind der Beaujolais Primeur und der Beaujolais Villages.

Der **Beaujolais Primeur** ist der erste Beaujolais, der bereits als junger, frischer Wein (12,5 %vol) am dritten Novemberdonnerstag eines jeden Jahres auf den Markt kommt. Er wird im Gegensatz zu anderen Rotweinen kühl (10 bis 12 °C) serviert.

**Beaujolais Villages** stammt aus einer von 39 festgelegten Gemeinden. Er ist in unterschiedliche Lagengewächse und Geschmacksrichtungen unterteilt. Beispiele für Lagengewächse:
▶ Brouilly
▶ Fleurie
▶ Moulin à Vent
▶ Saint-Amour

### Loiretal (Val de Loire)

Hier werden überwiegend fruchtige Weißweine hergestellt, ca. 35 % entfallen auf Roséweine, Rotweine und Schaumweine.

| Bedeutende Untergebiete | Rebsorten u. a. | |
|---|---|---|
| | rote: | weiße: |
| Nantais (Muscadet) Touraine Anjou-Saumur Zentralgebiet | Cabernet-Sauvignon Cabernet Franc Gamay noir Pinot noir | Muscadet Sauvignon blanc Chardonnay Chenin blanc |

Bedeutende Vertreter dieser Anbaugebiete sind u. a.
▶ die Rotweine
 – Chinon AC (Touraine)
 – Bourgueil AC (Touraine)
▶ die Roséweine
 – Sancerre AC (Zentralgebiet)
 – Rosé d'Anjou AC
 – Rosé de Loire AC
▶ die Weißweine
 – Saumur AC
 – Muscadet de Sèvre et Maine sur lie (Nantais) (Dieser Wein wird einige Monate auf der Hefe belassen und mit ihr abgefüllt. Er weist daher eine leicht prickelnde Kohlensäure auf.)
 – Puilly Fumé (Zentralgebiet; aus Sauvignon blanc)
 – Sancerre (Zentralgebiet; aus Sauvignon blanc)

▶ der Schaumwein
 – Crémant de Loire AC

### Elsass (Alsace)

Elsass ist das einzige französische Weinanbaugebiet, in dem grundsätzlich die verwendeten Rebsorten auf dem Etikett angegeben werden. Es werden mit Ausnahme des Edelzwickers nur rebsortenreine Weine bereitet.

**Edelzwicker** sind fruchtige, trockene Weine, die aus einer Cuvée (Verschnitt von Grundweinen), die mindestens zwei Edelsorten enthält, hergestellt werden.

Zu den bekanntesten **A.A.C.-Weinen** (Appellation Alsace Contrôllée) gehören u. a. die Weine aus dem Département Haut-Rhin mit den Gemarkungen Hunawihr, Kaysersberg und Riquewihr.

Als beliebter Schaumwein gilt der Crément d'Alsace. Rotweine sind im Elsass von geringer Bedeutung.

Aus den Rebsorten Riesling, Gewürztraminer, Muscat und Tokay d'Alsace werden bei guten klimatischen Bedingungen u. a. die Spitzenerzeugnisse Vendange tardive oder Selections des grains nobles (Beerenauslesen) erzeugt.

### Provence

In der Provence machen die angenehm frischen Roséweine den Großteil der Weinproduktion aus. Hauptrebsorten sind u. a. Grenache, Mourvèdre und Syrah.
Für die Weißweinproduktion werden u. a. Sémillon, Ugni blanc und Clairette blanc verwendet.

### Rhônetal (Côte du Rhône)

| Bedeutende Untergebiete | Rebsorten u. a. | |
|---|---|---|
| | rote: | weiße: |
| Côte Rôtie Château-Grillet Crozes-Hermitage Hermitage Die Tavel Châteauneuf-du-Pape Lirac | Syrah Mourvèdre Grenache noir Carignan Cinsault Cabernet | Viognier Roussanne Marsanne Muscat |

Zu den bekanntesten **Rotweinen** dieses Gebiets gehören
▶ Châteauneuf-du-Pape
▶ Lirac Rouge
▶ Côtes du Rhône-Village
▶ Crozes-Hermitage
▶ Hermitage

Erwähnt werden muss der **Tavel**, einer der berühmtesten **Roséweine** Frankreichs.

Getränke **1**

## Jura (Franche-Comté)

Das Herzstück der Region ist das Untergebiet Arbois. Zu den bekanntesten Weinen des Juragebiets gehören der Vin de paille (Strohwein) und der Vin jaune (Gelbwein).

Zur **Strohweingewinnung** werden die Trauben ca. drei Monate zum Trocknen auf Strohmatten gelegt oder in gelüfteten Räumen aufgehängt mit dem Ziel, die Flüssigkeit zu reduzieren und den Zucker zu konzentrieren. Das Ergebnis ist ein edelsüßer, sehr alkoholreicher und lagerfähiger Wein. Der **Gelbwein**, der über Jahre reift, zeichnet sich durch sein bernsteinfarbenes Äußeres und durch den Nussgeschmack aus. Er wird ausschließlich aus der Savagnin-Traube gekeltert.

## Italien

Italien ist neben Frankreich das bedeutendste Weinerzeugerland der Erde. Das Land exportiert Jahr für Jahr mehr Wein in jedes andere Land einschließlich Frankreich – ein großer Teil davon sind einfache Weine.

Seit über 2500 Jahren wird in Italien intensiver Weinbau betrieben.

Festzustellen gilt, dass in allen 20 Regionen des Landes mehr oder weniger günstige Bedingungen für den Weinbau herrschen.

Erwähnenswert ist auch, dass kein Land der Erde eine solche Vielzahl an verschiedenen Rebsorten aufweist wie Italien. Fast 400 Sorten sind heute für die Erzeugung der D.-O.-C.-Weine zugelassen.

Durch das *italienische Weingesetz* sind vier Qualitätsklassen festgelegt:

▶ **Vini da tavola** (Tafelwein):
Für die Weine dieser niedrigsten Güteklasse sind keine Mengen- oder Qualitätskontrollen vorgeschrieben. Es erfolgt keine Rebsorten- und Herkunftsangabe.

▶ **Vini da tavola indicazione geografica tipica (I.G.T.)** (Tafelwein mit typischer geografischer Herkunft):
Diese Weine werden aus im jeweiligen Gebiet zugelassenen oder empfohlenen Rebsorten hergestellt. Die Rebsorten müssen zu 85 Prozent aus einem durch Gesetz bestimmten Anbaugebiet stammen. Es erfolgt eine typische Herkunftsangabe.

▶ **Denominazione di origine controllata** (D.-O.-C.-Weine):
Qualitätsweine mit kontrollierter Ursprungsbezeichnung. Die Anbaugebiete sind genau begrenzt, ebenso sind u. a. die Mindestalkoholgehalte, Rebsorten und Weinbereitungsmethoden vorgeschrieben.

▶ **Denominazione di origine controllata e garantita** (D.-O.-C.-G.-Weine):
Qualitätsweine mit kontrollierter und garantierter Ursprungsbezeichnung. Die Weine dieser höchsten Qualitätsstufe müssen den D.-O.-C.-Anforderungen genügen, darüber hinaus vom Erzeuger abgefüllt werden und aus erstklassigen Lagen stammen. Zusätzlich werden sie mit einer staatlichen Banderole versehen.

**Weinbezeichnungen (auszugsweise)**

| | |
|---|---|
| Rotwein | Vino rosso |
| Roséwein | Vino rosato |
| Likörwein | Vino liquoroso |
| Weißwein | Vino bianco |
| Schaumwein | Vino spumante |

**Geschmacksbezeichnungen (auszugsweise)**

| | |
|---|---|
| trocken | secco oder asciutto |
| lieblich | abboccato |
| süß | dolce |
| leicht süß | amabile |

**Rebsorten u. a.**

| rote: | | weiße: | |
|---|---|---|---|
| | Sangiovese | | Malvasia |
| | Lambrusco | | Chardonnay |
| | Brunello | | Albana |
| | Barbera | | Trebbiano |
| | Cabernet Franc | | Vermentino |
| | Pinot nero | | Pinot grigio |
| | Merlot | | Riesling |
| | Dolcetto | | Verdicchio |
| | Cabernet Sauvignon | | Moscato |
| | Nebbiolo | | Prosecco |

**Bekannte italienische Weine**

Im Folgenden werden die wichtigsten Anbaugebiete mit ihren bedeutendsten Weinen vorgestellt.

| Anbaugebiet | Typische Weine |
|---|---|
| Emilia Romagna | Lambrusco (rot)<br>Albana di Romagna (weiß) |
| Latium | Est! Est! Est! – Falesco, Montefiasone (weiß)<br>Frascati (weiß) |
| Lombardei | Valtellina Superiore (rot)<br>Franciacorta (rot, weiß und insbesondere Schaumwein) |
| Piemont | Barolo (rot)<br>Barbaresco (rot)<br>Gattinara (rot)<br>Ghemme (rot)<br>Gavi (weiß)<br>Asti Spumante (Schaumwein)<br>Moscato d'Asti (Schaumwein) |
| Sardinien | Vermentino di Gallura (weiß) |
| Südtirol/Trentino | Alto Adige (weiß, rot, rosé)<br>Kalterer See (rot)<br>Terlaner (weiß) |
| Toskana | Chianti (rot)<br>Brunello die Montalcino (rot)<br>Vino Nobile di Montopulciano (rot)<br>Carmignano (rot)<br>Vernaccia di San Gimignano (weiß) |
| Umbrien | Torgiano Rosso Riserva (rot)<br>Orvieto (weiß) |
| Venetien | Bardolino (rot)<br>Valpolicella (rot)<br>Soave (weiß)<br>Reciotio die Soave (weiß)<br>Prosecco (Schaumwein) |

## Spanien

Spanien zählt flächenmäßig zu den größten Weinbauländern der Welt (1,2 Millionen Hektar).
Bedeutende **Weinbauregionen** sind:
- La Rioja
- Navarra
- Kastilien-Leon
- Katalonien
- Kastilien-La Mancha
- Andalusien

| Klassifizierungen | | |
|---|---|---|
| Vino de Mesa | VdM | Tafelwein ohne besondere Herkunftsbezeichnung |
| Vino Cormarcal | VC | Regionaler Wein aus einer typischen Gegend |
| Vino de la Tierra | VdlT | Landwein aus festgelegten Bereichen |
| Denominación de Origen | Do | Qualitätswein kontrollierter Herkunftsbezeichnung |
| Denominación de Origen Calificada | DOCa | Qualitätswein der höchsten Stufe mit besonderen Auflagen |

| Rebsorten u. a. | |
|---|---|
| … für Weißweine | … für Rotweine |
| Garnacha blanca<br>Airén<br>Macabeo | Tempranillo<br>Garnacha tinta<br>Bobal<br>Graciano<br>Monastrell |

| Besondere Weinbezeichnungen | |
|---|---|
| Reserva | Weine, die mindestens ein Jahr im Tank, dann zwei Jahre im Holzfass und anschließend ein Jahr in der Flasche lagern. |
| Gran Reserva | Weine, die mindestens ein Jahr im Tank, dann drei Jahre im Holzfass und anschließend in der Regel drei Jahre in der Flasche lagern, mind. aber 1 Jahr. |
| Rancio | Alter, meist oxidierter Wein, der unter Lufteinfluss und raschem Temperaturwechsel überwiegend in Holzfässern oder Korbflaschen gereift ist. |

## Portugal

Portugal hat neben den Likörweinen **Portwein** und **Madeira** eine Vielzahl teilweise hochwertiger Weiß-, Rot- und Roséweine zu bieten.
Wichtige **Weinbaugebiete** sind u. a.:
- Douro: namensgebend ist der Fluss Douro, an dessen Verlauf die Reben für den Portwein wachsen,
- Vinho Verde: bekannt für frische, spritzige und leichte Weine,
- Atlantikinsel Madeira: hier wird der gleichnamige Likörwein erzeugt.

## Griechenland

Griechenland ist das älteste Weinbauland in Europa. Insbesondere sind über die Grenzen des Landes hinaus folgende Weine bekannt geworden:
- Retsina: einfacher Muskatwein; der Most wird mit Pinienharz versetzt, das dem Jungwein wieder entzogen wird,
- Mavrodaphne: ein aus der gleichnamigen Rebe erzeugter süßer Rotwein mit bis 16 %vol Alkohol und einer langen Reifezeit,
- Samos: Likörwein, der aus überreifen Muskatellertrauben auf der gleichnamigen Insel erzeugt wird. Die Gärung wird durch Spriten mit Branntwein gestoppt.

## Österreich

| Weinbauregionen |
|---|
| Weinland Österreich<br>mit den Gebieten Niederösterreich und Burgenland<br>Steiermark<br>Wien<br>Bergland Österreich |

| Klassifizierungen | Besondere Weinbezeichnungen | |
|---|---|---|
| Tafelwein<br>Landwein<br>Qualitätswein<br>Kabinett<br>Prädikatsweine<br> Spätlese<br> Auslese<br> Eiswein<br> Strohwein<br> Beerenauslese<br> Ausbruch<br> Trockenbeerenauslese | Heuriger | Junger Wein, der unmittelbar nach der Gärung ausgeschenkt wird. |
| | Strohwein | Auch Schilfwein genannt. Die vollreifen, sehr zuckerhaltigen Beeren müssen vor der Kelterung auf Schilf oder Stroh lagern. |
| | Schilcher | Roséwein aus der Steiermark; wird aus der Rebsorte Blauer Wildbacher bereitet. |
| | Bergwein | Die Trauben wachsen in Steillagen bzw. Terrassen, die eine Neigung von über 26 % aufweisen. |

| Rebsorten u. a. | |
|---|---|
| … für Weißweine | … für Rotweine |
| Grüner Veltiner<br>Welschriesling<br>Müller-Thurgau<br>Weißer Burgunder<br>Riesling<br>Neuburger | Blauer Zweigelt<br>Blaufränkisch<br>Blauer Portugieser<br>Blauer Burgunder<br>Blauer Wildbacher<br>Sankt Laurent |

Getränke 1

## Schweiz

Die Schweiz umfasst drei **Weinbauzonen**:
▶ Westschweiz
▶ Ostschweiz
▶ Südschweiz

Die Hauptanbaugebiete Waadt und Wallis befinden sich in der Westschweiz.

| Rebsorten u. a. | |
|---|---|
| … für Weißweine | … für Rotweine |
| Chasselas<br>Müller-Thurgau<br>Sylvaner<br>Pinot blanc<br>Chardonnay<br>Gewürztraminer | Pinot noir<br>Gamay<br>Merlot<br>Syrah |

| Weinspezialitäten sind u.a. | |
|---|---|
| Dorin | Weißweine des Waadt aus Chasselas-Trauben (Chasselas = Schweizer Bezeichnung für Gutedel) |
| Salvagnin | Rotwein aus dem Waadt, erzeugt aus Pinot noir- und/oder Gamay-Trauben |
| Fendant | Walliser Weißweine aus Chasselas-Trauben |
| Johannisberg | Weißweine der Rebsorte Silvaner aus dem Wallis |
| Dôle | Walliser Rotweine aus Pinot noir mit oder ohne Gamay |
| Merlot VITI (Vini Ticinesi) | Qualitätsmarke für Tessiner Rotweine (Südschweiz) aus Merlot-Trauben |
| Oeil de Perdrix (Rebhuhnauge) | Roséwein aus der Blauburgunderrebe |
| Sternliwein | Weine aus dem Kanton Neuenburg (Westschweiz), die aus der Chasselas-Traube erzeugt werden. Sie haben oft noch viel Kohlensäure und es bildet sich ein Stern im Glas. |

# Weine aus anderen Kontinenten

### ▶ Kalifornien (USA)

| Anbauregionen | |
|---|---|
| North Coast (Napa Valley) | Central Valley |
| Central Coast | Sierra Foothills |
| South Coast | |

| Einige Rebsorten | |
|---|---|
| … für Weißweine | … für Rotweine |
| Chardonnay<br>Riesling<br>Marsanne<br>Sauvignon<br>Colombard | Cabernet Sauvignon<br>Merlot<br>Syrah<br>Sangiovese<br>Mourvèdre |

### ▶ Südafrika

| Anbauregionen | |
|---|---|
| Constantia | Swartland |
| Durbanville | Paarl |
| Stellenbosch | Tulbagh |

| Einige Rebsorten | |
|---|---|
| … für Weißweine | … für Rotweine |
| Chardonnay<br>Chenin blanc<br>Sauvignon blanc<br>Riesling<br>Semillion | Cabernet Franc<br>Cabernet Sauvignon<br>Merlot<br>Pinotage<br>Pinotage noir<br>Shiraz |

### ▶ Argentinien

| Weinbau-regionen | Einige Rebsorten | |
|---|---|---|
| | … für Weißweine | … für Rotweine |
| Mendoza<br>Occidente<br>San Juan<br>Rio Negro<br>Cordoba<br>Salta | Pedro Ximénez<br>Chenin blanc<br>Sauvignon blanc<br>Riesling<br>Semillion<br>Chardonnay | Criolla<br>Cabernet Sauvignon<br>Merlot<br>Malbec<br>Pinot noir<br>Shiraz |

### ▶ Australien

| Anbauregionen | Einige Rebsorten | |
|---|---|---|
| | … für Weißweine | … für Rotweine |
| Westaustralien<br>Südaustralien<br>Neusüdwales<br>Victoria | Riesling<br>Semillion<br>Chardonnay<br>Sauvignon blanc | Shiraz (Syrah)<br>Cabernet Sauvignon<br>Malbec<br>Merlot |

### ▶ Chile

| Weinbau-regionen | Einige Rebsorten | |
|---|---|---|
| | … für Weißweine | … für Rotweine |
| Aconcagua<br>Zentraltal<br>Südregion | Sauvignon blanc<br>Chardonnay<br>Chasselas | Cabernet Sauvignon<br>Syrah<br>Pinot negro |

# Getränke

## Likörweine

Gäste trinken unterschiedliche Likörweine aus verschiedenen Gründen zu unterschiedlichen Zeiten. Vor dem Essen, nach dem Essen oder einfach einmal „so zwischendurch". Als Fachmann/-frau müssen Sie in der Lage sein, stets den richtigen zu empfehlen. Auskunft zu geben über Herkunft, Geschmacksrichtungen und Alkoholgehalte darf für Sie kein Problem sein.

Likörweine sind Weine, die während ihrer Erzeugung durch Zusätze verändert wurden. Bei Herstellung innerhalb der EU weisen sie einen vorhandenen Alkoholgehalt von 15 bis 22 %vol auf.
Die Likörweine werden auch häufig noch Dessert-/ oder Südweine genannt. Laut EU-Weinrecht werden sie aber nur unter Likörwein definiert.

## Herkunftsländer und Herstellungsverfahren gängiger Likörweine

| Erzeugnis | Erzeugerland | Herstellungsart |
|---|---|---|
| Sherry | Spanien | gespritet |
| Portwein | Portugal | gespritet |
| Madeira | Portugal | gespritet |
| Samos | Griechenland | konzentriert |
| Tokajer Aszú | Ungarn | konzentriert |
| Marsala | Italien | gespritet |
| Malaga | Spanien | konzentriert |

Darüber hinaus können geringfügig abweichende Produktionsmethoden bei unterschiedlichen Erzeugern auftreten.

Die Einteilung nach der Herstellungsart ist nur sehr grob und teilweise schwierig. So werden z. B. auch der Samos oder der Malaga mit entsprechenden Branntweinen aufgespritet.

Dennoch erfolgte die Einteilung zu den konzentrierten Likörweinen, da diese meist süßen Likörweine hauptsächlich durch überreife bzw. vollreife, z. T. getrocknete Beeren erzeugt werden.

## Herstellung der Likörweine

### Natürliche Likörweine

Die Trauben bleiben bis sie rosinenartigen Charakter haben am Stock oder werden gelesen und auf Stroh oder Gras gebettet in der Sonne getrocknet. Ein Teil der Beeren wird auch bei der zweiten Möglichkeit rosinenähnlich. Die nicht vollkommen getrockneten Beeren werden ausgepresst, die restlichen zerkleinert.

Die zerkleinerten Beeren werden mit dem Most der ausgepressten Beeren übergossen und stehen gelassen, damit der Zucker, die Säuren und die Aromastoffe ausgelaugt werden. Danach erfolgen das erneute Abpressen des Mostes und die Gärung.
Diese Weine sind reich an Zucker und enthalten wenig Alkohol.
Beispiele: Tokajer Essenz, Haute Sauternes

### Gespritete Likörweine

Der Most teilweise getrockneter Beeren wird angegoren und diesem dann Alkohol zugesetzt. Dadurch kommt die Gärung zum Stillstand.

Je nachdem, zu welchem Zeitpunkt das Aufspriten erfolgt (also wie viel Zucker vor dem Stillstand der Gärung bereits in Alkohol und Kohlendioxid umgewandelt wurde) und inwieweit Süßreserve zugesetzt wurde, unterscheiden wir trockene und süße Likörweine.

### Konzentrierte Likörweine

Der Most aus teilweise angetrockneten Beeren wird angegoren und Wein, Most oder angedickter Traubensaft zugegeben. In der Regel sind diese Likörweine süß.

## Schaumwein

**Schaumwein** ist der Oberbegriff für Erzeugnisse aus Wein, die durch festgelegten Kohlensäuredruck entstehen und mindestens 9,5 %vol vorhandenen Alkohol aufweisen.

### Schaumweinbezeichnung

#### Qualitätsschaumwein (Sekt)
▶ Sekt muss mindestens 10 %vol vorhandenen Alkohol enthalten.
▶ Die Herstellungsdauer (ab Beginn der Gärung) einschließlich der Alterung im Herstellungsbetrieb ist vom jeweiligen Herstellungsverfahren abhängig und wie folgt vorgeschrieben:
▷ bei der traditionellen Flaschengärung: mindestens 9 Monate, wobei vom Gesetzgeber eine 9-monatige Lagerung auf der Hefe vorgeschrieben ist,
▷ bei der Großraumgärung: mindestens 6 Monate, davon 90 Tage auf der Hefe in Tanks ohne und 30 Tage in Tanks mit Rührwerk,
▷ bei der Flaschengärung: mindestens 9 Monate, davon 90 Tage auf der Hefe.
▶ Sekt muss durch eine zweite Gärung entstehen.

▶ Sekt muss einen Kohlensäuredruck von mindestens 3,5 bar bei einer Temperatur von 20 °C aufweisen.

**Deutscher Sekt**
Er wird ausschließlich in Deutschland aus deutschen Grundweinen hergestellt.

**Sekt b. A. (bestimmter Anbaugebiete)**
Dieser Sekt unterliegt den gleichen Regelungen hinsichtlich Verschnitt und Herkunftsbezeichnung wie Qualitätswein b.A. Seine Qualität wird amtlich geprüft.

**Winzersekt**
Es handelt sich hierbei um hochwertige Rebsortensekte, die im Weingut, in einer Genossenschaft oder Erzeugergemeinschaft aus eigenen Trauben hergestellt werden. Sie werden nach dem traditionellen Gärverfahren hergestellt. Jahrgang, Rebsorte und Erzeuger sind stets auf dem Etikett angegeben.

**Fruchtschaumwein**
Hierbei handelt es sich um ein aus weinähnlichen Getränken (z. B. Erdbeerwein) entstandenes schaumweinartiges Getränk.

## Herstellungsverfahren von Sekt

## Traditionelles Flaschengärverfahren (Méthode Champenoise)

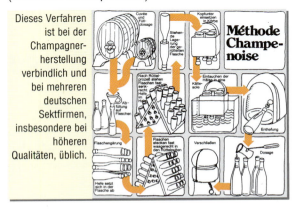

Die **Cuvée** ist ein Verschnitt aus Weinen unterschiedlicher Herkunft, kann aber je nach Sektbezeichnung auch jahrgangs- oder flächengebunden sein.

Die **Fülldosage** besteht aus Wein, Traubenmost, Hefe und Saccharose. Sie ist für die Gärung verantwortlich und wie die Cuvée teilweise geschmacksbeeinflussend.

Das **Rütteln** der Flaschen geschah früher in spitzdachähnlichen Rüttelpults per Hand und wird heute häufig durch automatische Rüttelvorrichtungen erledigt.

**Degorgieren** bedeutet das Entfernen der schockgefrorenen Hefepropfen durch den Kohlensäuredruck. Der Prozess kann manuell oder mechanisch ausgeführt werden.

Die **Versanddosage** besteht aus Saccharose, Traubenmost, Wein oder Weindestillat. Sie beeinflusst den Geschmack und den Süßegrad des Sekts.
Eine weitere Lagerung schließt sich an. Die Lagerdauer ist von der jeweiligen Schaumweinart und -qualität abhängig.

## Großraumgärverfahren

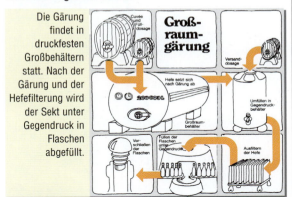

## Transvasierverfahren

# 1  Getränke

## Champagner

Champagner (ursprünglich heißt das Getränk „Champagne") ist Qualitätsschaumwein aus dem französischen Weinanbaugebiet Champagne. Bis zum Versailler Vertrag (1919) durfte auch deutscher schäumender Wein als „Champagner" deklariert werden. Seitdem darf Qualitätsschaumwein nur als „Champagner" ausgewiesen werden, wenn

- dessen Grundweine aus der Champagne stammen,
- er nach der Champagnermethode bereitet wurde,
- er zwischen Flaschenabzug und Degorgieren mindestens zwölf Monate gelagert wurde,
- aus zugelassenen Rebsorten (s. unten) bereitet wurde und
- die Höchstertragsgrenze des Champagners nicht überschritten wurde.

Obwohl Champagner in mehreren Regionen der Champagne hergestellt werden darf, sind vier davon für dessen Bereitung dominierend.

### Champagnerregionen

### Champagnerrebsorten

Zur Champagnerbereitung werden weiße und rote Rebsorten benötigt.

## Bier

**Beispiel**

In Ihrem Betrieb soll eine Aktionswoche zum Thema Bier durchgeführt werden. Ziel ist die Umsatzsteigerung dieser Getränkesparte.
Zu diesem Zweck sollen Ihre Gäste anhand von Tischaufstellern und weiterem Informationsmaterial fachlich an das Thema herangeführt werden.

Bier ist in Deutschland das am meisten getrunkene alkoholische Getränk. Jeder Gastronom legt Wert darauf, seinen Gästen nicht nur ein „gepflegtes" Bier zu servieren, sondern mehrere Biersorten bzw. -arten im Sortiment zu haben.

Gäste sind bereit, ihren Gewohnheiten einmal „untreu" zu werden; auch ausländische Biere finden dabei ihr Interesse. Empfehlungen sollten mit einer korrekten Aufklärung verbunden sein; Fachwissen ist unverzichtbar. Dieses Fachwissen kann man z. B. bei einer Brauereibesichtigung erlangen bzw. erweitern. Organisieren Sie doch einmal eine Brauereierkundung.

### Reinheitsgebot

Um eine gleichbleibend gute Bierqualität zu erreichen, wurde im Jahre 1516 das **Reinheitsgebot** erlassen. Es fordert, dass Bier nur aus den Rohstoffen Wasser, Hopfen und Malz hergestellt werden darf. Der Begriff „Hefe" wurde erst 1551 in den Gesetzestext aufgenommen.

Somit ist gewährleistet, dass deutsches Bier aus natürlichen Rohstoffen gebraut und als natürliches Erzeugnis in den Verkehr gebracht wird.

Die EU hat dieses älteste deutsche Lebensmittelgesetz **teilweise aufgehoben**; Zusätze anderer Getreidearten wie Roggen, Reis und Mais sind seitdem bis zu 25 % erlaubt.

Deutschland braut auch weiterhin nach dem Reinheitsgebot; nicht nach diesem Gebot gebraute Biere dürfen aber importiert werden.

246

# Bierherstellung

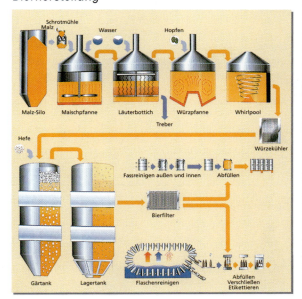

Gutes braut sich zusammen

Während der **Malzbereitung** wird die Gerste zunächst zum Keimen gebracht. Das so entstandene Grünmalz wird dann gedarrt (Heißlufttrocknung). Je nach Dauer und Temperatur dieses Vorgangs entsteht helles oder dunkles Darrmalz für helle oder dunkle Biere sowie Farb- und Aromastoffe.
Arbeitsgang:
▶ Das in den Schrotmühlen zerkleinerte Malz kommt in den Maischbottich und wird mit Wasser versetzt. Die Maischtemperatur beträgt nun ca. 75 °C.
▶ Die wasserunlösliche Stärke wird durch Enzyme in den löslichen Malzzucker umgewandelt.
▶ Unlösliche Malzbestandteile werden im Läuterbottich als Treber ausgeschieden. Dieser findet häufig als Schweinefutter Verwendung.
▶ Die so entstandene Würze (Malzextrakt) wird in der Würzpfanne mit Hopfenzusatz gekocht. Die Temperatur von 100 °C macht die Würze keimfrei und trennt noch vorhandenes Eiweiß ab. Die Stammwürze ist entstanden.

**Stammwürze** ist der Gehalt an gelösten Stoffen (Hopfen, Dextrine, Zucker usw.) in Prozenten vor der Vergärung (StWG). Die Inhalte der Stammwürze sind für den späteren Alkoholgehalt des Biers verantwortlich.

▶ Der sogenannte **Sud** wird in Kühlanlagen auf die erforderliche Temperatur gebracht.
▶ Durch Zusatz von unter- oder obergäriger Hefe erfolgt die Gärung im Gärtank, die Umwandlung von Einfachzucker in Alkohol und Kohlendioxid.
▶ Nach dieser Hauptgärung gärt das **Jungbier** in Lagertanks bei niedrigen Temperaturen nach; es reift, Geschmack und Aroma entwickeln sich zur Vollendung.

Der Hauptgärung schließt sich die Lagerung an. Die **Lagerdauer** beträgt je nach Biersorte bzw. -gattung bis zu vier Monate.
Das Ziel dieser Lagerung ist es, den noch vorhandenen Restzucker abzubauen, das Bier dadurch mit Kohlensäure anzureichern, es vorzuklären und einen optimalen Geschmack und ein harmonisches Aroma zu erreichen.
Nach der Lagerung wird das Bier **filtriert** und dann aus Drucktanks in Flaschen oder Container gefüllt.

## Biergattungen – Bierarten – Biersorten

Biere werden in Gattungen unterteilt. In welche die jeweiligen Biere einzuordnen sind, ist vom Gehalt der Stammwürze abhängig. Dadurch wird auch die Bierversteuerung geregelt.

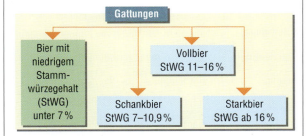

Die Zuordnung zu den **Bierarten** ist von den Gärverfahren abhängig.

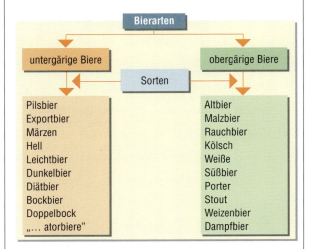

**Biersorten** unterscheiden sich durch ihre jeweiligen Eigenschaften und Farben.

## Getränke

### Überblick über einige inländische Biersorten

| | |
|---|---|
| Pilsbiere | helles, stark gehopftes Bier; StWG 11–14 % |
| Exportbier | schwächer gehopft als Pilsbier, StWG 12–14 % |
| Rauchbier | regionale Spezialität im Raume Bamberg; die Malzbereitung geschieht über rauchigem Feuer aus Eichen- oder Buchenholz, StWG 13,5 % |
| Weizenbock | StWG mindestens 16 %, aus Weizenmalz hergestellt |
| Doppelbock „… atorbiere" | Starkbiere mit mehr als 18 % StWG (z. B. Triumphator) |
| Leichtbiere | Alkohol- und Energiegehalt bis zu 40 % weniger als herkömmliches Vollbier |
| Diätbier | helles Vollbier, StWG ca. 11,5 %, höchstens 0,75 g belastende Kohlenhydrate je 100 ml, kein Restzuckergehalt, Gehalt an Kohlenhydraten muss auf dem Etikett angegeben sein, 1,6 l entsprechen einer Broteinheit |
| Weizenbier | wird u. a. aus Weizen hergestellt, StWG ca. 13 %, Unterscheidung zwischen Hefeweizen- und Kristallweizenbier; beim Hefeweizenbier erfolgt die Gärung entweder in der Flasche oder das Bier wird ungefiltert in diese umgefüllt, leichte Biertrübung, Kristallweizenbier wird vor dem Umfüllen gefiltert |
| Dampfbier | obergäriges, bernsteinfarbenes Bier aus dem Raum Bayreuth |
| Märzenbier | untergäriges Vollbier mit ca. 13 % StWG |
| Berliner Weiße | StWG ca. 8 %, wird mit „Schuss" (Waldmeister- oder Himbeersirup) serviert |
| Alkoholarmes Bier | darf höchstens 1,5 %vol Alkohol enthalten |
| Alkoholfreies Bier | darf höchstens 0,5 %vol Alkohol enthalten; der Alkohol wird nach der Reifung des Bieres entzogen bzw. die Gärung wird früher abgebrochen |

### Überblick über einige inländische Biersorten

| | |
|---|---|
| Eisbier | sehr helles, untergäriges mildes Bier; durch Abkühlen auf unter 0 Grad gefriert Wasser aus dem Bier, die Inhaltsstoffe konzentrieren sich, ca. 5 %vol |
| Eisbock | Alkoholgehalt von ca. 10 %vol, wie Eisbier bereitet |
| Gose | obergäriges Bier aus der Goslarer Gegend und Leipzig |
| Lager | untergäriges Vollbier, hell oder dunkel gebraut, schwach bis mittel gehopft |
| Altbier | obergäriges Vollbier, meist kupferfarben, aromatisch, hopfenbitter Herkunft: Rheinland, StWG 11,5–12 % |
| Kölsch | obergäriges Vollbier, hell, hopfenbitter, aromatisch Herkunft: Großraum Köln, StWG 11,2–11,8 % |
| Bockbier | untergäriges Starkbier, hell oder dunkel gebraut, StWG mind. 16 % |

### Bierflaschenformen

Euroflasche  Steinieflasche
Vichyflasche  Bügelverschlussflasche

| Flaschentyp | Formen | Zulässige Nennfüllmengen | |
|---|---|---|---|
| Bierflaschen | 1. Europaflasche<br>2. Vichyflasche<br>3. Steinieflasche<br>4. Bügelverschlussflasche | 0,25 l<br>0,33 l<br>0,5 l<br>0,75 l<br>1,0 l | 2,0 l<br>3,0 l<br>4,0 l<br>5,0 l |

### Kurzbeschreibung einiger bekannter ausländischer Biersorten

| Land | Bezeichnung | Beschreibung |
|---|---|---|
| England | Ale | Sortenbezeichnung für obergärige englische Biere |
| | Barley Wine | starkes Ale |
| | Porter | dunkles, süßliches Ale, stark gehopft |
| | Stout | dunkles, obergäriges, alkoholreiches Porter; schäumt schwach, Aroma entsteht durch Nachgärhefe |
| Dänemark | Tuborg | helles untergäriges Vollbier |
| | Carlsberg | helles untergäriges Vollbier |
| Frankreich | Bière de garde | ober- bzw. untergäriges alkoholreiches Voll- bzw. Starkbier |
| | Kronenbourg | Lagerbier aus dem Elsass |
| Spanien | San Miguel | untergäriges, helles Bier |
| Irland | Guinness | obergärig, bitter, dunkel, mit leicht cremiger Schaumkrone |
| Belgien | Lambic | durch wilde Hefe bereitetes Weizenbier |
| | Kriecke Lambic | Lambic mit Kirschen |
| | Gueuze | Mischung aus jüngeren und älteren Lambic-Bieren |
| | Faro | Lambic, das Süßung durch Kandiszucker erhält |
| | Frambois-Lambic | Lambic mit Himbeerzugabe während der Gärung |
| | Trappistenbier | beim Brauen kommt Kandiszucker in die Würze |
| Tschechien | Pilsner Urquell | (auch Pilsener Urquell) hergestellt in der böhmischen Stadt Pilsen; stark gehopft, sehr hell |
| USA | Light Beer | helles, untergäriges amerikanisches „Pilsner", weniger Alkohol |
| | Steam Beer | untergäriges kalifornisches Bier |
| Kanada | Labatt Ice Beer | durch Abkühlung bilden sich Eiskristalle, an denen sich die Bitterstoffe festsetzen, nach dem Filtrieren verbleibt ein mildes Bier |
| Mexiko | Corona | das Exportbier Nr. 1, wird seit 1925 hergestellt |
| Schottland | Mc Ewans | mit geröstetem Weizen und Zuckersirup bereitet |
| China | Ginseng Beer | kein eigentliches Bier, wird aus der Ginseng-Wurzel hergestellt |

## Mischgetränke mit Bier

Biermischgetränke sind Getränke, die meist zur Hälfte oder mehr aus Bier bestehen und mit anderen Getränken wie Cola oder klarer Zitronenlimonade gemischt werden. Das älteste **Biermischgetränk** dürfte das um 1922 entstandene Radler sein. Biermischgetränke müssen dem Reinheitsgebot **nicht** entsprechen, deshalb dürfen sie in Deutschland auch nur unter „Biermischgetränke" vertrieben werden und nicht als Bier.

| Beispiel Mischgetränke mit Bier | |
|---|---|
| Alsterwasser (Radler) | Bier mit klarer Zitronenlimonade, teilweise aber, da Begriffe nicht einheitlich verwendet, Orangenlimonade |
| Berliner Weiße | Weißbier mit Waldmeister- oder Himbeersirup |
| Krefelder | Altbier mit Cola, ggf. mit Malzbier statt Cola |
| Qowaz | Kristallweizen, Cola, Lemongras* |
| Bibop | Schwarzbier mit Cola und Guaraná** |
| Saltitos Ginger | Lagerbier mit Ginger und Guaraná** |
| Diesel | Pils mit Cola |

\* Grasart aus z. B. Westindien, Ceylon und Java zur Gewinnung des Zitronengrasöls
\*\* Kletterpflanze im Amazonasgebiet, koffeinhaltig

## Spirituosen

**Beispiel**

Lisa und Anna erhalten die Aufgabe, die Spirituosenflaschen am Getränkebüfett zu zählen. „Nichts leichter als das", denken beide. Doch am Büfett angekommen, stellen sie fest, dass sich einige Schwierigkeiten ergeben.
So ist ihnen nicht ganz klar, was überhaupt Spirituosen sind und welche Getränke dazu zählen.

Spirituosen sind alkoholische Getränke, an die u. a. folgende Anforderungen gestellt werden:
Sie müssen
▶ zum menschlichen Verbrauch bestimmt sein, besondere Eigenschaften (organoleptisch) in Bezug auf Geschmack, Geruch, Farbe, Aussehen, Konsistenz nach einem bestimmten Bewertungsschema ohne Hilfsmittel aufweisen, mindestens 15 %vol (Eierlikör oder Advokat/Advocaat 14 %vol) Alkohol enthalten und
▶ durch Destillation oder durch Mischen einer Spirituose mit
  a) einer oder mehreren Spirituosen,
  b) Ethylalkohol landwirtschaftlichen Ursprungs oder Brand,
  c) einem oder mehreren alkoholischen Getränken oder
  d) einem oder mehreren Getränken gewonnnen worden sein.

## Kategorien der Spirituosen

### Destillate aus Wein

Unter den Destillaten aus Wein werden alle Spirituosen, deren Ausgangsrohstoff Wein ist, zusammengefasst. Sie werden unter Zusatz von destilliertem bzw. demineralisiertem Wasser auf Trinkstärke herabgesetzt.

Bekannte Vertreter sind Weinbrand, Brandy, Cognac und Armagnac. Einen der größten Unterschiede zwischen diesen Vertretern bildet die Herkunft. So stammt Cognac aus dem geschützten Gebiet der Charente und Armagnac aus der Gascogne (beides in Frankreich). Dahingegen stammen Weinbrand (Deutschland, Österreich) und Brandy (z. B. Italien, Spanien) aus in diesen Ländern nicht geschützten Herkunftsgebieten.

Daneben gibt es natürlich weitere Unterschiede zwischen Weinbrand und Cognac, z. B.:

| Produkt | Rebsorten | Lagerdauer (ohne Weinbearbeitun) |
|---|---|---|
| Cognac | Ugni blanc Folle blanche Colombard | mind. 2 Jahre |
| Deutscher Weinbrand | empfohlene oder zugelassene Rebsorten | mind. 1 Jahr (für Alters- und Qualitätshinweise) |

### Cognac

Cognac wird aus Weißweinen der oben genannten Rebsorten gewonnen. Das Herkunftsgebiet – die Charente – liegt nördlich von Bordeaux. Ihr Zentrum ist die Stadt Cognac.
Die „Region délimitée", aus der Cognac stammen darf, gliedert sich in folgende sechs Anbaugebiete:
▶ Grande Champagne   ▶ Fins Bois
▶ Petite Champagne   ▶ Bons Bois
▶ Les Borderies      ▶ Bois Ordinaires

Ein Verschnitt von Weinen der Petite Champagne und der Grande Champagne wird als Fine Champagne bezeichnet, wenn der Anteil an Weinen der Grande Champagne mindestens 50 % beträgt.
Der Cognac wird in Brennblasen, den Alambics, zweimal über offenem Feuer gebrannt. Dabei wird der Wein mit der Hefe in die Brennblase gefüllt. Dadurch entsteht der „seifige" Geschmack des späteren Destillats.

# Getränke

Die **Lagerung des Cognacs** erfolgt in ebenerdigen Hallen in Limousin-Eiche-Fässern. Deren Holz ist sehr grobporig und damit luftdurchlässig. Der somit von außen einwirkende Sauerstoff bestimmt entscheidend die Reifung des Destillats. Weiterhin nimmt der ursprünglich farblose Brand aus den Eichenfässern das Tannin und die charakteristische goldgelbe Farbe auf.

Der gleichzeitig durch Verdunstung eintretende Cognacverlust wird als „Anteil der Engel" bezeichnet. Später muss der Cognac auf die gewünschte Trinkstärke von 40 bzw. 43%vol durch Beigabe von destilliertem Wasser oder einem Gemisch von destilliertem Wasser mit schwachem Cognac gebracht werden. Die Herabsetzung auf Trinkstärke geschieht in mehreren Einzelschritten.

Vor der Abfüllung erfolgt noch das **Verschneiden** von Destillaten verschiedener Jahrgänge und Sorten (frz. „Mariage" = Hochzeit), um eine gleichbleibende Cognacqualität zu erzielen.

### Altersangaben:

V.S.
(very special): mind. 2 Jahre

V.S.O.P.
(very special old pale): mind. 4 Jahre

X.O. (extra old),
Napoléon: mind. 6 Jahre

Bei diesen Angaben handelt es sich aber lediglich um Mindestangaben. Die durchschnittlichen Reifezeiten sind wesentlich länger.

### Tresterbrände

Hierbei handelt es sich um Spirituosen, die aus vergorenem Trauben- oder Obsttrester (Kelterrückstände bei der Mostbereitung) gewonnen werden. Tresterbrände können rebsortenrein oder als Cuvées angeboten werden. Aromatisierungen sind möglich.

Bekannte Vertreter dieser Kategorie sind u. a.:
aus ▮▮ Frankreich
- ▶ Marc de Bourgogne
- ▶ Marc de Lorraine

aus ▮▮ Italien
- ▶ Grappa di Barolo

### Getreidespirituosen – Getreidebrand

Unter Getreidespirituosen versteht man die Spirituosen, die durch Destillation aus vergorener Getreidemaische gewonnen werden. Zu dieser Gruppe zählen z. B. Whisk(e)y, Wodka, Gin, Genever oder Aquavit.

Sie werden hauptsächlich aus Hafer, Gerste, Roggen, Weizen oder Buchweizen und Mais hergestellt. In Ländern, die nicht der EU angehören, sind andere Getreidearten wie Hirse oder Reis zulässig.

### Korn – Doppelkorn

Aus einer oder mehreren der o. a. Getreidesorten gewonnene Spirituose.
Der Alkoholgehalt beträgt 32 %vol. Doppelkorn (Kornbrand) hat einen Alkoholgehalt von 38 %vol.

### Whisk(e)y

Whisk(e)y kommt ursprünglich aus Schottland und Irland. Es existiert – je nach Erzeugerland – die Schreibweise mit „e" und ohne „e".
So unterscheiden wir den Scotch Whisky, Irish Whisk(e)y, American Whisk(e)y und Canadian Whisky. Jedoch bestehen einzelne Ausnahmen von den gängigen Schreibweisen.

### Scotch Whisky

Nach den zur Herstellung verwendeten Grundmaterialien unterscheidet man zwischen Malz-Whisky (Malt Whisky) und Korn-Whisky (Grain Whisky).

### Malt Whisky

Dieser Whisky besteht aus reiner Gerste, die man zum Keimen bringt (Malz). Die Körner werden über Torffeuer getrocknet (gedarrt). Dadurch erhält der schottische Whisky seinen mehr oder weniger rauchigen Geschmack.
Malt Whisky wird zweifach in den sogenannten Potstills destilliert. Die mindestens dreijährige Lagerung erfolgt in gebrauchten Bourbon- bzw. Sherryfässern.

### Single Malt

Hierbei handelt es sich um einen Malt Whisky aus einer einzigen Destillerie.
Bekannte Marken sind The Glenlivet, Glen Grant, Glenfiddich, Oban, Laphroaig, Ardbeg oder Lagavulin.

### Grain Whisky

Er besteht aus verschiedenem Getreide und wird kontinuierlich in einem säulenförmigen Brennapparat (Patent-still) destilliert. Grain Whisky wird hauptsächlich zum Blenden (Verschneiden) verwendet.

### Blending

Der schottische Whisky kommt vielfach in einer Mischung von Malt und Grain Whisky (blended) in den Handel.
Bekannte Marken für Scotch-Mischungen sind: Dimple, Johnnie Walker, Chivas Regal, Ballantines, Black&White, Long John.

### Bourbon Whiskey

Der Bourbon (Ursprung Kentucky, USA) muss zumindest aus **51 % Mais** hergestellt werden. Die weiteren Zusätze sind Roggen und Gerste.

Bourbon Whiskey wird in einem säulenförmigen Brennapparat (**Patent-still**) kontinuierlich abdestilliert.
Die anschließende, mindestens zwei Jahre dauernde **Lagerung** wird in innen ausgekohlten, unbenutzten Eichenfässern vollzogen. Der Whiskey nimmt durch den Entzug der Gerbsäure des Fasses Farbe an und erhält sein typisches Geschmacksbild.
Der aus einer einzigen Destillerie stammende Whiskey trägt die Bezeichnung **Straight Bourbon.**
**Rye-Whiskey** wird aus mindestens 51 % Roggen erzeugt.
Bekannte Bourbon-Marken sind Jim Beam, Wild Turkey, Old Forester, Four Roses, Old Fitzgerald und Makers's Mark.
Bekannte Tennessee-Bourbon-Whiskey-Marken sind Jack Daniel's und George Dickel.

### Irish Whiskey

Das Gerstenmalz wird im Heizluftofen gedarrt. Deshalb ist der typische Irish Whiskey ohne **Rauchgeschmack.** Der **Destillationsprozess** wird **dreimal** durchgeführt.
Bekannte Marken sind Paddy, Bushmills, Jameson und Tullamore Dew.

### Canadian Whisky

In Kanada kennt man ähnliche Whiskytypen wie in den USA. Dabei ist der Canadian Whisky ein Verschnitt aus Roggen und anderen Getreidesorten mit Neutralalkohol.
Er ist von leichtem und relativ geschmacksneutralem Charakter.
Bekannte Marken sind Black Velvet, Crown Royal oder Canadian Club.

### Wodka

Wodka erfreut sich insbesondere aufgrund der starken Erweiterung der weltweiten Produktpalette vor allem in der Partyszene und im Barbereich großer Beliebtheit. Durch das mehrmalige Brennen wird Wodka rein und weich (**klare Wodkas**). Darüber hinaus versuchen Hersteller durch besondere Verfahren (z. B. Milchreinigung) die beschriebene Reinheit und Weichheit zu erzielen. Daneben gibt es aber auch z. B. mit Kräutern und Gewürzen **versetzte Wodkas.**
Zunächst existierte nur der Wodka aus Getreide, später kam der Kartoffelwodka auf. Ob der erste Wodka in Polen oder in Russland destilliert wurde, ist nicht eindeutig geklärt.

Bekannte Marken:
| | |
|---|---|
| GUS: | Stolitschnaya, Moskovskaya, Parliament |
| Polen: | Wyborowa, Zubrovka, Belvedere |
| Schweden: | Absolut (Premiummarke: Level) |
| Finnland: | Finlandia |
| USA: | Smirnoff, Skyy Vodka |
| Deutschland: | Gorbatschow |
| Schweiz: | Xellent |
| Frankreich: | Grey Goose |

### Gin

Gin stammt aus England. Er stellt ein Destillat aus Getreide (Gerste, Roggen) dar, das unter Verwendung von insbesondere Wacholderbeeren und Gewürzen erzeugt wird.

### Genever

Genever stammt ursprünglich aus Holland und wird aus Gerste, Roggen, Mais, Wacholderbeeren und Gewürzen wie Anis oder Kümmel hergestellt.
Unterschieden wird zwischen Oude Genever und Jonge Genever. Dadurch wird jedoch nichts über die Lagerdauer ausgesagt. Oude Genever ist durch einen ausgeprägten Malzgeschmack ausgezeichnet, Jonge Genever hat in der Regel nur wenig Aroma.

### Aquavit

Aquavit ist ein Getreidedestillat unter vorwiegender Verwendung von Kümmel. Geschützte Herkunftsbezeichnungen dieses überwiegend skandinavischen Erzeugnisses sind z. B. „Aalborg Jubiläums Akvavit" (enthält neben Kümmel auch Dillkraut und Samen) oder „Linie Aquavit".

## Destillate aus Obst

**Obstbrände** sind Obstwässer und Obstgeiste. Obstwasser wird durch alkoholische Gärung und Destillation einer frischen Frucht und deren Most, Obstgeist aus zuckerarmen Früchten durch Einmaischen in Ethanol gewonnen.

**Kirschwasser** wird aus Kirschen (z. T. noch mit Steinen) durch Destillation gewonnen. „Schwarzwälder Kirschwasser" trägt eine Herkunftsbezeichnung. Die Kirschen müssen aus dem Schwarzwald oder dessen Umland stammen.

**Himbeergeist** wird durch Mazeration (Einlegen) frischer Himbeeren in Ethanol und anschließender Destillation hergestellt.

**Calvados** ist eine geschützte Bezeichnung für ein aus Apfelwein (Cidre) in der Normandie erzeugtes Destillat. Die Bernsteinfarbe erhält er durch Lagerung in Eichenholzfässern.

**Slivowitz (Slibowitz)** entsteht durch Gären und Destillation einer Pflaumenmaische. Er stammt ursprünglich aus dem ehemaligen Jugoslawien, jedoch sind die verschiedenen Markenbezeichnungen nicht gesetzlich geschützt.

## Spirituosen aus Zuckerrohr

Die Erzeugnisse dieser Gruppe werden aus Zuckerrohr, Zuckerrohrmelasse oder aus den Rückständen bei der Zuckerrohrverarbeitung erzeugt. Die bekanntesten Vertreter sind Rum, Cachaca und Arrak.

# 1 Getränke

## Liköre

Liköre sind Spirituosen mit Zusatz von Zucker und Grundstoffen oder Essenzen, die aus Destillaten, Extrakten von Pflanzenteilen oder Säften gewonnen werden.

Wir unterscheiden:
- **Fruchtsaftliköre** (Saft der namengebenden Fruchtart muss geschmacksbestimmend sein)
  Beispiele: Maracujalikör, Crème de Cassis (schwarze Johannisbeere, Maraschino, Sauerkirschen)
- **Fruchtaromaliköre** (namengebende Früchte oder Fruchtauszüge sind geschmacksbestimmend)
  Beispiele: Cointreau (Orangenlikör; auch unter Fruchtsaftlikör einzuordnen), Grand Marnier (Orangenlikör unter Cognaczusatz), Curacao (Orangenlikör, auch unter Furchtsaftlikör einzuordnen)
- **Fruchtbrandys** (entstehen aus Fruchtsaft- oder Fruchtaromalikören unter Zusatz von aus der namengebenden Frucht gewonnenem Obstbrand)
  Beispiele: Apricotbrandy (Marillenlikör), Cherrybrandy (Kirschlikör)
- **Kräuterliköre, Gewürzliköre, Bitterliköre** (unter Verwendung von Auszügen aus Pflanzenteilen durch unterschiedliche Herstellungsverfahren wie Mazeration, Digestion und Perkolation erzeugt)
  Beispiele: Chartreuse (Kräuterlikör), Pfefferminzlikör (Kräuterlikör), Allasch (Kümmellikör/Gewürzlikör), Campari (Bitterlikör), Fernet Branca (Bitterlikör)
- **Emulsionsliköre** (Grundlikören werden Emulsionen wie Eier, Sahne oder Milch zugefügt)
  Beispiele: Eierlikör, Bailey's Irish Cream (Irish Whiskey, Schokolade, Sahne)
- **Sonstige Liköre** (in keine der genannten Gruppen einzuordnen)
  Beispiel: Honiglikör = Met (z. B. Drambuie, Bärenfang)

## Alkoholische Getränke – Zubereitung

### Alkoholische Heißgetränke

Alkoholische Heißgetränke werden an kalten Tagen gern zum Aufwärmen bestellt. Es ist bei der Zubereitung darauf zu achten, dass die Temperatur des Alkohols niemals 78 °C übersteigt. Der Alkohol würde sonst in den gasförmigen Zustand übergehen und sich verflüchtigen (siehe Destillation).

### Feuerzangenbowle
Die Feuerzangenbowle besteht aus Rotwein mit oder ohne Rum, Zitronen-, Orangensaft und Gewürzen.

### Glühwein
Rotwein mit wenig Zitronensaft, Nelken und Stangenzimt oder Gewürzbeutel erhitzen. Nelken und Zimt bzw. Gewürzbeutel vor dem Servieren entfernen.
Glühwein darf auch aus Weißwein zubereitet werden, muss dann aber entsprechend deklariert werden.

### Grog
Grog kann mit Rum oder Arrak zubereitet werden. Heißes Wasser in ein Grogglas füllen. 4 cl erwärmte Spirituose in einem Portionsfläschchen oder Flakon (die Menge nachvollziehbar) und Kandiszucker separat reichen.

### Punsch
Unter Punsch versteht man im Allgemeinen heiße Mischgetränke, die aus Weißwein oder Rotwein, Arrak oder Rum, Zucker, Zitronensaft, Gewürzen und Wasser bestehen. Punsche mit mehr als 50 % Weinanteil können auch unter der Rubrik „weinhaltige Getränke" geführt werden.

### Teepunsch
Die Zutaten und verwendeten Mengen der Spirituosen sind variabel. Allgemein besteht das Getränk aus ¾ heißem, schwarzem Tee, ¼ Rum und Weinbrand zu gleichen Anteilen und Zucker.
Separat werden Zitronenscheiben serviert.

### Einfache Mischgetränke

Einfache Mischgetränke sind nicht grundsätzlich Bargetränke. Sie bestehen lediglich aus zwei bis drei Zutaten und werden weder im Shaker noch im Rührglas zubereitet.

### Weinschorle
Weinschorlen können süß oder sauer „gespritzt" sein. Bei süßen wird der Wein mit Zitronenlimonade, bei sauren mit Mineralwasser aufgefüllt.

**„Kalte Ente"**
Die „Kalte Ente" besteht aus Weißwein, Sekt und einer Zitronenspirale.

**Bowle**
Bowlen enthalten Weißwein, Sekt und mundgerecht große Früchte oder Fruchtstücke. Anstelle der Früchte können auch Waldmeister (Maibowle) oder Rosenblätter Verwendung finden.
Neben den Fruchtstücken können der Bowle Fruchtsäfte beigegeben werden. Muss gesüßt werden, sollte anstelle von Streuzucker Läuterzucker verwendet werden.

**Altbierbowle**
Die Bowle besteht aus Altbier mit Erdbeeren bzw. mundgerechten Erdbeerstücken.

**Sekt-Orange**
Es besteht aus 2/3 Orangensaft und 1/3 Sekt, Zitronenscheibe.

**Alsterwasser/Radler**
Bier mit klarer Zitronenlimonade (Radler ggf. mit Orangenlimonade.)

**Berliner Weiße**
Dem Weißbier wird je nach Wunsch ein Schuss Waldmeister- oder Himbeersirup zugegeben.

**Krefelder**
Krefelder besteht zu ca. 1/3 aus Cola (oder evtl. Malzbier) und 2/3 Altbier.

**Apfelsaftschorle**
Apfelsaft wird mit Mineralwasser aufgefüllt. Alternativ sind auch andere Säfte möglich.

**Spezi** Spezi besteht aus Cola, Orangenlimonade und Zitronenscheibe.

**Alcopops** (fertige Getränke)
Mischgetränke aus Limonaden und Spirituosen wie Wodka und Rum.

## Aufgaben

### 9.3.1 Alkoholfreie Getränke

1. Welche alkoholfreien Getränke sind in Ihrem Betrieb die Renner?
2. Wie verhält sich der Umsatz an alkoholfreien Getränken zu den Umsatzzahlen der alkoholischen Getränke?
3. Vergleichen Sie Ihre Aussagen bezüglich der Fragen 1 und 2 mit den in Kapitel 9.3 aufgezeichneten Trends. Bei Wiederholung der alkoholfreien Getränke kommt es zu fachlichen Diskussionen. Peter ist der Meinung, dass an ein natürliches Mineralwasser sehr strenge Auflagen gestellt sind.
4. Welche Aussagen trifft dazu die Mineral- und Tafelwasserverordnung?
5. Maria hat gehört, dass keine Unterschiede zwischen einem Sprudel und einem Säuerling bestehen. Klären Sie Maria auf.
6. Bei Heilwasser sind auch Sie unsicher und wollen sich in der Mineral- und Tafelwasserverordnung informieren. Was stellen Sie fest?
7. Was ist ein Tafelwasser?
8. Welches ist der wesentliche Unterschied zwischen Limonaden und Brausen?
9. Welche geschmacksbestimmenden Zutaten sind einem Tonic Water und einem Ginger Ale zugesetzt?
10. Welches Getränk hat den höchsten Fruchtgehalt?
    – Bananennektar
    – Apfelbrause
    – Orangensaft
    – Zitronenlimonade

### 9.3.2 Alkoholfreie Aufgussgetränke

1. Erklären Sie Ihrem Stammgast die Unterschiede zwischen Espresso Macchiato, Cappuccino, Latte Macchiato und Ristretto.

2. Nennen Sie zehn Anbauländer für Kaffee.
3. Welche optimalen klimatischen Bedingungen für Kaffee lassen sich aus der Lage der Kaffeeanbauländer herleiten?
4. Nennen Sie wesentliche Unterscheidungsmerkmale zwischen Hochland- und Tieflandkaffee.
5. Weshalb wird das Verfahren der nassen Aufbereitung vornehmlich bei Arabica-Kaffees angewendet?
6. Welche wesentlichen Veränderungen erfährt der Rohkaffee beim Röstvorgang?
7. „Kaffee vor dem Brühen zu mahlen, nimmt Zeit in Anspruch", überlegt Sepp. Da er gerade Zeit hat, öffnet er alle Pakete sofort nach der Lieferung und mahlt deren Inhalt. Begründen Sie, was an dem Vorgehen von Sepp zu beanstanden ist.
8. Erläutern Sie folgende Begriffe:
    – Grüner Tee
    – Oolong Tee
    – Schwarzer Tee
    – Weißer Tee
    – Earl Grey
    – Teeähnliche Erzeugnisse.
9. Was verbirgt sich hinter folgender Bezeichnung: *First Flush Darjeeling TGFOP*?
10. Welche Ziehzeit benötigt ein beruhigend wirkender Schwarztee? Begründen Sie Ihre Antwort.
11. Eine Auszubildende Ihres Betriebes schlägt vor, Chai-Tea als neuesten Trend-Tee zu reichen. Was versteht man darunter? Informieren Sie sich gegebenenfalls im Internet.
12. Wodurch unterscheidet sich die Zubereitung einer Trinkschokolade von einem Kakaotrunk?

## Aufgaben – Fortsetzung

### 9.3.3 Alkoholhaltige Getränke

1. Nennen Sie die 13 bestimmten Weinanbaugbiete in Deutschland. Welches Anbaugebiet ist
   – das Nördlichste,
   – das Südlichste,
   – das Östlichste,
   – das Westlichste?

2. Welche „neuen" Tafel- und Landweingebiete wurden in die entsprechenden Verzeichnisse aufgenommen (Stand: Oktober 2007)?

3. Welchen Güteklassen werden die deutschen Weine zugeordnet?

4. Erklären Sie den Begriff **Prädikatsstufe** und nennen Sie die für den deutschen Wein gültigen Prädikatsstufen in aufsteigender Reihenfolge.

5. Erklären Sie die Begriffe Badisch Rotgold, Schillerwein, Weißherbst und Federweißer.

6. Welches sind die roten Rebsorten?
   – Dornfelder
   – Scheurebe
   – Ruländer
   – Traminer
   – Trollinger

7. Welche der folgenden Abkürzungen werden in den unten stehenden Erklärungen beschrieben?
   1- AOC   2- Q.b.A   3- DOC   4. DOCG
   a) Italienischer Qualitätswein kontrollierten Ursprungs
   b) Höchste Güteklasse in Frankreich
   c) Italienischer Qualitätswein mit kontrolliertem und garantiertem Ursprung
   d) Deutscher Wein mittlerer Güte

8. Nennen Sie fünf Weinbaugebiete in Frankreich.

9. Welcher Bereich gehört nich zum Bordeaux?
   – Graves
   – Chablis
   – Sauternes
   – Médoc

10. Nennen Sie weitere zwei Bereiche des Bordeaux.

11. Welcher der aufgeführten Weine ist kein Bordeauxwein?
    – Château Latour
    – Château Margaux
    – Châteauneuf-du-Pape

12. Der Gast möchte einen Chardonnay trinken, Sie servieren ihm stattdessen einen Chablis. Der Gast reklamiert das. Wie reagieren Sie?

13. Weshalb wird der Edelzwicker als eine Besonderheit seines Herkunftsgebietes angesehen?

14. In Bordeaux werden u.a. folgende Rebsorten angebaut:
    – Cabernet Sauvignon
    – Merlot
    – Sémillon blanc
    – Muscadelle
    – Cabernet Franc
    Welches sind Weißweinrebsorten?

15. Benennen Sie die weiße und rote Rebsorte für die Produktion der entsprechenden Spitzenweine des Burgund.

16. Nennen Sie zu den folgenden Weinen
    a) die Weinart und
    b) das Anbaugebiet.
    Barolo, Chianti, Bardolino, Barbaresco, Frascati, Soave.

17. Welches sind die roten Rebsorten?
    – Nebbiolo
    – Malvasia
    – Prosecco
    – Sangiovese
    – Barera

18. Auf einem Weinetikett lesen Sie die Bezeichnung „Stellenbosch". Woher stammt dieser Wein?

19. Erklären Sie den Begriff „Likörwein".

20. Aus welchen Ländern stammen folgende Likörweine?
    Sherry, Marsala, Madeira, Samos, Tokajer, Malaga.

21. In der Berufsschule erhalten Sie die Aufgabe, einen Vortrag zu den Unterschieden von Sekt und Champagner zu halten. Erarbeiten Sie eine Gliederung, mit deren Hilfe Sie den Vortrag strukturieren können.

22. Machen Sie sich zu Ihrer Gliederung aus Aufgabe 21 entsprechende fachliche Notizen.

23. Gestalten Sie einen oder mehrere Tischaufsteller mit folgenden Schwerpunkten:
    – Rohstoffe des deutschen Bieres und ihre Aufgaben bei der Herstellung
    – Bierherstellung in Kurzform
    – Gastgerechte Erklärung des Begriffs „Stammwürze"

24. Um den Gästen fundierte Auskünfte erteilen zu können, sollen die folgenden Übungen hilfreich sein:
    Ordnen Sie den unten angegebenen Biersorten die richtigen Biergattungen und -arten zu.
    obergäriges Schankbier, untergäriges Vollbier, obergäriges Vollbier, untergäriges Starkbier, obergäriges Starkbier
    – Doppelbock,
    – Berliner Weiße,
    – Lager.
    – Kölsch,
    – Weizenbock,
    – Pils,
    – Alt.

25. Ihre Geschäftsleitung möchte in Zukunft auch ausländische Biere anbieten. Angebote unterschiedlicher Großhändler liegen vor. Aus welchen Ländern stammen die folgenden Biere?
    a) Stout
    b) Tuborg
    c) Lambic
    d) San Miguel
    e) Corona
    f) Porter
    g) Pilsner Urquell
    h) Guiness
    i) Gueuze
    j) Ginseng Beer

26. Woraus bestehen die folgenden Biermischgetränke?
    – Radler (Alsterwasser)
    – Berliner Weiße
    – Krefelder
    – Diesel

27. Erklären Sie den Begriff „Spirituose".

28. „Keine Spirituose ohne Gärung und Destillation!" Ist diese Behauptung korrekt? Begründen Sie.

29. Nennen Sie vier Rohstoffgruppen, aus denen Spirituosen hergestellt werden und geben Sie für jede Rohstoffgruppe zwei Beispiele an.

# Aufgaben / Infobox Sprache

## Aufgaben – Fortsetzung

30. Lisa zeigt Anna zwei Flaschen mit den Aufschriften Kirschwasser bzw. Himbeergeist und wundert sich über die unterschiedlichen Bezeichnungen. Für Anna ist der Fall klar. Beide Spirituosen sind aus Obst bereitet und daher gibt es keinen Unterschied. Nehmen Sie zu Annas Aussage Stellung.

31. Anna freut sich, dass die Arbeit so schnell erledigt ist. Es ist ja auch gleich Feierabend. Da sieht Lisa aber jede Menge Likörflaschen stehen. Anna beruhigt sie jedoch, denn Liköre zählen ja nicht zu den Spirituosen, **oder**?

32. Finden Sie die korrekten Bezeichnungen.
    - Destillat aus Getreide/Kartoffel (ursprünglich Russland/Polen)
    - Likör aus schwarzen Johannisbeeren
    - Holländisches Destillat aus Getreide und Wacholder
    - Korndestillat; in Deutschland mind. 38 %vol
    - Branntwein, z. B. aus Spanien
    - Englisches Destillat aus Getreide und Wacholder
    - Getreidedestillat unter vorwiegender Verwendung von Kümmel
    - Tresterbrand (Italien)
    - Schottische Schreibweise des bekannten Getreidedestillats
    - Tresterbrand (Frankreich)
    - Branntwein aus der Charente
    - Getreidedestillat mit mind. 51 % Mais (USA)
    - Emulsionslikör aus Irish Whiskey, Schokolade und Sahne

33. Am nächsten Morgen eröffnet Lisa Anna ihre Geschäftsidee für die Zeit nach der Ausbildung. Sie weiß nun, dass in Deutschland kein Cognac hergestellt wird. Ihr Großvater besitzt an der Mosel einen kleinen Weinberg mit Riesling-Trauben. Sie will deshalb gemeinsam mit ihrem Großvater diese Marktlücke schließen. Ob das gut geht?

## Infobox Sprache

### Getränke

| Deutsch | Englisch |
|---|---|
| alkoholfreie Getränke | non-alcoholic drinks |
| alkoholhaltige Getränke | alcoholic drinks |
| Apfelwein | apple wine |
| aromatisierter Tee | flavored tea |
| aromatisiertes Wasser | flavored water |
| Aufgussgetränke | (fresh)brew drinks |
| Bar | bar |
| Barausstattung | bar equipment |
| Bartypen | types |
| Bier | beer |
| Bierarten | types of beer |
| Bierflaschen | beer bottles |
| Brausen | lemonades |
| Champagner | champagne |
| Dunkelbier (Malzbier) | malt beer |
| dunkles Bier | dark beer |
| englischer Tee | English tea |
| Flaschengärung | bottle fermentation |
| Fruchtnektare | fruit nectars |
| Fruchtsäfte | fruit juices |
| Fruchtsaftgetränke | fruit nectars |
| Fruchtschaumwein | sparkling fruit wine |
| Gemüsegetränke | vegetable drinks |
| Geruch | smell, odour |
| Geschmack | taste |
| Geschmacksrichtung | flavor, taste |
| Getränke | drinks |
| grüner Tee | green tea |
| Hefe | yeast |
| Heilwasser | mineral water, medicinal water |

## Infobox Sprache – Fortsetzung

| Deutsch | Englisch |
|---|---|
| hell | pale (ale), light, bright |
| herb | bitter (beer), dry (wine) |
| Hochlandkaffee | coffee arabica |
| Hopfen | hop |
| Inhaltsstoffe | ingredients |
| Jahrgangsangabe | vintage statement |
| Kaffee | coffee |
| Kaffeeanbau | coffee cultivation |
| Kaffeebaum | coffee tree |
| Kaffeekirsche | coffee cherry |
| Kaffeemaschine | coffee machine |
| Kaffeezubereitung | coffee making |
| Kakao (Pulver) | hot chocolate (instant) mix |
| Kakaotrunk | chocolate milk, hot chocolate |
| Koffein | caffeine |
| kräftig | strong |
| leicht | light |
| Leichtbier | light beer |
| Liköre | liqueurs |
| Likörwein | fortified wine |
| Limonaden | lemonades |
| Malz | malt |
| mild | mild, smooth |
| Mischgetränke | blend drinks |
| Mischgetränke mit Bier | mixed drinks with beer |
| natürliches Mineralwasser | natural mineral water |
| obergäriges Bier | top fermented beer |
| Obstbrände | fruit brandies |
| Perlwein | sparkling wine |
| Pilsbier | Pils(e)ner |

255

## Infobox Sprache – Fortsetzung

### Getränke

| Deutsch | Englisch |
|---|---|
| Quellwasser | spring water |
| Reinheitsgebot | German beer purity order |
| Rohkaffee | raw coffee |
| Roséwein | rosé wine |
| rösten | to roast |
| Rotwein | red wine |
| Rotweinsorten | Red wine types |
| Schaumwein | sparkling wine |
| Schokolade | chocolate |
| schwarzer Tee | black tea |
| Sekt | sparkling wine |
| Spirituosen | spirits |
| Sprudel | sparkling mineral water, soda water |
| Stammwürze | beer wort |
| Starkbier | strong beeer |
| Tafelwasser | table water |
| Tafelwein | table wine |
| Tee | tea |

## Infobox Sprache – Fortsetzung

| Deutsch | Englisch |
|---|---|
| Teemischung | blend tea |
| Teezubereitung | tea making |
| Tieflandkaffee | coffea canephora, coffea robusta |
| Trinkschokolade | hot chocolate |
| untergäriges Bier | bottom-fermented beer |
| Wasser | water |
| Wein | wine |
| Weinbrände | brandies |
| Weineigenschaften | wine qualities |
| Weinetiketten | wine labels |
| Weinflaschen | wine bottle |
| Weinherstellung | wine production |
| Weinlagerung | wine storage |
| Weinlese | grape harvest |
| Weinprobe | wine-tasting |
| weißer Tee | white tea |
| Weißwein | white wine |
| Weißweinsorten | white wine types |
| Weizenbier | wheat beer |

## 9.4 Bar

### Situation

Im Beverage-Bereich des Restaurants Green Paradise werden aktuelle Trends stets aufgegriffen und so ist für den Sommer eine Aktion zum Trendthema „Cocktail-Lounge" geplant.

Alkoholische und alkoholfreie Mischgetränke sollen während der achtwöchigen Aktionszeit in der Hotelbar, der Lobby und, bei entsprechenden Temperaturen, auch auf der Terrasse angeboten werden.

Entwickeln Sie ein Portfolio für:
1. einen Barkeeper/eine Barmaid, die als Unterstützung für den Restaurantleiter diese Aktion mitplanen und durchführen soll;
2. eine attraktive Barkarte, die im Haus, aber auch als Mailing, zur Werbung eingesetzt werden kann;
3. die Grundausrüstung an Barutensilien, die für diese Aktion zur Verfügung stehen müssen.

Der Begriff **Bar** stammt vom französischen Wort „Barriere", die den Wirt und seine Waren vor den raubeinigen Trinkgenossen schützen sollten, und ist zur Zeit der Kolonisation Amerikas im 16. Jahrhundert entstanden. Der Alkohol spielte damals eine große Rolle und wurde „Strong Water" genannt. Er wurde in den „Common Stores" ausgegeben, allerdings war der Ausschank an bestimmte Zeiten gebunden. Geführt wurden diese Betriebe zunächst von Geistlichen und Offizieren. Erst viel später wurden in den Städten die Saloons eingerichtet, in denen zum Schutze des Barkeepers eine Barriere errichtet wurde. Aus diesen Saloons sind dann die ersten Bars entstanden.

# Bar

Der Beruf **Bartender/Barkeeper** (der Mann hinter der Bar) ist heute zu einem qualifizierten Aufgabengebiet avanciert. Das Berufsbild stellt hohe Ansprüche an Warenkenntnisse, Zubereitungstechniken, aber auch an Verkaufstechniken und den Umgang mit dem Gast.

Die Vermittlung des Barwissens, die Förderung der Berufsinteressen und die internationale Kontaktpflege für Deutschland wird von zwei großen Organisationen, der Deutschen Barkeeper-Union (www.dbuev.de) und der Internationalen Barkeeper-Union (www.ibs-world.net), wahrgenommen. Regelmäßig werden internationale Veranstaltungen, Landesmeisterschaften und Cocktailwettbewerbe durchgeführt.

## Barsysteme

Heute gibt es Bars für jede Altersgruppe und jeden Geschmack:

- After-Work-Bar
- American Net-Bar
- Espresso-Bistro-Snack-Bar
- Event-Catering-Bar
- Coffee-Shop-Bar
- Mineralwasser-Bar
- Literatur-Bar
- Musik-Bar
- Pool-Beach-Bar
- Sauerstoff-Bar
- Schnee-Pisten-Bar
- Tropical Bar
- Walk-&-Talk-Bar

Für die Systemgastronomie ist die Bar mit vielen Gestaltungsmöglichkeiten besonders im Catering- und Event-Bereich eine willkommene Abwechslung, Serviceleistung zu verwirklichen und zu präsentieren. Hier wird dann oft das Thema „Bar" mit dem Trendthema „Lounge" kombiniert. Der klassische Barbetrieb spielt sich fast ausschließlich in der American Bar, der Restaurant-Bar und der Hotel-Bar ab.

Die **American Bar** ist der Urtyp der Bar. Die Bartheke mit Barhockern bildet den eigentlichen Mittelpunkt. Es gibt kleine Tische im Gastraum. Das Getränkeangebot besteht in erster Linie aus Cocktails, Mixgetränken und internationalen Spirituosen.

Die **Restaurant-Bar** befindet sich direkt im Restaurant oder vom Restaurant getrennt in erreichbarer Nähe. Die Gäste können in entspannter Atmosphäre den Aperitif oder Digestif genießen. Aus diesem Grund richtet sich das Getränkeangebot nach der Art des Betriebes. In kleineren Betrieben dient die Restaurant-Bar zugleich als Getränkeausgabe für das Restaurant.

Die **Hotel-Bar** wird überwiegend von Hotelgästen besucht und auch hier entscheidet der Stil des Hotels über das Angebot. Offene, transparente Konzepte mit Videoinstallationen oder als Kommunikationspunkt im Eingangsbereich stehen gediegenen, klassischen ehrwürdigen Hotel-Bars gegenüber, die zu bestimmten Events ihre Hotel-Bar auch als Night-Club benutzen. Oft besteht auch die Möglichkeit zum Verzehr kleiner Speisen an der Bar (Lounge-Bar).

## Barutensilien

Ohne Barutensilien ist ein professionelles Arbeiten an der Bar unmöglich. So sind die Barutensilien das sogenannte Handwerkszeug des Bartenders. Englisch ist die internationale Barsprache, siehe hierzu Infobox auf Seite 267.

- Barlöffel
- Barmesser
- Barsieb
- Bitter- oder Spritzflasche
- Champagnerzange
- Cocktailstäbchen
- Crushed-Ice-Maschine
- Dosenöffner
- Eisschaufel
- Eiskübel
- Eismühle
- Eiszange
- elektrischer Mixer, Aufsatzmixer
- Flaschenöffner
- Flaschenausgießer
- Fruchtpresse
- Korken
- Messbecher
- Mixglas
- Muskatreibe
- Rührstäbchen
- Schneidebrett
- Schüttelbecher
- Siphon
- Sektquirl
- Stabmixer
- Stößel
- Trinkhalme
- Untersetzer
- Zestenreißer

257

# 1 Bar

Von links nach rechts: **Bostonshaker (2-teilig), Elektromixer, Elektroblender, Rührglas mit Barlöffel, Barsieb**

**Pour-&-More-Bottles**
links ½ Gallone,
rechts Quart

Von links nach rechts:
**Eispickel, Eisschaufel geschlossen, Garniturzange, Eisschaufel mit Wasserablauf, Eiszange**

**Barcaddy**

Von links nach rechts:
**Weinhebamme, Dekoschneider/Spiralschneider mit Zestenreißer
Muskatreibe, Garniturablage Metall, Garniturablage Glas**

**Garniturbehälter eines US-Arbeitsplatzes**     **Barmatten**

Von links nach rechts:
**Holzmuddler
Metalljigger
(Dezimalsystem)
Metalljigger
(Unzensystem)
Pourer (Ausgießer),
verschiedene Größen**

# Gläser

Die Glasindustrie, die jede Glasform anbietet, erlaubt einen großen Spielraum bei der Zusammensetzung des Sortiments und ermöglicht kreative Ideen in Form, Größe und Farbe (systemgastronomische Szenegastronomie).

Das klassische professionelle Sortiment an Bargläsern ist nach folgenden Kriterien auszuwählen:
- Gläser sollten ansprechend aussehen. Nur in formschönen Gläsern kommen Cocktails und Mixgetränke richtig zur Geltung.
- Gläser sollten zweckmäßig sein. Jedes Getränk braucht ein spezielles Glas, um sein Bukett und seinen Charakter voll entfalten zu können.
- Gläser sollten wirtschaftlich sein. Bruchsicherheit und Polierbarkeit sind wichtige Aspekte in der Praxis für das Servicepersonal.

Nachfolgend eine Auswahl des Grundsortiments:

Von links nach rechts: **hoher Tumbler, mittlerer Tumbler, Whisky-Tumbler**

Von links nach rechts: **Cocktailspitz (Creamer), Hurrican Squall, Champagnerflöte**

Natürlich werden je nach Bartyp auch die Standardgläser eingesetzt (vgl. Kap. 9.1). Werden besondere Gläser von Spirituosenfirmen zu den Getränken angeboten, finden diese in erster Linie an der Bar Verwendung.

# Eisarten

Ein wichtiges Hilfsmittel in der Bar ist das Roheis, denn viele Mixgetränke werden mit Eis hergestellt oder serviert. Eisbereiter (Würfeleismaschine) liefern dieses Eis in der gewünschten Menge als Eiswürfel oder, wenn ein Crusher vorhanden ist, auch als Flockeneis. Eis, das in der Bar verwendet wird, muss geschmacksneutral sein, die richtige Größe haben und es darf nicht zu kalt sein. Je kälter die Eiswürfel sind, desto geringer ist der Kühleffekt, denn Eiswürfel mit geringerer Kälte lösen sich beim Mixen schneller auf und geben Flüssigkeit ab. Fachleute verwenden Eiswürfel bei einem Kältegrad um −15 °C.

Würfeleis sollte aus hygienischen und schmelztechnischen Gründen niemals mit den Händen berührt werden, dafür gibt es Eisschaufeln!

### Einteilung der Eisarten

| | |
|---|---|
| **Eiswürfel/Ice Cubes** | Eiswürfel mit verschiedenen Gewichten und Größen, von 10 g bis 20 g |
| **Fancy Ice Cubes** | Fruchtstücke mit verschiedenen Sirupen, Kaffee oder Tee gefärbt, gefroren als Garnitur |
| **Crushed Ice** | Eis mit feiner Körnung aus der Crushed-Ice-Maschine, elektrisch oder mit der Hand betrieben |
| **Cobbler Ice** | Eissorte mit etwas gröberer Körnung als das Crushed Ice |
| **Schneeeis/Shaved Ice** | Geschabtes Eis (auch fertige Fruchtcocktails lassen sich einfrieren und anschließend mit der Maschine schaben) |
| **Roheis/Cracked Ice/Rock Ice** | Roheisstangen und Eisblocks mit dem Eispickel oder Eishammer in unregelmäßige Stücke geschlagen |

Von oben nach unten: **Ice Cubes, Cracked Ice, Cobbler Ice**

# 1 Bar

## Barstock

Als Barstock bezeichnet man die Gesamtheit aller alkoholischen und nicht alkoholischen Getränke in einer Bar, welche pur oder gemixt verwendet werden. Die nachfolgende Zusammenstellung enthält nur kurze Angaben zu den Getränken, da diese in Kapitel 9.3.1 ausführlich dargestellt sind.

## Basisgetränke

Die Basisgetränke sind die Grundausstattung an der Bar, um in Kombination mit Säften, Limonaden, Sirupen oder Milch etwa 100 verschiedene Cocktails zubereiten zu können:
- Cognac, Weinbrand, Brandy
- Whisky (Irish, American und Canadian)
- Wodka
- Rum (braun und weiß)
- Gin
- Tequila
- Liköre (Orangen/Kirsch/Creme de Cacao)
- Sekt und Champagner

## Mixzutaten

Die hier aufgeführten Mixzutaten werden zur Geschmacksgebung und/oder Geschmacksabrundung an der Bar benötigt.
- Gewürz- und Fruchtsirupe
  z. B. Kokos-, Limetten-, Vanille-, Karamellsirup

- Gemüse- und Fruchtsäfte
  z. B. Tomatensaft, Orangen-, Zitronen-, Ananas-, Maracujasaft

- Limonaden
  z. B. Coca-Cola, Bitter Lemon, Ginger Ale, Tonic

- Milchprodukte
  z. B. Milch, Sahne, Vanilleeis

- Zucker
  z. B. Läuterzucker, brauner Zucker, Würfelzucker

- Gewürze
  z. B. Muskat, Nelken, Zimt, Pfeffer, Salz

- flüssige Gewürze
  z. B. Tabasco, Tomatenketchup, Chilisoße, Worchestersoße

## Garnituren

Die Garnitur eines Getränkes ist von besonderer Bedeutung für die Präsentation und soll auf den Genuss einstimmen. Das ganzjährige Angebot an exotischen Früchten ermöglicht viele kreative Kombinationen, jedoch sind folgende Regeln zu beachten:

▶ Grundsätzlich werden frische, essbare Früchte und Gemüse verwendet.

▶ Die Garnitur muss mit der Geschmacksrichtung des jeweiligen Drinks harmonieren.

▶ Die Garnitur muss von ihrer Größe im Verhältnis zum Volumen des Drinks stehen.

▶ Für die Garnitur schneidet man Früchte oder Gemüsestücke ein, steckt sie an den Glasrand, gibt sie direkt in den Drink oder legt sie aufgespießt über den Rand.

▶ Der Barkeeper berührt die Garnitur vor dem Gast niemals mit den Händen, sondern nur mit einer Zange, Gabel oder der Spitze des Barmessers.

▶ Cocktails mit Garnitur werden stets mit Unterteller und einer Serviette gereicht.

Erdbeermaus | Delfin
Schiff | Melone

## Arbeiten an der Bar

### Bar-Setup

Bevor die Gäste eintreffen, müssen auch an der Bar Vorarbeiten geleistet werden (Barsetup):
1. Bar lüften
2. Barutensilien und Bareinrichtung auf Sauberkeit und Funktion prüfen
3. Barstock checken
4. Garnituren vorbereiten

## Praktisches Mixen

Mixen ist keine Zauberei, obwohl es dem Gast an der Bar oft als solche präsentiert wird (Show-Barkeeping). Hier ist das Mixen aus der freien Hand eine Kunst, die nur wenige Barkeeper beherrschen, denn dazu gehört ein sicheres Gefühl für das richtige Maß. Da aber an der Bar mit teuren alkoholischen Zutaten gearbeitet wird, ist die Gefahr groß, dass, wenn nicht exakt gearbeitet wird, der Gewinn verloren geht.

Es ist empfehlenswert, ein Messglas oder einen Messbecher zu verwenden und die Zutaten exakt abzumessen. Der klassische Messbecher (Jigger) besteht aus einem Becher mit 2 cl und 4 cl.

| US-Barmaße auf cl umgerechnet | | |
|---|---|---|
| 1 | Drop | = Tropfen |
| 1 | Dash | = ca. 0,1 cl |
| 1 | Barspoon | = ca. 0,5 cl |
| 1 | Splash | = 24 cl |
| 1 | Ounce | = ca. 2,9 cl |
| 1 | Gill | = ca. 4,4 cl |
| 1 | Split | = ca. 18 cl |
| 1 | Cup | = ca. 23 cl |
| 1 | Pint | = ca. 47 cl |
| 1 | Quart | = ca. 95 cl |

Genauso wichtig ist es jedoch, den Gast zu beraten und sich auf die Qualität der Cocktails zu konzentrieren. Ist der Gast unschlüssig, berät der Barkeeper fachgerecht, um ihm die Orientierung zu erleichtern. Bestandteile und Zubereitungsart eines Cocktails werden dem Gast beschrieben und erklärt.

**Mixen** bedeutet „vermischen" und dazu gibt es in der Bar grundsätzlich vier Möglichkeiten:

▶ Rühren im Rühr- oder Mixglas
▶ Schütteln im Shaker
▶ Mixen im Elektromixer oder Blender
▶ Zubereitung im Trinkglas/Aufgießen

Bevor der Barkeeper mit dem Mixen beginnt, werden alle notwendigen Zutaten und Instrumente griffbereit auf die Arbeitsbank gestellt (Mise en place). Cocktailgläser sollten immer vorgekühlt sein. Sie werden vor der Zubereitung der Cocktails mit Eis gekühlt oder aus dem Kühlschrank entnommen.

## Rühren im Rühr- oder Mixglas

Im Mixglas werden in erster Linie Cocktails verrührt, die aus reinen und klaren Alkoholika bestehen. Gerührte Cocktails präsentieren sich nach ihrer Fertigstellung transparent und enthalten weder Säfte noch Sahne oder sonstige Trübstoffe.

In das Mixglas werden Eiswürfel und Zutaten gegeben. Dann wird mit dem Barlöffel schnell und kräftig in drehender Bewegung von unten nach oben gerührt.

### Beispiel

**Manhattan Cocktail**

Ingredienzen:
4 cl Canadian Whisky
2 cl Vermouth rosso
1 Dash Angostura

Zubereitung: Zutaten mit Eis im Rührglas kurz verrühren und im Cocktailglas mit Cocktailkirsche servieren.

## Schütteln im Shaker

Das Schütteln im Shaker gilt als das klassische Mixen. Es werden alle die Cocktails zubereitet, die schwer mischbare Zutaten wie Liköre, Sirup, Sahne oder Eier enthalten.

Grundsätzlich gibt es mehrere Arten von Shakern, zweiteilige und dreiteilige Shaker. Sie können aus Chrom, Silber oder Kunststoff gefertigt sein und fassen normalerweise einen Inhalt von 0,5–0,7 Liter. In ihnen werden maximal 3 bis 4 Cocktails geschüttelt.

Bei der Zubereitung gibt man zuerst das Eis in den Unterteil des Shakers (beim Boston-Shaker das Glas) und fügt die Zutaten entsprechend der Rezeptur hinzu. Der geschlossene Shaker wird dann in waagerechter Haltung in Schulterhöhe vom Körper weg und wieder zum Körper hin geschüttelt. So ist der Kühlweg am längsten und die Kühlung am intensivsten. Die Dauer des Schüttelns richtet sich nach der Menge und Art des Inhalts. Meist wird 10 Sekunden geschüttelt. Länger als 25 Sekunden sollte nie geschüttelt werden, damit der Cocktail nicht verwässert.

Nach dem Schütteln wird der Shaker abgesetzt und mit einem Strainer abgeseiht (beim Boston-Shaker aus dem Metalloberteil, da dieses größer als das Glasteil ist). Sind mehrere Cocktails auf einmal gemixt, muss beim Ausgießen darauf geachtet werden, dass die Gläser im Wechsel gefüllt werden. Dann sind alle Cocktails gleich gut gekühlt und keiner wässriger als der andere.

### Beispiel

**Alexander**

Ingredienzen:
2 cl Sahne
2 cl Crème de Cacao, braun
2 cl Cognac oder Brandy

Zubereitung: Zutaten im Shaker mixen und im Cocktailglas mit geriebener Muskatnuss servieren.

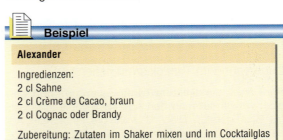

## Mixen im Elektromixer oder Blender

Die Zubereitung im Elektromixer oder Blender sollte sich auf Drinks, die feste Krems oder auch Speiseeis enthalten, beschränken. Ebenso ist das Pürieren von Früchten sowie die Herstellung von Frozen Drinks im Elektromixer gebräuchlich.

Als Eis sind Crushed Ice, aber auch Eiswürfel möglich, da im Elektromixer größere Eisstücke zerkleinert werden können.

Zur Zubereitung von größeren Mengen ist der Elektromixer zu empfehlen. Werden mehrere Drinks gleichzeitig zubereitet, kann sogar auf das Eis verzichtet werden (dry blend). Die fertigen Drinks werden in Gläser, die zu 2/3 mit Eis gefüllt sind, abgegossen.

Ein gravierender Nachteil des Elektromixers ist die Geräuschentwicklung und damit auch die fehlende Atmosphäre, sodass die Anwendung nicht im unmittelbaren Gästebereich stattfinden sollte. Beim Blender ist es besonders unangenehm, wenn beim unachtsamen Entfernen des Metallbechers durch die Rührblätter des Quirls ein lautes metallisches Kreischen entsteht.

Vorteil: Anstelle des Barmixers arbeitet beim Elektromixer oder Blender der Motor. Der Barkeeper schont sich und seine Hände.

> **Beispiel**
> 
> **Pina Colada**
> 
> Ingredienzen:
> 4 cl Cream of Coconut
> 10 cl Ananassaft
> 2 cl Sahne
> 5 cl weißer Rum
> 
> Zubereitung: Zutaten gut mixen (Elektromixer) und im großen Longdrink-/Fantasieglas mit Eis gut durchmischen.

## Zubereitung im Trinkglas/Aufgießen

Für Drinks, die direkt **im Trinkglas angerichtet** werden, verwendet man den Ausdruck „built in glass", im Glas gebaut. Dies ist wohl die einfachste Art, einen Drink herzustellen, doch Klassiker wie Caipirinha oder Champagner-Cocktail sind an jeder Bar im Angebot.

> **Beispiel**
> 
> **Champagner-Cocktail Classic**
> 
> Ingredienzen:
> 1 Stück Würfelzucker
> 2–3 Spritzer Angostura
> Champagner
> 
> Zubereitung: Würfelzucker in einer Champagnerschale mit Angostura tränken, mit Champagner auffüllen und mit Zitronenschale abspritzen.

**Aufgegossen** werden Spirituosen, die mit einem „Filler", einem alkoholfreien Getränk, zu einem Drink verlängert werden. Eine Spirituose auf Eis wird in das Gästeglas gegossen und mit dem Filler aufgefüllt.

> **Beispiel**
> 
> **Campari Soda**
> 
> Ingredienzen:
> 4 cl Campari
> Sodawasser
> 
> Zubereitung: Campari und Würfeleis mit dem Barlöffel im Tumbler kurz durchrühren und mit Sodawasser auffüllen.

Brandaktuell ist ein neuer Trend, der für die Systemgastronomie eine wichtige Rolle spielen könnte. Die ersten trinkfertigen und einzeln vorportionierten Cocktails überzeugen mit Geschmack und Barqualität. Einfach geschüttelt und auf Eis gegossen, werden so schnell und perfekt Cocktails zubereitet (www.shatlers.de). Die pfandfreie Verpackung ist ungekühlt mehrere Monate haltbar.

## Getränkegruppen

Es gibt eine Vielfalt von Möglichkeiten, Mixgetränke in Gruppen einzuteilen. Jede der vielen Gruppen spricht unterschiedliche Bedürfnisse des Gastes an, die der professionelle Barkeeper einzuordnen und zu berücksichtigen hat:
- Tageszeit
- Alter des Gastes
- Anlass
- Alkoholgehalt des Drinks
- Geschmacksvorstellung des Gastes
- Verweildauer des Gastes

Barleute, Bars und deren Cocktails gingen oft deshalb in die Bargeschichte ein, weil sie für bestimmte Anlässe den „idealen Cocktail" kreierten. Viele Mixgetränke kann man einer Trinkgruppe zuordnen, die aussagt, für welche „Stunde" und Gelegenheit sie sich am besten eignen.

# Bar

Prinzipiell unterscheidet man in **alkoholfreie und alkoholische Mixgetränke**.

| Beispiele alkoholfreie Mixtränke ||
|---|---|
| **Bananenflip** <br> ⅛ l kalte Milch <br> 2 cl flüssige Sahne <br> 1 Eigelb <br> ½ Banane <br> 3 BL Zuckersirup | **Erdbeer-Shake** <br> 6 bis 8 Erdbeeren <br> ⅛ l kalte Milch <br> 3 BL Zucker <br> 1 bis 2 EL Erdbeereis <br> Sahne zur Garnierung |
| **Orange Egg-Nogg** <br> 4 cl Orangensirup <br> 2 cl Sahne <br> 2 cl kalte Milch, 1 Ei | **Lemon Cooler** <br> 2 BL Zuckersirup <br> 2 cl Zitronensaft <br> Ginger Ale zum Auffüllen |
| **Grapefruit Highball** <br> 2 cl Grenadine <br> 2 cl Grapefruitsaft <br> Sodawasser oder Ginger Ale zum Auffüllen | **Florida** <br> 8 cl Orangensaft <br> 12 cl Ananassaft <br> 1 cl Zitronensaft <br> 1 cl Grenadine |

Alle o. g. Getränke können mit dem Elektromixer bereitet werden. Wichtig ist, dass sie kalt serviert werden.

### Alkoholische Mixgetränke

Die alkoholischen Mixgetränke werden wiederum in zwei Hauptgruppen, die **Shortdrinks** (bis 8 cl Inhalt) und die **Longdrinks** (über 8 cl Inhalt) unterschieden.

**Before-Dinner-Drinks** oder **Aperitifs** sind trockene Mixgetränke, die nur wenig süße Zutaten enthalten. Sie wirken appetitanregend und werden deshalb vor dem Essen getrunken.

V. l. **Martini Cocktails, Manhattan Cocktail, Kir, Kir royal**

| Beispiele ||
|---|---|
| **Martini Cocktail dry** <br> Ingredienzen: <br> ¾ (4,5 cl) Gin dry <br> ¼ (1,5 cl) Martini dry <br> Olive <br> Zitronenspritzer <br><br> Zubereitung im Rührglas | **Martini Cocktail original** <br> Ingredienzen: <br> 3 cl Gin dry <br> 3 cl Martini dry <br> Olive <br><br><br> Zubereitung im Rührglas |
| **Blanc Cassis** <br> Ingredienzen: <br> 2 cl Likör Cassis <br> trockener Weißwein <br><br> Zubereitung: Cassis mit Weißwein auffüllen | **Kir original** <br> Ingredienzen: <br> 2 cl Likör Cassis <br> Weißwein aus Aligotéreben <br><br> Zubereitung: Cassis mit Weißwein auffüllen |
| **Kir royal** <br> Bei Kir royal wird anstatt Weißwein Sekt bzw. Champagner verwendet. | **Manhattan Cockail** <br> Ingredienzen: <br> 4 cl Canadian Whisky <br> 2 cl Vermouth rosso <br> 1 dash Angostura Bitter <br><br> Zubereitung: Zutaten mit Eis im Rührglas kurz verrühren und im Cocktailglas mit Cocktailkirsche servieren. |

**After-Dinner-Drinks** oder **Digestifs** sind süße, meist mit Likören, Sirup oder Sahne hergestellte Mixgetränke, die die Verdauung fördern sollen.

Side Car und Daiquiri sind aufgrund ihres Anteils an Zitronensaft auch als Aperitif anbietbar.

V. l. **Grashopper, Side Car, Alexander, Daiquiri**

# 1 Bar

### Beispiele

**Grashopper**

Ingredienzen:
2 cl Crème de Cacao, weiß
2 cl Crème de Menthe, grün
2 cl süße Sahne

Zubereitung: im Shaker
Anrichten: im Cocktailglas

**Side Car**

Ingredienzen:
²⁄₄ Weinbrand
¹⁄₄ Cointreau
¹⁄₄ Zitronensaft

Zubereitung: im Shaker
Anrichten: im Cocktailglas

**Daiquiri**

Ingredienzen:
¾ weißer Rum
¹⁄₄ Zitronensaft
1 BL Zuckersirup

Zubereitung: im Shaker
Anrichten: im Cocktailglas

**Alexander**

Ingredienzen:
2 cl Sahne
2 cl Crème de Cacao, braun
2 cl Cognac oder Brandy

Zubereitung: Zutaten im Shaker mixen und im Cocktailglas mit geriebener Muskatnuss servieren.

Alkoholische **Cocktails** sind Mixgetränke, aber nicht alle Mixgetränke sind Cocktails; denn als **alkoholische Cocktails** werden **Shortdrinks** bezeichnet, die aus mindestens zwei verschiedenen alkoholischen Zutaten mit oder ohne Zugabe von alkoholfreien Getränken im Shaker geschüttelt oder im Mixglas verrührt werden.

Cocktail heißt auf deutsch „Hahnenschwanz". Die Entstehung des Namens verdankt der Cocktail wahrscheinlich den bunten Schwanzfedern. Diese wurden nach Hahnenkämpfen dem unterlegenen Hahn ausgerupft und beim anschließenden Umtrunk mit einem Drink „on the cock's tail" begossen. Für Getränke, die bei geselligen Anlässen serviert wurden, verwendete man dann weiterhin den Namen „Cocktail".

Die Cocktailzutaten werden in drei Bereiche eingeteilt:

### 1. Basis/Base

In vielen Mixbüchern werden Cocktails nach der Basisspirituose aufgelistet. Die Basis ist fast immer der Hauptbestandteil. Sie ist eine Zutat, die die Cocktailrichtung bestimmt. So ist die Basisspirituose und gleichzeitig der größte Anteil beim Whiskey Sour der Whiskey, beim Daiquiri der Rum. Selbstverständlich können auch zwei Spirituosen, die miteinander harmonieren, zusammen die Basis bilden.

### 2. Richtungsweiser/Modifier

„The modifying Agent" ist der zweitwichtigste Teil bei der Cocktailzusammensetzung. Dieser darf nicht so dominierend sein, dass sich der Cocktail in dieser Richtung verändert. Der Modifier ist die Zutat in Verbindung mit der Basisspirituose. Er bestimmt die Richtung des Cocktails mit.

### 3. Aromageber/Flavouring Part

Dieser dritte Bestandteil des Cocktails ist von der Menge her der kleinste. Er bringt trotz seines geringen Anteils – oft ist es nur ein Dash (Spritzer) – das „gewisse Etwas" in den Cocktail. Er rundet ihn ab und bringt ihn auf den Punkt. Dieser dritte Bestandteil bestimmt oft die Farbe – von zart bis kräftig – und das Aroma – von süß über herb bis bitter.

Mit diesen Zutaten muss vorsichtig umgegangen werden, ein wenig zu viel davon kann den Cocktail ungenießbar machen (z. B. Angostura).

Flavouring & Aromatic & Colouring Part können kleinste Mengen von Spirituosen, Likören, Sirupen oder Bitters sein.

**Beachte:**
Weder die Menge des Alkohol, noch die Menge der Flüssigkeit in einem Cocktail ist wichtig, sondern seine Ausgewogenheit.

Weiterhin werden bei den Mixgetränken einzelne Grobaufteilungen vorgenommen, die ein Abbild der kreativen Vielfalt des Aufgabenbereiches des Barkeepers darstellen:

Bier-Mixgetränke
Cobblers
Coladas
Collinses
Coolers
Daises
Fancy Drinks
Fixes
Fizzes
Flips und Egg-Nogs
Floaters
Frappés
Freezes
Hangover-Drinks
Hot Drinks
Juleps
Milk Shakes
Punches
Pick-me-up-Cocktails
Slings
Sorbets
Sours usw.

Mojito (Variante)

Swimmingpool

Mint Frappé

Die Rezepturen sind unterschiedlich und weltweit werden, den aktuellen Trends entsprechend, immer neue Drinks kreiert. Der Barkeeper kann so den individuellen Wünschen des Gastes gerecht werden und ihn fantasievoll mit alkoholischen und alkoholfreien Mixgetränken verwöhnen.

# Aufgaben / Infobox Sprache / Übergreifende Aufgaben

## Aufgaben

1. Welcher Bartyp passt zum Charakter Ihres Betriebes?
2. Wonach richtet sich die Einrichtung der Bar?
3. Was versteht man unter einem Barstock?
4. Welches sind die bekanntesten Basisgetränke, die in keiner Bar fehlen sollten?
5. Welche Gewürze finden Verwendung in der Bar?
6. Was versteht man unter Zubereitung im Glas?
7. Erklären Sie die Begriffe „Shortdrink" und „Longdrink".
8. Ihre Gäste sollen sich vor oder nach dem Essen an der Bar zur „Happy Hour" einfinden. Welche Cocktails könnten Sie dann jeweils anbieten?
9. Die Fizzes zählen zu den bekanntesten Bargetränken. Erläutern Sie ein klassisches Beispiel mit Rezeptur und Verwendungsmöglichkeit.
10. Welcher Bestandteil ist bei Flips und Egg-Nogs obligatorisch?
11. Fancy Drinks sind fantasievoll! Erklären Sie diese Aussage mit praktischen Beispielen.

## Infobox Sprache – Fortsetzung

| 🇩🇪 Deutsch | 🇬🇧 Englisch |
|---|---|
| Messglas | measuring cup |
| Mixglas | mixing glass |
| Muskatreibe | grater |
| rühren | to stir |
| Rührstäbchen | stirrer, stir stick |
| Schneidebrett | carving board |
| Schüttelbecher | shaker |
| schütteln | to shake |
| Sektquirl | swizzle stick |
| Siphon | siphon |
| Spiralschneider | spiral slicer |
| Spritzer (Schuss) | dash |
| Stabmixer | blender |
| Stößel | muddler |
| Trinkhalme | straws |
| Untersetzer | coaster, underliner |
| Weinhebamme | butler's friend |
| Würfeleismaschine | ice cube maker |
| Zestenreißer | lime peeler |

### Getränke und -zutaten in der Bar

| 🇩🇪 Deutsch | 🇬🇧 Englisch |
|---|---|
| Basisgetränke | basic drinks |
| brauner Zucker | brown sugar |
| Champagner | champagne |
| Eisarten | types of ice |
| Flockeneis | shaved ice |
| Fruchtsaft | fruit juice |
| Fruchtsirup | fruit cordial (syrup) |
| Garnituren | garnishes |
| Gemüsesaft | vegetable juice |
| Gewürze | spices |
| Gewürzsirup | spiced cordial (syrup) |
| internationale Spirituosen | international spirits |
| Läuterzucker | liquid sugar |
| Liköre | liqueurs |
| Limonade | lemonade |
| Milch | milk |
| Milchprodukte | milk products |
| Mixgetränke | mixed drinks, cocktails |
| Mixzutaten | mixers |
| Muskat | nutmeg |
| Nelken | cloves |
| Pfeffer | pepper |
| Sahne | cream |
| Salz | salt |
| Sekt | sparkling wine |
| Vanilleeis | vanilla ice-cream |
| Würfelzucker | sugar cube |
| Zimt | cinnamon, canelle |
| Zucker | sugar |

## Infobox Sprache

### Barutensilien

| 🇩🇪 Deutsch | 🇬🇧 Englisch |
|---|---|
| aufgießen | to pour |
| Bargläser | tumblers, glasses |
| Barlöffel | bar spoon |
| Barmesser | bar knife |
| Barmixer (elektrischer) | electric mixer |
| Barsieb | strainer |
| Barutensilien | barware, bar utensils |
| Bitter-, Spritzflasche | dash bottle |
| Champagnerzange | champagne tongs |
| Cocktailstäbchen | cocktail sticks |
| Crushed-Ice-Maschine | Crushed-ice-machine |
| Dosenöffner | can opener |
| Eisbereiter | ice maker |
| Eiskübel | ice bucket |
| Eismühle | ice crusher |
| Eispickel | ice pick |
| Eisschaufel | ice shovel |
| Eiszange | ice tongs |
| elektrischer Mixer/Aufsatzmixer | electric mixer |
| elektrisches Rührgerät | electric blender |
| Flaschenausgießer | pourer |
| Flaschenöffner | bottle opener |
| Fruchtpresse | squeezer |
| Garniturzange | serving tongs |
| Korken | corks |
| Messbecher | jigger |

## Übergreifende Aufgaben

1. Die Werbeagentur Schmitz aus München möchte einen rustikalen Event für ihre Stammkunden ausrichten und hat Sie damit beauftragt. Erstellen Sie eine Präsentation für Ihre Mitschüler/-innen:
   a) Welche Faktoren müssen berücksichtigt werden?
   b) Es ist geplant, eine Blasmusikkapelle zu engagieren. Welche Vorbereitungen müssen getroffen werden?
   c) Besonderen Wert legt die Agentur auf die perfekte gastronomische Bewirtung ihrer Gäste. Entwerfen Sie ein kreatives Angebot an Speisen und Getränken und fertigen Sie eine Skizze für geeignete Serviermöglichkeiten/Präsentationslogistik an.

2. Viele Mitarbeiter haben sich mit der Zeit so an ihr Umfeld gewöhnt, dass sie sich keine Gedanken machen, welche kleinen Änderungen vorteilhaft sein könnten.
   a) Betrachten Sie Ihr Restaurant einmal mit den Augen eines kritischen Gastes. Finden Sie Dinge, die Sie als „Staubfänger", nutzlos und platzraubend oder die Harmonie in Ihrem Restaurant störend und somit überflüssig ansehen.
   b) Diskutieren Sie diese Punkte im Kollegenkreis und machen Sie bei Einstimmigkeit Änderungsvorschläge.

# 1 Übergreifende Aufgaben

## Übergreifende Aufgaben – Fortsetzung

3. Viele systemgastronomische Betriebe führen keinen Wein, Sekt oder Bier. Ihr Ausbildungsbetrieb will künftig auch die Organisation und Durchführung von Feierlichkeiten anbieten. In diesem Zusammenhang fragen die Kunden/Gäste häufig nach einer alkoholischen Getränkeauswahl.
   a) Stellen Sie je vier Weiß- und Rotweine und drei Biersorten zusammen, die zum Angebot an Speisen und Getränken Ihres Ausbildungsbetriebes passen. Begründen Sie Ihre Entscheidung.
   b) Erstellen Sie für die von Ihnen ausgewählten Getränke eine Getränkekarte.
4. Die Gäste sollen in Ihrem Restaurant immer ein angenehmes Ambiente und saubere Gasträume vorfinden. Entwickeln Sie anhand einer Checkliste Standards für die Überprüfung des Restaurants auf Ordnung und Sauberkeit. Die Checkliste soll der täglichen Überprüfung vor der Restaurantöffnung dienen.
5. Auch Gäste in der Systemgastronomie wollen gut beraten werden. Suchen Sie sich zwei Produkte aus dem Speisenangebot Ihres Ausbildungsbetriebes heraus und beschreiben Sie einem potenziellen Gast die Zutaten und Inhaltsstoffe, machen Sie Aussagen zum Nährwert, zur Zubereitung und beschreiben Sie den Geschmack mit aussagekräftigen Worten.
6. Stellen Sie einem kalorienbewussten Gast eine komplette Mittagsmahlzeit aus dem Speiseangebot Ihres Ausbildungsbetriebes zusammen.
7. Ihr Restaurant plant für November eine Aktionswoche unter dem Motto „Novemberblues". Neben leichten Speisen und musikalischer Begleitung soll die Cocktailbar im Mittelpunkt stehen.
   a) Erstellen Sie eine Aktionskarte mit einer geeigneten Auswahl von 6 Cocktails und 3 Longdrinks.
   b) Beschreiben Sie die Herstellung der in der Aktionskarte angegebenen Cocktails und Longdrinks, damit die Zubereitung dieser Getränke auf einer Mitarbeiterschulung erlernt werden kann.
   c) Erläutern Sie, was bei der technischen Ausrüstung zu berücksichtigen ist und wie die Dekoration aussehen sollte.

1. Für das Service-Personal im Green Paradise sollen neue Uniformen angeschafft werden. Informieren Sie sich im Internet über die verschiedenen Angebote und machen Sie einen konkreten Vorschlag.
2. Der Deutsche Kaffeeverband (www.kaffeeverband.de) informiert auf seiner Homepage über alles Wissenswerte rund um den Kaffee.
   a) Erkunden Sie, warum Kaffee für die Gastronomie in der Regel teurer ist als Haushaltskaffee.
   b) Wie hoch sollte die Temperatur in Kaffeevorratsbehältern mit bereits gebrühtem Kaffee sein?
3. Immer mehr Gäste erwarten ein Angebot an frischen Säften und „biologischen" Limonaden.
   a) Erkunden Sie im Internet das Angebot an Limonaden, die aus Zutaten von biologischem Anbau hergestellt wurden.
   b) Mit welchen Argumenten können Sie den höheren Preis von „Bio-Limonade" rechtfertigen? Anregungen für die Argumentation finden Sie auf der Internetseite des Herstellers unter www.bionade.com.
4. Informieren Sie sich bei der Deutschen Barkeeper Union (www.dbuev.de) über die Ausbildungsmöglichkeiten zum Barkeeper und erstellen Sie für Ihre Mitarbeiter ein Portfolio, um diese für eine Weiterqualifikation als Barkeeper zu gewinnen.
5. Informieren Sie sich im Internet über die Grobaufteilung von Mixgetränken und finden Sie eine geeignete Präsentationsmöglichkeit, ihren Mitschülern diese Aufteilung zu erklären.

1. Für die Servicemitarbeiterinnen und -mitarbeiter sollen Westen angeschafft werden. Berechnen Sie den Einstandspreis für 14 Westen, wenn Ihnen der Händler 5 % Lieferrabatt und 2 % Nachlass für die Bezahlung binnen einer Woche zusichert.

2. Die Dekoration für den Schautisch kostet 64,00 Euro. Welcher Mehrwertsteuerbetrag (19 %) ist darin enthalten?
3. In Ihrem Restaurant sollen für jeden Gast 80 cm Platz in der Breite am Tisch zur Verfügung stehen. Wie groß muss der Durchmesser eines runden Tisches sein, wenn acht Gäste daran Platz haben sollen?
4. Für einen runden Tisch mit dem Umfang von 6,28 Metern soll ein Tischtuch angefertigt werden. Der Überhang soll an allen Seiten 0,30 Meter sein. Wie groß muss der Durchmesser des Tischtuchs sein?
5. Für ein Bankett soll auch ein Schautisch mit Blumenschmuck ausgestattet werden. Die Blumen kosten 48,00 Euro. Welcher Umsatzsteuerbetrag ist darin enthalten?
6. Der Einkauf hat eine Kiste Grapefruits mit einem Bruttogewicht von 10 kg zum Preis von 2,10 € / kg bfn (brutto für netto) eingekauft. Die Tara beträgt 1,2 kg.
   a) Wie viel Gläser Grapefruitsaft mit 0,25 Litern Inhalt können Sie bei einer Saftausbeute von 60 % verkaufen?
   b) Wie hoch sind die Materialkosten je Glas?
7. Die Gäste Adam und Bauer trinken im Verlauf eines Abends je eine Flasche Chardonnay. Herr Adam trinkt Chardonnay aus Italien mit 11,5 %vol, Herr Bauer trinkt Chardonnay aus Chile mit 13,0 %vol Alkoholgehalt.
   a) Wie viel cl reinen Alkohols nimmt jeder im Verlaufe des Abends zu sich?
   b) Wie viel Prozent Alkohol nimmt Herr Bauer mehr zu sich?
8. 4 cl Eierlikör mit 18 %vol Alkoholgehalt werden mit 16 cl Bitter Lemon gemischt.
   a) Wie viel %vol enthält die Mischung?
   b) Wie viel ml/cl Alkohol nimmt eine Person zu sich, die drei dieser Cocktails trinkt?
9. Ein Gast bestellt ein Glas Alsterwasser zu 0,4 Liter. Für die Mischung wird 50 % Bier mit einem Alkoholgehalt von 5 %vol und 50 % Zitronenlimonade verwendet.
   Welchen Alkoholgehalt hat das Alsterwasser?
10. Sie erhalten ein Angebot über stapelbare Suppentassen mit folgenden Innenmaßen:
    Durchmesser: 9,5 cm
    Höhe: 6,5 cm
    a) Wie viel Liter beträgt das maximale Fassungsvermögen einer Suppentasse?
    b) Wie viel Suppe (Liter) kann eingefüllt werden, wenn die Tasse max. zu zwei Dritteln befüllt werden soll?
11. Für ein Frühstück fallen Materialkosten in Höhe von 1,12 € an.
    a) Auf welchen Euro-Betrag muss der auf volle 10 Cent aufgerundete Inklusivpreis lauten, wenn der Betrieb mit 180 % Gemeinkostenzuschlag, 25 % Gewinn, 15 % Service- oder Umsatzbeteiligung und der gesetzlichen Umsatzsteuer kalkuliert?
    b) Wie viel Euro Umsatzsteuer sind im auf volle 10 Cent aufgerundeten Inklusivpreis enthalten?
    c) Ermitteln Sie den Deckungsbeitrag für dieses Frühstück.
12. Eine Servicekraft muss 37 Essen/Tellergerichte servieren.
    a) Wie oft muss sie gehen/laufen, wenn sie jeweils zwei Essen trägt?
    b) Wie oft muss sie gehen/laufen, wenn sie jeweils drei Essen trägt?
    c) Beim Ausheben der Teller kann die Servicekraft drei oder vier Teller ausheben. Wie häufig muss sie gehen/laufen?
13. Pro Tasse/Becher Kaffee verwendet man 7 g Kaffeemehl. Im Laufe des Tages werden 185 Einheiten für den Verkauf im Haus und außer Haus zubereitet.
    Berechnen Sie den Wareneinsatz für das Kaffeemehl in Euro, wenn 500 g 3,80 € kosten.
14. Bei einer Weinlieferung von 14 Kartons zu je 6 Flaschen waren 2 Flaschen korkig. Der Flaschenpreis beträgt 4,65 €.
    a) Wie hoch ist der Rechnungsbetrag der gesamte Lieferung?
    b) Wie viel Prozent der Lieferung hätten beanstandet werden müssen?
    c) Die Reklamation/Beanstandung der zwei korkigen Flaschen wurde versäumt. Berechnen Sie auf dieser Grundlage die durchschnittlichen Materialkosten je Flasche.

# 10 Beratung und Verkauf im gastgewerblichen Betrieb

Der Gast **ist der Mittelpunkt** im Unternehmen. Er soll das Gefühl haben, jederzeit willkommen zu sein und sich bis zur Verabschiedung gut aufgehoben und umsorgt fühlen. Somit ist professionelles, gastbezogenes Kommunikationsgeschick für alle Mitarbeiter im Service eine Kernkompetenz.

Es geht hier oft um den kleinen, aber feinen Unterschied. Mitarbeiter, die Wünsche „von den Augen ablesen" können und dabei echte Herzlichkeit ausstrahlen wie kommunizieren, machen aus Gelegenheitsbesuchern Stammgäste.

Kommunikationsbedingungen/-störungen in der Kommunikationskette müssen daher von Mitarbeitern im Verkauf im Umgang mit den Gästen beherrscht und erkannt werden.

## 10.1 Kommunikationsgrundlagen

### Situation

„Das kann doch nicht wahr sein", dachte der neue Restaurantleiter des Restaurants „Green Paradise" als er einen Mitarbeiter in folgender Situation erlebte.

Nachdem sich seine momentane Sprachlosigkeit gelegt hat, nimmt er sich vor, in einer innerbetrieblichen Unterweisung solche und andere Mängel nach und nach abzustellen. Welche grundlegenden Kommunikationsbedingungen sind den Mitarbeitern im Service bewusst zu machen?

Grundsätzlich wird zwischen **verbaler und nonverbaler Kommunikation** unterschieden. Der Informationsaustausch zwischen Menschen beruht nicht nur auf dem gesprochenen Wort, sondern auch auf vielen nonverbalen Botschaften (Mimik, Gestik, Körperhaltung, Sprechdynamik, Schweigen). Erst wenn verbaler und nonverbaler Ausdruck übereinstimmen, kann das Gesprochene beim Gesprächspartner glaubwürdig ankommen.
(Siehe auch Kap. 11.1).

Jede Kommunikation wird auf einer Sach- und Beziehungsebene geführt. Wie bei einem Eisberg, bei dem nur der wesentlich kleinere Teil oberhalb der Wasseroberfläche (Inhaltsebene) sichtbar wird und sich der größte Teil unterhalb der Wasserebene (Beziehungsebene) befindet.

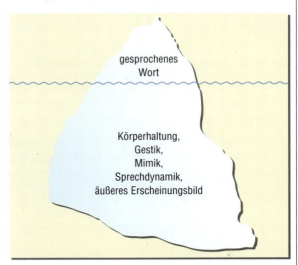

Jede Kommunikation hat somit eine Inhalts- und eine Beziehungsebene, wobei die Beziehungsebene in der Regel die Inhaltsebene bestimmt. Der größte Teil der inneren Einstellung wird durch **Körpersprache** und nicht durch Worte übertragen.

Damit wird deutlich, dass im gastorientierten Gespräch auch die Beziehung der miteinander sprechenden Personen eine Rolle spielt. Wie der Servicemitarbeiter mit dem Gast spricht und umgeht, gibt Aufschluss über seine Einstellung zu ihm, über Arbeitsauffassung usw. Aber auch der Gast macht durch sein Verhalten deutlich, was er erwartet, welche Bedürfnisse ihn prägen (vgl. Kap. 10.2.1).

# 1 Kommunikationsgrundlagen

## 10.1.1 Verbale Kommunikation

Der Austausch von Informationen zwischen Menschen findet auch mithilfe des gesprochenen Wortes statt. Mit der **Sprache** übermitteln die Servicemitarbeiter Informationen und Gedanken an die Gäste. Sprache dient als Transportmittel.

Auf dieser Sach- oder Inhaltsebene geht es immer um bestimmte, in der Regel fachliche Gesprächsinhalte; wobei sich ergeben:
▶ Beratungsgespräche,
▶ Diskussion,
▶ Kundengespräche,
▶ Telefongespräche,
▶ Berichte.

Entstehen auf dieser Ebene Missverständnisse (z. B. Mehrdeutigkeit von Begriffen, Fremdsprachenbesonderheiten), sind diese in der Regel leicht zu erkennen und zu klären.

Der Übergang zur nonverbalen Kommunikation ist schon hier gegeben. Oft äußern Gäste ihre Wünsche unklar. Manche wissen gar nicht genau, was sie eigentlich wollen. Sie erwarten Hilfe, Anregung, die der Mitarbeiter durch eine geschickte Formulierung oder ansprechende Bildmaterialien (vgl. Kap. 10.4.3 Angebotskarten) anbieten kann.

Die Unterscheidung in **digitale und analoge Kommunikation** ist hier von großer Bedeutung. Unsere Kommunikation ist zunächst digital (Wort- und Schriftsprache), aber auch Bilder können „sprechen" (Verkehrszeichen, Fotos, Piktogramme).

Das Verkaufen eines Aperitifs zum Beispiel sollte nicht mit den Worten eingeleitet werden: „Möchten Sie vielleicht einen Aperitif?", sondern „Darf ich Ihnen einen erfrischenden brasilianischen Cocktail empfehlen?"

Der große **Vorteil der analogen Kommunikation** ist, dass Bilder von der Muttersprache unabhängig und daher für jeden Menschen verständlich sind. Nicht selten beeinflussen so ansprechend gestaltete Produkte die Kaufentscheidung eines Gastes.

## 10.1.2 Nonverbale Kommunikation

Der Austausch von Informationen beschränkt sich nicht nur auf gesprochene Worte, sondern umfasst auch eine Vielzahl nonverbaler Botschaften.

Im gastgewerblichen Betrieb sind die Gäste nicht zur Zuhörer, sondern auch Zuseher, die Körperhaltung, Mimik, Gestik, Sprechdynamik, also viele Aspekte der Körpersprache wahrnehmen.

**Körpersprache** beschreibt folglich nicht nur die Gäste, sondern auch das Personal sendet über die Körpersprache Signale aus. Es sollte deshalb seine Körpersprache kennen und auch kontrolliert einsetzen.

> Man kann nicht NICHT kommunizieren. Da wir uns immer irgendwie verhalten oder irgendetwas zum Ausdruck bringen, selbst wenn wir nicht reden, gibt es nicht die Möglichkeit, nicht zu kommunizieren.
> (Paul Watzlawick)

### Körperhaltung

Stimmung oder innere Einstellung eines Menschen kann man durch seine Körperhaltung erkennen. Wie sich der Servicemitarbeiter bewegt, wie er geht, vor dem Gast steht, hinterlässt Eindruck.

**Beispiel**

Steht ein Mitarbeiter am Tresen mit gesenktem Kopf und lässt er die Schultern hängen, signalisiert er Müdigkeit oder Lustlosigkeit.

### Gestik

Grundsätzlich soll die Gestik das gesprochene Wort unterstreichen und das Sprechen beleben. Mit Gesten geben Menschen oft unkontrolliert eine Stimmung oder Reaktion bekannt.

| Gestik | | Signal |
|---|---|---|
| Griff ans Ohrläppchen | | Verärgerung |
| hochgezogene Schultern und verschränkte Arme | | Angst, Unbehagen |
| hochgezogene Mundwinkel, strahlende Augen | | Freude |

# Kommunikationsgrundlagen

| Gestik | | Signal |
|---|---|---|
| offener Mund, aufgerissene Augen | | Entsetzen |
| Arme hinter dem Kopf verschränkt | | Nachdenklichkeit, Dominanz |
| Nase reiben | | Zweifel |
| gesenkter Kopf, heruntergezogene Mundwinkel, verkrampfte Hände | | Niedergeschlagenheit |
| starke Gestik der Hände | | Unterstreichen der Aussage |
| übers Kinn streichen | | Nachdenklichkeit |

(Dettmer (Hrsg.) u.a.): Gastgewerbliche Berufe in Theorie und Praxis, Hamburg 2008, S. 427 f.)

## Mimik

Mit der Mimik bringt ein Mensch – auch unbewusst – seine Gefühle und Empfindungen (Emotionen) zum Ausdruck. **Lächeln** ist die wichtigste Mimikform, denn Lächeln motiviert und schafft Vertrauen.

Die Stellung der Augenbrauen und des Mundes prägen ebenfalls den Gesichtsausdruck eines Menschen. Eine unfreundliche Mimik des Verkäufers führt beim Gast zur Ablehnung.

Die Mimik des Gastes auszuwerten und für den weiteren Verlauf des Verkaufsgespräches zu nutzen, zeichnet einen guten Verkäufer aus. Dementsprechend lässt sich aus dem Gesicht eines Gastes ablesen, ob er z. B. zufrieden, unzufrieden, unsicher oder verärgert ist.

| Situation/Reiz | Denkbare Reaktionen | Deutung |
|---|---|---|
| Gast hört konzentriert zu | gehaltener Blickkontakt | Sicherheit, Interesse |
| Verkäufer erklärt den Ablauf, Gast hört zu | Gast: Reiben der Nasenseitenwand mit dem Finger; Nebensignal: gerunzelte Stirn | Nachdenklichkeit |
| Verkäufer macht dem Gast ein unpassendes Angebot | Gast: verschränkte Arme vor der Brust, Schultern und Oberkörper gehen zurück | Ablehnung, Ausweichen |
| Verkäufer hat sich gut auf den Gast eingestellt | Gast: Übereinanderschlagen der Beine, freundliche Mimik | Sympathiefeld wird aufgebaut |
| Verkäufer trifft die Verständigungsbasis nicht mehr und setzt Negativreize | Gast: Beinstellung wechselt, übergeschlagenes Bein zeigt vom Verkäufer weg, abweisende Mimik | Antipathie entsteht |
| Verkäufer hält langen Monolog | Gast: Oberkörper geht nach hinten | Desinteresse |

(Dettmer/Hausmann (Hrsg.) u.a.): Restaurant in Theorie und Praxis, Hamburg 2007, S. 433)

## Erscheinungsbild

Ein positives Erscheinungsbild ist die Voraussetzung für Sympathie. Sichtbare Körperpflege (gepflegtes Haar, saubere Fingernägel, Zahn- und Mundpflege, reine Haut, dezent geschminkt usw.) und korrekte Berufskleidung (individueller Stil, aber passend zur Betriebsatmosphäre) sind Grundvoraussetzung (siehe auch Kap. 9.1.1).

In einem Restaurant/Hotel gehobener Preisklasse gelten andere Regeln als in einem Landgasthof/Landhotel. Die Regeln legt jedes Haus in den sogenannten Grooming Standards fest, wobei es bei Hygiene und Sauberkeit keine Unterschiede geben darf.

Für viele Betriebe ist das **Outfit** ihrer Mitarbeiter ein wichtiger Bestandteil der nonverbalen Kommunikation. Durch Farbe, Material und Stil der Betriebsuniform werden, ähnlich wie bei der Körpersprache, bestimmte Signale bewusst gesetzt und Image vermittelt.

## Sprache und Sprechdynamik

Auch die **Stimme** drückt Gefühle aus und entscheidet über Sympathie und Antipathie. Durch die Elemente Lautstärke, Tonlage und Klangvolumen kann sie Höflichkeit, Sachlichkeit, Wut usw. ausdrücken.

Da Stimme und Sprachgeschick nicht nur Folge unserer Vererbung sind, sondern gelernt werden, sind Grundregeln für das Gastgespräch zu beachten:

▶ Zu schnelles Sprechen vermeiden; durch das richtige Sprechtempo kann man Sachverhalte strukturieren und Gefühle ausdrücken. Zu schnelles Sprechen erzeugt Misstrauen (der will mich überreden), zu langsames Sprechen wird als langweilig und desinteressiert empfunden.
▶ Den Mund in Sprechpausen schließen. Neben der Vermittlung eines positiven Eindrucks werden dadurch Überbrückungslaute (äh, oh ...) unterdrückt.
▶ Motivierend sprechen, d.h. Sprechtempo und Betonung wechseln. Der Ton macht die Musik.
▶ Sprechlautstärke der Geräuschkulisse anpassen; die erforderliche Diskretion ist immer zu wahren. Die Tonstärke muss dem Anlass und Gästekreis entsprechend gefunden werden.
▶ Eine ruhige und konzentrierte Körperhaltung, Blickkontakt mit Angesprochenen und Wahrung der nötigen Distanz während des Sprechens sind ebenfalls wichtige Elemente.

## 10.1.3 Kommunikationsstörungen

Kommunikationsstörungen entstehen häufig im zwischenmenschlichen Bereich, wenn Menschen mit unterschiedlichen Motivationen, Interessen, Emotionen und Ansichten zusammenkommen.

### Symmetrische und asymmetrische Kommunikation

Bei der **symmetrischen Kommunikation** gehen beide Partner von einem gleichberechtigten gewachsenen Verhältnis zueinander aus.

Bei der **asymmetrischen Kommunikation** sind die Gesprächspartner nicht gleichberechtigt, sondern einer fühlt sich höhergestellt und macht dies auch verbal deutlich.

Für alle Angestellten im Dienstleistungsgewerbe ist es besonders wertvoll, wenn sie diese Unterscheidung bewusst einschätzen und folgerichtig kommunizieren können. Es gibt Gäste, die sehr viel Wert darauf legen, als besondere Menschen behandelt zu werden, und solche, die deutlich machen, dass sie eigentlich der „gute Kumpel" auch als Gast sein wollen.

> Bleiben Sie immer höflich und respektvoll. Sie müssen nicht alles hinnehmen, sollten aber immer auf den richtigen Tonfall achten. Wer den falschen Tonfall anschlägt, verhindert ein gutes Gespräch.
> **Achten Sie auf Ihre Wortwahl:** „Geile Events mit coolen Getränken" sind im Freundeskreis angebracht, aber nicht im Umgang mit Gästen oder Vorgesetzten.

### Gekreuzte Kommunikation

Hier findet das Gespräch nicht auf der gleichen Kommunikationsebene statt (vgl. Kap. 10.1.2). Eine Sachbotschaft wird als Beziehungsbotschaft gedeutet und dann sind Ärger und Unzufriedenheit vorprogrammiert. Argumente und Empfehlungen, die man gibt, werden oder wollen oft nicht verstanden werden.

> **Achten Sie auf eine höfliche, respektvolle Behandlung.**
> Befehle und Anordnungen, aufdringliche Empfehlungen, Überredungskünste provozieren Störungen auf der Beziehungsebene. Sie sollten die Ruhe bewahren, das Problem benennen: „Wir verstehen uns nicht richtig. Was kann ich tun, um die Situation zu verbessern?"

Folgende Positiv- und Negativbeispiele zur Gesprächsführung machen exemplarisch die Bedeutung der Kommunikationsregeln im Verkaufsgespräch deutlich.

# Kommunikationsgrundlagen 1

| I. Gesprächsführung | Positiv | Negativ |
|---|---|---|
| Schafft angenehme Atmosphäre | → stellt sich vor<br>→ stellt das Unternehmen vor<br>→ bezieht sich auf aktuellen Gesprächsanlass<br>→ ist freundlich, locker | • beginnt einfach das Gespräch<br>• steigt sofort in das Thema ein<br>• unfreundlich, gelangweilt<br>• steif<br>• benutzt Killerphrasen, Suggestivfragen |
| Drückt sich klar und verständlich aus | → angemessene Lautstärke<br>→ konkrete, anschauliche Sprache<br>→ einfache, prägnante Sätze | • komplizierte und ungenaue Darstellung<br>• Fachsprache, Abkürzungen<br>• langweilig, weitschweifig<br>• keine Zusammenhänge<br>• undeutliche Aussprache<br>• spricht zu leise |
| Hört konzentriert zu/ strukturiert das Gespräch | → aktiv um Verständnis der Gesprächspartner/-innen bemüht<br>→ erkennt das wesentliche Anliegen der Gesprächspartner/-innen<br>→ Aufmerksamkeitsreaktionen, lässt Partner/-innen ausreden | • fällt ins Wort<br>• redet an den Fragen vorbei<br>• blättert in Unterlagen<br>• kritzelt auf Papier<br>• ignoriert Fragen |
| Hat eine positive Körpersprache | → angenehme Gestik, Mimik<br>→ beständiger, aber unaufdringlicher Blickkontakt<br>→ Gesprächspartner/-in zugewandt | • wirkt stocksteif<br>• kaspert herum<br>• starrt Gäste an<br>• konzentriert sich nur auf seine Hilfsmittel<br>• schaut in der Gegend herum |
| Verliert sein Ziel nicht aus den Augen | → klare Linie erkennbar<br>→ wiederholt Gästewünsche<br>→ springt nicht zwischen Themen hin und her<br>→ logischer Aufbau<br>→ setzt Schwerpunkte<br>→ hält Ergebnisse fest | • ein Konzept ist nicht erkennbar<br>• lässt sich aus dem Konzept bringen<br>• hängt sich an Details auf<br>• verliert sich in Formalien<br>• begibt sich auf „Nebenkriegsschauplätze" |
| Greift Argumente auf und fasst zusammen | → gibt Argumente der Gäste mit eigenen Worten wieder<br>→ hinterfragt Sachverhalte | • geht auf Argumentation der Gäste nicht ein<br>• überhört Aspekte<br>• interpretiert ohne Nachfrage<br>• legt sich bereits Antworten bereit, ohne aufmerksam zu Ende zuzuhören |
| Stellt situationsgerechte Fragen | → angemessene Anzahl<br>→ stellt Informationsfragen<br>→ offene Fragen | • stellt keine Fragen<br>• Fragen gehören nicht zum Thema |
| **II. Gäste- und Unternehmensorientierung** | **Positiv** | **Negativ** |
| Situation wird analysiert | → stellt Fragen zu:<br>　– persönlicher Situation/Zielen<br>　– beruflicher Situation/Zielen<br>　– Risikobereitschaft<br>→ sammelt weitere Infos zur Gästesituation<br>→ stellt vertiefende Fragen | • versucht den Gästen „irgendwas" zu verkaufen<br>• „belehrt" die Gäste<br>• ignoriert Bedürfnisse der Gäste<br>• Signale werden nicht hinterfragt |
| Erkennt Bedürfnisse/ Interessen | → erkennt, worum es den Gästen geht<br>→ erkennt, was für die Gäste das Wichtigste ist<br>→ nimmt Einwände der Gäste auf<br>→ macht Vorschläge, die die Gäste annehmen<br>→ unterstützt die Gäste bei der Entscheidungsfindung | • drängt die Gäste in eine bestimmte Richtung<br>• bietet keine langfristige Lösung an<br>• hat kein Einfühlungsvermögen |
| Zeigt sachgerecht Alternativen/Lösungsvarianten auf | → macht passendes Angebot aufgrund der Analyse<br>→ kann den Gästen präzise Antworten geben | • stellt nur die eigenen Produkte und Unternehmenswünsche in den Vordergrund<br>• hat nur eine Lösung im Kopf |
| Weist auf Konsequenzen der Lösungen hin | → wägt ab, ob Lösungen sinnvoll sind<br>→ stellt Alternativen pos./neg. gegenüber | • bewertet nicht die verschiedenen Auswirkungen<br>• „verschönt" alles |
| Berücksichtigt den Kosten-Nutzen-Aspekt für die Gäste und das Unternehmen | → stellt den Gästenutzen klar heraus<br>→ stellt Serviceleistungen des Unternehmens klar dar<br>→ nennt und begründet den Preis<br>→ sagt, was nicht Bestandteil der Dienstleistung ist und warum | • verspricht den Gästen das „Blaue vom Himmel"<br>• verschweigt negative Aspekte<br>• berücksichtigt nicht die wirtschaftliche Situation der Gäste |
| Setzt Hilfsmittel zielgerichtet ein | → Hilfsmittel unterstützen den Beratungsprozess<br>→ die Gäste können den Ausführungen folgen<br>→ sicherer Umgang | • „erschlägt" die Gäste mit Material und Infos<br>• „spielt" zu sehr mit der Technik<br>• kennt sich mit den Hilfsmitteln nicht aus<br>• „klebt" zu sehr an den Hilfsmitteln |

(Vgl. Dettmer (Hrsg.) u.a): Gastgewerbliche Berufe in Theorie und Praxis, Hamburg 2008, S. 430)

Infobox Sprache / Umgang mit dem Gast

## Aufgaben

1. Ihr Arbeitskollege ist schon 5 Jahre im Job und hält von dem „Kommunikationsgedusel" gar nichts. „Nicht reden, sondern handeln!" lautet seine Devise. Diskutieren Sie diese Aussage.

2. Vervollständigen Sie die folgende Tabelle:

|  | Berufliche Tätigkeiten | Nicht-kommunikative Aufgaben | Kommunikative Aufgaben |
|---|---|---|---|
| Fachfrau/ -mann für Systemgastronomie |  |  |  |
| Koch/Köchin |  |  |  |

3. Maren macht ihre Mitarbeiter auf die Notwendigkeit guter Verkaufsgespräche aufmerksam. Von Zeit zu Zeit werden Schulungen durchgeführt.

   a) Je nach Art der Durchführung kann ein Verkaufsgespräch im Restaurant verkaufsfördernd oder nicht verkaufsfördernd sein. Finden Sie jeweils vier verkaufsfördernde und vier nicht verkaufsfördernde Gesprächseigenschaften.

   b) Ein Gespräch basiert auf Äußerungen verbaler und vokaler (Stimmlage) Arten und auf der sogenannten

4. Je weiter man im gastgewerblichen Betrieb aufsteigt, desto größer wird der Anteil der Kommunikation bei der Tätigkeit. Überprüfen Sie diese Aussage aufgrund Ihrer Erfahrungen.

5. Welche Rolle spielt das äußere Erscheinungsbild bei der Einstellung neuer Mitarbeiter? Diskutieren Sie diese Frage anhand der aktuellen ahgz-Umfrage und erläutern Sie, was für Sie zu einem gepflegten Äußeren gehört.

(Vgl. AHGZ, 2007)

## Infobox Sprache

### Kommunikationsgrundlagen

| Deutsch | Englisch |
|---|---|
| Erscheinungsbild | appearance |
| Gestik | gestures |
| Körperhaltung | posture |
| Körpersprache | body language |
| Mimik | facial expression |
| nonverbale Kommunikation | nonverbal communication |
| Sprache | language |
| Sprechdynamik | speech dynamic |
| Sprechtempo | speaking rate |
| Sprechpause | speech pause |
| Stimme | voice |
| Sympathie | sympathy, affection |
| verbale Kommunikation | verbal communication |

## 10.2 Umgang mit dem Gast

### Situation

Im Restaurant unterscheidet man die Gäste hinsichtlich ihrer Eigenschaften.

Gäste wählen einen systemgastronomischen Betrieb, in dem sie gut beraten und betreut werden und sich wohlfühlen. Der Servicemitarbeiter sollte zum Gast eine möglichst gute Beziehung aufbauen. Das professionelle Verhältnis zwischen Kunde (Gast) und Servicemitarbeiter ist einer der wichtigsten Erfolgsfaktoren für eine vertrauensvolle Geschäftsbeziehung, aber jeder Gästetyp bzw. jede Gruppe will unterschiedlich behandelt sein.

## 10.2.1 Gästetypen

Gäste mit unterschiedlichen Charakteren und Eigenschaften in den unterschiedlichsten Stimmungen besuchen Betriebe der Systemgastronomie.

Gästezufriedenheit und Verkaufserfolg werden u. a. von der Fähigkeit des Systemgastronomen bestimmt, die Sinnesebene des Gastes zu erkennen und sich auf diese einzulassen. Begibt sich das Beratungs- und Verkaufspersonal auf die Sinnesebene des Gastes, kann dieser ihm viel besser folgen.

Die Gesprächspartner sprechen auf einmal die gleiche Sinnessprache.

Man unterscheidet den **v**isuellen, **a**uditiven, **k**inästhetischen, **o**lfaktorischen und **g**ustatorischen Sinnestyp; kurz: **VAKOG**-Sinnestyp.

Sensibilisert jeder für sich seine Sinne, so erlebt er, wie die Arbeit effektiver wird. Indem wir uns unsere Andersartigkeit bewusst machen, akzeptieren und achten, können wir kreative Möglichkeiten entdecken. Jeder sollte sich und anderen diese Chance geben. Neben der Feststellung der Sinnestypen sollte der Systemgastronom auch die verschiedenen Gästetypen unterscheiden (siehe hierzu auch Dettmer (Hrsg.): Gastgewerbliche Berufe in Theorie und Praxis 2008).

Es muss zwischen extrovertierten (lat. nach außen gerichteten) und introvertierten (lat. nach innen gerichteten) Gästen unterschieden werden. Die einen sind kontaktfreudig, die anderen zurückhaltend. Beide Kategorien lassen sich in weitere Gästetypen und Gruppen unterteilen.

Das Einteilen der Gäste in ganz bestimmte „Schubladen" ist schwer und häufig genug ungerecht oder sogar unmöglich. Die charakteristischen Merkmale sind sehr vielschichtig. Die nachstehend dargestellten Gästecharaktere/Grundtypen dienen zur Einschätzung von möglichen Eigenschaften von Gästen, die natürlich immer als gemischte Typen mehr oder weniger zum einen und/oder anderen Typus neigen.

Letztendlich sind auch das nötige Fingerspitzengefühl, Berufserfahrung und Kenntnisse über nonverbale Mechanismen (Kap. 10.1.2) bei der Zuordnung und Einschätzung, wie ein Gast zu behandeln ist, von Bedeutung.

### Der zurückhaltende, schüchterne Gast
Er ist zumeist mit der Situation und den Arbeitsabläufen im gastgewerblichen Unternehmen nicht vertraut. In der ihm nicht vertrauten Umgebung zeigt er Unsicherheit und kann schlecht Entscheidungen treffen. Diese Eigenschaften sind meistens schon beim Eintreten des Gastes in das Restaurant zu erkennen. Unterstützung bereits bei der Tischauswahl durch freundliche, unaufdringliche Ansprache können die erste „Auflockerung" bringen. Unkomplizierte Beratung bei der Speisen- und Getränkeauswahl nehmen diese Gäste gerne an.

### Der sparsame Gast
Er fragt nach Sonderpreisen. Zusatzempfehlungen und -verkauf steht er wenig aufgeschlossen gegenüber. Für ihn ist der Preis das Entscheidungskriterium. Er hat sich bereits an der Speisekarte am Restauranteingang orientiert. Ihm Menüvorschläge zu unterbreiten, ist nicht angebracht.

### Der eilige und nervöse Gast
Ihn kennzeichnet ein hektisches, teilweise fahriges und unkonzentriertes Auftreten. Er ist ungeduldig und will sein Anliegen unverzüglich bearbeitet wissen. Er vermeidet längere Kommunikation und Beratung. Ihm sollten Speisen mit kurzer Zubereitungszeit bzw. servierfertige Speisen empfohlen werden.

| VAKOG | |
|---|---|
| **V** = Visuell | → Der **visuelle** Sinnestyp äußert sich in **Bildern** und reagiert auf **optische** Reize sensibel. |
| **A** = Auditiv | → Der **auditive** Sinnestyp ist **akustisch** reizbar. Für ihn sind **Klänge** und **Geräusche** sehr wichtig. Die **Wortwahl** ist bedeutend. |
| **K** = Kinästhetisch | → Der **kinästhetische** Sinnestyp legt besonderen Wert auf **Gefühle** und **Berührungen**. Seine Sprache ist sehr gefühlsbetont. |
| **O** = Olfaktorisch | → Der **olfaktorische** Sinnestyp nimmt besonders **Gerüche** wahr und äußert sich in der „Duftsprache". |
| **G** = Gustatorisch | → Der **gustatorische** Sinnestyp nimmt **Geschmacks**nuancen sensibel wahr. |

# 1 Umgang mit dem Gast

### Der geltungsbedürftige Gast
Er muss darstellen, dass er etwas Besonderes ist, und erwartet, dass diesem Rechnung getragen wird. Er ist stets bemüht, im Mittelpunkt zu stehen. Eine scheinbare Anerkennung seiner „Wichtigkeit", verbunden mit höflichem Verhalten, stellt ihn zufrieden.

### Der kommunikative Gast
Er ist stets bemüht, jemanden in ein Gespräch zu verwickeln. Reden geht ihm über alles, gleichgültig, um was es sich handelt. Er verwickelt die Mitarbeiter in Gespräche, spricht andere Gäste an, erzählt von seinen Erfahrungen und Erlebnissen. Handelt es sich dabei um einen Gast am selben Tisch, kann das durchaus positiv sein. Problematisch wird es, wenn die Servicekräfte die „Opfer" sind. Höflich zuhören, jedoch auf Fragen und Stellungnahmen verzichten, um das Gespräch in einem vertretbaren Rahmen zu halten. Bei Erfordernis auf die Servicewünsche anderer Gäste hinweisen.

### Der entschlossene Gast
Er ist an seiner Haltung und an seinem Auftreten zu erkennen. Ein kurzer Blick in die Karte genügt meistens, um über seine Verzehrwünsche im Klaren zu sein. Hinweise auf Angebote sind nicht erforderlich, zügiger Service ist erwünscht.

### Der „Auch-Fachmann"
Dieser Gast will mit seinem – oft minimalen – Fachwissen auf Fachkenntnisse aufmerksam machen mit dem Ziel, als Fachmann erkannt zu werden und gegebenenfalls als solcher Vorteile seitens der Küche oder des Service usw. zu erlangen. Bei fachlichen, eventuell auch belehrenden Hinweisen Zurückhaltung üben und das Gespräch bald beenden.

### Der gemütliche Gast
Er ist an seinem Äußeren und an seiner Gestik zu erkennen. Er strahlt Gelassenheit und Gemütlichkeit aus und nimmt sich Zeit für die Speisenauswahl. Wartezeiten werden akzeptiert. Die „Gefahr", dass er während der Wartezeiten zu einem redseligen Gast wird, ist gegeben.

### Der misstrauische Gast/Skeptiker
Er verhält sich abwartend und kritisch und benötigt für Entscheidungen eine längere Zeit des Abwägens. Er lässt sich das Preis-Leistungs-Verhältnis meist genau erklären und erfragt den Leistungsumfang genau. Die Rechnung wird von ihm meist kritisch überprüft. Er bezweifelt von vornherein nahezu alles. Er ist zu erkennen an seiner Mimik und an seinen zahlreichen Hinterfragungen („Ist das Schnitzel auch wirklich in der Pfanne gebraten?"). Exakte Beratung und Wiederholung seiner Wünsche – insbesondere seiner Sonderwünsche – sind empfehlenswert.

### Der cholerische Gast
Er braust sofort auf, wenn etwas nicht seinen Erwartungen entspricht oder nicht nach seinen Vorstellungen ausgeführt wird. Er redet so laut, dass alle in seiner Umgebung, z. B. Rezeption, befindlichen Personen ihn hören können. Seine Ausführungen sind häufig nicht sachlich und er wird bei seinen Vorwürfen sogar persönlich, will keine Argumentation oder Erklärung, zeigt starke körperliche Merkmale (roter Kopf).

### Der gesundheitsbewusste Gast
Hierbei handelt es sich um Gäste, die entweder speziell „gesund" essen, um gesund zu bleiben, oder um kranke Gäste, die gezielt die Speisen wählen, die sie essen dürfen, um ihre Krankheit „im Griff zu halten" (z. B. Diabetiker). Hier ist das fachliche Wissen der Mitarbeiter besonders gefragt, denn falsche Auskünfte, z. B. zu den Zubereitungsarten und Inhaltsstoffen, können fatale Folgen haben.

### Der Vegetarier
Hier wird unterschieden zwischen den Ovo-Lakto-Vegetariern (sie essen neben pflanzlichen auch tierische Produkte wie Eier, Milchprodukte), Lakto-Vegetariern (sie essen neben pflanzlichen auch Milchprodukte, jedoch keine Eier) und Veganern (sie essen ausschließlich pflanzliche Produkte). Fachliche Auskünfte bezüglich der Zubereitungsarten (bei der Soße wurde Milch verarbeitet) oder Garnituren haben Priorität. Viele Häuser bieten in ihren Karten vegetarische Gerichte an.

### Der ausländische Gast
Bestellungen ausländischer Gäste werden häufig in gebrochenem Deutsch und mit Gestikulationen aufgegeben. Betriebe, die häufig mit Gästen einer Nationalität zu tun haben, sollten die Mitarbeiter dahingehend sprachlich schulen und auch die Angebotskarten (siehe auch Lerninhalt 2, Kap. 9) in deren Sprache drucken lassen.

### Der behinderte Gast
Behinderungen können unterschiedlich sein, u. a.:
▶ Kleinwüchsigkeit
▶ Blindheit
▶ Gehörlosigkeit
▶ Sprachbehinderung
▶ Arm- oder Handamputation
▶ Rollstuhlfahrer

Umgang mit dem Gast 1

**Beispiel**

| | |
|---|---|
| Hilfe bei Kleinwüchsigkeit: | ▶ höhere Sitzposition |
| | ▶ evtl. kleineres Besteck |
| Hilfe bei Blindheit: | ▶ zum Platz führen |
| | ▶ Vorlesen der Angebotskarte oder Anbieten einer Kassette, die über die Angebote Auskunft gibt |
| | ▶ anbieten, die Speisen in der Küche mundgerecht (nicht zu Mus) zerkleinern zu lassen |
| | ▶ Teller mit höherem Rand verwenden |
| | ▶ Speisen im Uhrzeigersinn anrichten (bei „6" liegt das Fleisch) |
| Hilfe bei Unbeweglichkeit von Arm oder Hand oder evtl. Amputation: | ▶ Gläser und Besteckteile im Gedeck grundsätzlich auf der „gesunden" Seite des Gastes platzieren |
| | ▶ Platz zum Hinlegen der Speisenkarte vor dem Gast schaffen |
| | ▶ bereits vor der Wahl anbieten, die Speisen in der Küche mundgerecht zerkleinern zu lassen |
| Hilfe für Rollstuhlfahrer: | ▶ den Gast auf einem barrierefreien Weg zu einem geeigneten Tisch begleiten. Platz für die Beweglichkeit des Rollstuhls beim Abdrehen muss gewährleistet sein |

**Siehe auch Kap. 10.2.2 – Gästebetreuung**

Im Allgemeinen kann man bei behinderten Gästen davon ausgehen, dass die angebotenen Hilfen angenommen werden. Übertriebene Hilfestellungen sind unangebracht; die Gäste dürfen sich nicht als „unfähig" behandelt fühlen; das Selbstwertgefühl darf nicht geschmälert werden.

### Der betrunkene Gast
Er ist ein schwieriger Gästetyp, der sein Verhalten in wenigen Sekunden verändern kann. Diskussionen sollten vermieden werden, auf das Servieren weiterer alkoholischer Getränke sollte verzichtet werden.
Es ist ratsam, den unangenehm auffallenden, betrunkenen Gast diplomatisch zum baldigen Aufbruch zu bewegen und ihn höflich, aber bestimmt von der eventuellen Benutzung seines Kraftfahrzeuges abzuhalten. Bei volltrunkenen Gästen muss für einen sicheren Heimweg gesorgt werden.

### Der ältere Gast
Ältere Gäste haben häufig „Wehwehchen", Erkrankungen oder Behinderungen. Durch eine nette Ansprache und zuvorkommende Behandlung (ein freundliches Wort, ein gefälliger Platz), korrekte Beratung in Bezug auf Verträglichkeit und eventuell Entgegenkommen bei der Verzehrmenge (Seniorenteller, Probierteller) sind diese Gäste oft als zufriedene Stammgäste zu gewinnen.

### Das Kind als Gast
Kinderteller, auf einer lustig gestalteten Kinderkarte angeboten, sind ebenso beliebt wie Seniorenteller. Um auch den Eltern unbeschwertes Essen zu ermöglichen, ist es – abhängig vom Alter der Kinder – mitunter sinnvoll, die Kinderteller vor den Speisen der Eltern zu servieren. Wartezeiten können durch leihweise Zurverfügungstellung von Buntstiften und Malsets (diese können mitgenommen werden) überbrückt werden. Als Belohnung ein Eis (am Stiel ist unkomplizierter) und eine Wundertüte können die künftige Auswahl des aufzusuchenden Restaurants beeinflussen.

### Der jugendliche Gast
Außer den o. a. Gästecharakteren ist auch der jugendliche Gast zu berücksichtigen. In seinem Wesen kann er einer der bereits genannten Wesensklassen zugeordnet werden. Hier müssen jedoch auch die Vorgaben des Jugendschutzgesetzes berücksichtigt werden (§ 4 ff. JuSchG).
Verstöße sind Ordnungswidrigkeiten, die mit Geldbuße bis 50 000 € geahndet werden können. Besonders schwerwiegende Verstöße stellen sogar Straftaten dar und können mit Freiheitsstrafe bis zu einem Jahr oder mit Geldstrafe geahndet werden. Weiter haben Verstöße Auswirkungen auf die Zuverlässigkeit nach dem Gaststättengesetz.
Das Jugendschutzgesetz (*JuSchG*) enthält neben Vorschriften zum Jugendmedienschutz (jugendgefährdende Filme, Computerspiele usw.) insbesondere Regelungen zum Besuch von Gaststätten sowie zum Verkauf an und Konsum von Alkohol und Tabakwaren bei Kindern (= noch nicht 14 Jahre alt) und Jugendlichen (mindestens 14, aber noch nicht 18 Jahre alt).

**Siehe hierzu auch Kap. 12.7**

### Stammgast
Für einen Stammgast gibt es keine genaue Definition, in vielen Häusern ist man ab dem dritten Aufenthalt ein Stammgast. Ggf. werden auch Untergruppen von Stammgästen gebildet.
Auf jeden Fall sollte der Stammgastvermerk in der Gästekarte/-datei zu finden sein.
Da Stammgäste immer wieder kommen und einen bestimmten Umsatz garantieren, kommen sie auch in den Genuss einiger **Privilegien** wie
▶ bevorzugte Behandlung bei Tischreservierung,
▶ Berücksichtigung bestimmter Wünsche bereits im Vorfeld, nicht erst nach Aufforderung,
▶ unaufgefordert die Gewohnheiten berücksichtigen ( z. B. heißes Wasser zum Kaffee).
Jedes Haus verwöhnt und „pflegt" seine Stammgäste auf seine Weise und mit unterschiedlichem Aufwand. Doch der Aufwand lohnt, denn die Neugewinnung von Gästen ist noch aufwendiger, und diese Gäste müssen erst zu Stammgästen werden.

# 1 Umgang mit dem Gast

Da der **Stammgast** auch Stammgast bleiben und wiederkommen soll, ist es selbstverständlich, ihn **namentlich zu begrüßen**.

### Die Gästegruppe

Gästegruppen haben häufig einen Anlass zu feiern. Bei höherem Alkoholkonsum ist eine ansteigende Lautstärke vorprogrammiert. Da Gruppen selten unangemeldet kommen, ist es vorteilhaft, aus Rücksicht auf die anderen Gäste, nicht im Mittelpunkt stehende Tische oder – bei größeren Gruppen – separate Räume in Erwägung zu ziehen.

Zugunsten eines reibungslosen Ablaufs ist es ratsam, die Menüauswahl „küchenfreundlich" zu lenken (siehe hierzu auch Dettmar (Hrsg.): Gastgewerbliche Berufe in Theorie und Praxis 2008).

## 10.2.2 Gästebetreuung

Die Gästebetreuung beginnt streng genommen nicht erst bei deren Betreten des Restaurants. Die meisten Gäste bekommen schon, bevor sie sich gastronomisch verwöhnen lassen, einen Eindruck vom Servicestandard des Betriebes.

Anzeigen, Internet-Auftritt, Online-Newsletter, Telefonverhalten, Parkplatz, Kinderspielplatz, Außenanlagen, Autopark bei Home-delivery-Betrieben, Außenwerbung, alte, verblichene Veranstaltungshinweise, Müll, Zigarettenkippen, zerknülltes Einmalgeschirr im Eingangsbereich, fleckige, klebrige Fenster …

Automatisch entstehen Vorstellungen darüber, wie sauber wohl die Bereiche sein werden, die man zunächst nicht zu sehen bekommt.

### Parkplätze

Die Vorfreude auf einen schönen Abend im Restaurant kann durch die beinahe endlose Suche nach einem Parkplatz getrübt werden.
Die Anzahl der erforderlichen Parkplätze richtet sich nach der Anzahl der Plätze im Restaurant bzw. nach der Bettenzahl.
Auch Parkplätze für Behinderte (3,5 × 5 m) mit barrierefreiem Weg zum Restaurant sind zu berücksichtigen.

### Internet-Auftritt

Der Internet-Auftritt des Betriebes ist für viele die erste Visitenkarte, die auf die Gäste wirkt und einen Eindruck auf den zu erwartenden Service gibt.
Vom einfachen Restaurant bis zur weltweiten systemgastronomischen Fast-Food-Kette ist es heute selbstverständlich, sich im Internet über das Speisen- und Getränkeangebot des jeweiligen Betriebes informieren zu können.

Es werden besondere Serviceangebote, Aktionen, Firmengeschichte und -philosophie dargestellt und der potenzielle Gast durch eine sprachlich und optisch perfekte Präsentation verwöhnt.

Das **Internet** verändert auch das Gastronomie-Marketing. Der Menüplan der Woche, die Aktionsinfos per Mail gehören zum Standardrepertoire vieler Betriebe. Zustelldienste bieten Online-Bestellsysteme mit plastischer Darstellung der Auflagen, die per Mausklick auf die Pizza und dann in den Warenkorb geschoben werden.

Per Online-Tracking kann der Status der Sushi-Lieferung beobachtet werden.

McDonald's investiert mehr als 10 % seines Marketingbudgets in **Online-Werbemaßnahmen. Image-Advertising, Video-Ads und Web-2.0-Features** erfahren eine deutlich strategische Ausrichtung und werden mit Aktionen, wie die „Hüttengaudi"-Promotion, ein fester Bestandteil der Firmenpräsentation. Innerhalb von sechs Wochen registrierte man auf www.huettengaudi.de 4,2 Mio. Seitenabrufe und mehr als 500 000 User Generated Videos.

Mit einer eigenen **Myspace-Seite** tritt McDonald's über Web 2.0 direkt an junge Zielgruppen heran. Die Plattform der Online-Community **www.myspace.com/mcdonalds_scouts2008** wird für die Teilnahme an einer Qualitäts-Scout-Tour genutzt und soll von dem hohen Produktionsstandard des Marktführers überzeugen.

Das Internet ist damit für immer mehr Kunden das Medium, um Wissen rund um Dienstleistungen und Service auch im gastronomischen Bereich zu erlangen.

Nutzungsentwicklung der lokalen Suche in Deutschland, Beispiel Restaurant (AHGZ, 3. Mai 2008)

# E-Mail

In der Systemgastronomie ist der E-Mail-Kanal für die Kunden- bzw. Gästekommunikation ideal einzusetzen, denn per E-Mail können unterschiedliche **Einsatzbereiche im Gästedialog** bedient werden:

- Zusatzgeschäfte ankurbeln
- Gästebindung verstärken
- neue Gäste gewinnen
- Reservierungen generieren
- Reservierungen bestätigen
- Anfragen von Gästen beantworten

Image transportieren/ Aktionen, Gutscheine Gäste zum Wiederkommen animieren neugierig machen

Partner gewinnen

Vertrauen aufbauen

Kunden binden/ Newsletter

Bei der **Gästekommunikation per E-Mail** ist zu beachten, die „elektronische Post" als erlaubte Werbebotschaft (Permission Marketing) zu verwenden. Es ist ein vom Gegenüber erwünschter Dialog. Dabei geht es um Werben und Verkaufen, aber nur mit denen, die explizit zugestimmt haben. Der Gesetzgeber verbietet das Versenden elektronischer Werbung ohne Einverständnis des Adressaten.
Interessierte können beispielsweise in einem entsprechenden Formular auf der Homepage ihre E-Mail-Adresse und verschiedene Angaben zur Person hinterlassen. Ob ihr Interesse vorwiegend den Sonderaktionen und besonderen Events oder der Tages-, Wochen-, Wein- oder Cocktailkarte gilt oder in welchem Zeitraum sie die Angebote und Infos erhalten möchten oder ob sie das Angebot eines regelmäßigen Newsletters in Anspruch nehmen.

> Siehe hierzu auch Lerninhalt 2, Kap. 6.5

## Tischreservierungen

Tischreservierungen können schriftlich, mündlich „vor Ort" oder telefonisch vorgenommen werden. Einige Angaben sind erforderlich. Formblätter erweisen sich als nützlich.
Bei ungewöhnlichen Namen kann die Buchstabiertafel wertvoll sein.
Die Mitarbeiter müssen auch in der Lage sein, Tischreservierungen in Englisch oder Französisch anzunehmen.

## Telefonverhalten

Das Telefonverhalten ist ein wichtiger Indikator für eine professionelle Serviceorientierung, denn auch am Telefon sollte sich der Gast „gut bedient" fühlen.

Viele Systemer haben ein individuelles **Telefonmarketing** entwickelt, da der Kunde/Gast schon beim Bestellen (Home delivery) oder Reservieren (Restaurant) einen perfekten Service erwartet und sich gut aufgehoben fühlen sollte.

Der Verkauf am Telefon hat einen hohen Stellenwert in der Gastronomie. Im Vergleich zu dem persönlichen Gespräch zwischen Verkäufern und potenziellen Gästen ist das Verkaufsgespräch mittels Telefon auf der einen Seite schwieriger, auf der anderen Seite ist diese Form des Verkaufens zeitsparender und damit – richtig eingesetzt – wirtschaftlicher.

Unter **Verkaufsgesprächen am Telefon** ist nicht nur die fernmündliche Verhandlung zwischen dem Verkaufsleiter und dem Kunden zu verstehen.
Alle Anrufe der möglichen Gäste, die die Mitarbeiter beantworten, sind beispielsweise Verkaufsgespräche mit nicht zu unterschätzender Bedeutung.
Sie haben einen zentralen Stellenwert für Gästebetreuung und Gästebindung im professionellen Betrieb. Viele Betriebe haben Telefonstandards, in denen verschiedene Punkte normiert sind, zum Beispiel die Begrüßung, die dem Gast einen ersten Eindruck vermittelt.

Prinzipiell ist zu unterscheiden, ob ein Gespräch geführt werden soll oder ob man angerufen wird.
Beabsichtigt ein Mitarbeiter, ein Telefonat zu führen, verfolgt er ein bestimmtes Ziel und sollte gut vorbereitet sein.
Nimmt der Mitarbeiter ein Gespräch an, sollte er sich zunächst auf seinen Gesprächspartner einstellen und dann die Gesprächslenkung übernehmen.
In beiden Fällen ist die gute Vorbereitung schon der halbe Erfolg und somit bewusst einzusetzen.

Folgende Regeln und nützliche Empfehlungen sind beim Telefonieren zu beachten:

- **Arbeitsplatz**
  Voraussetzung für ein professionelles Gespräch ist, dass der Arbeitsplatz geordnet und sauber ist. Papier, Stifte, Reservierungsvordrucke, Telefonnotizblock ebenso wie die notwendigen Spezialprospekte, Aktionsprogramme liegen bereit.

- **Lächeln**
  Auch wenn man sein Gegenüber nicht sieht – ein Lächeln am Telefon kann man „hören".

- **Begrüßung**
  Freundlich und deutlich – Grußformel, Hotelname und eigener Name müssen klar verständlich sein, damit der Gesprächspartner Sie klar einordnen kann.

- **Konzentration/aktives Zuhören**
  Konzentration überträgt sich auf den Anrufer – es ist spürbar, ob sich der Telefonpartner ernsthaft mit dem Gespräch beschäftigt oder nicht.

# Umgang mit dem Gast

▶ **Namen**
Den Anrufer in einem längeren Gespräch mehrmals mit Namen ansprechen – das schafft eine persönliche Bindung und zeigt Interesse. Auf jeden Fall mit Namensnennung das Gespräch beenden.

▶ **Fragestellung**
Gute Vorbereitung auf ein Verkaufsgespräch mit gezielten Fragen, sein Ziel vor Augen, sollte der Mitarbeiter das Gespräch führen („wer nicht weiß, wo er hin will, der kann auch nirgendwo ankommen").

▶ **Verabschiedung**
Fassen Sie am Schluss des Telefonats die Ergebnisse zusammen und bedanken Sie sich. Bieten Sie einen Rückruf an, falls dies notwendig erscheint. Legen Sie erst auf, nachdem der Gesprächspartner aufgelegt hat.

▶ **Nachbereitung**
Sehr oft müssen Informationen aus Telefonaten weitergegeben werden (z. B. Reservierung). Hier ist eine schriftliche Notiz, die während des Telefonats oder direkt anschließend gemacht wird, unerlässlich.

Notieren Sie Wichtiges, z. B. Namen und Telefonnummer des Gesprächspartners. Telefonnotizvorlagen können vorgefertigt oder individuell auf den Betrieb zugeschnitten, handschriftlich oder EDV-gestützt verfasst und so an die unterschiedlichen Abteilungen weitergeleitet werden.

## Empfang der Gäste im Restaurant

Gäste, die zum ersten Mal ein Restaurant betreten, fühlen sich z. T. anfänglich etwas verunsichert; sie müssen „aufgetaut" werden und erkennen können, dass sie willkommen sind.

Folgende Eckpunkte sind immer zu beachten:
▶ Grüßen Sie als Erster.
▶ Grüßen Sie höflich und der Tageszeit entsprechend.
▶ Nehmen Sie mit dem Gast Augenkontakt auf, wenn er das Restaurant betritt/am Counter vor Ihnen steht.
▶ Machen Sie keine Unterschiede! Alle Gäste haben das Recht auf eine höfliche Begrüßung.
▶ Geben Sie dem Gast zu erkennen, dass er willkommen ist. Das schließt ihre Körpersprache mit ein. Ihre Körpersprache sagt sehr viel über Ihre persönliche Haltung aus.

Treten Sie daher jedem Gast offen und respektvoll, jedoch ohne Unterwürfigkeit gegenüber.

## Abnehmen der Garderobe

Je nach Beschaffenheit des Hauses ist den Gästen nach der Begrüßung oder nach dem Anbieten eines geeigneten Tisches aus der Garderobe zu helfen. Handelt es sich um ein Ehepaar, hilft zuerst der Herr der Dame aus dem Mantel, bevor der/die Mitarbeiter/-in dem Herrn behilflich ist.
Ist der Begleiter sich seiner Pflicht nicht bewusst, erhält zuerst die Dame, dann der Herr diese Unterstützung.

### § Gesetze

**Garderobenhaftung**
Die gesetzliche Haftung des Gastwirts (§ 701 ff. BGB) hat nur Bedeutung für den Beherbergungswirt. Den Betreiber einer Schank- und Speisewirtschaft treffen Verwahrungspflichten an dem von seinen Gästen eingebrachten Gut, z. B. der Garderobe, allenfalls als Nebenverpflichtung, wenn dem Wirt ein Verschulden nachgewiesen werden kann. Dies liegt vor, wenn die Gaststätte keine Ablagemöglichkeiten für die Garderobe im Gastraum anbietet und somit dem Gast die Möglichkeit nimmt, auf seine Garderobe zu achten.
Ein Hinweis „Für Garderobe keine Haftung" entbindet den Gastwirt nicht von dieser Verpflichtung.
Lediglich der Beherbergungswirt haftet für die Garderobe seines Gastes, die dieser ihm für einen bestimmten Zeitraum zur Obhut übergibt, z. B., wenn der angereiste Gast zunächst im Restaurant eine Mahlzeit einnehmen will und deswegen seine Garderobe dem Hotelier bzw. dessen Beauftragten zur Aufbewahrung übergeben hat (= eingebrachte Sachen). (Siehe auch Kap. 12.2.7.)

## Platzieren der Gäste

Gäste sollten so platziert werden, dass sie sich während ihres Aufenthalts wohlfühlen. Folgende Kriterien sind dabei zu beachten:
▶ Zusammengehörende Gäste möchten zusammensitzen.
▶ Einzelgäste oder Gruppen wünschen oft einen Tisch für sich allein.
▶ Die beliebtesten Tische stehen am Fenster bzw. an der Fensterseite.
▶ Tische an der Wandseite sind beliebter als in der Mitte des Restaurants stehende.

Bereits nach der Begrüßung ist die Anzahl der erforderlichen Plätze zu erfragen. Dementsprechend wird das Personal versuchen, einen freien Tisch in der Reihenfolge der Beliebtheitsskala anzubieten. Ihre Bitte, bei der Tischauswahl vorangehen zu dürfen, ist keineswegs unhöflich, sondern wegen der besseren Übersicht erforderlich.

Besteht keine Möglichkeit, einen freien Tisch für die Gäste zu finden, werden sie – ihr Einverständnis vorausgesetzt – an einem bereits zum Teil besetzten Tisch platziert.

# Umgang mit dem Gast

Dabei ist zu beachten:
- Die bereits sitzenden Gäste werden um Erlaubnis gefragt.
- Möglichst werden Einzelpersonen zu Einzelgästen, männliche zu männlichen, weibliche zu weiblichen Gästen und Paare zu Paaren gesetzt.

Erforderliche Abweichungen von dieser Regel sind durchaus zulässig, teilweise von den Gästen sogar erwünscht.

## Umfeld

Der Gast soll sich wohlfühlen; schädigende Einflüsse müssen ihm erspart bleiben. Beispielhaft wären zu nennen:
- laute Unterhaltung zwischen den Mitarbeitern im Gästebereich,
- laute Hintergrundmusik,
- Hektik und Nervosität durch ungeschulte Mitarbeiter oder ungenügende Vorbereitungen,
- verschnupfte, hustende und niesende Mitarbeiter,
- räumliche und zeitliche Bedrängnis für den Gast (siehe auch Kap. 12.4.2).

## Einreichen der Angebotskarten

Die Karten werden in der Regel von der rechten Seite des Gastes eingereicht. Dies ist nicht möglich, wenn Gäste dadurch belästigt würden (Nischentische, Fensterplätze).
Während die Gäste wählen, nicht am Tisch auf die Bestellung warten. Zeitlich bedrängte Gäste werden oft unsicher in ihrer Wahl. Die Mitarbeiter ermöglichen einen Blickkontakt zum Gast.
Gäste wünschen häufig eine Empfehlung oder eine Beratung. Empfehlungen sind nicht unbedingt mit Beratungen identisch, wenn auch eine Beratung eine gezieltere, tiefer greifende Empfehlung sein kann.
Empfehlungen können verbal oder optisch gesteuert werden. Verbal durch die Art der Fragestellung, optisch z. B. durch Verkaufshilfen.
Ein gutes Verkaufsgespräch hat im Allgemeinen eine Bestellung zur Folge.

## Entgegennahme der Bestellung

Bestellungen sollten – wenn dies möglich ist – von der rechten Seite des Gastes angenommen und, um Irrtümer auszuschließen, wiederholt und schriftlich festgehalten werden.

Die Wünsche schriftlich festzuhalten, ist bei den Bestellungen mehrerer Gäste an einem Tisch unumgänglich. Dies sollte im Uhrzeigersinn geschehen, was ein lästiges Nachfragen beim Servieren („Wer bekommt den Sauerbraten?") erübrigt. Kleine Skizzen auf dem Bestellblock haben sich als praktisch erwiesen; auch unterstützende Kollegen haben somit einen Überblick.

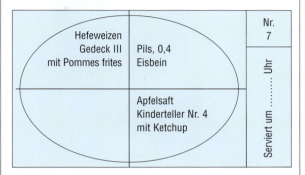

Zweckmäßig ist es, auch Umbestellungen oder Garstufen in diesen Feldern zu vermerken.
Die jeweiligen Bestellungen können zwangsläufig zu Änderungen der Grundgedecke führen.
Die vorstehenden Regeln/Hinweise zu Angebotskarten und Bestellung gelten in dieser Form nicht für den Bereich Fast Food innerhalb der Systemgastronomie. Hier findet ein Service am Platz i. d. R. nicht statt. Außerdem bestellt der Gast Speisen und Getränke unmittelbar am Verkaufstresen. Dort kann er sich über das aktuelle Angebot direkt informieren (oberhalb der Fast-Food-Ausgabe angezeigt; oftmals auch durch Bilder und/oder Beleuchtung unterlegt).
Mit der Annahme der Bestellung ist ein **Bewirtungsvertrag** abgeschlossen (siehe auch Kap. 12.2.3).
Wird dem Vertrag nicht entsprochen, können Reklamationen die Folge sein.

## Erstellen und Präsentieren der Rechnung/Boniersysteme

Korrekte Abrechnung und Kontrolle sind wichtige Voraussetzungen für den Erfolg eines Gastronomiebetriebes und dienen als Grundlage für die Buchführung und die Verkaufsstatistik.

Die Servicemitarbeiter müssen wissen, wie die Rechnung zu präsentieren ist. Der kommunikative Aspekt der Abrechnung trägt zum Erfolg eines Betriebes bei. Die Gäste sollten nie das Gefühl haben, „abkassiert" zu werden.

### Computergesteuerte Boniersysteme

Unterschiedliche Boniersysteme kommen je nach Zweckmäßigkeit zum Einsatz. Alle dienen dazu, Bons für die Warenanforderungen von Küche und Tresen zu erstellen oder online zu übermitteln.

# 1 Umgang mit dem Gast

Viele Systeme sind gleichzeitig für die Rechnungserstellung programmiert und gerüstet für den Anschluss an Kellnerfunkterminals, Bierbörsensysteme und Ausschankkontrolle.

▶ Kein Verrechnen beim Addieren bzw. Multiplizieren von Preisen
▶ Ausdruck von Einzel-, Doppel- und Sammelbons
▶ Zeitangabe auf Bons
▶ Tischkennzeichnung auf Bons
▶ Automatische Preisänderung in unterschiedlichen Zeitzonen
▶ Ermittlung der Frequentation
  – einzelner Reviere
  – einzelner Tische
▶ Zwischenberichte von Warengruppen bzw. Sparten
▶ Abruf von Einzel-, Gruppen- und Gesamtberichten
▶ Getrennter Spartenabruf pro Restaurantfachkraft
▶ Erstellen von Statistiken
▶ Inventureinsatz
▶ Guest-check-System
▶ Automatische Abrechnung der Mitarbeiter im Service
▶ Registriernummern

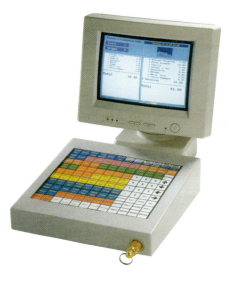

**Vorteile einer Computerkasse:**
▶ Kein manuelles Beschriften der Bons
▶ Speicherung von Artikeln und Preisen

Besonders vorteilhaft sind Geräte mit zugeschalteten Druckern in der Küche oder am Tresen. Die in den Computer eingegebenen Anforderungen der Servicekräfte aktivieren durch die jeweiligen Artikelnummern die Drucker in den entsprechenden Abteilungen. Dabei ist es gleichgültig, ob es sich um Einzel- oder Sammelbons handelt.

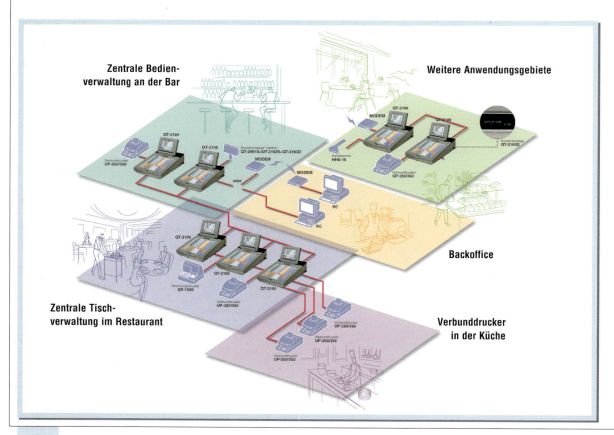

280

# Umgang mit dem Gast

## Mobile Kassensysteme

Sie ermöglichen es dem Mitarbeiter, die Bestellung direkt am Tisch des Gastes in das Gerät einzugeben. Über Funk werden die Drucker in den einzelnen Abteilungen (Küche, Büfett usw.) aktiviert. Moderne Geräte sind z. T. „funk- und sprachfähig". Bei diesen können Bestellungen auch mündlich an die Abteilungen aufgegeben werden.

## Bonieren bei computergesteuerten Schankanlagen

Sie werden durch Tastendruck, Berühren oder Kellnerschlüssel aktiviert. Die Beträge für die entnommenen Getränke werden automatisch auf dem Umsatzkonto des Servicemitarbeiters gebont.

Durch die Eingabe der Tischnummer wird die „zuständige" Anlage (in der Regel die, die dem Tisch/Revier usw. am nächsten ist) aktiviert. Diese gibt die Getränke für die Entnahme frei.

**Terminal für eine oder mehrere Schankanlagen**

## Abrechnen mit dem Gast

In den meisten Betrieben wird bar bezahlt, da sich Kleinbeträge auf diese Art schnell begleichen lassen. Außer der Barzahlung bietet sich die Zahlung per Kreditkarte an.

Beim Vorlegen der Kreditkarte kommt entweder das Printsystem (im Volksmund **„Ritsch-Ratsch-System"** genannt) oder das **Telecash-System** zum Einsatz.

Beim **Printsystem** werden der Name des Gastes sowie die Kontonummer auf einem Abrechnungsformular festgehalten. Es ist darauf zu achten, dass
▶ die Karte noch gültig ist,
▶ der Kredithöchstsatz nicht überschritten wurde,
▶ das Hotel an das jeweilige Kreditinstitut angeschlossen ist,
▶ der Name des Gastes mit dem auf der Karte identisch ist,
▶ die Unterschrift des Gastes vorliegt.

Die Rechnungen werden anschließend beim Kreditkarteninstitut eingereicht, dieses schickt dem Kreditkarteninhaber binnen eines Monats die Abrechnung zu.

Das Telecash-System erleichtert o. g. Überprüfungen. Telecash ist ein elektronisches Bezahlungssystem. Der Terminal von Telecash zeigt den Rechnungsbetrag an. Nach Einschieben seiner Karte in den Kartenleser tippt der Kunde seine persönliche Geheimnummer ein. Die Daten werden verschlüsselt und auf elektronischem Wege an die Kundenbank gesandt.

Der Bonitätsprüfung durch die Bank folgt nach wenigen Sekunden die Zahlungsgarantie für den Gast. Der Kunde erhält seinen Kassenbon.

**Telecash-Anlage**

Als weiteres beliebtes Zahlungsmittel gilt die Electronic-Cash-Karte. Mit ihr kann nicht nur die Rechnung bezahlt und Geld am Geldautomaten abgehoben werden, sie kann auch per Chip mit „Geld" aufgeladen werden.

# 1 Umgang mit dem Gast

Kreditkarten und Eurochequekarten sind nicht die favorisierten Zahlungsmittel des Systemgastronomen. Ein Prozentsatz von 2 bis 7 des Rechnungsbetrages wird vom Kreditkartenaussteller für seine Leistung (Verwaltungsaufwand, „Servicegebühr") einbehalten.

In seltenen Fällen kommt es vor, dass es zu keiner Abrechnung mit dem Gast kommt, nämlich im Falle der Zechprellerei.

## Zechprellerei

Gäste haben den in den Angebotskarten angegebenen Preis zu zahlen. Kommen sie der Zahlungsverpflichtung nicht nach, machen sie sich der Zechprellerei schuldig.

### Voraussetzungen
1. Es muss eine Betrugsabsicht vorliegen.
2. Die Speisen oder Getränke wurden dem Gast zum Verzehr auf seinen Wunsch hin zur Verfügung gestellt.
3. Dem Wirt wurde durch das Verhalten des zechprellenden/nicht zahlenden Gastes ein Schaden zugefügt.

### Was ist zu tun?
Da der Schankwirt im Gegensatz zum Beherbergungswirt kein Pfandrecht hat, ist es sinnvoll, die Polizei zu verständigen. Der **Zechpreller** kann bis zum Eintreffen der Polizisten (notfalls auch mit Gewalt) festgehalten werden (*§ 127 I StPO-Strafprozessordnung*). Gewaltsames Zurückhalten ist aber nur erlaubt, wenn der Schankwirt den Zechpreller nicht kennt.

## Abschied

Der Abschied, der letzte Aspekt im Servicekreislauf, ist nicht zu unterschätzen und für alle Betriebsarten in der Systemgastronomie zu beachten.

Für den Systemgastronomen gibt es drei Ziele, die beim verabschieden des Gastes zu beachten sind:
1. sicherzustellen, dass seine Erfahrungen in Ihrem Restaurant/Betrieb angenehm waren,
2. ihn zu baldigem erneuten Besuch einzuladen,
3. sicherzustellen, dass sein letzter Eindruck ein positiver ist.

**Der letzte Eindruck ist so wichtig wie der erste!**
Dieser darf nicht als unehrliche Phrase klingen (siehe hierzu auch Lerninhalt 2, Kap. 2.2).
Servicemitarbeiter, Manager, alle haben die Aufgabe, den Gast, der im Begriff ist zu gehen, zu verabschieden.
Auch am Counter wird der Gast nach erfolgreicher Bestellung ins Restaurant entlassen und verabschiedet.
Beim Home-Delivery-Service verabschiedet sich der Mitarbeiter nach Lieferung der bestellten Ware.

## Aufgaben

1. Als engagierter Auszubildender sind Sie bemüht, sich auf unterschiedliche Gästetypen bzw. -gruppen einzustellen. Sie möchten mehr darüber erfahren.
   a) Ihr Restaurantleiter Uwe ist diesbezüglich ein „alter Hase". Er beginnt seine Erklärungen mit den Begriffen „extrovertiert" und „introvertiert". Was ist darunter zu verstehen?
   b) Uwe nennt Ihnen einige geläufige Gästetypen. Um welche könnte es sich handeln?
   c) Ordnen Sie drei der von Ihnen genannten Gästetypen dem Begriff extrovertiert und einen dem Begriff introvertiert zu.
   d) Diskutieren Sie über die Notwendigkeit z. B. von Malsets und Wundertüten für die „kleinen" Gäste.
2. Versuchen Sie, Ihnen nicht bekannte Gäste, die Ihren systemgastronomischen Betrieb betreten, nach deren Äußerem einzuschätzen und stellen Sie dann während der Gästebetreuung fest, ob Ihre anfängliche Taxierung korrekt war. Finden Sie ggf. Gründe, die Sie zu einer falschen Einschätzung veranlasst haben.
3. Wesentlich ist, dass die Gäste ihre Rechnung begleichen. Die Art und Weise, dies zu tun, kann unterschiedlich sein.
   a) Die Barzahlung erfolgt bei uns überwiegend mit Euro. Sie haben schon häufig mit Gästen abgerechnet. Bringen Sie in Erfahrung:
      1) Wie viele Münzwerte gibt es?
      2) Welche Scheine welcher Wertigkeiten gibt es?
      3) Welche Geldwerte gehören zu den folgenden Farben:
         Ocker   Grau    Grün
         Lila    Orange  Blau
         Rot
      4) Um welche Flagge handelt es sich auf der Vorderseite der Banknoten?
   b) Die Kreditkarte ist ein gängiges Zahlungsmittel. Allerdings ist grundsätzlich eine Überprüfung notwendig. Was muss geprüft werden?
   c) Gäste, die mit Euro bezahlen, verursachen keinen „Stau". Anders ist es, wenn in anderen Währungen bezahlt werden soll. Finden Sie heraus, wie die Zahlungsmittel folgender Länder heißen:
      Argentinien   Ägypten          Bulgarien
      Dänemark      Großbritannien   Norwegen
      Schweden      Schweiz          Tschechien
      USA
4. Wie bereiten Sie sich vor, wenn Sie ein Telefonat führen?

## Infobox Sprache

### Umgang mit dem Gast

| 🇩🇪 Deutsch | 🇬🇧 Englisch |
|---|---|
| abrechnen | to settle up |
| Angebotskarte | card of special offers |
| Ansprechpartner | contact partner |
| Begrüßung | welcoming |
| behinderter Gast | disabled guest |
| Bestellung | order |
| betrunkener Gast | drunken guest |
| Garderobe | cloakroom |
| Garderobenhaftung | cloakroom liability |
| Gästeberatung | advising of guests |
| Gästebetreuung | looking after guests |
| Gästecharaktere | characters of guests |
| Gästegruppen | groups of guests |
| Gästetypen | types of guests |
| geltungsbedürftiger Gast | guests needing admiration |
| Inhaber | owner |
| platzieren | to place |
| Rechnungsbetrag | invoice amount, amount of the bill |
| Stammgast | regular (guest), habitué |
| Tischreservierung | table reservation |
| Trinkgeld | tip |
| Verkauf am Telefon | telephone sale |
| Wechselgeld | change |
| Zechpreller | walk-out, bilker |

Das Verkaufsgespräch ist ein elementarer Bestandteil des Servicekreislaufs und verdient eine besondere Aufmerksamkeit und gewissenhafte Vorbereitung.

Ein professionelles Verkaufsgespräch in Bedienrestaurants läuft in der Regel in vier Phasen ab.

### 1. Gesprächseröffnung

Nur bei einer Sache gibt es keine zweite Chance, beim ersten Eindruck!
In vielen Fällen wird die endgültige Kaufentscheidung aufgrund des Eindrucks beim ersten Verkaufskontakt gefällt. Ein freundliches Anfangsklima beeinflusst den gesamten Fortgang des Verkaufsgespräches. Der Gast muss erkennen, dass er willkommen ist.

#### Begrüßung im Verkaufsgespräch
▶ Als Servicemitarbeiter geht man, wenn möglich, dem eintretenden Gast entgegen.
▶ Der Servicemitarbeiter grüßt als Erster höflich, der Tageszeit ensprechend, mit Titel und Namen, wenn bekannt.
▶ Es wird Blickkontakt aufgenommen, d.h., der Mitarbeiter sieht dem Kunden beim Gruß ins Gesicht.

## 10.3 Verkaufsgespräch

### Situation

Der Zeichner dieser Karikatur in Comic-Form hat die Preispolitik im Rahmen eines Verkaufsgesprächs zu seinem Thema gemacht.

Lesen Sie aus den Bildern die Aussageabsicht des Zeichners.

### 2. Bedarfsuntersuchung und Vertrauensphase

Der Gast trägt seine Wünsche vor.
Die Servicekraft hört genau zu, um dessen Erfordernisse präzise zu erfassen. Die Bedürfnisse des Gastes stehen im Zentrum des Gespräches und sollten von der Servicekraft herausgefiltert und so der Verkaufserfolg angebahnt werden.

Zu einem Verkaufserfolg gehören somit – gerade im Service – die Fähigkeit, aktiv zuhören zu können, Sprachgeschick und eine gekonnte Fragestellung.

#### Aktives Zuhören im Verkaufsgespräch
▶ Die Servicekraft lässt ihren Gast reden und versucht nicht, ihn zu unterbrechen. Sie konzentriert sich auf das, was der Kunde sagt und ordnet die gehörten Informationen.
▶ Die Servicekraft gibt ihrem Gast das Gefühl, dass das, was er sagt, für ihn wichtig ist. Durch Körpersprache und Mimik (vgl. Kap. 10.1.2) signalisiert sie Aufmerksamkeit.
▶ Die Servicekraft achtet auf alles, was gesagt und was gegebenenfalls nicht gesagt wird. Gäste sprechen aus unterschiedlichen Gründen nicht immer alles an. Durch genaues Zuhören können auch unausgesprochene Bedürfnisse auffallen und durch Nachfragen kann auf diese eingegangen werden.

# 1 Verkaufsgespräch

## Frageformen im Verkaufsgespräch

**Offene Fragen**

Wann...
Warum...
Was...
Wer...
Weshalb...
Wie...
Womit...
usw.

... die auf eine freie Äußerung des Befragten zielen, z. B. durch **W**-Fragen:

Dadurch, dass sich Gäste frei äußern, erhalten die Mitarbeiter nutzbringende Informationen zur Bestimmung der Gästebedürfnisse. Darauf aufbauend lassen sich zum einen passende Empfehlungen an den Gast richten. Die offenen Fragen eignen sich zum anderen zur Ermittlung von möglichen Unzufriedenheiten der Gäste. Auch dies ist sehr wichtig, denn nicht geäußerte Beschwerden, also Beschwerden, auf die nicht reagiert werden kann, führen häufig zu einem zukünftigen Fernbleiben der betreffenden Gäste.

**Geschlossene Fragen**

Können Sie...
Nehmen Sie...
Probieren Sie...
Testen Sie...
Wollen Sie...
usw.

... die auf eine spezielle Antwort des Befragten zielen, z. B. durch den Fragebeginn mit einem Verb:

Das Gespräch wird durch diese Art der Fragestellung von vornherein eingeschränkt. Dadurch lässt sich kurz und knapp ein zu ermittelnder Sachverhalt bestimmen bzw. die Bestätigung eines ermittelten Sachverhalts erhalten.

**Suggestivfragen**

Sie wollen sicher zahlen

Sie wollen so spät doch nichts Warmes mehr essen

usw.

... die auf die Bestätigung der eigenen Meinung des Fragenden durch den Befragten zielen:

Jemand, der suggeriert, beeinflusst die Gedanken und Gefühle eines anderen. Suggestivfragen können also dazu dienen, Gästeentscheidungen schneller herbeizuführen bzw. Gäste zu einer Meinung zu bringen.
Auf der einen Seite sind Suggestivfragen dazu geeignet, Gemeinsamkeiten mit dem Gast hervorzuheben. Auf der anderen Seite ersetzen solche Fragen eine fachliche Beratung nicht. Mit Suggestivfragen sollte also vorsichtig und sparsam umgegangen werden.

**Alternativfragen (= Entscheidungsfragen)**

Pils oder Alt

Rot- oder Weißwein

Reis oder Pommes frites

usw.

... die den Befragten auf bestehende Möglichkeiten (= Alternativen) hinweisen:

Die Alternativfrage führt eine abschließende Entscheidung herbei und sollte demnach erst am Ende eines Verkaufsgesprächs gestellt werden – also erst dann, wenn man festgestellt hat, in welche Richtung die Bedürfnisse des Gastes gehen. Wird die Alternativfrage zu früh gestellt, könnte das zu einer erzwungenen Entscheidung durch den Fragenden und somit zu einer nachträglichen Unzufriedenheit des Befragten mit dieser Entscheidung führen.

**Kontrollfrage**

Da Semmelknödel nicht mehr vorhanden sind, hatte ich Ihnen Salzkartoffeln angeboten. Wollen Sie bei dieser Alternative bleiben

... überprüft die Übereinstimmung zwischen Servicekraft und Gast:

Die Kontrollfrage wird oft am Ende eines Verkaufsgespräches gestellt. Sie dient als Bestätigung für den Gesprächspartner, dass er richtig verstanden wurde (Übereinstimmungsfrage).

## 3. Angebotsphase

Die Servicekraft macht Vorschläge, indem sie Variationen anbietet und z. B. Speisen appetitanregend erklärt. Sie gibt konkrete Empfehlungen und weckt das Interesse des Gastes.

Dabei verliert sie den Gast und seine Wünsche nicht aus den Augen und überlegt, wie sie die verschiedenen Leistungselemente am besten kombiniert, um den Erfordernissen des Gastes gerecht zu werden.

Produkt- und Dienstleistungskenntnisse, Verkaufstechnik und -psychologie, Beeinflussungswille und wirtschaftliches Denken und Handeln (z. B. Zusatzverkäufe) bestimmen die Komplexität dieser Phase und bilden die Grundelemente des „aktiven Verkaufens".

## 4. Abschlussphase

Der Gast trifft eine Kaufentscheidung, ohne sich vor einen Kaufzwang gestellt zu fühlen. Die Servicekraft muss nun alles unternehmen, um die Bestellung zu perfektionieren. Die Bestellung wird wiederholt, damit keine Missverständnisse aufkommen.

## Beratungs- und Verkaufsgespräche nachbereiten

Das Beratungs- und Verkaufsgespräch verlangt eine breit gefächerte **Sensibilität**.
Neben der sorgfältigen Planung des Beratungs- und Verkaufsgespräches, der Berücksichtigung des wechselnden Produktangebotes wird von dem erfolgsorientierten Systemgastronomen Reflexionsbereitschaft und -vermögen verlangt. Er entwickelt idealerweise selbstständig Verbesserungsmöglichkeiten oder er ist bereit, die Kritik des beobachtenden Mitarbeiters als positiv gemeinte Anregung anzunehmen.
Der Systemgastronom wählt Lösungsansätze bzw. Strategien mit dem Ziel, sein Handeln in zukünftigen Situationen gästegerecht und betriebsrepräsentativ zu optimieren. Er weiß um die Bedeutung der Kommunikationsfähigkeit für den Erfolg im Berufs- und Privatleben. Ist die Fachkraft für Systemgastronomie

in der Lage, die vier Seiten einer Aussage angemessen zu berücksichtigen, erfährt sie durch die Gästezufriedenheit ihren Verkaufserfolg (siehe unten).

(Vgl. Schulz von Thun, F.: Miteinander reden, Reinbek)

| Sachinhalt: | → Was sagt der Systemgastronom objektiv aus? |
|---|---|
| Appell: | → Was möchte der Systemgastronom bei seinem Gast bewirken? |
| Beziehung: | → Wie äußert der Systemgastronom seine Beziehung zum Gast? |
| Selbstoffenbarung: | → Was sagt der Systemgastronom über sich aus? |

Die in Kap. 10.2.2 erstellten Eckpunkte unterstützen den erfolgsorientierten Mitarbeiter bei der Nachbereitung des Verkaufs- und Beratungsgespräches, indem er sich bei den einzelnen Aspekten fragt, ob er diese erreicht hat oder nicht.

| Auszug einer Checkliste zur Nachbereitung des Beratungs- und Verkaufsgespräches ||| 
|---|---|---|
| **1. Gesprächseröffnung** | erreicht | nicht erreicht |
| → Ich empfing den Gast als Gastgeber. | ○ | ○ |
| → Ich schaffte eine positive Verkaufsatmosphäre. | ○ | ○ |
| → Ich signalisierte dem Gast gegenüber Aufmerksamkeit. | ○ | ○ |
| → usw. | ○ | ○ |

Eine weitere Alternative, den Bedürfnissen der Gäste und somit der Gästezufriedenheit auf die Spur zu kommen, stellt die **Gästebefragung** dar. Der Gast wird um sein Feedback gebeten und fühlt sich ernst genommen, seine Meinung zählt. Die gewonnenen Ergebnisse dienen der ständigen Messung des Kundenzufriedenheitsgrades. Wo ist das Angebot richtig, wo kann der Betrieb sich noch verbessern? Schwachstellen und Risiken können frühzeitig erkannt und Gegenmaßnahmen ergriffen werden. Andererseits werden auch Chancen und Stärken deutlich und können verstärkt und ausgebaut werden.

Entscheidend bei der Reflexion des Verkaufsgespräches ist, dass der Systemgastronom die Realität erkennt und nicht verleugnet, manche Ziele nicht optimal erreicht zu haben. Unverzichtbar ist an dieser Stelle der Nachbereitung der zukunftsbezogene, konstruktive Vorsatz, z. B. „Ich muss mich zukünftig auch nach der Bestellannahme noch aufmerksamer um die Gästebelange kümmern".

Konstruktive Kritik der Mitarbeiter sollte negative Ausdrucksweisen vermeiden; d. h., nicht „Sie sprechen immer zu undeutlich", sondern „Sie sollten zukünftig langsam und deutlicher sprechen, sodass der Gast Sie leichter versteht und nicht nachfragen muss".

Wird die Kommunikation und damit das Beratungs- und Verkaufsgespräch erfolgreich durchgeführt, ergibt sich hieraus der Schlüssel zum Erfolg.

 **Aufgaben**

1. Eine gekonnte Empfehlung beeinflusst maßgeblich den Verkaufserfolg.
    a) Diskutieren Sie diese Behauptung, auch im Hinblick auf die verschiedenen Gästetypen aus Kap. 10.2.1.
    b) Führen Sie ein Rollenspiel durch, in dem der/die Restaurantfachmann/-frau den Gästen überzeugend ein Aktionsmenü anbietet.

2. Erstellen Sie eine Check-Liste zur Durchführung eines Verkaufsgespräches mit sechs wichtigen Verhaltensweisen, die Sie bei Ihren Verkaufsgesprächen in der nächsten Woche beachten wollen.

3. Warum ist es so wichtig, am Ende eines Verkaufsgespräches das Ergebnis noch einmal zusammenzufassen?

4. Ordnen Sie z. B. folgende Aussagen von Gästen den jeweiligen Sinnestypen zu:
    a) „Danke, das höre ich gerne!"
    b) „Ich habe die Vorstellung, dass …"
    c) „Ich bin heiß auf …"
    d) „Die Beratung der anderen Restaurantkette war nicht sehr taktvoll …"
    e) „Das hat einen bitteren Beigeschmack!"
    f) „Mir stinkt's."
    g) „Das kann ich nicht ertragen."
    h) „Dieses Angebot sollte ich mir nicht an der Nase vorbeigehen lassen."
    i) „Der Ton macht die Musik."
    j) „Danke, das baut mich auf."

5. Achten Sie während des Beratungs- und Verkaufsgespräches auf die Sinnesebene Ihres Gastes. Gelingt es Ihnen immer, auf den Sinnestyp des Gastes einzugehen? Testen Sie Ihren eigenen Sinnestyp.

## Infobox Sprache

**Verkaufsgespräch**

| 🇩🇪 Deutsch | 🇬🇧 Englisch |
|---|---|
| aktives Verkaufen | active selling |
| Alternativfrage | alternative question |
| Angebot | offer |
| Angebotsphase | offer phase |
| Aussage | statement |
| Bedürfnis | need(s), necessity |
| beeinflussen | to influence |
| Beratung | advice, consultation |
| Eindruck | impression |
| Empfehlung | recommendation |
| fachliche Beratung | expert advice |
| Frageform | interrogative form |
| Sachverstand | expertise |
| Suggestivfrage | leading question |
| Unzufriedenheit | dissatisfaction |
| Verkauf | sale |
| Verkaufsgespräch | sales talk |
| Vertrauen | trust, confidence |
| Wunsch | wish, desire, request |
| Zufriedenheit | satisfaction |

## 10.4 Verkauf im Restaurant

### Situation

Ein Schwerpunkt der Beratung ist es, Gäste bei der Menügestaltung und bei der Auswahl ihrer Getränke zu unterstützen. Die Gäste müssen sich auf Ihre Fachkenntnisse verlassen können.
1. Wie deuten Sie diesbezüglich diese Karikatur?
2. Kann man von den beiden Mitarbeitern eine korrekte Beratung erwarten?

Das Image eines Restaurants gründet sich nicht nur auf die hervorragende Qualität der Speisen und Getränke, sondern auch auf die Qualität der Beratung. Eine fachlich korrekte Beratung ist während des ganzen Restaurantaufenthaltes zu gewährleisten.

### 10.4.1 Menüberatung

Ein **Menü** ist die festgelegte Reihenfolge einer Anzahl von Gängen, wobei die verschiedenen Speisen und Getränke aufeinander abgestimmt sein sollten. Ein Menü wird in der Regel zu einem festgelegten Anlass und Preis angeboten.

Das Menü und die Speisenkarte zeichnen sich durch optische und geschmackliche Harmonie unter Anwendung ernährungsphysiologischer Erkenntnisse und dem kreativen Denken und Umsetzen von bewährten und neuen, eigenen Kreationen der Küche und des Service aus. **Menügestaltung und Speisenkarte sind** somit **das Aushängeschild des Betriebes.** Sie bilden für den Gast eine Art Qualitätszeichen des Hauses.

Aus diesen und betriebswirtschaftlichen Überlegungen heraus ergibt sich die fachtechnisch richtige Aufstellung der Menüs und der Speisenkarten. Dazu sind vielfältige professionelle Kenntnisse erforderlich:
▶ Kenntnisse der Rohstoffe (Warenkunde)
▶ Kenntnisse der Zubereitungen (Technologie)
▶ Kenntnisse der Organisation (Betriebskunde)
▶ Kenntnisse der Kalkulation (Fachrechnen)
▶ Kenntnisse der Ernährungsphysiologie (Ernährungslehre)
▶ Kenntnisse der gastronomischen Regeln (Menükunde und Menürechtschreibung)

### Menüzusammenstellung

Gäste, die mehrgängig speisen wollen, aber bei der Auswahl unschlüssig sind, müssen beim Zusammenstellen der Speisenfolge beraten werden. Auch bei der Vorbereitung von Sonderveranstaltungen wird eine fachmännische Beratung bei der Menüzusammenstellung erwartet. Dabei kommt es in erster Linie auf die richtige Reihenfolge und die Auswahl zueinander passender Speisen an.

Ursprung der Regeln ist das „klassische" Menü:

| | | |
|---|---|---|
| 1. | Hors d'œuvre froids | Kalte Vorspeisen |
| 2. | Potages | Suppen |
| 3. | Hors d'œuvre chauds | Warme Vorspeisen |
| 4. | Poissons | Fische |
| 5. | Entrées chaudes | Warme Zwischengerichte |
| 6. | Plats principals | Hauptplatten |
| 7. | Entrées froides | Kalte Zwischengerichte |
| 8. | Rôtis, salade | Braten, Salat |
| 9. | Légumes | Gemüse |
| 10. | Entremets | Süßspeisen |
| 11. | Savoury | Würzbissen |
| 12. | Dessert | Nachtisch |

Es kommt heute nur noch ganz selten vor, dass Menüs von solchem Umfang serviert werden.

Ein veränderter Lebensstil und die Erkenntnisse der Ernährungswissenschaft haben – bei aller Freude am guten, gepflegten Essen – zu mehr Schlichtheit und Bescheidenheit geführt. Zudem gibt es viele Menschen, die in Hotels, Restaurants oder Kantinen, also „außer Haus" verpflegt werden.

Der ernährungsbewusste Gast verlangt ein abwechslungsreiches, gesundes, ernährungsphysiologisch richtig zusammengestelltes Essen:
▶ möglichst Frischprodukte,
▶ schonende Grundzubereitungsarten,
▶ Energiegehalt von Lebensmitteln
sind wichtige Aspekte bei der Menüzusammenstellung.

Dennoch hält man sich in der Regel an den klassischen Aufbau der Speisenfolge, weil nur auf diesem Weg Bezeichnung und Anschauungen erklärt werden können. Diese Erkenntnis hat für alle Gourmets sogar weltweite Bedeutung.

**Klassisches Systemgastronomie orientiertes Menü:**
• Tomatensuppe mit Sahnehaube
• Putensteak mit Champignonsoße, Brokkoli und Wildreis
• Vanilleflammeri und Wildreis.

Von einem Menü ist aus moderner Sicht ab drei Gängen die Rede, z. B.:

## Suppe – Hauptgang – Dessert

Außerdem kann es durch zusätzliche Speisen und Zwischengerichte auf fünf bis sechs Gänge erweitert werden.

Sollen in einem Menü Käse und Süßspeise gereicht werden, so ist laut Prüfungsnormen – auch wenn in der Praxis oftmals anders gehandhabt – erst der Käse und dann die Süßspeise zu servieren. Die Begründung liegt u. a. in der Zuordnung der korrespondierenden Getränke, denn somit kann häufiger der Rotwein des Hauptgangs zum Käse weitergereicht werden.

Das Sorbet wird vor dem Hauptgang gereicht. Es neutralisiert den Geschmack und macht den Gast hungrig auf die folgenden Gänge.

Der **Hauptgang** ist immer der Höhepunkt. Er besteht in der Regel aus **vier Komponenten**:
▶ **Hauptmaterial** (Fisch, Geflügel, Schlachtfleisch, Wildbret),
▶ **Soße**,
▶ **Gemüsebeilage**,
▶ **Sättigungsbeilage**.

Deshalb wird der Hauptgang zuerst, danach die übrigen Gänge ausgewählt und zugeordnet.

Die Menge der Speisen pro Gang richtet sich nach der Anzahl der Gänge und nach der Art der Speisen (leicht, schwer). Rohstoffe (bis auf wenige Ausnahmen) und Zubereitungsarten dürfen sich innerhalb eines Menüs nicht wiederholen.
Besonderer Wert ist auf eine kulinarisch und optisch (farblich) richtige und geschmackvolle Zusammenstellung der Speisenfolge zu legen. So sollen sich stets helle und dunkle Gänge abwechseln.

Bei der modernen Menüreihenfolge stellen Küchenchefs oft eigene Regeln auf. Es werden teilweise zwei bis drei kalte und/oder warme Vorspeisen vor dem Hauptgericht vorgesehen. Ganze Menüs werden als „Flying Büfett" auf Gourmetlöffeln serviert. Kreativer Küchen- und Seriverkunst sind keine Grenzen gesetzt.

Die in diesem Kapitel vermittelten Regeln heben die starren und nicht mehr zeitgemäßen Grenzen zwischen Lern- und Arbeitswelt auf, ohne klassische Regeln und Prüfungsanordnungen außer Acht zu lassen.

## Mahlzeiten-/Menüarten

Die früher üblichen klassischen Mahlzeitenarten haben sich sowohl in der Zusammensetzung als auch in der Abfolge stark verändert. Trotzdem spielt die Tradition noch eine wenn auch untergeordnete Rolle, weshalb von Land zu Land die einzelnen Mahlzeitenarten von unterschiedlicher Bedeutung sind. Die verschiedenen Lebensgewohnheiten der internationalen Gäste haben die Mahlzeitenarten auch bei uns beeinflusst.

## Mahlzeitenarten

### Frühstück
Das Frühstück ist die je nach Nationalität und Essgewohnheit unterschiedlich zusammengesetzte erste Mahlzeit des Tages.
Am auffälligsten ist die „Frühstücksgrenze" zwischen Großbritannien und dem europäischen Festland. Für die Briten ist das Frühstück eine ausgiebige Mahlzeit, Franzosen und Italiener nehmen ein einfaches Frühstück ein.

Im internationalen Gastgewerbe haben sich mittlerweile im Wesentlichen das kontinentale sowie das amerikanische oder englische Frühstück durchgesetzt.

### Mittagessen (Lunch)
Ein Mittagessen wird heutzutage vorwiegend aus leichten, einfachen Speisen zusammengestellt und besteht aus drei Gängen:
▶ Suppe (oft ersetzt durch einen Salat oder eine andere Vorspeise)
▶ Hauptgericht
▶ Dessert

## Verkauf im Restaurant

### Abendessen (Dinner)

Im Gastgewerbe (im Gegensatz zum Privathaushalt) handelt es sich beim Abendessen meist um die Hauptmahlzeit des Tages, besonders in Saisonbetrieben mit Halbpension. Dies entspricht jedoch nicht dem neuzeitlichen ernährungsphysiologischen Grundsatz, dass am Abend die Verdauungsorgane nicht mehr stark belastet werden sollten. Beim Zusammenstellen des Abendessens muss dies berücksichtigt werden.

Ein **Abendessen** besteht in der Regel aus drei bis fünf Gängen:
▶ Kalte Vorspeise
▶ Suppe
▶ Warme Vorspeise oder warmes Zwischengericht
▶ Hauptgericht
▶ Dessert

## Menüarten

Neben den fachtechnischen Grundsätzen muss die Zusammensetzung der Mahlzeit auch den örtlichen und zeitlichen Gegebenheiten sowie den Bedürfnissen der Gäste angepasst werden. Unterschieden werden folgende **Menüarten**:
▶ Auto-Lunch
▶ Quick-Lunch
▶ Business-Lunch
▶ Galamenü
▶ Kindermenü
▶ Seniorenmenü
▶ Vegetarisches Menü
▶ Spezialmenü, z. B.:
  ▷ Jagdmenü
  ▷ Fischmenü
  ▷ Spargelmenü
  ▷ Bankettmenü

### Auto-Lunch
### (Mittagessen für Reisende)

**Prinzip:** leicht verdauliche Verpflegung, die weder die Konzentrationsfähigkeit einschränken noch die Verdauungsorgane überbelasten soll.

**Zusammensetzung**

2- bis 3-gängiges Menü
▶ Keine blähenden Nahrungsmittel
▶ Fettarm zubereitete Speisen
▶ Nicht zu stark gewürzte Gerichte
▶ Keine alkoholischen Getränke und keine alkoholhaltigen Speisen
▶ Die Gesamtenergiemenge sollte, einschließlich Getränke, 3800 kJ/ca. 900 Kcal nicht überschreiten

**Anwendung**

Dieser Menütyp eignet sich vor allem für Autobahnraststätten, Restaurants an Autostraßen und Ausflugsorten, Bahnhofsrestaurants, Flughafenrestaurants usw.

### Quick Lunch
### (schnell zubereitetes Mittagessen)

**Prinzip:** zweckmäßige Verpflegung, in kürzester Zeit zubereitet, zu einem günstigen Preis

**Zusammensetzung**

Meistens Tellerservice, ergänzt mit Suppe oder Salat
▶ Schnell servier- und konsumierbare Gerichte

**Anwendung**

Spezielle Restauranttypen wie Imbissstuben, Personalrestaurants sowie in Stadtrestaurants, Fast-Food-Betrieben

### Business-Lunch

**Prinzip:** Mahlzeit für Geschäftsleute und ihre Gäste, die Essen und Geschäftsbesprechungen kombinieren

**Zusammensetzung**

3- bis 4-gängiges Menü
▶ Leicht verdauliche, aber doch etwas speziell zubereitete Speisen der gehobenen Preiskategorie
▶ Kleine Mengen, raffiniert angerichtet, finden besonderen Anklang

**Anwendung**

Restaurants in der Stadt oder in Stadtnähe mit leistungsfähiger Küche und leistungsfähigem Service

### Galamenü/Gala-Lunch/Galadiner
### (Fest- und Festtagsmenü)

**Prinzip:** In Anbetracht des außergewöhnlichen Stellenwerts eines Festtags soll auch die Auswahl der Nahrungsmittel und der Gerichte außergewöhnlich, nicht alltäglich sein. Mit Dekorationen und anderen Möglichkeiten (Musik, Vorträge usw.) kann die festliche Stimmung unterstrichen werden.

**Zusammensetzung**

Mehr Gänge als allgemein im Menü üblich (4 Gänge und mehr)
▶ Auserlesene Rohmaterialien
▶ Exquisite Spezialitäten
▶ Leicht verdauliche Gerichte

**Anwendung**

▶ Festliche Anlässe – Familienfeste wie Taufe, Geburtstag, Hochzeit
▶ Firmenfeste wie Jubiläen, Erfolge usw.
▶ Weihnachten, Silvester, Neujahr, Ostern

### Kindermenü

**Prinzip:** Die Kinder, eine wichtige Gästegruppe, haben auch ihre speziellen Wünsche, die aus unternehmerischen Überlegungen berücksichtigt werden müssen. Eine Süßspeise darf nie fehlen.

## Zusammensetzung

Ganz besondere Aufmerksamkeit gilt der Nahrungsmittelauswahl

**Beliebte Gerichte:**
- Klare Suppen mit Einlagen
- Panierte Schnitzel, Hamburger
- Teigwaren, Pommes frites
- Karotten
- Eis, Creme usw.

**Weniger geeignet sind:**
- Innereien
- blutig gebratenes Fleisch
- Lamm und Wild
- Gerichte, die kompliziert zu essen sind, z. B. ganze Fische, Krusten- und Schalentiere, Fleisch mit Knochen
- zu stark gewürzte Gerichte
- alkoholhaltige Gerichte

## Anwendung

Familienhotels, Ausflugsrestaurants, Erlebnisparks, Restaurationsbetriebe mit Familienkundschaft

## Zusammensetzung

**Vegane Kostform:**
Erlaubt sind nur pflanzliche Nahrungsmittel

**Laktovegetabile Kostform:**
Erlaubt sind pflanzliche Nahrungsmittel und Milchprodukte

**Ovovegetabile Kostform:**
Erlaubt sind pflanzliche Nahrungsmittel sowie Eierspeisen

**Ovolaktovegetabile Kostform:**
Erlaubt sind pflanzliche Nahrungsmittel, Eier und Milchprodukte

**Beispiel** – Vegetarier-Menü

Brokkoliterrine
marinierte Champignons
\*\*\*
Gnocchi mit Salbeibutter
Tomatenwürfel
gehobelter Parmesan
\*\*\*
Creme von schwarzen Johannisbeeren
mit Zitronenjoghurt

## Spezialmenüs (z. B. Jagdmenü)

Diese Menüs basieren auf dem Geschmack eines besonderen Gästekreises und werden hauptsächlich zur Jagdsaison angeboten. Hier ist es durchaus möglich, außer den Hauptgängen auch weitere Gänge aus Wild zuzubereiten.

## Seniorenmenü

**Prinzip:** Ältere Menschen lieben bekannte und herkömmliche Gerichte. Diese sollen vor allem den veränderten Lebensgewohnheiten angepasst sein.

## Zusammensetzung

Kleine Menüs (3 Gänge) mit einer Suppe als erstem Gang
- Kleine Portionen
- Leicht verdauliche Gerichte
- Keine blähenden Speisen
- Leicht essbare Gerichte (gut weich gegart, ohne Knochen, ohne Gräten)

## Anwendung

In allen Betrieben mit Senioren als Kunden

**Beispiel** – Jagdmenü

Wildentenpastete mit Cumberlandsoße
Brunnenkresse
\*\*\*
Fischkraftbrühe mit Hechtschaumklößchen
\*\*\*
Gebratene Rehmedaillons
Wacholderjus
Schinkenspeck-Rosenkohl
Kartoffelbällchen
\*\*\*
Williams Christ Birne in Beaujolais
mit Geeistem von weißer Schokolade

## Vegetarisches Menü

Diese Art von Menü wird von einem immer breiteren Publikum gewünscht. Die **vegetarische Kost** ist eine Kostform für Menschen, die sich aus den unterschiedlichsten Gründen für eine fleischlose Ernährung entschieden haben. Auch Personen, die sich mit Normalkost ernähren, lieben hin und wieder eine Abwechslung und entscheiden sich für ein vegetarisches Menü. Viele Gäste schätzen die große Auswahl an Speisen aus pflanzlichen Nahrungsmitteln.

Da die Motivation für eine vegetarische Ernährung sehr unterschiedlich sein kann, bestehen auch Unterschiede in der vegetarischen Kostform:

## Regeln für die Zusammenstellung von Menüs

Ein optimal zusammengestelltes Menü verlangt die Berücksichtigung vieler Aspekte und somit Kreativität und Fachkenntnisse von Küche und Service. Folgende Aspekte sind zu berücksichtigen:

a) Organisatorische Aspekte
- Anlass/Uhrzeit
- Gästekreis
- Preis
- mögliche Veränderungen im Konsumverhalten
- arbeitstechnische und personelle Voraussetzungen

b) Küchentechnische Aspekte
- ▷ Harmonie der Speisenfolge (keine Rohstoff- oder Zubereitungswiederholungen)
- ▷ Jahreszeit/Saison
- ▷ Regeln der gesunden Ernährung
- ▷ Beachen des Sättigungswertes

Nachstehend werden genannte Aspekte näher dargestellt:

## Anlass/Uhrzeit

Menüs können von einfacher Art oder für einen besonderen Anlass zusammengestellt sein. Letztere sind in der Regel Festmenüs, die meistens aus hochwertigen, oft aufwendig behandelten Rohstoffen zubereitet werden.

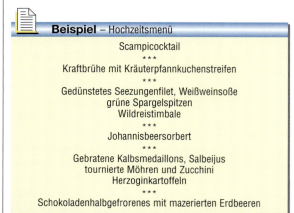

**Beispiel** – Hochzeitsmenü

Scampicocktail
***
Kraftbrühe mit Kräuterpfannkuchenstreifen
***
Gedünstetes Seezungenfilet, Weißweinsoße
grüne Spargelspitzen
Wildreistimbale
***
Johannisbeersorbert
***
Gebratene Kalbsmedaillons, Salbeijus
tournierte Möhren und Zucchini
Herzoginkartoffeln
***
Schokoladenhalbgefrorenes mit mazerierten Erdbeeren

Außerdem können einzelne Gänge wie „Hochzeitssuppe" oder „Hochzeitstorte" den Anlass der Veranstaltung noch unterstreichen.
Zu Ehren der Braut könnte ein Dessert mit ihrem Namen gekürt sein. Familienmitglieder, Verwandte und Freunde wissen z. B., dass die Braut besonders gerne Vanilleeis mit Erdbeeren und Sahne isst. So kann z. B. auf der Menükarte das Dessert „Eisteller Christine" angegeben sein und die meisten Gäste wissen, was damit gemeint sein könnte.

Weihnachtsmenüs richten sich nicht nur nach der Jahreszeit; auf kleine Besonderheiten bzw. Delikatessen wird bei der Gestaltung Rücksicht genommen.

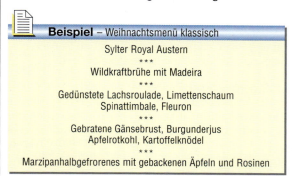

**Beispiel** – Weihnachtsmenü klassisch

Sylter Royal Austern
***
Wildkraftbrühe mit Madeira
***
Gedünstete Lachsroulade, Limettenschaum
Spinattimbale, Fleuron
***
Gebratene Gänsebrust, Burgunderjus
Apfelrotkohl, Kartoffelknödel
***
Marzipanhalbgefrorenes mit gebackenen Äpfeln und Rosinen

**Beispiel** – Weihnachtsmenü extravagant

Klare Essenz vom Wildkaninchen und Zimt
***
In Honig karamellisierter Rochenflügel
Ruccolaschaum
***
Gebratene Bresse-Taubenbrust auf Pfefferkirschen
Meerrettichkohl
Kartoffelkrapfen
***
Halbgefrorenes von der weißen Schokolade
Ingwer-Orangen-Ravioli

Die Uhrzeit der Bewirtung wirkt sich auf die **Menüzusammenstellung** aus.
Zur Mittagszeit (Lunch) bietet man in der Regel leichtere Speisen an, die nicht so umfangreich sind wie Dinner-Menüs.
Am Abend, beim Dinner, haben die Gäste mehr Muße, im Restaurant ihre Zeit zu verbringen, und sind bereit, mehrere Gänge zu verzehren.

## Gästekreis

In Bezug auf die Teilnehmer sollte aufgrund von bestimmten Verhaltensweisen und Verzehrgewohnheiten beachtet werden, dass Sitten, Bräuche, Religionen sowie Traditionen zu akzeptieren sind (nicht jeder Gast isst freitags Fleisch und bestimmte Gästegruppen verzehren kein Schweinefleisch). Die folgenden Ausführungen zeigen die Relevanz der Berücksichtigung von speziellen Gästekreisen.

### Berücksichtigung des Alters
Besonders bei Kindern und älteren Menschen muss auf die Verwendung generationsbewusster Rohstoffe und auf die Größe der Portionen Rücksicht genommen werden. Kinder- oder Seniorenteller (heute oft als Probierportion bezeichnet) bieten sich an.

### Berücksichtigung der Personenzahl
Muss einer größeren Personenzahl gleichzeitig serviert werden (Gruppen), sollte das Menüangebot so gewählt werden, dass durch küchentechnische Abläufe oder zwangsläufige Staus im Servicebereich (Filieren, Tranchieren) keine unnötige Wartezeit oder Hektik entsteht.

### Berücksichtigung der Ernährungsgepflogenheiten der Gäste bzw. deren Gesundheitszustand
Zu dieser Gruppe zählen z. B.
- ▶ Vegetariermenüs
- ▶ energiereduzierte Menüs
- ▶ Vollwertmenüs

Bei dieser Art von Menüs kann auf Vorgaben wie „Keine Wiederholung der Rohstoffe" nur in geringem Maße Rücksicht genommen werden.

Verkauf im Restaurant **1**

**Berücksichtigung ausländischer Gäste**

Auch ausländische Gäste sollten in den Genuss guter Speisen in unserem Restaurant kommen. Vorteilhaft ist es, die Karte z. B. in englischer und ggf. französischer Sprache vorrätig zu haben.

**Beispiel**

Seefood salad on rucola
olive oil-based marinade
\*\*\*
Game broth with chanterelle dumplings
\*\*\*
Roasted rack of lamb in mustard herb crust
natural juice
ratatouille, gratinated cheese potatoes
\*\*\*
Ice-soufflé Grand Marnier

Jus de légumes savoureux
avec du céleri en branches
\*\*\*
Suprême poulet
Riz aux légumes
Salade de pissenlits
sauce sésame
\*\*\*
Terrine de mandarines au kéfir
sauce myrtilles

**Beispiel**

*Geräuchertes Forellenfilet
mit Sahnemeerrettich
Toast und Butter*
\*\*\*
*Kraftbrühe vom Rind
mit Eierstich*
\*\*\*
*Geschmorte Hirschkalbskeule
Wildrahmsoße
Preiselbeeren
Steinpilze
Apfelrotkraut
Kroketten*
\*\*\*
*Rote Grütze
mit halb geschlagener Vanillesahne*

Der Rohstoffwert dieses Menüs beträgt 8,22 EUR. Als Betriebskosten sollen 240 %, als Gewinn 25 %, als Umsatzbeteiligung 14 % und als USt. 19 % berücksichtigt werden.

|   | | |
|---|---|---|
|   | Warenkosten | 8,22 EUR |
| + | Betriebskosten 240 % | 19,73 EUR |
| = | Selbstkosten | 27,95 EUR |
| + | Gewinn 25 % | 6,99 EUR |
| = | Geschäftspreis | 34,94 EUR |
| + | Umsatzbeteiligung 14 % | 4,89 EUR |
| = | Nettopreis | 39,83 EUR |
| + | USt. 19 % | 7,57 EUR |
| = | Verkaufspreis | 47,40 EUR |

## Preis

Die **Zahlungsbereitschaft** des Gastes ist im Verkaufsgespräch diplomatisch zu ergründen. Die Stimmung des Gastes darf nicht negativ beeinflusst werden, z. B. durch

- ein minderwertiges, beleidigendes Angebot,
- ein teures, schockierendes Angebot,
- die **primitive** Verkäuferfrage: „Was wollten Sie denn ausgeben?",
- sturen Sortimentszwang.

Auch hier gilt: Gaststimmung ist gleich Preisstimmung.

Es ist zu berücksichtigen, dass **Preis und Leistung** unmittelbar miteinander verbunden sind. Die Existenzsicherung für den Unternehmer ist nur dann gegeben, wenn die Preise

- kostendeckend sind und
- eine Rendite für unternehmerische Leistungen beinhalten.

Um den Gästen einen korrekten Preis anbieten zu können, wird in der Regel auf eine herkömmliche **Kalkulation** zurückgegriffen:

## Mögliche Veränderungen im Konsumverhalten

Der Energiegehalt der Rohstoffe bzw. des Menüs sollte dem Energiebedarf der Gäste angepasst sein und dem modernen Ernährungstrend entsprechen. Viele Gäste achten bei der Auswahl von Speisen auf Kalorien und Fettgehalt und so ist auch die Bekömmlichkeit einer Speise, eines Menüs ein gastorientierter Aspekt. Dieser darf nicht unberücksichtigt bleiben.

Möglichkeiten für eine Reduzierung von Energie- und Fettgehalt:

- Fleischmenge angemessen reduzieren
- fette Soßen vermeiden
- frische Salate anstelle eines Vorspeisencocktails
- klare Suppe statt einer gebundenen Suppe
- Obstsalat statt Cremespeise

Unabhängig vom Energiegehalt ist auch der ernährungsphysiologische Wert des Menüs zu beachten. Die Ausgewogenheit der Nährstoffe und Wirkstoffe (Vitamine, Mineralstoffe usw.) sollte gewährleistet sein (vgl. Lerninhalt 1, Kap. 8.2.1).

# 1 Verkauf im Restaurant

## Arbeitstechnische und personelle Voraussetzungen

### Arbeitstechnische Voraussetzungen

*Küche*

- Sind die technischen Möglichkeiten für das Kühl- und Warmhalten von Speisen vorhanden und ausreichend?
- Reicht das Volumen der Geräte für das angebotene Menü zum Braten, Backen, Überbacken, Frittieren usw.?
- Sind die Zeiten für die Vor- und Zubereitung der Speisen anhand der Arbeitsgeräte ausreichend und zumutbar?

*Service*

- Ist die Größe des Raumes dem Anlass und der Personenzahl entsprechend und für einen ungehinderten Service geeignet?
- Sind die Voraussetzungen für das eventuelle Vorlegen, Tranchieren, Filetieren und Flambieren auch vorhanden?

### Personelle Voraussetzungen

*Küche und Service*

- Stehen zum reibungslosen Ablauf des Menüs Mitarbeiter in ausreichender Zahl zur Verfügung?
- Können die Speisenzubereitung und die Speisenaufgabe sowie das Servieren in einer dem Gast zumutbaren Zeit gemeistert werden?
- Ist das Personal für die anfallenden Arbeiten in der Küche und im speziellen Service auch fachlich geschult und persönlich geeignet?

Zusätzlich zu den vorstehenden Voraussetzungen wie Anlass, Gästekreis, Jahreszeit usw. sind noch einige weitere Grundsätze für das Aufstellen von Menüs zu beachten:

### 1. Genaue Kalkulation (Betriebsökonomie)

Das richtige Angebot eines Restaurationsbetriebs ist eine Grundvoraussetzung für seinen wirtschaftlichen Erfolg. Als Ausgangsbasis gilt in der Regel der Verkaufspreis (Kaufbereitschaft des Gastes). Die Höhe des Verkaufspreises hängt von verschiedenen Faktoren ab, z. B. Betriebsart und Zielgruppe (vgl. Lerninhalt 2, Kap. 6.3).

Der Verkaufspreis bestimmt die zulässigen Warenkosten, die anhand der genauen Rezeptierung errechnet werden.

Eine genaue Vor- und Nachkalkulation ist unerlässlich.

Die vorhandenen, speziell die verderblichen Nahrungsmittel müssen berücksichtigt werden sowie die Beschaffungsmöglichkeiten der Rohstoffe. Ebenfalls ist eine optimale, zweckmäßige Resteverwertung anzustreben.

### 2. Marktanalyse

Die Durchführung regelmäßiger Marktanalysen unterstützt ein aktuelles, zeitgemäßes und den Erwartungen der Gäste angepasstes Produktangebot.

### 3. Betriebsart und Leistungsfähigkeit des Betriebes

Das Menü soll an die Betriebsart und die Leistungsfähigkeit des Betriebes angepasst sein, das heißt:

- Berücksichtigen der Betriebsart (Luxus-, Spezialitäten-, Stadt- oder Systemgastronomie)
- Berücksichtigen der küchen- und der servicetechnischen Möglichkeiten (Räumlichkeiten und Einrichtungen)
- Berücksichtigen der Leistungsfähigkeit von Küche und Service
- Keine einseitigen Überlastungen, weder der Einrichtungen noch der Mitarbeiter (Arbeit gleichmäßig verteilen)

### 4. Erstellen von Menüplänen

Menüpläne sind stets für eine bestimmte Zeitperiode zu erstellen. Dies erlaubt auch eine Planung in den Sektoren Einkauf, Mise en place, Produktion und Personaleinsatz. Zudem ermöglicht eine fortlaufende Menüplanung mehr Abwechslung und verhindert Wiederholungen.

Vorgeplante Bankette können mit einbezogen werden. Es lassen sich teilweise Suppen, Vor- oder Hauptspeisen sowie auch Süßspeisen mehrfach in die Vorschläge einfügen.

Als Hilfsmittel zum Erstellen von Menüplänen stehen zur Verfügung: Warenangebote, Rezeptsammlungen, Menüsammlungen, Fachliteratur, Gästereaktionen, Statistik, EDV usw.

### 5. Speisekarte

Eine Speisekarte ist die **Visitenkarte eines Hauses** und übermittelt (auch unbewusst) negative oder positive Sympathiewerte für das gesamte Produkt (Produkt = Ambiente, Service, Küche, Speisen und Getränke). Die Speisekarte als „stummer Verkäufer" soll dem Gast zeigen, welche Genüsse und Spezialitäten ihm geboten und ob seine Erwartungen hier erfüllt werden. Trotz einiger Einwände von Fachleuten dienen Adjektive (Eigenschaftswörter) mit Sicherheit der Verkaufsförderung.

**Beispiel**

Auf der Karte steht:
*Kasslerkotelett, Spinat, Kartoffeln*

Beurteilen Sie folgende Schreibweise:
*Zartes Kasslerkotelett mit frischem Blattspinat und neuen Kartoffeln*

Was sich besser verkaufen lässt, steht wohl außer Zweifel.

**Einige Grundsätze beim Erstellen einer guten Speisekarte:**

- gediegene, geschmackvolle Präsentation
- übersichtlich, gut leserlich, werbewirksam
- ohne gastbefremdendes Sprachengemisch (z. B. deutsch und französisch)

▶ Inhalt der Karte soll der Leistungsfähigkeit von Küche und Service angepasst sein.

**Die Speisenkarte sollte ein Qualitätsversprechen sein!**

## Harmonie der Speisenfolge

Der **Aufbau eines Menüs** beginnt, wie bereits erwähnt, grundsätzlich mit dem Hauptgang. Passende Vorspeisen, Suppen und Desserts werden diesem zugeordnet und sollen harmonisch ohne Wiederholungen den Gaumen erfreuen.

Folgende **Grundregeln** sind zu beachten:

▶ **Keine Wiederholung der Rohstoffe**
Rohstoffe dürfen in der Regel nicht wiederholt werden, um Abwechslung und Verschiedenartigkeit der Menüs zu gewährleisten. Die Verwendung unterschiedlicher Fleischarten (Wild, Geflügel usw.) ist ebenso möglich wie unterschiedlich zubereitete Kartoffelbeilagen.

▶ **Keine Wiederholung der Zubereitungsart**
Um geschmacklicher Eintönigkeit vorzubeugen, sind nicht nur die Rohstoffe, sondern auch die Zubereitungsarten zu variieren.

▶ **Farbkontraste berücksichtigen**
Das Auge isst mit. Dunkle, helle oder gleiche Farben der Speisen hintereinander bewirken Monotonie.

## Jahreszeit/Saison

Fische, Wild(bret), Geflügel, einige Schlachttiere wie Lämmer und Spanferkel sind zu bestimmten Zeiten am wohlschmeckendsten und preiswertesten.

Das Gleiche gilt für Obst und Gemüse. Erntezeit ist gleich Saisonzeit. Die Gäste erwarten in Saisonzeiten z. B. Folgendes:

| | |
|---|---|
| April/Mai | neue Kartoffeln |
| April bis Juni | frischen Spargel |
| Mai | frische Erdbeeren |
| Mai | Maischolle/Matjes |
| September | frische Waldpilze |
| November | Martinsgans |
| November/Dezember | frischen Grünkohl und Rosenkohl |

## Regeln der gesunden Ernährung

Energiearme, leicht verdauliche, vitaminreiche Kost anbieten und Nährstoffe im ausgewogenen Verhältnis wählen.

### Beachten des Sättigungswertes

Bei mehr als drei Gängen keine gebundenen Suppen reichen. Anzahl der gebundenen Speisen oder Beilagen in der Gesamtheit stark begrenzen.

## 10.4.2 Korrespondierende Weine

Der Weinfreund und Weinkenner wird immer Wein und Speisen für sich nach seinem persönlichen Geschmack kombinieren.
Es gibt viele, die vorgeben, Weinkenner zu sein, sie kombinieren Wein und Speisen nach den von „Keller- und Küchenpäpsten" diktierten Regeln.
Viele Gäste wollen aber auch von der für sie zuständigen Servicekraft fachlich beraten werden.

Für diesen Gästekreis sollten unverbindliche, aber dennoch sinnvolle Empfehlungen bereitgehalten werden. Bevor dem Gast ein bestimmter Wein empfohlen wird, ist es ratsam festzustellen, welche Weinart, welche Geschmacksrichtung, eventuell welche Rebsorte oder welches Anbaugebiet er bevorzugt. Damit der Gast mit dem Wein und den ausgewählten Speisen zufrieden ist, ist eine Harmonie zwischen dem Wein auf der einen Seite und der Speise auf der anderen Seite herzustellen. Wein und Speisen sind in Aroma und Gehalt aufeinander abzustimmen, sie müssen korrespondieren.

Bevor sich die Restaurantfachkraft auf eine Empfehlung festlegt, müssen die Weine im Vorhinein fachkundig verkostet werden.
Farbe, Bukett und Geschmack der zu empfehlenden Weine hat der Fachmann zu kennen, nur dann lässt sich eine fachkundige, gastorientierte Empfehlung aussprechen.

## Einteilung der Weine nach Weintypen

Um die Korrespondenz zwischen Wein und Speise zu erarbeiten, werden Weine nach Weintypen eingeteilt.

Der **Grundcharakter eines Weines** wird durch Alkohol, Säure und Restzucker geprägt. Man spricht von einem gehaltvollen Wein, wenn dieser alkohol- und extraktreich ist (Extrakt = nichtflüchtige Inhaltsstoffe, z. B. Restzucker, Säure, Mineralstoffe, Gerb- und Farbstoffe, Glycerin). Ein leichter Wein besitzt wenig Alkohol und Süße.

Es hat sich bewährt, in **drei Weißweintypen**, **drei Rotweintypen** und in **Roséwein** zu unterscheiden.

- **Weißwein (I)** – leicht, heiter, rassig, frisch, pikant und säurebetont, mit zartem Bukett
- **Weißwein (II)** – ausgeprägtes Aroma, körperreich und würzig, oft als vollmundig bezeichnet
- **Weißwein (III)** – kräftiges, edelsüßes Aroma, goldgelb und gehaltvoll, aber nicht aufdringlich
- **Rotwein (I)** – hellrot, elegant, lebhaft und feinfruchtig
- **Rotwein (II)** – dunkelrot, feurig, körperreich, mit Gerbsäuren und Holztönen, tanninherb und eindrucksvolles Bukett
- **Rotwein (III)** – samtig, schwer und gehaltvoll, mit edlem, eleganten Bukett
- **Roséwein** – leicht, frisch, fruchtig oder feinwürzig mit einer verhaltenen Säure

Bei den Roséweinen findet sich naturgemäß die größte Bandbreite der Zuordnungsmöglichkeiten. So wird aus Verlegenheit Gästen, die sich nicht auf Rot- oder Weißwein einigen können, häufig der Roséwein empfohlen. Das lässt sich umgehen, wenn eine genügend große Auswahl an halben Flaschen (0,375 l) im Sortiment vorhanden ist.

## Einteilung der Speisen

Es ist ebenso hilfreich, die Speisen in Kategorien einzuteilen. Hierbei spielen das Aroma und der Geschmack eine wesentliche Rolle. Es ist zu unterscheiden in geschmacklich neutrale, aromatische und pikante Gerichte. Weiter ist nach Fülle und Gehalt der Gerichte zu unterscheiden; hier handelt es sich um leichte, dezente Gerichte und kräftige, herzhafte, gehaltvolle Gerichte.

1. **Geschmacklich neutral** – Eierspeisen, pochierter Fisch, Kalbfleisch, Huhn, Pute, vegetarische Gemüsegerichte
2. **Aromatisch pikant** – Wildgeflügel, gebratener Fisch, Ragouts vom Wild, Lamm
3. **Leicht dezent** – leichte Zwischengerichte, Fleisch- oder Fischgerichte mit heller Soße
4. **herzhaft, kräftig und gehaltvoll** – Gans, Ente, Wild, Schweine-, Rind- und Hammelbraten, kräftiger, aromatischer Käse

## Korrespondenz von Wein und Speisen

Prinzipiell sind bei der Empfehlung zur Korrespondenz von Wein und Speise zwei grobe Richtungen zu berücksichtigen:

**1. Harmonie von Wein und Speise**
- Der Geschmack des Weines darf den Geschmack der Speisen unterstreichen, aber nicht überdecken.
- Der Geschmack des Weines darf den Geschmack der Speisen dämpfen, aber nicht unterdrücken.
- Die Regeln „heller Wein zu hellem Fleisch" und „dunkler Wein zu dunklem Fleisch" sind zwar allgemein geläufig, jedoch nicht immer angebracht und in keiner Weise verbindlich.
- Säure und Bitterstoffe im Wein und in den Speisen addieren sich, Zucker und Süße heben sich gegenseitig auf.
- Wird bei der Zubereitung einer Speise Wein verwendet, sollte dieser auch als korrespondierendes Getränk serviert werden.

**2. Harmonie in der Getränkefolge**
Ebenso wie die Speisenfolge muss die Getränkefolge in Aroma und Geschmack sowie in Gehalt und Fülle eine Steigerung erfahren.
- Weißweine sollten grundsätzlich vor Rotweinen angeboten werden.
- Leichte Weine sollten vor schwereren angeboten werden. Diese leichten Weine sollten erfrischend sein, die Bauchspeicheldrüse anregen und die Verdauung fördern.
- Die Weine zu einer Menüfolge sollten sich in Qualität und Alter steigern.
- Zu Beginn sollte niemals ein süßer Wein empfohlen werden. Die „Süße" gelangt direkt in das Blut und bewirkt unmittelbar eine zeitlich begrenzte Sättigung.
- Trockene Weine sollten immer vor lieblichen Weinen serviert werden.

Wein hat bei Tisch „drei Feinde", die unbedingt zu beachten sind und für jeden Sommelier eine besondere Herausforderung bei der Weinempfehlung darstellen:

- Sein erster „Feind" ist Essig; ein mit reichlich Essig angemachter Salat stört den Weingeschmack.
- Sein zweiter „Feind" ist die spitze Säure von Zitrusfrüchten.
- Sein dritter „Feind" kommt oft bei öligen Fischarten vor und verleiht dem Wein, besonders dem Rotwein, einen Geschmack nach Metall.

# Aufgaben

### Zu 10.4.1 – Menüberatung

1. Bei der Erstellung neuer Angebotskarten bietet es sich meistens an, auch neue Menüs zu integrieren. Maren und ihr Team sind mit dieser Aufgabe beschäftigt.
   a) Überlegen Sie eine Definition für den Begriff „Menü".
   b) Über welche Faktoren wird sich die Gruppe Gedanken machen müssen?
   c) Beim Erstellen von Menüs sind einige Regeln zu beachten.

   1) Bei folgendem Menüaufbau haben sich Fehler eingeschlichen. Finden Sie diese.

      > Warme Vorspeise
      > ***
      > Kalte Vorspeise
      > ***
      > Suppe
      > ***
      > Hauptgang
      > ***
      > Dessert

   2) Finden Sie auch Fehler in folgenden Zusammenstellungen.

      > Geflügelkraftbrühe mit Eierstich
      > ***
      > Gänsekeule mit Rotkohl und Salzkartoffeln

      > Hirschkalbsbraten Baden-Baden
      > mit Rotkohl und Kroketten
      > ***
      > Birne Helene

      > Seezungenschleifchen nach
      > Florentiner Art
      > ***
      > Spargelcremesuppe
      > ***
      > Filetsteak nach Gärtnerinart

   3) Finden Sie Fehler in folgenden Menüs

      Menü I
      > Seezungenschleifen
      > nach Florentiner Art
      > Dampfkartoffeln
      > ***
      > Klare Ochsen-
      > schwanzsuppe
      > ***
      > Rehrücken Baden-Baden
      > Rotkohl
      > Kartoffelkroketten
      > ***
      > Papayascheiben
      > auf Pistazieneis

      Menü II
      > Seezungenfilet
      > „Orly"
      > ***
      > Fasanenkraftbrühe
      > ***
      > Räucherlachs auf Toast
      > ***
      > Rehrücken
      > Wacholderrahmsoße
      > Pfifferlinge
      > Kartoffelkroketten
      > ***
      > Käseauswahl

2. Maren und ihr Team sind stolz darauf, die Speisen- bzw. Menükarten recht vielseitig ausgerichtet zu haben. Diverse Gästegruppen werden damit angesprochen.
   a) Ein Teil der Gäste ist bei der Speisenauswahl stets auf die Menge und den Fett- und Kohlenhydratgehalt bedacht. Beobachten Sie bei Ihren Gästen, ob diese ebenso denken.
   b) Eine Gruppe Lakto-Vegetarier reserviert in Ihrem Restaurant einen Tisch. Welche der folgenden Produkte dürfen in den Speisen nicht enthalten sein?
      – Gemüse     – Eier
      – Fleisch    – Käse
   c) Herr Biedermann will sparen, kommt aber dennoch nicht darum herum, zu seinem Dienstjubiläum 11 Kollegen einzuladen. Er reserviert für 12 Personen einen Tisch und bittet, bei der Menüerstellung
      – Hummercocktail
      – Samtsuppe von frischen Pfifferlingen
      – Gedünsteten Lachs
      – Filet Wellington
      – Crêpes Suzette
      zu berücksichtigen.

      „Preiswert" und „Gastvorstellung" lassen sich hier nicht in Einklang bringen. Nennen Sie Herrn Biedermann preisgünstigere Menübestandteile.

3. Ihre Kollegin, die in einem kleinen Restaurant ausgebildet wird, darf anlässlich eines Festessens für 70 Personen drei Menüvorschläge ausarbeiten. Eines dieser Menüs enthält als Hauptgang Rumpsteak mit den entsprechenden Beilagen und als Dessert Crêpes Agnès Sorel (flambierte Pfannkuchen mit Vanilleeis).
   Das Menü wird vom Küchenchef und dem Restaurantleiter abgelehnt. Begründen Sie, warum!

4. Sie sollen eine „Toskanische Woche" vorbereiten.
   a) Erarbeiten Sie in Gruppen Angebote bezüglich Speisen.
   b) Holen Sie Angebote ein und kalkulieren Sie Ihre Preise.
   c) Überlegen Sie sich die Dekorationen für diesen Anlass.
   d) Decken Sie einen Schautisch für diesen Anlass ein.

### Zu 10.4.2 – Korrespondierende Weine

1. Empfehlen Sie nichts, wovon Sie nicht selbst überzeugt sind.
   a) Verkosten Sie im Kollegenkreis verschiedene Getränke zu unterschiedlichen Speisen. Die Empfehlungen der vorstehenden Seiten könnten ein kleiner „Wegweiser" sein.
   b) Erstellen Sie gemeinsam eine Liste, auf der Sie Ihre positiven Erfahrungen notieren und nach und nach erweitern.

2. Zu diesem hier nur grob wiedergegebenen Menü sucht der Gast für sechs Personen folgende Weine aus.

   | | |
   |---|---|
   | Geräucherter Lachs | 1997 Spätburgunder A.O.C. |
   | *** | |
   | Kraftbrühe vom Hausgeflügel | süßer Sherry |
   | *** | |
   | Filetsteak | trockener Weißwein Jahrgang 2005 Landwein |
   | *** | |
   | Eisdessert | trockener Roséwein Jahrgang 2005 QbA |

   Nachdem sich Ihr Kollege von seinem Schock erholt hat, versucht er, ein klein wenig Einfluss zu nehmen. Welches sind die gravierenden Fehler?

# 1 Infobox Sprache / Übergreifende Aufgaben

## Aufgaben – Fortsetzung

3. Wählen Sie für das italienische Weinbaugebiet „Toskana" 3 repräsentative Weine aus (siehe Aufgabe 5 in 10.4.1) und stellen Sie diese mit einer gastgerechten Weinempfehlung vor.
4. „Spargel und Riesling gehören zusammen". Mit diesem Slogan wollen Sie für eine Spargelaktion werben und werden von Winzern aus dem Rheingau gesponsert.
   a) Informieren Sie sich über Rieslingweine aus dem Rheingau.
   b) Entscheiden Sie sich für einen Winzer und stellen Sie ein ansprechendes Angebot mit 3 Weinen vor, die zu Spargelgerichten korrespondieren.

## Infobox Sprache
### Verkauf im Restaurant

| Deutsch | Englisch |
|---|---|
| Abendessen | dinner |
| Frühstück | breakfast |
| Gästekreis | guest circle |
| korrespondierende Weine | corresponding wines |
| Mahlzeitenarten | types of meals |
| Marktanalyse | market analysis |
| Menüarten | types of menus |
| Menüberatung | advice concerning the menu |
| Menügestaltung | planning a menu |
| Menükarten | menu cards |
| Mittagessen | lunch |
| Preisliste | price list |
| Roséwein | rosé wine |
| Rotwein | red wine |
| Saisonzeit | season |
| Verkauf im Restaurant | sale in the restaurant |
| Verkaufsdokumentation | sales report |
| Verkaufstechnik | sales approach, sales pitch |
| Weinarten | types of wine |
| Weißwein | white wine |

## Übergreifende Aufgaben

**M**

1. Führungsqualitäten zeigen sich nicht nur über Fachwissen. Bei einem Verkaufsgespräch und im Umgang mit den Mitarbeitern zählen „Soft Skills".
   a) Welche elementaren kommunikativen „Soft Skills" kennen Sie, setzen Sie bewusst ein?
   b) Entwickeln Sie kleine Rollenspiele, in denen Sie Ihren Mitschülern negative und positive Beispiele deutlich machen.
2. In Restaurants verkehren je nach Art und Lage unterschiedliche Gästegruppen. Sprach- und ernährungswissenschaftliche Grundkenntnisse sind ebenso notwendig wie Fingerspitzengefühl und das Wissen einiger Rechtsgrundlagen. Zu Ihren Gästen zählen auch ausländische Gäste. Führen Sie in einem Rollenspiel ein einfaches Verkaufsgespräch in Englisch.
   a) Zur Kategorie „Gesundheitsbewusste Gäste" gehören auch die Vegetarier. Unterscheiden Sie zwischen Ovo-Lakto-Vegetariern und Veganern.
   b) Restaurantbesitzer Oberschlau denkt nüchtern. „Wenn ich für ältere Gäste Senioren- oder sogenannte Probierportionen mit Preisermäßigung anbiete, habe ich weniger Umsatz. Fazit: Ich biete sie nicht an. Ältere Gäste sollen, was sie nicht schaffen, einfach übrig lassen." Diskutieren Sie.
   c) In Ihrem Haus verkehren öfter stark sehbehinderte bzw. blinde Gäste aus der in der Nähe liegenden Blindenschule. Ihr neuer Azubi legt einem solchen die Speisekarte vor. Welche Möglichkeiten werden Sie ihm nennen, die diesem Gast das Speisen- und Getränkeangebot vermitteln können.
3. Entwerfen Sie in der Kleingruppe einen Telefonnotiz-Vordruck:
   a) für eine Bestellung im Home-Delivery-Service (z. B. Pizza),
   b) für eine Bestellung im Drive-in,
   c) für eine Tischreservierung im Restaurant.
4. Üben Sie mit einem/r Mitschüler/in Ihr Telefonverhalten und nehmen Sie dazu ein Handy.
   a) Herr Schmidt beschwert sich telefonisch über eine falsch gelieferte Pizza.
   b) Frau Meyer möchte in Ihrem Restaurant eine Betriebsfeier mit 50 Personen buchen.
5. Stellen Sie folgende Situation als Rollenspiel dar. Versuchen Sie dabei, als Servicepersonal die Bedürfnisse des Gastes in Erfahrung zu bringen:
   – Versuchen Sie, ein positives Gesprächsklima zu schaffen.
   – Verwenden Sie die Methode des aktiven Zuhörens.
   Ein Gast hat 2 Stunden Aufenthalt am Airport Frankfurt, bevor er weiterfliegen kann, und betritt hungrig die Restaurant-Lounge im Flughafen.
6. Sie planen eine Aktion mit dem Thema „Elsässer Weinwoche":
   a) Nennen Sie 5 Weine aus dem Elsass, die für diese Aktion geeignet sind.
   b) Beschreiben Sie diese Weine gastgerecht.
   c) Erstellen Sie einen Flyer, der als Gastinformation auf jedem Tisch liegen soll.

**@**

1. Für das Restaurant Green Paradise wird ein neuer Servicemitarbeiter benötigt. Erstellen Sie ein Anforderungsprofil, das als Grundlage für eine Anzeige in der ahgz dienlich sein kann (www.gast-star.de).
2. Vergleichen Sie die Internet-Präsentation eines Fast-Food-Betriebes mit einem Full-Service-Unternehmen. Tragen Sie in der von Ihnen genutzten Suchmaschine „speisekarte+beispiel" ein und vergleichen Sie die verschiedenen Gestaltungsmöglichkeiten.
3. Finden sie in Internet-Auftritten von Systemern Beispiele für mediterrane Büfetts.
   a) Welche Gerichte sind sehr häufig in den Beispielen enthalten?
   b) Erstellen Sie eine Angebotskarte, die ein Betrieb als Newsletter per e-mail versenden kann.

# 11 Bürokommunikation und -organisation

## 11.1 Persönliche Kommunikation

### Situation

Herr Schindler und Herr Schmitz arbeiten in der Abteilung Rechnungswesen/Controlling eines umsatzstarken Systemgastronomen. In der Frühstückspause treffen sich die beiden an jedem Arbeitstag im Büro von Herrn Schindler. Dort wird über den Chef, die Kollegen, die Arbeitsbedingungen, die Mitarbeiterverpflegung und vieles mehr gesprochen:

Herr Schindler und Herr Schmitz diskutieren über die Bedeutung des Computers und seinen Einfluss auf die persönliche Kommunikation zwischen dem Personal eines Unternehmens. Herr Schmitz liest einen kurzen Auszug aus einem Artikel der Wirtschaftswoche vor, den er am Abend vorher gelesen hatte:

„Die berufliche Botschaft des Hightech-Profis Carrubbas steht im Gegensatz zu seinem persönlichen Arbeitsstil: Einerseits zeichnet Herr Carrubbas das Bild einer multimedialen Welt und hält Fürsprache für die Einrichtung von komplexen „Informations-Autobahnen" als Kommunikationsbasis des 21. Jahrhunderts. Andererseits hat er in seinem Arbeitszimmer keinen Computer stehen; der EDV-Profi lässt den PC nicht weiter als bis ins Vorzimmer an sich heran. Für den Computer-Guru geht nichts über persönliche Kommunikation."

Dieser Artikel unterstreicht die Meinung von Herrn Schmitz, was die nachrangige Bedeutung des PCs als Führungsinstrument betrifft. Herr Schmitz teilt seine Angst vor dem „elektronischen Overkill" auf den Führungsebenen.

Der Forschungschef eines führenden Hardwareherstellers hat die Gefahr erkannt, die von einer einseitigen Konzentration auf die technische Kommunikation ausgeht. Obwohl auch Computer für ihn die Geschäftsgrundlage darstellen, schlägt er vor, zahlreiche mit bequemen Sesseln und Kaffeemaschinen ausgestattete „Marktplätze" einzurichten; hier können sich die Mitarbeiter zur zwanglosen Kommunikation und zum Ideenaustausch oder zur Ideenentwicklung treffen, also zur **persönlichen Kommunikation**.

Einerseits haben empirische Studien belegt, dass Manager mit mehr als 60 % den weitaus größten Teil ihrer Zeit mit persönlicher Kommunikation verbringen. Andererseits ist bekannt, dass

▶ Mitarbeiter mehr Informationen von ihren Vorgesetzten wünschen;
▶ Kommunikationsmängel für eine Vielzahl von Problemen in der Organisation verantwortlich sind.

Die zentrale Rolle der Kommunikation in der betrieblichen Organisation zeigt der von der deutschen Managementgesellschaft entwickelte **Managementkreis**:

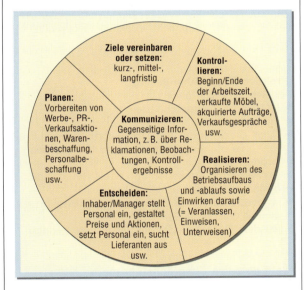

Aus dem Managementkreis wird die **Kommunikation als Kernfunktion** ebenso ersichtlich wie die Zwangsläufigkeit der gegenseitigen Abhängigkeiten im Führungsprozess einer Organisation.

Dass Mängel in der Kommunikation zwangsläufig zu Organisationsproblemen führen, hat bereits der obige Abschnitt gezeigt. Die Kommunikation kann somit als „Flaschenhals" jeder Organisation angesehen werden: Denn jede Planung und Entscheidung sowie alles Motivieren und Kontrollieren setzt voraus:

▶ Beratung und Berichte,
▶ Anweisungen und Diskussionen,
▶ Telefonate und Konferenzen,
▶ Belehrung und Kritik,
▶ Anerkennung und Beschwerden,
▶ Antworten, Fragen.

# 1 Persönliche Kommunikation

Kaum eine der hier genannten Aufgaben ist ohne permanente persönliche Kommunikation zufriedenstellend zu lösen. Daher nimmt das **Mitarbeitergespräch** im Rahmen der persönlichen Kommunikation eine hervorgehobene Stellung ein. Der PC kann hierbei lediglich die Datenbasis für die Vorbereitung auf ein solches Gespräch liefern. Grundlegend für diese Art der persönlichen Kommunikation ist die Betrachtung der allgemeinen **Regeln der Gesprächsführung**:

- Aktives Zuhören erfordert volle Aufmerksamkeit,
- Paraphrasieren (= verdeutlichend umschreiben) bedeutet, die Sachaussage mit eigenen Worten zu wiederholen, um sicherzugehen, dass die Nachricht des Gesprächspartners auch richtig verstanden wurde,
- Verbalisieren (= in sachliche Worte fassend) heißt, die emotionale (= gefühlsmäßige) Aussage mit eigenen Worten wiederholen (vgl. Rahn 2002, S. 68).

Gesprächstechniken sind die direktive (Verhaltensregeln gebende) und nicht direktive Gesprächsführung:

### Direktive Gesprächsführung
Der Gesprächsführende
- steuert die Gespräche allein,
- spricht viel,
- stellt präzise, zum Teil bereits vorformulierte Fragen, die oftmals nur mit Ja oder Nein zu beantworten sind,
- bewertet die Antworten und erteilt Ratschläge,
- unterbricht, wann er will,
- vernachlässigt die Ansichten und Bedürfnisse seines Gesprächspartners,
- ist dem Gesprächspartner gegenüber autoritär.

### Nicht direktive Gesprächsführung
Der Gesprächsführende
- deutet anfangs global den Gesprächsrahmen an, danach überlässt er seinem Gesprächspartner das Wort,
- spricht wenig,
- stellt höchstens „W-Fragen", z.B. „Wie viel?", „Warum?", „Weshalb?",
- unterbricht den Gesprächspartner nie,
- gibt keine Werturteile ab, hält seine Meinung zurück und erteilt keine Ratschläge,
- ist an den Problemen des Gesprächspartners interessiert und geht auf ihn ein,
- gibt sich nicht autoritär.

Die nicht direktive Gesprächsführung ist eine erfolgreiche Methode, Mitarbeiter zum offenen Sprechen zu bewegen, z.B. bei Arbeitsproblemen, Beschwerden und Konfliktgesprächen (vgl. Hausmann 2008, S. 109).

## Formelle und informelle Kommunikation
Die persönliche Kommunikation lässt sich unterscheiden in die Kommunikations-Beziehungen
- **formelle Kommunikation** und
- **informelle Kommunikation**.

Nicht nur der formellen persönlichen Kommunikation ist somit im Rahmen der formellen Organisation Beachtung zu schenken. Neben der vorgesehenen Kommunikation in der **formellen Organisation**, die
- den Rahmen für die Abteilungen und Stellen des Personals setzt,
- Kompetenzen abgrenzt,
- Über- und Unterordnung festlegt,
- das formale Gerüst für Informationsbeziehungen innerhalb und außerhalb der eigentlichen Organisation bildet,

spielt auch die informelle Kommunikation eine wichtige Rolle.

In jedem Unternehmen arbeiten Menschen mit individuellen Wünschen und Vorstellungen. Diese schließen sich in Gruppen zusammen, um ihre Interessen zu verfolgen, z.B. Fahrgemeinschaften, Betriebsfußballmannschaft. Solche sozialen Gebilde (= **informelle Gruppen**) kommunizieren auf einer privaten Ebene (= informell).

Derartige Kommunikationsbeziehungen können für das Unternehmen durchaus nutzbringend sein, denn hier können leistungsfördernde Effekte ausgeschöpft werden, z.B. über die **informelle Macht** eines **informellen Führers**, der sich aus der **informellen Gruppe** gebildet hat. Natürlich hat die informelle Kommunikation Vor- und Nachteile:

| Vorteile | - Informationen laufen schneller um,<br>- Informationslücken der formalen Organisation werden geschlossen. |
|---|---|
| Nachteile | - Instanzen werden übergangen,<br>- Vertrauliche Informationen werden weitergetragen,<br>- Klatsch und Gerüchtebildung, d.h. Form und Inhalt von Nachrichten werden verändert. |

Auch die informelle Kommunikation findet innerhalb der formellen Organisation statt; sie nutzt jedoch weder die offiziellen Kanäle noch die von der Organisation vorgeschriebenen Mittel. Die informelle Kommunikation ist daher inhaltlich relativ unabhängig von der Arbeit und findet eher im Bereich sozialer Beziehungen statt.

## Kommunikationsarten
Der vorstehende Abschnitt zeigt, dass formelle und informelle Kommunikation **Kommunikationsarten** sind, die sich nach Inhalt und Beziehungen und nach Mitteln und Kanälen der Kommunikation unterscheiden.

Ein weiteres Kriterium, nach dem Kommunikationsarten differenziert werden, ist die **Kommunikationsrichtung**:

| Merkmal | Form | | Begriffsbestimmung/Beispiele |
|---|---|---|---|
| KOMMUNIKATIONSRICHTUNG | INTERN | nach unten | von oberen bis zu unteren Ebenen, z. B. Anweisungen, Informationen i. Z. m. Arbeitsaufgaben, Lob und Tadel |
| | | nach oben | von unteren bis zu oberen Ebenen, z. B. Informationen in Form von Rückmeldungen, Kritik |
| | | horizontal | zwischen Mitgliedern derselben Ebene, z. B. Kommunikation zwischen Mitgliedern einer Arbeitsgruppe oder verschiedener Abteilungen |
| | | diagonal | zwischen Ebenen, die keine hierarchische Beziehung miteinander haben, z. B. Kommunikation zwischen Linie und Stab |
| | EXTERN | | zwischen der formellen Organisation und der Umwelt, z. B. Kommunikation mit Kunden, Lieferanten und Ämtern |

Obwohl unter persönlicher Kommunikation weithin die **mündliche Kommunikation** verstanden wird, kann auch die **schriftliche Kommunikation** eine durchaus persönliche Kommunikationsart sein.

## 11.2 Arbeitsplatzbezogene schriftliche Arbeiten – Registratur und Ablage

### Situation

Der Geschäftsführer des „Green Paradise" beauftragt seinen Assistenten, ein neues Layout für die Geschäftsbriefe des Unternehmens mit einer neuen Bankverbindung zu entwerfen. Weiterhin möchte er einheitliche Layoutvorgaben für alle Geschäftsvorgänge realisieren und beauftragt seine Assistentin, die dazu notwendigen Erhebungen durchzuführen.

Mit der Entwicklung immer leistungsfähigerer Computer hat auch die Textverarbeitung entsprechend Schritt gehalten und sich von einem anfänglichen Schreibmaschinenersatz zu einem professionellen Werkzeug der Textgestaltung entwickelt. War vergleichbare Software früher auf die Eingabe von Texten mit einfachen Gestaltungsmöglichkeiten beschränkt, so sind aktuelle Programme mit einer Vielzahl von Funktionen ausgerüstet, die das Gestalten von Texten in den verschiedenartigsten Erscheinungsformen ermöglichen (vgl. Adam/Hausmann 2004, S. 98).

Bestehende Systeme werden ständig weiterentwickelt und den aktuellen Standards angepasst. Die existierenden Textverarbeitungsprogramme unterscheiden sich zum Teil wesentlich in den verfügbaren Funktionen und hinsichtlich des Bedienungskomforts. Daher wird in diesem Buch nicht auf spezielle Textverarbeitungsprogramme verwiesen noch wird an dieser Stelle beschrieben wie Schriftstücke der Branche Systemgastronomie zu erstellen sind; bezüglich Letzterem sei auf die spezifischen Kapitel dieses Buches verwiesen, z. B. Speisen- und Getränkekarten, Formulare, Organisationspläne. Für das Schreiben von Geschäftsbriefen in Form einer E-Mail bzw. eines Telefaxes gelten dieselben Regeln, die in diesem Buch zum Verfassen von Geschäftsbriefen, die auf dem Postwege versendet werden, erläutert sind.

Ebenfalls für das Ablage- und Ordnungssystem von elektronisch erstellten Dokumenten bieten die unterschiedlichen Softwareanbieter differenzierte Methoden (zum manuellen Ablage- und Ordnungssystem s. Kapitel „Erstellen eines Handbuches").

Wichtig ist die **Rubrik *Speichern***, denn hier werden alle Einstellungen für das Ablegen von Dokumenten getroffen.

Im Folgenden werden anhand von zwei Beispielen einige einheitliche Grundlagen zusammengefasst:

**Beispiel 1**

Herr Aspelmeier lässt eine Speicherung seiner gerade im Bearbeitungsprozess befindlichen Dokumente im Hintergrund zu; das organisiert eine automatische Speicherung des bearbeiteten Dokuments in bestimmten Zeitabständen.

**Beispiel 2**

Herr Aspelmeier speichert seine Texte auf dem Server in dem Ordner „H:\Daten\Aspelmeier:\Texte". Er stellt ein, dass das Textverarbeitungsprogramm Dokumente aus diesem Verzeichnis automatisch zum Öffnen anbietet.

Natürlich steht das Speichern von Dokumenten im engen Zusammenhang mit dem allgemeinen Sichern von Daten. Im folgenden Kapitel werden die Einzelheiten dargestellt.

# 11.3 Daten sichern

### Situation

Nach einem Umzug in einen anderen Büroraum des „Green Paradise" stellt Frau Wolters mit Erschrecken fest, dass ihr Rechner sich nicht mehr starten lässt. Die Überprüfung durch eine EDV-Firma ergab einen irreparablen Schaden der Festplatte, ausgelöst durch einen Stoß während des Umzugs. Da Frau Wolters alle Daten auf der lokalen Festplatte gespeichert hatte, sind diese unwiderruflich verloren. Die letzte Datensicherung von Frau Wolters lag zwei Wochen zurück, sodass sich der Datenverlust auf die Arbeit der letzten zwei Wochen beschränkt. Zum Glück handelt es sich dabei um Daten, deren Verlust zwar schmerzlich ist, aber nicht zu wesentlichen Behinderungen des Gesamtablaufs führt.

Das in der vorstehenden Situation dargestellte Szenario spielt sich relativ häufig in kleinen, aber auch mittleren Unternehmen ab. Zwar wird die Stellung der Datensicherheit nicht infrage gestellt, das Umsetzen entsprechender Maßnahmen jedoch oftmals nur sehr nachlässig durchgeführt. Erst ein größerer „Unfall" ist oft der Anlass, bestehende Handlungsweisen zu überprüfen, um einem erneuten Datenverlust vorzubeugen. Die Abhängigkeit der Systemgastronomie von der EDV ist heute so groß, dass ein Datenverlust zum wirtschaftlichen Ruin des betroffenen Unternehmens führen kann.

## Gefährdungsarten

Das Darstellen der Datengefährdung in den Medien beschränkt sich in erster Linie auf das Wirken von besonders gefährlichen oder heimtückischen Schadensroutinen wie Viren oder Würmern. Die Umstände, die zum Datenverlust führen können, sind jedoch wesentlich vielfältiger. Sieht man von den großen Katastrophen ab, z. B. dem Brand des gesamten Hauses, lassen sich die meisten Ursachen für Datenverlust im Vorfeld beseitigen. Oftmals sind es vor allem die Probleme der täglichen Arbeit, die zu einem Datenverlust führen.

### a) Programmfehler
Jede Software besitzt mehrere kleine und größere Mängel (sog. Bugs). Die Auswirkungen sind unterschiedlich, mitunter werden sie kaum bemerkt, teilweise können sie auch zum Verlust von Daten führen. Manchmal ist jedoch auch eine falsche Softwarekonfiguration die Ursache für einen Programmfehler. In der Regel stürzt dann das Programm oder sogar der gesamte Rechner ab.

### b) Stromausfall
Jeder Rechner ist gegenüber Stromschwankungen oder Stromausfall empfindlich. Zwar gehen in der Regel nicht die Daten von Tagen oder Wochen verloren, möglich ist aber der Datenverlust z. B. einer mehrstündigen Arbeit, weil keine Zwischenspeicherung erfolgte.

### c) Diebstahl
Werden bei einem Einbruch ganze Rechner gestohlen, so sind natürlich auch die Daten des jeweiligen Rechners weg. Bei brisanten Daten kann die unberechtigte Nutzung hier zusätzliche Probleme bringen.

### d) Bedienungsfehler
Obwohl viele Programme praktisch selbsterklärend sind und umfangreiche Hilfestellungen existieren, sind Bedienungsfehler die Nummer 1 unter den Datenverlustursachen.

### e) Schadensroutinen
Schadensroutinen sind Viren, trojanische Pferde und Würmer; sie begleiten die Entwicklung des PCs von Beginn an. Anfangs noch als Scherz verrückter Programmierer angesehen, ist die Gefahr heute nicht mehr zu ignorieren. Datenverlust z. B. durch Viren ist leider keine Seltenheit.

### f) Hardwarefehler (technische Mängel)
In einem Rechner sind viele Hardwarekomponenten von verschiedenen Herstellern verarbeitet; auch wenn eine Hardwarekomponente allein betrachtet fehlerlos funktioniert, kann es durch sog. Inkompatibilität (= fehlende Austauschbarkeit) untereinander zu Fehlfunktionen kommen.

### g) Datenmissbrauch
Bei Datenmissbrauch müssen die Daten nicht unbedingt manipuliert oder gar gelöscht werden. Die unberechtigte Einsichtnahme stellt an sich eine Verletzung des Datenschutzes dar (vgl. Kap. 11.9). Vor allem in Netzwerken kann durch Sicherheitslücken ein unberechtigter Zugang ermöglicht werden.

Während der Anwender bei einigen Gefährdungsarten (z. B. Stromausfall) nur eine Schadensbegrenzung anstreben kann, hat z. B. der Datenmissbrauch i. d. R. immer begünstigende Umstände.

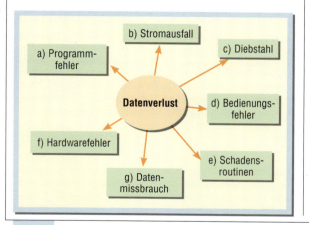

## Maßnahmen zur Datensicherheit

Die Maßnahmen zur Datensicherheit lassen sich in zwei Bereiche unterteilen:

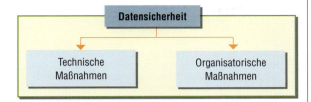

### Technische Maßnahmen zur Datensicherheit

Folgende technische Möglichkeiten sind für die Erhöhung der Datensicherheit geeignet:

▶ Schaffung von Redundanz (die doppelte Installation von Systemen, z. B. Festplatten).
▶ Einrichtung von Datensicherungssystemen (i. d. R. sind die Streamerlaufwerke in dem Server eingebaut und sichern von hier alle Netzwerkdatenträger).
▶ Installation schützender Hardware (gegen Stromausfälle kann der Rechner z. B. durch eine so genannte unterbrechungsfreie Stromversorgung geschützt werden).
▶ technische Zugangskontrolle (z. B. Schließsystem oder Chipkartenkontrollsystem, um einen Diebstahl zu erschweren).
▶ Schaffen einer technischen Gesamtkonzeption

### Organisatorisch Maßnahmen zur Datensicherheit

Folgende administrative Maßnahmen sind für das Erhöhen der Datensicherheit geeignet:

▶ Organisation einer zentralen Datensicherung
Je nach betrieblicher Organisationsstruktur können die Mitarbeiter zum eigenständigen Sichern ihrer Daten aufgefordert werden (oft jedoch nichteffektiv, da man sich nicht sicher auf das Einhalten der Anordnung verlassen kann; im Fall eines Datenverlustes ist aber meist das ganze Unternehmen betroffen).
Effektiver ist i. d. R. die Datensicherung zentral am Server (unterteilt in eine tägliche, wöchentliche und monatliche Sicherung).

▶ Installation eines Virenschutzschildes
Durch die Organisation eines mehrstufigen Virenschildes wird ein guter Schutz des Systems gewährleistet.

▶ Einsatz eines Netzwerkbetriebssystems mit hohem Sicherheitsstandard
Fast alle modernen Netzwerkbetriebssysteme besitzen einen hohen Sicherheitsstandard; es könnte daher nützlich sein, ältere Versionen auf neue aufzurüsten.

▶ Administrative Anordnungen
Der Systemadministrator hat die Möglichkeit, die Zugangsberechtigungen zum Netzwerk zu organisieren, z. B. jeder Anwender bekommt seinen eigenen Anmeldenamen, Gruppen- oder anonyme Anmeldungen sind nicht möglich.

▶ Installation einer Firewall
Sollte nicht bereits eine technische Firewall existieren, kann auf Softwarebasis eine Abschottung des lokalen Netzes gegen die äußere Umgebung durch Nutzen einer Firewallsoftware erfolgen.

Ungeschützte Daten liegen für alle Anwender offen. Daten werden daher durch **Passwörter** und **Zugriffsbeschränkungen** vor unbefugter Einsichtnahme geschützt.

Angriffe auf die Datensicherheit können auf den nachstehenden Wegen erfolgen:

▶ Erraten eines Passwortes durch Eingabe von bekannten Namen bzw. Daten
▶ Abschauen des Passwortes bei der Eingabe durch den Nutzer
▶ Weitersagen des Passwortes
▶ Ausspähen von Sicherheitslücken, z. B. Finden eines Nutzers ohne Passwort
▶ Unbefugtes Benutzen von eingeloggten Rechnern, z. B. weil der Nutzer kurz den Raum verlässt, den Rechner jedoch nicht abschaltet/sichert
▶ Abfangen des Passwortes durch Programme (trojanische Pferde)
▶ Abfangen von Netzpaketen und Entschlüsselung durch geeignete Werkzeuge (Tools)

Neben dem Administrator kann jeder Anwender zur Sicherheit seines PC-Arbeitsplatzes oder des Netzwerks beitragen, z. B. durch

▶ Geheimhaltung des Passwortes,
▶ Verhindern des Ausspähens (bei Eingabe des Passwortes in Anwesenheit von anderen Personen),
▶ kontinuierlichen Passwortwechsel,
▶ Vergabe eines nicht zufällig zu erratenden Passwortes,
▶ Abmelden aus dem Netz bei Verlassen des Arbeitsplatzes,
▶ Vorsicht bei verdächtigen oder veränderten Anmeldebildschirmen (andere Farben oder Layout),
▶ Organisation einer Systempflege, z. B. regelmäßiges Durchführen von Scandisk (vgl. Adam/Hausmann 2004, S. 210 ff).

# 1 Datenschutz

## Aufgaben

1. Um welche Form der Kommunikation handelt es sich in der Situation zu diesem Kapitel (11.1)?
2. Der Geschäftsführer des „Green Paradise" nutzt seine informellen Kommunikations-Beziehungen zur Restaurantleiterin, um ein neues Entgeltsystem in Küche und Service durchzusetzen. Welche Vor- und Nachteile haben derartige informelle Kommunikations-Beziehungen?
3. a) Welche Technik der Gesprächsführung bietet sich an, um Mitarbeiter zum offenen Sprechen zu bewegen?
   b) Beschreiben Sie die im vorstehenden Aufgabenteil vorgeschlagene Technik der Gesprächsführung aus der Sicht des Gesprächsführenden.
4. Welche Sicherheitslücken begünstigen einen Datenmissbrauch?
5. Was sind administrative und anwenderorientierte Maßnahmen in Bezug auf die Datensicherheit?
6. Beschreiben Sie drei technische und administrative Maßnahmen für das Durchsetzen einer höheren Datensicherheit.
7. Durch welche Ereignisse sind Daten allgemein gefährdet?
8. Was verstehen Sie unter Redundanz im Hinblick auf die Datensicherheit?

## 11.4 Datenschutz

### Situation

**Datenschutz wird oft vernachlässigt**

STUTTGART. „Unwissenheit schützt vor Strafe nicht"– ein Grundsatz, der auch im Gastgewerbe gilt. Geldbußen von bis zu 250 000 Euro drohen Gastronomen, die sich bei der Sammlung und Nutzung von Gästedaten nicht an die geltenden Datenschutzbestimmungen halten.

Dennoch werde das Thema in der Praxis vernachlässigt. Und das, obwohl Erfolg im Gastgewerbe maßgeblich von der Sammlung, Speicherung, Verarbeitung und Nutzung gastbezogener Daten abhängt.

Jegliche Informationen über Interessen, Vorlieben und Freizeitaktivitäten von Gästen, die im Zuge von Service- und Marketingmaßnahmen gesammelt werden, bedürfen der vorherigen schriftlichen Einwilligung. Liegt diese nicht vor, gelten die Daten als unrechtmäßig erhoben und dürfen, sollte dies bei einer Kontrolle entdeckt werden, anschließend nicht mehr verwendet werden.

(Vgl. Allgemeine Hotel- und Gastronomie-Zeitung vom 19. April 2008, S. 17)

Vor allem im Bereich des Marketings als Inbegriff aller Maßnahmen zur Absatzförderung und zur optimalen Beschaffung von Personal sowie Gütern und Dienstleistungen (Personal- und Beschaffungsmarketing) kommt es zwangsläufig zur Verwendung und Sicherung von Daten, sodass die Vorschriften des *Bundesdatenschutzgesetzes (BDSG)* zu beachten sind.

Bei fast allen gastbezogenen Daten, die ein Restaurant vom Gast aufnimmt (und bei Daten der Mitarbeiter sowieso), handelt es sich (auch) um personenbezogene Daten. Diese Daten sind z. B. Namen, Vornamen, Geburtsdaten, Anschrift, Telefon- und Faxnummern, E-Mail-Adressen, Tag des ersten und/oder letzten Restaurantbesuchs, bevorzugte Speisen. Alle personenbezogenen Daten unterliegen dem Datenschutz. Auch Betriebe der Systemgastronomie unterliegen also dem *BDSG*, da vielfach personenbezogene Daten verarbeitet werden. Darunter fallen vor allem die Eingabe, Speicherung und Übertragung der Daten.

Grundsätzlich hat jede Person selbst über die Freigabe und Verwendung ihrer persönlichen Daten zu entscheiden. Mithilfe des Datenschutzes soll das Persönlichkeitsrecht des Einzelnen geschützt und, nach einer Entscheidung des Bundesverfassungsgerichtes, das **Recht auf „informelle Selbstbestimmung"** gewahrt werden.

Um gast- und damit personenbezogene Daten in der Systemgastronomie trotzdem verarbeiten zu dürfen, lässt das *BDSG* Ausnahmen zu:
1. wenn das *BDSG* oder ein anderes Gesetz dies erlauben oder
2. wenn der Betroffene selbst zustimmt.

Dies gilt im Allgemeinen dann, wenn die Daten aus einer öffentlich zugänglichen Quelle entnommen werden können (z. B. Telefonbuch) oder im Rahmen eines Vertrages mit dem Betroffenen. Wenn z. B. der Gast im Restaurant eine Reservierung tätigt oder mit dem Gast die Abrechnung vorgenommen wird, dürfen auch ohne besondere Einwilligung des Gastes seine Daten verarbeitet werden.

Die **Datenschutzkontrolle** obliegt neben den Betroffenen (§ 3 I BDSG) der Aufsichtsbehörde (§§ 38, 38a BDSG), dem Betriebsrat eines Unternehmens (§§ 80 IV, 79 BetrVG) sowie den Datenschutzbeauftragten. Hier wird unterschieden zwischen betrieblichen Datenschutzbeauftragten und Bundes- bzw. Landesdatenschutzbeauftragten:

Ein **betrieblicher Datenschutzbeauftragter** (*§§ 4f, 4g BDSG*) hat die Ausführungen i. S. d. *BDSG* u. ä. Vorschriften über den Datenschutz in seinem Unternehmen, z. B. im Systemgastraum, auf Einhaltung zu überprüfen bzw. darauf hinzuwirken. Des Weiteren ist er die Ansprechstelle für alle Internen (z. B. Mitarbeiter im Restaurant) sowie alle Externen (z. B. Gäste und Lieferanten); ihm obliegt die Pflicht zur Verschwiegenheit.

Dem **Bundesdatenschutzbeauftragten** (*§ 22 ff. BDSG*) obliegt es zu überwachen, ob die Datenschutzbestimmungen einhalten werden (in öffentlichen Stellen des Bundes); er kann von jedermann angerufen werden (analog: **Landesdatenschutzbeauftragte**).

### Infobox Sprache

**Bürokommunikation und -organisation**

| Deutsch | Englisch |
|---|---|
| Bedienungsfehler | operator('s) error |
| Daten sichern | to save data |
| Datenschutz | data protection |
| Datenschutzbeauftragter | controller for data protection |
| Datensicherheit | data security |
| Datensicherung | (data) backup |
| Datenverlust | data loss |
| formelle Kommunikation | formal communication |
| Gesprächstechniken | conversation techniques |
| informelle Gruppen | informal groups |
| informelle Kommunikation | informal communication |
| Kommunikation | communication |
| Kommunikationsarten | types of communication |
| Regeln der Gesprächsführung | rules of talk |
| speichern | to save |

### Aufgaben

1. Recherchieren Sie (z. B. im Internet), welches Ziel das *Bundesdatenschutzgesetz* verfolgt und welche verfassungsrechtlich garantierten Rechte bei einem Verstoß im Wesentlichen verletzt würden.
2. Neben dem persönlich gehaltenen Werbebrief per Post bietet sich auch das Medium Internet zur Dialogmöglichkeit mit dem Gast an, zum Beispiel per E-Newsletter. Auch hierzu ist eine persönliche Adresse des (potenziellen) Gastes erforderlich. Was ist dabei aus der Sicht des Datenschutzes zu beachten?
3. Diskutieren Sie mögliche Maßnahmen, mithilfe des Internets online-Marketing-Aktionen betreiben zu können, die den Maßgaben des Datenschutzes entsprechen.

### Übergreifende Aufgaben

1. In der Eingangssituation zitiert Herr Schmitz aus der Wirtschaftswoche. Geben Sie die Aussageabsicht dieses Artikelauszuges in Ihren Worten wieder.
2. Erinnern Sie sich unter den folgenden Aspekten an das letzte Gespräch, das Sie in „Ihrem Unternehmen" geführt haben:
   – Wer hat das Gespräch eingeleitet?
   – Welches Ergebnis hatte dieses Gespräch?
   – Warum wurde das Gespräch geführt
     – zu diesem Zeitpunkt,
     – an diesem Ort,
     – mit dieser Person?
   Geben Sie anhand der vorstehenden Fragestellungen Ihre Empfindungen und konkrete Details des Gesprächs wieder.

Der Controller eines Fast-Food-Betriebes stellt fest, dass die Telefonkosten im Unternehmen einen großen Kostenblock bilden; er erarbeitet einen Vorschlag, um hier Einsparungen zu erzielen. Nach der Öffnung des Telekommunikationsmarktes haben sich sowohl für Geschäfts- als auch für Privatkunden wesentliche Änderungen ergeben: Derzeit bieten sich den Telefonkunden in der Telekommunikationswelt mehr als 50 Anbieter mit für den Verbraucher fast unzähligen Tarifen. Das sogenannte Call-by-Call-Verfahren ermöglicht den Benutzern durch die Wahl eines Netzvorwahl vor jedem Anruf immer wieder aufs Neue die Auswahl des günstigsten Anbieters. Nur ist das bei der Zahl der Unternehmen und Tarife, die sich zudem noch relativ häufig ändern, gar nicht so einfach. Außerdem ist zu prüfen, ob der Anbieter eine vorherige Anmeldung verlangt.

Erstellen Sie eine aktuelle Tariftabelle der günstigsten Anbieter, indem Sie die notwendigen Informationen im Internet recherchieren.

1. Wählen Sie als Vergleichskriterium Inlands-Ferntarife an Wochentagen (Montag bis Freitag).
2. Machen Sie kenntlich – am besten mittels Fußnoten –, falls ein Anbieter
   – Mindestgebühren erhebt und/oder
   – „Vieltelefonierern" Rabatte gewährt werden und/oder
   – nicht sekundengenau, sondern minutengenau abrechnet wird bzw.
   – andere Besonderheiten in seinem Tarifsystem aufweist.
3. Wählen Sie für die verschiedenen Zeitintervalle (z. B. 0–8 Uhr, 8–18 Uhr) aus Ihrer Recherche jeweils den günstigsten Anbieter raus; mit anderen Worten: Über welche Anbieter würden Sie zu welcher Zeit telefonieren?
4. Würden Sie Ihren privaten Favoriten (vorstehende Frage 3) auch dem Fast-Food-Betrieb empfehlen?
5. Finden Sie neben dem Call-by-Call-Verfahren mittels Internetrecherche noch andere Möglichkeiten heraus, die es ermöglichen, Telefonkosten im Festnetz zu sparen bzw. ist vielleicht sogar eine Komplettumstellung ausschließlich auf ein Handynetz zu empfehlen?

Erstellen Sie anhand Ihrer Recherche aus der vorstehenden Aufgabe eine Modellrechnung, wie viel Geld ein Unternehmen bei bedachter Auswahl von Telefonverfahren und -tarifen einsparen kann (stellen Sie dabei ein sehr negatives Beispiel dem von Ihnen ermittelten „besten Fall" entgegen).

# 12 Recht

## 12.1 Grundlagen

Das Recht hat die Aufgabe, das Zusammenleben der Menschen in einer staatlichen Gemeinschaft zu regeln.

Es stellt Ge- und Verbote auf, die die rechtlichen Beziehungen der Bürger untereinander sowie gegenüber dem Staat gestalten (sog. **Rechtsordnung**).

**Rechtsgebiete**

**öffentliches Recht**
- Rechtsverhältnisse zwischen den einzelnen Hoheitsträgern sowie Verhältnis zwischen Bürger und Staat (**Grundsatz der Unterordnung**), z. B. Antrag auf Erteilung einer Baugenehmigung beim zuständigen Bauamt

**Privatrecht**
- Rechtsverhältnisse der einzelnen Bürgern untereinander (**Grundsatz der Gleichordnung**), z. B. Abschluss eines Kaufvertrages

### Rechtsquellen
Die verschiedenen Erscheinungsformen des Rechts werden als Rechtsquellen bezeichnet.
Besondere **Erscheinungsformen des Rechts**:

| Geschriebenes Recht | Ungeschriebenes Recht |
|---|---|
| ▶ Verfassungsgesetze (z. B. das *Grundgesetz (GG)*)<br>▶ (einfache) Gesetze (z. B. das *Bürgerliche Gesetzbuch (BGB), Strafgesetzbuch (StGB)* u. a.)<br>▶ Rechtsverordnungen (z. B. *Straßenverkehrsordnung (StVO)*)<br>▶ Verwaltungsvorschriften (z. B. Richtlinien über das ordnungsgemäße Verfahren zur Bearbeitung von Steuererklärungen)<br>▶ Satzungen (z. B. Gemeindesatzungen bezüglich der Abfallgebühren) | ▶ Gewohnheitsrecht (z. B. dreimal hintereinander geleistete Sonderzahlungen als betriebliche Übung)<br>▶ Richterrecht (z. B. mehrfach inhaltsgleiche Rechtsprechung, z. B. im Reiserecht) |

Beeinflusst wird das Recht außerdem von den jeweils vorherrschenden sittlichen sowie moralischen Vorstellungen der Menschen. Dieser Einfluss der vorherrschenden Sitte (die in der Gemeinschaft geltenden und von allen aufgrund eigener Überzeugung eingehaltenen Anstandsregeln und Gebräuche) sowie Moral (innere Gesinnung des Menschen, die durch das Gewissen motiviert ist und gesteuert wird) kommt insbesondere in *§ 138 BGB* zum Ausdruck. Die Rechtsprechung spricht hier vom „Anstandsgefühl aller billig und gerecht Denkenden".

## 12.2 Zivil- und Vertragsrecht

### Rechtsobjekte und -subjekte

Im Rechtsverkehr werden Rechtsobjekte und Rechtssubjekte unterschieden:

**Rechtsobjekte** sind Gegenstände, die
- sowohl Sachen (körperliche Gegenstände/Dinge, § 90 BGB)
  - Bewegliche Sachen/Mobilien sind z. B. Textilien oder Stühle;
  - Unbewegliche Sachen/Immobilien sind insbesondere Grundstücke;
  - Merke: Tiere sind keine Sachen und durch besondere Gesetze (z. B. *GG, TierSchG*) geschützt; ansonsten werden die für Sachen geltenden Vorschriften entsprechend angewendet (§ 90 a BGB);
- als auch Rechte (z. B. Forderungen, Lizenzen, Patente) beinhalten.

**Rechtssubjekte** sind Personen, die von der Rechtsordnung Rechte und Pflichten auferlegt bekommen haben (sog. Träger von Rechten und Pflichten):
- **natürliche Personen** (lebende Menschen, unabhängig von ihrem Alter, Geschlecht oder ihrer Rasse, *§ 1 BGB*) sowie
- **juristische Personen** (anerkannte Personenvereinigungen oder Vermögensmassen, *§§ 21 ff. BGB*)
  - des Privatrechts (z. B. GmbH, AG) und
  - des öffentlichen Rechts (Körperschaften, Anstalten oder Stiftungen).

### Eigentum und Besitz

Über eine Sache können Rechtssubjekte als Eigentümer oder als Besitzer herrschen.
Umgangssprachlich werden Besitz und Eigentum oft verwechselt. Bei der rechtlichen Betrachtung der beiden Begriffe wird deutlich, wie wichtig die exakte Unterscheidung ist:
- **Eigentum** bezeichnet die rechtliche Herrschaft über eine Sache (*§ 903 BGB*, z. B. der Vermieter einer Wohnung) und
- **Besitz** ist die tatsächliche Herrschaft über eine Sache (*§§ 854, 858 ff. BGB*, z. B. der Mieter einer Wohnung).

## 12.2.1 Rechts- und Geschäftsfähigkeit

Rechtssubjekte sind rechtskräftig, aber nicht in jedem Fall geschäftsfähig.

**Rechtsfähigkeit** ist die Fähigkeit, Träger von Rechten und Pflichten zu sein; sie beginnt mit Vollendung der Geburt (*§ 1 BGB*) und endet mit dem Tod. (Besonderheit im Erbrecht (*§ 1923 II BGB*): Der bereits erzeugte, aber noch nicht geborene Mensch gilt als geboren und ist daher rechtsfähig; d. h., er ist demnach auch erbfähig).

Im Rechtsverkehr kann nur derjenige rechtlich wirksam handeln, der geschäftsfähig ist. Geschäftsfähigkeit beinhaltet, dass Rechtsgeschäfte selbstständig und rechtswirksam abgeschlossen werden.
- **Geschäftsfähig** ist derjenige, der das 18. Lebensjahr bereits vollendet hat, wenn keine Einschränkungen nach *§§ 104 ff. BGB* vorliegen (Die körperlich und geistig gesunde 18-jährige Anna-Marie ist voll geschäftsfähig, d. h., sie kann z. B. Verträge rechtswirksam abschließen.);
- **Beschränkt geschäftsfähig** (*§ 106 BGB*) ist, wer
  - das 7. Lebensjahr vollendet hat, aber
  - noch nicht volljährig (also 18 Jahre, *§ 2 BGB*) ist.

Die Willenserklärungen von beschränkt Geschäftsfähigen sind, bis sie durch den gesetzlichen Vertreter genehmigt werden (*§§ 107 f., 182 ff. BGB*), schwebend unwirksam.
Beispiel: Verkauft der 8-jährige Tim sein Buch an seinen Spielkameraden, so müssen Tims Eltern diesen Kaufvertrag genehmigen (= nachträglich zustimmen (*§ 184 BGB*), damit Tims Willenserklärung wirksam wird.
**Ausnahmen** davon liegen vor, wenn die beschränkt geschäftsfähige Person rechtlich wirksam handeln kann (*§§ 107, 110, 112, 113 BGB*). In diesen bestimmten Fällen können **Minderjährige** rechtswirksam handeln:
- Rechtsgeschäfte, die dem Minderjährigen lediglich einen rechtlichen Vorteil bringen (*§ 107 BGB*, z. B. wenn Tim ein Eis geschenkt bekommt);
- Rechtsgeschäfte, die im Rahmen des erhaltenen Taschengeldes des Minderjährigen liegen (*§ 110 BGB*, z. B. wenn Tim sich eine Currywurst und eine Cola kauft);
- Rechtsgeschäfte, die das bereits mit Zustimmung des gesetzlichen Vertreters abgeschlossene Arbeits- und Dienstverhältnis oder den mit der Zustimmung des gesetzlichen Vertreters sowie des Vormundschaftsgerichts genehmigten selbstständigen Betrieb eines Erwerbsgeschäfts betreffen (*§§ 112, 113 BGB*, z. B. wenn Tims Eltern bereits zugestimmt haben, dass der 17-jährige Tim eine Ausbildung zum Hotelfachmann beginnt, kann dieser in diesem Rahmen selbstständig rechtswirksame Vereinbarungen treffen);
- **Geschäftsunfähig** (*§ 104 BGB*) sind alle natürlichen Personen, die
  - das 7. Lebensjahr noch nicht vollendet haben (z. B. die 6-jährige Maja) oder
  - dauernd geistesgestört (z. B. der geisteskranke Peter) sind.

## 12.2.2 Willenserklärungen und Rechtsgeschäfte

### Willenserklärungen

Ein Rechtssubjekt nimmt am Rechtsverkehr teil, indem es einen rechtlich bedeutsamen Willen bzw. Entschluss fasst und diesen auch erklärt (sog. Willenserklärung):

Eine **Willenserklärung (WE)** stellt somit eine Äußerung des Willens einer Person mit dem Ziel dar, etwas rechtlich Erhebliches zu bewirken, nämlich Rechtsgeschäfte zu begründen, zu ändern oder zu beenden. Sie kommen durch
- ausdrückliche Äußerung (mündliche, schriftliche, telefonische),

## 1 Zivil- und Vertragsrecht

- bloßes Handeln (z. B. Kopfnicken, Kopfschütteln, Einsteigen in ein Taxi oder Zeigen auf Ware) oder auch
- speziell unter Kaufleuten durch Schweigen zustande (§ 362 HGB; im allgemeinen Rechtsverkehr gilt Schweigen in der Regel als Ablehnung, §§ 108 (2), 146, 147 BGB).

Willenserklärungen sind Voraussetzungen aller Rechtsgeschäfte:
- Liegen zwei Willenserklärungen vor, die inhaltlich übereinstimmen und einander rechtzeitig zugehen, so liegt ein Vertrag (mehrseitiges Rechtsgeschäft) vor:
  ▷ Der Antrag ist die erste Willenserklärung und
  ▷ die Annahme die zweite Willenserklärung.
- Bei einseitigen Rechtsgeschäften gibt allein die handelnde Person eine Willenserklärung ab:

▷ Ist die jeweilige Willenserklärung empfangsbedürftig (z. B. die Kündigung oder der Rücktritt), so muss sie dem anderen auch zugegangen sein, um rechtswirksam zu werden.
▷ Ist die Willenserklärung nicht empfangsbedürftig (z. B. das Testament oder die Auslobung[1]), so ist die Willenserklärung bereits mit erfolgter Abgabe rechtswirksam.

Die von **Geschäftsunfähigen** abgegebenen Willenserklärungen sind nichtig, d. h., sie haben keine rechtlichen (Aus-)Wirkungen.

Rechtsgeschäftlich wirksam handeln können Geschäftsunfähige allein durch einen gesetzlichen Vertreter (§ 104 BGB, Nr. 1, z. B. ist die Willenserklärung des 5-jährigen Leon nichtig und hat keine rechtlich erhebliche Bedeutung).

**Rechtsgeschäfte**

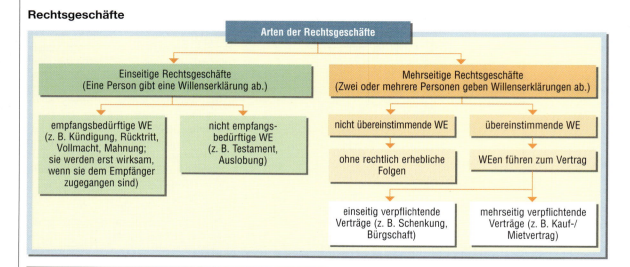

### 12.2.3 Wichtige Vertragsarten in der Systemgastronomie

Zu den im Gastgewerbe bedeutsamen Vertragsarten zählen:

| Veräußerungsverträge | Betätigungsverträge | Überlassungsverträge |
|---|---|---|
| • *Kaufvertrag* – §§ 433–479 BGB Veräußerung von Sachen oder Rechten gegen Entgelt, z. B. Kauf von Betten<br>• *Bewirtungsvertrag* z. B. ein Gast speist im Restaurant<br>• *Bierlieferungsvertrag* z. B. ein Gastwirt verpflichtet sich, bei einer Brauerei Getränke abzunehmen | • *Werkvertrag* – §§ 631–650 BGB Herstellung oder Veränderung einer Sache oder ein anderer durch Dienstleistung gegen Entgelt herbeizuführender Erfolg, z. B. Nachstellen der Ventile am Auto<br>• *Dienstvertrag* – §§ 611–630 BGB Leistung von Diensten gegen Entgelt = meist Arbeitsvertrag<br>• *Gesellschaftsvertrag* – §§ 705–740 BGB Regelung der Zusammenarbeit von Geschäftsteilhabern | • *Darlehensvertrag* – §§ 488–490, 607–609 BGB Entgeltliche oder unentgeltliche Überlassung von Geld (§ 488 BGB) oder Sachen (§ 607 BGB) zum Gebrauch, Verbrauch und Rückgabe von Sachen gleicher Art, Güte und Menge, z. B. Aufnahme eines persönlichen Kleinkredits bei einer Bank, Überlassung eines Kartons Eier |

---

[1] Auslobung = Wenn z. B. in einer Zeitung eine Anzeige mit folgendem Inhalt aufgegeben wird: „Grün-gelber Wellensittich verschwunden. Bei Rückgabe des Vogels werden 100,00 € gezahlt."

| Veräußerungsverträge | Betätigungsverträge | Überlassungsverträge |
|---|---|---|
| • *Tauschvertrag* – § 480 BGB gegenseitige Überlassung von Sachen oder Rechten, z. B. Tausch eines Motorrades gegen einen Pkw<br><br>**Besonderheit:**<br><br>• *Verbrauchervertrag* Vertrag zwischen einem Unternehmer und einem Verbraucher, wobei die allgemeinen Vorschriften des *BGB* sowie ergänzende besondere gesetzliche Vorschriften Anwendung finden<br><br>Darunter fallen: Haustürgeschäfte (§§ 312, 312a BGB), Fernabsatzvertrag (§§ 312b ff. BGB), Teilzahlungsgeschäft (§§ 501 ff. BGB), Ratenlieferungsvertrag (§ 505 BGB), Verbrauchsgüterkauf (§§ 474 ff. BGB) sowie verbundene Verträge (§§ 358 f. BGB) | • *Maklervertrag* – §§ 652–655 BGB, §§ 93ff. HGB z. B. Vermittlung einer Gaststätte, eines Grundstücks<br>• *Verwahrungsvertrag* – §§ 688–700 BGB entgeltliche oder unentgeltliche Aufbewahrung einer beweglichen Sache; Rückgabe auf Verlangen<br>• *Versicherungsvertrag* – §§ 1 ff. VVG Antrag des Versicherungsnehmers und Annahme des Versicherers/Versicherungsunternehmen; die Annahme erfolgt durch schriftliche Bestätigung oder Aushändigung des Versicherungsscheins (Police) seitens des Versicherers<br>• *Überweisungsvertrag* – §§ 676a–c BGB Verpflichtung des überweisenden Kreditinstituts gegenüber dem Überweisenden (derjenige, der die Überweisung veranlasst hat), dem Begünstigten, also dem Zahlungsempfänger, einen bestimmten Geldbetrag zur Gutschrift auf dessen Konto beim überweisenden Kreditinstitut zur Verfügung zu stellen und bei dieser Überweisung Angaben zur Person des Überweisenden sowie den Verwendungszweck mitzuteilen<br>• *Zahlungsvertrag* – § 676d BGB Verpflichtung eines zwischengeschalteten Kreditinstituts gegenüber einem anderen Kreditinstitut, i. R. d. Überweisungsverkehrs einen Überweisungsbetrag an ein weiteres Kreditinstitut oder Kreditinstitut des Begünstigten weiterzuleiten<br>• *Girovertrag* – § 676f BGB Verpflichtung des Kreditinstituts, für den Kunden ein Konto einzurichten, eingehende Zahlungen dem Konto gutzuschreiben und abgeschlossene Überweisungsverträge zulasten des Kontos abzuwickeln, wobei weitergeleitete Angaben zur Person des Überweisenden und der Verwendungszweck aufgeführt werden müssen<br>• *Reisevertrag* – § 651a-k BGB Gegenstand ist das entgeltliche Erbringen von Reiseleistungen – der Reisende ist verpflichtet, den vereinbarten Reisepreis zu zahlen | • *Mietvertrag* – §§ 535–580a BGB entgeltliche Überlassung von Sachen zum Gebrauch, z. B. Autovermietung<br>• *Beherbergungsvertrag* z. B. ein Gast übernachtet in einem Hotel<br>• *Pachtvertrag* – §§ 581–597 BGB entgeltliche Überlassung von Sachen und Rechten zum Gebrauch, z. B. Pacht einer Gaststätte<br>• *Leihvertrag* – §§ 598–606 BGB z. B. unentgeltliche Überlassung des eigenen Pkws für eine bestimmte Fahrt<br>• *Leasingvertrag* gesetzlich nicht geregelter Vertrag, der sowohl Bestandteile des Miet- als auch des Kaufvertrags enthält: Der Leasinggeber überlässt dem Leasingnehmer eine Sache gegen ein Entgelt dauerhaft zum Gebrauch (Leasingvertrag), wobei Sachmängelgewährleistung regelmäßig ausgeschlossen wird. Des Weiteren trägt der Leasingnehmer die Preis- und Sachgefahr und der Leasinggeber tritt nach Kauf der Sache bei einem Dritten (Hersteller oder Lieferanten) die Ansprüche aus diesem Kaufvertrag dem Leasingnehmer ab; mögliche Leasingformen sind Finanzierungs-, Operating- und Herstellerleasing<br>• *Schenkungsvertrag* – §§ 516–534 BGB unentgeltliche Zuwendung von Sachen und Rechten |

(Dettmer, Hausmann (Hrsg.): Wirtschaftslehre für Hotellerie und Gastronomie, Hamburg 2009, S. 91 f.)

## Bewirtungsvertrag

Im Folgenden sollen typische gastronomiebezogene und dort gebräuchliche Vertragsarten kurz näher erläutert werden:

Der **Bewirtungsvertrag** ist im BGB nicht gesondert geregelt und setzt sich im Wesentlichen aus Elementen des

▶ Kaufvertrags,
▶ Werkvertrags,
▶ Mietvertrags sowie
▶ Dienstvertrags

zusammen, sodass bei auftretenden Störungen des jeweils betroffenen Vertragsverhältnisses die entsprechenden Rechtsvorschriften zur Anwendung kommen.

Beispiel: Sind bei der servierten Suppe die Störungen erfolgt, so ist das Kaufvertragsrecht betroffen. Soll eine ganz bestimmte Hochzeitstorte zu dem entsprechenden Anlass hergestellt werden, so findet das Werkvertragsrecht Anwendung. Hat der Gast Beanstandungen bezüglich des angemieteten Ballsaals, so ist auf das Mietrecht zurückzugreifen.

# Zivil- und Vertragsrecht

Beim Abschluss des Bewirtungsvertrages besteht grundsätzlich die im bürgerlichen Recht verankerte Vertragsfreiheit, d. h., der Gastronom kann entscheiden, mit wem und welchen Inhalten er einen Bewirtungsvertrag abschließen möchte, z. B. Ablehnung der Bewirtung gewalttätiger Gäste oder Einlass nur in Abendgarderobe.

- Eine Grenze findet die Vertragsfreiheit in der Sittenwidrigkeit, d. h. wenn ein Gastwirt einen Gast aufgrund seiner Hautfarbe nicht bewirten will.
- Eine weitere Einschränkung der Vertragsfreiheit erfolgt durch das *Allgemeine Gleichbehandlungsgesetz (AGG)*, wonach kein Mensch wegen seines Geschlechts, Alters, Behinderung, sexuellen Ausrichtung, Rasse, ethnischen Herkunft, Religion oder Weltanschauung benachteiligt werden darf, z. B. Abweisung eines „störenden, unansehnlichen, behinderten Menschen".

**Rechten und Pflichten**
**Dem Gastwirt** obliegt die Pflicht, die bestellten Speisen und Getränke innerhalb einer angemessenen Zeit und entsprechenden Art und Weise zu servieren.
Er hat das Recht, spätestens beim Verlassen der Räumlichkeiten durch den Gast die Bezahlung der von diesem konsumierten Speisen und Getränke zu verlangen.

**Der Gast** hat die Pflicht, den vereinbarten bzw. in der Speisen- und Getränkekarte aufgeführten Preis zu zahlen.
Er hat das Recht, die ihm servierten mangelhaften Speisen und Getränke ohne Zahlungsverpflichtung zurückzugeben.
Kommt der Gast seiner Zahlungsverpflichtung nicht nach, so macht er sich der „Zechprellerei" schuldig; allerdings ist nicht jeder Gast, der die Zahlung für konsumierte Speisen und Getränke nicht sofort begleicht bzw. die Räumlichkeiten verlässt, ein Betrüger. Der Gastwirt hat ihm vielmehr jeweils die Betrugsabsicht nachzuweisen.

## Bankettvereinbarungen und Catering

In Bezug auf den Abschluss von Bewirtungsverträgen gelangen sog. **Bankettvereinbarungen** zu immer größerer Bedeutung. Das „Bankett" kommt aus dem Französischen und bedeutet soviel wie „Festmahl" oder „Gastgelage"; es stellt eine gemeinsame Mahlzeit mit in der Regel mehreren Gängen – auch in Büfettform – im feierlichen Rahmen dar und erfolgt gewöhnlich mit festlicher Kleiderordnung in bestimmten gestellten Räumlichkeiten. Über die eigentlichen Vertragsinhalte des Bewirtungsvertrages hinaus werden dabei detaillierte Vereinbarungen getroffen, die die Räumlichkeiten selbst und deren Ausstattung und Dekoration, die Teilnehmerzahl, die Menüplanung sowie Preiskalkulation, Rahmenprogramme und Termine betreffen.

Gleichsam ist das **Catering**, die bestellte Versorgung mit Speisen und Getränken, wobei am bekanntesten dabei der Partyservice – Lieferung der Speisen z. B. nach Hause – ist, von stetig wachsendem Interesse. Für private oder auch geschäftliche Anlässe wird eine professionelle Versorgung mit Speisen und Getränken, Equipment und Service angeboten.

**Leistungsstörungen**
Leistungsstörungen beim Bewirtungsvertrag können unterschiedlich sein:

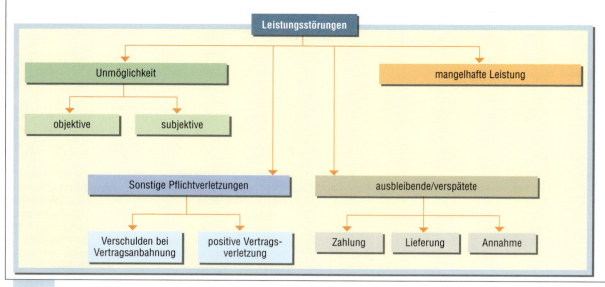

# Zivil- und Vertragsrecht

## Leistungsstörungen im Gastgewerbe

**Beispiele**

- **Objektive Unmöglichkeit** (z. B.: Die absolut letzte Flasche Merlot des Jahrgangs 1958 ist zerbrochen.) sowie **subjektive Unmöglichkeit** (z. B.: Der letzte Hasenbraten ist dem Koch Karl Konstruck verbrannt; der benachbarte Gastronom Gruber hat den gleichen Hasenbraten noch im Lager.)
- **Mangelhafte** (insbes. Verdorbene, ungenießbare oder nicht fachgerecht zubereitete) Speisen oder Getränke (z. B. Wein mit darin schwimmenden Korken, zu warmer Wein) sowie **das Fehlen zugesicherter Eigenschaften** (wie bestimmte Fleisch- oder Fischsorte, Glutamat- oder Zuckerlosigkeit, vegetarische, Diät- sowie Diabetikerkost usw.)
- **Ausbleibende/verspätete Zahlung** (z. B.: Nach dem Verzehr der bestellten Speisen und Getränke bezahlt der Gast den vereinbarten Preis nicht.), **ausbleibende/verspätete Lieferung** (z. B.: Die Schweinefüße werden zwei Wochen später als vereinbart geliefert.) sowie **ausbleibende/verspätete Annahme** (z. B.: Der Gastronom Liebert macht für drei Wochen unangekündigte Betriebsferien und nimmt die vereinbarte Lieferung Garnelenschwänze nicht an.)
- **Verschulden bei Vertragsanbahnung** (z. B.: Bei Vertragsverhandlung – noch vor Vertragsabschluss – zwischen dem Gastronomen und einem Weinhändler beschädigt dieser versehentlich das Mobiliar des Gastronomen.) und **positive Vertragsverletzung** (z. B.: Die Aushilfe beschmiert den Gast, kurz bevor dieser das Restaurant verlassen hat, versehentlich mit Sahnekuchen, den sie einem anderen Gast servieren möchte.)

## Folgen von Leistungsstörungen

**Beispiele**

- **Nacherfüllung** (z. B. die Reparatur einer Sache unter Setzung einer angemessenen Frist. Die Nacherfüllung ist ausgeschlossen, wenn es sich um eine gebrauchte Sache handelt, die Sache einmalig ist oder die Sache vollständig zerstört ist.)
- **Neulieferung**, auch Ersatzlieferung oder Umtausch: Wenn die Nacherfüllung teurer gewesen wäre, gibt es die Möglichkeit der Lieferung eines mangelfreien Ersatzes (z. B.: Der bestellte und gelieferte Kühlschrank ist defekt und dessen Reparatur wäre um ein Vielfaches teurer als die Kosten für die Lieferung eines neuen Kühlschranks.)
- **Minderung des Preises** (z. B.: Ist die neu erworbene Zapfanlage z. B. defekt, so kann der Preis für diese Anlage um einen angemessenen Betrag gemindert werden; der Vertrag bleibt bestehen, der zu zahlende Betrag wird entsprechend vermindert.)
- **Ist der Mangel** auch nach zweimaliger Nacherfüllung (Nachbesserung) **nicht beseitigt** oder eine Nacherfüllung unmöglich, so kann auch vom Vertrag zurückgetreten werden, wobei der Kaufgegenstand sowie das gezahlte Geld wieder zurückgegeben werden.
- **Schadensersatz**: Dabei ist zwischen Schadensersatz anstelle der gesamten Leistung (z. B. anstelle der Lieferung der Ware) und einem solchen, der zusätzlich neben der gewährten Leistung besteht, zu unterscheiden; Ersatz von Kosten für eine eventuelle Eigenreparatur kleiner Schäden, Ersatz von Produktionsausfall, zeitlich befristete Ersatzbeschaffung oder Ersatz der vergeblichen Aufwendungen/Anschaffungen, die im Zusammenhang mit dem Vertrag erfolgt sind.

## Kulanz

Unter Kulanz ist allgemein das Entgegenkommen zwischen Vertragspartnern nach Abschluss des Vertrages zu verstehen. Es geht speziell um die Gewährung von Reparatur- und Serviceleistungen bei Handelsgütern auf freiwilliger Basis nach Ablauf der gesetzlichen oder individualvertraglichen Gewährleistungsverpflichtungen. Es geht insbesondere auch um Kundenbindung, d. h., ohne dass aus rechtlicher Sicht eine Verpflichtung besteht, wird es als sinnvoll angesehen, den Gast z. B. zufriedenzustellen, um ihn als Gast zu behalten und diesen künftig wieder bewirten zu können.

Beispiel: Nach einer unberechtigten Beschwerde des Gastes, der servierte Rotwein hätte nicht die versprochenen Qualitäten, serviert der Gastwirt dem Gast dennoch ein weiteres Glas qualitativ hochwertigen Weins auf Kosten des Hauses.)

## Bierlieferungsvertrag

Der Bierlieferungsvertrag ist in seinem Kern ein **Sukzessivlieferungsvertrag** zwischen einer Brauerei als Bierlieferanten und einem Gastronomen als Abnehmer und Weiterverkäufer. Ähnlich ist es bei der Getränkebezugsverpflichtung zwischen Getränkefachgroßhändler und Gastronomen.

Der **Bierlieferungsvertrag** besteht im Wesentlichen aus Elementen des
- Kaufvertrages (Sukzessivlieferungsvertrag)
- Darlehensvertrages
- Pachtvertrages

Der Gastronom verpflichtet sich dabei, über einen bestimmten Zeitraum seinen gesamten Bedarf (Bier, alkoholfreie Getränke usw.) ausschließlich von dieser Brauerei zu beziehen. In der Regel werden eine Mindestbezugsmenge sowie ein bestimmter, meist über dem Marktpreis liegender Preis festgelegt.

Die wirtschaftlichen Gründe für den Abschluss sowie inhaltliche Ausgestaltungen des Bierlieferungsvertrages sind vielfältig. Meist steht die Darlehensfunktion des Vertrages jedoch im Vordergrund. Denn im Gegenzug für die langfristige Liefer- bzw. Bezugsverpflichtung wird dem Gastronomen von der Brauerei ein in der Regel sehr zinsgünstiges Darlehen zur Verfügung gestellt. Typischerweise ist die Brauerei dabei auch gleichzeitig Verpächterin der Gaststätte und des dazugehörigen Inventars, bzw. der Schankanlage, des Mobiliars usw. Damit verschafft sich der Gastronom eine Finanzierungsfunktion und die Brauereien eine langfristige Sicherung ihres Absatzes. In Deutschland sind mehr als die Hälfte aller Gastronomieobjekte „brauereigebunden".

Der Liefervertrag kann sich inhaltlich lediglich auf einen Teil seines Getränkebezugsbedarfs, z. B.

ausschließlich Bier, beschränken oder aber auch die zusätzliche Abnahme anderer Getränke (z. B. alkoholfreie Getränke) umfassen. Letzteres wird als Ausschließlichkeitsvertrag oder Alleinbezug bezeichnet.

Für den Gastronomen bedeutet der Abschluss eines langfristigen Bierlieferungsvertrages allerdings eine enorme Einschränkung seiner unternehmerischen Freiheit, da er sich über einen langen Zeitraum an die Qualität und den Service der jeweiligen Brauerei bindet, und es erschwert ihm, angemessen auf ein geändertes Nachfrageverhalten seiner Gäste reagieren zu können. Die Bezugspflicht des Gastwirts bleibt z. B. trotz u. U. bereits erfolgter Rückzahlung des Darlehens bestehen; verstößt der Gastwirt – insbesondere bei Fremdbezug – gegen Regelungen des Bierlieferungsvertrages, so drohen ihm hohe Vertragsstrafen. Ein möglicherweise bestehendes Missverhältnis zwischen Leistung und Gegenleistung – in der Regel ist die Brauerei der stärkere Vertragspartner – kann im Extremfall bis zur vertraglichen Knebelung reichen. Dieses soll auf nationaler Ebene – dem deutschen Recht – durch die Sittenwidrigkeit gemäß *§ 138 BGB* sowie auf europarechtlicher Ebene durch entsprechende EU-Verordnungen verhindert werden.

Der Bierlieferungsvertrag endet durch eine wirksam erklärte Kündigung oder durch Ablauf der vereinbarten Vertragslaufzeit; darüber hinaus können die Parteien das Vertragsverhältnis aber auch verlängern.

## Miet- und Pachtvertrag

Miete und Pacht sind im *Bürgerlichen Gesetzbuch* detailliert geregelt. Während bei der **Miete** leere Räume zur Verfügung gestellt werden, heißt **Verpachtung** die Gebrauchsüberlassung und Fruchtziehung auf Zeit, d. h., der **Pächter** kann über den erwirtschafteten finanziellen Ertrag verfügen. Die unterschiedlichen gesetzlichen Regelungen für ein Miet- bzw. Pachtverhältnis, über die jeder Gastronom informiert sein sollte, werden nachstehend gegenübergestellt. Auf die Pacht finden die wesentlichen Vorschriften des Mietrechts Anwendung.

| Vertragsarten<br>Merkmale | Miete (§§ 535 ff. BGB) | Pacht (§§ 581 ff. BGB) |
|---|---|---|
| **Vertragspartner** | Mieter – Vermieter (= Eigentümer) | Pächter – Verpächter (= Eigentümer)<br>Zu beachten: alle Vertragspartner haften |
| **Vertragsgegenstand** | Überlassung einer Sache zum Gebrauch, zur Benutzung (z. B. Wohnung) | Überlassung eines Grundstücks oder Rechts oder von mit Inventar ausgestatteten Räumen zur Nutzung |
| **Kündigung** | nur zum Ablauf eines Kalendervierteljahres möglich – letzter Kündigungstermin am dritten Werktag eines Kalendermonats zum Ende des übernächsten Monats | wenn nichts anderes vereinbart wurde, ist sie nur zum Schluss eines Pachtjahres zulässig, Beispiel: Beginn des Pachtjahres 01.06.20.. ⇒ letzter Kündigungstermin am dritten Werktag des Halbjahres, in dem das Pachtverhältnis enden soll = 03.09.20..; in der Regel ein Vierteljahr zum Quartalsende |
| **Untervermietung/ Unterverpachtung** | möglich, bedarf jedoch der Zustimmung des Vermieters ⇒ Mieter steht Kündigungsrecht zu bei Verweigerung der Erlaubnis zur Untervermietung | Versagung durch Verpächter möglich, wenn sie nicht im Vertrag vorgesehen, ohne dass deshalb der Pächter kündigen kann |
| **Pfandrecht** | des Vermieters an den vom Mieter (in die Mieträume) eingebrachten Sachen | ist für die Forderungen des Pächters gegen den Verpächter bezüglich des mitverpachteten Inventars gegeben |
| **Gerichtsstand** | bei Streitigkeiten zwischen Vermieter und Mieter ist – ohne Rücksicht auf den Wert des Streitgegenstandes – grundsätzlich das Amtsgericht zuständig (über Wohnraum, über Bestand – § 23 Nr. 2a GVG) | bei Streitigkeiten zwischen Verpächter und Pächter, deren Streitwert 5 000,00 € nicht übersteigt (§ 23 Nr. 1 GVG), ist das Amtsgericht, darüber das Landgericht zuständig (§ 71 GVG) |

## Leasingvertrag

Der Leasingvertrag beinhaltet eine Sachkreditgewährung gegen Zahlung eines bestimmten Mietpreises und stellt rechtlich beleuchtet einen gemischten Vertrag dar, der sich zusammensetzt aus Elementen von

Die Beteiligten am Leasinggeschäft heißen **Leasinggeber** (z. B. Brauerei) und **Leasingnehmer** (= Gastronom/Hotelier). Zwischen ihnen wird ein **Leasingvertrag** geschlossen, der den Leasinggeber zur Nutzungsüberlassung und den Leasingnehmer zur Zahlung der Leasingraten verpflichtet. Der Leasinggeber berechnet die Leasingraten so, dass darin die Abschreibungen, die Verzinsung des Kapitaleinsatzes und ein Risikozuschlag für Ausfälle sowie die Wartungskosten enthalten sind, sofern er die Wartung übernimmt. Der Leasingnehmer hat das Recht, das Gerät nach einer vereinbarten Zeit zurückzugeben, es unter Anrechnung eines Teils des Mietpreises zu erwerben oder gegen ein modernes Gerät auszutauschen. Der Leasinggeber bleibt bis zum eventuellen Erwerb Eigentümer des geleasten Gegenstandes.

| Leasing | |
|---|---|
| **Vorteile für Leasingnehmer:**<br>• Erhaltung des Kreditspielraums<br>• Leasingraten sind Betriebsausgaben<br>• Rationalisierung der Verwaltung<br>• Keine Überalterung der Anlagen<br>• Flexible Investition durch eventuelle Rückgabe | **Vorteile für den Leasinggeber:**<br>• Zusatzgeschäfte durch Wartung<br>• Dauerhafter und enger Kundenkontakt |
| **Nachteile für Leasingnehmer:**<br>• Belastung der Liquidität durch monatliche Zahlungsverpflichtung, u. U. höhere Kosten als bei einem Kauf | **Nachteile für den Leasinggeber:**<br>• Risiko der Vertragskündigung<br>• Mangelnde Verwertungsmöglichkeiten bei Spezialmaschinen |

### 12.2.4 Formvorschriften

Grundsätzlich wird für Rechtsgeschäfte keine besondere Form verlangt (**Formfreiheit**). Aus Beweisgründen ist es jedoch sinnvoll, Verträge schriftlich festzuhalten.

In einigen Fällen ist die Form vorgeschrieben, d. h., bestimmte Verträge, an die besondere Rechte und Pflichten geknüpft sind, müssen schriftlich festgehalten werden. (Dieses dient dem Übereilungsschutz und hat Warn-, Belehrungs-, Klarstellungs- und Beweisfunktion.)

Ist die Schriftform für das beabsichtigte Rechtsgeschäft gesetzlich vorgeschrieben, aber nicht eingehalten worden, so ist das gesamte Rechtsgeschäft nichtig (§ 125 BGB), es hat also keinerlei rechtliche Auswirkungen.

# 1 — Zivil- und Vertragsrecht

## 12.2.5 Anfechtung und Nichtigkeit von Rechtsgeschäften

Wirksame Rechtsgeschäfte können angefochten werden und rückwirkend (also mit Wirkung für die Vergangenheit bzw. von Anfang an) nichtig werden *(§ 14 BGB)*.

- Es bedarf einer neuen Willenserklärung, die die Anfechtung beinhaltet *(§ 143 BGB)*.
- Als Anfechtungsgrund kommen folgende bei Abgabe der ursprünglichen, auf den Abschluss des Vertrages gerichteten Willenserklärung aufgetretene Fehler infrage:
  - wesentlicher Irrtum in der Person, Erklärung oder Übermittlung *(§§ 119, 120 BGB,* z. B. Versprechen (Grün anstelle von Gelb genannt)),
  - bei bestandener widerrechtlicher Drohung *(§ 123 BGB,* z. B. Androhen von Schlägen) sowie
  - bei erfolgter arglistiger Täuschung *(§ 123 BGB,* z. B. wird beim Kauf eines Gebrauchtwagens ein Unfall verschwiegen);
  - keine Anfechtungsgründe sind Motiv- oder Kalkulationsirrtümer (z. B. bei Rechenfehlern).
- Die Anfechtung muss unverzüglich, d. h. ohne schuldhaftes Verzögern, nach der Entdeckung des Irrtums erfolgen *(§§ 121, 124 BGB)*.

Alle Rechtsgeschäfte sind bis zur Anfechtung voll wirksam. Wird jedoch ein anfechtbares Rechtsgeschäft angefochten, so ist es als von Anfang an nichtig anzusehen *(§ 142 BGB)*.

Demgegenüber sind nichtige Rechtsgeschäfte von Anfang an, d. h. auch ohne dass eine besondere Erklärung erfolgt ist, ungültig bzw. haben keine rechtlichen Auswirkungen.

Dieses ist insbesondere der Fall bei:
- Geschäften mit geschäftsunfähigen Personen *(§ 105 BGB,* z. B. Abschluss des Kaufvertrages mit einem zu diesem Zeitpunkt Volltrunkenen),
- Geschäften, bei denen die (gesetzlich) vorgeschriebenen Formvorschriften nicht eingehalten worden sind *(§ 125 BGB,* z. B. beim Kauf eines Hauses ohne notarielle Beurkundung),
- Geschäften, die gegen die guten Sitten verstoßen *(§ 138 BGB,* z. B. bei Wucherpreisen),
- Scherz- oder Scheingeschäften *(§§ 117, 118 BGB,* z. B. Verträge, die nur zum Scherz bzw. nicht ernst gemeint gewesen sind oder nur zum äußeren Schein abgeschlossen worden sind, die Vertragspartner sich aber nicht wirklich rechtlich binden wollten) sowie
- Geschäften, die ihrem Inhalt nach gegen ein gesetzliches Verbot verstoßen *(§ 134 BGB,* z. B. bei Rauschgiftgeschäften).

## 12.2.6 Verjährung von Ansprüchen

Ein Anspruch aus einem Rechtsgeschäft, z. B. aus einem Kaufvertrag, insbes. Zahlung des vereinbarten Kaufpreises, kann allerdings auch verjähren.

- Ein Anspruch beinhaltet das Recht, von einem anderen ein Tun oder Unterlassen zu verlangen *(§ 194 BGB)*.
- Unter Verjährung ist der Ablauf von Fristen zu verstehen, innerhalb derer ein Anspruch gerichtlich mit Erfolg geltend gemacht werden kann (nicht, dass der Anspruch nicht mehr besteht); dies dient der Rechts- und Beweissicherheit und soll eine möglichst zeitnahe und reibungslose Abwicklung der Rechtsgeschäfte bewirken.
- Nach Ablauf der jeweiligen Verjährungsfrist kann der Schuldner die sog. „Einrede der Verjährung" erheben, der Schuldner kann die von ihm noch zu erbringende Leistung aufgrund eingetretener Verjährung verweigern.
- Die regelmäßige Verjährungsfrist beträgt drei Jahre *(§ 195 BGB)*, wovon diverse andere Verjährungsfristen abweichen (z. B. *§§ 196 ff., 438, 634 a BGB*).
- Die Verjährung kann durch bestimmte Ereignisse gehemmt werden *(§ 209 BGB)*, z. B. durch die Zustellung eines Mahnbescheides im Rahmen des Mahnverfahrens oder sogar ganz neu beginnen *(§ 212 BGB)*, z. B. durch Anerkennung eines Anspruchs durch Zahlung darauf.

## 12.2.7 Haftung

Das *Bürgerliche Gesetzbuch (BGB)* unterteilt die Haftung in:
- **Haftung für eigenes Handeln**, d. h. aus vertraglichem *(§ 276 BGB)* wie gesetzlichem Schuldverhältnis *(§§ 823, 826 BGB)* und
- **Haftung für fremdes Handeln**, d. h. aus vertraglichem *(§ 278)*, sog. Haftung für Erfüllungsgehilfen wie gesetzlichem Schuldverhältnis *(§ 831 BGB)*, sog. Haftung für Verrichtungsgehilfen.

### Haftung für fremdes Handeln

Der Gastronom haftet somit nicht nur für eigenes Handeln wie Unterlassen, sondern auch für das Handeln seines Personals, durch das dem Gast ein Schaden zugefügt wurde. Dies gilt mit einigen Unterschieden sowohl für Handeln aus Vertrag sowie aus Gesetz.
- Auch der Systemgastronom haftet aus vertraglicher Grundlage für sein zur Erfüllung seiner Verbindlichkeiten eingesetztes Personal, z. B. dem Servieren seiner Speisen und Getränke, sog. Erfüllungsgehilfe, wobei er für dessen Verschulden (Vorsatz und Fahrlässigkeit) einzustehen hat.

▶ Bei der gesetzlichen Haftung besteht die Haftung des Systemgastronoms dann, wenn der sog. Verrichtungsgehilfe in Ausführung seiner für den Inhaber vorzunehmenden Verrichtung – nicht nur bei Gelegenheit der Verrichtung – eine unerlaubte Handlung *(§ 823 BGB)* begeht. Diese Haftung entfällt jedoch, wenn dieser nachweisen kann, dass er den Verrichtungsgehilfen sorgfältig ausgesucht, bei der Leitung der Verrichtung oder Auswahl bzw. Beschaffung der Gerätschaften sorgfältig gehandelt oder der eingetretene Schaden auch bei Anwendung der erforderlichen Sorgfalt eingetreten wäre.

### Garderobenhaftung

Bei der Garderobenhaftung ist zwischen Beherbergungs- sowie Schank- und Speisewirt zu unterscheiden. Während für den Beherbergungswirt speziell die verschuldensunabhängige (strenge) Haftung für eingebrachte Sachen gemäß *§§ 70 ff. BGB* zur Anwendung kommt (Die mitgebrachte Garderobe gilt als eingebrachte Sache.), haftet der Schank- und Speisewirt lediglich nach den allgemeinen Vorschriften, d. h. nur bei Verschulden.

Die Haftung kann sich ergeben aus
▶ einem selbstständigen (entgeltlichen wie unentgeltlichen) Verwahrungsvertrag, z. B. im Fall einer kostenpflichtigen, bewachten Garderobe mit entsprechenden Marken
oder
▶ als Nebenpflicht aus dem Bewirtungsvertrag (sog. Obhutspflicht), z. B. wenn der Gast gebeten wird, seinen Mantel in einem von ihm nicht einzusehenden Nebenraum aufzuhängen.

### 12.2.8 Fundsachen

Nicht selten passiert es, dass Gegenstände in der Gaststätte zurückbleiben. Dabei ist zu unterscheiden, ob die Gegenstände liegen geblieben (versehentlich zurückgelassene Gegenstände, wobei sich der Gast erinnert, wo er sie liegen gelassen hat) oder verloren (Gegenstände, die unfreiwillig und zufällig weggekommen sind, ohne dass sich der Gast erinnern kann, wo *(§§ 965 ff. BGB)*).

**Liegen gebliebene Gegenstände** gehen sofort in den Besitz des Gastwirts über, wenn sie entdeckt werden; Eigentümer des verlorenen Gegenstandes bleibt aber der „Liegenlasser".
Der Gastwirt muss den Eigentümer – sofern bekannt – benachrichtigen und den Gegenstand zunächst verwahren und bei Abholung herausgeben. Die Kosten einer möglichen Nachsendung sind vom Eigentümer zu tragen.

Ist der Eigentümer unbekannt, so hat der Gastwirt den Gegenstand ein halbes Jahr aufzubewahren; meldet sich innerhalb dieses Zeitraums keiner, so ist der Gegenstand wie ein Fund zu behandeln.

Werden **verlorene Gegenstände** entdeckt und in Besitz genommen, so liegt ein Fund vor. Der Gastwirt wird sein Personal anweisen, alle entdeckten verlorenen Gegenstände an sich zu nehmen und bei ihm oder dem jeweils Dienst habenden leitenden Angestellten abzugeben, sodass der Gastwirt stets aus rechtlicher Sicht Finder ist und ihm daher alle Rechte und Pflichten aus dem Fund zustehen. Diese Rechte und Pflichten sind im Detail den *§§ 965 ff. BGB* zu entnehmen; dabei sind insbesondere der Finderlohn – 3 bzw. 5 % – sowie das Recht des Gastwirts auf Aufwendungsersatz besonders zu erwähnen.

### 12.2.9 Automatenaufstellungsvertrag

Die Aufstellung von Automaten in Gaststätten hat stark an Bedeutung gewonnen. Grundsätzlich sind dabei drei Arten von Automaten zu unterscheiden:

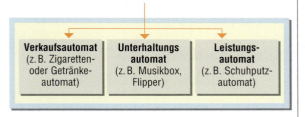

Bei der Aufstellung von Automaten ist zunächst zu beachten, ob die Aufstellung einer Genehmigung bedarf oder nicht. Des Weiteren ist der Verkauf von Tabakwaren an Personen unter 18 Jahren sowie der Verkauf von Branntwein oder stark branntweinhaltigen Genussmitteln aus Automaten verboten.

Bei den **Spielautomaten** bleiben die Automatenaufsteller, mit denen der Gastwirt einen Automatenaufstellungsvertrag abschließt, die Eigentümer des jeweiligen Automaten. Dieser Vertrag ist ein Gestattungsvertrag, in dem sich der Gastwirt verpflichtet, in seinen Gaststättenräumen an einem gemeinsam festgelegten Platz den jeweiligen Automaten aufzustellen. Dafür verpflichtet sich der Aufsteller, dem Gastwirt ein Entgelt in Form einer prozentualen Umsatzbeteiligung (z. B. 35 % des Umsatzes) zu gewähren. Der Vertrag kann den Einjahreszeitraum übersteigen und kommt auch bei einem nur mündlich erfolgten Vertragsabschluss rechtswirksam zustande. Aus Beweisgründen ist der schriftliche Vertragsabschluss aber zu raten.

# 1 Handels- und Gesellschaftsrecht

## Aufgaben

1. Die 16-jährige Maja möchte sich einen Laptop kaufen. Unter welchen Umständen kann Maja als beschränkt geschäftsfähige Person eine rechtswidrige Willenserklärung (eine Äußerung des Willens einer Person mit dem Ziel, etwas rechtlich Erhebliches zu bewirken) abgeben?
2. Cindy verleiht ihren Roller für eine Woche an ihre Freundin Steffi. Wer ist Eigentümer und wer ist Besitzer? Kann sich Cindy ihren Roller gegen den Willen von Steffi bereits vor Ablauf der vereinbarten einen Woche zurückholen?
3. Welche Rechtsgeschäftsarten liegen vor, wenn eine oder auch wenn zwei Willenserklärungen abgegeben worden sind? Geben Sie jeweils mehrere Beispiele an!
4. Welche im Gastgewerbe typischerweise verwendeten Veräußerungs-, Betätigungs- sowie Überlassungsverträge kennen Sie?
5. Thomas führt seine Freundin Gabi zum Fünfjährigen aus und die beiden kehren in dem ortsansässigen Steakhouse ein, speisen und trinken fürstlich. Welche Vertragsart mit welchen wesentlichen Rechten und Pflichten wird begründet?
6. Ist der Systemgastronom verpflichtet, mit jedem Gast einen Vertrag abzuschließen und diesen zu bewirten?
7. Tina hat ein Rumpsteak bestellt. Dem Koch verbrennt die letzte Portion aufgrund einer kurzfristigen Unachtsamkeit, Nachschub ist nicht mehr möglich. Welche Rechte hat Tina?
8. Was ist unter „Kulanz" zu verstehen?
9. Aus welchen wesentlichen Elementen besteht der Bierlieferungsvertrag?
10. Nennen Sie die möglichen Formvorschriften! Welche Funktion haben sie?
11. Der fast 20-jährige Tim wird vier Wochen vor seinem Geburtstag von seinem Onkel, der einen Fast-Food-Betrieb in Tims Wohnort betreibt, unter Androhung von Schlägen gezwungen, seinen 20. Geburtstag dort auszurichten. In Panik vor den angekündigten Repressalien schließt Tim daraufhin mit diesem, seinem Onkel, einen Bewirtungsvertrag ab. Seinem u. a. auch eingeplanten Geburtstagsgast und langjährigem Kumpel Sascha, der über gute rechtliche Kenntnisse verfügt, erzählt Tim eine Woche vor der geplanten Feier von der erfolgten Drohung durch seinen Onkel und dem Abschluss des Bewirtungsvertrages. Sascha ist völlig geschockt über das Verhalten des Onkels und belehrt Tim sofort über dessen Rechte. Welche Möglichkeit hat Tim, von dem abgeschlossenen Bewirtungsvertrag loszukommen?
12. Was ist unter Verjährung zu verstehen und welches ist die regelmäßige Verjährungsfrist?
13. Priska gibt ihre Jacke im eventgastronomischen Betrieb ab und zahlt dafür 1,50 €. Haftet auch der Gastronom bei einem möglichen Verlust von Priskas Jacke?
14. Welche drei Automatenarten kennen Sie? Nennen Sie jeweils Beispiele.

## 12.3 Handels- und Gesellschaftsrecht

Das Handelsrecht – ein Teil des Privatrechts – ist das spezielle Recht der Kaufleute und befasst sich mit deren Rechtsgeschäften. Seine gesetzlichen Vorschriften sind vor allem im *Handelsgesetzbuch (HGB)* enthalten und auf die besonderen Bedürfnisse des Kaufmanns sowie der Handelsmakler, Handelsvertreter usw. zugeschnitten.

### Kaufmann

**Kaufmann** ist derjenige, der ein Handelsgewerbe betreibt, d. h., dass er eine selbständige auf Dauer gerichtete Tätigkeit mit der Absicht der Gewinnerzielung ausübt.

▶ Dementsprechend ist ein kaufmännischer Angestellter, der z. B. den Ausbildungsberuf Einzelhandelskaufmann erlernt und die Prüfung vor der Industrie- und Handelskammer (IHK) abgelegt hat, kein Kaufmann im Sinne des *HGB*.
▶ Für Klein(st)gewerbetreibende, die zwar ein Gewerbe betreiben, deren Unternehmen nach Art und Umfang einen in kaufmännischer Weise eingerichteten Geschäftsbetrieb jedoch nicht erfordert, gelten die verbraucherfreundlichen Regelungen des *BGB*. Der Unternehmer ist Kaufmann, wenn die Geschäfte in vollem Umfang dem Handelsrecht unterliegen bzw. die Firma des Unternehmens in das Handelsregister eingetragen ist *(§ 2 HGB)*.

### Firma

Die **Firma** ist der Name, unter dem der Kaufmann im Handel seine Geschäfte betreibt, die Unterschrift abgibt und unter dem er auch vor Gericht klagen und verklagt werden kann *(§ 17 HGB)*.

Sie muss zur Kennzeichnung des Kaufmanns geeignet sein und Unterscheidungskraft besitzen *(§ 18 HGB)*. Der Name des Inhabers und/oder des Geschäftszwecks müssen unabhängig von der jeweils vorliegenden Rechtsnatur des Unternehmens nicht Bestandteil des Firmennamens sein. Der Gastronom könnte sich einen Fantasienamen, z. B. „Lalu, Laut und Lustig e.K." ins Handelsregister eintragen lassen. Der Name muss dabei unterscheidungsfähig sein.

Nach der Rechtssprechung des *BGH* gilt dieses bei Gaststättennamen – im Gegensatz zu Firmen – allerdings lediglich begrenzt auf ein und denselben Ort.

# Handels- und Gesellschaftsrecht

## Handelsregister

Das Handelsregister ist ein öffentliches Verzeichnis der Kaufleute, das über die Rechtsverhältnisse kaufmännischer Unternehmungen informiert und bei den Amtsgerichten elektronisch geführt wird. Genossenschaften werden in einem gesonderten Genossenschaftsregister eingetragen.

## Gesellschaftsformen

Die Entscheidung für eine Unternehmensform hängt von der Art und dem Umfang der Aufgabenstellung des gastronomischen Betriebes ab. Der unterschiedlich hohe Bedarf an persönlichen und sachlichen Mitteln verursacht Unterschiede in der Unternehmensgröße, der Kapitalbeschaffung, der Organisation wie in der wirtschafts- und sozialpolitischen Bedeutung.

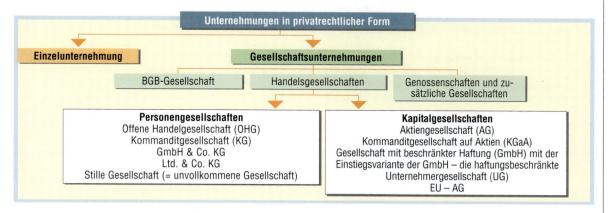

In diesem Zusammenhang ist besonders die Unterscheidung zwischen Personen- und Kapitalgesellschaften wichtig:

Während bei **Personengesellschaften** die Gesellschafter im Vordergrund stehen, treten sie bei **Kapitalgesellschaften** nach außen hin meistens nicht in Erscheinung; für sie wirtschaften z. B. Geschäftsführer bei der GmbH oder Vorstandsmitglieder bei der AG. Die Direktoren/Leiter der Kapitalgesellschaften werden deshalb als Auftrags- oder als **Managerunternehmer** bezeichnet.

Weitere Unterscheidungsmerkmale:

| Gesellschaftsform<br>Besondere Merkmale | Personengesellschaft | Kapitalgesellschaft |
|---|---|---|
| Rechtsnatur | Vereinigung natürlicher Personen | juristische Person |
| Eigenart | Vereinigung von Leitung und Kapital | Trennung von Leitung und Kapital |
| Gesellschaftsvertrag | formlos | notarielle Beurkundung |
| Gesellschaftsvermögen | veränderliches Gesamthandsvermögen (gemeinsames Gesellschaftsvermögen) | festes Grund-/Stammkapital der juristischen Person (Mindestkapital) mit Ausnahme der sog. haftungsbeschränkten Unternehmergesellschaft (UG), die ohne festes Mindestkapital gegründet werden kann |
| Haftungskapital | Gesellschaftsvermögen, Privatvermögen der Vollhafter, Privatvermögen der Teilhafter, soweit die Einlage noch nicht vollständig eingebracht ist | allein das Gesellschaftsvermögen |
| Unternehmensbestand | abhängig vom Gesellschafterbestand (mindestens zwei) | unabhängig vom Gesellschafterbestand |

Bei **Personengesellschaften** ist primär der persönliche Einsatz der Unternehmer sowie die gemeinsame Haftung und Kreditwürdigkeit von Bedeutung (mehrere Gesellschafter betreiben ein Handelsgewerbe unter gemeinsamer Firma).

▶ Die **Gesellschaft des bürgerlichen Rechts (GbR)** ist besonders häufig und dient der Verwirklichung von Gemeinschaftsrechten. Sie ist ein auf Vertrag beruhender Zusammenschluss von natürlichen oder juristischen Personen, um

- einen gemeinschaftlichen Zweck zu erreichen. Die GbR strebt in der Regel einen auf bestimmte Zeit beschränkten Zweck an.
- Angehörige freier Berufe können sich zur Ausübung ihrer Berufe zu einer **Partnerschaftsgesellschaft (PartGG)** zusammenschließen, wobei sie kein Handelsgewerbe ausüben.
- Die **offene Handelsgesellschaft (OHG)** ist eine Personengesellschaft mit wenigstens zwei gleichberechtigten Gesellschaftern. Der zwischen diesen geschlossene Gesellschaftervertrag hat den gemeinschaftlichen Zweck des Betreibens eines Handelsgewerbes unter einer gemeinsamen Firma zum Inhalt.
- Die **Kommanditgesellschaft (KG)** ist eine weiterentwickelte OHG, bei der sich ein Vollhafter (**Komplementär**) und ein Teilhafter (**Kommanditist**) zusammenschließen, um ein Handelsgewerbe unter gemeinsamer Firma betreiben.
- Bei der **stillen Gesellschaft** – als ein Einzelunternehmen – beteiligt sich eine Person am Geschäft eines anderen mit einer Vermögenseinlage (in der Regel durch Geld, aber auch durch Waren oder Maschinen); die Beteiligung wird dabei also nicht nach außen bekannt gemacht und der stille Gesellschafter tritt nicht in Erscheinung, hat keinerlei Mitspracherecht und/oder Mitarbeitspflicht.
- Bei der **Limited & Company Kommanditgesellschaft (Ltd. & Co. KG)** handelt es sich um eine deutsche Kommanditgesellschaft, an der eine englische Limited Company als Komplementär beteiligt ist. Diese Gesellschaft ist leicht zu verwalten und die Steuern werden allein an das zuständige deutsche Finanzamt gezahlt.
- Die **GmbH & Co. KG** stellt eine besondere Form der Personengesellschaften dar. Sie vereinigt die Vorteile einer Personengesellschaft oft mit denen der beschränkten Haftung einer Kapitalgesellschaft.

Alle oder einige Kommanditisten gründen eine GmbH oder AG; diese tritt als Komplementär in die Kommanditgesellschaft ein und übernimmt die Geschäftsführung. Diese Gesellschaftsform ist eine Kombination von Personen- und Kapitalgesellschaft und kommt vor allem dann zur Anwendung, wenn ein hohes Haftungsrisiko besteht. Sie ist im Gastgewerbe deshalb von besonderem Interesse, da dadurch ein Familienunternehmen fortbestehen kann.

Bei **Kapitalgesellschaften** ist die finanzielle Beteiligung der Gesellschafter von Bedeutung. Die einzelnen Gesellschafter (Teilhaber) können unbekannt bleiben und der Einzelne hat im Allgemeinen keinen wesentlichen Einfluss auf die Geschäftsführung, gegenüber den Gesellschaftern haftet der Teilhaber nur mit seiner Kapitaleinlage.

Die Kapitalgesellschaften handeln als **juristische Personen** unabhängig von ihren Gesellschaftern im eigenen Namen.

- Die **Aktiengesellschaft (AG)** erhält durch Eintragung in das Handelsregister eine eigene Rechtspersönlichkeit. Ihre Gesellschafter (Teilhaber bzw. **Aktionäre**) sind mit Einlagen an dem in Aktien zerlegten Grundkapital beteiligt und haften darüber hinaus aber nicht persönlich für die Verbindlichkeiten der Gesellschaft; die **Aktien** werden meistens an der Börse frei gehandelt, ohne dass der Bestand der Gesellschaft davon berührt wird. Die Funktion des Kapitalgebers ist von der des Unternehmers streng getrennt. Diese Rechtsform ist insbesondere bei den großen Unternehmen beliebt, da sie eine unbeschränkte Eigenkapitalfinanzierung über die Börse ermöglicht.
- Die **Gesellschaft mit beschränkter Haftung (GmbH)** ist eine „Kleinform der Kapitalgesellschaft" mit eigener Rechtspersönlichkeit und besonders bei kleinen und mittleren Unternehmen beliebt. Durch die Eintragung in das Handelsregister wird die GmbH zum **Formkaufmann** und deren Gesellschafter haften mit ihren Geschäftseinlagen (Eigenkapital). Die Gründung kann mit relativ wenig Geld geschehen; des Weiteren gibt es die Möglichkeit der sog. „Ein-Mann-GmbH" und die „Ein-Euro-GmbH".

Das *GmbH-Recht* ist gerade durch das *Gesetz zur Modernisierung des GmbH-Rechts und zur Bekämpfung von Missbräuchen (MoMiG)* reformiert worden. Ziel des *MoMiG* ist es, Unternehmensgründungen zu beschleunigen, Missbräuche zu verhindern bzw. zu bekämpfen, die Attraktivität der GmbH als Rechtsform zu erhöhen – als deutsches Pendant zur immer häufiger auftretenden englischen Limited (Ltd.).

Gerade für Existenzgründer mit wenig Kapital ist diese Einstiegsvariante der GmbH als eine **haftungsbeschränkte Unternehmergesellschaft (UG)** (§ 5a GmbHG) mit folgenden Inhalten geschaffen worden:
- Die UG kann mit einem Mindeststammkapital von 1 Euro gegründet werden.
- Die Gesellschafter bestimmen künftig individuell die jeweilige Höhe ihrer Stammeinlage und können daher besser nach ihren Bedürfnissen und finanziellen Möglichkeiten fungieren; der Geschäftsanteil des Einzelnen muss dabei mindestens **einen Euro** betragen. **Geschäftsanteile** können daher leichter aufgeteilt, zusammengelegt und einzeln oder zu mehreren an einen Dritten übertragen werden.
- Die UG darf ihre Gewinne allerdings nicht vollständig ausschütten, um somit das Mindestkapital einer „normalen" GmbH anzusparen.
- Die sog. verdeckte Sacheinlage wurde gesetzlich geregelt, um Rechtsunsicherheiten zu vermeiden.
- Zur Bekämpfung vom Missbräuchen sind – zwecks besserer Rechtsverfolgung – inländische Geschäftsanteile nun auch in das Han-

# Handels- und Gesellschaftsrecht 1

delsregister einzutragen (das gilt auch für die AGs, Einzelkaufleute, Personenhandelsgesellschaften und Zweigniederlassungen); im Falle der Führungslosigkeit der Gesellschaft müssen alle Gesellschafter bei Zahlungsunfähigkeit und Überschuldung einen Insolvenzantrag stellen. Des Weiteren werden sowohl das sog. Zahlungsverbot als auch die gesetzlichen Ausschlussgründe für Gesellschafter erweitert.

▶ Die **eingetragene Genossenschaft (eG)** ist eine Selbsthilfeorganisation und eine juristische Person wie Formkaufmann. (Rechtsgrundlage bilden das *Gesetz über die Erwerbs- und Wirtschaftsgenossenschaften und Vorschriften des Handelsgesetzbuchs.*)

Unter einem Unternehmer ist somit eine natürliche oder juristische Person oder eine rechtsfähige Personengesellschaft zu verstehen (Personengesellschaft, die mit der Fähigkeit ausgestattet ist, Rechte zu erwerben und Verbindlichkeiten einzugehen), die bei Abschluss eines Rechtsgeschäfts in Ausübung ihrer gewerblichen oder selbstständigen beruflichen Tätigkeit handelt.

Auf dem Markt ist der einzelne Unternehmer einem stetig ansteigenden Wettbewerbsdruck ausgesetzt, wodurch er in seiner Entscheidungsfreiheit sowie Ausübung seiner gewerblichen resp. selbstständigen beruflichen Tätigkeit stark eingeschränkt wird. Daher entschließen sich einzelne Unternehmer immer häufiger dazu, sich bzw. ihre Unternehmen zusammenzuschließen, um dadurch ihre Kosten zu minimieren und keine Verluste machen zu müssen oder gar höhere Gewinne zu erzielen.

Die gemeinsame Nutzung und Förderung des technischen Fortschritts, der Einsatz spezieller Fachleute, die verbesserte Finanzierung oder bessere Verkaufsmöglichkeiten durch größere Vertriebsorganisationen stellen Vorteile von Unternehmenszusammenschlüssen dar.

| Wesen des Zusammen- schlusses | Art des Unternehmenszusammenschlusses | | | |
|---|---|---|---|---|
| | Kartell | Interessen- gemeinschaft | Konzern | Trust |
| wirtschaftliche Selbstständigkeit der beteiligten Unternehmen | wenig eingeschränkt | unterschiedlich stark eingeschränkt | aufgegeben. Die Konzernmutter übt einen bestimmten Einfluss auf die Konzerntöchter aus. | aufgegeben |
| rechtliche Selbst- ständigkeit der beteiligten Unter- nehmen | bleibt erhalten. Es bestehen nur vertrag- liche Abmachungen. | bleibt erhalten. Es bestehen vertragliche und kapitalmäßige Bindungen. | bleibt erhalten. Die Konzerntöchter treten unter eigener Firma auf. | aufgegeben = Fusion/ Trustunternehmen treten unter gemeinsamer Firma auf. |
| Richtung der Verflechtung | horizontal | horizontal | meist vertikal, oft auch horizontal oder diagonal | horizontal und vertikal |
| Marktstellung/ Gefahren | Marktbeherrschung an- gestrebt, Verhinderung gesunden Wettbewerbs | verstärkter Markteinfluss bis zur Vernichtung von Mitbewerbern | verstärkter Markteinfluss angestrebt, Aufblähung der Verwaltung und Hemmung der Beweglichkeit | Marktbeherrschung an- gestrebt, Verhinderung gesunden Wettbewerbs |

Nachteilig ist allerdings, dass der Wettbewerbsdruck auf den Märkten immer größer wird, sodass es immer häufiger zu Unternehmenszusammenschlüssen in Form von Interessengemeinschaften (Kooperationen) oder vertraglich geregelten Bindungen (Konzentrationen) kommt. Wenn sich Unternehmen mit dem Ziel des verstärkten Markteinflusses bzw. der Marktbeherrschung zusammenschließen, gerät der gesunde Wettbewerb leicht aus dem Gleichgewicht und wird beeinträchtigt oder gar verhindert (z. B. durch verbotene Kartelle). Unternehmenszusammenschlüsse werden daher auch als Konzentrationen bezeichnet. Mithilfe des *Gesetzes gegen Wettbewerbsbeschränkungen (GWB)* sollen Gefahren wirtschaftlichen Machtmissbrauchs als Folge von derartigen Konzentrationserscheinungen am Markt kontrolliert werden.

## Aufgaben

1. Jutta hat vor zwei Monaten eine kleine Eckkneipe eröffnet. Ist sie eine Kauffrau?
2. Nennen Sie die wesentlichen Unternehmen privatrechtlicher Form.
3. Welche Vor- bzw. Nachteile hat die GmbH im Vergleich zur AG?
4. Mehrere Kapitalgeber beabsichtigen, ein Hotel zu gründen. Man ist sich darüber einig, dass es sich um eine Personengesellschaft handeln soll, die Haftung auf die Einlage zu beschränken ist und die Geschäftsführung allen Gesellschaftern zusteht. Mit welcher Unternehmensform lassen sich diese Vorstellungen realisieren?
5. Nennen Sie Gründe, die für Unternehmenszusammenschlüsse sprechen.
6. Führen Sie Gründe an, die Unternehmenszusammenschlüsse auslösen.
7. Was verstehen Sie unter „wirtschaftlicher Macht"?

Wettbewerbsrecht

## 12.4 Wettbewerbsrecht

### Situation

**Warum der Whopper im Vergleich zum BigMäc nicht besser schmecken darf**
(Auszug aus einem Artikel von „Werbepsychologie online",
Stand 2. Februar 2008)

Eine ganz besondere Marketingstrategie hatte sich die Fast-Food-Kette Burger King einfallen lassen: 101 Testpersonen sollten sich entweder für die Pommes frites von McDonald's oder für die King Pommes von Burger King entscheiden. Das Ergebnis war eindeutig: 81 % bevorzugten die Fritten von Burger King. Dazu gesellten sich die Ergebnisse einer angeblichen Umfrage, in der Fast-Food-Konsumenten mit 62 % zugunsten des Whoppers zum Nachteil des BigMäc votierten. Burger King bewarb seine Produkte mit den Slogans „Satte Mehrheit" und „Ganz krosser Unterschied". Dazu wurden die Umfrageergebnisse in den Anzeigen dargestellt und durch zwei Säulen visuell in Szene gesetzt.

Das Wettbewerbsrecht wird in einem Unternehmen der Systemgastronomie insbesondere bei der Planung des **Marketings** relevant, und zwar in erster Linie in den Marketingabteilungen der Zentralen bzw. bei den Franchisegebern, ggf. aber auch im Betrieb vor Ort.

▶ Systemgastronomie bezeichnet man auch als **Markengastronomie**. Die Bedeutung und der Schutz der Marke sind daher für das Geschäftsmodell der systemgastronomischen Unternehmen von großer Wichtigkeit.
▶ Systemgastronomie bedeutet auch, sich vom Konkurrenten (= dem **Wettbewerber**) abheben zu müssen. Das *Gesetz gegen den unlauteren Wettbewerb (UWG)* enthält Vorschriften, die insbesondere für die Gestaltung der Werbung und für die Preispolitik relevant sind.
▶ Im Rahmen der Distributions-, Kommunikations- und Preispolitik erfolgt vielfach die Erhebung und Speicherung von Gästedaten, z. B. für Stammgästekarteien, Direktmailings, Telefonmarketing oder Bonussysteme. Hierbei ist der **Datenschutz** zu beachten (siehe hierzu Kap. 11.9).

Werden rechtliche Regelungen von einem systemgastronomischen Unternehmen missachtet, so verschafft es sich einen unzulässigen Wettbewerbsvorteil gegenüber seinen gesetzestreuen Mitbewerbern. Auf solche Verstöße reagiert die Gesetzesordnung mit **Sanktionen**. Diese können z. B. sein:

▶ Schadensersatz und Schmerzensgeld
▶ Unterlassungs- und Widerrufsansprüche
▶ Minderung
▶ Abschöpfung unrechtmäßiger Gewinne
▶ Bußgelder
▶ In gravierenden Fällen strafrechtliche Sanktionen

### 12.4.1 Markenrecht

**Marke:** Zeichen, das geeignet ist, die Waren und Dienstleistungen eines Unternehmens von denen eines anderen Unternehmens zu unterscheiden

**Markenrecht:** Schützt die Identitätszeichen eines Unternehmens, das sind **Produktmarken** im eigentlichen Sinne, aber auch **Unternehmensbezeichnungen** oder **geografische Herkunftsangaben**.

**Markenschutz:** Wird durch das **Deutsche Patent- und Markenamt** in München sichergestellt. Wenn eine Marke **schutzfähig** ist, kann sie im Markenregister **eingetragen** werden. Nur der Inhaber darf sie dann im geschäftlichen Verkehr nutzen. Gegen die unbefugte Nutzung kann er juristisch vorgehen (durch strafbewehrte Unterlassungserklärung). Nicht schutzfähig sind z. B. übliche Beschreibungen des allgemeinen Sprachgebrauchs (wie „Schnellgastronomie" oder „Cafeteria") oder Bezeichnungen ohne Unterscheidungskraft (wie „Gasthof zur Post").

In der Systemgastronomie sind üblicherweise die Unternehmens- bzw. Systembezeichnungen und deren Symbole/Logos bzw. Schriftzüge markenrechtlich geschützt. Dies umfasst die Wortmarke sowie die Wort-/Bildmarke, in den meisten Fällen auch die Farben.

Aber auch bestimmte charakteristische Produkte, die Form oder Verpackung einer Ware oder bildliche Darstellungen wie Cartoons können schutzfähig sein.

Vorsicht ist auch geboten, wenn für Produkte im Restaurant geschützte geografische Herkunftsbezeichnungen verwendet werden. Die Produkte bzw. deren Zutaten müssen dann auch tatsächlich aus dem Ort bzw. der Region stammen, die sie bezeichnen (z. B. Dresdner Stollen, Thüringer Klöße).

## 12.4.2 Gesetz gegen den unlauteren Wettbewerb (UWG)

Wer im freien Wettbewerb in Konkurrenz mit anderen Anbietern erfolgreich operieren will, muss seine Waren oder Dienstleistungen den Kunden und Gästen optimal darstellen und ihre Vorzüge herausheben. Dies ist marktwirtschaftlich erwünscht und so lange unproblematisch, wie die Werbung und Preisgestaltung nicht mit unlauteren Mitteln betrieben werden. Das *UWG* schützt das Interesse von Mitbewerbern, Verbrauchern und der Allgemeinheit an einem unverfälschten und lauteren Wettbewerb. Geregelt werden die Art und Weise der **Warenanpreisung** sowie unzulässige **Warenunterschiebung**.

Um die unzähligen Fallgestaltungen in der Werbung abbilden zu können, erfolgt die Definition des unlauteren Wettbewerbs allgemein über sog. Generalklauseln. Typische Verhaltensweisen werden besonders hervorgehoben:

**Beispiele**

Bei einer Werbeaussage „Jeder, der zehn Teile kauft, nimmt an der Verlosung eines Mercedes Cabrio teil" wird die Kaufentscheidung des Kunden durch **sachfremde Erwägungen** beeinflusst.

Veranstaltet ein Systemgastronomie-Unternehmen ein Preisausschreiben oder Gewinnspiel mit Werbecharakter, so darf die Teilnahme daran nicht vom Verzehr im Restaurant abhängig gemacht werden. Denn sonst würde gezielt die Spiellust ausgenutzt und das **Transparenzverbot** verletzt.

### Verbot irreführender Werbung

# 1 Wettbewerbsrecht

**Beispiel**

- Werbeaussagen „Bei uns – alle Preise inkl. MwSt." oder „Steinhäger – doppelt gebrannt" stellen eine verbotene Werbung mit **Selbstverständlichkeiten** dar.
- Werbung mit einer **Alleinstellung** („Die längste Theke Düsseldorfs") ist nur zulässig, wenn dies auch objektiv zutrifft.
- Enthält „Natürliches Mineralwasser" künstlich zugesetzte Kohlensäure, liegt eine Irreführung über die Beschaffenheit vor.

## Vergleichende Werbung

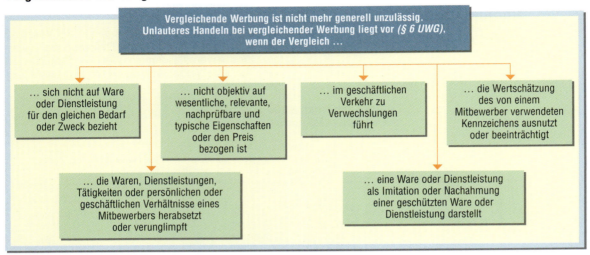

### Zur Situation

Das Kölner Landgericht entschied, dass sich aus Umfragen keine nachprüfbaren Eigenschaften von Burgern und Pommes ableiten ließen. Waren oder Dienstleistungen müssen bei vergleichender Werbung objektiv, wesentlich und nachprüfbar sein. Meinungen oder persönliche Werturteile dürfen nicht miteinander verglichen werden. Bestandteile des BigMäc sind Tomate, Gurke, Mayonnaise und Ketchup – der Whopper hingegen werde ohne Ketchup zubereitet und enthalte auch noch Käse. Da die Hamburger sich nicht entsprächen, könne man sie auch nicht vergleichen. Der Geschmack, auch wenn er von einer repräsentativen Testgruppe stamme, stelle keine objektive Tatsache dar.

## Unzumutbare Belästigungen

Als unzumutbare Belästigung verboten sind Werbemaßnahmen, die derartig aufdringlich sind, dass dem Kunden oder Gast eine ruhige und sachliche Prüfung des Angebots unmöglich gemacht wird und er dazu gebracht werden könnte, ein Geschäft nur abzuschließen, um die Belästigung zu beenden.

Dazu gehören:
- gezieltes und aufdringliches Ansprechen auf der Straße
- Werbung, obwohl erkennbar ist, dass der Empfänger diese nicht wünscht (Aufkleber „keine Werbung" am Briefkasten)
- Werbung per Telefon oder Fax ohne Einwilligung
- Werbung unter Verschleierung oder Verheimlichung der Identität des Absenders

In heutiger Zeit von besonderer praktischer Bedeutung ist der Schutz vor ungewollten Werbemaßnahmen beim Direktmarketing per SMS oder E-Mail („Spams"). Daher hat der Gesetzgeber für **elektronische Post** ausdrückliche Regelungen geschaffen, die bei der Planung von Marketingmaßnahmen wie Produkt-Newslettern unbedingt beachtet werden müssen. Keine unzumutbare Belästigung liegt vor, wenn

- das werbende Unternehmen im Zusammenhang mit dem Verkauf einer Ware oder Dienstleistung von dem Kunden selbst die elektronische Postadresse erhalten hat und
- der Unternehmer die Adresse zur Direktwerbung für eigene ähnliche Waren oder Dienstleistungen verwendet und
- der Kunde der Verwendung nicht widersprochen hat und
- der Kunde bei Erhebung der Adresse und bei jeder Verwendung klar und deutlich darauf hingewiesen wird, dass er der Verwendung jederzeit widersprechen kann, ohne dass hierfür andere als die Übermittlungskosten nach den Basistarifen entstehen.

## Warenunterschiebung

Eine Warenunterschiebung liegt vor, wenn anstelle des vom Gast Bestellten eine **andere Marke oder Qualität** geliefert wird (z. B. Tafelwasser statt Mineralwasser, Gerolsteiner statt Apollinaris, Weinbrand statt Cognac). Neben dem unlauteren Wettbewerb liegt darin auch ein strafrechtlich relevanter Betrug, wenn eine minderwertige Qualität zum höheren Preis serviert wird (sog. **betrügerische Warenunterschiebung**). Ist die Warenunterschiebung für den Gast nicht erkennbar, z. B. weil in einem neutralen Glas ausgeschenkt wird, spricht man von **„versteckter Warenunterschiebung"**. Aber auch eine sog. **„offene Warenunterschiebung"** (z. B. ein Gast bestellt eine Coke und erhält 0,2-Liter-Flasche, die erkennbar Pepsi enthält) ist unlauter, denn der Gastronom verlässt sich darauf, dass der Gast nicht reklamiert.

### Aufgaben

1. Systemgastronomie bezeichnet man häufig auch als „Markengastronomie". Begründen Sie, warum. Welche Bedeutung hat dies für die Unternehmen der Systemgastronomie?

2. Recherchieren Sie, welche Marken in Ihrem Ausbildungsunternehmen zum Einsatz kommen.

3. Luigi bestellt einen Martini bianco. Der Barkeeper stellt fest, dass ihm der Martini ausgegangen ist, und serviert stattdessen Cinzano. Luigi schmeckt den Unterschied und verweigert die Bezahlung. Zu Recht?

4. Ein Restaurant wirbt mit dem Slogan „Hier bekommen Sie noch Klöße aus echten Kartoffeln. Nicht den Mist aus der Tüte wie nebenan." Was ist dazu zu sagen?

## 12.5 Abgaben für Musik, Radio und Fernsehen: GEMA und GEZ

### Situation

Anlässlich der Fußball-Europameisterschaft wird in dem getränkeorientierten systemgastronomischen Konzept „Karamba" darüber nachgedacht, in allen Filialen Großbildschirme für die Spiele, die im öffentlich-rechtlichen Fernsehen übertragen werden, aufzustellen. Was muss die Karamba-Zentrale beachten?

Die Nutzung von Radio- und Fernsehgeräten sowie von Musik in der Gastronomie ist gebührenpflichtig.

1. Wie jeder Privatmann zahlt auch der Systemgastronom **Rundfunkgebühren** an die **GEZ**, wenn er Radio- oder Fersehgeräte nutzt. Die GEZ ist die Gebühreneinzugszentrale der öffentlich-rechtlichen Rundfunkanstalten in Deutschland. Rechtsgrundlage für die Rundfunkgebühren ist der Rundfunkgebührenstaatsvertrag.

2. Alle gewerblichen Nutzer zahlen für die Nutzung von urheberrechtlich geschützten Werken **Lizenzgebühren** an **Verwertungsgesellschaften**. Die bekannteste Verwertungsgesellschaft in der Gastronomie ist die **GEMA**, das ist die Gesellschaft zum Schutz musikalischer Aufführungs- und mechanischer Verwertungsrechte. Die GEMA ist ein wirtschaftlicher Verein, der die ihm übertragenen Rechte der Komponisten, Textdichter und Musikverleger vertritt. Rechtsgrundlage für die Lizenzgebühren sind das *Urheberrechtsgesetz*, die auf seiner Grundlage geschlossenen Verwertungsverträge und die von der GEMA aufgestellten Tarife.

#### Ablauf der Gebührenzahlung bei der GEMA

| Liegt eine öffentliche, vergütungspflichtige Musiknutzung vor? | Anmeldung der Musiknutzung bei der GEMA | Lizenzerwerb |
|---|---|---|
| Beispiel: Auftritt eines Musikers oder Abspielen von CDs in der Gaststätte, Musik auf der Website, Musik der Telefonwarteschleife ... | GEMA berechnet den Tarif  Beispiel: Tarife für Großbildschirme, Wiedergabe von CDs ... | durch Bezahlung der Rechnung  ggf. Rabatt durch Gesamtvertrag z. B. mit DEHOGA |

Neben der GEMA für den Bereich Musik gibt es auch andere Verwertungsgesellschaften, die z. B. die Rechte von Sängern, Autoren, Tonträgerherstellern, privaten Radio- und Fernsehanstalten oder Filmherstellern wahrnehmen.

# 1 Gaststätten- und Gewerberecht

**Zur Situation**

Die Fernsehgeräte müssen bei der GEZ angemeldet und die Rundfunkgebühr bezahlt werden. Die geplante öffentliche Wiedergabe der Spiele in den Karamba-Filialen muss vorher bei der GEMA angemeldet werden, denn auch bei Fußballspielen wird Musik gespielt. Die von der GEMA berechnete Lizenzgebühr muss entrichtet werden.

### Aufgaben

1. a) Wofür steht die Abkürzung GEZ?
   b) Was tut die GEZ?
2. a) Wofür steht die Abkürzung GEMA?
   b) Was tut die GEMA?
3. a) Worin liegt rechtlich der Unterschied zwischen Rundfunkgebühren und Lizenzgebühren, z. B. für die Musiknutzung?
   b) Wie wirkt sich das jeweils auf das Verfahren aus?

## 12.6 Gaststätten- und Gewerberecht

### Situation

Sylvia hat ihre Ausbildung zur Fachfrau für Systemgastronomie abgeschlossen und die ersten beiden Jahre Berufserfahrung als Betriebsleiterassistentin hinter sich. Das System wird in der Rechtsform einer GmbH betrieben und betreibt teils in Franchise, teils als eigene Filialen Bistros, in denen kleine Speisen und verschiedene Getränke angeboten werden. Da das System sukzessive komplett auf Franchise umgestellt werden soll, bietet die Zentrale Sylvia an, zunächst einen bestehenden companyeigenen Betrieb noch ein Jahr zu leiten und diesen anschließend selbst in Franchise zu übernehmen.

Was bedeutet dies für die Konzession?

Das spezielle Recht der Gaststätten ist als ein Teil des Gewerberechtes öffentliches Recht und im *Gaststättengesetz* geregelt. Das *Gaststättengesetz*, das hier dargestellt wird, ist (noch) ein Bundesgesetz, das z. B. Regelungen trifft zu:
▶ Definition von „Gaststättengewerbe" und Betriebsarten
▶ Verfahren bei Erteilung der Gaststättenerlaubnis
▶ Sperrzeiten
▶ Schutz vor Alkoholmissbrauch
▶ Ordnungswidrigkeiten

Im September 2006 ist im Wege der **Föderalismusreform** die Zuständigkeit für das Gaststättenrecht auf die Bundesländer übergegangen. Diese können daher jederzeit eigene **Landes-Gaststättengesetze** erlassen, die dann nur in diesem Bundesland gelten und das Bundesgesetz verdrängen. Als erste Bundesländer haben Brandenburg und Thüringen ein eigenes *Gaststättengesetz* verabschiedet. Im Bereich des **Nichtraucherschutzes in der Gastronomie** haben die Bundesländer von dieser Zuständigkeit bereits Gebrauch gemacht. Daher gelten hier jetzt unterschiedliche Regelungen in den verschiedenen Bundesländern. Für die anderen Gebiete des Gaststättenrechts wird eine solche Entwicklung folgen.

### 12.6.1 Gaststättenerlaubnis (= Konzession)

Gaststätten sind Schank- und/oder Speisewirtschaften, wenn der Betrieb jedermann oder bestimmten Personengruppen zugänglich ist. Dies kann im stehenden oder Reisegewerbe erfolgen.
**Gaststätten, in denen Alkohol ausgeschenkt wird, benötigen eine Erlaubnis von der kommunalen Behörde.** Diese Gaststättenerlaubnis wird auch als **Konzession** bezeichnet. Gaststätten, die lediglich alkoholfreie Getränke und/oder zubereitete Speisen anbieten, sowie reine Beherbergungsbetriebe sind erlaubnisfrei. Die Erlaubnis gilt nur für einen bestimmten Erlaubnisträger, eine bestimmte Betriebsart und für bestimmte Räume. Bei wesentlichen Betriebsänderungen wird deshalb eine neue Konzession erforderlich. Erlaubnisträger kann eine natürliche oder juristische Person sein. Die Konzession ist das wichtigste Instrument der Behörden, um die Umsetzung des Gaststättengesetzes und anderer gesetzlicher Regelungen sicherzustellen. Verhält ein Gastronom sich fortgesetzt gesetzwidrig, kann ihm die Konzession entzogen, die Gaststätte geschlossen werden. Wenn die Voraussetzungen für die Erteilung der Erlaubnis vorliegen, hat der Gastronom auch einen Anspruch darauf, den er im Widerspruchsverfahren oder notfalls gerichtlich durchsetzen kann.

| Voraussetzungen der Gaststättenerlaubnis | | | |
|---|---|---|---|
| **Zuverlässigkeit** des Betreibers | Teilnahme am **Unterrichtsverfahren** der IHK oder abgeschlossene gastgewerbliche Ausbildung | Geeignetheit der **Räume** für den Betrieb einer Gaststätte und Umweltverträglichkeit für die **Umgebung** | Polizeiliches Führungszeugnis und steuerliche Unbedenklichkeitsbescheinigung |
| Beispiele für Unzuverlässigkeit: Alkoholismus, Verstöße gegen Jugendschutz oder Drogengesetze, Schwarzarbeit oder Steuerhinterziehung | | Beispiele: Brandschutz, Beschaffenheit der Fußböden, Lärmschutz | |

# Gaststätten- und Gewerberecht

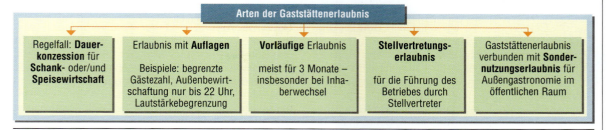

In diesem Zusammenhang sind Änderungen in den Landesgesetzen zu erwarten.

> **Zur Situation**
> Ob Erlaubnispflicht besteht, hängt davon ab, ob in den Bistros auch alkoholhaltige Getränke ausgeschenkt werden. Ist dies der Fall, so muss für den bestehenden Company-eigenen Betrieb bereits eine Erlaubnis vorliegen, denn sonst dürfte er nicht betrieben werden. Wenn Sylvia als angestellte Betriebsleiterin dort anfängt, ändert dies an der Konzession nichts. Erlaubnisträger bleibt die Company, d.h. die GmbH als juristische Person. Sylvia benötigt als Arbeitnehmerin auch nicht etwa eine Stellvertretungserlaubnis, denn sie ist keine Stellvertreterin im juristischen Sinne. Wenn sie den Betrieb allerdings in Franchise übernimmt, stellt dies einen Betreiberwechsel dar. Da die Konzession nur für einen bestimmten Erlaubnisträger (die GmbH) gilt, wird eine neue Konzession (auf Sylvia als natürliche Person) erforderlich, die Sylvia bei der Kommune beantragen muss. Bis zur Erteilung der endgültigen Konzession wird sie voraussichtlich eine vorläufige Erlaubnis benötigen.

## 12.6.2 Sperrzeiten

Zweck der Sperrzeit ist neben Volksgesundheit, Arbeitsschutz und Bekämpfung des Alkoholmissbrauchs insbesondere der **Schutz der Nachtruhe der Nachbarn vor Lärm**.
Es ist Sache der einzelnen Bundesländer, ob sie überhaupt eine Sperrzeit festsetzen und wenn ja, welche. Die Regelungen sind daher von Land zu Land unterschiedlich. Teilweise gibt es am Wochenende andere Regelungen als von sonntags bis donnerstags. In den letzten Jahren sind die meisten Bundesländer dazu übergegangen, die Sperrzeit ganz abzuschaffen oder lediglich auf eine sogenannte „Putzstunde" von 5.00 bis 6.00 Uhr zu verkürzen. Jedoch gibt es vielfach kommunale Sperrzeitregelungen durch Satzungen oder Verfügungen der Ordnungsbehörden. Auch für die **Außengastronomie** haben viele Länder oder Kommunen eigene Regelungen erlassen, da hier Konflikte mit der Nachtruhe besonders häufig sind. Reichen diese generellen Regelungen nicht aus, kann auch die Behörde für ein bestimmtes Gebiet oder einen einzelnen Betrieb eine **Sperrzeitverlängerung** aussprechen. Auf der anderen Seite kann ein Gastronom unter bestimmten Voraussetzungen eine **Sperrzeitverkürzung** beantragen.

Der Gastronom muss ...
- bei Eintritt der Sperrzeit seine Gaststätte schließen
- vor Eintritt der Sperrzeit seine Gäste auffordern, die Gaststätte zu verlassen und alles tun, um dies auch durchzusetzen (z.B. Tische und Theke abräumen, Beleuchtung im Wesentlichen löschen). Eine Schonfrist sieht das Gesetz nicht vor, meist werden in der Praxis aber 15–20 Minuten zum Austrinken und Bezahlen anerkannt.
- als letztes Mittel, wenn der Gast sich weigert zu gehen, auch die Polizei verständigen.

## 12.6.3 Alkohol-Vorschriften/ Rauchverbote

Das *Gaststättengesetz* enthält verschiedene Vorschriften, die einem vernünftigen Umgang mit Alkohol und dem Schutz vor Alkoholmissbrauch dienen:

**§ 6 – „Apfelsaftparagraf":** Es muss mindestens ein alkoholfreies Getränk nicht teurer verabreicht werden als das billigste alkoholische Getränk. Der Preisvergleich erfolgt dabei auch auf der Grundlage des hochgerechneten Preises für einen Liter der betreffenden Getränke.

**§§ 19, 20 – Branntwein- und Alkoholausschank:** Es ist verboten, Branntwein im Automaten zu verkaufen. Es ist weiter verboten, alkoholische Getränke an erkennbar Betrunkene zu verabreichen. Diese Vorschrift ist auch die Rechtsgrundlage, nach der Behörden sogenannte „Flatrate-Parties" verbieten können. Aus besonderem Anlass kann der gewerbsmäßige Ausschank alkoholischer Getränke vorübergehend für bestimmte Zeit und für einen bestimmten örtlichen Bereich ganz oder teilweise verboten werden, wenn dies zur Aufrechterhaltung der öffentlichen Sicherheit und Ordnung erforderlich ist.

**§ 20 Nr. 3 und 4 – Kopplungs- und Preiserhöhungsverbot/„Trinkzwangverbot":** Es ist verboten, dass Bestellen von Speisen oder alkoholfreien Getränken von der Bestellung von alkoholischen Getränken abhängig zu machen oder bei der Nichtbestellung die Preise zu erhöhen.

### Rauchverbote
Im Laufe der ersten Jahreshälfte 2008 sind in allen Bundesländern *Nichtraucherschutzgesetze* für die Gastronomie in Kraft getreten. Die Regelungen unterscheiden sich in Details wie der Möglichkeit der Einrichtung von Rauchernebenräumen und den Regelungen für geschlossene Gesellschaften, sog. „Raucherclubs" und Festzelte. Gemeinsam

# 1 Gaststätten- und Gewerberecht

ist ihnen, dass sie sich auf Gaststätten im Sinne des *Gaststättengesetzes* einschließlich Strauß- und Besenwirtschaften beziehen und das Rauchen in umschlossenen Räumen der Schank- und Speisewirtschaften (also nicht in der Außengastronomie) grundsätzlich verbieten. Am 30. Juli 2008 hat das Bundesverfassungsgericht entschieden, dass die Landesgesetze in Teilen unwirksam sind, und zwar was das Verhältnis von Raucherneberäumen in Mehrraumbetrieben und absoluten Rauchverboten in Einraumbetrieben („Eckkneipen") und Diskotheken angeht. Aufgrund dieses Urteils überarbeiten derzeit alle Bundesländer ihre *Nichtraucherschutzgesetze*, wofür das Gericht ihnen bis zum 31. Dezember 2009 Zeit gegeben hat. Bis zum Inkrafttreten neuer Regelungen gilt, dass außer in Bayern in allen Bundesländern die Betreiber von Einraumbetrieben

▶ mit weniger als 75 Quadratmetern,
▶ die keine zubereiteten Speisen anbieten,
▶ die Gäste erst ab 18 Jahren einlassen und
▶ sich entsprechend kennzeichnen

selbst entscheiden, ob sie einen Raucher- oder Nichtraucherbetrieb führen wollen.

## 12.6.4 Vorschriften über Spiele

Wer Spielgeräte mit Gewinnmöglichkeit (**Glücksspielgeräte**) aufstellen will oder wer andere Spiele, insbesondere **Geschicklichkeitsspiele**, mit Gewinnmöglichkeit veranstalten will, benötigt nach der **Gewerbeordnung** und der **Spielverordnung** eine **Erlaubnis** der Behörde. Das Gleiche gilt auch für den Betrieb einer Spielhalle. Wer öffentlich und ohne behördliche Erlaubnis Glücksspiele in Sinne des Strafgesetzbuches veranstaltet oder als Gastronom in seinem Betrieb duldet, bei denen um nicht unbedeutende Vermögenswerte gespielt wird, macht sich strafbar. Dazu gehören z. B. Würfelspiele, Poker oder Roulette. Eine Erlaubnis dafür erhalten ggf. Spielbanken.

Die Erlaubnis ist ebenfalls an die Zuverlässigkeit des Automatenaufstellers oder Betreibers geknüpft sowie bei Glücksspielgeräten an bestimmte technische Bedingungen. Insbesondere wird keine Erlaubnis erteilt, wenn die Gefahr besteht, dass der Spieler unangemessen hohe Verluste in kurzer Zeit erleidet. Bestimmte Geschicklichkeitsspiele wie turniermäßige **Preisspiele** oder Gewinnspiele in Gaststätten, bei denen das Entgelt bzw. die Kosten niedrig sind, sind von der Erlaubnispflicht befreit. Dazu gehören Spiele wie Preisskat, Preisbillard oder Preiskegeln.

In Schank- oder Speisewirtschaften dürfen höchstens zwei Geld- oder Warenspielgeräte aufgestellt werden. Geldspielgeräte dürfen nicht in Gaststätten aufgestellt werden, bei denen der Gesetzgeber von überwiegend jugendlichen Gästen ausgeht, z. B. Eiscafés, Milchstuben oder Gaststätten in Sporthallen, Tanzschulen oder Badeanstalten.

## Aufgaben

1. Was versteht man unter einer Konzession und warum ist sie erforderlich?

2. Stellen folgende Betriebsformen Schank- bzw. Speisewirtschaften dar? Ist jeweils eine Gaststättenerlaubnis erforderlich? Auf welche Umstände kann es für die Beurteilung der Gaststätteneigenschaft und der Erlaubnispflicht jeweils ankommen?
   a) Tankstelle mit Getränkeverkauf
   b) Pizza-Abhol-Dienst
   c) Kiosk mit Schalter für belegte Brötchen
   d) Automat mit Softdrinks und Bier im Eingangsbereich eines Geschäftes, wobei Flaschenöffner und eine Sitzgelegenheit zur Verfügung gestellt werden
   e) Betriebsfeier mit Büfett auf einem Schiff

3. Das Systemgastronomie-Unternehmen „American Dreams" will in Hintermwald eine Sports-Bar eröffnen. Die Gaststättenbehörde lehnt den Konzessionsantrag von „American Dreams" mit der Begründung ab, im Ort gebe es bereits eine Dorfgaststätte, die in ihrer Existenz bedroht sei, wenn nun noch eine zusätzliche Gaststätte eröffne und Gäste abwerbe. Außerdem könne so etwas Neumodisches wie eine Sports-Bar in Hintermwald sowieso nicht lange existieren und die Gemeinde müsse sich dann anschließend mit dem Leerstand herumplagen. Schließlich ziehe eine Sports-Bar jugendliche Gäste aus dem Umland an und die wolle man im beschaulichen Hintermwald sowieso nicht haben, weil sie bei der Anfahrt auf ihren Mopeds viel zu viel Krach machten. Wie kann American Dreams sich dagegen wehren? Wird das Unternehmen Erfolg haben?

4. Rudi Rüpel hat eine Konzession für eine Schank- und Speisewirtschaft ohne besondere Betriebseigentümlichkeiten und eine Sondernutzungserlaubnis für den Bürgersteig vor seiner Szenegastronomie. Die Außenbewirtschaftung ist mit der Auflage verbunden, dass sie nur bis 22 Uhr erfolgen darf. Rudi führt an jedem Mittwoch, Freitag, und Sonntag kleine Rockkonzerte durch, samstags wird in einem Nebenraum getanzt. Auch haben sich schon mehrfach Anwohner beschwert, weil auch lange nach Mitternacht Gäste draußen lautstark feiern. Was wird die Gaststättenbehörde unternehmen?

5. Die Mitarbeiterverpflegung des Autositze-Herstellers „Sport X" wurde bisher durch das Unternehmen in Eigenregie betrieben. Aufgrund der Krise der Automobilindustrie verspürt „Sport X" verstärkten Kostendruck und möchte die Betriebsgastronomie an einen Contract-Caterer outsourcen. Der Caterer will nun aufgrund seiner Erfahrungen neben den Mitarbeitern von „Sport X" auch Mitarbeiter umliegender kleinerer Firmen mit verpflegen, um die Betriebsgastronomie wirtschaftlich betreiben zu können. Was muss er beachten?

6. Erklären Sie, warum ein Franchisenehmer keine Stellvertretungserlaubnis erhalten kann.

# Jugendschutz

## Aufgaben – Fortsetzung

7. In der Altstadt der Gemeinde Schluckdorf in Baden-Württemberg kommt es immer wieder zu Beschwerden von Nachbarn der Kneipe „Zum Fröhlichen Zecher" wegen abendlicher Ruhestörung. Daraufhin erlässt die Gemeinde eine Allgemeinverfügung für alle Gaststätten in der Altstadt, worin die Sperrzeit auf 24 Uhr festgesetzt wird. In der Altstadt befindet sich auch ein Betrieb des systemgastronomischen Disco-Konzepts „Fun". Der Betriebsleiter ist entsetzt. Muss er jetzt tatsächlich seine Gäste um 24 Uhr nach Hause schicken, wo der Betrieb bei ihm gerade erst losgeht?

8. Der sogenannte „Apfelsaftparagraf" *(§ 6 GastG)* trifft eine Preisregelung für alkoholfreie Getränke. Entspricht folgende Preisgestaltung dieser Vorschrift?

   | | |
   |---|---|
   | 0,2 l Bier | 2,00 € |
   | 0,2 l Wasser | 2,00 € |
   | 0,5 l Bier | 4,80 € |

9. Ein Catering-Unternehmen hat bei einer europaweiten Ausschreibung den Zuschlag für die Stadionbewirtschaftung auf dem Kaiserslauterner Betzenberg erhalten. Nach Unterschrift des Bewirtschaftungsvertrages untersagt die Stadt Kaiserslautern aufgrund häufiger Krawalle und Schlägereien während und nach den Fußballspielen des FCK den Verkauf von alkoholischen Getränken im Stadion. Der Caterer ist über diese „Willkürmaßnahme" empört und will sich gegen die Untersagung wehren, da ihm dadurch kalkulierter Umsatz verloren geht. Außerdem würde das Verbot sowieso nichts nutzen, da die Fußballfans schon betrunken ins Stadion kämen und auch noch eigenen Alkohol mitbrächten. Kann der Caterer sich mit Erfolg gegen das Verbot wehren? Argumentieren Sie.

## 12.7 Jugendschutz

### Situation

Auszug aus einem Artikel in der BILD-Zeitung vom 13. April 2007:

**Toter Tequila-Junge – Böser Verdacht gegen den Wirt**

Tom A. (16) aus Berlin starb, weil er in einer Nacht 45 Schnäpse getrunken haben soll. Toms Freunde sagten bei der Polizei aus, sie seien vor Mitternacht in die Bar gekommen. Der Wirt habe Tom aufgefordert, Los, wir machen ein Tequila-Wettsaufen. Wer als Erster nicht mehr kann, hat verloren. Alles Lüge, sagt der Wirt. Seine Version sieht so aus: „Tom kam gegen 4 Uhr bereits total betrunken in meine Bar. Er hat nur noch ein Bier bestellt, dann ist er am Tresen eingeschlafen."

Das *Jugendschutzgesetz* enthält u.a. Regelungen zum Besuch von Gaststätten sowie zum Verkauf an und Konsum von Alkohol und Tabakwaren bei Kindern und Jugendlichen.

Wer als Gastronom gegen das *Jugendschutzgesetz* verstößt, begeht eine Ordnungswidrigkeit, die mit einer Geldbuße bis 50 000 € geahndet werden kann und er kann seine Gaststättenerlaubnis verlieren.

### Begriffe

| | |
|---|---|
| **Kind** = noch nicht 14 Jahre alt | **Personensorgeberechtigte Person** = Eltern oder Vormund |
| **Jugendlicher** = mindestens 14, aber noch nicht 18 Jahre alt | **Erziehungsbeauftragte Person** = jede Person über 18 Jahre, die gemäß Vereinbarung mit den Eltern Erziehungsaufgaben wahrnimmt (z.B. Lehrer, Ausbilder, älterer Bruder) |

### Wichtige Bestimmungen des *JuSchG* für Gaststätten

| | |
|---|---|
| **Aufenthalt in Gaststätten** § 4 JuSchG | Kinder und Jugendliche **unter 16 Jahren** nur in Begleitung einer personensorgeberechtigten oder erziehungsbeauftragten Person<br><br>Ausnahmen:<br>▶ Sie nehmen an einer Veranstaltung eines anerkannten Trägers der Jugendhilfe teil.<br>▶ Sie befinden sich auf Reisen.<br>▶ Sie nehmen zwischen 5 Uhr und 23 Uhr eine Mahlzeit oder ein alkoholfreies Getränk ein.<br><br>**Jugendliche über 16 Jahre** bis 24 Uhr ohne Begleitung eines Erziehungsberechtigten. Auch hier gelten Ausnahmen bei Veranstaltungen von Jugendhilfeträgern und auf Reisen. |
| **Nachtbars, Nachtclubs** § 4 JuSchG | Aufenthalt nicht gestattet |
| **Alkohol** § 9 JuSchG | **Kinder:** kein Verkauf, kein Verzehr<br>**Jugendliche unter 16 Jahren:**<br>▶ grundsätzlich kein Verkauf, kein Verzehr<br>▶ es sei denn, sie werden von einem Erziehungsberechtigten begleitet |

# 1 Auszeichnung, Bezeichnung, Kennzeichnung

| Wichtige Bestimmungen des *JuSchG* für Gaststätten | |
|---|---|
| **Alkohol**<br>§ 9 JuSchG | **Jugendliche ab 16 Jahren:**<br>▶ Branntwein (d. h. Spirituosen) und branntweinhaltige Getränke oder Lebensmittel sind verboten.<br>(Bezüglich der sogenannten „Alkopops" gilt ein absolutes Abgabe- und Trinkverbot für Minderjährige.)<br>Andere alkoholische Getränke (z. B. Wein, Bier) sind erlaubt.<br>Sogenannte **Alkopops** enthalten Branntwein und sind daher für Jugendliche vollständig verboten. Sie müssen entsprechend auf der Flasche gekennzeichnet sein. |
| **Tabak und Rauchen**<br>§ 10 JuSchG | Keine Abgabe von Tabakwaren an Kinder und Jugendliche **unter 18 Jahren** (neu!). Das Rauchen darf ihnen nicht gestattet werden. |
| | Tabakwaren dürfen nicht in der Öffentlichkeit in **Automaten** angeboten werden.<br>Ausnahme: Automat ist für Kinder und Jugendliche unzugänglich (durch Ort der Aufstellung, ständige Aufsicht oder technische Vorrichtung/Chipkarte). |
| **Tanzveranstaltungen**<br>§ 5 JuSchG | **Unter 16 Jahren:** nur in Begleitung einer personensorgeberechtigten oder erziehungsbeauftragten Person<br>**Ab 16 Jahren:** ohne Begleitung bis 24 Uhr, danach mit Begleitung<br>Ausnahmen gelten für Tanzveranstaltungen von Trägern der Jugendhilfe, bei Brauchtumspflege (z. B. Schützenfest) oder künstlerischer Betätigung. |
| **Spielhallen/Glücksspiele**<br>§ 6 JuSchG | Anwesenheit in öffentlichen Spielhallen nicht gestattet<br>Teilnahme an Spielen mit Gewinnmöglichkeit nur auf Volksfesten, Schützenfesten, Jahrmärkten, Spezialmärkten oder ähnlichen Veranstaltungen und nur bei geringwertigen Gewinnen. |

### Pflichten des Gastwirts

**Aushangpflicht**
Der Gastronom muss die relevanten Bestimmungen, d. h. die §§ 4–10 und 13 JuSchG deutlich sichtbar und gut lesbar aushängen. Beispiele: im Eingangsbereich, hinter der Theke.
Nicht ausreichend ist ein Aushang z. B. unter der Garderobe, wenn dieser von Jacken verdeckt werden kann, oder im Toilettenbereich.

**Prüfungs- und Nachweispflicht**
Der Gastronom muss im Zweifel das Lebensalter der Kinder oder Jugendlichen überprüfen, indem er sich den Personalausweis zeigen lässt.

### Aufgaben

1. a) Was ist ein Kind? b) Was ist ein Jugendlicher?
2. Diskutieren Sie in der Klasse den in der Situation geschilderten Fall des Tom A. in juristischer und gesellschaftlicher Hinsicht.
3. Im Rahmen eines Schulausflugs wollen Klaus und Andreas (beide 14 Jahre) ihr mitgebrachtes Geld verbrauchen und bestellen sich in einem Imbiss je eine Currywurst mit Pommes frites und ein Bier. Darf Ihnen der Imbissbetreiber das Bestellte servieren?
4. Ehepaar Schmidt besucht mit seinem 15-jährigen Sohn ein Steak House.
   a) Herr Schmidt bestellt zum Essen eine Flasche Rotwein und drei Gläser. Ist das rechtens?
   b) Wie ist die Situation zu beurteilen, wenn der Sohn 13 Jahre alt ist?
   c) Wie ist die Situation zu beurteilen, wenn Herr Schmidt nach dem Essen drei Aquavit bestellt?
5. Besuchen Sie im Internet die Webseite www.schu-ju.de und absolvieren Sie dort das Training zum Thema Jugendschutz und Alkohol.
6. Im Jahre 2007 ist das Mindestalter für den Verkauf und Konsum von Tabakwaren von 16 auf 18 Jahre heraufgesetzt worden. Diskutieren Sie in der Klasse die Gründe dafür.

## 12.8 Auszeichnung, Bezeichnung, Kennzeichnung

### Situation

Auszug aus einer Speisen- und Getränkekarte:

*Frühstück*

| | | |
|---|---|---|
| **Omelette nature** mit... | | 4,80 € |
|     Tomate | | 1,00 € |
|     Spinat[1] | | 1,00 € |
|     knusprigem Bacon[2,4] | | 1,50 € |
| **Breakfast Early Bird** | | 3,80 € |
|     Croissant, Butter Marmelade bis 11.00 Uhr heißes Getränk inkl. | | |

*Burger*

| | 150 g | 250 g |
|---|---|---|
| **Hamburger**[1,2] | 6,50 € | 7,80 € |

*California and Pacific Coast*

| | |
|---|---|
| **Thai Green Curry** | 8,80 € |
|     gebratene Hähnchenbruststreifen und asiatisches Gemüse mariniert in einer grünen Currysoße serviert mit Basmatireis | |

*Softdrinks*

| | | |
|---|---|---|
| Coca Cola[1,9], Coca Cola light[1,9,7], Fanta[11,13], Sprite[1,6] | 0,2 l | 2,50 € |
| | 0,4 l | 3,60 € |
| Pitcher | 1,5 l | 10,80 € |
| Red Bull[1,9,12] | 0,25 l | 3,50 € |

*Aperitifs*

| | | |
|---|---|---|
| Martini bianco, rosso, dry | 5 cl | 4,00 € |
| Pernod[1] | 5 cl | 4,00 € |

*Cocktails*

| | |
|---|---|
| Manhattan | 7,00 € |
|     Canadian Club, Martini Rosso, Angostura | |

[1]Farbstoff – [2]Konservierungsmittel – [3]Antioxidationsmittel – [4]Geschmacksverstärker – [6]Benzoesäre – [7]Süßstoff Cyclamat, Aspartam & Acesufan – [9]koffeinhaltig – [11]Beta Carotin – [12]Taurin – [13]Sorbinsäure

# Auszeichnung, Bezeichnung, Kennzeichnung 1

Zweck des Aus-, Be- und Kennzeichnungsrechts in der Gastronomie ist der **Verbraucherschutz**. Der Gast (= Verbraucher) soll wissen, welche Produkte (insbesondere Lebensmittel) und Dienstleistungen ihn zu welchem Preis erwarten.

Wie auch beim Wettbewerbsrecht geht es hierbei immer um **Wahrheit und Klarheit**. Das richtige Auszeichnen, Bezeichnen und Kennzeichnen ist insbesondere bei der Gestaltung der **Speisen- und Getränkekarte** bzw. im Selbstbedienungsbereich bei Schildern, Tafeln oder Displays von Bedeutung.

## 12.8.1 Preisangaben

Bei der Preisauszeichnung kommt es darauf an, dass der Gast die tatsächlichen Kosten ohne besondere Erschwernisse erkennen und vergleichen kann.

| Für die Systemgastronomie wichtige Regelungen der *Preisangaben-Verordnung*: | |
|---|---|
| **Speisen- und Getränkekarten** | Wo Speisen und Getränke angeboten werden, müssen die Preise in Preisverzeichnissen angegeben werden. Diese müssen entweder<br>▶ auf Tischen ausgelegt (mindestens eine Speisenkarte pro Tisch)<br>▶ oder jedem Gast vor Entgegennahme von Bestellungen und auf Verlangen bei Abrechnung vorgelegt<br>▶ oder gut lesbar angebracht werden (z. B. auf Tafeln).<br>Es müssen **alle** Speisen und Getränke aufgeführt sein, auch sog. Nebenprodukte, z. B. Brot, wenn sie extra berechnet werden. Es können einheitliche Karten oder auch gesonderte Verzeichnisse wie Menükarte, Weinkarte, Getränkekarte, Dessertkarte, Aktionskarte verwendet werden.<br>Bei **Ausgehen** von Speisen oder Getränke müssen diese unverzüglich gestrichen werden. |
| **Selbstbedienung** | Wenn Speisen und Getränke in Schaukästen oder Verkaufsständen sichtbar ausgestellt werden oder wenn sie vom Gast selbst entnommen werden können, müssen sie durch **Preisschilder oder Beschriftung direkt an der Ware** ausgezeichnet werden. |
| **Eingang der Gaststätte** | Zusätzlich ist am Eingang ein Preisverzeichnis anzubringen, aus dem die **wesentlichen** angebotenen Speisen und Getränke ersichtlich sind. Die Wesentlichkeit richtet sich nach dem zahlenmäßigen Schwerpunkt. Der Aushang, z. B. in einem **Schaukasten**, muss unmittelbar neben dem Eingang angebracht sein. Wird er zerstört, muss ein Provisorium angebracht werden. Der Aushang muss gut lesbar und leicht verständlich sein. |
| **Endpreis** | Es muss immer ein Endpreis angegeben werden, in dem z. B. **Mehrwertsteuer, Bedienungsgeld, Gedecke** oder **Zuschläge** für Musik, Heizung inklusive sind. Wenn es ein Eintrittsgeld oder einen **Mindestverzehr** gibt, ist dies anzugeben.<br>Bei der Abgabe von **loser Ware** genügt die Angabe des **Grundpreises**, auch wenn der Gast erst an der Kasse den Endbetrag erfährt. |
| **Grundpreis** | Wenn Ware **nach Gewicht** berechnet wird, so muss der Grundpreis (z. B. €/100 g beim Salat an der Salatbar) angegeben werden. |
| **Bezeichnung und Menge** | Soweit es der allgemeinen Verkehrsauffassung entspricht, sind die **Verkaufseinheit** und die **Gütebezeichnung** anzugeben. In der Systemgastronomie bedeutet dies insbesondere:<br>▶ genaue Produktbezeichnung<br>▶ Menge angeben, wo **üblich**, z. B. Glas Bier 0,3 l; Rumpsteak 200 g; 6 Weinbergschnecken<br>▶ Angabe „Preis nach Gewicht", z. B. bei Fisch oder Fleisch, ist nicht zulässig, es muss nach Preis je 100 g angegeben werden.<br>▶ Angabe kleine Portion/große Portion ist möglich<br>▶ Beim Einkauf helfen festgelegte Bezeichnungen durch **gesetzliche Güte- oder Handelsklassen** (z. B. bei Gemüse, Eiern, Olivenöl). |

## 12.8.2 Schankgefäße

Schankgefäße sind Gefäße, die zum gewerbsmäßigen Ausschank von Getränken gegen Entgelt bestimmt sind und bei Bedarf gefüllt werden (z. B. Gläser, Flaschen, Karaffen, Kannen).

Schankgefäße müssen geeicht sein, um den Gast vor Irreführung zu schützen. Die genauen Regeln dafür legen das **Eichgesetz** und die **Eichordnung** fest.

Alle Schankgefäße müssen einen **Füllstrich** haben, der waagerecht verläuft und mindestens 10 mm lang ist; er darf als geschlossener Kreis ausgeführt sein (z. B. bei Branntweingläsern).

Der Abstand des Füllstrichs vom oberen Rand des Schankgefäßes muss betragen:

| 1. bei Schankgefäßen zum Trinken | | |
|---|---|---|
| a) von Bier und Schaumwein mit einem Nennvolumen von | | mindestens |
| | weniger als 0,5 l | 20 mm |
| | 0,5 l | 30 mm |
| | 1,0 l oder mehr | 40 mm |
| b) von anderen Getränken mit einem Nennvolumen von | | |
| | weniger als 0,1 l | 5 mm |
| | 1,0 l oder mehr | 10 mm |
| 2. bei Schankgefäßen zum Umfüllen | | 20 mm |

Auch die Schriftgröße der Volumenangabe darf bestimmte Werte nicht unterschreiten.
Im Interesse der Verbraucher und Gastronomen wurde der zulässige Sollinhalt von Schankgefäßen vereinheitlicht.

327

Schankgefäße zum Trinken sind nur mit einem Nennvolumen von 1, 2, 4, 5, oder 10 cl oder 0,1, 0,2, 0,25, 0,3, 0,4, 0,5, 1, 1,5, 2 oder 3 Litern zulässig.

Schankgefäße zum Umfüllen sind nur mit einem Nennvolumen von 0,2, 0,25, 0,5, 1, 1,5, 2, 3, 4 oder 5 Litern zulässig.

**Keinen Füllstrich benötigen:**
1. alkoholische Mischgetränke, die unmittelbar vor dem Ausschank aus mehr als zwei Getränken gemischt werden,
2. Kaffee-, Tee-, Kakao- oder Schokoladengetränke oder auf ähnliche Art zubereitete Getränke,
3. Kaltgetränke, die in Automaten durch Zusatz von Wasser hergestellt werden, und
4. sog. Beistellgläser (z. B. beim Flaschenweinservice, da sie definitionsgemäß keine Schankgefäße sind).

### 12.8.3 Lebensmittelkennzeichnung

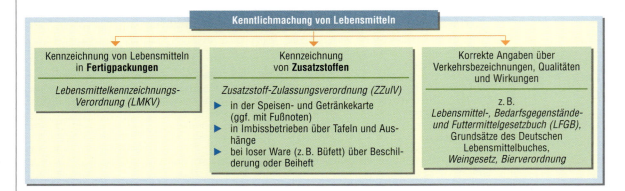

#### Lebensmittelkennzeichnungs-Verordnung

Die *LMKV* gilt nur für verpackte Ware. Für den Gastronomen ist sie daher insbesondere aus Käufersicht relevant. Die Angabepflichten bei verpackter Ware sind sehr weitgehend. Kennzeichnungspflichtig sind:
- die handelsübliche Bezeichnung des Inhalts
- der Hersteller
- die Menge des Inhalts nach Fertigpackungsverordnung
- das Mindesthaltbarkeits- oder Verbrauchsdatum (nicht bei Getränken über 10 % vol), z. B. „gekühlt haltbar bis…"
- die Verwendung von Zusatzstoffen, wie Farb- und Konservierungsstoffe
- die verwendeten Zutaten in absteigender Reihenfolge ihres Gewichtsanteils
- der Alkoholgehalt bei Getränken mit einem Alkoholgehalt von mehr als 1,2 % vol

**Ausgenommen von der Kennzeichnungspflicht sind:**
- Kakao und Kakaoerzeugnisse
- Kaffeeextrakte
- Zuckerarten, Honig
- Fertigpackungen, deren Oberfläche 10 cm$^2$ unterschreitet
- Schaumwein und andere alkoholhaltige Getränke
- Lebensmittel, die in der Verkaufsstätte selbst verpackt werden und zur alsbaldigen Abgabe bestimmt sind, z. B. Obst, Kleingebäck, Käse vom Stück (besondere Vorschriften)

#### Zusatzstoff-Zulassungsverordnung

Von Gastronomen gegenüber dem Gast zu beachten sind dagegen die Vorschriften der *ZZulV*. Zusatzstoffe dürfen nur eingesetzt werden, wenn sie zugelassen sind. Dann müssen sie nach genauen Vorschriften kenntlich gemacht werden. Das Kenntlichmachen erfolgt in der Regel in der Speisen- und Getränkekarte oder in Imbissbetrieben über entsprechende Tafeln oder Aushänge. Dies kann auch über Fußnoten (z. B. Kennziffern an der einzelnen Speise mit Erläuterung am Ende) erfolgen. Lose Ware (z. B. auf Büfetts) kann über Schilder gekennzeichnet werden.

# Auszeichnung, Bezeichnung, Kennzeichnung

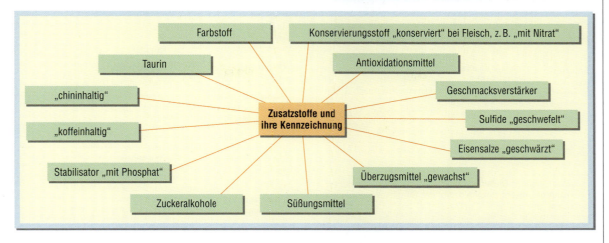

## Verkehrsbezeichnungen und Qualitäten

Der Gast soll wissen, was er bestellt und verzehrt. Daher wird er nach verschiedenen lebensmittelrechtlichen Vorschriften umfangreich vor Täuschungen geschützt.

Das *Lebensmittel-, Bedarfsgegenstände- und Futtermittelgesetzbuch* schützt sowohl vor Gesundheitsschäden als auch vor Irreführung. Danach ist es insbesondere verboten:

▶ Lebensmittel unter irreführender Bezeichnung, Angabe oder Aufmachung gewerbsmäßig in den Verkehr zu bringen oder für Lebensmittel mit irreführenden Darstellungen oder Aussagen zu werben,

▶ einem Lebensmittel Wirkungen beizulegen, die ihm gar nicht zukommen,

▶ Lebensmittel in Verkehr zu bringen, die von der Verkehrsauffassung abweichen, ohne dies zu kennzeichnen,

▶ für Lebensmittel krankheitsbezogen zu werben oder Lebensmitteln den Anschein eines Arzneimittels zu geben.

In den *Leitsätzen des Deutschen Lebensmittelbuches* werden Herstellung und Beschaffenheit von Lebensmitteln nach dem aktuellen Stand der Technik dargestellt. Diese Leitsätze beschreiben eine allgemeine Verkehrsauffassung/Verbrauchererwartung, an der sich der Gastronom zu orientieren hat.

> Der Leitsatz über Fleisch und Fleischerzeugnisse legt z. B. fest, dass ein Wiener Schnitzel ein paniertes Kalbsschnitzel ist. Bietet ein Restaurant ein Schweineschnitzel als „Wiener Schnitzel" an, ist dies irreführend und damit unzulässig.

**Gentechnik-Produkte** müssen mit dem Zusatz „gentechnisch verändert" gekennzeichnet werden.

Wer in der Gastronomie **„Bioprodukte"** anbieten und als solche bezeichnen will, muss zuvor eine Zertifizierung nach dem *Ökokennzeichnungsgesetz* durchführen.

**Allergene** sind nicht kennzeichnungspflichtig.

Bei Wein sind die **Güteklassen/Qualitätsstufen** (z. B. „Deutscher Landwein"), die **Prädikatsstufen** bei Qualitätsweinen mit Prädikat (z. B. „Kabinett") sowie die **Anbaugebiete** (z. B. Baden), mit denen der Wein zu bezeichnen ist, nach dem *Weingesetz* genau festgelegt. Für die Etikettierung sind bestimmte Angaben genau vorgeschrieben. Angaben, die nicht ausdrücklich zugelassen sind, dürfen nicht verwendet werden.

Bier wird in Deutschland nur nach dem **Reinheitsgebot** gebraut, auch wenn die EU Anderes zulässt. Das bedeutet, es darf außer Malz, Hopfen, Wasser und Hefe keine Zutaten enthalten. Die Biergattungen (z. B. „Vollbier") sind in der *Bierverordnung* definiert (siehe Kap. 9.3.3).

# 1 - Infobox Sprache

## Aufgaben

1. Sind folgende Preisangaben in der Speisen- und Getränkekarte rechtmäßig? Welche Alternativen gibt es?

   – Gegrillte Dorade — Preis nach Größe
   – Verschiedene Kuchen und Torten nach Tagesangebot — 2,50 € – 4,00 €
   – Spargel — Tagespreis
   – Glas Wein — 4,20 €
   – Bordeaux 1/1 — 17,50 €

2. Das Ehepaar Müller kehrt nach dem Sonntagsspaziergang im Ausflugslokal ein. Auf der Getränkekarte werden unter den warmen Getränken u.a. auch Tassen Kaffee und Gläser Tee angeboten. Als Frau Müller eine Tasse Kaffee bestellen will, erhält sie von der Bedienung die unfreundliche Antwort „Auf der Terrasse nur Kännchen". Ist das rechtens?

3. Sie planen ein Coffee-Shop-System mit zunächst drei Standorten, das später weiter multipliziert werden soll. Das Konzept setzt auf deutlich günstigere Preise als bei den Wettbewerbern. Kaffee und Snacks sollen sowohl im Shop verzehrt werden können als auch „to go" angeboten werden. Wegen der besonderen Preissensibilität Ihrer Gäste möchten Sie auf den Displays hinter dem Counter lediglich die Nettopreise angeben und dann je nach Verzehrart die Mehrwertsteuer hinzurechnen. Geht das? Welche Möglichkeiten haben Sie?

4. Eine gutbürgerliche Restaurantkette plant, Elemente eines Marktrestaurants mit ins Konzept aufzunehmen. Dazu sollen verschiedene Büfetts für Salat, Antipasti und Desserts integriert werden. Angerichtet werden sollen die Gerichte zum Teil bereits in Portionsgrößen, zum Teil in größeren Schüsseln, aus denen sich die Gäste selbst bedienen können. Welche rechtlichen Möglichkeiten der Preisauszeichnung gibt es?

5. Ist bei Schankgefäßen für folgende Getränke ein Füllstrich erforderlich? Warum?

   – Wein
   – Chai Latte
   – Long Island Ice Tea
   – Martini
   – Weizenbier

6. Wofür steht die Abkürzung „LFGB"?

7. Mit welchen Zusätzen müssen folgende Lebensmittel (in aller Regel) auf der Speisen- und Getränkekarte kenntlich gemacht werden?

   – Schwarze Oliven
   – Brühwurst
   – Fanta light
   – Bitter Lemon
   – Ginger Ale
   – Red Bull

## Infobox

### Recht

| Deutsch | Englisch |
|---|---|
| Aktiengesellschaft | public limited company |
| Alkoholausschank | serving of alcohol |
| Alkoholmissbrauch | alcohol abuse |
| Außengastronomie | outdoor-/open air gastronomy |
| Beherbergungsvertrag | accommodation facilities, (AE) lodging facilities |
| Besitz | possession |
| Bewirtungsvertrag | catering contract |
| Bierlieferungsvertrag | contract of beer delivery |
| Darlehensvertrag | loan agreement, loan contract |
| Dienstvertrag | contract of service |
| Eigentum | property |
| Erlaubnis/Konzession | licence |
| Firma | enterprise, company, firm |
| Fundsache | lost property, lost article |
| Gaststätte | restaurant |
| Geschäftsfähigkeit | legal competence |
| Gesellschaftsvertrag | partnership agreement |
| Gewerberecht | industrial law |
| Glücksspiel | gambling |
| Haftung | liability, responsibility |
| irreführende Werbung | misleading advertising |
| Jugendschutz | protection of children and young persons |
| Kapitalgesellschaften | joint stock companies |
| Kaufmann | merchant, trader, businessman |
| Kaufvertrag | bill of sale, sale contract |
| Leasingvertrag | lease agreement, leasing agreement |
| Lebensmittelkennzeichnung | food labelling |
| lose Ware | items sold loose |
| Marke | brand |
| Markenrecht | trademark law |
| Mietvertrag: | *bewegliche Sache:* hire agreement, *unbewegliche Sache:* rental agreement (for property), tenancy (agreement); lease |
| Nachtruhe | night's rest |
| Nichtraucherschutz | protection of non-smokers |
| Öffentliches Recht | public law |
| öffentlich-rechtlicher Rundfunk | public-service broadcasting |
| Pachtvertrag | lease agreement |
| Personengesellschaften | partnerships |
| Preisauszeichnung | pricing |
| Privatrecht | private law |
| Rechtsfähigkeit | legal capacity |
| Rechtsgeschäfte | legal transactions |
| Sperrzeit | closing time |
| Tabak | tobacco |
| Tanzveranstaltung | dance |
| unlauterer Wettbewerb | unfair competition |
| Urheberrecht | copyright |
| Verjährung | statutory limitation, limitation of acts |
| Werkvertrag | contract for work and services |
| Wettbewerb | competition |
| Willenserklärung | declaration of intention |
| Zuatzstoff | additive |

# Lerninhalt 2 – Marketing

## 1 Marketing – Entwicklung und Grundlagen

Während man sich in den USA bereits seit den 20er-Jahren des vergangenen Jahrhunderts mit den Zielen und Aufgaben des Marketings auseinandersetzte, bemühten sich Unternehmen in Deutschland zunehmend nach dem Zweiten Weltkrieg, durch Marketingmaßnahmen insbesondere die Produktions- und Distributionsbedingungen zu optimieren. Die Aufgabe des Marketing bestand damals primär darin, den **Nachfrageüberhang** (vgl. Verkäufermarkt) zu befriedigen. Im Laufe der 60er- bis 70er-Jahre veränderte sich diese Situation: Das Angebot überstieg die Nachfrage, d. h., es entstand ein **Angebotsüberhang** (vgl. Käufermarkt).

| Kriterien | Verkäufermarkt | Käufermarkt |
|---|---|---|
| Wirtschaftliche Bedingungen | Knappe Ressourcen | Produkte im Überfluss |
| Nachfrage der Gäste | Nachfrage > als Angebot | Angebot > als Nachfrage |
| Mögliche Engpässe | Beschaffung und Produktion | Absatz der Produkte |
| Aktuelle Bedeutung betrieblicher Teilfunktionen | Vorrangig: Produktbeschaffung und Produktion | Vorrangig: Marketing |
| Optimierung betrieblicher Planungen | Optimierung der Beschaffungs- und Produktionsaktivitäten | Optimierung der Marktposition durch Marketing |

Seit den 80er-Jahren wurde Marketing weitgehend geprägt durch die strategische Ausrichtung (Wettbewerbsorientierung und -positionierung) sowie die Internationalisierung bzw. **Globalisierung** des Angebots. Dieser Trend bestätigt sich langfristig. Zudem wird **Marketing in Deutschland** heute durch folgende Faktoren geprägt:
▶ Ressourcenverknappung und Umweltbelastung,
▶ Harmonisierung des europäischen Binnenmarktes.

In der historischen Entwicklung des Marketings lassen sich vier **Entwicklungsphasen** beobachten:

▶ **Phase der Produktorientierung:** die typische Verkäufermarktsituation der Nachkriegszeit
▶ **Phase der Verkaufsorientierung:** verstärkte Werbung und betonte Verkaufs- und Absatzbemühungen
▶ **Phase der Kunden- bzw. Marketingorientierung:** Situation eines hart umkämpften Käufermarktes
▶ **Phase des strategischen Marketings:** Resultat der Veränderungen in den Umwelt- und Marktbedingungen bis hin zur Marktsättigung und Wachstumsstagnation

Die historische Betrachtung verdeutlicht, dass der **Begriff des Marketings** einem **permanenten Wandel** unterworfen ist. Zutreffend lässt sich Marketing kennzeichnen, wenn man seine **Wesensmerkmale** skizziert:

▶ Unternehmens- bzw. Führungsphilosophie
▶ Bedürfnisbefriedigung für alle Beteiligten (Gäste und Mitarbeiter)
▶ Gäste- und Absatzorientierung in allen Unternehmensbereichen
▶ Zielorientierte, rational vorgeplante Ausrichtung aller Unternehmensaktivitäten auf den Markt
▶ Anpassung der Aufbau- und Ablauforganisation des Unternehmens auf die Ziele der Aktivitäten
▶ Systematische, kreative Marktsuche und Markterschließung mithilfe von systematisch eingesetzten Marktforschungsinstrumenten
▶ Denken in Systemen: innerhalb des Unternehmens- und Marketingbereichs sowie im Hinblick auf die Umwelt
▶ Differenzierte Marktbearbeitung, d. h. die analytische Aufteilung des Marktes und der selektive Einsatz der einzelnen Aktivitäten bzw. Aktionen
▶ Berücksichtigung der ökologischen und gesellschaftlichen Bedingungen

## 2 Marketing – Entwicklung und Grundlagen

Aufgrund der Skizzierung der Wesensmerkmale und der Historie lässt sich der **Begriff Marketing** heute folgendermaßen definieren:

> **Definition**
>
> Marketing ist der Ausdruck für eine umfassende Philosophie und Konzeption der Planung, Koordination, Durchführung und Kontrolle, bei der ausgehend von systematisch gewonnenen Informationen alle Unternehmensaktivitäten konsequent auf die aktuellen und potenziellen Erfordernisse der Märkte ausgerichtet werden. Ziel ist die Befriedigung von Bedürfnissen des Marktes, der Gäste sowie der individuellen Unternehmensziele.

**Erfolgreiches Marketing** (= Förderung des Absatzes) im Rahmen einer marktorientierten Unternehmensführung basiert auf dem zweckorientierten Wissen über inner- und außerbetriebliche Sachverhalte. Es gilt, sämtliche relevanten Informationen über die nicht kontrollierbaren Variablen des Marktes (Marktpartner und Marktbeziehungen) zusammenzufassen, von denen langfristig ein ausschlaggebender Einfluss für die Zielerreichung des Unternehmens zu erwarten ist. Zu diesem Zweck sind gegenwarts- und vergangenheitsbezogene Einflussgrößen, ihre gegenseitigen Abhängigkeiten und Gesetzmäßigkeiten zu untersuchen. Dabei muss die Datenauswertung bei Beachtung möglicher Trends und eventueller Strukturveränderungen und -brüche zu Prognosen führen, die für zukunftsbezogene Entscheidungen des Unternehmens bzw. des Systems dienlich sind.

Die **Betriebe der Systemgastronomie** erkannten frühzeitig die Bedeutung einer konsequenten **Marketingorientierung als Führungsfunktion**, an der sich andere Führungsbereiche im organisatorischen Aufbau (Organigramm) der Unternehmensstruktur auszurichten haben. Dabei verlangt die Deckung des dafür notwendigen betrieblichen Informationsbedarfs für die spezifischen Marketingentscheidungen eine systematische und methodische Vorgehensweise. Als Prozess ist sie durch verschiedene Stadien, Phasen und Schritte gekennzeichnet. In Anlehnung an die **4 Ps** des Marketing-Instrumentariums, **Product, Price, Promotion, Place,** lassen sich die 5 Ds der Marketingforschung unterscheiden: **Definition, Design, Datengewinnung, Datenanalyse, Dokumentation.**

Dies heißt in der Praxis, dass systemorientierte Betriebe ihre relevanten Nachfrager (→ Gäste) und Märkte (→ gastorientierte Dienstleistungen) identifizieren und ihre Unternehmensaktivitäten auf eine markt- bzw. gästeorientierte Spezialisierung der Konzepte hin ausrichten (vgl. 3.1 und 3.2). Der Gast erwartet vom System eine genau umrissene Produkt- und Qualitätskonstanz, d. h., Kontinuität in diesen Bereichen ist das **Rückgrat in jedem Systemkonzept**.

**Aufgabe einer strategischen Marketingkoordination** in einem Unternehmen der Systemgastronomie ist es, eine Übersicht über die gegenwärtige und zukünftige Marktlage und Marktsituation zu geben. Folgende Informationen sind dafür u. a. relevant:

▶ Rechtliche Ausgangssituation und Entwicklung
▶ Allgemeine Marktentwicklung in der Gastronomie
▶ Spezielle Marktentwicklung der Systemgastronomie
▶ Marketing-Strategie bzw. Marketingmaßnahmen des Systems
▶ Entwicklung des eigenen Marktanteils
▶ Marketingaktivitäten der Konkurrenz
▶ Prognosen zur Entwicklung des Systems
▶ Gästeerwartungen und -einstellungen
▶ Akzeptanz neuer Substitutionsprodukte bzw. Innovationsbereitschaft

Mitarbeiter in Betrieben der Systemgastronomie sollten Marketing als „spezielle Denkhaltung" und Voraussetzung für gastorientiertes Denken und Handeln bewerten. Dies bedeutet, dass die Systemgastronomie vom Markt her denkt, d. h. sich in die Situation des Gastes versetzt und mithilfe dieser Denkweise auch die Methoden der Erforschung der Dynamik der Märkte anwendet (→ Trendforschung, Marktforschung, Verbraucherforschung usw.), um gegenwärtige und künftige Bedürfnisse zu decken bzw. zu wecken (vgl. 3.1 und 3.2). Dieses „**Innovationsmarketing**" als praktizierte Denkhaltung ist gekennzeichnet durch:

▶ **Gastorientierung**
d. h. bewusste Orientierung an den Gäste- bzw. Kundenbedürfnissen und -wünschen;

▶ **Systemanpassung**
d. h. langfristige Strategien der Anpassung des Systems an die Einzigartigkeit seiner Marktleistung, an Erfordernisse der Corporate Identity und Imagebildung;

▶ **Wettbewerbsorientierung**
d. h. Schaffung von komperativen Konkurrenzvorteilen (USPs);

▶ **Zielorientierung**
d. h. Ausrichten aller Aktivitäten und Innovationen an den Marketing- und Unternehmenszielen.

## Marketing – Entwicklung und Grundlagen

Der nationale und internationale Tourismus unterstützt diesen Trend – für viele Angebote der Systemgastronomie gibt es inzwischen keine Ländergrenzen mehr, denn Marketing im Bereich der Systemgastronomie ist **„Imagemarketing"** (s. Kap. 6.4 Corporate Identity).

Deshalb gilt es für die Unternehmen der Systemgastronomie um so mehr, frühzeitig bestehende oder sich verändernde gesellschaftliche Rahmenbedingungen sowie wirtschaftliche, soziale oder demografische Trends (z. B. verbesserter Lebensstandard, Änderung des Freizeitverhaltens, erhöhtes Durchschnittsalter, Einkommenszuwachs- bzw. -nivellierung) nicht nur für Deutschland, sondern international zu erkennen, um diese Trends ihrem potenziellen Markt im Sinne innovativ-gastorientierter Dienstleistungen für ihre speziellen Zielgruppen zu erschließen.

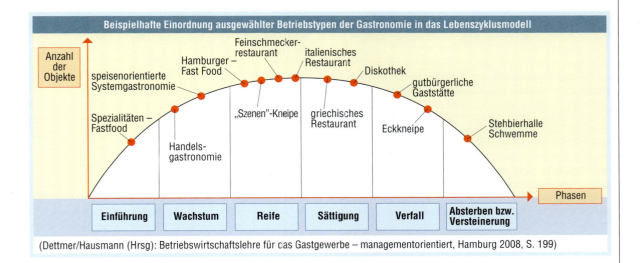

(Dettmer/Hausmann (Hrsg): Betriebswirtschaftslehre für das Gastgewerbe – managementorientiert, Hamburg 2008, S. 199)

Aufgrund der aktuellen Trends in der Systemgastronomie wird deutlich, dass die Theorie einer Marktsättigung bei Fast Food „à la Amerika" so nicht stimmt. Trotzdem – Systembusiness wird immer trendiger und internationaler –, im System gut zu sein heißt deshalb heute: markt- und markenorientiert die einzigartige Botschaft des Anbieters verpackt mit Nutzen und Sympathie zu vermarkten. Eine gemeinsame Grundhaltung hinsichtlich der Ziele des Konzepts stellt den Kernpunkt jedes Systems dar.

Aufgrund der aktuellen Ranking-Listen wird die besondere Herausforderung an zwei Kernpunkten in der Systemgastronomie deutlich:

▶ **Gäste binden**
Will heißen: Gäste begeistern, überraschen, Erwartungen übertreffen – und gleichzeitig

▶ **Kosten senken**
Will heißen: Aktives Ausschöpfen von Einsparungspotenzialen, verstärkte Kontrolle der Ausgaben und schlankere Führungsstrukturen.

###  Aufgaben

Sabine Denkert frühstückt mit ihrer Tochter Katharina im Restaurant „Green Paradise". „Hier gibt es ja so viele leckere Speisen und Getränke im Angebot, dass man gar nicht alle probieren kann. Da weiß man ja gar nicht, was man zuerst essen soll. In meiner Jugend war das leider alles ganz anders …!", seufzt Sabine Denkert fast ein wenig traurig.

1. Erläutern Sie, welche Rolle der Gast früher in einem Verkäufermarkt spielte bzw. welche Bedeutung er heute in einem Käufermarkt hat.
2. Welche Phasen kennzeichnen für die Gastronomie den Wandel vom produktorientierten zum marktorientierten Denken im Hinblick auf Planung und Entscheidung von Marketingprozessen?

**Infobox Sprache am Ende des Lerninhalts 2!**

# 2 Gastorientierte Unternehmensführung

**Vision**
Wenn Du ein Schiff bauen willst,
so trommle nicht die Menschen zusammen,
um Holz zu beschaffen,
sondern lehre die Menschen die Sehnsucht
nach dem endlosen Meer.

*Antoine de Saint-Exupéry*

Es ist die **Vision**, die am **Anfang jeder unternehmerischen Gründung** als **Grundlage zum Handeln** vorliegen sollte – es sind nicht die Mitarbeiter – und es sind auch nicht die finanziellen Säulen. Visionen sind **in die Zukunft gerichtete**, durch kreative Höchstleistungen entstandene **innere Bilder** einer noch ausstehenden, im Prinzip aber **realisierbaren Wirklichkeit**. Visionen entstehen im Spannungsfeld zwischen zwei Grundsatzfragen:

▶ Was ist heute prinzipiell möglich?
▶ Was ist morgen sinnvoll und nötig?

**Visionäre** handeln nicht aufgrund von äußerem Zwang, sondern aus innerem Antrieb heraus: Sie bewegen sich in der **Gegenwart** und in der **Zukunft**, der **Wirklichkeit** und der **Möglichkeit**. Sie setzen damit **Maßstäbe** und **Normen**; sie initiieren **Trends** und **Qualitätsstandards**.

Es muss allerdings gelingen, die inneren Bilder einer noch entstehenden Wirklichkeit in Grobkonzepte zu überführen und diese in Detailkonzepte mit Sollwerten festzulegen – nur dann wird aus der Vision eine **Innovation**. Ein visionäres, innovatives Unternehmen verknüpft sein Streben nach Gewinn mit ethischem Bewusstsein:

*Nichts ist erbärmlicher als ein Mensch, der aufgehört hat zu träumen. Träume geben dem Leben Richtung und Sinn. Ohne sie wäre ein Leben nur stumpfsinnige Plackerei.*

*Akio Moita, Gründer von Sony*

Dies bedeutet: **Visionen** sind keine nutzlosen Träumereien, sondern der **Prozess der fortschreitenden Konkretisierung** einer Vision erfasst alle **Abteilungen** und alle **Hierachiestufen**. Nur so ist es möglich, dass ein Unternehmen oder ein **Team kreativ** ist bzw. dass **jeder Mitarbeiter** von seiner eigenen Begeisterung mitgerissen wird, nach vorne schauen kann und bereit ist, neue Projekte anzugehen und **gastorientiertes Verhalten zu leben**.

### Was bedeutet Gastorientierung?

Jeder Gast geht mit ganz speziellen Erwartungen in ein Restaurant. Natürlich sind die Erwartungen des eiligen oder hungrigen Gastes in einem Fast-Food-Restaurant nicht identisch mit den Erwartungen desselben Gastes, der am Abend mit Freunden in einem Gourmetrestaurant einen schönen Abend verbringen möchte; d.h.: Gäste messen an ihren (positiven) Erwartungen, was sie bekommen – beide Restauranttypen haben den Erwartungen entsprochen.

Einen theoretischen Ansatz zur Messung der Gästezufriedenheit ist die Integration des **Kano-Modells der Gästezufriedenheit** in die Marktforschungskonzeption des gastgewerblichen Unternehmens. Dem Kano-Modell (Messverfahren) ist zunächst eine **Faktorenanalyse** vorgelagert, mit deren Hilfe mögliche relevante **Leistungsattribute** der Gästezufriedenheit **klassifiziert** und **kategorisiert** werden.

Kano geht davon aus, dass die Erfüllung bzw. Nichterfüllung unterschiedlicher Gästeanforderungen divergierenden (auseinandergehenden, entgegengesetzten) **Einfluss auf das Zufriedenheitsempfinden** der Gäste ausübt: Deshalb werden im Kano-Modell **Basisanforderungen (Musskriterien)**, **Leistungsanforderungen (Sollkriterien)** und **Begeisterungsanforderungen (nicht erwartete Kriterien)** differenziert.

Mithilfe von unterschiedlichen Analysen (und gezielten Fragestellungen) zur Gästezufriedenheit (s. Kap. 3.2) ist es möglich, das Zufriedenheitsniveau des eigenen gastgewerblichen Unternehmens (oder der unterschiedlichen Markt- und Produktsegmente) zu ermitteln.

Die folgende Grafik veranschaulicht die potenziellen Zufriedenheitsniveaus in Abhängigkeit vom Grad der Erfüllung der Gästeanforderungen und -erwartungen.

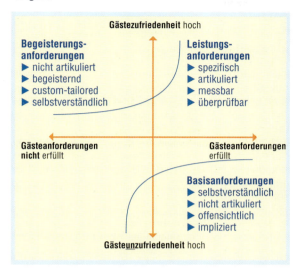

**Kano-Modell der Gästezufriedenheit**

**Zielpyramide der Unternehmensführung**

### Was bedeutet Unternehmensführung?

Unternehmensführung umfasst alle Aktivitäten, die den Tätigkeiten der Menschen im systemgastronomischen Unternehmen Ausrichtung und Sinn geben, also den Zweck haben, eine wirtschaftliche Leistung zu erstellen, um diese am Markt mit Gewinn abzusetzen.

Beim Umsetzen dieses Zieles ist eine wichtige Voraussetzung ein reibungsloser Kommunikationsfluss. Dieses nicht zuletzt im Rahmen des Marketings.

Um die Aufgaben einer **gastorientierten Unternehmensführung** optimal erfüllen zu können, bedarf es nicht nur eines adäquaten **Marketingkonzeptes**, wenn das **Prinzip der Gastlichkeit** und der **Menschlichkeit** das gesamte Unternehmen durchdringen soll: Das entsprechende **Unternehmensleitbild** (s. Kap. 7.3), im Rahmen der gastorientierten **Unternehmensziele** (s. Kap. 2.1) spezielle unternehmerische Überzeugungen („Credo") sowie ein gast- und mitarbeiterorientierter **Führungsstil** (s. Kap. Lerninhalt 3, Kap. 3.2.2), sind notwendig. Nur wenn jeder Gast des Restaurants diese Prinzipien spürt und das Haus zufrieden verlässt, wird sich dessen Image, der Bekanntheits- und Beliebtheitsgrad erhöhen.

Man unterscheidet heute fünf verschiedene Schwerpunkte der Unternehmensführung und die damit verbundenen **Marketingkonzepte**:

1. **Produktkonzept**
   Es offeriert dem Gast die beste Qualität, das beste Design, die beste Gegenleistung für sein Geld. Als Folge muss die Produktqualität permanent verbessert werden.

2. **Produktionskonzept**
   Es versucht, gute Produkte möglichst kostengünstig auf den Markt zu bringen. Schwerpunkt der Unternehmensführung liegt auf einer optimalen Produktion.

3. **Traditionelles Marketingkonzept** oder **Verkaufskonzept**
   Es präsentiert die Produkte des Systems für Gäste primär durch den Einsatz von Verkauf, Werbung und Verkaufsförderung. Gewinne werden durch ein bestimmtes Umsatzvolumen erzielt.

4. **Modernes Marketingkonzept** oder **Konzept der Unternehmensführung**
   Es stellt die Erforschung der Gästewünsche an den Beginn des betrieblichen Leistungspro-

zesses. Dabei steht Marketing für vorhandene und potenzielle Gäste am Anfang aller Aktivitäten und beeinflusst alle unternehmerischen Entscheidungen, die darauf ausgerichtet sind, durch Befriedigung der Gästewünsche Gewinne zu erzielen. Für die Realisierung dieser Ziele bedient man sich der Marktforschung und der damit verbundenen marketingpolitischen Instrumente.

| Ausgangsüberlegung | | Mittel | | Unternehmensziele |
|---|---|---|---|---|
| Markt | Gästewünsche | Marktforschung | Marketingpolitische Instrumente | Gewinnerzielung durch eine nachhaltige Befriedigung der Gästewünsche |

**5. Integriertes Marketingkonzept**

Es folgt einer noch detailierteren Betrachtung eines **differenzierten Unternehmenskonzeptes**. Basis der Überlegungen ist der **Markt**, auf dem untersucht wird, **welche Gäste**, mit **welchen Bedürfnissen** und **welchen Produkten** bzw. Produktpositionierungen mit einen speziellen Angebot zum Kauf angeregt werden sollen (Marktpositionierung). Die Betrachtung des Marketingprozesses erfolgt im Rahmen der Unternehmensziele **ganzheitlich** und **gästeorientiert**. Durch Überlegungen zum **Social-Marketing** wird zusätzlich die Frage nach dem gesellschaftlichen Nutzen und dem Konsumentennutzen in die differenzierten, ganzheitlichen Überlegungen integriert (siehe unten).

Ausgehend von der Überlegung, dass durch die Globalisierung nur ein integriertes Marketingkonzept sowohl die Ansprüche einer gastorientierten Unternehmensführung als auch die ganzheitliche Betrachtung des Social-Marketing unter Berücksichtigung der Umweltbedingungen erfüllt, lassen sich für Unternehmen der Systemgastronomie die drei unterschiedlichen Ziel- und Aufgabenebenen ableiten:

▶ **Normative Unternehmens- und Marketingziele:** Bestimmung der normativen Werte („Regeln") im Unternehmens- bzw. Marketingmanagement wie Unternehmensphilosophie, -ethik, -kultur, -ziele, -leitbilder, Coporate Image usw. (s. Kap. 2.1–2.3).

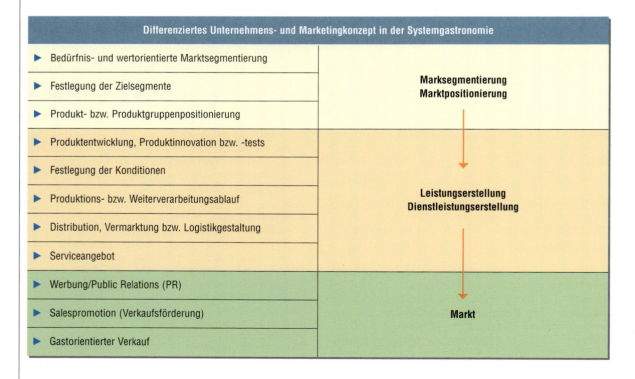

▶ **Strategische Unternehmens- und Marketingziele:** Bestimmung des langfristigen Entwicklungsrahmens, der Strategien und Konzepte (s. Kap. 4 und 4.1).

▶ **Instrumentelle oder operative Unternehmens- und Marketingziele:** Maßnahmenplanung, Durchführung und Controlling im Rahmen des Marketing-Mix und der operativen Ausgestaltung (s. Kap. 5 ff.).

## 2.1 Unternehmensziele

*„Ich würde mir über den Namen auf meinem Dach große Gedanken machen. Er erleichtert, dass unter dem Strich Geld verdient wird."*

(Konrad de Vries, Vice President bei Holiday Inn; in NGZ 5/95, S. 44)

In Betrieben der Systemgastronomie umfasst die **Bestimmung der Unternehmensziele** Überlegungen zu den allgemeinen Wertvorstellungen, der wirtschaftlichen und gesellschaftlichen Stellung des Betriebes, seiner Stabilität und Dynamik (Einsatz moderner Entscheidungsmethoden und technischer Mittel, Risikobereitschaft, finanzielle Beteiligung Dritter u. a.) und schließt die Unternehmensgrundsätze (Organigramm, Delegation der Verantwortung) in diese Überlegungen ein. Freyer (2001, S. 331) definiert: „Ziele geben den angestrebten zukünftigen Zustand der Realität an."

1. **Unternehmerische Überzeugungen**
   Mithilfe des „Credos", (= Darstellung der unternehmerischen Überzeugungen) werden leicht verständliche Absichtserklärungen und Handlungsanweisungen formuliert („wir wollen ..., wir bemühen uns ..., wir stehen für ..., wir streben an ..."). Das „Credo" fasst die allgemeingültigen Überzeugungen zusammen, zeichnet die normative, strategische und instrumentelle Zielrichtung vor und ermöglicht dadurch Aussagen zu folgenden Stichpunkten:

   ▶ **Wirtschaftliche Stellung des Betriebes**
   Anzustrebender Grad der Standardisierung bzw. Spezialisierung, Diversifikation, gewünschtes Qualitäts- und Preisniveau, beabsichtigtes Unternehmenswachstum.

   ▶ **Stabilität und Dynamik**
   Fortschrittliche Unternehmensführung, Einsatz moderner Entscheidungsmethoden und Technologien, Entwicklung von neuen Ideen, aktive Marktbearbeitung, Risikobereitschaft des Unternehmens, finanzielle Beteiligung Dritter.

   ▶ **Gesellschaftliche Stellung des Systems**
   Beziehungen zu Kommunen und Staat, gesellschaftliche Verantwortung, Verhältnis zu den Gästen, Beziehungen zu den Konkurrenten und Lieferanten, Loyalität zwischen Mitarbeitern und System.

   ▶ **Grundsätze der Unternehmensführung**
   Delegation von Verantwortung, Art der Unternehmensorganisation, Qualitätsstandards und Erwartungen für Führungsmitarbeiter, Art und Intensität der Unternehmensplanung, Art des Führungsstils und der Kontrolle, persönliche Arbeitstechnik, Weiterbildungsmöglichkeiten.

| Unternehmensziele ||| |
|---|---|---|
| **Ökonomische Ziele** || **Sozioökonomische Ziele** |
| Wirtschaftliche Ziele | Gemeinwirtschaftliche Ziele | |
| ▶ **Marktstellungsziele**<br>– Umsatz – Bedarfsdeckung<br>– Marktanteil<br>– Marktstellung<br>– Marktteilnehmerzahl<br><br>▶ **Erfolgsziele**<br>– Gewinn<br>– Umsatzrentabilität<br>– Kapitalrentabilität (ROI)<br><br>▶ **Finanzziele**<br>– Kapitalstruktur<br>– Kreditwürdigkeit | ▶ **Grundprinzipien**<br>– Arbeitszufriedenheit<br>– Kostenprinzip<br>– Gemeinwohl<br>– Gleichheit<br>– Rechtssicherheit<br><br>▶ **Politische Ziele**<br>– Demokratie<br>– Partizipation<br>– Interessenvertretung<br><br>▶ **Gesundheitliche Ziele**<br>– Lebensqualität<br>– Erholung<br>– Regeneration | ▶ **Mitarbeiterbezogene Ziele**<br>– Leistungsfähigkeit<br>– Einkommenssicherung<br>– Soziale Sicherheit<br>– Soziale Integration<br>– Mitarbeitermotivation<br>– Persönliche Entwicklung<br><br>▶ **Gesellschaftsbezogene Ziele**<br>– Liquidität<br>– Image und Prestige<br>– Ökologische Ziele<br>– Qualitätsziele (TQM)<br><br>▶ **Psychografische Ziele**<br>– Corporate Identity<br>– Kompetenz<br>– Bekanntheit<br>– Gästebindung<br>– Gästezufriedenheit |

# 2 Grundsatzplanung

## 2. Zieldefinition

Häufig wird von „Basiskategorien" der Unternehmensziele gesprochen. Sie werden trotz weitgehender Übereinstimmung oft unterschiedlich interpretiert:

▶ **Ökonomische Ziele**
Die Basiskategorien im ökonomisch-quantitativen Bereich sind vor allem **Marktstellungsziele**, **Rentabilitätsziele** und **Finanzziele**. In der gastgewerblichen Praxis ist dabei die Zielgröße **Deckungsbeitrag** von besonderer Bedeutung, da sie der Marketingabteilung ermöglicht, den Erfolgsbeitrag des jeweiligen Produktes/der Abteilung zum Gesamtbetriebsergebnis zu veranschaulichen. Bei einer komplexeren Betrachtung von Leistungsbündeln und/oder Leistungsketten werden zunehmend die **Wertschöpfungsketten** im gesamtbetriebswirtschaftlichen Zusammenhang betrachtet.

▶ **Sozioökonomische Ziele**
Sie sind – im Gegensatz zu den ökonomischen Zielen – nicht quantitativ und monetär messbar. Bei Basiskategorien werden vor allem die Gruppen **gesellschaftsbezogene, mitarbeiterbezogene** und **psychografische Ziele** genannt.

(Vgl. Meffert/Bruhn 2000, S. 146)

## Aufgaben

1. Man unterscheidet fünf verschiedene Schwerpunkte der Unternehmensführung und die damit verbundenen Marketingkonzepte:
Differenzieren Sie die wesentlichen Schwerpunkte dieser Unternehmenskonzepte (Stichpunkte).

2. Im Rahmen eines integrierten Unternehmens- und Marketingkonzeptes lassen sich drei unterschiedliche Aufgabenebenen ableiten: Differenzieren Sie die drei unterschiedlichen Aufgabenebenen für ein Unternehmen der Systemgastronomie (Stichpunkte).

3. Warum sind sozioökonomische Unternehmensziele eine wesentliche Voraussetzung für den Unternehmenserfolg?

## 2.2 Grundsatzplanung

### Situation

*Restaurant Green Paradise*

**Grundsätze der Qualitätsentwicklung**
▶ Qualität definieren
▶ Messbare, spezifizierte und terminierte Ziele setzen
▶ Prioritäten setzen
▶ Ständige Kommunikation mit den Mitarbeitern
▶ Qualität umsetzen, Mitarbeiter unterstützen
▶ Zielerreichung kontrollieren (regelmäßige Gästebefragungen)
▶ Neue Ziele setzen (Kreislauf)

(Vgl. Hammberger-Riemer, E.: Qualitäts- und Strategiemanagement; in: AHGZ, Nr. 45, 11/2000, S. 16)

Die Grundsatzplanung stellt den äußeren Rahmen für die strategische, operative Unternehmensplanung sowie die unternehmerischen Überzeugungen dar und kann im Prinzip unbefristet gelten.

▶ **Oberste Zielkriterien**
Bestimmung des Unternehmenserfolges in ökonomischer, sozialer und ökologischer Hinsicht (Gewinnzielung, Wachstum, Gäste- und Mitarbeiterzufriedenheit, Umweltschutz)

## Grundsatzplanung 2

▶ **Markteintritt** (Gründung)
oder Marktaustritt (Betriebsbeendigung), Festlegung von Unternehmensaufgaben, d.h. Branchenzugehörigkeit (z.B. Gastronomie, Touristik)

▶ **Standortbestimmung**
(z.B. Verkehrsknotenpunkte, Ferienregionen bzw. räumliche Differenzierung (z.B. Deutschland, Europa, weltweit)

▶ **Wahl der Rechtsform**
z.B. Personengesellschaften oder Aktiengesellschaften, um sich die Option eines Börsengangs zu verschaffen

▶ **Wahl der Organisationsstruktur**
Organigramm: Struktur mit hoher/geringer Entscheidungszentralisation

▶ **Führungskonzeption**
Eigentümerleitung/Managerleitung, autoritär/kooperativer Führungsstil, Führung durch Zielvereinbarung oder durch Zielvorgabe

▶ **Wachstumsziele und -strategien**
z.B. Einzelunternehmung bleiben oder über Gründung/Zukauf anderer Betriebe wachsen; Qualitätsmanagement

### Restaurant Green Paradise
### Unternehmerische Grundsatzplanung

| Checkliste | Strategische und taktische Lösungsansätze |
|---|---|
| • Preispolitik | **Beeinflussbar:** unternehmerische Preisgestaltung, Aktionsplanung<br>**Lösungsansätze:**<br>1. Klare preispolitische Strategien<br>2. Genaue Beachtung von „Signalprodukten" und deren Preisen (Schwellenpreise)<br>3. Durchdachter Einsatz von preispolitischen Instrumenten (Last-Minute-Preise, Member Cards, Bonus Cards, Happy Hour, Packages usw.) |
| • Dynamik: Hotel- und Restaurantstandort | **Beeinflussbar:** Flexiblität von Unternehmenskonzept, Management und Mitarbeitern<br>**Lösungsansätze:**<br>1. Flexible System- und Sortimentplanung, mobile Stände, mobiles Inventar<br>2. Räumlichkeiten nutzbar als Plattform für Events bzw. verschiedene Angebote<br>3. Sofortige Reaktion auf Änderungen der Rahmenbedingungen oder Infrastruktur, z.B. Fußgängerzone, Haltestelle einer Bahnlinie |
| • Mitarbeitereinsatz und -schulung | **Beeinflussbar:** Sozialleistungen, interne Kommunikation, Weiterbildung, Förderung<br>**Lösungsansätze:**<br>1. Erhöhung der Produktivität von Mitarbeitern durch Zufriedenheits- und Motivationsfaktoren<br>2. Organisierte Fort- und Weiterbildungspläne<br>3. Geregelte, offene interne Kommunikation, Teamorientierung Qualitätsmanagement |
| • Ökologiekosten | **Beeinflussbar:** betriebliche (bauliche) Maßnahmen, Kommunikation (Werbung, PR)<br>**Lösungsansätze:**<br>1. Ökologie als unternehmerisches Marketinginstrument<br>2. Zukunftsorientiertes Ökomanagement: besser in Vorleistung gehen und ökologische Leistungen vermarkten als auf gesetzliche Vorschriften warten |
| • Fixkostenproblematik | **Beeinflussbar:** Personalkosten, Starrheit von strategischen Unternehmens- und Konzeptstrukturen<br>**Lösungsansätze:**<br>1. Variable Gestaltung der Fixkosten, z.B. Argenturverträge mit Spülern, Produktivitätslöhne<br>2. Verringerung des Investitionsvolumens, z.B. Outsourcing von Leistungen, Just-in-Time-Lieferungen, Investitionen im kooperativen Verbund: zentrale Lagerung mehrerer Betriebe |
| • Finanzierung | **Beeinflussbar:** Systemkonzept – Lebenszyklus, Qualität des Systemkonzepts<br>**Lösungsansätze:**<br>1. Lebenszyklus verlängern durch Flexibilität des Systemkonzepts<br>2. Flexible Nutzung der Hotel- und Restaurantbereiche (multifunktionale Fläche)<br>3. Detaillierte Standortanalyse und Unternehmensplanung (Chance langer Lebensdauer) |
| • Gastorientierung | **Beeinflussbar:** Mitarbeiterauswahl, Vorbildfunktion<br>**Lösungsansätze:**<br>1. Entertainer-Qualität der Mitarbeiter (wichtiger als die Qualität, perfekt eindecken zu können)<br>2. Dienstleistung muss vom Chef „vorgedient" werden |
| • Personalkosten | **Beeinflussbar:** Löhne und Gehälter, Mechanisierung, Qualifikation, Serviceintensität<br>**Lösungsansätze:**<br>1. Reduzierung von Nebenarbeiten durch innovative Technik, z.B. Warenwirtschaftsprogramme (EDV-Ordersätze, interaktive Bestellung per Funk, Verwendung von Convenience-Food)<br>2. Vielfältige Qualifikation der VZ- und TZ- Mitarbeiter, dadurch flexible Einsatzmöglichkeiten<br>3. Produktivitätslöhne (leistungsbezogenes Entgeltsystem), „intelligente" Arbeitsverträge |

# 2 Grundsatzplanung

| Checkliste | Strategische und taktische Lösungsansätze |
|---|---|
| • Controlling | **Beeinflussbar:** EDV im Betrieb, Warenwirtschaftsprogramme, betriebswirtschaftliche Auswertungen, betriebswirtschaftliches Know-how der Betreiber<br>**Lösungsansätze:**<br>1. EDV-Kassen-Warenwirtschaft und Buchhaltung mit intelligenter Auswertung von Kennzahlen<br>2. EDV-Prognosen: „Umsatzspiel", z. B. Ausfall des besten Kellners, verregneter Sommer usw. |
| • Problematik der Investitionen | **Beeinflussbar:** bauliche Maßnahmen, Starrheit der Nutzungskonzepte<br>**Lösungsansätze:**<br>1. Multifunktionale Flächen, variable Raumgrößen und Einrichtungen<br>2. Veränderung als Konzept: ständig wechselnde Aktionsprogramme, Themen- und Dekowechsel<br>3. Outsourcing |
| • Überprüfung: Lösungsansätze | Zeiträume:       Datum:<br>Maßnahmen:      Controlling: |

## Umweltmanagement

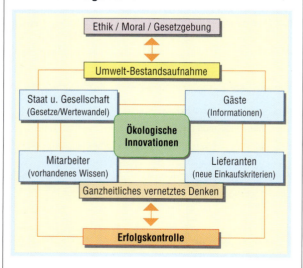

Die Einsicht, dass Ökonomie nur im Einklang mit Ökologie, also der Umwelt, zu betreiben ist, ist auf breiter Ebene gewachsen und hat einen Wertewandel bzw. eine Veränderung des Verbraucherverhaltens herbeigeführt. Immer mehr Gäste verbinden mit der bisherigen Wirtschaftsweise globale Gefahren durch Umweltbelastungen (u.a. Ozonloch, Treibhauseffekt, Artensterben). Der Gast des Jahres 2010 wünscht umweltfreundliche Produkte, weniger Verpackungsaufwand, Nahrungsmittel aus kontrolliertem ökologischen Anbau und mehr Rücksicht auf die Umwelt in allen Produktions- und Dienstleistungsbereichen.

Diesem allgemeingültigen Wirtschaftstrend kann sich die Systemgastronomie nicht verschließen: In Verbindung mit der unternehmerischen Grundsatzplanung sollten ökologisches Know-how entwickelt und permanente Erfolgskontrollen bei der Umsetzung wesentlicher ökologischer Forderungen – als ein dynamischer Prozess zur Imageprofilierung in allen Abteilungen der Systeme – forciert werden.

In absehbarer Zeit wird allerdings verantwortliches Handeln kein Merkmal mehr zur Profilierung auf dem Markt sein, Gäste werden es als selbstverständliche Leistung der Systemgastronomie einfordern. Der Erfolg gibt den sogenannten „Öko-Pionieren" recht. Grundsätzlich kann davon ausgegangen werden, dass es für **Umweltschutzmaßnahmen** in Unternehmen zwei **auslösende Faktoren** gibt:

▶ Der durch Gesetze, Verordnungen, Gebote, Verbote und Auflagen vorgegebene ökologisch-administrative Rahmen

▶ Das Spannungsfeld zwischen ökonomisch-ökologischen Sachzwängen und beruflicher Ethik. Das Bewusstsein der Mitverantwortung für eine gesunde Umwelt wird zur moralischen Unternehmenseinstellung („Moral Suasion").

Mithilfe einer **umweltorientierten Unternehmensphilosophie** können einerseits klassische Unternehmensziele gestärkt und andererseits Handlungsprinzipien der Umweltpolitik realisiert werden. Als die wichtigsten Handlungsprinzipien des Umweltrechts gelten:

## Grundsatzplanung

| Umweltrechtliche Handlungsprinzipien | |
|---|---|
| **Vorbeugende Maßnahmen** | ▶ **Vorsorgeprinzip**<br>Gezielte Aufklärung über umweltschonende Verhaltensweisen mit dem Ziel, die Umweltbelastung zu verringern<br>– Gefahrenabwehr<br>– Risikovorsorge<br>– Zukunftsvorsorge |
| **Verantwortung** | ▶ **Verursacherprinzip**<br>Wer Umweltbelastungen verantwortlich veranlasst, hat diese zu beseitigen. Der Verursacher eines Eingriffs in Natur und Landschaft hat<br>– Beeinträchtigungen auszugleichen,<br>– Kosten zu tragen, um die Umweltbelastung zu vermeiden, zu beseitigen oder auszugleichen. |
| **Ausnahmen** | ▶ **Gemeinlastprinzip**<br>Kommt zur Anwendung, wenn aufgrund der Art der Verursachung kein bestimmter Verursacher ermittelt werden kann oder aus übergeordneten ökonomischen Erwägungen die Inanspruchnahme nicht vertretbar erscheint (z. B. Schallschutz an Straßen). In diesen Fällen übernimmt die Allgemeinheit (Bund, Länder, Kommunen) die Kosten. |
| **Erkenntnisse nutzbar machen** | ▶ **Kooperationsprinzip**<br>Herausstellung von gleichlautenden Interessen des Staates, der Gesellschaft, der Unternehmen und der Gäste (Kunden)<br>– Information und angemessene Anhörung aller an ökologischen Prozessdenken beteiligten Gruppen<br>– Umweltfreundliche Produkte: Produktion und Dienstleistungserstellung verschafft den gewünschten Wettbewerbsvorsprung |

Bereits seit vielen Jahren arbeiten weltweit Unternehmen der Gastronomie nach **Umweltmanuals**, in denen Maßnahmen vorgeschrieben sind, wie:

▶ **Umweltschutz und Produktqualität:**
Umweltschonende Herstellungs- und Entsorgungskonzepte sowie Recyclingmaßnahmen.

▶ **Umweltschutz und Service am Gast:**
Umweltfreundliche Dienstleistungen werden zu Marktchancen und Innovationen.

▶ **Umweltschutz und Humanität:**
Förderung der Mitarbeiterkreativität durch Arbeitsbedingungen, die ökologische Bedürfnisse berücksichtigen (Raumklima, Ergonomie, Lärmvermeidung).

▶ **Umweltschutz und Betriebstechnik:**
Innovationstechnologien, technische Kontrolle des Equipments, Energiesparlampen, Reglertechnik bei Einbau von Geräten.

▶ **Umweltschutz und Loyalität** gegenüber der Umwelt (Nachbarschaft, Gesellschaft, Gesetzgeber, nachfolgende Generationen) durch nachhaltige Schonung der Lebensgrundlagen.

Die Forderung nach der „Zukunftssicherung des Systems" wird erfüllt, wenn sich unternehmerische Grundsätze wie Qualität, Kreativität, Humanität, Rentabilität, Kontinuität und Loyalität am Umweltgedanken orientieren. Die umweltorientierte Unternehmensführung kann seit einiger Zeit geprüft werden. Hierbei wird der gesamte Betrieb unter ökologischen Gesichtspunkten untersucht und zertifiziert. **Umweltzeichen** werden hier durch Verbände (z. B. den DEHOGA) oder durch staatliche Stellen vergeben.

| Umwelt-Gütesiegel (Beispiele) | | |
|---|---|---|
| **Umweltemblem der EU** | | ▶ **EU-Umweltzertifikat**<br>Vgl. „Der Weg zum Eu-Öko-Audit": Neun Verfahrensschritte zur Einführung, Durchführung und Kontrolle von Umweltschutzmaßnahmen. |
| **Blaue Flagge** | | ▶ **Deutsche Gesellschaft für Umwelterziehung e. V.**<br>Wird als Umweltzeichen für jeweils ein Jahr an vorbildliche Urlaubsorte und Sportboothäfen verliehen. Alle ausgezeichneten Orte und Sportboothäfen müssen vorbildliche Arbeit im Umweltschutz und bei Umweltinformation nachweisen, z. B. Einhaltung mikrobiologischer Richtwerte der EG-Badewasser-Richtlinie, umweltbezogene Veranstaltungen. |
| **Blauer Umweltengel** | | ▶ **Umweltemblem der Vereinten Nationen**<br>grenzt umweltfreundliche Produkte von herkömmlichen Angeboten für den Verbraucher erkennbar ab. |

## 2 Grundsatzplanung

Die Vorgabebedingungen von Gütesiegeln orientieren sich oberhalb bestehender Gesetze und entsprechen dem jeweils erreichbaren höchsten Stand der Technik. Sie setzen realistische Maßstäbe, können **Wettbewerbsanreize** schaffen und geben Auskunft über **zukunftsorientierte Innovationen**. Die Deklaration setzt anstelle von Vorschriften auf die bewusste und freie Entscheidung der Verbraucher.

Der Begriff **Umweltmanagement** stammt aus Nordamerika, Japan und England. So wurde von den Briten unter **Einbeziehung der ISO-Normen 9000–9004** Anfang der 90er-Jahre der Gedanke des Umweltmanagements in die EU eingebracht. In Brüssel wurde der Gedanke im Hinblick auf **Wettbewerbsvorteile für den europäischen Markt** aufgegriffen. Das Ergebnis ist ein Strategie- und Prüfsystem (Öko-Audit-VO) der EU.

In Deutschland besteht die Möglichkeit **freiwilliger Öko-Audits**: Inzwischen beteiligen sich über 750 Unternehmensstandorte in Deutschland daran. Es handelt sich dabei um eine freiwillige **Betriebsprüfung**, die zunächst nur für die **Produktionsbereiche** gilt. Seit September 1997 bietet die Bundesregierung mit einer „Erweiterungsverordnung" Öko-Audits auch für Dienstleistungsunternehmen (z. B. Tourismus) an. Gleichwohl sollte darüber nachgedacht werden, die Attraktivität und den Bekanntheitsgrad von Öko-Audits für die Gastronomie in der Öffentlichkeit zu steigern. Unternehmen werden aufgefordert, regelmäßig **eigene Umweltbilanzen** samt Umweltberichtswesen zu erstellen. Eine **Prüfung** durch **staatlich anerkannte Stellen** soll zur Vergabe eines **EU-Umweltzertifikates** führen.

Dabei sind neun Verfahrensschritte zu berücksichtigen, deren Einführung, Umsetzung und Kontrolle in der täglichen Praxis nicht immer leicht zu realisieren ist:

| Der Weg zum EU-Öko-Audit | |
|---|---|
| 1. Umweltpolitk | – Die Verpflichtung, einschlägige nationale und EU-weite Umweltvorschriften einzuhalten<br>– Das Bemühen, betrieblichen Umweltschutz angemessen und kontinuierlich zu verbessern<br>– Das Bestreben, den Stand der ökologisch relevanten Technik im Unternehmen zu verwirklichen |
| 2. Umweltprüfung | Darlegung aller umweltrelevanten Tatbestände in einer ersten Bestandsanalyse durch das Unternehmen |
| 3. Umweltprogramm | Umweltleitfaden zur Beschreibung der Instrumente zur Umsetzung des Umweltprogramms |
| 4. Umweltmanagementsystem | Festlegung von Organisationsstruktur, Zuständigkeiten, Verfahren, Abläufen und Mitteln zur Verringerung von Umweltbelastungen |
| 5. Umweltbetriebsprüfung | Alle drei Jahre: Überprüfung, ob Organisationsmanagement und Betriebsabläufe mit Umweltpolitik und Umweltprogramm übereinstimmen |
| 6. Umwelterklärung | Nach jeder Umweltbetriebsprüfung veröffentlichen |
| 7. Umweltgutachter | Unabhängige Sachverständige prüfen, ob Umweltpolitik, -programm, -managementsystem, -betriebsprüfung und -erklärung der EU-Verordnung entsprechen |
| 8. Umweltregister | Behörde trägt den Betriebsstandort in ein Umweltverzeichnis ein |
| 9. Teilnahmeerklärung | Im Register eingetragene Unternehmen sind berechtigt, mit dem Öko-Audit in der Öffentlichkeit zu werben |

**Ökologische Betriebsführung (Ökomanagement)**
▶ dient dem Schutz der Umwelt und ist damit **Existenzgrundlage** und Basis für die Systemgastronomie,
▶ berücksichtigt Vorteile für die **betriebswirtschaftliche Gesamtrechnung** (Einsparpotenziale: Verbrauch und Beschaffung) und
▶ bietet die Möglichkeit der **Imageprofilierung** für die Systemgastronomie an.

Der **Einsatz von Rohstoffen** nach dem Motto „So viel wie nötig, so wenig wie möglich!" hilft sowohl Betrieb als auch Natur, d. h., Mitarbeiter müssen aktiv bei der Realisierung der Maßnahmen mitwirken, denn sie können die Schwachstellen in ihren Zuständigkeitsbereichen am besten beurteilen. Darüber hinaus gilt es, die Gäste in die betrieblichen Umweltschutzmaßnahmen einzubinden und zu motivieren, den systemgastronomischen Unternehmen eigene Ideen mitzuteilen. Ökologische Orientierung erschließt neue Zielgruppen.

Die ökologischen Innovationsprozesse finden ihren Niederschlag in der Unternehmensphilosophie und in den Unternehmensleitsätzen. Als Instrument der Öffentlichkeitsarbeit machen sie die Öffentlichkeit mit strategischen Wertvorstellungen vertraut. Im Rahmen der unternehmerischen **Grundsatzplanung** sollte ökologisches Know-how entwickelt und permanente Erfolgskontrollen bei der Umsetzung wesentlicher ökologischer Forderungen – u. a. als ein **dynamischer Prozess zur Imageprofilierung bei der Öffentlichkeitsarbeit** – forciert werden.

# Grundsatzplanung 2

| Sieben Schritte auf dem Weg zum Ökomanagement | |
|---|---|
| 1. Ökologische Bestandsaufnahme | Systematische Überprüfung der einzelnen relevanten Betriebsbereiche mithilfe von Checklisten |
| 2. Maßnahmenkatalog | Erstellung eines Maßnahmenkatalogs, der Kosteneinsparungen berücksichtigt, von Mitarbeitern akzeptiert wird und positive Gästereaktionen erwarten lässt |
| 3. Sensibilisierung der Mitarbeiter | z. B. Einführung von Öko-Qualitätszirkeln im Unternehmen sowie Erstellen von Öko-Audits |
| 4. Gastorientierte Umsetzung | Akzeptanz durch Information zu Ökoideen gegenüber den Gästen forcieren |
| 5. Kooperation mit Bezugsgruppen | Zusammenarbeit der Bezugsgruppen (vernetztes Denken), z. B. Verkehrsvereine, Behörden, Verbände, Lieferanten, Hotelkooperationen |
| 6. Operationalisierung der Umweltmaßnahmen | realisierte Maßnahmen vorstellen, z. B. ökologische Innovationen als PR-Thema (vgl. Situation) |
| 7. Ökomanagement | Umweltziele als strategische Ziele dokumentieren und durch gezielte Mitarbeitergespräche, -schulung und -weiterbildung umsetzen |

(Dettmer/Hausmann (Hrsg.): Wirtschaftslehre für Hotellerie und Gastronomie, Hamburg 2009, S. 295)

## Öko-Controlling

Das Unternehmen ist bei der ökologischen Bestandsaufnahme im Rahmen einer betrieblichen Bestandsanalyse vor folgende Fragen gestellt:
- Welche Maßnahmen muss ich ergreifen, um Kosten zu sparen?
- Welche Maßnahmen sind kostenneutral?
- Welche Maßnahmen können ohne größeren Kostenaufwand realisiert werden?
- Wann bzw. wodurch amortisieren sich teure Investitionen?

Mithilfe von ökologischen Kennziffern kann eine ökonomische Überprüfung der getroffenen Maßnahmen im
- **internen Betriebsvergleich**
  Überprüfung der Verbrauchswerte im Vergleich zum Vorjahr/zu den Vorjahren und
- **externen Betriebsvergleich**
  Überprüfung der Verbrauchswerte im Vergleich zu ähnlich strukturierten Betrieben

durchgeführt werden. In einer Studie des DEHOGA wurden Kennziffern für folgende Anwendungsgebiete in Betrieben ermittelt:
- Abfallmenge
- Wasserverbrauch
- Energieverbrauch
- Verbrauch an Reinigungsmitteln

Die Vergleichszahlen für umweltgerechte Betriebe variieren entsprechend dem Betriebsschwerpunkt und der -größe (Betriebsstruktur, Umsatzgröße und Sondereinrichtungen).
Um die Vorteile eines konsequenten Öko-Managements nutzen zu können, sollten alle betrieblichen Aktivitäten von der Planung bis zur Umsetzung auf ihre ökologische Relevanz überprüft werden. **Ökobilanzen** helfen, die vom **Unternehmen ausgehenden Umweltwirkungen** zu messen, d.h., es erfolgt der Versuch, nach Art finanzwirtschaftlicher Rechnungslegung die Umweltbelastung der Betriebe zu erfassen.

| Phasenorientierte Wege zur Ökobilanz | |
|---|---|
| Phase 1 Zielfeststellung | – Definition der ökologischen Unternehmensziele<br>– Darstellung der betrieblichen, ökologischen Problemfelder<br>– Schwerpunkte für Folgeuntersuchungen (critical points) |
| Phase 2 Informationserfassung | – Erstellung einer Ökobilanz: Bilanzierung der Entnahmen aus der Umwelt (Stoffe, Energien, Produkte) und der Abgaben an die Umwelt (Input-Output-Analyse) |
| Phase 3 Bewertung | – Bewertung der Stoffe, Energien, Produkte und Emissionen hinsichtlich der Umweltwirkung<br>– Schwachstellenanalyse: Optimierungspotenziale, Informationsdefizite |
| Phase 4 Zielkonkretisierung | – Konkrete Zielformulierung mithilfe der Schwachstellenanalyse zur Beseitigung oder Reduzierung der aufgezeigten Schwachstellen und Defizite |

Eine Kontrolle nach der Umsetzung der ökologischen Phasen verdeutlicht den Grad der Zielerreichung. Durch die kontinuierliche Festlegung neuer Ziele und Schwerpunkte entsprechend dem Stand der Technik und gesellschaftspolitischer Forderungen kann der Prozess zur Minimierung von Umweltbelastungen beschleunigt werden.

### Aufgaben

1. Welchen Nutzen hat eine Zertifizierung nach DIN EN ISO 9000ff. im Rahmen des Total Quality Managements? Bitte nennen Sie vier wesentliche Kriterien für Unternehmen der Systemgastronomie.
2. In Ihrem Unternehmen der Systemgastronomie soll ein Qualitätsmanagementsystem eingeführt werden. Erstellen Sie eine Ablaufplanung zur TQM-Einführung. Beginnen Sie mit „Analyse der IST-Qualität".
3. Welche vier umweltrechtlichen Handlungsprinzipien lassen sich differenzieren?
4. Beschreiben Sie die sieben Schritte zum Öko-Management.

## 2.3 Unternehmensphilosophie

### Situation

**Leitbild**

Wir sind ein gastorientiertes, junges, dynamisches Unternehmen. Alle Gästewünsche stehen im Mittelpunkt unserer Bemühungen.

Unsere Restaurants sind eine Bühne, Sie stehen als junges und jung gebliebenes, zukunftsorientiertes Publikum im Mittelpunkt unserer Service- und Dienstleistungen.

1. Auf alles, was wir unseren Gästen anbieten, wollen wir selbst stolz sein.
2. Unsere Servicemitarbeiter spiegeln durch ihr Verhalten die gelebte Gästeorientierung und Lebensfreude wider.
3. Bei unserer Forderung nach höchster Qualität der Speisen und Getränke, die wir kaufen und verkaufen, sind wir kompromisslos.
4. Wir erwarten, dass sich alle Mitarbeiter als Teammitglieder fühlen und freundlich miteinander umgehen.
5. Wir sorgen dafür, dass die Atmosphäre in unseren Restaurants angenehm und entspannend ist.
6. An Sauberkeit und Hygiene unserer Mitarbeiter und unserer Restaurants stellen wir höchste Ansprüche.
7. Unser innovatives Speisen- und Getränkeangebot ist das Resultat der vielfältigen Gästewünsche.
8. Wir legen Wert darauf, die Gästewünsche zu erfüllen und die Gäste fachkompetent, freundlich und zuvorkommend zu bedienen. Reklamationen oder Beschwerden der Gäste behandeln wir in jeder Hinsicht großzügig.
9. Wir legen Wert darauf, unser System korrekt und ordnungsgemäß zu führen. Was wir durch unsere gute Organisation einsparen können, soll dem Gast an Preiswürdigkeit zugute kommen.

Jede Aktivität des

soll einen Stempel tragen:
**Frisch – Freundlich – Flexibel**
Wir verstehen uns als Ihre Gastgeber und freuen uns, dass Sie unsere Gäste sind.

---

**Leitbilder** sind **zukunftsgerichtete Zielsetzungen** eines gastgewerblichen Unternehmens, die die generelle Entwicklungsrichtung angeben und das Verhalten auf dem Weg zur Zielerreichung prägen. Sie bestehen aus einer Verzahnung von Begriffen (und deren Inhalten) wie Corporate Identity, Visionen, Szenarien, Unternehmensphilosophie und -kultur.

Die im Laufe der Zeit gewachsene **Unternehmensphilosophie** spiegelt die Einstellungen und Normen wider, sie stellt dar, wie die Gäste, die Mitarbeiter, die Geschäftspartner und die gesellschaftlichen Zielgruppen gesehen werden. Sie ist für die **Unternehmenskultur**, den internen und externen Unternehmensauftritt prägend und erfüllt die folgenden Aufgaben im Rahmen einer **gastorientierten Unternehmensführung**:

1. Steigerung der **Motivation** und der **Identifikation** der Mitarbeiter durch die postulierten Ziele.
2. **Legitimation** für alle internen und externen Aktivitäten der Unternehmensleitung.
3. **Orientierung** für alle Unternehmensmitglieder: Durch Verhaltenssteuerung soll erreicht werden, dass sich alle Mitarbeiter im Sinne des Unternehmens verhalten. Aufgrund des Leitbildes kann diese Koordinationsfunktion ohne organisatorische Regelungen oder Anweisungen durch Vorgesetzte erreicht werden.
4. Beeinflussung bei der Bildung eines Unternehmensimages durch das nach außen kommunizierte Leitbild.

Das Unternehmensleitbild kennzeichnet die **Unternehmensphilosophie** für eine breite Öffentlichkeit und die eigenen Zielgruppen im Rahmen der Corporate Identitiy durch Public-Relations-Maßnahmen. Es setzt sich wie folgt zusammen:

▶ **Präambel**
  Verdeutlichung von Grundsätzen und Zweck des Leitbildes
▶ **Kernleitbild**
  Zusammenfassung der Hauptziele
▶ **Erweitertes Leitbild**
  Erläuterungen zum Kernleitbild
▶ **Nachwort**
  Gastorientierte Selbstdarstellung, Einladung zum Besuch des Unternehmens und Begrüßung

---

„The original recipe",
das modifizierte Originalrezept von Mövenpick Gastronomy International. Wir sind stolz auf das in der Vergangenheit Erreichte. Aber noch wichtiger ist es, stolz auf die Zukunft zu sein, ganz nach unserem neuen Unternehmensleitsatz:

„Proud of the Past –
Prouder of the Future"

„Die Systemgastronomie der Zukunft wird durch vier Trends bestimmt: das Zeitbewusstsein, das Gesundheits- und Ökologiebewusstsein, den Wunsch nach individueller Bequemlichkeit und das Verlangen nach besonderen Erlebnissen.
Doch woran denken Sie zuerst, wenn Sie das Stichwort ‚Systemgastronomie' hören?
An ein besonderes gastronomisches Erlebnis? Ich fürchte nicht. Vermutlich schon eher an standardisierte, günstige Lokale ohne Charme. Genau hier liegt heute das Problem des Systemgastronomie-Marktes. Aber genau hier sehe ich die große Herausforderung und das große Potenzial für ein Unternehmen wie Mövenpick."

(The International Food and Bar Experience
Mövenpick Gastronomy)

---

An den folgenden Fragestellungen soll deutlich werden, dass die **Entwicklung eines Leitbildes** ein **Unternehmensprojekt** im Rahmen der **Unternehmensphilosophie** ist, das von der Anregung bis zur Beschlussfassung mehrere Stufen durchlaufen muss, um Bestand zu haben. Dabei soll das Leitbild eines Unternehmens Aussagen zu folgenden Punkten enthalten:

## 2 Unternehmensphilosophie

**Leitbilder berücksichtigen Aussagen zu folgenden Fragestellungen …**

1. Welche **Bedürfnisse** bzw. Nachfrage sollen mit unseren Leistungen befriedigt werden?
2. Welchen grundlegenden **Anforderungen** sollen unsere **Leistungen** entsprechen (Qualität, Preis)?
3. Welche **geographische Reichweite** soll unser Unternehmen haben (lokal, regional, national, multinational, global)?
4. Welche **Marktstellung** wollen wir erreichen (Branchenführer, -folger …)?
5. Welche **Grundsätze** sollen unser Verhalten **gegenüber Partnern** bestimmen (Gäste, Lieferanten, Mitbewerber)?
6. Welche grundsätzlichen **Zielvorstellungen** bezüglich **Unternehmenszweck** oder **Gewinnerzielung** bzw. -verwendung haben wir?
7. Welche grundsätzliche **Haltung** verfolgen wir gegenüber **Behörden/Institutionen**?
8. Welche **Einstellung** vertreten wir gegenüber **gesellschaftlichen Anliegen** (z. B. aktive/passive Einstellung gegenüber **Umweltschutz** oder Menschenrechtsverletzungen)?
9. Welches **wirtschaftliche Handlungsprinzip** wird von uns verfolgt?
10. Welche grundsätzliche **Einstellung** haben wir zu **Anliegen der Mitarbeiter** (Entlohnung, Entwicklung, Sozialleistungen, Mitbestimmung, Erfolgsbeteiligung)?
11. Welche wesentlichen **Grundsätze der Mitarbeiterführung** werden von uns vertreten (Führungsstil, Führungskompetenz)?
12. Welche **technologische Leitvorstellung** verfolgen wir (EDV, Kommunikationsmittel)?

Die Entwicklung von Leitbildern kann außerdem Ausgangspunkt der Gestaltung einer systemspezifischen **Corporate Identity (CI)** sein. Ein CI-Mix setzt sich zusammen aus:
- **Corporate Communications (CC):** der abgestimmte Einsatz aller internen und externen Kommunikationsinstrumente eines Unternehmens
- **Corporate Design (CD):** der abgestimmte Einsatz aller visuellen Elemente im Erscheinungsbild des Unternehmens (Schrift, Farbe, Logo, Symbole, Gestaltungsraster)
- **Corporate Behavior (CB):** das widerspruchsfreie Verhalten und die eindeutige „Unternehmenssprache" von Mitarbeitern in allen Hierarchieebenen

Durch den Einsatz eines komplexen CI-Mix kann innerhalb und außerhalb des Systems ein „**Corporate Image**" aufgebaut werden, das die Basis für Identifikations- und Unterstützungspotenziale schafft. **Dienstleistungen** benötigen ein **Trägermedium** (z. B. Gäste, Name des Systems, Marke) und **primär** für die **immateriellen Dienstleistungen** ein **Image**, das dem Gast als wichtiges Kriterium für die Kaufentscheidung dient. Das Image eines Betriebes beschreibt alle richtigen, aber auch alle falschen Vorstellungen, die sich Menschen über ein Unternehmen bilden.

Das bedeutet auch: Wenn das Unternehmen der Systemgastronomie und sein Team von Mitarbeitern erkennt, dass die Gäste sich wohlfühlen und umgekehrt die Gäste die vermittelte Gastfreundschaft spüren, kann **Gastlichkeit** Bestand haben.

Diese Gastlichkeit lässt sich allerdings nur erreichen, wenn **Menschlichkeit** und soziales Bewusstsein im Betrieb die Zusammenarbeit steuern. Das bedeutet, dass die Mitarbeiter nicht nur als Produktionsfaktoren gesehen werden, sondern in einem humanen Umfeld, einer humanen Arbeitswelt wirken. Letztlich können nur zufriedene Mitarbeiter Gäste freundlich bedienen und betreuen: Und diese werden es zu danken wissen.

**Beispiel**

Eine Image bildende Leitlinie (Credo) aus dem Hotelkettenbereich (Ritz Carlton).

„We are Ladies and Gentlemen serving Ladies and Gentlemen"

### Aufgaben

1. Worauf beziehen sich inhaltliche Schwerpunkte eines Unternehmensleitbildes?
2. Aus welchen vier Kriterien setzt sich ein Unternehmensleitbild zusammen?
3. Erstellen Sie ein Unternehmensleitbild für ein Unternehmen der Systemgastronomie (Teamarbeit).

**Infobox Sprache am Ende des Lerninhalts 2!**

# 3 Marktforschung

Um die richtigen Maßnahmen zur Angebotsvermarktung ergreifen zu können, ist es notwendig, eine ständige Untersuchung des **Marktes** und der **Struktur** der **Gästebedürfnisse** durchzuführen. Dabei gilt es, sämtliche relevanten Informationen über die **nicht kontrollierbaren Variablen** des Marktes (Marktpartner und Marktbeziehungen) zusammenzustellen, von denen langfristig ein ausschlaggebender Einfluss für die Zielerreichung des Systems erwartet wird. Im Rahmen der **Marktforschung** wird differenziert zwischen:

## 1. Marktanalyse
Die Marktanalyse ermittelt **einmalig** oder **in bestimmten** Intervallen alle einen Markt kennzeichnenden Faktoren (Gäste, Konkurrenten, Marktvolumen), z.B. um ein neues Produkt/Dienstleistung einzuführen.

## 2. Marktbeobachtung
Bei der Marktbeobachtung steht die **laufende Entwicklung** des Marktes mithilfe von **Primär-** und **Sekundärerhebungen** (s. Kap. 3.1) im Vordergrund der Untersuchung.

## 3. Marktprognose
Die Marktprognose wird als **bewusste, systematische und logisch begründete Aussage** (Vorhersage, Vorausschätzung) **zukünftiger Marktgegebenheiten** (z.B. Markt-, Marktanteil-, Preis- und Umsatzsituationen) verstanden, d.h., sie baut auf der Marktanalyse und Marktbeobachtung auf und dient der Marketingplanung. Obwohl Marktprognosen nur Wahrscheinlichkeitsschlüsse über zukünftige Systemzustände liefern können, reduzieren sie dennoch Unsicherheiten bei der Ziel- und Strategieplanung.

## 4. Marktdiagnose
Die Marktdiagnose hat die Funktion, Hinweise darauf zu geben, **welche Maßnahmen** (Bestimmung des Absatzmarktes, Nachfrage- und Wettbewerbsstruktur, Konkurrenzaktivitäten, Absatzmöglichkeiten, Zielgruppen u.a.) zu ergreifen sind, um der derzeitigen Marktentwicklung gerecht zu werden bzw. diese zu nutzen.

Eine zukunftsorientierte **Analyse des eigenen Marktumfeldes** (s. Kap. 3.3) bedient sich also der **systematischen (Marktforschung)** und/oder **intuitiven** Verfahren **(Markterkundung)**. Ziel ist es, die **Megatrends** in der Gesellschaft ganzheitlich zu erfassen und zu analysieren. Die in einer **Umfeldanalyse** zu untersuchenden Megatrends (oder Module) beziehen sich u.a. auf die Bereiche:

▶ Einkommen, Wohlstand, Konjunktur,
▶ Arbeitszeit und Freizeit, Wertewandel,
▶ Mobilität und Verkehr,
▶ Technologie und Kommunikation und
▶ Ressourcen (Gästekreise, Ökologie).

Zum Teil wird unter Hinzunahme zukunftsorientierter Marketingprognosen versucht, möglichst eindeutige Beziehungen mit hoher Prognosesicherheit (Eintrittswahrscheinlichkeit) zwischen der Ausgangssituation sowie den strategischen und taktischen Marketingzielen herzustellen (u.a. mit Szenarien).

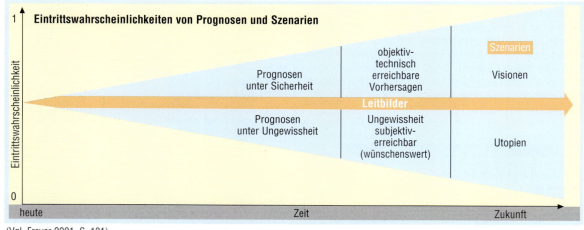

(Vgl. Freyer 2001, S. 121)

Mithilfe der drei **Teilbereiche** der Marktforschung Marktanalyse, -beobachtung und -prognose erfolgt im Bereich der Systemgastronomie Informationsgewinnung überwiegend zu folgenden Bereichen:
▶ Wettbewerbssituation am Markt (Konkurrenzanalyse)
▶ Erschließung neuer Absatzwege
▶ neue Absatzchancen am Markt (Marktaufnahmefähigkeit, Gewinnung von Zielgruppen)
▶ Struktur des Marktes (z. B. Bedarf nach Gebieten)

**Trendforschung** bezieht sich in der Systemgastronomie vor allem auf die Beschreibung und Vorhersagen zum Gästeverhalten. Dabei tritt der ambivalente, „gespaltene" Gast, der sowohl Billigangebote im System wahrnimmt als auch das Ambiente eines Sterne-Restaurants schätzt, zunehmend in den Mittelpunkt der Untersuchungen (s. Kap. 3.3).

## 3.1 Erhebungsarten

### Situation

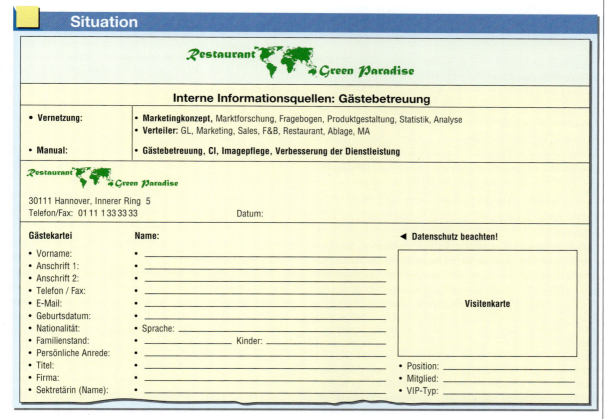

Die Verfahren der Informationsbeschaffung werden nach **Primärforschung** (siehe Tabelle nächste Seite) und **Sekundärforschung** unterschieden. In der Primärforschung erhebt man **erstmals** die für die Lösung eines Problems relevanten Informationen, z. B. durch interne oder externe **Befragung** oder **Beobachtung**. Bei der Sekundärforschung werden bereits **vorhandene** interne oder externe statistische Ergebnisse von Datenmaterial aufbereitet, analysiert und interpretiert.

**Primärerhebungen** können von gastgewerblichen Unternehmen **selbst durchgeführt** oder **speziellen** **Marktforschungsinstituten** (demoskopische Untersuchungen) übertragen werden. Ein wesentlicher **Vorteil** von Primärdaten liegt in den speziell auf den Untersuchungszweck hin ausgerichteten Fragestellungen und der **Aktualität der Ergebnisse**; als **Nachteil** wird für die Systeme ein **hoher Kosten-, Personal- und Zeitaufwand** angeführt.

In den **Sekundärerhebungen** werden **interne** und **externe** Daten herangezogen, die bereits zu einem früheren Zeitpunkt für andere/ähnliche Zwecke erhoben wurden (z. B. **Angebots-** und **Nachfrage-**

## 2 – Erhebungsarten

**größen**) und jetzt für das vorliegende Erhebungsproblem aufbereitet, analysiert und interpretiert werden. Der Rückgriff auf Sekundärmaterial bietet sich als kostengünstige Informationsgrundlage für alle gastgewerblichen Betriebe an (z. B. kleinere Systeme, Restaurantketten, -kooperationen, Filial- und Franchise-Systeme).

| Marktforschung: Erhebungsarten | |
|---|---|
| **Sekundärerhebung (Desk Research)** | **Primärerhebung (Field Research)** |
| *Auswertung von bereits vorhandenen Daten, die aus unterschiedlichen Quellen beschafft wurden. Die Gewinnung der Informationen kann am Schreibtisch erfolgen.* | *Erhebung neuer, bisher noch nicht erhobener Marktdaten; Gewinnung der Informationen an ihrem internen und externen Ursprungsort.* |
| **Betriebsinterne Quellen**<br>▶ Umsatz-, Absatz- und Reservierungsstatistiken<br>▶ Berichte des Außendienstes, Sales Management<br>▶ Gästeanfragen (Restaurant)<br>▶ Gästekarteien, Verkäuferkarteien,<br>▶ Interessenverzeichnisse<br>   (u. a. Prospekt- und Angebotsverzeichnisse)<br>▶ Reklamations- und Beschwerdestatistiken<br>▶ Rechnungswesen u. a.<br><br>**Externe Quellen**<br>▶ Amtliche Statistiken<br>   (z. B. Statistisches Bundesamt, Statistische Landesämter)<br>▶ Veröffentlichungen von Verbänden<br>   (z. B. DEHOGA, Industrie- und Handelskammern)<br>▶ Unternehmenshandbücher, Branchenbücher<br>   (z. B. NGZ-Branchenbuch)<br>▶ Fachbücher, Fachzeitungen und Fachzeitschriften<br>   (z. B. food service)<br>▶ Veröffentlichungen von Unternehmen (z. B. Geschäftsberichte, Prospekte, Preislisten, Gästezeitschriften)<br>▶ Untersuchungen vergangener Primärerhebungen<br>▶ Veröffentlichungen von Werbeträgern (T-online, Post) | **Befragung** (vgl. 3.2)<br>Erhebungsmethode (z. B. schriftlich, mündlich, telefonisch), bei der man durch die Antworten der zu befragenden Personen über den Befragungsgegenstand erhalten will, z. B. Gästebefragung, Gästefragebogen. Befragungen gelten als die wichtigste Erhebungsmethode der Primärforschung.<br><br>**Beobachtung**<br>Datenerhebungsmethode, die auf die Erfassung der sinnlich wahrnehmbaren aktuellen Umwelt ausgerichtet ist, z. B. Beschreibung des Gästeverhaltens. Bewährt hat sich die konsequente Beobachtung der Gäste am **Point of Sale** (z. B. im Restaurant, am Salat- oder Dessertbüfett, am gedeckten Tisch) und die systematische Dokumentation des Verhaltens.<br><br>**Experiment**<br>Ein Befragungs- oder Beobachtungsexperiment soll die Entwicklung nach einer bewusst herbeigeführten Veränderung (z. B. am Produkt, im Service) feststellen:<br>▶ Laborexperimente unter künstlichen Bedingungen, z. B. Verpackungs- und Werbemitteltests<br>▶ Feldexperimente unter natürlichen Bedingungen |

**Gästekarteien** (Adressenkarteien) bieten als besondere Form der **Sekundäranalyse** wichtige Hinweise und Informationen über die speziellen Zielgruppen, das Gästeverhalten (Umsatz, Reservierungshäufigkeit u. a.) und die Gästekategorien. Dabei wird grundsätzlich nach Privat- und Firmenkunden unterschieden. Dabei sollte ein möglichst breites Spektrum relevanter Daten über bestimmte Merkmale und spezielle Gästewünsche erhoben werden. Die zu erfassenden Merkmale können zum einen in der Person des Nachfragers (Gast), zum anderen in seiner Bedürfnisstruktur begründet liegen. Unternehmen der Systemgastronomie sind bestrebt, neben Angaben über Alter, Geschlecht, Beruf, Herkunft, Nationalität, Besuchszweck, Durchschnittsumsatz bzw. -bon Informationen über besondere Interessen und Vorlieben der speziellen Gästekreise zu erfahren. Die **Gästekartei** (Adressenkartei) gilt als kostengünstige Basis einer marktorientierten Informationspolitik im Gastgewerbe. Von **besonderem Vorteil** ist die Möglichkeit, eine differenzierte Erfassung (EDV-Reservierungsprogramme, Excel, Access u. a.) und Auswertung der Karteien nach unterschiedlichen Kriterien (z. B. Zielgruppen) vornehmen zu können. Als **Nachteile** bei der Verwendung von sekundärstatistischen Daten gelten:

▶ Ungenauigkeiten durch **Erhebungs-** bzw. **Auswertungsmängel**,
▶ unzureichende Absicherung der **Erhebungsergebnisse**,
▶ **Aussagekraft** der **vergangenheitsbezogenen Daten** muss im Hinblick auf die aktuelle und zukünftige Marktsituation hin überprüft werden,
▶ Erhebungen beziehen sich nicht immer auf die **Fragestellungen** in **gastgewerblichen Betrieben**.

### Aufgaben

1. Ziel der Marktforschung (Absatzforschung) ist es, möglichst genaue Informationen zum Befragungsgegenstand im Hinblick auf die Absatzplanung zu gewinnen. Differenzieren Sie die vier unterschiedlichen Möglichkeiten der Marktforschung.
2. Was verstehen Sie unter den Begriffen Primär- und Sekundärforschung und wodurch lassen sich diese beiden Methoden der Informationsbeschaffung differenzieren?
3. Welche internen und externen Möglichkeiten bietet die Sekundärerhebung für Unternehmen der Systemgastronomie? Bitte nennen Sie drei interne und fünf externe Quellen der Informationsbeschaffung!

## 3.2 Erhebungsmethoden

### Situation

*Restaurant Green Paradise*

Sie sind Mitarbeiter im Restaurant Green Paradise in München und sollen einen Fragebogen für den neuen Cateringbereich entwickeln.

Stolz präsentieren Sie der Geschäftsleitung den vorläufigen Entwurf für einen Fragebogen …

---

*Restaurant Green Paradise*

**Beispiel für die Gestaltung eines Gästefragebogens (intern)**

- **Veranstaltung:** z. B. Restaurantbesuch, Tagung, Bewirtung, Familienfeier, Catering
- **Datum:** _____
- **Uhrzeit:** _____
- **Verteiler:** vgl. Manual: z. B. GL, F&B, Restaurant, Sales-Marketing

**Waren Sie mit unserem Service zufrieden?**
Wir freuen uns über ein **Lob** und nehmen **Kritik** zum Anlass, unseren Service zu **verbessern**!

| | ☺ ☺ ☹ | | ☺ ☺ ☹ |
|---|---|---|---|
| ✎ Beratung | ☐☐☐ | ✎ Kaffeepause | ☐☐☐ |
| ✎ Tagungsraum | ☐☐☐ | ✎ Sevice | ☐☐☐ |
| ✎ Technik | ☐☐☐ | ✎ Aktiv-Brunch | ☐☐☐ |
| ✎ Mittagessen | ☐☐☐ | ✎ Abendessen | ☐☐☐ |

✂ - - - - - - - - - - - - - - - - - - - - - - - - - - -

*Restaurant Green Paradise*

**Bitte ausfüllen!**

Dieser Abschnitt nimmt an der halbjährlich stattfindenden Verlosung teil.
Preis: Ein Überraschungspackage (Präsentkorb mit heimischen Produkten)

- **Absender:** _____
  _____
  _____
- **Ihre Veranstaltung:** _____
- **Datum:** _____

---

| Befragungsstrategien | |
|---|---|
| ▶ Kommunikationsart | – schriftlich, mündlich, telefonisch, Internet |
| ▶ Umfang | – Teilerhebung, Vollerhebung |
| ▶ Inhalt | – Einthemenbefragung, Mehrthemenbefragung (Omnibusverfahren) |
| ▶ Häufigkeit | – Einmalbefragung, Mehrfachbefragung (Panel) |
| ▶ Auswahl der Zielgruppe | – Zufallsauswahl, systematische Selektion |
| ▶ Befragungsstrategie | – standardisiert, teilstandardisiert, nicht standardisierte Befragung |
| ▶ Befragungstaktik | – direkte bzw. indirekte Befragung |
| ▶ Befragungsumfeld | – reale bzw. experimentelle Befragung |
| ▶ Methode | – persönliche bzw. apparative Befragung (PC u. a.) |

Eine **mündliche Befragung** wird durch **Servicemitarbeiter** oder **Interviewer** durchgeführt. Die korrekte Durchführung steht in Wechselbeziehung zur entsprechenden Schulung und zur Fragestellung inklusive der Dokumentation. Ein **standardisiertes Interview** wird mithilfe eines **voll-** oder **teilstandardisierten** Fragebogens durchgeführt. Ergebnisverzerrungen durch falsch formulierte Fragen werden weitgehend reduziert. Durch die geschlossenen Fragen, die bereits bestimmte, nur noch anzukreuzende Antworten vorgeben, werden Fehler beim Festhalten der Antworten und Auswertung (z. B. EDV) vermieden. **Demografische Marktforschungsfragen** sind Fragen nach **entscheidungsrelevanten Motiven** der Gäste (z. B. Motive der Restaurant- bzw. Hotelwahl, Erwartungen, Beurteilung des Preis-Leistungs-Verhältnisses, Zufriedenheitsniveau).

Ein **freies Interview** kann durch **qualifizierte Servicemitarbeiter** oder **Interviewer** auf der Basis eines **Interviewleitfadens** (strukturiertes Interview) mit selbst formulierten Fragen und jeweils freien Antwortmöglichkeiten oder als freies Gespräch durchgeführt werden.

> **Siehe hierzu auch Lerninhalt 1, Kap. 3.3.2**

Durch die freie Gesprächsführung sollen psychologisch orientierte Motive erforscht werden, z. B. Prestige, Image oder Geltungsbedürfnis. Da der Befragende maßgeblichen subjektiven Einfluss auf die Auskunftsperson/den Gast hat, kann es zu erheblichen Verzerrungen der Antworten kommen. Grundsätzlich sollte der Interviewer um differenzierte Auskünfte zu den einzelnen Angebotsbereichen des Systems bemüht sein, da globale Aussagen zur Zufriedenheit oder Unzufriedenheit einen geringen

## Befragung

Die Befragung gilt heute als wichtigste Methode der Primärforschung. Sie umfasst gezielte, systematische Fragestellungen, die spezielle Zielgruppen (Passanten), Gäste, Mitarbeiter u. a. zur Abgabe von Informationen/Aussagen über soziöokonomische Merkmale, Einstellungen, Meinungen, Motive und offenes Verhalten veranlassen soll. Befragungen können nach bestimmten Befragungsstrategien und deren Kriterien differenziert durchgeführt werden:

## 2 Erhebungsmethoden

Informationswert haben und nur unzureichend die **Stärken** und **Schwächen** des Systems erkennen lassen.

Bei der **telefonischen Befragung** werden durch den Telefonanruf eines Interviewers die gewünschten Informationen erhoben. Die Qualität der Information ist aufgrund der verhältnismäßig einfachen Fragestellungen (bekannte und/oder unbekannte Gäste) und die nur akustische Kommunikationsform gering (s. Kap. 5).

Bei der Auswahl der zu befragenden **Personen** unterscheidet man zwischen einer Vollerhebung (**alle** infrage kommenden Personen werden befragt) und einer **Teilerhebung (Repräsentativbefragung)**.

Die interne und externe **schriftliche Befragung** ist die in der der modernen Marktforschung am häufigsten praktizierte Art der Informationsgewinnung. Die Streuung erfolgt durch die Post, durch Medien (Zeitungen, Beilagen u. a.) und durch Auslage bzw. Ausgabe im Restaurant. Der direkte Kontakt zum Gast wird vermieden; die Teilnahme an der Befragung wird dadurch unverbindlicher.

Den **Vorteilen** der kostengünstigen, schnellen und großzahligen Erhebung stehen **Nachteile** wie geringe Rücklaufquoten oder mangelnde Akzeptanz gegenüber. Häufig lässt sich die Teilnahmebereitschaft der Gäste in Verbindung mit einem Preisausschreiben (oder einer anderen Leistung) erhöhen.

---

**Restaurant Green Paradise**

| | | | |
|---|---|---|---|
| **A** Attention (Bild, Logo) Aufmerksamkeit | Restaurant Green Paradise Fragebogen (im Haus) | Datum: _____ | |
| **I** Interest (Motivation) Interesse | **Wettbewerb/Verlosung:** Preis für Verbesserungsvorschläge, z. B. Italienische Woche **Aufforderung:** Sie sollen sich wohlfühlen (Bedürfnisbefriedigung – Geben Sie unserem Top-Team einen Tipp!) | | |
| Einleitung (Aufwärmphase) | • Ist dies Ihr erster Besuch in unserem Restaurant?<br>• Welche Leistungen unseres Hauses haben Sie erwartet?<br>• Aus welchem Grund haben Sie sich zu einem Besuch in unserem Haus entschlossen?<br>• Aus welchem Anlass sind Sie in unser Haus gekommen? | Ja/Nein<br>Bewirtung/Unterhaltung<br>oder: _____<br>Werbung/Empfehlung<br>oder: _____<br>Feier/Passant/Zufall<br>oder: _____ | |
| Sachfragen/ Hauptteil: | • Welche Kategorie von Restaurant bevorzugen Sie?<br>• Wie gefällt Ihnen unser/e ... (Bitte unterstreichen) Wertung: Bitte eintragen! | Fast-Food-/Nobel-Restaurant | |

| **D** Desire | Objekt | Positiv | Negativ | Anmerkungen |
|---|---|---|---|---|
| | • Restaurant | + einladend | – | • |
| | • Bar | + gemütlich | – Musik zu laut | • |
| | • Atmosphäre | + behaglich | – | • |
| | • Speisekarte | + reichhaltig | – | • teuer |
| | • Gerichte/Snacks | + schmackhaft | – | • |
| | • Getränkekarte | + ausgewogen | – | • |
| | • Kaffee | + Qualität | – | • kalt |
| | • Service | + schnell | – | • |
| | • Beratung | + kompetent | – | • |
| | • Personal | + freundlich | – | • |
| | • Benehmen | + höflich / korrekt | – | • |
| | • Begrüßung | + herzlich | – | • |
| | • Unterhaltung | + höflich | – | • |
| | • Preis/Leistung | + angemessen | – | • |

| | | |
|---|---|---|
| Schluss: Ausklang | • Sind Ihre Erwartungen erfüllt worden?<br>• Machen Sie uns den wichtigen Vorschlag zur Veränderung unseres Angebotes, von dem Sie glauben, dass Sie damit den Wettbewerb/die Verlosung gewinnen: _____ | Ja/Nein |
| **A** Action Abschluss | • Wo können wir Sie erreichen? _____<br>• Alter: _____ Jahre<br>• Beruf: _____ | • männl./weibl.<br>• Nationalität: _____ |
| Restaurant Green Paradies: Gästebetreuung MA-Direktion aufgenommen: _____ | | Verteiler: AL, Restaurant, Marketing, Sales ausgewertet: _____ |

Im Rahmen einer gezielten Erhebung (aktives Verfahren) im **Internet** können Internet-User über **E-Mail** und **Homepage** befragt werden (siehe auch 6.5).

Mithilfe des www-basierten **Online-Marketings** können automatisch und ohne besondere Informationen Hinweise über die Internet-Nutzer (passives Verfahren) gewonnen werden. Von besonderer Bedeutung sind in diesem Zusammenhang:
▶ Reichweitenmessung,
▶ Anzahl der Internet-Nutzer, die das www-System des gastgewerblichen Betriebes nutzen,
▶ Merkmale der Nutzer/Nutzungsverhalten.

Die Analyse der **Zugriffsprotokoll-Dateien** (Logfile-Analyse) ist ein passives Verfahren auf der Basis interner Sekundärquellen. WWW-Server protokollieren die Zugriffe auf die von ihnen angebotenen Web-Seiten. Diese Protokolldateien beinhalten standardgemäß folgende auswertungsrelevanten Daten:
▶ Zeitpunkt der Anfrage (Datum, Uhrzeit),
▶ IP-Adresse des Rechners, von dem die Anfrage erfolgt,
▶ URL (WWW-Adresse) und Dateinamen der angefragten WWW-Seiten und multimedialen Objekte,
▶ Speicherumfang der übertragenen Datenmenge,
▶ Navigationssoftware (Browser) und Betriebssystem des Nutzers,
▶ Referrer-(überweisende) URL.

Im Hinblick auf die **Befragungshäufigkeit** haben **Einmalbefragungen** das Ziel, relevante Informationen über ein bestimmtes Problem zu beschaffen, während **periodisch wiederkehrende Befragungen (Panels)** die Entwicklung in bestimmten Systembereichen veranschaulichen sollen (vgl. 3.3).

Viele Unternehmen der Systemgastronomie nutzen zur Informationsgewinnung die **interne Gästebefragung**, weil mit ihrer Hilfe relativ schnell und kostengünstig
▶ der Zufriedenheitsgrad der Zielgruppen gemessen werden kann und
▶ dem Management dadurch praktische Anhaltspunkte zur Leistungs- und Dienstleistungsverbesserung gegeben werden.

Durch **falsche** bzw. **unspezifische Fragestellungen** oder unkorrekte Hinweise zum Beantwortungsmodus kann es zu **Erhebungsfehlern** kommen. Deshalb besteht das zentrale Entscheidungsproblem einer Befragung im
▶ Bestimmen der Befragungsstrategie,
▶ Festlegen der Befragungsinhalte,
▶ Ableiten von Befragungszielen und
▶ Formulieren von Fragestellungen.

Die Fragen sollten **eindeutig, genau, verständlich, nicht suggestiv** und **nicht beleidigend** formuliert werden. Auch müssen durch die Art der Fragestellungen die **Beweggründe** der Zustimmung/Ablehnung zum Untersuchungsgegenstand erkennbar sein.

### Frageformulierungen

**Suggestivfragen vermeiden:** Wenn in die Frage eine gewünschte Antwort mit hineinformuliert wird, spricht man von Suggestivfragen. Der Befragte darf nicht mit einem Vorurteil konfrontiert werden, sondern er muss unbeeinflusst vom Fragesteller selbst entscheiden können.

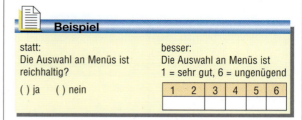

Die Fragen müssen dem **Informations- und Wissensstand** des Befragten **entsprechen**.

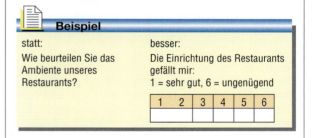

### Frageformen

▶ **Direkte Frage:** Ist zu erwarten, dass der Befragte problemlos und ehrlich antwortet, wird man grundsätzlich direkt fragen. Das gilt immer dann, wenn entweder Prestige-, Tabu- oder andere Gründe dazu führen könnten, dass ein Befragter ungenau antworten kann oder will.

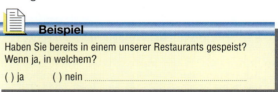

▶ **Indirekte Fragen** sind empfehlenswert, wenn zu erwarten ist, dass der Befragte nicht seine wirkliche Meinung angibt.

**Beispiel**

Will man vom Gast wissen „Werden Sie uns weiterempfehlen?", besteht die Gefahr, dass er opportunistisch, d. h. im Sinne des Fragestellers mit „Ja" anwortet. Das lässt sich möglicherweise durch folgende Formulierung vermeiden:
„An welche Adresse Ihres Bekanntenkreises dürfen wir unseren Prospekt senden?"

▶ **Geschlossene Fragen:** Bei geschlossenen Fragen sind die Antworten vorgegeben: Ja/nein, mehrere Alternativen, evtl. mit Angabe einer Rangordnung.

**Beispiel**

Wie beurteilen Sie die Qualität der angebotenen Speisen und Getränke?

( ) sehr gut ( ) gut ( ) befriedigend
( ) unbefriedigend

**Vorteil:**
▶ Leichte Auswertbarkeit der Antworten.
▶ Die Fragen können mit relativ geringem Zeitaufwand und bequem beantwortet werden.

**Nachteil:**
Der Befragte wird gezwungen, sich auf die angegebenen Antworten zu beschränken. Es besteht die Gefahr, dass wichtige Informationen zurückgehalten werden.

▶ **Offene Fragen:** Bei offenen Fragen ist die Formulierung der Anwort der befragten Person überlassen.

**Beispiel**

Wie beurteilen Sie die Qualität der angebotenen Speisen und Getränke?

**Vorteil:**
Antworten können ein Mehr an Informationen und Hinweise enthalten, an die der Fragesteller selbst nicht gedacht hat.

**Nachteil**
▶ Der Beantwortungsaufwand für den Befragten ist größer.
▶ Probleme bei der Auswertung, wenn man die Antworten nicht mehr in Gruppen zusammenfassen kann, weil sie so weit streuen.

Durch eine **Kombination der offenen und geschlossenen** Fragestellungen lassen sich die Vorteile beider Methoden verbinden und die Nachteile teilweise vermeiden.

**Beispiel**

Wie wurden Sie empfangen?
Ihr Kommentar (Wünsche oder Verbesserungsvorschläge):
_____
_____
_____

übertraf die          traf die            unter den
Erwartungen ( )   Erwartungen ( )   Erwartungen ( )

(Vgl. Dettmer/Hausmann 2008, S. 185 f.)

## Beobachtung

**Beispiel**

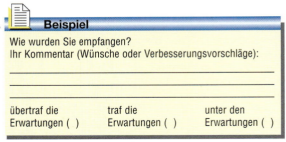

Nach der erfolgreichen Eröffnung von fünf Restaurants plant die Geschäftsleitung der Restaurant Green Paradise GmbH & Co KG., im kommenden Jahr ein sechstes Restaurant in der Innenstadt von München zu eröffnen.

Sie erhalten von der Geschäftsleitung den Auftrag, eine Konkurrenzbeobachtung in Restaurants in der Münchener Innenstadt durchzuführen.

Als **Beobachtung** wird eine **planmäßige direkte Erhebung** von **sinnlich wahrnehmbaren Gegebenheiten** und **Verhaltensweisen** (Gäste, Zielgruppen u. a.) **in Abhängigkeit von bestimmten Situationen** verstanden, die nicht auf Fragen und Antworten beruht.

Durch **Feldbeobachtungen** können objektive Tatbestände des offenkundigen Verhaltens von Gästen festgestellt werden, ohne auf die oft verzerrten, subjektiven Darstellungen dieser Personen (durch Befragung) abgewiesen zu sein. So können beispielsweise Präferenzen im Hinblick auf die Inanspruchnahme der angebotenen Service- und Dienstleistungen im Restaurant ermittelt werden.

Erhebungsmethoden – **2**

**Manual: Marktbeobachtung**

Beobachtung bei Mitbewerber: _____  Standort: _____

- Durchführung: entsprechend Organisation/Dynamik: 1- bis 4-mal im Jahr
- Informationsquellen: Besuche bei Mitbewerbern, Leistungstest (Reklamation), gemeinsame Lieferanten (Lieferungen, Zahlungen), Vorstellungsgespräche (Umsatz, Anzahl), Taxifahrer (Besucher, Ankünfte

| Checkliste | Objektbeobachtung | |
|---|---|---|
| • Eigentümer | ☞ Inhaber: Eigentümer/Pächter .................................................. | Objektgröße: .................................................. |
| | ☞ Kette/Gründer (in der 1. bis 3. Generation): .................................................. | |
| | ☞ Vision/Betreiber-Motiv: .................................................. | |
| • Besuch | ☞ Ankunft/Uhrzeit: .................................................. | |
| | ☞ Verkehrsanbindung: .................................................. | Parkplätze: .................................................. |
| | ☞ Äußere Attraktion: .................................................. | Beleuchtung: .................................................. |
| | ☞ Gästeempfang: Blumen, Einweisung, Garderobe: .................................................. | |
| • Ambiente | ☞ Einrichtung, Stil, Beleuchtung: .................................................. | |
| | ☞ Tische, Wäsche, Geschirr, Gläser, Besteck: .................................................. | |
| | ☞ Beschallung (Stereo/Mono, welche Räume?): .................................................. | |
| • Angebot | ☞ Speisen- und Getränkekarten-Inhalt (Anlage): .................................................. | |
| | ☞ Promotion (fachliche, gastorientierte Beratung bei Bestellung): .................................................. | |
| | ☞ Qualität der Leistung: .................................................. | Timing: .................................................. |
| | ☞ für Couvert wird verlangt: .................................................. | |
| | ☞ Dienstleistung: .................................................. | Sauberkeit: .................................................. |
| | ☞ SEP (2–5 Strategische Erfolgs-Position), z.B. unverbaubarer Blick: .................................................. | |
| | ☞ USP (100–300 Unique-Selling-Proposition): .................................................. | |
| | ☞ Basisleistungen (gute Küche, Service u.a.): .................................................. | |
| | ☞ Wareneinsatz: ............... Teamkosten: ............... | Investition: .................................................. |
| | ☞ Preis-Leistungs-Vergleiche: .................................................. | |
| | ☞ Kalkulation (z.B. Renner, Aufschlag, Image (politisch)): .................................................. | |
| | ☞ Verhalten bei Reklamationen (Unternehmenskultur): .................................................. | |
| • Rechnung | ☞ verständlich, nach gesetzlichen Vorgaben gestaltet: .................................................. | |
| | ☞ Kreditkarten werden akzeptiert: .................................................. | |
| • Verabschiedung | ☞ Herzlichkeit: .................................................. | |
| • Team | ☞ Anzahl, männlich/weiblich: .................................................. | Erscheinung: .................................................. |
| | ☞ Anzahl Führungskräfte/Bereich: .................................................. | |
| | ☞ Anzahl Küchen-/Servicepersonal: .................................................. | |
| | ☞ Fluktuation: .................................................. | Motivation: .................................................. |
| | ☞ Verhalten am Gast (Freundlichkeit, Anrede u.a.): .................................................. | |
| • Gäste | ☞ Anzahl: .................................................. | Stammgäste: .................................................. |
| | ☞ Erwartete Problemlösung: .................................................. | Stimmung: .................................................. |
| • Auslastung | ☞ Besetzte Stühle, Wechsel/Tag: .................................................. | Umsatz/Tisch: .................................................. |
| • Wirkung | ☞ Verhalten des Mitbewerbers in Wechselwirkung zu eigenem Verhalten: .................................................. | |
| • Erkenntnisse | ☞ .................................................. | |
| • Fazit | ☞ .................................................. | |

Restaurant Green Paradise: Marktbeobachtung  **aufgenommen** (Handzeichen):
MA-Direktion  **bearbeitet** (Datum, Handzeichen):
Verteiler: GL, Marketing, Sales  **ausgewertet** (Daum, Handzeichen):

## 2 Erhebungsmethoden

Anwendungsgebiete für **teilnehmende Beobachtungen** in der Systemgastronomie sind Testkäufer bzw. Testgäste (z. B. Secret Shopper) oder unerkannte Beobachter (Undercover) zur
- Beobachtung des Gästeverhaltens,
- Beobachtung der Servicequalität, z. B. Speisen- und Getränkeangebot, Preis-Leistungs-Verhältnis,
- Beobachtung der Dienstleistungsqualität (Fachkompetenz, Schnelligkeit, Höflichkeit und Freundlichkeit der Mitarbeiter, Hygiene u. a.),
- Beobachtung und zahlenmäßige Erfassung bestimmter Zielgruppen,
- Beobachtung des Kaufverhaltens u. a.

**Wesentliche Merkmale der Beobachtung sind:**
- Informationsgewinnung erfolgt unabhängig von der Auskunftsbereitschaft der beobachteten Situation/Personen.
- Beobachtung erfolgt gegenwartsbezogen und unmittelbar am Gegenstand der Untersuchung (Gäste-, Mitarbeiter-, Konkurrenzverhalten u. a.).
- Informationen werden seitens des beobachteten Objektes unbewusst gegeben.

| Formen der Beobachtung | |
|---|---|
| **Kriterien** | **Durchführung** |
| 1. Strategie | – standardisiert<br>– nicht standardisiert |
| 2. Objekt | – ein Objekt<br>– mehrere Objekte |
| 3. Häufigkeit | – einmal<br>– wiederholt (Panel) |
| 4. Beobachter | – teilnehmend<br>– nicht teilnehmend |
| 5. Beobachtungssituation | – Feldbeobachtung<br>– Laborbeobachtung |
| 6. Gestaltung | – real<br>– experimentell |
| 7. Erhebungssituation | – offen<br>– verdeckt |
| 8. Controllingform | – manuell<br>– apparativ |

Eine in der Systemgastronomie übliche Form der **Feldbeobachtung** ist die **Kassenbonanalyse**, die Auskunft über den **Kaufzeitpunkt**, die **Menge**, den **Umsatz** und die **Speisen-** und **Getränkepräferenzen** gibt.

## Panelerhebung

Unter einer Panelerhebung versteht man eine über einen bestimmten Zeitraum, in bestimmten Intervallen stattfindende Befragung zum gleichen Gegenstand bei einem repräsentativen, gleichbleibenden Kreis von Personen / Unternehmen.

Panelerhebungen werden schriftlich, telefonisch, mündlich und/oder computerunterstützt durchgeführt. Die Panel-Teilnehmer werden aus einer Grundgesamtheit nach dem Zufallsprinzip und im Hinblick auf die Kriterien des Untersuchungsgegenstandes ausgesucht und i. d. R. für ihre Auskunftsbereitschaft honoriert. Bei der Durchführung von Panelerhebungen gilt es, die im zeitlichen Ablauf auftretenden **Ausfälle, Panelsterblichkeit** (= Umzug, Antwortverweigerung, Tod, Insolvenz u. a.) und **Paneleffekt** (= unbewusste oder bewusste Verhaltensänderung der Teilnehmer, z. B. findet aus Prestigegründen beim Kaufverhalten „Overreporting" (Angabenerhöhung) oder „Underreporting" (Angabenverringerung) statt) zu berücksichtigen. Um Verzerrungen der Untersuchungsergebnisse auszuschließen, sollten die Mitglieder in regelmäßigen Abständen durch Panelrotation ausgetauscht werden.

| Für die Systemgastronomie relevante Panelarten | |
|---|---|
| **Unternehmens-Panel** | **Konsumenten-Panel** |
| Stichproben aller Unternehmen nach Branchen, z. B. GfK „Gastronomie Leader Panel" umfasst 1000 Betriebe ab 127 820,00 EUR Umsatz. | Stichproben spezifischer Haushalte (Haushaltspanel) oder von Einzelpersonen Individualpanel), z. B. Individualpanel „Essen außer Haus" der G&I Forschungsgemeinschaft für Marketing, Nürnberg (Gästedaten und -ausgaben werden mit Strukturmerkmalen der Gäste verknüpft). |

## Testen

In der Praxis sollen die verschiedenen Experimente in Form von **Tests** Informationen über das Gästeverhalten, die Branche, den Handel allgemein und die Konkurrenz mit dem Ziel geben, optimale marketingpolitische Entscheidungen zu treffen.

| Markttests | Store- oder Restauranttest |
|---|---|
| ▶ Die **versuchsweise Einführung von Produkten in regional begrenzten Teilmärkten** oder in einzelnen Städten unter Bedingungen, die **repräsentativ** für den Gesamtmarkt sein sollen (Feldexperimente). | ▶ Die Produkte (z. B. Speisen oder Getränke) werden **versuchsweise in ausgewählten Stores oder Restaurants angeboten**, um schnell und kostengünstig die Marktchancen zu erforschen. Nachteil: Die Ergebnisse sind **nicht repräsentativ**. |

Folgende Tests sind besonders im Hinblick auf die Entwicklung von Standards in der Systemgastronomie – und damit für den Erfolg von Produkten auf den unterschiedlichen Märkten von Bedeutung:

## Preistests
Beurteilung der Preiserwartung und des Gästeverhaltens als Reaktion auf ein bestimmtes Preisniveau. Testphasen in lokalen, regionalen, nationalen oder internationalen Märkten.

## Produkttests
Beurteilung des marktreifen Produktes durch Testpersonen (Teilnehmer eines Testmarktes), um die **Produktwirkung** (z. B. Preis, Angebotsform, Name, Funktion, Produktalternativen) bzw. das **Produkterlebnis** (z. B. Akzeptanz, Imagewirkung) auf dem Markt festzustellen.

## Geschmackstests
Die Bewertung bzw. Beurteilung erfolgt nach einer **„hedonic rating scale"**, mit deren Hilfe die Testteilnehmer ihre positive oder negative Wertschätzung äußern können.

## Anzeigentests
Die Wirkung von Anzeigen auf das Gästeverhalten kann vor **(Pretests)** und nach **(Posttests)** der **Werbedurchführung** in Form von mündlichen und schriftlichen Befragungen untersucht werden.

## Verpackungstests
Informationen über die Gestaltung der Verpackung (Gestaltung, Arrrangement) ermöglichen Aussagen über die bestmögliche Akzeptanz beim Verbraucher. So werden u. a. Marken- und Zielgruppenprägnanz, Design, Material, Verpackungsgröße und -einheit sowie andere Gestaltungsmerkmale getestet.

### Aufgaben

1. Welche Befragungsstrategien (und deren Kriterien) können unterschieden werden? Bitte differenzieren Sie mindestens fünf mögliche Befragungsstrategien.
2. Im Rahmen eines Mitarbeiter-Meetings sollen spezielle Fragestellungen zum Bekanntheitsgrad des Hotel-Restaurants Green Paradise mithilfe des Brainwritings (Methode 6-3-5) entwickelt werden. Welche drei Vor- und Nachteile sehen Sie bei dieser Methode im Hinblick auf die Entwicklung spezieller Fragestellungen?
3. Sie werden von der Filialleitung beauftragt, einen Fragebogen für eine Gästebefragung zum Bekanntheitsgrad und zu Stärken und Schwächen (Service- und Dienstleistungsqualität) des Hotel-Restaurants Green Paradise zu entwickeln. Bei der Konzeption des Fragebogens soll der „AIDA"-Effekt berücksichtigt werden. Bitte entwickeln Sie in Partnerarbeit einen Fragebogen, der die Anforderungen der Filialleitung erfüllt. Die ersten Zeilen des Fragebogens beginnen wie folgt...

Lieber Gast, in unserem Restaurant haben wir den Ehrgeiz, Ihnen den besten Service zu bieten. Um Ihren persönlichen Wünschen künftig noch besser entsprechen zu können, bitten wir um Ihre Unterstützung. Ihre aktive Kritik ist unsere wertvollste Informationsquelle. Werfen Sie die ausgefüllte Karte im Kuvert einfach in den Gästebriefkasten im Restaurant!

Wie oft besuchen Sie unser Restaurant?

( ) erster Besuch; ( ) einmal pro Monat; ( ) wöchentlich ...

4. Unterschiedliche Tests sollen Informationen über das Gästeverhalten, die Branche u. a. mit dem Ziel geben, optimale marketingpolitische Entscheidungen zu treffen. Welche Testarten sind besonders im Hinblick auf die Entwicklung von Standards in der Systemgastronomie relevant?

## 3.3 Marktsegmentierung

### Situation

Bei einem Mitarbeitermeeting der Restaurant Green Paradise GmbH & Co KG erklärt der Marketingleiter:

„In unserem sechsten Restaurant im Zentrum von München möchten wir unterschiedliche Zielgruppen ansprechen. Deshalb werden wir zunächst eine **Ist-Analyse** durchführen und uns unsere **Märkte** und den **Standort City** etwas genauer anschauen."

Sie haben den Begriff „Ist-Analyse" noch nie gehört und fragen Ihren Filialleiter ...

Als Voraussetzung für die verschiedenen Überlegungen der Marktforschung während des gastgewerblichen Leistungsprozesses müssen die jeweiligen Märkte bestimmt werden. Dabei werden mithilfe einer **Marktabgrenzung** (Makrosegmentierung) aus der Fülle der Märkte diejenigen herausgefiltert, die für das System bzw. die Marketingaufgabe relevant sind. Grundsätzlich sind dazu Abgrenzungen auf der Angebots- und Nachfrageseite notwendig, denn

▶ nicht alle Anbieter sind „relevante" Konkurrenten,
▶ nicht alle Nachfrager sind „relevante" Nachfrager.

In den letzten Jahren hat ein **Wandel** vom **produktorientierten** zum **nachfrageorientierten** Marketing stattgefunden. Anstelle der Suche nach **Gemeinsamkeiten** bei der Makrosegmentierung treten zunehmend **Unterschiede** in Form einer Mikrosegmentierung (Zielgruppen, Trends) auf.

## 2 Marktsegmentierung

> ▶ **Marktabgrenzung oder -eingrenzung** bezeichnet ganz allgemein die verschiedenen Kriterien der Marktbestimmung, z. B. Ort, Zeit, Produkt (auch Nachfrager) usw. – es geht vorrangig um „Gemeinsamkeiten".
>
> ▶ **Marktsegmentierung oder -aufteilung** bezeichnet vor allem die nachfrager- oder zielgruppenbezogene Aufteilung des Gesamtmarktes in verschiedene Teilmärkte (sog. Segmente) – es geht vorrangig um „Unterschiede".

Für ein modernes, ganzheitliches Marketing im Bereich der Systemgastronomie bedeutet deshalb **Marktsegmentierung** eine **Marktaufteilung** in überwiegend **verschiedenartige Personengruppen** mit dem Ziel, einen **hohen Grad von Identität** zwischen der angebotenen Marktleistung (z. B. Bewirtung, Beherbergung, Dienstleistung) und **einer bestimmten Gruppe von Nachfragern** (Gästen) herzustellen. Grundsätzlich besteht der Gesamtmarkt aus **einer Anhäufung von Marktsegmenten**, die es – angesichts verschärfter Markt- und Wettbewerbsbedingungen – verstärkt zu identifizieren gilt.

Im Rahmen der Marketing-Analysephase wird mithilfe einer **Ist-Analyse** versucht, die für den jeweiligen Betrieb relevanten Segmente, das „Umfeld" oder die „Umweltbedingungen" herauszuarbeiten. Dazu wird die **Blickrichtung** vom eigenen **Betrieb** auf den **Markt** und das gesamte **betriebliche Umfeld** erweitert (oder umgekehrt):

Die Umwelt (das Umfeld) wird durch die jeweils vorhandenen **soziokulturellen, technologischen, politisch-rechtlichen, physischen, ökologischen** und **ökonomischen** Faktoren bestimmt, die zugleich die Rahmenbedingungen für den Markt zwischen Anbieter (Gastronomie) und Nachfrager (Gast) darstellen.

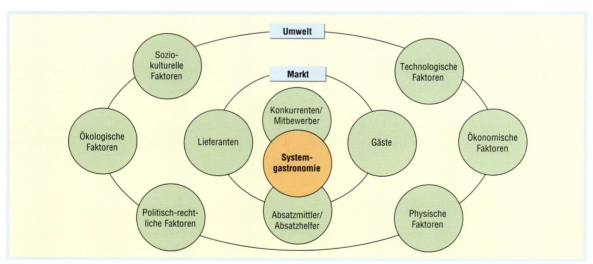

(Dettmer 2002, S. 150)

Folgende Einflussfaktoren sind außerdem für das Nachfrageverhalten von Gästen des relevanten Marktes von Bedeutung:

▶ **Anzahl der Marktteilnehmer** (s. Kap. 1) Monopol-, oligopol- und polypolistische Märkte
▶ **Geografischer Raum**
Lokale, regionale, nationale, internationale Märkte
▶ **Wachstumssituation** (s. Kap. 1)
Expandierende, stagnierende, schrumpfende Märkte
▶ **Marktgrößen**

▶ **Marktpotenzial** (Gesamtmarkt)
Gibt die optimale Aufnahmemenge eines Marktes (Produkte oder Dienstleistungen) an. Die Käufer verfügen über das erforderliche Einkommen und

## Marktsegmentierung

haben ein entsprechendes Kaufbedürfnis entwickelt.
- **Marktvolumen** (Gesamtmarkt)
Verdeutlicht die prognostizierte und realisierte Absatzmenge einer Produkt- und/oder Dienstleistungsart pro Periode in einem abgegrenzten Markt.
- **Absatzpotenzial** (Unternehmen)
Wird unter Berücksichtigung der sozioökonomischen Entwicklung der gastgewerblichen Entwicklung von der Aktivität der Konkurrenz sowie der eigenen Maßnahmen abgeleitet. Erklärt den Anteil am Marktpotenzial, den ein Unternehmen glaubt, für die eigene verkaufsfähige Leistung erreichen zu können.
- **Absatzvolumen** (Unternehmen)
Beschreibt die Summe der getätigten Umsätze bzw. die abgesetzten Mengen eines Unternehmens pro Periode auf einem bestimmten Markt.
- **Marktanteil** (Unternehmen)

$$\frac{\text{Unternehmensumsatz oder -absatz}}{\text{Marktvolumen}}$$

Mithilfe der Berechnung des Marktanteils lassen sich feststellen:
- die gegenwärtige Position des Unternehmens im Vergleich zu den Mitbewerbern;
- zeitliche Veränderungen der Entwicklung (Absatz/Umsatz) im Vergleich zur Konkurrenz.

**Eine mögliche Formel zur Berechnung des voraussichtlichen Umsatzes lautet:**

$$Q = n \times q \times p$$

$Q$ = Ausschöpfbares Potenzial des Gesamtmarktes (Unternehmensumsatz in EUR)
$n$ = Anzahl der Gäste angesichts der angenommenen Umfeldanalyse (Alter, Einkommen, Bildungsstand u. a.)
$q$ = durchschnittliche Absatzmenge pro Gast
$P$ = Durchschnittspreis pro Mengeneinheit

Für Unternehmen der Systemgastronomie stellt sich die generelle Frage nach der Marktabdeckung. In der zweidimensionalen Sichtweise der **Produkt-Markt-** oder **Produkt-Zielgruppen-Strategie** geht es darum, ob alle Geschäftssegmente, einige Geschäftssegmente oder nur ein Geschäftssegment strategisch besetzt werden sollen.

(Vgl. Weis, H.: Marketing, Ludwigshafen, 2004)

Die Wahl der Marketingstrategie der Systeme ist abhängig von der eigenen Kapitalkraft, der Größe des Unternehmens, aber auch vom Verhalten der Mitbewerber und der Möglichkeit, den Gesamtmarkt zu segmentieren.

Eine volle Produkt-Marktabdeckung könnte für die Restaurants in München (s. Situation zum Kap. 3.4) bedeuten:

M = Märkte des Restaurants

$M_1$ = Singles, Erwachsene
$M_2$ = Tagungsgäste
$M_3$ = Städtetourismus
$M_4$ = Senioren

P = Produkt-/Leistungsangebote

$M_1$ = Aktiv-Brunch
$M_2$ = Coffee-Shop (Self-Service)
$M_3$ = Tagungsservice und -technik, Catering
$M_4$ = Systemrestaurant (Full Service)

Daneben können sich **Produkte** auf **andere gastgewerbliche** oder **touristische Angebote** und **Dienstleistungen** beziehen, z. B. Bar, Mittagstisch, Happy Hour, Salatbüfett, Aktivitäten oder Events. Die **unterschiedlichen Märkte** können entweder **regional** (Stadt, Region, Inland, Ausland u. a.), **zeitlich** (Sommer, Winter, Vorsaison, Nachsaison), **nach Zielgruppen** (Jugendliche, Erwachsene, Senioren, Singles, Familien, Gruppen u. a.) oder **nach Besuchsanlässen** (After-Work-Dinner, Snack, Familienfeier, Tagung, Touristen u. a.) angeboten werden.

## Standortanalyse

Eine Standortanalyse dient sowohl der Standortfindung als auch der laufenden Standortbeurteilung für Betriebe. Da der Gast den **Point-of-Sale** (das Systemrestaurant bzw. das -hotel) aufsuchen muss, um die entsprechenden Leistungen in Anspruch nehmen zu können, ist die Wahl des Standortes für den Markterfolg im Dienstleistungsbereich der Gastronomie entscheidend. Bei der Standortwahl ist zu beachten, dass die Nachfrage nach den entsprechenden Dienstleistungen z. T. eine **derivate** (= abgeleitete) **Nachfrage** darstellt. Primär verfolgen Gäste oftmals andere Ziele mit dem Besuch einer Innenstadt (Shopping, Arbeitsplatz, Besuch von Institutionen bzw. kulturellen Einrichtungen) oder eines anderen Standortes. Deshalb kommt der **Restaurantwahl nur bei hohem Bekanntheits- und Beliebtheitsgrad eine primäre Bedeutung** zu.

Grundvoraussetzung für eine erstmalige Standortuntersuchung ist eine systematische **Nachfrage- und Bedarfsanalyse** mithilfe der gegebenen Standortfaktoren. Kennt ein gastgewerbliches Unternehmen seine Zielgruppen und deren spezifische Bedürfnisse und Erwartungen, so muss – unter Berücksichtigung der neuen Betriebsidee – der Standort streng absatzorientiert überprüft werden. Dabei bestimmt eine **Vielzahl von Standortfaktoren die Qualität des Standortes**, z. B. Bedarf, Infrastruktur, Standortkosten, Konkurrenz, Personalbeschaffung, rechtliche Bestimmungen, wichtige Institutionen, vorgegebene von außen kommende Faktoren (u. a. Klima, Landschaft). Die Gewichtung dieser Faktoren steht in Abhängigkeit von der Betriebsart (u. a. Stadtrestaurant, Urlaubs- oder Erlebnisgastronomie) und kann zur grundsätzlichen Standortentscheidung und zur Überprüfung der vorhandenen Standorte herangezogen werden. Da sich Standortfaktoren durch Lebensgewohnheiten oder infrastrukturelle Eingriffe ändern können, bedürfen sie einer regelmäßigen Neubewertung.

In der angloamerikanischen Literatur werden als besondere Merkmale des Standortes die drei **As** hervorgehoben (vgl. Henselik 1999, S. 65):

▶ **Attractions**
  Vorhandensein von Attraktionen
▶ **Amenities**
  Annehmlichkeiten des Angebotes
▶ **Access**
  Zugänglichkeit

Eine Möglichkeit der Standortanalyse ist die Erstellung eines eigenen **Ressourcen-Profils** oder eines **Vergleichsprofils** (mit den relevanten bzw. stärksten Konkurrenten). Der Vergleich mit einem so genannten „Soll-Bezugsprofil" gibt Hinweise auf strategische Marketingmaßnahmen.

Die **Standortplanung** gehört zu den schwierigsten Aufgaben bei erstmaligen Analysen, weil sie in direkter Verbindung zu anderen betriebswirtschaftlichen Problemkreisen (Absatz, Beschaffung, Finanzen, Personal u. a.) steht.

## Konkurrenzanalyse

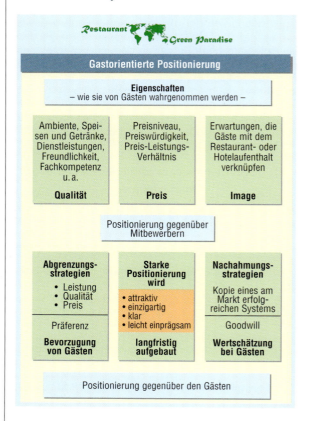

Mithilfe einer **Konkurrenzanalyse** wird es für gastgewerbliche Systeme möglich, umfassende Informationen über die **Wettbewerbsstruktur**, d. h. **Anzahl und Intensität der Konkurrenten** und die **Beurteilung der Konkurrenten durch die Nachfrager** (Gäste) zu erhalten. Ein Vergleich mit der Konkurrenz ermöglicht es, Stärken und Schwächen des eigenen Systems zu erkennen. Darüber hinaus lassen sich Marktsegmente identifizieren, die bislang nicht mit einem geeigneten Leistungsangebot versorgt werden **(Marktnischen)**.

Andererseits kann die Konkurrenzanalyse Hinweise darauf geben, ob man sich zukünftig nicht auf anderen Märkten – mit weniger Konkurrenzbewegen will. Grundlage ist immer eine **Ressourcen-** und **Fähigkeits-Analyse** der Wettbewerber, die die **Kern-, Wachstums-, Reaktions-** und **Anpassungsfähigkeiten** anderer Systeme untersucht.

## Marktsegmentierung 2

**Manual – Fähigkeiten-Analyse der Mitbewerber**     *Restaurant Green Paradise*

| Kernfähigkeiten | ▶ Welche Fähigkeiten besitzt der Wettbewerber in den verschiedenen Funktionsbereichen (Leistungs- und Dienstleistungserstellung)? <br> ▶ Worin ist er am besten, worin am schlechtesten? <br> ▶ Wie schneidet der Konkurrent beim Test im Hinblick auf seine Strategie ab? <br> ▶ Zeichnen sich mit wachsender Erfahrung des Wettbewerbers Änderungen der Fähigkeiten ab – und in welche Richtung werden sie verfolgt? |
|---|---|
| Wachstumsfähigkeiten | ▶ Werden die Fähigkeiten des Wettbewerbers im Zuge seiner Expansion zu- oder abnehmen und in welchen Funktionsbereichen/auf welchen Gebieten? <br> ▶ Wie hoch ist die Wachstumsfähigkeit in Bezug auf Personal, Fertigkeiten und Betriebskapazität? <br> ▶ Welches dauerhafte Wachstum kann der Wettbewerber in finanzieller Hinsicht erreichen? |
| Reaktionsfähigkeit am Markt | ▶ Inwieweit ist der Wettbewerber in der Lage, auf Maßnahmen anderer Anbieter schnell zu reagieren oder eine plötzliche Offensive zu starten? |
| Anpassungsfähigkeit am Markt | ▶ Wie sieht das Verhältnis fixer und variabler Kosten aus, wie hoch sind die Kosten ungenutzter Kapazitäten? <br> ▶ Kann sich der Wettbewerber z. B. auf Kostenwettbewerb, Bewältigung komplexer Produktlinien, Einführung neuer Produkte, Servicewettbewerb, Eskalation der Marketing-Anstrengungen einstellen? <br> ▶ Kann der Wettbewerber auf mögliche von außen kommende Faktoren reagieren wie z. B. eine anhaltende hohe Inflation, technologische Veränderungen, eine Rezession, Lohnerhöhungen, behördliche Vorschriften? <br> ▶ Ist es für den Wettbewerber möglich, Kapazitäten abzubauen oder sich ganz vom Markt zurückzuziehen? |
| Durchhaltevermögen | ▶ Inwieweit ist der Wettbewerber in der Lage, eine längere „Konkurrenzschlacht" zu führen, und welche Liquiditätsreserven, Einstimmigkeiten im Management, Langzeitperspektiven bei den finanziellen Zielen, Börsendruck hat er? |

Aufgrund einer Konkurrenzanalyse lassen sich drei weitgehende strategische Folgerungen ziehen.
1. Das gleiche Produkt/Konzept der Konkurrenz wird übernommen.
2. Das Angebot der Konkurrenz wird abgewandelt.
3. Man sucht nach einer „Marktnische", produziert eine Leistung bzw. vermarktet eine Dienstleistung oder entwickelt eine Strategie, die im Gegensatz zur Konkurrenz steht.

Die **Konkurrenzanalyse** findet zunächst im eigenen System (Desk-Research) statt. Zunächst werden die Wettbewerber bestimmt. Dabei solle man sich am **Best-Practice-System** orientieren. Danach erfolgt eine Analyse der **Leistungskennzahlen** (Umsatz, Kosten, Rentabilität, Investitionen, Produktivität, Finanzierung). Daran schließt sich eine **Produktanalyse** an, die eine **Standort-**, eine **Hardware-** (Leistung und Dienstleistung) und eine **Serviceanalyse** umfasst. Schließlich werden in einer **Prozessanalyse** zentrale Funktionen analysiert (z. B. Produktion, Einkauf, Marketing, Personalbeschaffung und -entwicklung). Letztendlich wird die **Strategie** des **Wettbewerbers** rekonstruiert, um seine strategische Leistungsausrichtung zu erkennen.

**Manual – Konkurrenzanalyse: Stärken-Schwächen-Profil**    *Restaurant Green Paradise*

| | Stärke <–> Schwäche | | | | | |
|---|---|---|---|---|---|---|
| **Erfolgssegment** | 1 | 2 | 3 | 4 | 5 | 6 |
| **Strategie:** z. B. Strategieausrichtung, Standort, Marktanteil, Gästezufriedenheit, Flexibilität, Marketing-Mix | | | | | | |
| **Unternehmensführung:** z. B. Unternehmensziele, Führungsqualifikationen, Wertvorstellungen, Erfolgsorientierung | | | | | | |
| **Realisationspotenzial:** z. B. Kapital/Finanzierung (Eigenkapitalquote, Kapitalkosten, langfristige Darlehen) | | | | | | |
| **Personal:** z. B. Qualifikation, Mitarbeiterzufriedenheit und -motivation, Fluktuation, Personalkosten | | | | | | |
| **Qualität und Ausstattung der Einsatzgüter:** z. B. Gebrauchsgüter (Restaurants, Bankettabteilung, Küchenanlagen), Verbrauchsgüter (Sortimentsplanung, WE, Deckungsbeitrag) | | | | | | |
| **Systeme:** z. B. Controllingsysteme in den Abteilungen (vgl. Organigramm des Unternehmensaufbaus) | | | | | | |
| **Struktur:** Führungsstil des Unternehmens, z. B. kurze Wege, klare Aufgaben- und Kompetenzverteilung, Delegation | | | | | | |
| **Philosophie – Unternehmenskultur:** Werte und Grundeinstellungen des Managements und der Mitarbeiter CI, Credo, Leitbilder, Markencharakter, Ambiente, Gestaltung, Serviceverständnis | | | | | | |

MA-Direktion      Verteiler: AL, Marketing, Sales
                  aufgenommen (Handzeichen):
                  bearbeitet (Datum, Handzeichen):
                  ausgewertet (Datum, Handzeichen):

Immer häufiger werden Konkurrenzanalysen als **Benchmarking** durchgeführt. Dabei wird die traditionelle Konkurrenzanalyse um mehrere **Benchmarks** (= Vergleichsobjekte) erweitert.
Insgesamt hat sich als Grundidee die Festlegung der **besten** und **höchsten Vergleichsmaßstäbe** entwickelt, egal ob betriebsintern oder -extern, ob national oder international bzw. ökonomisch oder nichtökonomisch.

▶ **Internal Benchmarks**
Vergleich mit betriebsinternen Funktionen und Geschäftsfeldern der Konkurrenz, die als innovativ und vorbildlich gelten.

▶ **Competitive Benchmarks**
Vergleich mit brancheninternen Konkurrenten, weitgehend mit der Konkurrenzanalyse identisch.
▶ **Industry Benchmarks**
Vergleich mit branchenfremden Unternehmen, d.h., jeweils die „Klassenbesten" unterschiedlicher Branchen werden im nationalen/internationalen Wettbewerb verglichen. („Benchmarking als modisches Schlagwort im Global-Marketing für grenzüberschreitende Wettbewerbsorientierung")

## Zielgruppenanalyse

**Beispiel**

Die Restaurant Green Paradise GmbH & Co KG. beabsichtigt, das Restaurant in der Münchener Innenstadt um einen Coffee-Shop mit Terrassengeschäft in der Fußgängerzone zu erweitern. Dazu wird vom Leiter der Marketingabteilung folgende Zielgruppenbeschreibung abgegeben:

„Wir wenden uns an ein breites modernes, anspruchsvolles und einkommensstarkes Gästeklientel, das von der derzeitigen Vermarktung des Produktes Kaffee nicht mehr dauerhaft angezogen wird."

Die Kriterien für die Beurteilung von Zielgruppen in der Systemgastronomie sind heute nicht mehr **klassische demografische** (sozioökonomische) **Segmentierungen** wie Alter, Geschlecht, Schichtzugehörigkeit, Einkommen, Beruf oder Familienlebenszyklus. Da sich bestimmte Gästebedürfnisse und -wünsche nicht mehr so eindeutig wie in der Vergangenheit einem bestimmten Gästetyp zuordnen lassen, werden ergänzend **psychologische Kriterien** für die Segmentierung von Zielgruppen verwendet.

Dabei wird stillschweigend von der These ausgegangen: Gleichaltrige Menschen haben ähnliche Bedürfnisse und daher ungefähr die gleiche Nachfrage nach Speisen, Getränken und Dienstleistungen. Diese These ist heute nicht mehr haltbar: 50-Jährige von heute ähneln denjenigen von vor 20 Jahren meistens nur noch sehr entfernt. Andererseits kann heute das Verhalten eines 15-Jährigen sehr wohl auch für einen 30-Jährigen gelten.

> Das Ende des Generationenverhaltens – oder die Spezialisierung der Bedürfnisse!
> Nicht mehr alles für alle,
> sondern Bestimmtes für bestimmte Gäste …

Kreative Innovationen sind deshalb bei der Beantwortung der folgenden Fragen gefordert:

▶ Wie sieht die Nachfrage nach gastronomischen Leistungen in Zukunft aus?
▶ Welche Zielgruppen spreche ich mit welchem Marketingkonzept optimal an?

## Merkmale der Zielgruppenbildung

| Merkmale der Zielgruppenbildung | | | |
|---|---|---|---|
| **Geografische Segmentierung** | **Demografische (sozial-ökonomische) Segmentierung** | **Psychografische Segmentierung** | **Verhaltens-orientierte Segmentierung (Lifestyle-Konzept)** |
| • Orte<br>• Städte<br>• Regionen<br>• Bundesländer<br>• Ausland<br>• Kontinent<br>(geordnet nach Bevölkerungs-dichte, Größe der Städte) | • Alter<br>• Geschlecht<br>• Familienstand<br>• Bildungs-niveau<br>• Beruf<br>• Einkommen<br>• Nationalität | • Persönlich-keitsmerkmale<br>• Lebensstil<br>• Soziale Schicht<br>• Milieu<br>• Grundein-stellungen (allgemein) | • Einstellungs-muster<br>• Verhaltens-muster<br>• Lebensge-wohnheiten<br>• Produktvor-lieben und -verwendung<br>• Markentreue |
| **Klassische Segmentierung** | | **Neue Segmentierung** | |
| **Personenbezogene Segmentierung** | | | |

Eine **verhaltens- und nutzenorientierte Segmentierung** berücksichtigt die unterschiedlichen situativen Erwartungen der Gäste. Das bedeutet für die verschiedenen Dienstleistungen in der Systemgastronomie: Nicht mehr nur Portionsgröße oder allein ein „anständiger" Preis und Sauberkeit des Restaurants, sondern Schmackhaftigkeit und Attraktivität der Speisen und Getränke, Atmosphäre, Ambiente, Zeitgeist und bestimmte Gästemerkmale setzen Trends.

Für den nutzen- oder anlassbezogenen Gastronomiebesuch gilt: Derselbe Gast, der mittags Fast Food zu sich nimmt und dabei Standardisierung und schnellen Service bevorzugt, präferiert später Softdrinks in bequemen Sesseln, zum Businesslunch alkoholfreies Bier, zum Small Talk mit Freunden Coffee-Specials – oder er sitzt abends im Spezialitätenrestaurant und betrachtet „Speisen" als Kultur- und Geschmackserlebnis. Der Gast von heute ist mit seinem spezifischen, individuellen Lebensstil ein vielseitig orientierter Gast mit scheinbar völlig unterschiedlichen Werten.

Als Folge kommt es zwangsläufig zu einer Spezialisierung der Bedürfnisse und nicht nur zu einer Spezialisierung auf bestimmte Personengruppen. Das System muss deshalb als Markentyp (Naming) mit seinen charakteristischen Merkmalen und Events ein bestimmtes Feeling der Gäste ansprechen. Dieses richtet sich einerseits nach dem Ausgeh- oder Konsumanlass (Tageszeit, Situation mit viel/wenig Zeit, Kenntnis des Ortes u.a.). Es richtet sich andererseits genauso stark nach dem Ausgehverhalten des individuellen Konsumenten oder dem Feeling seiner aktuellen Gruppe/Clique: was generell „in" ist, wo man hingeht, wo die Leute sind, die zu einem passen, was dem Geldbeutel entspricht …

Die Merkmale der personenbezogenen Segmentierung erklären nur unzureichend das Motiv (= **Beweggrund**) für ein bestimmtes Konsumverhalten oder -bedürfnis (vgl. Meffert 1998, S. 150). Motive sind individuelle Persönlichkeitsmerkmale, d. h., es können zwei Gäste, die die gleiche Kaufentscheidung in einem Restaurant treffen, durchaus unterschiedliche (affektive, gefühlsmäßige oder kognitive, verstandgeprägte) Motive dafür haben. Die bekannteste **Motivtheorie** ist die **Bedürfnishierarchie von Maslow**.

Sie geht davon aus, dass je nach „Entwicklungsstufe" eines Menschen immer neue Verhaltensweisen „aktiviert" werden. Da in Wohlstandsgesellschaften die physiologischen Bedürfnisse und die Sicherheitsbedürfnisse im Allgemeinen abgedeckt sind, werden die oberen Schichten der Bedürfnishierarchie besonders verhaltensrelevant. Deshalb wird im **Naming-Marketing** häufig der **Prestige- und Statuswert** der Produkte herausgestellt.

Bestandteil einer verhaltens- und nutzenorientierten Segmentierung von Zielgruppen ist zeitliche Nachfrageverteilung im Hinblick auf die Dienstleistung. Eine systematische Erfassung sollte die bevorzugten Wochentage, Uhrzeiten, Jahreszeiten usw. berücksichtigen. Die Kenntnis über zeitliche Präferenzen einzelner Gästegruppen ermöglichen ein besseres Timing für bestimmte Angebotsleistungen (Coffee-Specials, Happy Hour, Cocktail-Time, Salatbüfett u. a.), eine bedarfsgerechte Angebotsgestaltung und somit eine bessere Kapazitätsauslastung.

| Segmente Gästemerkmale | während des Tages (wochentags) | während des Abends (wochentags) | während des Sonntags |
|---|---|---|---|
| Alter | 20 bis 55 Jahre | 30 bis 55 Jahre | 30 bis 55 Jahre |
| Kaufkraft | mittel bis hoch | mittel bis hoch | mittel bis hoch |
| Tätigkeit sozialer Zuschnitt | Hausfrauen, Selbstständige, Schüler in Ferien und nachmittags | Selbstständige, Führungskräfte Vereinsmitglieder, Kursteilnehmer | Familien, Turnierteilnehmer, Leute aus dem Umfeld |
| Anteil Frauen | 70 Prozent | 30 Prozent | 30 Prozent |
| Verhaltensbedürfnisse | sich verabreden, eine Kleinigkeit essen und trinken, evtl. Snacks mit nach Hause nehmen | sich verabreden, zwischendurch etwas essen und trinken, zu Stammtischen zusammen sein | sich verabreden, zwischendurch etwas essen und trinken, zu Stammtischen zusammen sein |
| Frequenzhöhepunkte | 10.00–12.00 Uhr (Hausfrau) 14.00–17.00 Uhr (Jugendliche) | 19.00–20.00 Uhr und 22.00–23.00 Uhr | 10.00–22.00 Uhr |
| Ausgehverhalten | passiv, zurückhaltend, konservativ | gesellig, unternehmungslustig, aufgeschlossen | gesellig, aufgeschlossen, aber zurückhaltend |
| Auftritt | in kleinen Gruppen, als Einzelpersonen | kleine und große Gruppen | in kleinen Gruppen, als Einzelperson |

Junge Gastronomiegäste sind i. d. R. bei neuen Systemkonzepten und -produkten äußerst skeptisch und überlegen mehrmals, ob sie ihr Geld dafür investieren sollen. Wichtig sind daher Strategien zur Risikominimierung. Dies kann eine große Werbekampagne genauso wie die Einbeziehung von **Opinion**

## 2 Marktsegmentierung

**Leaders**, die eine Marke oder auch ein neues Lokal in ihrer Peer Group verankern. Am naheliegendsten aber: Sonderpreise, Sampling von Gratisproben, Happy Hours usw. Sie nehmen die Angst, Geld zu verschwenden und sind eine gute Promotionsaktion, die sich von einer schlechten oft nur dadurch unterscheidet, dass es Gratisprodukte gibt.

## Trendanalyse

**Beispiel**

**Zeitungsnotiz „Ein System mausert sich"**

„Das jüngste „Kind" des Green-Paradise-Unternehmens ist das erfolgreiche Green-Paradise-Restaurant in der Münchener Innenstadt. Das individuelle künstlerische Trendkonzept scheint zu stimmen: hohe Auslastung auch in der angegliederten Coffeebar, der neuen Cocktaillounge und natürlich in dem altbewährten Restaurant Green Paradise, das mit standardisierten Frischeprodukten Full-Service- und Büfett-Gastronomie „vom Feinsten" bietet! ..."

Während bestimmte Modeerscheinungen (In-Diskotheken, Szene-Restaurants u.a.) nur einen relativ kurzen Lebenszyklus besitzen, erwirtschaften trendorientierte Unternehmen (z. B. die Segmente Systemgastro, Restaurants mit Kunst- und Kulturevents) meist über lange Zeiträume Erträge.
Die für die Systemgastronomie relevanten Trends entstehen zumeist in den Vereinigten Staaten von Amerika. Deshalb ist es auch für die europäische Gastronomie von Interesse, welche Trends aufgrund ökonomischer und/oder politisch/gesellschaftlicher Veränderungen vorausgesagt werden. Für Unternehmen sind folgende Fragen von Bedeutung:
▶ Welche Schlüsseltrends beeinflussen die Systemgastronomie?
▶ Inwieweit werden diese Schlüsseltrends die zukünftigen Unternehmensaktivitäten beeinflussen?
▶ Hat die Unternehmensführung grundsätzliche Pläne, um auf die Veränderungen durch Trends zu reagieren?

Um die Erwartungshaltung der Gäste in eine detaillierte Trend- und Angebotsplanung der Systemgastronomie einfließen lassen zu können, erfolgt zunächst eine Analyse der Trendzielgruppen:

### 1. Trendzielgruppen

a) **Trend: Changing Customer-Profile**
das sich ändernde Gästeprofil
▷ Das Phänomen der **jungen Alten**: Fortschritte der Medizin und Gesundheitsvorsorge ermöglichen es älteren Menschen, ein längeres, aktiveres Leben zu führen, geprägt von Arbeitsethos, Familien-, Freizeit- und Zukunftsorientierung, Bildung als Privileg u.a.

▷ Immer weniger Geschäftsreisende sind immer häufiger national/international unterwegs (Phänomen des ewigen Jetlag).

b) **Trend: Intensifying Competition**
Intensivierung des Wettbewerbs
**Continuing consolidation**
Unternehmenszusammenschlüsse/Fusionen

Für die europäische Gastronomie werden folgende zukunftsweisende **Konsumententypologien** beschrieben (Hoyler/Kegele, S. 36):

**Business-Nomads**
... „die neuen Nomaden": oft Selbstständige, wohnen an mehreren Orten, leben im Transit, Einkommen überwiegend sehr hoch

**Hypersmart Shoppers**
... „die Einkaufsvirtuosen": Cleverness im Einkaufsverhalten, nutzen www.-Portale, um Einkaufsvorteile auch bei Gebrauchs- und Luxusgütern zu erlangen

**Master-Customer**
... „die neuen Senioren": ab Mitte 50, wohlhabende Generation, empfänglich für Gesundheits- und Sportdienstleistungen, Erlebnis- und Luxusgüter, hohe Kaufkraft

**Affluent Kids**
... „kaufbewusste Kinder": Alter zwischen 8–14 Jahre, verstehen sich als kompetente Konsumenten, prägen Moderichtungen und Stile – und das Konsumverhalten ihrer Eltern

**Lessnesspriensts**
... „neue Luxus-Asketen": generelles Understatement, Abkehr von kurzfristigem Luxus, Sorge um Gesundheit, Stressvermeidung, schätzen hochwertige dauerhafte Konsumgüter, hohes Einkommen

Im Hinblick auf gesellschaftliche **Megatrends** werden ähnliche Phänomene wie bisher der „Boom- oder Hemmfaktor" beschrieben. Da sich die gegenwärtigen Trends grundsätzlich in der Zukunft verstärken, abschwächen oder gleich fortsetzen können, werden komplexe **Szenarien** entwickelt. Grundgedanke ist die **Entwicklung von Zukunftsbildern oder -visionen** aufgrund der vergangenen, gegenwärtigen und zukünftig zu erwartenden Trends. Der übliche Vorhersagehorizont für Szenarien liegt zwischen 10 und 20–30 Jahren. Im Bereich der Systemgastronomie werden **drei unterschiedliche Szenario-Tableaus** differenziert:
▶ Das **Optimismus-Mega-Szenario** geht von
– steigendem Einkommen,
– vermehrter Freizeit,
– neuen Wertigkeiten,
– steigender Mobilität,
– neuen Kommunikationstechnologien,
– neuen ökologischen Technologien aus.

## Marktsegmentierung

▶ Das **Pessimismus-Mega-Szenario** betont
- nationale/weltweite Wirtschaftskrisen,
- Freizeitaktivität: „Zu-Hause-Bleiben",
- überlastete Verkehrswege,
- eingeschränkte Mobilität,
- Kommunikationstechnologie ändert Verzehrgewohnheiten,
- Systemgastronomie zerstört sich selbst.

▶ **Realismus-Mega-Szenarien** berücksichtigen
- Fortschreiben momentaner Trends,
- Veränderung der Mikro-Trends,
- Spezialangebote,
- Individualisierung der Bedürfnisse,
- Schaffung neuer Gastronomiemärkte,
- Spezialisierung durch Technologien,
- Dienstleistungsdifferenzierung.

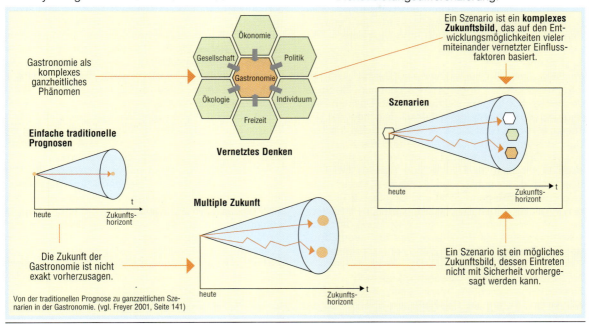

Von der traditionellen Prognose zu ganzheitlichen Szenarien in der Gastronomie. (vgl. Freyer 2001, Seite 141)

### 2. Megatrends in der Systemgastronomie

Es wird zum Teil mithilfe zukunftsorientierter **Trendanalysen** versucht, möglichst eindeutige Beziehungen mit hoher Prognosesicherheit (Eintrittswahrscheinlichkeit) zwischen der Ausgangssituation sowie den strategischen und taktischen Marketingzielen herzustellen (u. a. mithilfe von Szenarien).

**Trendforschung** bezieht sich in der Systemgastronomie einerseits auf die **Beschreibung** und **Vorhersagen** zu der Zielgruppe und zum **Verhalten** der Zielgruppen, andererseits auf die Anforderungen der Zukunft durch **Megatrends** in Bezug auf die Systemgastronomie-Infrastruktur. Während bestimmte Modeerscheinungen (In-Diskotheken, Szene-Restaurants u. a.) nur einen relativ kurzen Lebenszyklus besitzen, erwirtschaften trendorientierte systemgastronomische Unternehmen (z. B. mit neuen Produktsegmenten Coffee, Salate, Ethno-Food, Exotic-Cocktail) meist über lange Zeiträume hohe Erträge.

**Beispiel eines Trend-Rankings:**

(food sevice 07–08/2003)

## 2 Marktsegmentierung

### 3. Trendorientierte Produktinnovationen

Durch Verknüpfung von Sortiments-Vertrautheit mit Neuheit kann eine trendorientierte Optimierung der Angebotspalette stattfinden: Der Gast fühlt sich entscheidungssicher. Dabei ist es effizient, den generellen Megatrend „Fernweh" auszunutzen und im Detail z. B. Themen „Mittelmeer & Asia" einerseits und „Marken" andererseits erwartungsgerecht umzusetzen: Der Gast beurteilt nach Erlebniswelt. Aus der Fülle der Trend-Informationen ergeben sich fünf Trend-Momente:

#### 1. „Frische"
Im Backwaren-Segment kommt z. B. eine „Frische-Interpretation" zum Tragen, die sich auf nur eine Stufe des Wertschöpfungsprozesses bezieht. Dass im Hintergrund conveniente tiefgekühlte Teiglinge stehen, interessiert den Gast nicht: Er registriert den frischen Duft, das Aroma, die Ofenwärme und die Knusprigkeit vor Ort ... Der Faktor **„Leichtigkeit"** bestätigt die enge Verbindung zu Frische und Saisonalität. Dies beinhaltet den wachsenden Trend zum Teilzeitvegetarismus (überwiegend Salat und Gemüse, z. T. kombiniert mit tierischen Eiweißkicks = Mehrwert-Faktor). Eng damit verbunden ist eine neue Ordnung der Speisekomponenten auf dem Teller. Das Stichwort **„Junges Tellerdesign"** steht für **„All-in-one-Gerichte"**.

#### 2. „Polarisierung der Geschmacksprofile"
Zwei entgegengerichtete Trends laufen parallel: **Ethno-Küche** und **regionale Spezialitäten**. Die eine Strömung spielt mit überwiegend fremden Aromen, Gewürzen und Kochstilen. Wachstumsstarke „In-Kandidaten" sind hier frischer Ingwer, sonnengereifte (getrocknete) Tomaten, Sojasoße u. a. – aber auch der klassische Renner „Italien". Die regionale Küche thematisiert **„Herzhaftigkeit"** und **„Heimat"**. Gleichzeitig leichter, frischer, geschmacksintensiver, z. T. mithilfe von 5 bis 6 frischen Kräuterarten, zu sein – das ist die Devise.

#### 3. „Zeitgeist" und „Namensgebung"
Eine entscheidende Rolle spielen dabei Trendsetter-Zielgruppen wie Frauen 30plus: Keine andere Konsumentengruppe präsentiert sich derart neuheitsinteressiert, -orientiert und experimentierfreudig. Angesagt sind hier **Coffee-Bars, Cocktail-Lounges** und kleine **After-Work-Dinner**, z. B. Flammkuchen zum Glas Wein.

#### 4. „Preissensibilität"
Durch geschickte „Produktgruppierungen" wird eine unmittelbare Preisvergleichbarkeit vermieden. Beliebt und erfolgreich zugleich sind Discounts jeglicher Art, z. B. Packages aus Vorspeise, Hauptspeise und Getränk zum Spezialpreis, sonstige Food-Kombinations- und Aktionsangebote (z. B. All you can eat), Rabattsysteme, Happy Hours. Gefragt sind originelle Preis- und Kombiangebote, die der Cleverness der Konsumenten schmeicheln. Zwei Trends im Hinblick auf die Portionsgröße erschweren direkte Preisvergleiche für den Gast: **Minimalisierung** und **Maximalisierung** von Produkten: Finger-Food bzw. häppchengroße Kleinformate erwirtschaften hohe Verkaufszahlen, bieten jedoch aufs Gewicht bezogen wenig Ware fürs Geld. Ebenso ist der Gast bereit, für XXL-Produkte mehr zu zahlen.

#### 5. „Tempo"
Tempo ist Trumpf, denn Zeit ist ein zunehmend knappes Gut. Dies betrifft sowohl Produktions- als auch Servicezeiten. **Fresh, fast & healthy** – als entscheidende Attribute, wobei **Optik, Handling** und **Geschmack** ebenso als wesentliche Verkaufsfaktoren gelten. Die elementaren Eigenschaften heißen entsprechend: **nice look, great taste, easy to eat**. Finger-Food ist auch in diesem Zusammenhang ein Thema, das von **Fast Food** bis **Fine Food** reicht. Als **„To-go-Artikel"** sind Wraps wachstumsstarke Erfolgsprodukte: **Eating by Walking** ist in Zeiten, die vom Zeitmangel bestimmt sind, immer noch ein ausbaufähiges Segment.

Für die Gastronomie ist die derzeitige Trendstabilität sicherlich ein beruhigendes Signal. Allerdings sind Innovationslust, Kreativität und Engagement in konjunkturschwachen Zeiten mehr denn je gefordert. Die Herausforderung liegt somit im gekonnten Zuschnitt des Angebotes auf die entsprechende Zielgruppe: auf ihren Geldbeutel, ihr Zeitbudget, ihre Experimentierfreudigkeit, ihre Psyche und ihren Anspruch an den Lebensstil.

### Aufgaben

1. Im Rahmen der Marketing-Analysephase wird mithilfe einer Ist-Analyse versucht, die relevanten Umfeldbedingungen zu erheben. Um genaue Informationen zu erhalten, erfolgt dies mit Blickrichtung vom eigenen Betrieb auf den Markt und das gesamte betriebliche Umfeld. Differenzieren Sie die drei Analyseebenen mithilfe von jeweils drei Beispielen.
2. Differenzieren Sie die für den Gesamtmarkt relevanten fünf Marktgrößen.
3. Nennen Sie die drei für eine Standortanalyse bedeutsamen Merkmale.
4. Entwickeln Sie ein Formular für eine Standortanalyse (Stärken-Schwächen-Profil) Ihres Betriebes.
5. Welche Eigenschaften eines Systems werden im Hinblick auf eine gastorientierte Positionierung am Markt von den Gästen besonders wahrgenommen?
6. Konkurrenzvergleiche werden häufig als Benchmarking durchgeführt.
   a) Was ist damit gemeint?
   b) Welche Arten von Benchmarks können differenziert werden?
7. Entwickeln Sie ein Formular für eine Konkurrenzanalyse (Stärken-Schwächen-Profil) für das Restaurant Green Paradise.
8. Welche Bedeutung hat die Maslow'sche Bedürfnispyramide im Hinblick auf die Motive für ein bestimmtes Konsumverhalten?
9. Nennen Sie die verschiedenen Bedürfnisse der Maslow'schen Bedürfnispyramide und geben Sie dazu jeweils Beispiele aus dem Bereich der Gastronomie.
10. Differenzieren Sie vier Trendzielgruppen, die für Unternehmen der Systemgastronomie eine besondere Bedeutung haben.

**Infobox Sprache am Ende des Lerninhalts 2!**

# 4 Marketingziele

📄 **Beispiel**

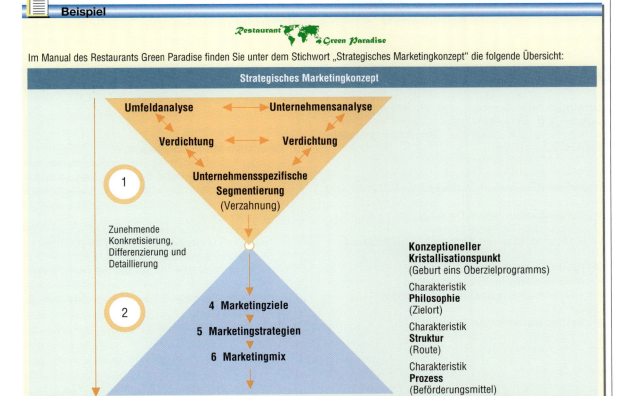

Im Manual des Restaurants Green Paradise finden Sie unter dem Stichwort „Strategisches Marketingkonzept" die folgende Übersicht:

Die verschiedenen Marketing-Analysen von Umfeld, Markt und Restaurant/Hotel stellen die Basis und Informationsgrundlage (**1 = IST-Situation = roter Bereich**) für die nachfolgenden strategischen Marketingüberlegungen und die zu ergreifenden Marketing-Maßnahmen dar. Demzufolge ist das Aufzeigen des **IST-Zustands** nur Ausgangssituation bzw. Zwischenstation auf dem strategischen Weg in die gewünschte Zukunftssituation (**SOLL-Situation = 2**). Nach Interpretation der Daten (**1 = Strategische Diagnose**) erfolgt die Bestimmung der **Marketingziele** (4): Diese werden von der übergeordneten „Unternehmensphilosophie" und/oder zukünftigen Wunschorten (Szenarien) im Zusammenhang mit der strategischen Unternehmensplanung (vgl. 2.2) und der erwünschten zukünftigen Entwicklung bestimmt. Die Entwicklung von **Marketingstrategien** (vgl. 5 = als strategische Module) ermöglicht die „Struktur" oder die Route des zukünftigen Weges. Der **Marketing-Mix** (vgl. 6) beschreibt die jeweils konkreten Umsetzungsmaßnahmen als „Prozess". Dieses Ergebnis des strategischen Marketings wird auch als **Marketingkonzept** bezeichnet (**2 = SOLL-Situation = hellblauer Bereich**).

**Marketingziele** werden aus den **allgemeinen Unternehmenszielen** (s. Kap. 2) abgeleitet und mittels der vorhandenen Informationen über die vergangene, gegenwärtige und zukünftige Markt- und Absatzentwicklung (s. Kap. 3) konkretisiert. Marketingziele kennzeichnen dabei die **Soll-Zustände**, die durch den Einsatz der absatzpolitischen Instrumente angestrebt werden.

**Marketingziele** in der Systemgastronomie lassen sich z. B. in **Marktziele** (zu bearbeitende Zielmärkte), **Leistungsziele** (Produktion, Dienstleistung u. a.), **Bedürfnisziele** (Image, Kommunikation, Erlebnis, Ruhe u. a.) und **Wirkungsziele** (Bekanntheitsgrad, Beeinflussung der Einstellungen und Verhaltensweisen von Gästen) unterscheiden.

Die Realisierung der Marketingziele erfolgt als **kontinuierlicher Prozess** etappen- oder schrittweise. Ein vorgegebenes Zeitraster darf nicht als starr oder unumstößlich betrachtet werden, sondern ist laufend im Hinblick auf seinen Marketingerfolg zu überprüfen bzw. an die jeweiligen Marktveränderungen anzupassen.

## 2 Marketingziele

▶ **Strategisch**:
Langfristige (ca. 5–10 Jahre) Unternehmens- und Marketingziele und -Grundsätze (Vision, Leitbild, Credo u. a.)

▶ **Taktisch**:
Mittelfristige (ca. 2–5 Jahre) Marketingkonzepte, Ziele der Produkt-, Preis-, Kommunikations- und Distributionspolitik, Marketingmix

▶ **Operativ**:
Kurzfristige (ca. 1–2 Jahre), befristete Aktionen, jährlicher Marketingplan

**Strategisches Denken und Handeln** bedeutet agieren (im Gegensatz dazu: taktisches Denken = reagieren) und bildet die Grundlage geeigneter Marketingstrategien.

Konstruktive Merkmale strategischen Denkens sind

▶ **Zukunftsorientiertes Denken:**
– Vision als Zentralgedanke
– Richtungsdenken (Optionen, Identifikation)

▶ **Konkurrenzorientiertes Denken:**
– Vorteilsdenken (Erfolgsfaktoren)
– Differenzierungsdenken (Innovation)

▶ **Betriebsorientiertes Denken:**
– Potenzialdenken (Sicherung)
– Segmentierungsdenken (Trend)

Die **Formulierung von Marketingzielen** erfolgt in Abstimmung und Koordination mit der Unternehmenspolitik. Strategische Marketingziele können deshalb nicht eindeutig von strategischen Unternehmenszielen getrennt werden bzw. beide ergänzen sich gegenseitig.

1. **Strategische Marketingziele, z. B.**
   – Verbesserung der Qualitätsstandards
   – Verbesserung des Serviceniveaus
   – Saisonerweiterungsziele
   – Erweiterung der Absatzmärkte
   – Schaffung einer eindeutigen Unternehmensidentität
   – Erhöhung des Bekanntheitsgrades
   – Annäherung des Images an Idealvorstellungen
   – Gewinnung neuer Zielgruppen
   – Verbesserung von Marktposition, Marktanteilszielen

2. **Taktische Marketingziele, z. B.**
   – Steigerung der Kapazitätenauslastung im Restaurant
   – Erreichung höherer Speisen- und Getränke-Erlöse im Restaurant zu speziellen Servicezeiten
   – Änderung der Preispolitik im Bankettbereich
   – Beschränkung des Speisenangebots bei gleichzeitiger Umsatzsteigerung
   – Erhöhung des Speisen- und Getränkeangebots unter Berücksichtigung neuer Marktsegmente
   – Anhebung des Qualitätsniveaus im Abendgeschäft
   – Gewinnung neuer Zielgruppen für die Coffee-Bar

3. **Operative Marketingziele, z. B.**
   – Unter Berücksichtigung strategischer/taktischer Vorgaben sind operative Ziele so zu formulieren, dass laufende Marketingaktivitäten gesteuert und langfristige Vorgaben erreicht werden können.
   – Neben den Absatzmengen und Umsätzen stehen Deckungsbeiträge oder Marktanteile im Vordergrund der Überlegungen, z. B.
   – Aktionsplanungen für ca. ein Jahr im Restaurant,
   – spezielle Package- oder Kombiangebote für Zielgruppen.

Bei der Abstimmung von strategischen, taktischen und operativen Marketingzielen sind Abstimmungs- oder Akzeptanzprobleme zwischen den oberen und unteren Planungsebenen möglich. Es existieren drei Verfahren, die die vertikale Koordination der Planungen sicherstellen sollen:

▶ **Top-down-Verfahren**
Unternehmensleitung (Marketingmanagement) gibt den untergeordneten Ebenen die Ziele verbindlich vor.
**Vorteil:** Übergeordnete Ziele stellen den Rahmen für die operativen Ziele dar.
**Nachteil:** Unternehmensleitung verfügt u. U. nicht über das operative Detailwissen (notwendig zur erfolgreichen Realisierung der Marketingziele).

▶ **Bottom-up-Verfahren**
Die operativen Pläne werden – von der untersten Planungsebene ausgehend – aufeinander abgestimmt, sodass ein strategischer Rahmenplan vorliegt.

**Vorteil:** Nutzung des „operativen Wissens vor Ort" und erhöhte Motivation der Mitarbeiter durch die Beteiligung an der Strategiebestimmung.
**Nachteil:** hoher Zeit- und Abstimmungsaufwand.

▶ **Gegenstromverfahren**
Verfahren vereint Vorteile von Top-down- und Bottom-up-Verfahren. Unternehmensleitung gibt vorläufigen strategischen Plan bekannt: Die Konkretisierung erfolgt in den Hierarchieebenen von oben nach unten (Vorlauf). Der Rücklauf erfolgt von unten nach oben, bis der endgültige Plan entsteht und Ziele formuliert werden können.
**Vorteil:** optimale Zielabstimmung.
**Nachteil:** hoher Kommunikations- und Zeitaufwand durch z. T. mehrmalige Durchläufe.

(Qualitätskreislauf)

Grundsätzlich ist bei allen Marketingzielen darauf zu achten, dass sie **realistisch formuliert** werden und der Mitarbeitermotivation entsprechen. Besonders bei der Planung operativer Marketingziele sollten Mitarbeiter aller Leistungsbereiche in den Systemen „vor Ort" in Entscheidungsprozesse einbezogen werden. Eine gute Hilfestellung bei der Formulierung von Zielen bietet das Modell **SMART**:

| | | |
|---|---|---|
| **S** = | streching | anspruchsvoll |
| **M** = | measurable | messbar |
| **A** = | agreed | vereinbar |
| **R** = | realistic | realistisch |
| **T** = | time-related | zeitlich begrenzt |

Nachstehende praxiserprobte Vorschläge zur potenziellen Gästebindung sollen dazu anregen, sich mit „Marketing von innen nach außen" mit standardisiertem Qualitätsservice zu überzeugen:

**Vorschläge zur Gästebindung**
▶ Kostproben als Überraschung
▶ Gratis-Tageszeitungen oder Magazine im Coffeeshop
▶ Gratisgetränke an schlecht besuchten Wochentagen/Tageszeiten
▶ Kaffeetassen/Servicegeschirr zum Kauf
▶ Take-away-Verkaufsangebote
▶ Terrassengeschäft mit Sonnenbrillen-Service
▶ Verteilen von Blumen
▶ Speziell dekorierte Feste
▶ Kinder besuchen die Servicemitarbeiter
▶ Showküche, Gäste besuchen die Küche
▶ Transfer-Service nach Veranstaltungen
▶ Tagesgemüse (Espresso u. a.) gratis
▶ Hundeservice
▶ Rezepte für Hobbyköche
▶ Kleinere Portionen zu kleineren Preisen
▶ Barkurse, Mixen eines Lieblingscocktails
▶ Gesundheitsservice (kcal-, Vitamin- und Frische-Angaben)

## Exkurs: Marketingziel Gästebindung

Für alle gastgewerblichen Betriebe ist das **„Marketing der Gästebindung"** ein wesentliches Ziel. Alle Überlegungen zielen darauf ab, mithilfe des **bestehenden Gästestamms Umsatzvolumen aufzubauen**. Allerdings kommen Gäste nur wieder, wenn sie sich **persönlich angesprochen** fühlen und dadurch eine **emotionale Bindung** zum System aufgebaut wird. Besonders im Dienstleistungsbereich gilt das Sprichwort „Für den ersten Eindruck gibt es keine zweite Chance". In diesem Zusammenhang gilt:

„Die Antwort heißt ja: Wie lautet die Frage?"

 **Aufgaben**

1. Differenzieren Sie strategische, taktische und operative Marketingziele.
2. Was verstehen Sie im Hinblick auf die Marketingplanung unter „Top-down-Verfahren", „Bottom-up-Verfahren" und „Gegenstromverfahren"?
3. Nennen Sie fünf mögliche praxisorientierte Marketingziele für eine potenzielle Gästebindung.

Infobox Sprache am Ende des Lerninhalts 2!

# 5 Marketingstrategien

Da **Marketingstrategien** wesentlichen Einfluss auf die gesamte **Unternehmensstrategie** ausüben, ist eine **eindeutige Differenzierung** zwischen Unternehmens- und Marketingstrategie kaum **sinnvoll**. Strategien sind das **zentrale Bindeglied** zwischen den **gesetzten Zielen** einerseits und den **operativen Maßnahmen** andererseits.

Alle marketingstrategischen Überlegungen beginnen und enden mit der **Positionierung**. Die Positionierung ist das Bestreben, mit an sich **austauschbaren Produkten** oder **Märkten Eigenständigkeit** zu erreichen. Für den **Aufbau einer Positionierung** sind die folgenden **Regeln** einzuhalten:

▶ **Die Besonderheiten des Angebotes herausstellen:** objektive und funktionale Eigenschaften sowie subjektive und emotionale Konditionen.
▶ **Für den Gast attraktiv sein:**
„Der Köder muss dem Fisch schmecken und nicht dem Angler." Herausstellung des Produktnutzens, Berücksichtigung zukunftsorientierter Trends.
▶ **Sich gegenüber der Konkurrenz abheben:**
Finden von gastorientierten Positionen, die nicht von der Konkurrenz besetzt sind; Leistungsangebot als eigenständige (bessere) Alternative.
▶ **Langfristige Positionen aufbauen:**
Kurzfristige Positionierungen haben es schwer, sich im Verbraucherbewusstsein festzusetzen; Langfristigkeit bedeutet Kontinuität (vgl. Dettmer 1999, S. 117).

### Beispiel

Im Rahmen der globalen Konzernstrategien hat Mövenpick Gastronomy International eine klare Vision für die nächsten drei Jahre: Wir wollen der bevorzugte Entwickler von Konzepten in der Systemgastronomie sein und mit Marché eine führende Stellung in der Verkehrsgastronomie in Europa einnehmen sowie im Franchising primär in Asien, Kanada und im Mittleren Osten wachsen.

**Vier Erfolgskonzepte**
Unsere Ziele basieren auf den vier strategisch klar abgegrenzten Erfolgskonzepten der Zukunft:
▶ Mövenpick Restaurants – „The International Food and Bar Experience"
▶ Marché Mövenpick – „The Fresh Market Place"
▶ Cindy's Diner – „The Classic American Diner"
▶ Mövenpick Coffee Place

(Mövenpick-Broschüre)

Eine **standardisierte Produkt- und Dienstleistungspolitik** wird für Unternehmen der Systemgastronomie als selbstverständlich vorausgesetzt. Differenzierungskriterien sind jeweils die Marktpositionierung bzw. die Art der Produkt- und Dienstleistung (Produktbreite, -tiefe u. a.). **Erste Standardisierte Spitzenleistung** gibt jedem System Profil:

| Basisfähigkeiten – Spitzenfähigkeiten | | |
|---|---|---|
| Standard-<br>bedürfnisse<br>+<br>Erweiterte<br>Bedürfnisse | Standard-<br>leistungen<br>+<br>Spitzen-<br>leistungen | Standardnutzen<br>(Grundnutzen)<br>+<br>Erweiterter<br>Nutzen<br>(Zusatznutzen) |
| = Bedürnisse | = Leistungen | = Nutzen |

Während Basisfähigkeiten von allen Anbietern beherrscht werden, bedeuten Spitzenfähigkeiten **entscheidende Leistungs- und Wettbewerbsvorteile**. Diese verschiedenen Aspekte marketingstrategischen Denkens lassen sich einteilen in

1. **strategische Erfolgspositionen (SEP)** oder strategische Geschäftseinheiten (SGE),

2. **Unique Selling Proposition (USP)** oder Wettbewerbsvorteile und

3. **komperative Konkurrenzvorteile (KKV)**.

▶ **SEP (Strategische Erfolgspositionen)**
sind bewusst geschaffene Eigenschaften und Fähigkeiten, die nicht kurzfristig kopiert werden können, eine besondere Stellung bei den Zielgruppen genießen und somit gegenüber dem Wettbewerb nachhaltig Überlegenheit schaffen. SEP sind z. B. Produkt- oder Marktinnovationen („Trendsetter"), attraktive Betriebskonzepte, extravagantes, stimmungsvolles Ambiente, besondere Architektur, exklusive Standorte.

▶ **USP (Unique Selling Proposition)**
Der von einer New Yorker Werbeagentur (1923) geprägte Begriff bezieht sich auf Wettbewerbsvorteile aufgrund von einzigartigen und unverwechselbaren Leistungen (Verkaufsidee). USPs können zahlreiche Einzelleistungen sein (Designer-Speisekarte, Fitness-Büfett, Jazz-

Sessions in der Cocktail-Lounge, kompetente Mitarbeiter u. a.), die im Unterschied zu SEP leichter kopierbar sind, von Trends beeinflusst werden und deshalb ständig durch neue ersetzt werden müssen.

Der Erfolg von USP wird in folgende drei Schritte gegliedert:

1. **Einkreisung** (Problemdefinition),
2. **Schlüsselerlebnis** (Aktion) und
3. **Übertragung** (auf weitere USPs).

### Beispiel

Konzept für Restaurantgäste, die ein Fitness-Büfett genießen wollen:

**Einladung zum exotischen Fest von Genuss und Gesundheit!**

1. Begrüßung mit einem exotischen Fitnesscocktail
2. Leise Südseemusik zur Untermalung als Gestaltungsrahmen, Servicemitarbeiter tragen „Südseekleidung"
3. Produkte des Fitness-Büfetts als Take-away-Foods und Take-away-Drinks, CDs mit Südseemusik im Restaurant käuflich, Südseekleidung kann bestellt werden usw.

▶ **KKV (Komparativer Konkurrenzvorteil)**
Ein KKV entsteht durch den Aufbau von SEP und USP und prägt letztlich das unverwechselbare Bild eines Systems.

Nach gängiger Praxis werden Marketing-Strategien einerseits in **Grundsatz- bzw. Basisstrategien** (Fixpunkt- und Konkurrenzstrategien) sowie andererseits in **Wachstumsstrategien** (nach Marktsegmentierung, Leistungsinnovation und Diversifizierung differenziert) gegliedert.

## 1. Grundsatzstrategien

**Fixpunktstrategien** (Produkt-Markt-Strategien) legen den grundsätzlichen Rahmen fest, in dem die systemorientierte Grundidee verfolgt wird (d. h. mit **welchen Produkten** das System auf **welchen Märkten** tätig sein will bzw. wodurch man sich vom Angebot des Konkurrenten abhebt, um sich am Absatzmarkt zu profilieren). Fixpunkte können dabei neuartige **Marktsegmente** (Produktideen/Dienstleistungen wie Coffeebar, Clublounge u. a. sein.

Weitere Fixpunkte können bestimmte Teilmärkte (z. B. Business-Lunch) sein. Der strategische **Idealweg** beginnt dabei mit der **Marktdurchdringung** und führt über die **Markt- und Produktentwicklung** schließlich zur **Diversifikation** (Veränderung). Sie wird aufgrund des Strategiepfades auch als **Z-Strategie** bezeichnet.

### Beispiel

**Grundsatzstrategie: Produkt-Markt-Matrix (Z-Strategie)**

| Märkte / Produkte | Gegenwärtig „gleich" | Zukünftig „neu, anders" |
|---|---|---|
| Gegenwärtig „gleich" | (1) Marktdurchdringung | (2) Marktentwicklung |
| Zukünftig „neu, anders" | (3) Produktentwicklung | (4) Diversifikation |

Mithilfe von **Konkurrenzstrategien** (Strategien der Marktaufteilung) wird überprüft, welche Verhaltensweisen gegenüber den Wettbewerbern in Abstimmung mit den eigenen Aktivitäten zu ergreifen sind. Dabei wird aufgrund der konkreten Marktsituation eine Entscheidung darüber getroffen, welche **Marktsegmente** zum Gegenstand der absatzpolitischen Bemühungen des Unternehmens (Systems) werden.

### Beispiel

**Konkurrenzstrategien in Anlehnung an McKinsey**

| Wettbewerbssituation | unverändert | neu |
|---|---|---|
| indirekt | (2) Kreative Segmentierung Nischensegmente | (4) Kreative Initiativen ergreifen |
| direkt | (1) Haupterfolgsfaktoren „auf Bestehendes bauen" | (3) Differenzierung durch Nutzung von Wettbewerbsvorteilen |

**Multisegmentstrategien** (Marktstandardisierung und -differenzierung) berücksichtigen die leistungs- und bedürfnisorientierte Ausgestaltung eines Systemangebots mit heterogenen Segmenten (vgl. Mövenpick).

## 2. Wachstumsstrategien

Die **Strategie der Marktpenetration** (Marktdurchdringung) verfolgt das Ziel, durch intensivierte Marketingaktivitäten Marktanteile zu erhalten bzw. besser auszuschöpfen sowie durch Marktbearbeitung (Penetration) das Marktvolumen zu vergrößern (**„Gleiches für Gleiche"**). Dies wird erreicht durch die Intensivierung des bereits bestehenden Bedarfs (z. B. Verbesserung der Absatzwege, Veränderung der Preispolitik) oder durch die **Aktivierung des latenten Bedarfs** (intensivere Werbeanstrengungen).

Die **Strategie der Leistungsinnovation** orientiert sich an den Gästewünschen und -problemen und versucht, diese durch Veränderungen zu lösen (**„Anderes für Gleiche"**). Durch den schnellen Wandel der Umweltbedingungen und Gästebedürfnisse wird jeder gastgewerbliche Betrieb in wachsendem Umfang gezwungen, marktorientierte Innovationspolitik in Form von neuen Produkt- bzw. Dienstleistungen anzubieten. **Produktinnovationen** sind
a) **Marktneuheiten**, z. B. Designer-Restaurant, Cigar-Lounges, Internet-Cafés oder Coffeebars, die Bedürfnisse auf völlig neue Weise befriedigen und für die noch keine Problemlösung existiert, und
b) **Betriebsneuheiten**, z. B. Online-Reservierung, Take-away-Service oder Green-Paradise-Büfett „Sportdreams", die als Entwicklung zusätzlicher Leistungsangebote (Sach- und Dienstleistungen) verstanden werden und sich grundsätzlich vom Angebot des Wettbewerbs abheben.

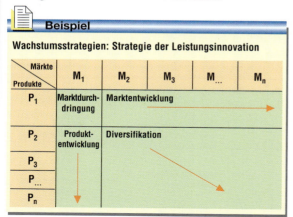

**Beispiel**
Wachstumsstrategien: Strategie der Leistungsinnovation

Bei der **Strategie der Diversifikation** werden bedarfsverwandte oder das bisherige Angebot ergänzende Leistungen aufgenommen sowie neue Leistungsgebiete (z. B. Barkonzeptionen) und Marktgebiete (z. B. Senioren, Tagungsgäste) bearbeitet (**„Anderes für Andere"**). Dabei wird auf die Kenntnisse, Erfahrungen und Beziehungen aus der bisherigen Tätigkeit (z. B. Markenpolitik, Absatzforschung, Werbung) zurückgegriffen. Die Diversifikationsbemühungen werden in horizontale, vertikale und laterale Diversifikation differenziert.
▶ Als **horizontale Diversifikation** wird die Erweiterung des bestehenden Angebots um Leistungen verstanden, die mit dem bisherigen Angebot in einem sachlichen Zusammenhang stehen (z. B. Ausbau des Catering-Service).

▶ Die **vertikale Diversifikation** beschreibt die Vergrößerung der Tiefe des bestehenden Leistungsangebots durch den Anschluss vor- oder nachgelagerter Leistungsprozesse. Dies erfolgt durch Einrichten neuer Leistungsbereiche, z. B. eigene Weinkellerei oder eigener Kräutergarten, oder durch systemfremde Beteiligung, z. B. Verkauf von Wein, Müsli, Marmelade, Kuchen oder Soßen durch andere Betriebe.
▶ Die **laterale Diversifikation** bezeichnet die Ausweitung der Unternehmensaktivitäten auf neue Produkt- und Marktgebiete. Dies kann durch Fusion oder den Erwerb von Anteilsbeteiligungen an anderen Unternehmen geschehen (z. B. Banken, Versicherungen). Motive dafür sind der Wunsch nach Partizipation an einer Wachstumsbranche, Risikostreuung bzw. gute Verzinsung des vorhandenen Kapitals. Die laterale Diversifikation ist dadurch die chancen- und risikoträchtigste Möglichkeit der aufgezeigten Diversifikationsstrategien.

**Beispiel**
Wachstumsstrategien: Strategie der Diversifikation

| Markt / Produktlinie | Singles | Geschäftsleute | Junge Alte | Kunstliebhaber |
|---|---|---|---|---|
| Coffee-Bar | Kaffeespezialitäten | Take-away-Coffee | | |
| Büfett | Fitness-Büfett | Business-Lunch-Büfett | | |
| Full Service | | | Menüwahl: große/kleine Portion | |
| Abend-büfett | | | | Special-Dinner |
| Cocktail-lounge | | | | |

Die Auswahl der zielführenden Marketing-Strategie muss immer unter Berücksichtigung der jeweiligen Marktsituation und der Erlös- und Kostenkriterien getroffen werden. Für Betriebe der Systemgastronomie sind besonders Marktsegmentierungsstrategien geeignet, denn kein System kann es sich leisten, durch sein Angebot **allen** potenziellen Gästen gerecht zu werden. Konzeptioniert andererseits ein System ausschließlich in **einem Segment**, kann **die hohe Flexibilität** der Nachfrage zu deutlichen Einbußen führen, da die **Starrheit** des **Angebots** eine **schnelle Anpassung** an die sich ändernden Gästewünsche erschwert. Eine Marktsegmentierung berücksichtigt **Kosten-Nutzen-Überlegungen**, erreicht durch die Beschränkung auf besonders interessante Gästekategorien ein **besseres Verhältnis zwischen Aufwand und Ertrag** und erleichtert die Gestaltung der **segmentspezifischen Kommunikationspolitik**.

## Marketingstrategien

### Geschäftsbereichsstrategien

| Merkmale | Präferenz-Strategien | Preis-Mengen-Strategien |
|---|---|---|
| • Philosophie | ▶ „Besser als andere Anbieter" | ▶ „Billiger als andere Anbieter" |
| • Prinzip | ▶ Qualitätswettbewerb | ▶ Preiswettbewerb |
| • Charakteristik | ▶ Hochpreis-Konzept durch<br>– Aufbau von Präferenzen<br>– Entwicklung eines Marken-Images<br>– Individualisierung<br>– „Full Service" | ▶ Niedrigpreis-Konzept durch<br>– Verzicht auf Aufbau von Präferenzen<br>– Standardisierung<br>– Multiplizierung<br>– „No Frills" |
| • Zielgruppen | ▶ Qualitätskäufer, Markenkäufer | ▶ Preiskäufer, Preis-Leistungs-Käufer |
| • Wirkungsweise | ▶ Langfristiger und nachhaltiger Aufbau von Präferenzen<br>▶ Marken-Image<br>▶ Affektives Gäste-Commitment | ▶ Schnelle Wirkung: Bekanntheit durch Preispolitik)<br>▶ Kein langfristiger Aufbau von Präferenzen/Images<br>▶ Kalkulatives Gäste-Commitment |
| • Unternehmensziele: dominanter Bereich | ▶ Marketingbereich<br>▶ Direct Marketing | ▶ Betriebswirtschaftlicher Bereich<br>▶ Rationalisierung |
| • Typischer Marketingmix | ▶ Dominanz der Leistungspolitik (Produktpolitik und insbesondere Dienstleistungspolitik)<br>▶ Distributionspolitik<br>▶ Kommunikationspolitik | ▶ Durchschnittliches Leistungsangebot<br>▶ Aggressive Leistungspolitik<br>▶ Werbung |
| • Vorteile | ▶ Aufbau einer eigenständigen Marktposition<br>▶ Gute Ertragschancen durch Aufbau eines monopolistischen Bereichs mit geringer Preiselastizität der Nachfrage | ▶ Relativ geringe Investitionen in Leistungs- und Kommunikationspolitik<br>▶ Standardisierte Arbeitsabläufe<br>▶ Ertragschancen bei geringen Personalkosten und günstigen Investitionen |
| • Nachteile | ▶ Hohe Investitionen in Leistungs- und Kommunikationspolitik<br>▶ Kein kurzfristiger Erfolg<br>▶ Relativ hohes Marktrisiko bei fehlenden Management- und Marketing-Voraussetzungen<br>▶ Existenzrisiko bei ruinösem Preiswettbewerb | ▶ Leistungsspektrum austauschbar<br>▶ Substitutionsrisiko durch Parahotellerie |

###  Aufgaben

1. Differenzieren Sie die Begriffe SEP, USP und KKV und geben Sie für jeden Begriff drei Beispiele.

2. Welche wesentlichen strategischen Überlegungen könnten im Bereich der Systemgastronomie zu einer Wachstumsstrategie führen?

3. Entwerfen Sie mithilfe eines Markt-Produkt-Rasters eine Wachstumsstrategie (Diversifikationsstrategie) für das Restaurant Green Paradise.

4. Charakterisieren Sie folgende Merkmale der Preis-Mengen-Strategie:
Philosophie; Charakteristik; Zielgruppen; Wirkungsweise; Marketingmix; Vorteile; Nachteile.

5. Nennen Sie die drei wesentlichen konstruktiven Merkmale strategischen Denkens.

**Infobox Sprache am Ende des Lerninhalts 2!**

## 6 Marketinginstrumente

**Restaurant Green Paradise**

**Gestaltungsphase – Umsetzung der Marketinginstrumente**

| 6.1 Distributionspolitik | 6.2 Leistungspolitik | 6.3 Preispolitik | 6.4 Kommunikationspolitik | 6.5 Beziehungsmarketing |
|---|---|---|---|---|
| ▶ Systemspezifisch<br>▶ Formen und Wege<br>– Vertriebsform (eigen/fremd)<br>– Vertriebsweg (direkt/indirekt)<br>▶ Sonderformen<br>– Franchising<br>– Kooperation<br>– Ketten | ▶ Leistungsebenen<br>– Kernprodukte<br>– Zusatzprodukte<br>▶ Gestaltungs-<br>möglichkeiten<br>– Produktpalette<br>– Quantität<br>– Qualität<br>– Positionierung<br>– Image | ▶ Preisbestimmung<br>– kostenorientiert<br>– marktorientiert<br>– Sonderelemente<br>▶ Preispolitik<br>– Hochpreis<br>– Niedrigpreis<br>– Preisdifferen-<br>zierung<br>– Bonussysteme | ▶ Corporate Identity<br>▶ Salespromotion<br>▶ Public Relations<br>▶ Werbung | ▶ Moderne Marketing-<br>kommunikation<br>▶ Ausgewählte<br>Aktivitäten |

Als **Marketinginstrumente** werden diejenigen Instrumente bezeichnet, die dem System dazu dienen, **aktiv Einfluss** auf dem **Absatzmarkt zu nehmen** (s. Kap. 3). Ihre Aufgabe ist die taktische Umsetzung der verschiedenen vorgelagerten strategischen Maßnahmen (Grundsatz- oder Wachstumsstrategien) der Konzeptionsphase (s. Kap. 4.1) sowie die **Umsetzung (Realisierung und Ausgestaltung)** des nachgelagerten Marketingmix-Konzeptes.

| Vier Ps | Vier Cs |
|---|---|
| ▶ Product | – **Customer** needs and wants<br>Gästebedürfnisse und Wünsche |
| ▶ Price | – **Cost** to the customer<br>Kosten für den Gast |
| ▶ Place | – **Convenience**<br>Mühelosigkeit des Zugriffs auf die angebotene Leistung |
| ▶ Promotion | – **Communication**<br>Zugang zu Informationen über das Unternehmen |

(Vgl. Dettmer u.a. 1999, S. 29)

Durch Einsatz der traditionellen **4 Ps** wird seitens der Systeme versucht, die Bedürfnisse der Gäste zu befriedigen, Gewinne bzw. hohe Deckungsbeiträge zu erwirtschaften, die Kapazitäten zu optimieren und dadurch die Marktstellung zu verbessern. Aufgrund der vielfältigen Segmentierungen der Dienstleistungsangebote gastgewerblicher Systemtypen können jeweils nur einige Aspekte – ein **Marketingmix**, zugeschnitten auf das jeweilige System – im Vordergrund der aktiven, taktischen und operativen Überlegungen stehen.

Die **spezielle Gastorientierung** hat zur Folge, dass die klassische 4er-Systematik der Marketinginstrumente z. T. zugunsten der 7er-**Systematik** erweitert wird:

▶ **Participation and People**
Servicemitarbeiter als Leistungsproduzenten (Qualifikation, Freundlichkeit u. a.),
▶ **Physical Evidence**
Ausstattung und Ambiente umfasst Architektur, Arbeitsmittel, Aussehen der Mitarbeiter, Marken, Symbole u. a. (s. Kap. 5.3),
▶ **Process**
Die Dienstleistungsprozesspolitik umfasst Ausrichten des Systems an einen phasenorientierten, dynamischen Marketingprozess (s. Kap. 5.1).

Die Betrachtungsweise aus der Sicht des Gastes/der Zielgruppe ist auch bei der Konzeption des Marketingmix von entscheidender Bedeutung. Alle Aktivitäten sollten darauf ausgerichtet sein, den Gast zu begeistern und langfristig an das Unternehmen zu binden.

## Marketinginstrumente

**Beispiel**

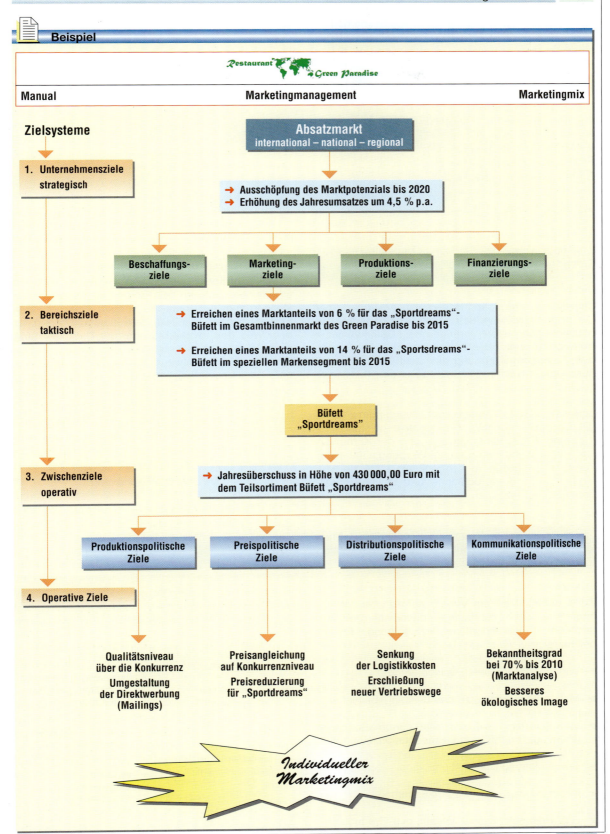

# 2 Distributionspolitik

Die Auswahl eines zielführenden Marketingmix erfolgt unter Berücksichtigung der jeweiligen Marktsituation, der geschätzten Umsatzerlöse und der zu erwartenden Kosten der Marktbearbeitung (Personal- und Kapitaleinsatzkosten).

Für die Entwicklung eines zielführenden Marketings ist es wichtig, dass die spezielle Marketingplanung als grundlegende Strategie verstanden wird. Damit bestimmt diese Strategie den Handlungsrahmen für weitere absatzpolitische Instrumente bestimmt.

Zur Planung des Marketingmix werden neben den vergangenheits- und gegenwartsbezogenen Daten der Marktforscher und Verkaufszahlen weitere Informationen über die zukünftige Marktsituation benötigt.

Mithilfe von Prognosen lassen sich Aussagen über die Wirkungsweisen des Marketingmix unter Berücksichtigung sich verändernder Gästewünsche treffen, um somit eine bedarfsgerechte Gestaltung des Systemangebots und eine zielführende Beeinflussung der Nachfrage zu ermöglichen.

Eine wesentliche Vorgabe zum Marketingmix liefert die Corporate Identity: Der kreative Leistungsmix (Leistung, Preis, Verkaufswege) und der Kommunikationsmix (Verkaufsförderung, Werbung, Öffentlichkeitsarbeit) müssen so harmonieren, dass sie eine eindeutige, widerspruchsfreie und unverwechselbare Identität erzeugen.

Für die praktische Umsetzung der jährlichen **Marketingplanung** ist ein konkreter Maßnahmenkatalog für das jeweilige Planjahr zu entwerfen.

Basis dafür ist der im Vorjahr aufgestellte Jahresplan (evtl. auch kurzfristige, periodisch erstellte, gegliederte Marketingpläne), der folgende Fakten beinhaltet:

▶ Wirtschaftliche Ziele, Positionierung

▶ Maßnahmenkatalog zu den Leistungsbereichen

▶ Verantwortung für die Marketingmaßnahmen (Planung, Durchführung, Präsentation, Kontrolle

▶ Terminplanung (z. B. Aktionspläne)

▶ Prioritätenskala für Einzelmaßnahmen

▶ GuV-Rechnung (Basis: Vorjahr, evtl. Prognosen)

## 6.1 Distributionspolitik

### Situation

*Restaurant Green Paradise*

Auf Ihre Frage, was man unter Distributionspolitik versteht, antwortet Ihnen der Einkaufsleiter des Restaurants Green Paradise:

„Distribution heißt „Verteilung" und als Distributionskanäle sind alle ineinandergreifenden Organisationen und Arbeitsabläufe, die am Prozess beteiligt sind, um ein Produkt oder eine Dienstleistung zur Verwendung oder zum Verbrauch verfügbar zu machen, bezeichnet!"

Auch nach dieser Erklärung ist Ihnen nicht so ganz klar, was Distributionspolitik eigentlich ist …

Zur **Distributionspolitik** zählen alle Maßnahmen, die ergriffen werden, um das Produkt vom Ort der Herstellung zum Abnehmer zu bringen. Dazu gehören Entscheidungen, die in diesem Zusammenhang mit dem Weg **des Produktes** oder der **Dienstleistung zum Verbraucher** entstehen: **Absatzwege** (Verkaufs- und Vertriebswege), **Einschaltung des Handels** (Verkaufsmittler) sowie die **Marketinglogistik**. Die Absatzwege überbrücken dabei die Distanz zwischen Angebot des Systems zum Gast. Die Ausrichtung der Distributionspolitik ist durch folgende Fragestellungen gekennzeichnet:

> **Wo sollen welche Leistungen an wen, auf welchen Wegen und wann vertrieben werden?**

In der Distribution (= Verteilung) der Leistungen an Gäste stehen grundsätzlich zwei Wege zur Auswahl:

| Direkte Absatzwege<br>Verkauf erfolgt durch weisungsgebundene Distributionskanäle | Indirekte Absatzwege<br>Verkauf erfolgt durch nicht weisungsgebundene Distributionskanäle |
|---|---|
| ▶ **Interner Verkauf**<br>durch Servicemitarbeiter mit direktem Gästekontakt | ▶ **Verkauf durch Verkehrsgastronomie:**<br>Destinationsagenturen, Automobilclubs, Flug-, Schifffahrt- sowie Bahngesellschaften usw. |
| ▶ **Externer Verkauf**<br>durch Sales-Abteilung oder über Dritte (andere Betriebe, Messen) | ▶ **Verkauf durch kooperative Verkaufsorganisationen:**<br>Groß- und Einzelhandel |
| ▶ **Externer Verkauf**<br>bei Systemkooperationen, Franchise-Konzepten, zentraler Sales-Abteilung, Filialsystem | ▶ **Verkauf durch selbstständige Repräsentanten:**<br>Sales-Representants |

Die **Wahl der Distributionswege** ist eine strategische Entscheidung, die Anlage und marktkonforme Nutzung der Wege zählen dagegen zu den Marketingmaßnahmen. Erst mit wachsender Distanz zu den Herkunftsmärkten steigt die Anzahl der über Mittler verkauften Übernachtungen. Restaurantleistungen werden fast ausschließlich direkt verkauft. Die folgende Tabelle beschreibt Maßnahmen, die die Nutzung des direkten Verkaufswegs betreffen:

### Direkte Verkaufswege

**Tatsächliche Gäste**

- Gastorientiertes Verhalten der Mitarbeiter (MA) im internen Verkauf
- Verhalten der MA macht aus Gelegenheitsgästen Stammgäste
- Zufriedene Stammgäste sind die wichtigsten „Botschafter" des Hauses („aktive Vollreferenz" an 3–5 potenzielle Gäste)
- Anlage einer Stammgästekartei erhöht Potenzial für den direkten Verkauf (regelmäßige Infos, Direct Mail)
- Persönlicher Gästekontakt bindet emotional und erschwert so die Abwanderung

*Im internen Verkauf Gastkontakte pflegen*

**Potenzielle Gäste**

- Möglichkeiten der lokalen, regionalen Umgebung voll ausschöpfen
- Hoher Bekanntheitsgrad erleichtert die Gewinnung neuer Gäste
- Aufmerksamkeit der Passanten an Standorten mit hoher Verkehrsinfrastruktur gewinnen: Fassadengestaltung, Imagetransfer
- Gästeadressen gewinnen (lokale Verkehrsvereine, Systemzentrale, Geschäftsstelle der Restaurants, Kauf von selektierten Adressen potenzieller Gäste)
- Aktive Sales Manager und -mitarbeiter, die sich auf die Ansprache eines Produktsegmentes (Businessgäste, Tagungsgäste) spezialisiert haben und Verantwortung tragen

*Im externen Verkauf Gäste gewinnen*

**Indirekte Verkaufswege** führen über partnerschaftliche Zusammenarbeit mit Vertriebsorganen zu den Gästen. **Kooperative Organisationen und Repräsentanten** vervielfachen die Verkaufschancen der Anbieter. Von **vertikaler Kooperation** spricht man, wenn die kooperierenden Organisationen verschiedenen Branchen angehören.

Unternehmen der Systemgastronomie differenzieren **aquisitorische Distribution** und **Marketinglogistik** als wesentliche Bestandteile der Distributionspolitik:

### Entscheidungsbereiche der Distributionspolitik

| Aquisitorische Distribution (Warenverkaufsprozesse) | Marketinglogistik (Warenverteilungsprozesse) |
|---|---|
| Distributionswege und Distributionsorgane | Auftragsabwicklung |
| Absatzkanäle (vertikales Marketing) | Lagerhaltung |
| Verkaufspolitik | Transport |
|  | Verpackung |
| **Distributionsgrad** → Zielgröße ← **Lieferservice** | |

### Aufgaben

1. Was beinhaltet der Begriff „Distributionspolitik"?
2. Differenzieren Sie direkte und indirekte Absatzwege!
3. Unterscheiden Sie zwischen Warenverkaufs- und Warenverteilungsprozessen.
4. Wann eignet sich der Vertrieb über Direct Mailings?
5. Welche Tätigkeiten fallen für den Vertriebsmitarbeiter eines systemgastronomischen Betriebs an?

## 6.2 Leistungspolitik

### Situation

Das Restaurant Green Paradise München plant, ein Büfett „Sportdreams" einzurichten. Das Grobkonzept sieht vor, ein exzellentes Frischeangebot (Früchte und Müsli) als Basis der Marketingkonzeption zu entwickeln oder alternativ in den Filialen des Green Paradise als Zusatzleistung zu verkaufen.

Die **Grundbestandteile eines Produktes** umfassen sowohl Sachgüter als auch Dienstleistungen (Mitarbeiterservice, Qualität, Marke, Leistungserstellung). **Produktpolitik** im engen Sinne betrifft die technisch-funktionale Gestaltung des Produktes, die in der Regel objektiv messbar ist (materiell, physikalisch, chemisch). Sie stellt den **Grundnutzen** eines Produktes dar; die Kaufentscheidung des Gastes wird allerdings meist von „nicht fassbaren" immateriellen Leistungserwartungen mitbestimmt. Das heißt, Gäste haben eine **Produkt-Dienstleistungserwartung**, die das gastgewerbliche System zu erfüllen hat.

Die Definition beinhaltet alle Serviceleistungen eines Systems, die auf die Gestaltung einzelner Produkte im Leistungsangebot ausgerichtet sind. Deshalb wird Produktpolitik aus der Sichtweise des Marketings nicht als technologische, sondern als marktbezogene Aufgabe gesehen. Der Produktmix versucht, alle Erfolgschancen des Unternehmens durch das systematische und konsequente Analysieren, Konzipieren und Realisieren des Marktes bestmöglich umzusetzen.

## 2 Leistungspolitik

**Restaurant Green Paradise**

### Leistungspolitik

| Produktpolitik | Prozesspolitik | Servicepolitik | Garantieleistungspolitik |
|---|---|---|---|
| ▶ Grund- und Zusatznutzen<br>▶ Marke<br>▶ Standards<br>▶ Qualität<br>▶ Produktimage, Prestige<br>▶ Design, Verpackung<br>▶ Werbung | ▶ Distribution<br>▶ Logistik<br>▶ Systembreite und -tiefe<br>▶ Systemgestaltung<br>▶ Sortimentsbreite und -tiefe<br>▶ Sortimentsgestaltung<br>▶ Produktinnovation<br>▶ Produktelimination | ▶ Service am Point of Sale<br>▶ Service am Produkt<br>▶ Service nach dem Verkauf<br>▶ Serviceumfang<br>▶ Gastorientiertes Handeln der Mitarbeiter | ▶ Sachgarantie<br>▶ Qualitätsgarantie<br>▶ Zeitgarantie<br>▶ Reklamationsbearbeitung<br>▶ Beschwerdemanagement |

Die Basis jeder marktorientierten Marketingentscheidung bilden die **Produkteigenschaften** (amerikanische Literatur beschreibt diese Characteristika als **„Heart of Marketing"**). Sie sind in Einklang zu bringen mit dem angestrebten **Nutzen-** und **Imageprofil**. Dadurch beeinflussen sie maßgeblich die Ausformulierung und den Einsatz der anderen marketingpolitischen Instrumente, z.B. Produktgestaltung, -qualität, -standardisierung, Verpackung, Marken- bzw. Namenspolitik sowie Service und weitere Dienstleistungen.

Je **stärker** das Produkt vom **Serviceanteil** bestimmt wird, desto deutlicher muss die Nutzenstiftung mithilfe geeigneter Marketingmaßnahmen emotionalisiert werden. Der Gast äußert diese **Produktemotionalisierung** in unterschiedlicher Form:

▶ ... einen gemütlichen Abend verbringen,

▶ ... ein ausgefallenes, gelungenes Fest erleben,

▶ ... erfolgreich mit Geschäftsfreunden tagen.

Im weitesten Sinn geht es deshalb um die Erfüllung von Gästeerwartungen durch **Leistungen**. Der **Gast kauft** Bequemlichkeit, Auswahl, Sicherheit, Prestige, Ansehen und im Rahmen des Service auch die Leistung der Mitarbeiter, siehe unten (s. Kap. 4.1).

### 1. Sortimentspolitik

Die Planung der **Sortimentspolitik**, der Produktlinie, der speziellen Servicelinie und der zusätzlichen Dienstleistungen erfolgt in der Systemgastronomie einheitlich nach standardisierten und multiplizierbarem Konzept (> 3 Betriebsstätten).

Ein für den **Gast breites, flaches Sortiment** vergrößert die Produktauswahl (und dadurch die Zielgruppen). Ein **schmales, tiefes Sortiment** ist als Träger hoher Produktkompetenz geeignet, ein segmentspezifisches, fest umrissenes Zielpublikum anzusprechen.

|  | **Geringe Breite** | **Große Breite** |
|---|---|---|
| **Geringe Tiefe** | A<br>Wenige Produkte<br>Schmales, flaches<br>Angebot | B<br>Viele Produkte<br>Breites, flaches<br>Angebot |
| **Große Tiefe** | C<br>Wenige Produkte<br>Schmales, tiefes<br>Angebot | D<br>Viele Produkte<br>Breites, tiefes<br>Angebot |

Welche **Leistungen** bzw. welcher **Leistungsmix** in welcher Breite und Tiefe (Leistungssortiment) angesprochen wird, ist für die unterschiedlichen Betriebstypen der Systemgastronomie die Frage der Leistungsdefinition, -ausrichtung und -innovation (s. Kap. 7 u. 5).

**Restaurant Green Paradise**

### Materieller und immaterieller Leistungsprozess

| Potenzialphase ➡ | Prozessphase ➡ | Ergebnisphase |
|---|---|---|
| ▶ Vertrauensbildende Maßnahmen<br>– Kompetenz<br>– Glaubwürdigkeit<br>▶ Bereitstellungsmaßnahmen<br>– Leistungsfähigkeit<br>– Attraktivität<br>▶ Markenpolitik<br>– Positionierung<br>▶ Potenzialqualität | ▶ Servicepolitik<br>▶ Gästekontakt<br>▶ Interaktion<br>▶ Direktmarketing<br>▶ Prozessqualität<br>▶ Standardisierung<br>  – Segmentierung<br>  – Multiplizierung | ▶ Nachbetreuung<br>▶ Zufriedenheitspolitik<br>▶ Reklamationspolitik<br>▶ Beschwerdemanagement<br>▶ Gästebindung<br>▶ Ergebnisqualität |

# Leistungspolitik 2

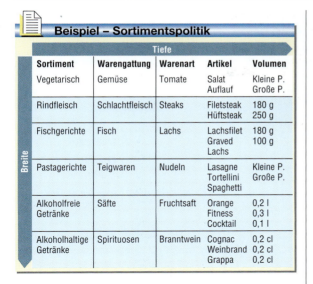

**Beispiel – Sortimentspolitik**

| Sortiment | Warengattung | Warenart | Artikel | Volumen |
|---|---|---|---|---|
| Vegetarisch | Gemüse | Tomate | Salat<br>Auflauf | Kleine P.<br>Große P. |
| Rindfleisch | Schlachtfleisch | Steaks | Filetsteak<br>Hüftsteak | 180 g<br>250 g |
| Fischgerichte | Fisch | Lachs | Lachsfilet<br>Graved Lachs | 180 g<br>100 g |
| Pastagerichte | Teigwaren | Nudeln | Lasagne<br>Tortellini<br>Spaghetti | Kleine P.<br>Große P. |
| Alkoholfreie Getränke | Säfte | Fruchtsaft | Orange<br>Fitness<br>Cocktail | 0,2 l<br>0,3 l<br>0,1 l |
| Alkoholhaltige Getränke | Spirituosen | Branntwein | Cognac<br>Weinbrand<br>Grappa | 0,2 cl<br>0,2 cl<br>0,2 cl |

(Tiefe / Breite)

eine optimale Ergänzung der Grundleistungen mit Zusatzleistungen eine gleichmäßige Verteilung der Nachfrage zur verbesserten Kapazitätsauslastung in nachfrageschwachen Zeiten (vgl. Situation zum Kap. 5.2) zu erreichen.

Ein gezieltes **Produktionscontrolling** (Wareneinsatzquote, Deckungsbeitrag) überprüft die Wirtschaftlichkeit der getroffenen Maßnahmen.

## Leistungsspektrum

**Beispiel**

Im Gespräch mit dem Geschäftsführer des Restaurants Green Paradise, Berlin, klagt der Gastronom eines kleinen Restaurants an der Spree:

„Meine BWA (betriebswirtschaftliche Analyse) zum Jahresende weist einen Wareneinsatz von 69700,00 EUR bzw. 43 % aus, in der monatlichen BWA lag der Wareneinsatz auch zeitweilig darüber. Meine Gäste sind sehr zufrieden und sagen mir oft, dass meine Speisen klasse sind. Das soll auch so bleiben – aber andererseits muss ich „überleben"! Was kann ich machen?

### 1. Verpflegungsleistungen

Durch die vielfältigen Erscheinungsformen der Unternehmen in der Systemgastronomie findet bereits eine deutliche Differenzierung und Spezialisierung im Leistungsangebot statt (s. Kap. 5.2). Weitere **Variationsmöglichkeiten** ergeben sich jedoch darüber hinaus in jedem der einzelnen **Produktsegmente**, z. B. saisonale Angebote, tageszeitbezogene Angebote wie Happy Hour, Lunchmenüs, Kaffeespezialitäten. Die individuellen Möglichkeiten stehen allerdings in Abhängigkeit vom Grad der Standardisierung, von der technischen Ausstattung der Küche und von der Leistungsfähigkeit der Mitarbeiter. Eine Überprüfung des Produktangebotes bietet die Speisenkartenanalyse (s. Kap. 9).

Eine Möglichkeit des **Produktionscontrollings** ist eine Zeit-Preis-Kalkulation einer Speise- oder einer Menürezeptur. Ausgehend von Materialeinsatz (ME), Gemeinkosten und Lohnkosten pro Gericht wird der Netto-Verkaufspreis der produzierten Speisen/Menüs berechnet. Diese **quantitative Produktanalyse** erleichtert die Standardisierung der Speisenproduktion in der Systemgastronomie und ist inzwischen Bestandteil vieler Warenwirtschaftsprogramme.

### Bestimmungsfaktoren der Angebotsgestaltung

Einen wesentlichen Einfluss auf die angestrebte Angebotsgestaltung üben die qualitative und quantitative Ausstattung der Betriebsfaktoren und die vorhandenen Kapazitäten der einzelnen Leistungsbereiche aus. Jedes System sollte bemüht sein, Engpässe bzw. Kapazitätsüberhänge in der Angebotsgestaltung zu vermeiden. Eine wesentliche **Aufgabe der Angebotsgestaltung** liegt darin, durch

Um mögliche Schwächen im eigenen Unternehmen auszuschalten und die Stärken tatsächlich nutzen zu können, kann mithilfe des **Organisationsformulars** (Aufnahmebogen) **eine Ist-Aufnahme und -Analyse** durchgeführt werden. In allen Abteilungen (Restaurant, Küche u. a.) können die Produktions- und Leistungsfaktoren auf ihre Funktionalität, Austauschbarkeit, Verbesserungsmöglichkeiten sowie eine mögliche Vernetzung zwischen den Abteilungen hin untersucht werden (vgl. **Ist-Analyse**).

## 2 Leistungspolitik

**Produktions- und Dienstleistungsorganisation: Ist-Analyse – Bereich Küche**

| Ist-Aufnahme/Ist-Analyse Produktions- und Dienstleistungsbereich: Küche | Stärken | Schwächen | Verbesserungen Name: Kürzel: | Eignung Name: Kürzel: | Controlling Name: Kürzel: |
|---|---|---|---|---|---|
| Abteilungsleiter | Arbeitsorganisation | | | | |
| Mitarbeiterkompetenz | Know-how | | | | Schulungen |
| Mitarbeiterauslastung | | nicht regelmäßig | Staffeldienst | | Controlling: Umsatz/Std. |
| Mitarbeitereinteilung | | Überschneidungen | | Einsatz im Service | neue Dienstpläne |
| Aushilfskräfte | verfügbar | | Teilzeit und Saison | | |
| Kücheneinrichtung: zweckmäßig | | unzweckmäßige Wege | | | Überprüfung durch GL |
| Kücheneinrichtung: Größe | | sehr klein | | | |
| Gerätetechnik | veraltet | hohe Stromkosten | | | Überprüfung durch AL |
| Werkzeuge, Arbeitsmittel | gut ausgestattet | | | | |
| Verwendete Rohstoffe/ Convenience-Produkte | frisch/Convenience | hoher WE | | | |
| Systemorganisation | WE-Kalkulation | | WaWi-Programm | Analysen, Kalkulationen | |
| Ablauforganisation | | unkoordiniert | Arbeitsablaufpläne | | Organisationspläne |
| Lager- bzw. Magazinorganisation | | hohe Lagerbestände | optimale Bestellmenge | Liefertermine | Überprüfung |
| Arbeitsvorbereitung | | wenig Platz | | | |
| Arbeitsplatz- bzw. Postenorganisation | | unkoordiniert | Checklisten | | |
| Speisenausgabe | schnell | | | | |
| Entsorgung, Recycling | gut ausgestattet | | | | |
| Produktionsort: Hannover | Datum: | | Verteiler: Abteilung: GL, AL, Abteilung Organisation | | |

Ein „zu hoher Wareneinsatz" (vgl. Beispiel) bezieht sich auf die absolute Höhe sowie ein schlechtes Verhältnis der Wareneinsatzkosten (WE) zum Umsatz, also der Wareneinsatzquote. Eine Wareneinsatzquote von 43 % (vgl. Beispiel) ist sehr hoch! Die durch das Bundesfinanzministerium jährlich herausgegebenen Richtsätze für den Rohertrag (WE) in Gast-, Speise- und Schankwirtschaften gehen von einer durchschnittlichen Wareneinsatzquote von 32 % aus. Dieser Wert entspricht dem Bundesdurchschnitt in der traditionellen Gastronomie (Speisen: 32 %, Getränke: 29 %). Die Systemgastronomie kalkuliert demgegenüber mit einer Wareneinsatzquote von max. 20–25 % für Speisen (abhängig vom Systemtyp). Für den beschriebenen Fall bedeutet dies: ca. 15 % zu viel Ware „auf dem Teller" oder „im Glas" – ca. 20 000 EUR geringere Erlöse pro Jahr für die beschriebene kleine Gaststätte.

**Hauptgründe für eine zu hohe Wareneinsatz-Quote (WE-Quote)**

- ▶ Ungenügende Preisvergleiche
- ▶ Übermäßig große Einkaufs-/Lagermengen
- ▶ Ungeklärte Verantwortlichkeiten
- ▶ Ungenügende Wareneingangskontrolle
- ▶ Unsachgemäße Lagerung
- ▶ Diebstahl
- ▶ Unrationelle Küchenausstattung und -organisation
- ▶ Übermäßig große Verarbeitungsmengen
- ▶ Ungenügende Verwertung von Resten
- ▶ Verwendung zu vieler Grundprodukte
- ▶ Falsche Kalkulation
- ▶ Nicht erfasster Privatverbrauch
- ▶ Nicht kontrolliertes, unbeachtetes Personalessen
- ▶ Fehlerhafte Inventuren
- ▶ Mangelhafte Erfassung der Umsätze
- ▶ Fehlende oder unregelmäßige Verkaufsstatistiken

## 2. Zusatzleistungen

Die Gestaltung der Zusatzleistungen ist für das Unternehmen von entscheidender Bedeutung, da die genannten Grundleistungen nur einen Teil der Gästebedürfnisse abdecken. Hier können sich Unternehmen von der **Konkurrenz abheben, mehrere Zielgruppen** gleichermaßen **ansprechen** und somit die Präferenz des Hauses erhöhen. Besondere Angebote im Bereich der Restaurants sind z.B. Kinderfeste, Jazz-Dinner, Themenabende, spezielle Tagungsangebote. Darüber hinaus bietet es sich an, dem Gast ein **standardisiertes Leistungspaket** zu offerieren (z.B. Familien- oder Konferenzpauschalen), das sich zudem durch eine attraktive Preisgestaltung auszeichnet.

### Nebenleistungen

Nebenleistungen stellen für den Gast einen erweiterten Nutzen (Zusatznutzen) dar; sie müssen nicht unbedingt durch die Systemgastronomie selbst erbracht werden. So können z.B. **rechtlich selbstständige Unternehmen** in Food Courts Handels- und Dienstleistungen erbringen, z.B.

- Boutiquen,
- Tabakläden,
- Friseure,
- Einzelhandelsgeschäfte.

### Verkauf von Zubehörwaren

Es gibt keine genaue gesetzliche Vorschrift darüber, was Zubehörwaren sind und welche Zubehörwaren durch die genannten Betriebe offeriert werden können (vgl. *§ 7 Gaststättengesetz*). Es haben sich aber folgende Voraussetzungen herausgebildet: Man spricht von **Zubehörwaren**, wenn die Ware:

- die Leistung ergänzt, die ein Gast üblicherweise von einem gastgewerblichen Betrieb erwartet,
- überwiegend an Gäste verkauft wird und
- von Gästen im Allgemeinen im gastgewerblichen Betrieb benutzt oder verzehrt wird.

**Typische Zubehörwaren** sind z.B. Tabakwaren, Ansichtskarten, Zeitschriften und Blumen. Während der Öffnungszeiten des Einzelhandels dürfen Zubehörwaren sowohl an Gäste als auch an andere Personen (Passanten) verkauft werden. Oft werden Zubehörwaren über Verkaufsautomaten angeboten.

Allerdings sind **Verkaufsautomaten**, die an der Außenfront eines Betriebes angebracht werden oder von der Straße aus sichtbar sind, anzeige- oder genehmigungspflichtig (Schutz vor optischer Verunstaltung). Die örtliche Bauaufsichtsbehörde erteilt Auskunft darüber, ob eine Genehmigungspflicht besteht. Generell ist der Verkauf von Branntwein oder von überwiegend branntweinhaltigen Lebensmitteln (z.B. Weinbrandbohnen) mithilfe von Automaten verboten (vgl. *§ 20(1) GastG*).

Bei **Zusatz- oder Nebenleistungen** kann der gastgewerbliche Betrieb außerdem als Mittler, z.B. Filialleiter, zwischen rechtlich selbstständigen Unternehmen und Restaurantgästen auftreten, z.B.

- Verkauf von Theaterkarten, Tickets,
- Besichtigungsfahrten, Ausflüge,
- PC-Zubehör, Autos.

Der **Serviceumfang** beschreibt die Anzahl der einzelnen Leistungen, die in den Leistungsbereichen F&B sowie Zusatz- und Nebenleistungen anfallen, und die entsprechende **Leistungsbereitschaftsdauer**. Die Öffnungszeiten der Restaurants sind durch die gesetzlichen **Sperrzeitenregelungen** der Bundesländer eingeschränkt, sodass ein Restaurant zu bestimmten Nachtzeiten schließt. Eine Verpflichtung besteht allerdings nur gegenüber Passanten.

Während der Zeiten eingeschränkter Servicebereitschaft können – je nach Betriebsgröße – bestimmte Serviceleistungen von Dienstleistungsautomaten oder einem Servicemitarbeiter erfüllt werden.

Der **Servicegrad** beschreibt die Ausführung der einzelnen Serviceleistungen, z.B. die Anzahl der Mitarbeiter (im Verhältnis zum Arbeitsaufwand), die **Qualifikation** der Mitarbeiter (Fachpersonal, angelernte MA, Fremdsprachen- oder EDV-Kenntnisse). **Immaterielle Kriterien** wie Freundlichkeit, Hilfsbereitschaft, persönliches Auftreten, handwerkliche Fähigkeiten, Sprachkenntnisse u.a. stehen in engem Zusammenhang zur Ausführung der Serviceleistung.

## Positionierungsmodelle

Ausgangspunkt für alle **Positionierungsüberlegungen** zu Produkten/Marktsegmenten ist die Position, die der Wettbewerber einnimmt. Eigenständig ist eine Positionierung nur dann, wenn sie sich in allen Positionen (z.B. Standort, Zielgruppe) vom Wettbewerb abhebt. Als Instrument dient eine strategische Karte, in der alle Marktpositionen der vergleichbaren Wettbewerber eingetragen werden können und die gegebenenfalls Lücken aufzeigt, die für die eigene Positionierung genutzt werden.

# 2 Leistungspolitik

## Produktpolitik: Phasen der Konzeptentwicklung

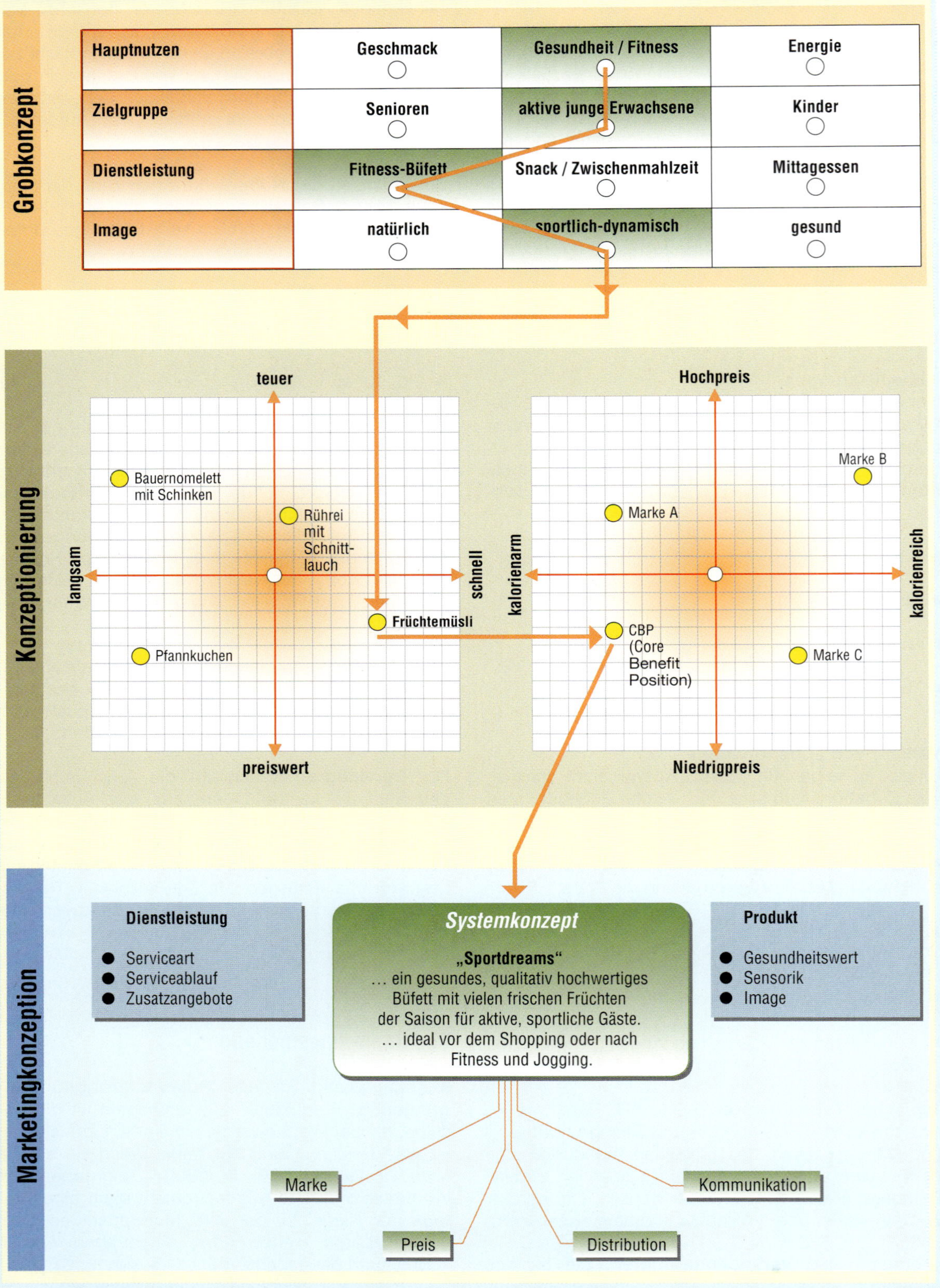

### Grobkonzept

| | | | |
|---|---|---|---|
| **Hauptnutzen** | Geschmack ○ | Gesundheit / Fitness ○ | Energie ○ |
| **Zielgruppe** | Senioren ○ | aktive junge Erwachsene ○ | Kinder ○ |
| **Dienstleistung** | Fitness-Büfett ○ | Snack / Zwischenmahlzeit ○ | Mittagessen ○ |
| **Image** | natürlich ○ | sportlich-dynamisch ○ | gesund ○ |

### Konzeptionierung

Achsen: teuer – preiswert / langsam – schnell
- Bauernomelett mit Schinken
- Rührei mit Schnittlauch
- Pfannkuchen
- Früchtemüsli

Achsen: Hochpreis – Niedrigpreis / kalorienarm – kalorienreich
- Marke B
- Marke A
- Marke C
- CBP (Core Benefit Position)

### Marketingkonzeption

**Dienstleistung**
- Serviceart
- Serviceablauf
- Zusatzangebote

**Systemkonzept**

„Sportdreams"
… ein gesundes, qualitativ hochwertiges Büfett mit vielen frischen Früchten der Saison für aktive, sportliche Gäste.
… ideal vor dem Shopping oder nach Fitness und Jogging.

**Produkt**
- Gesundheitswert
- Sensorik
- Image

- Marke
- Preis
- Distribution
- Kommunikation

Bei den klassischen Positionierungsmodellen wird

▶ die Position der eigenen Marke relativ zu den
▶ Positionen der Wettbewerbermarken und relativ
▶ zu den Positionen der idealen Angebote
▶ aus der Sicht der Zielgruppe in einem
▶ mehrdimensionalen Eigenschaftsraum markiert (vgl. Kroeber-Riel 1993, S. 45).

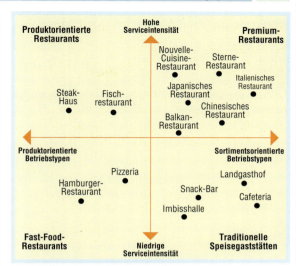

(Positionierung von Restaurants)

Einfache Positionierungsmodelle definieren nach dem soziodemografischen Kriterium „**Alter**" und dem produktrelevanten Kriterium „**Preis**". Damit wird unterstellt, dass ältere Gäste über eine höhere Kaufkraft verfügen und höhere Preise bezahlen. Da diese Differenzierung für viele Marktsegmente keine Idealposition ist, sind individuelle Varianten möglich.

Das Positionierungsmodell wird abgewandelt zur Darstellung der Position im Angebots- und Leistungsbereich im Vergleich mit Konkurrenzmärkten und -produkten verwendet. Dadurch können u.a. folgende **Positionierungen** dargestellt werden:

▶ Positionierung auf dem Gesamtmarkt
▶ Positionierung der Produktpalette
▶ Positionierung der Imagefaktoren
▶ Positionierung der Marke
▶ Positionierung der Leistungseigenschaften

### Bedeutung von Produktlebenszyklen

Das Konzept des Produktlebenszyklus unterstellt, dass alle Produkte oder Leistungen bestimmte Gesetzmäßigkeiten von der Markteinführung bis zum Ausscheiden aus dem Markt durchlaufen. Die Phasen von Lebenszyklen sind für die einzelnen Leistungsbereiche unterschiedlich.

Während einerseits sogenannte „**Flops**" nicht über die Einführungsphase hinauskommen, gibt es andererseits sehr langlebige Zyklen (z. B. Leistungsbereiche: Fast Food, speisen- und getränkeorientierte Systemgastronomie; bzw. Produkte: Bier, Wein, Fisch, Pasta u.a.). Produkte und/oder Leistungen, die der Mode unterworfen sind (z. B. bestimmte Bars oder Diskotheken), erleben häufig einen sehr schnellen Aufstieg, um nach kurzer Reifezeit wieder vom Markt zu verschwinden. Je nach der Phase, in der sich ein Produkt/eine Leistung befindet, sind unterschiedliche Marketingaktivitäten zu treffen. In jeder der Phasen werden jeweils die Kosten, der Umsatz, die Umsatzveränderung und der Gewinn (Deckungsbeitrag) betrachtet.

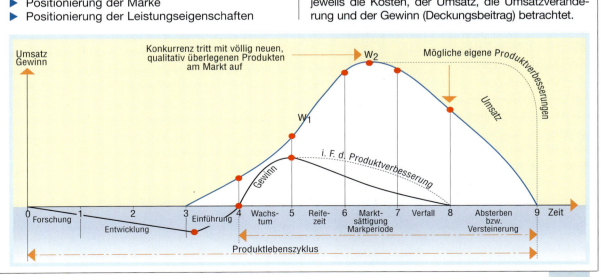

## 2 Leistungspolitik

**Merkmale der Produktlebenszyklus-Phasen:**

▶ **Forschung und Entwicklung**
- Marktfähigkeit
- Produkteigenschaften
- Produktgestaltung
- Qualitätsanforderungen
- Produktname
- Wirtschaftlichkeitsanalysen
- Produktentwicklungskosten
- Analyse und Überprüfung: Gebrauchsnutzen Zusatznutzen
- Werbeplanungskosten

▶ **Einführungsphase**
- Produkt weitgehend unbekannt
- Geringe Umsätze
- Keine Gewinne
- Hohe Kosten
- Geringe Distribution
- Hohe Werbungskosten (Einführungswerbung)

▶ **Wachstumsphase**
- Steigender Umsatz
- Zunehmende, z. T. hohe Gewinne
- Weiter hohe Werbungskosten (Bekanntheitsgrad)
- Zunehmende Konkurrenz (Imitationen)

▶ **Reifephase**
- Noch steigender Umsatz
- Stagnierende, z. T. rückläufige Gewinne
- Preisorientierung an Wettbewerbern
- Abnehmende Werbungskosten (Erhaltungswerbung)

▶ **Sättigungsphase (Marktperiode, Marktsättigung)**
- Stagnierender bzw. rückläufiger Umsatz
- Suche nach neuen Märkten/Zielgruppen
- Steigerung der Verbrauchshäufigkeit
- Evtl. Relaunch (veränderter Neustart)

▶ **Auslaufphase (Absterben/Versteinerung)**
- Weiterer Umsatzrückgang
- Sinkender Gewinn
- Verlust
- Weniger Anbieter am Markt
- Zahl der Nachfrager sinkt
- Produktelimination
- Ersatz durch neues Produkt

**Analysen mithilfe des Produktlebenszyklus:**

▶ zum Umsatz und Erfolg einzelner Produkte, Marktsegmente oder des ganzen Sortiments,

▶ zur Einführung bzw. Elimination von Produkten oder Marktsegmenten,

▶ zur Verbesserung von Produkten bzw. Produktionsbereichen oder Marktsegmenten.

Hat der Gesamtumsatz einen Wendepunkt erreicht und wird die Umsatzveränderungsrate negativ, besteht die Möglichkeit einer **Produktelimination** (Rücknahme vom Markt) oder eines **Produktrelaunchs** (Neustart durch Produktveränderung). Das bedeutet, dass das Produkt modifiziert auf den Markt gebracht wird, um in den Augen des Gastes weiterhin attraktiv zu sein.

**Produktrelaunching** mit einem modifizierten Produkt wird durchgeführt aufgrund von
▶ Umsatzrückgängen,
▶ veränderten Gästeansprüchen,
▶ schlechtem Produktimage,
▶ Standard- oder Qualitätsfehlern,
▶ technologischen Verbesserungen,
▶ verbesserter Wettbewerberprodukten,
▶ veränderter Produktionslinie.

### Aufgaben

1. Differenzieren Sie die vier wesentlichen Bereiche der Leistungspolitik in Unternehmen der Systemgastronomie und nennen Sie für jeden Bereich fünf Beispiele.
2. Beschreiben Sie die vier Möglichkeiten der Sortimentspolitik und -ausrichtung für Unternehmen der Systemgastronomie.
3. Erstellen Sie eine individuelle Sortimentsmatrix für ein Full-Service-Restaurant der Systemgastronomie (Mittagskarte: Salate, Nudel- und Reisgerichte, vegetarisch, Geflügel, Rindfleisch).
4. Erstellen Sie im Rahmen der Produktions- und Dienstleistungsorganisation eine Ist-Analyse (Stärken-Schwächen-Verbesserungen-Eignung-Controlling) Ihres Unternehmens der Systemgastronomie (vgl. Formular: Produktions- und Dienstleistungsorganisation unter dem Oberpunkt „Leistungsspektrum").
5. Differenzieren Sie die sechs Produktlebenszyklusphasen mithilfe von jeweils drei Beispielen:
   – Forschung und Entwicklung
   – Einführungsphase
   – Wachstumsphase
   – Reifephase
   – Sättigungsphase
   – Auslaufphase
6. Was bedeutet Produktrelaunching und wann wird es durchgeführt (5 Beispiele)?

# 6.3 Preispolitik

## Situation

| Checkliste | Planung der Preispolitik: Lösungsansätze — Restaurant „Green Paradise" |
|---|---|
| ▶ **Preispolitik** | → **Beeinflussbar:** betriebliche Preisgestaltung, Aktionen<br>→ **Lösungsansätze:**<br>1. Klare preispolitische Strategie<br>2. Genaue Beachtung der Signalartikel und ihrer Preise (Schwellenpreise)<br>3. Durchdachter Einsatz von preispolitischen Instrumenten (Happy Hour, Packages usw.). |
| ▶ **Dynamik des Standortes** | → **Beeinflussbar:** Flexibilität des Konzeptes sowie von Managern und Mitarbeitern<br>→ **Lösungsansätze:**<br>1. Flexibles Sortiment, flexibles Thema, mobile Stände, mobiles Inventar<br>2. Raum als Plattform für Events bzw. verschiedene Angebote nutzen<br>3. Auf Änderungen der Rahmenbedingungen oder Infrastruktur sofort reagieren, z. B. Fußgängerzone, Haltestelle einer Bahnlinie |
| ▶ **Faktor „Mitarbeiter"** | → **Beeinflussbar:** Sozialleistungen, interne Kommunikation, Weiterbildung, Förderung<br>→ **Lösungsansätze:**<br>1. Produktivitätslöhne (leistungsbezogenes Entgeltsystem)<br>2. Organisierte Weiterbildung<br>3. Geregelte, offene interne Kommunikation |
| ▶ **Ökologiekosten** | → **Beeinflussbar:** betriebliche Maßnahmen, Kommunikation (Werbung, PR)<br>→ **Lösungsansätze:**<br>1. Ökologie als Marketinginstrument<br>2. Vorwärtsverteidigung: besser in Vorleistung gehen und ökologische Leistungen vermarkten |
| ▶ **Fixkostenproblematik** | → **Beeinflussbar:** Personalkosten, Starrheit der Betriebs- und Konzeptstrukturen<br>→ **Lösungsansätze:**<br>1. Variable Gestaltung der Fixkosten, z. B. Agenturverträge mit Spülern, Produktivitätslöhne<br>2. Verringerung des Investitionsvolumens, z. B. Outsourcing von Leistungen, Just-in-Time-Lieferungen, Investitionen im kooperativen Verbund: zentrale Lagerung für mehrere Systembetriebe |
| ▶ **Finanzierung** | → **Beeinflussbar:** Konzeptlebenszyklus, Konzeptqualität<br>→ **Lösungsansätze:**<br>1. Lebenszyklus verlängern durch Flexibilität der Konzepte<br>2. Flexible Nutzung der Konzepte (multifunktionale Flächen)<br>3. Detaillierte Standortanalyse und Unternehmenskonzept (Chance langer Lebensdauer) |
| ▶ **Gastorientierung** | → **Beeinflussbar:** Mitarbeiterauswahl, Vorbild<br>→ **Lösungsansätze:**<br>1. Entertainerqualität der Mitarbeiter (wichtiger als die Qualität, perfekt eindecken zu können)<br>2. Dienstleistung muss vom Chef „vorgedient" werden |
| ▶ **Personalkosten** | → **Beeinflussbar:** Löhne und Gehälter, Mechanisierung, Qualifikation, Serviceintensität<br>→ **Lösungsansätze:**<br>1. Substitution von Personal durch Technik, z. B. Selbstbedienung, Selbstbestellung durch EDV, interaktive Bestellung per Funk, Verwendung von Convenience-Produkten<br>2. „Polarisierung" des Servicepersonals, z. B. Zusammenarbeit von modernen Bestell- und Servierkellnern, Nennung von Beratung und Warendistribution<br>3. Vielfältige Qualifikation des Personals, dadurch flexible Einsatzmöglichkeiten |
| ▶ **Controlling** | → **Beeinflussbar:** EDV im Betrieb, Warenwirtschaftsprogramme, Auswertungen, betriebswirtschaftliches Know-how der Betreiber<br>→ **Lösungsansätze:**<br>1. EDV-Kassen-Buchhaltung mit intelligenter Auswertung von Kennzahlen<br>2. EDV-„Umsatzspiele": Ausfall des besten Kellners, verregneter Sommer usw. |
| ▶ **Irreversibilität der Investitionen** | → **Beeinflussbar:** bauliche Maßnahmen, Starrheit der Nutzungskonzepte<br>→ **Lösungsansätze:**<br>1. Multifunktionale Flächen, Raumgröße und Einrichtung variabel<br>2. Veränderung als Konzept: ständig wechselnde Programme, Themen und Dekowechsel<br>3. Outsourcing |
| ▶ **Überprüfung: Lösungsansätze** | → **Zeiträume:**<br>→ **Maßnahmen:** |

**Preispolitik: Restaurant „Green Paradise"**     **Verteiler:** AL, Marketing, Sales     **bearbeitet** (Datum, Handzeichen):
**MA - DIREKTION**     **aufgenommen** (Handzeichen):     **ausgewertet** (Datum, Handzeichen):

## 2 Preispolitik

### Formen der Preisbestimmung

Unter **Preispolitik** werden „alle Entscheidungen eines Unternehmens verstanden, Einfluss auf die Preise zu nehmen und diese durchzusetzen. Die Preispolitik beinhaltet alle marktbezogenen Maßnahmen und Entscheidungen, die durch **Preisfestsetzung** das Erreichen bestimmter Ziele fördern soll. Dabei geht es **nicht** um die Festlegung **objektiv gerechter**, sondern „**zwecksprechender Preise**" (vgl. Weis 2001, S. 295).

Der jeweilige preispolitische Spielraum wird dabei insbesondere durch das sogenannte „**Magische Dreieck" des Marketings** bestimmt:

| Vollkommene Märkte | |
|---|---|
| **Homogenität** (Gleichartigkeit) der Produkte | ▶ Keine Unterscheidungsmerkmale im Hinblick auf Qualität, Verpackung, Aufmachung |
| Keine **persönlichen Präferenzen** | ▶ Leistung (Produkt) wird unabhängig von der Produktmarke oder der Person des Verkäufers gekauft |
| Keine **räumlichen Präferenzen** | ▶ Leistung könnte überall zu einem einheitlichen Gleichgewichtspreis (= Konkurrenzpreis) erworben werden |
| Keine **zeitlichen Differenzierungen** | ▶ Marktteilnehmer reagieren sofort auf Veränderungen einzelner Marktgrößen (Angebotspreis und -menge, Kaufkraft, Nachfrage u. a.) |
| Vollständige **Markttransparenz** | ▶ Vollkommene Information über Preis und Verfügbarkeit der Leistung auf allen Märkten und Teilmärkten |

### Preis als Marktgröße

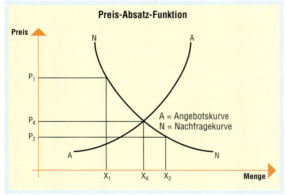

Preisbildung in Abhängigkeit von Angebot und Nachfrage auf vollkommenen Märkten (vgl. Dettmer 1999)

Bei dem **klassischen Modell** der Preisbildung bestimmt das **Verhältnis** zwischen **Angebot** und **Nachfrage** die Preishöhe. Es wird deutlich, dass ein im Vergleich zur Nachfrage niedriges Angebot ($X_1$) hohe Preise verspricht ($P_1$). Folglich produzieren die Unternehmen vermehrt, das Angebot steigt und in der Regel fallen die Preise. Schließlich übertrifft das Angebot ($X_2$) die Nachfrage. Bei den jetzt niedrigen Preisen ($P_2$) verabschieden sich Produzenten aus dem Markt, das Angebot sinkt.

Im Schnittpunkt der Gesamtnachfragekurve (N) und Gesamtangebotskurve (A) stimmen angebotene und abgesetzte Menge überein, hier liegt der Konkurrenzpreis (bei **vollkommener Konkurrenz = Gleichgewichtspreis**).

Nach der klassischen Preistheorie reagiert der Preis bei **vollkommenen Märkten** auf jede Preisänderung.

Da die Märkte im Bereich der Systemgastronomie aufgrund der Standardisierung (u. a. in der Preispolitik) ihrer leistungsspezifischen Eigenarten (s. Kap. 5.2) dem Ideal des vollkommenen Marktes nur in wenigen Teilbereichen nahe kommen, sind in der Praxis eine Anzahl weiterer objektiver und subjektiver Preiseinflussfaktoren im Rahmen eines Preismix zu berücksichtigen:

▶ Unternehmensspezifische Kosten (vgl. Situation zum Kap. 5.3)
▶ Unternehmerische Ziele: Gewinn, Umsatz, Positionierung, Macht, Image ...
▶ Markttransparenz: Gesamtmarkt bzw. Teilmärkte
▶ Gästenachfrage: tageszeitlich zielgruppenorientiert
▶ Saisonale Schwankungen
▶ Psychologische Faktoren: Prestige, Produktimage, Mode, Trends
▶ Mitbewerber: Leistungsangebot, Preisgestaltung
▶ Standortwahl und -faktoren
▶ Selbstimage der Gäste: z. B. Snob-Effekt

Unabhängig von der genannten Vielzahl möglicher Preiseinflussgrößen und möglicher Preistheorien gilt in vielen gastgewerblichen Unternehmen die Grundregel der Preis-Absatz-Korrelation:

▶ Steigende Nachfrage → steigende (hohe) Preise
▶ Sinkende Nachfrage → sinkende (niedrige) Preise

Gesättigte Märkte, unausgelastete Kapazitäten sowie weitgehend ausgereizte Differenzierungsmöglichkeiten in vielen Produktbereichen führen zwangsläufig zu Massenwettbewerb und Konkurrenzintensität, verbunden mit dem aktiven Einsatz des Preises als Wettbewerbsinstrument. Höhere Inflationsraten verbunden mit stagnierendem oder sinkenden Realeinkommen bewirken zudem bei vielen Gästen ein stärkeres Preisbewusstsein. Konsumenten weichen, um ihren Lebensstandard halten zu können, auf preiswertere Produkte oder Distributionskanäle aus (Home-Delivery u. a.).

Bei der Realisierung von Wettbewerbsvorteilen spielen in der Systemgastronomie neben dem Preis zunehmend auch Merkmale wie Marke, Qualität, Design, Ambiente, Event, Service, Werbung, Zusatznutzen usw. eine bedeutende Rolle. Der Gast betrachtet niemals den Preis isoliert, sondern stets das Verhältnis zwischen Preis und Nutzen, den sog. **Nettonutzen**. Mithilfe von Differenzierung der Angebote gelingt es Unternehmen zunehmend, dem drohenden Preiswettbewerb auszuweichen. Durch die Schaffung „echter" Präferenzen und Events können in vielen Betrieben der Systemgastronomie Preisspielräume verwirklicht werden.

**Preisspielräume durch Einzelangebote eines Systemkonzeptes** ergeben sich durch:

▶ **USP-Produkte** (Unique Selling Proposition = einzigartige Verkaufsargumente) oder Events als Profilträger des Konzeptes (a. Kap. 4.1),
▶ **leicht vergleichbare Produkte** und
▶ **Signalprodukte**, an denen der Gast das Preisniveau des Systems abliest.

Der Gast nimmt den Preis und die Qualität der Produkte häufig nicht unabhängig voneinander wahr, sondern stuft teure Produkte qualitativ höher ein als preiswertere Produkte. So glaubt der Verbraucher, dass das Risiko des Fehleinkaufs durch die Wahl eines höherpreisigen Produktes verringert wird. Diese **preisabhängige Qualitätsbeurteilung** (**Snob-Effekt** als Sonderform der Preisbildung) kann dazu führen, dass die nachgefragte Menge bei einer Preiserhöhung steigt.

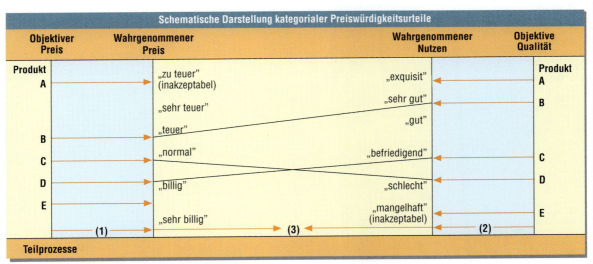

(Vgl. Scharf/Schubert, S. 160)

## Formen der Preisbestimmung

Aufgrund der verschiedenen Preiseinflussgrößen werden folgende Prinzipien der Preisbildung differenziert:

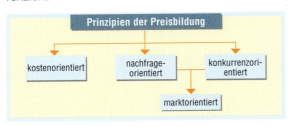

## 1. Kostenorientierte Preisbildung

### a) Preisbildung auf Vollkostenbasis

Bei der in der Gastronomie weitverbreiteten und relativ einfach anzuwendenden Preisbildung mithilfe der Vollkostenrechnung wird versucht, alle anfallenden Kosten auf die Produkte (**Kostenträger**) zu verteilen. Dies erfolgt durch die **progressive Preisermittlung**, bei der allerdings die Preiselastizität der Nachfrage nicht berücksichtigt wird. Praktiziert wird sowohl eine **vom Wareneinsatz ausgehende Kalkulation** oder die vom **Marktpreis (Inklusivpreis)** ausgehende **kostenorientierte retrograde Preisermittlung** (s. Lerninhalt 3, Kap. 3).

## 2 Preispolitik

### Vollkostenkalkulation

| Zuschlagskalkulation im Food-&-Beverage-Bereich | |
|---|---|
| **Grundlage: Wareneinsatz** | |
| WE | Wareneinsatz |
| + GK | Gemeinkosten |
| = SK | Selbstkosten |
| + GW | Gewinn |
| = KP | Kalkulierter Preis |
| + UB | Umsatzbeteiligung (Service) |
| = NVP | Nettoverkaufspreis |
| + USt | Umsatzsteuer |
| = IP | Inklusivpreis (Bruttoverkaufspreis) |

Der so ermittelte Preis ermöglicht dem System zwar die Rückerstattung aller Kosten und einen fest kalkulierten Gewinn. Dies gilt aber nur, wenn der Gast bereit ist, den so ermittelten Preis zu zahlen.

**Die Problematik dieser Kalkulation** besteht darin, dass bei sinkenden Verkaufsmengen die Gemeinkosten steigen, d. h., es müsste seitens des Systems eine Preiserhöhung vorgenommen werden. Eine Möglichkeit, für die Gäste kaum Verständnis hätten würden und mit Konsumverweigerung reagieren würden.

### Beispiel

**Produktionscontrolling – Quantitative Produktanalyse**    *Restaurant Green Paradise*

Zeit-Preis-Kalkulation nach Lohn- und Preisannahmen von 20..

*Beispiel:* 3-Gang-Menü: Filetgulasch Stroganoff   *Verteiler:* Restaurant
*Menüfolge:* Lachsterrine, Kartoffel-Gemüse-Salat, Tomatenvinaigrette          Lagerorganisation
            Filetgulasch Stroganoff, Reisrand                                   Buchhaltung
            Vanilleapfel, Beerenfrüchte                                         Controlling

**KALKULATION:**                zuständig: Küche (vertraulich)

| Zutaten/Qualität | WE | Portion | WE / EURO | Portion / EURO | 78 Portionen | Produktionshinweise |
|---|---|---|---|---|---|---|
| **1. Vorspeise** | | | | | | Vorbereitung: |
| Lachsterrine | kg | 0,080 | 36,00 EUR | 2,88 EUR | 224,64 EUR | Zubereitung: |
| Kartoffel-Gemüse-Salat | kg | 0,050 | 3,90 EUR | 0,20 EUR | 15,21 EUR | |
| Tomatenvinaigrette | kg | 0,030 | 5,15 EUR, | 0,15 EUR | 12,05 EUR | Anrichten: |
| | | | | 3,23 EUR | 329,90 EUR | |
| **2. Hauptgang** | | | | | | Vorbereitung: |
| Rinderfilet | kg | 0,150 | 48,50 EUR | 7,28 EUR | 567,45 EUR | |
| Sauerrahm | l | 0,120 | 3,90 EUR | 0,47 EUR | 36,50 EUR | |
| Zwiebeln | kg | 0,050 | 3,10 EUR | 0,16 EUR | 12,09 EUR | |
| Steinpilze | kg | 0,050 | 58,00 EUR | 2,90 EUR | 226,20 EUR | Zubereitung: |
| Gewürzgurke | kg | 0,020 | 8,50 EUR | 0,17 EUR | 13,26 EUR | |
| Gewürze | kg | 0,010 | 11,00 EUR | 0,11 EUR | 8,58 EUR | |
| **Beilagen** | | | | | | |
| Gemischter Salat (Kopfsalat, Gurke, Tomate) | kg | 0,150 | 6,85 EUR | 1,03 EUR | 80,15 EUR | |
| Rote Bete, Dressing | kg | 0,015 | 14,80 EUR | 0,22 EUR | 17,32 EUR | Anrichten: |
| Reis | kg | 0,050 | 3,90 EUR | 0,20 EUR | 15,21 EUR | |
| Salz, Butter | kg | 0,025 | 3,85 EUR | 0,10 EUR | 7,51 EUR | |
| | | | | 12,62 EUR | 984,26 EUR | |
| **3. Dessert** | | | | | | Vorbereitung: |
| Vanilleparfait | kg | 0,080 | 12,20 EUR | 0,98 EUR | 76,13 EUR | Zubereitung: |
| Himbeeren, TK | kg | 0,120 | 12,80 EUR | 1,54 EUR | 119,81 EUR | |
| Schlagsahne | kg | 0,040 | 4,40 EUR | 0,18 EUR | 13,73 EUR | Anrichten: |
| | | | | 2,69 EUR | 209,66 EUR | |
| = Material-Einstandskosten | | | | 18,54 EUR | 1 523,83 EUR | Geräte-Verfahren |
| + Material-Gesamtkosten | | 13,50 % | | 2,50 EUR | 195,19 EUR | |
| **MATERIALKOSTEN** | | | | 21,04 EUR | 1 526,52 EUR | |
| + Fertigungs-GK (lt. BA) | | | | | | |
| – Küche (–,60 €/Minute) | | 75 % | | 15,78 EUR | 1 144,89 EUR | |
| – Restaurant | | 45 % | | 9,47 EUR | 686,93 EUR | |
| **HERSTELLUNGSKOSTEN** | | | | 46,29 EUR | 3 358,33 EUR | |
| + Verwaltungs-GK | | 15 % | | 6,94 EUR | 503,75 EUR | |
| **SELBSTKOSTEN (SK)** | | | | 53,23 EUR | 3 862,08 EUR | |
| + Gewinn | | 30 % | | 15,97 EUR | 1 158,63 EUR | |
| **NETTOERLÖS (NE)** | | | | 69,20 EUR | 5 020,71 EUR | |
| + Umsatzbeteiligung | | 12 % | | 8,30 EUR | 602,49 EUR | |
| **NETTO-VERKAUFSPREIS** | KF = | | 3,68 EUR | 77,50 EUR | 5 623,19 EUR | |
| + Mehrwertsteuer | 19 % | | | 14,72 EUR | 1 068,41 EUR | |
| **KALKULIERTER VKP** | KF = | | 4,38 EUR | 92,22 EUR | 6 691,60 EUR | Zeit: |
| **KARTENPREIS (IP)** | KF = | | 4,23 EUR | 89,00 EUR | 6 942,00 EUR | Zweck: |

## b) Preisbildung auf Teilkostenbasis

### Deckungsbeitrag

Bei der **retrograden Kalkulation auf Teilkostenbasis** geht man von dem auf dem Markt durchsetzbaren Preis aus und rechnet retrograd den **Deckungsbeitrag** und anschließend den Gewinn aus. Durch die Aufteilung der Gesamtkosten in **fixe Kosten** (einem Produkt nicht direkt zurechenbar; ändern sich nicht mit der Höhe der Ausbringungsmenge) und **variable Kosten** (direkt zurechenbar; verändern sich mit der Ausbringungsmenge) wird es möglich, die Auswirkungen von Schwankungen in der Kapazitätsauslastung auf das Kostenverhalten zu berücksichtigen. Voraussetzung der Teilkostenrechnung ist, dass fixe und variable Kosten bekannt sind. Folgende **Deckungsbeitragsrechnung** für den F&B-Bereich findet überwiegend in der Systemgastronomie Anwendung (s. Lerninhalt 3, Kap. 3).

Auch bei dem gekürzten Schema der **retrograden Teilkostenrechnung** (Deckungsbeitragsrechnung) ermittelt man bis zum Deckungsbeitrag, d.h., es werden die Kosten berücksichtigt, die dem jeweiligen Produkt bzw. der Produktgruppe usw. direkt zugeordnet werden können. Aussagefähiger wird die Teilkostenrechnung (Deckungsbeitragsrechnung) durch die **Break-even-Analyse**. Der Grundgedanke der retrograden Preisermittlung ist, dass der Verkaufspreis aus einem Absatz (Menge) abgeleitet werden muss. Der **Break-even-Point** gibt den Absatz (Menge) an, bei dem der **Umsatz = Gesamtkosten** ist; oder der **Break-even-Point** gibt diejenige Menge an, die mindestens verkauft werden muss, um die Gesamtkosten zu decken (s. Lerninhalt 3, Kap. 3).

| | Deckungsbeitragsrechnung auf Teilkostenbasis |
|---|---|
| | Nettoverkaufspreis |
| – | Variable Kosten |
| = | Deckungsbeitrag |
| – | Fixe Kosten |
| = | Gewinn |

### c) Kurzfristige Preisuntergrenze

Entsprechend der Grundsätze der Teilkostenrechnung kann ein System kurzfristig auf die Deckung der **Bereitstellungskosten** verzichten. Nicht verzichten kann es auf die volle Deckung der **Leistungskosten**. Die **kurzfristige Preisuntergrenze** bilden die **variablen Kosten**. Die absolute Preisuntergrenze ergibt sich aus der Addition aller Kosten, die unmittelbar durch die nachgefragte Leistung entstehen, z.B.

▶ **Systemgastronomie:**
Wareneinsatz, Reinigungskosten, zusätzliche Energiekosten, Umsatzbeteiligung für Servicemitarbeiter, Werbungskosten

Langfristig kann kein System auf die volle Kostendeckung verzichten, sodass die gesamten Stückkosten (Kosten pro Leistungseinheit) die langfristige Preisuntergrenze darstellen.

## 2. Marktorientierte Preisbildung

Marktorientierung findet statt, wenn sich ein Unternehmen ausschließlich an den am Markt gegebenen oder zu erzielenden Preisen orientiert. Orientierungsgrößen sind Anbieter (Angebot) und Nachfrager (Nachfrage): Eine weitere Differenzierung erfolgt bei der marktorientierten Preisbildung in Nachfrage- und Konkurrenzorientierung.

### a) Konkurrenzorientierte Preisbildung

Darunter versteht man die Ausrichtung des eigenen Preises an der Preisstellung der Mitbewerber. Dieser Leitpreis durch die konkurrenzorientierte Preisbildung tritt hauptsächlich in zwei Formen auf:

▶ **Orientierung am systemspezifischen Durchschnitt:**
Überwiegend bei homogenen Produkten und Dienstleistungen bei oligopolistischen und polipolistischen Konkurrenzmärkten.

▶ **Orientierung am Preisführer:**
Preisführer ist der Anbieter, dem sich bei Preisänderungen – überwiegend Oligopol – die übrigen Anbieter anschließen.
Dominierende Preisführerschaft liegt bei marktbeherrschenden Anbietern vor; barometrische Anbieter passen sich dem an.

Die konkurrenzorientierte Preisbildung ist in der Systemgastronomie eine weit verbreitete Praxis. Schließlich vergleichen die Gäste die Leistungen der Anbieter und entscheiden, ob die Leistungen „den Preis wert sind". Das bedeutet: Der Preis bestimmt die Kosten! Eine ausschließlich konkurrenzorientierte Preisbildung durch ständige Anpassung nimmt der Systemgastronomie jeglichen Spielraum zur eigenen Profilierung.

Anzuraten ist eine Kombination aus kosten-, konkurrenz- und nachfrageorientierter Preisbildung, die bereits in unterschiedlichen Systemen praktiziert wird.

### b) Nachfrageorientierte Preisbildung

Da der Gast den Preis als Äquivalent für eine Gegenleistung betrachtet, ist er auch bereit, dafür einen Preis zu zahlen, der unabhängig von der Kostensituation des Unternehmens ist. Ein so ermittelter Preis orientiert sich an den entsprechenden Zielgruppen, den potenziellen Nachfragern. Dabei sind die folgenden Kriterien zu beachten:

## 2 Preispolitik

▶ **Preisvorstellungen der Nachfrager**
Der Verbraucher bildet sich eine eigene Meinung über den Nutzen und damit den Preis am Markt.

▶ **Preisbereitschaft der Nachfrager**
Der Verbraucher ist entsprechend seinen Preisvorstellungen und seiner Kaufkraft sowie der Dringlichkeit seines Bedarfs bereit, einen bestimmten Preis zu zahlen.

▶ **Preissegmentierung durch die Nachfrager**
Die Einteilung in untere, mittlere und obere Preissegmente entspricht den durch die Kaufkraft vorgegebenen Preisvorstellungen.

▶ **Einfluss von Qualität und Image**
Die Höhe des Preises wird besonders im Dienstleistungsbereich nicht selten durch die Qualitätseinschätzung („exzellent und teuer") der Verbraucher geprägt und ist dadurch auch imagebildend.

In besonders **umsatzstarken Perioden** (z.B. zur Hauptsaison, bei Messen) werden u.U. die **Preise für Speisen und Getränke erhöht**. Ebenso haben viele Restaurants sogenannte „Happy Hours" eingeführt, d.h., einige Getränke (und Speisen) werden in **umsatzschwachen Zeiten** zum **reduzierten Preis**, oft zum halben Nettoverkaufspreis angeboten.

Ziel dieser preispolitischen Maßnahme ist es, durch eine **Senkung der Verkaufspreise** die Nachfrage zu erhöhen. Durch den höheren Umsatz kann u.U. eine größere Kostendeckung erzielt werden. Auch wenn der Nettoverkaufspreis unter die Gewinnschwelle sinkt, kann er so immer noch zur Deckung der fixen Kosten beitragen.

Dies bedeutet, bei der nachfrageorientierten Preisbildung kann keineswegs auf kostenrechnerische Überlegungen verzichtet werden, jedoch orientiert sich die Preisbildung am Markt, d.h. bei den Gästen der Gastronomie. So spielen die Preis-Absatz-Funktion, die Preisbereitschaft der Gäste und die Preiselastizität eine besondere Rolle. Vor allem für saisonale Aktionen der Systemanbieter ist es wichtig zu wissen, wie die Preis-Absatz-Funktion aussieht.

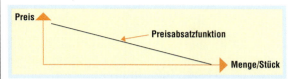

Theoretisch bildet die Angebots- und Nachfragemenge einen Schnittpunkt, aus dem der optimale Preis (Gleichgewichtspreis) hervorgeht. Diesem Schnittpunkt (der Abhängigkeit zwischen Angebotsmenge und Angebotspreis) kann das menschliche Verhalten des „Homo oeconomicus" zugrunde gelegt werden: Er handelt in ökonomischer Hinsicht stets rational und will für seine eingesetzten Mittel den größtmöglichen Nutzen erzielen.

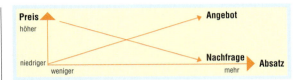

Die Beziehung zwischen Angebot und Nachfrage hat weitere Funktionen, die durch die grafische Darstellung deutlich werden: Bei geringen Preisen sind nur sehr wenige Unternehmen bereit, ihre Produkte (längerfristig) zu verkaufen. Umgekehrt sind Gäste nicht bereit, einen hohen Preis zu zahlen. Im Schnittpunkt zwischen Angebot und Nachfrage liegt der optimale Preis (Gleichgewichtspreis).

### c) Preisobergrenze

Allerdings spielen neben dieser kostenorientierten Sichtweise andere preispolitische Überlegungen eine Rolle: Jedes Unternehmen möchte für seine Produkte einen möglichst hohen Deckungsbeitrag (Rohertrag) erwirtschaften. Nur: Je höher die Preise steigen, desto weniger Gäste sind bereit, diese hohen Preise zu zahlen. Folge: Die Gäste bleiben aus.

Da die klassische Preistheorie weder psychologische Preisschwellen noch kleine Budgets berücksichtigt, soll mithilfe der **Preisbereitschaft** der Gäste aufgezeigt werden, welcher Preis als Obergrenze akzeptiert wird.

Das folgende Beispiel soll verdeutlichen, dass sich gerade die Systemgastronomie mit den kritischen Preisschwellen auseinandersetzen muss, wenn durch veränderte Preise andere Absatzmengen erzielt werden sollen:

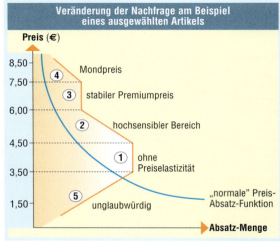

(Vgl. Kaub/Wessel: Veränderung der Nachfrage bei Preisänderung, S. 147)

## d) Target-Costing

Mit dem Gedanken des Target Costing wird versucht, in der Preisfindung von der unternehmensbezogenen Zuschlagskalkulation zur **marktbezogenen Zielkostenrechnung („Preisminus")** zu kommen.

| | Target-Costing |
|---|---|
| | Zielumsatz (Target-Price × Verkaufsmenge) |
| − | Zielgewinn |
| = | vom Markt erlaubte Kosten (Target Costs) |
| + | Ziel-Herstellungskosten |
| + | Ziel-Entwicklungskosten |
| + | Ziel-Verwaltungskosten |
| + | Ziel-Vertriebskosten |

▶ **Fragestellung: Target-Costing**
Was darf das Produkt am Markt kosten?
Wie kann dieser Preis erreicht werden?

Im Gegensatz dazu erklärt die

▶ **Fragestellung der Zuschlagskalkulation:**
Wie hoch sind die Kosten des Produkts?
Können die Kosten in voller Höhe an die Gäste weitergegeben werden?

Bei der **retrograden Kalkulation** des Target Costing ist der am Markt erzielbare Preis Ausgangspunkt der unternehmerischen Preiskalkulation. Von diesem **Target-Price** (Zielpreis) erhält man nach Abzug des erwarteten Gewinns die **Target-Costs** (Zielkosten), die vom Hersteller eingehalten werden müssen. Diese Zielkosten müssen durch entsprechende Gestaltung und Strukturierung der Herstellung erreicht werden (z. B. durch Rationalisierungsmaßnahmen), wenn das Produkt am Markt gehalten werden soll.
Beim Target-Costing (Zielkostenrechnung) wird unterschieden zwischen

1. **Market into Company**
Ausgehend vom Marktpreis (Target Price) sind unter Berücksichtigung des zu erwartenden Gewinns die maximal zulässigen Selbstkosten zu ermitteln.

2. **Out of Company**
Hier wird ermittelt, inwieweit bei einem gegebenen Marktpreis und erwarteten Gewinn die eigene Kostensituation den zulässigen Selbstkosten entspricht. Es ist zu prüfen, inwieweit gegebenenfalls die Kosten reduziert werden können.

3. **Out of Competitor**
In diesem Fall ist zu prüfen, ob und gegebenenfalls wie die Kosten der Wettbewerber erreicht werden können (z. B. Benchmarking).

Unter Berücksichtigung von Marketinggesichtspunkten ist das **Market into Company** der geeignetste Ansatz zur Preis- und Kostenermittlung. Dabei ermittelt zuerst die **Marktforschung** die **von den Gästen gewünschten Kriterien** und **Preise** eines Angebots. Anschließend legt die Geschäftsleitung den **zu erreichenden Gewinn** fest. Die Differenz von Marktpreis und Gewinn ergibt die **Zielkosten** (zulässige Kosten), die vom Anbieter erreicht werden müssen.

### Beispiel

Die Unternehmensleitung plant, das neue Früchtemüsli mit Markenzeichen selbst auf den Markt zu bringen. Der Konkurrenzpreis (Abgabe an den Handel) beträgt für 0,500 kg 0,99 EUR. Sie überlegen, ob Sie bei diesen Vorgaben „Sportdreams"-Müsli auf den Markt bringen können.

| | |
|---|---|
| Absatzschätzung pro Jahr | 800 000 Pakete |
| Fixkosten der Fertigung | 80 000 € |
| Variable Fertigungskosten | 0,40 € |
| Zuschlag: Verwaltungs-/Vertriebskosten | 100 % |
| Gewinnzuschlag | 10 % |

**Abgabepreis:**

| | | |
|---|---|---|
| | Variable Fertigungsstückkosten | 0,40 € |
| + | Fixe Fertigungsstückkosten | 0,10 € |
| = | **Herstellungskosten** | **0,50 €** |
| + | Zuschlag 100 % | 0,50 € |
| = | **Selbstkosten** | **1,00 €** |
| + | Gewinnzuschlag 10 % | 0,10 € |
| = | **Nettoabgabepreis** | **1,10 €** |

| | |
|---|---|
| **Konkurrenzpreis:** | **0,99 €** |
| − 10 % Gewinnzuschlag | 0,09 € |
| = Maximal erlaubte Stückkosten | **0,90 €** |

**Klare Antwort: Nein!**
Der Nettoabgabepreis liegt mit 1,10 € um 0,11 € höher als der Preis der Konkurrenz. Auch bei Verzicht auf den 10 %igen Gewinnzuschlag liegt der Konkurrenzpreis um 0,01 € niedriger.

## e) Preisdifferenzierung

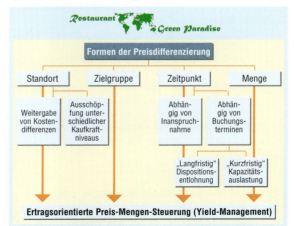

(Vgl. Freyer 2001, S. 493)

## 2 — Preispolitik

**Preisdifferenzierung** liegt vor, wenn ein Systemanbieter mit **unterschiedlichen Preisen** für die gleiche Leistung in **unterschiedlichen Marktsituationen** offeriert. Ziel ist es, das vorhandene Marktpotenzial optimal auszuschöpfen, um eine höhere Kapazitätsauslastung zu erreichen. Im Einzelnen lassen sich folgende Formen unterscheiden:

▶ **Räumliche Preisdifferenzierung**
Nutzen von standortbedingten (regionalen) Vorteilen wie Stadt, Land, Lage, Wasser, Landschaft, Klima, Berge

▶ **Orientierte Preisdifferenzierung nach Zielgruppen**
Differierende Preise für unterschiedliche Gästegruppen, z. B.
  ▷ Kinder
  ▷ Familien
  ▷ Geschäftsreisende
  ▷ Senioren
  ▷ Stammgäste
  ▷ Tagungsgäste

▶ **Zeitliche Preisdifferenzierung**
Zu unterschiedlichen Zeiten differierende Preise zur Nachfragelenkung für die gleiche Leistung mit dem Ziel, die Auslastung insgesamt zu erhöhen:
  ▷ Saison: Vor-, Haupt- oder Nebensaison
  ▷ Wochen- oder Wochenendpreise
  ▷ Tageszeit: Happy Hour, spezielle Mittags- und Abendpreise, Büfett vor/nach bestimmter Uhrzeit u. a.

▶ **Quantitative Preisdifferenzierung**
Entsprechend der Abnahmemenge sind die Preise pro Leistungseinheit/Produkt unterschiedlich:
  ▷ Firmenraten
  ▷ Freundschaftspreise für Gruppen
  ▷ Special Offer für Cateringgäste

▶ **Verwendungsbezogene Preisdifferenzierung**
Preisbildung je nach Verwendungszweck:
  ▷ Speisen (Differenzierung nach Systemtyp und Distributionsweg)
  ▷ Getränke im Menüpreis inklusiv, Kombiangebote
  ▷ Alkohol (im erlebnisorientierten Systembereich oder im Barbereich eines Systems teurer)

▶ **Preisdifferenzierung nach dem Verkaufsweg**
Abzug von Provisionen für externe Verkaufsmittler, Firmen u. a.

**Überzogene Preisdifferenzierungen**, z. B.

▶ Schleuderpreise in der Nebensaison,
▶ Wucherpreise zu Messezeiten,

verunsichern und verärgern Gäste, da sie diese Preissprünge nicht nachvollziehen können. Eine Differenzierung nach dem Motto „**Umsatz um jeden Preis**" birgt auch die Gefahr, einen Teufelskreis in Bewegung zu setzen.

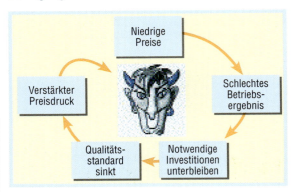

### Yield-Management als Form der Preisdifferenzierung

**Hauptaufgabe** der Preisdifferenzierung ist es, eine **ertragsorientierte Preis-Mengen-Steuerung** vorzunehmen. Vor einigen Jahren wurde von amerikanischen Fluggesellschaften ein Vorgehen eingeführt, dass als **Yield-Management** (engl. die Ernte, der Ertrag) diskutiert wird. Ähnlich dem leeren Sitz im Flugzeug ist der nicht belegte Restaurantparkplatz aus unternehmerischer Sicht eine verlorene Leistung. Eine Übertragung des Systems auf die Gastronomie ist deshalb möglich und angebracht.

Mithilfe eines EDV-gestützten Yield-Management-Systems ist es möglich, für eine vorgegebene Kapazität – unter Berücksichtigung der Nachfragestruktur, von Preis-Nachfrage-Funktionen sowie externen Rahmenbedingungen (z. B. ökonomische oder politische Entwicklungen, Verhalten der Konkurrenten) einen maximalen Ertrag zu realisieren.

### Leitgedanke der Yield-Philosophie ist:

▶ Kein Produkt darf preiswerter verkauft werden, als dies aufgrund der Nachfrage notwendig ist,
▶ kein Sitzplatz darf leer bleiben, der durch eine – kostenrechnerisch vertretbare – Preismaßnahme belegt werden kann.

**Grundsatz:**
Nur wenn keine Gäste mehr bereit sind, den vollen Preis zu zahlen, dürfen für nicht belegte Sitzplätze Preisnachlässe gewährt werden.

## Preispolitik

Die Aufgabe des **Yield-Managements** in der Systemgastronomie ist es, den durchschnittlichen Erlös pro Sitzplatz möglichst an den kalkulierten Preis pro Sitzplatz heranzuführen.

Um ein Yield-Management-System sinnvoll einsetzen zu können, z. B. im Bereich Catering, sollten die Betriebe einige charakteristische Merkmale aufweisen:
- Einem hohen Fixkostenblock stehen variable Kosten gegenüber, die kurzfristig nicht entscheidungsrelevant sind.
- Die angebotenen Leistungen verfallen bei Nichtabnahme, eine Nachlieferung ist nicht möglich.
- Die Nachfrage nach den angebotenen Leistungen ist wechselhaft und ungewiss.
- Die Leistungen werden von unterschiedlichen Zielgruppen nachgefragt.
- Die Leistung wird vor der Nutzung zur Buchung angeboten.
- Für dieselbe Leistung können unterschiedliche Preise verlangt werden.
- Es können für Leistungsklassen unterschiedliche Preise realisiert werden.

**Beispiel**

Fluggesellschaften haben einen hohen Fixkostenblock (z. B. Wartungskosten, Personal). Die mit der aktuellen Auslastung verbundenen variablen Kosten (Passagiergebühren am Flughafen) sind kurzfristig nicht entscheidungsrelevant. Nicht verkaufte Sitzplätze verfallen und können nicht deponiert werden. Airlines bieten mit Business-, First- und Economy-Class ihren Sitzplatz mit unterschiedlichen Leistungsmerkmalen an und können so auch unterschiedliche Preise realisieren.

Die **Einführung des Yield-Managements** kann sich in Anlehnung an den Deutschen Hotel- und Gaststättenverband in vier Schritten vollziehen (vgl. DEHOGA 1992–2):

### 1. Ermittlung der Gesamtnachfrage
Zusammenfassung nachfragerelevanter Informationen (z. B. Struktur und Nachfrageverhalten der Gäste); Ermittlung der voraussichtlichen Auslastung aus dem Geschäftsverlauf vorausgegangener Jahre sowie vorhersehbarer Ereignisse (Messen, Großveranstaltungen, Saison, Urlaubszeit).

### 2. Prognose
Auswertung der gewonnenen Daten und Informationen (Grundlage der Budgetierung aus prognostizierter Gästenachfrage und Kosten). Festlegung von Zeiträumen mit unterschiedlicher Auslastung; Kenntlichmachung der Zeiträume für Mitarbeiter (z. B. durch **Farbpunkte nach dem Ampelsystem**); Festlegung der kalkulierten Basispreise (Selbstkosten, variable Kosten sowie fixe Kosten und Deckungsbeiträge der Kostenträger müssen bekannt sein, um das Preisinstrument erfolgswirksam einzusetzen).

### 3. Durchführung
Mit fortschreitender Belegung kann eine „grün geschaltete Ampel" auf „Orange" bzw. auf „Rot" umschalten (Verkauf nur noch zu Preisen der jeweiligen Kategorie). „Ampelschaltung" in umgekehrter Richtung: Günstigere Preise (Gruppentarife u. a.) sind an den Tagen mit geringerer Auslastung anzuwenden.

### 4. Erfolgskontrolle
Controlling mittels Kennziffern (z. B. durchschnittlich erzielter Umsatz, Anzahl der belegten Plätze) gemessen. Gewonnene Erkenntnisse sind wichtige Informationen für die Budgetierung der nächsten Planperiode.

| Yield-Management Differenzierung nach dem „Ampelsystem" ||
|---|---|
| **Kategorie** | **Marktprognose Preisdifferenzierung** |
| Rot | ▶ Die Nachfrage übersteigt das Angebot: z. B. bei Messen, Hauptsaison<br>▶ Keine Preisdifferenzierung nach unten, evtl. Messepreise |
| Orange | ▶ Rege Nachfrage gewährleistet i. d. R. volle Auslastung der Restaurantkapazität<br>▶ Keine Preisnachlässe in dieser Zeit |
| Grün | ▶ Geringe Nachfrage<br>▶ Preisnachlässe erschließen zusätzliche Marktsegmente |

Die **Methoden des Yield-Managements** erfordern Konzentration der Verkaufsanstrengungen auf die Tage mit voraussichtlich geringer Auslastung. Geschulte Verkaufsmitarbeiter sollten das Instrument nicht nur selbstständig bedienen, sondern den Gästen die Preise erklären können. Hilfen zu einem ertragsorientierten Yield-Management bietet die Entwicklung von speziell auf den Unternehmenstyp abgestimmter Software.

Im Bereich der Systemgastronomie wird Yield-Management überwiegend in der Messe- und Stadion-(Arena-)Gastronomie angewendet.

| Forecast Grundprinzip des Yield-Managements |
|---|
| **Warum wird eine Kalkulation der Nachfrage benötigt?** |
| ▶ Erkennen des Marktes |
| ▶ Frühzeitiges Agieren auf den Trend |
| ▶ Individuelle Preisstrategie |
| ▶ Realisierungsfaktor des Budgets |
| ▶ Grundkomponente für Mitbewerbervergleiche |
| ▶ Effektives Sales & Marketing |

## 2 Preispolitik

### Gastorientierte Bonussysteme

Sie haben im Rahmen einer Unternehmenstagung als Tagungsgast bereits zum zweiten Mal im neuen Restaurant Green Paradise in der Innenstadt von München gespeist und sich dort sehr wohlgefühlt.

Beim Bezahlen definiert der Cateringmitarbeiter die einzelnen Abrechnungsposten der Rechnung

| | | |
|---|---|---:|
| 3 | Fitness-Büfett | 54,00 € |
| 3 | Catering | 57,00 € |
| | | 111,00 € |

und erklärt – noch bevor Sie die Rechnung begleichen:

**Wir beteiligen uns als bekannte System-Restaurant-Kette mit allen Green-Paradise-Restaurants an einem Double-Dipping-Bonussystem.**

**Haben Sie schon unsere neue Bonuskarte?**

Sie kennen das neue Bonussystem des Restaurant Green Paradise noch nicht und möchten es etwas genauer wissen…

---

Nachdem der Gesetzgeber im Sommer 2001 die fast 70 Jahre alten Gesetze zur Beschränkung von Rabatten und Zugaben aufgehoben hat, kann mithilfe der Rabattpolitik eines gastgewerblichen Unternehmens sofort oder später bei Vorliegen bestimmter Kriterien der einmal festgesetzte Preis durch die **Gewährung** von **Rabatten** in verschiedener Weise modifiziert bzw. herabgesetzt werden.

Rabatte stellen **Preisnachlässe** dar, um den Preis für bestimmte Leistungen, die mit dem Produkt in einem Zusammenhang stehen, im Einzelfall an die abnehmerspezifischen Nachfrage- und Kostenverhältnisse anzupassen. Der Einsatz der Rabattpolitik als ein **Mittel der preispolitischen Feinsteuerung** ist nur dann sinnvoll, wenn für die abzusetzenden Produkte (z. B. Speisen, Getränke, Serviceleistungen) ein eingeführter Preis besteht, von dem sich der Anbieter abheben möchte. Die neue Gesetzeslage erlaubt es bei eingeführtem Preis, neue Maßnahmen zu ergreifen, z. B. **Rabattkarten, Bonussysteme, höhere Preisnachlässe**, als bisher. Bei **Zugaben** können z. B. Umtauschgarantien, Zubehör oder „Paketpreise" („vier Mittagsgerichte zum Preis von drei Mittagsgerichten") gewährt werden.

In der Regel sollen mithilfe der **Rabattpolitik** folgende Ziele erreicht werden:

▶ Ausweitung der Nachfrage, dadurch bessere Kapazitätsauslastung,
▶ Erhöhung der Kundentreue,
▶ Steuerung des Reservierungsverhaltens,
▶ Bindung von gewerblichen Nachfragern,
▶ Schaffung von Preisspielräumen für den Geheimwettbewerb ohne Gefährdung des Preisimages sowie
▶ Sicherung von Verbundeffekten bei der Nutzung des Leistungsangebotes.

Da jede Rabattart eine bestimmte Funktion hat, muss die **Rabattpolitik** als wichtiges und wirksames **marketingpolitisches Instrument** betrachtet werden. Im Einzelnen können Rabattarten folgendermaßen unterschieden werden:

### 1. Zeitrabatte

Zu den Zeitrabatten gehören:
▶ Saisonrabatte,
▶ Einführungsrabatte,
▶ Auslaufrabatte.

**Einführungsrabatte** auf neue Produkte neuer gastgewerblicher Restaurants dienen dazu, möglichst schnell **Frühkunden** zu gewinnen, um die **Einführungsphase** der Produkte/der Marktsegmente zu **verkürzen**. Die Zielsetzung ist identisch mit der werbepolitischen Zielsetzung der Einführungswerbung.

Mithilfe von **Saisonrabatten** oder **Tageszeitrabatten** wird versucht, jahres- oder tageszeitliche Absatzschwankungen auszugleichen. **Auslaufrabatte** haben die Zielsetzung, möglichst schnell alte Produktbestände aus Lagern zu räumen.

### 2. Mengenrabatte

Bei Abnahme großer Mengen gewähren gastgewerbliche Betriebe (und Lieferanten) **Mengenrabatte** in unterschiedlicher Höhe als **Preisnachlass** (**Barrabatt** in Form eines prozentualen Abschlags) oder in Form **unentgeltlicher Produktabgaben** (**Naturalrabatt**, z. B. drei Kombigerichte zum Preis von zweien, zwei Happy-Hour-Getränke zum Preis von einem). Bemessungsgrundlage für Mengenrabatte (Rabattstaffelungen) kann die Menge pro Auftrag oder der Auftragswert bezogen auf eine Periode (i.d.R. ein Jahr) sein.

Zwecks Bindung gewerblicher Nachfrager an die Systemgastronomie können sogenannte **Company Rates** vereinbart werden. Es handelt sich dabei um **speziell** und **dauerhaft reduzierte Preisvereinbarungen**, die den Unternehmen exklusiv auf der Grundlage eines überdurchschnittlich hohen Umsatz- oder Reservierungsaufkommens innerhalb einer bestimmten Zeitspanne eingeräumt werden. Außerdem können Company Rates als **Treuerabatte** für Stammgäste auf der Basis langjähriger Geschäftsbeziehungen eingeräumt werden.

Die Rabattpolitik kann zur Steuerung von **Verbundbeziehungen** im Leistungsangebot genutzt werden. So besteht beispielsweise die Möglichkeit, die **Preise im Restaurant** und/oder **Tagungsräumen** über einen **definierten Rabattsatz** zu reduzieren, wenn sichergestellt wird, dass durch die Gäste im **Restaurantbereich** ein bestimmter **Mindestverzehr** sichergestellt werden kann (evtl. als Package-Preis).

Zielsetzung der unterschiedlichen Mengenrabatte ist eine Ausnutzung der Kosten- und Dispositionsvorteile, die sich durch die höheren Mengen je Auftrag und dadurch eine Erhöhung des Umsatzes ergeben.

**Bonusprogramme**
Als Variante der nichtlinearen Preisbildung durch Mengenrabatte (vgl. Sinmos 1995) gewinnen **Bonusprogramme** in Dienstleistungsunternehmen immer größere Bedeutung. Der **Bonus** enthält **Elemente** des Mengen- und **Treuerabatts**. Dem Gast (Kunden, Abnehmer) werden am Ende einer Periode oder bei Erreichen bestimmter absatz- oder umsatzbezogener Vorgaben (z.B. Auftragsvolumen in gastgewerblichen Betrieben, beanspruchte Kilometer/Meilen einer Airline) **kumulative Mengen-** und **Umsatzrabatte** für den insgesamt mit ihm realisierten Absatz bzw. Umsatz gewährt.

Die **gästeorientierten Bonuskarten** dienen vor allem dazu, die Gäste (oder Kunden) zu veranlassen, **Stammkunden des Systems** (Gastronomie, Airline, Tourismusunternehmen u.a.) zu werden und alle infrage kommenden Aufträge (Einkäufe, Restaurantbesuche u.a.) an das spezielle Unternehmen zu vergeben. Im Vordergrund steht also nicht der kurzfristige Umsatzeffekt, sondern der über die **Bindung des Gastes** zu erzielende **langfristige Partizipationseffekt**. Oftmals kann diese realisierte Umsatzsteigerung ohne oder nur mit **geringen zusätzlichen Kosten** erreicht werden, da **ungenutzte, kurzfristig** nicht **veränderbare Kapazitäten** (z.B. Personal, Restaurantplätze, Sitzplätze im Flugzeug) ausgelastet werden.

Insbesondere großen, umsatzstarken Systemen ist es möglich, nicht nur individuelle Bonussysteme einzuführen, sondern neben der Vergabe von Bonuspunkten für Umsatz im Hinblick auf eine verstärkte Gästebindung auch mit anderen Unternehmen zu kooperieren. Dem Gast wird auf diese Weise die Kombination und individuelle Nutzung von **Spezial-Bonusprogrammen** eröffnet.

Zum Teil werden diese Bonusprogramme nur Geschäftskunden eingeräumt. In diesem Fall liegt eine kombinierte Anwendung **personenbezogener Preisdifferenzierung** und **nichtlinearer Preisbildung** vor. So wird den Firmenangehörigen, auch auf der Basis gegenseitig vereinbarter Konditionen, von der Systemgastronomie **Bonus** unter Berücksichtigung einer **Anzahl von Mindestreservierungen pro Zeiteinheit** gewährt.

### 3. Funktionsrabatte

Wie im Handel (Groß- und Einzelhandel) wird auch in der Systemgastronomie vom Hersteller zur Wahrnehmung der von ihm übernommenen Funktionen eine angemessene Vergütung in Form von Funktionsrabatten (Stufenrabatte) gewährt. Mithilfe der Rabatte will der Hersteller seine Leistungsfähigkeit sichern und eine langfristige (oft existenzsichernde) Verbindung zum Abnehmer, z.B. der Systemgastronomie herstellen.

Zu den **Funktionsrabatten** zählen auch **Barzahlungsrabatte** oder **Skonti**. Zielsetzung ist es, den Käufer zu einem Verzicht auf die Kreditfunktion des Lieferanten zu veranlassen.

### Aufgaben

1. Stellen Sie eine Liste mit Vorschlägen auf, wie eine Wareneinsatzquote reduziert werden kann.
2. Das Büfett „Sportdreams" ist der Renner im Restaurant „Green Paradise"! Welche Art der Preiskalkulation ermöglicht Ihnen eine Beurteilung des Gewinns bei diesem Produkt?
3. Wie lässt sich mithilfe einer retrograden Kalkulation auf Teilkostenbasis (Deckungsbeitragsrechnung) der Gewinn im F&B-Bereich ermitteln?
4. Was verstehen Sie unter dem Begriff „Preisobergrenze"?
5. Welche Fragestellung verfolgt Target Costing (Zielkostenrechnung)?
6. Preisdifferenzierung liegt vor, wenn ein Systemanbieter mit unterschiedlichen Preisen für die gleiche Leistung in unterschiedlichen Marktsituationen offeriert. Differenzieren Sie sechs Möglichkeiten der Preisdifferenzierung und nennen Sie für jede Möglichkeit drei Beispiele.
7. Rabattpolitik wird als wichtiges und wirksames marketingpolitisches Instrument betrachtet, bei der jede Rabattart eine bestimmte Funktion hat. Differenzieren Sie die drei Rabattarten und nennen Sie für jede Rabattart zwei Beispiele.

# 6.4 Kommunikationspolitik

### Situation

Im Rahmen Ihrer Ausbildung wird für Sie und fünfzehn weitere Auszubildende der Restaurant Green Paradise GmbH & Co KG in der Zentrale in Hannover ein Kommunikationstraining durchgeführt.

Einführend liest Ihnen der Marketingleiter die folgende Geschichte vor:

14. August 2010, Montagabend.

Alexander hat sich mit knurrendem Magen gerade ins Internet eingeklinkt. Routiniert ruft er die Gastronomieangebote auf, die an diesem Abend verfügbar sind. Soll er sich nun per Knopfdruck schnell einen Bacon-Burger mit Pommes kommen lassen oder ein paar Käsekrainer aus diesem neuen „Wiener-Würstl"-Laden?

Alternativ lockt auf dem Bildschirm das individuelle Pizza-Angebot von „Enzo" unten an der Ecke, bei dem die Zutaten für den Hefe-Fladen nach Wunsch nur einfach mit der Maus anzuklicken sind. 20 Minuten später könnte Alexander die Pizza unten im Lokal ohne lästige Wartezeit frisch aus dem Ofen entgegennehmen und sie an der Bar essen. Oder, falls ihn die Ausgehlust dann richtig packt, nebenan ins „Sogno Italiano" gehen. Massimo hat dort mit allen Mitteln von Multimedia den Traum vom wärmehungrigen Bundesbürger an ungemütlichen Regenabenden inszeniert – und dieser Traum lässt sich in 30 anderen Städten im „Sogno Italiano" bei ähnlichem Ambiente verwirklichen. Vielleicht würde Alexander aber hier im „Sogno" das hübsche Girl wiedertreffen, das ihm neulich schon so gut gefallen hat. Mmh…

Drei Tage später fährt Alexander mit Freunden aufs Land. Alle Technik ist vergessen. Stattdessen Besuch auf dem Erlebnis-Bauernhof. Alexander verbringt den frühen Abend zwischen Melkschemeln und Kühen in der Hoffnung auf ein frisches Glas Milch. Danach hilft er gemeinsam mit den anderen Gästen beim Kochen und genießt schließlich an einem langen Bauerntisch sein Abendessen. Garantiert naturbelassen und gesund …

Nachdem im Rahmen des Kommunikationstrainings eine rege Diskussion über zukünftige Trends (vgl. Trendanalyse) in der Systemgastronomie stattgefunden hat, erteilt Ihnen der Marketingleiter der Restaurant Green Paradise GmbH & Co KG folgenden Projektauftrag für das einwöchige Kommunikationstraining:

1. Erstellen Sie in drei Marketing-Projektteams ein neues zukunftsorientiertes Werbekonzept für das „Green Paradise".
2. Orientieren Sie sich bei der Erstellung des neuen Werbekonzepts an den Lerninhalten des Kapitels 5.4. Kommunikationspolitik.
3. Berücksichtigen Sie bei der Konzeption mögliche Megatrends.
4. Verteilen Sie die Aufgaben gleichmäßig auf alle Teammitglieder.
5. Berücksichtigen Sie bei der Erstellung eines neuen Marketingkonzepts alle internen und externen Werbemaßnahmen (vgl. Werbekonzept).
6. Alle Teammitglieder sind aktiv an der Präsentation beteiligt.
7. Jeden Morgen erfolgt eine Projektbesprechung mit allen Projektteams, um mögliche Unklarheiten oder Probleme der Informationsbeschaffung zu besprechen.
8. Präsentieren Sie das neue Werbekonzept nach Beendigung der Projektarbeit allen Projektteams.
9. Berücksichtigen Sie bei der Präsentation Grundsätze des Methodenwechsels und die unterschiedliche Werbewirksamkeit der von Ihnen verwendeten Medien.
10. Ich wünsche Ihnen und den von Ihnen selbst gebildeten Projektteams viel Erfolg bei Ihrer Arbeit.

### … Was will er nun, der zukünftige Gast?

Technischen Schnickschnack, durchdachte System-Events oder Natur pur? Multimedia oder simples Ess-Erlebnis? Die Antwort ist einfach. Er will vieles und noch weitaus mehr. Aber jede Form der Kommunikation zu seiner Zeit. Ein Gast ist verschiedenartig und wechselhaft wie das berühmte Fähnchen im Wind!

**Kommunikationspolitik** heißt heute, in größeren Zusammenhängen gastorientiert und ganzheitlich denken. Es bedeutet Nachdenken über Zusatzverkäufe, über Erlebnis und Animation beim Essen und Trinken. Der Gast künftiger Jahre wünscht mit einbezogen zu werden in Speisenproduktion und -präsentation, Events, Aktionen und Rahmenprogramme der Systeme. In einer Welt der Informationsflut ist der konzentrierte Einsatz außergewöhnlicher Ideen bei der Kommunikationsmix-Planung gefragt.

In der Literatur wird unter **Kommunikationspolitik** der bewusste und geplante Einsatz aller Instrumente verstanden, die als Träger für Informationen eines Unternehmens eingesetzt werden können. Beeinflussbar sind die Einstellungen der Gäste und ihre Vorstellung und Beurteilung des Systemangebots. Eine differenzierte **Einteilung der kommunikativen Marketinginstrumente** umfasst u. a. die folgenden Bereiche und Maßnahmen:

## Kommunikationspolitik 2

| Kommunikative Marketinginstrumente ||| 
| Marketingstrategie | Definition | Marketinginstrumente |
| --- | --- | --- |
| → 1. Advertising (Absatzwerbung) | **Klassische Absatzwerbung:** absichtliche und zwangsfreie Beeinflussung der Zielgruppe | • Werbeziele<br>• Werbearten<br>• Werbeobjekte und -subjekte<br>• Werbemittel<br>• Werbeträger<br>• Werbebudget |
| → 2. Direct Advertising (Direktmarketing) | **Direktmarketing:** Unmittelbare, individuelle Ansprache von Zielpersonen, die darauf im Gegensatz zur klassischen Werbung **direkt** oder **indirekt** reagieren können. **Direktwerbung** umfasst alle im Direktmarketing eingesetzten Medien **außer** dem Direktverkauf (Personal Selling) | • Unadressiertes Direktmarketing (Handzettel, Prospekte, Produktproben, Postwurfsendungen u. a.)<br>• Adressiertes Direktmarketing (Direct Mailings, Faxwerbung, Speisenkarten u. a.)<br>• Telefonmarketing (aktiv und passiv), Teleshopping<br>• Flyer, Displays, Katalogmarketing (Speisenkarten)<br>• Klassische Druckmedien (Zeitungen, Zeitschriften, Außenwerbung (Plakate)<br>• Elektronische Medien (Fax, TV, Video, Internet u. a.) |
| → 3. Personal Selling (Persönlicher Verkauf) | **Persönlicher Direktverkauf:**<br>– verkaufsanbahnende,<br>– verkaufsdurchführende und<br>– verkaufsergänzende Tätigkeiten | • Verkaufsanbahnung<br>• Verkaufsdurchführung<br>• Gastorientierte Verkaufsergänzung: Kundenberatung und Information<br>• Verkaufsverhandlungen<br>• Einwandbehandlung<br>• Aktiver und passiver Telefonverkauf<br>• Beschwerdebehandlung |
| → 4. Salespromotion (Verkaufsförderung) | **Verkaufsförderung:** Gesamtheit der Maßnahmen zur Verkaufsstimulierung, d. h. **Out-House-Promotion**, außerbetrieblicher Einsatz durch Verkaufsförderungsmaßnahmen, Absatzhelfer (z. B. Gäste des Hauses) <br><br>sowie Salespromotion mit Koordinationsfunktion: Werbung und Verkauf am POS (Point of Sale) <br>**In-House-Promotion:**<br>– persönlich<br>– sachlich (Merchandising)<br>– Aktionen | **Pullmaßnahmen** = Salespromotion<br>– Produktpromotions<br>– Verkaufspromotions<br>– Gästepromotion<br>• Gutscheine mit Preisnachlässen<br>• Preisausschreiben<br>• Modenschauen<br>• Verkaufs- und Werbebriefe<br><br>**Pushmaßnahmen** = Merchandising<br>• Displaymaterial<br>• Anzeigen<br>• Preisauszeichnungen |
| → 5. Public Relations (Öffentlichkeitsarbeit) | **Öffentlichkeitsarbeit:** Aufbau und Pflege eines in der Öffentlichkeit positiv und glaubwürdig wirkenden Umfeldes | • Informationswesen<br>• Pressearbeit<br>• Pflege der Medien<br>• Eigenveranstaltungen, Imagewerbung<br>  Gästebetreuung |
| → 6. Corporate Identity (Unternehmensidentität) | **Corporate-Identity-Politik:** unternehmensspezifische Identität, dadurch Identifizierbarkeit für Öffentlichkeit und Mitarbeiter durch eindeutige Positionierung eines einheitlichen Erscheinungs- und Verhaltensbildes nach innen und außen | • Corporate Design (Erscheinungsbild)<br>• Corporate Communications (Kommunikation)<br>• Corporate Behaviour (Verhalten) |
| → 7. Sponsoring (Finanzierung von Werbung durch Sponsoren) | **Sponsoring:** Zuwendung von Finanz-, Sach- und/oder Dienstleistungen von Personen/Unternehmen gegen Gewährung von Rechten zur kommunikativen Nutzung auf Basis vertraglicher Vereinbarungen | Sponsoring ist aus Sicht des Sponsors ein Kommunikationsinstrument, aus Sicht des Gesponserten ein Finanzierungsinstrument:<br>• Sportsponsoring (z. B. Bandenwerbung, Logo, Titel)<br>• Kultursponsoring (z. B. Kunst, Musik, Literatur)<br>• Produktsponsoring (z. B. Brauereien, ADAC)<br>• Sozio-Sponsoring (z. B. Spendenaufrufe, Geldleistungen, Stiftungen)<br>• Umweltsponsoring (z. B. McDonald's: offizieller Sponsor des UN-Umweltprogramms) |
| → 8. Product-Placement (Produktintegration) | Gezielte entgeltliche **Platzierung** eines Markenartikels als Requisit (in artfremden Zusammenhängen) in Medien | • VW-Käfer und Coca-Cola<br>• BMW Z3 in James Bond „Golden Eye" |

## 2 Kommunikationspolitik

Die folgende **Kommunikationsformel** ist bei jeglicher Art der Kommunikationsgestaltung anwendbar und verdeutlicht den Kommunikationsprozess:

| → Wer | Systemgastronomie Werbeagentur |
|---|---|
| → sagt was | Werbeinhalt, Botschaft |
| → wann? | Günstigster Werbezeitpunkt |
| → zu wem? | Entsprechende Zielgruppe |
| → wo? | Medien, Werbeträger, im Outlet |
| → wie? | Werbemitteleinsatz (meistens kombiniert) |
| → mit welchen Mitteln? | Gastorientierter aktiver Verkauf, Werbebudget |
| → mit welcher Wirkung? | Kommunikationserfolg: Kauf, Image, Einstellungen |

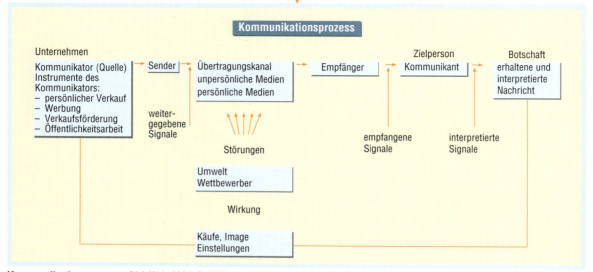

**Kommunikationsprozess** (Vgl. Weis 2004, S. 448)

Das eingesetzte **Kommunikationsmix** ist auf gastorientierte Verkaufsziele ausgerichtet:

▶ Gewinnung der **Aufmerksamkeit**

▶ Information über das **Systemangebot**

▶ Aufbauen und Erhalten eines positiven Images in der **Öffentlichkeit**

▶ Erhöhung des **Bekanntheitsgrades**

▶ Erhaltung des **Vertrauens**

▶ Verstärkung der **Handlungsabsicht** (Kauf, Verkauf)
Auslösung einer **Handlung** (Kaufvertrag)

▶ **Bestätigung** dieser Handlung (positive Resonanz, langfristige Wirkung)

▶ Unverwechselbare **Profilierung** gegenüber den Mitwettbewerbern

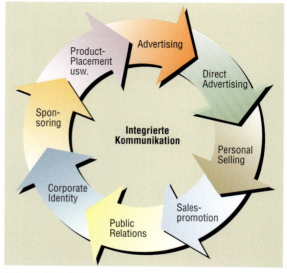

(Vgl. Weis 2001, S. 361)

# 1. Werbung

▶ Innerhalb der nächsten zwölf Monate sollen im Großraum Berlin alle Firmen mit mehr als 50 Mitarbeitern über das Büfett Sportdreams in den Berliner Filialen des „Green Paradise" informiert werden.

▶ Im Laufe der nächsten zwölf Monate sollen alle Kinder im Alter von 8–14 Jahren erfahren, dass im „Green Paradise" preiswerte und lustige Geburtstagspartys mit Unterhaltungsprogramm und Clown stattfinden.

Die unterschiedlichen Erscheinungsformen von **Werbung** werden durch die folgende Definition (Schweiger-Schrattenecker 1995, S. 9) deutlich:

▶ ... „Werbung kann verstanden werden als ein kommunikativer Beeinflussungsprozess mithilfe von (Massen-)Kommunikationsmitteln in verschiedenen Medien, der das Ziel hat, beim Adressaten marktrelevante Einstellungen und Verhaltensweisen im Sinne der Unternehmensziele zu verändern."

Diese allgemein gültige Interpretation des Begriffs „Werbung" wird nach Weis durch die Definition von **Absatzwerbung (Advertising)** ergänzt, die für dieses Kapitel zugrunde gelegt wird:

▶ Sie besagt, „... dass Werbung eine Kommunikationsform ist, die unpersönlich und in räumlicher Distanz vom Verkaufsort durchgeführt wird und sich auf ein Produkt oder auf eine Gruppe von Bedürfnissen und Produkten bezieht".

**Streuverluste** müssen deshalb (in Abhängigkeit von der/den Zielgruppe/n) berücksichtigt werden.

Die folgende Tabelle bestätigt, dass je nach Standpunkt unterschiedliche Vor- und Nachteile der Werbung aus Verbraucher- und Unternehmersicht relevant sein können:

| Werbung aus Verbraucher- und Unternehmersicht ||
|---|---|
| **Vorteile** | **Nachteile** |
| • Steigerung der Markttransparenz | • Verunsicherung durch Informationsüberflutung |
| • Erhöhung des Angebotes | • Preiserhöhungen infolge hoher Werbungskosten |
| • Zeitgewinn bei der Produktinformation | • Erhöhung der Kaufunsicherheit |
| • Preissenkung infolge hoher Produktionsmengen | • Stabilisierung etablierter Systeme |
| • Verringerung der Kaufunsicherheit der Kunden | • Einschränkung von Nutzungsalternativen |
| • Kennenlernen neuer Systemkonzepte | • „Verführung" zu überflüssigem Konsum |
| • Erschließung neuer Nutzungsalternativen | • „Fehlinformationen" |
| • Zielgruppenorientierte Ansprache | • Übervorteilung durch Manipulation |
| • Senkung der Produktionskosten je Einheit | • Bedeutung des Preises sinkt |
| • Marktsegmentierung | • Probleme bei der Preisflexibilität |
| • Zielgruppenorientierung | • Segmentierungsprobleme |
| • Qualitätsförderung | • Höhere Produktrisiken |
| • Erleichterung der Einführung neuer Produkte | |

## a) Werbeziele

Werbeziele sind Orientierungshilfen für Werbemaßnahmen und dienen der Umsatz- bzw. Gewinnmaximierung. Sie sind hierarchisch geordnet in **generelle Werbeziele** (z. B. Markteinführung, -expansion oder Markterhaltung), von denen sich **spezielle Werbeziele** ableiten, z. B. Informationsverbesserung, Imagegewinn, Verkaufsaktionen.

Nach Koordination der Werbeziele des Systems erfolgt eine Gesamtaufgabenstellung: das **Briefing**. Es dient allen am Werbeprozess Beteiligten als Orientierungsrahmen und Arbeitsrichtlinie. Das Briefing wird schriftlich erstellt und enthält detaillierte Informationen zur Marketing- bzw. **Werbekonzeption**. Entscheidend ist, dass die im Briefing aufgeführten **Werbeziele messbar** (→ Marketingcontrolling), **eindeutig formuliert** (Vergleichsmaßstäbe, Gültigkeitsdauer), **realisierbar** im Rahmen des Systems sind und sich an **aktuellen** Entwicklungen und Informationen des Marktes/des Systems orientieren. Dadurch entsteht eine eingebundene Grobplanung, die ständige Rückkopplungen zulässt.

## 2 Kommunikationspolitik

| Werbeziele | |
|---|---|
| **Bekanntmachung von Produkten/Dienstleistungen** | **Stärkung des Vertrauens in Produkte/Dienstleistungen** |
| ▶ Markteinführung: Produkteinführung, Neueröffnung | ▶ Wecken von Bedürfnissen |
| ▶ Markterhaltung: Erhaltung des Bekanntheitsgrades, Sicherung des Umsatzes | ▶ Imageverbesserung des Produktes bei Zielgruppe |
| | ▶ Schaffung von Präferenzen für das Produkt im Vergleich zu Konkurrenzprodukten |
| ▶ Marktexpansion: Erhöhung von Bekanntheitsgrad, Absatz, Umsatz und Gewinn | ▶ Überwindung von Vorurteilen |
| ▶ Schaffung einer UAP (Unique Advertising Proposition) | ▶ Vermeidung von Dissonanzen nach Kauf |
| **Information über Produkte/Dienstleistungen** | ▶ Beschwerdemanagement |
| ▶ Verbesserung des Informationsstandes: Funktion des Produktes bzw. der Dienstleistung | ▶ Gästebindung an Produkt/System/Unternehmen |
| | **Unterstützung der Absatzchancen des Angebots** |
| ▶ Information über Änderung der Vertriebslogistik | ▶ Schaffung einer USP (Unique Selling Proposition) |
| ▶ Bekanntmachung von Preisänderungen | ▶ Argumentationshilfen bei Kaufentschluss |
| ▶ Produktdifferenzierung durch Aktionsplanung u. a. | ▶ Senkung der Logistikkosten für das Angebot |
| | ▶ Zielgerichtetes Timing der Werbung |

Um die Werbewirkung überprüfbar zu machen, werden kommunikative Werbeziele aufgestellt. Die Erreichung einer Wirkungsstufe ist jeweils die Voraussetzung für die nachfolgende Wirkungsstufe. Um den erhofften Werbeerfolg zu erzielen, darf die Wirkungskette nicht unterbrochen werden: Das bekannteste Modell der Werbewirksamkeit ist das **AIDA-Modell**:

▶ **Attention**
Aufmerksamkeit des Gastes auf die Werbebotschaft lenken, damit diese wahrgenommen werden kann,

▶ **Interest**
Wecken von Interesse für die Werbebotschaft mithilfe des Inhalts einer Information,

▶ **Desire**
Entstehen eines Bedürfnisses, dem Wunsche nach der Leistung mithilfe der Werbebotschaft,

▶ **Action**
Handlung, Aktion in Form eines Kaufes und/oder einer Weiterempfehlung.

**Praxistipps**

**3-K-Regel**
▶ Kontinuierlich (regelmäßig) werben
▶ Konzentriert (auf wenige Maßnahmen und Medien fokussiert) werben
▶ Konsequent (langfristig gleichbleibende Gestaltung, Bekanntes und Vertrautes vermitteln)

**2-Sekunden-Regel**
Dem Betrachter müssen innerhalb von zwei Sekunden die wichtigsten Werbeaussagen vermittelt werden.

**b) Werbeetat**

Bei der Festlegung des Werbeetats haben sich unterschiedliche Methoden entwickelt.

Um den **Werbeetat** nach Werbezielen festzulegen, sind die folgenden Maßnahmen erforderlich:

▶ Auswahl der Zielgruppe

▶ Festlegen der Werbebotschaft

▶ Auswahl: Werbemittel (Medien: Zeitungen, TV u. a.)

▶ Auswahl: Werbeträger (Streumedien)

▶ Festlegen des befristeten Werbezeitraums

▶ Festlegen des Werbegebietes

In der Praxis wird das **Festlegen des Werbeetats** beeinflusst durch

▶ den Umsatz des Unternehmens,

▶ die Konkurrenzsituation,

▶ die Werbeziele (bei Einführungswerbung ist der Werbeaufwand höher als bei Erhaltenswerbung).

## Kommunikationspolitik

| Ausgabenorientierte Methode | Prozentsatzmethode | Konkurrenzorientierte Methode | Ziel- und Aufgabenmethode |
|---|---|---|---|
| Höhe des Etats ergibt sich aus dem Gewinn der abgelaufenen Periode. | Höhe des Etats wird als Prozentsatz von Umsatz, Gewinn usw. bestimmt. | Höhe des Werbeetats richtet sich nach vergleichbaren Konkurrenzunternehmen. | Höhe des Etats wird nach den angestrebten Werbezielen festgelegt. |
| Beide Methoden weisen eine Reihe ähnlicher **Nachteile** auf:<br>▶ Nichtberücksichtigung des Ziels der Periode,<br>▶ prozyklische Wirkung und Verstärkung von Nachfrageschwankungen,<br>▶ mangelnde Berücksichtigung aller Instrumente des Marketing-Mix. | | **Nachteile**<br>▶ Eigene Marktsituation/ Liquiditätssituation bleibt unberücksichtigt.<br>▶ Keine Orientierung an eigenen Marketing/Werbezielen. | Einzige logische und einwandfreie Methode zur Festlegung eines Etats.<br><br>Sie erfordert allerdings eine präzise Festlegung von Werbezielen. |

**Praxistipps**

▶ Wie hoch sind die Kosten?
▶ Wie frühzeitig wird das Werbebudget geplant?
▶ Sind die Kosten vom Unternehmen vorgegeben oder besteht Handlungsspielraum?

In Abhängigkeit von der konkreten Situation schwankt der Anteil gastgewerblicher Werbungskosten zwischen 0,2 und 10 Prozent. Unternehmen der Systemgastronomie wenden selten weniger als 2,5 Prozent des Umsatzes für Werbung auf, nach „Werbepausen" mindestens 3,5 bis 4 Prozent, oft deutlich mehr. Dies bedeutet bei einem Umsatz von 1 100 000 € pro Jahr Werbungskosten in Höhe von 27 500 €– 44 000 €.

### c) Werbebotschaft

Die **Werbebotschaft** macht Aussagen über das Leistungsangebot des Systems; sie ist eine „werbend publizierte Information". Die inhaltliche Aussage und Umsetzung der Werbebotschaft über die Zielsetzung/das Leistungsangebot kann mithilfe unterschiedlicher Gestaltungselemente erfolgen (Worte, Bilder, Musik, Farben, Tonality u. a.). Die **Gestaltungselemente** sollten stets so eingesetzt werden, dass die Zielgruppen

▶ einen objektiven (d. h. sachlich nachvollziehbaren) oder subjektiven (d. h. psychologisch Prestige versprechenden) Nutzen (**Consumerbenefit**) erkennen,
▶ eine Begründung (**Reason why**) für die Einzigartigkeit der Nutzenbotschaft erhalten und
▶ die Botschaft in der entsprechenden Atmosphäre (**Tonality**) empfangen können.

**Praxistipps**

▶ Was ist die Werbebotschaft?
▶ Woran soll man sich erinnern?
▶ Wollen Sie an Bekanntes erinnern oder über Neues informieren?

Werbebotschaft: „Tempo", „Schnelligkeit"  Werbebotschaft: „Frische"

### d) Werbemittel und -träger

Ein **Werbemittel** ist die objektivierte und konkretisierte Ausgestaltung einer Werbebotschaft. Ihrer Art nach werden sie z. B. unterschieden in visuelle (schriftliche und bildliche), akustische (rhetorische und musikalische), olfaktorische (Geruchssinn beeinflussende), geschmackliche und in haptische (Tastsinn ansprechende) Werbemittel. Sie können über einen **Werbeträger** (Medien der Werbestreuung, z. B. Personen, Sachen oder Programme), die die Übermittlung des Werbemittels zum Werbesubjekt (den entsprechenden Zielgruppen) bewirken, vermittelt werden.

Da in der Systemgastronomie die Entscheidung für Werbemittel und Werbeträger in der Regel gemeinsam zu fällen ist, werden hier beide zusammen behandelt:

Bei der Auswahl der Werbeträger sind folgende Kriterien zu beachten (vgl. Weis 2001, S. 457):

- Werbeträger und Werbemittel sind weitgehend aneinandergekoppelt.
- Werbeträger beanspruchen den größten Teil des Werbeetats.
- Werbeträger bestimmen weitgehend Gestaltung und Inhalt der Werbebotschaft.
- Werbeträger erreichen eine nach Segmenten (Größe/Struktur) festgelegte Zielgruppe.
- Werbeträger haben bestimmte Erscheinungshäufigkeiten, die Einsatz und zeitliche Dauer bestimmen.

**Internetwerbung** hat zwar die größten Steigerungsraten aller Werbeträger, trotzdem erreicht der Werbeumsatz noch nicht ganz die Höhe anderer Werbeträger, was aber die Bedeutung des Mediums Internet für die Werbung nicht schmälert.

Die Auswahl der idealen Werbeträger erfolgt durch eine **Mediastrategie**, d.h. ein Gesamtkonzept des gezielten Einsatzes von Werbemitteln.

Für die Unternehmen der Systemgastronomie ist es zweckmäßig, die Daten für eine Mediaselektion aus den auf dem Markt vorhandenen Mediaanalysen zu entnehmen, z.B. Media-Analyse (MA), Verbraucher-Analyse (VA) oder Allensbacher Werbeträger-Analyse (AWA). Hilfreich sind allerdings auch gezielte Gästebefragungen und -analysen der Systeme, selbst in den verschiedenen Restaurants und Outlets.

### Praxistipps

Prüfen Sie anhand der folgenden Checkliste, wie in Ihrem Betrieb mit dem Thema Werbung umgegangen wird:

- Welche Kommunikationsmittel verwenden Sie?
- Wird mit einer externen Firma zusammengearbeitet?
- Welche Werbemaßnahmen werden intern und welche extern erledigt?
- Wer übernimmt die Werbeaufgabe?
- Wer formuliert die zu erreichenden Ziele?
- Wer liefert Ideen für die Werbung?
- Gibt es ein taugliches Werbekonzept oder nur Einzelideen?
- Wer gestaltet die Werbemittel?
- Wer sucht das Bildmaterial aus?
- Wer fotografiert?
- Wer schreibt die Texte?
- Wer gestaltet den einheitlichen Auftritt?
- Wer holt Offerten ein und vergleicht die Angebote?

### e) Werbetiming

Bei der Entscheidung im Hinblick auf den **Werbezeitraum** müssen die Werbeziele, die Zielpersonen und die allgemeine Wirtschaftssituation berücksichtigt werden:

| Werbetiming | |
|---|---|
| **Arten** | **Bedeutung** |
| → Prozyklisch | • Werbung im Saisonrhythmus<br>• Bei > Umsatz mehr Werbung<br>• Bei < Umsatz weniger Werbung |
| → Antizyklisch | • Werbung entgegen der Saison<br>• Bei > Umsatz weniger Werbung<br>• Bei < Umsatz mehr Werbung |
| → Einmalig | • Einmalige, zeitlich begrenzte, intensive Werbeaktion |
| → Massiert | • Einmalig besonders starke Werbung, dann immer geringere Werbung |
| → Intermittierend | • Kurze, intensive Werbeaktionen in unregelmäßigen Abständen |
| → Kontinuierlich | • Werbung regelmäßig verteilt auf mehrere Zeitpunkte (pro Tag, Woche, Monat) |
| → Pulsierend | • Saisonal stärkere Werbung, außerhalb der Saison geringere Werbung |

Von zeitlicher Bedeutung ist bei den einzelnen Werbemaßnahmen
- die Dauer oder der Umfang der Werbeaktion, hier geht es z.B. um die Größe der Anzeige oder die Dauer des Fernsehspots, sowie
- die Häufigkeit, mit der z.B. ein TV-Spot oder Hörfunk-Spot wiederholt wird (einmal, zweimal, dreimal oder mehr).

In großen Unternehmen wird der kommunikative Erfolg z.T. kostenintensiv mit unterschiedlichen Verfahren (z.B. Recognitiontests = Wiedererkennungstests, Recalltests = Erinnerungstests) durchgeführt.

Die folgende Darstellung zeigt Vergleiche zur Entwicklung der Erinnerungswerte aus einer Werbeaktion (vgl. **I**), die über drei Monate lief und bei der Zielpersonen einen Kontakt pro Woche hatten, mit Zielpersonen, die über 52 Wochen alle 4 Wochen (vgl. **II**) einen Kontakt mit der Werbebotschaft hatten.

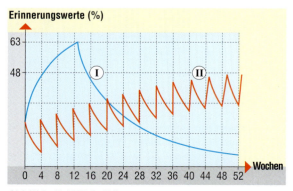

(Vgl. Weis, H. 1997, S. 408)

Die Wirkungskurven sprechen grundsätzlich für eine gleichmäßige Streuung der Werbemittel im Zeitverlauf.

Das Problem der Verteilung der Werbung im Zeitverlauf stellt sich besonders, wenn saisonale Einflüsse wirksam werden. Allgemein lässt sich für Deutschland eindeutig ein **saisonales Werbeverhalten** nachweisen. Die Werbeaufwendungen zeigen deutliche Höhepunkte im Frühjahr/Vorsommer und zum Jahresende. In der Systemgastronomie treten **Auslastungsschwankungen** nicht nur saisonbedingt, sondern – je nach Betriebsart – innerhalb relativ kurzer Zeitspannen auf, z. B. das „Wochenendloch" im innerstädtischen Bereich oder „tote Stunden", abhängig vom jeweiligen System. Entsprechende **Werbemaßnahmen** werden deshalb besser **prozyklisch** bzw. **antizyklisch** gegliedert.

**Praxistipps**

▶ Welchen Zeitpunkt wählen Sie für Ihre Werbung?
▶ Wollen Sie Erinnerungswerbung oder Einführungswerbung betreiben?
▶ Wie oft werben Sie? Einmal, in bestimmten Zeitabständen oder zu bestimmten Anlässen?

### f) Werbedurchführung

Ziel der werblichen Äußerung ist die Profilierung des Systems in der Öffentlichkeit. Darum muss jede Werbung mit der Vision und den Zielen der Unternehmensstrategie übereinstimmen. Für die Werbedurchführung bieten sich unterschiedliche Möglichkeiten an:

▶ Werbeaktionen werden zentral in der Systemzentrale für alle Restaurants/Outlets durchgeführt –

▶ Werbeaktionen werden dezentral in den Restaurants/Outlets vor Ort geschaltet –

▶ Werbeaktionen werden z. B. zentral im System, z. T. durch Werbeagenturen durchgeführt oder

▶ die werbenden Systeme in der Gastronomie übergeben die Werbedurchführung grundsätzlich einer Werbeagentur.

Die Werbeaktionsdurchführung verläuft in vielen gastgewerblichen Systemen überwiegend nach dem folgenden Grundmuster eines möglichen Marketingkonzepts:

**Praxistipps**

▶ Wie setzen Sie Ihre Werbebotschaft um?
▶ Welche Ausdrucksmittel (Fotos, Farben, Blumen, Musik u. a.) möchten Sie einsetzen?
▶ Weckt die Werbebotschaft genügend Interesse?
▶ Welche Kommunikationsmittel (Massenwerbung, Direktwerbung ... vgl. 5.4) werden für Ihre Werbemaßnahme präferiert?
▶ Wie ist die Reaktion Ihrer Mitarbeiter/der Gäste auf die Werbung?

### g) Werbeerfolgskontrolle

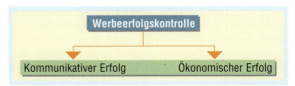

Die Werbeerfolgskontrolle soll feststellen, inwieweit die Werbeziele die definierten Zielgruppen erreicht haben. Der kommunikative Werbeerfolg hängt vom Werbeziel ab und gibt den Grad der Aufmerksamkeit und der Wirkung an, den die Werbung erfährt.

## 2 Kommunikationspolitik

| Werbeerfolg | |
|---|---|
| **Kommunikativer Erfolg** | **Ökonomischer Erfolg** |
| → Werbeaufmerksamkeit<br>→ Werbekontakt<br>→ Werbekontakt<br>→ Kaufabsicht | • Werbebedingter Umsatz<br>• Werbebedingter Gewinn (Differenz zwischen dem durch Werbung erzielten Umsatz und den entstandenen Werbekosten) – oder als Formel ausgedrückt:<br>    werbebedingter Umsatz ($U_w$)<br> – werbeloser Umsatz ($U_{ow}$)<br>   ──────────────<br> = Umsatzerfolg der Werbung ($U_e$) |

In der Praxis lässt sich der Beitrag der Werbung am Umsatz und Gewinn oft schwer messen, da andere Marketinginstrumente, Änderungen der Kaufkraft, der Außenwert der Währung, Gesetzesänderungen, Änderungen der Infrastruktur oder das Auftreten von Konkurrenz als Faktoren den Werbeerfolg beeinflussen.

In vielen Betrieben der Systemgastronomie wird die Werbewirksamkeit (**Mitteleinsatz = Input**) mithilfe der telefonischen/schriftlichen unmittelbaren Antworten, Gästebefragungen sowie der Umsatzzahlen (Verhältnis zum erzielten **Werbeertrag = Output**) gemessen.

### Praxistipps

- ▶ Wie groß ist die Aufmerksamkeitswirkung (rationale und emotionale Reize) des Werbemittels?
- ▶ Wie groß ist die Erinnerungswirkung?
- ▶ Wie ist die Vorstellungs- und Überzeugungswirkung im Hinblick auf Image und Einstellungen?
- ▶ Wie hoch ist die Bedürfniswirkung (Kaufverhalten)?
- ▶ Wie hoch ist die Informationswirkung (Bekanntheitsgrad)?
- ▶ Wie hoch ist die Informations-Weitergabewirkung?
- ▶ Wie hoch ist die Kaufwirkung?
- ▶ Wie hoch ist die Umsatzwirkung?
- ▶ Wie hoch ist die Gewinnwirkung (Gesamtgewinn, Gewinn aus Werbeerlös und Werbegewinn)?

## 2. Direktmarketing

**Beispiel**

*Willkommen in „The World of Fitness and Wellness"*

Unter diesem Motto möchten wir für Sie reizvolle gastronomische Reiseabenteuer zu fernen und nahen Urlaubszielen mit gesundheitlichem Wohlbefinden und körperlicher Aktivität verbinden. Unterschiedliche internationale Fitness- und Wellness-Themen haben unsere Chefköche zu den fantasievollsten exotischen Begegnungen auf dem Teller inspiriert. Die frische, vitaminreiche Vielfalt der Salate, Energieträger wie Kartoffeln, Nudeln und Reis, die bunte Vielfalt der Gewürze, verschiedene Zubereitungsverfahren und schonende Kochtechniken sowie regionale Produkte zu kulinarischen Themenschwerpunkten eines bestimmten Landes lassen immer wieder ganz neue Kreationen entstehen.

Das erste Reiseabenteuer unter dem Motto:
*„Fitness and Wellness in the World of Italian Noodles"*
erwartet Sie vom 3. – 21. Juli 20.. in allen Green-Paradise-Restaurants Deutschlands.
Wir freuen uns auf Ihren Besuch.

*Fitness and Wellness for the Best!*
Schwarzer Bär 127, D-10227 Berlin
www.greenparadise.com

Deutsche Post AG
Entgelt bezahlt
D-10227 Berlin

14205

Herrn
Raimund Strohschnieder
Masseur und Physiotherapeut
Chausseeufer 227

D-10227 Berlin

Charakteristisches Element des **Direktmarketings** ist die unmittelbare, individuelle Ansprache von Zielgruppen/Gästen, die im Gegensatz zur Streuwerbung direkt oder indirekt reagieren können. **Direktwerbung** umfasst alle im Direktmarketing eingesetzten Medien (Mailings, Telefonwerbung) **außer** dem **Personal Selling** (vgl. nachstehend den Pkt. 3). Telefonwerbung ist jedoch nur im Kontakt zu Firmenkunden und Absatzmittlern aktiv einsetzbar, da sie bei Privatkunden zu deren Schutz verboten ist.

**Direktmarketing** bietet der Systemgastronomie vielfältige, zunehmend genutzte Einsatzmöglichkeiten, weil

- ▶ die Systemanbieter selektiv per Codierung ihre Zielgruppen ansprechen können,
- ▶ es im Marketingmix kreativ, zeitlich sehr flexibel und kurzfristig umsetzbar ist,
- ▶ Informationsverluste durch aktives oder passives Direktmarketing gering sind,
- ▶ die Nachhaltigkeit durch Follow-ups gesteigert werden kann,
- ▶ zielgruppengerecht eine individuelle direkte (oder indirekte) Gästeansprache erfolgen kann und dadurch
- ▶ Erfolgskontrollen (z. B. Rückantwortkarten, Internetcoupons) eingesetzt werden können, die gut analysierbar sind,

▶ Werbemaßnahmen für Mitbewerber intransparent bleiben,
▶ eine leicht berechenbare Kosten-Nutzen-Analyse erstellt werden kann,
▶ eine schnelle und unmittelbare Reaktion der angesprochenen Gäste ermöglicht wird,
▶ eine unmittelbare Effizienzmessung und Erfolgskontrolle der ergriffenen Maßnahme möglich ist.

Grundlage eines funktionierenden Direktmarketings sind zielgruppenspezifische Adressenlisten, die regelmäßig aktualisiert und auf ihre Erfolgsergebnisse hin kontrolliert werden. Indikator für die Wirtschaftlichkeit im Direktmarketing ist der **CPO** (Cost per Order):

halten. Wichtig ist, dass die geplanten Werbeziele für die jeweilige Zielgruppe deutlich erkennbar bleiben.

Folgende Beispiele sollen **Maßnahmen des Direktmarketings** verdeutlichen:
▶ Ausgleich von Umsatzschwankungen (Aktionen)
▶ Beeinflussung bestehender Verbrauchsgewohnheiten (Produktgutschein)
▶ Information der Gäste über Distributionswege (Home-Delivery, Partyservice)
▶ Preisinformation (Speisenkarte)
▶ Umsatzerhöhung (kulinarischer Kalender)
▶ Imagegewinn (Systemmitteilung, Hauszeitung)
▶ Imagetransfer auf andere Produkte oder Produktgruppen (Gutscheine für Preisnachlass)
▶ Differenzierung von den Mitbewerbern (Produktproben mit Rezeptur)
▶ Herausstellung der USPs (einzigartige Marktstellungen bestimmter Dienstleistungen)
▶ Steigerung des Bekanntheitsgrades (Speisenkarten)
▶ Profilierung bestimmter Systembereiche (Einladung)
▶ Bekanntgabe von positiv bewerteten Produkteigenschaften (Frischegrad, Herkunft, ökologische Verträglichkeit)
▶ Bekanntgabe gästefreundlicher Öffnungszeiten (z. B. in Verbindung mit einem Gutschein)
▶ Herausstellen von Testimonials im Sinne glaubwürdiger Produktzeugen (z. B. Ökotests, Verbrauchertests, Beispiele zufriedener Gäste)

**Telefonmarketing**

Telefonmarketing ist die marktorientierte Nutzung des Kommunikationsmediums Telefon. Dies betrifft sowohl die interne Nutzung als auch alle Telefonate aus den Abteilungen der Systemgastronomie zu externen Gesprächsteilnehmern.

Telefonmarketing ist gegenüber Privatpersonen nur zulässig, wenn der Angerufene zuvor **ausdrücklich** oder **stillschweigend** sein Einverständnis erklärt hat, zu Werbezwecken angerufen zu werden. Unangekündigte Anrufe bei Privatpersonen sind unzulässig. Ausdrückliches Einverständnis heißt **vorher** gegeben (durch Ankreuzen auf einem Mailing o. Ä.). Wettbewerbswidrig ist dies zu Beginn des Telefonats. **Stillschweigend** heißt, ein Einsender hat auf einer Antwortkarte seine Telefonnummer vermerkt. Private Verbraucher haben die Möglichkeit, sich in die Telefonstoppliste aufnehmen zu lassen. Bei **Business-to-Business-Zielgruppen** ist ein Einverständnis als gegeben anzusehen, wenn eine **Geschäftsbeziehung besteht** oder **vermutet werden kann**.

Beim Telefonmarketing werden zwei Formen unterschieden:

**Direktmailings**

**Direktmailings** (persönlich adressierte Werbebriefe) werden von 75% aller Empfänger gelesen und erzielen somit als Erinnerungswerbung bei Firmen, Stammgästen, Taxiunternehmen eine Beachtung wie kaum ein anderes Werbemittel. Das Schwergewicht des Mailings liegt auf der Vermittlung von Informationen (z. B. Neueröffnung, Umbaumaßnahmen, Erweiterungen, Änderung der Produktpalette), oft in Verbindung mit einer persönlichen Einladung zu bestimmten Anlässen (Aktionen, saisonale Angebote). Grundvoraussetzung für den optimalen Einsatz von Werbebriefen bilden Gästekarteien, die als Selektionskriterien neben persönlichen Daten auch Angaben über die Präferenzen der Zielgruppe(n) ent-

## 2 — Kommunikationspolitik

▶ **Aktives Telefonmarketing**
Gäste werden vom Unternehmen angerufen (Vorstellung von Produkten, Kaufangebote, Informationen über laufende Geschäftsbeziehungen).
▶ **Passives Telefonmarketing**
Die Aktivität geht vom Gast aus, rechtliche Beschränkungen entfallen dadurch (Reaktion auf Mailings, Coupon-Anzeigen, Reklamationen).

In gastorientierten Telefongesprächen liegen gute Verkaufsmöglichkeiten: Deshalb sollte das Telefongespräch als Visitenkarte des Unternehmens angesehen werden; der erste Eindruck ist nicht ersetzbar (s. Kap. 3.2).

Durch **Gästebefragung** vor und nach Ende einer Direktmarketingaktion kann eine Erhöhung des Bekanntheits- und Erinnerungsgrades der Werbebotschaft oder eine Veränderung des Images festgestellt werden. Typische Fragestellungen bei Gästebefragungen sind:
▶ Kennen Sie die Werbung des Systems XYZ?
▶ Wie gefällt Ihnen diese Werbung?
▶ Mit welchem Betrieb verbinden Sie folgenden Slogan?
▶ Welche Gastronomiewerbung fällt Ihnen spontan ein?
▶ Welche Merkmale/Eigenschaften zeichnen den Betrieb XYZ aus?
▶ Was ist Ihnen bei einer Gastronomiewerbung wichtig?

### 3. Personal Selling

**Personal Selling** (persönlicher, direkter Verkauf) gilt als ein wesentlicher Bereich des Direktmarketing. Personal Selling hat besondere Bedeutung für die Organisation und Ablaufplanung in den Restaurants und Outlets der Systemgastronomie.
Aus dem zwischenmenschlichen Prozess Gast – Systemmitarbeiter leitet sich der **Produkterfolg**, der **Dienstleistungserfolg**, d.h. letztlich der **Systemerfolg** ab.

Wesentliche Aufgabe des **gastorientierten** Handelns der Systemmitarbeiter sind die gezielte Information über das Angebot und die Qualität des Angebotes, Beratung hinsichtlich Verwendung und Auswahl und – davon abgeleitet – Verkauf.

Durch Personal Selling und den von den Mitarbeitern des Systems beeinflussten Dienstleistungsprozess besteht die optimale Möglichkeit, eine verkaufsfördernde Atmosphäre herzustellen und flexibel auf Wunsch, Reklamation und Anerkennung zu reagieren. Damit wird der persönliche Kontakt der Systemmitarbeiter zum Gast und die damit verbundene direkte Werbeaussage zu einem effizienten und wirtschaftlichen Instrument der Kommunikationspolitik.

**Praxistipps**

Schaffen Sie die Grundvoraussetzungen für ein verkaufsförderndes Mitarbeiter-Team (vgl. 5):
▶ Sind alle Mitarbeiter über alles informiert?
▶ Verfügt jeder über das notwendige Fachwissen?
▶ Ist jeder vom Angebot des Systems überzeugt?
▶ Vermeiden die Mitarbeiter „ich", „wir", „man", und setzen an diese Stelle das „Sie"?
▶ Ist jeder freundlich, hilfsbereit und zuvorkommend?
▶ Sind alle mit sich selbst zufrieden?

### 4. Salespromotion

 **Beispiel**

Das neue Restaurant Green Paradise in München plant eine groß angelegte Sales-Promotion-Aktion, um die Nachfrage nach dem Büfett Sportdreams besonders bei dieser gesundheitsbewussten Zielgruppe zu steigern.

**AKTIVPROGRAMM**

Ab 9:00 Uhr gibt's für alle Sportler und Nichtsportler am Büfett jede Menge Vitamine, Entspannungsdrinks, Wellnessfrüchtemüsli und mehr ...
sowie 50 Gutscheine für das Büfett „Sportdreams"

Restaurant *Green Paradise*
Im Herzen von München
Bei allen sportlichen Events immer für Sie da!

Salespromotion (Verkaufsförderung) umfasst außergewöhnliche, **einmalige**, **zusätzliche**, **kurzfristige** und **schnelle** Maßnahmen zur Verkaufsstimulierung, die Kaufanreize auf Gäste auszuüben. Dadurch hat Salespromotion eine **Koordinationsfunktion** zwischen **Werbung** und **Verkauf**. **In-House-Salespromotion** und **Out-House-Salespromotion** ist über den Kontakt zu den eigenen Verkaufsstellen oder Absatzhelfern immer auf die potenziellen Gäste der unterschiedlichen Betriebe ausgerichtet.

## Kommunikationspolitik 2

Promotionmaßnahmen sind allerdings ohne Werbung und Personal Selling nicht denkbar.

**In-House-Promotions** konzentrieren sich auf den Point of Sale und sollen durch die Einmaligkeit von zeitlich begrenzten kreativen Promotionaktionen sowie durch sensorische Anregungen (der menschlichen Sinne: Sehen, Riechen, Schmecken, Hören, Fühlen) zusätzliche Kaufanreize geben und somit den Absatz spezieller Produkte bzw. Produktlinien fördern. Bei der Kaufentscheidung des Gastes spielt daher nicht allein die Qualität des Angebotes, sondern auch die Atmosphäre, das Ambiente und die unbewussten Erwartungen eine Rolle, z. B.:
- Kostproben von speziellen Gerichten
- Speisen und Musik zu einem Ensemble verbinden (Musiktheater, Gourmet-Oper)
- Bilderausstellung und Motiv-Speisenkarten
- der Zeit entsprechende Speisen
- effektvolle Darbietung von Büfetts
- produktive, kompetente Verkaufsgespräche

**Out-House-Promotions** dienen der Gewinnung und nachhaltigen Erhöhung tatsächlicher Gästekontakte durch
- **direkte Kontaktpflege** (Mailings, Gästezeitung, Messen) mithilfe von
  - Seminaren für Salesrepräsentanten, -mittler
  - Gutscheinen für schlecht frequentierte Zeiten
  - Sonderpreisen, Werbegeschenken
- **indirekte Kontaktpflege** mithilfe von
  - Infomaterial bei Kooperationspartnern
  - Videofilmen und/oder Handbüchern
  - Informationen in Tagespresse, Fachzeitschriften

In-House- und Out-House-Promotions werden durch unterschiedliche **Pullmaßnahmen** unterstützt, z. B.
- Gutscheine mit Preisnachlässen
- Preisausschreiben
- Modenschauen
- Verkaufs- und Werbebriefe

Als **Merchandising** (sachliche Verkaufsförderung im Haus = Pushmaßnahmen) werden unpersönliche Maßnahmen verstanden, die unmittelbaren Einfluss auf den Verkauf haben, z. B.
- Displaymaterial
- Streichholzschachteln
- Give-aways
- Preisauszeichnungen

Beispiele für In-House-Promotion und Merchandising in der Systemgastronomie:
- Freeflow-Speisenzubereitung bzw. Show-Cooking vor dem Gast
- Erlebnisgastronomie mit besonderen Events (Musik, Theater, Kunst)
- Food-Displays mit Schaustücken am Eingang
- Give-aways im Restaurant, siehe unten
- Produktproben, Zugaben, Treueprämien

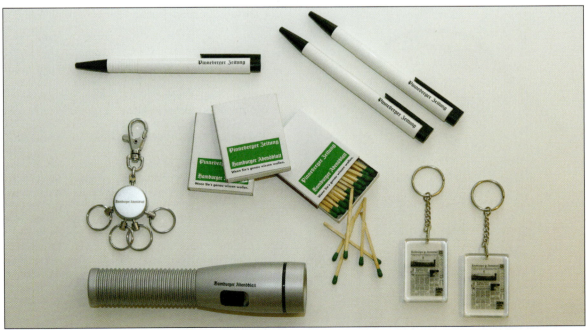
Give-aways

Für alle **Salespromotion-Aktionen** gilt, dass jeweils festgelegt wird, welches Ziel anzustreben ist und inwieweit dies erreicht werden kann.

## 2 Kommunikationspolitik

Soll z. B.
- der Umsatz pro Gast erhöht werden?
- die Gästefrequenz gesteigert werden?
- das spezielle Mittagsgeschäft vergrößert werden?
- die Gästezufriedenheit erhöht werden?
- das Gesundheitsbewusstsein bzw. ökologische Verhalten der Gäste verbessert werden?

**Praxistipps**
Checkliste zur erfolgreichen Salespromotion:
- Haben Sie wirkungsvolle Verkaufshilfen, z. B. Farbdisplays, animierende PowerPoint-Präsentationen mit Laptop?
- Haben Sie Ihre Mitarbeiter geschult und bis ins Detail über alles informiert?
- Sind Ihre Gäste nach Prioritäten eingeteilt (A-, B- und C-Zielgruppen)?
- Haben Sie aktuelle Gästedossiers?
- Haben Sie eine systematische Gästekarteibearbeitung?
- Führen Sie Follow-ups durch? Haben Sie jeden Kontakt sorgfältig bearbeitet? Haben Sie alle Gäste ausreichend informiert?

### 5. Public Relations

Unter **Public Relations** (PR, Öffentlichkeitsarbeit) wird das bewusste, geplante und dauernde Bemühen verstanden, gegenseitiges Vertrauen und Verständnis für das System, seine Produkte und sein Verhalten in der Öffentlichkeit aufzubauen. Die Maßnahmen können sich sowohl an **interne** Zielgruppen (Mitarbeiter, Franchisenehmer, Manager in Systemfilialen) als auch **externe** Zielgruppen (Konsumenten, Lieferanten, Handel, Banken) richten.

**Wie grenzt sich Public Relations von Werbung ab?**

Während das Ziel der Werbung in erster Linie darauf abzielt, das Leistungsangebot des Systems zu verkaufen, besteht die Hauptaufgabe von PR darin, das Image im Sinne der Zielsetzung des Unternehmens so zu verändern, dass sich ein positiv wirksames Firmenbild und wirtschaftlicher Erfolg als Ergebnis eines systematisch gepflegten Firmenstils einstellt.

> Um Vertrauen zu schaffen, muss man bekunden, „wer man ist und was man macht" (Oeckl 1964). Durch permanente Information über objektive und geplante Maßnahmen des Systems/des Unternehmens entsteht eine Atmosphäre wohlwollender Anerkennung durch die Öffentlichkeit. Deshalb sollten die Leitsätze guter Öffentlichkeitsarbeit, **Wahrheit, Klarheit, Einheit in Wort** und **Tat,** Basis der Informationspolitik sein.

Die Gesamtfunktion Public Relations eines Unternehmens lässt sich in mehrere Teilfunktionen gliedern:
- **Informationsfunktion** (intern und extern)
- **Imagefunktion** (Vorstellungsbild in der Öffentlichkeit)
- **Führungsfunktion** (Positionierung am Markt)
- **Kommunikationsfunktion** (Kontaktpflege mit der relevanten Öffentlichkeit
- **Existenzerhaltungsfunktion** (Vertrauenskapital)

Die **Medienkontakte** mit Vertretern der Presse (Rundfunk- und Fernsehsender, Tages- und Fachzeitungen, Journale, regionale Anzeigenblätter usw.) sind Kernstück der Pressearbeit. Veröffentlichungen in der gastgewerblichen Fachpresse dienen vor allem der Profilierung in der Fachwelt. Aus der Sicht des Unternehmens eignen sich für PR-Maßnahmen Meldungen und Berichte, die die Produktstärken (Preis, Qualität, Geschmack u.a.) des Systems, seine Marktposition oder einen Wettbewerbsvorteil aufzeigen. Einige Beispiele für mögliche Anlässe:

- Prominente Gäste in der Systemgastronomie
- Neubau bzw. Umbau des Restaurants
- Maßnahmen des Umweltschutzes
- Ausgeweitetes Leistungsangebot (Partydelivery)
- Mitarbeiterwechsel
- Wohltätigkeitsveranstaltungen, Sponsoring

Die Berücksichtigung der „acht goldenen Regeln" für professionelle Pressetexte dienen als Leitfaden, wenn es darum geht, dem Wunsch von Journalisten nach „schriftlichen Aussagen zur PR-Maßnahme des Systems" nachzukommen (vgl. Dettmer/Hausmann 2007, S. 283):

| Acht goldene Regeln für professionelle Pressetexte |
|---|
| Eine gute Presseinformationen steht auf einem DIN-A4-Blatt, das der Übersicht wegen nur einseitig beschrieben ist. |
| Zeilenabstand 1,5 und ein breiter Rand sind ein Muss, da der Redakteur den Text sonst nicht bearbeiten kann. |
| Jede Seite des Pressetextes muss genaue Absenderangaben, Telefonnummern und Namen der zuständigen Sachbearbeiter enthalten. |
| Klassische Pressetexte gliedern sich in Titel, Lead, den eigentlichen Text und Zusammenfassung. |
| Das Lead sollte die Leser über die wichtigsten Aussagen des nachfolgenden Textes informieren. |
| Ein Pressetext beantwortet die sechs W-Fragen: Wer? Was? Wo? Wann? Wie? und Warum? |
| Je kürzer und prägnanter ein Pressetext ist, desto größer ist die Chance, dass er veröffentlicht wird. |
| Ein guter Pressetext sollte auch für Nichtfachleute verständlich sein. |

Qualifizierte Public Relations ist eine klar definierte Position und Bestandteil des unternehmerischen Konzeptes. Bei Delegation der Kompetenzen an das Storemanagement vor Ort sollten diese Positionen in Manuals erfasst werden und dadurch ein ganzheitliches PR-Konzept unterstützen.

| Public Relations Werbung um Vertrauen in der Öffentlichkeit ||
|---|---|
| **Engere Öffentlichkeit (Erstpublikum), z. B.** | **Weitere Öffentlichkeit (Zweitpublikum), z. B.** |
| ▶ Gäste und Besucher | ▶ Potenzielle Gäste |
| ▶ Mitarbeiter/Angehörige | ▶ Reservierungsmittler |
| ▶ Gesellschafter/Aktionäre | ▶ Lieferanten |
| ▶ Berater/Anwälte | ▶ Mitbewerber |
| ▶ Sales-Repräsentanten | ▶ Berufsverbände |
| ▶ Taxifahrer | ▶ Banken, Versicherungen |
| ▶ Nachbarn, Freunde | ▶ Industrie |
| | ▶ Behörden |
| **Relevante Öffentlichkeit** ||

Ein **Jahresbudget für PR** trägt dazu bei, unkontrollierte Ausgaben zu vermeiden. Nach einer Faustregel sollte für PR nicht mehr als 0,5 Prozent vom Umsatz ausgegeben werden.

Gute PR hat auch einen Werbeeffekt. Nicht umsonst wird gesagt: Ein gutes Image sei eine Art Vorverkäufer: Zwischen zwei gleichermaßen bekannten Unternehmen wählt der Gast das mit dem besseren Image. Im Idealfall ergänzen sich also die Maßnahmen und schaffen einen Synergieeffekt.

## 6. Corporate Identitiy

Die **Corporate Identity** (Unternehmensidentität) kann allgemein als Charakter eines Unternehmens bezeichnet werden, der sich aus „Eigenschaften" wie visueller Auftritt des Unternehmens in seiner Umwelt (Image), Identifikation und Haltung der Mitarbeiter, Produkte, Unternehmensphilosophie, -kultur und -politik usw. als Gesamtheit von Faktoren zusammensetzt. Er ist sozusagen das „Soll-Image" eines Systems und gibt Antwort auf die Frage: „Wie will mein gastgewerbliches Unternehmen intern und extern erscheinen?" Im günstigsten Fall stimmt das Soll-Image mit dem Image, das das System nach außen transportiert (Betrachterseite), überein.

Dieser Eindruck wird durch das Ambiente und die Verwendung von Holz in der Innenarchitektur unterstrichen. Signalfarben bei den Informationsmaterialien (Speisekarten, Flyer, Aktionskarten u. a.) und Komplementärfarben im Ausstattungsbereich vervollständigen das Farbenspektrum.

Das Erscheinungsbild des Systems wird geprägt durch seinen Unternehmenszweck und die entsprechende Zielsetzung. Daraus wird ein Normenkonzept erarbeitet, in dem die Gestaltungskonstanten festgelegt sind (Logo, Marke, Design u. a.). Das Erscheinungsbild des Systems kann dadurch zum Spiegelbild der Unternehmenszielsetzung werden.

Klare Gestaltungskonstanten sichern einen hohen **Wiedererkennungswert** und schaffen damit die Voraussetzung für eine eindeutige und beständige Positionierung am Markt.

**Firmenzeichen (Logo):** Das „M" von McDonald's oder die Möwe wurden als zeichnerische Elemente z. B. im Firmennamen „McDonald's" oder „MÖVENPICK" grafisch umgesetzt. Das jeweilige Logo findet sich als Identitätsmerkmal auf allen Kommunikationsträgern.

## 2 Kommunikationspolitik

**Schrift:** gut lesbar, dem Stil und den CI-Instrumenten des Systems angepasst.

**Farbe:** Die Dominanzfarbe, z. B. Rot bei McDonald's oder bei Mövenpick, bestimmt das Farbklima. Diese Signalfarbe gewährleistet den hohen Wiedererkennungswert. Blau vermittelt z. B. Frische, Eleganz, Harmonie sowie eine positive Grundeinstellung (siehe Mövenelement bei „Mövenpick").

**Corporate-Identity-Politik** hat die Aufgabe, die einzelnen unterschiedlichen Kommunikationsmöglichkeiten zu koordinieren und zu integrieren. Angestrebt wird eine eindeutige Positionierung und Identifizierung des Systems in der Öffentlichkeit mithilfe eines einheitlichen und unverwechselbaren Unternehmensbildes;

▶ **interne Zielgruppen**, z. B. alle Management- und Restaurantmitarbeiter,

▶ **externe Zielgruppen**:
  ▷ Beschaffungsmarkt (z. B. Handel, Banken, potenzielle Mitarbeiter),
  ▷ Absatzmarkt (z. B. Gäste, Absatzmittler, Mitbewerber),
  ▷ Kapitalmarkt (z. B. Banken, Investoren),
  ▷ Umfeld (z. B. Angehörige von Mitarbeitern, Medien, Verbände, Behörden, Gewerkschaften, Vereine).

| Instrumente der Corporate Identity | | |
|---|---|---|
| **Corporate Behaviour** | **Corporate Design** | **Corporate Communications** |
| = Verhalten | = Erscheinungsbild | = Kommunikation |
| • Führung | • Marke, Logo | • Slogan |
| • Führungsstil | • Produkte | • Anzeigen |
| • Vergütung | • Design | • Mitarbeiter |
| • Umgangston | • Uniform | • Plakate |
| • Personalentwicklung | • Schrift | • Broschüren |
| • Beurteilung | • Signets | • Kundenzeitungen |
| • Kritikfähigkeit | • Formulare | • Messen |
| | • Architektur | |
| Das von der **Unternehmensphilosophie** geprägte Verhalten auf den verschiedenen Märkten | Visualisierung und Wirkung der formalen **Unternehmensidentität und -persönlichkeit**, Prägung eines hohen Wiedererkennungswertes in der Öffentlichkeit | Sichtbarmachen „der" **unternehmensspezifischen Kommunikationsaktivitäten** mithilfe eines Slogans, dadurch subjektive und emotionale Prägung der Einstellungen in der Öffentlichkeit **(Corporate Image)** |

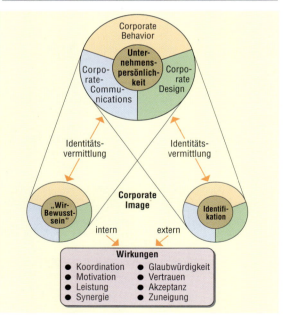

(Dettmer/Hausmann (Hrsg.): Betriebswirtschaftslehre für das Gastgewerbe – managementorientiert, Hamburg 2008, S. 264)

Die Charakterisierung der Corporate Identity als Erscheinungsbild macht die enge Verbindung dieses Begriffs mit dem **Corporate Image** deutlich. Damit wird das (Ist-)Image eines Unternehmens bezeichnet. Durch die Corporate-Identity-Politik wird versucht, das Sollimage zu erreichen.

## 7. Sponsoring

Sponsor (engl. = Förderer, Gönner, Geldgeber) basiert als Sonderwerbeform auf dem Prinzip von Leistung und Gegenleistung.

Unter **Sponsoring** versteht man die Förderung von Personen und/oder Organisationen durch die Bereitstellung von Geld- und Sachmitteln, um damit die Kommunikationsziele des Systems besser erreichen zu können. Ziel aller Sponsoringaktivitäten ist

- ▶ die Erzielung und Aufrechterhaltung von Kontakten zu bestimmten Zielgruppen,
- ▶ die Steigerung des Bekanntheitsgrades,
- ▶ die individuelle Gestaltung des Produkt- und/oder Unternehmensimages.

| Sponsoring in der Systemgastronomie | |
|---|---|
| → Sportsponsoring | • Sportler, -talente<br>• Sportveranstaltungen<br>• Sportvereine/Mannschaften |
| → Kultursponsoring | • Kunstausstellungen<br>• Musikveranstaltungen<br>• Tourneen, Orchester<br>• Filme, Literatur<br>• Stiftungen usw. |
| → Sozialsponsoring | • Wissenschaft, Bildung<br>• Karitative Aktionen<br>• Karitative Verbände usw. |
| → Umweltsponsoring | • Ökologische Initiativen<br>• Ökologische Aktionen<br>• Ökologische Verbände usw. |
| → Programmsponsoring | • Programing<br>• Product-Placement<br>• Gameshows<br>• Sendepatronat usw. |

Die **Objekte des Sponsorings** und ihre Nutzungsmöglichkeiten zeigt die folgende Übersicht:

| Objekte des Sponsorings / Nutzung im Bereich | Personen Personengruppen Institutionen | Gesponserte Veranstaltungen |
|---|---|---|
| Advertising | • Trikotwerbung<br>• Ausrüstungsverträge<br>• Testimonialwerbung | • Bandenbeschriftungen<br>• Anzeigen in Pogrammheften/auf Plakaten<br>• Titelsponsoring |
| Salespromotion | • Autogrammstunden<br>• Messen<br>• Händler-Workshops<br>• Vorträge | • VIP-Lounges<br>• Ehrenlogen<br>• Sondergastspiele<br>• Private Views |
| Public Relations | • Aktionen mit gesponserter Prominenz<br>• Pressekonferenzen<br>• Vorträge | • Kongresse<br>• Tagungen<br>• Ehrenlogen<br>• Vernisagge |
| Personalselling | • Gesponserte Personen als Repräsentanten der Systemgastronomie | • Verkaufsgespräche während einer gesponserten Veranstaltung |

Die Nutzenerwartung des Sponsors wird häufig maßgeblich durch das Interesse der Medien an der Tätigkeit des Gesponserten geprägt (vgl. Fußball-WM 2006). Medien fungieren in diesem Fall als unfreiwillige Multiplikatoren.

Viele Unternehmen der Systemgastronomie planen einen wachsenden Anteil für Sponsoringmaßnahmen am Kommunikationsetat ein. Für das Jahr 2010 wird der Anteil auf ca. 1,75 Mrd. Euro prognostiziert.

Die Entscheidungsfindung für Sponsoring setzt deshalb ein umfangreiches Know-how voraus, kann aber als werbewirksame Ergänzung der übrigen Kommunikationsaktivitäten gesehen werden. Schwierig und noch nicht realisiert ist in der Praxis die Messung des Erfolges der verschiedenen Sponsoringmaßnahmen. Zusammenfassend einige Vor- und Nachteile:

| Sponsoring | |
|---|---|
| **Vorteile** | **Nachteile** |
| • Hohe Reichweite<br>• Hohe Akzeptanz bei Zielpersonen<br>• Einsetzbar bei Verbot klassischer Werbung<br>• Günstiges Umfeld für Informationen<br>• Kein Zapping (Ausweichen) möglich | • Nur ergänzender Einsatz<br>• Vom Image des Gesponserten abhängig<br>• Geringe Gestaltungsmöglichkeiten (Botschaft, Image)<br>• Erfolgsmessung schwierig |

**Praxistipps**

**Checkliste Sponsoring:**

▶ Welche unternehmerischen Ziele will ich mit meinen Sponsoring-Aktivitäten erreichen?

▶ Welche Zielgruppen will ich konkret ansprechen?

▶ In welchen Markt- und Produktsegmenten erreiche ich meine Zielgruppen?

▶ Welche Art von Sponsoring passt zum Unternehmensimage?

▶ Was möchte ich für eine Vergütung einbringen? Geld oder Dienstleistungen?

▶ Wie ist mein Zeitrahmen (einmalig, dauerhaft) für das Sponsoring?

▶ Was bieten mir meine Sponsoringpartner? Hauptsponsormöglichkeiten, Werbemöglichkeiten, PR-Auftritte?

## 8. Product-Placement

> **Beispiel**
>
>
>
> Das neue Restaurant Green Paradise in München schließt mit der Produktionsfirma einer beliebten Serie des Vorabendprogramms einen Sponsoring-Vertrag. Darin ist vorgesehen, dass der Hauptdarsteller im Rahmen der Filmhandlung wiederholt mit Freunden am Frühstücksbüfett Sportdreams eingeblendet wird.
>
> Die besondere Wirkung wird überwiegend in folgenden Bedingungen gesehen:
> - Die Zielpersonen werden auf Produkte aufmerksam gemacht, ohne dass die kaufbeeinflussende Absicht erkennbar wird.
> - Eine Reaktion der Zuschauer findet nicht statt, da sie nie das Gefühl haben, zum Kauf bewegt zu werden.
> - Das Filmgenre, das Image der Rolle/der Schauspieler bewirken einen positiven Imagetransfer für das Produkt.
> - Lern- und Konditionierungseffekte stellen sich durch das fortlaufende Bemerken des Produktes ein.
> - Je stärker die emotionale Bindung des Zuschauers im Film, desto größer die Werbewirkung für das Produkt.
> - Product-Placement erzielt eine höhere Glaubwürdigkeit als klassische Werbung.
> - Eine „Ansprache" der potenziellen Käufer ist zeitlich und räumlich differenziert möglich.
> - Bei Product-Placement im Fernsehen werden auch die Zuschauer erreicht, die Zapping ausüben, wenn TV Werbung ausgestrahlt wird.

Das Programmsponsoring und **Product-Placement** im Fernsehen ist auf breiter Basis erst seit der Änderung des Rundfunk-Staatsvertrages möglich. Product-Placement ist die werbewirksame Integration von Produkten und/oder Dienstleistungen in Medienprogrammen (artfremde Zusammenhänge in Filmen, Videoclips und TV-Sendungen) gegen Entgelt, ohne dass dies als Werbung erkennbar wird.

Ursachen für das Entstehen und Wachstum von Werbemaßnahmen mithilfe von Product-Placement sind:

- zunehmende Verstärkung des Wettbewerbs
- wachsende Abneigung der Konsumenten gegenüber klassischer Werbung
- Globalisierung der Konsumgüter- und Dienstleistungsmärkte

Der **Vorteil des Product-Placement** ist das Herauslösen des Produktes aus der eigentlichen Werbung und die Einflussnahme auf die Art der Präsentation (Basis der Vertragsgestaltung). Die Kombination des Produktes mit der positiven Ausstrahlung und Kompetenz des Multiplikators erhöht dabei die Werbewirkung.

> **Beispiel**
>
> Eine Publikumszeitschrift führt z. B. bei Bürgern vergleichende Produkttests diverser Systemanbieter durch.
> Der Vorteil von Productpublicity liegt darin, dass ein Werbeeffekt ohne die Entstehung von Kosten entsteht und die Berichterstattung als seriös angesehen wird. Nachteil von Productpublicity ist, dass die Unternehmen der Systemgastronomie keinen Einfluss auf die Darstellung ihrer Produkte haben.

Placements werden üblicherweise in drei Kategorien eingeteilt:
- **Generic-Placement**
  Platzierung bestimmter Warengruppen einer Branche in der Filmhandlung (z. B. Tragen von Jeans, Rauchen von Zigaretten, Trinken von Champagner: Werbeform „Testimonialwerbung": Schauspieler als Vorbilder der Produkte.
- **Image-Placement**
  Inhalt des Films wird auf das Produkt bzw. die Marke zugeschnitten und dient generell der Imagesteigerung eines Produktes, einer Destination.
- **Markenplacement**
  Platzierung bestimmter Marken in TV-Serien, Filmen oder TV-Shows.

### Aufgaben

1. Projektauftrag für ein Kommunikationstraining (vgl. Situation 6.4).
2. Welche „Kommunikationsformel" verdeutlicht den Kommunikationsprozess und ist bei jeglicher Art der Kommunikationsgestaltung anwendbar?
3. Welche Ziele verfolgt die Absatzwerbung?
4. Das bekannteste Modell der Werbewirksamkeit ist das AIDA-Modell. Was bedeutet diese Formulierung?
5. Welche Salespromotion-Maßnahmen lassen sich differenzieren?
6. Was bedeutet Public Relations und wie wird sie im Bereich der Systemgastronomie wirkungsvoll praktiziert?
7. Der Marketingmanager erklärt Ihnen den Gegenstandsbereich eines Werbekonzepts. Welche Überlegungen sind damit verknüpft?

## Aufgaben – Fortsetzung

8. Ein Mitarbeiter der Werbeabteilung erklärt Ihnen, dass in der Systemgastronomie die Entscheidung über Werbemittel und Werbeträger gemeinsam zu fällen ist. Nennen Sie zwei Werbemittel-/Werbeträgerkombinationen!
9. Der Werbeleiter gibt im Meeting zu bedenken, dass bislang keine Strategie über das Werbetiming entwickelt worden ist. Was bedeuten in diesem Zusammenhang die folgenden Arten des Werbetimings:
   - prozyklisch,
   - antizyklisch,
   - massiert,
   - intermittierend,
   - pulsierend und
   - kontinuierlich?
10. Es sollen Werbeerfolgskontrollen für das Büfett „Sportdreams" durchgeführt werden.
    a) Was bedeutet das?
    b) Welche Arten von Werbeerfolgskontrollen kann das Restaurant „Green Paradise" für das Frühstücksbüfett „Sportdream" durchführen?
11. Sie sollen eine innerbetriebliche Verkaufsförderungsmaßnahme durchführen.
    a) Was ist darunter zu verstehen?
    b) Nennen Sie zwei Beispiele zu Ihrem Systemtyp.
12. Die Gesamtfunktion PR (Public Relations) lässt sich in mehrere Teilfunktionen gliedern. Nennen Sie fünf wichtige Teilfunktionen.
13. Bei dem Marketingmeeting im „Green Paradise" erklärt der Werbeleiter: „Es ist wichtig, dass wir alle Zielgruppen ansprechen!"
    a) Welche Zielgruppen meint er in Verbindung mit CI?
    b) Was heißt Corporate Identity (CI)?
    c) Welche Instrumente der Corporate Identity (CI) können unterschieden werden?
14. Nennen Sie je drei Vorteile der kommunikativen Marketing-Instrumente „Product-Placement" und „Sportsponsoring" für Betriebe der Systemgastronomie.

# 6.5 Beziehungsmarketing

## Situation

## 6.5.1 Moderne Marketingkommunikation der Systemgastronomie

Auch die **Systemgastronomie** unterliegt der Globalisierung und einer damit einhergehenden gesellschaftlichen Wandlung, den demografischen Entwicklungen, verändertem Freizeitverhalten sowie Umbrüchen auf dem Arbeitsmarkt. Die permanente (Weiter-)Entwicklung digitaler Medien führt zu neuen Wegen der (Gäste-)Kommunikation, einem anderen Umgang miteinander.

**Moderne Kommunikationsmittel** – wie der Umgang mit Handys und Notebooks – ist aus dem privaten und beruflichen Leben nicht mehr wegzudenken. Damit stieg die Nutzung von Online-Anwendungen in der Systemgastronomie. Individuelle Mails, Massenmails und automatisierte Aussendungen, Newsletter, Transaktionsmails sind zu Instrumenten des E-Mail-Marketings geworden, was zum **Beziehungsmarketing** zählt. Letzteres umfasst die Kommunikation/die Kauf- bzw. Verkaufsanbahnung zwischen Hersteller/Händler/Dienstleistungsanbieter und Endverbraucher/Konsument, denen sich die Anbieter verpflichtet fühlen. So verändert das Internet das Marketing, z. B. durch die Möglichkeit von Online-Bestellungen von Speisen, Online-Tracking (= Echtzeitverfolgung, z. B. von gekauften und vom Verkäufer zur Versendung abgegebenen Artikeln) und Online-Kommunikation zwischen den Anbietern.

Restaurants der Systemgastronomie haben sich inzwischen gegen Alternativangebote durchzusetzen. Mit dem Instrument des **E-Mail-Marketings** können die Anbieter ihre Werbung/PR direkt an den potenziellen Gast bringen und seine Aufmerksamkeit erregen, so kann/können

▶ die Gästebindung verstärkt werden bzw. neue Gäste gewonnen werden,
▶ Zusatzgeschäfte angekurbelt werden, z. B. durch Gutscheine/Coupons (s. folgende Abbildung aus der Burger-King-Homepage),
▶ (Tisch-)Reservierungen bestätigt werden,
▶ Anfragen individuell beantwortet und ggf. auf spezielle Wünsche eingegangen werden.

Diese Form des Marketing ist weder kostenintensiv noch benötigt sie eine umfassende Mediaplanung. Hinzu kommt, dass technisch gesehen eine Erfolgskontrolle gut möglich ist. Gegenüber diesen Vorteilen des E-Mail-Marketing sind die Nachteile (s. auch Folgepunkt), z. B. Spamfilter, „Nachrichtenflut", zu relativieren.

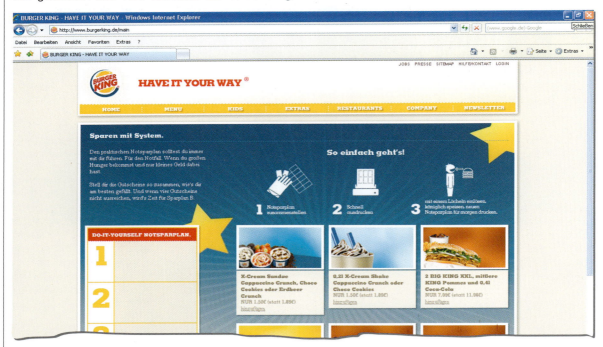

## 6.6.2 Ausgewählte Aktivitäten im Beziehungsmarketing

### Direktmailing

Eine oft von Gästen kritisch gesehene Marketingaktivität sind die Briefkastenwerbungen oder auch Direktmailings. In vielen Fällen haben die Beworbenen nicht darum gebeten und sind auch an den „Produktinformationen" nicht interessiert. Durch Beilagen in Tageszeitungen oder als regionale kostenlose Zeitung getarnt gelangen sie auch in Briefkästen mit dem Aufdruck: „Bitte keine Werbung". Wirklich interessierte Gäste würden sich die Informationen im Internet oder direkt im Betrieb, z. B. in Form eines Informationsblattes, holen bzw. anfordern.

**Beispiel**

Ein besonderer Fall zum Direktmailing ereignete sich auf einer IT-Messe: Diese konnte nur besuchen, wer seinen Namen, Anschrift, E-Mail-Adresse und Interessen angab. Der Nutzung der Daten zu Werbezwecken konnte widersprochen werden. Dennoch erhielten alle registrierten Besucher einen Business-Newsletter per Post, für den bei Anzeigenkunden damit geworben wurde, dass die Reichweite des Newsletters „ca. 50 000 Leser aus der IT-Branche" betrage. Die massiven Beschwerden von Besuchern wies die Messegesellschaft damit zurück, dass wegen der bestehenden Geschäftsverbindungen Kunden auch ohne deren Einwilligung ein Newsletter zugeschickt werden dürfe.

Diese Art der Werbung ist durch die Betroffenen nicht gewollt, uneffektiv und moralisch nicht legitim. Es erfordert Zeit, Geld und Mühe für die Entsorgung und der Nutzen ist nicht gegeben. Somit ist es nicht zielgerichtet und trifft auch nicht den Bedarf der Zielgruppe. Darüber hinaus werden Werte der Kunden wie Wahlfreiheit, Nachhaltigkeit, Respekt vor dem Kundenwillen und Sensibilität missachtet. Das führt oft zu einer Abneigung gegen das werbende bzw. informierende Unternehmen mit dem Ergebnis, dass bei dem jeweiligen Anbieter nicht gekauft bzw. gebucht wird. Somit tragen unerwünschte Direktmailings zur Verschlechterung der Gästezufriedenheit bei, weil nicht die Wünsche und Bedürfnisse des Einzelnen berücksichtigt werden; auf den Wünschen und Bedürfnissen der (möglichen) Gäste sollten nutzbringende **Direktmailings** aber unbedingt aufbauen, d. h., sie müssen **zielgruppenspezifisch** erfolgen.

## One-to-One-Marketing

Eine ähnliche Betrachtungsweise wie zuvor beim Direktmailing gilt für das One-to-One-Marketing. Dieser Begriff umfasst das Streben nach einer auf die jeweilige „Zielperson" vollkommen optimal zugeschnittenen Kommunikation (= Individualkommunikation). Es wird daher durch geeignete Untersuchungsmethoden und -werkzeuge versucht, dem Ideal einer Individualkommunikation möglichst nahezukommen. In der Praxis wird dieses Streben jedoch oft nicht erreicht. Dabei ist jedoch zu beachten, dass Unternehmensaktivitäten, die nicht den Wünschen der Gäste entsprechen, einen negativen Einfluss auf das Beziehungsnetzwerk haben. Beispiele dafür gibt es genügend.
▶ Servicepersonal mit wenig Gespür für den Gast, das z. B. sofort „Hilfe anbietet", obwohl der Gast sich erst einmal selbst einen Überblick über das Angebot und die Preise verschaffen will;
▶ Promotion-Aktionen in Einkaufsstraßen, bei denen die Verkäufer die Passanten aufdringlich verfolgen und ein „Nein" nicht akzeptieren wollen;
▶ aufdringliches Telefonmarketing.

Solche Unternehmensaktivitäten kosten den möglichen Gast Zeit und Energie. Gerade bei älteren Menschen besteht eine besondere Gefahr. Gut geschulte Verkäufer machen sich teilweise zunutze, dass ältere Menschen oft nicht energisch „Nein" sagen können. Verkäufer sollten sich deshalb generell fragen: „Will ich bzw. mein Unternehmen den Verkauf/die Reservierung oder will der Gast den Kauf/die Reservierung?". Ein Geschäft muss den freien Willen des Gastes zur Voraussetzung haben.

Ein werteorientiertes **Gästebindungsmanagement** geht äußerst sensibel mit diesen Werkzeugen um. Sie schaden dem Unternehmen oft mehr als sie nützen. Bei überredeten Gästen stellt sich oft nicht die gewünschte Zufriedenheit ein, was sich wieder über den Gästenutzen und die Gästezufriedenheit auf den Unternehmenserfolg auswirkt.

## Unerwünschte E-Mails, Newsletter und Spams

In Zeiten der Informationsgesellschaft nutzen die Gäste/Kunden die Online-Angebote zur Information, zum Kauf oder zur Reservierung. Häufig muss sich der Nutzer dazu erst ein Kundenkonto anlegen. Hierbei werden oft nicht nur die wirklich relevanten Daten, sondern auch zusätzliche Informationen erhoben, um ein besseres Nutzerprofil zu erstellen, obwohl die Daten zur Befriedigung der zu diesem Zeitpunkt geäußerten Wünsche nicht erforderlich sind. Diese Daten werden dann oft für die hier betrachteten Marketingaktivitäten genutzt und gespeichert. Oft finden sich auch Schaltflächen für die Bestellung der Newsletter oder die Einwilligung für Werbung, die oftmals standardmäßig ausgewählt sind und manchmal recht versteckt angebracht wurden. Hat der Nutzer dies übersehen, bekommt er Newsletter und Werbung und hat einen gewissen Aufwand, um dies wieder abzustellen. Einige Unternehmen senden in bestimmten Zeiträumen, trotz abbestelltem Newsletter, weitere E-Mails mit „wichtigen" Unternehmensinformationen über Dinge, die die meisten „Zielpersonen" nicht interessieren, und zusätzlich Werbung. Auch kommt es vor, dass gesammelte Daten weiterverkauft werden. In fast jedem Fall führt eine nicht gewünschte E-Mail oder Newsletter mit Werbung durch den zusätzlichen Aufwand der Internetnutzer zu einer gewissen Verärgerung.

**Aufgaben**

1. „Modernes Marketing verändert die Systemgastronomie". Nehmen Sie Stellung zu dieser Ausage.
2. Was ist One-to-One-Marketing?
3. Finden Sie heraus, welche Nachteile beim Marketing per E-Mail auftauchen können.

**Infobox Sprache am Ende des Lerninhalts 2!**

# 7 Marketingplanung

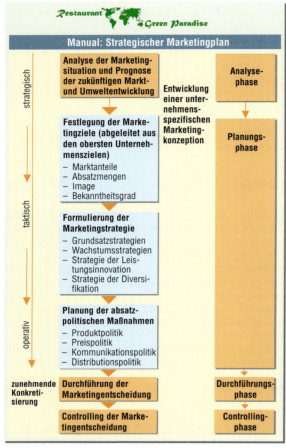

plan. *Kotler* beschreibt **Planung** als **Festsetzung** der **in der Zukunft erwünschten Zustände** und **Verhältnisse** inklusive aller dazu **erforderlichen Maßnahmen**. Die systematische Erfassung aller Unternehmensmaßnahmen in einem Marketingplan erfolgt mithilfe von quantitativen (mathematisch-statistische) und qualitativen (messbare Leistungsstandards, TQM, Gästezufriedenheit, Bekanntheit) **Marketingprognosen**.

Der Marketingplan darf nicht isoliert betrachtet werden, sondern im Rahmen eines integrierten, permanenten Marketingprozesses, der die folgenden Phasen erfasst:
▶ Analyse der Marketingsituation
▶ Zielsetzung (Unternehmens- und Marketingziele)
▶ Marketingplanung
▶ Marketingdurchführung, -realisierung
▶ Marketingkontrolle
▶ Marketing-Audit (Verifizierung)

Die Notwendigkeit zur systematischen Marketingplanung im Rahmen der zielorientierten Unternehmensführung (siehe untenstehende Grafik „Marketingziel") ergibt sich u. a., weil
▶ der Wettbewerb immer globaler wird,
▶ schnelle Veränderungen der Umwelt/des Marktes eine ständige Reaktion erfordern,
▶ die Bedeutung marketingpolitischer Entscheidungen für das Unternehmen stetig steigt,
▶ die schwer durchschaubaren, oft nicht beeinflussbaren komplexen Zusammenhänge systematisiert werden können,
▶ die Kapitalintensität der Systeme zunimmt,
▶ die Anzahl der Innovationen ständig steigt,
▶ die Marketingkosten überproportional steigen.

Die Zusammenfassung und Festlegung der realisierbaren strategischen, taktischen und operativen Marketingzielsysteme erfolgt in einem Marketing-

## Marketingziel im Rahmen der Unternehmenszielplanung

**Marketingziel**
Steigerung des Marktanteils auf 15 %

| Produktziele | Distributionsziele | Preisziele | Kommunikationsziele |
|---|---|---|---|
| ▶ Standards für die Restaurantausstattung | ▶ Zentraler Einkauf<br>▶ Full Service und Take away | ▶ Konkurrenzorientiert | ▶ Erhöhung des Bekanntheitsgrades bei relevanten Restaurant-Zielgruppen auf 30 % |
| ▶ Showküchen in den Restaurants | ▶ Regionale Sales Representants für alle Restaurants | ▶ Einführung von Yield-Management: standardisierte Vorgaben | ▶ Erhöhung der Corporate Identity für das neue Produktsegment Showküche |
| ▶ Coffee-Shops in Verbindung mit allen Green-Paradise-Restaurants | ▶ Neues Take-away-Konzept für die Coffee-Specials | ▶ Erhöhung der Preise in den Coffee-Shops um 8 % | ▶ Pressearbeit (PR und Werbung) soll durch eigene PR-Abteilung forciert werden. |
| ▶ Cocktail-Lounges in Verbindung mit allen Green-Paradise-Restaurants | ▶ Clubmitgliedschaften für spezielle Zielgruppen | ▶ Erhöhung der Preise in den Cocktail-Lounges bei Jazz-Sessions um 10 % | ▶ Imagegewinn durch kulturelle Highlights |

# Marketingplanung 2

Eine exakte Marketingplanung ist zwar keine Garantie für die Existenzsicherung eines Systems; Fehler und Gefahren können aber erkannt und gemindert werden. Ausgehend von den Unternehmenszielen (s. Kap. 2.1) sind sukzessive Ziele für die übrigen Unternehmensbereiche (vgl. Organigramm), Abteilungen und Mitarbeiter in Form von standardisierten Manuals (Handbücher mit Beschreibung der Unternehmens- und Bereichsziele, Ablaufplanungen und Checklisten) so exakt wie möglich festzulegen.

**Präsentation eines Marketingplans**

Vor der **Präsentation** eines Marketingplans stellen sich zunächst folgende Fragen:

**Wie verhalte ich mich in Präsentationen?**

**Welche Reihenfolge ist sinnvoll?**

**Welche Medien stehen zur Verfügung?**

| Präsentation eines Marketingplans<br>Gestaltung von Texten |
|---|
| ▶ Kernaussagen<br>▶ Verständliche Formulierungen<br>▶ Deutlich lesbar<br>▶ Kurz und knapp formuliert<br>▶ Große Schrift, große Zeilenabstände<br>▶ Maximal sieben Inhaltspunkte (auf einer Textseite) |

Je größer der Teilnehmerkreis, umso wichtiger sind Darstellungen im Großformat, mithilfe einer EDV-Präsentationssoftware (z. B. PowerPoint). Diverse Visualisierungsmöglichkeiten unterstützen und erleichtern zudem eine Präsentation (Whiteboard, Pinwand, Flip Chart, OHP, Folien, Kopien, Grafiken, Schaubilder, Symbole u. a.).

Für eine **Präsentation** (Geschäftsleitung, Mitarbeitermeeting, Gäste) sollte ein **Marketingplan** wie folgt aufgebaut sein:

▶ **Kurzfassung (Kernaussagen):**
Zusammenfassung der strategischen, taktischen und operativen Zielsetzungen

▶ **Situationsanalyse des Unternehmens**
Marktanteile, Absatzmenge, Image, Bekanntheitsgrad

▶ **Marketingziele (siehe Grafik auf Vorseite)**
Zukünftige Situation mithilfe von Marketing-Prognosen
▶ **Marketingstrategien**
Formulierung strategischer Überlegungen
▶ **Marketingmaßnahmen**
  ▷ Taktische Planung mithilfe der absatzpolitischen Instrumente
  ▷ Operative Durchführung des Marketingplans
▶ **Marketingkosten**
  ▷ Marketingplan-Gesamtkosten
  ▷ Aktuelle Ist-Kosten
  ▷ Aktueller Arbeitsfortschritt
▶ **Marketing-Controlling**
  ▷ Überprüfung der Einhaltung der SOLL-Daten des Marketingplans
  ▷ Marketing-Fortschrittsbericht, Berichtsbogen
▶ **Marketing-Audit**
  ▷ Koordinierte Anpassung an Umfeldbedingungen Verifizierung für Folgeperiode(n)

Für die Kostenüberwachung müssen zum Präsentationszeitpunkt die oben genannten Kosten bekannt sein. Für den Arbeitsfortschritt ist festzuhalten, welche „Marketingsegmente" planerisch abgeschlossen sind und welchen Arbeitswert die noch zu bearbeitenden Segmente haben (Schätzwert). Mit diesen Werten lässt sich nach der folgenden Formel ein Schätzwert für die voraussichtlichen Gesamtkosten errechnen.

$$\text{Schätzwert für Gesamtkosten} = \text{Marketingplan-Gesamtkosten} \cdot \frac{\text{Aktuelle Ist-Kosten}}{\text{Aktueller Arbeitsfortschritt}}$$

Hierbei stellt das Verhältnis der aktuellen Ist-Kosten zu dem aktuellen Arbeitsfortschritt einen Kostensteigerungsfaktor dar, der für die Schätzung angewendet wird. Der errechnete Schätzwert der Gesamtkosten des Marketingplans ist hierbei eine Trendannahme, die darauf beruht, dass sich die jeweilige Entwicklung fortsetzt.

### Aufgaben

1. Die Erstellung eines Marketingplans ist die Zusammenfassung und Festlegung der strategischen, taktischen und operativen Marketingziele für die zukünftige Planungsperiode. Welche Phasen sind bei der Erstellung eines neuen, in die Zukunft gerichteten Marketingprozesses zu berücksichtigen?
2. Arbeitsauftrag (s. Kap. 7): Teamarbeit
Erstellen Sie einen Marketingplan für den F&B-Bereich des Restaurants Green Paradise in München.

**Infobox Sprache am Ende des Lerninhalts 2!**

# 8 Eventmarketing

Die Unternehmensleitung des Restaurants Green Paradise plant, anlässlich der Neueröffnung eines neuen Restaurant-Konzeptes eine Event-Veranstaltung unter dem Motto: Kunst – Kultur – Design und Jazz zu inszenieren. Bei einem Mitarbeitermeeting erklärt dazu der Marketingleiter:

„Nicht Verkaufsförderung oder kurzfristige Verkaufserfolge sind unser Ziel, sondern die emotionale Bindung unserer Gäste an das Unternehmen bzw. an die mit unserer Marke verbundene Erlebniswelt. Nur dadurch werden wir glaubwürdig!"

Wir haben vor, die Eventveranstaltung selbst durchzuführen und keiner Eventagentur zu überlassen! Deshalb sind Sie, meine Damen und Herren aus dem Bereich Veranstaltungsorganisation, besonders gefragt.

Es geht jetzt darum, einen Veranstaltungsplan zu entwickeln, ein Budget zu erstellen, termingerechte Einladungen zu verschicken, die grafische Gestaltung der Werbemittel vorzubereiten; es geht auch um die Produktion aller Drucksachen, eine stressfreie Anreise unserer Gäste, einen superfreundlichen Empfang der Gäste, eine gut organisierte Restaurantführung in kleinen Gruppen – und natürlich eine unvergessliche und eindrucksvolle Speisenpräsentation in Form von Snacks, Finger-Food und den korrespondierenden Getränken. Dazu kommt die Organisation der Vernissage mit den Künstlern, die zeitliche Abstimmung mit den Jazz-Interpreten und, und, und ..."

Eventmarketing stellt einen Marketingplanungsbereich dar, der sowohl innerhalb als auch außerhalb des Marketing-Mix von gastgewerblichen Betrieben angesiedelt sein kann. Wesentliche Kriterien der üblicherweise speziell inszenierten oder herausgestellten Events/Ereignisse sind im Gegensatz zu sich wiederholenden Veranstaltungen/Festen:
- Einmaligkeit, Besonderheit, Seltenheit,
- Kurzfristigkeit, Vergänglichkeit und
- Künstlichkeit.

Insofern kann **Eventmarketing** als **zielgerichtete, erlebnisorientierte Kommunikation** und **Präsentation eines Produktes, einer Dienstleistung und/oder eines Unternehmens** verstanden werden. Dabei sollen die Events immer zu einem Dialog führen, indem sie emotionale und physische Reize auslösen und Aktivierungsprozesse initiieren.

Die **wichtigsten Ziele von Events** sind:
- Schaffung und Steigerung des Bekanntheitsgrades
- Imagebildung über das jeweilige Event
- Inszenierung eines Dialogs
- Aktive Ansprache der Zielgruppen
- Einmalige Erlebnissituation
- Steigerung der Attraktivität des Standortes
- Motivation der Teilnehmer

Zu den gastgewerblichen Events zählen inszenierte Marketingveranstaltungen („Marktveranstaltungen") wie Verkaufs-, Repräsentationsveranstaltungen und Modenschauen. Sie sind Kommunikationsinstrumente der jeweiligen Marketingträger und unterstützen z. B. die
- Eröffnung von Geschäftsstätten,
- Präsentation von neuen Produkten,
- Profilierung einer Marke,
- Gäste- und Mitarbeitermotivation („Incentives").

Bei den Events treten **„Mega-Events" (Groß-Events)** von internationaler Ausstrahlung besonders in den Vordergrund (z. B. Olympische Spiele, einmalige Konzerte, Reichstagsverhüllung 1995, EXPO 2000, WM 2006, EM 2008), doch sind die meisten Events eher von regionaler oder lokaler Bedeutung (**Medium-** oder **Mikro-Events**). Kulturelle, sportliche, wirtschaftliche, gesellschaftspolitische und „natürliche" Events lassen sich nach unterschiedlichen Kriterien (z. T. mit Überschneidungen) differenzieren:
- **Anlass**
  Sportliche, kulturelle, gesellschaftliche, wirtschaftliche Ereignisse
- **Entstehung**
  Natürliche/künstliche („Pseudo-")Events
- **Dauer**
  Wenige Stunden (Konzerte, Sportwettkämpfe), selten länger als einige Tage (Festivals), einmalig, oftmals jährlich an anderen Orten, permanent (Musicals, Theater)
- **Größe**
  Mega-Events internationaler Ausstrahlung und Medium- bzw. Mini-Events von regionaler oder lokaler Bedeutung

Die Durchführung von Events kann von Veranstaltungs- oder **Eventagenturen** bzw. von **Catering-Unternehmen** geplant werden. Der Markt umfasst ein breites Spektrum, das von Tagungsreferenten, Moderatoren bis hin zu Varietékünstlern, Sängern und Musikern reicht. Oftmals werden Agenturen mit der Durchführung beauftragt und das Restaurant beschränkt sich auf die Bereitstellung der Serviceleistungen, Speisen, Getränke und Räume.

Diese Arbeitsteilung mag sich für alle Beteiligten rechnen, andererseits sind Agenturen z. T. sehr spezialisiert und nicht für alle Veranstaltungsarten geeignet; es fehlt ihnen häufig an gastgewerblichem Know-how sowie Planungs- und Ablaufwissen.

# Eventmarketing

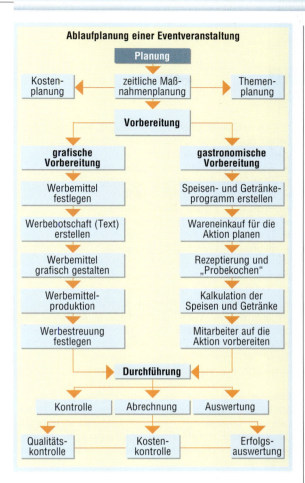

Event-Marketing: Checkliste – Kostenplanung

Immer mehr gastgewerbliche Unternehmen führen Special-Events in Eigenregie durch und nutzen die Resonanz darauf für die Unternehmens- und Marketingkommunikation sowie zur Gästebindung. Sie können mit ihrer **Zielgruppe** in einen **direkten Dialog** treten, wobei sich diese bewusst weit **weg aus dem Alltag** herausbegibt. Die Kommunikation mit den Zielgruppen gewinnt dadurch an **nachhaltiger Wirkung** und **Qualität**, dass die **Events** in eine Erlebniswelt eingebettet werden. Grundsätzlich gilt: **Erlebnisqualität** vor **Erlebnisquantität**: Es müssen möglichst alle Sinne angesprochen werden. Ein teures Feuerwerk allein ist zu wenig. Die **Gäste** bzw. die Besucher müssen aktiv in eine Gesamtinszenierung einbezogen werden.

### Eventmanagement-Prozess

▶ **Event-Voraussetzungen**
  ▷ Event-Infrastruktur, z. B. Verkehrsanbindung (Auto, Bahn, Bus), Organisatoren
  ▷ Event-Attraktivität, z. B. Veranstaltungs- oder Aufführungsort
  ▷ Gastgewerbliche bzw. touristische Attraktivität, z. B. Restauration, Beherbergung

▶ **Event-Potenzialphase**
  ▷ Event-Planung: Überprüfung der Durchführbarkeit und Organisation: Welches Event? Wann? Wo? Wie?

 **Aufgaben**

1. Arbeitsauftrag: Projektarbeit
   Suchen Sie Anhaltspunkte/Ideen für eine Event-Veranstaltung und überprüfen Sie diese auf Realisierbarkeit.
2. Wodurch unterscheidet sich ein Marketingmix für gastgewerbliche Unternehmen von einem Marketingmix für Events?
3. Differenzieren Sie Events nach Ihrem speziellen Anlass!

**Infobox Sprache am Ende des Lerninhalts 2!**

# 9 Produktpräsentation

Die **Gäste kaufen** nicht nur die Produkte und Dienstleistungen, die ihnen angeboten werden. Sie kaufen zuallererst die **Vorstellung** davon, **wie** sie ihre Zeit im Restaurant verbringen, **wie** wohl sie sich dort fühlen: Das Bedürfnis nach besonderen Erlebnissen ist vorhanden; der Trend der letzten Jahre nach speziellen Akzenten, Erlebniswelten und einem unverwechselbaren Image hält unvermindert an.

Die **Träger der Servicepolitik** – die gastgewerblichen Unternehmen, das Storemanagement und die Mitarbeiter, die im Bereich der Kontaktstelle zum Gast über die Qualität der Serviceleistung und die daraus resultierende Imagebildung entscheiden – sind z. T. Schwachstellen der Service- und damit der gesamten Leistungspolitik des Systems. Emotionale Faktoren, die das Mitarbeiterverhalten negativ beeinflussen, dürfen nicht die sorgfältig geplante, standardisierte Leistungspolitik bzw. das Erfolgspotenzial des Systemtyps beeinflussen. Darum sollte klar definiert werden, wer im jeweiligen „Leistungsbereich" die jeweilige „Verkaufsaufgabe" übernimmt. Es muss sichergestellt sein, dass die jeweiligen Mitarbeiter das Produkt genau kennen und von ihm überzeugt sind: Kontinuierliche Informationen über neue Produkte, Ideen, Aktionen, Unternehmensziele und Strategien sind nicht nur wesentliche Voraussetzungen der gastorientierten Verkaufsplanung, sondern Voraussetzung für eine positive Unternehmenskultur und beeinflussen maßgeblich das gesamte Erscheinungsbild und das Unternehmensimage.

### Qualitätssicherung der angebotenen Leistungen

Der Marktanteil der Systemgastronomie mit seinem professionellen gastronomischen Konzept hat sich in den letzten Jahren stark erhöht. Konsequenterweise nutzen die Systeme die **Vorteile von Filial- und Franchise-Betrieben**:
▶ Standardisierung des Produktangebots
▶ Standardisierung der Einrichtung
▶ Standardisierung der Qualität
▶ Profilierung durch Markennamen (Logo)
▶ Hohes Werbebudget
▶ Distributions- bzw. Logistikvorteile durch Großeinkauf

Wegen der z. T. hohen Personalfluktuation sollten als Voraussetzung der Qualitätssicherung regelmäßige Mitarbeiterschulungen sowie Qualitätszirkel im Sinne von **TQM** (**T**otal **Q**uality **M**anagement) durchgeführt werden (z. B. Umgang mit Gästen, systemspezifische Produktions- oder Serviceabläufe, Mitarbeitermotivation), um als oberstes Ziel die Gästezufriedenheit zu gewährleisten.

Mitarbeiter nehmen bei systematisierten Arbeitsabläufen im Sinne von TQM eine zentrale Rolle ein, deshalb sollten die fünf strategischen **Qualitätsdimensionen** unterschieden und geschult werden:
▶ Erscheinungsbild des Umfeldes der Verkaufsleistung
▶ Zuverlässigkeit in der Präsentation (Ausführung)
▶ Reaktionsvermögen der Mitarbeiter
▶ Kompetenz bei der Leistungserfüllung
▶ Einfühlungsvermögen

## 9.1 Angebotsgestaltung

**Situation**

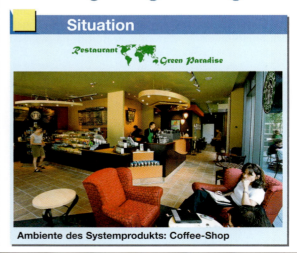

Ambiente des Systemprodukts: Coffee-Shop

Eine standardisierte, verkaufsfördernde Gestaltung der Verkaufsräume, ein „visuelles Merchandising", bestehend aus raffinierten Inszenierungen, Dekorationen und einer strategischen Platzierung der Produkte verlocken am Point of Sale zum Kauf. Dabei ist die Angebotskarte längst nicht mehr das typische Verkaufsinstrument in der Systemgastronomie. Sorgfältig beschriftete und beschilderte Displays lassen, als Gesamtarrangement an zentralem Platz im oder vor dem Restaurant positioniert, die kreative Werbebotschaft für die Gäste schnell erkennbar werden (siehe auch Lerninhalt 1, Kap. 9.3).

**Beispiele kreativer Displays und Inszenierungen:**
- **Sommerdisplay und -inszenierung**
  Sand, Muscheln, Liegestuhl und Sonnenschirm, alkoholfreie Cocktails und Longdrinks
- **Osterdisplay und -inszenierung**
  Frühlingsblumen, am Eingang bunte Ostereier auf einer Holzbank, präsentiert mit Prospekten und Angebotskarten
- **Winterinszenierung**
  Full-Service-Restaurant: Speisenkarten als gestaltete Winterlandschaft, vor dem Abendessen: Before-Dinner-Drinks an der Cocktailbar mit winterlichen Getränken wie Glühwein, Grog oder Punsch
- **Weihnachtsdisplay und -inszenierung**
  Viele kleine Weihnachtsbäumchen, Speisenkarten auf einem alten Pferdeschlitten, Erläuterungen zu den typisch regionalen Weihnachtsmenüs auf Flyern zum Mitnehmen
- **Länderspezifische Weininszenierung**
  Aufbau eines kleinen speziellen Weinkellers (Thema: Deutschland, Italien, Kalifornien u. a.) inklusive einer kleinen Weinkunde und entsprechenden Angebotsempfehlungen
- **Spargeldisplay und -inszenierung**
  Frischer Spargel in kleinen Holzkisten, drapiert mit einigen Gartengeräten und allen Aktionsangeboten zum Thema Spargel
- **Architektonische Raumkunstinszenierung**
  Restaurant als architektonisches Gesamtkunstwerk, von regionalen Künstlern gestaltet, Kulturprogramme (u. a. Vernissage, Theater, Kabarett, Jazz) im Haus

Gastgewerbliche Unternehmen der Systemgastronomie haben durch zentrale Marketingorganisation und Aktionsgestaltung die Chance, den Point of Sale so auszurichten, dass alle fünf Sinne des Gastes angesprochen werden: „Marketing by Duft and Show"!

- **Sehen**
  Ambiente, Produktinszenierung, Ordnung, Sauberkeit, Mitarbeiter, Speisenauswahl, Menü-, Speisen-, Snack-, Eis-, Getränke- und Weinkarte, Tischdekoration, Corporate Behaviour (Mitarbeiterkleidung, Logo, Marke, Briefe, Schriftverkehr), Rechnungen
- **Hören**
  Allgemeine Geräuschkulisse, Corporate Communication („Unternehmenssprache", Redewendungen und Tonfall der Mitarbeiter), Art der Hintergrundmusik, Verkaufs- und Beratungsgespräche
- **Riechen**
  Geruch im Haus, Mitarbeiter (dezent), Speisen, Cocktails, Kaffee, Büfetts, Tischwäsche, Tagungs- und Banketträume
- **Fühlen**
  Fußböden, Teppiche, Bequemlichkeit der Stühle, Besteck, Teller, Gastfreundschaft, Sicherheit
- **Schmecken**
  Standardisierte Qualität der Speisen und Getränke sowie Produktinnovationen im Rahmen der Aktionen oder als Events

## Werbewirksamkeit von Angebotskarten

**Angebotskarten** stellen wichtige **Informations-** und **Werbemittel** dar; sie sind in ihrer Gesamtheit die „Visitenkarte" eines gastgewerblichen Unternehmens. **Grundvoraussetzung** bei der Erstellung von Angebotskarten sind **Klarheit der Ausdrucksweise** und **Kartengliederung, Wahrheit der Produktbeschreibung** und **Zweckmäßigkeit** der **inhaltlichen Aussage. Aufgabe von Angebotskarten** ist die Offerierung des **Verkaufsangebots, Preisinformation, Werbung** für das Unternehmen und **Verkaufsberatung.** Dadurch wird deutlich, dass die inhaltliche Aussage von Angebotskarten zugleich eine **Leistungsdarstellung** des Unternehmens bietet, die den Charakter der Markt- oder Produktsegmente verdeutlicht, z. B.

- **Standardkarten**
  (Gültigkeit: 1/2 Jahr bis 1 Jahr); eine optimal aufgebaute Standardkarte lässt keine Wünsche der Zielgruppen offen und kann problemlos um zu-

sätzliche Attraktionen erweitert werden. Üblicherweise werden für das Standardspeisenangebot Speisengruppen festgelegt, z. B.
- Kalte Vorspeisen
- Warme Vorspeisen
- Fischgerichte
- Fleischgerichte

▶ **Kleine Karte**
Reduziertes Angebot außerhalb der Hauptspeisezeiten, z. B. in Restaurant, Cocktail-Lounge, Bar; findet häufig bei der Bewirtung von größeren Gästegruppen Anwendung

▶ **Tageskarten**
Enthalten gezielte Tagesangebote (z. B. Stammessen, Tagesspezialitäten, Business-Lunch, Salatvariationen, Sushi-Snacks)

▶ **Aktionskarten**
Ausgerichtet auf saisonale, regionale oder andere anlassbezogene Aktionen; enthalten Zusatz- bzw. Aktionsgerichte, die über einen bestimmten Zeitraum (z. B. ein Monat) angeboten werden

▶ **Spezialkarten**
Für spezielle Zielgruppen: Kinderkarte, Seniorenkarte, Familienkarte, Coffeebar-Karte, Cocktail-Karte

▶ **Getränkekarten**
Systemspezifisch Standard-, Aperitif-, Cocktail-, Bar-, Bier-, Wein-, Kaffee- und Teekarten

Wie viele Komponenten je Produktgruppe angeboten werden (z. B. 4 Suppen, 6 Fleisch-, 1 Gemüse-/Vollwertgericht/e steht im engen Zusammenhang zur Produktplanung (breites, schmales Sortiment), liegt somit im Ermessen des Unternehmens. Viele Unternehmen der Systemgastronomie verzichten auf die genannten Kartendifferenzierungen und verwenden **eine Angebotskarte** für die gesamte Produktpalette an Speisen und Getränken.
Im Rahmen des **Produkt-Controllings** sollte regelmäßig geklärt werden, in welchem **Verhältnis** der **Speisen-** und **Getränkeumsatz** zueinander stehen und welche Wirkungen die Angebotspalette auf das Nachfrageverhalten der Gäste hat. Die **Speisenkartenanalyse** (sogenannte Renner-Penner-Analyse) ist u. a. ein wichtiges Analyseinstrument zum Produkt- und Segmentvergleich (Vergleiche in den Marktsegmenten Coffee-Shop, Cocktail-Lounge u. a sind möglich), zur **Ermittlung des Deckungsbeitrags** mithilfe des **Wareneinsatzes** und des **Nettoverkaufspreises** der zu vergleichenden Leistungen.

# Angebotsgestaltung 2

| Einflussfaktoren, die beim Erstellen von Angebotskarten zu berücksichtigen sind ||
|---|---|
| → Sortimentsauswahl | → Stil des Restaurants |
| → Serviceart | → Ambiente, Atmosphäre |
| → Preisniveau | → Marke/Logo |
| → Angebotsbeschreibung | → Farbe/Design |
| → Aktionsangebote | → Stilelemente der Karte |
| → Detailinfos (erklärende Zusätze, *PAngV*) | → Format der Karte |
| → Nebeninformationen zum Dienstleistungsangebot | → Schriftbild |
| → Gästekreis | → Schriftarten |
| → Anspruchsniveau | → Sortimentsbreite/-tiefe |
| → Art der Präsentation (Corporate Behaviour) | → Anordnung der Galerie |
| → Personalbedarf | → Räumliche/technische Ausstattung im Restaurant |
| → Personalkosten | → Räumliche/technische Ausstattung in der Küche |
| → Qualifikation der Mitarbeiter | → Lagerräume/-kapazität |

## MARKETING: Food & Beverage – Controlling
### Speisenkarten-Analyse (Renner-Penner-Analyse)

**Manual: Speisenkarten-Analyse**
**Verantwortungsbereich:** GL, F&B, Marketing
**Verteiler:** Küche, Service, Einkauf

Speisenkartentyp: Aktionskarte-Karibik: Hauptgerichte
Überprüfungszeitraum: 1. August 20… – 1. September 20…
Kritische Gerichte:
Veränderungen der Speisenkarte:
Maßnahmen – Verkauf:
Maßnahmen – Marketing:
Durchgeführt von:
Überprüft durch:

### Speisenkarten-Analyse

| | | Deckungsbeitrag (EUR) | | | Verkaufsmix | | | Bewertung |
|---|---|---|---|---|---|---|---|---|
| | Soll | | | | | | | (Renner-Penner |
| Gerichte | | IST | ☺ ☹ | Abweichung | IST | ☺ ☹ | Abweichung | Gewinner-Verlierer) |
| 1 | Red Snapper, Orangen-Curry-Soße | 5,65 EUR | | | 16,54 % | | | |
| 2 | Barracuda-Steak, Zitronengras | 5,15 EUR | | | 4,35 % | | | |
| 3 | Gegrillte Scampi, Tamarindensoße | 7,30 EUR | | | 5,98 % | | | |
| 4 | Trevally-Filet, Kokos-Curry-Soße | 5,20 EUR | | | 5,22 % | | | |
| 5 | Poulardenbrust, Zitronengrassoße | 6,85 EUR | | | 28,46 % | | | |
| 6 | Lammrückenfilet, Curry-Ingwer-Soße | 7,45 EUR | | | 3,51 % | | | |
| 7 | US-Rumpsteak, Chili-Thymian-Soße | 5,70 EUR | | | 20,76 % | | | |
| 8 | Kalbsfilet in Kokosnussmantel | 7,20 EUR | | | 15,18 % | | | |
| Deckungsbeitrag: gesamt | | | | | 100,00 % Verkaufsmix (Beliebtheitsgrad) | | | |
| Deckungsbeitrag: Durchschnitt (SOLL) | | | | | Verkaufsmix: Durchschnitt (SOLL) | | | |

**Merke:**
Maßnahmen des F&B-Controllings dienen als Frühwarnsystem, um auf geänderte Situationen in den verschiedenen Abteilungen, z. B. im Service, Einkauf oder Lagerwirtschaft, rechtzeitig reagieren und damit den Betrieb krisensicher führen zu können. Dies kann manuell oder mithilfe einer EDV-gestützten Controlling-Software geschehen. Eine regelmäßige Speisenkarten-Analyse ist ein Beispiel für eine derartige Maßnahme. Das Ziel ist in jedem Fall, ein Informations- und Steuerungsinstrument zu schaffen, das dem gastgewerblichen Betrieb Hilfen bietet, eine gast- und ergebnisorientierte Unternehmensführung zu verbessern bzw. zu erleichtern.

Die **Speisenkartenanalyse** ist inzwischen Bestandteil vieler Warenwirtschaftsprogramme. In dieser Analyse wird die Anzahl der verkauften Portionen und der erzielte Deckungsbeitrag in ein Verhältnis gesetzt. Der **durchschnittliche Deckungsbeitrag** ergibt sich durch die **Deckungsbeiträge der analysierten Speisen** geteilt durch die **Anzahl** der analysierten Speisen. Ausgehend von diesem Durchschnittswert wird die **positive/negative Abweichung** ermittelt. Der Beliebtheitsgrad ergibt für einen bestimmten Analysezeitraum 100 %; die durchschnittliche Beliebtheit ergibt sich wiederum durch Teilen (Anzahl der analysierten Speisen). Die Klassifikation in die vier Kategorien Gewinner, Schläfer, Renner und Verlierer erfolgt durch Vergleich des Deckungsbeitrags (DB) und des Verkaufsmixes (Beliebtheit, Verkaufszahlen):

- ▶ **Gewinner:** > DB, > Verkaufszahlen
- ▶ **Schläfer:** > DB, < Verkaufszahlen
- ▶ **Renner:** < DB, > Verkaufszahlen
- ▶ **Verlierer:** < DB, < Verkaufszahlen

Diese Klassifikation sagt allerdings nichts darüber aus, welche Entscheidungsrichtlinien der Produktpolitik angewendet werden können. Die folgende allgemeingültige Beurteilung soll unternehmerische Entscheidungen im Hinblick auf die Konzeption von Speisenkarten erleichtern, ersetzt aber nicht individuelle Entscheidungsrichtlinien des eigenen Systems:

### Speisenkartenanalyse – Entscheidungsrichtlinien zur Klassifikation

▶ **Gewinner**
- Produktpolitik nicht verändern, keine Experimente
- Standardisierte Produktion gewährleisten (Portionsgröße, Rezeptur, Garnitur, Präsentation, Servicetechnik
- Weniger gute Platzierung auf der Speisenkarte (Speise wird ohnehin gekauft)
- Preiselastizität testen (evtl. auf der Tageskarte)
- Preise evtl. leicht erhöhen (> Deckungsbeiträge)

▶ **Schläfer**
- Platzierung des Artikels auf der „besten Verkaufsfläche" der Speisenkarte
- Einsatz gezielter Verkaufsförderungsmaßnahmen (Verkaufsschulung, Präsentationsoptimierung
- Umbenennen des Artikels mithilfe von verkaufsförderndem Vokabular, z. B. „Spezialität …"
- Detaillierte Konkurrenzanalyse, dann evtl. Verkaufspreissenkung, wenn Artikel am Markt „preislich überzogen" ist
- Überprüfung der Arbeitsintensität (Produktion), der Mise en place
- Bei Prestige-Artikeln darauf achten, dass die Anzahl der Schläfer auf der Speisenkarte nicht zu groß ist. Streichung von der Karte, wenn damit kein Image- oder Prestigeverlust für das System verbunden ist

▶ **Renner**
- Detaillierte Konkurrenzanalyse
- Überprüfung der Preiselastizität
- Geringe Preiserhöhungen
- Kontinuierliche Beobachtung des Marktes
- Platzierung an weniger verkaufsfördernder Stelle der Speisenkarte
- Qualitativ und quantitativ vertretbare Reduzierung der Portionsgröße, um den DB zu erhöhen
- Überprüfung der Arbeitsintensität (Zeitaufwand der Küchenmitarbeiter), evtl. bessere Produktionsstandards (Einkauf von Convenience: Halbfertig- oder Fertigprodukte)
- Mögliche Kombination der Artikel mit „deckungsbeitragsfreundlichen" Beilagen

▶ **Verlierer**
- Überprüfung der Präsentation, Preispolitik und Nachfrage ähnlicher Artikel bei Mitbewerbern
- Erhöhung der Inklusivpreise, um zunächst den „Schläfer-Status" zu erlangen
- Streichung der Verlierer von der Speisenkarte, insbesondere wenn bei den Rohprodukten kein Bezug zu beliebten Artikeln besteht (hohe Lagerkosten)
- Nach Eliminierung des Artikels von der Standardkarte evtl. neuen „Testartikel" (neuer Name, Garnitur, Beilagen, Präsentation, Preis u. a.) auf die Tages- oder Aktionskarte

### Praxistipps

- ▶ Vermeiden Sie zu umfangreiche Speisenkarten (aufwendiger, risikoreicher Einkauf).
- ▶ Vermeiden Sie Speisenangebote mit niedriger Verkaufsquote oder überhöhtem Wareneinsatz.
- ▶ Entwickeln Sie standardisierte Speisenangebote, die garantierten Umsatz bringen, langfristig auf der Karte.
- ▶ Nehmen Sie nur solche Gerichte in die Speisenkarte auf, deren Preise sich (regional/konkurrenzorientiert) im üblichen Rahmen bewegen und dadurch verkäuflich sind.
- ▶ Unterbreiten Sie lieber ein vereinfachtes, reduziertes Speisenangebot mit erstklassiger Qualität.
- ▶ Berücksichtigen Sie stets Lagerbestand und Wareneinsatz: Wählen Sie möglichst Gerichte aus, die sich überwiegend aus Standardprodukten, die ohnehin im Lager sind, zusammensetzen.

In Zeiten stagnierender Märkte und wachsender Komplexität und Erklärungsbedürftigkeit der Speisen und Getränke hängt der Verkaufserfolg zunehmend von fachlich versierten, persönlichkeitsstarken und in der Verkaufsverhandlung geschulten Mitarbeitern ab.
Um den Servicemitarbeitern die Vernetzung Systemkonzept, Sortimentspolitik und Sortimentspräsentation zu verdeutlichen, bietet es sich an, **Checklisten zur Produktinformation** (systemabhängig: Speisen- und/oder Getränke-Checklisten) zu erstellen.
Sie dienen einerseits der Information für alle neuen Servicemitarbeiter und erhöhen deren Fach- und Methodenkompetenz.
Andererseits lässt sich bei regelmäßiger Auswertung ein optimales Stärken-Schwächen-Profil der Speisen- und Getränkekarte/des Systems in Form einer Angebots- bzw. Verkaufsanalyse durchführen.

**FAB-Sheets** sind Argumentationshilfen für Mitarbeiter und bündeln die wesentlichen **Verkaufsargumente**. Vorteile, Eigenschaften und Nutzen der eigenen Produkte werden (in Form von Angebotskarten, Mailings, Musterangeboten, Produktproben, Raumplänen, Prospekten u. a.) darin zusammengefasst.

### Aufgaben

1. Führen Sie mithilfe des im Fachbuch abgedruckten Formulars eine Speisenkartenanalyse durch.
2. Bewerten Sie die von Ihnen durchgeführte Speisenkartenanalyse (Renner-Penner-Gewinner-Verlierer).

## 9.2 Präsentationsrichtlinien

### Situation

Angebotskarten dienen der **Arbeitserleichterung im Verkaufsgespräch**, bei der **Bestellungsaufnahme** und bei der **Bonierung**.

Sie sind wesentliche Elemente der Eigenwerbung für die Restaurants und Outlets. Spezielle themengebundene Aktionen bzw. Produktinnovationen (z. B. Karibik, Südafrika, Australien) wirken sich umsatzsteigernd aus und sind deshalb Basis eines systemorientierten Marketingmix.

### Sprachliche Gestaltung der Speisen- und Menükarten

Um den Ansprüchen der Gäste, der AIDA-Formel (s. auch Kommunikationspolitik), den Vorgaben zur deutschen Sprache und der Gastronomischen Akademie Deutschlands **(GAD)** gerecht zu werden, muss auch die sprachliche Gestaltung auf den Angebotskarten stimmen.

Folgende Faktoren sind zu berücksichtigen; sie sind in ihrer Kategorisierung nach falsch und richtig den Prüfungskriterien der Zwischen- und Abschlussprüfung entnommen:

**1. Kein Sprachwirrwarr**
Deutsche Speisenkarten sollen in deutscher Sprache verfasst sein.
Nicht erforderliche Fremdwörter und irreführendes Sprachgemisch sind zu vermeiden.

| falsch | richtig |
|---|---|
| Consommé double | Doppelte Kraftbrühe |
| Consommé royal | Kraftbrühe mit Eierstich |
| Crème de tomates | Tomatenrahmsuppe |
| Croquettes de pommes | Kartoffelkroketten |
| Pommes duchesse | Herzoginkartoffeln |
| Sauce homard | Hummersoße (-sauce) |
| Klare Oxtail | Klare Ochsenschwanzsuppe |
| Schokoladencrème | Schokoladencreme |

Ebenso falsch ist es, die Wörter „à la" zu verwenden. Sie bedeuten „nach ... Art" oder „auf ... Art".
Falsch: Forelle à la meunière
Richtig: Forelle nach Müllerinart

Die Verwendung eingebürgerter Schreibweisen wie
▶ Sauce           (Soße)
▶ Entrecote double   (doppeltes Zwischenrippenstück)
▶ Rumpsteak       (Zwischenrippenstück)
sind erlaubt.

## 2. Rechtschreibung auf der Speisenkarte

Fehler der deutschen Rechtschreibung und Zeichensetzung sind zu vermeiden.

### ▶ Zusammengesetzte Hauptwörter

Zusammengesetzte Hauptwörter dürfen nicht getrennt geschrieben werden.

| falsch | richtig |
|---|---|
| … nach Jäger Art | … nach Jägerart |
| … nach Müllerin Art | … nach Müllerinart |
| … nach Gärtnerin Art | … nach Gärtnerinart |

Das Wort „nach" kann auch durch „auf" ersetzt werden.

### ▶ Endungen „isch" und „er"

Länder- und Ortsnamen, die am Wortende die Silbe „isch" beinhalten und eine Garnitur bezeichnen sollen, werden klein geschrieben. Enden diese auf „er" ohne vorausgehendes „isch", ist Großschreibung anzuwenden.

| falsch | richtig |
|---|---|
| … nach Italienischer Art | … nach italienischer Art |
| … Holländischer Käse | … holländischer Käse |
| … Bayerischer Wurstsalat | … bayerischer Wurstsalat |
| … auf schweizer Art | … auf Schweizer Art |
| … schweizer Wurstsalat | … Schweizer Wurstsalat |

### ▶ Anführungszeichen

Anführungszeichen dienen nicht dazu, eine Garnitur oder Zubereitungsart zu deklarieren.
Da Bezeichnungen von Garnituren oder Zubereitungsarten weder eine direkte Rede oder eine Passage aus einem Buch wiedergeben noch ironisch gemeint sind, haben die Anführungszeichen zu entfallen.

| falsch | richtig |
|---|---|
| Forelle nach „Müllerinart" | Forelle nach Müllerinart |
| Forelle „blau" | Forelle blau |
| Filet „Wellington" | Filet Wellington |

Bei Fantasiebezeichnungen, wie Kinderschnitzel „Donald Duck", sind Anführungszeichen angebracht.

### ▶ Kommas bei nachgestellter Zubereitungsangabe

Soll einem Speisenbestandteil die Zubereitungsart beigefügt werden, ist sie durch ein Komma abzutrennen oder, wenn sie eingefügt ist, in Kommas zu setzen.

| falsch | richtig |
|---|---|
| Rinderzunge gebacken | Rinderzunge, gebacken |
| Rinderzunge, gebacken mit … | Rinderzunge, gebacken, mit … |

Eine Alternative ist es, die Zubereitungsart voranzustellen:
Gebackene Rinderzunge
Gebackene Rinderzunge mit …

Das Komma steht nicht, wenn in festen Wendungen ein alleinstehendes Adjektiv nachgestellt ist:
Aal blau    Aal grün    Forelle blau

### ▶ Bindestrich

Soll in zusammengesetzten oder abgeleiteten Wörtern ein gemeinsamer Bestandteil nur einmal genannt werden, ist ein Bindestrich als Ergänzungszeichen zu setzen.
Nicht … mit Erbsengemüse und Möhrengemüse
Sondern … mit Erbsen- und Möhrengemüse

## 3. Speisendeklaration nach einer Person

Wird eine Speise nach einer Person benannt, ist auf das Verhältniswort „nach … Art" zu verzichten.

| falsch | richtig |
|---|---|
| Filet nach Wellington Art | Filet Wellington |
| Crêpes nach Suzette Art | Crêpes Suzette |

### ▶ Binde- und Verhältniswörter (mit, an, und, dazu usw.) sollten nach klassischer Regel nur „sparsam" verwendet werden.

Ist ein Binde- oder Verhältniswort zum besseren Verständnis der Anrichteweise unumgänglich (Vanilleeis mit flambierten Kirschen), wird davon Gebrauch gemacht.

| falsch | richtig |
|---|---|
| Filetsteak mit Béarner Soße und Kroketten dazu Salatvariationen | Filetsteak Béarner Soße Kartoffelkroketten Salatvariationen |

In den letzten Jahren weicht man allerdings häufig von dieser klassischen Regel ab; Binde- und Verhältniswörter werden zur „Abrundung" der Speisenaufzählung als willkommen angesehen.

## 4. „Weiße Schimmel" auf der Speisen- oder Getränkekarte

Speisen oder Getränke, die garnitur-, landes- oder ortsgebunden sind, dürfen nicht falsch deklariert werden.

> Wiener Schnitzel vom Kalb
> Französische Belon-Austern
> Mastpoularde
> Französischer Cognac
> Russischer Krimsekt

Das Wiener Schnitzel ist grundsätzlich vom Kalb (sonst Warenunterschiebung), Belon-Austern stammen aus Frankreich, unter „Poularde" ist ein gemästetes Huhn zu verstehen, Cognac darf nur aus Frankreich stammen und die Insel Krim gehört zur Ukraine.

## 5. Abkürzungen auf der Speisen- und Menükarte

Abkürzungen wirken gleichgültig und unhöflich gegenüber dem Gast. Bei einer überlegten Platzeinteilung können diese vermieden werden.

## Präsentationsrichtlinien

| falsch | richtig |
|---|---|
| Fr. Braunschw. Stangenspargel zerl. Butter Persilienkartoffeln | Frischer Braunschweiger Stangenspargel zerlassene Butter Petersilienkartoffeln |

### 6. Erklärung der verwendeten Garnituren
Grundsätzlich brauchen feststehende, klassische Garnituren auf der Speisenkarte nicht erläutert zu werden. Dennoch ist dies ratsam, um zeitraubende Erklärungen, insbesondere im Hochbetrieb, zu umgehen. Garnituren, die der Fantasie entsprechen, müssen auf der Karte erläutert werden.

### 7. Reihenfolge des Angebots auf der Speisen- und Menükarte
Die Angebote werden den Hauptgruppen entsprechend in einer Menüfolge aufgelistet. Die klassische, sehr umfangreiche Speisenfolge findet heute kaum noch Verwendung. Der Versuch, durch die Fülle in einer Speisenfolge das Niveau des Gastgebers oder der Küche zu heben, ist nicht angebracht. Der ernährungsbewusste Gast hat sich auf die moderne Speisenfolge eingestellt.

| Moderne Speisenfolgen auf der deutschen Karte | | |
|---|---|---|
| Suppe | Kalte Vorspeise Suppe | Kalte Vorspeise Suppe Warme Vorspeise (Zwischengericht) Sorbet |
| Hauptgang Dessert | Hauptgang Dessert | Hauptgang Dessert |

### 8. Reihenfolge der angebotenen Bestandteile des Hauptgangs
Die zu einem Gang gehörenden Speisen dürfen nicht in wahlloser Reihenfolge angeführt werden. Um eine bessere Übersicht zu vermitteln, muss folgendem „Aufbau" entsprochen werden:

| Vorgegebene Reihenfolge |
|---|
| Fleisch oder anderer Hauptbestandteil Soße Gemüse Sättigungsbeilage |

| falsch | richtig |
|---|---|
| Filetsteak Blumenkohl Kartoffelkroketten Sauce béarnaise | Filetsteak Sauce béarnaise Blumenkohl Kartoffelkroketten |

Wird anstatt des Gemüses Salatbeilage gereicht, ist diese am Schluss anzuführen.

Filetsteak
Sauce béarnaise
Kartoffelkroketten
Salatvariationen

Wird der Begriff „gemischter Salat" verwendet, muss dieser Salat auch gemischt sein. Sind unterschiedliche Salate separat auf einem Teller angeordnet, müssen diese als „Salatvariationen", „Salate der Saison" usw. deklariert werden. An dieser Stelle soll erwähnt werden, dass laut der Standards der Prüfungen im Gastgewerbe die Angaben „gemischter Salat", „Salatvariationen" oder „Salate der Saison" nicht genügen, denn es soll eine konkrete Angabe der verwendeten Salate und Dressings erfolgen.

**Menüaufbau siehe Kap. 10.4.1**

## Getränkekarten

Auch Getränkekarten sollen verkaufsfördernd gestaltet sein. Wegen der Fülle des Angebots müssen die Getränke in übersichtliche Gruppen unterteilt angeführt werden.

### Standardkarte

| Getränkegruppen | |
|---|---|
| Aperitifs | Spirituosen |
| Alkoholfreie Getränke | Weine |
| Heißgetränke | Schaumweine |
| Biere | Digestifs |

Innerhalb dieser Gruppe sind wiederum Unterteilungen vorzunehmen.
Die Getränkekarten sollen die Gäste informieren über
▶ die Art des Getränks,
▶ die Angebotsform (z. B. Flaschen- oder Fassbier),
▶ die Ausschankmenge (z. B. Tasse, Pott, Kännchen, Liter, cl),
▶ den Alkoholgehalt, falls vorhanden (gilt nicht bei Mix- und Mischgetränken),
▶ den Inklusivpreis.

Je nach Art des Hauses und Ort der Bewirtung (Restaurant, Bar etc.) können auch **spezielle Getränkekarten** eingesetzt werden. Die wohl geläufigste ist die Weinkarte.

### Weinkarte
Bei einem größeren Weinangebot ist es sinnvoll, eine separate Weinkarte zu führen. Sie ist im Allgemeinen aufgegliedert in
▶ Anbauländer,
▶ Anbaugebiete,
▶ Angebotsformen (offene Weine, Flaschenweine),
▶ Weinarten,
▶ ansteigende Qualitäts- und Prädikatsstufen und
▶ Jahrgänge.

Unverbindliche Reihenfolge:
▶ offene Weine vor Flaschenweinen
▶ Weißweine vor Rosé-, Rotling- und Rotweinen
▶ Schaumweine

# 2 Präsentationsrichtlinien

Neben diesen Angaben werden auch Rebsorten und Erzeuger bzw. Abfüller angeführt.
Illustrationen lockern die Karte auf. Hinweise, welche Weine mit welchen Weinen harmonieren, können die Gäste bei der Auswahl unterstützen. Dabei ist es angebracht, nicht lediglich „althergebrachte", meist recht teure Weine zu empfehlen. Es sollten dabei auch jüngere, meist etwas preisgünstigere Weine für Gäste mit „schmaleren" Brieftaschen und auch Weine aus Übersee berücksichtigt werden.

**Weine siehe Lerninhalt 1, Kap. 9.3**

Weitere **spezielle Getränkekarten** sind z. B.
▶ die Aperitifkarte,
▶ die Bierkarte,
▶ die Bar- und Cocktailkarte,
▶ die Kaffeekarte,
▶ die Teekarte und
▶ die Digestifkarte.

Keine Getränkekarte, aber dennoch eine Spezialkarte ist die **Zigarrenkarte**.

**Barkarte siehe Lerninhalt 1, Kap. 9.4**

## Tischaufsteller und Plakate

Der Blick in die Speisen- bzw. Getränkekarte ist oft oberflächlich. Um das Interesse der Gäste an bestimmten Produkten zu steigern, müssen Hinweise darauf den Gästen stetig vor Augen gehalten werden.
Optisch ansprechende Tischaufsteller bieten sich als Verkaufsförderer an.

**Tischaufsteller**

Nahezu die gleiche Wirkung haben Plakate, die gut sichtbar an markanten Plätzen im Restaurant, im Fahrstuhl oder auch im Foyer platziert werden.

Schriftliche Angebote, gleichgültig welcher Art, sind nur dann werbewirksam, wenn diverse Kriterien erfüllt werden. Zu den wesentlichsten gehören:
1. Angebote müssen das Interesse der Gäste wecken.
2. Angebote müssen auf sauberem und unbeschädigtem Material geschrieben oder gedruckt sein.
3. Angebote müssen sachlich richtig und fehlerfrei in angenehmer Schreibweise dargestellt werden.
4. Das Interesse der Gäste wird gesteigert, wenn Illustrationen (z. B. Abbildung eines Produktes) in verbraucherfreundlichen Farben verwendet werden (Blau, Grau und Schwarz für Illustrationen möglichst vermeiden).

Wesentlich ist es auch, die Größe der Plakate bzw. Tischaufsteller und die Platzierung und Größe des Schriftbilds zu berücksichtigen.

Klarheit und Wahrheit sind Grundprinzipien der Angebotskarten-Gestaltung. Dazu gehört auch die Einhaltung der **gültigen Rechtsbestimmungen** und die **Beachtung der Verkehrsüblichkeit** u. a.
▶ Angebote im Aushang sind freibleibend.
▶ Speisenkartenangebote auf dem Tisch sind feste Angebote – der Service muss sie aktualisieren.
▶ Schankgefäße dürfen nur die gesetzlich erlaubten Volumen haben (vgl. Schankgefäße-VO).
▶ Speisenkarten mit Datum auszugsweise an der Außenfront sichtbar machen.
▶ Zusatzstoffe müssen kenntlich gemacht werden (Zusatzstoff-Zulassungs-VO).
▶ Angebotskarten vom 1. und 15. des Monats sind je ein Jahr aufzubewahren.

(Siehe hierzu auch Lerninhalt 1, Kap. 11.8)

### Aufgaben

1. Oberflächlich gestaltete Angebotskarten lassen die Gäste ein gewisses Desinteresse seitens der Restaurantleitung vermuten. Was erwarten Sie von einer werbewirksamen Angebotskarte?
2. Sie planen eine „Spargelaktion" und wollen die Gäste früh genug darauf aufmerksam machen. „Tischreiter" und Plakate sollen dabei unterstützen.
3. Vivian und Niklas sind dabei, die neben dem Eingang angebrachten Speisenkartenkästen zu säubern, die neuen Tageskarten anzubringen und die Dekorationen darin zu überprüfen. In Bezug auf die Säuberung hält sich Niklas Einsatzfreude in Grenzen.
   a) Sie diskutieren über die Notwendigkeit, hier überhaupt Karten anzubringen. Schließlich sei es doch ausreichend, wenn der Gast im Restaurant über Angebote und Preise informiert wird. Haben sie recht?
   b) Hinsichtlich der Dekoration und der Sauberkeit der Speisenkartenkästen hat Maren den beiden Auszubildenden die Begriffe Ästhetik und AIDA mit auf den Weg gegeben. Finden Sie eine Definition für Ästhetik und erklären Sie, was unter den Buchstaben AIDA zu verstehen ist.
4. Deckblätter der Angebotskarten müssen die Gäste motivieren, den Inhalt der Karten kennenlernen zu wollen.
5. Die neue Mitarbeiterin will sich das Weinangebot einprägen. Sie findet in der Weinkarte Angaben über
   – Anbauländer
   – Weinarten (Weißwein, Rotwein, Roséwein)
   – Jahrgänge
   – Angebotsformen (Flaschenwein, offener Wein)
   Welche Angaben fehlen?

**Infobox Sprache am Ende des Lerninhalts 2!**

# 10 Beschwerdemanagement

Wie schwer der Verkauf des Produktes **„Zufriedenheit"** wirklich ist, zeigen alarmierende Zahlen: Die Food & Beverage Management Association (FBMA) hat in einer Umfrage mit dem B.A.T. Freizeit-Forschungsinstitut herausgefunden, dass die Qualität in Hotels und Restaurants nur sehr gering bewertet wird. Lediglich 31 % der Befragten fanden bei ihrem letzten Restaurantaufenthalt eine aufmerksame Bedienung vor.

Die **wirtschaftlichen Folgen von unzufriedenen Gästen** sind beträchtlich. In verschiedenen Analysen geht man davon aus, dass das Senken einer Abwanderungsquote von nur 5 % eine Gewinnsteigerung von 25 bis 85 % möglich macht. Muss ein Gast in einem Restaurant negative Erfahrungen erleben, erzählt er diese Erlebnisse im Schnitt 10 bis 15 Personen weiter, im positiven Fall wird nur vor drei bis vier Personen geschwärmt. Außerdem wandern 10 bis 15 % der Gäste wegen einer unbefriedigenden Regelung einer Beschwerde ab.

**Beispiel**

„Ein Gast beschwert sich bei mir, dass man vergessen hat, ihm eine Nachricht zu übermitteln. Dieses Vergessen hat ihm einen Zeitausfall von drei Stunden beschert. Ich habe also einen Diebstahl begangen, ich habe einem Gast das teuerste Gut der Welt gestohlen: Zeit. Wir haben ihm dann sofort einen Brief geschickt und eine Wiedergutmachungsübernachtung: ein Wochenende für zwei Personen im Maisonette-Doppelzimmer."

(Klaus Kobjoll)

Grundsätzlich ist davon auszugehen, dass sich überhaupt nur ein Bruchteil der Gäste über einen Missstand beschwert, viele Gäste bleiben einfach weg! Wird also ein **Fehler** reklamiert, bedeutet dies eine **Chance der Verbesserung** und eine wichtige Informationsquelle für das Unternehmen. Gäste sollten aktiv dazu ermutigt werden, ihre Meinung zu sagen. Kummerkasten und Smiley-Fragebögen reichen da nicht aus. Eine gezielte Gästeansprache hat weitaus mehr Erfolg.

Im Rahmen einer **Gästebefragung** als Verfahren der Zufriedenheitsanalyse muss sowohl der Zufriedenheitsgrad für die **vollständige Transaktion** (Restaurantbesuch, Veranstaltungsorganisation) als auch für **jede Teilleistung** (Bewirtung u. a.) und jedes teilprozessspezifische Leistungsmerkmal ermittelt werden (Freundlichkeit der Mitarbeiter u. a.).

**Nachträgliche Zufriedenheitsmessungen** (z. B. schriftlich, telefonisch nach einer Veranstaltung) **verzerren das Analyseergebnis** aufgrund der längeren Zeitspanne zwischen dem Konsumerlebnis und der Zufriedenheitsmessung. Um **Dissonanzen (Störungen, Missklängen)** mit dem Gast entgegenzuwirken, sollten Befragungen der Restaurantgäste deshalb **prozessbegleitend** (beim Speisen- oder Getränkeservice) oder **kurz nach Beendigung der Transaktionen** (z. B. bei der Verabschiedung der Gäste) durchgeführt werden.

▶ **Aktiv geäußerte Beschwerden**
Gegenüber dem Restaurant, gegenüber anderen Gästen („negative Mund-Propaganda") oder gegenüber Beschwerdeinstitutionen (Gewerbeaufsichtsamt, Verbraucherorganisationen, Medien u. a.).

▶ **Passiv geäußerte Beschwerden**
Abwanderung zu anderen Leistungsanbietern (Restaurants u. a.), generelles Nicht-Buchen/Nicht-Essengehen.

**Beschwerdemanagement-Maßnahmen**

1. Fordern Sie Ihre Gäste aktiv zu Lob, Tadel oder Verbesserungsvorschlägen auf!

2. Trainieren Sie Ihre Mitarbeiter im persönlichen oder telefonischen Umgang mit unzufriedenen Gästen!

3. Schulen Sie Ihre Mitarbeiter in Fragen des Korrespondenzstils bei Beschwerden!

4. Setzen Sie schriftliche oder telefonische Zwischenbescheide bei der Beschwerdebearbeitung ein!

5. Definieren Sie Problemlösungsstandards zur Beschwerdebearbeitung (Lösungszeiten, Lösungsumfang, Kompetenz der Servicemitarbeiter)!

6. Nehmen Sie nach Abschluss der Beschwerdebearbeitung nochmals Kontakt zu den betroffenen Gästen auf (Follow up)!

## 2 Beschwerdemanagement

Grundsätzlich sind Beschwerden im Gastgewerbe Chefsache. Das heißt, dass möglichst alle Informationen über Reklamationen bzw. Beschwerden nach oben durchdringen müssen. Es hat sich in vielen gastgewerblichen Unternehmen bewährt, eine verantwortliche Führungskraft für die Gästebeschwerden zu benennen. Wichtig ist, dass **jede Reklamation** (am Point of Sale) sofort behoben wird und **jeder Beschwerde** sofort nachgegangen wird und **spätestens innerhalb von 48 Stunden** bearbeitet wird.

Eine großzügige Behandlung einer Beschwerde schafft die einmalige Chance, Gäste zu beeindrucken und – ganz im Sinne der Verkaufsförderung – noch enger an den Betrieb zu binden.

Befürchtungen des Missbrauchs großzügig gehandhabter Beschwerden haben sich in der Praxis selten bestätigt. Im Gegenteil: Objektiv betrachtet sind die Kosten der Entschädigung meist wesentlich niedriger als der hohe Aufwand zur Gewinnung neuer Gäste.

Der Weg zur Gästezufriedenheit führt allerdings nicht nur über die Verbesserung der angebotenen Leistung. Der **Gast von heute** ist zunehmend **qualitätsbewusst, preissensibel** und **kritisch-emanzipatorisch**. Er ist **weder** an **Betriebsstätten** noch an **Marken** gebunden und tritt sowohl als Qualitätskäufer, Schnäppchenjäger oder als Smart Shopper auf. Somit ergibt sich Gästezufriedenheit als ein Phänomen mit neuen Spielregeln. Die Devise eines **marktorientierten Beschwerdemanagements** darf nicht mehr Preis und Service lauten, sondern muss die Bedeutung von Preis, Service und Qualität gleichermaßen in den Vordergrund stellen (s. Kap. 2.2).

### Beschwerden: subjektiv betrachtet ...

Wer sich erfolgreich mit Reklamationen und Beschwerden auseinandersetzen will, muss sich in die Lage des Gastes hineinversetzen. **Wie also reagiert der unzufriedene Gast?** Ganz einfach – wie jeder Mensch in dieser Situation: Er übertreibt („Ich warte jetzt schon eine Stunde auf das Essen!") und droht mit Konsequenzen („Wir reisen sofort ab!"). Unzufriedene Gäste vergreifen sich leicht im Ton („Was ist denn das für ein Saftladen?"), sind stur, rechthaberisch und beharren auf ihrem Standpunkt. Auf Widerspruch reagieren sie höchst empfindlich („Das ist aber doch wirklich unverschämt!"). Und um der erlittenen Unbill noch mehr Gewicht zu geben, erinnern sie genüsslich an frühere Fehler. Kurz und gut – **ob die Reklamation zu Recht erfolgt oder nicht** – es wird zuerst einmal viel Lärm gemacht – und viele andere Gäste hören zu!

Aber auch die Servicemitarbeiter werden jetzt böse, fühlen sich angegriffen oder blocken ab, wenn jemand mit einer Reklamation kommt. Genau das ist der Fehler: Die Bemerkung „das kann ich mir gar nicht vorstellen" bringt Gäste auf die Palme. Sie wollen ernst genommen werden. Sie haben zunächst einmal selbst Stress mit dem Vorhaben, sich zu beschweren. Sie sind nervös, unter Umständen aggressiv, misstrauisch und empfindlich. Eine positive Atmosphäre sollte deshalb schon mit der Begrüßung geschaffen werden, eine höfliche, freundliche Gesprächseröffnung – mit Namen – ist entscheidend über den Fortgang des Falles.

---

**Beschwerdebearbeitung**
**Acht goldene Regeln**

1. Ruhe bewahren.
2. Nicht reden, sondern zuhören.
3. Ausreden lassen, nicht unterbrechen.
4. Verständnis haben und zeigen.
5. Konstant sachlich bleiben.
6. Konstant freundlich bleiben.
7. Beschwerdeursache beheben und notieren.
8. Art der Beschwerde auswerten.

---

Die geschilderten Fälle belegen, dass ein **aktives und systematisches Beschwerdemanagement** wesentlicher Bestandteil des Qualitätsmanagements ist (Schulung der Mitarbeiter, Checklisten, Beschwerdeprotokolle und -analysen).

---

**Restaurant Green Paradise**

- ▶ **Vernetzung:** → Marketingkonzept, Gästebefragungen, Produktpolitik, Statistik, Analyse, Bearbeitung, Controlling, Auswertung, (Lieferer), Verteiler: GL, PL, MA, Ablage
- ▶ **Zielsetzung:** → **Gästebetreuung, CI, Imagepflege,** kontinuierliche Verbesserung: Leistungsprozesse
  → **Fachkompetenz, Zusammenarbeit, Produktivität**

**Restaurant Green Paradise**

Telefon (0511) 111-11111
Telefax (0511) 111-11112

**Abt.: Food & Beverage**

Annahme-Datum:
Handzeichen:

**Beschwerde-Protokoll**
- ▶ Aufnahme/Analyse:
- ▶ Betrifft Produktionsfaktor/Vorgang:
- ▶ Speisen/Getränke, Marke:
  - ○ Offenkundiger Mangel:
  - ○ Mangelhafte Qualität:
  - ○ Servicezeit:
  - ○ Kosten:
  - ○ Rechnungsstellung:

## 2 Beschwerdemanagement

| | |
|---|---|
| ▶ **Maschinen, Gebrauchsgegenstände**<br>○ Funktion: _____<br>○ Bedienung: _____<br>○ Kompatibilität: _____ | |
| ▶ **Mitarbeiter, Vorgesetzte**<br>○ Verhalten: _____<br>– Betriebliche Kooperation: _____<br>– Sozialkompetenz: _____<br>○ Akzeptanz: _____<br>– Aussehen: _____ | |
| ▶ **Organisation**<br>○ Aufbauorganisation: _____<br>○ Ablauforganisation: _____ | |
| ▶ **Beschwerdeführender Mitarbeiter:**<br>○ Name: _____<br>○ Mitarbeiterbegründungen: _____<br>○ Gegenargumente: _____ | |
| ▶ **Bearbeitung**<br>○ Weiterleitung an Abteilung/Vorgesetzten/Lieferer<br>– geliefert am: _____<br>– Vertrag vom: _____<br>○ Stellungnahme des Beschwerdeempfängers<br>– Kosten: _____<br>○ Stellungnahme der Abteilung/Vorgesetzten/Lieferer<br>– akzeptiert: _____<br>– abgelehnt, Begründung: _____<br>○ Weiterleitung an Abteilung/Vorgesetzten/Lieferer<br>– geliefert am: _____<br>– Vertrag vom: _____ | ▶ **Maßnahmen**<br>→ Lieferanten wechseln:<br>  Warenrückgabe, Nachlass<br>→ Arbeitsplatz-Einrichtung ändern:<br><br>→ Arbeitsablauf ändern:<br><br>→ Mitarbeiter versetzen:<br><br>→ Besprechung mit betreffendem MA:<br><br>Motivation, Delegation<br>erledigt: Datum / Handzeichen |

Beschwerdeprotokoll

Jede Reklamation ist **gastorientiert** zu bearbeiten und sollte den Beginn einer **Qualitätsverbesserung** einleiten. Reklamationen **informieren** über Fehler, **Reklamationen helfen Fehlerquellen zu beseitigen** und Missverständnisse von vornherein zu vermeiden. Dabei werden unterschiedliche Beschwerdeursachen differenziert:

> **Beschwerdeursachen**
>
> **Sachlich:** Art und Qualität der Produkte
> **Sachlich-emotional:** nicht erfüllte Erwartungen an das Produkt
> **Emotional:** vorgeschobene Beschwerden (Launen eines Gastes, Wunsch nach Aufmerksamkeit oder Anerkennung)

### Durch die Küche verursachte Reklamationen
▶ Bestellungen werden nicht ausgeführt
▶ Zubereitungszeiten sind zu lang
▶ Bereitstellung falscher Speisen
▶ Mängel in der Qualität oder Menge
▶ Verzehrtemperatur ist nicht angemessen

### Durch den Service verursachte Reklamationen
▶ Ausschanktemperaturen sind nicht angemessen
▶ Servicepersonal ist unaufmerksam, langsam, unhöflich, unfreundlich
▶ Falsche Getränke werden serviert
▶ Eingedeckte Gläser, Besteckteile sind unsauber

### Durch das Bankettmanagement verursachte Reklamationen
▶ Schlechte Veranstaltungs-(Bankett)beratung
▶ Mitarbeiter stehen unter Zeitdruck
▶ Veranstaltungsabsprachen werden nicht eingehalten
▶ Vereinbarter Kostenrahmen wird überschritten
▶ Veranstaltungsraum entspricht nicht der Vereinbarung
▶ Benötigte Technik steht nicht zur Verfügung
▶ Georderte Künstler werden durch andere ersetzt
▶ Zeitlicher Veranstaltungsablauf wird nicht eingehalten

Mithilfe von **Beschwerdeprotokollen** kann in gastgewerblichen Systemen ein systematisches **Beschwerdecontrolling** durchgeführt werden. Dies beinhaltet sowohl die **Beschwerdeanalyse** als auch die **Planung, Steuerung, Kontrolle, Auswertung** und **Nachbereitung** von Beschwerden und Reklamationen.

## 2 Beschwerdemanagement

| ▶ Beschwerden von Gästen bzw. Mitarbeitern | ○ Beschwerde über Speisen und Getränke<br>○ Beschwerde über Mitarbeiter | Verteiler an:<br>AL, MA, Marketing, Sales |
|---|---|---|
| Checkliste | **Beschwerdeanalyse** | Datum: |
| ▶ Beschwerden Abteilung | **Problembearbeitung** | **Beispiel** |
| ⌇ Bewirtung | • Qualitätsmängel, Wein mit Korkgeschmack, Preis zu hoch, Portionsgröße, Essen kalt, zu lange Wartezeiten | •<br>• |
| ⌇ Veranstaltung | • Lange Wartezeiten, kein reibungsloser Ablauf, Medien fehlerhaft | • |
| ⌇ Mitarbeiter | • Service zu unfreundlich, zu wenig, zu inkompetent, unsauber | • |
| ▶ Sofortmaßnahme | • | |
| ▶ Ziel, Soll | • Strategie, Motto | |
| ▶ Vorbereitung | • Informationsbeschaffung: | |
| Vorbesprechung | • | |
| ▶ Organisation | • Durchführungsplan zur Vorbesprechung: | |
| ▶ Ist-Analyse | • Stärken – Schwächen (in der Vernetzung) | |
| Mitarbeiter | • | |
| Kollegen, Gruppe | • | |
| Manager | • | |
| Gäste/Kunden | • | |
| Konkurrenz | • | |
| Gesellschaft | • | |
| ▶ Instrumente | • bezüglich Ziel und Analyse schlüssig (und untereinander komplementär zu vernetzen) | |
| Maßnahmen | • | |
| ▶ Bewertung | • Alternativen, Entscheidungen | |
| ▶ Perspektive | • | |
| Prognose | • | |
| ▶ Organisation | • Durchführungsplan für beschlossene Maßnahmen | |
| ▶ Durchführung | • der Maßnahmen | |
| ▶ Kontrolle | • Soll-Ist-Vergleich, Abweichungs-Analyse | |
| ▶ Bericht | • an Abteilung: | |
| ▶ Vernetzung | • Zweck: ausgewertet (Datum, Handzeichen) | |

**Beschwerdeanalyse**

**Checkliste für ein aktives Beschwerdemanagement Analyse, Planung, Steuerung und Kontrolle**

▶ Kennen Sie die Zahlen/das Volumen mündlicher, schriftlicher oder telefonischer Gästereklamationen oder -beschwerden, die täglich eingehen?

▶ Benutzen Sie ein Beschwerdemanagement-Kennziffer-System (z. B. Lösungsdauer, Bearbeitungskosten, Lost Call, Lost Letter u. a.) zur Effizienzsteigerung der Beschwerdebearbeitung?

▶ Wissen Sie, wie lange es dauert, bis eine mündliche/schriftliche Beschwerde zum dafür Verantwortlichen gelangt?

▶ Wird die Erfassung und -bearbeitung von Beschwerden durch EDV unterstützt?

▶ Führen Sie Statistiken über die Problemursachen unzufriedener Gäste?

▶ Werten Sie sämtliche Analyseergebnisse aus, um die Qualität Ihrer Leistungen zu verbessern?

▶ Machen Sie die Analyseergebnisse der Geschäftsleitung sowie anderen Abteilungen zugänglich?

▶ Erfassen Sie die Gästeunzufriedenheit mit der Beschwerdeerfassung und der Beschwerdebearbeitung?

▶ Arbeiten Sie mit den Abteilungen Produktentwicklung (Bewirtung, Veranstaltung u. a.) und Qualitätssicherung (Controlling) zusammen?

Die **Wirksamkeit** eines theoretischen Ansatzes, z. B. dem **Kano-Modell zur Messung der Gästezufriedenheit** (Zufriedenheitsanalysen, Gästebefragungen u. a.), ist nur dann aufschlussreich, wenn zugleich die Gründe für die Faktoren Gästezufriedenheit und Gästebegeisterung analysiert und ausgewertet werden können (s. Kap. 2).

### Aufgaben

1. Was verstehen Sie unter aktiv oder passiv geäußerten Beschwerden?
2. Welche unterschiedlichen Beschwerdeursachen lassen sich differenzieren?
3. Erstellen Sie für eine Mitarbeiterschulung im Rahmen des TQM (Total Quality Management) eine auf Ihren Betrieb zugeschnittene Checkliste zur Beschwerdebearbeitung.
4. Ein Gast beschwert sich beim Bezahlen seiner Rechnung im Restaurant lautstark über das „durchgebratene" Filetsteak, das er „medium" bestellt hatte. Wie bearbeiten Sie die Beschwerde in diesem konkreten Fall?

**Infobox Sprache am Ende des Lerninhalts 2!**

# 11 Betriebswirtschaftliche Bewertung der Marketingmaßnahmen

Liegen den Entscheidungsträgern in der Systemgastronomie ausreichende Informationen zu den durchgeführten Marketingmaßnahmen im ausgewerteten und aufbereiteten Zustand vor, erfolgt eine betriebswirtschaftliche Bewertung mithilfe von Marketing-Controllingmaßnahmen. **Marketingkontrolle** ist die „systematische, kritische, unvoreingenommene Überprüfung und Beurteilung der grundlegenden Ziele und der Politik des Marketings sowie der Organisation, Methoden und Arbeitskräfte, mit denen die Entscheidungen verwirklicht und Ziele realisiert werden sollen" (vgl. Meffert, S. 1035 f.). Da die Systemgastronomie in eine komplexe, dynamische Umwelt eingebettet ist, müssen Marketingaktivitäten im Hinblick auf ihre Zielrichtung und Zielerreichung einer permanenten, systematischen Prüfung und Überwachung der für den Unternehmenserfolg relevanten Faktoren und Maßnahmen unterzogen werden.

### Beispiel

Das Restaurant Green Paradise plant die Einführung von quantitativen Erfolgskontrollen. Mithilfe des Umsatzes pro Quartal sollen die Verkaufszahlen im Full-Service-Restaurant „Hauptgerichte der Abendkarte" analysiert werden, um kurzfristige, überschaubare Teilergebnisse zu erhalten und mögliche Trends zu erkennen.

**Marketingkontrolle** steht in einem engen **Bezug zur Marketingplanung**. Zum einen ergeben sich aus der Marketingplanung die z. T. operational formulierten Bezugsgrößen (Sollwerte und Normen) für das Kontrollwesen, zum anderen können die Ergebnisse der Kontrolle als aktuelle Plandaten bzw. neue Ausgangsdaten für die zukünftige Marketingplanung herangezogen werden.

Unter Berücksichtigung von systemtypischen Besonderheiten lässt sich feststellen, dass nur bei ergebnisorientierten Kontrollen mehrheitlich auf operationalisierte, meist quantifizierte Sollwerte zurückgegriffen werden kann, während bei den Bezugsgrößen der qualifizierten Marketingaudits lediglich Normen und Standards zugrunde gelegt werden können.

Eine **betriebswirtschaftliche Marketingbewertung und -kontrolle** erfolgt in folgenden Schritten:

▶ Festlegung von SOLL-Werten bzw. Standards,

▶ Ermittlung von Ist-Werten,

▶ Vergleich der Soll-Werte mit den Ist-Werten sowie

▶ Auswertung und Bewertung der Vergleichsergebnisse.

Marketingkontrolle wird differenziert in quantitative und qualitative Kontrolle.

**Quantitative Kontrollen** orientieren sich an der betriebswirtschaftlichen Bewertung von ökonomischen Erfolgszielen (Umsatz-, Marktanteils- und Gewinnzielen).

Im Unterschied dazu beziehen sich **qualitative Kontrollen** auf alle im Rahmen eines Qualitätsmanagements durchzuführenden Kontrollen (vgl. 1.2), die auf die physischen Charakteristiken der tatsächlichen und potenziellen Nachfrager zugeschnitten sind, z. B.

▶ Informationsstand der Gäste,

▶ Verbesserung bzw. Aufbau des Images,

▶ Verbesserung des Qualitätsniveaus,

▶ Wecken von Bedürfnissen,

▶ Schaffen von Präferenzen.

Gegenstand der Marketingkontrolle sind die Verkaufserfolge, wobei eine Überprüfung (in Form von Vergleichsrechnungen) der Richtigkeit und Effizienz der realisierten Marketingkonzeption vorgenommen wird. Eine während der Durchführung einer Marketingaktion stattfindende Parallelkontrolle ermöglicht dadurch kurzfristige, überschaubare Teilergebnisse, die zum Gegenstand der Kontrolltätigkeit werden.

Als Beispiel für eine **quantitative Erfolgskontrolle** des gastorientierten Serviceangebotes kann eine Umsatzanalyse der Standard- oder Aktionskarten durchgeführt werden.

## 2 Betriebswirtschaftliche Bewertung

**Restaurant Green Paradise**
**Speisenangebote – Hauptgerichte Umsatzänderungen pro Quartal**

| Speisenangebote Hauptgerichte der Abendkarte | Umsatz pro Jahr 20... | Durchschnittlicher Umsatz pro Jahr | Umsatz neues Quartal 20... | Umsatzveränderung (%) Quartalsvergleich | Gesamtanteil neues Quartal (%) 20... |
|---|---|---|---|---|---|
| **Hamburger Edelfischteller** mit Pommerysenfsoße | 122 459,00 € | 30 614,75 € | 31 680,00 € | 103,5 % | 11,0 % |
| **Steinbeißerfilet**, mit Weißweinsud gegart | 89 670,00 € | 22 417,50 € | 27 390,00 € | 122,2 % | 9,5 % |
| **Schweinerückensteak** auf Mangobuttersoße | 72 320,00 € | 18 080,00 € | 15 110,00 € | 83,6 % | 5,3 % |
| **Poulardenbrust** mit Schnittlauchrahm | 94 110,00 € | 23 527,50 € | 22 450,00 € | 95,4 % | 7,8 % |
| **Barbarieentenbrust** mit Feigen-Portweinsoße | 104 570,00 € | 26 142,50 € | 28 465,00 € | 108,9 % | 9,9 % |
| **Kalbsfilet** mit Spitzmorchelrahmsoße | 98 620,00 € | 24 655,00 € | 29 759,00 € | 120,7 % | 10,4 % |
| **Kalbsgeschnetzeltes Züricher Art**, Berner Rösti | 104 730,00 € | 26 182,50 € | 29 330,00 € | 112,0 % | 10,2 % |
| **Lammrücken Provencale** mit Rosmarinsoße | 169 320,00 € | 42 330,00 € | 39 190,00 € | 92,6 % | 13,6 % |
| **Rumpsteak** mit Soße Bearnaise | 181 220,00 € | 45 305,00 € | 50 790,00 € | 112,1 % | 17,7 % |
| **Rinderfiletsteak** mit grüner Pfefferrahmsoße | 64 330,00 € | 16 082,50 € | 12 995,00 € | 80,8 % | 4,5 % |
| **Gesamtumsatz** | 1 101 349,00 € | 275 337,25 € | 287 159,00 € | 103,2 % | 100,0 % |

Um die Leistungen des Systems richtig einzuschätzen, bietet sich bei der **ergebnisorientierten Vergleichsrechnung** ein Rückgriff auf die aus dem statistischen Datenmaterial verdichteten Kennzahlen an, die den Betrieb sowohl über den Stand als auch die Entwicklung des Systems informieren sollen (s. Lerninhalt 4, Kap. 2.5.2).

**Qualitative**, auch intuitive (= unmittelbare) **Prognoseverfahren** basieren dagegen auf subjektiven Erfahrungswerten und Annahmen über die zukünftige Entwicklung einzelner Einflussfaktoren im System. Eine Möglichkeit der **Marketingprognose** ist die **Szenariotechnik**. Auf der Basis der gegenwärtigen Unternehmens- bzw. Systemsituation werden die zukünftigen wesentlichen externen Einflussfaktoren abgeschätzt, um davon ausgehend mögliche Konsequenzen für den speziell untersuchten Bereich der Systemgastronomie abzuleiten.

Zu diesem Zweck werden z. B. Annahmen über die Veränderung der politischen, rechtlichen, technischen und wirtschaftlichen Umwelt getroffen, um deren Auswirkungen und Einflüsse auf zukünftige Systemzustände einzuschätzen.

Hieraus entwickelt sich die Basis für eine strategische Unternehmens- bzw. Marketingplanung. Die Ergebnisse eines Szenarios erlauben weniger die konkrete Berechnung der zu erwartenden Markt- und Absatzanteile eines Systems; sie ermöglichen aber die Ermittlung von Einflussfaktoren sowie deren kurz- und mittelfristigen Auswirkungen auf das Marktverhalten.

| Unterscheidungsmerkmale | Operatives Marketing-Controlling Gegenwartsorientierung | Strategisches Marketing-Controlling Zukunftsorientierung |
|---|---|---|
| **Betrachtungszeitraum** | ▶ gegenwarts- und vergangenheitsorientierte Zahlen und Ergebnisse | ▶ Interpretation der Ist-Werte für zukünftige Perioden |
| **Planungshorizont** | ▶ auf kurz- und mittelfristige Zahlen begrenzt | ▶ versucht langfristige Ergebnisse zu planen und zu ermitteln |
| **Wichtigste Begriffe** | ▶ Kosten und Leistung | ▶ ersetzt Kosten und Leistung durch Chancen und Risiken |

Die Tabelle bestätigt, dass der **Begriff Marketingcontrolling** weit über den Begriff Kontrolle hinausgeht und als Gesamtheit aller Funktionen zur Verbesserung der Informationsversorgung des Managements verstanden werden muss. Hierunter fallen die Aufgaben
▶ Erkennen eines Informationsdefizits und -bedarfs,
▶ Beschaffung interner und externer Informationen,
▶ Entwicklung und Bereitstellung von Analyse und Bewertungsmethoden,
▶ Informationsaufbereitung für die Planung und Ergebniskontrolle.

Bevorzugte Formen gesamtmixbezogener Marketingkontrollen sind die **Umsatz-, Marktanteils-** und **Einstellungskontrolle**. Wird der **Gesamtumsatz** zur Marketingkontrolle herangezogen, muss berücksichtigt werden, dass isolierte Betrachtungen, die u. a. nicht die Konkurrenzumsätze berücksichtigen, zu Fehlinterpretationen führen können.

Durch undifferenzierte Betrachtung lassen sich kaum Stärken und Schwächen bzw. die Entwicklung einzelner Systembereiche erkennen. So können z. B.

## Betriebswirtschaftliche Bewertung

negative Entwicklungen in einem Segmentbereich durch positive Umsatzzahlen in einem anderen ausgeglichen werden. Eine adäquate Differenzierung des Umsatzes kann mithilfe unterschiedlicher **Bezugsgrößen** erfolgen:

▶ Dienstleistungsbereiche (z. B. Restaurant, Bar, Bistro)

▶ Leistungsarten (F&B-Umsatz, Speisen- und Getränkeumsatz, Handelswarenumsatz, Personal, Instandhaltung)

▶ Wert- und mengenmäßiger Umsatz pro Zeiteinheit (periodische Umsatzzahlen i. V. zum Gesamtumsatz)

▶ Mengen- und wertmäßige Produkt- und Dienstleistungsumsätze, z. B. bestimmte Zielgruppen, Umsatz für Teilbereich

▶ Mengen- und wertmäßige Produkt- und Dienstleistungsumsätze nach Absatzgebieten bzw. Verkaufsbezirken

▶ Absatzpolitische Maßnahmen wie Werbeaktionen oder preispolitische Maßnahmen

**Die umsatzbezogene Marketingkontrolle kennt sechs Kontrollinstrumente:**

1. **Kurzfristige Erfolgsrechnung** nach dem Schema der „betriebswirtschaftlichen Auswertung":

| Umsatz-erlöse | • Warenumsatz<br>• Sonstiges | Erlöse gesamt |
|---|---|---|
| Betriebs-bedingte Kosten | • Warenkosten (Speisen/Getränke) = Wareneinsatz | ./. Wareneinsatz |
| | | = Rohertrag |
| | • Personalkosten<br>• Energiekosten<br>• Steuern, Versicherungen, Beiträge, Betriebs- und Verwaltungskosten | ./. Betriebskosten |
| Anlage-bedingte Kosten | • Mieten und Pachten<br>• Instandhaltung<br>• Abschreibungen<br>• Zinsen für Fremdkapital | = Betriebsergebnis I |
| | | ./. anlagebedingte Kosten gesamt |
| | | = Betriebsergebnis II<br>+ Abschreibungen<br>./. Tilgungen |
| | | = Cashflow |

2. **Kennzahlenberechnung** (s. Lerninhalt 4, Kap. 2.5.2) Kennziffern zur Umsatz- und Kostenstruktur

3. **Deckungsbeitragsrechnung** (s. Kap. 6.3 und Lerninhalt 3, Kap. 2.6.2) erkennt Schwachstellen der Systemorganisation und wird u. a. eingesetzt zum
    – Ermitteln der Deckungsbeiträge einzelner Leistungen,
    – Feststellen des Break-even-Point (Gewinnschwelle) und
    – Festsetzen von Preisuntergrenzen.

4. **Portfoliomatrix** als Instrument der Diagnose und Prognose.

5. **Gewinneinflussanalyse** (s. Kap. 6.3)
    – kostenorientierte Einflussgrößen (fixe und variable Kosten)
    – marktorientierte Einflussgrößen (Preise, Auslastung)

6. **Rentabilitätsprognosen**, z. B. im Zusammenhang mit vorausschauenden Wirtschaftlichkeitsberechnungen neuer Projekte (Feasibility Study). Auf der Basis der prognostizierten Kosten und Erlöse werden sie für fünf Jahre nach dem Schema der Erfolgsrechnung hochgerechnet.

Sowohl strategisches als auch operatives Marketingcontrolling sollte als „Radarsystem" am Markt dienen, um Veränderungen frühzeitig zu signalisieren und Störfaktoren aus dem Unternehmensumfeld auszuzeigen. Dies setzt voraus, das **überprüfbare Unternehmensziele** und **Zielgrößen** bestehen und die jeweiligen Informationen in geeigneter Form (z. B. Kennziffern, Statistiken, Kostenrechnungssysteme, Befragungsergebnisse) **zur Verfügung stehen**. Nur dadurch wird es möglich sein, mehr als lediglich Globalaussagen wie „mehr Rentabilität, höherer Marktanteil" zu formulieren.

Vielmehr ist es die **Aufgabe des Marketing-Controllings**, konkrete Zielsetzungen zu formulieren und fortlaufend auf den Erfolg hin zu kontrollieren, z. B.

▶ 8 % Cashflow
▶ 10 % ROI
▶ 3 % mehr Marktanteil
▶ 6% mehr pro-Gast-Umsatz im Restaurant
▶ 4 % mehr Mitarbeiter

**Funktional werden beim Marketing-Controlling vier Grundaufgaben unterschiede**n (siehe unten):

▶ Ermittlungs- und Dokumentationsfunktion,
▶ Planungs-, Prognose- und Beratungsfunktion,
▶ Vorgabe- und Steuerungsfunktion sowie
▶ Kontrollfunktion.

## 2 Betriebswirtschaftliche Bewertung

### Marketing-Controlling

| Ermittlungsfunktion Dokumentationsfunktion | Planungsfunktion Prognosefunktion Beratungsfunktion | Vorgabefunktion Steuerungsfunktion | Kontrollfunktion |
|---|---|---|---|
| ▸ Beobachtung der Leistungsfähigkeit des Rechnungswesens<br>▸ Aufbau verantwortungsbezogener Kontrolleinheiten<br>▸ Umbau des Rechnungswesens auf Zielsetzungen des Controllings<br>▸ Aufbau einer aussagekräftigen Kostenrechnung<br>▸ Sonderermittlungen | ▸ Aufstellen eines erfolgswirtschaftlichen Gesamtplans<br>▸ Beratung bei der strategischen Zielfestlegung<br>▸ Beobachtung von Trends und außerbetrieblichen Einflüssen<br>▸ Koordination der verschiedenen Teilpläne<br>▸ Engpassorientierung | ▸ Laufende Beobachtung der Marketing-Planungsziele<br>▸ Zahlenmäßige Erfassung der Analysen für Entscheidungsfindung<br>▸ Erkennen von Abweichungen und Einleiten von Gegenmaßnahmen<br>▸ Laufende Berichterstattung<br>▸ Innovationsmotor | ▸ Planungskontrolle<br>▸ Erfolgskontrolle<br>▸ Feststellen von Abweichungen, Ursachen und Abweichungskontrollen<br>▸ Ergebniskontrolle<br>▸ Allgemeine Kontrollaufgaben |

Schaffung und Vernetzung eines Marketing-Informations-Systems im Unternehmen

## Marketing-Audit

**Marketing-Audit** bezeichnet die **umfassende, systematische** und **regelmäßige Revision** während des **gesamten Marketing-Prozesses**.

Ergeben sich aufgrund des Marketing-Controllings Abweichungen, müssen die Ursachen analysiert werden, um entsprechende Gegenmaßnahmen zu ergreifen.
▸ Waren die Prämissen in der **Analysephase (Informations-Marketing)** ursächlich für die Abweichungen?
▸ Waren die **Marketingziele zu hoch** oder **zu niedrig** gesteckt?
▸ Lagen die Ursachen bei den **Strategien**?
▸ Haben **Produkt-, Preis-, Distributions-** bzw. **Kommunikationspolitik** oder ein **Marketing-Mix** daraus zu Zielabweichungen geführt?
▸ Gab es Fehler bei der **operativen Umsetzung**? War die **Zeit-, Organisations-, Personal-** oder **Finanzplanung** des Marketing-Managements nicht optimal ausgestattet?

| | Marketingkonzeption |
|---|---|
| Informations- oder Analysephase | Informationen über<br>• Umfeld<br>• Markt (Anbieter, Nachfrager)<br>• Unternehmen (s. Kap. 2 und 3)<br>In welcher Situation … |
| Konzeptionsphase | Spezielle Marketingziele (-mix)<br>Spezielle Marketingstrategien (zielgruppen-, produkt- und konkurrenzbezogene Aussagen) (s. Kap. 4)<br>… soll wem (Zielgruppen) was (Message) … mitteilen |
| Gestaltungsphase | **Konkretisierung** (Festlegung der Werbemittel und -träger) sowie Abstimmung mit den anderen Marketinginstrumenten und Kommunikationsmaßnahmen (s. Kap. 5)<br>… womit, wo und wie … soll mitgeteilt werden |
| Durchführungsphase | **Aktionsdurchführung:** Festlegung von<br>• Zeitplan<br>• Finanzierung<br>• Organisationsrahmen<br>• Personelle Einteilung (s. Kap. 6)<br>wo, wann und in welchem Umfang … mitgeteilt werden? |

| | Marketingkonzeption |
|---|---|
| Controlling | Qualitative Marketingerfolgskontrolle<br>Quantitative Marketingerfolgskontrolle (s. Kap. 10)<br>War die Aktion erfolgreich?<br>Werden die Erfolge dokumentiert? |

Für die Planung des neuen Marketingkonzeptes ist es wichtig, dass neben der „Kernleistung", dem Grundnutzen des Unternehmens, die drei Bereiche Erwartetes, Erwünschtes und Unerwartetes als Zusatzleistungen berücksichtigt werden.
▸ **Erwartete** Leistungen sind die Selbstverständlichkeiten (Standards), deren Fehlen beim Gast Verärgerung hervorrufen würde.
▸ **Erwünschte** Leistungen setzt der Gast nicht als selbstverständlich voraus, aber er kennt sie und empfindet sie als angenehm.
▸ **Unerwartete** „Plus"-Leistungen sind Überraschungsmomente, die den Gast begeistern. Besonders in diesem Bereich bieten sich viele Möglichkeiten der standardisierten Qualitätssteigerung (s. Kap. 2, Kano-Modell).

Die **Marketing-Aktionsplanung** muss in ihrer Gesamtheit als geschlossenes Ganzes wirken, d.h., die Werbeabsicht soll sich wie ein roter Faden nicht nur durch den Marketing-Mix ziehen, sondern auch bei allen Werbemaßnahmen erkennbar sein. Dies gilt auch, wenn unterschiedliche Produktsegmente (mit sehr speziellen Zielgruppen) angesprochen werden sollen.

### Aufgaben

1. Ordnen Sie die folgenden Kontrollinstrumente des Restaurants „Green Paradise" nach den verschiedenen Arten der Marketingkontrolle und begründen Sie Ihre Zuordnung …: kurzfristige Erfolgsrechnung, Gesamtumsatzkontrollen, Deckungsbeitragsrechnung, Portfoliomatrix, Marktanteiluntersuchungen.
2. Als „gestandener" Mitarbeiter im Marketing von „Green Paradise" sollen Sie ein Marketing-Audit durchführen, weil es Zielabweichungen gibt. Worauf werden Sie bei der Ursachenanalyse achten?

## ℹ️ Infobox Sprache
### Marketing

| 🇩🇪 Deutsch | 🇬🇧 Englisch |
|---|---|
| Ablaufplanung | scheduling |
| Absatzorientierung | market orientation |
| Anforderung | request |
| Angebotskarten | cards of special offers |
| Angebotsüberhang | supply surplus |
| Anspruchsniveau | claim level |
| Arbeitswelt | world of work |
| auf Kundenbedürfnisse zugeschnitten | custom-tailored |
| Auswertung | evaluation |
| Basisanforderungen | basic requirements |
| Bedürfnisbefriedigung | satisfaction of needs |
| Bedürfnisse | needs |
| Befragung | questioning |
| Beobachtung | observation |
| Beschwerde | complaint |
| Beschwerdemanagement | management of complaints |
| Beschwerdeprotokoll | complaints transcript |
| Beschwerdeursache | reason of complaints |
| Besonderheit | speciality |
| Beziehungsmarketing | relationship marketing |
| Deckungsbeitrag | (variable) gross margin |
| Dienstleistungen | services |
| Diversifikation | diversification |
| Dynamik | dynamics |
| Einmaligkeit | uniqueness |
| Einstellung | attitude |
| einzigartige, unverwechselbare Verkaufsidee | Unique Selling Proposition (USP) |
| Entscheidungsfindung | decision making |
| Erfolgskontrolle | performance review |
| Erhebungsarten | types of survey |
| Existenzgrundlage | basis of existence |
| Fehlerquelle | source of error |
| Finanzplanung | financial planning |
| Führungsstil | leadership style |

## ℹ️ Infobox Sprache – Fortsetzung
### Marketing

| 🇩🇪 Deutsch | 🇬🇧 Englisch |
|---|---|
| Gästeorientierung | guest orientation |
| Gastlichkeit | hospitableness |
| Gesamtumsatz | total turnover |
| Getränkekarte | list of beverages |
| Gewinnerzielung | realization of profits |
| Grundsatz | principle |
| Kennziffern, Kennzahlen | ratios |
| Konkurrenz | competition |
| Konkurrenzanalyse | competitor analysis |
| Kontrolle | control |
| Kooperation | cooperation |
| Kundenorientierung | customer orientation |
| Leistungsspektrum | range of services |
| Leitbild | model |
| Leitung | performance |
| Marketinginstrumente | marketing tools |
| Marketingkommunikation | marketing communication |
| Marketingkontrolle | marketing monitoring |
| Marketingkonzept | marketing concept |
| Marketingkosten | marketing costs |
| Marketingorientierung | marketing orientation |
| Marketingplanung | marketing planning |
| Marketingstrategie | marketing strategy |
| Marketingziele | marketing objectives |
| Marktanalyse | market analysis |
| Marktanteil | market share |
| Marktbeobachtung | market observation |
| Marktdiagnose | market diagnosis |
| Markterschließung | to develop a new market |
| Marktforschung | market research |
| Marktforschungsinstitut | market research institute |
| Marktnische | market niche |
| marktorientiert | market-oriented |
| Marktprognose | market prediction |

## Infobox Sprache – Fortsetzung

### Marketing

| 🇩🇪 Deutsch | 🇬🇧 Englisch |
|---|---|
| Marktsegment | market segment |
| Marktsegmentierung | market segmentation |
| Marktstellung | market position |
| Maßhalteappelle | moral suasion |
| Maßnahmenkatalog | catalogue of measures |
| Menschlichkeit | humanity |
| Menükarte | menu card |
| Missklang | discord |
| Mitarbeiterführung | staff supervision |
| Nachfrageüberhang | excess demand |
| Nachteil | disadvantage |
| Öffentlichkeitsarbeit | public relation |
| Organigramm | organization chart |
| Partner | partner |
| Personalbedarf | staff requirement |
| Personalkosten | personnel costs |
| Positionierung | positioning |
| Preisbildung | pricing |
| Preisdifferenzierung | price differentiation |
| Preisinformation | price information |
| Preisobergrenze | price ceiling |
| Preispolitik | pricing policy |
| Primärforschung | primary research |
| Produktanalyse | product analysis |
| Produktbeschreibung | product specification |
| Produkteigenschaft | product property |
| Produktorientierung | product orientation |
| Produktpolitik | product policy |
| Produktqualität | product quality |
| Prozessanalyse | process analysis |
| qualitätsbewusst | quality-conscious |
| Qualitätssicherung | quality assurance |
| Qualitätsstandard | quality standard |
| Reichweite | range |
| Reklamation | complaint |
| Rentabilitätsprognose | profitability prediciton |
| Sekundärforschung | secondary research |

## Infobox Sprache – Fortsetzung

### Marketing

| 🇩🇪 Deutsch | 🇬🇧 Englisch |
|---|---|
| Sensibilisierung | sensitization |
| Sortimentspolitik | product mix policy |
| Speisenkarte | menu |
| Stabilität | stability |
| strategisches Marketing | strategic marketing |
| Tageskarte | menu of the day |
| Trendanalyse | trend analysis |
| Umsetzung | transfer |
| Umweltmanagement | environmental management |
| Unternehmensphilosophie | corporate philosophy |
| Unternehmensziele | business objectives |
| Unternehmenszweck | company's object |
| Verkauf | sale, selling |
| Verkaufsberatung | sales consultation |
| Verkaufsorientierung | sales orientation |
| Vorteil | advantage |
| Werbemittel | advertising material |
| Werbeträger | advertising medium |
| Werbewirksamkeit | effectiveness in advertising |
| Werbung | promotion, advertisement |
| Wertvorstellung | moral concept |
| Wesensmerkmal | characteristic |
| Wettbewerb | competition |
| Wettbewerbsvorteil | competitive advantage |
| Wirksamkeit | effectiveness |
| Zeitplanung | scheduling |
| Zielgröße | target size |
| Zielgruppe | target group |
| zielorientiert | targeted |
| Zielpreis | target price |
| Zielvorstellung | objective |
| Zubehörwaren | accessories |
| Zufriedenheit | satisfaction |
| Zweckmäßigkeit | usefulness, suitability |

# Übergreifende Aufgaben

1. Sammeln Sie Ideen, mit welchem Konzept man eine Alleinstellung am Markt (Unique Selling Proposition) für Systemer erreichen kann. Diskutieren Sie anschließend über diese Ideen.
2. Führen Sie ein Interview zu der folgenden Frage durch: Wie zufrieden sind die Gäste mit der örtlichen Systemgastronomie?
3. Erstellen Sie ein Stärken- und Schwächenprofil über einen Mitbewerber und zeichnen Sie beide Profile in verschiedenen Farben ein. Diskutieren Sie mit Kollegen über die Ursachen der auftretenden Differenzen und versuchen Sie, Lösungsvorschläge zu erarbeiten.
4. Damit ein gastgewerbliches Unternehmen marktgerecht planen kann, müssen viele aktuelle Daten, Grafiken, Statistiken, Umfrageergebnisse u. a. herangezogen werden. Nur so ist ein erfolgreiches betriebliches Marketing möglich. Sammeln Sie dafür aus der Tages-, Fachpresse, Zeitschriften und Internet Materialien, die hilfreich und wichtig sind.
5. Um den Bedürfnissen der Gäste zukünftig besser gerecht zu werden, sind zwei Vorgehensweisen hilfreich:
   a) Entwickeln Sie einen Fragebogen, mit dem man die Meinung, Wünsche, Zufriedenheit des Gastes herausfinden kann. (Hinweise zur Befragung: Die Beantwortung soll nur wenig Zeit in Anspruch nehmen, anonym sein, leicht verständliche Fragen.)
   b) Entwickeln Sie einen Fragebogen, mit dem man die Wünsche einzelner Zielgruppen an einen gastronomischen Betrieb herausfinden kann. Befragt werden könnten z. B.: Singles, Ehepaare ohne Kinder, Familien mit Kleinkindern, Ehepaare/Alleinreisende über 65 Jahre.
   Überprüfen Sie die Brauchbarkeit der entwickelten Fragebögen bei z. B. Lehrern, Mitschülern, Verwandten, Bekannten.
6. Suchen Sie nach Gründen/Ursachen, warum bestimmte Systemrestaurants nicht ausgelastet sind. Erarbeiten Sie in Gruppen Konzepte, mit welchen Maßnahmen man hier möglicherweise erfolgreich gegensteuern kann.
7. Sie haben die Aufgabe, für Ihren Betrieb geeignete Werbeträger zusammenzustellen und mit originelle (aber zutreffende) Werbeaussagen zu gestalten. Berücksichtigen Sie dabei z. B.:
   – die Einordnung in das betriebliche Werbekonzept,
   – Zielgruppen,
   – Umfang,
   – Kosten,
   – Häufigkeit der Werbeaktion,
   – Zeitpunkt der Werbeaktion und
   – werberechtliche Vorschriften.
   Analysieren und diskutieren Sie die Ergebnisse.
8. Einzelne Schüler/Schülergruppen sollen für einen neu zu bauenden Fast-Food-Betrieb die Vermarktung (das Marketing) übernehmen. Dazu soll ein attraktives Werbekonzept vorgelegt und verstärkt Öffentlichkeitsarbeit betrieben werden. Welche Fragen müssen Sie zunächst dem Investor bzw. Bauherrn stellen, um für die gestellten Aufgabenbereiche eine Konzeption zu entwickeln?
   Rollenverteilung: Der Investor/Bauherr ist eine Gruppe von Schülern, die exakt ihr Projekt definiert (festlegt). Eine weitere Schülergruppe überlegt, welche Anforderungen an ein geeignetes Konzept zu stellen sind und nach welchen Bewertungskriterien die Beurteilung des Konzeptes vorgenommen werden kann. Alle anderen Schüler bilden Gruppen, die die entsprechenden Fragen formulieren.
   Umsetzung: Nachdem im Unterricht das Kapitel Marketing besprochen/erarbeitet wurde, soll gruppenweise für o. g. Hotelprojekt ein entsprechendes Marketing- und Werbekonzept entwickelt werden. Die Bewertungsgruppe entscheidet sich für eine Konzeption und begründet sie entsprechend.

1. Dienstleistungsmarketing beschäftigt sich in erster Linie mit der Marketingproblematik von Unternehmen in den Dienstleistungsbranchen im Gegensatz zu Konsumgüter- oder Investitionsgütermarketing. Dazu bieten Online-Lexika eingängige Erläuterungen an. Beantworten Sie anhand der Abhandlung(en) zu Dienstleistungsmarketing folgende Fragen:
   a) Welche unterschiedliche Situation am Markt finden Dienstleistungsunternehmen im Gegensatz zu produktbasierten Unternehmen vor?
   b) Aufgrund der in a) vorzufindenden Problematik wird der Marketingmix um drei Punkte erweitert. Erläutern Sie diese Punkte und finden Sie dazu Beispiele aus Ihrem Ausbildungsbetrieb.
   c) Was können Dienstleister – im Gegensatz zu produktbasierten Unternehmen – nicht?
2. Erläutern Sie anhand einer Internet-Recherche den Begriff „Corporate Identity". Finden und vergleichen Sie mehrere Lösungen.
3. Finden Sie anhand einer Internet-Recherche zum Thema „Unternehmensleitbild" Definitionen und Beiträge. Vergleichen Sie dabei Beispiele aus der Systemgastronomie sowie anderen Dienstleistungsunternehmen.

1. a) Erkunden Sie bei zwei örtlichen (regionalen) Druckereien die Preise für:
   – Flyer A4, 2 × gefaltet, mehrfarbig (100 St., 500 St. und 1 000 St.)
   – Plakate A0, mehrfarbig (1 St., 10 St. und 100 St.)
   – Plakate A1, mehrfarbig (1 St., 10 St. und 100 St.)
   b) Für eine Sonderaktion benötigen Sie 10 Plakate A0 und 20 Plakate A1 zum Aushang im Restaurant und Geschäften der näheren Umgebung. Berechnen Sie die Kosten (exklusiv Umsatzsteuer).
   c) Sie haben einen Flyer für eine Sonderveranstaltung erstellt und wollen diesen per Mailing an 946 Stammgäste aus der Gästekartei versenden. Berechnen Sie die Kosten für das Mailing, wenn der Versand per Brief bis 20 Gramm erfolgt und die Papier- und Druckkosten für das zusätzliche Anschreiben pro Stück 0,04 € betragen. Postgebühren vgl. Anhang.
2. In Ihrer Zentrale soll künftig mehr Werbematerial selbst erstellt werden, deshalb wurde die Anschaffung eines Farblaserdruckers für professionellen Einsatz beschlossen. Ermitteln Sie Hersteller (Fabrikate) und Preise bei örtlichen (regionalen) Fachhändlern und im Internet. Führen Sie einen Preisvergleich bezüglich der Anschaffungskosten (netto) und der Kosten pro Seite durch.
3. a) Ermitteln Sie die Kosten für eine Zeitungsanzeige von ca. 8 cm × 10 cm bei einmaliger und mehrmaliger (3- bis 5-mal) Veröffentlichung in der regionalen Tagespresse.
   b) Berechnen Sie die Kosten für die Werbung einer besonderen Weihnachtsaktion, wenn diese u. a. durch fünfmaliges Erscheinen einer entsprechenden Anzeige beworben wird.

# Lerninhalt 3 – Personalwirtschaft

## 1 Personalwirtschaft – Definition und Aufgaben

Anstelle des Begriffes **Personalwesen** wird nachfolgend der Begriff **Personalwirtschaft** verwendet. Moderne Personalarbeit umfasst die Führung von Mitarbeitern, die Gestaltung von Systemen und die Steuerung von Prozessen.

Unter Personalwesen versteht man im Wesentlichen nur den verwaltungstechnischen Aufgabenbereich der Personalarbeit. Dieses Teilgebiet verliert jedoch durch die zunehmend gestalterischen und politisch-rechtlichen Aufgaben im Personalbereich immer mehr an Gewicht. Im englischen Sprachgebrauch herrscht heute vornehmlich der Begriff **Human Resources Management** vor.

Die Systemgastronomie zählt – wie das gesamte Gastgewerbe – als Teil des Dienstleistungssektors zu den personalintensiven Branchen. Die Qualität des Personals wirkt sich entscheidend auf die betriebliche Leistung aus. Erscheinen und Verhalten der Mitarbeiter sowie ihr Umgang untereinander prägen das Bild eines Betriebes.

Die Personalwirtschaft plant, gestaltet, organisiert und steuert die Personalarbeit. Sie stimmt die Personalpolitik auf die Unternehmenspolitik ab und trägt durch geeignete Maßnahmen mit dazu bei, die betrieblichen Ziele zu erreichen.

Die einzelnen Mitarbeiter/innen müssen ausgebildet und geschult sein, um allen aktuellen, aber auch zukünftigen Anforderungen gewachsen zu sein (Kap. 2: Ausbildung und Weiterbildung).

Zu jedem Zeitpunkt haben genügend Mitarbeiter/-innen mit der erforderlichen Qualifikation am richtigen Einsatzort zur Verfügung zu stehen (Kap. 3: Personalplanung und -beschaffung).

Die Zusammenarbeit der Mitarbeiter/-innen ist zu koordinieren und das Umsetzen ihrer Aufgaben zu kontrollieren. In ihrer beruflichen Entwicklung sind die Mitarbeiter/-innen individuell zu fördern. Dabei ist es sinnvoll, ihre persönlichen Zielsetzungen – so weit wie möglich – zu berücksichtigen. Durch regelmäßige Mitarbeitergespräche und Beurteilungen lassen sich eventuelle Fehlentwicklungen vermeiden und Fehleinschätzungen korrigieren (Kap. 4: Personalführung und Personalentwicklung).

Den gesetzlichen Rahmen für die Personalwirtschaft bilden zahlreiche Einzelgesetze und Verordnungen. Tarifverträge, Betriebsvereinbarungen und nicht zuletzt die einzelnen Arbeitsverträge regeln die Beziehung zwischen Arbeitgebern und Arbeitnehmern (Kap. 5: Arbeits- und Sozialrecht).

Die Personalverwaltung schließlich sorgt für das Erfassen und Bearbeiten der Personaldaten, die Personaleinsatzplanung und die Entgeltabrechnung (Kap. 6: Personalverwaltung und -abrechnung).

Wie die Personalwirtschaft innerhalb eines Unternehmens organisiert und eingebunden ist, hängt vor allem von der Unternehmensstruktur, Unternehmensgröße, Mitarbeiterzahl sowie der Wertschätzung personalwirtschaftlicher Arbeit ab. Sie kann als eigenständige Abteilung im Unternehmen existieren (teilweise sogar im Direktionsbereich). Man findet sie aber auch als Stabsstelle, die die Geschäftsführung berät und unterstützt. Vor allem in kleineren Unternehmen des Gastgewerbes gehört sie dagegen zu den allgemeinen Führungsaufgaben von Vorgesetzten.

# 2 Aus- und Weiterbildung in der Systemgastronomie

**Feuer und Flamme fürs System**
Seit fast acht Jahren gibt es die Ausbildung zum Fachmann/zur Fachfrau für Systemgastronomie. Eine Erfolgsgeschichte mit bisher 3720 Absolventen. Noch aber haben zu viele Schulabgänger keine genauen Vorstellungen von den Anforderungen und Chancen dieses Berufs. Folge: Mancher Bewerber beginnt seine Lehrzeit mit falschen Erwartungen und bricht sie – im schlimmsten Fall – frustriert ab.
Quelle: food service 06/2006

1. entgeltlich Speisen und/oder Getränke abgeben, die an Ort und Stelle verzehrt werden können
= **Gastronomie**
2. über ein standardisiertes und multipliziertes Konzept verfügen, welches zentral gesteuert wird
= **mit System**

So vielfältig wie die Segmente in der Systemgastronomie, von Fast Food über Verkehrs-, Handels- und Freizeitgastronomie bis zur Full-Service-Gastronomie sind (vgl. Lerninhalt 1 – Grundlagen, Kapitel 1), so vielfältig ist auch die Ausbildung zum Fachmann/zur Fachfrau für Systemgastronomie in den verschiedenen Ausbildungsunternehmen. Den einzelnen Unternehmen ist gemeinsam, dass sie **Systemgastronomie** betreiben, d. h.

## 2.1 Aufbau der Ausbildung

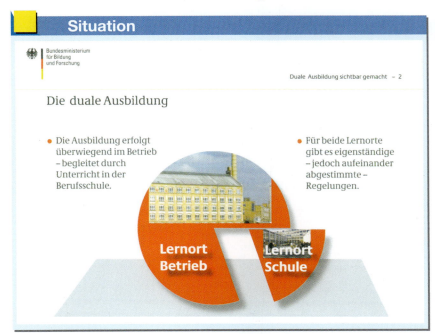

Die **Ausbildung in der Systemgastronomie** ist durch das Verknüpfen praktischer gastronomischer Kompetenz mit kaufmännischem Wissen gekennzeichnet. Dies spiegelt sich im Aufbau der Ausbildung wider.

Die Berufsausbildung wird in Deutschland nach dem **dualen System** durchgeführt. Das bedeutet, es gibt mit **Ausbildungsbetrieb und Berufsschule** zwei Lernorte, die sich ergänzen. Das *Berufsbildungsgesetz* bezeichnet dies als Lernortkooperation.

# 3 Aufbau der Ausbildung

Der **schulische Teil** der Berufsausbildung ist Sache der einzelnen Bundesländer und richet sich nach dem **Lehrplan**. Damit sich der Berufsschulunterricht in den verschiedenen Bundesländern nicht zu sehr unterscheidet, hat sich die Kultusministerkonferenz auf einen gemeinsamen Rahmenlehrplan verständigt. Dieser ist in Lernfelder gegliedert (z. B. Küche, Service, Warenwirtschaft, Systemorganisation). Vermittelt wird in erster Linie **Handlungskompetenz**; das ist eine Kombination aus Fach-, Human- und Sozialkompetenz. Die Berufsschulpflicht richtet sich ebenfalls nach Landesrecht und besteht in den meisten Bundesländern mindestens bis zum 18. Lebensjahr.

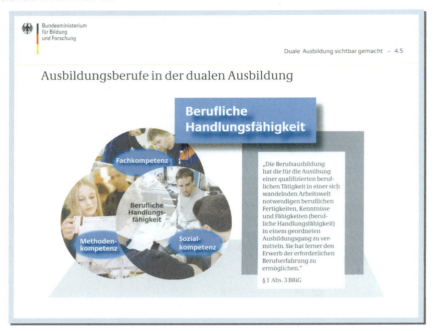

Der **betriebliche Teil** der Ausbildung wird bundesweit einheitlich im **Ausbildungsrahmenplan** als Teil der **Verordnung über die Berufsausbildung im Gastgewerbe vom 13. Februar 1998** geregelt. Diese Verordnung wurde vom Bundesministerium für Wirtschaft erlassen und gemeinsam mit Experten der Sozialpartner (Gewerkschaft NGG und Arbeitgeberverband DEHOGA) sowie der Wissenschaft erarbeitet.

## 3 Aufbau der Ausbildung

**Auszug aus dem Ausbildungsrahmenplan**

| Lfd. Nr. | Teil des Ausbildungsbildes | Dauer der Vermittlung | | | Erläuterungen | |
|---|---|---|---|---|---|---|
| | **Fertigkeiten und Kenntnisse**, die unter Einbeziehung selbstständigen Planens, Durchführens und Kontrollierens zu vermitteln sind | Zeitliche Richtwerte in **Wochen** im Ausbildungsjahr | | | **Inhalte** | **Hinweise** |
| | | 1 | 2 | 3 | | |
| 1 | **Systemorganisation** (§ 8 Nr. 1) | | | | | |
| | a) Gastronomiekonzept des Ausbildungsbetriebes von anderen gastronomischen Konzeoten abgrenzen | | | 14 | ▶ Merkmale der Systemgastronomie: <br> – Segmente <br> – Produkt-/Sortimentsorientierung <br> – Verkaufssysteme <br> – Markengastronomie | |
| | b) Einhaltung der Standards prüfen und bei Abweichung Maßnahmen ergreifen | | | | ▶ Standards z. B.: <br> – Produkte, Arbeitsabläufe, Präsentation, Service, Kommunikation, Preisbildung, Schulung, Qualitätssicherung, Hygiene, Personal, Administration, Technik | Prüfung mithilfe von Handbüchern, Checklisten, Anweisungen <br><br> Produkt- und Verkaufsinformation |

Leitlinie beim Erlass des Ausbildungsrahmenplans waren:

▶ Gästeorientierung,

▶ Teamfähigkeit,

▶ Servicekompetenz und

▶ Verkaufskompetenz.

Bei der **Berufswahl** soll der zukünftige Auszubildende also neben den fachlichen Ausbildungsinhalten auch berücksichtigen, ob seine persönlichen Interessen, Neigungen und Fähigkeiten diesem Leitbild entsprechen. Seine dauerhafte Zufriedenheit im Beruf hängt auch davon ab, ob er bereit ist, seinen Alltag in einer Dienstleistungsbranche zu verbringen, die hinsichtlich Arbeitszeiten, Dienstleistungsbereitschaft und Kommunikationsfähigkeit hohe Anforderungen stellt. **Ausbildungsvoraussetzung** für die Ausbildung zum/zur Fachmann/-frau für Systemgastronomie ist der Hauptschulabschluss, besser sind mittlere Reife (Realschulabschluss) oder Abitur.

Ausbildungsrahmenplan und Lehrplan sehen in den ersten beiden Ausbildungsjahren eine gemeinsame berufliche Grundbildung und gemeinsame berufliche Fachbildung in allen fünf gastgewerblichen Ausbildungsberufen (außer Koch/Köchin) vor:

▶ Restaurantfachmann/-frau

▶ Hotelfachmann/-frau

▶ Hotelkaufmann/-frau

▶ Fachmann/-frau für Systemgastronomie

▶ Fachkraft im Gastgewerbe (zweijährige Ausbildung)

Im dritten Ausbildungsjahr werden im Rahmen der besonderen beruflichen Fachbildung die Inhalte vermittelt, die für die Systemgastronomie typisch sind.

# 3 Abschluss des Berufsausbildungsvertrags

**Verlauf der Ausbildung in Ausbildungsbetrieb und Berufsschule:**

---

**Abschlussprüfung**

↑

**3. Ausbildungsjahr = Fachstufe 2/Oberstufe**
**Besondere berufliche Fachbildung, z. B.**

- Systemorganisation: Standards prüfen, Arbeitsabläufe planen, Ablauforganisation nutzen
- Marketing: Marketinginstrumente anwenden und bewerten, Produktpräsentation einsetzen
- Beratungs- und Verkaufsgespräche planen, führen und bewerten
- Personalwesen: Personaleinsatz planen, Arbeits- und Sozialrecht anwenden, Entgeltabrechnung erklären, Beendigung von Beschäftigungsverhältnissen, Arbeits- und Fehlzeiten bearbeiten, Schulungsmaßnahmen organisieren, bei Personalbeschaffung und Mitarbeitergesprächen mitwirken
- Steuerung und Kontrolle: Belege prüfen, Kostenkontrolle durchführen, Warenwirtschaftssystem einsetzen, betriebliche Kennzahlen auswerten

↑

**2. Ausbildungsjahr = Fachstufe 1/Mittelstufe**
**Gemeinsame berufliche Fachbildung, z. B.**

- Gastorientiertes Gespräch, Reklamation, Reservierungen
- Wartung und Instandsetzung von Maschinen und Geräten
- Arbeitsplanung, Kontrolle von Arbeitsergebnissen
- Warenbedarf ermitteln, Bestellungen, Inventur
- Zahlungsvorgänge bearbeiten, Kosten und Erträge berechnen, Verkaufspreise ermitteln
- Grundlagen des Marketings: Markterkundung, Werbemittel und -träger, Werbeaktionen, Angebote, Dekorationen
- Gästeräume herrichten, reinigen, pflegen
- Warenbedarfsermittlung und -beschaffung, Rechtsgeschäfte

↑

**Zwischenprüfung**
Teilnahme ist Voraussetzung für Zulassung zur Abschlussprüfung

↑

**1. Ausbildungsjahr = Grundstufe**
**Berufliche Grundbildung, z. B.**

- Berufsbildung, Arbeits- und Tarifrecht
- Aufbau und Organisation des Ausbildungsbetriebes
- Sicherheit und Gesundheitsschutz bei der Arbeit
- Umweltschutz
- Grundsätzliches zum Umgang mit Gästen, Wahrnehmung der Gastgeberfunktion
- Anwendung berufsbezogener Rechtsvorschriften
- Arbeitsplatz vorbereiten, Geräte und Gebrauchsgüter einsetzen
- Personal-, Betriebs- und Produkthygiene
- Küche: Einfache Speisen nach Vorgaben vor- und zubereiten und präsentieren, Ernährungslehre, lebensmittelrechtliche Grundlagen
- Service: Speisen und Getränke servieren, Kassensystem bedienen, Zahlungsmöglichkeiten
- Büroorganisation und -kommunikation, Postbearbeitung, Dateneingabe und -sicherung
- Warenannahme und Lagerwirtschaft

---

## 2.2 Abschluss des Berufsausbildungsvertrags

### Situation

Die 16-jährige Sophie besucht die 10. Klasse eines Gymnasiums und jobbt neben der Schule in einem Fast-Food-Restaurant. Das Restaurant hat ihr einen Ausbildungsplatz als Fachfrau für Systemgastronomie angeboten. Sophie überlegt, nach Abschluss dieses Schuljahres die Schule zu verlassen und eine Ausbildung zu beginnen. Allerdings erscheinen ihr drei Jahre Ausbildung zu lang. Ihre Eltern würden es lieber sehen, wenn Sophie zunächst das Abitur machen würde. Dann könnte sie immer noch eine Ausbildung machen, hielte sich aber auch die Chance auf ein Studium offen. Was müssen Sophie, ihre Eltern und der Ausbildungsbetrieb alles berücksichtigen?

Der Berufsausbildungsvertrag wird zwischen dem **Ausbildenden** und dem **Auszubildenden** abgeschlossen. Der **Ausbilder** ist demgegenüber die Person, die die Berufsausbildung **tatsächlich** durchführt. **Rechtlich** verpflichtet bleibt aber der Ausbildende als Vertragspartner. Wenn mehrere Ausbildende zusammenwirken, bezeichnet man dies als **Verbundausbildung**.

Die rechtlichen Regelungen über den Berufsausbildungsvertrag finden sich insbesondere im **Berufsbildungsgesetz**.

**Zuständige Stelle** für die Überwachung der Berufsausbildung und die Beratung ist die **Industrie- und Handelskammer (IHK)**. Sie führt ein Verzeichnis der Berufsausbildungsverhältnisse, in dem der wesentliche Inhalt des Ausbildungsvertrages niedergelegt wird. Die IHK ist auch zuständig für die Zwischen- und Abschlussprüfung und erlässt die Prüfungsordnung.

Der **Ausbildungsvertrag** muss **schriftlich niedergelegt** werden. **Achtung:** Eine Niederlegung ist nicht dasselbe wie die Schriftform. Abgeschlossen werden kann der Ausbildungsvertrag auch mündlich; dann muss die Niederschrift erfolgen. Die elektronische Form reicht dafür nicht aus. Die Niederschrift ist zu unterzeichnen und dem Auszubildenden auszuhändigen. Sie hat als Mindestinhalt:

1. Art, sachliche und zeitliche Gliederung sowie Ziel der Berufsausbildung, insbesondere die Berufstätigkeit, für die ausgebildet wird
2. Beginn und Dauer der Berufsausbildung
3. Ausbildungsmaßnahmen außerhalb der Bildungsstätte
4. Dauer der regelmäßigen Arbeitszeit
5. Dauer der Probezeit
6. Zahlung und Höhe der Vergütung (siehe hierzu Kap. 2.3.2, Rechte und Pflichten während der Berufsausbildung)
7. Dauer des Urlaubs
8. Voraussetzungen, unter denen der Berufsausbildungsvertrag gekündigt werden kann

## Abschluss des Berufsausbildungsvertrags — 3

9. Hinweise auf die Tarifverträge, Betriebs- oder Dienstvereinbarungen, die auf das Berufsausbildungsverhältnis anwendbar sind

Auf den Berufsausbildungsvertrag finden grundsätzlich die Bestimmungen über den Arbeitsvertrag Anwendung (vgl. Kap. 4). Das gilt insbesondere auch für die tariflichen Regelungen. Jedoch gelten einige Besonderheiten:

### Gesetzliche Vertreter (§ 11 BBiG)
Viele Auszubildende sind bei Abschluss des Ausbildungsvertrages noch minderjährig und damit nur **beschränkt geschäftsfähig** (vgl. Lerninhalt 1, Kap. 12). Der Ausbildungsvertrag ist dann vom Auszubildenden sowie dessen gesetzlichen Vertretern, das sind meist die Eltern, zu unterschrieben und diesen ebenfalls auszuhändigen.

### Dauer der Berufsausbildung (§§ 8, 45 BBiG)
Die Berufsausbildung zum Fachmann/zur Fachfrau für Systemgastronomie dauert grundsätzlich **drei Jahre**. Auf gemeinsamen Antrag von Auszubildendem und Ausbildendem kann die Ausbildungszeit **abgekürzt** werden, wenn voraussichtlich in der kürzeren Zeit das Ausbildungsziel erreicht wird. Eine vorzeitige Zulassung zur Abschlussprüfung ist auch möglich, wenn die Leistungen des Auszubildenden dies rechtfertigen. Auch eine **Teilzeitberufsausbildung** ist möglich. Das Berufsausbildungsverhältnis endet mit dem Ablauf der Ausbildungszeit. Bestehen Auszubildende bereits vorher die **Abschlussprüfung**, so endet es mit Bekanntgabe des Prüfungsergebnisses durch den Prüfungsausschuss. Bei **Nichtbestehen** der Abschlussprüfung verlängert es sich bis zur nächstmöglichen Wiederholungsprüfung, höchstens um ein Jahr.

### Probezeit (§ 20 BBiG)
Die Probezeit beträgt mindestens einen Monat und höchstens vier Monate.

### Kündigung (§ 22 BBiG)
Während der Probezeit kann das Ausbildungsverhältnis von beiden Seiten ohne Kündigungsfrist gekündigt werden. Danach kann der Auszubildende bei Aufgabe oder Wechsel der Berufstätigkeit mit Vierwochenfrist kündigen. Der Ausbildende kann nur aus **wichtigem Grund** kündigen. Das können z. B. Diebstähle oder Tätlichkeiten gegenüber Kollegen oder Vorgesetzten sein, aber auch Betriebsstilllegungen infolge Insolvenz.

### Nichtige Vereinbarungen (§ 12 I BBiG)
Es ist nicht zulässig, Auszubildende für die Zeit nach Ausbildungsende in ihrer beruflichen Tätigkeit zu beschränken. Ihnen ist auch nicht die Verpflichtung aufzubürden, für die Ausbildung eine Entschädigung zu zahlen oder die Ausbildungsgebühren zu tragen bzw. Vertragsstrafen mit ihnen zu vereinbaren.

### Jugendarbeitsschutz (§ 8 ff. JArbSchG)
Für jugendliche Auszubildende (15 bis einschließlich 17 Jahre) gelten bezüglich der Arbeitszeiten und des Urlaubs Sonderregelungen nach dem *Jugendarbeitsschutzgesetz*. Zu beachten ist, dass für das Gastgewerbe aufgrund der atypischen Arbeitszeiten Ausnahmen gegenüber anderen Branchen gelten:

| | | |
|---|---|---|
| § 8 | Dauer der Arbeitszeit | Nicht mehr als 8 Stunden täglich und nicht mehr als 40 Stunden wöchentlich |
| | Tägliche Arbeitszeit = Zeit vom Beginn bis zum Ende der täglichen Beschäftigung ohne die Ruhepausen | Ausnahme: 8½ Stunden täglich zulässig bei sog. „Brückentagen" oder wenn an einem Wochentag (z. B. freitags) zum Ausgleich die Arbeit verkürzt ist |
| § 11 | Ruhepausen | Mindestens 30 Minuten bei Arbeitszeit von 4½ bis 6 Stunden Mindestens 60 Minuten bei Arbeitszeit von mehr als 6 Stunden Keine Beschäftigung ohne Ruhepause länger als 4½ Stunden |
| § 12 | Schichtzeit = tägliche Arbeitszeit unter Hinzurechnung der Ruhepausen | Nicht mehr als **11** Stunden |
| § 13 | Tägliche Freizeit | Nach Beendigung der täglichen Freizeit dürfen Jugendliche nicht vor Ablauf einer ununterbrochenen Freizeit von mindestens **12** Stunden beschäftigt werden |
| § 14 | Nachtruhe | Beschäftigung von Jugendlichen über 16 Jahre:<br>– im Gaststättengewerbe generell bis **22.00 Uhr**<br>– in mehrschichtigen Betrieben bis 23.00 Uhr<br>– vor Berufsschultagen nur bis 20.00 Uhr, wenn die Berufsschule vor 9.00 Uhr beginnt |
| §§ 15–17 | Samstag und Sonntag 5-Tage-Woche | Anders als in anderen Branchen dürfen Jugendliche im Gaststättengewerbe samstags und sonntags beschäftigt werden. Allerdings gilt die 5-Tage-Woche, der Jugendliche muss also dann an einem berufsschulfreien Arbeitstag derselben Woche freigestellt werden. Jeder zweite Sonntag soll, mindestens zwei Sonntage im Monat müssen beschäftigungsfrei bleiben. Die beiden wöchentlichen Ruhetage sollen nach Möglichkeit aufeinanderfolgen. |
| § 18 | Feiertage | Keine Beschäftigung am: 1. Januar, 24. und 31. Dezember nach 14 Uhr, 25. Dezember, ersten Osterfeiertag, 1. Mai |
| § 19 | Urlaub | Jährlicher Mindesturlaub:<br>– 30 Werktage, wenn der Jugendliche zu Beginn des Kalenderjahres noch nicht 16 Jahre alt ist<br>– 27 Werktage, wenn der Jugendliche zu Beginn des Kalenderjahres noch nicht 17 Jahre alt ist<br>– 25 Werktage, wenn der Jugendliche zu Beginn des Kalenderjahres noch nicht 18 Jahre alt ist möglichst in der Zeit der Berufsschulferien |

# 3 Rechte und Pflichten während der Berufsausbildung

**Erstuntersuchung**
Bei jugendlichen Auszubildenden muss eine ärztliche Bescheinigung aus den letzten 14 Monaten vorliegen.

**Eignung der Ausbildungsstätte, der Ausbildenden und Ausbilder**
Auszubildende dürfen nur eingestellt werden, wenn die Ausbildungsstätte nach Art und Einrichtung für die Berufsausbildung geeignet ist. Die Zahl der Auszubildenden hat in einem angemessenen Verhältnis zur Zahl der Ausbildungsplätze oder zur Zahl der Fachkräfte zu stehen. Ausbildende und Ausbilder müssen **persönlich geeignet** sein. Daran fehlt es z. B., wenn sie wiederholt gegen das *Berufsbildungsgesetz* verstoßen haben oder wegen eines Verbrechens verurteilt wurden. Ausbilden darf weiter nur, wer **fachlich geeignet** ist, d. h., wer die beruflichen sowie berufs- und arbeitspädagogischen Kenntnisse und Fähigkeiten besitzt[1]. Wenn der Ausbildende fachlich nicht geeignet ist, muss er einen Ausbilder beauftragen. Über die Eignung wacht die IHK.

[1] Ab August 2009 ist die Ausbilderqualifikation grundsätzlich wieder durch eine Ausbildereignungsprüfung nachzuweisen (AEVO).

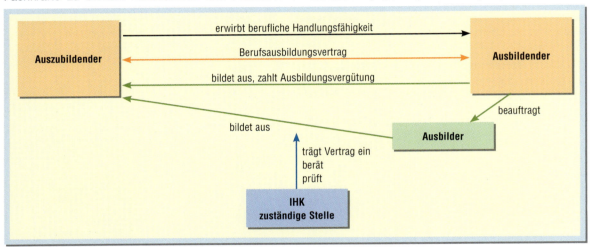

## 2.3 Rechte und Pflichten während der Berufsausbildung

### Situation

Paul ist 17 Jahre alt und im zweiten Ausbildungsjahr zum Fachmann für Systemgastronomie in einem Betrieb der Freizeitgastronomie. In zwei Monaten wird er 18 Jahre alt. Er hat an zwei Tagen in der Woche Berufsschule und zwar vier Stunden montags von 8.00–11.15 Uhr sowie sechs Stunden donnerstags von 10.30–15.45 Uhr.

| | | | | | | | | Stundenplan | | | |
|---|---|---|---|---|---|---|---|---|---|---|---|
| 1. Std. | 2. Std. | 3. Std. | Pause | 4. Std. | 5. Std. | 6. Std. | Große Pause | 7. Std. | 8. Std. | 9. Std. |
| 8.00–8.45 Uhr | 8.45–9.30 Uhr | 9.30–10.15 Uhr | 10.15–10.30 Uhr | 10.30–11.15 Uhr | 11.15–12.00 Uhr | 12.00–12.45 Uhr | 12.45–13.30 Uhr | 13.30–14.15 Uhr | 14.15–15.00 Uhr | 15.00–15.45 Uhr |

Laut Ausbildungsvertrag hat Paul eine 39½-Stunden-Woche mit zwei Ruhetagen pro Woche. Sein Ausbildungsbetrieb hat montags bis freitags von 9.00–24.00 Uhr geöffnet, am Wochenende gilt „Open End". Mittwochs abends findet regelmäßig ein Stammtisch des örtlichen Handballvereins statt. Donnerstagmorgens ist auf dem Platz, an dem der Betrieb liegt, Wochenmarkt und daher ein starkes Frühstücksgeschäft. Paul wird beauftragt, der Betriebsleiterin bei der Dienstplangestaltung für das nächste Quartal zu helfen. Was ist hinsichtlich seiner möglichen Arbeitszeiten zu beachten?

Der **Berufsausbildungsvertrag** regelt die wechselseitigen Pflichten von Ausbildendem und Auszubildendem, die sich gewissermaßen spiegeln.

## Rechte und Pflichten während der Berufsausbildung

| Der Ausbildende … | Der Auszubildende … |
|---|---|
| sorgt dafür, dass dem Auszubildenden die berufliche Handlungsfähigkeit vermittelt wird, die zum Erreichen des Ausbildungsziels erforderlich ist. | bemüht sich, die berufliche Handlungsfähigkeit zu erwerben. |
| gliedert die Ausbildung zeitlich und sachlich (**Ausbildungsplan**). | führt ordnungsgemäß das **Berichtsheft** und legt es regelmäßig dem Ausbilder vor. |
| zahlt eine angemessene monatliche Ausbildungsvergütung. Diese ist nach dem Lebensalter der Auszubildenden so zu bemessen, dass sie mit fortschreitender Berufsausbildung, mindestens jährlich, ansteigt. Sie richtet sich in der Regel nach dem geltenden Tarifvertrag. Sie ist spätestens am letzten Arbeitstag des Monats zu zahlen. | führt seine **Aufgaben** sorgfältig aus und befolgt **Weisungen**. |
| **stellt** den Auszubildenden für den **Berufsschulunterricht** (einschließlich Pausen und Wegstrecke) und für die Teilnahme an **Prüfungen frei**. Berufsschulunterricht wird auf die Arbeitszeit angerechnet. An Berufsschultagen mit mehr als fünf Unterrichtsstunden von mindestens je 45 Minuten einmal in der Woche darf er jugendliche Auszubildende nicht beschäftigen (*§ 9 Jugendarbeitsschutzgesetz*). Das Gleiche gilt für Berufsschulwochen im Blockunterricht von mindestens 25 Stunden an mindestens fünf Tagen. | nimmt an den Veranstaltungen, für die er freigestellt worden ist, teil. Die **Berufsschulpflicht** richtet sich nach Landesrecht. |
| stellt dem Auszubildenden kostenlos die erforderlichen **Ausbildungsmittel** zur Verfügung, z. B. Berichtsheft, Schreibmaterial, ggf. Berufskleidung. | behandelt Werkzeug, Maschinen und sonstige Einrichtungen **pfleglich**. |
| hält den Auszubildenden zum Besuch der Berufsschule sowie zum Führen von schriftlichen Ausbildungsnachweisen an. | beachtet die für die Ausbildungsstätte geltende **Ordnung** (z. B. Sicherheits- und Unfallverhütungsvorschriften, Rauchverbote, Hygienevorschriften, Haus- und Kleiderordnung, betriebliche Pausenregelungen). |
| fördert den Auszubildenden charakterlich und sorgt dafür, dass er sittlich und körperlich nicht gefährdet wird. Nur ausbildungsgerechte Beschäftigungen sind zulässig. | bewahrt **Stillschweigen** über Betriebs- und Geschäftsgeheimnisse. |
| stellt bei Beendigung der Ausbildung ein schriftliches Zeugnis aus (auf Verlangen des Auszubildenden ein qualifiziertes Zeugnis). | |

## 2.4 Berufliche Aufstiegs-, Fort- und Weiterbildungsmöglichkeiten

### Situation

Von der Webseite der Bundesagentur für Arbeit:
„Eine Ausbildung ist ein solides Fundament für die berufliche Zukunft. Die schnellen technischen und gesellschaftlichen Entwicklungen erfordern aber eine dauerhafte Anpassung und ein ständiges Weiterlernen. Weder unsere private, noch unsere berufliche Zukunft lassen sich langfristig bis ins Detail planen. Kurven und Kreuzungen gehören zum Leben. Manchmal entscheidet man sich selbst für einen anderen Weg, manchmal wird man gezwungen, sich neu zu orientieren oder sich beruflich weiter zu entwickeln." (Stand 13. Januar 2008).

(Karrierechancen für Systemgastronomen – DEHOGA-Fachabteilung Systemgastronomie 2008)

Mit dem Bestehen der Abschlussprüfung ist eine wichtige berufliche Hürde genommen. Jedoch ist es für eine erfolgreiche Berufs- und Karriereplanung wichtig, die berufliche Entwicklung als einen Prozess des **lebenslangen Lernens** zu begreifen. Das gilt in besonderem Maße für das Segment Systemgastronomie, das so vielen beruflichen, gesellschaftlichen und gastronomischen Veränderungen ausgesetzt ist.

Das lebenslange Lernen findet als sogenanntes „informelles Lernen" im Berufsalltag statt, durch Sammeln von Berufserfahrung, Übernehmen zusätzlicher Aufgaben und Verantwortung, „Training on the Job". Besonders wichtig in der Systemgastronomie ist dabei auch die **berufliche Mobilität und Flexibilität**, die Bereitschaft, den Ort oder die Tätigkeit zu wechseln. Des Weiteren ist aber auch der Besuch geeigneter Weiterbildungsveranstaltungen sinnvoll und für das Erreichen vieler Positionen notwendig.

Die Ausbildung zum Fachmann/zur Fachfrau für Systemgastronomie bereitet in erster Linie auf eine berufliche Laufbahn im **Restaurantmanagement** vor, d. h. im operativen Geschäft. Aber es bestehen auch Perspektiven in den Unternehmenszentralen oder für eine Selbstständigkeit.

Der erste berufliche Schritt nach erfolgreich absolvierter Ausbildung ist für viele Berufseinsteiger eine Position als Schichtführer („Shiftleader"). Danach können Entwicklungsschritte als Assistent des Restaurantleiters, stellvertretender Storemanager oder Junior-Assistent folgen. Die **Funktionsbezeichnungen** unterscheiden sich von Unternehmen zu Unternehmen.

Die klassischen Meisterfortbildungen (Küchenmeister, Restaurantmeister, Hotelmeister) stehen formal auch den Fachleuten für Systemgastronomie offen. Jedoch bieten sie wenig Qualifikationen, die für dieses Segment typisch und verwertbar sind. Daher wurde im März 2002 die Fortbildung zum **Fachwirt im Gastgewerbe** geschaffen. Der Fachwirt im Gastgewerbe ist eine berufsbegleitende IHK-Fortbildung mit Schwerpunkten in den Bereichen Gästeorientierung, Marketing, branchenbezogenes Management und Recht. Zulassungsvoraussetzung ist neben der bestandenen Abschlussprüfung eine mindestens zweijährige Berufserfahrung. Vorbereitungslehrgänge werden von verschiedenen IHKs und privaten Anbietern angeboten (auch im Fernstudium). Der Besuch eines Lehrgangs ist für die Prüfung nicht vorgeschrieben, jedoch sehr empfehlenswert. Im Rahmen der Prüfung ist „Systemgastronomie" eine von drei gastronomischen Angebotsformen, die als Schwerpunkt ausgewählt werden kann.

Eine andere Weiterbildungsmöglichkeit besteht an einer **Hotelfachschule**. Dort kann eine zweijährige Weiterbildung zum **staatlich geprüften Betriebswirt Fachrichtung Hotel- und Gaststättengewerbe** (= Hotelbetriebswirt) absolviert werden. Zusätzlich kann dabei auch die Fachhochschulreife erworben werden. Die Weiterbildung findet zwei Jahre in Vollzeit statt[1]. Voraussetzung ist eine abgeschlos-

---

[1] Neu ist die Möglichkeit einer Online-Weiterbildung zum „Staatl. gepr. Betriebswirt" für das Hotel- und Gaststättengewerbe. Diese Fortbildung läuft berufsbegleitend über 3,5 Jahre vom Wohnort aus (www.hotelbetriebswirt.com).
Es gibt Hotelfachschulen mit den Schwerpunkten in Housekeeping oder Sommelierausbildung.

sene Berufsausbildung und eine mindestens einjährige Berufspraxis.

> Unterrichtsfächer sind z. B. Volks- und allgemeine Betriebswirtschaftslehre, Marketing, Personalwesen, Finanzierung, Recht, Rechnungswesen und Controlling, Steuerlehre, EDV, Wirtschaftsmathematik, Ernährungslehre mit Lebensmittelrecht, Politik und Wirtschaft, Fremdsprachen sowie Deutsch.

Es können verschiedene Wahlpflichtfächer gewählt werden. Alternativ ist auch innerhalb eines Jahres ein Bildungsgang zum **staatlich geprüften Gastronom** möglich.

An der Hotelmanagement-Akademie (HMA) wird eine berufsbegleitende Weiterbildung zum **Betriebswirt Systemgastronomie (HMA)** angeboten. Wer im Besitz des Abiturs oder der Fachhochschulreife ist, kann an verschiedenen **Fachhochschulen** Tourismus-, Hospitality-Management oder Betriebswirtschaftslehre mit dem Schwerpunkt Tourismus studieren. Darüber hinaus gibt es zahlreiche Seminare sowie Veranstaltungen bei den Berufs- oder Wirtschaftsverbänden, Industrie- und Handelskammern sowie privaten Anbietern zu Einzel- oder Spezialthemen.

Natürlich erfordert jede berufliche Weiterbildung Ausdauer und Fleiß. Vielfach sind Schul- oder Studiengebühren zu entrichten. Wer plant, eine Vollzeitschule zu besuchen bzw. ein Vollzeitstudium zu absolvieren, muss bedenken, dass während dieser Zeit der gewohnte Verdienst wegfällt und Nebentätigkeiten nur eingeschränkt möglich sind. Berufsbegleitende Weiterbildungen, insbesondere Fernlehrgänge, stellen dagegen große Anforderungen an die Disziplin des Lernenden und beanspruchen für eine gewisse Zeit nahezu die gesamte Freizeit.

**Finanzielle Förderung** von Fortbildungen ist möglich über das sogenannte **„Meister-BAföG"** (*Aufstiegsfortbildungsförderungsgesetz*). Zuständig sind die kommunalen Ämter für Ausbildungsförderung bei den Städten oder Landkreisen. Hochschulstudien werden durch BAFöG (*Berufsausbildungsförderungsgesetz*) gefördert. Die KfW-Mittelstandsbank vergibt Studienkredite. Auch über die sogenannte Bildungsprämie fördert der Staat die Weiterbildung.

## Aufgaben

1. Was versteht man unter dem „dualen System"?
2. Wie lange dauert die Ausbildung zum Fachmann/zur Fachfrau für Systemgastronomie? Was sind die Ausbildungsvoraussetzungen?
3. Erläutern Sie die Rollen und Aufgaben von Ausbildendem und Ausbilder in einem Berufsausbildungsverhältnis. Welche Person übt welche Funktion aus?
4. Überprüfen Sie die Mindestinhalte eines Berufsausbildungsvertrages nach dem *Berufsbildungsgesetz* anhand Ihres eigenen Vertrages. Welche Inhalte wurden in Ihrem Vertrag auf welche Weise geregelt?
5. Nennen Sie die Aufgaben der Industrie- und Handelskammer bei der Berufsaus- und -weiterbildung.
6. Wie lange dürfen jugendliche Auszubildende abends beschäftigt werden? Wo ist dies geregelt?
7. Was versteht man unter „Schichtzeit"?
8. Nach erfolgreicher Abschlussprüfung streben Sie eine Weiterbildung als Fachwirt/-in im Gastgewerbe an. Recherchieren Sie unter www.meister-bafoeg.info, welche Voraussetzungen für eine staatliche finanzielle Förderung bestehen.

## Infobox Sprache

### Aus- und Weiterbildung

| Deutsch | Englisch |
| --- | --- |
| Abschlussprüfung | final exam |
| Ausbilder | trainer |
| Ausbildungsbetrieb | company that takes on trainees |
| Ausbildungsvergütung | training allowance |
| Ausbildungsvertrag | vocational training contract |
| Auszubildender | trainee |
| Berufsausbildung | training, education |
| Berufsschule | vocational school |
| Berufswahl | choice of career |
| Betriebswirt | graduate in business administration/management |
| Fachmann/Fachfrau für Systemgastronomie | professional caterer |
| Handlungskompetenz | action responsibility |
| Hochschule | university |
| Hotelfachschule | school of hotel management |
| Lebenslanges Lernen | life long learning |
| Weiterbildung | further education, further training |

# 3 Personalplanung und -beschaffung

## 3.1 Personalmarketing

### Situation

In welchem Verhältnis stehen die einzelnen Inhalte des Personalmarketings zueinander?

Unternehmen agieren in einem sich ständig dynamisch verändernden Umfeld. Im **Zeitalter der Globalisierung** erfahren wir, dass durch das „Näherrücken" von Wirtschaftsräumen und Kulturkreisen Einflüsse auf Gesellschaft, Kundenverhalten, aber auch Mitarbeiter eines Unternehmens wirken.

Um sich den ständigen Herausforderungen zu stellen und gleichzeitig eine unverwechselbare „Unternehmenspersönlichkeit" zu erreichen, definieren Systemunternehmen i. d. R. ihre **Unternehmensphilosophie**. Hier werden grundsätzliche Aussagen über Ursprung und Grund des unternehmerischen Handelns getroffen; Werte und Einstellungen manifestiert, die sich in der gesamten Organisationsstruktur[1] widerspiegeln.

Ziel ist es, eine **Unternehmenskultur** zu entwickeln, die nicht nur von Äußerlichkeiten, z. B. Systemkleidung, Logo, Architektur, Slogans, gekennzeichnet ist. Das Verhalten gegenüber Kunden, Lieferanten, der Öffentlichkeit sowie das Innenverhältnis von den Mitarbeitern aller hierarchischen Stufen muss durch die Unternehmensphilosophie geprägt sein und diese somit erlebbar machen.

Im **Gastgewerbe** sind die Mitarbeiter im ganz besonderen Maße an diesem Prozess beteiligt. Denn ein wesentlicher Teil der gastronomischen Leistung wird durch die Dienstleistungs- und Servicepolitik definiert und ist somit ein absatzpolitisches Instrument.

**Absatzmarketing**, also alle kundenorientierten Maßnahmen einschließlich Public Relations, hat einen hohen Stellenwert. Dies zeigen u.a. die vertraglich festgelegten Werbebudgets von Kooperationssystemen der Systemgastronomie.

Zum Umsetzen der **Unternehmensvisionen** bedarf es engagierte Mitarbeiter/-innen. Diese gilt es, dauerhaft für das Unternehmen zu begeistern. Alle Mitarbeiter/-innen sollten sich von der unternehmensspezifischen Unternehmenskultur angesprochen fühlen, gerne in diesem Unternehmen arbeiten und stolz auf ihr Unternehmen sein.

Dazu bedarf es eines professionellen Personalmarketings.

Eine bekannte Begriffsbestimmung zum „Personalmarketing" schreibt der **Personalbeschaffung** eine dominante Bedeutung zu. Hier wird der Begriff wesentlich weiter gefasst und gliedert sich in:

▶ Public Relations
▶ Beschaffungsmarktpolitik
▶ Aus-, Fort- und Weiterbildungspolitik
▶ Organisationsentwicklungspolitik
▶ Entlohnungspolitik
▶ Sozialpolitik

### Public Relations

PR-Maßnahmen tragen nicht nur zur Imagebildung in der Öffentlichkeit bei, sondern haben ebenfalls eine Wirkung auf potenzielle und beschäftigte Mitarbeiter. Das Bild in der Öffentlichkeit durch z. B. Sponsoring, soziales Engagement, betriebliche Bildungseinrichtungen, Teilnahme/Erfolge bei berufsbezogenen Wettbewerben, wirtschaftlicher Erfolg weckt Begehrlichkeit, in diesem Unternehmen zu arbeiten. Der „gute Ruf" eines Unternehmens ist nicht nur hilfreich bei der Personalbeschaffung, sondern macht auch das vorhandene Mitarbeiterteam stolz.

„Stolzsein" trägt dazu bei, Leistungswillen zu aktivieren, positiv über das Unternehmen zu berichten und beeinflusst das Verhalten gegenüber Gästen und Geschäftspartnern.

### Beschaffungsmarktpolitik

Die Beschaffungsmarktpolitik beginnt bereits bei betrieblichen Engagements an Schulen, Akademien, Universitäten durch Vorträge, Ausstellungen, Informationsveranstaltungen oder Berufsforen. Hier stellt

---

[1] Def. lt. Brockhaus: „Organisationskultur, Unternehmenskultur, die von den Mitgl. einer Organisation hinsichtlich deren Zweck gemeinsam getragenen Grundüberzeugungen, Werte und Einstellungen", „Der Brockhaus Wirtschaft" 2008

sich das Unternehmen jungen Berufseinsteigern vor. Berufspraktika ermöglichen darüber hinaus einen Einblick in den betrieblichen Alltag des Unternehmens. Durch diese Maßnahmen können bereits **Initiativbewerbungen** ausgelöst werden.

Bei einem konkreten **Personalbedarf** bieten sich dem Unternehmen mehrere Wege:

- **interne Personalbeschaffung**, z. B.
  - Empfehlung durch Mitarbeiter
  - konkrete Ansprache von Stammgästen
  - Versetzungen, Job-Rotation, Qualifizierung (interne und/oder externe)

- **externe Personalbeschaffung**, z. B.
  - Inserate
  - Personalvermittler
  - Arbeitsamt
  - Internet

## Aus-, Fort- und Weiterbildungspolitik

Aus-, Fort- und Weiterbildungspolitik haben in Systembetrieben i. d. R. einen hohen Stellenwert. Der Berufsabschluss als Fachmann/-frau für Systemgastronomie bildet die Grundlage für eine berufliche Entwicklung in dieser Branche.

Die stellenbezogene Unterweisung neuer Mitarbeiter und die Karriereplanung des Führungsnachwuchses sind i. d. R. zentral geregelt. Hier werden detaillierte Pläne zur theoretischen und praktischen Unterweisung erarbeitet und deren Einhaltung in Systeminstitutionen und den Betrieben kontrolliert. Oftmals ist ein Quereinsteigen in Führungspositionen kaum möglich. Die Entwicklung eigener Schulungsmittel dienen der Konzentration auf die systemtypischen Elemente. Die Schulung ist ein wichtiges Element und beeinflusst die Organisationskultur. Neben der fachlichen Qualifizierung sind Leistungsfähigkeit, Leistungswille und Leistungsbereitschaft zu steigern und die Unternehmensphilosophie zu institutionalisieren.

## Organisationsentwicklungspolitik

Aufgaben, Kompetenzen, Kommunikation und Konfliktregelung sind in Systembetrieben i. d. R. klar geregelt. Dies gilt für die Zusammenarbeit zwischen
- Zentrale und Betrieben,
- Systemkommissionen – Zentrale – Betrieben (bei Kooperationssystemen),
- Betrieben untereinander sowie
- innerhalb eines Betriebes.

Der anzuwendende Führungsstil wird i. d. R. in Führungsgrundsätzen festgeschrieben. Neben Einstellungstests sollen Beurteilungssysteme und Schulungen sicherstellen, dass der vom System geforderte Führungsstil in Zentrale, Systeminstitutionen und Betrieben „gelebt" wird.

## Entlohnungspolitik

Jedes Unternehmen kann über die tarifvertraglichen Vereinbarungen hinaus eigene Regelungen treffen. Dazu zählen insbesondere materielle und immaterielle Anreizsysteme. Gerade die immateriellen Anreizsysteme, z. B. Wettbewerbe, Statussymbole, Auszeichnungen, bieten eine gute Möglichkeit zur Mitarbeitermotivation und leisten einen positiven Beitrag zum Betriebsklima.
Wesentlich sind bei allen Maßnahmen Transparenz für die Mitarbeiter/-innen und Fairness vonseiten des Managements.

## Sozialpolitik

Die Sozialpolitik soll die Mitarbeiter an das Unternehmen binden. Dazu dienen Maßnahmen wie die einer zusätzlichen Altersversorgung durch Betriebsrenten, vermögenswirksame Leistungen oder Lebensversicherungen. In besonderen Situationen helfen auch Unfall- oder Berufsunfähigkeitsversicherungen.
Ebenso sind Zuwendungen bei Betriebsjubiläen, Veranstaltungen von Betriebsfeiern, das Betreuen von Pensionären übliche Praxis vieler Systembetriebe. Aber auch Hilfestellung in Notsituationen, z. B. durch Arbeitgeberdarlehen, zählen zu den sozialpolitischen Maßnahmen eines Unternehmens.
So ist es Aufgabe des Personalmarketings, das vorhandene Mitarbeiterpotenzial immer wieder für das eigene Unternehmen zu begeistern und neue Mitarbeiter für das Unternehmen zu gewinnen.

### Aufgaben

1. Was veranlasste Sie, sich für Ihr Ausbildungsunternehmen zu entscheiden:
   - Wie haben Sie das Unternehmen kennengelernt,
   - wie sieht die Karriereplanung in Ihrem Unternehmen aus?
2. Stellen Sie die Unternehmensphilosophie Ihres Unternehmens kurz dar.
3. Welche Leistungsanreiz-Systeme gibt es in Ihrem Unternehmen?

# 3.2 Personalplanung

### Situation

Der hier angesprochene systemgastronomische Betrieb verzeichnet erfahrungsgemäß in den Sommermonaten den stärksten Umsatz. Am Anfang des Jahres setzen Sie sich mit Ihrer Personalsituation auseinander und überprüfen, ob der Personalbestand für die Sommermonate ausreicht. Worauf ist dabei zu achten?

Personalplanung nimmt personalwirtschaftliche Entscheidungen und Maßnahmen vorweg. Dementsprechend ist sie eine der wichtigsten Aufgaben der Personalwirtschaft. Ihr **Ziel** ist es,
▸ die notwendige Anzahl von Mitarbeitern,
▸ mit der entsprechenden Qualifikation,
▸ zu einem bestimmten Zeitpunkt oder für einen bestimmten Zeitraum,
▸ an dem entsprechenden Ort
zur Verfügung zu stellen.

Wie jede andere Planung ist auch die Personalplanung in die Zukunft gerichtet und will soweit wie möglich künftige Ereignisse bzw. Zustände festhalten. Dabei sind im Gastgewerbe eher kürzere Planungszeiträume sinnvoll. Gleichzeitig muss die Personalplanung allerdings auch in der Lage sein, flexibel auf nicht vorhergesehene Veränderungen reagieren zu können (z. B. durch Alternativpläne).

Die Personalplanung ist von vielen Faktoren abhängig. So greift eine Vielzahl von Gesetzen und Verordnungen direkt oder indirekt in die Personalplanung ein. Falls z. B. ein Betriebsrat vorhanden ist, so ist dieser „... über die Personalplanung, insbesondere über den gegenwärtigen und künftigen Personalbedarf sowie über die sich daraus ergebenden personellen Maßnahmen ..., rechtzeitig und umfassend zu unterrichten" (§ 92 Betriebsverfassungsgesetz).

Aber auch die Erwartungen der Kunden, die Wünsche und Ziele der Mitarbeiter, die technische Entwicklung der Geräte, die betrieblichen Ziele und andere betrieblichen Planungsgrößen und nicht zuletzt auch Veränderungen auf dem Arbeitsmarkt beeinflussen den Bedarf an Personal und wirken sich so auf die Personalplanung aus.

| Rechtliche Rahmenbedingungen | z. B. *Arbeitszeitgesetz, Bundesurlaubsgesetz, Betriebsverfassungsgesetz, Jugendarbeitsschutzgesetz*, Tarifverträge, Arbeitsverträge |
|---|---|
| Gästeerwartungen | z. B. hohe Qualität der Leistung und der Produkte, schneller Service, flexibles Reagieren auf Gästewünsche, Berücksichtigung individueller Wünsche, bereitstehende Ansprechpartner |
| Mitarbeiterwünsche und -ziele | z. B. Arbeitszufriedenheit, mehr Freizeit, Konfliktfreiheit, innerbetriebliche Aufstiegsmöglichkeiten |
| Betriebliche Planungen | z. B. Produktionsplanung, Investitionsplanung, Finanzplanung, Personalkostenbudget, Rationalisierungen |
| Betriebliche Ziele | z. B. hohe Produktivität, Wirtschaftlichkeit, Gewinnorientierung, schnelle Marktdurchdringung |
| Technische Entwicklung | z. B. steigende Arbeitsleistung und Bedienfreundlichkeit der Geräte, leichtere Reinigungsmöglichkeit |
| Arbeitsmarktsituation | z. B. Angebot an qualifizierten Mitarbeitern, Lohnniveau, konjunkturelle Entwicklung |

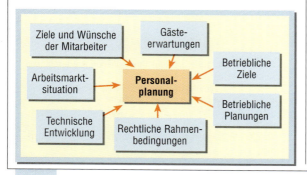

Personalplanung kann zentral oder dezentral erfolgen. Bei der **zentralen Planung** erstellt die Personalabteilung die Personalpläne für alle Unternehmensbereiche. Auf diese Weise lassen sich unternehmensspezifisch einheitliche Planungsgrundsätze umsetzen. Bei der **dezentralen Planung** erstellen die Führungskräfte der einzelnen Abteilungen die Pläne. Die Mitarbeiter vor Ort können mit einbezogen werden. Dies führt zu einer besseren Akzeptanz. Die Abstimmungsprozesse sind allerdings viel umfangreicher.

Personalplanung ist aufwendig und mit Kosten verbunden, trotzdem ist sie sinnvoll. Sie bietet für das Unternehmen als auch für die Mitarbeiter Vorteile. So lassen sich Veränderungen des betrieblichen Umfeldes und sich daraus ergebende Personalengpässe oder Personalmehrbestände frühzeitig erkennen. Wird z. B. deutlich, dass in der Zukunft neue Mitarbeiterinnen oder Mitarbeiter mit neuen Qualifikationen gebraucht werden, kann das Unternehmen mit der Anwerbung frühzeitig beginnen oder die eigenen Mitarbeiter schulen und somit rechtzeitig auf die neuen Aufgaben vorbereiten. Durch solche Qualifizierungsmaßnahmen nehmen die Mitarbeiter Anteil an betrieblichen Personalentwicklungsmaßnahmen und erkennen ihre Aufstiegsmöglichkeiten. So schafft Personalplanung Transparenz und Sicherheit und verbessert außerdem die Motivation und Zufriedenheit der Mitarbeiter.

## 3.2.1 Quantitative Personalbedarfsplanung

**Situation**

Bei der Planung für die Sommermonate überlegt der Systemgastronom, ob er zusätzlich Mitarbeiter einstellen muss. Zurzeit beschäftigt der systemgastronomische Betrieb neun Vollzeitkräfte und eine Halbtagskraft. Aber aus Erfahrung ist bekannt, dass sich der Personalbestand bis zum Sommer wahrscheinlich verändern wird.

Die quantitative Personalbedarfsplanung ermittelt den mengenmäßigen Personalbedarf für einen bestimmten Zeitraum bzw. für einen zukünftigen Zeitpunkt. Sie sorgt so dafür, dass zu jeder Zeit genügend Mitarbeiter zur Verfügung stehen.
Die **Berechnung des Personalbedarfs** umfasst vier Schritte:

1. Ermittlung des **aktuellen Personalbestandes** (Ist-Personalbestand)
   Dies geschieht mithilfe eines Stellenbesetzungsplans. Der **Stellenbesetzungsplan** gibt Auskunft darüber, wie viele und welche Stellen momentan tatsächlich besetzt sind.

2. Ermittlung des **zukünftigen Bruttopersonalbedarfs** (Soll-Personalbestand)
   Der **Bruttopersonalbedarf** ist der **Soll-Personalbestand**. Er gibt an, wie viele Mitarbeiter zu einem bestimmten (zukünftigen) Zeitpunkt zur Verfügung stehen müssen, damit alle betrieblichen Leistungen erbracht werden können, und setzt sich aus dem Einsatzbedarf und dem Reservebedarf zusammen.

   > **Bruttopersonalbedarf = Einsatzbedarf + Reservebedarf**

   Als **Einsatzbedarf** bezeichnet man die Anzahl der Mitarbeiter, die – ohne Berücksichtigung von Ausfallzeiten – nötig sind, um die betrieblichen Leistungen zu erfüllen. Der **Reservebedarf** berücksichtigt die Ausfälle bzw. Fehlzeiten des Personals. Diese können vertraglich vereinbart (z. B. Urlaub) oder auch zufällig (z. B. Krankheit) sein.
   Den Bruttopersonalbedarf genau zu berechnen, ist oftmals sehr schwierig, weil sowohl der Einsatzbedarf als auch der Reservebedarf von vielen, teilweise nur ungenau bestimmbaren Einflussfaktoren abhängig sind. So können z. B. die gesamtwirtschaftliche Entwicklung, Veränderungen im Arbeits-, Sozial- und Tarifrecht, technologische Veränderungen, eine geplante Erweiterung der betrieblichen Kapazitäten, Veränderungen im Leistungsangebot, veränderte Trends im Nachfrageverhalten, aber auch veränderte Interessen und Bedürfnisse von Mitarbeitern, eine veränderte Leistungsbereitschaft der Mitarbeiter sowie zukünftige Fehlzeiten und Fluktuationen Einfluss auf den Soll-Personalbestand nehmen.

3. Ermittlung der erwarteten **Veränderungen des Personalbestandes** im Planungszeitraum
   Hier gilt es festzustellen, wie viele Mitarbeiter den Betrieb bis zu dem festgelegten späteren Zeitraum verlassen bzw. wie viele Mitarbeiter neu hinzukommen werden.
   Bei den zu erwartenden Personalabgängen unterscheidet man
   – sichere,
   – statistische und
   – dispositive Abgänge.

   **Sichere Abgänge** sind vorhersehbar und planbar (z. B. Renteneintritt, Freistellung von Mitarbeitern zum Wehrdienst, Ablauf von befristeten Arbeitsverträgen).
   **Statistische Abgänge** sind vorhersehbar, aber unplanbar (z. B. Mitarbeiterfluktuation, Berufsunfähigkeit, Sterbefälle).
   **Dispositive Abgänge** sind geplante Abgänge, die aber eventuell wieder zurückgestellt werden (z. B. Kündigungen, Versetzungen, Beförderungen).
   Zugänge von Mitarbeitern sind in der Regel vorhersehbar und planbar. Hier sind z. B. die Rückkehr von Mitarbeitern von der Bundeswehr/vom Zivildienst, aus dem Mutterschutz oder aus der Elternzeit, aber auch bereits abgeschlossene Arbeitsverträge oder Übernahme von Auszubildenden zu nennen.

4. Berechnung des **Nettopersonalbedarfs**
   Der Nettopersonalbedarf ergibt sich aus dem Vergleich von Bruttopersonalbedarf und dem erwarteten Personalbestand unter Berücksichtigung des momentanen Personalbestandes und der erwarteten Personalbestandsveränderungen. Ist der Nettopersonalbedarf positiv, muss noch zusätzlich Personal eingestellt werden. Er gibt dann die Anzahl der noch zu beschaffenden Arbeitskräfte an. Ist er negativ, ist ein Personalüberhang zu erwarten. Dann ist Personal freizustellen.

| Ermittlung des Nettopersonalbedarfs (kurzfristig) | |
|---|---|
| **Bruttopersonalbedarf** | (wie viele Stellen müssen zum zukünftigen Zeitpunkt $x_x$ besetzt sein) |
| ./. **Personalbestand** | zum aktuellen Zeitpunkt $x_0$ |
| + **Abgänge** | sichere Abgänge (Pensionierung, Wehrdienst usw.) |
| | statistische Abgänge (Fluktuation, Invalidität, Tod usw.) |
| | dispositive Abgänge (Versetzungen, Beförderungen usw.) |
| ./. **Zugänge** | Vertrag, Beförderung, Übernahme Auszubildende |
| = **Nettopersonalbedarf** | (Ersatz bei Unterdeckung/Freistellung bei Überdeckung) |

# 3 Personalplanung

Die Ermittlung des Nettopersonalbedarfs dient als Grundlage für die Personalbeschaffung.

**Beispiel**

**Berechnung des Nettopersonalbedarfs**
Gemäß der Situationsbeschreibung gehen Sie bei der Planung des Sommers (am Beispiel des Monats Juni) von folgenden Daten aus:

Öffnungstage: 30
Einsatzbedarf je Öffnungstag: 10 Mitarbeiter
(Vollzeit à 8 Stunden)

Jeder Mitarbeiter arbeitet an 5 Tagen in der Woche (d. h. 22 Tage im Monat Juni), erwarteter Ausfall (durch Krankheit usw.) 5 %

Momentaner Personalbestand: 9 Vollzeitkräfte und 1 Halbtagskraft

Veränderungen im Planungszeitraum (bis Juni):
▶ Rückkehr einer Mitarbeiterin aus dem Mutterschutz
▶ Übernahme von zwei ausgelernten Auszubildenden aus anderen Filialen
▶ Weggang eines Mitarbeiters aus privaten Gründen

1. **Berechnung des momentanen Personalbestandes (Ist-Bestand)**
9 MA + 0,5 MA = **9,5 MA**

2. **Berechnung des Bruttopersonalbedarfs (Soll-Bestand)**
Einsatzbedarf im Juni: 30 × 10 × 8 Arbeitsstunden = 2 400 Arbeitsstunden

Tatsächliche Leistung einer Vollzeitkraft unter Berücksichtigung von freien Tagen und Krankheitsanfall: 22 × 8 × 0,95 Arbeitsstunden = 167,2 Arbeitsstunden

Berechnung des Bruttopersonalbedarfs:

$$\frac{2\,400 \text{ Arbeitsstunden}}{167{,}2 \text{ Arbeitsstunden je MA}} = 14{,}35 \text{ MA}$$

D. h. zu dem Einsatzbedarf von 10 MA (Vollzeitkräfte) kommen 4,35 MA als Reservebedarf.

3. **Berechnung des voraussichtlichen Personalbestandes im Juni:**
9,5 MA + 3 MA − 1 MA = **11,5 MA**

4. **Berechnung des Nettopersonalbedarfs für Juni:**
14,35 MA − 11,5 MA = 2,85 MA, d. h. ungefähr **3 MA** (Vollzeitkräfte

Ergebnis:
Um im Juni die betriebliche Leistung voll erbringen zu können, müssen Sie im Juni voraussichtlich zusätzlich noch 3 weitere Vollzeitkräfte einstellen.

## 3.2.2 Qualitative Personalbedarfsplanung

**Situation**

Der Systemgastronom hat berechnet, dass für die Sommermonate drei Vollzeitkräfte fehlen. Nun geht es darum zu überlegen, welche Qualifikation diese Mitarbeiter mitbringen müssen. Dazu setzen Sie sich mit dem Stellenplan Ihres Betriebes auseinander.

Mit der quantitativen Personalbedarfsplanung geht immer die qualitative Personalplanung einher. In der Praxis ist eine Trennung von quantitativer und qualitativer Personalbedarfsplanung nicht möglich. Neben dem Mitarbeiter als Arbeitskraft ist immer auch seine Qualifikation entscheidend.

Der qualitative Personalbedarf ergibt sich aus dem Leistungsangebot des Unternehmens und seinen Zielsetzungen und schlägt sich nieder in den notwendigen Fähigkeiten des Einzelnen und der Gesamtqualifikation der Belegschaft. Er baut auf der Ermittlung der gegenwärtigen Qualifikationsstruktur auf und prognostiziert deren künftige Entwicklung.

Instrumente der qualitativen Personalbedarfsplanung sind die Stellenbeschreibung und das Anforderungsprofil.

### Stellenbeschreibung

Die Stellenbeschreibung ist die schriftliche Beschreibung einer Stelle. Sie sollte einfach, klar und verständlich formuliert sein.
▶ Sie informiert über Ziele, Aufgaben, Kompetenzen und besondere Befugnisse, die mit der Stelle verbunden sind.
▶ Sie informiert über die Anforderungen an den Stelleninhaber und listet die einzelnen mit der Stelle verbundenen Tätigkeiten auf.
▶ Sie informiert über die Beziehungen zu anderen Stellen und über die organisatorische Einbindung innerhalb eines Unternehmens.

Eine Stellenbeschreibung stellt immer nur den augenblicklichen Zustand dar. Daher ist es sinnvoll, sie in bestimmten Zeitabständen zu überprüfen und gegebenenfalls anzupassen.

Inhalt und Aufbau einer Stellenbeschreibung variieren von Unternehmen zu Unternehmen. Bei der Erarbeitung der Stellenbeschreibung ist es sinnvoll, Mitarbeiter mit einzubeziehen. Auch der Betriebsrat ist, wenn nötig, einzubinden.

In der Regel enthält eine Stellenbeschreibung folgende Angaben:

# Personalplanung 3

- Stellenbezeichnung
- Rang- oder Funktionsbezeichnung des Stelleninhabers
- Einordnung der Stelle in die Unternehmensstruktur mit Zuordnung zu einer Abteilung, Angabe des Vorgesetzten, des Stellvertreters und der direkt unterstellten Mitarbeiter
- Angabe der Lohn- oder Gehaltsgruppe bzw. der Tarifgruppe
- Zielsetzung der Stelle
- Nennung der Aufgaben und der damit verbundenen Tätigkeiten
- Anforderungen an den Stelleninhaber und erforderliche Kenntnisse
- Kompetenzen und Pflichten sowie besondere Befugnisse
- Auflistung der zur Verfügung stehenden Arbeitsmittel

Hinzu kommen die Unterschrift des Stelleninhabers, seines Vorgesetzten und eventuell des Personalleiters.

## Beispiel Stellenbeschreibung

| Unternehmen: | Culinaria GmbH |
|---|---|
| Einsatzort: | Store Düsseldorf |
| Stellenbezeichnung: | Assistent/in der Betriebsleitung |
| Stelleninhaber: | Frau Maier |
| Gehaltsstufe/Gehaltsbereich: | außertariflich, nach Umsatz |
| Beschäftigungsumfang: | Vollzeitstelle |
| Arbeitszeit: | Flexibel, in Absprache mit Betriebsleiter/in |
| Vorgesetzte Stelle: | Betriebsleiter/in |
| Unmittelbar untergeordnete Stelle: | Schichtleitung |
| Stellenvertretung: | Schichtleitung |
| Funktion/Ziel der Stelle: | • Unterstützung der Betriebsleitung<br>• Leitung des Betriebes bei Abwesenheit der Betriebsleitung |
| Hauptaufgaben/Verantwortung: | • Wahrnehmung aller Interessen im Sinne des Unternehmens<br>• Sicherstellung aller unternehmensinternen Standards<br>• Leitung und Einteilung der Mitarbeiter/innen unter Beachtung aller Personalrichtlinien |

**Detaillierte Aufgabenbeschreibungen**
- Unterstützung der Betriebsleitung, um bestmögliche Umsatz-Ergebnisse zu erzielen
- In Absprache mit der Betriebsleitung Erarbeitung, Durchführung und Kontrolle von „Lokal-Store-Marketing"-Aktivitäten
- Information der Mitarbeiter/innen über unternehmensspezifische Maßnahmen
- Leiten und Führen aller Mitarbeiter
  - Überprüfen, dass alle Personalrichtlinien eingehalten werden
  - Unterstützung der Betriebsleitung bei Personalfragen
  - Unterstützung der Betriebsleitung bei Konflikten zwischen Mitarbeitern/Mitarbeiterinnen
  - Unterstützung der Betriebsleitung bei Übermittlung der Personaldaten an Zentrale
  - Erstellen eines Dienstplans unter Beachtung der unternehmensspezifischen Vorgaben
  - Unterstützung der Betriebsleitung bei Schulungen und Meetings
- Umsetzen aller unternehmensinternen Vorgaben in Bezug auf
  - Warenbestellung
  - Wareneinkauf
  - Warenlagerung
- Umsetzung und Kontrolle aller hygienischen Anforderungen an
  - Personal
  - Produkte
  - Arbeitsplatz
- Sicherstellen, dass alle Gästebeschwerden seriös und professionell gehandhabt werden

| Berufsbezogene Anforderungen: | Sonstige Anforderungen: |
|---|---|
| • Ausbildung zur Fachfrau/zum Fachmann für Systemgastronomie<br>• Mindestens 3 Jahre Berufserfahrung nach Ausbildung<br>• Sprachkenntnisse in Englisch | • Gute Kommunikationsfähigkeit<br>• Verhandlungsgeschick<br>• Fähigkeit zur Menschenführung |
| Name Ersteller: | |
| Datum: | |
| Die Stellenbeschreibung wird jährlich überprüft und aktualisiert | Datum und Unterschrift |
| Änderungsvermerke: | Datum und Unterschrift |

Das Erstellen bzw. Überarbeiten einer Stellenbeschreibung ist zwar aufwendig und mit Kosten verbunden, sie gibt dem Stelleninhaber aber präzise Informationen über seine Aufgaben und Verantwortlichkeiten. Sie kann so Kompetenzstreitigkeiten vermeiden helfen und erleichtert auch das Einarbeiten neuer Mitarbeiter.

## Anforderungsprofil

Jeder Arbeitsplatz, der besetzt werden soll, stellt bestimmte Anforderungen an den Bewerber. Ziel eines Unternehmens ist es, den richtigen Mitarbeiter am richtigen Arbeitsplatz einzusetzen. Dies ist dann der Fall, wenn die Fähigkeiten eines Mitarbeiters mit den Anforderungen des Arbeitsplatzes optimal übereinstimmen. Es gilt, Unter- oder Überqualifikation oder gar Fehlbesetzungen zu vermeiden. Durch einen Vergleich des Anforderungsprofils der Stelle mit den Fähigkeiten des Bewerbers kann auf seine Eignung geschlossen werden.

Das Anforderungsprofil wird mithilfe der Stellenbeschreibung erstellt. Neben den formalen Voraussetzungen (wie Schulausbildung und Fortbildung) werden die fachlichen und persönlichen Kompetenzen, die ein Bewerber mitbringen muss, genannt und beschrieben.

### Anforderungsprofil: Betriebsleiter (Beispiel)

**Positionsmerkmale**
Ressort/Abteilung: …
Tarif/Vergütung: 1,6 (max. …..,… Euro)

**Schul- und Berufsausbildung**
→ Mittlere Reife
→ Abgeschlossene Berufsausbildung in gastronomischem Beruf

**Berufliche Fortbildung**
→ Evtl. Hotelfachschule
→ AEVO
→ Lehrgänge zu Themen wie Mitarbeiterführung, Management, Service, Datenverarbeitung

**Berufserfahrung**
→ Tätigkeiten in mehreren Bereichen gastronomischer Betriebe der unterschiedlichsten Größenordnung
→ Tätigkeit in Position mit Führungsauftrag
→ Tätigkeit als verantwortlicher Leiter eines Betriebes

**Fachliche Anforderungen**
→ Grundzüge des Arbeitsrechts
→ Planung und Organisation von Arbeitsabläufen, Veranstaltungen, Personal usw.
→ Kenntnisse in den verschiedenen gastronomischen Berufsbereichen
→ Kfm. und wirtschaftliche Kenntnisse
→ Methoden der Mitarbeiterführung
→ Fremdsprachen

*Fortsetzung*

### Anforderungsprofil: Betriebsleiter (Beispiel) Fortsetzung

**Persönliche Anforderungen**
→ Korrektes, gewandtes Auftreten/gepflegtes Erscheinungsbild
→ Verhandlungsgeschick/sprachliches Ausdrucksvermögen
→ Gute Allgemeinbildung, informiert über laufendes Zeitgeschehen und fachliche Entwicklungen
→ Körperliche und psychische Belastbarkeit/robuste Gesundheit
→ Geduld und Selbstbeherrschung
→ Gegebenheiten analytisch betrachten können
  – Erkennen von Problemen mitmenschlicher, arbeitstechnischer, wirtschaftlicher Art
  – Objektive Beurteilung von Menschen, Situationen, Gegebenheiten
  – Umsetzen gewonnener Einsichten und neuer Erkenntnisse in die Praxis
→ Überzeugungs- und Durchsetzungskraft
→ Kreativität im Gestalten von Ambiente, im Umsetzen von Gästewünschen, in Planung und Organisation, in Mitarbeiterführung und im Auffinden unkonventioneller Lösungen
→ Aufgeschlossenheit gegenüber Neuem
→ Selbstständigkeit
→ Flexibles Reagieren auf veränderte Rahmenbedingungen wie wirtschaftliche Notwendigkeiten, Arbeitsanfall
→ Bereitschaft, Verantwortung zu übernehmen und zu tragen
→ Fähigkeit, kooperativ im Team zu arbeiten
→ Entscheidungen treffen und konsequent umsetzen
→ Bereitschaft zur eigenen Weiterbildung und Teilnahme an entsprechenden Veranstaltungen

Ein **Anforderungsprofil** kann für eine bessere Übersichtlichkeit auch grafisch dargestellt werden. Dann werden den genannten Qualifikationen Anforderungshöhen zugeordnet.

### Auszug – Grafisch dargestelltes Anforderungsprofil (Betriebsleiter)

| Anforderungen | Gewichtung | | | | |
|---|---|---|---|---|---|
| | 1 | 2 | 3 | 4 | 5 |
| Belastbarkeit | | | | X | |
| Leistungsfähigkeit | | | | | X |
| Kommunikationsfähigkeit | | | X | | |
| Konfliktfähigkeit | | | | X | |
| Teamfähigkeit | | | X | | |

1 = gering, 3 = mittel, 5 = hoch

Das Anforderungsprofil wird nicht nur bei qualitativen Personalbedarfsplanungen eingesetzt. Es hilft auch bei der Formulierung der Stellenausschreibung, kann als Gesprächsleitfaden für das Vorstellungsgespräch dienen und erleichtert die Bewerberauswahl.

## 3.3 Personalbeschaffung

> **Situation**
>
> In den umsatzstarken Sommermonaten fehlen dem Systemgastronom im Küchenbereich drei Vollzeitkräfte. Sie überlegen, wie Sie die notwendigen Mitarbeiter beschaffen können.

**Aufgabe der Personalbeschaffung** ist es, die notwendigen Mitarbeiter mit der geeigneten Qualifikation zu finden. Sie gliedert sich in die **Beschaffungsplanung** und die Durchführung des konkreten **Beschaffungsprozesses**, der mit der Auswahl und Einstellung des ausgewählten Personals endet.
In allen Phasen der Personalbeschaffung muss dabei den Erfordernissen des *Allgemeinen Gleichbehandlungsgesetzes* (*AGG*, siehe auch Kap. 5) Rechnung getragen werden.

### 3.3.1 Personalbeschaffungsplanung

In der Beschaffungsplanung wird einerseits der Beschaffungsweg festgelegt, andererseits werden die Beschaffungsinstrumente ausgewählt. Grundsätzlich werden zwei **Beschaffungswege** unterschieden. Man spricht von interner bzw. innerbetrieblicher Personalbeschaffung, wenn für die Besetzung einer Stelle ein Mitarbeiter vorgesehen ist, der bereits im Unternehmen tätig ist. Bei der externen oder außerbetrieblichen Personalbeschaffung bedient man sich der Möglichkeiten des externen Arbeitsmarktes.
Sollte ein Betriebsrat vorhanden sein, kann dieser verlangen, dass die Stellen zunächst intern ausgeschrieben werden (siehe auch Kap. 4, § 93 BetrVG).

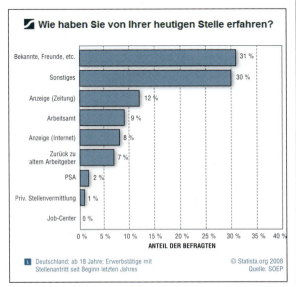

Quelle: (Internet) http://de.statistika.org/statistik/diagramm/studie/62

### a) Interne Personalbeschaffung

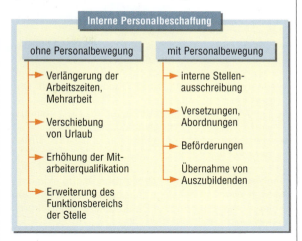

Im Gastgewerbe ist es oftmals sinnvoll, einen kurzfristig anfallenden Personalbedarf durch eigene Mitarbeiter zu decken, gerade dann, wenn der Bedarf nur vorübergehend besteht (z. B. in Saisonzeiten). Hier bietet es sich an, mit dem Personal eine Verlängerung der Arbeitszeiten, Mehrarbeit oder Verschiebung von geplantem Urlaub zu vereinbaren. Ist der Bedarf nicht nur vorübergehend, sondern anhaltend, können durch ein Umgestalten und Neubeschreiben der Stelle der Funktionsbereich und die Aufgaben der Mitarbeiter erweitert werden. Die Mitarbeiter sind rechtzeitig für diese neuen Aufgaben zu qualifizieren (siehe auch Kap. 3).

> Andere Möglichkeiten der internen Personalbeschaffung sind **Personalverschiebungen**, z. B. in Form von Abordnungen oder Versetzungen innerhalb einer oder zwischen mehreren Filialen, aber auch Beförderungen oder die Übernahme von Auszubildenden. Ausgelöst werden Personalverschiebungen in der Regel aufgrund interner Stellenausschreibungen. Mit internen Stellenausschreibungen werden der Belegschaft die offenen Stellen im Unternehmen bekannt gegeben. Dies kann mittels Intranet oder durch Aushang am „Schwarzen Brett", durch Rundschreiben, durch Anzeigen in Mitarbeiterzeitungen oder in Mitarbeitergesprächen bzw. -besprechungen geschehen. Personalverschiebungen führen aber letztendlich immer zu anderen freien Stellen im Unternehmen, die dann gegebenenfalls extern besetzt werden müssen. Zudem ist zu überprüfen, ob die Versetzung vom Direktionsrecht gedeckt ist oder ob Änderungskündigungen ausgesprochen werden müssen und ob der Betriebsrat mit einzubeziehen ist.

Oft äußert ein Mitarbeiter den Wunsch nach beruflicher Veränderung innerhalb des Unternehmens. Er zeigt so sein Interesse und seine Motivation. Ist zu diesem Zeitpunkt allerdings keine Stelle frei, so muss sein Wunsch zunächst unberücksichtigt bleiben. Dennoch ist es sinnvoll, den Wunsch des Mitarbeiters – am besten in einer entsprechenden Kartei – zu dokumentieren. So kann gegebenenfalls bei anfallendem Bedarf unmittelbar auf ihn zurückgegriffen werden.

# 3 Personalbeschaffung

**Vorteile einer internen Stellenbesetzung** sind u. a.:
- Das Risiko einer Fehlbesetzung ist reduziert, da die Stärken und Schwächen des Mitarbeiters bekannt sind.
- Die Einarbeitungszeit ist kürzer, da der Mitarbeiter das Unternehmen und dessen innere Strukturen kennt.
- Beschaffungskosten und Beschaffungszeit sind geringer.
- Die Mitarbeiter sind motivierter, da sie Aufstiegs- und Entwicklungsmöglichkeiten sehen.
- Die Bindung des Arbeitnehmers an das Unternehmen wird verstärkt.

**Nachteile einer internen Stellenbesetzung** sind u. a.:
- Man kann bei der Beschaffung nur auf einen zahlenmäßig eingeengten Personenkreis zurückgreifen.
- Der Personalbedarf wird oft nicht tatsächlich gedeckt, sondern nur verschoben.
- Es besteht die Gefahr zunehmender Betriebsblindheit, da durch die neuen Mitarbeiter keine neuen Ideen und Anregungen von außen kommen.
- Spannungen/Rivalitäten zwischen potenziellen Bewerbern sind möglich.
- Nicht berücksichtige Mitarbeiter sind eher demotiviert.
- Entscheidungen können aufgrund der inneren Strukturen (Beziehungen) subjektiv getroffen sein.
- Gegebenenfalls fallen hohe Fortbildungs- bzw. Umschulungskosten an.

**b) Externe Personalbeschaffung**

Voraussetzung einer erfolgreichen Personalbeschaffung auf dem externen Arbeitsmarkt ist eine gezielte Öffentlichkeitsarbeit. Hier gilt es, durch geeignete Maßnahmen das Unternehmen in der Öffentlichkeit bekannt und attraktiv zu machen. Ein positives Image des Unternehmens in der Öffentlichkeit erleichtert dann im Bedarfsfall die aktive Personalanwerbung oder führt dazu, dass Interessierte von sich aus mit Bewerbungen an das Unternehmen herantreten (Initiativbewerbung bzw. Blindbewerbung).

Mittels einer funktionierenden Pressearbeit in Zeitungen und Fachzeitschriften, aber auch durch eine gut gestaltete Homepage (z. B. Ausbildungsinitiative Systemgastronomie: http://gast-star.de/) können Informationen, insbesondere über die Größe eines Unternehmens (z. B. Marktstellung, Geschäftsbereiche, Anzahl der Mitarbeiter und der Filialen) sowie über die Personalpolitik (Ausbildungspolitik, Darstellung von Aufstiegsmöglichkeiten innerhalb des Unternehmens), vermittelt werden. An einer Bewertung interessiertes Fachpersonal erhält dadurch Informationen über zu erwartende Beschäftigungsvorteile. Tage der offenen Tür mit Betriebsbesichtigungen, Präsenz des Unternehmens auf Fachmessen, Ausstellungen und Berufsinformationsveranstaltungen (z. B. Recruiting Days für Hotellerie, Gastronomie und Touristik der Yourcareergroup) verbunden mit dem Einsatz von Broschüren und Flyern sind weitere Möglichkeiten einer gezielten Informationsvermittlung.

Aber nicht zuletzt positiv eingestellte Mitarbeiter vor Ort zeugen von einem guten Betriebsklima und einem kooperative Miteinander und schaffen so ein gutes Bild in der Öffentlichkeit.

(Quelle: http://gast-star.de/)

Für die konkrete Personalanwerbung stehen dem Unternehmen verschiedene Instrumente zur Verfügung. Ihre Auswahl ist abhängig von der Bedeutung der zu besetzenden Stelle und ihren Anforderungen an die Bewerber, von der Arbeitsmarktsituation sowie von Zeit- und Kostenüberlegungen.

## Stellenanzeigen in Zeitungen und Fachzeitschriften

Stellenanzeigen in Zeitungen und Zeitschriften sind im Gastgewerbe immer noch weit verbreitet. Ihr Erfolg ist insbesondere abhängig von
- der Auswahl des geeigneten Anzeigenträgers (mögliche Kriterien: Druckauflage, verkaufte Auflage, Streubreite, Preise für Stellenanzeigen),
- der Festlegung des geeigneten Erscheinungstermins bzw. Erscheinungsrhythmus (mögliche Kriterien: Zeitpunkt der Einstellung, Zeitspanne für Personalauswahl, Erscheinungshäufigkeit der Zeitung bzw. der Zeitschrift),
- einer geeigneten Anzeigengestaltung (Layout).

Die Stellenanzeige muss den möglichen Bewerber nach dem AIDA-Prinzip erreichen und seine Aufmerksamkeit wecken, z. B. durch ansprechende Headline, Eyecatcher, Firmenlogo. Sie soll ihn über das Unternehmen und die offene Stelle informieren. Neben der Positionsbezeichnung und einer kurzen Stellenbeschreibung sind die sich daraus ergebenden Aufgaben und Anforderungen fachlicher und persönlicher Art darzustellen. Entlohnung und eventuell weitere Leistungen des Unternehmens, Eintrittsdatum und Ansprechpartner bzw. Kontaktadresse dürfen nicht fehlen.

| | |
|---|---|
| Wir sind … | → kurze Unternehmensdarstellung |
| Wir suchen … | → Stellen-/Positionsbezeichnung (evtl. mit Eintrittstermin) |
| Wir erwarten … | → Anforderungsprofil, erforderliche Qualifikationen |
| Wir bieten … | → Aussagen über Unternehmensleistungen |
| Wir bitten um … | → Art der Bewerbung/Kontaktmöglichkeit |

# FÜHRUNGSKRÄFTE (m/w) GESUCHT

Vapiano ist das erfolgreichste Konzept der Systemgastronomie der letzten Jahre und ist international in vielen Ländern tätig.

Unsere „fresh-casual" Restaurants sind geprägt vom italienischen Lifestyle und mediterranem Flair.

## VERRÜCKT NACH FRISCHE

Wir Vapianisti verbinden Spass bei der Arbeit mit ehrgeizigen Zielen, um die Marke Vapiano jeden Tag noch besser zu machen.

Wenn Du es gewohnt bist selbstständig und ergebnisorientiert zu arbeiten, dann bewirb Dich jetzt bei uns und starte deine Vapiano-Karriere.

**DEINE BEWERBUNG:**
VAPIANO · Herr Wentz · Ollenhauerstraße 1 · 53113 Bonn · t.wentz@vapiano.de

**BESUCHEN SIE UNS AUF DEN RECRUITING DAYS IN HAMBURG** | **WWW.VAPIANO.DE**

## Shift Manager und Assistant Manager (m/w)

Als Shift Manager oder Assistant Manager bei KFC unterstützen **Sie** den/die Restaurant General Manager/in bei der Führung der besten Restaurants in Deutschland. Sie erlernen alle Fähigkeiten zur Leitung eines Restaurants in der Systemgastronomie – von der Wirtschaftlichkeit, Warenbestellung, der optimale Personaleinsatzplanung und Mitarbeiter- motivation bis hin zur Sicherstellung der Einhaltung von Sicherheits- und Qualitätsstandards. Sie absolvieren ein fortlaufendes Training, um sich selbst und Ihre Fähigkeiten ständig weiter zu entwickeln.

Wir bieten **Ihnen** ein Arbeitsumfeld, in dem Professionalität, offene Kommunikation und Begeisterung für Menschen einen hohen Stellenwert einnehmen. Durch vielseitige Aufgaben und die Möglichkeit Ihre eigenen Ideen einzubringen, gestalten Sie aktiv Ihr Arbeitsumfeld mit.
Neben einem attraktiven Gehaltspaket bieten wir Ihnen zudem Weiterentwicklungs- möglichkeiten in einem expandierenden Unternehmen.

### Haben wir Ihre Neugier geweckt?
Dann sollten wir uns kennen lernen. Wir freuen uns auf Ihre ausführlichen und interessanten Bewerbungsunterlagen.
Bitte schicken Sie diese per Post oder per E-Mail (karriere@kfc-jobs.de) an die Personalabteilung:

**Kentucky Fried Chicken (Great Britain) Ltd. German Branch**
Margareta Badiane
Wanheimer Str. 49
40472 Düsseldorf

# 3 Personalbeschaffung

## Stellenanzeigen im Restaurant

Eine Sonderform in der Gastronomie ist die Stellenanzeige vor Ort im Store bzw. im Restaurant mittels Aushang, Translite, Tablettsets oder Handzettel. Diese Möglichkeiten sind jedoch nur für die Suche nach gering qualifizierten Mitarbeitern oder Auszubildenden geeignet. Ihr Vorteil liegt darin, dass die Gäste während ihres Restaurantbesuchs unmittelbar damit konfrontiert werden.

Wichtig ist, dass die Mitarbeiter im Gästebereich ausreichend über die Personalsuche informiert sind und angehalten werden, die Interessenten freundlich an den Ansprechpartner vor Ort (z. B. Restaurantleiter) weiterzuleiten.

(Quelle: http://gast-star.de/jobboerse_mit_traumjobangeboten.html)

## Stellenanzeigen im Internet (E-Recruiting)

In Konkurrenz zu den Stellenanzeigen in Zeitungen oder Fachzeitschriften tritt immer mehr die Personalsuche über das Internet. Dies geschieht über die Homepages der Unternehmen oder mittels sogenannter **Jobbörsen**.

Die entscheidenden Vorteile von Stellenangeboten auf der Homepage des Unternehmens sind vor allem geringere Kosten und eine bedeutende Zeitersparnis im Bewerbungsprozess. Auf der anderen Seite bedeutet die Pflege der Homepage durch einen Systemverwalter einen nicht zu unterschätzenden Aufwand. Die Stellenanzeige kann nun von Bewerbern gefunden werden, die sich bereits von sich aus aktiv für genau dieses Unternehmen interessieren. Die Homepage muss im Internet bequem und zielsicher aufzufinden sein. Mithilfe von interaktiven Tools soll eine Kontaktaufnahme durch den Interessenten benutzerfreundlich möglich sein. Die Aktualität der Angebote ist fortwährend zu überprüfen.

Jobbörsen im Internet sind Sammlungen von Stellenangeboten verschiedener Unternehmen. Sie können kostenfrei (z. B. Jobbörsen der Bundesagentur für Arbeit) oder kostenpflichtig sein. Es gibt Jobbörsen, die den gesamten Arbeitsmarkt (z. B. monster.de, jobScout24.de) abdecken und Angebote, die sich auf eine bestimmte Branche spezialisiert haben (z. B. ahgzjobs.de oder gastronomiecareer.de für die Gastronomie). Jobbörsen erfahren aufgrund ihrer Aktualität und ihres Angebotsumfangs eine zunehmende Akzeptanz.

## Bundesagentur für Arbeit

Unter **Arbeitsvermittlung** versteht man nach § 35 SGB III eine Tätigkeit, die darauf gerichtet ist, Ausbildungs- und Arbeitssuchende mit Arbeitgebern zur Gründung eines Arbeitsverhältnisses zusammenzuführen. Neben vielen weiteren Aufgaben, die im *Dritten Buch des Sozialgesetzbuches (SGB III)* festgelegt sind, ist die Bundesagentur für Arbeit vor allem für die Arbeitsvermittlung zuständig. Diese wird in der Regel durch die örtlichen Geschäftsstellen durchgeführt. Der Schwerpunkt der Vermittlung liegt hier bei einfachen und mittleren Qualifikationen. Bei verschiedenen Arbeitsagenturen gibt es spezielle Fachvermittlungen für das Hotel- und Gaststättengewerbe. Für Managementpositionen und die Auslandsvermittlung ist die Zentrale Auslands- und Fachvermittlung (ZAV) zuständig.

Die Vermittlung durch die örtlichen Arbeitsagenturen ist für das suchende Unternehmen kostenlos und relativ einfach. Entweder schriftlich oder – nach vorheriger Registrierung – mittels Internet erhält die Arbeitsagentur einen Vermittlungsauftrag, der eine kurze Beschreibung der zu besetzenden Stelle enthält. Der Arbeitsvermittler gleicht die Anforderungen der Stelle mit Qualifikationen der Arbeitsuchenden ab. Geeignete Personen werden dann zur Bewerbung aufgefordert.

### Private Arbeitsvermittlungen

Seit 1994 ist es auch privaten Arbeitsvermittlern erlaubt, auf dem Arbeitsmarkt tätig zu sein. Voraussetzung dafür ist die Anzeige beim Gewerbeamt (§ 14 GewO). Diese privaten Vermittler übernehmen stellvertretend die Aufgaben der Bundesagentur für Arbeit. Sie dürfen alle Arten von Stellen vermitteln. Zu beachten ist dabei, dass ein schriftlicher Vertrag zwischen Vermittler und Arbeitsuchendem abgeschlossen wird, in dem auch die Vergütung geregelt und begrenzt wird, falls ein Arbeitsvertrag zustande kommt.

### Personalberater

Neben den privaten Arbeitsvermittlern gibt es auch sogenannte Personalberatungsunternehmen. Diese Firmen bieten den vollen Service von der Personalanwerbung bis zur Endauswahl der Bewerber. Sie unterstützen die Unternehmen darüber hinaus auch bei den Vertragsverhandlungen mit den neuen Mitarbeitern, der Vertragsgestaltung bis hin zur Einarbeitungsphase. Da aber die Personalbeschaffung über die Personalberatungsfirmen sehr kostspielig ist, bleibt sie meist auf die Besetzung von Führungspositionen beschränkt.

### College-Recruiting

Insbesondere für das Beschaffen von Auszubildenden oder Nachwuchskräften bietet sich dieser Weg an. Das Unternehmen nutzt durch gezielte Kontaktpflege zu Schulen und Hochschulen die Möglichkeit, interessierte Bewerber frühzeitig auf sich aufmerksam zu machen. Hierzu gehören verschiedene Aktivitäten, z. B. Angebote von Praktika, Workshops sowie Studierenden anzubieten, die Bachelor-/Master-Thesis im Unternehmen zu schreiben.

### Empfehlungen

In der Gastronomie ist es verbreitet, neue Mitarbeiter über eigene Mitarbeiter zu suchen. Denn gerade über die eigenen Mitarbeiter findet man einen guten Zugang zur Zielgruppe. Die Mitarbeiter können sehr praxisnah über die Anforderungen und Aufgaben im Job berichten. Aber auch Empfehlungen von Gästen oder Geschäftspartnern sind immer ernst zu nehmen, und das Unternehmen sollte bemüht sein, den Kontakt herzustellen. Dennoch bleibt allein die Qualifikation der Bewerber entscheidend.

### Bewerberinitiativen

Eine weitere Möglichkeit ist die systematische Auswertung und Archivierung von **Blindbewerbungen** oder Stellengesuchen in Zeitungen und Fachzeitschriften. Bewerberinitiativen zeigen Interesse und Motivation des Bewerbers. Der Erfolg ist allerdings eher zufällig.

### Personalleasing bei Zeitarbeitsfirmen oder Personal-Service-Agenturen

Eine besondere Form der externen Personalbeschaffung ist die AN-Überlassung (auch Personalleasing genannt) über Zeitarbeitsfirmen oder Personal-Service-Agenturen der Bundesagentur für Arbeit. Insbesondere dann, wenn der Personalbedarf kurzfristig und zeitlich beschränkt ist, bietet sich dieser Beschaffungsweg an. Das Unternehmen „leiht" sich die notwendigen Mitarbeiter von der Zeitarbeitsfirma aus und zahlt dafür vereinbarte Stundensätze an die Agentur. Der Einsatz der Mitarbeiter/-innen wird über einen schriftlichen **Arbeitnehmerüberlassungsvertrag** geregelt. Der „entliehene" Mitarbeiter bleibt aber weiterhin Arbeitnehmer bei der Leasingfirma. Grundlage der gewerbsmäßigen Zeitarbeit ist das *Arbeitnehmerüberlassungsgesetz*.

Durch diese schnelle und flexible Personalbeschaffung hat das Unternehmen die Möglichkeit, seine Personalreserve zu minimieren. Arbeitgeberrisiken (z. B. krankheitsbedingte Ausfälle) trägt allein die Leasingfirma. Allerdings sind Zeitarbeitnehmer in der Regel teurer als eigene Arbeitnehmer und es ist schwerer, sie – nicht zuletzt auch aufgrund mangelnder Einarbeitungszeit – auf die Unternehmensstandards bzw. die Unternehmensphilosophie einzuschwören. Für den „entliehenen" Arbeitnehmer wiederum bietet sich die Möglichkeit, langfristig von dem Unternehmen, an das er „ausgeliehen" wird, fest übernommen zu werden.

Zu unterscheiden ist die Arbeitnehmerüberlassung, bei der die Arbeitskräfte beim „Verleiher" fest beschäftigt werden, von der bloßen Arbeitsvermittlung oder der Vermittlung von Werkvertragskräften.

**Vorteile einer externen Stellenbesetzung** sind u. a.:
▶ große Auswahlmöglichkeit,
▶ Einbringung neuer Ideen und Impulse von außen,
▶ keine „Betriebsblindheit" des Bewerbers,
▶ keine personellen Abhängigkeiten.

**Nachteile einer externen Stellenbesetzung** sind u. a.:
▶ höherer Zeitbedarf bei der Personalsuche,
▶ sofortige Verfügbarkeit des Bewerbers ist unwahrscheinlich,
▶ höhere Kosten bei der Personalsuche,
▶ längere Einarbeitungszeit,
▶ erhöhte Gefahr einer Fehlbesetzung,
▶ Demotivierung der eigenen Mitarbeiter und Beeinträchtigung des Betriebsklimas.

## 3.3.2 Personalauswahl

**Situation**

Auf eine vom Systemunternehmen geschaltete Stellenanzeige bewirbt sich eine Vielzahl von Interessenten. Nun müssen Sie die am besten geeigneten Bewerber heraussuchen.

# 3 Personalbeschaffung

Die Personalauswahl dient der Findung des geeigneten Bewerbers. Es gilt, den Bewerber herauszufiltern, der die Anforderungen der Stelle am besten erfüllt, aber auch aufgrund seiner Persönlichkeit und seines Sozialverhaltens am besten zum Unternehmen und zu den anderen Mitarbeitern passt.

Das Auswahlverfahren ist ein mehrstufiger Prozess, dessen Ablauf abhängig vom Unternehmen und von der zu besetzenden Stelle variiert.

**Mögliche Schritte des Auswahlverfahrens**

**Eingang der Bewerbungsunterlagen**
- Bestätigung an Bewerber
- Erfassen und Auswerten der Unterlagen

1. **Vorauswahl/Klassifizierung**
   - A-Kandidaten: geeignete Bewerber, erfüllen offensichtlich die gestellten Anforderungen
   - B-Kandidaten: bedingt geeignete Bewerber, auf die man eventuell in einer späteren Auswahlrunde zurückgreifen kann
   - C-Kandidaten: ungeeignete Bewerber
- Absageschreiben an ungeeignete Bewerber
- Dankesschreiben an B-Kandidaten über den Eingang der Bewerbung mit dem Hinweis, dass der Auswahlprozess noch einige Zeit in Anspruch nehmen wird
- Ankündigung eines Telefoninterviews für geeignete Bewerber
   - Telefoninterview
     – Auswertung der Telefoninterviews

2. **Vorauswahl**
- Absageschreiben an ungeeignete Bewerber
- Einladung ausgewählter Kandidaten zu Tests
   - Tests
     – Auswertung der Tests

3. **Vorauswahl**
- Absage an ungeeignete Bewerber
- Einladung zum Vorstellungsgespräch
   - Vorstellungsgespräche (evtl. mit Betriebsrundgang)
     – Auswertung der Gespräche

**Auswahl**
- Information des Betriebsrats
- Absageschreiben an ungeeignete Bewerber
- Zusageschreiben an ausgewählten Bewerber
- Ausstellung des Arbeitsvertrags
- Einholen der Arbeitsvertragsunterschrift
- Anlegen der Personalstammdaten

**Antritt der Arbeitsstelle**

Bei internen Bewerbern kann man sich bei der Auswahl auf die Erfahrungen stützen, die man mit den Bewerbern bislang schon gemacht hat, oder auf Informationen aus den Personalunterlagen (z. B. zurückliegende Beurteilungen, Teilnahmebestätigungen über Weiterbildungsmaßnahmen) zurückgreifen. Bei externen Bewerbern dagegen benötigt man geeignete Auswahlmethoden, die eine Entscheidung weitgehend begründen.

In der Praxis werden hauptsächlich folgende Instrumente eingesetzt:

**1. Bewerbungsunterlagen**
Zu einer vollständigen Bewerbungsmappe gehören:
- ein informatives, individuell verfasstes Bewerbungsanschreiben,
- ein vollständiger Lebenslauf, der die private wie berufliche Entwicklung des Bewerbers widerspiegelt,
- ein angemessenes Lichtbild,
- Kopien aller Schul-, Ausbildungs- und Arbeitszeugnisse,
- Referenzen.

Durch die Analyse und Auswertung der Bewerbungsunterlagen erhält man einen ersten Eindruck von dem Bewerber. Folgende Punkte sind hierbei zu berücksichtigen:
- Formalien: Aufmachung, Form, Vollständigkeit, Sauberkeit der Bewerbungsmappe
- Analyse des Bewerbungsschreibens auf
   - Persönlichkeitsmerkmale und Persönlichkeitsstrukturen durch Schreibstil, gedankliche Ordnung, Klarheit des Ausdrucks
   - Inhalt, wie Begründung der Bewerbung, Hinweise auf Qualifikation und besondere Kenntnisse, momentane Tätigkeit des Bewerbers, frühester Einstellungstermin und evtl. Gehaltsvorstellungen
- Analyse des Lebenslaufs auf
   - Zeitenfolge: schulische und berufliche Ausbildung, Dauer und Abfolge der Beschäftigungen, Häufigkeit des Arbeitsplatzwechsels, zeitliche Lücken
   - Positionen: Kontinuität der Weiterentwicklung in Bezug auf Stelle und Position, Aufgabengebiete, Größe der Unternehmen, Arbeitsplatzwechsel, Branchenwechsel
   - Weiterbildung: Art der Weiterbildung, erworbene Qualifikation
- Analyse des Lichtbildes auf Professionalität, gepflegtes Äußeres, Kleidung, ersten Eindruck
- Analyse der Zeugnisse
   - Schulzeugnisse: Noten, zusätzliche Qualifikationen
   - Arbeitszeugnisse: Dauer der Beschäftigung, Beurteilung von Leistung, Führung und Verhalten, Austrittsgründe, Zeugnissprache
- Analyse von Referenzen/Empfehlungen, Aussagen über Vertrauensverhältnisse und Zuverlässigkeit

Den Bewerbern wird oft zusätzlich ein Personalfragebogen ausgehändigt. Dieser enthält in der Regel allgemeine Fragen zum/zur Bewerber/-in, zu seinem beruflichen Werdegang und zu seinen Qualifikationen. So erhält man von jedem Bewerber die gleichen Basisinformationen. Die komprimierte Darstellung der Daten erleichtert die Vergleichbarkeit der

Bewerbungen. Der Einsatz und die Ausgestaltung eines Personalfragebogens bedürfen der Zustimmung des Betriebsrats. Zudem ist zu beachten, dass der Bewerber rechtlich nicht zulässige Fragen nicht bzw. nicht wahrheitsgemäß beantworten muss.

## 2. Telefoninterview

Häufig wird mit den Bewerbern nach Eingang ihrer Bewerbung ein Telefoninterview vereinbart. Hierdurch sollen die für das Unternehmen interessanten Bewerber herausgefiltert werden. Dies spart dem Unternehmen Zeit und Geld.

| Mögliche Inhalte des Telefongesprächs | Typische Beurteilungsmerkmale |
|---|---|
| ▶ Vorstellung des Unternehmens | ▶ Sprachstil, Ausdrucksverhalten |
| ▶ Erhebung der persönlichen Daten des Bewerbers | ▶ Kommunikationsfähigkeit, Strukturierung der Antworten |
| ▶ Fragen zur Motivation des Bewerbers | ▶ Stimme, Stimmmodulation |
| ▶ Ermittlung der Kernkompetenzen des Bewerbers | ▶ Flexibilität des Bewerbers |
| ▶ Fragen zu Unklarheiten und Lücken im Lebenslauf | ▶ Interesse und Engagement des Bewerbers |
| | ▶ Kooperation des Bewerbers mit Interviewer |

## 3. Testverfahren

Tests sollen helfen, die Leistungsfähigkeit der Bewerber besser einzuschätzen. Dabei werden Merkmale untersucht, die sich weder aus den Unterlagen ableiten noch in Gesprächen sicher feststellen lassen. Auch der Einsatz von Tests unterliegt der Zustimmung des Betriebsrats *(§ 94 BetrVG)*.

**Folgende Testverfahren werden angewendet:**

**Intelligenz- und Leistungstests**
Hier werden verschiedene Faktoren, z. B. Allgemeinbildung, Zahlenverständnis, Wortschatz, aber auch Konzentrations-, Kombinations- und Denkvermögen untersucht. Andere Testgegenstände sind Geschicklichkeit und Reaktionsgeschwindigkeit.

**Arbeitsproben/Praxistest**
Gerade in der Gastronomie werden als Grundlage für die Personalauswahl häufig Praxistests eingesetzt. Hier müssen die Bewerber während einer bestimmten Zeit unter Beobachtung ihre praktischen Fertigkeiten unter Beweis stellen.

**Persönlichkeitstests**
Hier wird ein Persönlichkeitsprofil des Bewerbers anhand seiner Interessen, Werte und Motive erstellt. Der Bewerber hat eine große Anzahl von Fragen zu beantworten, die Aussagen über bestimmte persönliche Eigenschaften zulassen, z. B. Führungsverhalten, Selbständigkeit, Verhalten im Team, Ausdauer, Durchsetzungsvermögen.

## 4. Assessment-Center (AC)

Das AC ist ein differenziertes Auswahlverfahren, bei dem meist mehrere Bewerber gemeinsam über einen Zeitraum von ein bis drei Tagen analysiert werden. Ziel ist es, ihre Verhaltensweisen (Gruppen- und Sozialverhalten) festzustellen und eine möglichst objektive Vorhersage über die Eignung der Kandidaten in Bezug auf ihr zukünftiges Arbeitsverhalten zu treffen. Dazu werden die Bewerber mit verschiedenen Aufgaben aus der Arbeitsrealität konfrontiert. Sie bearbeiten diese Aufgaben teilweise allein, teilweise in Gruppen, und stehen dabei unter ständiger Beobachtung und Bewertung von meist mehreren erfahrenen Beobachtern (i. d. R. von besonders geschulten Mitarbeitern, Vertretern der Personalabteilung und manchmal auch externen Beratern/Moderatoren).

Bei den Aufgaben lassen sich vier Hauptgruppen unterscheiden:

▶ Einzelkämpferaufgabe
z. B. Postkorbübung, Fallstudien

▶ Jeder gegen jeden
z. B. Gruppendiskussionen mit oder ohne Rollenverteilung

▶ Einer gegen die anderen
z. B. Rollenspiele

▶ Einer gegen alle
z. B. Präsentationen

Die Aufgaben orientieren sich an dem Anforderungsprofil der Stelle und an praxisnahen Situationen. Dabei macht die Methodenvielfalt und die Mehrfachbeurteilung durch verschiedene Beobachter eine höhere Objektivität in der Beurteilung wahrscheinlich. Auch Verhaltensorientierung und Anforderungsbezogenheit kennzeichnen die ACTs.

Die Beobachter sind trainiert, die Beobachtung erfolgt über einen längeren Zeitraum und Beobachtung und Bewertung sind voneinander getrennt. Dies hilft, Fehleinschätzungen zu minimieren, um so den am besten geeigneten Bewerber auszuwählen.
Die Ergebnisse werden mit den Bewerbern besprochen.
Assessment-Center sind zeit- und kostenaufwendig. Allerdings erfassen sie weitgehend die Gesamtpersönlichkeit des Bewerbers.

# 3 Personalbeschaffung

| Vorbereitung | Durchführung | Abschluss und Feedback |
|---|---|---|
| 1. Auswahl der Beobacher | 6. Empfang der Teilnehmer | 10. Auswertung der Ergebnisse |
| 2. Festlegen der Ziele | 7. Information der Teilnehmer über Ablauf | 11. Abstimmung/ Auswahl |
| 3. Definition des Anforderungsprofils | 8. Bearbeiten der Übungen durch die Teilnehmer | 12. Anfertigung von Gutachten |
| 4. Zusammenstellung der Übungen | 9. Beobachten der Teilnehmer | 13. Information der Teilnehmer über Ergebnisse |
| 5. Training der Beobachter | | |

Selbsteinschätzung (z. B. in Bezug auf seine Stärken und Schwächen) zu erfahren. Daneben sollen Informationen über das Unternehmen, die Stelle und die mit ihr verbundenen Anforderungen vermittelt bzw. konkretisiert werden. Aber auch Sachfragen, wie Gehaltsvorstellungen, Eintrittstermin oder zusätzliche Leistungen, sind anzusprechen.

Jedes Vorstellungsgespräch ist organisatorisch, zeitlich und inhaltlich gut vorzubereiten. In diesem Zusammenhang ist festzulegen, wer von dem Unternehmen an dem Gespräch mit welcher Entscheidungsbefugnis teilnimmt. Dabei sind die gesetzlichen Vorgaben zu beachten.

Vorstellungsgespräche gliedern sich meist in folgende Phasen:

## 5. Vorstellungsgespräch

Das Vorstellungsgespräch mit dem Bewerber steht auch heute noch im Mittelpunkt jeder Personalauswahl. Es werden alle Bewerber eingeladen, die aufgrund einer Vorauswahl für die Stelle geeignet erscheinen.

Man unterscheidet
- freie,
- strukturierte und
- standardisierte Interviews.

Bei den **freien** Interviews entwickelt sich der Gesprächsverlauf nach einem geplanten Einstieg flexibel weiter. Sie sind in der Auswertung sehr aufwendig und erfordern geschulte Interviewer.

Bei den **strukturierten** Interviews wird im Vorfeld ein Leitfaden mit allen Kernthemen entwickelt. Innerhalb dieser Themen kann der Interviewer das Gespräch flexibel führen und somit individuell auf jeden Bewerber eingehen.

**Standardisierte** Interviews erfolgen anhand von Fragebögen mit konkreten nacheinander abzuarbeitenden Einzelfragen. Sie sind allerdings starr und unflexibel und daher nur bedingt aussagekräftig.

Ziel eines jeden Vorstellungsgesprächs ist es, den Bewerber persönlich kennenzulernen und auf diese Art Eindrücke von ihm zu sammeln (Wie ist sein äußerer Eindruck, sein Auftreten, sein sprachliches Vermögen …?). Es gilt, das Interesse des Bewerbers an der Stelle, seine Motive und Zielsetzungen herauszufinden und gleichzeitig etwas über seine

| Phase | Inhalt | Beobachtungen/ Kriterien |
|---|---|---|
| Begrüßung | Gegenseitige Vorstellung, kurzer Smalltalk | Erster Eindruck (Blickkontakt, Händedruck) |
| Einstieg (entspannte Atmosphäre) | Persönliche Situation des Bewerbers Herkunft, Elternhaus, Familie, Besondere Vorfälle | Ausdrucksverhalten Kleidung |
| Prüfung fachlicher und persönlicher Kompetenz | Bewerber erzählt seinen Lebenslauf | Ausdrucksverhalten Blickkontakt Leistungsverhalten Sozialverhalten Selbsteinschätzung Motivation |
| Darstellung des Unternehmens und der Position | Interviewer erzählt | Hört der Bewerber aktiv zu? Fragt er nach? Hat er Kenntnis/ Informationen über das Unternehmen? Ausdrucksverhalten |
| Fragen des Bewerbers | Z. B. Aufgabengebiet, Position, Unternehmen | Welche Fragen stellt der Bewerber? Wie ist sein Interesse? |
| Konditionen | Gehalt, Eintrittstermin | Passen beiderseitige Vorstellungen zusammen? |
| Abschluss | Weitere Vorgehensweise, Verabschiedung | Beurteilung des Gesamteindrucks, Händedruck usw. |

Sinnvoll ist nach Abschluss des Gespräches ein Rundgang durch das Unternehmen mit Besichtigung des neuen Arbeitsplatzes.

### Fragerecht beim Einstellungsgespräch

Grundsätzlich gilt, dass der Arbeitgeber alle Fragen stellen darf, die für die Durchführung des Arbeitsverhältnisses und für das Erbringen der Leistung durch den Bewerber von Bedeutung sind. Das betrifft auch persönliche Eigenschaften. Allerdings müssen die Fragen einen Zusammenhang zur angebotenen Stelle erkennen lassen und sie dürfen die Persönlichkeitsrechte des Bewerbers nicht verletzen.

Fragen, die nichts mit der Tätigkeit zu tun haben, sind grundsätzlich unzulässig. Diese Fragen muss der Bewerber nicht beantworten. Damit sich aus einer eventuellen Weigerung für ihn kein Nachteil ergibt, kann er sie auch ohne rechtliche Konsequenzen falsch beantworten. Im Einzelfall kann es schwierig sein zu klären, welche Fragen wirklich unzulässig sind. Allerdings berücksichtigen die Gerichte beim Fragerecht des Arbeitgebers immer auch die Interessen des Bewerbers.

Folgende Fragen sind nach allgemeiner Auffassung unzulässig:
▶ Bisheriger Verdienst
▶ Schwangerschaft
▶ Heiratsabsichten und Kinderwunsch
▶ Sexuelle Orientierung
▶ Familienverhältnisse
▶ Religions-, Partei- und Gewerkschaftszugehörigkeit
▶ Abgeleisteter Wehr- bzw. Zivildienst

Daneben gibt es viele Fragen, die nur dann zulässig sind, wenn sie direkt mit der Tätigkeit in Zusammenhang stehen. Dazu gehören z. B. Fragen nach Schulden und Vermögensverhältnissen, Vorstrafen und Krankheiten. So ist etwa die Frage nach einer HIV-Infektion im Regelfall unzulässig. Geht es allerdings um eine Tätigkeit mit Infektionsgefahr, so ist diese Frage gestattet.

### 6. Medizinische Untersuchung

Die medizinische Untersuchung soll aufzeigen, ob der Bewerber den physischen Ansprüchen seiner zukünftigen Tätigkeit auch gewachsen ist. Verpflichtend ist eine Erstuntersuchung für Jugendliche unter 18 Jahren, die in das Berufsleben eintreten *(§ 32 Jugendarbeitsschutzgesetz)*. In der Regel steht die medizinische Untersuchung am Ende des Auswahlprozesses.

## Aufgaben

1. Stellen Sie möglichst konkret an einem von Ihnen gewählten Beispiel dar, inwieweit die Personalplanung von anderen betrieblichen Einflussgrößen abhängt.
2. Warum ist es in einem System mit mehreren Filialen in der Regel sinnvoll, die Personalplanung und Einstellung dezentral in den Filialen durchzuführen?
3. Beschreiben Sie stichpunktartig das Vorgehen, um den Nettopersonalbedarf für einen bestimmten zukünftigen Zeitpunkt zu bestimmen. Welche Schwierigkeiten ergeben sich in der Realität?
4. Welche Probleme ergeben sich, wenn Sie Ihren Personalbedarf langfristig stets intern ohne Personalbewegung decken wollen?
5. Erläutern Sie drei externe Beschaffungsmöglichkeiten Ihrer Wahl. Stellen Sie jeweils konkret die Vor- und Nachteile gegenüber!
6. Auf die von Ihnen geschaltete Stellenanzeige bewerben sich viele Interessenten. Einige von ihnen laden Sie nach Durchsicht der Bewerberunterlagen zu einem Vorstellungsgespräch ein.
   a) Erstellen Sie eine kurze Checkliste zur Vorbereitung auf das Bewerbungsgespräch (für die Dinge, die im Vorfeld zu erledigen sind).
   b) Welche Punkte sind während des Vorstellungsgesprächs mit den Bewerbern zu klären?
   c) Nennen Sie Kriterien, mit deren Hilfe Sie eine Entscheidung zur Einstellung treffen.
7. Die Unternehmensleitung hat entschieden, den Posten des Restaurantleiters aufgrund der Ergebnisse eines ACs zu vergeben.
   a) Halten Sie diese Entscheidung für gerechtfertigt?
   b) Stellen Sie Vor- und Nachteile der ACTs gegenüber.

## Infobox Sprache

### Personalplanung und -beschaffung

| Deutsch | Englisch |
|---|---|
| Anforderungsprofil | job specification |
| Anschreiben | letter, correspondence |
| Bewerbung | application |
| Bewerbungsgespräch | (job) interview |
| Einsatzbedarf | assignment needs |
| Führungsaufgabe | executive duty, ~ function |
| Führungskompetenz | leadership competence |
| Lebenslauf | curriculum vitae |
| Leistungsbeurteilung | performance review |
| Lichtbild | passport photograph |
| Personalabgang | employee/staff departure |
| Personalauswahl | employee/staff selection |
| Personalbedarf | staff requirement |
| Personalbedarfsplanung | human resources planning |
| Personalberater | personnel consultant |
| Personalbeschaffung | personnel/staff recruitment |
| Personalführung | personnel/human resources management |
| Personalplanung | human resources planning |
| Personalwesen | human resources management |
| Reservebedarf | reserve manpower requirement |
| Stellenanzeige | job advertisement |
| Stellenbeschreibung | job description |
| Vorstellunggespräch | interview |
| Zeugnisse | references |

## Übergreifende Aufgaben

1. a) Erkundigen Sie sich, wie bei Ihnen im Unternehmen der Personalbedarf ermittelt wird.
   b) Welche internen und externen Beschaffungswege sind bei Ihnen üblich?

2. Erstellen Sie anhand einer Stellenbeschreibung aus Ihrem Unternehmen ein Anforderungsprofil.

3. Sammeln Sie Stellenanzeigen aus Zeitungen bzw. Zeitschriften. Beurteilen Sie deren Gestaltung und Aufmachung.

4. Voraussetzung für eine erfolgreiche Personalbeschaffung auf dem externen Arbeitsmarkt ist eine gezielte Öffentlichkeitsarbeit. Sammeln Sie hierfür aus Zeitungen/Zeitschriften und Internet Materialien. Bewerten Sie diese.

5. Erkundigen Sie sich nach Preisen für eine Stellenanzeige in einer Tageszeitung bzw. Fachzeitschrift.

6. Sie sind Mitarbeiter in einem Full-Service-Betrieb der Systemgastronomie und arbeiten in der Personalabteilung mit. Aufgrund interner Umstrukturierungen suchen Sie baldmöglichst
   – einen stellvertretenden Betriebsleiter,
   – einen Koch,
   – zwei Spüler.
   a) Beschreiben Sie Ihre Vorgehensweise bei der Personalsuche. Welche Möglichkeiten haben Sie, Personal anzuwerben. Unterscheiden Sie zwischen internen und externen Anwerbequellen.
   b) Welche Eigenschaften sind Ihnen hinsichtlich der Personalauswahl jeweils wichtig?
   c) Formulieren Sie eine Stellenanzeige für die Stelle des Kochs.

7. In Ihrem Unternehmen ist eine Stelle als stellvertretender Betriebsleiter frei. Sie sind für die Personalauswahl verantwortlich.
   a) Wie gehen Sie vor?
   b) Zur besseren Vergleichbarkeit der Bewerbungen sollen Sie einen Bewerbungsbogen praxisgerecht entwerfen.
   c) Führen Sie ein konkretes Vorstellungsgespräch mit einem Mitschüler.
   d) Halten Sie die wichtigsten Ergebnisse des Vorstellungsgesprächs übersichtlich fest.

1. Besuchen Sie im Internet die Seiten von Jobbörsen.
   a) Wie sind diese aufgebaut?
   b) Welche Angebote finden Sie hier?
   c) Unter welchen Voraussetzungen können Sie diese nutzen?

2. Finden Sie im Internet heraus, wie hoch die Vergütung einschließlich Umsatzsteuer bei privaten Arbeitsvermittlern sein darf und ob Vorschüsse zulässig sind.

1. Ihr Restaurant wird erweitert und Sie bekommen die Aufgabe, den Bruttopersonalbedarf dafür zu berechnen. Ihr Restaurant ist an 365 Tagen im Jahr geöffnet. Der neue Bereich hat einen durchschnittlichen Nettopersonalbedarf von 5 Mitarbeitern. Die Mitarbeiter haben eine 5-Tage-Woche, 28 Arbeitstage Jahresurlaub und 7 Feiertage. Der durchschnittliche jährliche Krankenstand beträgt 8 Tage pro Mitarbeiter.
   Wie hoch ist der Bruttopersonalbedarf?

# 4 Personalführung, -entwicklung und Leistungsbeurteilung

## 4.1 Personalführung

**Situation**

Menschen sind eckig und kantig, und keine Organisation kann so gut sein, dass nicht Konflikte entstünden, genau so wenig, wie man einen Motor so konstruieren kann, dass es keine Reibung gibt. (Quelle: Manager-Magazin)

Qualifizierte und verantwortungsbewusste Mitarbeiter sind die Voraussetzung, damit ein Unternehmen langfristig auf dem Markt bestehen kann. Dies gilt insbesondere im **Dienstleistungsgewerbe Gastronomie**. Erscheinung und Verhalten der Mitarbeiter, ihr Umgang mit Gästen und untereinander prägen das Bild eines Betriebes. Der erfolgreiche Gästekontakt macht einen erheblichen Anteil am Erfolg des Unternehmens aus.

Gastgewerbliche Unternehmen sind auf der anderen Seite aber auch hierarchisch strukturierte Organisationen, in denen Menschen Macht und Herrschaft über andere, ihnen beruflich unterstellte Personen, ausüben. Hier kommen Mitarbeiter und Mitarbeiterinnen unterschiedlichen Alters, verschiedener sozialer und kultureller Herkunft, mit unterschiedlichen Fähigkeiten und Interessen zusammen. Deren Miteinander gilt es im Sinne des Unternehmens zu steuern und zu koordinieren.

**Personalführung ist die zielgerichtete Beeinflussung von Mitarbeitern durch ihre Vorgesetzten.**

Es gilt, die Mitarbeiter zu motivieren, ihre Leistung zu erbringen und so zum Unternehmensziel beizutragen (**sachbezogene Aufgabe**). Aber die Mitarbeiter haben auch eigene Wünsche, Bedürfnisse und Ziele. Insofern sollte sich die moderne Führungskraft nicht nur an dem Sachziel orientieren, sondern auch dafür sorgen, dass die Mitarbeiter ihre persönlichen Ziele erreichen können und zufrieden sind (**personenbezogene Aufgabe**). Dies kann – gerade im Gastgewerbe – nicht immer ohne Reibungsverluste geschehen.

**Personalführung** versteht sich somit als ein **komplexer Prozess**, der von mehreren sich gegenseitig beeinflussenden **Faktoren** geprägt wird:

▶ Persönlichkeit des Führenden
▶ Persönlichkeitsmerkmale des Geführten
▶ Struktur des Unternehmens
▶ Betriebliche Ziele
▶ Sonstige externe und interne Rahmenbedingungen

Während früher der Chef eines Unternehmens oft allein entscheidend handelte, findet Personalführung heute unter Einbeziehung der Mitarbeiter statt. Die Arbeitnehmer haben ein höheres und kritischeres Selbstbewusstsein entwickelt. Sie sind gut ausgebildet und haben teilweise hohe Qualifikationen erworben. Durch voranschreitende Spezialisierung haben sie teilweise sogar Informationsvorsprünge gegenüber ihrem Vorgesetzten. Sie streben in ihrer Arbeit nach Selbstverwirklichung und wollen Verantwortung übernehmen. Moderne Führung ist daher ein wechselseitiger Prozess zwischen Führendem und Geführten auf der Basis von gegenseitigem Vertrauen. Die **Führungskraft** ist nicht mehr allein Vorgesetzter, sondern unterstützt und fördert ihre Mitarbeiter individuell. Jeder Mitarbeiter erhält im idealen Fall die seiner persönlichen Situation, seinen fachlichen und sozialen Fähigkeiten entsprechende Führung.

In systemgastronomischen Unternehmen erfolgt die Personalführung entweder durch den Unternehmer/Eigentümer (z. B. Franchisenehmer), durch bestimmte Führungskräfte (z. B. Filialleiter, Geschäftsführer, Personalmanager) oder auch durch sonstige Vorgesetzte (z. B. Schichtleiter, Stationsverantwortliche), sofern sie Weisungsbefugnis haben (vgl. hierzu: Dettmer/Hausmann [Hrsg.]: Organisations-/Personalmanagement und Arbeitsrecht in Hotellerie und Gastronomie, 2008).

### 4.1.1 Führungskompetenzen

**Beispiel**

Als Franchisenehmer eines Systemunternehmens planen Sie, demnächst eine Filiale zu eröffnen. Für diese suchen Sie eine Führungskraft, die in der Lage ist, dort Ihre Vertretung wahrzunehmen und auch das Personal motivierend und zielgerichtet zu führen.

Führen ist keine Eigenschaft, die man hat oder nicht hat. Führen muss und kann erlernt werden. Führungskräfte sollten über folgende Kompetenzen verfügen:

#### Fachkompetenz

Unter Fachkompetenz versteht man die Fähigkeit, mithilfe seiner fachspezifischen Kenntnisse Aufgaben und Problemstellungen selbstständig, fachlich sinnvoll und richtig sowie methodengerecht zu bearbeiten und das Ergebnis fachlich zu beurteilen.

#### Methodenkompetenz

Methodenkompetenz beschreibt die Fähigkeit, Aufgaben und Problemstellungen unter Einsatz der geeigneten Methoden und Techniken zielgerichtet anzugehen und zu bearbeiten.

#### Soziale Kompetenz

Soziale Kompetenz ist die Fähigkeit, sich mit anderen Menschen rational und verantwortungsbewusst auseinanderzusetzen und zu verständigen.

#### Selbstkompetenz/Humankompetenz

Diese bezeichnet die Fähigkeit, sich als Individuum wahrzunehmen, seine Herausforderungen und Entwicklungschancen, aber auch seine Grenzen im Beruf, wie im privaten und öffentlichen Leben zu durchdenken, zu beurteilen und zu nutzen.

### 4.1.2 Führungsaufgaben

Legt man für die Personalführung den von der deutschen Managementgesellschaft entwickelten „**Managementkreis**" zugrunde, ergeben sich in den einzelnen Phasen für die Führungskraft unterschiedliche Aufgaben bzw. Tätigkeiten:

**Ziele vereinbaren oder setzen**
Hier gilt es festzulegen, welche Ziele bis zu welchem Zeitpunkt erreicht sein sollen. Diese sollen möglichst konkret, realistisch und positiv formuliert werden.

**Planen**
Planen heißt, das zukünftige Handeln zu durchdenken. Auf welchen möglichen Wegen, mit welchem Aufwand und mit welchen Teilschritten kann bzw. soll das vorgegebene Ziel erreicht werden?

**Entscheiden**
Entscheiden heißt, sich festzulegen. Es wird einer der möglichen Wege zur Zielerreichung ausgewählt. Die alternativen Möglichkeiten werden verworfen.

**Realisieren**
Hier gilt es, die Entscheidungen umzusetzen. Aufgaben werden delegiert, Aufträge werden erteilt.

**Kontrollieren**
Kontrollieren heißt, zu überprüfen, ob die Vorgaben eingehalten werden.

**Kommunizieren**
Kommunikation beschreibt die Fähigkeit, miteinander in Kontakt zu treten. Dabei ist Kommunikation mehr als miteinander sprechen. Kommunizieren heißt miteinander interagieren. Neben dem Inhaltsaspekt (Sachebene) hat jede Kommunikation auch einen Beziehungsaspekt (Beziehungsebene).

# 3 Führungskonzeptionen

### Aufgaben

1. Was versteht man unter Personalführung? Erläutern Sie diesen Begriff.
2. Führen Sie konkrete Beispiele aus Ihrem beruflichen Alltag an, wo Personalführung sichtbar wird.
3. Welche Fähigkeiten sollte eine gute Führungskraft Ihrer Meinung nach mitbringen?
4. Erläutern Sie konkrete Beispiele, wo die Wünsche und Bedürfnisse der Mitarbeiter/innen eventuell nur unter Reibungsverlusten mit den Unternehmenszielen in Einklang zu bringen sind.
5. Was verstehen Sie unter dem Begriff „Kompetenz". Arbeiten Sie die Begriffe Fachkompetenz, Methodenkompetenz und soziale Kompetenz an konkreten Beispielen heraus und zwar bezogen auf Ihren beruflichen Alltag.
6. Erläutern Sie an einem konkreten Beispiel die einzelnen Phasen und die sich daraus ergebenden Aufgaben des Managementkreises.
7. Im beruflichen wie auch im privaten Alltag treten häufig Kommunikationsstörungen auf.
   a) Nennen Sie Beispiele und versuchen Sie zu erklären, warum diese Störungen auftreten.
   b) Wie könnte man sie vermeiden?

## 4.2 Führungskonzeptionen

### Situation

Sie hören zwei Kollegen zu, wie sie über die Qualifikation der Trainer ihres jeweiligen Fan- bzw. Fußball-Clubs streiten. Im Verlauf des Gesprächs erfahren Sie, dass einer dieser Trainer es geschafft hat, die Mannschaft innerhalb einer Saison vom Abstiegsplatz ins obere Drittel der Tabelle zu führen. Der Streit entbrannte über die Methoden dieses Trainers. Einer der Kollegen ist der Meinung, nur der Erfolg entscheidet und sonst nichts. Der andere Kollege erinnert an die Fußball-Weltmeisterschaft. „Und wie war das mit dem Nationaltrainer Klinsmann? Vor dem Turnier glaubte kaum jemand an ihn und seine Mannschaft. Allerdings während des Turniers wurden die meisten Fans vom Geist der Mannschaft und ihrer Leistung positiv überrascht und eingenommen."
Sie werden nachdenklich und überlegen, inwieweit das Führungsverhalten von Vorgesetzten sich auf das betriebswirtschaftliche Ergebnis eines Betriebes auswirkt.

Aufgabe des Managements ist es, im Rahmen der jeweiligen Verantwortung die betrieblichen Ziele des Unternehmens unter Berücksichtigung der betrieblichen Ressourcen zu erreichen.

Hierzu stehen dem Manager in der Gastronomie z. B. Gewerbeflächen (Gastraum, Küche, Lager usw.), Einrichtung, Ausstattung, Sach- und Geldmittel sowie Unternehmens-Know-how zur Verfügung. Im Franchise-System ist das Know-how wesentlicher Bestandteil des Systemgeber-Pakets. Hierfür zahlt der Franchisenehmer eine Einstiegsgebühr und laufende Systemgebühren, ein Know-how, das gemeinsam vom Unternehmensgründer und Mitarbeitern im Laufe der Zeit erworben wurde[1]. An diesem Beispiel kann man erkennen, wie wichtig und wertvoll die Leistung der Mitarbeiter einzuschätzen ist. So spricht man in der betriebswirtschaftlichen Fachliteratur vom **Humankapital** (engl. Human Capital) eines Unternehmens.[2]

Im Dienstleistungsgewerbe wird der hohe Stellenwert des Mitarbeiterpotenzials besonders deutlich. Die Mitarbeiterführung ist somit eine wesentliche – wenn nicht gar die wichtigste - Managementaufgabe.

### 4.2.1 Führungsprozess

Der klassische Führungsprozess umfasst die Phasen:
▶ Ziele setzen
▶ Planen
▶ Realisieren
▶ Kontrollieren

(Vgl. auch Kap. 3.1.2 „Managementkreis". Der Managementkreis bezieht den wichtigen Aspekt der Kommunikation mit ein ebenso wie Ziele der Weiterentwicklungen.)

### Zielsetzung

Am Anfang des Führungsprozesses steht die Zielsetzung. Von den wirtschaftlichen Zielen eines Unternehmens, wie Umsatz- oder Ertragsziele, werden die Ziele für die einzelnen Stelleninhaber abgeleitet. Die Ziele müssen eindeutig definiert werden: „**Was** ist **wie** und **bis wann** zu erreichen?" Beispiel: Der Gesamtumsatz ist bis zum Jahresende um 3 % bei gleicher Kalkulation zu steigern.

**Ziele** lassen sich nach vielfältigen Kriterien **unterscheiden**:
▶ langfristige Ziele (Marktführerschaft)
▶ kurzfristige Ziele (Sparten-Umsatzanteil des Aktionsartikels im Monat Mai von 10 %)
▶ quantitative Ziele (Food-Umsatzsteigerung um 2 % im 1. Quartal)
▶ qualitative Ziele (Gästezufriedenheitsgrad von >95 % )
▶ externe Ziele (alle Auszubildenden erreichen ein Prüfungsergebnis von mindestens „befriedigend"
▶ interne Ziele (Ergebnis-Ranking unter den fünf besten Filialen des Unternehmens)

---
[1] „Best practise prinzip"
[2] Def. lt. Brockhaus „... die Gesamtheit der i. d. R. wirtschaftlich verwertbaren Fähigkeiten, Kenntnisse und Verhaltensweisen von Personen oder Personengruppen (e. e. s. von Erwerbspersonen)", Brockhaus Enzyklopädie 2008, Band 10, S. 297

# 3 Führungskonzeptionen

- wirtschaftliche Ziele (Umsatz-, Kosten-, Ertragsergebnis-Vorgaben)
- soziale Ziele (Übernahme aller qualifizierten Auszubildenden in ein unbefristetes Arbeitsverhältnis)

Ziele müssen klar, eindeutig, messbar und kontrollierbar sein.

## Planung

Um die Ziele erreichen zu können, bedarf es eines planvollen Handelns.

**Beispiel**

Vergleichen wir dieses mit einer Urlaubsplanung der Familie. Nach Abstimmung aller Einzelinteressen wird eine Ski-Safari in den Dolomiten vereinbart. Um der Realisierung einen Schritt näherzukommen, muss die Familie planen:
- Welches Budget steht zur Verfügung?
- Haben alle Familienmitglieder Sportgeräte und Sportbekleidung?
- Welche Urlaubsorte und Beherbergungsmöglichkeiten sollen angeschrieben werden?
- Wann sind Ferien?
- Wie soll die Anreise erfolgen?
- Wie viele Tage stehen zur Verfügung usw.?

Ferner müssen Alternativen geplant werden, wenn z. B. das Budget für das Wunschhotel nicht reicht.

Analog zu diesem privaten Beispiel sind die betrieblichen Ziele zu realisieren bzw. zu planen.

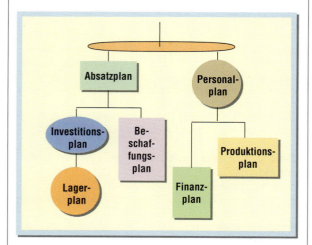

Im Mobile werden wesentliche Einzelpläne dargestellt, die bei der Realisierung der Ziele zu berücksichtigen sind. Neben der Einzelplanung müssen die Abhängigkeiten der einzelnen Bereiche bedacht werden, z. B. welche Auswirkungen ergeben sich,

wenn das Absatzziel über einen längeren Zeitraum erheblich über- bzw. unterschritten wird.

Die Planung umfasst im Wesentlichen die Phasen:

**Beispiel**

Die Zielvorgabe heißt: 3 % Umsatzzuwachs per anno zu realisieren.
Was bedeutet dies für die Absatzplanung?

**Anregungsphase**
Sammeln von Ideen, z. B. neue Sortimentselemente, Preisveränderungen, Aktionen, Verlängerung von Öffnungszeiten, Events, neue Präsentationsformen, Werbung usw.

**Suchphase**
Die Vorschläge werden auf ihre Umsetzungschance bewertet, z. B. Mitbewerberanalyse, Standortanalyse, Kosten, Zeit, voraussichtliche Effizienz, ggf. Zentralvorgaben

**Entscheidungsphase**
Nach der Machbarkeits- und Effizienzbewertung der einzelnen Vorschläge muss entschieden werden, da andere Planungen hiervon unmittelbar beeinflusst werden.

## Realisierung

Die geplanten Maßnahmen sind von allen am Prozess Beteiligten zu realisieren. Hierzu bedarf er einer Organisationsstruktur: der Aufbau- und der Ablauforganisation.

- In der **Aufbauorganisation** wird festgelegt, welche Funktionen zur Erreichung der Unternehmensziele benötigt werden. In einem **Organigramm** wird die Hierarchie der einzelnen Stelleninhaber dargestellt. Den Stellen werden Aufgaben und Kompetenzen zugeordnet. Die Koordination der stellenbezogenen Aufgaben und Kompetenzen erfolgt in einem integrierten Kompetenzplan.
- Über die statische Organisation[1] hinaus gibt es die **Ablauforganisation**. Hier wird der Arbeitsprozess im Detail strukturiert und in Stellen- und Tätigkeitsbeschreibungen, Arbeitsanweisungen, Organisationsrichtlinien, Kommunikationsplänen usw. dokumentiert.

Erinnern wir uns an das Beispiel der Reiseplanung. Auch in unserer Familie gibt es eine statische Organisation. Den Kopf der Familie bilden in der Regel die Eltern. Auf der nächsten Ebene befinden sich die Kinder. Jedes Familiemitglied hat seine Funktion, seine Aufgabe und Verantwortung. Die Familie muss in unserem Beispiel festlegen, wer übernimmt bis

---
[1] anderer Begriff für Aufbauorganisation

wann welche Vorbereitungsarbeiten; wer trifft die Entscheidungen usw.

## Kontrolle

Nach der Willensbildung und der Willensdurchsetzung erfolgt im Führungsprozess die Kontrolle. Kontrollen haben eine hohe Bedeutung für das Messen des betriebswirtschaftlichen Erfolges, aber auch zum Ermitteln der Ursache für Erfolg oder Misserfolg und zur Bestätigung oder Korrektur des Arbeitsverhaltens von Mitarbeitern.

Man kann **Kontrollen** nach mehreren Kriterien **einteilen**:
- ▶ objektbezogen
  - Ergebniskontrolle (z. B. Soll-/Ist-Vergleich des Umsatzes und Höhe der Abweichung)
  - Verfahrenskontrolle (z. B. Produktion nach Rezepturvorgabe)
- ▶ durchführungsbezogen
  - Eigenkontrolle (z. B. der Mitarbeiter überprüft seine Tätigkeit selbst anhand von Checklisten)
  - Fremdkontrolle (z. B. Kontrolle durch den Vorgesetzten oder ein internes/externes Kontrollteam nimmt einen Check-up vor)
- ▶ umfangbezogen
  - Gesamtkontrolle (alle Produkte werden auf das MHD geprüft)
  - Stichprobenkontrolle (z. B. bei der Inventur lässt der Kontrolleur Stichproben nachzählen, wiegen oder messen)

Kontrollen sind auch im privaten Bereich erforderlich. In unserem Beispiel der Reisevorbereitung können wir erkennen, dass Kontrollen, ob die vereinbarten Tätigkeiten aller Familienmitglieder erledigt wurden und die Ergebnisse zufriedenstellend sind, die Voraussetzung zum Reiseantritt sind.

## 4.2.2 Führungsstile

Der Führungsstil beschreibt die Art und Weise, wie Vorgesetzte mit den ihnen unterstellten Mitarbeitern umgehen, um die Unternehmensziele zu erreichen.

Die Art und Weise, Menschen zu führen, wurde und wird durch die gesellschaftliche Entwicklung, die Größe und Struktur der Unternehmen sowie die jeweiligen volkswirtschaftlichen und betriebswirtschaftlichen Gegebenheiten beeinflusst.

Als traditionelle Führungsstile werden der **patriarchalische**, der **charismatische** und der **autokratische** Führungsstil bezeichnet.

▶ Der **patriarchalische** Führungsstil ist gekennzeichnet von der absoluten Autorität des Vaters, des Meisters in der vorindustriellen Zeit. Aufgrund von Alter, Wissen und Erfahrung wird der Machtanspruch zur Führung in Form von Befehl und Gehorsam abgeleitet. Andererseits übernimmt der Patriarch eine Fürsorgepflicht gegenüber seinen Untergebenen.

▶ Der **charismatische** Führungsstil ist an eine Person gebunden. Diese verfügt über eine hohe Ausstrahlungskraft, die andere zu Gefolgsleuten werden lässt. Diese sind fast zu jedem Opfer bereit, da eine starke emotionale Bindung zum charismatischen Führer aufgebaut wird.

▶ Der **autokratische** Führungsstil beruht auf einer starken Organisationsstruktur (z. B. Militär oder Verwaltungsapparat in absolutistischen Staaten) und der Machtvollkommenheit der Führung.

In der modernen Gesellschaft haben diese Führungsstile als prägende Leitbilder verloren. Aufgabenumfang und Spezialisierung in allen Bereichen erfordern kooperative Führungsstile, d. h., Verantwortung und Kompetenzen müssen verteilt werden.

**Führung**

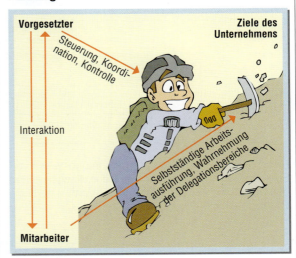

Analysiert man einen Führungsstil z. B. nach dem wichtigen Kriterium der Willensbildung, so haben wir die Polarisierung von autoritär bis kooperativ. Diese Führungsstile werden in der „Reinform" nicht praktiziert, sondern bewegen sich dazwischen.

# 3 Führungskonzeptionen

| Autoritärer Führungsstil | | | | | | | Kooperativer Führungsstil |
|---|---|---|---|---|---|---|---|
| **Entscheidungsspielraum des Vorgesetzten** | | | | | | | **Entscheidungsspielraum** |
| Vorgesetzter entscheidet und ordnet an. | Vorgesetzter entscheidet, er ist aber bestrebt, die Untergebenen von seinen Entscheidungen zu überzeugen, bevor er sie anordnet. | Vorgesetzter entscheidet, er gestattet jedoch Fragen zu seinen Entscheidungen, um durch Beantwortung deren Akzeptanz zu erreichen. | Vorgesetzter informiert seine Untergebenen über seine beabsichtigten Entscheidungen. Die Untergebenen haben die Möglichkeit, ihre Meinung zu äußern, bevor der Vorgesetzte die endgültige Entscheidung trifft. | Die Gruppe entwickelt Vorschläge. Aus den gemeinsam gefundenen und akzeptierten Problemlösungsvorschlägen entscheidet sich der Vorgesetzte für die von ihm favorisierte Lösung. | Die Gruppe entscheidet, nachdem der Vorgesetzte zuvor das Problem aufgezeigt und die Grenzen des Entscheidungsspielraums festgelegt hat. | Die Gruppe entscheidet. Der Vorgesetzte fungiert als Koordinator nach innen und nach außen. |

(Olfert, K. (Hrsg.): Personalwirtschaft 2006, S. 158)

| Merkmale | Autoritärer Führungsstil | Kooperativer Führungsstil |
|---|---|---|
| **Führungsleitbild** | Klare Zuordnung von Über- und Untergebenen; absolute Gehorsamspflicht. | Vorgesetzte und Mitarbeiter sind Partner. Der Vorgesetze lenkt und koordiniert das Zusammenwirken der Gruppe. |
| **Autoritätsbasis** | Vorgesetzter bezieht seine Autorität aus seiner Position = institutionelle Autorität. | Sachrational, der Vorgesetzte ist eine Persönlichkeit = funktionale Autorität. |
| **Organisation** | Streng geordnete und klare Unterstellung, eindeutige Instanzenwege, detaillierte Arbeitsanweisungen mit nur geringem Spielraum. | Streng hierarchische Ordnung ist aufgelockert. Anstelle von detaillierten Organisationsplänen treten Rahmenpläne mit Zielvorgaben. |
| **Entscheidungsprozess** | Ohne Begründung gegenüber den MA, Vorgesetzter ist von seiner höheren Kompetenz überzeugt. Anordnungen müssen bedingungslos ausgeführt werden. | Mitwirkung der MA; Besprechungen und Arbeitskreise sind die Regel; begründete Einwendungen führen zur Abänderung des Auftrags. |
| **Aufgabendelegation** | Nur weisungsgebundene Ausführungsaufgaben. Planungs-, Entscheidungs- und Kontrollaufgaben hat der Vorgesetzte. | Alle Aufgaben, auch Planungs-, Entscheidungs- und Kontrollaufgaben werden soweit wie möglich delegiert. Vorgesetzter behält Dienstaufsichts- und Erfolgskontrolle. |
| **Information** | Nur notwendige auftragsrelevante Informationen. Dienstwege und Kommunikationskanäle sind streng definiert. | Faire, vollständige und unverfälschte Informationspolitik wird ergänzt durch ein Netz informeller Beziehungen. |
| **Kontrolle** | Ausgeprägte und strenge sachliche Kontrolle. Kaum Raum für Selbstkontrolle. | Kontrolle bleibt unabdingbare Vorgesetztenfunktion, i. d. R. Erfolgs- und keine detaillierte Ausführungskontrolle. Selbstkontrolle gewinnt an Bedeutung. |
| **Verhältnis Vorgesetzter – Mitarbeiter** | Distanz, soziale und zwischenmenschliche Kontakte beschränken sich auf ein Minimum. | Geringe Distanz, „gegenseitiges Aufeinander angewiesen Sein" bedingt intensivere Kontakte. |

(Vgl. Bisani, F.: Personalwesen und Personalführung 2000)

Neben der eindimensionalen Betrachtungsweise von Führungsstilen können mehrere Beurteilungskriterien herangezogen werden. Man spricht dann von mehrdimensionalen Führungsstilen.

Als Beispiel hierfür wird das von Blake/Mouton[1] erarbeitete **Verhaltensgitter** dargestellt.

[1] Blake/Mouton: „Verhaltenspsychologie im Betrieb"

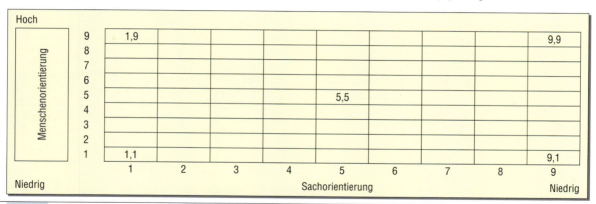

Blake/Mouton definieren die fünf markierten Punkte wie folgt:

▶ **1,9 Führungsverhalten „Glacéhandschuh-Management"**
Rücksichtnahme auf die Bedürfnisse der Mitarbeiter nach zufriedenstellenden zwischenmenschlichen Beziehungen und freundliches Betriebsklima und Arbeitstempo; d. h., für den Manager zählt nur das Wohlbefinden seiner Mitarbeiter. Das Arbeitsergebnis hat keine wesentliche Bedeutung.

▶ **1,1 Führungsverhalten „Überlebens-Management"**
Minimale Anstrengung zur Erledigung der geforderten Arbeit genügt gerade noch, sich im Unternehmen zu halten; d. h., weder Arbeitsleistung noch die Pflege zwischenmenschlicher Beziehungen sind von Bedeutung. Man kann einen solchen Führungsstil auch als **Laissez-faire-Führungsstil** bezeichnen.

▶ **9,1 Führungsverhalten „Befehls-Gehorsam-Management"**
Der Betriebserfolg beruht darauf, die Arbeitsbedingungen so einzurichten, dass der Einfluss persönlicher Faktoren auf ein Minimum beschränkt wird; d. h., die Arbeitsleistung hat für den Manager oberste Priorität. Die Bedürfnisse der Mitarbeiter haben für ihn keine Bedeutung.

▶ **5,5 Führungsverhalten „Organisations-Management"**
Eine angemessene Leistung wird ermöglicht durch die Herstellung eines Gleichgewichts zwischen der Notwendigkeit, die Arbeit zu tun, und der Aufrechterhaltung einer zufriedenstellenden Betriebsmoral; d. h., dieser Führungsstil führt zu einer mittelmäßigen Leistung bei einem mittelmäßigen Zufriedenheitsgrad der Mitarbeiter.

▶ **9,9 Führungsverhalten „Team-Management"**
Hohe Arbeitsleistung vom engagierten Mitarbeiter; Interdependenz[1] im gemeinschaftlichen Einsatz für das Unternehmensziel verbindet die Menschen in Vertrauen und gegenseitiger Achtung; d. h., ein hoch motiviertes Team erbringt Höchstleistung für das Unternehmen.

Das Ergebnis eines 9,9-Führungsverhaltens lässt vermuten, dass dies der optimale Führungsstil ist. Den idealen Führungsstil für alle beliebigen Situationen gibt es hingegen nicht. Der Manager muss darauf achten, dass der jeweilige Führungsstil der Situation gerecht wird.

---
[1] „gegenseitige Abhängigkeit"

### Beispiel

So kann ein Feuerwehrkommandant mit seinen Feuerwehrleuten über die Anschaffung des geeigneten Feuerwehrautos diskutieren, im Brandfall hingegen ist kein Raum für Diskussionen über die richtige Art der Brandbekämpfung.

Neben der sachlichen Aufgabenbewältigung ist die Kompetenz der Mitarbeiter (Bildungs- und Ausbildungsgrad, Erfahrungen, Geschick, Engagement, Wille zur Übernahme von Verantwortung) zu berücksichtigen. Darüber hinaus sind die Erwartungen und der Erfahrungshintergrund der Mitarbeiter beim angewandten Führungsstil zu berücksichtigen.

### 4.2.3 Führungstechniken/-prinzipien

Führungstechniken beschreiben Grundsätze für das Führungsverhalten in einem Unternehmen. In „Führungsgrundsätzen", „Leitlinien für die Zusammenarbeit und Führung", „Führungsprinzipien" usw. wird das Führungssystem eines Unternehmens dargestellt und ist für alle im Unternehmen Beschäftigten verbindlich. Innerhalb dieses Rahmens kann der Vorgesetzte seinen eigenen Führungsstil praktizieren. Diese Führungsgrundsätze sind nicht statisch, sondern werden fortwährend an die Entwicklung und Bedürfnisse des Unternehmens und seiner Mitarbeiter angepasst.

So existieren eine Vielzahl von Führungstechniken, die teilweise Varianten von den nachfolgend dargestellten drei grundlegenden Führungstechniken sind, z. B. Management by Crisis, – by Decision Rules, – by Projects, – by Results oder – by Systems.

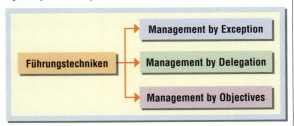

### Management by Exception

Diese Führungstechnik ermöglicht dem Mitarbeiter, in einem **definierten Rahmen selbstständig zu entscheiden**.

Ziel ist es, den Vorgesetzten von Routinearbeiten zu entlasten. Ferner sollen Zuständigkeiten klar geregelt und die Informationsflüsse systematisiert werden.

Voraussetzung für das Funktionieren dieser Technik:
▶ Es werden Aufgaben an Mitarbeiter delegiert.
▶ Der Ermessensspielraum für die Mitarbeiterentscheidungen wird festgelegt.

- Das Informationssystem ist systematisiert und lückenlos.
- Die Art des Eingreifens durch Vorgesetzte ist klar geregelt.

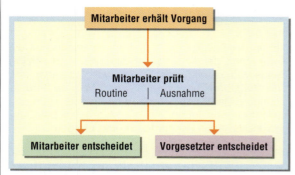

(Olfert, K.: Personalwirtschaft 2008, S. 163)

## Management by Delegation

Die Führungstechnik „Delegation von Verantwortung" (Harzburger Modell 1966) nach Prof. Höhn hat die Führungsstruktur vieler deutscher Großunternehmen beeinflusst.

Ziel ist es, Aufgaben, Kompetenzen und Handlungsverantwortung so weit wie möglich auf Führungsmitarbeiter zu übertragen.
Hierbei kann es sich grundsätzlich um alle Aufgabenstellungen handeln. Der Vorgesetzte kann Aufgaben aus seinem Aufgabenbereich an seine Mitarbeiter delegieren, die Verantwortung bleibt jedoch bei ihm.

Typische Unternehmerentscheidungen und Entscheidungen mit weitreichenden Folgen bleiben bei der Unternehmensleitung.

Neben der Entlastung des Vorgesetzten soll durch diese Führungstechnik die Leistung, Eigeninitiative und Bereitschaft zur Übernahme von Verantwortung der Mitarbeiter herbeigeführt und gestärkt werden.

Voraussetzung zur Umsetzung des **Management by Delegation**:
- Aufgaben werden delegiert.
- Die Verantwortung wird an den Mitarbeiter übertragen.
- Der Mitarbeiter erhält die erforderliche Kompetenz zur Erledigung seiner Aufgaben.
- Eine Rückdelegation wird ausgeschlossen.
- Kein Eingriff in andere Delegationsbereiche.
- Kein Eingreifen des Vorgesetzten bei richtiger Handlungsweise des Mitarbeiters, jedoch bei Fehlern und ausnahmegeregelten Ereignissen.
- Die Führungsverantwortung ist beim Vorgesetzten.
- Geregeltes Informations- und Kommunikationssystem.

## Management by Objectives

Diese Führungstechnik hat zurzeit einen hohen Verbreitungsgrad. Die Mitarbeiterführung basiert auf der Vereinbarung von Zielen.
Die Vereinbarung kann auf unterschiedliche Weise zustande kommen:
- Vorgabe durch den Vorgesetzten.
- Mitarbeiter formuliert selbstständig die Ziele und stimmt sie mit seinem Vorgesetzten ab.
- Vorgesetzter und Mitarbeiter entwerfen getrennt die Zielvereinbarung und stimmen sie anschließend ab.

Die Ziele sollen für das Unternehmen und den Mitarbeiter von Relevanz sein. Sie werden i. d. R. für ein Jahr formuliert. Die Zielformulierung soll folgenden Anforderungen genügen:
- Ziele sind auf die Tätigkeit des Mitarbeiters bezogen.
- Ziele sind eindeutig formuliert und beschreiben konkret, was erreicht werden soll.
- Ziele sollen anspruchsvoll und herausfordernd, aber auch erreichbar sein.
- Vereinbarte Ziele dürfen den Zielen anderer Zielvereinbarungen nicht widersprechen und erfordern entsprechende Abstimmung.
- Ziele werden zeitlich terminiert.
- Ziele sind messbar.
- Qualitative Ziele müssen Kriterien enthalten, nach denen die Zielerreichung objektiv bewertet werden kann.

Die Ziele werden von den strategischen Unternehmenszielen abgeleitet. Um die Zielerreichung sicherzustellen, erfolgen regelmäßige Gespräche, die auch als „Meilensteingespräche" bezeichnet werden. Die Beurteilung, ob die vereinbarten Ziele erreicht wurden, erfolgt i. d. R. durch den Vorgesetzten. Es können jedoch ggf. auch Dritte zur Überprüfung der Zielerreichung hinzugezogen werden.

Der jeweilige Zielerreichungsgrad ist maßgebend für die vereinbarte Zielerreichungsprämie.

## 4.2.4 Führungsmittel

Dem Vorgesetzten stehen eine Reihe von Führungsmitteln zur Verfügung. Im Rahmen dieses Kapitels sollen drei wesentliche Führungsmittel erörtert werden:
- Gespräche/Besprechungen
- Anerkennung/Lob
- positive und negative Kritik

### Gespräche/Besprechungen

Gespräche und Besprechungen bedürfen der Vorbereitung, z. B.

- Planung von Zeitpunkt, Besprechungsort, Zeitdauer,
- Ankündigung des Gespräches sowie Information über den Grund des Gespräches,
- Inhalt und
- Vorgehensweise des Gespräches.

Bei der Vorbereitung und Durchführung von Gesprächen und Besprechungen ist zu berücksichtigen, dass jedes Gespräch auf zwei Ebenen stattfindet.

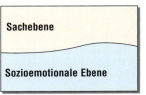

Fehler auf der emotionalen Ebene blockieren oder gefährden das Erreichen des sachlichen Gesprächsziels. Daher ist es wichtig, die Abfolge der Gesprächsschwerpunkte zu planen.

Das Gespräch sollte mit positiven Inhalten beginnen und aufbauend beendet werden.

Es gibt mehrere Arten von Gesprächen bzw. Besprechungen:

Das **Mitarbeitergespräch** findet i. d. R. zwischen dem Vorgesetzten und einem Mitarbeiter statt. Der Anlass des Gespräches kann eine Unterweisung, ein Beurteilungsgespräch, ein Kritikgespräch, die Erörterung von Problemen usw. sein.

Findet die Kommunikation mit mehreren oder allen Mitarbeitern statt, sprechen wir von einer **Besprechung**. Mitarbeiterbesprechungen finden in einigen Unternehmen in festgelegten Rhythmen statt. In manchen Betrieben beginnt der Arbeitstag bzw. die Schicht mit täglichen Kurzbesprechungen. Die Besprechungen dienen der Information und Beratung zwischen Vorgesetzten und Mitarbeitern.

## Anerkennung/Lob

Bei Schauspielern sagt man, der Applaus ist der Lohn des Künstlers. Nicht nur diese Berufsgruppe bedarf der Anerkennung und der Bestätigung, sondern jeder Mensch. Dies gilt für die berufliche wie für die private Ebene.

Es gibt keine Faustregel, wie viel Anerkennung oder Lob ausgesprochen werden soll, das Bedürfnis ist individuell unterschiedlich. Es gibt Mitarbeiter, die eine starke Eigenmotivation haben und aus dem Ergebnis der Arbeit ausreichend Bestätigung bekommen. Andere Menschen benötigen dringend eine Bestätigung, um zu wissen, ob ihre Leistung vom Vorgesetzten wahrgenommen wird und ob die Tätigkeit im Sinne des Vorgesetzten erledigt wurde.

Die empirische Wissenschaft hat festgestellt, dass bei mangelnder Anerkennung selbst gute Mitarbeiter in ihrer Leistung nachlassen. „Meine Arbeit wird ja sowieso nicht wahrgenommen, warum soll ich mich anstrengen?"

Eine **Anerkennung** muss nicht unbedingt verbal erfolgen, oft reicht ein Blickkontakt, ein Kopfnicken: „Ja, ich habe gesehen, dass du den Gast gut beraten hast!" Es gibt täglich ausreichend Gelegenheiten, Mitarbeiter in ihrer Arbeit, in ihrem Gästeverhalten zu bestätigen.

Ein Lob wird bei besonderen Leistungen ausgesprochen. Dies kann z. B. eine gute Leistung beim Verkaufswettbewerb, ein gutes Prüfungsergebnis, ein gutes Abschneiden beim Award usw. sein. Ebenfalls sollte ein Lob bei besonderen Arbeitseinsätzen oder dem Bewältigen einer schwierigen Situation ausgesprochen werden.

Ein Lob kann noch verstärkt werden, wenn es mit einer einmaligen Sonderzahlung oder einer Belohnung in Form eines Events (Sachpreis, Eintrittskarte für ein Konzert, Stellen eines besonderen Autos für ein Wochenende, Reise usw.) verbunden wird.

Die besondere Stellung einer Belobigung muss immer gewahrt bleiben, d. h., ein Lob wird gezielt bei besonderen Leistungen ausgesprochen.

## Kritik

Der Begriff „Kritik" kommt aus dem Griechischen und wird als „Kunst der Beurteilung" definiert[1]. Kritik kann positiv oder negativ sein.

In einem kooperativen Führungssystem ist Kritik keine Einbahnstraße. Vielmehr ist eine offene Kritik von allen beim Umsetzen der Ziele der Beteiligten erwünscht. Eine konstruktive Streitkultur ist jedoch Voraussetzung für Problemlösungen und Arbeitsoptimierung.

Tadel ist die negative Form der Kritik, also eine negative Beurteilung einer Arbeitsleistung oder eines Verhaltens. Erfolgt der Tadel in Form einer schriftlichen Ermahnung oder gar der Abmahnung, ist diese Maßnahme von arbeitsrechtlicher Relevanz.

---

[1] Brockhaus Enzyklopädie 2008, Band 12, S. 527

# 3 Personalentwicklung und -schulung

### Aufgaben

1. Ihr Restaurantleiter führt eine Mitarbeiterbesprechung durch. Er teilt mit, dass er mit den Ergebnissen des abgelaufenen Monats nicht zufrieden ist. Die Mitarbeiter werden verabschiedet mit der Aufforderung: „Wir müssen im nächsten Monat einfach besser werden!"
   a) Was halten Sie von dieser Zielsetzung?
   b) Begründen Sie Ihre Auffassung.
2. Das Wort „Kontrolle" schreckt häufig ab. Wie kann man Kontrollen durchführen, ohne Frustrationen auszulösen?
3. Nennen Sie mindestens drei Merkmale des autoritären und drei Merkmale des kooperativen Führungsstils.
4. Beschreiben Sie das Führungsverhalten 9,9 nach Blake/Mouton. Wann und unter welchen Voraussetzungen kann ein Vorgesetzter diesen Führungsstil einsetzen?
5. Bilden Sie ein Ranking der nachstehenden Führungstechniken nach dem Maß an Eigenverantwortung und begründen Sie Ihre Entscheidung:
   Management by Exception, Management by Delegation, Management by Objectives
6. Welche Fehler können zum Verfehlen eines Sachzieles bei einem Mitarbeitergespräch führen?
7. Grenzen Sie die Begriffe „Kritik" und „Tadel" voneinander ab.

Er hielt fest, dass die Menschen zunächst nach der Befriedigung der untersten Stufe streben, bevor sie die nächste Stufe in Angriff nehmen.

| Stufe 1 | Physiologische Bedürfnisse/ Grundbedürfnisse | Nahrung, Wohnung, Kleidung, Arbeitsplatzgestaltung |
|---|---|---|
| Stufe 2 | Sicherheitsbedürfnisse | Angemessenes Einkommen, Sicherheit des Arbeitsplatzes, soziale Absicherung (Krankheit, Alter) |
| Stufe 3 | Soziale Kontakte | Geborgenheit in der Gemeinschaft, menschliche Kontakte (Vereine, Nachbarschaft), Akzeptiertsein, Kommunikation, Information, Mitarbeitergespräche |
| Stufe 4 | Selbstachtung und Anerkennung | Fachliche Kompetenz, Selbstständigkeit, Entscheidungsbefugnisse, Delegation, Aufstiegsmöglichkeit, Titel |
| Stufe 5 | Selbstverwirklichung | Realisierung des eigenen Potenzials, Wachstum und Lernerfolg, Verantwortungszunahme, kooperative Führung |

## 4.3 Personalentwicklung und -schulung

### Situation

Bereits während Ihrer Ausbildungszeit hat Ihnen die Unterweisung neuer Auszubildender und neuer Mitarbeiter Spaß bereitet. Ihr Vorgesetzter hat Sie gefragt, ob Sie den Bereich Personalentwicklung und -schulung verstärkt wahrnehmen wollen. Sie erhalten bereits heute Fachliteratur und Fachmagazine. So lesen Sie in der „Personalwirtschaft – Magazin für Human Resources" Folgendes:
Im März 2006 hat das Link-Institut 1000 Mitarbeiter in Deutschland zur ihrer Arbeitssituation befragt: Immerhin die Hälfte der Mitarbeiter sind motiviert und haben eine große Bindung zum Arbeitgeber – aber 43 Prozent der Beschäftigten gehören eben nicht zu den „Motivierten".
Sie machen sich Ihre Gedanken über die erschreckend hohe Zahl der Nicht-Motivierten.

Bedürfnisse und Motive nach Maslow

In Kapitel 3.1 wurde bereits auf die Bedeutung des „Human Capital" hingewiesen. Dies bedeutet, dass motivierte Mitarbeiter im erheblichen Maße zum Unternehmenserfolg beitragen.

### 4.3.1 Motivation

Wissenschaftler haben sich deshalb mit der Motivation von Menschen auseinandergesetzt und Motivationstheorien erarbeitet.

Der amerikanische Motivationspsychologe Abraham H. Maslow erstellte bereits in den 50er-Jahren eine Systematik der menschlichen Bedürfnisse.

Diese fünf Bedürfnisse kann man gliedern in:
▶ psychologische und
▶ materielle Bedürfnisse.

Als **psychologische Bedürfnisse** bezeichnet man die Bedürfnisse nach Zugehörigkeit, Bestätigung und Selbstverwirklichung (Stufe 3, 2 und 1).
Zu den **materiellen Bedürfnissen** zählen die physiologischen Bedürfnisse und die Sicherheitsbedürfnisse (Stufe 1 und 2).
Eine weitere Untergliederung unterscheidet in:
▶ Defizit- und Mangelbedürfnisse (Stufe 1 bis 4) sowie
▶ Wachstumsbedürfnisse (Stufe 5).

Hier wurde untersucht, inwieweit die Erfüllung dieser Bedürfnisse motivationsrelevant ist.
Zu den Defizitbedürfnissen wurde Folgendes ermittelt:

▶ Eine vollständige Nichterfüllung ist existenzvernichtend.
▶ Eine teilweise Nichterfüllung kann körperliche und/oder seelische Krankheiten verursachen.
▶ Eine Erfüllung dieser Bedürfnisse vermeidet Krankheiten.
▶ Eine Wiedererfüllung dieser Bedürfnisse heilt Krankheiten.

Sind diese Bedürfnisse befriedigt, stehen sie als Motivatoren (Antrieb zur Leistungserbringung, um Bedürfnisse befriedigen zu können) nicht mehr zur Verfügung.

Hingegen ist das Bedürfnis nach Selbsterfüllung unendlich steigerungsfähig. Deshalb werden sie auch als Wachstumsbedürfnisse bezeichnet. Die Motivationskraft bleibt auch bei Befriedigung dieser Bedürfnisse erhalten.

Die theoretischen Erkenntnisse sagen etwas über das durchschnittliche **Verhalten** von Menschen. Diese Aussagen helfen uns, das Verhalten von Menschen zu verstehen und zu beeinflussen. Wie ausgeprägt der Wunsch nach Erfüllung der einzelnen Bedürfnisse ist, ist individuell unterschiedlich. Durch Beobachtung und Gespräche muss der Vorgesetzte die Leistungsanreize seiner Mitarbeiter herausfinden.

**Beispiel**

Mitarbeiter A erledigt gerne Routinearbeiten. Hier fühlt er sich sicher und hat das Gefühl, seine Arbeit jederzeit gut erledigen zu können. Eine Übernahme von neuen Aufgaben oder gar die Übernahme von mehr Verantwortung macht ihn nervös. Er versucht, dieser Situation eher aus dem Weg zu gehen.

Mitarbeiter B hingegen freut sich über jede Art von Sonderaufgaben. Er bietet sich jederzeit an, neue Aufgaben und Verantwortung zu übernehmen.

Es ist Aufgabe des Vorgesetzten, dies zu erkennen und nach dem Motto „The right man on the right place" jeden Mitarbeiter einzusetzen.

Neben der Maslow'schen Bedürfnispyramide gibt es noch andere Motivationstheorien, z. B. die XY-Theorie von McGregor, die ERG-Theorie von Alderfer, die auf der Bedürfnishierarchie aufbaut, die „Zwei-Faktoren-Theorie" von Herzberg.

Neben dem betrieblichen Gestaltungsrahmen zur Motivation der Mitarbeiter wirken sich auch gesellschaftliche Entwicklungen auf die Motivationslage der Mitarbeiter aus. Hierzu zählen z. B. die Arbeitsmarktlage, voraussichtliche Entwicklung der Sozialversicherungsleistungen, volkswirtschaftliche Entwicklung, allgemeine Stimmung zur Wirtschaftsentwicklung.

Diesen Bereich kann eine Führungskraft im betrieblichen Alltag kaum beeinflussen; sie muss aber darum wissen.

Die Motivation der Mitarbeiter wird jedoch in erster Linie durch das Erleben im betrieblichen Alltag bestimmt.

Zitat: „Motivierte Mitarbeiter sind das Zukunftspotenzial für Unternehmen. Je weniger Arbeitnehmer mit ihrem Unternehmen verbunden sind, desto ineffizienter ist ihre Arbeit" (Personalwirtschaft 10/2006).

Es gilt, die theoretischen Erkenntnisse im Unternehmen umzusetzen. Dies kann mit immateriellen und materiellen Maßnahmen erreicht werden.

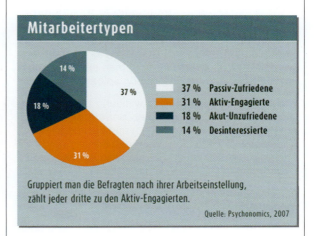

### 4.3.2 Einführung neuer Mitarbeiter

Der erste Tag im neuen Unternehmen ist für den Mitarbeiter etwas Besonderes. Deshalb sollen auch der Vorgesetzte und das Team sich auf diesen Tag vorbereiten. Information und Schulung sowie emotionale Einbindung ins Team bewirken eine schnelle Eingliederung.

In strukturierten Unternehmen ist der Ablauf systematisiert. Checklisten und Schulungsunterlagen (was soll wann, wie vermittelt werden) unterstützen praxisbezogen den Vorgesetzten bei der Einführung neuer Mitarbeiter. Zum Einsatz kommen z. B. Broschüren, Selbstlernprogramme und Informationsmaterial über das Unternehmen und den wahrzunehmenden Aufgabenbereich (heute meist auf CD).

Eine schnelle Eingliederung des neuen Mitarbeiters kann durch **„Paten"** unterstützt werden. Diese Funktion wird durch erfahrene Mitarbeiter übernommen. Durch praktische Anleitungen, Beantwortung von Fragen usw. unterstützen sie den neuen Kollegen bei der schnellen Einarbeitung.

## 4.3.3 Aus-, Fort-, Weiterbildung und Betreuung

Die Unternehmensphilosophie trifft grundsätzliche Aussagen zur Aus-, Fort- und Weiterbildung. So gibt es Firmen, die die Karriereleiter ausschließlich vom Auszubildenden bzw. Trainee bis zum Manager aufzeigen, d.h., Quereinsteiger sind eher die Ausnahme. Andere Unternehmen hingegen zeigen die Entwicklungschancen von eigenen Nachwuchskräften sowie Bewerbern vom Arbeitsmarkt zu Führungskräften.

Während die schulische und betriebliche (= duale) Ausbildung von Auszubildenden (AzuBi) durch die Rahmenrichtlinien des Berufsbildes vorgegeben werden, gestaltet das Unternehmen seine betriebsinterne Schulung und Förderung selbst.

Die betriebliche Personalentwicklung orientiert sich am betrieblichen Bedarf. Dies bezieht sich sowohl auf die Anzahl von Mitarbeitern und Führungskräften (Expansion, Fluktuation, Restrukturierung usw.) als auch auf die qualitative Anforderung der benötigten Mitarbeiter.

### Weiterbildung im Job

Ein Unternehmen muss Trends rechtzeitig erkennen und Veränderungen seiner Kundenwünsche berücksichtigen, um erfolgreich zu sein und zu bleiben.
Ganz besonders im Dienstleistungsgewerbe ist die Qualifikation der Mitarbeiter den Anforderungen des Marktes anzupassen.

Neben der Einstellung qualifizierter und motivierter Mitarbeiter ist die permanente Schulung ein Garant für zufriedene Gäste.

Die **Qualifizierung** von Mitarbeitern kann auf verschiedene Weise erfolgen:

▶ **Permanente Schulung**
Die fortlaufende Schulung kann durch interne Schulungsleiter und/oder den direkten Vorgesetzten erfolgen. In Systembetrieben erhält das betriebliche Management ein Schulungshandbuch, um die betriebliche Schulung zu unterstützen. Hier sind alle relevanten Themen (Erlernen von Fertigkeiten, Verhalten gegenüber Kunden, Vermitteln von Wissen) in Bausteinen inhaltlich, didaktisch und methodisch aufbereitet dargestellt. Zusätzlich erhält der Unterweisende Hilfsmittel zur Vor- und Nachbereitung der Schulungsmaßnahmen. Der Erfolg der Schulungsmaßnahme wird durch Beurteilungen pro Teilnehmer vor und nach Schulungsmaßnahmen festgestellt und ggf. nachgeschult.
Beurteilungen sollen Stärken und Schwächen einzelner Mitarbeiter und von Teams[1] feststellen.

Anhand dieser Daten werden Schulungsthemen ausgewählt und in erforderlichen Rhythmen wiederholt.
Das Ergebnis soll dem einzelnen Mitarbeiter bzw. dem Team mitgeteilt und jeweils besprochen werden.

▶ **Kurse, Lehrgänge, Messen**
Bei der Planung von Weiterbildungsmaßnahmen berücksichtigen die Unternehmen das umfangreiche Angebot professioneller Seminarveranstalter. Je nach Anzahl der zu schulenden Mitarbeiter können diese Seminare unternehmensintern unter Berücksichtigung der unternehmensindividuellen Belange durchgeführt werden. Offene Seminare bieten hingegen die Möglichkeit, Erfahrungen und Blickwinkel unternehmensfremder Personen kennenzulernen sowie neue Impulse zu erhalten.
Häufig werden auch Kurse von Zulieferern aus dem Food- und Technikbereich angeboten. Hier können Mitarbeiter z. B. neue Produkte und deren Verarbeitung, Zubereitung und Präsentation kennenlernen, aber auch neue Geräte und deren Einsatz praktisch üben.
Darüber hinaus bieten Messen die Möglichkeit, sich über die Entwicklung im Food-, Beverage-, Einrichtungs- und Ausstattungsbereich usw. zu informieren.

▶ **Informelles Lernen**
Experten bezeichnen diese Form von Lernen als **Erfahrungslernen**. Dies kann durch Erfahrungs- und Meinungsaustausch mit Kollegen, Freunden und Bekannten erfolgen. Aber auch das Lesen von Zeitungen und Fachjournalen sowie heiße Diskussionen können sich verhaltensprägend auswirken.
Die American Society for Training & Development hat in einer Studie festgestellt, dass die meisten Mitarbeiter ihre Erfahrungen sammeln:
▷ ca. 35 % direkt am Arbeitsplatz,
▷ ca. 10 % durch unternehmensinterne Trainings,
▷ ca. 18 % während der Interaktionen mit Kollegen,
▷ ca. 10 % durch Mentoring und Coaching von Führungskräften,
▷ ca. 5 % durchs Internet.
Der gesamte Rest des informellen Lernens wird Konferenzen, Networking, Selbststudium, Knowledge-Sharing-Plattformen und dem Kontakt mit externen Fachleuten zugeschrieben.
Es gibt Unternehmen, die diese Form des Lernens unterstützen. Sie regen Mitarbeiter an, informelle Netzwerke zu gründen und liefern dafür Software-Unterstützung im Intranet.
Dies zeigt, dass selbstständiges Lernen praktiziert wird und vom Unternehmen gefördert werden soll. Lernunmotivierte Mitarbeiter sollen durch Programme „Wie lerne ich Lernen?" herangeführt werden, denn Lernen ist eine „Daueraufgabe" und lässt sich nicht auf eine bestimmte Zeit begrenzen.

---
[1] Verdichtung der Einzelbeurteilungen

# Personalentwicklung und -schulung 3

▶ **Job Rotation**
Job Rotation ist für die Mitarbeiter und das Unternehmen von Interesse. Studien haben gezeigt, dass die Verrichtung gleicher Tätigkeiten zunächst zu höherer Perfektion führt. Diese Kurve nimmt im Zeitverlauf wieder ab. Die Ursachen sind unterschiedlich (mangelnde Konzentration, Langeweile, Selbstüberschätzung). Neue Aufgabenfelder wecken Interesse, lassen Zusammenhänge besser erkennen und führen zur Wertschätzung der Arbeit von Kollegen.
Die Einarbeitung aller Mitarbeiter in der Systemgastronomie an mehreren Stationen verhilft dem Management zur höheren Flexibilität im Einsatzplan und kann kurzfristige Engpässe mildern bzw. vermeiden.

▶ **Urlaubsvertretung**
Eine Urlaubsvertretung z. B. eines Assistenten bietet fortbildungswilligen Mitarbeitern die Möglichkeit, Führungsqualitäten, Organisationsfähigkeit, Flexibilität usw. unter Beweis zu stellen. Dies umfasst nicht die Vertretungsregelung laut Organigramm.

▶ **Einsatz in befreundeten Unternehmen**
Ein Austausch von Trainee-Kandidaten wird z. B. unter befreundeten Unternehmen und Kooperationen vorgenommen. Diese Maßnahme dient sowohl dem entsendenden als auch dem aufnehmenden Betrieb. Einerseits lernen die Kandidaten durch Erfahrungen und Problemlösungen des fremden Betriebes und andererseits bringen sie ihre Erfahrungen und Ideen in das befreundete Unternehmen ein (vgl. Wirtschaft + Weiterbildung 10/2006).

▶ **Fortbildungs-/Karriereplan**
Die meisten Systembetriebe bilden ihren Führungsnachwuchs selbst aus. In Karriereplanungen werden Eingangsvoraussetzungen und die einzelnen theoretischen und praktischen Lernschritte zur Erreichung einer Position festgeschrieben.
In der Regel werden die Kandidaten durch ein laufendes Beurteilungssystem und ein Auswahlverfahren ermittelt.

### Die Zukunftswünsche der Jugend
Umfrage*, Deutschland, Mehrfachnennungen in %

| Wunsch | % |
|---|---|
| Arbeit, die Spaß macht | 80 |
| Gute Freunde | 73 |
| Leben genießen | 57 |
| Gute Partnerschaft/Ehe | 56 |
| Viel von der Welt sehen | 55 |
| Abwechslungsreiches, spannendes Leben | 55 |
| Karriere machen | 50 |
| Selbstverwirklichung | 49 |
| Wohlstand, hohes Eink. | 47 |
| Viel Freiheit | 46 |
| Kinder haben | 42 |

*14- bis 18-Jährige
Quelle: Generation Bravo — imu 99 11 121

## 4.3.4 Prämien und Tantiemen

Viele Unternehmen wollen ihre Mitarbeiter am wirtschaftlichen Erfolg des Unternehmens beteiligen. Die starren Elemente aus den Kollektivvereinbarungen, wie Weihnachtsgeld und Urlaubsgeld, werden zugunsten leistungs- und ergebnisbezogener Einzelvereinbarungen zurückgedrängt.

Um die Wirtschaftlichkeit eines Unternehmens auch bei kollektiv vereinbarten Sonderzahlungen mehr zu berücksichtigen, sind auch hier variable Elemente eingebaut, z. B. das Weihnachtsgeld setzt sich zusammen aus:

▶ 50 % des tariflichen Entgelts,
▶ Jahre der Betriebszugehörigkeit,
▶ EBIT des Unternehmens.

---

**WIRTSCHAFT**

### Weihnachtsgeld zunehmend vom Firmenerfolg abhängig
In vielen Branchen tarifliche Öffnungs- und Härtefallklauseln

Düsseldorf (epd.). Die Höhe des Weihnachtsgeldes ist nach einer Studie inzwischen in vielen Branchen von der wirtschaftlichen Lage abhängig.

Gehe es dem Unternehmen gut, könne der tarifliche Mindestanspruch aufgestockt werden, gingen die Geschäfte schlechter, könne die Sonderzahlung abgesenkt werden, teilte die gewerkschaftsnahe Hans-Böckler-Stiftung am Montag in Düsseldorf mit.

In vielen Branchen gebe es tarifliche Öffnungs- und Härtefallklauseln. Danach könne die Jahressonderzahlung gekürzt oder gestrichen werden.

In der Süßwarenindustrie z. B. könne das tarifliche Weihnachtsgeld von normalerweise 100 Prozent zwischen 80 und 120 Prozent variieren.

Zumeist müssen die Betriebe laut der Untersuchung im Gegenzug auf betriebsbedingte Kündigungen verzichten. Das auf Betreiben der Arbeitgeber eingeführte variable Weihnachtsgeld setze entweder freiwillige Betriebsvereinbarungen oder die Zustimmung der Gewerkschaften voraus.

In den meisten Wirtschaftszweigen sähen die geltenden Tarifverträge ein Weihnachtsgeld vor. Überwiegend werde es als fester Prozentsatz vom Monatseinkommen berechnet.

(Main-Echo)

Befragungen zeigen, dass „der Spaß an der Arbeit" wichtiger ist als das Einkommen. Das heißt aber nicht, dass materielle Anreize unwichtig sind. Als Motivatoren scheiden die tariflich vereinbarten leistungsunabhängigen Entgelte eher aus. Anders ist dies bei den variablen Einkommensbestandteilen.

In der Regel sind diese variablen Einkommensvarianten an den Zielerreichungsgrad vereinbarter Ziele geknüpft (siehe Management by Objectives). So werden beispielsweise Vereinbarungen getroffen, dass sich das **Gesamteinkommen** zu 80 % aus einem Fixum und zu 20 % aus variablen Bestandteilen (Tantieme) zusammensetzt.

**Tantiemen** stellen eine Belohnung für die Gesamtleistung eines Jahres dar. Besondere Einzelleistungen kann man mit Prämien belohnen, z. B.

▶ definierte Einzelleistung,
▶ erfolgreiche Teilnahme an einem Wettbewerb,
▶ sehr gutes Prüfungsergebnis.

**Prämien** sind zumeist monetäre Leistungen. Es gibt jedoch auch andere Möglichkeiten, z. B.

▶ Sonderurlaub,
▶ Gutscheine (Konzert, Essen, Eintrittsgeld usw.),
▶ Reisen oder
▶ besondere Autos für ein Wochenende.

Im Gastgewerbe ist das **Bedienungsgeld** für Restaurantkräfte der bekannteste variable Einkomensanteil.

### Aufgaben

1. Abraham H. Maslow teilte die Bedürfnisse in fünf Stufen ein. Nennen Sie diese Stufen und ordnen Sie folgende Bedürfnisse den einzelnen Stufen zu:
Geborgenheit, menschliche Kontakte, selbstständiges Arbeiten, Titel, Verantwortungszunahme, eigenes Potenzial ausnutzen können, Nahrung, Sicherheit des Arbeitsplatzes, Aufstiegschancen, Kleidung, Wohnung
2. Was unterscheidet Defizit- und Mangelbedürfnisse von den Wachstumsbedürfnissen?
3. Nachdem Sie als Führungsnachwuchskraft einen systematischen Arbeitsplatztausch durchlaufen haben, bittet Sie Ihr Vorgesetzter, die Vor- und Nachteile der Job Rotation einmal gegenüberzustellen.

## 4.4 Personal- und Leistungsbeurteilung

### Situation

In der letzten Zeit haben einige Mitarbeiter systemgastronomischer Unternehmen ihren Betrieb verlassen und bei ihrem Ausscheiden qualifizierte Zeugnisse verlangt. Das hat in Ihrem Betrieb aus organisatorischer Sicht einige Probleme verursacht. Daher beschließen Sie, Standards für die Personal- und Leistungsbeurteilung erstellen zu lassen.

Die Personal- und Leistungsbeurteilung begleitet den Mitarbeiter von der Bewerbung bis zur Entlassung. Schon bei der Bewerbung versucht man, sich ein entsprechendes umfassendes Urteil über den Bewerber zu bilden, um Fehleinschätzungen und damit Fehlinvestitionen zu vermeiden. Die einmalige Beurteilung bei der Bewerbung und Einstellung genügt aber nicht. Die Mitarbeiter sollten laufend beurteilt werden. Die permanente Einschätzung bietet dem Personal und Unternehmen bzw. Betrieb so viele Vorteile, dass auf sie nicht verzichtet werden kann.
Die systematische Beurteilung der Mitarbeiter hat aus Gründen der Objektivität gewissen Grundsätzen zu folgen. Diese sollten von der Personalabteilung schriftlich festgelegt werden.

### 4.4.1 Rechtliche Grundlagen

Gesetzliche Grundlagen für die Bewertung und Beurteilung von Mitarbeitern sind im *Betriebsverfassungsgesetz* geregelt (siehe auch Kap. 4.4, Lerninhalt 3):

§ 82 Anhörungs- und Erörterungsrecht
Der Arbeitnehmer hat u. a. das Recht, dass mit ihm die Beurteilung seiner Leistungen sowie die Möglichkeiten seiner beruflichen Entwicklung im Betrieb erörtert werden.

§ 83 Einsicht in die Personalakte
Der Arbeitnehmer hat das Recht auf Einsicht in seine Personalakte. Er kann verlangen, dass Erklärungen von ihm seiner Personalakte beigefügt werden.

§§ 84–86 Beschwerderecht
Der Arbeitnehmer hat u. a. das Recht, wenn er sich benachteiligt oder ungerecht behandelt fühlt, sich bei den zuständigen Stellen des Betriebes zu beschweren. Aufgrund der Beschwerde dürfen dem Arbeitnehmer keine Nachteile erwachsen.

§ 94 Hier ist darüber hinaus das Mitbestimmungsrecht des Betriebsrates bei der Aufstellung „allgemeiner Beurteilungsgrundsätze" geregelt.

## 4.4.2 Beurteilungsverfahren

Die regelmäßige und systematische Beurteilung der Mitarbeiter ist eine der wichtigsten Führungsaufgaben jedes Vorgesetzten. Die Führungskraft soll durch das **Beurteilungsverfahren** veranlasst werden, sich intensiv mit der fachlichen und persönlichen Qualifikation seiner Mitarbeiter zu beschäftigen. Die nach klaren Grundsätzen durchzuführende Beurteilung ist ein geeignetes Mittel zur Lenkung der Leistung und zur Förderung der beruflichen Entwicklung des Personals. Ziel der Beurteilung ist es, einen Überblick über die fachlichen Kenntnisse, die Persönlichkeit sowie die Führungsqualifikation der Beschäftigten zu erlangen. Insbesondere ist zu prüfen, ob die Mitarbeiter den beruflichen Anforderungen genügen, ob sie überfordert sind oder an einer anderen Stelle mehr zu leisten vermögen.

Als Konsequenz daraus lässt sich feststellen, dass die **regelmäßige Personalbeurteilung vorteilhaft** ist, weil:
▶ der persönliche Kontakt zwischen dem Beurteilten und Vorgesetzten gefördert wird,
▶ Veränderungen von Arbeitsleistungen und Verhalten erkannt werden,
▶ Mitarbeiter am richtigen Arbeitsplatz eingesetzt, d. h. weder überfordert noch unterfordert werden,
▶ sich besondere Talente erkennen lassen,
▶ geeignete Mitarbeiter beruflich gefördert werden können,
▶ Unterlagen für Gehaltsüberprüfungen, Beförderungen usw. anfallen,
▶ das Abfassen von Zeugnissen erleichtert wird.

## 4.4.3 Beurteilungstermine

Die Praxis unterscheidet zwischen regelmäßigen Personalbeurteilungen und anlassbedingten Beurteilungen.

**Regelmäßige Beurteilungen** werden kontinuierlich angewandt. Die Entscheidung über das Zeitintervall hängt von den konkreten Zielen der Beurteilung ab. Soll beispielsweise der neue, relativ unerfahrene Mitarbeiter beurteilt werden, damit er an sich arbeitet, werden Intervalle zwischen einem Monat und drei Monaten gewählt. Der Entwicklungsprozess wird auf diese Weise dokumentiert und Defizite können behoben werden, bevor sie zu unüberwindbaren Problemen werden. Die Mehrzahl der praktizierten Verfahren sieht jedoch meist auch aus organisatorischen Gründen Zeitspannen von einem Jahr bis zu zwei Jahren vor.

**Anlassbedingte Beurteilungen** können aus verschiedenen Gründen und zu unterschiedlichen Zeitpunkten erforderlich werden; beispielsweise beim Ablauf der Probezeit, bei der Versetzung, bei der Bitte um Ausstellung eines Zwischenzeugnisses, bei Beförderungen sowie beim Ausscheiden aus dem Unternehmen.
Beurteilungen von Mitarbeitern sollten erfolgen:
▶ vor Ablauf der Probezeit,
▶ bei Versetzung in eine andere Abteilung,
▶ beim Ausscheiden eines Mitarbeiters,
▶ in regelmäßigen Abständen (monatlich, vierteljährlich, halbjährlich).
(Vgl. Hambusch (Hrsg.) 2000, S. 100 f.)

## 4.4.4 Beurteilungskonzepte und -kriterien

In der Praxis unterscheidet man zwei Beurteilungskonzepte:

**1. Leistungsbeurteilung**
Die Leistungsbeurteilung erfasst und bewertet die tatsächliche Arbeitsleistung, die der Mitarbeiter in der Vergangenheit erbracht hat, wie auch sein Arbeitsverhalten. Zur Arbeitsleistung gehören u. a. Arbeitseinsatz, Arbeitsqualität und Arbeitseffizienz, aber auch Belastbarkeit und Flexibilität. Beim Arbeitsverhalten werden z. B. das persönliche Auftreten, das Organisationstalent, das Verhalten gegenüber Kollegen und Vorgesetzten, die Teamfähigkeit und die Konfliktfähigkeit bewertet.

**2. Potenzialbeurteilung**
Die Potenzialbeurteilung ist zukunftsorientiert. Ausgehend von dem momentanen Tätigkeitsfeld wird hier untersucht, inwieweit sich der Mitarbeiter entwickeln kann. Für welche Aufgaben ist er über seinen Aufgabenbereich hinaus einsetzbar, inwieweit ist er lernfähig, welche Möglichkeiten liegen in ihm noch verborgen?

Prinzipiell gilt bei der Auswahl der Beurteilungskriterien:
▶ Die Anzahl der Beurteilungskriterien sollte aufgrund der Praktikabilität nicht so hoch sein.
▶ Die Auswahl der Beurteilungskriterien sollte sich vorrangig an den Anforderungen des momentanen Arbeitsplatzes orientieren (z. B. welche Aufgaben gibt es und gilt es zu bewältigen, welche Ergebnisse wurden und werden erwartet, welche Kompetenzen und Verhaltensweisen sind gewünscht bzw. notwendig?).
▶ Die Kriterien sollten weitestgehend unabhängig voneinander sein.
▶ Die Kriterien müssen in ihrer Ausprägung beschrieben sein, damit unterschiedliche Beurteiler zu vergleichbaren Ergebnissen kommen können.

## 4.4.5 Formen der Mitarbeiterbeurteilung

Bei der Mitarbeiterbeurteilung gibt es eine Vielzahl unterschiedlicher Verfahrensmöglichkeiten, von denen zwei hier angesprochen werden:

1. **Formlose Beurteilung**
Dieses Verfahren ist an keine Form gebunden. Der Vorgesetzte beschreibt seine Wahrnehmungen und seine Beurteilung mit eigenen Worten. Dabei kann er die individuelle Situation jedes Mitarbeiters im besonderen Maße berücksichtigen. Dieses Verfahren verlangt aber vom Vorgesetzten bestimmte rhetorische Fähigkeiten, da Ausdrucksweisen und Darstellungen leicht missverstanden werden und dann verletzend wirken können. In der Praxis sind solche formlosen Beurteilungen für die meisten Anlässe unbrauchbar, da sie in der Darstellung sehr subjektiv sind, sie unter Umständen unwesentliche Dinge überbetonen bzw. wesentliche Gesichtspunkte unerwähnt lassen und man sie nicht miteinander vergleichen kann.

2. **Formgebundene Beurteilung**
In den formgebundenen Verfahren sind die Fragen oder Beurteilungskriterien vorgegeben. Die Unternehmen setzen meist klar strukturierte Beurteilungsformulare ein. Hierzu zählt das sogenannte Einstufungsverfahren.
**Einstufungsverfahren** sind in der betrieblichen Praxis stark verbreitet. Dabei werden für jedes Beurteilungskriterium die Beobachtungen entweder einem Skalenwert zugeordnet oder in ein Stufensystem eingetragen. Vorteilhaft ist, dass der Prozess standardisiert ist und die Ergebnisse gut vergleichbar sind. Voraussetzung ist allerdings, dass die Beurteilungskriterien dem Beurteilungsanlass entsprechend sinnvoll ausgewählt werden. Problematisch kann allerdings sein, dass sich die Führungskraft bei der Beurteilung zu sehr auf die Beurteilungsmerkmale beschränkt und für Beurteilungsfehler anfälliger ist.

**Beispiel**

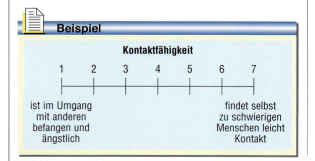

## 4.4.6 Beurteilungsgrundsätze

Bei der Beurteilung können dem Vorgesetzten leicht Fehler unterlaufen. So sind z. B. Wahrnehmungsfehler bei der Informationsaufnahme möglich, die in der Persönlichkeit bzw. Persönlichkeitsstruktur der Führungskraft liegen. Durch eine ausgeprägte Erwartungshaltung, durch Sympathie oder Antipathie oder auch durch Vorurteile entstehen Verzerrungen. Auch durch subjektive Vorlieben werden Informationen selektiert und gefiltert. Ebenfalls wird der strenge Vorgesetzte anders urteilen als ein vorsichtiger oder milder Vorgesetzter.

Neben den persönlichkeitsbedingten Fehlern können aber auch allgemeine Wahrnehmungsfehler auftreten. Hierzu gehören u.a., dass man sich oft vom ersten Eindruck leiten lässt, dass man von der Ausprägung eines Merkmals auf die der anderen schließt, dass man Erfahrungen aus der Vergangenheit in die Gegenwart überträgt oder andersherum erst kurz zurückliegende Erfahrungen intensiver bewertet.

Bei der Beurteilung können dem Vorgesetzten leicht Fehler unterlaufen. Deshalb gilt es, gewisse **Beurteilungsgrundsätze** zu beachten.

▶ Beurteilungen sollten nur aufgrund ständiger sorgfältiger Beobachtungen während des gesamten Beurteilungszeitraums erfolgen.

▶ Persönliche Zu- und Abneigungen dürfen bei der Beurteilung keine Rolle spielen; beurteilt wird die Leistung und nicht die Person.

▶ Der Beurteiler darf sich nicht vom ersten Eindruck oder von zuvor erlebten ähnlichen Situationen/Menschentypen (HALO-Effekt/Déjà-vu-Erlebnisse) beeinflussen lassen.

▶ Der Vorgesetzte sollte nicht auf frühere Beurteilungen zurückgreifen, weil er dann die Veränderungen nicht erfasst.

▶ Es dürfen keine „Projektionsfehler" (Beurteiler geht zu sehr von sich aus) begangen werden.

▶ Der Vorgesetzte darf sich nicht von Vorurteilen anderer beeinflussen lassen.

▶ Es dürfen nicht zu viele Mitarbeiter an einem Tag beurteilt werden; es könnte sonst leicht zu Belastungsfehlern kommen.

▶ Vorgesetzte des Beurteilers sollten bei sehr schlechten oder sehr guten Beurteilungen aufmerksam werden, wenn die beurteilte Person zuvor nicht überdurchschnittlich aufgefallen ist. Es könnte sein, dass der Beurteiler für sich einen Nutzen ziehen möchte, indem er den Mitarbeiter „wegmobbt" oder „weglobt".

## 4.4.7 Beurteilungskriterien

Die Anzahl möglicher Beurteilungskriterien ist groß. Daher ist es wichtig, die Kriterien sinnvoll und für jeden einzelnen Mitarbeiter zielgerichtet auszuwählen. Die Beurteilungskriterien haben folgenden Anforderungen zu genügen:

▶ Sie müssen für den Beruf/die Tätigkeit des Mitarbeiters im Unternehmen bedeutsam sein.
▶ Sie müssen klar voneinander abgegrenzt sein.
▶ Sie müssen eindeutig beschrieben sein.

Die wichtigsten im Gastgewerbe sinnvollen Kriterien lassen sich in folgende Gruppen zusammenfassen:

▶ Fachkönnen
▶ Arbeitsverhalten
▶ Sozialverhalten
▶ Führungsverhalten
▶ Verhalten gegenüber Gästen
▶ Persönliche Qualifikation

| Fachkönnen | Arbeitsverhalten | Sozialverhalten | Führungsverhalten | Verhalten gegenüber Gästen | Persönliche Qualifikation |
|---|---|---|---|---|---|
| ▶ Fachkenntnisse<br>▶ Fertigkeiten<br>▶ Fremdsprachenkenntnisse | ▶ Arbeitstempo<br>▶ Arbeitsgüte<br>▶ Ausdauer<br>▶ Belastbarkeit<br>▶ Einsatzbereitschaft<br>▶ Zuverlässigkeit<br>▶ Pünktlichkeit<br>▶ Selbstständigkeit | ▶ Teamfähigkeit<br>▶ Kritikfähigkeit<br>▶ Umgang mit Kollegen<br>▶ Umgang mit Vorgesetzten und Gästen<br>▶ Kontaktfähigkeit<br>▶ Hilfsbereitschaft | ▶ Mitarbeitermotivation<br>▶ Durchsetzungsvermögen<br>▶ Entscheidungsfähigkeit | ▶ Freundlichkeit<br>▶ Höflichkeit<br>▶ Diskretion<br>▶ Beratungsfähigkeit<br>▶ Einfühlungsvermögen/Reaktionsvermögen | ▶ Sauberkeit<br>▶ Körperpflege<br>▶ Erscheinungsbild<br>▶ Körperhaltung<br>▶ Auffassungsgabe<br>▶ Lernfähigkeit |

## 4.4.8 Beurteilungsgespräch

Ziel eines jeden Beurteilungsgesprächs ist es, möglichst objektiv vorzugehen, wobei sich Subjektivität nie ganz ausschließen lässt. Auf jeden Fall sind Wahrnehmungs-, Bewertungs- und Konstanzfehler weitgehend auszuschließen.
Nachdem die Beurteilungskriterien „stehen", ist deren Gewichtung festzulegen. Diese sollten transparent sein, da ihr auch für Leistungsprämien und Leistungszulagen Bedeutung zukommt. Nach der Beurteilung muss mit dem Mitarbeiter ein Beurteilungsgespräch geführt werden. Dieses Gespräch ist ein wichtiges Führungsmittel und hat die Aufgabe, dem Mitarbeiter zu helfen, seine Leistungen, aber etwaige Schwächen zu erkennen und zu verbessern.

Der Beurteilte wird dem Beurteilungsgespräch eher skeptisch gegenüberstehen. Er ist vom Vorgesetzten abhängig und verhält sich in seiner Reaktion daher meist reserviert. Aber auch für den Vorgesetzten kann das Gespräch durchaus schwierig sein, verlangt es doch eine gewisse Sensibilität dem Mitarbeiter gegenüber. Damit das Gespräch dennoch effektiv und zu beiderseitigem Nutzen verläuft, sollte es in enger Anlehnung an das Beurteilungsformular stattfinden. Der Mitarbeiter sollte dabei seine Beurteilung einsehen können und die stattgefundene Besprechung schriftlich bestätigen.

**Phasen des Beurteilungsgespräches**

| Phasen des Beurteilungsgesprächs ||
|---|---|
| **Phase** | **Begründung** |
| 1. Eröffnung des Gesprächs | Schaffen einer lockeren Atmosphäre. |
| 2. Besprechung positiver Kriterien | Der Beurteilte wird aufgebaut und damit empfänglich für die Aussagen des Beurteilers; es gilt, vor allem Verbesserungen herauszustellen und positiv zu kritisieren. |
| 3. Besprechung negativer Kriterien | Transparente Darstellung, um dem Mitarbeiter nicht die Hoffnung zu nehmen, es in Zukunft besser machen zu können. Tadel immer auf die Sache beziehen (z. B. „die Portionen waren zu klein"), niemals auf die Person (z. B. „Ich hätte erwartet, dass gerade Ihnen dieser Fehler nicht unterläuft"). |
| 4. Stellungnahme des Beurteilten | Der Beurteilte muss die Gelegenheit bekommen, sich rechtfertigen zu können. Die Einwände sind schriftlich festzuhalten. |
| 5. Gemeinsames Finden von Wegen und Mitteln zur Beseitigung der Mängel | Der Mitarbeiter muss das Gefühl bekommen, dass er mit seinen Schwierigkeiten nicht alleine gelassen wird, sondern Hilfe bekommt. |
| 6. Positiver Abschluss des Gesprächs | Die Einwände sind vom Beurteiler zu überdenken. Eventuell wird ein weiteres Gespräch angekündigt. Abschließend wird die Grundlage für die weitere konstruktive Zusammenarbeit ohne Vorbehalte geschaffen. |

## 4.4.9 (Arbeits-)Zeugnisse

Bei jedem Arbeitsplatzwechsel, auch in der Systemgastronomie, wird ein Zeugnis ausgestellt.

### Bei **Beendigung des Arbeitsverhältnisses**
- hat der Arbeitgeber nicht nur die Pflicht, dem Arbeitnehmer dessen Arbeitspapiere zurückzugeben,
- sondern der Arbeitnehmer hat auch den Anspruch, ein **schriftliches Zeugnis erteilt** zu bekommen (*§§ 630 BGB, 113 GewO, 73 HGB, 8 BBiG*; die elektronische Form ist dabei ausgeschlossen).

Das Zeugnis soll die vom Arbeitnehmer im Lebenslauf gemachten Angaben bezüglich seines beruflichen Werdegangs bestätigen und dem nächsten Arbeitgeber einen Eindruck von der geistigen und fachlichen Leistungsfähigkeit des sich bewerbenden Arbeitnehmers vermitteln.

Bezogen auf den Inhalt lassen sich folgende **Zeugnisarten** unterscheiden:
- Schulzeugnisse
- Ausbildungszeugnisse
- Fort- und Weiterbildungszeugnisse
- Arbeitszeugnisse

Die **Schwierigkeit bei Zeugnissen** ist:
- dass sie häufig einen lediglich **subjektiven Eindruck** des betroffenen Arbeitnehmers vermitteln,
- dass sich eine sogenannte **Zeugnissprache** entwickelt hat, die nicht jeder Arbeitnehmer auf seinen eigentlichen Aussagegehalt hin deuten kann,
- dass **Schul**zeugnisse mit zunehmendem Alter des Arbeitnehmers **an Bedeutung** bzw. Aussagekraft **verlieren**,
- dass **Fort- und Weiterbildungs**zeugnisse einen **anerkannten Prüfungsabschluss** haben sollten, um aussagekräftig zu sein.

Das **Arbeitszeugnis** wird unterteilt in:
- **Einfaches Zeugnis**
  Es beinhaltet allein die Angabe der Beschäftigungsdauer sowie der Tätigkeit und dient als Grundlage für folgende Bewerbungen des jeweiligen Arbeitnehmers.
- **Qualifiziertes Zeugnis**
  Es enthält die Angaben des einfachen Zeugnisses, erweitert um Bewertungen hinsichtlich des Verhaltens sowie der Leistung(-sfähigkeit und -swilligkeit) des jeweiligen Arbeitnehmers[1] und gibt die gesamte Tätigkeit und das Verhalten des Arbeitnehmers und deren Auswertung durch den Arbeitgeber wieder.

Das qualifizierte Zeugnis ist somit aussagekräftiger und daher für mögliche folgende Bewerbungen in der Regel aussagekräftiger.
Auf Verlangen des Arbeitnehmers hat der Arbeitgeber ein qualifiziertes Zeugnis zu erstellen.
Im Gegensatz dazu muss das **Ausbildungszeugnis nicht** ausdrücklich verlangt werden, die Erteilung sowie die inhaltliche Ausgestaltung dessen ist vielmehr gem. *§ 8 BBiG* vorgeschrieben.

Das Arbeitszeugnis soll sowohl Arbeitgeber als auch Arbeitnehmer gerecht werden und wird überwiegend in Standardformulierungen abgefasst, die es zu verstehen gilt, wenn man die wahre Beurteilung des jeweiligen Arbeitnehmers erfahren möchte:

Die Beurteilung erfolgt anhand von Schul**noten** (die (Schul-)Noten von **1–6** sind mit folgenden **Formulierungen** gleichzusetzen):

1 „Der Arbeitnehmer hat die ihm übertragenen Aufgaben stets zu unserer vollsten Zufriedenheit erledigt."
2 „Der Arbeitnehmer hat die ihm übertragenen Aufgaben zu unserer vollsten Zufriedenheit erledigt."
3 „Der Arbeitnehmer hat die ihm übertragenen Aufgaben zu unserer vollen Zufriedenheit erledigt."
4 „Der Arbeitnehmer hat die ihm übertragenen Aufgaben zu unserer Zufriedenheit erledigt."
5 „Der Arbeitnehmer hat die ihm übertragenen Aufgaben im Großen und Ganzen zu unserer Zufriedenheit erledigt."
6 „Der Arbeitnehmer hat sich bemüht, die ihm übertragenen Aufgaben zu unserer Zufriedenheit zu erledigen."

Weitere Formulierungen sind u. a.:

| Zeugnisformulierung | tatsächliche Aussage |
|---|---|
| Mit ihrer (seiner) Geselligkeit trug sie (er) zu einem guten Betriebsklima bei. | Sie (Er) neigt zu übertriebenem Alkoholkonsum. |
| Wir bestätigen gern, dass sie (er) mit Fleiß, Ehrlichkeit und Pünktlichkeit an ihre (seine) Aufgaben herangegangen ist. | Sie (Er) hatte darüber hinaus keine fachlichen Qualifikationen. |
| Wir haben sie (ihn) als einsatzwillige(n) und sehr bewegliche(n) MitarbeiterIn kennengelernt, die (der) stets bemüht war, die ihr (ihm) übertragenen Aufgaben zur vollsten Zufriedenheit in ihrem (seinem) und im Interesse des Unternehmens zu lösen. | Diese Formulierung umschreibt, dass die (der) Beurteilte den Arbeitgeber sehr geschickt bestohlen hat. |
| Sie (Er) verstand es, die Aufgaben mit Erfolg zu delegieren. | Sie (Er) hat selbst kaum gearbeitet. |
| Wir haben uns im gegenseitigen Einvernehmen/Einverständnis getrennt. | Der Mitarbeiterin/dem Mitarbeiter wurde gekündigt bzw. nahegelegt, selbst zu kündigen. |

---
[1] Beurteilung umfasst: Persönliche Daten des Arbeitnehmers, Charakteristik des Tätigkeitsberichtes des Arbeitnehmers, Beginn und Ende des Arbeitsverhältnisses, Bewertung der Leistung des jeweiligen Arbeitgebers sowie Einschätzung des Verhaltens des Arbeitnehmers.

Beachtet werden muss beim Lesen von Zeugnissen allerdings, dass nicht jeder Arbeitgeber gleich fit in der Verwendung der Zeugnissprache ist. Auch von möglicher Sympathie oder Antipathie ist der einzelne Arbeitgeber nicht vollkommen frei.

Das Zeugnis sollte daher nicht als alleiniger Maßstab bei der Beurteilung eines Arbeitnehmers herangezogen werden, sondern lediglich als ein Beurteilungskriterium von vielen angesehen werden.

**Beispiel qualifiziertes Arbeitszeugnis:**

### Zeugnis

Frau Kathrin Gitter, geboren am 11.07.1987 in Greifswald, war vom 01. Juni – 30.09.2008 in unserem Betrieb als Aushilfe tätig.

In diesem Zeitraum hatte sie diverse Aushilfstätigkeiten sowohl im Bereich des Service als auch in der Küche vorzunehmen. Frau Gitter hat sehr gewissenhaft und zuverlässig gearbeitet sowie ein großes organisatorisches Geschick bewiesen. Sie hat die ihr übertragenen Arbeiten zügig und stets zu unserer vollen Zufriedenheit erledigt. Sowohl zu Vorgesetzten als auch Mitarbeitern hatte sie ein gutes Verhältnis gepflegt.

Das Arbeitsverhältnis endete mit Ablauf des 30. September 2008. Wir wünschen Frau Gitter für ihren weiteren beruflichen wie persönlichen Lebensweg alles Gute.

Hamburg, 15. November 2008

Gasthaus „Zur Goldenen Henne"

*Kurth Hansen*

## Infobox Sprache

### Personalführung, -entwicklung und Leistungsbeurteilung

| Deutsch | Englisch |
|---|---|
| Anerkennung | recognition, acknowledg(e)ment |
| Arbeitszeugnis | reference |
| Ausbildung | training |
| Bedürfnis(se) | need(s) |
| Besprechung | meeting, conference |
| Beurteilungsgespräch | appraisal interview |
| Einführung neuer Mitarbeiter | introduction of new employees |
| Führungsaufgabe | executive duty, ~ function |
| Führungskompetenz | leadership competence |
| Führungsmittel | managerial instruments |
| Führungsstil | management style |
| Führungstechnik | management technique |
| Gespräch | conversation |
| Kritik | criticism |
| Leistungsbeurteilung | performance review, performance measurement |
| Lob | praise |
| materielle Bedürfnisse | physical needs |
| Mitarbeiter | member of staff, employee |
| Mitarbeiterbeurteilung | employee evaluation |
| Motivation | motivation |
| Personalbeurteilung | employee evaluation, employee appraisal |
| Personalentwicklung | personnel development, human resource development |
| Personalführung | personnel/human resources management |
| Personalschulung | personnel training, personnel instruction |
| Prämie | bonus |
| psychologische Bedürfnisse | psychological needs |
| Vorgesetzter | superior |
| Weiterbildung | further education, further training |

## Aufgaben

1. Zur Aufgabe einer Führungskraft gehört die Beurteilung von Mitarbeiter/innen. Warum sollte die Beurteilung von Mitarbeiter/innen regelmäßig stattfinden?

2. Welche Rechte hat jede/r Mitarbeiter/in in Bezug auf seine Beurteilung?

3. Nennen und erläutern Sie jeweils fünf Beurteilungskriterien, die a) die Leistung und b) das Verhalten der Mitarbeiter/innen erfassen.

4. Erstellen Sie ein Polaritätsprofil zum Merkmal „Arbeitsverhalten".

5. a) Was versteht man unter einem Beurteilungsgespräch?
   b) Wie könnte es ablaufen?

6. Welche Fehler können bei der Beurteilung von Mitarbeiter(n)/innen auftreten. Nennen Sie Beispiele und erläutern Sie diese.

# Übergreifende Aufgaben

1. Frau Weber arbeitet schon seit 5 Jahren in einer Filiale eines systemgastronomischen Unternehmens. Bislang war sie sehr zufrieden mit ihrer Arbeit. Doch in der letzten Zeit hat sie sich von ihrem Vorgesetzten Herrn Jung öfters missverstanden, falsch beurteilt und benachteiligt gefühlt. Jetzt geht sie eher widerwillig zur Arbeit und hat innerlich gekündigt.
   a) Beschreiben Sie, wie eine gute Führungskraft mit einer solchen Situation umgehen sollte.
   b) Wie könnte Herr Jung erreichen, dass Frau Weber wieder motiviert ist?
2. In Ihrem Unternehmen arbeiten Mitarbeiter/innen aus vielen verschiedenen Nationen.
   a) Welche Probleme könnten sich hieraus ergeben?
   b) Wie sollte eine gute Führungskraft mit dieser Situation umgehen?
3. Zur Methodenkompetenz gehört es, Unternehmensziele in Teilziele zu gliedern und dann Entscheidungen zu treffen, die diesen Zielen förderlich sind. In Ihrem Unternehmen soll innerhalb des nächsten Jahres die Gästezufriedenheit erhöht werden.
   Wie gehen Sie vor?
4. Sie haben eine neue Betriebsleiterin bekommen. Diese möchte die Selbstständigkeit aller Mitarbeiter/innen fördern. Wie sollte sie vorgehen?
5. In der letzten Zeit sind in verschiedenen Filialen eines systemgastronomischen Unternehmens Mängel in der persönlichen Hygiene einzelner Mitarbeiter/innen aufgefallen. Wie sind die Mitarbeiter/innen zu motivieren, die vom Unternehmen vorgegebenen Hygienestandards einzuhalten?
6. In einiger Zeit machen Sie Ihre Abschlussprüfung. Entwickeln Sie einen Plan, wie Sie sich sinnvoll darauf vorbereiten.
7. Der Regionalleiter teilt dem örtlichen Management mit, dass der DB 2 (Netto-Verkaufspreis – Wareneinsatzkosten – Personalkosten) Ihres Betriebes um 1 % unter dem Durchschnitt liegt.
   Die Planung umfasst im Wesentlichen die Phasen: Anregen, Suchen, Entscheiden.
   Entwickeln Sie ein Beispiel, wie Sie den Deckungsbeitrag 2 steigern wollen.
8. Sie diskutieren mit einem Kollegen über das Aussprechen von Lob und Anerkennung. Ihr Kollege ist der Meinung, dass eine Normalleistung kein Grund dafür.
   Was antworten Sie ihm?
9. Welche Bedeutung hat die Einführung neuer Mitarbeiter in Ihrem Betrieb?
   a) Erkundigen Sie sich, ob es Systemvorgaben gibt,
   b) beobachten Sie, ob und wie diese Vorgaben umgesetzt werden.
   c) Führen Sie Gespräche mit neuen Mitarbeitern und ermitteln Sie, was diese positiv an Ihrer Einführung fanden und was sie vermisst haben.
   d) Beurteilen Sie, welche Auswirkung „die ersten Tage" auf die Integration und das Arbeitsverhalten dieser neuen Mitarbeiter hat.
10. Erkundigen Sie sich, welche Fort- und Weiterbildungsmaßnahmen Ihr Unternehmen anbietet.
    a) Informieren Sie sich über den jeweiligen Anteil von Quereinsteigern (aus anderen Unternehmen, ggf. auch aus andere Positionen) und Mitarbeitern aus eigenen Reihen im Führungskreis.
    b) Erarbeiten Sie Ihren eigenen Karriereplan.
11. „Lernen kann nicht auf eine bestimmte Zeit begrenzt werden, sondern Lernen ist eine Daueraufgabe."
    Wie können Vorgesetzte diese Forderung unterstützen?
12. In Wirtschaftsmagazinen und Wirtschaftnachrichten der Tageszeitungen lesen Sie immer häufiger, dass feste Einkommensbestandteile kaum erhöht werden (Tarifsteigerungen). Zusätzliches Einkommen kann durch Tantiemen und Prämien erreicht werden.
    Begründen Sie diese Entwicklung.
13. Ihr Betriebsleiter überlegt, Sie als Schichtleiter einzusetzen. Welche Kriterien sind für seine Überlegungen und seine Entscheidung von Bedeutung?
14. Sie sind in der nächsten Woche zu einem Beurteilungsgespräch bei Ihrem Personalverantwortlichen eingeladen. Wie bereiten Sie sich auf dieses Gespräch vor?
15. Erstellen Sie ein Stärke-Schwächen-Profil von sich selber.
16. Sie werden von Ihrem Betriebsleiter für qualifiziert und leistungsstark, dagegen von seinem Vertreter für aufsässig und unkollegial gehalten.
    Wie können diese unterschiedlichen Einschätzungen zustande kommen?
17. Herr Kraft ist nach einem Beurteilungsgespräch mit seinem Vorgesetzten enttäuscht und fühlt sich völlig falsch beurteilt.
    a) Welche Rechte hat er?
    b) Wie sollte er sich verhalten?

1. Als Nachwuchskraft in der Abteilung Personalführung und -entwicklung des Green Paradise haben Sie den Arbeitsauftrag des Personalleiters:
   a) herauszufinden, welche Beurteilungskriterien (die Top-Ten) am häufigsten verwendet werden,
   b) die Vielzahl der möglichen Beurteilungskriterien so zu gliedern, dass zwei mögliche Einteilungen nach Hauptkriterien für die künftige Personalbeurteilung vorliegen.
2. Als weitere Aufgabe wird Ihnen übertragen, die „Geheimsprache" von Arbeitszeugnissen an dem Beispiel der Ihnen vorliegenden Bewerberzeugnisse für das Auswahlverfahren um die ausgeschriebene Stelle der/s Restaurantleiterin/s aufzubereiten:
   a) Nachstehende Aussagen im Zeugnis sind nicht nur zu „übersetzen", sondern auch den entsprechenden Arbeitnehmereigenschaften zuzuordnen und mit „Schulnoten" (1–6) zu versehen:
   „Herr ... bewies ein überdurchschnittliches Analyse- und Urteilsvermögen"
   „Frau ... erzielte aufgrund ihres umfangreichen und besonders fundierten Fachwissens immer weit überdurchschnittliche Erfolge"
   „Herr ... verhielt sich gegenüber Gästen, Vorgesetzten und Mitarbeitern gut"
   „Frau ... danken wir für ihre Mitarbeit in unserem Unternehmen"
   b) In der Praxis haben sich bei der Beurteilung von Arbeitszeugnissen vier Grundsätze entwickelt, die es beim Ausstellen zu beachten gilt. Finden Sie diese heraus und erläutern Sie, was jeweils „dahinter steckt".

# 5 Arbeits- und Sozialrecht

Das Arbeits- und Sozialrecht bildet den rechtlichen Rahmen der Personalwirtschaft. Hier greifen zahlreiche Gesetze, Verordnungen, Tarifverträge, Betriebsvereinbarungen und der einzelne Arbeitsvertrag ineinander. Diese gelten teils für alle Arbeitsverhältnisse gleichermaßen, teils für die Systemgastronomie oder bestimmte Beschäftigtengruppen.

## Situation

Der folgende Fall spricht verschiedene Teilgebiete des Arbeits- und Sozialrechtes an und macht ihre Wechselbeziehungen deutlich. Diskutieren Sie zum Einstieg gemeinsam den Fall unter Berücksichtigung der angesprochenen Aspekte. Eine Lösung ist hier noch nicht erforderlich!

Erörtern Sie die ein Arbeitsverhältnis bestimmenden Ebenen: Gesetz – Tarifvertrag – Betriebsvereinbarung – Arbeitsvertrag.

Gehen Sie im Rahmen der folgenden Kapitel vertieft auf die angesprochenen Punkte ein.

Sonja Silber ist nach ihrer Ausbildung zur Fachfrau für Systemgastronomie seit einem Jahr als Betriebsleiterassistentin in dem Green Paradise-Filialbetrieb in München tätig. Am 1. Juni 2009 erhält sie per Einwurf-Einschreiben folgendes Schreiben der Unternehmenszentrale:

---

Frau
Sonja Silber
Silbergasse 13
80000 München

Kündigung                                                                                           30. Mai 2009

Sehr geehrte Frau Silber,

hiermit kündigen wir das mit Ihnen bestehende Arbeitsverhältnis form- und fristgemäß zum 30. Juni 2009.

Die Kündigung erfolgt aus betrieblichen Gründen, da der Sie beschäftigende Betrieb in München zum 20. Juni 2009 geschlossen wird. Aus diesem Grunde werden die Arbeitsverhältnisse aller dort beschäftigten Mitarbeiter aufgelöst. Eine Sozialauswahl war daher nicht erforderlich.

Der Betriebsrat wurde angehört.

Wir fordern Sie auf, bis zum 30. Juni 2009 entsprechend des gültigen und Ihnen bekannten Dienstplans am Arbeitsort zu erscheinen, da wir für die nötigen Aufräum- und Renovierungsarbeiten Ihre Mitarbeit benötigen.

Wir weisen Sie darauf hin, dass Sie sich unverzüglich nach Erhalt der Kündigung bei der Agentur für Arbeit persönlich arbeitssuchend zu melden haben und bei der Suche nach einem Arbeitsplatz selbst aktiv werden müssen.

Ort, Datum
Unterschrift der Geschäftsleitung

---

Sonja Silber ist völlig überrascht, die Kündigung im Briefkasten zu finden. Sie meint, dass eine so kurzfristige Kündigung nicht angehen könne. Außerdem kann sie ohnehin nicht verstehen, dass der Betrieb geschlossen wird, denn er läuft gut. Sie will daher auf jeden Fall gegen die Kündigung vorgehen.

In München gibt es noch einen weiteren Filialbetrieb von Green Paradise sowie einen Franchisebetrieb. Sonja Silber wäre auch bereit, in einem dieser Betriebe weiterzuarbeiten, notfalls auch im Service. Dort sind mehrere jüngere Mitarbeiter beschäftigt, die ja wohl als Erste gekündigt werden müssten. Jedenfalls hat sie keine Lust, während ihrer letzten zehn Arbeitstage noch Putz- und Renovierarbeiten zu verrichten. Beim Blick auf ihre letzte Lohnabrechnung stellt sie auch fest, dass sie für das laufende Jahr noch 4 Tage Urlaub nach dem Tarifvertrag hat.

Als Sonja Silber beim Betriebsrat nachfragt, erfährt sie, dass dieser den Kündigungen widersprochen hat. Sie meint, dass damit die Kündigung null und nichtig sein müsste. Betriebsrat und Kollegen beschließen daraufhin, gegen die Betriebsschließung und die Kündigungen zu streiken.

Zwei Tage später geht Sonja Silber zum Arzt und erfährt dort, dass sie in der 4. Woche schwanger ist.

# 5.1 Tarifvertrag

> **Situation**
>
> Die Realschülerin Sabine interessiert sich für eine Ausbildung zur Fachfrau für Systemgastronomie. Bevor sie sich bewirbt, will sie aber wissen, was sie während und nach der Ausbildung verdienen kann.

Arbeitsverhältnisse können ergänzend durch Tarifverträge geregelt werden. **Tarifverträge** sind Verträge zwischen einer Gewerkschaft und einer Arbeitgebervereinigung oder einem einzelnen Arbeitgeber **(= Tarifvertragsparteien)**.

Handelt ein Arbeitgeberverband den Tarifvertrag für die ihm angeschlossenen Arbeitgeber aus, spricht man von einem **Flächentarifvertrag**.

Schließt ein einzelner Arbeitgeber den Tarifvertrag mit der Gewerkschaft ab, handelt es sich um einen **Haus- oder Firmentarifvertrag**.

In der Systemgastronomie gibt es verschiedene regional oder bundesweit geltende Flächentarifverträge sowie in mehreren Unternehmen Haustarifverträge.

Ein Tarifvertrag regelt wie jeder Vertrag Rechte und Pflichten der Vertragsparteien (= **schuldrechtliche Wirkung**). Für den Tarifvertrag bedeutet dies, dass sich die Tarifvertragsparteien verpflichten, für die Durchführung des Vertrages zu sorgen und alles zu unterlassen, was diesen gefährdet.

Darüber hinaus enthält der Tarifvertrag aber auch Rechtsnormen **(normative Wirkung)**. Diese binden die tarifgebundenen Arbeitgeber und Arbeitnehmer (d. h. für Mitglieder im Arbeitgeberverband bzw. Gewerkschaft) wie ein Gesetz. Der Tarifvertrag entfaltet also auch Wirkung für die Arbeitsvertragsparteien. **Allgemein verbindliche** Tarifverträge gelten für alle Arbeitsverhältnisse, unabhängig von einer Verbands- oder Gewerkschaftsmitgliedschaft. Wenn im Arbeitsvertrag auf den Tarifvertrag Bezug genommen wird, gelten die Normen des Tarifvertrags individualvertraglich.

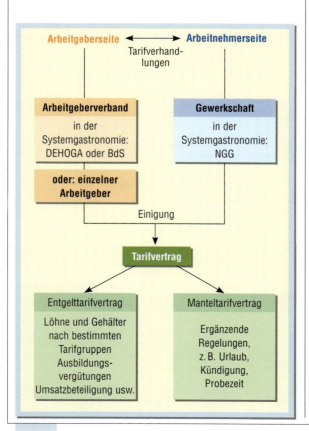

| Tarifvertrag | | | |
|---|---|---|---|
| **schuldrechtliche Wirkung** | | **normative Wirkung** | |
| zwischen den **Tarifvertragsparteien** | | bei Tarifbindung auf das einzelne **Arbeitsverhältnis** unmittelbar und zwingend (= gesetzesgleich). Abweichungen zulasten des Arbeitnehmers sind unwirksam (**Günstigkeitsprinzip**) | |
| Durchführungspflicht | Friedenspflicht | Abschluss-, Inhalts- und Beendigungsnormen | Betriebsnormen, Normen zur Betriebsverfassung, gemeinsame Einrichtungen der Tarifvertragsparteien |
| Die Tarifvertragsparteien vermeiden alles, was die Erfüllung des Vertrages infrage stellen könnte. Sie unterrichten ihre Mitglieder über den Vertragsinhalt. Sie halten ihre Mitglieder zur Einhaltung des Vertrages an (Einwirkungspflicht). | Während der Laufzeit und im Geltungsbereich des Tarifvertrags unterlassen die Tarifvertragsparteien alle Kampfmaßnahmen (Streik, Aussperrung). | z. B.<br>– Lohn und Gehalt<br>– Arbeitszeit<br>– Urlaub<br>– Kündigungsfristen<br>– Probezeit<br>– Mehrarbeit | z. B.<br>– Einrichtung von Umkleide- oder Ruheräumen<br>– Rauchverbote |

Als **Tarifautonomie** bezeichnet man die Befugnis der Tarifvertragsparteien, normativ und ohne staatliche Einflussnahme gesetzesgleich Regeln zu verhandeln und festzusetzen. Diese wird durch das *Grundgesetz* geschützt. *Artikel 9 Absatz 3 Grundgesetz* schützt die sogenannte **Koalitionsfreiheit**. Das ist die Freiheit, Koalitionen (das sind vom Staat unabhängige Gewerkschaften und Arbeitgeberverbände) zu bilden und diesen beizutreten. Auch das Recht, Koalitionen fernzubleiben (= negative Koalitionsfreiheit) ist entsprechend geschützt, ebenso wie das Recht zu Arbeitskampfmaßnahmen.

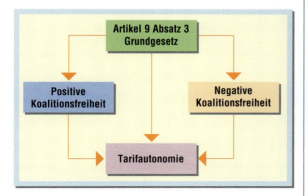

Tarifverträge entstehen in wechselseitigen Verhandlungen. Sie stellen daher immer einen Kompromiss zwischen den Positionen der Tarifvertragsparteien dar. Lässt sich auf dem Verhandlungswege keine Einigung erzielen, kann es zum **Arbeitskampf** (Streik und Aussperrung) kommen.

Zulässig sind nur Arbeitskampfmaßnahmen zur Erzwingung von Tarifregelungen, nicht aber zur Durchsetzung politischer Forderungen.

Kurzfristige Streiks während der Tarifverhandlungen bezeichnet man als **Warnstreiks**. Ein sogenannter wilder Streik liegt vor, wenn einzelne Arbeitnehmer ohne Streikbeschluss der Gewerkschaft die Arbeit niederlegen; **wilde Streiks** sind unzulässig.

Die **Aussperrung** erfolgt praktisch immer als Abwehraussperrung, d. h. als Antwort der Arbeitgeberseite auf einen angekündigten oder bereits ausgerufenen Streik.

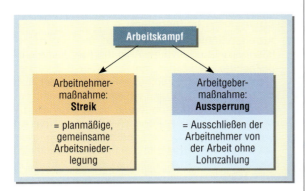

Mit Streik bzw. Aussperrung stören Arbeitnehmer bzw. Arbeitgeber gezielt die Arbeitsbeziehung, um eine bestimmte tarifliche Regelung zu erreichen. So wie im Sport Box- oder Ringkämpfe nach Regeln ablaufen, sind auch im Arbeitskampf bestimmte Grundsätze zu berücksichtigen. Diese Regeln dienen dazu, die Kampfparität der Parteien (= Verhandlungsgleichgewicht) zu erhalten.

### Aufgaben

1. Unterscheiden und erläutern Sie die Begriffe Flächen- und Haustarifvertrag.
2. a) Welche drei möglichen Tarifvertragsparteien gibt es grundsätzlich?
   b) Konkretisieren Sie dies für die Systemgastronomie.
3. a) Ist auf Ihren Ausbildungsvertrag ein Tarifvertrag anwendbar? Wenn ja, welcher?
   b) Informieren Sie sich über die tarifliche Situation in Ihrem Ausbildungsunternehmen.

## 5.2 Arbeitsverträge und deren Wirkung

### Situation

Bestimmen Sie die Bedeutung der vorstehenden Karikatur.

Das zwischen Arbeitgeber und Arbeitnehmer bestehende Rechtsverhältnis ist das Arbeitsverhältnis. Zu seiner Begründung wird der Arbeitsvertrag geschlossen; Arbeitsverhältnis und Arbeitsvertrag sind somit nicht identisch.

Für den wirksamen bzw. nachweisbaren Abschluss eines Arbeitsvertrages sind die nachstehenden Bedingungen zu erfüllen:

a) **Für die vertragsschließende Person**
Jede natürliche Person kann einen Arbeitsvertrag abschließen, soweit sie voll geschäftsfähig ist, also in der Regel mit Volljährigkeit. Beschränkt Geschäftsfähige können das nur mit Zustimmung des gesetzlichen Vertreters (§ 108 BGB) bzw. wenn dieser sie ermächtigt hat, „in Dienst oder in Arbeit" zu treten (§ 113 BGB).

b) **Für die Form des Vertrages**
Es gilt der Grundsatz der Vertragsfreiheit (kein Zwang zum schriftlichen Vertragsabschluss, freie Gestaltungsmöglichkeiten), soweit er nicht durch gesetzliche oder vertragliche Vorschriften eingeschränkt ist.
**Beispiel:** Ein Ausbildungsvertrag ist nur in schriftlicher Form rechtsgültig.

c) **Für den Inhalt des Vertrages**
Im Sinne der Nachweisbarkeit (§ 2 NachwG) sollte der schriftliche Arbeitsvertrag mindestens die folgenden Inhalte haben:

| | |
|---|---|
| → Daten der AN, (Name, Geburtsdatum, Anschrift) | → Urlaubsdauer |
| → Daten des AG (Name und Anschrift) | → Höhe und Zusammensetzung des Entgelts, z. B. Nettolohn |
| → Beginn des Arbeitsverhältnisses; ggf. dessen Ende | → Sozialleistungen |
| → Arbeitsort und -zeit | → Kündigungsfristen |
| → Art der Arbeit | → anzuwendende Tarifverträge und Betriebsvereinbarungen |

Gehen Arbeitgeber und -nehmer ein Arbeitsverhältnis ein, ergeben sich daraus für beide Parteien nachstehende Pflichten:

**Pflichten des Arbeitgebers:**

1) **Lohnzahlungspflicht:** Die Pflicht zur Zahlung einer Vergütung gem. vertraglicher Vereinbarung oder nach den Tarifbestimmungen.

2) **Fürsorgepflicht:** Der Arbeitgeber hat ein allgemeines soziales Schutzprinzip einzuhalten, das nicht für sämtliche Einzelfälle besonders festgelegt ist; als Einzelpflichten kommen u.a. Schutz- und Obhutspflichten, Mitteilungs- und Erkundungspflichten sowie Anzeige- und Auskunftspflichten in Betracht.

3) **Gleichbehandlungspflicht:** Der Arbeitgeber darf einzelne Arbeitnehmer nicht willkürlich schlechter stellen und muss Benachteiligungen und/oder Belästigungen durch geeignete, erforderliche sowie angemessene – auch vorbeugende – Maßnahmen beseitigen oder verhindern (z. B. durch Auslegen von Merkblättern, Schulungen) sowie Gespräche mit Betroffenen, Abmahnungen oder u. U. sogar Kündigungen. Dieses ergibt sich aus der Fürsorgepflicht des Arbeitgebers; darüber hinaus aus dem *Allgemeinen Gleichbehandlungsgesetz (AGG)*.

4) **Beschäftigungspflicht:** Der Arbeitgeber hat den Arbeitnehmer entsprechend der vereinbarten Tätigkeit zu beschäftigen.

5) **Urlaubsgewährungspflicht:** Die Pflicht zur Freistellung des Arbeitnehmers von der Arbeitspflicht für einen bestimmten Zeitraum unter Fortzahlung der Vergütung.

**Pflichten des Arbeitnehmers:**

1) **Arbeitspflicht:** Alle im Rahmen des Arbeitsverhältnisses übertragenen Aufgaben sind vom Arbeitnehmer persönlich, gewissenhaft und zeitgerecht auszuführen. Fehlt eine Festlegung der Aufgaben im Einzel- oder Tarifvertrag, bestimmt der Arbeitgeber – insbesondere in den Einzelheiten – durch sein Direktions- und Weisungsrecht die Art der Arbeitsleistung; dies beschränkt sich allerdings auf die Arbeiten, die für eine bestimmte Stelle als üblich betrachtet werden (§ 242 BGB, § 59 HGB).

2) **Treuepflicht:** Der Arbeitnehmer hat sich nach besten Kräften für die Interessen des Arbeitgebers und des Betriebes einzusetzen; eine Verletzung der Treuepflicht würde z. B. darstellen:
   – Preisgabe von Betriebsgeheimnissen wie Kalkulationen usw.,
   – unsachgemäße Behandlung von Betriebseinrichtungen, technischen Geräten usw.

3) Pflicht, Benachteiligungen sowie Belästigungen (insbesondere sexueller Natur) der Mitarbeiter/-innen zu unterlassen

# 3 Arbeitsverträge und deren Wirkung

## Arten von Arbeitsverhältnissen

Der „Grundtyp" einer abhängigen Beschäftigung ist das dauerhafte (= unbefristete) **Vollzeitarbeitsverhältnis**. Darüber hinaus gibt es verschiedene besondere Arten von Beschäftigungsverhältnissen, für die arbeits- oder sozialrechtliche Besonderheiten gelten. Die in der Systemgastronomie wichtigsten sind:

| | Worum geht es? | Was sind die arbeits-/sozialrechtlichen Besonderheiten? |
|---|---|---|
| **Befristetes Arbeitsverhältnis** (§ 14 Teilzeit- und Befristungsgesetz) | Das Arbeitsverhältnis ist auf eine bestimmte Zeit geschlossen (z. B. für ein Jahr oder bis zur Rückkehr eines Kollegen, der vertreten wird). | • Eine Befristung kann aus bestimmten sachlichen Gründen erfolgen, z. B. zur Erprobung oder wegen einer Elternzeitvertretung.<br>• Eine Befristung ohne sachlichen Grund ist nur bei Neueinstellungen und für die Höchstdauer von zwei Jahren zulässig. Innerhalb dieser zwei Jahre ist eine höchstens dreimalige Verlängerung zulässig.<br>• Ein befristeter Arbeitsvertrag endet automatisch mit Zeitablauf bzw. Zweckerreichung (ohne Kündigung).<br>• Befristet beschäftigte Arbeitnehmer dürfen nicht benachteiligt werden. |
| **Teilzeitarbeitsverhältnis** (§ 8 Teilzeit- und Befristungsgesetz) | Die regelmäßige Wochenarbeitszeit ist kürzer als die eines vergleichbaren vollzeitbeschäftigten Arbeitnehmers. | • Die Arbeitsvertragsparteien können einvernehmlich Teilzeit vereinbaren.<br>• Arbeitnehmer haben unter bestimmten Voraussetzungen einen Anspruch auf Verringerung ihrer Arbeitszeit.<br>• Teilzeitbeschäftigte dürfen nicht benachteiligt werden. |
| **„Minijob"** Geringfügig entlohnte Beschäftigung (§ 8 Sozialgesetzbuch IV) | Der Arbeitnehmer verdient regelmäßig nicht mehr als 400,00 € im Monat. | • Arbeitsrechtlich sind Minijobber und Gleitzonenbeschäftigte Teilzeitbeschäftigte und genauso zu behandeln wie alle anderen Teilzeitkräfte.<br>• Die Besonderheiten sind sozialversicherungs- und steuerrechtlicher Art (dazu unter 4.5 Sozialversicherungsrecht). |
| **Kurzfristige Beschäftigung** (§ 8 Sozialgesetzbuch IV) | Die Beschäftigung ist auf längstens 2 Monate oder 50 Arbeitstage nach ihrer Eigenart oder im Voraus vertraglich begrenzt. | |
| **„Midijob"** Gleitzonenbeschäftigung (§ 20 Sozialgesetzbuch IV) | Der Arbeitnehmer verdient zwischen 400,01 € und 800,00 € | |
| **Arbeit auf Abruf** (§ 12 Teilzeit- und Befristungsgesetz) | Der Arbeitnehmer hat seine Arbeitsleistung entsprechend dem Arbeitsanfall zu erbringen. | Der Arbeitnehmer ist nur zur Arbeit verpflichtet, wenn er die Lage der Arbeitszeit mindestens vier Tage im Voraus erfährt. |
| **Leih- oder Zeitarbeitsverhältnis** (Arbeitnehmerüberlassungsgesetz) (auch Personalleasing genannt) | Der Arbeitnehmer wird von seinem Arbeitgeber (= Verleiher) an einen Dritten (= Entleiher) gewerbsmäßig zur Arbeit überlassen. | • Ein Arbeitsvertrag besteht nur zwischen Entleiher und Arbeitnehmer. Zwischen Entleiher und Arbeitnehmer gibt es keine vertragliche Beziehung.<br>• Der Entleiher benötigt eine Erlaubnis.<br>• Der Arbeitnehmer darf gegenüber den anderen Beschäftigten des Entleihers nicht benachteiligt werden, es sei denn, es gilt beim Verleiher ein Tarifvertrag. |
| **Arbeitsverhältnis mit ausländischen Arbeitnehmern** (Zuwanderungsgesetz Beschäftigungsverordnung) | Zu differenzieren ist zwischen Arbeitnehmern aus der „alten" EU, solchen aus den neuen, osteuropäischen Beitrittsstaaten und sog. Drittstaatenangehörigen. | Ausländische Arbeitnehmer, die nicht aus den EU-Mitgliedsstaaten von vor 2004 kommen, benötigen eine Arbeitserlaubnis. |

## Begriff des Arbeitnehmers

**Arbeitnehmer** ist, wer aufgrund eines Dienstvertrages für einen anderen (= Arbeitgeber) persönlich abhängige, weisungsgebundene Arbeit verrichtet. Abzugrenzen ist dies insbesondere von Menschen, die aufgrund von Werkverträgen oder selbstständigen Dienstverträgen tätig sind. Diese stehen nicht in einem Arbeitsverhältnis, sondern sind **selbstständig** als Unternehmer tätig. Nehmen sie bestimmte Aufgaben in einem anderen Betrieb wahr (z.B. Gebäudereinigung), bezeichnet man dies als **Outsourcing**. Selbstständige sind dadurch gekennzeichnet, dass sie nicht weisungsgebunden und nicht in die Betriebsstruktur und -hierarchie eingebunden sind. Wenn eine Personengruppe nur formal selbstständig ist, jedoch tatsächlich aber genauso behandelt wird wie Arbeitnehmer, sind sie sogenannte **Scheinselbstständige**. Dies birgt ein großes Kostenrisiko für den Arbeitgeber, da ggf. nachträglich Sozialversicherungsbeiträge abzuführen sind.

### Aufgaben

1. Wodurch kann ein Arbeitsverhältnis allein durch einen Arbeitsvertrag begründet werden?
2. Grundsätzlich besteht Vertragsfreiheit, d.h., der Arbeitsvertrag muss nicht schriftlich abgeschlossen worden sein, um wirksam zu werden.
   Welche Ausnahme von diesem Grundsatz kennen Sie in Verbindung mit der Beschäftigung von Anfängern?
3. Stellen Sie die Situation nach, bei der an einem Arbeitsplatz ein Arbeitnehmer von einem anderen gemobbt wird. Welche Vorschriften sind betroffen?
   Nennen Sie Rechte und Pflichten der Beteiligten.
4. Nennen Sie besondere Arten von Arbeitsverhältnissen und erläutern Sie diese kurz.
5. Tragen Sie in der Klasse verschiedene tarifliche und arbeitsvertragliche Regelungen zu folgenden Themen zusammen und vergleichen Sie diese:
   – Urlaubsdauer
   – Probezeit
   – Kündigungsfristen
6. Wie oft und für welche Gesamtdauer kann ein Arbeitsvertrag befristet werden?
7. Ein Arbeitsvertrag enthält eine Regelung, wonach die Arbeitnehmerin als Teilzeitbeschäftigte kein Urlaubsgeld erhält. Ist diese Regelung rechtens? Begründen Sie.

## 5.3 Arbeitnehmerschutz

### Situation

Das vorstehende Schaubild zeigt die Felder des Arbeitsschutzes auf; im Bereich des Arbeitsrechts ist die linke Seite des Schaubilds, der soziale Arbeitsschutz, näher zu betrachten.

Die wesentlichen gesetzlichen Bestimmungen zum Arbeitnehmerschutz im Rahmen des Arbeitsrechts lassen sich wie folgt gliedern:

### Kündigungsschutz

Der „allgemeine Kündigungsschutz" bietet dem Arbeitnehmer im Wesentlichen Beistand, wenn er eine
▶ ordentliche oder
▶ außerordentliche Kündigung
als nicht gerechtfertigt ansieht.

| Ordentliche Kündigung | Außerordentliche Kündigung |
|---|---|
| Eine rechtmäßige ordentliche Kündigung ist nur möglich bei<br>• unbefristeten Arbeitsverträgen und<br>• unter Einhaltung bestimmter Kündigungsfristen.<br><br>Es gilt eine gesetzliche Kündigungsfrist von vier Wochen zum Monatsende oder zum 15. eines Monats. Durch Tarifverträge werden die Kündigungsfristen in der Regel modifiziert (verlängert oder verkürzt), d.h., bei länger währenden Arbeitsverhältnissen verlängert sich die Kündigungsfrist.<br><br>Befindet sich ein Arbeitnehmer noch in der **Probezeit**, so beträgt die gesetzliche Kündigungsfrist zwei Wochen; die Dauer der Probezeit lässt sich vereinbaren, sie darf jedoch höchstens sechs Monate dauern. Die meisten gastgewerblichen Tarifverträge sehen aber kürzere Probezeiten vor. | Eine außerordentliche (= fristlose) Kündigung ermöglicht jedem Vertragspartner, ohne die Einhaltung einer Frist das Arbeitsverhältnis zu lösen.<br><br>Bedingung ist jedoch, dass einer Partei die Fortsetzung des Arbeitsverhältnisses nicht mehr zugemutet werden kann; dazu muss ein wichtiger Grund vorliegen, der in jedem Einzelfall nachzuweisen ist.<br><br>Meist handelt es sich um schwerwiegende Verletzungen der vertraglichen Pflichten (s. Kap. 5.2). |

Grundlage für den allgemeinen Kündigungsschutz ist das *Kündigungsschutzgesetz (KSchG)*:

| | Kündigungsschutzgesetz |
|---|---|
| **Definition** | Das *Kündigungsschutzgesetz* ist die Grundlage, dem Arbeitnehmer<br>• neben allgemeinen Bedingungen *(BGB, HGB, GewO)* und<br>• speziellen Gesetzen (z. B. *MuSchG, SGB IX)*<br>einen Rechtsschutz vor sozial ungerechtfertigten Kündigungen zu gewähren. |
| **Anwendungs-bereich** | Zu beachten sind beim *Kündigungsschutzgesetz* zwei Anwendungsschwellen:<br>In Betrieben mit **zehn** oder weniger Arbeitnehmern gilt das Gesetz nicht für neu eingestellte Arbeitnehmer, d. h. für Arbeitnehmer, deren Arbeitsverhältnis nach dem 31. Dezember 2003 begonnen hat.<br>Arbeitnehmer, die am 31. Dezember 2003 in einem Betrieb mit **mehr** als fünf Arbeitnehmern beschäftigt waren, gilt weiterhin Kündigungsschutz nach dem *KSchG*. Unter Zugrundelegung der bisherigen Anwendungsschwelle des *Kündigungsschutzgesetzes* behalten diese Arbeitnehmer ihren Kündigungsschutz so lange, wie im Betrieb mehr als fünf Arbeitnehmer tätig sind, die am 31. Dezember dort schon beschäftigt waren. |
| **Wichtige Inhalte** | Das *KSchG* legt durch § 1 fest, dass für eine ordentliche Kündigung bestimmte sachliche Gründe vorliegen müssen:<br>• personenbedingte Gründe oder<br>• verhaltensbedingte Gründe oder<br>• betriebsbedingte Gründe.<br>Eine Kündigung ist rechtsunwirksam, wenn sie sozial ungerechtfertigt ist: Das ist nach § 1 Abs. 3 S. 1 KSchG der Fall, wenn sie nicht durch einen der o. g. Gründe bedingt ist, die einer Weiterbeschäftigung des Arbeitnehmers in dem Betrieb entgegenstehen.<br>Eine Kündigung ist ferner sozial ungerechtfertigt, wenn<br>• der Arbeitnehmer an einem anderen Arbeitsplatz im Unternehmensbereich weiterbeschäftigt werden kann oder<br>• eine Weiterbeschäftigung nach Umschulungsmaßnahmen unter geänderten Bedingungen möglich wäre<br>(vgl. § 1 Abs. 2 Nr. 1 KSchG und § 102 BetrVG). |
| **Konkretes Ziel** | Schutz der Arbeitnehmer vor<br>• sachlich unbegründeten Kündigungen bzw.<br>• sozial ungerechtfertigten Kündigungen. |

Darüber hinaus gewährt das *Kündigungsschutzgesetz* einen „weitergehenden Kündigungsschutz"; so gelten z. B. **besondere Kündigungsvorschriften** für

▶ **Massenentlassungen** *(§§ 17 bis 22 KSchG)*, um die Arbeitnehmer vor groß angelegten Kündigungen zu schützen,
▶ **Betriebs- bzw. Personalratsmitglieder** und Wahlwerber: Sie sind vor jeder ordentlichen Kündigung geschützt *(§ 15 KSchG)*, um sie in die Lage zu versetzen, ein derartiges Amt anzustreben bzw. auszuüben. Der Schutz endet bei Betriebs-/Personalratsmitgliedern ein Jahr nach Beendigung der Amtszeit.
▶ Arbeitnehmer, die nicht in den Anwendungsbereich des *Kündigungsschutzgesetzes* fallen, sind vor willkürlichen Kündigungen geschützt.

## Arbeitszeitschutz

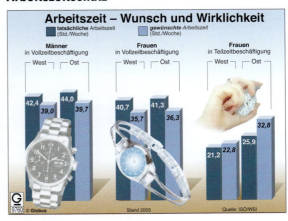

| | Arbeitszeitschutz | | | |
|---|---|---|---|---|
| **Ziel** | Schutz der Arbeitnehmer durch<br>• sichere Gewährung eines Mindestmaßes an Freiheit sowie<br>• Festlegung bestimmter Zeiten, zu denen im Rahmen eines Arbeitsverhältnisses gearbeitet werden darf. | | | |
| **Wesentliche Vorschriften** | Die wesentlichen Vorschriften zum Arbeitsschutz sind im *Arbeitszeitgesetz (ArbZG)* festgelegt. Dieses gilt für Personen, die über 18 Jahre alt sind. | | | |
| | **Normalarbeitszeit** | **Sonntagsarbeit** | **Pausen** | **Nachtarbeit** |
| | Die Normalarbeitszeit ist auf 8 Stunden an Werktagen beschränkt *(§ 3 ArbZG)* – eine Verlängerung auf 10 Stunden ist möglich. | Im Gastgewerbe gilt kein Verbot der Sonn- und Feiertagsbeschäftigung. Mindestens 15 Sonntage/Jahr müssen jedoch beschäftigungsfrei bleiben. Außerdem sind Ersatzruhetage zu gewähren. Viele Tarifverträge sehen Zuschläge vor *(§ 11 ArbZG)*. | Pausen sind zwingend vorgeschrieben. Ein Arbeitstag zwischen 6 und 9 Stunden muss z. B. mind. eine zusammenhängende Pause von 30 Minuten enthalten *(§ 4 ArbZG)*. | Nachtarbeitnehmer haben ein Recht auf arbeitsmedizinische Untersuchungen. Außerdem ist zwingend ein Freizeitausgleich zu gewähren oder Nachtzuschlag zu zahlen *(§ 6 ArbZG)*. |

# 3 Arbeitnehmerschutz

## Urlaubsschutz

| Urlaubsschutz | |
|---|---|
| **Ziel** | Festlegen von bindenden Mindestbestimmungen: Auch im Einzelarbeitsvertrag, in einer Betriebsvereinbarung oder im Tarifvertrag sind keine Abweichungen nach unten möglich. |
| **Wesentliche Vorschriften** | Das *Bundesurlaubsgesetz (BUrlG)* regelt Anspruch und Länge des Jahresurlaubs. Nach sechsmonatigem Bestehen des Arbeitsverhältnisses wird erstmalig der volle Urlaubsanspruch erworben (§ 4 BUrlG). |

| Urlaubsanspruch | Zeitpunkt der Inanspruchnahme | Zeitliche Übertragbarkeit | Erkrankung während des Urlaubs |
|---|---|---|---|
| Jeder vollzeitbeschäftigte Arbeitnehmer hat im Kalenderjahr einen Urlaubsanspruch von mind. 24 Werktagen (§§ 1ff. BUrlG). Bei Teilzeitarbeitnehmern vermindert sich der Anspruch entsprechend. | Wann der Urlaub genommen wird, soll dem Arbeitnehmer überlassen werden, soweit dem Urlaubswunsch keine dringenden betrieblichen Gründe entgegenstehen (§ 7 BUrlG). | Eine Übertragung des Urlaubsanspruchs in das folgende Kalenderjahr ist nur aus dringenden betrieblichen oder persönlichen Gründen möglich (§ 7 BUrlG). | Eine während des Urlaubs durch ärztliches Attest nachgewiesene Erkrankung wird nicht dem Urlaub angerechnet. Der erwünschte Erholungseffekt durch Urlaub könnte anderenfalls nicht eintreten (§ 9 BUrlG). |

Die meisten gastgewerblichen Tarifverträge weiten den gesetzlichen Urlaubsanspruch aus.

## Mutter- und Erziehungsschutz

| Mutter- und Erziehungsschutz | |
|---|---|
| **Ziel** | Gewähren eines über die allgemeinen Bedingungen hinausgehenden Schutzes, der die besondere körperliche Konstitution (= Verfassung) berücksichtigt und/oder für finanzielle Absicherung sorgt. |
| **Wesentliche Vorschriften** | Die wesentlichen Vorschriften sind in den folgenden Gesetzen verankert:<br>▶ *Mutterschutzgesetz (MuSchG)*<br>▶ *Bundeselterngeld- und Elternzeitgesetz (BEEG)*<br>▶ *Arbeitszeitgesetz (ArbZG)* |
| **Mutterschutz** | Das *Mutterschutzgesetz* schreibt vor, dass<br>▶ werdenden Müttern keine schweren körperlichen Arbeiten zu übertragen sind, dazu zählen insbesondere Arbeiten bei großer Hitze oder Kälte (Küche, Kühlhaus), schweres Heben oder Tragen über 5 bzw. 10 kg, Akkord- und Fließbandarbeit (§ 3 MuSchG),<br>▶ Mehr-, Nacht- und Sonntagsarbeit stark eingeschränkt sind (§ 8 MuSchG),<br>▶ werdende Mütter 6 Wochen **vor** der zu erwartenden Niederkunft nur mit ihrer Einwilligung beschäftigt werden dürfen (kann aber jederzeit widerrufen werden); innerhalb der 8-wöchigen Schutzfrist (Einfachgeburt) **nach** der Entbindung nicht, auch nicht auf eigenen Wunsch (§ 3 u. 6 MuSchG),<br>▶ eine Kündigung während der Schwangerschaft und bis 4 Monate nach der Niederkunft unzulässig ist (§ 9 MuSchG). Während der Elternzeit gilt ein Kündigungsverbot für den Arbeitgeber. Es besteht unabhängig von der Dauer der beanspruchten Elternzeit für Arbeitnehmer (Väter) und Arbeitnehmerinnen (Mütter) gleichermaßen und endet mit dem Ende der Elternzeit. Verboten ist dem Arbeitgeber die Kündigung ab dem Zeitpunkt des Antrags auf Elternzeit, höchstens jedoch ab 8 Wochen vor Beginn der Elternzeit. |

**Leistungen der Krankenkassen bei Schwangerschaft und Mutterschaft**
z. B. ärztliche Betreuung, Hebammenhilfe, häusliche Pflege (§§ 11ff., 15 MuSchG i. V. m. §§ 195ff. RVO)
Mutterschaftsgeld oder einmaliges Entbindungsgeld (§§ 13ff. MuSchG)

## Elterngeld

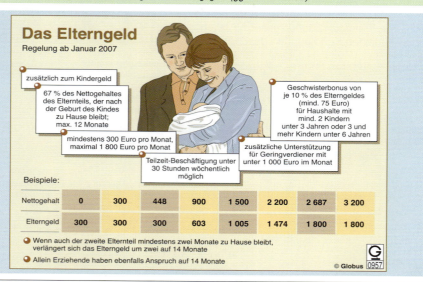

Das Elterngeld – Regelung ab Januar 2007

- zusätzlich zum Kindergeld
- 67 % des Nettogehaltes des Elternteils, der nach der Geburt des Kindes zu Hause bleibt; max. 12 Monate
- mindestens 300 Euro pro Monat, maximal 1 800 Euro pro Monat
- Teilzeit-Beschäftigung unter 30 Stunden wöchentlich möglich
- Geschwisterbonus von je 10 % des Elterngeldes (mind. 75 Euro) für Haushalte mit mind. 2 Kindern unter 3 Jahren oder 3 und mehr Kindern unter 6 Jahren
- zusätzliche Unterstützung für Geringverdiener mit unter 1 000 Euro im Monat

Beispiele:

| Nettogehalt | 0 | 300 | 448 | 900 | 1 500 | 2 200 | 2 687 | 3 200 |
|---|---|---|---|---|---|---|---|---|
| Elterngeld | 300 | 300 | 300 | 603 | 1 005 | 1 474 | 1 800 | 1 800 |

- Wenn auch der zweite Elternteil mindestens zwei Monate zu Hause bleibt, verlängert sich das Elterngeld um zwei auf 14 Monate
- Allein Erziehende haben ebenfalls Anspruch auf 14 Monate

© Globus 0957

# Arbeitnehmerschutz 3

## Behindertenschutz

| Behindertenschutz | |
|---|---|
| **Ziel** | Eingliedern von Personen in den Arbeitsprozess, die durch ihre Behinderung *(§ 2 SGB IX)* viele Arbeiten nicht so ausführen können wie nicht behinderte Arbeitnehmer *(§ 1 SGB IX)*. |
| **Wesentliche Vorschriften** | Das *9. Sozialgesetzbuch* (Rehabilitation und Teilhabe behinderter Menschen) regelt den Schutz und die Eingliederung von behinderten Menschen *(§§ 1, 2 SGB IX)*; schwerbehindert sind Personen, deren Behinderungsgrad wenigstens 50 % beträgt. |

| Einsatz im Betrieb | Zusatzurlaub | Kündigung |
|---|---|---|
| Behinderte sind im Betrieb so einzusetzen, dass deren Kenntnisse und Fähigkeiten optimal genutzt werden können. Die Arbeitsplätze sind unter besonderer Berücksichtigung der Tätigkeiten einzurichten *(§ 33 SGB IX)*. | Schwerbehinderten ist ein jährlicher Zusatzurlaub von fünf Arbeitstagen zu gewähren; dieser erhöht oder vermindert sich entsprechend, wenn die regelmäßige Arbeitszeit des Schwerbehinderten mehr oder weniger als fünf Arbeitstage pro Woche beträgt *(§ 125 SGB IX)*. | Die Kündigung eines Behinderten bedarf der vorherigen Zustimmung des Integrationsamtes *(§ 85 SGB IX)*. Die Kündigungsfrist beträgt mindestens vier Wochen, gerechnet vom Eingangstag des Kündigungsschreibens beim Integrationsamt *(§ 86 SGB IX)*. |

## Schutz für pflegende Angehörige

| Schutz und Ansprüche für Arbeitnehmer, die nahe Angehörige pflegen | |
|---|---|
| **Ziel** | Beschäftigten soll die Möglichkeit eröffnet werden, pflegebedürftige nahe Angehörige in häuslicher Umgebung zu pflegen. Damit soll die Vereinbarkeit von Beruf und familiärer Pflege verbessert werden. |
| **Wesentliche Vorschriften** | ▶ Die Freistellungs- und Schutzansprüche sind seit 1. Juli 2008 im *Pflegezeitgesetz (PflegeZG)* geregelt. <br> ▶ Ergänzend gilt *§ 616 BGB*. |

| Kurzzeitige Arbeitsverhinderung (§ 2 PflegeZG) | Pflegezeit (§ 3 und 4 PflegeZG) | Kündigungsschutz (§ 5 PflegeZG) |
|---|---|---|
| Es gibt einen Freistellungsanspruch für maximal 10 Arbeitstage, wenn für einen nahen Angehörigen in einer akut auftretenden Pflegesituation die Pflege zu organisieren ist. Das *PflegeZG* sieht keinen Anspruch auf Entgeltfortzahlung vor; dieser kann sich jedoch aus anderen Vorschriften (Tarifvertrag oder Gesetz) ergeben. | Wer für längere Zeit einen nahen Angehörigen selbst pflegen will, kann für eine Höchstdauer von 6 Monaten beanspruchen, von der Arbeit ganz oder teilweise freigestellt zu werden. Der Anspruch besteht nicht gegenüber Arbeitgebern mit 15 oder weniger Beschäftigten. | Beschäftigte während der kurzzeitigen Arbeitsverhinderung oder der Pflegezeit genießen einen Sonderkündigungsschutz ab dem 1. Tag der Beschäftigung. |
| Nahe Angehörige sind z. B. Großeltern, Eltern, Schwiegereltern, Ehegatten, Lebenspartner oder Kinder | | |

**Wichtige Inhalte zum Jugendarbeitsschutz stehen im Kap. 2.2.**

---

### Aufgaben

1. Nennen Sie die wesentlichen Bestimmungen des Arbeitnehmerschutzes.

2. Nach dem *„Gesetz zum Elterngeld und zur Elternzeit"* (BEEG) beträgt das Elterngeld 67 % des in den zwölf Kalendermonaten vor dem Monat der Geburt des Kindes durchschnittlich erzielten Monatseinkommens. Haben auch nicht erwerbstätige Eltern Anspruch auf Elterngeld? Wenn ja, in welcher Höhe?

3. Stellen Sie den detaillierten Abschluss eines Arbeitsvertrages nach. Welche Pflichten hat der Arbeitnehmer und welche der Arbeitgeber?

4. Es steht eine verhaltensbedingte Kündigung (z. B. wegen Arbeitsverweigerung) an. Spielen Sie den Ablauf beginnend mit dem Vorliegen des Grundes der Kündigung (insbesondere Arbeitsverweigerung), Abmahnung und Kündigung nach. Welche Vorschriften des Arbeitnehmerschutzes können zur Anwendung kommen?

5. Klären Sie bei einem Besuch einer arbeitsgerichtlichen Verhandlung, ob sich der betroffene Arbeitnehmer in einem arbeitsgerichtlichen Verfahren der ersten Instanz anwaltlich vertreten lassen muss.

6. Welches ist die Rechtsfolge, wenn der ordnungsgemäß zuständige Betriebsrat termingerecht und schriftlich der beabsichtigten Kündigung seitens des Arbeitgebers widerspricht?

7. Welches Ziel hat der Behindertenschutz? Stellen Sie die Situation nach, in der es um die Einstellung eines schwerbehinderten Arbeitnehmers geht und sprechen Sie die Besonderheiten durch.

## 5.4 Mitwirkung und Mitbestimmung

### Situation

Die neu gewählte Jugend- und Auszubildendenvertretung (JAV) der Restaurantkette „Green Paradise" vertritt die Interessen der 51 beschäftigten Jugendlichen der Ausbildungsberufe

- Fachmann/-frau für Systemgastronomie,
- Restaurantfachmann/-frau,
- Köchin/Koch.

Um die jungen Kollegen besser beraten zu können, will die JAV künftig feste Sprechstunden einrichten. Als Betriebsrat wie Jugend- und Auszubildendenvertretung an die Unternehmensleitung herantreten, um Ort und Zeit der Sprechstunde festzulegen, will diese eine Sprechstunde während der Arbeitszeit nicht gewähren. Wie sehen Sie das?

Arbeitnehmer können auf verschiedene Arten bei den Regelungen, die ihr Arbeitsverhältnis beeinflussen, mitwirken. Als Arbeitsvertragspartei bestimmen sie die arbeitsvertraglichen Regelungen mit. Als Wähler beeinflussen sie die Politik, die Gesetze und Verordnungen bestimmt. Als Gewerkschaftsmitglieder, z. B. der NGG, beeinflussen sie die Tarifpolitik der Gewerkschaft, die ihrerseits den Tarifvertrag abschließt.

Als arbeitsrechtliche Mitbestimmung im engeren Sinne bezeichnet man zum einen die **unternehmerische Mitbestimmung** in den **Aufsichtsräten** größerer Kapitalgesellschaften.

Zum Anderen ist damit die **betriebliche Mitbestimmung** über **Betriebsräte** und ggf. **Jugend- und Auszubildendenvertretungen** (JAV) nach dem *Betriebsverfassungsgesetz (BetrVG)* gemeint.

### Wahl des Betriebsrats

In Betrieben mit **mindestens fünf** ständigen **wahlberechtigten Arbeitnehmern**, von denen **drei wählbar** sind, **kann** ein Betriebsrat gewählt werden.

**Wahlberechtigt** (aktives Wahlrecht) sind alle Arbeitnehmer, die am Wahltag das **18. Lebensjahr** vollendet haben.

**Wählbar** (passives Wahlrecht) sind alle wahlberechtigten Arbeitnehmer nach mindestens **sechsmonatiger Betriebszugehörigkeit**.

Die Zahl der zu wählenden Betriebsratsmitglieder ist abhängig von der Größe des Betriebes. Ab 200 Arbeitnehmern im Betrieb ist ein Betriebsratsmitglied von der Arbeit freizustellen. Die regelmäßige **Amtszeit** des Betriebsrats beträgt **vier Jahre**.

## Aufgaben des Betriebsrats

Beteiligungsrechte des Betriebsrats bestehen auf verschiedenen Sachgebieten:

| Allgemeine Aufgaben | Soziale Angelegenheiten | Gestaltung von Arbeitsplatz, Arbeitsablauf und Arbeitsumgebung | Personelle Angelegenheiten | Wirtschaftliche Angelegenheiten |
|---|---|---|---|---|
| z. B.<br>• Einhalten von Unfallverhütungsvorschriften<br>• Vorbereiten der Wahl einer JAV<br>• Integration ausländischer Arbeitnehmer | z. B.<br>• Beginn und Ende der täglichen Arbeitszeit und Pausen<br>• Aufstellen des Urlaubsplans<br>• Einführen von technischen Einrichtungen zur Überwachung<br>• Maßnahmen des betrieblichen Umweltschutzes | z. B.<br>• über Planungen von Neu-, Um- und Erweiterungsbauten | z. B.<br>• Stellenausschreibung<br>• Personalfragebögen<br>• Beurteilungsgrundsätze<br>• Berufsbildung<br>• Einstellung<br>• Eingruppierung<br>• Versetzung<br>• Kündigung | • Betriebsänderung<br>• Interessenausgleich und Sozialplan |

Die Intensität der **Beteiligungsrechte** ist unterschiedlich hoch.

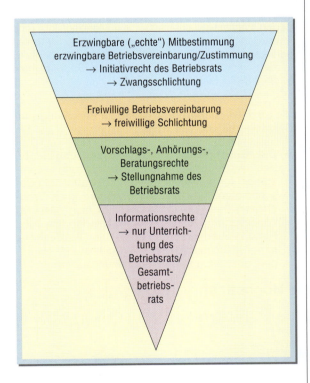

## Gesamtbetriebsrat

Der Betriebsrat vertritt die Belegschaft eines Betriebs. Betrieb ist eine organisatorische Einheit. In der Systemgastronomie bedeutet dies, dass die einzelnen Filialen in der Regel einzelne Betriebe darstellen. Gehören zu einem Systemgastronomie-Unternehmen (= natürliche oder juristische Person) mehrere Betriebe, so ist auf Unternehmensebene ein Gesamtbetriebsrat zu errichten.

## Jugend- und Auszubildendenvertretung (JAV)

In Betrieben mit zusammen **mindestens fünf** Arbeitnehmern aus folgenden Personengruppen kann eine JAV gewählt werden:

a) Arbeitnehmer, die das 18. Lebensjahr noch nicht vollendet haben;
b) Auszubildende, die das 25. Lebensjahr noch nicht vollendet haben – Volljährige können zusätzlich den Betriebsrat wählen.

Die Zahl der Vertretungsmitglieder ist nach Betriebsgröße gestaffelt.

Jugendliche Arbeitnehmer – oft Auszubildende – haben besondere Probleme.

Gegenüber der Betriebsleitung kann die JAV nur über den Betriebsrat tätig werden. Die allgemeinen Aufgaben der JAV sind in *§ 70 BetrVG* festgelegt:

▶ Maßnahmen zugunsten jugendlicher Betriebsangehöriger beantragen,

▶ Durchführung und Einhaltung von
  – Gesetzen,
  – Verordnungen, Unfallverhütungsvorschriften,
  – Tarifverträgen und Betriebsvereinbarungen zugunsten der jugendlichen Arbeitnehmer überwachen,

▶ Jugendinteressen vor dem Betriebsrat vertreten,

▶ Kritik der jugendlichen Arbeitnehmer an den Betriebsrat weitergeben.

Ergänzend bzw. zusammenfassend zeigt das folgende Schaubild die Organe zur Arbeitnehmervertretung:

# 3 Sozialversicherungsrecht

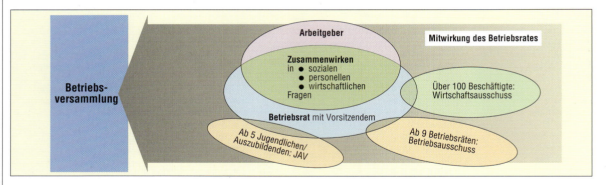

### Aufgaben

1. Nennen Sie die Organe zur Mitwirkung/Mitbestimmung der Arbeitnehmer.
2. Was versteht man unter einer Betriebsvereinbarung?
3. Der Auszubildende Dennis ist seit einem Monat im „Green Paradise". Nun ergeben sich in einem Gespräch für ihn folgende Fragen:
   a) Wird in „seinem" Betrieb ein Betriebsrat gem. § 1 Abs. 1 BetrVerfG gewählt?
   b) Wer ist wählbar und wer nicht?
   c) Führen Sie eine wichtige allgemeine Überwachungsaufgabe an, die der Betriebsrat hat.
4. Eva lernt in einem systemgastronomischen Betrieb, der über keinen Betriebsrat verfügt. Sie möchte, dass zumindest die Auszubildenden vertreten werden und geht mit diesem Wunsch zum Chef. Was wird ihr dieser antworten?

## 5.5 Sozialversicherungsrecht

### Situation

Michael beginnt eine gewerbliche Tätigkeit in einem Fast-Food-Unternehmen. Beim Bewerbungsgespräch wurde ihm gesagt, er werde 1 200,00 € monatlich verdienen. Als er seine erste Lohnabrechnung erhält, ist er erschrocken über den seiner Meinung nach viel zu geringen Auszahlungsbetrag.

Das Sozialversicherungsrecht regelt in den elf Büchern des *Sozialgesetzbuches (SGB I bis SGB XI)* ein System der Pflichtversicherungen. Die Sozialversicherung dient der Fürsorge für besonders wichtige Risiken eines Arbeitnehmers.

Das Sozialversicherungsrecht bestimmt maßgeblich die **Lohnnebenkosten**. Im Rahmen der Personalwirtschaft ist die Kenntnis des Sozialversicherungsrechts erforderlich für die **Lohn- und Gehaltsabrechnung**, für die **Personalkostenkalkulation** sowie für die **Personalplanung**.

### 5.5.1 System der Sozialversicherungen

Die Sozialversicherung wird von verschiedenen **Sozialversicherungsträgern** organisiert. Diese sind Körperschaften öffentlichen Rechts und haben (mit Ausnahme der Kranken- und Pflegekassen, bei denen Wettbewerb herrscht), ein Monopol in ihrem jeweiligen Versicherungszweig. Die Träger unterliegen der staatlichen Aufsicht. Ihr Recht ist ebenfalls in den verschiedenen Büchern des *Sozialgesetzbuches (SGB I–XII)* geregelt.

Die **Sozialversicherungszweige** für Beschäftigte im Gastgewerbe und ihre Träger:

▶ Die **Gesetzliche Rentenversicherung** (GRV) bei der Deutschen Rentenversicherung ist zuständig für die Alterssicherung der abhängig Beschäftigten. Sie zahlt insbesondere ihren Versicherten über ein Umlagesystem (sog. Generationenvertrag) Alters-, Erwerbsminderungs- und Hinterbliebenenrenten aus. Die Rentenhöhe hängt insbesondere von den geleisteten Beiträgen, aber auch z. B. von Erziehungszeiten ab.

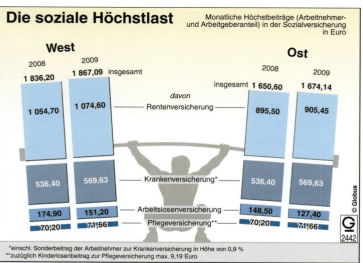

## Sozialversicherungsrecht

▶ Die **Gesetzliche Krankenversicherung** (GKV) bei den gesetzlichen Krankenkassen (Primärkassen, z. B. AOK, bzw. Ersatzkassen, z. B. BEK) erbringt neben der Krankenbehandlung u. a. Leistungen zur Verhütung von Krankheiten, zur Früherkennung, Krankengeld usw. Die Leistungen sind beitragsunabhängig.

▶ Die **soziale Pflegeversicherung** (PV) bei den mit den Krankenkassen identischen Pflegekassen ist der jüngste Sozialversicherungszweig. Bei Erreichen einer „Pflegestufe" erfolgen auf Antrag Pflegegeldzahlungen, häusliche Pflegehilfe durch einen Pflegedienst oder Leistungen für die stationäre Pflege oder Versorgung in einem Heim.

▶ Die **Arbeitslosenversicherung** (ALV) bei der Bundesagentur für Arbeit (BA) wird auch als Arbeitsförderung bezeichnet. Sie finanziert Entgeltersatzleistungen (insbesondere Arbeitslosengeld), aber unterstützt z. B. auch die Beratung und Arbeitsvermittlung, fördert die berufliche Aus- und Weiterbildung, Arbeitsbeschaffungs- und Eingliederungsmaßnahmen, gewährt Unternehmen Zuschüsse bei Einstellungen, zahlt Kurzarbeitergeld.

**Sozialversicherung**
Die vier Grundpfeiler der sozialen Sicherheit

Rentenversicherung · Arbeitslosenversicherung · Pflegeversicherung · Krankenversicherung

▶ Die **Gesetzliche Unfallversicherung** (GUV) bei der Berufsgenossenschaft Nahrungsmittel und Gaststätten (BGN) sichert das Risiko von Arbeitsunfällen (einschließlich Wegeunfällen) und Berufskrankheiten ab. Die Leistungen sind Prävention, Rehabilitation-, Lohnersatz- und Entschädigungsleistung in Geld.

### 5.5.2 Beiträge zur Sozialversicherung

Die Sozialversicherungen werden zum überwiegenden Teil aus **Sozialversicherungsbeiträgen**, zum Teil ergänzend aus Steuermitteln, finanziert.

**Beitragssätze in den Sozialversicherungszweigen seit 1. Januar 2009**

| GRV | GKV | PV | ALV | GUV |
|---|---|---|---|---|
| 19,9 % | seit 1. Januar 2009 Einheitssatz 15,5 % (ggf. Zusatzbeiträge oder Ausschüttungen je nach Krankenkasse), ab Juli 2009 einheitlich 14,9 % | 1,95 % | 2,8 % (durch Rechtsverordnung festgesetzt bis 31. Dezember 2010, gesetzliche Regelung ab 1. Januar 2009 3,0 % | abhängig vom sog. Beitragsfuß der Berufsgenossenschaft in dem Tätigkeitsbereich der jeweiligen Gefahrtarifstelle |

Die Beiträge werden in der Regel paritätisch, also jeweils zur Hälfte von Arbeitgebern und Arbeitnehmern getragen. Eine Ausnahme bildet die allein von den Arbeitgebern finanzierte Gesetzliche Unfallversicherung. Weitere Ausnahmen gelten in der Krankenversicherung, wo Arbeitnehmer einen um 0,9 % höheren Beitrag zahlen als Arbeitgeber, sowie in der Pflegeversicherung, wo kinderlose Arbeitnehmer einen Zusatzbeitrag von 0,25 % zahlen (siehe auch Kap. 6.3.1).

Die Sozialversicherungsbeiträge werden vom Bruttolohn erhoben, jedoch in einigen Sozialversicherungszweigen nur bis zur sog. **Beitragsbemessungsgrenze**. Der Teil des Bruttolohns, der die Beitragsbemessungsgrenze übersteigt, wird nicht berücksichtigt. Die Beitragsbemessungsgrenze ist je nach Sozialversicherungszweig unterschiedlich und wird von der Bundesregierung jährlich durch Rechtsverordnung angepasst.

## Jährliche Beitragsbemessungsgrenzen seit 1. Januar 2009

|  | Kranken- und Pflegeversicherung | Renten- und Arbeitslosenversicherung | |
|---|---|---|---|
|  |  | West | Ost |
| monatlich | 3 675,00 € | 5 400,00 € | 4 550,00 € |
| jährlich | 44 100,00 € | 64 800,00 € | 54 600,00 € |

Zuständig für den **Einzug** der Beiträge sowie für das **Meldeverfahren** sind die Einzugsstellen. Das sind in der Regel die Krankenkassen, für Minijobber die Knappschaft Bahn-See (Minijob-Zentrale). Zuständig für (sozialversicherungsrechtliche) **Betriebsprüfungen** sind die Rentenversicherungsträger (s. auch Kap. 6).

### 5.5.3 Versicherungspflicht

Der Grundsatz in der deutschen Sozialversicherung ist die Versicherungspflicht. Wenn nicht besondere Ausnahmen eingreifen, sind **alle abhängig Beschäftigten versicherungspflichtig** in allen Sozialversicherungszweigen. Das gilt also prinzipiell z. B. für
- Arbeitnehmer,
- Auszubildende,
- Praktikanten,
- Studenten,
- Rentner und
- Bezieher von Arbeitslosengeld I oder II.

Die Versicherungspflicht tritt kraft Gesetzes ein. Die erforderliche Anmeldung beim Sozialversicherungsträger durch den Arbeitgeber hat lediglich formelle Bedeutung (s. auch Kap. 6.3).

Für die Systemgastronomie gelten wichtige Sonderregelungen u. a. für:
- **geringfügig Beschäftigte (Minijobber)**
  (dazu ausführlich unter Kap. 5.5.4)
- **Beschäftigte in der Gleitzone**
  (dazu ausführlich unter Kap. 5.5.5)
- **Studierende**
  Während eines durch die Studienordnung vorgeschriebenen Praktikums sind Studierende sozialversicherungsfrei. Für Studierende, die eine Beschäftigung neben dem Studium ausüben (z. B. um das Studium zu finanzieren), d. h. bei denen die Beschäftigung dem Studium nach Zweck und Dauer untergeordnet ist (höchstens 20 Stunden in der Woche), gilt die sog. Werkstudentenregelung. Das bedeutet, sie sind nur versicherungspflichtig in der gesetzlichen Rentenversicherung, aber sozialversicherungsfrei in der Kranken-, Pflege- und Arbeitslosenversicherung. Allerdings ist Voraussetzung für die Immatrikulation der Nachweis einer Krankenversicherung, der entweder über die Familienversicherung (bis 25 Jahre) oder über die studentische Pflichtversicherung erfolgt. Hier zahlt jedoch der Arbeitgeber keine Beiträge.
- **Schüler**
  Schüler allgemeinbildender Schulen sind bei einer Beschäftigung, die während des Schulbesuchs (z. B. nachmittags oder am Wochenende) oder in den Schulferien ausgeübt wird, sozialversicherungspflichtig, es sei denn, es handelt sich um einen Minijob. In der Arbeitslosenversicherung sind sie jedoch sozialversicherungsfrei.
- **Altersrentner**
  Diese sind versicherungsfrei in der gesetzlichen Rentenversicherung.
- **Privat Krankenversicherte**
  Abhängig Beschäftigte, deren regelmäßiges Jahresentgelt die **Versicherungspflichtgrenze** überschreitet, sind versicherungsfrei in der gesetzlichen Kranken- und Pflegeversicherung. Sie können sich privat versichern oder freiwillig gesetzlich weiter versichern. Sie können auch auf eine Krankenversicherung verzichten, was aber keinesfalls zu empfehlen ist.

Grundsätzlich werden die Beiträge vom gesamten Bruttolohn gezahlt. Es gibt jedoch Bezüge, die unter bestimmten Voraussetzungen sozialversicherungsfrei sind (z. B. Nachtzuschläge). Dies geht dann meist einher mit Einkommensteuerfreiheit oder pauschaler Versteuerung (s. auch Kap. 6).

### 5.5.4 Geringfügige Beschäftigung („Minijob")

Von erheblicher praktischer Bedeutung in den Unternehmen der Systemgastronomie sind die sog. **Minijobs**, die offiziell als geringfügige Beschäftigung bezeichnet werden. Eine solche liegt vor, wenn
a) das **Arbeitsentgelt** aus dieser Beschäftigung regelmäßig **im Monat 400,00 € nicht übersteigt** (= geringfügig entlohnte Beschäftigung) oder
b) die Beschäftigung innerhalb eines Kalenderjahres auf **längstens zwei Monate oder 50 Arbeitstage** nach ihrer Eigenart begrenzt zu sein pflegt oder im Voraus vertraglich begrenzt ist, es sei denn, dass die Beschäftigung berufsmäßig ausgeübt wird und ihr Entgelt 400,00 € im Monat übersteigt **(= kurzfristige Beschäftigung)**.

Einzugs- und Meldestelle für geringfügig Beschäftigte ist die Knappschaft Bahn-See (Minijob-Zentrale).

## Sozialversicherungsrecht

Für Minijobs gelten sozialversicherungsrechtliche und steuerrechtliche Besonderheiten, die hier im Zusammenhang dargestellt werden sollen:

### a) Geringfügig entlohnte Beschäftigung

| Sozialversicherung | Lohnsteuer |
|---|---|
| Sozialversicherungsfrei für AN, aber AG trägt Pauschalabgabe 28 % | 2 % Pauschsteuer (grds. vom AG zu tragen, aber abwälzbar oder |
| | Versteuerung nach Lohnsteuerkarte |

Geringfügig entlohnt sind Beschäftigte, die nicht mehr als 400,00 € (brutto) im Monat verdienen. Bei der Ermittlung des regelmäßigen Entgelts sind auch Einmalzahlungen (z. B. Weihnachts- oder Urlaubsgeld) zu berücksichtigen und jeweils auf den gesamten Zeitraum, für den sie gezahlt werden (in der Regel ein Jahr), umzurechnen. Bei schwankender Entgelthöhe ist ein Durchschnitt zu ermitteln.

Geringfügig entlohnte Beschäftigungen sind für den Arbeitnehmer grundsätzlich sozialversicherungs- und steuerfrei; er erwirbt grundsätzlich auch keine Leistungsansprüche. Der **Arbeitgeber zahlt eine Pauschalabgabe in Höhe von 30 %.** Diese teilt sich wie folgt auf:

- ▶ 13 % Krankenversicherung
  Diese entfällt jedoch, wenn der Arbeitnehmer privat krankenversichert ist.
- ▶ 15 % Rentenversicherung
  Diese kann von dem Arbeitnehmer freiwillig auf den Regelsatz (aktuell 19,9 %) aufgestockt werden. Dann würde er auch Rentenansprüche erwerben. Darauf muss er bei Vertragsschluss hingewiesen werden.
- ▶ 2 % Pauschsteuer (Lohnsteuer einschließlich Solidaritätszuschlag und Kirchensteuer) Nur dieser (steuerliche) Teil der Pauschalabgabe kann auf den Arbeitnehmer abgewälzt werden.

Eine Alternative ist es, den Arbeitnehmer individuell nach **Lohnsteuerkarte** zu besteuern. Dann zahlt er in den Steuerklassen I, II, III und IV überhaupt keine Lohnsteuer, die Pauschalabgabe liegt bei 28 %.

- ▶ Dazu kommt der Beitrag zur gesetzlichen Unfallversicherung.

### Beispiel

**Rechenbeispiel 1:**
Die Servicekraft Michaela Groß arbeitet als geringfügig Beschäftigte in einem Full-Service-Betrieb der Systemgastronomie. Sie verdient 400 €. Mit ihrem Arbeitgeber hat sie vereinbart, dass sie selbst die Pauschsteuer trägt.

Lohnabrechnung für Michaela Groß:

| Bruttolohn | 400,00 € |
|---|---|
| ./. Pauschsteuer 2 % | 8,00 € |
| = Nettolohn | 392,00 € |

Lohnabrechnung für den Arbeitgeber:

| Bruttolohn | 400,00 € |
|---|---|
| + 15 % Rentenversicherungsbeitrag | 60,00 € |
| + 13 % Krankenversicherungsbeitrag | 52,00 € |
| = Gesamtkosten | 512,00 € |

**Rechenbeispiel 2:**
Michaela Groß ist ausschließlich geringfügig beschäftigt und alleinstehend. Sie hat daher die Besteuerung nach Lohnsteuerkarte gewählt.

Lohnabrechnung für Michaela Groß:

| Bruttolohn | 400,00 € |
|---|---|
| keine Lohnsteuer, da Einkommen unterhalb des Grundfreibetrags | |
| = Nettolohn | 400,00 € |

Lohnabrechnung für den Arbeitgeber:

| Bruttolohn | 400,00 € |
|---|---|
| + 15 % Rentenversicherungsbeitrag | 60,00 € |
| + 13 % Krankenversicherungsbeitrag | 52,00 € |
| = Gesamtkosten | 512,00 € |

**Rechenbeispiel 3:**
Michaela Groß' Ehemann ist Freiberufler und beide Ehepartner daher in der privaten Krankenversicherung versichert.

Lohnabrechnung für Michaela Groß:

| Bruttolohn | 400,00 € |
|---|---|
| ./. Pauschsteuer 2 % | 8,00 € |
| = Nettolohn | 392,00 € |

Lohnabrechnung für den Arbeitgeber:

| Bruttolohn | 400,00 € |
|---|---|
| + 15 % Rentenversicherungsbeitrag | 60,00 € |
| Krankenversicherungsbeitrag entfällt | |
| = Gesamtkosten | 460,00 € |

# 3 Sozialversicherungsrecht

Übt ein Arbeitnehmer **mehrere geringfügig entlohnte Beschäftigungsverhältnisse** aus, werden die Entgelte zusammengerechnet. Werden insgesamt mehr als 400,00 € erzielt, beginnt die reguläre Sozialversicherungspflicht. Übt ein Arbeitnehmer neben einer sozialversicherungspflichtigen Haupttätigkeit noch eine geringfügig entlohnte **(Neben-) Beschäftigung** bei einem anderen Arbeitgeber aus, gelten auch für diese die Sonderregelungen für Minijobs. Dies gilt aber nur für die erste Nebenbeschäftigung.

### Ausnahme: Auszubildende
Ausbildungsverhältnisse sind immer sozialversicherungspflichtig, auch wenn die Ausbildungsvergütung unter 400 € liegt. Jedoch hat auch hier die 400-Euro-Grenze eine Bedeutung. Bis zu diesem Betrag trägt nämlich der Arbeitgeber die gesamten Sozialversicherungsbeiträge

### b) Kurzfristige Beschäftigung

| Sozialversicherung | Lohnsteuer |
|---|---|
| vollständig sozialversicherungsfrei, wenn Voraussetzungen vorliegen | – entweder individuell nach Lohnsteuerkarte<br>– oder pauschal 25 % zzgl. SoliZ und ggf. Kirchensteuer |
| **Aufzeichnungspflichten:** | |
| – Name und Anschrift des AN<br>– Dauer der Beschäftigung | – Tag der Lohnzahlung<br>– Höhe des Arbeitslohns |

Vollständig **sozialversicherungsfrei** sind sog. kurzfristige Beschäftigungen. Eine solche liegt vor, wenn die Beschäftigung **innerhalb eines Kalenderjahres**
▶ auf längstens **zwei Monate**
▶ oder **50 Arbeitstage**
▶ nach ihrer Eigenart oder im Voraus vertraglich begrenzt ist.

Eine solche Begrenzung liegt allerdings nicht vor, wenn es sich um eine **regelmäßige** Beschäftigung handelt. Das ist z. B. der Fall, wenn eine Servicekraft in jedem Sommer zwei Monate in einem Biergarten arbeitet und die Beschäftigung auf einem durchgehenden Rahmenvertrag beruht.

**Lohnsteuerrechtlich** gibt es zwei Möglichkeiten:

Entweder der Arbeitnehmer wird regulär nach Lohnsteuerkarte besteuert.

Oder er kann mit 25 % Pauschalsteuersatz zzgl. pauschalen Solidaritätszuschlag (5,5 % der Lohnsteuer) und pauschaler Kirchensteuer versteuert werden. Von der Kirchensteuer kann der AN befreit werden, wenn er nachweist, dass er keiner Kirche angehört. Die Voraussetzungen sind:

▶ nur gelegentliche, nicht regelmäßig wiederkehrende Beschäftigung

▶ Dauer der Beschäftigung nicht mehr als 18 zusammenhängende Arbeitstage

▶ Arbeitslohn nicht höher als 62,00 € durchschnittlich je Arbeitstag

▶ durchschnittlicher Stundenlohn höchstens 12,00 €

▶ keine berufsmäßige Beschäftigung

---

### Beispiel

**Rechenbeispiel:**

Michaela Groß macht diesmal nur eine Urlaubsvertretung in dem Fast-Food-Betrieb und zwar neben ihrem regulären Arbeitsverhältnis. Sie arbeitet vier Wochen lang montags, mittwochs und sonntags jeweils sechs Stunden. Der Stundenlohn beträgt montags und mittwochs 9,00 € und sonntags 12,00 €

Die Beschäftigung läuft insgesamt 12 Arbeitstage.
Das Gesamtentgelt beträgt 720,00 €.
Der durchschnittliche tägliche Arbeitslohn beträgt 60,00 €.
Der durchschnittliche Stundenlohn beträgt 10,00 €.

→ Die Voraussetzungen für eine Pauschalbesteuerung liegen damit vor.

Abrechnung für Michaela Groß (wenn diese keiner Kirche angehört) für die Gesamtzeit:

| | |
|---|---|
| Bruttolohn | 720,00 € |
| Pauschale Lohnsteuer (25 %) | 180,00 € |
| Sozialversicherungsbeiträge | – |
| Solidaritätszuschlag (5,5 % der Lohnsteuer) | 9,90 € |
| **Gesamtkosten** | **909,90 €** |

## 5.5.5 Gleitzone

Sozialversicherungsrechtlich begünstigt sind Arbeitsverhältnisse in der sog. Gleitzone **zwischen 400,01 und 800,00 €**. Es besteht Versicherungspflicht in allen Zweigen der Sozialversicherung. Der Arbeitgeberbeitrag zur Sozialversicherung entspricht auch den regulären Beitragssätzen. Der **Arbeitnehmerbeitrag** ist aber **reduziert**. Er reichte im Jahr 2008 von ca. 4 % bei einem Monatseinkommen von 400,01 € bis ca. 21 % bei einem Monatseinkommen von 800,00 € und steigt innerhalb der Gleitzone linear an.

Die Berechnung des Arbeitnehmeranteils erfolgt nach einem komplizierten Verfahren, das hier nicht im Einzelnen dargestellt wird. Beitragspflichtig ist dabei nur eine reduzierte Einnahme, die sich nach einer jährlich wechselnden Formel berechnet, abhängig vom durchschnittlichen Gesamtsozialversicherungsbeitragssatz. Daraus wird ein Gesamtsozialversicherungsbeitrag ermittelt, von dem der Arbeitgeberanteil abgezogen wird. Aus der Differenz ergibt sich dann der Arbeitnehmeranteil.

Aufgrund der reduzierten beitragspflichtigen Einnahmen entstehen für den Arbeitnehmer auch nur reduzierte Rentenansprüche. Wie bei den Minijobs kann der Arbeitnehmer den Beitrag zur Rentenversicherung freiwillig bis zur regulären Höhe aufstocken, um volle Ansprüche zu erwerben. Bei der Berechnung von Krankengeld und Arbeitslosengeld entstehen durch die ermäßigten Beitragszahlungen keine Nachteile.

Lohnsteuerrechtlich gelten in der Gleitzone keine Besonderheiten, d. h. besteuert wird nach Lohnsteuerkarte.

Die speziellen Gleitzonen-Regelungen gelten für bestimmte Beschäftigtengruppen nicht. Dazu gehören insbesondere Auszubildende.

Das „Gleitzonenprivileg" gilt (anders als die Sozialversicherungsfreiheit von „Minijobs") nicht für Zweitbeschäftigungen.

### Aufgaben

1. Nennen Sie die Zweige der Sozialversicherung.

2. Erläutern Sie, wer bei einer regulär sozialversicherungspflichtigen Beschäftigung die Sozialversicherungsbeiträge in den verschiedenen Sozialversicherungszweigen trägt und wo der Beitragssatz liegt.

3. Ermitteln Sie Ihren persönlichen Beitragssatz zur Krankenversicherung. Wie viel davon zahlen Sie, wie viel zahlt Ihr Ausbildungsunternehmen? Begründen Sie.

4. Beschreiben Sie die grundsätzlichen Aufgaben der gesetzlichen Krankenkassen im Sozialversicherungssystem.

5. Welches ist die für Sie zuständige Berufsgenossenschaft?

6. Was ist die Beitragsbemessungsgrenze?

7. Erklären Sie den Unterschied zwischen einer kurzfristigen und einer geringfügig entlohnten Beschäftigung.

8. Darf ein Arbeitnehmer mehrere „Minijobs" ausüben?

9. Fragen Sie in Ihrem Ausbildungsbetrieb nach der Zahl der „Minijobber". Ermitteln Sie ein prozentuales Verhältnis zur Gesamtzahl der Beschäftigten und diskutieren Sie Ihr Ergebnis in der Klasse.

10. Wie hoch ist die Pauschalabgabe bei geringfügig entlohnter Beschäftigung?

11. Frau Huber arbeitet im „Green Paradise" als Aushilfe im Service. Im letzten Monat hat sie 34 Stunden zu einem Stundenlohn von 7,60 € gearbeitet.

    a) Erstellen Sie die Lohnabrechnung für Frau Huber unter der Voraussetzung, dass sie in diesem Jahr noch in keinem Monat mehr als 400 € verdient hat und das Arbeitsverhältnis über die Minijobzentrale abgerechnet wird.

    b) Geben Sie die Kostenbelastung für das „Green Paradise" an (ohne gesetzliche Unfallversicherung).

12. Was ist die Besonderheit bei Beschäftigung in der Gleitzone?

## Infobox Sprache

### Arbeits- und Sozialrecht

| 🇩🇪 Deutsch | 🇬🇧 Englisch |
|---|---|
| Arbeitgeber | employer |
| Arbeitgeberverband | employers' association |
| Arbeitnehmer | employee |
| Arbeitnehmermitbestimmung | worker participation |
| Arbeitsgerichtsbarkeit | labour jurisdiction |
| Arbeitskampf | industrial action |
| Arbeitslosenversicherung | unemployment insurance |
| Arbeitsschutzrecht | industrial safety legislation |
| Arbeitsverhältnis | employment relationship |
| Arbeitsvertragsrecht | law relating to employment (contracts) |
| Arbeitsschutz | working time protection |
| Aussperrung | lockout |
| Befristung/befristeter Arbeitsvertrag | fixed-term contract |
| Berufsausbildungsverhältnis | indenture, contract of vocational training |
| Betriebsrat | works council |
| Betriebsvereinbarung | shop agreement |
| Betriebsversammlung | works meeting, company meeting |
| Einzelarbeitsvertrag/Individualarbeitsvertrag | individual contract of employment |
| europäisches Recht | European (EU) law |
| Gesetze | laws |

## Infobox Sprache – Fortsetzung

| 🇩🇪 Deutsch | 🇬🇧 Englisch |
|---|---|
| Gewerkschaft | union |
| Grundgesetz | Basic Law |
| Jugendarbeitsschutz | Youth work protection Act |
| kollektives Arbeitsrecht | collective employment law |
| Krankenversicherung | health insurance |
| Kündigungsschutz | protection against unfair dismissal |
| Leiharbeit | subcontracted employment |
| Mitbestimmung (betriebliche) | worker participation |
| Mutterschutz | maternity protection |
| Rechtsprechung | dispensation of justice |
| Rechtsverordnung | statutory order, legal regulation |
| Rentenversicherung | pension scheme |
| Schlichtungswesen | arbitral jurisdiction |
| Schwerbehindertenschutz | protection of handicapped persons |
| Sozialversicherung | National Insurance |
| Streik | strike |
| Tarifautonomie | right of free collective bargaining |
| Tarifvertrag | collective wage agreement, labour agreement (am.) |
| Teilzeitbeschäftigung | part-time employment |
| Urlaub | leave, holiday, vacation |

## Übergreifende Aufgaben

1. Fritz W. ist erstmals in den Betriebsrat der „Café-Shops GmbH" gewählt worden. Bei der konstituierenden Sitzung kommt die Sprache auf die Aufgaben des Betriebsrats. Fritz W. wird gebeten, zur nächsten Betriebsratssitzung
   a) Beispiele für Individualrechte gegenüber dem Arbeitgeber herauszufinden;
   b) bei der Geschäftsführung der „Café-Shops GmbH" Maßnahmen zu beantragen, die den Mitarbeiter(n)/-innen wie dem gesamten Betrieb dienlich sind.

2. Interpretieren Sie die unter Kap. 5.5.5 stehende Abbildung.

3. Nehmen Sie nochmals die Ausgangssituation zur Hand.
   a) Welche Rechtsgrundlagen sind für die angesprochenen Probleme jeweils entscheidend? Skizzieren Sie jeweils die Lösung der angesprochenen Rechtsfragen:
      – Kündigung
      – Aktivitäten des Betriebsrats
      – Durchführung von Aufräum- und Renovierungsarbeiten
      – Ausstehender Urlaubsanspruch
      – Schwangerschaft
   b) Die Geschäftsleitung des „Green Paradise" schreibt, die Kündigung sei „form- und fristgerecht" erfolgt. Was bedeutet dies?
   c) Die Geschäftsleitung des „Green Paradise" weist Sonja Silver darauf hin, sie müsse sich bei der Agentur für Arbeit arbeitsuchend melden. Ordnen Sie diesen Passus systematisch ein. Recherchieren Sie, welcher Zweck dahinter steht.

1. Unterstützen Sie Patrick bei den Vorbereitungen der Wahl einer Jugend- und Auszubildendenvertretung (JAV) der systemgastronomischen Kette „Café-Shops GmbH". In diesem Zusammenhang hat Patrick verschiedene Fragen zu klären. Finden Sie mithilfe des Internets/des Gesetzbuches heraus:
   a) welche Voraussetzungen vorliegen müssen, damit eine JAV gewählt werden kann;
   b) was das Gesetz aussagt, in welchen Fällen eine JAV gewählt wird;
   c) welche Aufgaben eine JAV hat;
   d) ob die Vertreter der JAV an den Sitzungen des Betriebsrats teilnehmen und dabei auch abstimmen dürfen.

2. Auf der Webseite des Bundesministeriums für Arbeit und Soziales werden auch verschiedene besondere Maßnahmen oder Regelungen für spezielle Gruppen dargestellt. Recherchieren Sie jeweils zwei arbeits- und sozialrechtliche Sonderregelungen oder Initiativen für folgende Gruppen und stellen Sie kurz deren Inhalt dar:
   – Ältere
   – Jüngere
   – schwerbehinderte Menschen

   Warum sind teilweise spezielle Regelungen für spezielle Personen- und Arbeitnehmergruppen erforderlich?

# 6 Personalverwaltung und -einsatzplanung

**Situation**

Unter **Personalverwaltung** versteht man die administrative[1] Abwicklung aller Arbeiten, die sich aus den Beschäftigungsverhältnissen mit den Mitarbeitern ergeben. Dabei können sich bei verschiedenen Beschäftigungsarten (vgl. Kapitel 5.2) verschiedene Anforderungen ergeben.

## 6.1 Aufgaben bei Beschäftigungsaufnahme

**Situation**

Während Ihrer Ausbildung zur Fachfrau für Systemgastronomie im Green Paradise lernt Sabine Schulz auch für zwei Wochen die Arbeit in der zentralen Personalabteilung kennen. Bereits zu Beginn dieser zwei Wochen kündigt ihr der Personalleiter an, dass ihre Abschlussaufgabe darin bestehen wird, eine Checkliste zu entwickeln, die bei der Einstellung von neuen Mitarbeitern zum Einsatz kommen soll.

[1] (= zur Verwaltung gehörende/verwaltungsrechtliche)

### 6.1.1 Abschluss des Arbeitsvertrags

Mit dem Abschluss eines Arbeitsvertrags wird das Arbeitsverhältnis begründet (zu den Rechten und Pflichten aus dem Arbeitsvertrag vgl. Kapitel 5.2). Entgegen der landläufigen Meinung gilt für Arbeitsverträge grundsätzlich **Formfreiheit**, d.h., sie können auch mündlich abgeschlossen werden, auch wenn sich die Abfassung eines schriftlichen Arbeitsvertrags aus Beweisgründen empfiehlt.

Eine Ausnahme gilt für befristete Arbeitsverträge, hier muss die **Befristungsabrede** schriftlich erfolgen.

Gemäß dem *Nachweisgesetz (NachwG)* müssen aber bestimmte Arbeitsbedingungen schriftlich niedergelegt werden.

# 3 Aufgaben bei Beschäftigungsaufnahme

| Nach § 2 Nachweisgesetz mindestens in Niederschrift aufzunehmen: | | |
|---|---|---|
| Name und Anschrift der Vertragsparteien | Beschreibung der Tätigkeit | Bei befristeten Arbeitsverhältnissen: vorhersehbare Dauer |
| Zeitpunkt des Beginns des Arbeitsverhältnisses | Zusammensetzung und Höhe des Arbeitsentgelts einschließlich Zuschlägen, Zulagen, Prämien und Sonderzahlungen sowie anderer Bestandteile des Arbeitsentgelts und deren Fälligkeit | Bei Minijobs: Hinweis auf Möglichkeit der Aufstockung des Rentenversicherungsbeitrags |
| Arbeitsort oder Hinweis auf verschiedene Arbeitsorte | Urlaubsdauer | Hinweis auf anzuwendende Tarifverträge und Betriebsvereinbarungen |
| Arbeitszeit | Kündigungsfristen | |
| Die Niederschrift muss spätestens **einen Monat** nach dem vereinbarten Beginn des Arbeitsverhältnisses erfolgen. | | |
| Die Niederschrift ist zu **unterzeichnen** und dem Arbeitnehmer **auszuhändigen**. | | |

**Arbeitsverträge** basieren in aller Regel auf Mustern oder Formularen. Sie stellen daher **allgemeine Geschäftsbedingungen (AGB)** dar und sind somit an den Regelungen zur Inhaltskontrolle von AGBs zu messen. Das bedeutet insbesondere, dass sie den Arbeitnehmer im Vergleich zu den gesetzlichen Regelungen nicht unangemessen benachteiligen dürfen.

In vielen Fällen wird zu Beginn der Beschäftigung eine **Probezeit** vereinbart. Für **Ausbildungsverträge** ist eine Probezeit zwingend (siehe Kap. 2). Wenn der Tarifvertrag keine andere Regelung vorsieht, kann die Probezeit bis zu sechs Monate dauern. Die gesetzliche Kündigungsfrist während der Probezeit beträgt zwei Wochen, kürzere Kündigungsfristen stehen aber oft in den Tarifverträgen.

In Betrieben mit **Betriebsrat** ist dieser vor der Einstellung **anzuhören**. **Berufsausbildungsverträge** sind bei der **IHK einzutragen**. Bei Tarifmitarbeitern hat eine **Eingruppierung** zu erfolgen.

## 6.1.2 Einstellungsunterlagen und Personalakte

Bei Beschäftigungsbeginn sind verschiedene Unterlagen vom Mitarbeiter anzufordern, eine Sofortmeldung zu übermitteln (neu seit 01.01.09), der Mitarbeiter bei der Sozialversicherung anzumelden, bei der ersten Entgeltabrechnung spätestens innerhalb von 6 Wochen (siehe dazu Kapitel 6.3) und eine Personalakte anzulegen. Das Führen einer Personalakte ist nicht gesetzlich vorgeschrieben, aber unbedingt sinnvoll. Dabei ersetzen elektronische Daten heute zunehmend das Papier. Auch über die Form der Personalakte und über deren Inhalt entscheidet der Arbeitgeber. Typische **Bestandteile der Personalakte** in der Systemgastronomie sind:
- Bewerbungsschreiben, Zeugnisse
- Bescheinigung des Gesundheitsamtes und Belehrungen nach dem *Infektionsschutzgesetz*
- Original des Arbeitsvertrages und Änderungsvereinbarungen
- Stellenbeschreibung
- Versetzungen, Beförderungen
- Weiterbildungsmaßnahmen
- Lohnsteuerkarte
- Mitgliedsbescheinigung der Krankenkasse
- Anmeldung zur Sozialversicherung
- Kopie des Sozialversicherungsausweises (in der Gastronomie Mitführungspflicht!)
- bei Schülern und Studenten Schul- bzw. Immatrikulationsbescheinigung, bei Rentnern Rentenbescheid
- ggf. Kopie des Schwerbehindertenausweises
- Erfassung von Krankheits- und Urlaubszeiten
- zu dokumentierende Hinweise an den AN, z. B. Ausweismitführungspflicht

Wichtigster Bestandteil der Personalakte ist das **Personalstammdatenblatt** oder die Personalstammdatendatei.

Aufgaben bei Beschäftigungsaufnahme — **3**

**Muster Personalstammdatenblatt**

| | Foto |
|---|---|
| Nachname | |
| Vorname | |
| Geburtsdatum | |
| Nationalität | |
| Postleitzahl / Wohnort | |
| Straße | |
| Bankverbindung<br>Bankleitzahl<br>Bankbezeichnung<br>Kontonummer | |
| Geringfügige Beschäftigung (Aushilfe)? | ja ☐    nein ☐ |
| Eintrittsdatum | |
| Steuerklasse / Kinder / Konfession | |
| Jahresfreibetrag lt. Lohnsteuerkarte in € | |
| Beschäftigt als | |
| Berufsausbildung | |
| Schulbildung | |
| Durchschnittliche wöchentl. Arbeitszeit | |
| Brutto- / Stundenlohn in € | |
| Aufstockung Rentensatz bei Aushilfen<br>(Wenn ja, bitte ankreuzen!) | ☐ |
| Liegt eine zweite Beschäftigung vor?<br>(Wenn ja, bitte ankreuzen!) | ☐ |
| Sozialversicherungsnummer<br>(Falls keine Nummer vorhanden:<br>Geburtsname u. Geburtsort!) | |
| Krankenkasse | |
| Unterschriften | |
| Arbeitgeber | Arbeitnehmer |

## 3 Aufgaben bei Beschäftigungsaufnahme

### Personalfragebogen

Wenn der Arbeitgeber den Arbeitnehmer vor oder bei Beschäftigungsbeginn einen Personalfragebogen ausfüllen lässt, gehört auch dieser in die Personalakte. Mit dem Personalfragebogen werden die persönlichen Daten des Arbeitnehmers wie Adresse, Nationalität, Bankverbindung, Zahl der Kinder, weitere Beschäftigungen usw. abgefragt, die für die Personalverwaltung erforderlich sind.

Bei der Formulierung der Fragen sind jedoch **rechtliche Grenzen** zu bedenken (vgl. zum Personalfragebogen als Instrument im Bewerbungsverfahren auch Kapitel 2.3.2).

### Einsichtsrecht und Datenschutz

Der Arbeitnehmer hat ein Recht auf **Akteneinsicht** in seine Personalakte. Enthält diese unrichtige oder überholte Angaben, hat er einen **Berichtigungsanspruch**. Die Informationen aus der Personalakte unterliegen der **Geheimhaltung**. Das bedeutet, der Arbeitgeber bzw. die Vorgesetzten sind zur Verschwiegenheit verpflichtet, die Personalakten müssen gegen unberechtigten Zugriff geschützt werden. Das gilt sowohl für Papierakten (z. B. durch Aufbewahrung in einem verschlossenen Schrank) als auch für EDV-technisch erfasste Daten (z. B. durch Speicherung auf einem nicht an das Netzwerk angeschlossenen Computer).

### 6.1.3 Besonderheiten bei ausländischen Arbeitnehmern

Bei Beschäftigung von Arbeitnehmern mit ausländischer Staatsangehörigkeit ist der Personalakte eine Kopie des Passes oder Personalausweises beizufügen. Darüber hinaus richten sich die erforderlichen Unterlagen nach der Nationalität:

|  | |
|---|---|
| Ausländer<br>▶ aus den Staaten der **EU**, die bereits vor 2004 Mitglieder der EU waren<br>▶ aus den neuen EU-Mitgliedsstaaten Zypern und Malta und<br>▶ aus den EWR-Staaten Island, Liechtenstein und Norwegen | Kein Visum, keine Arbeitsgenehmigung erforderlich. |
| Ausländer aus sog. **Drittstaaten**, d. h. Nicht-EU-Staaten | Aufenthaltstitel und Arbeitserlaubnis erforderlich.<br>Eine Aufenthaltserlaubnis ist immer befristet. Einen unbefristeten Aufenthaltstitel bezeichnet man als Niederlassungserlaubnis.<br>Aufenthaltstitel und Arbeitserlaubnis erteilen die Ausländerbehörden der Kommunen. |
| Ausländer aus den EU-Staaten, die in den Jahren 2004 und 2007 der EU beigetreten sind („**Beitrittsstaaten**") | Kein Visum zur Einreise mehr erforderlich, jedoch bei Aufenthalt von mehr als einem Monat ein Aufenthaltstitel sowie voraussichtlich noch bis mind. 2011 sog. Arbeitserlaubnis EU, da hier die Arbeitnehmerfreizügigkeit noch nicht gilt. Die Arbeitserlaubnis EU erteilt die Bundesagentur für Arbeit. |

| Das „Europa der 27" – die Europäische Union heute ||| 
|---|---|---|
| „Alte" EU-Mitgliedstaaten vor 2004 | EU-Beitrittsstaaten zum 1. Mai 2004<br>1. Osterweiterung | EU-Beitrittsstaaten zum 1. Januar 2007<br>2. Osterweiterung |
| ▶ Belgien<br>▶ Dänemark<br>▶ Deutschland<br>▶ Finnland<br>▶ Frankreich<br>▶ Griechenland<br>▶ Großbritannien<br>▶ Irland<br>▶ Italien<br>▶ Luxemburg<br>▶ Niederlande<br>▶ Österreich<br>▶ Portugal<br>▶ Schweden<br>▶ Spanien | ▶ Estland<br>▶ Lettland<br>▶ Litauen<br>▶ Malta<br>▶ Polen<br>▶ Slowakei<br>▶ Slowenien<br>▶ Tschechische Republik<br>▶ Ungarn<br>▶ Zypern | ▶ Rumänien<br>▶ Bulgarien |

## 6.1.4 Personalbetreuung und Einarbeitung

Als Personalbetreuung bezeichnet man alle Leistungen, die der Arbeitgeber dem Arbeitnehmer zusätzlich zum vereinbarten Arbeitsentgelt gewährt. Dazu gehören **Geld- und Sachleistungen** sowie **Leistungen im sozialen Bereich**.

Typische **Beispiele** in der Systemgastronomie:
- Kost und Logis, Mitarbeiterrabatte im Restaurant oder für sonstige Dienstleistungen (zur steuerlichen Behandlung vgl. Kapitel 6.3)
- Arbeitskleidung
- Firmenwagen, Parkplatz
- Mitarbeiterzeitschrift, Intranet, Schwarzes Brett
- Betriebsausflug, betriebliche Weihnachtsfeier usw.
- Betriebliches Vorschlagswesen
- Jubiläen, Geschenke zu besonderen Gelegenheiten

Die Personalbetreuung dient der Verringerung der **Fluktuation** und der **Personalintegration**. Weiteres wichtiges Element der Personalintegration ist die Einarbeitung.

## 6.2 Personaleinsatzplanung

### Situation

Unter Personaleinsatzplanung versteht man die Zuordnung der verschiedenen Mitarbeiter zu den einzelnen Positionen im Unternehmen bzw. im Betrieb sowie die Festlegung des Mitarbeitereinsatzes nach zeitlichen, örtlichen und aufgabenbezogenen Gesichtspunkten **(Personaldisposition)**. In der Systemgastronomie wird die Personaleinsatzplanung in aller Regel dezentral durch die Betriebsleitung vor Ort gesteuert, da diese am besten beurteilen kann, wann welche Mitarbeiter benötigt werden. Heute erfolgt die Einsatzplanung meist EDV-gestützt.

Die Personaleinsatzplanung ist sowohl für das Unternehmen als auch für die Mitarbeiter von zentraler Bedeutung. Für den Mitarbeiter ist ihr Funktionieren die Voraussetzung dafür, dass er sich auf Dienstpläne verlassen kann und nicht unnötig oft zu Mehr- oder Minderarbeit herangezogen wird. Die Personaleinsatzplanung dient somit auch der **Mitarbeiterzufriedenheit**. Für das Unternehmen ist die Einsatzplanung Grundlage für eine gezielte **Steuerung der Personalkosten**, denn sowohl Mehrarbeit (Überstunden) als auch zu viele Mitarbeiter oder Mitarbeiter mit der falschen Qualifikation am falschen Ort zur falschen Zeit stellen Kostentreiber dar. Außerdem ist die richtige Personaleinsatzplanung Grundlage für einen **reibungslosen Betriebsablauf** und damit für guten Service und zufriedene Gäste.

Die zentralen Herausforderungen bei der Personaleinsatzplanung in der Systemgastronomie sind **Öffnungszeiten** der Betriebe (in den meisten Fällen sieben Tage pro Woche und bis zu 24 Stunden am Tag) sowie die Abhängigkeit von der **schwankenden, oft kurzfristigen Gästenachfrage** und der daher ebenfalls schwankenden **Kapazitätsauslastung**, beispielsweise im Verlaufe des Tages (z. B. Mittags-/Abendgeschäft), bei Veranstaltungen (Halbzeit für das Stadioncatering, Stoßzeiten in der Ver-

### Aufgaben

1. Erläutern Sie den Unterschied zwischen einem schriftlichen Arbeitsvertrag und einer Niederschrift von Arbeitsbedingungen.

2. Häufig wird zu Beginn der Beschäftigung eine Probezeit vereinbart. Diskutieren Sie in der Klasse den Zweck von Probezeitregelungen.

3. Wie ist in Ihrem Ausbildungsunternehmen eine Personalakte aufgebaut? Klären Sie dies im Dialog mit Ihrer Personalabteilung.

4. Welche Unterschiede sind bei der Beschäftigung von Staatsangehörigen der „alten" und der „neuen" EU-Mitgliedstaaten zu beachten?

5. Im Green Paradise ist in den letzten Monaten mehrfach die Situation eingetreten, dass Servicemitarbeiterinnen kurz nach der Einstellung schwanger wurden. Dies hat aufgrund des zu beachtenden Mutterschutzes und der sich anschließenden Elternzeit zu Schwierigkeiten bei der Personaleinsatzplanung geführt. In den Personalfragebogen soll daher eine Frage nach der beabsichtigten Familienplanung aufgenommen werden. Ist dies möglich?

kehrsgastronomie), in Abhängigkeit vom Wetter (Terrassengeschäft) oder durch Saisonzeiten. Klassische „Büroarbeitszeiten" oder Gleitzeitregelungen sind daher in der Systemgastronomie allenfalls für die Zentralverwaltungen geeignet. Im operativen Geschäft ist über bestimmte Dienstplanformen und Maßnahmen der **Arbeitszeitflexibilisierung** auf diese Anforderungen zu reagieren. Dies können sein:

▶ **Schichtdienst:** z. B. mit Früh- und Spätschicht
▶ **Teildienst:** zwei Arbeitsblöcke am Mittag und am Abend mit „Freistunden" am Nachmittag
▶ **Mehrarbeit/Überstunden:** mit entsprechendem Mehrarbeitszuschlag oder Freizeitausgleich
▶ **Arbeitszeitflexibilisierung/variable Arbeitszeit:** Die Arbeitszeit kann in einem Rahmen von Mindest- und Höchstarbeitszeiten (z. B. 130–200 Stunden pro Monat) in einem bestimmten Zeitraum (z. B. 6 Monate) schwanken. Mehr- und Minderarbeitsstunden werden als nach Abschluss dieses Ausgleichszeitraums abgerechnet.
▶ **Arbeit auf Abruf:** als kurzfristige Reaktion auf erhöhte Gästenachfrage
▶ **Minijob:** z. B. als kurzfristige Beschäftigung für die Saison oder als geringfügig entlohnte Beschäftigung für das Wochenende (siehe auch Kap. 5.5)
▶ **Einsatz von Fremdfirmen:** z. B. für Events (siehe auch Kap. 5.2)

Die Personaleinsatzplanung erfolgt in der Systemgastronomie über den **Dienstplan**. Es kann sich dabei um einen Tages-, Wochen- oder Monatsdienstplan handeln. Ergänzt wird dieser durch Urlaubspläne und ggf. durch Pläne für Krankheitsvertretung oder Stationspläne.

In den gastgewerblichen Tarifverträgen ist geregelt, wann der Dienstplan zu erstellen und auszuhängen ist, meist ist dies spätestens Mitte oder Ende der Vorwoche für die folgende Woche der Fall.

| Muster – Wochendienstplan | | | | | | | |
|---|---|---|---|---|---|---|---|
| Datum: 20..-05-02  Zeit: 17:21:15 | | | Restaurant: | | | | |
| 07.08.20..–11.08.20.. (32. KW) | | | | | | | |
| Mitarbeiter | Mo., 7. Aug. | Di., 8. Aug. | Mi., 9. Aug. | Do., 10. Aug. | Fr., 11. Aug. | Sa., 12. Aug. | So., 13. Aug. |
| **Strahlen, Peter** | URL | URL | URL | URL | URL | frei | frei |
| **Tick, Hans** | frei | frei | frei | frei | 17:30–01:00 | 20:30–04:00 | 19:30–03:00 |
| **Unna, Eduard** | 13:00–21:30 | 10:00–18:30 | 09:30–18:00 | 06:00–14:30 | frei | frei | 11:30–20:00 |
| **Veltins, Heinz** | URL | URL | URL | URL | URL | frei | frei |
| **Vorsorge, Dieter** | 15:30–23:00 | frei | 15:30–23:00 | 14:30–22:00 | 11:00–18:30 | frei | 14:30–22:00 |
| **Wayne, Peter** | frei | frei | frei | frei | frei | 18:00–00:00 | 15:00–21:00 |
| **Wich, Hans** | frei | frei | frei | 21:30–03:30 | frei | frei | frei |
| **Wurst, Rainer** | frei | frei | frei | frei | frei | 13:00–20:00 | frei |
| **Zerwühler, Claudia** | frei | 17:00–00:30 | frei | 15:30–23:00 | 17:30–01:00 | 17:30–01:00 | 14:30–22:00 |
| **Zicki, Renate** | URL | URL | URL | URL | URL | frei | frei |
| **Zufall, Petra** | frei | 07:00–14:30 | 07:30–16:00 | 07:00–14:30 | frei | 07:00–14:30 | 09:00–17:00 |

Zum Erstellen des Dienstplans sind bestimmte Grundlagen und Hilfsmittel erforderlich:

## 6.2.1 Organigramm, Stellenbeschreibung und Stellenbesetzungsplan

Basis der Personalplanung ist ein **Organigramm** des Unternehmens, das die **Aufbauorganisation** festlegt (s. auch Lerninhalt 1, Kap. 2.1). In **Stellenbeschreibungen** werden die einzelnen Arbeitsplätze definiert und es wird festgelegt, welche Aufgaben, Zuständigkeiten und Qualifikationen die einzelnen Mitarbeiter haben bzw. haben müssen (s. auch Kap. 3.2). Der **Stellenbesetzungsplan** zeigt schließlich die Ist-Situation der tatsächlich besetzten Stellen an und ordnet diesen die konkreten Mitarbeiter zu.

## 6.2.2 Arbeits- und Fehlzeiten

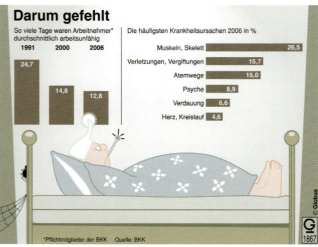

# 3 Personaleinsatzplanung

Die konkrete Personaleinsatzplanung kann jedoch nur dann vorgenommen werden, wenn die genauen Arbeitszeiten/Verfügungszeiten der einzelnen Mitarbeiter bekannt sind. Diese hängen von vielfältigen **vorhersehbaren oder nicht vorhersehbaren Faktoren** ab:
- Arbeitszeitvereinbarung mit dem Mitarbeiter und regelmäßige Arbeitszeit nach dem Tarifvertrag
- Regelungen zur Arbeitszeitflexibilisierung, insbesondere im Tarifvertrag, Arbeitszeitkonto
- Bei Teilzeitbeschäftigten: Teilzeitmodell (z. B. tageweise, reduzierte Tagesarbeitszeiten, nur Wochenende, Jobsharing) und Stundenzahl
- Ruhetage
- Gesetzliche Begrenzungen der Arbeitszeit (z. B. Jugendarbeitsschutz, Mutterschutz, Elternzeit, s. auch Kap. 5.3)
- Urlaubsplanung
- Berufsschule, interne Schulungen, sonstige Weiterbildungsmaßnahmen
- Feiertage und ggf. entsprechender Freizeitausgleich
- Mehrarbeit und ggf. entsprechender Freizeitausgleich
- Krankheit
- Sonstige Gründe für Fernbleiben von der Arbeit (z. B. Todesfälle, Eheschließung, unaufschiebbare Behördengänge)

Nicht zuletzt sind nach Möglichkeit die **individuellen Wünsche der Mitarbeiter** zu berücksichtigen. Dies kann z. B. über Wunsch- und Prioritätenlisten erfolgen. Die Schwierigkeit liegt hier darin, Dienstplangerechtigkeit herzustellen und möglicherweise konkurrierende Wünsche in einen fairen Ausgleich zu bringen.

## 6.2.3 Umsatzplanung und Produktivität

Schließlich richtet sich die Einsatzplanung auch nach der Umsatzplanung für den systemgastronomischen Betrieb.

Im ersten Schritt muss der zu erwartende **Umsatz** geplant werden. Dazu greift man auf vergangene Umsätze (Vorjahr gleicher Monat, Umsatztendenz laufendes Jahr) zurück und stellt dann eine **Prognose** des zu erwartenden Umsatzes unter Berücksichtigung aktueller Gegebenheiten auf, z. B. Feiertage, regionale oder nationale Marketingmaßnahmen.

In vielen Fällen liegt auch hier schon eine entsprechende Umsatzhochrechnung für ein ganzes Jahr **(Jahresbudget)** bzw. für einen Monat vor. Die monatlichen **Umsatzplanzahlen** werden auf Tages- und auf Stundenumsätze aufgeteilt.

| Musterrestaurant | | | |
|---|---|---|---|
| Umsatzzusammenfassung (€) | | | |
| Uhrzeit | Montag bis Freitag | Samstag | Sonntag |
| 07–08 | 200,00 | 200,00 | 200,00 |
| 08–09 | 250,00 | 250,00 | 700,00 |
| 09–10 | 400,00 | 400,00 | 850,00 |
| 10–11 | 400,00 | 550,00 | 1 000,00 |
| 11–12 | 950,00 | 1 000,00 | 1 000,00 |
| 12–13 | 1 500,00 | 1 450,00 | 1 450,00 |
| 13–14 | 1 500,00 | 1 450,00 | 1 600,00 |
| 14–15 | 1 200,00 | 1 400,00 | 1 600,00 |
| 15–16 | 900,00 | 1 350,00 | 1 550,00 |
| 16–17 | 900,00 | 1 200,00 | 1 500,00 |
| 17–18 | 1 150,00 | 1 300,00 | 1 600,00 |
| 18–19 | 1 250,00 | 1 450,00 | 1 950,00 |
| 19–20 | 1 300,00 | 1 450,00 | 1 950,00 |
| 20–21 | 1 050,00 | 1 450,00 | 2 100,00 |
| 21–22 | 1 000,00 | 1 100,00 | 1 950,00 |
| 22–23 | 750,00 | 900,00 | 1 000,00 |
| 23–24 | 500,00 | 850,00 | 700,00 |
| 00–01 | | 600,00 | |
| 01–02 | | | |
| 02–03 | | | |
| 03–04 | | | |
| 04–05 | | | |
| 05–06 | | | |
| 06–07 | | | |
| | | | |
| Total | 15 200,00 | 18 350,00 | 22 700,00 |
| Durchschnittsverkauf pro Gast | 10,03 | 10,18 | 10,29 |
| Gästezahl | 1 515 | 1 802 | 2 207 |

Diese Umsätze sind dann an die aktuelle Situation **(aktuelles Budget)** anzupassen. Warum die Umsätze noch einmal angepasst werden müssen, kann verschiedene Ursachen haben, z. B. Umsatzschwankungen aufgrund von Witterungseinflüssen, Neueröffnungen von Mitbewerbern oder Baustellen.

Eine weitere wichtige Größe, die bei der **Personaleinsatzplanung** Berücksichtigung finden sollte, ist die Produktivität. Diese Planungskennzahl beschreibt den **erwarteten Umsatz pro eingesetztem Mitarbeiter und Arbeitsstunde**.

# 3 Lohn- und Gehaltsabrechnung

Produktivität = Nettoumsatz/Mitarbeiterstunden;
Einheit: € pro Mitarbeiterstunde

Es muss also mithilfe einer Arbeitskräfte-/Umsatztabelle auf den jeweiligen Stundenumsatz der Personalbedarf geplant werden. Sie sagt aus, mit wie vielen Mitarbeitern eine dazugehörige Umsatzspanne im Restaurant erzielt werden kann. Abweichend von der nationalen Orientierung (Vorgabe der zentralen Verwaltung) erfolgt auf Grundlage der besonderen Gegebenheiten, z. B. Ausbildungsstand der Mitarbeiter, Lage des Restaurants, Durchschnittsverkäufe, Größe des Betriebes, der Verkaufspreise, Verteilung der Produktverkäufe im Haus/außer Haus, eine restaurantspezifische Anpassung.

| Musterrestaurant | | |
|---|---|---|
| Arbeitskräfte-/Umsatztabelle (€) | | |
| Mitarbeiter und Management | Nationale Orientierung | Restaurantspezifische Anpassung |
| 3 + 1 | 0,00 – 260,00 | 0,00 – 255,00 |
| 4 + 1 | 261,00 – 417,00 | 256,00 – 409,00 |
| 5 + 1 | 418,00 – 574,00 | 410,00 – 563,00 |
| 6 + 1 | 575,00 – 731,00 | 564,00 – 716,00 |
| 7 + 1 | 732,00 – 888,00 | 717,00 – 870,00 |
| 8 + 1 | 889,00 – 1 045,00 | 871,00 – 1 024,00 |
| 9 + 1 | 1 046,00 – 1 202,00 | 1 025,00 – 1 178,00 |
| 10 + 1 | 1 203,00 – 1 349,00 | 1 179,00 – 1 332,00 |
| 11 + 1 | 1 350,00 – 1 516,00 | 1 333,00 – 1 486,00 |
| 12 + 2 | 1 517,00 – 1 673,00 | 1 487,00 – 1 639,00 |
| 13 + 2 | 1 674,00 – 1 830,00 | 1 640,00 – 1 793,00 |
| 14 + 2 | 1 831,00 – 1 987,00 | 1 794,00 – 1 947,00 |
| 15 + 2 | 1 988,00 – 2 248,00 | 1 948,00 – 2 203,00 |
| 16 + 2 | 2 249,00 – 2 510,00 | 2 204,00 – 2 459,00 |

Mit dieser **Umsatzplanung** ist es dann möglich, festzulegen, wie viele Mitarbeiter mit welcher Qualifikation/Tätigkeit zur Bewältigung des Umsatzes wann arbeiten müssen.

Damit ist der Personalbedarf dem Umsatz entsprechend geplant und die Mitarbeiter sind gemäß dem Bedarf, ihrer Qualifikation und den verfügbaren Arbeitszeiten in den Dienstplan einzuteilen.

### Aufgaben

1. a) Wo liegt in Ihrem Ausbildungsunternehmen die regelmäßige wöchentliche/monatliche Arbeitszeit?
   b) Welche Maßnahmen werden in Ihrem Ausbildungsunternehmen eingesetzt, um schwankenden Arbeitskräftebedarf zu decken?
2. Wie ist die Verfahrensweise, wenn zur Lohnabrechnung für einen geringfügig beschäftigten Mitarbeiter keine Lohnsteuerkarte vorliegt?
3. Welche Einstellungsunterlagen müssen bei nicht EU-zugehörigen Arbeitnehmern vor Beschäftigungsbeginn vorliegen?
4. Welche negativen Auswirkungen hat eine falsche Personaleinsatzplanung?
5. Ein Restaurantleiter hat nach bestem Wissen und unter Zugrundelegung sämtlicher verfügbarer Informationen seiner Betriebe einen Personaleinsatzplan für den Folgemonat erstellt. Trotzdem gibt es große Abweichungen zwischen den geplanten und tatsächlichen Stundenumsätzen. Welche Ursachen können dafür verantwortlich sein?
6. Die Mitarbeiter eines Restaurants beschweren sich häufig über eine hohe Arbeitsbelastung und die Gäste über lange Warte- und Bedienzeiten. Finden Sie Maßnahmen heraus, die der Restaurantleiter einleiten sollte, um dieses Problem zu lösen.

## 6.3 Lohn- und Gehaltsabrechnung

### Situation

Anton Bayer ist Auszubildender im 3. Ausbildungsjahr bei Green Paradise.
Laut Ausbildungsvertrag bekommt er im 3. Jahr eine Ausbildungsvergütung in Höhe von 580,00 €. Die Höhe der monatlichen Überweisung auf sein Konto sieht allerdings anders aus.
Der Reinigungskraft, Frau Bauer, geht es ähnlich.
Antons Chef sieht das anders, er redet von Lohnnebenkosten und Arbeitgeberbruttolöhnen.
Wie hängt das alles zusammen?

Für den Arbeitnehmer sind Lohn oder Gehalt das Entgelt für ihre Tätigkeit, das Einkommen zum Bestreiten des Lebensunterhalts; für den Arbeitgeber oder Ausbildungsbetrieb ist Lohn/Gehalt Kostenfaktor bzw. Aufwand, der den Gewinn mindert.

Für den Arbeitgeber setzen sich die **Lohnkosten** aus folgenden Komponenten zusammen, die alle zu berechnen, abzurechnen, buchhalterisch zu erfassen und zu kalkulieren sind:

510

# 3 Lohn- und Gehaltsabrechnung

| Grundkosten für Personal | Personalnebenkosten |
|---|---|
| Direktentgelt in Form von<br>▶ Monatsgehalt<br>▶ Ausbildungsvergütung<br>▶ Stundenlohn | **Gesetzliche Personalnebenkosten:**<br>▶ Arbeitgeberanteil zur gesetzlichen Sozialversicherung<br>▶ Beitrag zur gesetzlichen Unfallversicherung<br>▶ Lohnfortzahlung bei bezahlter Abwesenheit (z. B. Krankheit, Fortbildung, Mutterschutz)<br>▶ Sonstige Abgaben (z. B. Ausgleichsabgabe/„Schwerbehindertenabgabe", Insolvenzsicherungsabgabe, Umlagen U1 und U2)<br>▶ Arbeitgeberzuschüsse zur freiwilligen Kranken- und Pflegeversicherung von Arbeitnehmern oberhalb der Versicherungspflichtgrenze<br>**Freiwillige oder vertraglich gesicherte Personalnebenkosten:**<br>▶ AG-Anteil zur Vermögensbildung oder Alterssicherung und/oder betriebliche Altersvorsorge<br>▶ Sonderzahlungen (z. B. Weihnachts- oder Urlaubsgeld)<br>▶ Gratifikationen oder Prämien<br>▶ Sachbezüge (z. B. Kost)<br>▶ Erstattung von Kosten und Zulagen (z. B. Werkzeuggeld, Fahrkostenerstattung) |

Da Arbeitnehmer im Prozess der Leistungserstellung ein Kostenfaktor sind, versucht der Arbeitgeber, diesen zu minimieren und die Arbeitsverhältnisse arbeits-, steuer- und sozialversicherungsrechtlich entsprechend zu gestalten.

Das Sozialversicherungsrecht unterscheidet grundsätzlich drei verschiedene **Beschäftigungsverhältnisse** (vgl. Kap. 4.2):
▶ individuell sozialversicherungspflichtige Beschäftigung
▶ pauschal sozialversicherungspflichtige Beschäftigung
▶ sozialversicherungsfreie Beschäftigung

Die unterschiedlichen Vorschriften für die verschiedenen Beschäftigungsverhältnisse füllen eigenständige sehr dicke Bücher, deshalb soll sich dieses Kapitel auf **allgemeine Voll-/Teilzeitbeschäftigung mit Vorlage der Steuerkarte** beschränken.
Ausgewählte Minijob-Beschäftigungsverhältnisse finden Sie unter Kap. 5.5.4, Entlohnung innerhalb der Gleitzone – „Midijob" und kurzfristige Beschäftigung unter Kap. 5.5.5.

Zur optimalen Gestaltung der Lohn- oder Gehaltshöhe nutzt der Arbeitgeber die verschiedenen **Lohnformen**.

Als Hauptformen sind zu unterscheiden:
▶ Zeitlohn und
▶ Leistungslohn.

### Zeitlohn
Der Zeitlohn zählt zu den ältesten Entlohnungsformen. Bei dieser Entlohnungsform wird die Arbeitszeit vergütet und nicht die erbrachte Leistung des Arbeitnehmers. Die Vergütung der Arbeitnehmer nach Zeit kann sich auf geleistete Stunden, Tage, Wochen oder auf einen Monat beziehen. Auszubildende erhalten grundsätzlich ihr Geld monatlich.

### Leistungslohn
Ziel des Leistungslohns ist die Bezahlung nach der tatsächlich erbrachten Leistung. Die Leistung kann von einem einzelnen Arbeitnehmer oder von einer Gruppe von Arbeitnehmern erbracht werden. Hierbei wird u. a. unterschieden in:
▶ **Akkordlohn,** er besteht aus dem tariflich gesicherten Mindestlohn und dem Akkordzuschlag (15–25 %),
▶ **Zeitakkord,** die vorgegebene Zeit (= Vorgabezeit/Normzeit) ist die Zeit, die ein Arbeitnehmer über einen längeren Zeitraum normalerweise für die Bearbeitung eines Werkstückes oder einzelnen Arbeitsgangs benötigt,
▶ **Stückakkord,** hier wird für jedes Werkstück oder für jeden Arbeitsgang ein bestimmter Geldbetrag vorgegeben.

### Prämienlohn
Hierbei wird zum Grundlohn (Zeit- oder Akkordlohn) für besondere Leistungen eine Prämie gezahlt. Die Höhe der Prämie wird nach feststellbaren Mehrleistungen (= leistungsabhängiger Lohnbestandteil) der Arbeitnehmer berechnet.

### Beteiligungslohn
Bei dieser Entlohnung erhält der Arbeitnehmer zusätzlich zum Lohn oder Gehalt vom Arbeitgeber einen Zuschlag, der am Erfolg des Unternehmens orientiert ist.

## 6.3.1 Rechtliche Grundlagen und Bestandteile der Lohn- und Gehaltsabrechnung

Das „Green Paradise" ist, wie jeder andere Arbeitgeber auch, nach *§ 108 Gewerbeordnung (GewO)* verpflichtet, eine Abrechnung über die Zusammensetzung des Arbeitsentgelts in nachvollziehbarer Form aufzustellen. Auf Verlangen des Arbeitnehmers muss der Arbeitgeber die Lohn- und Gehaltsabrechnung jedem Arbeitnehmer erklären, was in der Regel durch das „Personalbüro" erfolgt.

# 3 Lohn- und Gehaltsabrechnung

**Lohn- und Gehaltsabrechnungen** müssen folgende Mindestangaben enthalten:
- Abrechnungszeitraum
- Zusammensetzung des Arbeitsentgelts
- Art und Höhe der Zuschläge sowie sonstige Vergütungen
- Art und Höhe der Abzüge
- Abschlagszahlungen und Vorschüsse
- Persönliche Daten des Arbeitnehmers (z. B. Name, Geburtsdatum)

Nähere Einzelheiten über die ab 2009 vereinheitlichte Lohn- und Gehaltsabrechnung regelt die neue *Entgeltbescheinigungsverordnung (EBeschV)* 2009.

Das Aufstellen einer Abrechnung ist jedoch nicht die einzige Verpflichtung für den Arbeitgeber, es sind eine Reihe weiterer gesetzlicher und betrieblicher Anforderungen zu erfüllen:
- Berechnen des Bruttoentgelts für die Abrechnungsperiode
- Erstellen eines Lohn- und Gehaltsnachweises je Arbeitnehmer
- Ermitteln und Abführen der Steuern, Beiträge und sonstiger Abzüge
- Auszahlung/Überweisung des Entgelts an den Arbeitnehmer und ggf. Auszahlungen und Überweisungen an Dritte (z. B. vermögenswirksame Leistungen, Gehaltspfändungen)
- Erfüllung der gesetzlichen Meldepflichten für z. B. Steuer und Sozialversicherung, Abführung/Bezahlung der Steuern und Sozialversicherungsbeiträge
- Lohn- und Gehaltsbuchhaltung
- Erstellen und Überwachen von Personalkostenbudgets für die betriebliche Kostenplanung

Ausgangspunkt für all diese Tätigkeiten ist das **Bruttoarbeitsentgelt**, welches im Arbeits-/Ausbildungsvertrag vereinbart, durch Tarifvertrag oder eine Kombination von beidem geregelt ist.
Neben dem Grundlohn oder -gehalt kann sich das Bruttoarbeitsentgelt um weitere Lohn- oder Gehaltsbestandteile erhöhen.
Man unterscheidet dabei zwischen steuer- und sozialversicherungspflichtigen sowie sozialversicherungs- und steuerfreien Zuschlägen.

### Beispiele

**Sozialversicherungs- und steuerpflichtige Zuschläge**
- Vergütung für Überstunden oder Mehrarbeit
- Vermögenswirksame Leistungen des Arbeitgebers – Sachbezüge (z. B. für Kost und Logis)
- Geldwerte Vorteile (z. B. für die kostenlose Zurverfügungstellung eines Pkw)
- Umsatzbeteiligungen oder Prämien z. B. für besonders gute Leistungen
- Zuschläge für Nacht-, Feiertags- Sonntagsbeschäftigung, soweit die Zuschläge über den Steuerfreibeträgen liegen (über 25 % bzw. 125 %)

### Beispiele (Fortsetzung)

Sonderfall aus abrechnungstechnischer Sicht:
- Sonderzuwendungen oder Einmalzahlungen (z. B. Weihnachts- und/oder Urlaubsgeld)
Diese können aus Vereinfachungsgründen nur bis zu einer Höhe von monatlich 150,00 € dem laufenden und regelmäßigen Bruttoarbeitslohn zugeschlagen werden. Darüber hinaus erfolgt eine gesonderte Berechnung nach der Jahreslohnsteuertabelle und Berücksichtigung der Beitragsbemessungsgrenzen bei der gesetzlichen Sozialversicherung.

### Beispiele

**Sozialversicherungs- und steuerfreie Zuschläge**
- Entschädigungen für die betriebliche Benutzung von Handwerkzeugen, die der AN in den Betrieb mitbringt, z. B. Werkzeuggeld. Dieses ist bis 16,00 € pro Monat steuerfrei. Darüber hinaus erfolgt eine Einzelfallprüfung.
- Fehlgeldentschädigung: Entschädigung für Arbeitnehmer mit Kassentätigkeit, die ggf. für ein sogenanntes Manko haften und selbst ausgleichen. Bis 16,00 € pro Monat steuerfrei.
- Nacht-, Sonn- und Feiertagszuschläge bis zur Höhe der steuerlichen Höchstgrenzen.
Nachtarbeit ist in der Gastronomie die zwischen 22.00 Uhr und 06.00 Uhr geleistete Arbeit, Feiertagsarbeit ist jede an gesetzlichen Feiertagen geleistete Arbeit.
Nachtarbeitszuschläge bis 25 % zum normalen Arbeitslohn, Feiertagszuschläge bis 125 % zum normalen Arbeitslohn sind steuerfrei.

Diese Zuschläge werden aus abrechnungstechnischen Gründen meist erst am Ende zugeschlagen, vgl. Lohnabrechnungsschema.

> Grundsätzlich gilt, was steuerfrei ist, ist auch in der gesetzlichen Sozialversicherung beitragsfrei.

Das Bruttoarbeitsentgelt wird um die Abzüge (Steuer und gesetzliche Sozialversicherung) und Einbehalte vermindert und man gelangt zum Nettoarbeitsentgelt.

**Einbehalte/Abzüge vom Nettolohn könnten sein:**
- AG- und AN-Anteil zur Altersvorsorge oder Vermögensbildung
- Pfändungen vom Arbeitslohn
- Vorschuss
- Überweisungsverfügungen an Dritte (z. B. der Arbeitgeber überweist monatliche Raten vom Arbeitslohn zur Kredittilgung oder zur Begleichung von Unterhalt)

Falls noch bereits gezahlte Vorschüsse zu berücksichtigen/abzuziehen sind, ergibt sich danach der Auszahlungsbetrag/Überweisungsbetrag.

## Lohn- und Gehaltsabrechnung

Eine **Lohnabrechnung** könnte dann nach folgendem Schema erfolgen:

| | | | | | | |
|---|---|---|---|---|---|---|
| Name: _____ Zeitraum: _____ | | | | Geburtsdatum: _____ | | |
| **Lohn-/Gehaltsberechnung** | Gehalt (Festgehalt) _____ | | | | | |
| | ____ Normalstunden (Lohn) | je _____ | | | | |
| | ____ Überstunden | je _____ | | | | |
| | ____ AG-Anteil vwL oder Alterssicherung | je _____ | | | | |
| | ____ Sachbezüge Kost | je _____ | | | | |
| | ____ Sonn-/Feiertagszuschl.*) je _____ | | | | | |
| | ____ Nachtarbeitszuschl.*) je _____ | | | | | |
| | | | | | | |
| | **Bruttosumme €** | | | | | |
| **Abzüge** | Lohnsteuer von € | | | | | |
| | Solidaritätszuschlag | | | | | |
| | Kirchensteuer ev/rk | | | | | |
| | Sozialversicherungsbeiträge: AN-Anteil | Krankenversicherung | | | | |
| | | Pflegeversicherung | | | | |
| | | Rentenversicherung | | | | |
| | | Arbeitslosenversicherung | | | | |
| | Sparrate Vermögensbildung oder Alterssicherung | | | | | |
| | Vorschuss/Abschlag | | | | | |
| | | | | | − | |
| | **Nettosumme €** | | | | | |
| **Steuerfreie Bezüge** | Sonn-/Feiertagszuschläge steuerfrei | | | | | |
| | Nachtarbeitszuschläge steuerfrei | | | | | |
| | Ersatzkassenerstattung | | | | | |
| | Werkzeuggeld | | | | | |
| | | | | | + | |
| | **Auszahlung €** | | | | | |

**Achtung:** Dieses ist nur ein Berechnungsschema, die Mindestangaben für die Entgeltbescheinigung richten sich nach *Gewerbeordnung* und *Entgeltbescheinigungsverordnung*.

### Steuerabzüge

Im Rahmen der Lohn-/Gehaltsabrechnung sind nach dem Ermitteln des Bruttoarbeitsentgelts die individuell zutreffenden Steuerabzüge vorzunehmen. Die Höhe der Lohnsteuer, des Solidaritätszuschlags und der Kirchensteuer ist von fünf Faktoren abhängig:

① der Höhe des steuerpflichtigen Bruttoarbeitsentgelts,

② der Lohnsteuerklasse und der Anzahl der Kinderfreibeträge laut Lohnsteuerkarte,

③ der Zugehörigkeit zu einer Kirche, für die Kirchensteuer einbehalten wird (Vermerk laut Lohnsteuerkarte),

④ dem Vorliegen von Steuerfreibeträgen und

⑤ dem Vorliegen von Hinzurechnungsbeträgen, die ebenfalls auf der Lohnsteuerkarte eingetragen sein müssen.

# 3 Lohn- und Gehaltsabrechnung

Alle Eintragungen in der Lohnsteuerkarte genau prüfen!

Ordnungsmerkmal des Arbeitgebers

## Lohnsteuerkarte 2009

Identifikationsnummer: 12345678912

Gemeinde: Hamburg

AGS: 98765432   4567

Finanzamt und Nr.: Hamburg

Geburtsdatum: 01.01.1985

② → I. Allgemeine Besteuerungsmerkmale

Anton Bayer
Feldstraße 17

20067 Hamburg

Steuerklasse: eins
Kinder unter 18 Jahren: Zahl der Kinderfreibeträge: --

③ → Kirchensteuerabzug: 9 %

(Datum): 15.10.20..

(Gemeindebehörde): Stadt Hamburg

### II. Änderungen der Eintragungen im Abschnitt I

| Steuerklasse | Zahl der Kinderfreibeträge | Kirchensteuerabzug | Diese Eintragung gilt, wenn sie nicht widerrufen wird: | Datum, Unterschrift und Stempel der Behörde |
|---|---|---|---|---|
| | | | vom           2009 an bis zum         2009 | |
| | | | vom           2009 an bis zum         2009 | |

④ → **III. Für die Berechnung der Lohnsteuer sind vom Arbeitslohn als steuerfrei abzuziehen:**

| Jahresbetrag EUR | monatlich EUR | wöchentlich EUR | täglich EUR | Diese Eintragung gilt, wenn sie nicht widerrufen wird: | Datum, Unterschrift und Stempel der Behörde |
|---|---|---|---|---|---|
| | | | | vom           2009 an bis zum 31.12.2009 | |
| in Buchstaben | -tausend | | Zehner und Einer wie oben -hundert | | |
| | | | | vom           2009 an bis zum 31.12.2009 | |
| in Buchstaben | -tausend | | Zehner und Einer wie oben -hundert | | |

⑤ → **IV. Für die Berechnung der Lohnsteuer sind dem Arbeitslohn hinzuzurechnen:**

| Jahresbetrag EUR | monatlich EUR | wöchentlich EUR | täglich EUR | Diese Eintragung gilt, wenn sie nicht widerrufen wird: | Datum, Unterschrift und Stempel der Behörde |
|---|---|---|---|---|---|
| | | | | vom           2009 an bis zum 31.12.2009 | |
| in Buchstaben | -tausend | | Zehner und Einer wie oben -hundert | | |

# Lohn- und Gehaltsabrechnung

Die Lohnsteuerkarte wird, solange es sie noch gibt, von der zuständigen Gemeindebehörde ausgestellt. Dort kann auch eine Änderung der Steuerklassen- und Kinderfreibetragseintragung vorgenommen werden.

Steuerfrei-, Hinzurechnungs- und Abrechnungsbeträge werden vom zuständigen Wohnsitzfinanzamt eingetragen.

Bei der Berechnung der Lohnsteuer oder dem Ablesen der Lohnsteuer aus Lohnsteuertabellen sind die entsprechenden **Steuerklassen** zu berücksichtigen, bei der Kirchensteuer und beim Solidaritätszuschlag auch die Anzahl der Kinderfreibeträge.

| Steuer-klasse | Erläuterung |
|---|---|
| I | Gilt für ledige und geschiedene AN sowie für verheiratete Arbeitnehmer, deren Ehegatte im Ausland wohnt oder die von ihrem Ehegatten dauernd getrennt leben. Verwitwete AN gehören ab dem Folgejahr des Eintritts des Todesfalles ebenfalls der Steuerklasse I an. |
| II | Gilt für die zu Steuerklasse I genannten AN, wenn ihnen der Entlastungsbetrag für Alleinerziehende zusteht. Voraussetzung: AN ist Alleinerziehender und zu seinem Haushalt gehört mindestens ein Kind, für das ihm das Kindergeld oder ein Freibetrag für Kinder zusteht und das bei ihm mit Haupt- oder Nebenwohnung gemeldet ist. Der Alleinerziehende darf nicht mit einer anderen volljährigen Person, für die ihm kein Kindergeld oder Freibetrag für Kinder zusteht, einen gemeinsamen Haushalt führen, es sei denn, dass es sich um ein volljähriges Kind handelt. |
| III | Gilt für verheiratete AN, wenn beide Ehegatten im Inland wohnen, nicht dauernd getrennt leben und der Ehegatte des AN keinen Arbeitslohn bezieht oder Arbeitslohn bezieht und in die Steuerklasse V eingereiht wird. Verwitwete AN gehören nur dann in Steuerklasse III, wenn der Ehegatte im Vorjahr verstorben ist. |
| IV | Gilt für verheiratete AN, wenn beide Ehegatten Arbeitslohn beziehen, im Inland wohnen und nicht dauernd getrennt leben. |
| V | Tritt für einen der Ehegatten an die Stelle der Steuerklasse IV, wenn der andere Ehegatte in die Steuerklasse III eingereiht wird. |
| VI | Gilt, wenn AN nebeneinander von mehreren AG Arbeitslohn beziehen. Diese Lohnsteuerkarte sollten Sie dem Arbeitgeber vorlegen, von dem Sie den niedrigeren Arbeitslohn (gekürzt um etwaige Freibeträge) beziehen. |

Der Arbeitgeber ist nicht verpflichtet, die Richtigkeit der Steuerklasse oder deren optimale Wahl (bei verheirateten Arbeitnehmern) zu prüfen, er kann sich auf die Angaben auf der Lohnsteuerkarte verlassen und darauf berufen. Dieses gilt auch für die Anzahl der Kinderfreibeträge. In der Steuerklasse V gibt es keine Freibeträge für Kinder!

**Auszug aus einer Lohnsteuertabelle für Bruttoarbeitsentgelte ab 1 803,00 €:**

## Allgemeine Monats-Lohnsteuertabelle 2009

### Monat von 1 797,00 € bis 1 841,99 €

| Lohn/Gehalt bis | Steuerklasse | Lohnsteuer | ohne Kinderfreibetrag | | | mit 0,5 Kinderfreibetrag | | | mit 1,0 Kinderfreibetrag | | | mit 1,5 Kinderfreibeträgen | | | mit 2,0 Kinderfreibeträgen | | |
|---|---|---|---|---|---|---|---|---|---|---|---|---|---|---|---|---|---|
| | | | SolZ 5,5% | KiSt 8% | KiSt 9% | SolZ 5,5% | KiSt 8% | KiSt 9% | SolZ 5,5% | KiSt 8% | KiSt 9% | SolZ 5,5% | KiSt 8% | KiSt 9% | SolZ 5,5% | KiSt 8% | KiSt 9% |
| 1 802,99 | I | 201,66 | 11,09 | 16,13 | 18,14 | 7,52 | 10,94 | 12,30 | 0,00 | 6,02 | 6,77 | 0,00 | 1,87 | 2,10 | 0,00 | 0,00 | 0,00 |
| | II | 173,00 | 9,51 | 13,84 | 15,57 | 5,71 | 8,76 | 9,86 | 0,00 | 4,08 | 4,59 | 0,00 | 0,40 | 0,45 | 0,00 | 0,00 | 0,00 |
| | III | 12,66 | 0,00 | 1,01 | 1,13 | 0,00 | 0,00 | 0,00 | 0,00 | 0,00 | 0,00 | 0,00 | 0,00 | 0,00 | 0,00 | 0,00 | 0,00 |
| | IV | 201,66 | 11,09 | 16,13 | 18,14 | 9,28 | 13,50 | 15,18 | 7,52 | 10,94 | 12,30 | 4,90 | 8,44 | 9,49 | 0,00 | 6,02 | 6,77 |
| | V | 476,83 | 26,22 | 38,14 | 42,91 | | | | | | | | | | | | |
| | VI | 505,50 | 27,80 | 40,44 | 45,49 | | | | | | | | | | | | |
| 1 805,99 | I | 202,41 | 11,13 | 16,19 | 18,21 | 7,55 | 10,99 | 12,36 | 0,00 | 6,07 | 6,83 | 0,00 | 1,91 | 2,15 | 0,00 | 0,00 | 0,00 |
| | II | 173,75 | 9,55 | 13,90 | 15,63 | 5,85 | 8,82 | 9,92 | 0,00 | 4,13 | 4,64 | 0,00 | 0,44 | 0,49 | 0,00 | 0,00 | 0,00 |
| | III | 13,00 | 0,00 | 1,04 | 1,17 | 0,00 | 0,00 | 0,00 | 0,00 | 0,00 | 0,00 | 0,00 | 0,00 | 0,00 | 0,00 | 0,00 | 0,00 |
| | IV | 202,41 | 11,13 | 16,19 | 18,21 | 9,32 | 13,56 | 15,25 | 7,55 | 10,99 | 12,36 | 5,05 | 8,50 | 9,56 | 0,00 | 6,07 | 6,83 |
| | V | 477,83 | 26,28 | 38,22 | 43,00 | | | | | | | | | | | | |
| | VI | 506,66 | 27,86 | 40,53 | 45,59 | | | | | | | | | | | | |
| 1 808,99 | I | 203,16 | 11,17 | 16,25 | 18,28 | 7,59 | 11,05 | 12,43 | 0,00 | 6,13 | 6,89 | 0,00 | 1,95 | 2,19 | 0,00 | 0,00 | 0,00 |
| | II | 174,50 | 9,59 | 13,96 | 15,70 | 6,00 | 8,88 | 9,99 | 0,00 | 4,18 | 4,70 | 0,00 | 0,47 | 0,53 | 0,00 | 0,00 | 0,00 |
| | III | 13,33 | 0,00 | 1,06 | 1,19 | 0,00 | 0,00 | 0,00 | 0,00 | 0,00 | 0,00 | 0,00 | 0,00 | 0,00 | 0,00 | 0,00 | 0,00 |
| | IV | 203,16 | 11,17 | 16,25 | 18,28 | 9,36 | 13,62 | 15,32 | 7,59 | 11,05 | 12,43 | 5,18 | 8,55 | 9,62 | 0,00 | 6,13 | 6,89 |
| | V | 479,00 | 26,34 | 38,32 | 43,11 | | | | | | | | | | | | |
| | VI | 507,83 | 27,93 | 40,62 | 45,70 | | | | | | | | | | | | |

SolZ = Solidaritätszuschlag zur Lohnsteuer
KiSt = Kirchensteuer

# 3 Lohn- und Gehaltsabrechnung

Bei der Nutzung von **Lohnsteuerberechnungsprogrammen** ist die Lohnsteuertabelle genau für den eingegebenen Bruttolohn berechnet, bei der Nutzung von Lohnsteuertabellen kommt es durch die Einteilung der Bruttolöhne in 3- bis 5-Eurostufen zu kleinen aber zulässigen Abweichungen.

In die Lohnsteuertabellen wurden bereits der Grundfreibetrag zur Sicherung des steuerfreien Existenzminimums, Pauschbeträge für Werbungskosten und für Sonderausgaben bzw. die Vorsorgepauschale für Vorsorgeaufwendungen steuermindernd eingearbeitet.

**So fällt für Bruttoarbeitsentgelte innerhalb bestimmter Grenzen keine Steuer an.**

Diese Grenzen betragen 2009 in den Steuerklassen:

| | | |
|---|---:|---|
| I und IV | 898,00 € | Bruttoarbeitslohn je Monat |
| III | 1 702,00 € | Bruttoarbeitslohn je Monat |
| V | 75,00 € | Bruttoarbeitslohn je Monat |
| VI | 1,00 € | Bruttoarbeitslohn je Monat |

Kirchensteuer und Solidaritätszuschlag sollte man aus der Steuertabelle ablesen, da innerhalb von bestimmten Übergangszonen noch nicht die vollen Prozentsätze in Höhe von 5,5 % Solidaritätszuschlag bzw. 9/8 % Kirchensteuer (8 % in Bayern und Baden-Württemberg) zum Tragen kommen.

Der Kirchensteuersatz ist also abhängig vom Bundesland.

Für Einkommen oberhalb der Übergangszone kann der SoliZ mit 5,5 % und die Kirchensteuer mit 9/8 % von der Lohnsteuer berechnet werden.

## Sozialversicherungsabzüge (vgl. auch Kap. 5.5.2)

Gemeint sind hier die Abzüge zur gesetzlichen Sozialversicherung bei Arbeitnehmern oberhalb der Versicherungspflichtgrenze. An dieser Versicherung muss sich auch der Arbeitgeber mit fast 50 % der Beiträge beteiligen, welche für ihn **Lohnnebenkosten** darstellen.

Für die Berechnung der gesetzlichen Sozialversicherung muss man die Beitragssätze und für höhere Einkommen die **Beitragsbemessungsgrenze** kennen, ansonsten ist – wie bei der Berechnung der Steuerabzüge – im Regelfall das Bruttoarbeitsentgelt maßgeblich.

**Versicherungsfreiheit** in der gesetzlichen Sozialversicherung besteht grundsätzlich bis zu einer Grenze von monatlich 400,00 €. Für Auszubildende gilt diese Grenze nicht, bis zu diesem Betrag trägt der Arbeitgeber die gesamten Versicherungsbeiträge allein.

Bei der Berechnung der Sozialversicherungsabzüge sind die Beitragsbemessungsgrenzen und bei der Krankenversicherung zusätzlich die **Jahresentgeltgrenze** zu berücksichtigen (vgl. Kap. 5.5.2)

Das Erstellen der Lohnabrechnung und Entgeltbescheinigung erfolgt heute in der Praxis der Systemgastronomie meist mithilfe von Lohnabrechnungsprogrammen. Hier werden für jeden Arbeitnehmer zunächst alle persönlichen, organisatorisch steuer- und versicherungsrechtlichen Daten als Stammdatensatz (vgl. nachstehendes Beispiel) erfasst und die eigentliche Abrechnung ist dann fast nur noch ein „Mausklick".

Damit man dem Mitarbeiter seine Abrechnung aber erklären kann, muss man über das nötige Hintergrundwissen für die Lohnabrechnung verfügen.

### Beispiel

**Situation Kap. 6.3 – Anton Bayer für den Monat Juli 2009**

Anton Bayer ist 1985 geboren.

Er hat eine Lohnsteuerkarte mit der Steuerklasse I, 0 Kinderfreibeträgen, Kirchenzugehörigkeit ev und keinen Steuerfrei- oder Hinzurechnungsbeträgen abgegeben.

Ein Lohnrechner oder Lohnabrechnungsprogramm ermittelt für ihn dann nebenstehende Abrechnungsdaten (KV 14,9 %).

(Fortsetzung nächste Seite)

# Lohn- und Gehaltsabrechnung 3

**Beispiel** (Fortsetzung)

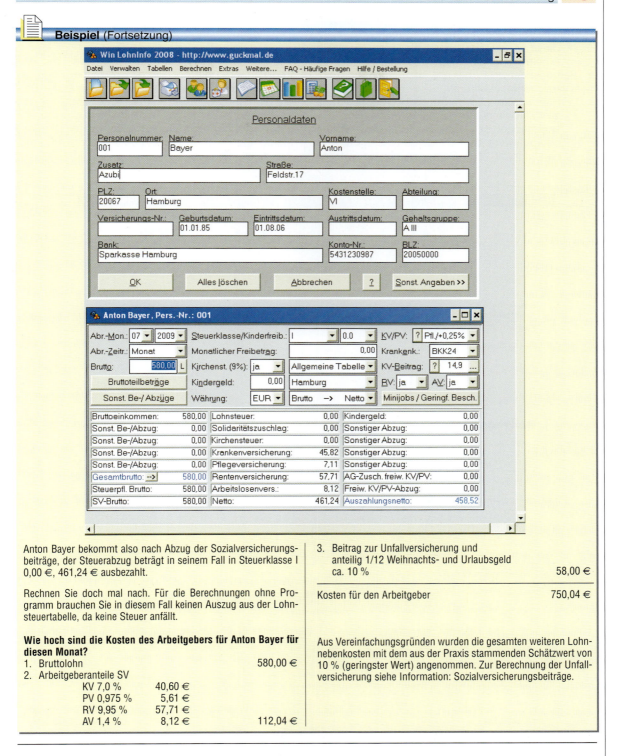

Anton Bayer bekommt also nach Abzug der Sozialversicherungsbeiträge, der Steuerabzug beträgt in seinem Fall in Steuerklasse I 0,00 €, 461,24 € ausbezahlt.

Rechnen Sie doch mal nach. Für die Berechnungen ohne Programm brauchen Sie in diesem Fall keinen Auszug aus der Lohnsteuertabelle, da keine Steuer anfällt.

**Wie hoch sind die Kosten des Arbeitgebers für Anton Bayer für diesen Monat?**
1. Bruttolohn     580,00 €
2. Arbeitgeberanteile SV
   - KV 7,0 %    40,60 €
   - PV 0,975 %    5,61 €
   - RV 9,95 %    57,71 €
   - AV 1,4 %    8,12 €     112,04 €

3. Beitrag zur Unfallversicherung und anteilig 1/12 Weihnachts- und Urlaubsgeld ca. 10 %     58,00 €

Kosten für den Arbeitgeber     750,04 €

Aus Vereinfachungsgründen wurden die gesamten weiteren Lohnnebenkosten mit dem aus der Praxis stammenden Schätzwert von 10 % (geringster Wert) angenommen. Zur Berechnung der Unfallversicherung siehe Information: Sozialversicherungsbeiträge.

## Meldungen an die zuständige Krankenkasse

Der Arbeitgeber hat zu melden:
- Anmeldung des AN (die eigentliche Anmeldung hat innerhalb von zwei Wochen nach Beschäftigungsbeginn zu erfolgen)
- Abmeldung (spätestens 6 Wochen nach Ende der Beschäftigung)
- Jahresmeldung (bis spätestens 15. April des Folgejahres)

# 3 – Lohn- und Gehaltsabrechnung

▶ Unterbrechungen (spätestens 2 Wochen nach Ablauf des 1. Monats der Unterbrechung)
  ▷ Diese Meldungen haben für jeden einzelnen Arbeitnehmer zu erfolgen.
▶ Beitragsnachweis über alle abzuführenden Sozialversicherungsbeiträge.
  ▷ Hier werden alle Sozialversicherungsbeiträge aller Arbeitnehmer einer Krankenkasse zusammengefasst. Die Beitragsnachweisung erfolgt jeweils zum 25. des Monats oder Monatsende. In den Beitragsnachweis werden die Arbeitnehmer- und Arbeitgeberanteile aufgenommen.

Seit dem 1. Januar 2006 ist das Melde- und Beitragsverfahren nur noch in elektronischer Form per Datenfernübertragung mittels systemgeprüfter Programme möglich. Diese stellt jede Krankenkasse kostenlos zur Verfügung. In die in der Praxis verwendeten Lohnabrechnungsprogramme sind diese Meldemöglichkeiten und die dazugehörigen Formulare meist integriert.

**Beispiel: Beitragsnachweis BKK für Anton Bayer – einziger Arbeitnehmer bei der BKK**

Eine neue Verbindung.

**Die neue Gesundheit**
**DeutscheBKK**

Arbeitgeber

Deutsche BKK
Arbeitgeberservice
Postfach 30 02 09

70442 Stuttgart

Betriebs-/Beitragskonto-Nr. des Arbeitgebers

Zeitraum
von: Tag Monat Jahr
0 1 0 7 2 0 0 9
bis: Tag Monat Jahr
3 0 0 7 2 0 0 9
Rechtskreis *) Ost ☐ West ☒

Fälligkeit am 25. des lfd. Monats *)
Dauer-Beitragsnachweis *)
bisheriger Dauer-Beitragsnachweis gilt erneut ab nächsten Monat *)
Beitragsnachweis enthält Beiträge aus Wertguthaben, das abgelaufenen Kalenderjahren zuzuordnen ist *)
Korrektur-Beitragsnachweis für abgelaufene Kalenderjahre *)

## Beitragsnachweis

| | Beitragsgruppe | ☒ Euro/Cent *) | ☐ DM/Pfennig *) |
|---|---|---|---|
| Beiträge zur Krankenversicherung - allgemeiner Beitrag - | 1000 | 86 42 | |
| Beiträge zur Krankenversicherung - erhöhter Beitrag - | 2000 | | |
| Beiträge zur Krankenversicherung - ermäßigter Beitrag - | 3000 | | |
| Beiträge zur Krankenversicherung für geringfügig Beschäftigte | 6000 | | |
| Beiträge zur Rentenversicherung der Arbeiter - voller Beitrag - | 0100 | | |
| Beiträge zur Rentenversicherung der Angestellten - voller Beitrag - | 0200 | 115 42 | |
| Beiträge zur Rentenversicherung der Arbeiter - halber Beitrag - | 0300 | | |
| Beiträge zur Rentenversicherung der Angestellten - halber Beitrag - | 0400 | | |
| Beiträge zur Rentenversicherung der Arbeiter für geringfügig Beschäftigte | 0500 | | |
| Beiträge zur Rentenversicherung der Angestellten für geringfügig Beschäftigte | 0600 | | |
| Beiträge zur Arbeitsförderung - voller Beitrag - | 0010 | 16 24 | |
| Beiträge zur Arbeitsförderung - halber Beitrag - | 0020 | | |
| Beiträge zur sozialen Pflegeversicherung | 0001 | 12 72 | |
| Umlage nach dem Lohnfortzahlungsgesetz (LFZG) für Krankheitsaufwendungen | U1 | | |
| Umlage nach dem Lohnfortzahlungsgesetz (LFZG) für Mutterschaftsaufwendungen | U2 | | |
| **Gesamtsumme** | | | |

Es wird bestätigt, dass die Angaben mit denen der Lohn- und Gehaltsunterlagen übereinstimmen und in diesen sämtliche Entgelte enthalten sind.

Beiträge für freiwillig Krankenversicherte **)
- zur Krankenversicherung
- zur Pflegeversicherung
- abzüglich Erstattung gemäß § 10 LFZG
- zu zahlender Betrag/Guthaben

Datum, Unterschrift
*) Zutreffendes ankreuzen
**) freiwillige Angabe des Arbeitgebers

Die im Beitragsnachweis aufgeführten Umlagen U1 und U2 betreffen die Erstattung von Lohnfortzahlung im Krankheitsfall (U1) und Erstattung von Mutterschaftsgeld (U2).

## Umlageverfahren zur Lohnfortzahlung im Krankheitsfall

U1 gilt für Betriebe mit **bis zu 30 Beschäftigten** *(Gesetz zum Ausgleich von Arbeitgeberaufwendungen)*. Dem Arbeitgeber werden die Lohnfortzahlungskosten für Mitarbeiter je nach Wahl der Beitragsgruppe anteilig ersetzt. Die Umlagehöhe wird vom Einkommen aller Beschäftigten eines Unternehmens berechnet.

Die Krankenkasse erstattet dabei je nach Wahl der Beitragserstattungsgruppe zwischen 40 % und 80 % der gesetzlich vorgeschriebenen Lohnfortzahlung in den ersten sechs Krankheitswochen. Bei der Festlegung der 30-Mitarbeiter-Grenze werden Auszubildende und Schwerbehinderte nicht, Teilzeitbeschäftigte je nach Arbeitszeit anteilig mitgezählt.

Jede Krankenkasse führt das Umlageverfahren für die bei ihr versicherten Beschäftigten eigenverantwortlich durch, die Höhe der Beiträge schwankt jedoch zwischen ca. 1 % bis 4 % der Bruttolohnsumme.

## Umlageverfahren bei Mutterschaft

An diesem Verfahren müssen alle Betriebe unabhängig von der Anzahl der Beschäftigten teilnehmen. Für Beschäftigte im Mutterschutz erhält der Arbeitgeber dafür eine 100 %ige Erstattung seines Lohnfortzahlungsanteils.

Grundsätzlich zahlen die Krankenkassen ein einkommensabhängiges Mutterschaftsgeld von maximal 13,00 € pro Kalendertag. Die Arbeitgeber übernehmen zunächst die anfallende Differenz bis zur Höhe des vorherigen durchschnittlichen Nettoentgelts, die sie dann durch das Umlageverfahren erstattet bekommen.

## Meldungen an das zuständige Finanzamt

Nachdem nun die Meldungen gegenüber der Krankenkasse erfolgt sind, muss die **Lohnsteueranmeldung** beim Finanzamt erfolgen. Auch für diese gilt Formularzwang auf einem Onlineformular und Onlineübermittlung der Daten.

Hier werden alle Steuerbeträge aller Arbeitnehmer des Unternehmens zusammengefasst. Die Meldung und Bezahlung hat bei einer Vorjahressteuer von 3 000,00 € monatlich bis zum 10. des Folgemonats zu erfolgen, ansonsten fallen Säumnis und Verspätungszuschläge an.

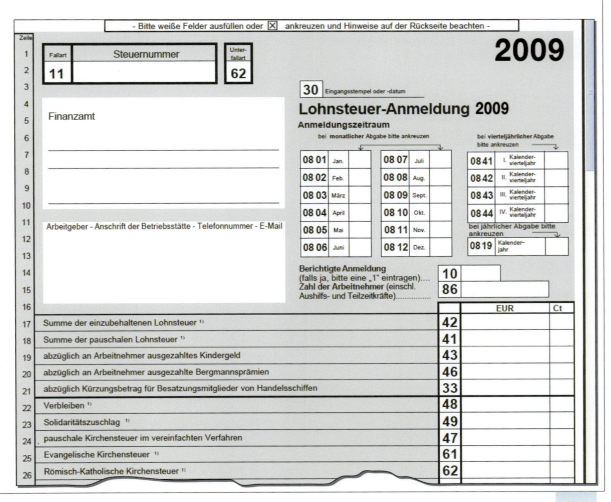

# 3 Lohn- und Gehaltsabrechnung

**Lohnbuchhaltung**

Diese führt für jeden Arbeitnehmer gemäß den ermittelten Beträgen ein Konto, welches wie folgt aussehen kann:

| Lohnkonto | | | | | | | | | | | | | | | | | 2008 |
|---|---|---|---|---|---|---|---|---|---|---|---|---|---|---|---|---|---|
| Name | Abton Bayer | | Vers.Nr. | 4201011985B129 | | | | Krankenkasse | | BKK24 | | | | | | | |
| Straße | Feldstr. 17 | | Tätigkeit | | | | | gemeldet am | | 16.09.06 | | | | | | | |
| Ort | 20067 Hamburg | | Stellung i. Betr. | | | | | | | | | | | | | | |
| | | | Ausbildung | Azubi | | | | | | | | | | | | | |
| Geb.-Datum | 01.01.1985 | | | | | | | | | | | | | | | | |
| in | Hamburg | | Fam.Stand | | | | | | | | | | | | | | |
| | | | Kinder | keine | | | | | | | | | | | | | |
| Eintritt | 01.09.2006 | | Steuerklasse | I/0 | | | | | | | | | | | | | |
| Austritt | | | Religion | ev | | | | | | | | | | | | | |

| | | | Steuerpfl. | | | | AN-Anteil Sozialversicherung | | | | | | | Verm. | | | Nettolohn |
|---|---|---|---|---|---|---|---|---|---|---|---|---|---|---|---|---|---|
| Brutto- | Zuschläge | | Brutto- | Lohn- | KiSt | SoliZ | KV | | PV | | RV | | AV | Abzüge | Leistg | Vorschuss | Auszahlgs- |
| arbeitslohn | steuerpfl. | steuerfrei | arbeitslohn | steuer | ev rk | | € | % | € | % | € | % | € | % | insgesamt | Alters- sicher. | Abschlag | betrag |
| 1. | | | | | | | | | | | | | | | | | | |
| 2. | | | | | | | | | | | | | | | | | | |
| 3. | | | | | | | | | | | | | | | | | | |

Das **Lohnkonto** enthält auch die Arbeitgeberanteile zur gesetzlichen Sozialversicherung und die bisher aufgelaufenen Beträge im Kalenderjahr. Die für den Arbeitgeber Aufwand darstellenden Beträge werden durch die Haupt- oder Finanzbuchhaltung in die Buchhaltung des Betriebes übernommen.

**Lohn- bzw. Gehaltsauszahlung**

Jetzt ist nur noch die **Bezahlung** der entsprechenden Beträge zu veranlassen.

Der Arbeitnehmer erhält den Auszahlungsbetrag i. d. R. zum letzten bankfähigen Werktag des Monats wertmäßig auf seinem Konto gutgeschrieben, die Krankenkasse erhält alle Beiträge (KV, PV, AV und RV, AN- und AG-Anteil zum 25. des Monats und das Finanzamt erhält alle die Lohnabrechnung betreffenden Steuerbeträge (LSt, KiSt und SoliZ) zusammen mit der Lohnsteueranmeldung i. d. R. zum 10. des Folgemonats.

## Aufgaben

1. Überprüfen Sie die letzten drei Abrechnungen über Ihre Ausbildungsvergütung und stellen Sie fest, wie sich das Bruttoarbeitsentgelt zusammensetzt.
2. Von welchem Betrag kann die Kirchensteuer berechnet werden:
   - ☐ vom Bruttoentgelt,
   - ☐ vom Auszahlungsbetrag,
   - ☐ vom Solidaritätszuschlag,
   - ☐ von der Lohnsteuer,
   - ☐ vom für die Berechnung der Sozialversicherung maßgeblichen Betrag?
3. Bei welchen Steuern wird die Anzahl der Kinderfreibeträge berücksichtigt?
4. Wer stellt die Lohnsteuerkarte aus:
   - ☐ das Finanzamt,
   - ☐ der Arbeitgeber,
   - ☐ die Krankenkasse,
   - ☐ die zuständige Gemeindebehörde,
   - ☐ die Agentur für Arbeit?
5. Benennen Sie die Bemessungs- oder Berechnungsgrundlage für
   - a) die Lohnsteuer,
   - b) den Solidaritätszuschlag und
   - c) die Höhe der Sozialversicherungsbeiträge.
6. Wovon hängt die Höhe des Lohnsteuerabzugs ab? Erläutern Sie dieses.
7. Welche Bedeutung kommt der Beitragsbemessungsgrenze im Rahmen der gesetzlichen Sozialversicherung zu?
8. Wie wirken sich Erhöhungen
   - a) der Beitragssätze der gesetzlichen Sozialversicherung,
   - b) der Beitragsbemessungsgrenzen
   auf die Lohnnebenkosten des Arbeitgebers aus?
9. Welche Pflichten hat der Arbeitgeber im Rahmen der Lohn- und Gehaltsabrechnung gegenüber dem Finanzamt und gegenüber den Krankenkassen zu erfüllen? Geben Sie auch die dazugehörigen Fristen an.
10. Arbeitnehmer Carsten Dauer, 24 Jahre alt, kinderlos:
    - a) Ermitteln Sie das steuer- und sozialversicherungspflichtige Bruttoarbeitsentgelt für Carsten Dauer entsprechend folgender Angaben:
      Bruttoarbeitslohn 1 850,00 €, vermögenswirksame Leistungen 40,00 € wovon Arbeitnehmer und Arbeitgeber jeweils die Hälfte tragen, steuerfreie Erstattung von „Messergeld" 15,00 €, Prämie für Erreichen eines bestimmten Umsatzes 50,00 €.
    - b) Welche Sozialversicherungsbeiträge werden Herrn Dauer in welcher Höhe abgezogen? Geben Sie jeweils Prozentsatz und Euro-Betrag an.
    - c) Welche Anteile in Euro und Prozent muss der Arbeitgeber zur gesetzlichen Sozialversicherung von Herrn Dauer tragen?
    - d) Wie hoch sind die Kosten des Arbeitgebers aufgrund der Beschäftigung von Herrn Dauer?

520

# 3 Lohn- und Gehaltsabrechnung

## Aufgaben – Fortsetzung

11. Erstellen Sie die Gehaltsabrechnung für Erik Fischer nach folgenden Angaben:
    - Lohnsteuerklasse I/0 (keine Kinderfreibeträge)
    - Bruttoarbeitslohn 1 770,00 €
    - Krankenkassenbeitragssatz 14,9 %, davon 0,9 % für den AN allein

Auszug aus der Lohnsteuertabelle:

### Allgemeine Monats-Lohnsteuertabelle 2009
von 1767,00 EUR bis 1802,99 EUR mit Kirchensteuer 9 %

| ab EUR | StK | Steuer | Kinderfreibetrag 0,0 | | 0,5 | | 1 | | 1,5 | | 2 | |
|---|---|---|---|---|---|---|---|---|---|---|---|---|
| | | | SolZ | KiSt | SolZ | KiSt | SolZ | KiSt | SolZ | KiSt | SolZ | KiSt |
| 1767,00 | I   | 195,08 | 10,72 | 17,55 | 7,30 | 11,94 | 0,00 | 6,63 | 0,00 | 2,13 | 0,00 | 0,00 |
|         | II  | 166,58 | 9,16  | 14,99 | 5,53 | 9,51  | 0,00 | 4,47 | 0,00 | 0,48 | 0,00 | 0,00 |
|         | III | 8,50   | 0,00  | 0,76  | 0,00 | 0,00  | 0,00 | 0,00 | 0,00 | 0,00 | 0,00 | 0,00 |
|         | IV  | 195,08 | 10,72 | 17,55 | 8,99 | 14,71 | 7,30 | 11,94| 4,95 | 9,24 | 0,00 | 6,63 |
|         | V   | 464,66 | 25,55 | 41,82 | -    | -     | -    | -    | -    | -    | -    | -    |
|         | VI  | 493,16 | 27,12 | 44,38 | -    | -     | -    | -    | -    | -    | -    | -    |
| 1770,00 | I   | 195,83 | 10,77 | 17,62 | 7,34 | 12,01 | 0,00 | 6,69 | 0,00 | 2,19 | 0,00 | 0,00 |
|         | II  | 167,33 | 9,20  | 15,06 | 5,68 | 9,57  | 0,00 | 4,52 | 0,00 | 0,52 | 0,00 | 0,00 |
|         | III | 8,83   | 0,00  | 0,79  | 0,00 | 0,00  | 0,00 | 0,00 | 0,00 | 0,00 | 0,00 | 0,00 |
|         | IV  | 195,83 | 10,77 | 17,62 | 9,03 | 14,78 | 7,34 | 12,01| 5,10 | 9,31 | 0,00 | 6,69 |
|         | V   | 465,66 | 25,61 | 41,91 | -    | -     | -    | -    | -    | -    | -    | -    |
|         | VI  | 494,33 | 27,18 | 44,49 | -    | -     | -    | -    | -    | -    | -    | -    |
| 1773,00 | I   | 196,58 | 10,81 | 17,69 | 7,37 | 12,07 | 0,00 | 6,75 | 0,00 | 2,23 | 0,00 | 0,00 |
|         | II  | 168,08 | 9,24  | 15,12 | 5,83 | 9,64  | 0,00 | 4,58 | 0,00 | 0,56 | 0,00 | 0,00 |
|         | III | 9,16   | 0,00  | 0,82  | 0,00 | 0,00  | 0,00 | 0,00 | 0,00 | 0,00 | 0,00 | 0,00 |
|         | IV  | 196,58 | 10,81 | 17,69 | 9,07 | 14,85 | 7,37 | 12,07| 5,23 | 9,37 | 0,00 | 6,75 |
|         | V   | 466,66 | 25,66 | 42,00 | -    | -     | -    | -    | -    | -    | -    | -    |
|         | VI  | 495,33 | 27,24 | 44,58 | -    | -     | -    | -    | -    | -    | -    | -    |

## 6.3.2 Lohnabrechnung mit Abzügen und Zuschlägen

„Systemer" kommen mit der Lohnbuchhaltung, wenn überhaupt, nur ganz wenig in Kontakt, müssen aber die in der Praxis der Systemgastronomie vorkommenden Abrechnungssachverhalte nachvollziehen und erklären können.

### Beispiel

Ella Bauer ist seit einem Jahr Büfettkraft im Green Paradise in München. Sie erhält einen monatlichen Bruttoarbeitslohn in Höhe von 1 850,00 €. Sie hat eine Lohnsteuerkarte mit der Steuerklasse IV, einem Kinderfreibetrag, Kirchensteuermerkmal ev und einem Steuerfreibetrag in Höhe von 150,00 € vorgelegt.

Ella ist bei der AOK (allgemeiner Beitragssatz 14,9 %) krankenversichert. Sie hat einen vermögenswirksamen Sparvertrag abgeschlossen, in den der Arbeitgeber und sie selbst monatlich jeweils 20,00 € einbezahlen. Im September hat sie an 12 Tagen gearbeitet, für die sie entsprechende Anwesenheitskost (je ein Mittagessen und ein Frühstück) erhalten hat.

Da Ella Bauer im September 10 Tage Urlaub hatte, erhält sie einen Abschlag auf das Urlaubsgeld in Höhe von 300,00 €, muss aber gleichzeitig den zu Monatsbeginn für den Urlaub erhaltenen Vorschuss in Höhe von 500,00 € zurückzahlen bzw. verrechnen lassen.

Im September 2009 erhält sie folgende Lohnabrechnung:

# 3 Lohn- und Gehaltsabrechnung

**Beispiel** – Fortsetzung

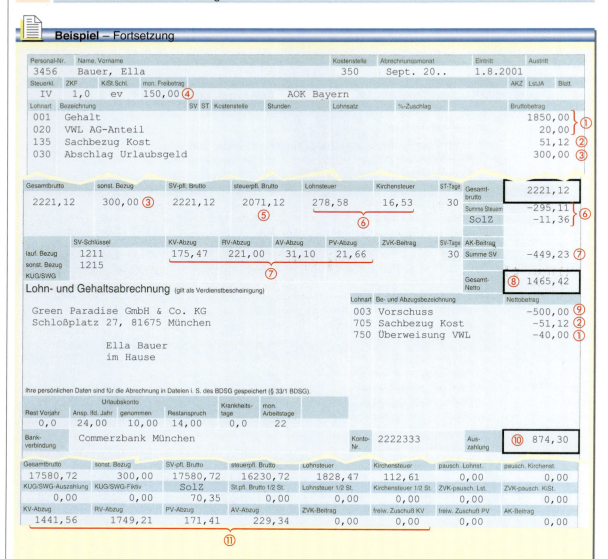

Diese Abrechnung ist für Ella Bauer undurchschaubar. Hilfesuchend wendet sie sich an den Restaurantleiter, der ihr die Bedeutung und Entstehung der einzelnen Zahlen erklärt.

Anhand dieser Verdienstbescheinigung (auch Lohn- und Gehaltsabrechnung genannt), die der Arbeitnehmer monatlich erhält, sieht der Arbeitnehmer die Zusammensetzung seiner Bezüge, seiner Abzüge und den Auszahlungsbetrag. In sehr seltenen Fällen wird der Auszahlungsbetrag bar ausgezahlt, ansonsten wird der Auszahlungsbetrag auf das persönliche Bankkonto des Arbeitnehmers überwiesen.

Die Verdienstbescheinigung gilt gleichzeitig als Bescheinigung für andere Institutionen (z. B. für Banken und Behörden) und ist sorgfältig aufzubewahren. Um den eigenen Lohn/das eigene Gehalt zu überprüfen, ist es notwendig, Kenntnisse über Entlohnungsformen zu besitzen, d. h.:

① Arbeitgeberanteile zur Vermögensbildung sind sozialversicherungs- und steuerpflichtiger Arbeitslohn. Da der Arbeitgeber die Beiträge zur Vermögensbildung an das entsprechende Anlageinstitut überweist, wird der Gesamtbetrag (AN-Anteil und AG-Anteil) zur Berechnung des Auszahlungsbetrages vom Nettolohn abgezogen.

② Sachbezüge sind steuerpflichtiger Arbeitslohn, die zum Bruttolohn hinzugerechnet werden müssen und dann der Besteuerung und Berechnung der Beiträge zur gesetzlichen Sozialversicherung unterliegen. Da Ella Bauer den Sachbezug in Form von Mahlzeiten schon erhalten hat, wird der Betrag wieder abgezogen.
Für die Sachbezüge gibt es Pauschalwerte, die regelmäßig in der *Sozialversicherungsentgeltverordnung* veröffentlicht werden.

Sachbezugswerte 2009

| Art der Leistung | pro Monat | pro Tag |
|---|---|---|
| volle Verpflegung | 210 Euro | 7,00 Euro |
| Frühstück | 46 Euro | 1,53 Euro |
| Mittagessen | 82 Euro | 2,73 Euro |
| Abendessen | 82 Euro | 2,73 Euro |
| Unterkunft | 204 Euro | 6,80 Euro |

# Lohn- und Gehaltsabrechnung 3

**Beispiel** – Fortsetzung

Berechnung für September:
12 × 1,53 € = 18,36 €
12 × 2,73 € = 32,76 €

Gesamt = 51,12 €

③ Einmalzahlungen unterliegen auch der Steuerpflicht, sie werden aber nach der Lohnsteuerjahrestabelle versteuert.
– Zunächst wird die Steuer auf den laufenden Arbeitslohn nach der Monatslohnsteuertabelle ermittelt.
– Danach erfolgen die Berechnung des voraussichtlichen Jahresarbeitslohns und die darauf entfallende Steuer.
– Im letzten Schritt wird die Differenz zwischen der Steuer auf den voraussichtlichen Jahresarbeitslohn und der bisherigen laufenden Lohnsteuer auf die Lohnsteuer des Monats der Sonderzahlung aufgeschlagen, vgl. auch Kap. 6.3.1

④ 150,00 € bleiben wegen des Steuerfreibetrags bei der Berechnung von LSt, KiSt und SolZ außer Ansatz. Aber Steuerfreibetrag ≠ Sozialversicherungsfreibetrag!!!

⑤ Der Bruttoarbeitslohn wurde für die Berechnung der Steuerbezüge um den Steuerfreibetrag vermindert.

⑥ Monatliche Steuer auf den Monatsbetrag von 1 921,12 € abzüglich 150,00 € Steuerfreibetrag = 1 771,04 €, Steuerklasse IV und 1 Kinderfreibetrag.

**Allgemeine Monats-Lohnsteuertabelle 2009**
von 1767,00 EUR bis 1802,99 EUR mit Kirchensteuer 9 %

| ab EUR | StK | Steuer | Kinderfreibetrag 0,0 | | | 0,5 | | | 1 | |
|---|---|---|---|---|---|---|---|---|---|---|
| | | | SolZ | KiSt | | SolZ | KiSt | | SolZ | KiSt |
| 1767,00 | | | | | | | | | | |
| | I | 195,08 | 10,72 | 17,55 | | 7,30 | 11,94 | | 0,00 | 6,63 |
| | II | 166,58 | 9,16 | 14,99 | | 5,53 | 9,51 | | 0,00 | 4,47 |
| | III | 8,50 | 0,00 | 0,76 | | 0,00 | 0,00 | | 0,00 | 0,00 |
| | IV | 195,08 | 10,72 | 17,55 | | 8,99 | 14,71 | | 7,30 | 11,94 |
| | V | 464,66 | 25,55 | 41,82 | | – | – | | – | – |
| | VI | 493,16 | 27,12 | 44,38 | | – | – | | – | – |
| 1770,00 | | | | | | | | | | |
| | I | 195,83 | 10,77 | 17,62 | | 7,34 | 12,01 | | 0,00 | 6,69 |
| | II | 167,33 | 9,20 | 15,06 | | 5,68 | 9,57 | | 0,00 | 4,52 |
| | III | 8,83 | 0,00 | 0,79 | | 0,00 | 0,00 | | 0,00 | 0,00 |
| | IV | 195,83 | 10,77 | 17,62 | | 9,03 | 14,78 | | 7,34 | 12,01 |
| | V | 465,66 | 25,61 | 41,91 | | – | – | | – | – |
| | VI | 494,33 | 27,18 | 44,49 | | – | – | | – | – |

| | | | | |
|---|---|---|---|---|
| Lohnsteuer | 195,83 € | + 82,75 € | = | 278,58 € |
| KiSt | 12,01 € | + 4,52 € | = | 16,53 € |
| SolZ | 7,34 € | + 4,02 € | = | 11,36 € |
| | 215,18 € | 91,29 € | | 306,47 € |
| | Monatl. Steuer | Steuer auf Einmalzahlung lt. Jahrestabelle | | Steuer 09/2009 |

⑦ Da die bisher aufgelaufenen Beitragsbemessungsgrenzen in der gesetzlichen Sozialversicherung noch nicht mit Beiträgen belegt wurden, wird das gesamte Urlaubsgeld sozialversicherungspflichtig.

AV/RV  5 400 × 9 = 48 600 €
→ der bisherige Arbeitslohn war geringer
KV/PV  3 675 × 9 = 33 075 €
→ der bisherige Arbeitslohn war geringer

Berechnung der SV-Beiträge für September 2009:

| | | |
|---|---|---|
| RV 19,9 % : 2 = 9,95 % | von 2 221,12 € = | 221,00 € |
| AV 2,4 % : 2 = 1,65 % | von 2 221,12 € = | 31,10 € |
| KV 14,9 % : 2 = 7,0, davon 0,9 % AN allein | von 2 221,12 € = | 175,47 € |
| PV 1,95 % : 2 = 0,975 % | von 2 221,12 € = | 21,66 € |

Gesamtbetrag  449,23 €

⑧ Vom Gesamtbruttobetrag werden die Steuerabzüge ⑥ und die AN-Beiträge zur Sozialversicherung ⑦ abgezogen und man erhält den Gesamtnettobetrag.

⑨ Der Vorschuss wurde bereits im laufenden Monat oder in Vormonaten bar oder durch Überweisung ausbezahlt, muss also jetzt nicht mehr ausbezahlt werden, er wird verrechnet.

⑩ Zum Auszahlungsbetrag gelangt man, indem vom Nettoarbeitslohn der Vorschuss ⑨, der Sachbezug Kost ②, der ebenfalls durch Gewährung der Kost bereits geleistet wurde, und die vermögenswirksamen Leistungen ①, die im Auftrag des Arbeitnehmers an einen Dritten überwiesen werden, abgezogen werden.

⑪ Im unteren Teil der Abrechnung befinden sich die bisher aufgelaufenen Beträge für den Bruttoarbeitslohn, den steuer- und sozialversicherungspflichtigen Arbeitslohn, die bisherigen sonstigen Bezüge, Sozialversicherungsbeiträge und Steuerabzugsbeträge. **Diese Angaben sind nach Entgeltbescheinigungsverordnung ab 2009 Pflichtangaben.**

**Nun fragt der Restaurantleiter Frau Bauer:**

„Konnte ich alle Sachverhalte zu Ihrer Zufriedenheit aufklären, Frau Bauer? Die in dieser Lohnabrechnung vorkommenden Sachverhalte sind die in der Systemgastronomie wesentlichsten."

Frau Bauer ist mit den Antworten zufrieden und hat keine weiteren Fragen zur Abrechnung des Voll- oder Teilzeitarbeitslohns mit Vorlage der Lohnsteuerkarte.

# 3 Aufgaben bei Ende der Beschäftigung

**Aufgaben**

1. Wie werden sonstige Bezüge/Einmalzahlungen (z. B. Weihnachtsgeld) versteuert und mit Sozialversicherungsbeiträgen belegt?
2. Ein Restaurantleiter hat einen monatlichen Bruttoarbeitslohn in Höhe von 5 500,00 €. Wie wirkt sich eine Urlaubsgeldzahlung in Höhe von 2 000,00 € auf die Höhe seiner Sozialversicherungsbeiträge aus?
3. Welche Auswirkung hat ein auf der Steuerkarte eingetragener Freibetrag auf die Höhe der Sozialversicherungsbeiträge?
4. Warum werden die vermögenswirksamen Leistungen vom Nettolohn abgezogen, obwohl der Arbeitnehmer diese nicht erhalten hat?
5. Würden Sie Mitarbeitern einen Vorschuss gewähren? Begründen Sie Ihre Antwort.
6. Nennen Sie steuerfreie Leistungen des Arbeitgebers, die zum Nettolohn hinzuzuzahlen sind.
7. Wie wirken sich Arbeitgeberbeteiligungen zur Vermögensbildung und/oder Alterssicherung auf die Höhe der Lohnnebenkosten aus?
8. Wie wirken sich gezahlte Vorschüsse auf
    a) die Berechnung der Sozialversicherungsbeiträge,
    b) die Berechnung des Bruttoarbeitsentgelts und
    c) auf die Höhe des Auszahlungsbetrages aus?
9. Arbeitnehmer Sven Berger, 22 Jahre alt, kinderlos:
    a) Ermitteln Sie das steuer- und sozialversicherungspflichtige Bruttoarbeitsentgelt für Sven Berger gemäß folgender Angaben:
    Bruttoarbeitslohn 1 550,00 €, vermögenswirksame Leistungen 40,00 €, wovon der Arbeitnehmer 27,00 € und der Arbeitgeber 13,00 € trägt, steuerfreie Erstattung von Fahrkosten 25,00 €.
    b) Welche Sozialversicherungsbeiträge werden Herrn Berger in welcher Höhe abgezogen? Geben Sie jeweils Prozentsatz und Euro-Betrag an.
    c) Welche Anteile in Euro und Prozent muss der Arbeitgeber zur gesetzlichen Sozialversicherung von Herrn Berger tragen?
    d) Wie hoch sind die Kosten des Arbeitgebers durch die Beschäftigung von Herrn Berger?

10. Erstellen Sie die Gehaltsabrechnung für Erik Fischer nach folgenden Angaben:
    – Lohnsteuerklasse III/1 (keine Kinderfreibeträge)
    – Bruttoarbeitslohn 2 200,00 €
    – Krankenkassenbeitragssatz 14,9 %, davon 0,9 % für den AN allein

Auszug aus der Lohnsteuertabelle:

| Lohn/Gehalt bis | Steuerklasse | Lohnsteuer | ohne Kinderfreibetrag | | | mit 0,5 Kinderfreibetrag | | | mit 1,0 Kinderfreibetrag | | | mit 1,5 Kinderfreibeträgen | | | mit 2,0 Kinderfreibeträgen | | |
|---|---|---|---|---|---|---|---|---|---|---|---|---|---|---|---|---|---|
| | | | SolZ 5,5% | Kirchensteuer 8% | Kirchensteuer 9% | SolZ 5,5% | Kirchensteuer 8% | Kirchensteuer 9% | SolZ 5,5% | Kirchensteuer 8% | Kirchensteuer 9% | SolZ 5,5% | Kirchensteuer 8% | Kirchensteuer 9% | SolZ 5,5% | Kirchensteuer 8% | Kirchensteuer 9% |
| 2 219,99 | I | 312,83 | 17,20 | 25,02 | 28,15 | 13,33 | 19,39 | 21,81 | 9,64 | 14,02 | 15,77 | 6,15 | 8,94 | 10,06 | 0,00 | 4,24 | 4,77 |
| | II | 281,83 | 15,50 | 22,54 | 25,36 | 11,70 | 17,02 | 19,15 | 8,10 | 11,78 | 13,25 | 0,85 | 6,82 | 7,67 | 0,00 | 2,49 | 2,80 |
| | III | 77,83 | 0,00 | 6,22 | 7,00 | 0,00 | 2,53 | 2,84 | 0,00 | 0,00 | 0,00 | 0,00 | 0,00 | 0,00 | 0,00 | 0,00 | 0,00 |
| | IV | 312,83 | 17,20 | 25,02 | 28,15 | 15,24 | 22,17 | 24,94 | 13,33 | 19,39 | 21,81 | 11,46 | 16,67 | 18,75 | 9,64 | 14,02 | 15,77 |
| | V | 641,00 | 35,25 | 51,28 | 57,69 | | | | | | | | | | | | |
| | VI | 673,08 | 37,01 | 53,84 | 60,57 | | | | | | | | | | | | |
| 2 222,99 | I | 313,66 | 17,25 | 25,09 | 28,22 | 13,37 | 19,45 | 21,88 | 9,68 | 14,08 | 15,84 | 6,18 | 9,00 | 10,12 | 0,00 | 4,29 | 4,82 |
| | II | 282,66 | 15,54 | 22,61 | 25,43 | 11,75 | 17,09 | 19,22 | 8,14 | 11,84 | 13,32 | 1,00 | 6,88 | 7,74 | 0,00 | 2,53 | 2,84 |
| | III | 78,50 | 0,00 | 6,28 | 7,06 | 0,00 | 2,57 | 2,89 | 0,00 | 0,00 | 0,00 | 0,00 | 0,00 | 0,00 | 0,00 | 0,00 | 0,00 |
| | IV | 313,66 | 17,25 | 25,09 | 28,22 | 15,29 | 22,24 | 25,02 | 13,37 | 19,45 | 21,88 | 11,50 | 16,74 | 18,83 | 9,68 | 14,08 | 15,84 |
| | V | 642,33 | 35,32 | 51,38 | 57,80 | | | | | | | | | | | | |
| | VI | 674,33 | 37,08 | 53,94 | 60,68 | | | | | | | | | | | | |

Quelle: © Rudolf Haufe Verlag GmbH & Co. KG, Freiburg

## 6.4 Aufgaben bei Ende der Beschäftigung

**Situation**

Das Green Paradise hat dem Systemgastronomie-Auszubildenden Patrick Schöne schon vor dem Ende seiner Ausbildung die auf ein halbes Jahr befristete Übernahme als Schichtleiter in Aussicht gestellt. Noch am Tag seiner erfolgreich bestandenen Abschlussprüfung ruft Patrick im Betrieb an und teilt mit, dass er ab dem nächsten Tag bei einem Mitbewerber als Betriebsleiterassistent arbeiten wird. Patricks Ausbilder ist bitter enttäuscht.

### 6.4.1 Beendigungsgründe

Der häufigste Beendigungsgrund beim Arbeitsverhältnis ist die **Kündigung**. Bezüglich des Kündigungsschutzes wird auf Kapitel 5.3 hingewiesen. Im Rahmen der Bearbeitung einer Kündigung sind folgende Punkte zu klären:

| Liegt eine **arbeitgeber-** oder eine **arbeitnehmerseitige** Kündigung vor? | → Kündigungsfristen und Kündigungsgründe können sich unterscheiden. |
|---|---|
| Liegt eine ordentliche (fristgemäße) oder eine außerordentliche (fristlose) Kündigung vor? | → Eine fristlose Kündigung ist nur ausnahmsweise aus wichtigem Grund und innerhalb einer Zwei-Wochen-Frist nach Kenntnis des Grundes möglich. |

# 3 Aufgaben bei Ende der Beschäftigung

| | |
|---|---|
| Ist das *Kündigungsschutzgesetz* anwendbar?<br>– Ist die sechsmonatige Wartezeit erfüllt?<br>– Hat das Unternehmen mehr als 5 bzw. 10 Arbeitnehmer? | → Wenn das KSchG anwendbar ist, muss die Kündigung betriebs-, personen- oder verhaltensbedingt sein. |
| Ist der Arbeitnehmer bereits abgemahnt worden? | → Eine verhaltensbedingte Kündigung ohne Abmahnung wegen des gleichen Vorwurfes ist in der Regel unverhältnismäßig und damit unwirksam, es sei denn, es ist ausnahmsweise eine fristlose Kündigung gerechtfertigt. |
| Greift ein besonderer Kündigungsschutz ein? | → Wenn einer der folgenden Tatbestände vorliegt:<br>– Schwerbehinderung<br>– Schwangerschaft, Mutterschutz, Elternzeit<br>– Wehr-/Zivildienst<br>– Berufsausbildung<br>– Betriebsratstätigkeit, Tätigkeit in JAV |
| Wie lang ist die Kündigungsfrist? | → Gesetz, Tarifvertrag und Arbeitsvertrag beachten! |
| Die Kündigung muss schriftlich und unter Beachtung der bestehenden Vollmachten im Unternehmen erfolgen. | → Anderenfalls ist sie unwirksam! |

**Weitere Beendigungsgründe sind:**
- Zeitablauf beim befristeten Arbeitsvertrag: Das Arbeitsverhältnis endet automatisch (Achtung: Wird nach Ablauf der Befristung weitergearbeitet, entsteht ein unbefristetes Arbeitsverhältnis),
- schriftlicher Aufhebungsvertrag zwischen Arbeitgeber und Arbeitnehmer,
- Erreichen einer vereinbarten Altersgrenze,
- Tod des Arbeitnehmers.

## 6.4.2 Austrittsgespräch

Der Beendigungsgrund ist der Rechtsgrund für das Ende des Arbeitsvertrages. Davon zu unterscheiden sind die inhaltlichen Gründe oder **Motive** für das Ausscheiden von Mitarbeitern. Bei arbeitgeberseitig veranlasster Beendigung können dies z. B. Betriebsschließungen, saisonale Schwankungen oder Umstrukturierungen sein. Insbesondere bei arbeitnehmerseitig veranlassten Beendigungen ist es sinnvoll, die Motive für das Ausscheiden in einem Austrittsgespräch zu erkunden. So können Schwachstellen bei der Personalbetreuung oder Personalentwicklung aufgedeckt werden und längerfristig eine unerwünscht hohe Personalfluktuation (vgl. dazu Kapitel 6.5 Personalkosten) begrenzt werden. Im konkreten Fall kann das Austrittsgespräch auch dazu dienen, einen wertvollen Mitarbeiter doch noch zum Bleiben zu bewegen (zu Personalgesprächen vgl. Kap. 4.1).

## 6.4.3 Abwicklung des Austritts und Austrittspapiere

Zur Abwicklung des Austritts sind verschiedene Arbeitsschritte erforderlich. Insbesondere hat der Arbeitgeber dem Arbeitnehmer seine Arbeitspapiere auszuhändigen. Den **Empfang** sollte er sich **bestätigen** lassen. Üblich ist auch eine **Ausgleichsquittung**, mit der der Arbeitnehmer bestätigt, dass keine Ansprüche mehr gegen den Arbeitgeber bestehen (die Ausgleichsquittung hat aber nur begrenzte rechtliche Wirkung).

| Was der Arbeitgeber/die Personalabteilung zu tun hat… | …und was der Arbeitnehmer bekommt |
|---|---|
| Abmeldung bei der Sozialversicherung | Nachweis der Abmeldung, Versicherungsnachweise |
| Vornahme der Lohnsteuerbescheinigung | Abschließende Lohn- und Gehaltsabrechnung Lohnsteuerkarte |
| Prüfung von Resturlaub, ggf. Urlaubsgewährung oder (wenn nicht möglich) Urlaubsabgeltung | Urlaubsbescheinigung |
| Arbeitszeugnis erstellen (vgl. Kap. 4.4) | Mindestens ein einfaches, auf Verlangen ein qualifiziertes Arbeitszeugnis |
| | Gesundheitszeugnis bzw. Belehrung des Gesundheitsamtes |

Zu beachten ist auch, dass der Arbeitgeber den Arbeitnehmer darauf aufmerksam zu machen hat, dass dieser sich spätestens drei Monate vor Beschäftigungsende bei der Agentur für Arbeit arbeitssuchend melden muss. Anderenfalls droht bei Eintritt von Arbeitslosigkeit eine Sperrfrist.

### Aufgaben

1. Der Ausbilder von Patrick Schöne aus der Situation fragt, ob er gegen Patricks Weggang zur Konkurrenz etwas unternehmen kann.
   Was antworten Sie?

2. Welche Arten von Kündigungen gibt es?

3. Ein Arbeitsvertrag ist zum 30.9. eines Jahres befristet. Was muss der Arbeitgeber tun, damit das Arbeitsverhältnis
   a) zum 30.9. endet?
   b) zum 31.8. endet?
   c) zum 31.10. endet?

4. In einem systemgastronomischen Unternehmen soll die Ablauforganisation im Personalbereich besser strukturiert werden.
   Wie lässt sich der Arbeitsablaufplan bei Austritt eines Mitarbeiters standardisieren?

## 6.5 Personalkosten, Personalstatistik und Personalcontrolling

> **Situation**
>
> Der Betriebsleiter des Green Paradise in München führt ein „Krisengespräch" mit dem Personalleiter der Hauptverwaltung: Im Vergleich zu den anderen Filialen liegen dort die Personalkosten bezogen auf den Umsatz deutlich höher. Abgesehen von höheren Bruttolöhnen weichen auch die Krankenstände deutlich nach oben ab. Auch die durchschnittlichen Kosten für die Beschaffung von Service- und Küchenpersonal liegen in München rund 20 Prozent über dem Durchschnitt des Green Paradise. Die beiden beraten über mögliche Ursachen und Gegenmaßnahmen.

Die Kosten, die ein Unternehmen für seine Mitarbeiter aufwendet, erschöpfen sich nicht in dem Entgelt für geleistete Arbeit. Zu den **Personalzusatzkosten** (= Arbeits- oder Lohnnebenkosten) zählt neben den Arbeitgeberbeiträgen zur Sozialversicherung (sog. „zweiter Lohn", vgl. 5.5 und 6.3) u. a. auch der durch die Personalverwaltung entstehende Aufwand.

Im Rahmen der Personalzusatzkosten soll nachstehend der Personalverwaltungsaufwand näher betrachtet werden. Dazu zählen insbesondere die **Fluktuationskosten**, das sind die Kosten, die durch Zu- und Abgänge von Mitarbeitern entstehen.

| Fluktuationskosten ||
|---|---|
| Personalbeschaffungskosten, z. B. | Personalfreisetzungskosten, z. B. |
| Insertionskosten (Anzeigen, Internet…) | Abfindungen |
| Auswahlkosten (Test, Assessment Center …) | Sozialplankosten |
| Einarbeitungskosten | Zuzahlungen zur Altersteilzeit |
| Umzugsentschädigung | |

Die **Fluktuationsrate** wird im Rahmen der Personalstatistik nach folgender Formel berechnet:

$$\frac{\text{Austritte} \times 100}{\text{durchschnittlicher Personalbestand}}$$

Weitere quantitative Daten, die im Rahmen der **Personalstatistik rückblickend** erfasst und analysiert werden können:
▶ Personalkostenanteil
▶ Altersstruktur
▶ Vorbildung der Mitarbeiter
▶ Krankenstand
▶ Überstundenquote

Das **Personalcontrolling** erlaubt im Unterschied zur bloßen Personalstatistik eine **Zukunftsbetrachtung** mithilfe von Vorausschau- und Prognosedaten.

Dabei lassen sich auch qualitative Daten wie Mitarbeiterzufriedenheit, Betriebsklima oder Kündigungsursachen erfassen und bewerten, z. B. durch **Meinungsumfragen** unter den Mitarbeitern, siehe nächste Seite.

Dies erlaubt dann eine Steuerung der Personalwirtschaft im Sinne einer Veränderung von Prozessen und Strategien.

## Muster-Meinungsumfrage

Meinungsumfragen werden dazu verwendet, uns zu helfen, Ihre Ansichten über das Unternehmen und die Ihrer Arbeitskollegen kennen- und verstehen zu lernen. Um uns diesbezüglich zu helfen, bitten wir Sie, nachfolgende Fragen zu beantworten. Ihre Personalabteilung garantiert Ihnen, dass Sie anonym bleiben.
Verfahrensweise: Kreuzen Sie bitte die für Sie zutreffende Antwort an. Es gibt zwei Möglichkeiten:

○ Ja — bedeutet eine weitestgehende Zustimmung

○ Nein — bedeutet eine überwiegend negative Feststellung

Um Ihre Anonymität zu gewährleisten, schreiben Sie bitte keinen Namen auf diesen Fragebogen. So gewährleisten Sie, dass die Rückgabe des Fragebogens so erfolgt, dass Sie nicht identifiziert werden können. Ihre Antworten haben nur dann Aussagekraft, wenn Sie die Fragen ehrlich beantworten. Sinn und Zweck dieser Umfrage ist es, Probleme zu erkennen und zu lösen.
Am Schluss der Umfrage haben Sie in der Rubrik „zusätzliche Kommentare" ergänzend die Gelegenheit, Ihre persönliche Meinung, Ideen, Anregungen und Kritik zu äußern.

|    |                                                                                                | Ja | Nein |
|----|------------------------------------------------------------------------------------------------|----|------|
| 1. | Wenn ich gute Arbeit leiste, wird sie anerkannt.                                               | ○  | ○    |
| 2. | Ich bekomme von meinem Vorgesetzten genügend aktuelle Informationen, die meinen Aufgabenbereich betreffen. | ○  | ○    |
| 3. | Meine Ausbildung verläuft planmäßig.                                                           | ○  | ○    |
| 4. | Die Administration im Restaurant ist einfacher geworden.                                       | ○  | ○    |
| 5. | Das Unternehmen investiert ausreichend in die Schaffung neuer Arbeitsplätze.                   | ○  | ○    |
| 6. | Ich werde gerecht behandelt, ungeachtet meines Geschlechts usw.                                | ○  | ○    |
| 7. | Probleme im Restaurant lösen wir gemeinsam im Team.                                            | ○  | ○    |
| 8. | Mein direkter Vorgesetzter motiviert mich durch seine positive Einstellung zum Unternehmen.    | ○  | ○    |
| 9. | Ich kann mich durch meine Arbeitsweise und Leistung im Unternehmen entwickeln.                 | ○  | ○    |
| 10.| Ich habe ein freies Wochenende pro Monat.                                                      | ○  | ○    |
| 11.| Das Team-Bonus-Programm fördert meine Motivation.                                              | ○  | ○    |

## Aufgaben

1. Worin liegt der Unterschied zwischen Personalstatistik und Personalcontrolling?
2. a) Was versteht man unter Fluktuation?
   b) Warum ist es für ein Unternehmen sinnvoll, an der Senkung der Fluktuationsrate zu arbeiten?
3. Erläutern Sie den Begriff der Personalzusatzkosten anhand der Beispiele
   a) Entgeltfortzahlung im Krankheitsfall
   b) Kosten für Betriebsratstätigkeit

## Infobox Sprache

### Personalverwaltung und -einsatzplanung

| 🇩🇪 Deutsch | 🇬🇧 Englisch |
|---|---|
| Abzüge | deductions |
| Akkordlohn | piece-work pay |
| Arbeitserlaubnis | work permit |
| Arbeitslosenversicherung | unemployment insurance, National insurance |
| Aufenthaltserlaubnis | residence permit |
| ausländischer Arbeitnehmer | foreign employee |
| Austrittspapiere | departure documents |
| Auszahlungsbetrag | amount paid out |
| Beendigung des Arbeitsverhältnisses | termination of employment |
| Bruttoarbeitslohn | gross wage |
| Dienstplan | duty roster |
| Einarbeitung | training period |
| EU-Mitgliedstaaten | EU member states |
| Fluktuation | fluctuation |
| Gehalt | salary |
| Geheimhaltung | secrecy |
| gesetzliche Sozialversicherung | National insurance |
| Kirchensteuer | church tax |

## Infobox Sprache – Fortsetzung

| 🇩🇪 Deutsch | 🇬🇧 Englisch |
|---|---|
| Krankenversicherung | health insurance |
| Kündigung | notice, termination (durch Arbeitnehmer), dismissal (durch Arbeitgeber) |
| Leistungslohn | incentive wage |
| Lohn | wage |
| Lohnabrechnung | payroll slip, wages slip |
| Lohnsteuer | income tax |
| Monatsgehalt | monthly salary |
| Nettoarbeitslohn | take home pay, net income |
| Pass | passport |
| Personalausweis | identity card |
| Personalakte | personal file |
| Personaleinsatzplanung | personnel placement planning, deployment scheduling |
| Personalfragebogen | personnel questionnaire |
| Personalkosten | personnel costs |
| Personalnebenkosten | costs of fringe benefits |
| Personalstatistik | personnel statistics |
| Personalverwaltung | personnel administration |
| Personalzusatzkosten/ Lohnnebenkosten | cost of fringe benefits |
| Pflegeversicherung | private nursing insurance |
| Prämienlohn | bonus wage |
| Produktivität | productivity |
| Rentenversicherung | pension scheme, retirement insurance |
| Sozialversicherung | National insurance |
| Sozialversicherungsbeitrag | National insurance contribution |

## Infobox Sprache – Fortsetzung

| 🇩🇪 Deutsch | 🇬🇧 Englisch |
|---|---|
| Steuerbelastung | tax burden |
| Stundenlohn | hourly wage |
| Teilzeitbeschäftigung | part-time employment |
| Unfallversicherung | accident insurance |
| Visum | visa |

## Übergreifende Aufgaben

**M**

1. Fertigen Sie eine Kopie Ihrer letzten Lohnabrechnung und erklären Sie einem/r Mitschüler/-in den Aufbau der Abrechnung und das Zustandekommen aller Zahlen.

2. Fragen Sie in Ihrem Ausbildungsbetrieb nach der Anzahl der „Minijobber". Stellen Sie ein prozentuales Verhältnis zur Gesamtzahl der Beschäftigten fest und diskutieren Sie Ihre Feststellung mit anderen Auszubildenden.

**@**

1. Recherchieren Sie im Internet oder bei Ihrer Hausbank mögliche Anlageformen für
   a) vermögenswirksame Leistungen,
   b) Arbeitgeberbeiträge im Rahmen der Alterssicherung.

2. Erkundigen Sie sich im Internet, z. B. beim Arbeitgeberverband oder bei der Gewerkschaft nach der aktuellen tarifvertraglichen Regelung zur Arbeitgeberbeteiligung an den vermögenswirksamen Leistungen und zur Alterssicherung.

# Lerninhalt 4 – Steuerung und Kontrolle

## 1 Controlling – Definition und Aufgaben

Das moderne **Management** eines gastgewerblichen Unternehmens setzt voraus, dass Trends und Entwicklungen im eigenen Verantwortungsbereich, in der Branche und in der gesamten Wirtschaft erkannt und wirksam in die unternehmerischen Entscheidungen eingebunden werden. Dabei kommt es wesentlich darauf an, durch gezielte Informationspolitik Veränderungen rechtzeitig festzustellen und geeignete **Strategien für die Zukunft** zu entwickeln.

Dieses zukunftsorientierte Aufgabenfeld macht die Führung von gastgewerblichen Betrieben zunehmend schwieriger. Die Anforderungen an die Entscheidungsträger auf allen Ebenen wachsen, die Risiken für Fehlentwicklungen und -entscheidungen mit gravierenden Auswirkungen auf den Betrieb steigen.

Neben der fachlichen Kompetenz ist der **Erfolg eines Unternehmens** im verstärkten Maße von der betriebswirtschaftlichen Qualität der Entscheidungen abhängig. Dazu werden verlässliche und umfassende Informationen über die wirtschaftliche Situation des Unternehmens benötigt, um die Auswirkungen aller geplanten Maßnahmen hinsichtlich ihres wirtschaftlichen Erfolges beurteilen zu können.

Die Komplexität der betriebswirtschaftlichen Aufgabenfelder und die Problematik einer zukunftsorientierten Unternehmenspolitik führen dazu, dass sich viele gastronomische Betriebe externer Fachkräfte (**Berater**) bedienen. Sie können aber ein unternehmensinternes Informations- und Beratungssystem nicht ersetzen, sondern bestenfalls ergänzen.

Entscheidungen müssen im Unternehmen vorbereitet, geplant, gesteuert und abschließend hinsichtlich ihres Erfolges kontrolliert und bewertet werden.

> ### Situation
>
>
>
> #### Green Paradise im Gespräch
>
> Ein ungewöhnliches Konzept. Ungewöhnlich erfolgreich. Und weiter im Aufbau. Das Paradies sucht Partner-Mitarbeiter. Jenen raren Typ „junger Mensch", der/die nicht nur beste Professionalität seines/ihres Jobs mitbringt, sondern darüber hinaus eine Freiraum-Denke, die es braucht, um mit Verantwortung und Kompetenz, die wir gerne zugestehen, umgehen zu können.
> Die Optimierung der unternehmerischen Effizienz des Innen- und Außenmarketing ist ein jetzt entscheidendes Ziel.
>
> #### Controller/in
> → als Stabsstelle der Geschäftsleitung
>
> **Ihr Anforderungsprofil**
> → Kaufmännische Ausbildung
> → Besuch einer Hotelfachschule oder Hochschulstudium
> → Abstraktes Zahlenverständnis
> → Erfahrung in der Budgeterstellung
> → Herausragende Kenntnisse in EDV
> → Kommunikative Fähigkeiten und kooperatives Verhalten
>
> **Ihre Aufgabenverantwortung**
> → Erarbeitung eines Budgets
> → Aufbereitung der Zahlen für das operative Management
> → Statistik
> → Führungskräfte-Reporting und Maßnahmenbegleitung
>
> Senden Sie uns vorab zur Vorbereitung eines persönlichen Gesprächstermins Ihre möglichst aussagekräftigen Unterlagen. Einen langweiligen Job können wir nicht bieten, allerdings eine fordernde Tätigkeit mit entsprechender Honorierung. Einen Lebensraum, besser: eine interessante Arbeitswelt ... und nicht zuletzt Superkollegen und -kolleginnen.
>
> Wir freuen uns auf ein Gespräch mit Ihnen.

Der Begriff des **Controllings** führt zu Abgrenzungsproblemen mit dem deutschen Begriff „Kontrolle". Die Kontrolle befasst sich mit der Überwachung eines laufenden Vorganges, der Koch kontrolliert den Garzustand eines Gerichtes. Sie ermittelt aktuelle Bestandswerte beispielsweise durch die Inventur im Rahmen der Lagerbestandskontrolle. Kontrolliert werden auch Arbeitsergebnisse von Mitarbeitern. Werden im Rahmen der Kontrolle Abweichungen von der Vorgabe festgestellt, sind die Fehler zu suchen, die zu der Abweichung geführt haben, und die Verantwortlichen werden ermittelt. Dieser Begriff ist vergangenheitsbezogen und hat das Verständnis einer Überwachung.

# 4 Controlling – Definition und Aufgaben

Der englische Begriff „to control" geht aber über diese enge Auslegung hinaus und beinhaltet zusätzlich die Funktionen Steuern und Regeln. So lässt sich das Steuern eines Unternehmens mit dem Steuern eines Schiffes vergleichen.

Ein Schiff (Unternehmen) steuert einen Hafen (Unternehmensziel) an. Die Fahrtroute (Plan) wird vorher ausgearbeitet und während der Fahrt überprüft der Lotse (Controller) permanent mit technischen Hilfsmitteln wie Radar (Controllinginstrumente), ob sich das Schiff noch auf Kurs befindet (Überwachung). Bei Kursabweichungen muss der Lotse dem Kapitän (Unternehmensleitung) mitteilen, wie das Schiff wieder auf Kurs gebracht werden kann (operatives Steuern) und warum die Kursabweichungen aufgetreten sind (Abweichungsanalyse). Ziel ist es dabei, dass bei zukünftigen Kursplanungen Fehler von Beginn an vermieden werden (strategisches Steuern).

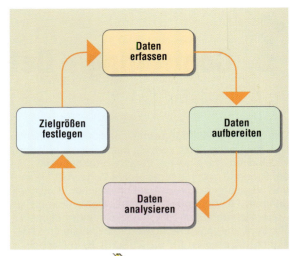

Das Bild zeigt die Bedeutung des Controllings für die Gegenwart und die Zukunft des Unternehmens als Erfahrung aus Vergangenheitswerten. Dieser Vorgang muss als ständiger dynamischer Prozess verstanden werden. Dabei fällt dem **Controller** eine Informations- und Beratungsfunktion zu, die Entscheidungen werden von der Unternehmensleitung vorgenommen. Der einzelne Betrieb entscheidet, welche Aufgaben dem Controller zufallen und welche Entscheidungskompetenz er erhält. Das **Controlling** muss auch nicht einer Person oder Stelle obliegen, sondern kann Teilaufgabe jedes Managers sein, dies hängt von der Organisationsstruktur der Unternehmung ab. Gehen die Aufgaben des Controllings im zeitlichen Ablauf von der Erfassung der Vergangenheit über die Gegenwartsanalyse zur Zukunftsplanung, lässt sich ein Kreislauf des Controllingprozesses aufzeigen.

### Aufgaben

1. Sie werden während Ihrer Ausbildung im Controlling eingesetzt. Erläutern Sie, welche Aufgaben in dieser Abteilung ausgeführt werden.
2. Grenzen Sie die Begriffe „Controlling" und „Kontrolle" voneinander ab.

**Infobox Sprache am Ende des Lerninhalts 4!**

# 2 Controllinginstrumente im Controllingprozess

## Situation

Restaurant Green Paradise

Die einzelnen Betriebe der Restaurantkette „Green Paradise" werden jeweils als selbstständige Unternehmen in der Form einer GmbH geführt. Die Konzernzentrale in München gibt den Entscheidungsträgern in den einzelnen Betrieben Richtlinien zur Umsetzung der Unternehmensziele vor. In Bezug auf ihre Marketingmaßnahmen sind die einzelnen Betriebe frei. So können sie im Rahmen der Produktpalette und des Preissegments eigene Festlegungen treffen.
Die Münchener Zentrale möchte jeweils zum Monatsende anhand ausgewählter Kennzahlen den Geschäftsverlauf jedes einzelnen Restaurants überprüfen können.
Für die Durchführung dieser Aufgabe wird ein Controller für den F-&-B-Bereich für den Betrieb Hannover gesucht, um dieses System aufzubauen.

Ist das **Controlling** auch überwiegend zukunftsorientiert, so ist doch zunächst die Kenntnis der gegenwärtigen Situation erforderlich. Diese Informationen stellt die **Finanzbuchhaltung** zur Verfügung. Im Rahmen der Bestandsrechnung werden die wertmäßigen Bestände an Vermögen und Schulden einer Unternehmung zum Bilanzstichtag erfasst. Die Erfolgsrechnung ermittelt das Ergebnis der unternehmerischen Tätigkeit durch Gegenüberstellung von Erträgen und Aufwendungen einer Geschäftsperiode.

Anschließend beschäftigt sich die **Kosten- und Leistungsrechnung (KLR)** mit der Erfassung, Zuordnung und Auswertung der durch den Produktionsprozess entstandenen Kosten und Leistungen.

Die **Betriebsstatistik** erstellt verschiedene kennzahlengestützte Vergleichsrechnungen und analysiert Abweichungen, bevor in der Planungsrechnung Sollwerte für zukünftige Geschäftsperioden erstellt werden.

| Bereiche des Controllings | | | |
|---|---|---|---|
| Finanzbuchhaltung | Kosten-und Leistungsrechnung | Statistik | Planungsrechnung |
| → Bestandsrechnung<br>→ Erfolgsrechnung | → Kostenartenrechnung<br>→ Kostenstellenrechnung<br>→ Kostenträgerrechnung | → Kennzahlen und<br>→ Kennzahlensysteme<br>→ Abweichungsanalyse | → Break-even-Analyse<br>→ Budgetierung |

Für diese Bereiche des Controllings stehen dem Controller verschiedene Instrumente zur Verfügung, die den einzelnen **Phasen des Controllingprozesses** zugeordnet werden können. Dadurch bestimmt der Controllingprozess die Gliederung dieses Kapitels.

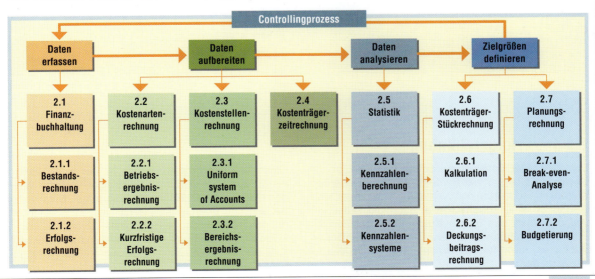

## 2.1 Finanzbuchhaltung

**Situation**

Der erste Schritt im **Controllingprozess** ist die Datenerfassung. Die Finanzbuchhaltung erfasst die Geschäftsvorfälle eines Unternehmens planmäßig und lückenlos aufgrund von Belegen. Die Pflicht zur Buchführung wird dem Kaufmann durch das *Handelsgesetzbuch (HGB)* auferlegt.

### 2.1.1 Bestandsrechnung

Der Kaufmann ist sowohl nach *Handels-* als auch nach *Steuerrecht* verpflichtet, eine Bestandsaufnahme seiner Vermögens- und Schuldenwerte durchzuführen. Dazu wird am Ende eines Geschäftsjahres eine mengen- und wertmäßige Erfassung mithilfe **Inventur** durchgeführt. Die ermittelten Werte werden ausführlich in dem **Inventar** aufgelistet. Um z. B. dem Finanzamt einen schnellen Überblick zu ermöglichen, wird eine Bilanz als Kurzfassung des Inventars aufgestellt. Hinsichtlich der Gliederung der Bilanz enthält das *HGB* genaue Vorschriften für Kapitalgesellschaften. Diese Vorschriften werden in der Praxis in der Regel auch von Einzelunternehmen oder Personengesellschaften übernommen.

In Kontenform stellt die **Bilanz** auf der Aktivseite die **Mittelverwendung** dar. Im Anlagevermögen sind alle immateriellen und materiellen Gebrauchsgüter sowie die Finanzanlagen aufgeführt. Das Umlaufvermögen zeigt die Verbrauchsgüter, die Forderungen und die flüssigen Mittel. Die Passivseite zeigt die **Mittelherkunft**. Das **Fremdkapital** stellt die von Dritten zur Verfügung gestellten Mittel dar. Als Differenz zwischen Vermögen und Fremdkapital ergeben sich die von Unternehmerseite zur Verfügung gestellten Mittel, das **Eigenkapital**. Durch die **Rechnungsabgrenzungsposten** können sowohl auf der Aktiv- als auch auf der Passivseite Korrekturen über Geschäftsperioden hinaus vorgenommen werden.

| Bilanz des Restaurants „Green Paradise" GmbH, Hannover, zum 31.12.20.. | | | |
|---|---|---|---|
| **Aktiva** | Euro | | **Passiva** Euro |
| A. **Anlagevermögen** | | A. **Eigenkapital** | |
| I. Sachanlagen | 672 450,00 | I. Gezeichnetes Kapital | 200 000,00 |
| B. **Umlaufvermögen** | | II. Gewinnrücklagen | 50 000,00 |
| I. Vorräte | 52 500,00 | III. Jahresüberschuss | 102 450,00 |
| II. Forderungen | | B. **Rückstellungen** | 26 000,00 |
| III. Flüssige Mittel | 84 200,00 | C. **Verbindlichkeiten** | |
| C. **Rechnungsabgrenzung** | | – langfristig | 380 000,00 |
| | | – kurzfristig | 72 500,00 |
| | | D. **Rechnungsabgrenzung** | 8 000,00 |
| | 838 950,00 | | 838 950,00 |

### 2.1.2 Erfolgsrechnung

Das Ziel jeder unternehmerischen Tätigkeit ist die Gewinnerzielung. In der Systemgastronomie werden Umsatzerlöse durch den Verkauf von Speisen und Getränken erwirtschaftet. Aber auch die Gutschrift von Zinsen für das Bankguthaben oder der Verkauf eines Geschäftswagens über seinem eigentlichen Buchwert stellen für das Unternehmen einen Wertezuwachs dar.

Diese Wertezuwächse werden in der Buchhaltung als Erträge erfasst. Für die Leistungserstellung müssen aber auch z. B. Rohstoffe verbraucht, Mitarbeiter bezahlt und Energie eingesetzt werden. Das Unternehmen bekommt beim Einsatz dieser Faktoren keine direkte materielle Gegenleistung und deshalb liegt ein Werteverzehr vor, der als Aufwand festgehalten wird.

# Finanzbuchhaltung 4

Im Gewinn-und-Verlust-Konto (GuV-Konto) werden alle Aufwendungen und Erträge gegenübergestellt und der Saldo ergibt den Erfolg der betrachteten Wirtschaftsperiode.

Der erwirtschaftete Erfolg erhöht oder verringert das Eigenkapital in der Bilanz.

**Erfolg der Unternehmung**

Erträge > Aufwand = Gewinn

Erträge < Aufwand = Verlust

| GuV- Konto Restaurant „Green Paradise GmbH", Hannover |||||
|---|---|---|---|---|
| **Soll** | | Euro | **Haben** | Euro |
| Lebensmittelkosten | | 390 600,00 | Speisenumsatz | 1.128 000,00 |
| Getränkekosten | | 226 600,00 | Getränkeumsatz | 752 400,00 |
| Handelswarenkosten | | 7 500,00 | Handelswarenumsatz | 37 600,00 |
| Personalkosten | | 605 400,00 | Zinserträge | 10 000,00 |
| Energiekosten | | 78 100,00 | Erträge aus Anlagenabgängen | 13 000,00 |
| Gebühren, Beiträge, Versicherungen | | 20 050,00 | Erträge aus der Auflösung von Rückstellungen | 9 000,00 |
| Gewerbesteuer | | 11 500,00 | Außerordentliche Erträge | 3 000,00 |
| Sonstige Steuern | | 7 500,00 | | |
| Kfz-Kosten | | 8 650,00 | | |
| Rechts- und Beratungskosten | | 18 000,00 | | |
| Bürobedarf | | 19 000,00 | | |
| Post- und Telefonkosten | | 6 900,00 | | |
| Werbung | | 69 000,00 | | |
| Sonstige Verwaltungskosten | | 77 650,00 | | |
| Periodenfremde Aufwendungen | | 7 500,00 | | |
| Mieten und Pachten | | 175 750,00 | | |
| Leasing | | 7 500,00 | | |
| Instandhaltung | | 15 650,00 | | |
| Abschreibungen | | 68 350,00 | | |
| Verluste aus Anlagenabgängen | | 4 000,00 | | |
| Zinsaufwendungen | | 25 350,00 | | |
| Erfolg (Eigenkapital) | | 102 450,00 | | |
| | | 1 953 000,00 | | 1 953 000,00 |

Der Freiraum auf Konten wird durch einen Winkelstrich (= Buchhalternase) entwertet, damit nachträglich nichts hinzugefügt werden kann.

## Aufgaben

1. Erstellen Sie aus den vorliegenden Angaben (in Euro) eine aufbereitete Bilanz für die Fritz Jung OHG, Gaststättenbetriebe.

| | |
|---|---|
| Technische Anlagen und Maschinen | 420 000,00 |
| Kassenbestand | 16 400,00 |
| Verbindlichkeiten aus Lieferungen und Leistungen | 37 800,00 |
| Forderungen aus Lieferungen und Leistungen | 8 900,00 |
| Betriebs- und Geschäftsausstattung | 286 300,00 |
| Warenvorräte | 22 000,00 |
| Bankguthaben | 34 100,00 |
| Verbindlichkeiten gegenüber dem Finanzamt | 12 000,00 |
| Verbindlichkeiten gegenüber Kreditinstituten (Darlehen) | 312 000,00 |
| Fuhrpark | 17 800,00 |

2. Ermitteln Sie den Unternehmenserfolg aus den folgenden Geschäftsfällen (in Euro).

| | |
|---|---|
| 1) Restauranteinnahmen bar aus Speisenverkauf | 4 600,00 |
| 2) Banklastschrift der Stadtwerke für Energiekosten | 3 900,00 |
| 3) Kauf eines Kleinbusses für den Gästetransport | 27 800,00 |
| 4) Barentnahme des Inhabers zu Privatzwecken | 600,00 |
| 5) Banküberweisung für Gehälter | 12 400,00 |
| 6) Erhalt einer Weinlieferung auf Rechnung | 2 100,00 |
| 7) Rechnung an eine Firma für eine Tagung | 5 300,00 |
| 8) Banklastschrift der Telefongebühren | 1 200,00 |

**Infobox Sprache am Ende des Lerninhalts 4!**

## 2.2 Kostenartenrechnung

An die Datenerhebung schließt sich im zweiten Schritt des Controllingprozesses die **Datenaufbereitung** an. Je nach angestrebtem Ergebnis werden die Kosten unterschiedlich betrachtet.

Die **Kostenartenrechnung** untersucht das Gesamtergebnis des Betriebes mit den Instrumenten Betriebsergebnisrechnung und kurzfristige Erfolgsrechnung (KER).

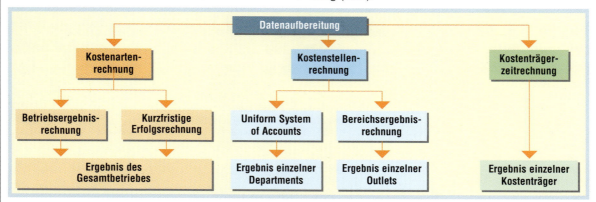

Durch die unterschiedliche Zuordnung ergeben sich verschiedene **Kostenbegriffe**.

| Zuordnung nach der | Kostenbegriffe | Bereich der KLR |
|---|---|---|
| Betrieblichen Notwendigkeit | – Kosten<br>– Neutrale Aufwendungen | Betriebsergebnisrechnung<br>– Sachliche Abgrenzung |
| Art der Kostenerfassung | – Grundkosten<br>– Kalkulatorische Kosten | Betriebsergebnisrechnung<br>– Kostenrechnerische Korrekturen |
| Art der Verwendung | – Betriebsbedingte Kosten<br>– Anlagebedingte Kosten | Kurzfristige Erfolgsrechnung |
| Art der Zurechnung zu den Kostenstellen | – Einzelkosten<br>– Gemeinkosten | Bereichsergebnisrechnung<br>Zuschlagskalkulation |
| Art der Zurechnung zu den Betriebsabteilungen | – Direkte Kosten<br>– Indirekte Kosten | Uniform System of Accounts |
| Abhängigkeit von der Beschäftigung | – Fixe Kosten<br>– Variable Kosten | Deckungsbeitragsrechnung |

### 2.2.1 Betriebsergebnisrechnung

In der Finanzbuchhaltung werden alle das Gesamtunternehmen betreffende Geschäftsfälle berücksichtigt. Das beinhaltet aber auch Erträge, die nicht im Rahmen des eigentlichen Geschäftszweckes erwirtschaftet wurden. Ebenso werden Aufwendungen gebucht, die nicht durch den Einsatz bei der Leistungserstellung verursacht wurden. Im Rahmen der sachlichen Abgrenzung werden die Leistungen und Kosten herausgefiltert, die das Betriebsergebnis ergeben. Darüber hinaus korrigieren die **kostenrechnerischen Korrekturen** Kosten, die in der Buchführung aus steuer- oder handelsrechtlicher Sicht nicht oder mit unzutreffenden Beträgen angesetzt waren.

**Sachliche Abgrenzung**

**Erträge**, die in der Gastronomie gleichzeitig Leistungen darstellen, entstehen durch die bestimmungsgemäße Abgabe von Speisen, den Ausschank von Getränken oder den Verkauf von Handelswaren. Erträge, die keine Leistungen darstellen, werden **neutrale Erträge** genannt und können entstehen durch

▶ Geschäftsfälle, die nichts mit der bestimmungsgemäßen Leistungserstellung zu tun haben

= **betriebsfremde Erträge**

Beispiele: Erträge aus Wertpapieren, Zinserträge, Erträge aus Anlagenverkäufen

## Kostenartenrechnung  4

▶ Geschäftsfälle, die frühere Geschäftsperioden betreffen

= **periodenfremde Erträge**

Beispiel: Steuerrückerstattungen, Erträge der Auflösung von Rückstellungen

▶ Geschäftsfälle, die zwar betriebsbedingt sind, deren Höhe aber ungewöhnlich ist

= **außerordentliche Erträge**

Beispiel: Ertrag aus Gläubigerverzicht

| Finanzbuchhaltung | | | |
|---|---|---|---|
| Erträge | | | |
| betriebs-fremd | perioden-fremd | außer-ordentlich | betrieblich |
| Neutrale Erträge | | | Leistungen |
| | | | KLR |

▶ Geschäftsfälle, die frühere Geschäftsperioden betreffen

= **periodenfremde Aufwendungen**

Beispiel: Steuernachzahlungen

▶ Geschäftsfälle, die zwar betriebsbedingt sind, deren Höhe aber ungewöhnlich ist

= **außerordentliche Aufwendungen**

Beispiel: ein nicht versicherter Brandschaden

| Finanzbuchhaltung | | | |
|---|---|---|---|
| Aufwendungen | | | |
| betriebs-fremd | perioden-fremd | außer-ordentlich | betrieblich |
| Neutrale Aufwendungen | | | Kosten |
| | | | KLR |

**Aufwendungen**, die durch die betriebliche Leistungserstellung entstehen, werden **Kosten** genannt. Hierzu zählen z. B. Warenkosten oder Personalkosten. Aufwendungen, die keine Kosten darstellen, werden **neutrale Aufwendungen** genannt und können entstehen durch

▶ Geschäftsfälle, die nichts mit dem eigentlichen Geschäftszweck zu tun haben

= **betriebsfremde Aufwendungen**

Beispiele: Verluste aus Wertpapieren, Verluste aus Anlagenverkäufen

Durch **Saldieren** der verschiedenen Erträge und Aufwendungen lassen sich nun Unternehmensergebnis, neutrales Ergebnis und Betriebsergebnis ermitteln.

| Erträge | ./. | neutrale Erträge | = | Leistungen |
|---|---|---|---|---|
| ./. | | ./. | | ./. |
| Aufwendungen | ./. | neutrale Aufwendungen | = | Kosten |
| = | | = | | = |
| Unternehmens-ergebnis | ./. | neutrales Ergebnis | = | Betriebsergebnis |

Für diese Ermittlung gibt es zwei verschiedene Techniken. Die Finanzbuchhaltung muss planmäßig durchgeführt werden. Zu diesem Zweck werden die Konten in einem Kontenrahmen nach dem **Abschlussgliederungsprinzip** aufgeführt. Sie werden in der Reihenfolge in Kontenklassen aufgeführt, in der sie in der Bilanz und im GuV-Konto beim Jahresabschluss benötigt werden. Dieser allgemeine Kontenrahmen wird jetzt branchenweise aufgearbeitet. Die Konten, die der jeweilige gastronomische Betrieb dann benötigt, werden im **Kontenplan** zusammengefasst.

Schon bei der Buchung könnten nun neutrale Erträge oder neutrale Aufwendungen auf dafür eingerichteten Konten gebucht werden. Diese Konten sind aber im üblicherweise verwendeten **Kontenrahmen** (vgl. Kontenrahmen des DEHOGA) nicht vorgesehen.

Die Abgrenzung erfolgt deshalb in der Regel nach der zweiten Möglichkeit. Es wird eine **Abgrenzungstabelle** erstellt, in der alle Konten danach unterschieden werden, ob sie zum neutralen Ergebnis oder zum Betriebsergebnis beitragen.

| Allgemeine Form einer Ergebnistabelle | | | | | | |
|---|---|---|---|---|---|---|
| | Finanzbuchhaltung | | Sachliche Abgrenzung | | KLR | |
| Konto (Beispiele) | Aufwand | Ertrag | Neutraler Aufwand | Neutraler Ertrag | Kosten | Leistungen |
| Speisenumsatz | | | | | | |
| Zinserträge | | | | | | |
| Personalkosten | | | | | | |
| Verluste aus Wertpapieren | | | | | | |
| Summe | | | | | | |
| Erfolg | | | | | | |
| | **Unternehmensergebnis** | | **Neutrales Ergebnis** | | **Betriebsergebnis** | |

# 4 Kostenartenrechnung

## Finanzbuchhaltung und Kostenrechnung

In der **Finanzbuchhaltung** werden alle betriebsbedingten und neutralen Aufwendungen gebucht. Aufwand ist immer auf der Grundlage einer Ausgabe entstanden, wenngleich der eigentliche Geldfluss in einer anderen Abrechnungsperiode liegen kann (vgl. Abschreibungen).

## Kostenrechnerische Korrekturen

Die **Kosten- und Leistungs-Rechnung** muss für die Ermittlung der für die Kalkulation relevanten Zahlen aber weitere Positionen berücksichtigen, die **Anders- und Zusatzkosten**.

**Anderskosten** sind Kosten, denen in der Finanzbuchhaltung ein Betrag in anderer Höhe gegenüber steht, die Bezeichnung der Art bleibt aber gleich.

**Zusatzkosten** sind Kosten, denen kein Geldfluss gegenüber steht. Die wichtigsten Zusatzkosten sind kalkulatorischer Natur und damit kalkulatorische Kosten.

| Finanzbuchhaltung | | | |
|---|---|---|---|
| Aufwendungen | | | |
| neutrale Aufwendungen | Kosten | Anderskosten<br>– Abschreibung<br>– Zinsen | Zusatzkosten<br>– Wagnisse<br>– Lohn<br>– Miete |
| | Kosten- und Leistungs-Rechnung | | |

Durch kostenrechnerische Korrekturen werden die Werte der Finanzbuchhaltung berichtigt.
Zusatzkosten fließen in die KLR ein für Leistungen des Unternehmers, die in der Finanzbuchhaltung keine Berücksichtigung fänden.
Diese Anders- und Zusatzkosten werden in einer Ergebnistabelle als kostenrechnerisches Plus oder Minus aufgeführt.

## Abschreibungen in der Finanzbuchhaltung

▶ **Buchhalterische Abschreibung**
In der Finanzbuchhaltung dienen die Abschreibungen der Absetzung für die Abnutzung, die ein Anlagegut durch die betriebliche Nutzung erfährt. Die Bemessungsgrundlage sind die Anschaffungs- oder Herstellkosten. Diese werden auf die vom Finanzamt vorgegebene betriebsgewöhnliche Nutzungsdauer verteilt. Die Verteilung auf die einzelnen Nutzungsjahre kann **gleichbleibend (linear)** oder mit **fallenden Beträgen (degressiv)** erfolgen.

$$\text{Buchhalterische Abschreibung} = \frac{\text{Anschaffungswert}}{\text{Betriebsgewöhnliche Nutzungsdauer}}$$

### Beispiel – lineare Abschreibung

Das Restaurant „Green Paradise" schafft am 2.1.20.. einen Lieferwagen für 20 000,00 Euro an. Die betriebsgewöhnliche Nutzungsdauer beträgt 5 Jahre; das Fahrzeug wird linear abgeschrieben.

| Jahr | Buchwert | Abschreibung |
|---|---|---|
| 1 | 20 000,00 | 4 000,00 |
| 2 | 16 000,00 | 4 000,00 |
| 3 | 12 000,00 | 4 000,00 |
| 4 | 8 000,00 | 4 000,00 |
| 5 | 4 000,00 | 3 999,00 |
| 6 | 1,00[1] | |

(Jeweils in € zu Buchwert und Abschreibung.)

[1] = Erinnerungswert

Wird im vorliegenden Beispiel die degressive Methode gewählt, ergibt sich:

### Beispiel – degressive Abschreibung

| Jahr | Buchwert | Abschreibung |
|---|---|---|
| 1 | 20 000,00 | 6 000,00 |
| 2 | 14 000,00 | 4 200,00 |
| 3 | 9 800,00 | 2 940,00 |
| 4 | 6 860,00 | 2 058,00 |
| 5 | 4 802,00 | 4 801,00 |
| 6 | 1,00[1] | |

(Jeweils in € zu Buchwert und Abschreibung.)

[1] = Erinnerungswert

▶ **Kalkulatorische Abschreibung**
In der KLR werden die ermittelten Abschreibungsbeträge in die Preiskalkulation übernommen. Durch die Umsätze fließen anteilig flüssige Mittel in den Betrieb zurück, die zur Ersatzinvestition genutzt werden. Die beabsichtigte Nutzungsdauer des alten Gutes und damit der Zeitpunkt der Neuanschaffung wird vom Unternehmer festgelegt.

Zum Zeitpunkt der Investition müssen genügend Mittel zur Verfügung stehen, um die Anschaffungskosten zu tragen. Diese können durch Preissteigerungen oder die Anschaffung eines höherwertigen Gutes über den Anschaffungskosten des alten Gutes liegen. Dieser **Wiederbeschaffungswert** muss unter Abzug eventueller Erlöse für das alte Gut am Ende der Abschreibungsdauer zur Verfügung stehen.

$$\text{Kalkulatorische Abschreibung} = \frac{\text{Wiederbeschaffungswert}}{\text{Beabsichtigte Nutzungsdauer}}$$

# Kostenartenrechnung 4

**Beispiel**

Der Wiederbeschaffungswert soll 24 000,00 Euro betragen, die Nutzungsdauer 5 Jahre.

| Jahr | Buchwert | Abschreibung |
|---|---|---|
| 1 | 24 000,00 | 4 800,00 |
| 2 | 19 200,00 | 4 800,00 |
| 3 | 14 400,00 | 4 800,00 |
| 4 | 9 600,00 | 4 800,00 |
| 5 | 4 800,00 | 4 799,00 |
| 6 | 1,00 | |

(Jeweils in € zu Buchwert und Abschreibung.)

Buchhalterisch und kalkulatorisch ergeben sich andere Werte.

Die buchhalterischen Abschreibungen sind in der Abgrenzungstabelle aufgeführt. Durch kostenrechnerische Korrekturen werden die buchhalterischen Abschreibungen korrigiert.

Am Beispiel des zweiten Nutzungsjahres sollen diese Korrekturen dargestellt werden.

| Konten | Finanzbuchhaltung | | Sachliche Abgrenzung | | Kostenrechnerische Korrekturen | | KLR | |
|---|---|---|---|---|---|---|---|---|
| | Aufwand | Ertrag | Neutraler Aufwand | Neutraler Ertrag | Plus | Minus | Kosten | Leistungen |
| Abschreibungen | 4 000,00 € | | | | 800,00 € | | 4 800,00 € | |
| Summe | | | | | | | | |
| | Unternehmenserfolg | | Neutraler Erfolg | | | | Betriebserfolg | |

▶ **Kalkulatorische Zinsen**

In der Finanzbuchhaltung werden die für das Fremdkapital gezahlten Zinsen als Aufwand gebucht. Darüber hinaus soll aber auch das zur Verfügung gestellte Eigenkapital verzinst werden, da eine andere zinsbringende Anlage ausgeschlossen wurde.

Das Kapital soll jedoch nur verzinst werden, wenn es für die betriebliche Leistungserstellung notwendig ist.

Nicht benötigtes Anlagevermögen oder Wertpapiere gehören beispielsweise nicht zum betriebsnotwendigen Vermögen. In der Kalkulation werden Zinsen nur für die Teile des Kapitals gerechnet, die auch tatsächlich Zinsen verursachen.

Fremdkapitalbeträge, die dem Unternehmen zinslos zur Verfügung stehen, mindern in Form des Abzugskapitals das betriebsnotwendige Vermögen.

**Beispiel**

Im Restaurant „Green Paradise" sind alle Vermögensgegenstände betriebsbedingt. Der Jahresüberschuss wird in voller Höhe an die Gesellschafter ausgeschüttet und in den Verbindlichkeiten sind 30 000,00 Euro Verbindlichkeiten aus Lieferungen und Leistungen enthalten.

Die **Berechnung des betriebsnotwendigen Kapitals** (in Euro) ergibt:

| | |
|---|---:|
| Betriebsnotwendiges Anlagevermögen | 672 450,00 |
| Betriebsnotwendiges Umlaufvermögen | 166 500,00 |
| = Betriebsnotwendiges Vermögen | 838 950,00 |
| ./. Abzugskapital  Jahresüberschuss | 102 450,00 |
|   Rückstellungen | 26 000,00 |
|   Verbindlichkeiten L + L[1] | 30 000,00 |
|   Rechnungsabgrenzung | 8 000,00 |
| = Betriebsnotwendiges Kapital | 672 500,00 |

Wird dieses Kapital wie die Darlehen mit 6 % verzinst, ergeben sich 40 350,00 € als kalkulatorische Zinsen. Die Ergebnistabelle sieht dann wie folgt aus:

| Konten | Finanzbuchhaltung | | Sachliche Abgrenzung | | Kostenrechnerische Korrekturen | | KLR | |
|---|---|---|---|---|---|---|---|---|
| | Aufwand | Ertrag | Neutraler Aufwand | Neutraler Ertrag | Plus | Minus | Kosten | Leistungen |
| Zinsaufwendungen | 25 350,00 € | | | | 15 000,00 € | | 40 350,00 € | |
| Summe | | | | | | | | |
| | Unternehmenserfolg | | Neutraler Erfolg | | | | Betriebserfolg | |

---

[1] L + L = aus Lieferungen und Leistungen

# 4 Kostenartenrechnung

▶ **Kalkulatorische Wagnisse**

Bei den kalkulatorischen Wagnissen wird zwischen dem **allgemeinen Unternehmerrisiko** und **Einzelwagnissen** unterschieden. Der Gewinn stellt den Ausgleich für das allgemeine Unternehmerrisiko dar. Für Einzelwagnisse werden kostenrechnerische Korrekturen durchgeführt.

Das Wagnis der Beschädigung oder Zerstörung von Anlagegütern ist in der Regel durch Versicherungen abgedeckt, deren Prämien in die Finanzbuchhaltung eingehen.

Schwund, Verderb oder Diebstahl von Warenvorräten werden in die Ermittlung des Warenaufwandes eingerechnet.

Weitere Risiken, wie etwa der Ausfall von Forderungen, wird durch einen Erfahrungswert als kostenrechnerisches Plus in die Ergebnistabelle aufgenommen.

| Konten | Finanzbuchhaltung | | Sachliche Abgrenzung | | Kostenrechnerische Korrekturen | | KLR | |
|---|---|---|---|---|---|---|---|---|
|  | Aufwand | Ertrag | Neutraler Aufwand | Neutraler Ertrag | Plus | Minus | Kosten | Leistungen |
| Kalkulat. Wagnisse |  |  |  |  | 20 000,00 € |  | 20 000,00 € |  |
| Summe |  |  |  |  |  |  |  |  |
|  | Unternehmenserfolg | | Neutraler Erfolg | | | | Betriebserfolg | |

▶ **Kalkulatorischer Unternehmerlohn**

In Einzelunternehmen und Personengesellschaften sind die Gesellschafter zu Privatentnahmen berechtigt. Geschäftsführende Gesellschafter erhalten kein Gehalt für ihre Arbeitsleistung. In der Kosten- und Leistungsrechnung wird dieses Entgelt durch einen kalkulatorischen Unternehmerlohn berücksichtigt. Seine Höhe wird von den Gesellschaftern festgelegt.

Als Richtlinie wird dabei das Gehalt eines Angestellten für eine ähnliche Tätigkeit herangezogen. Der ermittelte Betrag wird als **Zusatzkosten** zu den Personalkosten addiert.

Demgegenüber sind Geschäftsführer einer GmbH bzw. der Vorstand einer AG als Organe dieser Gesellschaften Angestellte und beziehen ein Entgelt. Somit entfällt der kalkulatorische Unternehmerlohn bei Kapitalgesellschaften.

| Konten | Finanzbuchhaltung | | Sachliche Abgrenzung | | Kostenrechnerische Korrekturen | | KLR | |
|---|---|---|---|---|---|---|---|---|
|  | Aufwand | Ertrag | Neutraler Aufwand | Neutraler Ertrag | Plus | Minus | Kosten | Leistungen |
| Personalkosten | 550 000,00 € |  |  |  | 120 000,00 € |  | 670 000,00 € |  |
| Summe |  |  |  |  |  |  |  |  |
|  | Unternehmenserfolg | | Neutraler Erfolg | | | | Betriebserfolg | |

▶ **Kalkulatorische Miete**

Bei Pachtbetrieben wird für die Überlassung der Geschäftsräume eine Pacht an Dritte gezahlt, die sich als Aufwand in der Finanzbuchhaltung wiederfindet. Werden die Räume dem Unternehmen vom Unternehmer zur Verfügung gestellt, wird dieser eine kalkulatorische Miete als Zusatzkosten geltend machen.

| Konten | Finanzbuchhaltung | | Sachliche Abgrenzung | | Kostenrechnerische Korrekturen | | KLR | |
|---|---|---|---|---|---|---|---|---|
|  | Aufwand | Ertrag | Neutraler Aufwand | Neutraler Ertrag | Plus | Minus | Kosten | Leistungen |
| Mieten, Pachten | 12 000,00 € |  |  |  | 100 000,00 € |  | 112 000,00 € |  |
| Summe |  |  |  |  |  |  |  |  |
|  | Unternehmenserfolg | | Neutraler Erfolg | | | | Betriebserfolg | |

# Kostenartenrechnung 4

▶ **Ergebnistabelle**

Unter Berücksichtigung der sachlichen Abgrenzung und der kostenrechnerischen Korrekturen wird nun die Ergebnistabelle aufgestellt.

>  **Beispiel**
>
> Das „Green Paradise" erstellt eine Ergebnisrechnung anhand der ermittelten G+V-Rechnung. Das betriebsnotwendige Kapital soll mit 6 % verzinst werden. Die kalkulatorischen Abschreibungen sollen für den Gesamtbetrieb 60 000,00 Euro betragen. Kalkulatorische Wagnisse werden mit 20 000,00 Euro berücksichtigt und Zusatzkosten fallen aufgrund der Rechtsform der GmbH bzw. der Führung als Pachtbetrieb nicht an.

| Name | Finanzbuchhaltung (€) Aufwand | Finanzbuchhaltung (€) Ertrag | Sachliche Abgrenzung (€) Neutraler Aufwand | Sachliche Abgrenzung (€) Neutraler Ertrag | Kostenrechnerische Korrekturen (€) Plus | Kostenrechnerische Korrekturen (€) Minus | KLR (€) Kosten | KLR (€) Leistungen |
|---|---|---|---|---|---|---|---|---|
| Speisenumsatz | | 1 128 000,00 | | | | | | 1 128 000,00 |
| Getränkeumsatz | | 752 400,00 | | | | | | 752 400,00 |
| Handelswaren | | 37 600,00 | | | | | | 37 600,00 |
| Zinserträge | | 10 000,00 | | 10 000,00 | | | | |
| Erträge aus Anlagenabgang | | 13 000,00 | | 13 000,00 | | | | |
| Erträge a. d. Aufl. v. Rückstellungen | | 9 000,00 | | 9 000,00 | | | | |
| Außerordentliche Erträge | | 3 000,00 | | 3 000,00 | | | | |
| Lebensmittelkosten | 390 600,00 | | | | | | 390 600,00 | |
| Getränkekosten | 226 600,00 | | | | | | 226 600,00 | |
| Handelswarenkosten | 7 500,00 | | | | | | 7 500,00 | |
| Personalkosten | 605 400,00 | | | | | | 605 400,00 | |
| Energiekosten | 78 100,00 | | | | | | 78 100,00 | |
| Gebühren, Beiträge, Versicherungen | 20 050,00 | | | | | | 20 050,00 | |
| Gewerbesteuer | 11 500,00 | | | | | | 11 500,00 | |
| Sonstige Steuern | 7 500,00 | | | | | | 7 500,00 | |
| Kfz-Kosten | 8 650,00 | | | | | | 8 650,00 | |
| Rechts- und Beratungskosten | 18 000,00 | | | | | | 18 000,00 | |
| Bürobedarf | 19 000,00 | | | | | | 19 000,00 | |
| Post- und Telefonkosten | 6 900,00 | | | | | | 6 900,00 | |
| Werbung | 69 000,00 | | | | | | 69 000,00 | |
| Sonstige Verwaltungskosten | 77 650,00 | | | | | | 77 650,00 | |
| Periodenfremde Aufwendungen | 7 500,00 | | 7 500,00 | | | | | |
| Mieten und Pachten | 175 750,00 | | | | | | 175 750,00 | |
| Leasing | 7 500,00 | | | | | | 7 500,00 | |
| Instandhaltung | 15 650,00 | | | | | | 15 650,00 | |
| Abschreibungen | 68 350,00 | | | | | 8 350,00 | 60 000,00 | |
| Verluste aus Anlageabgängen | 4 000,00 | | 4 000,00 | | | | | |
| Zinsaufwendungen | 25 350,00 | | | | 15 000,00 | | 40 350,00 | |
| Kalkulatorische Wagnisse | | | | | 20 000,00 | | 20 000,00 | |
| Summe | 1 850 550,00 | 1 953 000,00 | 11 500,00 | 35 000,00 | 35 000,00 | 8 350,00 | 1 865 700,00 | 1 918 000,00 |
| Erfolg | 102 450,00 | | 23 500,00 | | | | 52 300,00 | |
| | Unternehmenserfolg | | Neutraler Erfolg | | | | Betriebserfolg | |

Nach Berücksichtigen der kalkulatorischen Kosten ergibt sich somit das Betriebsergebnis von 52 300,00 Euro. Dieser Betrag steht nun für die Tilgung des Fremdkapitals zur Verfügung. Bei einer Tilgungsdauer von 10 Jahren bleiben 14 300,00 Euro als Risikoprämie.

## 2.2.2 Kurzfristige Erfolgsrechnung

Soll eine Interpretation des Betriebsergebnisses vorgenommen werden, muss eine genauere Aufteilung der Leistungen und der Kosten erfolgen.

Die Leistungen werden nach der Art der erstellten Leistung in die Positionen Speisenumsatz, Getränkeumsatz und Handelswarenumsatz gegliedert. Erhaltene Provisionen, Telefonumsatz oder Raummieten werden als sonstige betriebliche Umsätze erfasst.

Die Gliederung der Kosten erfolgt auf der Grundlage des DEHOGA-Kontenrahmens. Die Kontenklasse 6 nimmt alle betriebsbedingten und die Kontenklasse 7 alle anlagebedingten Kosten auf. Durch die Kontengruppe (die ersten beiden Stellen der vierstelligen Kontonummer) werden die Kosten nach der Art der Verwendung zusammengefasst.

# 4 Kostenartenrechnung

| Betriebsbedingte Kosten | |
|---|---|
| **Kontengruppe** | **Inhalt** |
| Warenkosten | Lebensmittel<br>Getränke<br>Handelswaren |
| Personalkosten | Löhne und Gehälter<br>Sozialabgaben<br>Sachleistungen<br>Gratifikationen |
| Energiekosten | Strom<br>Gas<br>Wasser<br>Heizung |
| Abgaben | Gebühren<br>Beiträge<br>Versicherungen<br>Steuern |
| Betriebs- und Verwaltungskosten | Reinigung<br>Kfz-Kosten<br>Rechts- und Beratungskosten<br>Bürobedarf<br>Post und Telefon<br>Dekoration, Blumen<br>Werbung |

Werden die Warenkosten von den Umsätzen subtrahiert, ergibt sich der Warenrohgewinn. Bei weiterem Abzug der betriebsbedingten Kosten erhält man das **Betriebsergebnis I**.

| Anlagebedingte Kosten | |
|---|---|
| **Kontengruppe** | **Inhalt** |
| Miete | Mieten<br>Pacht<br>Leasing |
| Instandhaltung | Renovierung<br>Reparaturen<br>Wartung |
| Abschreibungen | auf Sachanlagen<br>auf geringwertige Wirtschaftsgüter |
| Zinsen | Fremdkapitalzins<br>Finanzierungskosten<br>Nebenkosten des Geldverkehrs |

Nach Abzug der anlagebedingten Kosten vom Betriebsergebnis I errechnet sich das **Betriebsergebnis II**.

Werden die in der sachlichen Abgrenzung ermittelten neutralen Erträge addiert und die neutralen Aufwendungen subtrahiert, ergibt sich das **Unternehmensergebnis** aus dem GuV-Konto.

Die **kalkulatorischen Kosten** werden vom Betriebsergebnis II abgezogen, um das Betriebsergebnis aus der Abgrenzungstabelle zu erhalten.
Dies geschieht erst an dieser Stelle, da in veröffentlichten Betriebsvergleichen diese kalkulatorischen Kosten in der Regel nicht enthalten sind.

Diese Berechnungen werden in Staffelform durchgeführt und als kurzfristige Erfolgsrechnung bezeichnet. Der Unternehmer führt sie monatlich oder aber mindestens jährlich durch.

Die KER für das „Green Paradise" sieht dann folgendermaßen aus:

## Kurzfristige Erfolgsrechnung

Restaurant Green Paradise

| | absolut in Euro (€) | in Prozent |
|---|---|---|
| Speisenumsatz | 1 128 000,00 | 58,8 |
| Getränkeumsatz | 752 400,00 | 39,2 |
| Handelswarenumsatz | 37 600,00 | 2,0 |
| **Gesamtumsatz** | **1 918 000,00** | **100,0** |
| Lebensmittelkosten | 390 600,00 | 20,4 |
| Getränkekosten | 226 600,00 | 11,8 |
| Handelswarenkosten | 7 500,00 | 0,4 |
| **Rohgewinn** | **1 293 300,00** | **67,4** |
| Personalkosten | 605 400,00 | 31,6 |
| Energiekosten | 78 100,00 | 4,1 |
| Steuern, Gebühren | 39 050,00 | 2,0 |
| Sonstige Verwaltungskosten | 199 200,00 | 10,4 |
| **Betriebsergebnis I** | **371 550,00** | **19,3** |
| Miete, Pacht, Leasing | 183 250,00 | 9,5 |
| Instandhaltung | 15 650,00 | 0,8 |
| Abschreibungen | 68 350,00 | 3,6 |
| Zinsen | 25 350,00 | 1,3 |
| **Betriebsergebnis II** | **78 950,00** | **4,1** |
| Neutrale Erträge | 35 000,00 | 1,8 |
| Neutrale Aufwendungen | 11 500,00 | 0,6 |
| **Unternehmensergebnis** | **102 450,00** | **5,3** |
| Kalkulatorische Abschreibungen | 8 350,00 | |
| Kalkulatorische Zinsen | 15 000,00 | |
| Kalkulatorische Wagnisse | 20 000,00 | |
| Betriebserfolg | 52 300,00 | |

# 4 Kostenstellenrechnung

## Aufgaben

1. Erläutern Sie, ob es sich bei den folgenden Fällen um Kosten, betriebsfremde Aufwendungen oder periodenfremde Aufwendungen handelt:
   a. Nachzahlung für Gewerbesteuer
   b. Verkäufe von Anlagegütern unter dem Buchwert
   c. Gehalt des GmbH-Gesellschafters
   d. Warenentnahmen aus dem Magazin
   e. Provisionszahlung an ein Kreditkarteninstitut
   f. Kursverluste bei Wertpapieren
   g. Forderungsverluste
   h. Eine Reparatur, für die eine Rückstellung gebucht war, fällt teurer aus.

2. Erläutern Sie, ob es sich bei den folgenden Fällen um Leistungen, betriebsfremde Erträge oder periodenfremde Erträge handelt:
   a. Beherbergungsumsatz
   b. Kursgewinne aus einem Weinimport
   c. Erträge für die Verpachtung einer Vitrine
   d. Zinserträge
   e. Unerwartete Bankgutschrift für eine im letzten Jahr abgeschriebene Forderung
   f. Steuerrückerstattung für Einkommensteuer
   g. Handelswarenumsätze
   h. Eintrittsgelder für die Sauna

3. Erstellen Sie eine Ergebnistabelle und berechnen Sie das neutrale Ergebnis und das Betriebsergebnis.

| Konto | Name | Aufwendungen (€) | Erträge (€) |
|---|---|---|---|
| 5000 | Umsatzerlöse | | 871 300,00 |
| 5350 | Erträge aus Wertpapieren | | 8 000,00 |
| 5500 | Erträge aus Anlageabgängen | | 6 650,00 |
| 5700 | Erträge aus Auflösung von Rückstellungen | | 2 100,00 |
| 6000 | Warenkosten | 224 600,00 | |
| 6200 | Personalkosten | 236 600,00 | |
| 6400 | Energiekosten | 66 600,00 | |
| 6500 | Gebühren, Beiträge, Vers. | 16 600,00 | |
| 6530 | Gewerbesteuer | 4 300,00 | |
| 6620 | Kfz-Kosten | 17 300,00 | |
| 6674 | Forderungsverluste | 1 230,00 | |
| 6790 | Sonstige Verwaltungskosten | 89 300,00 | |
| 6800 | Periodenfremde Aufwendungen | 1 500,00 | |
| 7000 | Mieten und Pachten | 58 300,00 | |
| 7100 | Leasing | 30 000,00 | |
| 7200 | Instandhaltung | 21 600,00 | |
| 7300 | Abschreibungen | 23 600,00 | |
| 7450 | Verluste aus Anlageabgängen | 800,00 | |
| 7500 | Zinsaufwendungen | 22 600,00 | |

4. Ein Konvektomat wurde für 24 000,00 Euro angeschafft und bei einer Nutzungsdauer von sechs Jahren linear abgeschrieben. Zu Beginn des sechsten Jahres soll ein neues Gerät angeschafft werden. Wir rechnen dann mit einem Anschaffungspreis von 26 000,00 Euro, wollen aber das alte Gerät noch zum Buchwert verkaufen.
   a. Mit welchem Betrag wird das alte Gerät in der Buchführung abgeschrieben?
   b. Wie hoch sind die kalkulatorischen Abschreibungen jährlich?

5. Geben Sie je ein Beispiel für neutrale Aufwendungen, Kosten, Anderskosten und Zusatzkosten.

6. Berechnen Sie aus folgenden Angaben das betriebsnotwendige Kapital sowie die kalkulatorischen Zinsen bei einem Zinssatz von 8 %.

| | |
|---|---|
| Anlagevermögen | 3 460 000,00 € |
| davon ein vermietetes Wohnhaus | 1 220 000,00 € |
| Darlehen | 2 650 000,00 € |
| Verbindlichkeiten aus Lieferungen und Leistungen | 35 000,00 € |
| kurzfristige Rückstellungen | 2 000,00 € |
| tatsächlich gezahlte Zinsen | 265 000,00 € |

7. Die GuV-Rechnung eines Unternehmens zeigt einen Gewinn von 215 000,00 Euro. Darin sind neutrale Erträge mit 16 000,00 Euro, neutrale Aufwendungen mit 7 000,00 Euro enthalten. Wie hoch ist das Betriebsergebnis, wenn kalkulatorische Kosten in Höhe von 180 000,00 Euro berücksichtigt werden?

8. Erläutern Sie die Begriffe „anlagebedingte Kosten" und „betriebsbedingte Kosten".

9. Erstellen Sie aus Aufgabe 3 eine kurzfristige Erfolgsrechnung.

**Infobox Sprache am Ende des Lerninhalts 4!**

## 2.3 Kostenstellenrechnung

Wurde bisher nur das Gesamtergebnis eines Betriebes behandelt, sollen nun Teilbereiche eines Betriebes untersucht werden.
Wird versucht, alle Kosten zu verteilen, wird von **Vollkostenrechnung** durch die Kostenträgerzeitrechnung gesprochen. Wird wie im „Uniform System of Accounts" oder der Bereichsergebnisrechnung nur ein Teil der Kosten verteilt, handelt es sich um eine **Teilkostenrechnung**.

# 4 Kostenstellenrechnung

## 2.3.1 Uniform System of Accounts

| Departmental Statement of Income | | | | | | |
|---|---|---|---|---|---|---|
| | | Current Period | | | | |
| | | Net Revenues | Cost of Sales | Payroll and Related Expenses | Other Expenses | Income (Loss) |
| **Operating Departments** | Schedule | | | | | |
| Rooms | 1 | $ | $ | $ | $ | $ |
| Food and beverage | 2 | | | | | |
| Telephone | 3 | | | | | |
| Garage and parking | 4 | | | | | |
| Guest laundry | 5 | | | | | |
| Golf course | 6 | | | | | |
| Golf pro shop | 7 | | | | | |
| Tennis-racquet club | 8 | | | | | |
| Tennis pro shop | 9 | | | | | |
| Health club | 10 | | | | | |
| Swimming pool-cabanas-baths | 11 | | | | | |
| Other operated departments | | | | | | |
| Rentals and other income | 12 | | | | | |
| Total Operating Departments | | | | | | |
| **Undistributed Operating Expenses** | | | | | | |
| Administrative and general | 13 | | | | | |
| Data processing | 14 | | | | | |
| Human resources | 15 | | | | | |
| Transportations | 16 | | | | | |
| Marketing | 17 | | | | | |
| Guest entertainment | 18 | | | | | |
| Energy costs | 19 | | | | | |
| Property operation and maintenance | 20 | | | | | |
| Total Undistributed Operating Expenses | | | | | | |
| **Income before Management Fees and Fixed Charges** | | $ | $ | $ | $ | |
| Management fees | | | | | | $ |
| Rent, taxes and insurance | 21 | | | | | |
| Interest expense | 21 | | | | | |
| Depreciation and amortization | 21 | | | | | |
| **Income before Income Taxes** | 22 | | | | | |
| Income Taxes | | | | | | |
| **Net Income** | | | | | | $ |

Wurde bisher nur das Gesamtergebnis eines Betriebes behandelt, soll nun das **Ergebnis einzelner Kostenbereiche** (Departments) untersucht werden. Diese Departments eines gastgewerblichen Betriebes können das Hotel, das Restaurant oder die verschiedenen Nebenleistungen sein.

Zunächst muss der Umsatz der einzelnen Departments getrennt ermittelt werden, damit von jedem Bereich die entsprechenden Kosten abgezogen werden können. Es lassen sich aber nicht alle Kosten direkt zuordnen. Schon im Jahre 1926 wurde dafür in den USA das „Uniform System of Accounts" entwickelt.

Vom Nettoumsatz (**net revenue**) der einzelnen Departments werden die direkt zurechenbaren Kosten abgezogen. Es handelt sich dabei um die Personalkosten (**payroll**) der einzelnen Abteilungen, den Wareneinsatz (**cost of sales**) und die sonstigen direkten Kosten (**other expenses**) wie Reinigung, Wäsche oder Musik und Unterhaltung.

Es ergibt sich das jeweilige Abteilungsergebnis (**Income**). Die restlichen indirekten Kosten (undistributed operating expenses, management fees, fixed charges), werden in einem Block abgezogen und es ergibt sich das Betriebsergebnis (**net income**).

Für systemgastronomische Betriebe eignet sich diese Kostenstellenrechnung aber in der Regel nicht, da in einem Betrieb nur ein Department, eben die Gastronomie, vorhanden ist. Häufig wird diese Gliederung des „Uniform Systems of Accounts" als Kostenstellenrechnung von Kettenhotelbetrieben amerikanischen Ursprungs genutzt.

Im „Green Paradise" würde die Aufteilung der Kosten folgendes Bild ergeben, wobei kalkulatorische Kosten noch nicht berücksichtigt sind:

# Kostenstellenrechnung 4

## Uniform System of Accounts (in Euro)

**Restaurant Green Paradise**

| | | | |
|---|---|---:|---:|
| Revenue | Food | 1 128 000,00 | |
| | Beverage | 752 400,00 | |
| | other income | 37 600,00 | |
| Net Revenue | | | 1 918 000,00 |
| ./. Cost of Sale | Food | 390 600,00 | |
| | Beverage | 226 600,00 | |
| | others | 7 500,00 | |
| = Gros Profit | | | 1 293 300,00 |
| ./. Expenses | Salaries and wages | 605 400,00 | |
| | China, glasware, silver, linen | 16 400,00 | |
| | Laundry | 38 200,00 | |
| | Music and entertainment | 2 400,00 | |
| | operating supplies | 19 000,00 | |
| | Uniforms | 3 500,00 | |
| = Departmental Income | | | 608 400,00 |
| ./. Other Expenses | Administration and general | 40 250,00 | |
| | Transportation | 8 650,00 | |
| | Marketing | 69 000,00 | |
| | Guest entertainment | 1 800,00 | |
| | Energy costs | 78 100,00 | |
| | Property operation and maintenance | 15 650,00 | |
| | Rent, taxes and insurance | 222 300,00 | |
| | Interest expense | 25 350,00 | |
| | Depreciation | 68 350,00 | |
| **Total Income** | | | **78 950,00** |

## 2.3.2 Bereichsergebnisrechnung

Das „Uniform System of Accounts" verteilt die direkten Kosten auf die Kostenbereiche. Die Bereichsergebnisrechnung versucht nun als **Teilkostenrechnung** die Einzelkosten den Kostenstellen zuzuordnen.

Es sollen durch die Kostenstellen vornehmlich Stärken und Schwächen einzelner Abteilungen erkannt werden. Deshalb sind die **Kostenstellen** identisch mit den einzelnen Abteilungen des Betriebes.
Im Betriebsbereich Gastronomie können dies verschiedene Restaurants, die Bar oder die Bankettabteilung sein. Für systemgastronomische Betriebe wird diese Form der Kostenstellengliederung hier aber nicht weiter verfolgt, da häufig nur ein Outlet anzutreffen ist. Die Technik der Kostenstellenbildung wird im Rahmen der Kostenträgerzeitrechnung erläutert.

### Aufgaben

1. Erläutern Sie die unterschiedlichen Aufgaben der kurzfristigen Erfolgsrechnung und der Kostenstellenrechnung nach dem „Uniform System of Accounts".
2. Erläutern Sie, welche Mitarbeiter für die verschiedenen Ergebnisebenen (revenue, gros profit, departmental income, total income) verantwortlich sind.
3. Zeigen Sie, welche Abteilungen im Sinne der Bereichsergebnisrechnung in Ihrem Betrieb vorhanden sind.
4. In den Restaurants der Restaurantkette „Burger-Meister" werden neben den Restaurantleistungen in einem separaten Shop verschiedene Dressings und andere Handelswaren verkauft.

### Aufgaben

Nach dem „Uniform System of Accounts" soll aus der Erfolgsrechnung eine Kostenstellenrechnung mit den Bereichen Food and Beverage und Merchandising abgeleitet werden.

| Soll (€) | | Haben (€) | |
|---|---:|---|---:|
| Warenkosten Lebensmittel | 483 000,00 | Speisenumsatz | 1 622 000,00 |
| Warenkosten Getränke | 244 000,00 | Getränkeumsatz | 940 200,00 |
| Warenkosten Handelswaren | 47 600,00 | Handelswarenumsatz | 135 400,00 |
| Personalkosten | 887 500,00 | | |
| Energiekosten | 93 800,00 | | |
| Steuern | 12 800,00 | | |
| Gebühren, Beiträge | 17 700,00 | | |
| Versicherungen | 21 100,00 | | |
| Reinigung, Wäsche | 11 300,00 | | |
| Musik und Unterhaltung | 2 300,00 | | |
| Werbung | 27 200,00 | | |
| Sonstige Betriebs- und Verwaltungskosten | 86 800,00 | | |
| Mieten und Pachten | 212 600,00 | | |
| Instandhaltung | 51 700,00 | | |
| Abschreibungen | 47 100,00 | | |
| Zinsen | 43 500,00 | | |
| Gewinn | 407 600,00 | | |
| | 2 697 600,00 | | 2 697 600,00 |

Die Personalkosten verteilen sich zu 80 % auf das Restaurant und zu 20 % auf den Shop. In der Reinigung sind 1 200,00 Euro aus dem Shop enthalten.

**Infobox Sprache am Ende des Lerninhalts 4!**

## 2.4 Kostenträgerzeitrechnung

**Kostenträger** sind die im Betrieb erstellten Leistungen, also die **Speisen**, die **Getränke** und eventuelle **Nebenleistungen**. Die Kostenträgerzeitrechnung verteilt nun alle Kosten auf diese Kostenträgergruppen, um das Ergebnis einer Leistungsart festzustellen.
Die Vorgehensweise entspricht der Kostenstellenrechnung (= Leistungsergebnisrechnung) und deshalb entsprechen in dieser Rechnung die Kostenträger den Kostenstellen.

### Abgrenzung der Einzel- und Gemeinkosten

Die **Kostenarten** werden zunächst untersucht, ob sie einzelnen Kostenstellen direkt zuzuordnen sind. Ist dies möglich, werden diese Kosten Einzelkosten genannt. Schon beim Einkauf von Lebensmitteln steht fest, dass sie zur Produktion von Speisen benötigt werden. So stellen die **Warenkosten** immer **Einzelkosten** dar.
Der Koch ist nur für die Produktion von Speisen, der Büfettier nur für Getränke zuständig. Diese Personalkosten stellen **Personaleinzelkosten** dar.
Wenn es vielleicht im Einzelfall möglich wäre, weitere Kosten unmittelbar einer Kostenstelle zuzuordnen, werden doch alle anderen Kosten als Gemeinkosten behandelt. Diese **Gemeinkosten** müssen mithilfe eines Verteilungsschlüssels auf die Kostenstellen verteilt werden. Ein Restaurantfachmann verkauft Speisen und Getränke, die Stromrechnung beinhaltet den Verbrauch in der Küche und im Restaurant. Die Personalkosten können sowohl Einzel- als auch Gemeinkosten darstellen, deshalb erfolgt im „Green Paradise" eine Verteilung aufgrund der Lohnliste.

| Lohnliste einiger ausgewählter Mitarbeiter |||
|---|---|---|
| **Mitarbeiter** | **Tätigkeit** | |
| Kirsch | Küchenchef | Einzelkosten |
| Mayer | Koch | Einzelkosten |
| Friedemann | Einkauf | Gemeinkosten |
| Ottmann | Spüler | Gemeinkosten |
| Schultz | Service-MA | Gemeinkosten |
| Pogge | Büfettier | Einzelkosten |
| Stube | Hausmeister | Gemeinkosten |
| Rainer | Buchhaltung | Gemeinkosten |

Die **Aufteilung aller Kosten** ergibt dann:

| Kostenart | Ermittlung | Euro | Summe |
|---|---|---|---|
| **Einzelkosten** | | | 774 700,00 |
| Lebensmittel- kosten | laut Ergebnistabelle | 390 600,00 | |
| Getränkekosten | laut Ergebnistabelle | 226 600,00 | |
| Handelswaren- kosten | laut Ergebnistabelle | 7 500,00 | |
| Personaleinzel- kosten | laut Lohnliste | 150 000,00 | |
| **Gemeinkosten** | | | 1 091 000,00 |
| Personalgemein- kosten | laut Lohnliste | 455 400,00 | |
| Sonstige Kosten | laut Ergebnistabelle | 635 600,00 | |
| | | | 1 865 700,00 |

### Gliederung der Kostenstellen

Der systemgastronomische Betrieb erwirtschaftet seinen Erfolg durch die Hauptleistungen Speisen- und Getränkeverkauf und eventuelle Nebenleistungen wie Verkauf von Handelswaren oder Vermietung von Veranstaltungsräumen. Der Verkaufspreis dieser Leistungen wird in der Kalkulation festgelegt und sie stellen die **Hauptkostenstellen** dar.
In manchen Betriebsteilen werden aber mehrere Leistungen gleichzeitig verkauft. Im Restaurant zum Beispiel Speisen und Getränke. Kostenstellen, die mehrere Leistungen beinhalten, werden **Nebenkostenstellen** genannt. Werden in einem Unternehmen mehrere Restaurants mit unterschiedlichen Preisen geführt, wird jedes einzelne von ihnen zu einer eigenen Nebenkostenstelle.

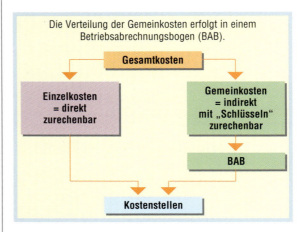

Verschiedene Kosten fallen in Betriebsbereichen an, die keinen Umsatz erzielen. Hierzu gehören unter anderem alle Verwaltungsaufgaben wie Buchhaltung oder Reservierung. Die Kosten, die das Gebäude verursacht, betreffen alle Betriebsbereiche. Für diese werden allgemeine Kostenstellen eingerichtet.

Im Endergebnis müssen alle Kosten den Hauptkostenstellen zugeordnet sein. Diese Zuordnung von den allgemeinen Kostenstellen über die Nebenkostenstellen zu den Hauptkostenstellen erfolgt in aufeinanderfolgenden Rechenschritten in einem mehrstufigen **Betriebsabrechnungsbogen (BAB)**. Der BAB ist ein wichtiges Abrechnungs- und Steuerungsinstrument.

| Kostenstellen ||||
|---|---|---|---|
| Allgemeine Kostenstellen | Kostenstellen der Hauptleistungen || Kostenstellen der Nebenleistungen |
| | Neben- kostenstellen | Hauptkostenstellen | |
| Gebäude | Restaurant I | Speisen | Handelswaren |
| Wäscherei | Restaurant II | Getränke | Tagungsräume |
| Verwaltung | Café (mit Verkauf von Snacks) | | |

## Kostenträgerzeitrechnung

Die Einrichtung der Kostenstellen ist betriebsspezifisch und so werden für das „Green Paradise" folgende Kostenstellen eingerichtet:

| Allgemeine Kostenstelle | Neben-kostenstelle | Hauptkostenstellen | | |
|---|---|---|---|---|
| Verwaltung | Restaurant | Speisen | Getränke | Handelswaren |

Die Gesamtkosten werden grundsätzlich in Einzel- und Gemeinkosten (GK) unterteilt. Die GK sind wiederum nach Kostenstelleneinzel- und -gemeinkosten differenziert.

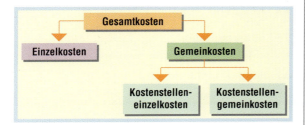

### Zuordnung der Kosten zu den Kostenstellen

Die Gemeinkosten fallen nicht direkt bei einer Hauptkostenstelle an. Es muss daher ein **Verteilungsschlüssel** gefunden werden, der der Kostenverursachung gerecht wird.

Gibt es die Möglichkeit, Kosten einer Kostenstelle aufgrund von Belegen aus der Finanzbuchhaltung zuzurechnen, ergeben sich **Kostenstelleneinzelkosten**. Bei dem Spüler handelt es sich um Einzelkosten, wenn er nur Töpfe und Geschirr spült. In diesem Falle werden seine Kosten der Hauptkostenstelle Speisen zugeordnet. Spült er auch Gläser, entstehen diese Kosten in zwei Hauptkostenstellen, es sind also Gemeinkosten. Sie werden der Nebenkostenstelle Restaurant zugeteilt, der Betrag ergibt sich aus der Lohnliste. Um die Instandhaltungskosten zu verteilen, werden die Reparaturrechnungen des vergangenen Jahres danach ausgewertet, welcher Kostenstelle das reparierte Gerät zuzuordnen ist.

**Kostenstellengemeinkosten** lassen sich nicht aufgrund von Belegen zuordnen. Für ihre Verteilung müssen **Verteilungsschlüssel** gefunden werden. Diese Schlüssel können sich am Umsatz, an Flächen, an technischen Größen oder an Vermögenswerten ausrichten.

Die Verteilung wird betriebsintern festgelegt und kann bei verschiedenen Kostenarten auch auf unterschiedliche Weise erfolgen.

Die **Energiekosten** lassen sich nach Quadratmetern Grundfläche oder nach dem Verbrauch einzelner Geräte aufteilen. Diese Aufteilung ist häufig sehr arbeitsintensiv. Es muss deshalb ein angemessenes Verhältnis zwischen der Genauigkeit der Berechnung und den verursachten Kosten beachtet werden.

Die **Verteilung der Gemeinkosten** ergibt für das „Green Paradise" folgenden **BAB**:

| Zeile | Kostenart | Gesamt | Allgemeine Kostenstelle Verwaltung | Neben-kostenstelle Restaurant | Hauptkostenstellen Speisen | Getränke | Handelswaren |
|---|---|---|---|---|---|---|---|
| 1 | Personalgemeinkosten | 455 400,00 | 125 400,00 | 320 000,00 | | | 10 000,00 |
| 2 | Energiekosten | 78 100,00 | 6 700,00 | 10 140,00 | 36 860,00 | 22 400,00 | 2 000,00 |
| 3 | Gebühren, Beiträge, Vers. | 20 050,00 | 1 000,00 | 3 000,00 | 8 880,00 | 6 920,00 | 250,00 |
| 4 | Gewerbesteuer | 11 500,00 | | | 6 762,00 | 4 508,00 | 230,00 |
| 5 | Sonstige Steuern | 7 500,00 | | | 3 750,00 | 3 750,00 | |
| 6 | Kfz-Kosten | 8 650,00 | 4 650,00 | | 2 500,00 | 1 500,00 | |
| 7 | Rechts- und Beratungskosten | 18 000,00 | 18 000,00 | | | | |
| 8 | Bürobedarf | 19 000,00 | 19 000,00 | | | | |
| 9 | Post- und Telefonkosten | 6 900,00 | 6 900,00 | | | | |
| 10 | Werbung | 69 000,00 | | 69 000,00 | | | |
| 11 | Sonstige Verwaltungskosten | 77 650,00 | 77 650,00 | | | | |
| 12 | Mieten und Pachten | 175 750,00 | | | 103 341,00 | 68 894,00 | 3 515,00 |
| 13 | Leasing | 7 500,00 | 3 000,00 | | | 4 500,00 | |
| 14 | Instandhaltung | 15 650,00 | 1 000,00 | 6 300,00 | 800,00 | 7 550,00 | |
| 15 | Abschreibungen | 60 000,00 | 5 000,00 | 25 000,00 | 13 000,00 | 17 000,00 | |
| 16 | Zinsaufwendungen | 40 350,00 | | | 23 725,00 | 15 817,00 | 808,00 |
| 17 | Kalkulatorische Wagnisse | 20 000,00 | | | 10 000,00 | 10 000,00 | |
| 18 | Summe der Gemeinkosten | 1 091 000,00 | 268 300,00 | 433 440,00 | 209 618,00 | 162 839,00 | 16 803,00 |
| 19 | Umlage Verwaltung | | | 44 717,00 | 134 150,00 | 89 433,00 | |
| 20 | Zwischensumme | | | 478 157,00 | 343 768,00 | 252 272,00 | 16 803,00 |
| 21 | Umlage der Restaurantkosten | | | | 281 156,00 | 187 438,00 | 9 563,00 |
| 22 | Gemeinkosten je Hauptkostenst. | | | | 624 924,00 | 439 710,00 | 26 366,00 |

# 4 Kostenträgerzeitrechnung

**Die Aufstellung des BAB I erfolgte in drei Arbeitsschritten:**

1. Die **Verteilung der Gemeinkosten** erfolgt auf die Kostenstellen.

| Zeile | Kostenart | | Verteilung |
|---|---|---|---|
| 1 | Personalgemeinkosten | Kostenstelleneinzelkosten | lt. Lohnliste |
| 2 | Energiekosten | Kostenstellengemeinkosten | nach Verbrauch der Geräte (Strom), nach qm (Gas), nach eingebauten Zählern (Wasser) |
| 3 | Gebühren, Beiträge, Versicherungen | Kostenstellengemeinkosten | nach Umsatz (Gebühren, Beiträge) nach Vermögenswerten der Geräte (Versicherungen) |
| 4+5 | Steuern | Kostenstellengemeinkosten | nach Umsatz |
| 6 | Kfz-Kosten | Kostenstellengemeinkosten | nach den gefahrenen Kilometern |
| 7-11 | Verschiedene Verwaltungskosten | Kostenstelleneinzelkosten | jeweilige gesamte Kosten |
| 12 | Mieten und Pachten | Kostenstellengemeinkosten | nach Umsatz |
| 13 | Leasing | Kostenstelleneinzelkosten | nach Leasingraten für geleaste Güter |
| 14 | Instandhaltung | Kostenstelleneinzelkosten | nach Reparaturrechnungen |
| 15 | Abschreibungen | Kostenstellengemeinkosten | nach Restbuchwerten |
| 16 | Zinsaufwendungen | Kostenstellengemeinkosten | nach Umsätzen |
| 17 | Kalkulatorische Wagnisse | Kostenstellengemeinkosten | je zur Hälfte auf Speisen und Getränke |

2. Die **Verteilung der allgemeinen Kostenstelle** erfolgt auf die Neben- und Hauptkostenstellen.

| 19 | Allgemeine Kostenstelle | | nach dem Verteilungsverhältnis 1:3:2 |
|---|---|---|---|

3. Die **Nebenkostenstelle** Restaurant wurde auf die **Hauptkostenstellen** verteilt.

| 21 | Nebenkostenstelle Restaurant | | nach Umsatz |
|---|---|---|---|

**Ermittlung der Leistungsergebnisse**

Die Ergebnisse der Leistungen der Hauptkostenstellen werden nun in einem **BAB II** durch Subtraktion der Einzelkosten und der Gemeinkosten von den Umsätzen ermittelt.

| Leistungsergebnisse Restaurant „Green Paradise" (in Euro) | | | | |
|---|---|---|---|---|
| | Gesamt | Speisen | Getränke | Handelswaren |
| Umsatz | 1 918 000,00 | 1 128 000,00 | 752 400,00 | 37 600,00 |
| ./. Wareneinsatz | 624 700,00 | 390 600,00 | 226 600,00 | 7 500,00 |
| = Rohgewinn | 1 293 300,00 | 737 400,00 | 525 800,00 | 30 100,00 |
| ./. Personaleinzelkosten | 150 000,00 | 120 000,00 | 30 000,00 | 0,00 |
| ./. Gemeinkosten | 1 091 000,00 | 624 924,00 | 439 710,00 | 26 366,00 |
| = Leistungsergebnis | 52 300,00 | - 7 524,00 | 56 090,00 | 3 734,00 |

Dieses Ergebnis zeigt, dass das „Green Paradise" seinen Gewinn im Wesentlichen durch den Verkauf der Getränke erwirtschaftet hat. Das negative Ergebnis bei den Speisen bedeutet, die eingerechneten kalkulatorischen Kosten konnten in diesem Bereich nicht im vollen Maß erwirtschaftet werden. Dieses Ergebnis bedeutet nicht automatisch, dass durch den Speisenverkauf ein Verlust entstanden ist.

## Aufgaben

1. Geben Sie je ein Beispiel für Einzelkosten und Gemeinkosten.
2. Erläutern Sie die verschiedenen Arten von Kostenstellen und stellen Sie Kostenstellen für Ihren Ausbildungsbetrieb auf.
3. Geben Sie verschiedene Verfahren an, mit denen Sie die Energiekosten auf die Kostenstellen verteilen können.
4. Aus dem Rechnungswesen liegt folgender unvollständiger BAB vor:

| (in Euro) | Gesamt | Speisen | Getränke |
|---|---|---|---|
| Umsatzerlöse | 757 000,00 | 546 600,00 | 210 400,00 |
| – Wareneinsatz | 244 600,00 | 186 800,00 | 57 800,00 |
| – Personalkosten | 197 100,00 | 171 600,00 | 25 500,00 |

| | Nebenkostenstellen | | Hauptkostenstellen | |
|---|---|---|---|---|
| Gemeinkosten | Verwaltung | Restaurant | Speisen | Getränke |
| 289 300,00 | 119 100,00 | 40 600,00 | 108 000,00 | 21 600,00 |

Die Verwaltungskosten sind nach dem Schlüssel:
Restaurant : Speisen : Getränke
1 : 3 : 2
zu verteilen.

Die Verteilung der Restaurantkosten erfolgt nach Umsatzanteilen.
a) Vervollständigen Sie den BAB.
b) Ermitteln Sie die Bereichsergebnisse Speisen und Getränke.

**Infobox Sprache am Ende des Lerninhalts 4!**

## 2.5 Statistik

| Datum | kg | Preis/kg | Gesamt |
|---|---|---|---|
| 17.01.20.. | 20 | 7,14 | 142,80 |
| 14.03.20.. | 30 | 7,24 | 217,80 |
| 16.06.20.. | 25 | 7,30 | 182,50 |
| 18.09.20.. | 30 | 7,95 | 238,50 |
| 09.11.20.. | 25 | 7,50 | 187,50 |
| Summe | 130 | 37,13 | 969,10 |

Die **Statistik** als **Teil des betrieblichen Rechnungswesens** bereitet Zahlen aus der Buchführung und der KLR auf und ergänzt sie um Daten aus anderen Betriebsbereichen. Als **beschreibende (deskriptive) Statistik** befasst sie sich mit der Erfassung der zahlenmäßigen Verarbeitung und der Untersuchung der Daten.

### 2.5.1 Rechnerische Umformung des Zahlenmaterials

Die betrieblichen Daten liegen zunächst ungeordnet vor. Diese Grundzahlen werden in der Buchführung auf Konten, in der KLR in der Regel tabellarisch zusammengestellt. Zur Interpretation erfolgt die Umformung durch die Berechnung von Mittelwerten und Streuungen sowie durch die Bildung von Kennzahlen.

**Mittelwerte**
Der Mittelwert ist die typische Durchschnittsgröße einer Zahlenreihe. Zur Berechnung des einfachen arithmetischen Mittels wird die Summe der Einzelwerte zu der Anzahl der Einzelwerte in Beziehung gesetzt.

**Beispiel**

Im „Green Paradise" soll der durchschnittliche Kilopreis für Poulardenbrust ermittelt werden.

$$\text{Arithmetisches Mittel} = \frac{\text{Summe der Werte}}{\text{Anzahl der Werte}}$$

$$= \frac{37,13\ €}{5} = 7,43\ €$$

Da aber zu den jeweiligen Einkaufspreisen unterschiedliche Mengen beschafft wurden, haben die einzelnen Einkäufe einen unterschiedlichen Einfluss auf die Höhe des durchschnittlichen Einkaufspreises. Beim gewogenen arithmetischen Mittel wird deshalb die Summe der Produkte aus Einzelwert mal Menge durch die Gesamtmenge geteilt.

**Beispiel**

Im „Green Paradise" soll der durchschnittliche Einkaufspreis pro Kilogramm Poulardenbrust ermittelt werden, da dieser Preis die Grundlage der Kalkulation sein soll.

$$\text{Gewogenes arithmetisches Mittel} = \frac{\text{gewogene Summe der Reihenglieder}}{\text{gewogene Zahl der Reihenglieder}}$$

$$= \frac{969,10\ €}{130\ kg} = 7,45\ €$$

**Streuungsmaße**
Eine statistische Regel lässt sich durch die Untersuchung, wie sich einzelne Reihenglieder in der Reihe verteilen, noch besser charakterisieren.
Die Spannweite ergibt die Differenz zwischen dem höchsten und dem niedrigsten Reihenglied an.

**Beispiel**

Spannweite = größtes Reihenglied ./. kleinstes Reihenglied
= 7,95 € ./. 7,14 € = 0,81 €

Wird in der Gastronomie die Spannweite der monatlichen Umsätze betrachtet, lässt sich zum Beispiel das Problem ungleichmäßiger Auslastung erkennen.
Die Spannweite hängt von den Extremwerten ab, ohne dass zu erkennen ist, wie weit diese Extremwerte um den Mittelwert gestreut sind. Um diese absolute Abweichung der einzelnen Reihenglieder vom arithmetischen Mittel zu ermitteln, wird das Streuungsmaß berechnet.

**Beispiel**

$$\text{Streuungsmaß} = \frac{\text{Summe der Abweichungen vom arithmetischen Mittel (€-Werte)}}{\text{Anzahl der Reihenglieder}}$$

$$\frac{(7,45-7,14)+(7,45-7,24)+(7,45-7,30)+(7,50-7,45)+(7,95-7,45)}{5} = 0,244\ €$$

Je kleiner der Wert des Streuungsmaßes ist, desto enger sind die Einzelwerte um den Mittelwert gruppiert.

**Kennzahlen**
Die bisher ermittelten absoluten Zahlen erhalten oft erst durch ihr Verhältnis zu anderen Zahlen eine Bedeutung. Diese Kennzahlen lassen sich gliedern in:

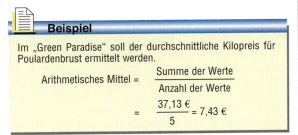

**Gliederungszahlen**
Bei der Gliederungszahl wird jeweils eine Teilmenge der Gesamtmenge gegenübergestellt. Das Ergebnis wird als prozentualer Anteil ausgedrückt.

# 4 Statistik

In der Ergebnistabelle lässt sich zum Beispiel feststellen, dass das neutrale Ergebnis von 23 500,00 € einen Anteil von 22,9% des Gesamterfolges von 102 450,00 € ausmacht.

**Beispiel**

Der Küchenchef des „Green Paradise" möchte wissen, welchen Anteil der Poulardenbrust er über dem durchschnittlichen Einkaufspreis beschafft hat.

$$30 \text{ kg für } 7{,}95 \text{ €} + 25 \text{ kg für } 7{,}50 \text{ €} = 55 \text{ kg}$$
$$\text{Gesamtmenge} = 130 \text{ kg (siehe Vorseite)}$$
$$\text{Anteil} = \frac{55 \text{ kg} \times 100}{130 \text{ kg}} = 42{,}3 \text{ \%}$$

### Beziehungszahlen

Durch Beziehungszahlen wird das Verhältnis zweier Mengen, zwischen denen ein sinnvoller Zusammenhang besteht, ausgedrückt. Beispielsweise wird der Gewinn als Ergebnis der betrieblichen Leistungserstellung dem eingesetzten Kapital gegenübergestellt, um die Rentabilität des Kapitals zu ermitteln.

**Beispiel**

Das Gericht Poulardenbrust mit Kokosnussreis wird im „Green Paradise" zu 9,80 Euro angeboten. Dabei wurde mit dem mittleren Einkaufspreis von 3,75 Euro kalkuliert. Der Küchenchef möchte nun wissen, wie hoch der Wareneinsatz im Verhältnis zum Umsatz liegt, wenn von der Poulardenbrust 120 g benötigt werden und die restlichen Zutaten mit 0,98 Euro zu Buche schlagen.

$$\text{Wareneinsatzquote} = \frac{\text{Wareneinsatz} \times 100}{\text{Verkaufspreis}}$$

$$\text{Wareneinsatz} = \frac{1{,}88 \text{ €} \times 100}{8{,}45 \text{ €}} = 22{,}2 \text{ \%}$$

### Mess- oder Indexzahlen

Messzahlen beschreiben die Veränderung einer Reihe gleichartiger Größen, bezogen auf eines ihrer Glieder. Bezogen auf den Durchschnitt einer Gesamtmenge werden diese Messzahlen auch Indexzahlen genannt. Die wohl bekannteste Indexzahl stellt der Aktienindex dar, der die Kursveränderungen der größten deutschen Aktien darstellt.

**Beispiel**

Die Einkaufspreise für Poulardenbrust schwankten im Jahresverlauf. Diese Preise sollen auf den ersten Preis bezogen als Messzahlen ausgedrückt werden.

| Einkaufspreise Poulardenbrust | | |
|---|---|---|
| 17.01.20.. | 7,14 € | 100,0 |
| 14.03.20.. | 7,24 € | 101,4 |
| 18.06.20.. | 7,30 € | 102,2 |
| 18.09.20.. | 7,95 € | 111,3 |
| 09.11.20.. | 7,50 € | 105,0 |

## 2.5.2 Gastgewerbliche Kennzahlensysteme

Die **ergebnisorientierte Vergleichsrechnung** ermöglicht dem Betrieb, sich durch Rückgriff auf die verdichteten Kennzahlen über die Produktions- bzw. Serviceleistungen, die Marktposition und den Stand der Produktentwicklungen des Systems zu informieren. Die einmalige Berechnung einer Kennzahl besitzt noch eine geringe Aussagekraft. Um konkrete Aussagen über die Situation des Unternehmens gewinnen zu können, ist eine Kombination mehrerer Kennzahlen, die in Beziehung zueinander stehen, aufeinander aufgebaut sind und sich gegenseitig erklären, erforderlich.

In solch einem **Kennzahlensystem** werden Spitzenkennzahlen und Teilkennzahlen unterschieden. Durch Zerlegung der Spitzenkennzahlen in Teilkennzahlen bis hin zu einzelnen Komponenten können die jeweils externen wie internen Haupteinflussfaktoren der Spitzenkennzahl analysiert, Schwachstellen des Systems aufgezeigt und notwendige Korrekturen ermöglicht werden. Für gastgewerbliche Betriebe der Systemgastronomie können drei Kennzahlengruppen aufgezeigt werden.

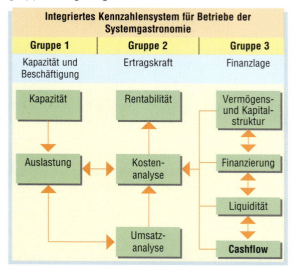

Die **Kennzahlen der Finanzlage** werden jährlich aus der Unternehmensbilanz als Stichtagswerte ermittelt und um die laufende Liquiditätskontrolle ergänzt. Im Sinne einer reaktionsschnellen Unternehmensführung werden Kennzahlen zur Auslastung und Ertragskraft ebenfalls mindestens monatlich ermittelt.

**Interne Vergleichsrechnungen** zeigen die zeitliche Entwicklung der Kennzahlen, aber auch die Form der Übereinstimmung zwischen den tatsächlich ermittelten Ist-Zahlen und den budgetierten Soll-Zahlen. Externe Betriebsvergleiche gehen über die Möglichkeit des Vergleichs einzelner Betriebsstätten eines gastronomischen Systembetriebs hinaus und vergleichen den eigenen Betrieb mit gleichartigen anderen Betrieben.

# Statistik 4

Als gleichartig können Betriebe gelten, die in der gleichen Größenstruktur einen ähnlichen Leistungsumfang bieten. Die Vergleichszahlen können aus **Betriebsvergleichen** des DEHOGA oder verschiedener Betriebsberatungen gewonnen werden. Diese Vergleichszahlen stellen in der Regel **Branchendurchschnittswerte** dar. Ziel muss es sein, den eigenen Betrieb mit möglichst erfolgreichen Mitbewerbern zu vergleichen.

Nach der erfolgten Kontrolle wird im Rahmen der Abweichungsanalyse festgestellt, welche Abweichungen aufgetreten sind und welche Einflüsse diese Abweichungen verursacht haben.

Aus diesen Erkenntnissen werden in der Planungsphase im Rahmen der Budgetierung neue Planzahlen erarbeitet, es entsteht ein Kreislauf.

### Beispiel

Der Controller soll ein Kennzahlensystem für seine Filiale der Restaurantkette „Green Paradise" aufstellen und aus den drei Kennzahlengruppen ausgewählte Kennziffern ermitteln und Abweichungen analysieren. Für Betriebsvergleiche stehen ihm als Daten die aufbereiteten Durchschnittsergebnisse aller Filialen zur Verfügung.

### Kapazität

Die Kapazität beschreibt die Leistungsfähigkeit eines Betriebes oder eines Betriebsteils.

Das „Green Paradise" ist mit seiner Anzahl der Sitzplätze etwas kleiner als der Vergleichsbetrieb, ist aber ganzjährig geöffnet, somit ist eine annähernd gleiche Anzahl Mitarbeiter erforderlich. Eine Berechnung der Gesamtkapazität eines Jahres, wie bei Hotelbetrieben üblich, ist nicht sinnvoll, da Restaurantplätze ja im Gegensatz zu Zimmern mehrmals täglich genutzt werden.

### Auslastung

Die Auslastung (siehe Tabelle unten und nächste Seite) gibt an, in welchem Umfang die Kapazität in Anspruch genommen wurde.

Im Restaurantbereich werden dabei **Kennzahlen**, die unabhängig von der Art des Verzehrs sind, berechnet, aber auch solche, die sich auf die Hauptleistung, den Verkauf von Hauptmahlzeiten, beziehen.

Die Gästefrequenz zeigt in ihrer absoluten Zahl einen höheren Wert als der Vergleichsbetrieb. Dies war durch die größere Anzahl an Öffnungstagen zu erwarten. Aber auch die Anzahl der Gäste je Öffnungstag ist größer. Das resultiert aus der häufigeren Belegung der Sitzplätze, da unsere Sitzplatzkapazität pro Tag und auch unsere Kennzahl „Sitzplatztage" niedriger ist. Die Gästefrequenz ist somit als zufriedenstellend zu betrachten. Bezieht man den Umschlag der Hauptspeisen mit ein, ist erkennbar, dass nicht einmal jeder zweite Gast ein Hauptgericht verzehrt. Dies ist natürlich auch durch die Atmosphäre unseres Betriebes mitbestimmt, man trifft sich auf einen Kaffee oder einen Snack.

| | | | Kapazität Betriebsvergleich | |
|---|---|---|---|---|
| **Kennzahl** | **Kennzeichnet ...** | **Berechnung** | **Green Paradise** | **Durchschnitt** |
| Öffnungszeit | die zeitliche Kapazität als Grundlage weiterer Kennzahlen | Kalendertage ./. Ruhetage ./. Betriebsferien | 365 Tage | 345 Tage |
| Anzahl Vollbeschäftigter | die personelle Kapazität als Grundlage weiterer Kennzahlen | Summe der Mitarbeiter Teilzeitbeschäftigte anteilig Auszubildende mit 50 % | 36 | 34,7 |
| Sitzplätze | die räumliche Kapazität als Grundlage weiterer Kennzahlen | Summe aller Sitzplätze Terrassenplätze mit 25 % | 180 | 247 |

549

# 4 Statistik

| Kennzahlen | | Restaurant Green Paradise | Auslastung Betriebsvergleich | |
|---|---|---|---|---|
| **Kennzahl** | **Kennzeichnet …** | **Berechnung** | **Green Paradise** | **Durchschnitt** |
| Gästeanzahl | die Anzahl der Personen im Restaurant | Gesamtsumme aller Gäste pro Jahr | 162 000 | 138 777 |
| Gäste je Öffnungstag | die Gästezahl, unabhängig von den Öffnungstagen | $\frac{\text{Gästeanzahl}}{\text{Öffnungstage}}$ | 443 | 402 |
| Gäste je Sitzplatz | die tägliche Auslastung der Sitzplätze | $\frac{\frac{\text{Gästeanzahl}}{\text{Öffnungstag}}}{\text{Sitzplätze}}$ | 2,46 | 1,62 |
| Verkaufte Hauptspeisen | die Menge der verkauften Hauptleistungen | Gesamtsumme aller Hauptspeisen | 72 400 | Keine Angaben |
| Sitzplatztage | die Angebotskapazität, wenn jeder Sitzplatz einmal belegt wäre | Anzahl Sitzplätze × Öffnungstage | 65 700 | 85 215 |
| Umschlag der Hauptspeisen | den Verkauf von Hauptspeisen unabhängig von der Öffnungszeit | $\frac{\text{Verkaufte Hauptspeisen}}{\text{Sitzplatztage}}$ | 1,10 | Keine Angaben |

## Ertragskraft

Die Ertragskraft eines Unternehmens wird durch die **Rentabilität** ausgedrückt. Sie untersucht das Verhältnis des Unternehmensergebnisses zum eingesetzten Kapital. Die absolute Höhe des Gewinns zeigt einem Unternehmer, ob dieser Betrag für seine Lebenshaltung ausreicht und ob er ein angemessener Ausgleich für seine Arbeitsleistung und seine Kapitalaufbringung ist. Im Rahmen der kalkulatorischen Kosten wird dieses bei der Ermittlung des Betriebsergebnisses ja berücksichtigt (vgl. 2.2.1). Bei der Rentabilität wird der Erfolg im Verhältnis zum eingesetzten Kapital untersucht. Die Rentabilität betrachtet also die Gesamtleistung des Unternehmens. Die Entstehung des Erfolges wird durch die Umsatz- und Kostenanalyse beleuchtet, um Verbesserungspotenziale in der Leistungserstellung zu suchen.

## Rentabilität

Die Kennzahlen der Rentabilität zeigen, ob es dem Gesamtunternehmen gelungen ist, ausreichenden Gewinn zu erwirtschaften, um seine Existenz zu sichern und den Investoren eine angemessene Kapitalverzinsung zur Verfügung zu stellen.

| Kennzahlen | | Restaurant Green Paradise | Rentabilität | |
|---|---|---|---|---|
| **Kennzahl** | **Kennzeichnet …** | **Berechnung** | **Green Paradise** | |
| Durchschnittlich eingesetztes Eigenkapital | die Grundlage für die Berechnung der Rentabilität | (Eigenkapitalanfangsbestand + Eigenkapitalendbestand) : 2 | 265 000 € | |
| Eigenkapitalrentabilität | das Verhältnis des Erfolges zum eingesetzten Eigenkapital | $\frac{\text{Erfolg} \times 100}{\text{Eigenkapital}}$ | 38,66 % | |
| Gesamtkapitalrentabilität | das Verhältnis des Erfolges zum eingesetzten Gesamtkapital | $\frac{(\text{Erfolg} + \text{Zinsen}) \times 100}{\text{Gesamtkapital}}$ | 15,23 % | |
| Umsatzrentabilität | das Verhältnis des Erfolges zum Umsatz. Grundlage für ROI | $\frac{\text{Erfolg} \times 100}{\text{Umsatz}}$ | 5,34 % | |
| Kapitalumschlag | das Verhältnis des Umsatzes zum Kapital. Grundlage für ROI | $\frac{\text{Umsatz}}{\text{Gesamtkapital}}$ | 2,28 | |
| Return-on-Investment (ROI) | das Verhältnis des Erfolgs zum eingesetzen Kapital (ohne Fremdkapitalzinsen) | Umsatzrentabilität × Kapitalumschlag das heißt $\frac{\text{Erfolg}}{\text{Umsatz}} \times \frac{\text{Umsatz}}{\text{Kapital}} \times 100$ oder durch Kürzen $\frac{\text{Erfolg}}{\text{Kapital}} \times 100$ | 12,2 % | |

Die Gesellschafterversammlung der Green Paradise GmbH entschied auf der Gesellschafterversammlung über die Gewinnverwendung. So sollen vom Jahresüberschuss 30 000,00 € im Unternehmen verbleiben, sodass der Anfangsbestand des Eigenkapitals 250 000,00 € und der Endbestand 280 000,00 € beträgt.

Bei der Bewertung der Eigenkapitalrentabilität der „Green Paradise" GmbH ist kein **Unternehmerlohn** zu berücksichtigen, da die Kapitalgeber nicht im Betrieb tätig sind bzw. als angestellte Geschäftsführer ein Gehalt erhalten. Trotzdem steht nicht der gesamte Erfolg zur Verfügung, da hieraus noch die Tilgung des Fremdkapitals erfolgen muss.

Deshalb ist der **Return-on-Investment (ROI)** die Spitzenkennzahl. Sie zeigt, dass es drei Einflussfaktoren auf die Rentabilität gibt: den Umsatz, den Gewinn und das eingesetzte Kapital. Beim untersuchten Unternehmen stehen den Investoren 12,2 % des eingesetzten Kapitals als Zinsen für das Eigenkapital – Fremdkapitalzins wurde ja in der Erfolgsrechnung berücksichtigt – und zur Tilgung des Fremdkapitals zur Verfügung.

Diese Rentabilitätskennziffern betrachten das Unternehmen aus Sicht der Investoren. Sie werden deshalb nur dieser Personengruppe zur Verfügung gestellt und erscheinen wohl nicht in einem normalen Controllerbericht.

### Umsatzanalyse

Die Umsatzanalyse untersucht die Umsatzstruktur und das Verhältnis des Umsatzes zu Kapazitätsgrößen, die Produktivität.

*Kennzahlen* — *Restaurant Green Paradise*

| Kennzahl | Kennzeichnet ... | Berechnung | Umsatzstruktur Betriebsvergleich | |
|---|---|---|---|---|
| | | | **Green Paradise** | **Durchschnitt** |
| Anteil Speisenumsatz | das Verhältnis des Speisenumsatzes zum Warenumsatz | $\dfrac{\text{Speisenumsatz} \times 100}{\text{Warenumsatz}}$ | 58,8 % | 55,7 % |
| Anteil Getränkeumsatz | das Verhältnis des Getränkeumsatzes zum Warenumsatz | $\dfrac{\text{Getränkeumsatz} \times 100}{\text{Warenumsatz}}$ | 39,2 % | 41,9 % |
| Anteil Handelswarenumsatz | das Verhältnis des Handelswarenumsatzes zum Warenumsatz | $\dfrac{\text{Handelswarenumsatz} \times 100}{\text{Warenumsatz}}$ | 2,0 % | 2,4 % |

Neben der Einstufung für einen Betriebsvergleich lässt die Umsatzstruktur Rückschlüsse auf das Kostenverhalten zu. Der Wareneinsatz ist zum Beispiel bei Speisen und Getränken unterschiedlich.

*Kennzahlen* — *Restaurant Green Paradise*

| Kennzahl | Kennzeichnet ... | Berechnung | Produktivität Betriebsvergleich | |
|---|---|---|---|---|
| | | | **Green Paradise** | **Durchschnitt** |
| Umsatz pro Öffnungstag | die zeitliche Produktivität | $\dfrac{\text{Warenumsatz}}{\text{Öffnungstage}}$ | 5 254,79 € | 5 745,54 € |
| Umsatz pro Sitzplatz | die sachliche Produktivität | $\dfrac{\text{Warenumsatz}}{\text{Sitzplätze}}$ | 10 655,55 € | 8 025,70 € |
| Umsatz pro Mitarbeiter | die Personalproduktivität | $\dfrac{\text{Warenumsatz}}{\text{Mitarbeiter}}$ | 53 277,77 € | 57 128,24 € |
| Umsatz pro Gast | die Verzehrgewohnheiten und das Preisniveau | $\dfrac{\text{Warenumsatz}}{\text{Gästezahl}}$ | 11,84 € | 14,03 € |

Die **Produktivität** misst das Verhältnis von Einsatz und Ergebnis. Als Ergebnis steht der Umsatz, der auf die verschiedenen zeitlichen, sachlichen oder personenbezogenen (Mitarbeiter oder Gäste) Kapazitätsmerkmale bezogen wird. Der Betriebsvergleich bestätigt die Kapazitäts- und Auslastungskennzahlen. Trotz absolut nahezu gleichem Umsatz ist der Umsatz pro Tag im „Green Paradise" durch die ganzjährige Öffnung niedriger. Bezogen auf den Umsatz pro Sitzplatz verbessert sich das Ergebnis zugunsten des „Green Paradise". Dies geht einher mit der bereits ermittelten höheren Sitzplatzfrequenz.

Durch die hohe Anzahl von Gästen, die keine Hauptmahlzeit zu sich nehmen, ist allerdings der Umsatz pro Gast und die Produktivität der Mitarbeiter niedriger.

# 4 Statistik

Die Veränderung des Umsatzes ist aber auch gerade im **Zeitvergleich** interessant.

Der Umsatz ergibt sich aus dem Produkt aus Menge und Preis. Die Preise waren im Vergleich zum Vorjahr unverändert, also soll untersucht werden, ob Mengenänderungen und damit Konsumveränderungen stattgefunden haben.

Vorstehende Umsatzanalyse ergibt, dass der Gesamtumsatz gestiegen ist, ebenso der Anteil des Getränkeumsatzes am Gesamtumsatz. Da Getränke in der Regel niedrigpreisiger sind, ist trotz gestiegener Gästezahl der Umsatz pro Gast gesunken.

Es ist zu vermuten, dass neue Gästekreise das Restaurant besucht haben, aber überwiegend zum Verzehr von Getränken oder Snacks. Dies zeigt auch die nahezu konstante Anzahl von Hauptspeisen, trotz gestiegener Gästezahl. Der gestiegene Umsatz konnte mit der gleichen Mitarbeiterzahl bewältigt werden und deshalb ist die Produktivität der Mitarbeiter gestiegen. Im Rahmen einer **Speisenkartenanalyse** sollte untersucht werden, welche Speisen dem Gast vermehrt angeboten werden sollten, um den Umsatz pro Gast zu erhöhen.

### Kostenanalyse

In der Kostenanalyse wird zunächst die Kostenstruktur untersucht. Als Grundlage dient die kurzfristige Erfolgsrechnung oder die Kostenstellenrechnung nach dem „Uniform System of Accounts". Es wird jeweils der Artikel der Kostenart am Warenumsatz ermittelt. Als Kennzahl wäre es jeweils derselbe Rechenvorgang, deshalb werden die ermittelten Prozentzahlen einfach in das jeweilige Formular übernommen. Hier soll der Betriebsvergleich mithilfe der KLR aufgezeigt werden.

*Restaurant Kennzahlen Green Paradise*

| Kennzahl | Umsatzanalyse Zeitvergleich | |
|---|---|---|
| | Berichtsjahr | Vorjahr |
| Warenumsatz | 1 918 000,00 € | 1 864 000,00 € |
| Getränkeumsatz | 39,2 % | 38,7 % |
| Gästeanzahl | 162 000,00 | 150 000,00 |
| Umsatz pro Gast | 11,84 € | 12,42 € |
| Umsatz pro Mitarbeiter | 53 278,00 € | 51 777,77 € |
| Verkaufte Hauptspeisen | 72 400,00 | 72 380,00 |

*Restaurant Kennzahlen Green Paradise*

| Kostenanalyse – Betriebsvergleich | | | | |
|---|---|---|---|---|
| | Green Paradise | | Durchschnitt | |
| | absolut in Euro (€) | in Prozent | absolut in Euro (€) | in Prozent |
| Speisenumsatz | 1 128 000,00 | 58,8 | 1 104 150,00 | 55,7 |
| Getränkeumsatz | 752 400,00 | 39,2 | 830 600,00 | 41,9 |
| Handelswarenumsatz | 37 600,00 | 2,0 | 47 600,00 | 2,4 |
| **Gesamtumsatz** | **1 918 000,00** | **100,0** | **1 982 350,00** | **100,0** |
| Lebensmittelkosten | 390 600,00 | 20,4 | 337 000,00 | 17,0 |
| Getränkekosten | 226 600,00 | 11,8 | 233 900,00 | 11,8 |
| Handelswarenkosten | 7 500,00 | 0,4 | 3 950,00 | 0,2 |
| **Rohgewinn** | **1 293 300,00** | **67,4** | **1 407 500,00** | **71,0** |
| Personalkosten | 605 400,00 | 31,0 | 672 000,00 | 33,9 |
| Energiekosten | 78 100,00 | 3,1 | 79 300,00 | 4,0 |
| Steuern, Gebühren | 39 050,00 | 2,0 | 33 700,00 | 1,7 |
| Sonstige Verwaltungskosten | 199 200,00 | 10,4 | 198 250,00 | 10,0 |
| **Betriebsergebnis I** | **371 550,00** | **19,3** | **424 250,00** | **21,4** |
| Miete, Pacht, Leasing | 183 250,00 | 9,5 | 190 350,00 | 9,6 |
| Instandhaltung | 15 650,00 | 0,8 | 37 650,00 | 1,9 |
| Abschreibungen | 68 350,00 | 3,6 | 45 600,00 | 2,3 |
| Zinsen | 25 350,00 | 1,3 | 21 800,00 | 1,1 |
| **Betriebsergebnis II** | **78 950,00** | **4,1** | **128 850,00** | **6,5** |
| Neutrale Erträge | 35 000,00 | 1,8 | 3 950,00 | 0,2 |
| Neutrale Aufwendungen | 11 500,00 | 0,6 | 0,00 | 0,0 |
| **Unternehmensergebnis** | **102 450,00** | **5,3** | **132 800,00** | **6,7** |

## Statistik 4

### Kennzahlen — Restaurant Green Paradise
### Kostenanalyse Betriebsvergleich

| Kennzahl | Kennzeichnet ... | Berechnung | Green Paradise | Durchschnitt |
|---|---|---|---|---|
| Wareneinsatzquote Lebensmittel | das Verhältnis der Lebensmittelkosten zum Speisenumsatz | $\dfrac{\text{Lebensmittelkosten} \times 100}{\text{Speisenumsatz}}$ | 34,6 % | 30,5 % |
| Wareneinsatzquote Getränke | das Verhältnis der Getränkekosten zum Getränkeumsatz | $\dfrac{\text{Getränkekosten} \times 100}{\text{Getränkeumsatz}}$ | 30,1 % | 28,2 % |
| Personalkosten je Mitarbeiter | das Entgeltniveau | $\dfrac{\text{Personalkosten}}{\text{Anzahl der Mitarbeiter}}$ | 16 816,66 € | 19 365,99 € |

Die Betrachtung gilt zunächst dem erwirtschafteten Rohertrag, der im „Green Paradise" 3,6 % unter dem Vergleichsbetrieb liegt. In absoluter Zahl ausgedrückt sind das ca. 40 000,00 €, immerhin die Hälfte des Betriebsergebnisses. Die Anteile der einzelnen Warenkosten am Gesamtumsatz sind wenig aussagekräftig, da erfahrungsgemäß der Wareneinsatz bei Speisen höher liegt als bei Getränken. Ein hoher Anteil des Speisenumsatzes bedingt also automatisch einen höheren Anteil der Lebensmittelkosten. Deshalb werden die Wareneinsatzquoten jeweils auf den entsprechenden Warenumsatz berechnet. Hier zeigt sich, dass im „Green Paradise" die Wareneinsatzquote bei Speisen sogar um 4,1 % und bei den Getränken um 1,9 % über dem Vergleichsbetrieb liegt. Eine hohe Wareneinsatzquote kann auf verschiedenen Faktoren beruhen:
▶ Die Verkaufspreise sind zu niedrig kalkuliert,
▶ die Gäste bevorzugen die Gerichte mit einem für uns ungünstigen Wareneinsatz,
▶ bei der Produktion wird die Rezeptur nicht eingehalten,
▶ der Einkaufspreis liegt zu hoch,
▶ es liegt zu viel Schwund und Verderb vor.

Wird das Betriebsergebnis I betrachtet, ist der Abstand zum Vergleichswert auf 2,1 % geschmolzen. Dies resultiert vor allem aus dem niedrigen Personalkostenanteil. Auch die Personalkosten pro Mitarbeiter liegen unter dem Vergleichsbetrieb.

Im Zusammenhang mit der Wareneinsatzquote kann die Tendenz erkannt werden, im verstärkten Maße mit **Convenience-Produkten** zu arbeiten. Diese haben zwar einen höheren Einkaufspreis, verursachen aber bei der Zubereitung geringeren Zeitaufwand und stellen häufig geringere Ansprüche an die Qualifikation der Mitarbeiter. Da das Betriebsergebnis I aber schlechter ist, hat sich die Maßnahme noch nicht positiv auf den Erfolg ausgewirkt.
Im Bereich der anlagebedingten Kosten liegen geringere Instandhaltungskosten, aber höhere Abschreibungen vor. Dies lässt sich dadurch erklären, dass das „Green Paradise" erst relativ neu am Markt ist und das Anlagevermögen noch nicht erheblich abgenutzt ist.

### Finanzlage
Die aufbereitete Bilanz lässt Rückschlüsse auf die finanzielle Lage des Unternehmens zu. Die Aktivseite zeigt die Zusammensetzung des Vermögens, die Passivseite die Kapitalzusammensetzung. Der Vergleich des Anlagevermögens mit dem langfristigen Kapital zeigt seine Finanzierung. Die Betrachtung der kurzfristigen Schulden zeigt in ihrem Vergleich mit dem Umlaufvermögen die Liquidität des Unternehmens.

### Vermögens- und Kapitalstruktur
Die Vermögens- und Kapitalstruktur wird durch das Verhältnis der Einzelbestandteile des Vermögens und des Kapitals zur Bilanzsumme beurteilt.

### Kennzahlen — Restaurant Green Paradise
### Vermögens- und Kapitalstruktur Zeitvergleich

| Bilanzposition | Berichtsjahr in Euro (€) | Berichtsjahr in % | Vorjahr in Euro (€) | Vorjahr in % |
|---|---|---|---|---|
| **Aktiva** | | | | |
| Anlagevermögen | 672 450,00 | 80,2 | 740 800,00 | 83,8 |
| Vorräte | 52 500,00 | 6,3 | 48 700,00 | 5,5 |
| Forderungen | 29 800,00 | 3,5 | 28 900,00 | 3,3 |
| Flüssige Mittel | 84 200,00 | 10,0 | 65 800,00 | 7,4 |
| **Gesamtvermögen** | **838 950,00** | **100** | **884 200,00** | **100** |
| **Passiva** | | | | |
| Eigenkapital | 280 000,00 | 33,4 | 250 000,00 | 28,3 |
| Langfristiges Fremdkapital | 380 000,00 | 45,3 | 410 000,00 | 46,4 |
| Kurzfristiges Fremdkapital | 178 950,00 | 21,3 | 224 200,00 | 25,3 |
| **Gesamtkapital** | **838 950,00** | **100** | **884 200,00** | **100** |

Das Vermögen besteht zu 80,2 % aus Anlagevermögen. Gastgewerbliche Betriebe gelten allgemein als sehr anlagenintensiv. Als Folge ergibt sich eine Unflexibilität in Bezug auf die Kapazität. Bei hoher Auslastung können kurzfristig keine zusätzlichen Kapazitäten geschaffen werden. Andererseits stehen Kapazitäten in Zeiten der Unterbeschäftigung leer. Die durch das Anlagevermögen verursachten Kosten sind in hohem Maße fix oder sprungfix (vgl. 2.6.2). Dies führt bei Schwankungen zu Problemen in der Kalkulation und Preispolitik.

Im Zeitvergleich hat sich die Anlagenquote verringert. Der absolute Wert des Anlagevermögens sank, da die getätigten Investitionen niedriger waren als die Abschreibungen. Die flüssigen Mittel sind durch den erwirtschafteten Jahreserfolg angestiegen.
Die Eigenkapitalquote ist von 28,3 % auf 33,4 % gestiegen. Ein hoher Fremdkapitalanteil führt zu hohen Zinsbelastungen. Außerdem sinkt die Unabhängigkeit des Unternehmers, da die Kapitalgeber über die Unternehmenspolitik mitbestimmen wollen. Im Vergleich ist das langfristige Fremdkapital durch erhöhte Darlehenstilgung gesunken.

Das kurzfristige Fremdkapital ist relativ hoch, es sind hier aber die noch nicht ausgeschütteten Gewinne enthalten. Die Eigenkapitalquote ist auch deshalb gestiegen, weil ein Teil des Gewinns im Unternehmen als Rücklage verbleibt. Insgesamt ist der Eigenkapitalanteil im „Green Paradise" als günstig anzusehen. Ein großer Teil des Gastgewerbes weist kein oder sogar ein negatives Eigenkapital aus.

### Finanzstruktur
Bei einer horizontalen Betrachtung der Bilanz wird die Finanzierung des Anlagevermögens betrachtet. Das Anlagevermögen wird im Betrieb langfristig genutzt. Deshalb hat auch die Finanzierung langfristig zu erfolgen. Ein Gut soll die investierten Mittel wiedererwirtschaften, es soll sich amortisieren.

Diese **Amortisationszeit** soll mit der Laufzeit des Kapitals übereinstimmen. Als langfristiges Kapital steht dem Unternehmen das Eigenkapital zur Verfügung. Diese Mittel reichen aber in der Regel zur Beschaffung des Anlagevermögens nicht aus, deshalb wird zu diesem Zweck auch langfristiges Fremdkapital aufgenommen.

*Kennzahlen*

Restaurant Green Paradise — Finanzierung Zeitvergleich

| Kennzahl | Kennzeichnet … | Berechnung | Berichtsjahr | Vorjahr |
|---|---|---|---|---|
| Anlagendeckung I | die Finanzierung des Anlagevermögens mit Eigenkapital | $\dfrac{\text{Eigenkapital} \times 100}{\text{Anlagevermögen}}$ | 41,6 % | 33,7 % |
| Anlagendeckung II | die Finanzierung des Anlagevermögens mit Eigenkapital und langfristigem Fremdkapital | $\dfrac{(\text{Eigenkapital} + \text{langfristiges Fremdkapital}) \times 100}{\text{Anlagevermögen}}$ | 98,1 % | 89,1 % |

Erwartungsgemäß ist eine reine Deckung des Anlagevermögens durch Eigenkapital nicht zu erreichen. Die Aufstockung des Eigenkapitals durch nicht entnommene Gewinne hat aber zu einer Verbesserung der Anlagendeckung I geführt. Die Anlagendeckung II sollte 100 % betragen. Eine niedrigere Deckung kann dazu führen, dass bei Fälligkeit langfristigen Kapitals Liquiditätsprobleme auftauchen und Anlagevermögen verkauft werden muss. Auch eine Überfinanzierung ist nicht sinnvoll. Langfristiges Kapital verursacht Zinsen, kurzfristige Lieferantenkredite sind allemal günstiger und Geld auf dem Girokonto oder in der Kasse erwirtschaftet keinen Erfolg.

Im „Green Paradise" hat sich die Anlagendeckung verbessert und eine leichte Unterdeckung ist hier nicht problematisch, da die langfristigen Schulden ja frühestens in einem Jahr fällig werden.

### Liquidität
Zielkäufe bei Lieferanten, Verbindlichkeiten gegenüber dem Finanzamt aus Einkommens- oder Umsatzsteuer oder Verbindlichkeiten gegenüber der Krankenkasse werden in kurzer Zeit zu einer Zahlung führen müssen. Ob für diese Verbindlichkeiten genügend Mittel zur Verfügung stehen, untersuchen die Kennzahlen der Liquidität.

## Statistik

**Kennzahlen** — Restaurant Green Paradise — **Liquidität Zeitvergleich**

| Kennzahl | Kennzeichnet ... | Berechnung | Berichtsjahr | Vorjahr |
|---|---|---|---|---|
| Liquidität I | die Barliquidität | $\dfrac{\text{Flüssige Mittel} \times 100}{\text{Kurzfristige Schulden}}$ | 47,1 % | 29,3 % |
| Liquidität II | die einzugsbedingte Liquidität | $\dfrac{(\text{Flüssige Mittel} + \text{Forderungen}) \times 100}{\text{Kurzfristige Schulden}}$ | 63,7 % | 42,2 % |
| Liquidität III | die umlaufbedingte Liquidität | $\dfrac{\text{Umlaufvermögen} \times 100}{\text{Kurzfristige Schulden}}$ | 93,0 % | 63,9 % |
| Working Capital | das frei verfügbare Umlaufvermögen | Umlaufvermögen ./. kurzfristige Schulden | –12 450,00 € | –80 800,00 € |

Wenn sich die **Liquiditätskennzahlen** auf den ersten Blick auch verbessert haben, so wären sie insgesamt doch als nicht zufriedenstellend zu bewerten. Bei näherer Betrachtung zeigt sich allerdings, dass die Liquidität in der Gastronomie durch diese Kennzahlen nur unzureichend beschrieben wird.

Die ermittelte Liquidität ist eine **Stichtagsliquidität** zum Ende des Geschäftsjahres. Die liquiden Mittel ändern sich aber täglich, da die meisten Leistungen von den Gästen sofort bezahlt werden. Dies ist auch aus dem geringen Forderungsbestand ersichtlich. Sollten alle kurzfristigen Verbindlichkeiten umgehend eingefordert werden, könnte nicht einmal die Hälfte von ihnen sofort aus den flüssigen Mitteln bezahlt werden. Aber kurzfristig gilt hier mit einer Zeitspanne von bis zu einem Jahr und außerdem sind in den kurzfristigen Verbindlichkeiten die noch nicht entnommenen Gewinnanteile enthalten, über deren Zeitpunkt der Entnahme die Gesellschafter entscheiden. Durch jeden Zahlungseingang für Forderungen ändert sich das Verhältnis zwischen Barliquidität und einzugsbedingter Liquidität. Werden die Vorräte in die Berechnung einbezogen, müssen diese durch Produktion erst zu Speisen verarbeitet werden. Auch dies verursacht Kosten und Ausgaben und verschlechtert die Liquidität wieder.

Ebenfalls wurden die Vorräte zum Einkaufspreis bewertet, ohne Berücksichtigung der späteren tatsächlichen Einnahme.

Die Überprüfung der Liquidität wird aufgrund dieser diversen Schwierigkeiten im Rahmen eines ständig aktualisierten Liquiditätsplans durchgeführt. Alle Einnahmen und Ausgaben werden dabei termingerecht gegenübergestellt.

Das **Working Capital** muss im „Green Paradise" negativ ausfallen, da die umsatzbedingte Liquidität einen Wert unter 100 % annimmt.

### Cashflow

Der Cashflow ist eigentlich die Differenz zwischen Einnahmen und Ausgaben. Er kennzeichnet die **Finanzkraft des Unternehmens**. In welchem Maße können eigene erwirtschaftete Mittel zur Finanzierung von Investitionen herangezogen werden? Deshalb werden zum erwirtschafteten Unternehmensgewinn die Abschreibungen addiert, da diese zur Refinanzierung zur Verfügung stehen. Das heißt, streng genommen müssten die kalkulatorischen Abschreibungen berücksichtigt werden, deren Wert aber einem Außenstehenden nicht zur Verfügung steht.

**Kennzahlen** — Restaurant Green Paradise — **Cashflow Zeitvergleich**

| Kennzahl | Kennzeichnet ... | Berechnung | Berichtsjahr | Vorjahr |
|---|---|---|---|---|
| Cashflow | die Finanzkraft des Unternehmens | Unternehmensgewinn + Abschreibungen + langfristige Rückstellungen | 170 800,00 € | 168 500,00 € |
| Verschuldungsgrad | die Kreditwürdigkeit | $\dfrac{\text{Fremdkapital}}{\text{Cashflow}}$ | 3,27 | 3,76 |
| Finanzkraft | den Anteil des Umsatzes, der für Zahlungsverpflichtungen zur Verfügung steht | $\dfrac{\text{Cashflow} \times 100}{\text{Umsatz}}$ | 8,9 % | 9,0 % |
| Investitionspotenzial | die Mittel der Innenfinanzierung | $\dfrac{\text{Cashflow} \times 100}{\text{investiertes Kapital}}$ | 20,4 % | 19,1 % |

# 4 Statistik

Der **Cashflow** hat sich nicht wesentlich verändert. Bei geplanter Gewinnentnahme von 72 450,00 € und einer ungefähren Tilgung von 30 000,00 € wurden aus eigener Kraft 68 350,00 € zur Finanzierung erwirtschaftet.

Die **Kreditwürdigkeit** des Unternehmens ist gestiegen, da sich der Verschuldungsgrad verringert hat.

Auch die Möglichkeit, aus eigenen Mitteln **Finanzierungen** vorzunehmen, hat sich verbessert. Es steht lediglich ein kleinerer Anteil des Umsatzes für Zahlungsverpflichtungen zur Verfügung, da der Umsatz stärker gestiegen ist als der Cashflow.

## Aufgaben

1. Die verschiedenen Bereiche einer Restaurantkette erwirtschafteten folgende Umsätze:

| Betrieb | 2005 (€) | 2006 (€) | 2007 (€) | 2008 (€) |
|---|---|---|---|---|
| Hannover | 1 234 600,00 | 1 245 200,00 | 1 246 100,00 | 1 261 300,00 |
| Berlin | 1 546 000,00 | 1 538 200,00 | 1 572 900,00 | 1 576 300,00 |
| Braunschweig | 894 200,00 | 912 100,00 | 932 700,00 | 934 300,00 |
| Halle | 722 200,00 | 734 200,00 | 872 800,00 | 895 600,00 |

a) Ermitteln Sie den Durchschnittsumsatz aller Betriebe 2008.

b) Errechnen Sie die Spannweite und das Streuungsmaß aller Betriebe 2008.

c) Berechnen Sie den Anteil des Betriebes in Hannover am Gesamtumsatz 2008.

d) Errechnen Sie für alle vier Betriebe die zeitliche Entwicklung anhand von Messzahlen und Indexzahlen.

2. Der Kontenabschluss einer Unternehmung ergab folgende Werte (Euro):

| | |
|---|---|
| Geschäftsbauten | 450 000,00 |
| BGA | 70 000,00 |
| Maschinen | 50 000,00 |
| Darlehen (Es handelt sich um eine Ratentilgung eines Darlehens über 400 000,00 € mit einer Laufzeit von 10 Jahren) | 360 000,00 |
| Kassenbestand | 5 000,00 |
| Bankguthaben | 32 000,00 |
| Forderungen aus L+L | 28 000,00 |
| Warenvorräte | 18 000,00 |
| Verbindlichkeiten aus L+L | 60 000,00 |
| Verbindlichkeiten Finanzamt | 12 000,00 |
| Rückstellungen für einen Prozess | 4 000,00 |
| Eigenkapital | 217 000,00 |

a) Erstellen Sie eine aufbereitete Bilanz.

b) Ermitteln Sie den Anlagevermögensanteil und erläutern Sie die Probleme, die einem gastronomischen Betrieb aus einem hohen Anlagevermögensanteil erwachsen können.

c) Ermitteln Sie die Anlagedeckung II und zeigen Sie Probleme einer Unterdeckung oder einer Überdeckung auf.

d) Berechnen Sie die einzugsbedingte Liquidität und bewerten Sie die Bedeutung dieser Kennzahl für einen gastronomischen Betrieb.

e) Erläutern Sie, welche Nachteile sich bei einem hohen Fremdkapitalanteil für ein Unternehmen ergeben können. Errechnen Sie den Fremdkapitalanteil.

f) Berechnen Sie den Verschuldungsgrad, wenn der Cashflow 125 000,00 Euro beträgt.
Bei einem Umsatz von 500 000,00 Euro beträgt der Unternehmenserfolg 45 000,00 Euro, wobei 36 000,00 Euro Fremdkapitalzinsen im GuV-Konto berücksichtigt wurden.

g) Berechnen Sie die Eigenkapitalrentabilität, die Gesamtkapitalrentabilität, den Kapitalumschlag und den Return-on-Investment.

3. Erläutern Sie drei Kennziffern, mit deren Hilfe Sie die Produktivität des Restaurants messen können.

4. Erläutern Sie, welche Auswirkungen die Zusammensetzung des Umsatzes auf die Personalkosten eines Restaurants hat.

5. Zeigen Sie Auswirkungen der Umsatzzusammensetzung eines systemgastronomischen Betriebes auf seine Kostenstruktur am Beispiel des Wareneinsatzes und der Personalkosten auf.

6. Geben Sie Kennzahlen an, mit deren Hilfe Sie die räumliche, die personelle und die zeitliche Kapazität ermitteln können.

**Infobox Sprache am Ende des Lerninhalts 4!**

## 2.6 Kostenträgerstückrechnung

Im Controllingprozess müssen nach der Auswertung der vergangenen Periode Ziele für die Zukunft gesetzt werden. Als wirtschaftliches Ziel steht dabei sicherlich ein angemessener Gewinn im Vordergrund.

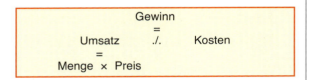

Auf die Zusammenhänge zwischen gefordertem Preis und verkaufter Menge wurde durch die Betrachtung der **Preis-Absatz-Funktion** bereits eingegangen (vgl. Lerninhalt 2, Kap. 5.3).

Bezieht sich die **Kostenträgerzeitrechnung** auf das vergangene Ergebnis einer Leistungsart (Speisen, Getränke oder Nebenleistungen), wird in der **Kostenträgerstückrechnung** die einzelne Speise oder das einzelne Getränk betrachtet. Was muss oder darf der einzelne Artikel in der Zukunft kosten, damit der beabsichtigte Betriebsgewinn erzielt werden kann?

Je nach der Vollständigkeit der Kostenerfassung und der verwendeten Rechenmethode lässt sich die **Kostenträgerstückrechnung** gliedern:

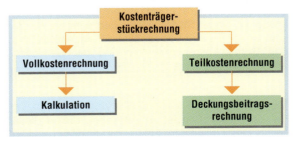

Die Umsatz- und Kostensituation des gesamten Betriebes in der Zukunft wird in der **Planungsrechnung** behandelt.

### 2.6.1 Kalkulation

In der Kalkulation sollen die Verkaufspreise bestimmt werden, die sämtliche Kosten decken und den geplanten Gewinn erwirtschaften. Für diese Festlegung gibt es verschiedene Rechentechniken.

#### Divisionskalkulation

Bei der Divisionskalkulation werden die Kosten je Leistungseinheit durch die Division der Gesamtkosten einer Periode durch die Anzahl der verkauften Leistungen ermittelt.

$$\text{Kosten pro Leistungseinheit} = \frac{\text{Gesamtkosten}}{\text{Anzahl der Leistungseinheiten}}$$

Diese Art der Kalkulation ist nur für gleiche oder gleichartige Leistungen sinnvoll, da ja alle Artikel zum gleichen Preis verkauft würden. Sind die Leistungen zumindest ähnlich, zum Beispiel im Beherbergungsbereich, können sie durch Äquivalenzziffern zueinander in Beziehung gesetzt werden.

In der Gastronomie werden aber Speisen und Getränke in einer größeren Preisspanne angeboten, so findet diese Kalkulationsart in der Systemgastronomie praktisch keine Anwendung.

#### Zuschlagskalkulation

Die traditionelle Zuschlagskalkulation geht davon aus, dass die Warenkosten den größten Kosteneinflussfaktor darstellen. Deshalb werden auf den Wareneinsatz die anderen Kosten mit dem bei allen Artikeln gleichen Prozentsatz zugeschlagen.

```
  Wareneinsatz
+ Gemeinkosten
= Selbstkosten

+ Gewinn
= kalkulierter Preis

+ Service
= Nettoverkaufspreis

+ Mehrwertsteuer
= Inklusivpreis (Bruttoverkaufspreis)
```

# 4 Kostenträgerstückrechnung

Bei dieser Betrachtung wird der Wareneinsatz, nicht aber die Personalkosten, als Einzelkosten angesehen. Alle anderen Kosten stellen Gemeinkosten dar. Dieses **Kalkulationsschema** wird nun am Beispiel einer Speisenkalkulation in einzelnen Arbeitsschritten ausgefüllt.

## Ermittlung des Wareneinsatzes
Zur Ermittlung des Wareneinsatzes einer Portion eines Artikels ist die Rezeptur dieses Gerichtes erforderlich. Die Einkaufspreise ermittelt die Einkaufsabteilung. Es handelt sich dabei um Durchschnittspreise. Unterliegen Artikel starken saisonalen Schwankungen, müssten unterschiedliche Verkaufspreise ermittelt werden.

| Name des Gerichtes: **Poulardenbrust mit Zitronengrassoße und Kokosnussreis** ||||||
| Materialanforderung für 4 Personen ||||||
| Menüteil-gliederung | Material | Menge pro Person | Gesamtmenge l, kg, Stück | Einkaufspreis (€) pro Einheit | Einkaufspreis (€) Gesamt |
|---|---|---|---|---|---|
|  | Poulardenbrust | 120 g | 0,480 kg | 7,45 | 3,58 |
|  | Butterfett | 25 g | 0,100 kg | 3,97 | 0,40 |
| Zutaten | Pfefferminze, Ingwer, Mango, Chutney |  |  |  |  |
|  | Brühe |  | 0,2 l | 1,40 | 0,28 |
|  | Crème fraîche |  | 0,1 l | 6,33 | 0,63 |
|  | Zitronengras |  | 1 Stck. |  | 0,07 |
|  | Limonen |  | 2 Stck. | 0,20 | 0,40 |
|  | Butter |  | 0,1 kg | 4,05 | 0,40 |
|  | Bambussprossen | 60 g | 0,240 kg | 2,27 | 0,54 |
|  | Langkornreis | 60 g | 0,240 kg | 1,65 | 0,40 |
|  | Hühnerbrühe |  | 0,5 l | 1,40 | 0,70 |
|  | Kokosraspel |  |  |  | 0,10 |
|  | **Summe** |  |  |  | **7,50** |
|  | **Preis pro Portion 7,50 € : 4 = 1,88 €** |  |  |  |  |

## Ermittlung des Gemeinkostenaufschlagsatzes
Allen Kostenträgern sollen durch den Gemeinkostenaufschlagsatz die gleichen Gemeinkosten zugeordnet werden.

$$\text{Gemeinkostenaufschlagsatz} = \frac{\text{Gemeinkosten} \times 100}{\text{Wareneinsatz}}$$

Für die Speisen ergibt sich laut BAB II:

$$\text{Gemeinkostenaufschlagsatz} = \frac{744\,924,00\,€ \times 100}{390\,600,00\,€} = 190,7\,\%$$

## Ermittlung des Gewinnaufschlags
Der **Gewinn** ist für den Unternehmer der Ausgleich für seine geleistete Arbeit und die Verzinsung seines Eigenkapitals. Hierfür wurden die kalkulatorischen Kosten in die Gemeinkosten eingerechnet. In die Preise kann nun noch ein Ausgleich für sein unternehmerisches Risiko eingerechnet werden.

In der Betriebsergebnisrechnung wurden inklusive der kalkulatorischen Kosten 1 865 700,00 € ausgewiesen. Es ist darüber hinaus ein Gewinn von 52 300,00 € erwirtschaftet worden. Dieser Betrag entspricht ungefähr 3 % der Gesamtkosten. Er soll wieder zur Darlehenstilgung und als Risikoprämie erwirtschaftet werden und ist deshalb als Gewinnzuschlag zu berücksichtigen.

## Serviceaufschlag
Sind Mitarbeiter am Umsatz beteiligt, kann die Beteiligung an dieser Stelle einkalkuliert werden. In diesem Beispiel sind aber sämtliche Personalkosten in den Gemeinkosten enthalten und der Servicezuschlag entfällt.

## Mehrwertsteuer
Bei der Kalkulation ist zu beachten, ob an dieser Stelle der Umsatzsteuersatz für Im-Haus-Verkauf oder für Außer-Haus-Verkauf zu berücksichtigen ist.

Werden die Werte in das Kalkulationsschema eingefügt ergibt sich:

## Kalkulationsblatt

**Gericht:** Poulardenbrust mit Zitronengras

Datum: _____
Anzahl der Portionen: 1

|   |   |   |   |   |
|---|---|---|---|---|
|   | Wareneinsatz | 100,0 % |   | 1,88 € |
| + | Gemeinkosten | 190,7 % |   | 3,59 € |
| = | Selbstkosten | 290,7 % | / 100 % | 5,47 € |
| + | Gewinn |   | 3 % | 0,16 € |
| = | kalkulierter Preis/Nettoverkaufspreis |   | 103 % / 100 % | 5,63 € |
| + | Mehrwertsteuer |   | 19 % | 1,07 € |
| = | Inklusivpreis |   | 119 % | 6,70 € |

Da der kalkulierte Preis unter dem tatsächlichen Kartenpreis von 9,20 € liegt, erwirtschaftet die Poulardenbrust die zugeschlagenen Kosten.

### Kalkulationsfaktor

Da alle Speisen mit den gleichen Zuschlagssätzen kalkuliert werden, ist auch das Verhältnis zwischen Wareneinsatz und Inklusivpreis bei allen Gerichten gleich. Es ist also möglich, bei allen Gerichten den Wareneinsatz mit dem gleichen Faktor, dem sogenannten Kalkulationsfaktor, zu multiplizieren.

$$\text{Kalkulationsfaktor} = \frac{\text{Inklusivpreis}}{\text{Wareneinsatz}} = \frac{6{,}70\ €}{1{,}88\ €} = 3{,}56$$

Der Kalkulationsfaktor wird in der Praxis häufig als Richtgröße angewandt. Zu bedenken ist aber, dass eine regelmäßige Überprüfung bei einer veränderten Kostensituation erfolgt.

### Probleme der Zuschlagskalkulation

Die Zahlen zur Berechnung der zukünftigen Verkaufspreise beruhen auf Daten der abgelaufenen Periode. Veränderungen in der Kostenhöhe werden nicht berücksichtigt. Hier könnte im Rahmen des Gewinnzuschlags ein pauschaler Ausgleich in Höhe der Inflationsrate stattfinden.

Die **Kostenstruktur** des vergangenen Jahres gilt für den im letzten Jahr erzielten Umsatz. Geht der Umsatz zurück, sinken die Kosten nicht im gleichen Maße. Ein Gericht müsste einen höheren Anteil der Kosten tragen. Das wiederum müsste zu einem höheren Verkaufspreis führen, was nach der klassischen Preistheorie zu weiter rückläufigem Umsatz führen würde (vgl. Lerninhalt 2, Kap. 5.3).

Die alleinige Einflussgröße auf den Bruttoverkaufspreis stellt der Wareneinsatz dar.

| Artikel | A | B |
|---|---|---|
| Wareneinsatz | 1,88 € | 3,76 € |
| Gemeinkosten | 3,59 € | 7,17 € |
| Selbstkosten | 5,47 € | 10,93 € |
| Gewinn | 0,16 € | 0,33 € |
| Netto-VK | 5,63 € | 11,26 € |
| Mehrwertsteuer | 1,07 € | 2,14 € |
| Netto-VK | 6,70 € | 13,40 € |

Der Verkaufspreis steigt im gleichen Verhältnis wie der Wareneinsatz. Das bedeutet, dass ein Artikel mit doppeltem Wareneinsatz auch doppelt so viel Gemeinkosten tragen muss. Es erscheint aber wenig realistisch, dass ein Artikel den doppelten Anteil an Verwaltung, Werbung oder Personalkosten verursacht. Gerade bei den Personalkosten ist der Anteil eines Artikels aber von der Arbeitsintensität abhängig.

### Primecost-Rechnung

Die Bedeutung der Personalkosten nimmt im Gastgewerbe ständig zu. Betrachtet man die kurzfristige Erfolgsrechnung, ist festzustellen, dass sie den gleichen Anteil an den Gesamtkosten erreicht haben wie der Wareneinsatz. Deshalb wird durch die Primecost-Rechnung versucht, die Personaleinzelkosten einem Gericht verursachungsgerecht zuzuordnen.

In der Kostenträgerzeitrechnung wurden bereits die Personaleinzelkosten ermittelt. Ihre Verteilung auf die einzelnen Gerichte erfolgt mithilfe des Stundenkostensatzes oder mithilfe von Äquivalenzziffern.

### Stundenkostensatzrechnung

Der Stundenkostensatz drückt aus, wie viel Personaleinzelkosten in einer produktiven Arbeitsstunde anfallen.

$$\text{Stundenkostensatz} = \frac{\text{Personaleinzelkosten}}{\text{produktive Arbeitsstunden}}$$

Für ein Gericht wird dann die Herstellungszeit und daraus die entsprechenden Personaleinzelkosten ermittelt.
Die Gemeinkosten, der Gewinn und die Umsatzsteuer werden wie in der Zuschlagskalkulation berücksichtigt.

## 4 Kostenträgerstückrechnung

> Wareneinsatz
> + Personaleinzelkosten
> = **Primecost**
> + Gemeinkosten
> = **Selbstkosten**
> + Gewinn
> = **Nettoverkaufspreis**
> + Mehrwertsteuer
> = **Inklusivpreis**

Die Personaleinzelkosten wurden in der Kostenträgerzeitrechnung ermittelt.
Um die produktive Arbeitszeit zu ermitteln, ist eine Aufstellung der in den Einzelkosten enthaltenen Mitarbeiter notwendig. Dies ist über eine tägliche Arbeitszeiterfassung oder eine Berechnung der nominalen Arbeitszeit möglich.
Als produktive Arbeitszeit wird die Anwesenheit im Betrieb inklusive aller Verteilzeiten und Rüstzeiten berücksichtigt, da diese Zeit der Arbeitgeber bezahlt.

| Mitarbeiter | Tarifliche Arbeitstage | ./. Urlaub | ./. Krankheit | = Arbeitstage | × Stunden pro Tag | = Gesamtstunden | Bruttoentgelt + Lohnnebenkosten (€) |
|---|---|---|---|---|---|---|---|
| **Vollzeitkräfte** | | | | | | | |
| Kirsch | 260 | 30 | 0 | 230 | 8 | 1 840 | 23 861,00 |
| Mayer | 260 | 29 | 10 | 221 | 8 | 1 768 | 17 770,00 |
| Bahn | 260 | 27 | 14 | 219 | 8 | 1 752 | 15 561,00 |
| Lott | 260 | 27 | 3 | 230 | 8 | 1 840 | 17 626,00 |
| Olivier | 104 | 6 | 0 | 98 | 8 | 784 | 6 682,00 |
| **Teilzeitkräfte** | | | | | | | |
| Recht | 118 | 8 | 2 | 108 | 8 | 864 | 8 100,00 |
| Olivier | 47 | 2 | 0 | 45 | 8 | 360 | 3 230,00 |
| Sommer | 260 | 13 | 4 | 243 | 4 | 972 | 8 420,00 |
| **Auszubildende (ihre Arbeitszeit wird mit dem Faktor 0,5 bewertet)** | | | | | | | |
| Mühlbach | 260 | 17 | 0 | 243 | 4 | 972 | 9 620,00 |
| Fitz | 260 | 17 | 1 | 242 | 4 | 968 | 9 120,00 |
| **Summe** | | | | | | 12 120 | 120 000,00 |

$$\text{Stundenkostensatz} = \frac{\text{Personaleinzelkosten}}{\text{Gesamtstunden}} = \frac{120\,000,00\ €}{12\,120} = 9,90\ €$$

Der Arbeitsaufwand für eine Portion eines Gerichtes wird zum Stundenkostensatz in Beziehung gesetzt.

$$\text{Personaleinzelkosten pro Gericht} = \frac{\text{Stundenkostensatz} \times \text{Arbeitszeit pro Gericht}}{60\ \text{Minuten}}$$

$$= \frac{9,90\ € \times 7\ \text{Min.}}{60\ \text{Min}} = 1,16\ €$$

Die Arbeitszeit pro Portion beinhaltet die Kosten der Warenbeschaffung, wenn die Person, die die Waren beschafft, in den Personaleinzelkosten enthalten ist. Es folgt die Zeit der Vorbereitung.

Ist die eingekaufte Ware zu zerteilen oder zu putzen oder sind Convenience-Produkte zu beschaffen? Die Arbeitszeit für Zubereitung und Anrichtung muss ebenfalls berücksichtigt werden.

Dabei handelt es sich aber nur um die Zeit, die ein Mitarbeiter unmittelbar mit dem Produkt beschäftigt ist, nicht die reine Koch- oder Bratzeit. Keine Berücksichtigung findet die Servicezeit, da dieses Personal unter die Personalgemeinkosten fällt.

Die Arbeitszeit ist nun mit der Stoppuhr zu ermitteln. Sie soll für die Poulardenbrust 7 Minuten betragen.

Da die Personaleinzelkosten im Gegensatz zur Zuschlagskalkulation nicht mehr in den Gemeinkosten enthalten sind, muss ein neuer Gemeinkostenzuschlagssatz (Primecost) ermittelt werden.

$$\text{Gemeinkostenaufschlagsatz (Primecost)} = \frac{\text{Gemeinkosten} \times 100}{\text{Wareneinsatz} + \text{Personaleinzelkosten}}$$

$$= \frac{624\,924,00\ €}{510\,600,00\ €} = 122,4\ \%$$

Mit der Primecost-Rechnung ergibt sich dann folgender Inklusivpreis für die Poulardenbrust:

# Kostenträgerstückrechnung 4

**Kalkulationsblatt**

Gericht: **Poulardenbrust mit Zitronengras**
Zubereitungszeit: 7 Minuten
Datum: _____
Anzahl der Portionen: 1

| | | | |
|---|---|---|---|
| Wareneinsatz | | | 1,88 € |
| + Personaleinzelkosten | | | 1,16 € |
| = Primecost | 100,0 % | | 3,04 € |
| + Gemeinkosten | 122,4 % | | 3,72 € |
| = Selbstkosten | 222,4 % | / 100 % | 6,76 € |
| + Gewinn | | 3 % | 0,20 € |
| = kalkulierter Preis/Nettoverkaufspreis | | 103 % / 100 % | 6,96 € |
| + Mehrwertsteuer | | 19 % | 1,32 € |
| = Inklusivpreis | | 119 % | 8,28 € |

Der **Inklusivpreis** liegt also bei der Primecost-Rechnung höher als bei der Zuschlagskalkulation.

| Artikel | A | B |
|---|---|---|
| Wareneinsatz | 1,88 € | 3,76 € |
| Personaleinzelkosten | 1,16 € | 1,16 € |
| Primecost | 3,04 € | 4,92 € |
| Gemeinkosten | 3,72 € | 6,01 € |
| Selbstkosten | 6,76 € | 10,93 € |
| Gewinn | 0,20 € | 0,33 € |
| Netto-VK | 6,96 € | 11,26 € |
| Mehrwertsteuer | 1,32 € | 2,14 € |
| Netto-VK | 8,28 € | 13,40 € |

Für den Artikel B ist der Inklusivpreis gleich geblieben und somit hat sich die Preisdifferenz zwischen den beiden Artikeln verkleinert.

## Äquivalenzziffernrechnung

Äquivalenzziffern stellen das Verhältnis der Arbeitszeit eines Gerichtes zu der durchschnittlichen Arbeitszeit aller Gerichte dar.
Zunächst werden also die durchschnittlichen Personaleinzelkosten ermittelt. Aus der Verkaufsstatistik ist die Anzahl der verkauften Portionen in einer Periode bekannt.

$$\text{Durchschnittliche Personaleinzelkosten} = \frac{\text{Personaleinzelkosten}}{\text{Anzahl der verkauften Gerichte}}$$

$$= \frac{120\,000{,}00\ \text{€}}{103\,880} = 1{,}16\ \text{€}$$

Die Gerichte der Speisenkarte werden nun danach untersucht, ob ihre Arbeitszeit diesem Durchschnitt entspricht oder ob ihre Arbeitszeit als über- bzw. unterdurchschnittlich anzusehen ist. Der Durchschnittswert erhält die Äquivalenzziffer 1, die beiden anderen Gruppen weichen davon um jeweils 20 % ab.

| Einteilung | < Ø | Ø | > Ø |
|---|---|---|---|
| Äquivalenzziffer | 0,8 | 1 | 1,2 |
| Personaleinzelkosten | 0,93 | 1,16 | 1,39 |

Die Poulardenbrust liegt mit 1,16 € aus der **Primecost-Rechnung** also offensichtlich mit 7 Minuten genau im Durchschnitt der Arbeitszeit, was auch durch die durchschnittliche Arbeitszeit pro Gericht bestätigt wird.

$$\text{Durchschnittliche Arbeitszeit pro Gericht} = \frac{\text{Arbeitsstunden}}{\text{Anzahl der Gerichte}}$$

$$= \frac{12\,120}{103\,880} = 0{,}1166\ \text{Stunden} = 7\ \text{Minuten}$$

## Probleme der Primecost-Rechnung

Das größte Problem liegt in der Zeiterfassung. Bei industrieller Fließbandfertigung lässt sich die benötigte Arbeitszeit sekundengenau erfassen. Dies ist in der Gastronomie kaum möglich, da häufig mehrere Arbeiten gleichzeitig zu verrichten sind. Die Arbeitszeit ist auch abhängig davon, welcher Mitarbeiter sie ausführt. Ein Problem stellt auch die Chargengröße dar, also die Frage, wie viel Portionen eines Gerichtes gleichzeitig erstellt werden.

Die Herstellungszeit von 10 Portionen Kokosnussreis ist weit kürzer als die Produktion von zehnmal einer Portion. Außerdem ist die Zeiterfassung sehr arbeits- und damit kostenintensiv.

## Vergleich Zuschlagskalkulation Primecost-Rechnung

Für das Gericht B war der Inklusivpreis bei beiden Verfahren gleich. In der Zuschlagskalkulation erhält jedes Gericht den gleichen und damit den Durchschnittsgemeinkostenzuschlag.
In der Primecost-Rechnung hat das Gericht B auch die durchschnittlichen Personaleinzelkosten (1,16 €) zugerechnet bekommen. Auch der Wareneinsatz entspricht dem Durchschnitt.

$$\text{Durchschnittlicher Wareneinsatz pro Gericht} = \frac{\text{Wareneinsatz}}{\text{Anzahl der Gerichte}}$$

$$= \frac{390\,600\ \text{€}}{103\,880} = 3{,}76$$

Ein Vergleich verschiedener Kalkulationen soll den Zusammenhang beider Berechnungsmethoden zeigen:

# 4 Kostenträgerstückrechnung

| Wareneinsatz (€) Äquivalenzziffer Personaleinzelkosten (€) | – 20 % | | | | Ø | | | | + 20 % | | | |
|---|---|---|---|---|---|---|---|---|---|---|---|---|
| | – | 0,8 | 1 | 1,2 | – | 0,8 | 1 | 1,2 | – | 0,8 | 1 | 1,2 |
| | 1 | 2 | 3 | 4 | 5 | 6 | 7 | 8 | 9 | 10 | 11 | 12 |
| Wareneinsatz | | 3,01 | | | | 3,76 | | | | 4,51 | | |
| + Personalkosten | | 0,93 | 1,16 | 1,39 | | 0,93 | 1,16 | 1,39 | | 0,93 | 1,16 | 1,39 |
| = Primecost | | 3,94 | 4,17 | 4,40 | | 4,69 | 4,91 | 5,15 | | 5,44 | 5,67 | 5,90 |
| + Gemeinkosten | 5,75 | 4,82 | 5,10 | 5,38 | 7,17 | 5,74 | 6,02 | 6,30 | 8,62 | 6,66 | 6,94 | 7,22 |
| = Selbstkosten | 8,76 | 8,76 | 9,27 | 9,78 | 10,93 | 10,43 | 10,93 | 11,45 | 13,12 | 12,10 | 12,61 | 13,12 |

(Spalten 1, 5 und 9 = Zuschlagskalkulation)

Das **Verhältnis der Primecost-Rechnung zur Zuschlagskalkulation** zeigt folgende Tabelle:

| | | Wareneinsatz | | |
|---|---|---|---|---|
| | | niedrig | Ø | hoch |
| Personaleinsatzkosten | niedrig | = | – | – |
| | Ø | + | = | – |
| | hoch | + | + | = |

Betrachtet man die Tabelle spaltenweise, ist festzustellen, dass bei niedrigem Wareneinsatz die Primecost-Rechnung zu gleichen oder höheren Ergebnissen, bei hohem Wareneinsatz zu gleichen oder niedrigeren Ergebnissen führt.

Sind die Personaleinzelkosten niedrig, ergibt die Primecost-Rechnung niedrigere Ergebnisse. Bei hohen Personaleinzelkosten führt sie zu höheren Verkaufspreisen. Bestimmte Konstellationen bevorzugen also die Zuschlagskalkulation, andere die Primecost-Rechnung.

Welche Rechenmethode nun zur Preisermittlung herangezogen wird, hat die Unternehmensleitung zu entscheiden. Es ist wieder das richtige Verhältnis zwischen Genauigkeit des Ergebnisses und dem Arbeitsaufwand und damit den Kosten der Ermittlung zu finden. Die hinreichende Genauigkeit ist auch unter dem Aspekt der Bedeutung des kalkulierten Preises im Rahmen der Preispolitik zu beachten.

## 2.6.2 Deckungsbeitragsrechnung

Wurde in der Kalkulation berechnet, wie viel ein Produkt kosten muss, um alle Kosten zu decken, geht die Deckungsbeitragsrechnung von einem vorgegebenen Preis aus. Nachfrage und Konkurrenz geben einem gastronomischen Betrieb in der heutigen Marktsituation häufig einen Preis vor und der Unternehmer untersucht, ob er zu diesem Preis den Artikel anbieten möchte (vgl. Lerninhalt 2, Kap. 5.3).

Es handelt sich um eine retrograde (rückwärts gerichtete) **Preisbeurteilung**. Die Entscheidung, einen Artikel anzubieten, hängt natürlich von seiner verkauften Menge ab. Nach wie vor soll die Summe der verkauften Portionen alle Kosten decken.

Bei einer veränderten Anzahl der verkauften Portionen ändert sich aber auch die Höhe der Gesamtkosten.

### Kostenverläufe in Abhängigkeit von der Beschäftigung

**Fixe Kosten**
Für die Produktion sind die Räumlichkeiten, also die Küche, notwendig, für die das „Green Paradise" Pacht bezahlt. Die Pacht ist in den einzelnen Monaten gleich, also unabhängig von der Anzahl der verkauften Portionen. Diese Kosten werden Fixkosten genannt. Pro Portion sinken die anteiligen Stückkosten bei steigender Produktionsmenge.

## Kostenträgerstückrechnung

Die monatliche Pacht beträgt im „Green Paradise" 14 000,00 Euro. Die Anzahl der verkauften Portionen verteilt sich wie folgt auf die einzelnen Monate:

| Monat | Portionen | Pacht gesamt (€) | Pacht pro Portion (€) |
|---|---|---|---|
| Januar | 8 900 | 14 000,00 | 1,57 |
| Februar | 9 500 | 14 000,00 | 1,47 |
| März | 9 580 | 14 000,00 | 1,46 |
| April | 9 800 | 14 000,00 | 1,42 |
| Mai | 8 200 | 14 000,00 | 1,71 |
| Juni | 5 000 | 14 000,00 | 2,80 |
| Juli | 6 600 | 14 000,00 | 2,12 |
| August | 8 300 | 14 000,00 | 1,69 |
| September | 8 900 | 14 000,00 | 1,57 |
| Oktober | 9 500 | 14 000,00 | 1,47 |
| November | 10 000 | 14 000,00 | 1,40 |
| Dezember | 9 600 | 14 000,00 | 1,46 |

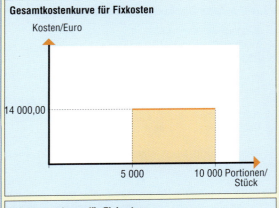

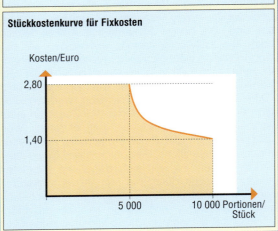

Diese Fixkosten sind aber nur in einem Zeitraum oder einem Kapazitätsrahmen unverändert. Hat der Betrieb im Monat November mit 10 000 Portionen an seiner personellen Kapazitätsgrenze gearbeitet, müsste für eine höhere Produktion ein zusätzlicher Koch eingestellt werden. Dieser Mitarbeiter erhält ein festes Entgelt, unabhängig von seiner Leistung. Die Personaleinzelkosten würden von 10 000,00 € in diesem Monat sprunghaft auf 12 000,00 € ansteigen. Die Kosten werden deshalb **sprungfixe Kosten** genannt.

### Variable Kosten

Durch eine veränderte Produktionsmenge verändert sich der Gesamtbetrag des Wareneinsatzes, da jede produzierte Portion zum Beispiel bei der Poulardenbrust 1,88 € Wareneinsatz verursacht. Diese Kosten werden variable Kosten genannt.

Der durchschnittliche Wareneinsatz im „Green Paradise" beträgt 3,76 €.

| Monat | Anzahl der Portionen | Gesamtwareneinsatz (€) | Ø Wareneinsatz (€) |
|---|---|---|---|
| Januar | 8 900 | 32 663,00 | 3,76 |
| Februar | 9 500 | 35 720,00 | 3,76 |
| März | 9 580 | 36 020,00 | 3,76 |
| April | 9 800 | 36 848,00 | 3,76 |
| Mai | 8 200 | 30 832,00 | 3,76 |
| Juni | 5 000 | 18 800,00 | 3,76 |
| Juli | 6 600 | 24 816,00 | 3,76 |
| August | 8 300 | 31 208,00 | 3,76 |
| September | 8 900 | 32 663,00 | 3,76 |
| Oktober | 9 500 | 35 710,00 | 3,76 |
| November | 10 000 | 37 600,00 | 3,76 |
| Dezember | 9 600 | 36 096,00 | 3,76 |

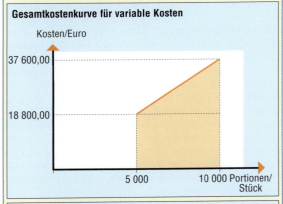

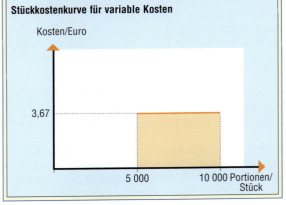

Jede Portion verursacht im Prinzip den gleichen Wareneinsatz, so ergibt sich ein linearer Kostenverlauf. Bei einer bestimmten eingekauften Menge erhalten wir von unserem Lieferanten aber einen Mengenrabatt. Das hätte zur Folge, dass zwar der Gesamtwareneinsatz weiter steigt, ab dieser Menge aber mit einer geringeren Steigerung.

# 4 Kostenträgerstückrechnung

Der Wareneinsatz pro Portion würde niedriger. Der Kurvenverlauf wäre degressiv steigend. Wird einer Servicekraft ein nach Umsatz gestaffelter Leistungslohn gezahlt, steigen die Lohnkosten progressiv.

## Ermittlung des Deckungsbeitrags

Die Deckungsbeitragsrechnung als **Teilkostenrechnung** subtrahiert vom Nettopreis der Portion eines Artikels einen Teil der Kosten. Werden die variablen Kosten berücksichtigt, spricht man vom Deckungsbeitrag, der den Anteil einer Portion an der Deckung der fixen Kosten zeigt.

```
  Erlös pro Stück  (e)
− variable Kosten pro Stück  (kv)
= Deckungsbeitrag pro Stück  (db)
```

Die **Kostenarten** werden nun einzeln untersucht, ob sie den fixen oder den variablen Kosten zuzuordnen sind.
Der **Wareneinsatz** ist abhängig von der Anzahl der zubereiteten Portionen und stellt variable Kosten dar.
Die **Personalkosten** sind fixe oder sprungfixe Kosten, es sei denn, Servicemitarbeiter werden am Umsatz beteiligt.
Die Untersuchung der **Energiekosten** zeigt, dass sie sowohl fix als auch variabel sein können. Die Stromkosten der Beleuchtung sind fix, während der Öffnungszeit brennt das Licht im Restaurant. Stromkosten des Herdes können variabel sein, wenn ein Induktionsherd nur Strom verbraucht, wenn tatsächlich etwas zubereitet wird. Die Berechnung pro Portion gestaltet sich aber schwierig, da die Höhe der Kosten identisch ist, ob eine oder mehrere Portionen zubereitet werden.
Diese Schwierigkeit der Berechnung der Anteile auch der weiteren Kostenarten hat dazu geführt, dass in der Praxis bei der Deckungsbeitragsrechnung in der Regel nur der Wareneinsatz als variable Kosten berücksichtigt wird. Das führt zu der Vereinfachung:

```
  Erlös pro Stück
− Wareneinsatz pro Stück
= Deckungsbeitrag pro Stück
```

Durch die Einführung der **Primecost-Rechnung** wird versucht, die Personaleinzelkosten dem einzelnen Gericht zuzuordnen. Es entstand der Begriff des Deckungsbeitrags (Primecost). Dieser wird gebildet durch die Subtraktion der Primecost, also Wareneinsatz und Personaleinzelkosten, vom Einzelpreis. In diesem Fall deckt der Deckungsbeitrag nicht die Fixkosten, sondern die Gemeinkosten.

```
  Erlös pro Stück  (e)
− Primecost pro Stück  (pc)
= Deckungsbeitrag (Primecost) pro Stück  (db (pc))
```

Die Ermittlung der Primecost wurde in Kap. 2.6.1 bereits erläutert. In den Anwendungsbereichen sind beide Formen der Deckungsbeitragsrechnung identisch, und so wird hier nur die Rechnung mit den variablen Kosten weiterverfolgt. Die Rechenwege sind entsprechend übertragbar.

## Beurteilung der Kostendeckung

**Beispiel**

Die Unternehmensleitung der „Green Paradise"-Restaurantkette möchte das Büfett „Sportdreams" zu einem Preis von 4,60 Euro anbieten. Der Wareneinsatz pro Portion beträgt 2,00 Euro. Kann das Büfett kostendeckend angeboten werden?

Die **retrograde Deckungsbeitragsrechnung** ergibt:

```
    Inklusivpreis         4,60 €
−   Mehrwertsteuer        0,73 €
=   Nettoverkaufspreis    3,87 €

−   Wareneinsatz          2,00 €
=   Deckungsbeitrag       1,87

−   Gemeinkosten          3,81 € (190,7 % vom Wareneinsatz)
=   Unterdeckung          1,94 €
```

Die Berechnung zeigt, dass das Büfett nicht angeboten würde.

Die Idee zu diesem Büfett ist aber entstanden, weil zu dieser Tageszeit noch freie Kapazitäten vorhanden sind. Die bisher vorhandenen Artikel decken durch ihre Kalkulation bereits alle Kosten ab, das „Sportdreams" wäre ein Zusatzgeschäft. Jede Portion verursacht 2,00 € Wareneinsatz. Sind die Gemeinkosten bereits abgedeckt, wäre jeder Erlös über 2,00 € sogar ein Gewinn. Praktisch werden neben dem Wareneinsatz, aber durch das Zusatzangebot weitere Kosten verursacht: Energiekosten, Werbungskosten für die Bekanntmachung des neuen Angebots, zusätzliche Personalkosten. Diese relevanten Kosten, es soll sich dabei um Fixkosten handeln, müssen durch die Menge der verkauften Portionen erwirtschaftet werden. Die Fragestellung lautet also: Wie viel Personen müssen am Frühstücksbüfett teilnehmen, damit alle relevanten fixen Kosten und der Wareneinsatz gedeckt sind?

Es lässt sich folgende Berechnungsformel ableiten:

$$\text{Anzahl verkaufter Portionen} = \frac{\text{relevante Kosten}}{\text{Deckungsbeitrag pro Portion}}$$

Unter der Annahme, dass zusätzliche Kosten in Höhe von 20 000,00 € für das Büfett anfallen, ergibt sich:

$$\text{Menge} = \frac{20\,000{,}00\ \text{€}}{1{,}87\ \text{€}} = 10\,969\ \text{Portionen}$$

Es müssen im Jahr vom Büfett „Sportdreams"
10 969 Portionen verkauft werden, um mindestens
die Kosten zu decken. Jede weitere Portion führt zu
einem Gewinn von 2,00 €.

### Ermittlung der kurzfristigen Preisuntergrenze

Bei einem Inklusivpreis von 4,60 € ergab sich zwar
eine Unterdeckung von 1,94 €, aber auch ein Deckungsbeitrag von 1,87 €. Der Anteil an der Deckung der Fixkosten, der nicht eingetreten wäre,
wenn diese Portion nicht verkauft würde. Die **Deckungsbeitragsrechnung** führt dazu, dass ein
Artikel angeboten werden soll, sobald der Preis den
Wareneinsatz und eventuell anfallende zusätzliche
relevante Kosten deckt. Diese Teilkostenrechnung
kann aber nur kurzfristig und für Zusatzangebote
von Bedeutung sein. Langfristig müssen natürlich
nach wie vor sämtliche Kosten gedeckt sein.

### Aufgaben

1. Erklären Sie den Unterschied zwischen einer Vollkosten- und einer Teilkostenrechnung.
2. a) Ermitteln Sie für das Restaurant „Green Paradise" den Gesamtkostenaufschlagsatz für Getränke.
   b) Kalkulieren Sie den Preis für ein Glas Bier, 0,4 l, wenn der hl Bier im Einkauf 133,00 € kostet und 3 % Schankverlust berücksichtigt werden sollen.
3) Zeigen Sie die Nachteile der Zuschlagskalkulation mit Gesamtkostenaufschlagssätzen auf.
4) Ein Betrieb legt folgende Zahlen vor:
   Wareneinsatz          186 800,00 Euro
   Personaleinzelkosten   56 050,00 Euro
   Gemeinkosten          122 220,00 Euro
   Produktive Arbeitszeit   5 720 Stunden
   Anzahl der Gerichte    22 880 Portionen
   a) Ermitteln Sie den Stundenkostensatz.
   b) Kalkulieren Sie ein Gericht, das einen Wareneinsatz von 4,00 € und eine Arbeitszeit von 12 Minuten hat.
   c) Berechnen Sie die durchschnittliche Arbeitszeit pro Gericht.
   d) Kalkulieren Sie dieses Gericht mit der Äquivalenzziffernkalkulation. Berücksichtigen Sie, dass seine Arbeitszeit unterdurchschnittlich ausfällt.
5) Welche der abgebildeten Kostenfunktionen zeigt die Gesamtkosten, die Fixkosten, die variablen Kosten?

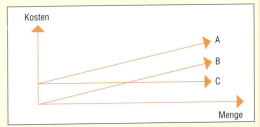

6. Es wird ermittelt, dass in einem Betrieb bei einer Menge von 14 000 Stück Gesamtkosten von 182 000,00 € anfallen. Eine Steigerung um 6 000 Stück hätte eine Kostenerhöhung von 42 000,00 € zur Folge.
   a) Wie hoch sind die variablen Kosten pro Stück?
   b) Wie hoch sind die Gesamtkosten?

### Aufgaben – Fortsetzung

7. Es liegen folgende Zahlen vor:
   Warenkosten          186 800,00 Euro
   Personaleinzelkosten 112 100,00 Euro
   Gemeinkosten         244 440,00 Euro
   Stundenkostensatz         9,80 Euro
   a) Ermitteln Sie den Deckungsbeitrag (Primecost) für ein Gericht, dessen Wareneinsatz 5,00 € beträgt und das eine durchschnittliche Arbeitszeit benötigt. Das Gericht hat einen Kartenpreis von 17,00 €.
   b) Das Gericht soll im Rahmen einer Familienfeier für 12,00 € angeboten werden. Wie viel Personen sind erforderlich, damit relevante Kosten in Höhe von 200,00 € abgedeckt sind?

Infobox Sprache am Ende des Lerninhalts 4!

## 2.7 Planungsrechnung

### Situation

Im Rahmen der Wertschöpfungsrechnung wurde der
Preis eines Artikels (Kalkulation) oder der Deckungsbeitrag, den ein Artikel erwirtschaftet (Deckungsbeitragsrechnung), ermittelt. Die Planungsrechnung betrachtet den Gesamtbetrieb. Sie untersucht in der
Break-even-Analyse, welcher Umsatz zur Deckung
sämtlicher Kosten erforderlich ist und gibt die Umsätze und Kosten der nächsten Periode als Budget vor.

### 2.7.1 Break-even-Analyse

Die Deckungsbeitragsrechnung beantwortet die Frage,
wie viel Gäste für die Kostendeckung einer Maßnahme
erforderlich sind. Die Summe der Deckungsbeiträge
pro Stück muss die relevanten Kosten decken. Diese
Betrachtungsweise wird nun auf den Gesamtbetrieb
übertragen. Der Verlauf der Kostenentwicklung im Verhältnis zur Umsatzentwicklung zeigt, dass durch die
anfallenden fixen Kosten sich der Betrieb bei einem
niedrigen Umsatz in der Verlustzone befindet. Werden
diese Fixkosten auf mehr verkaufte Artikel verteilt,
steigt der Umsatz schneller als die Kosten. Der Punkt,
an dem die Kosten und der Umsatz dann gleich hoch
sind, wird **Break-even-Point** genannt.

# 4 Planungsrechnung

## Break-even-Analyse einer Abteilung

**Beispiel**

Die Kostenträgerzeitrechnung zeigte in der vergangenen Periode für den Speisenbereich Gesamtkosten in Höhe von 1 135 524,00 Euro. Der Wareneinsatz, ein Teil der Personal- und der Energiekosten ergaben variable Kosten in Höhe von 410 524,00 Euro. Bei einem Umsatz von 1 128 000,00 Euro ergab sich deshalb ein negatives Bereichsergebnis von 7 524,00 Euro. Für die nächste Periode soll nun der Umsatz ermittelt werden, der im Speisenbereich zu einem ausgeglichenen Ergebnis führt. Unter der Annahme linearer Umsatz- und Kostenverläufe kann dies zeichnerisch erfolgen.

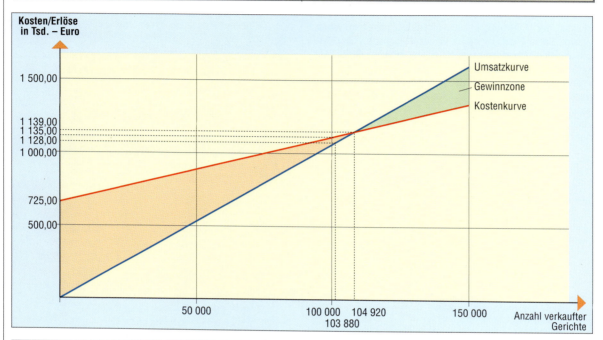

| Verkaufte Menge | Umsatz (€) | Fixkosten (€) | Variable Kosten (€) | Gesamtkosten (€) | Erfolg (€) |
|---|---|---|---|---|---|
| 50 000 | 543 000,00 | 725 000,00 | 197 500,00 | 922 500,00 | − 379 500,00 |
| 100 000 | 1 086 000,00 | 725 000,00 | 395 000,00 | 1 120 000,00 | − 34 000,00 |
| 103 880 | 1 128 000,00 | 725 000,00 | 410 524,00 | 1 135 524,00 | − 7 524,00 |
| 104 920 | 1 139 400,00 | 725 000,00 | 414 400,00 | 1 139 400,00 | +/− 0 |
| 120 000 | 1 303 000,00 | 725 000,00 | 474 000,00 | 1 199 000,00 | + 104 000,00 |
| 150 000 | 1 629 000,00 | 725 000,00 | 592 500,00 | 1 317 500,00 | + 311 500,00 |

Die Berechnung der verkauften Menge bei der Break-even-Analyse kann wie bei der Deckungsbeitragsrechnung aus der Tatsache abgeleitet werden, dass am Break-even-Point der Umsatz und die Summe der Kosten gleich sind.

Jetzt werden aber nicht nur die relevanten Kosten einer Maßnahme, sondern die gesamten Fixkosten der Speisenabteilung gedeckt.

$$\text{Verkaufte Menge} = \frac{\text{Fixkosten}}{\text{Deckungsbeitrag pro Portion}}$$

Bei linearem Umsatzverlauf ist der durchschnittliche Umsatz pro Stück bei jeder verkauften Menge gleich. Ebenso verhält es sich mit den Kosten pro Stück und demzufolge auch mit dem Stückdeckungsbeitrag.

| Menge | Gesamtumsatz (€) | Umsatz pro Stück (€) | Variable Kosten gesamt (€) | Variable Kosten pro Stück (€) | Deckungsbeitrag pro Stück (€) |
|---|---|---|---|---|---|
| x | E | e | Kv | kv | db |
| 100 000 | 1 086 000,00 | 10,86 | 395 000,00 | 3,95 | 6,91 |
| 103 880 | 1 128 000,00 | 10,86 | 410 524,00 | 3,95 | 6,91 |
| 103 920 | 1 139 400,00 | 10,86 | 414 400,00 | 3,95 | 6,91 |
| 120 000 | 1 303 000,00 | 10,86 | 474 000,00 | 3,95 | 6,91 |

Die Menge im „Green Paradise" ergibt somit:

$$\text{Break-even-Menge} = \frac{725\,000{,}00\,€}{6{,}91\,€} = 104\,920\,\text{Stück}$$

Die tatsächlich erzielte Menge von 103 880 Portionen führte daher zu der kleinen Unterdeckung von 7 524,00 €.

## Break-even-Analyse des Gesamtergebnisses

Der Deckungsbeitrag bei Speisen, Getränken oder Handelswaren ist unterschiedlich hoch. Soll der Break-even-Umsatz für den Gesamtbetrieb ermittelt werden, ist aber nur das Verhältnis des Gesamtwareneinsatzes zum Gesamtumsatz von Interesse. Aus diesem Verhältnis wird ein Deckungsbeitragsfaktor ermittelt. Werden die fixen Kosten durch den Deckungsbeitragsfaktor dividiert, ergibt sich der Break-even-Umsatz.

$$\text{Deckungsbeitragsfaktor} = \frac{\text{Umsatz} - \text{variable Kosten}}{\text{Umsatz}}$$

$$\text{Break-even-Umsatz} = \frac{\text{Fixkosten}}{\text{Deckungsbeitragsfaktor}}$$

**Beispiel**

In der kurzfristigen Erfolgsrechnung wurde der Wareneinsatz mit 32,57 % ermittelt. Die restlichen variablen Kosten sind 95 900,00 €, das entspricht 2 % vom Umsatz. Als Fixkosten fallen 1 202 640,00 € an.

$$\text{Deckungsbeitragsfaktor} = \frac{100\,\% - (32{,}57\,\% + 2\,\%)}{100\,\%} = 0{,}6543$$

$$\text{Break-even-Umsatz} = \frac{1\,202\,640\,€}{0{,}6543} = 1\,838\,055{,}90\,€$$

Ein Umsatz von 1 838 055,90 € würde alle Kosten decken. Im vergangenen Jahr wurde ein Bereichsergebnis von 52 300,00 € erzielt bei einem Umsatz, der 79 944,10 € über dem Break-even-Umsatz lag. Als Probe kann festgestellt werden:

|   |   |   |   |
|---|---|---|---|
| Mehrumsatz |   |   | 79 944,10 € |
| − Wareneinsatz | 32,57 % |   | 26 037,79 € |
| − variable Kosten | 2 % |   | 1 598,88 € |
| = Bereichsergebnis |   |   | 52 307,43 € |

Soll ein vorgegebenes Bereichsergebnis bereits in der Break-even-Analyse berücksichtigt werden, muss die Berechnungsformel entsprechend ergänzt werden.

$$\text{Break-even-Umsatz zuzüglich Gewinn} = \frac{\text{Fixkosten} + \text{Gewinn}}{\text{Deckungsbeitragsfaktor}}$$

**Beispiel**

Das „Green Paradise" möchte im nächsten Jahr einen Bereichsgewinn von 59 800,00 € erzielen. Der Speisenbereich soll den Break-even-Point erreichen und die Getränke und Handelswaren sollen den Überschuss beibehalten. Es soll aber auch untersucht werden, wie der Umsatz erhöht werden müsste, um einen verdoppelten Erfolg zu erwirtschaften.

Break-even-Umsatz zuzüglich Gewinn

$$\frac{1\,202\,640{,}00\,€ + 59\,800{,}00\,€}{0{,}6543\,€} = 1\,929\,451{,}30\,€$$

$$\frac{1\,202\,640{,}00\,€ + 119\,600{,}00\,€}{0{,}6543\,€} = 2\,020\,846{,}70\,€$$

Diese Berechnung zeigt, dass eine Verdoppelung des Umsatzes natürlich eine höhere Umsatzsteigerung voraussetzt, da für den erhöhten Umsatz zusätzliche variable Kosten anfallen.

### 2.7.2 Budgetierung

Das **Budget** dokumentiert die geplanten Marketingaktivitäten eines Unternehmens und stellt die erwartete Zukunft für die operative Umsetzung dar. Durch die Break-even-Analyse wurden Gesamtumsatz und Gesamtkosten der nächsten Periode geplant. Das Unternehmensbudget entsteht durch Teilbudgets, die sich nach Inhalten (Umsatz-, Kosten-, Investitionsbudget) oder nach Verantwortungsbereichen (Abteilungs-, Kostenstellen-, Projektbudget) unterteilen lassen.

Das Budget hat zunächst eine **Prognosefunktion**. Bei kurzfristigen Prognosen wird von einem Forecast, bei längerfristiger Betrachtung von einem Budget gesprochen. Grundlage eines jeden Gesamtbudgets ist das Umsatzbudget. Die Gesamtzahl der verkauften Speisen und Getränke wurde in der Break-even-Analyse festgelegt, ihre jeweiligen Preise in der Kostenträgerstückrechnung. An dieser Stelle muss nun noch einmal geprüft werden, ob aufgrund gesamtwirtschaftlicher Entwicklungen, örtlicher Besonderheiten oder innerbetrieblicher Veränderungen diese Zahlen noch korrigiert werden müssen.

Die Gesamtumsätze werden nun auf Monate, Wochen und Tage heruntergebrochen und auf Abteilungen, Kostenstellen oder Profitcenter verteilt. Hierbei werden Informationen über saisonale oder wochenweise Schwankungen, Messen oder andere Großveranstaltungen, geplante Marketingmaßnahmen bis hin zu wetterbedingten Einflüssen berücksichtigt.

Den Umsätzen müssen dann die Kosten zugeordnet werden. Dies kann nach den verschiedenen Kostenrechnungssystemen erfolgen. Da durch das Budget einzelnen Abteilungen und damit einzelnen Mitarbeitern Kompetenzen und Verantwortung übertragen werden sollen, wird das Budget in der Form der Bereichsergebnisrechnung immer häufiger aber auch als „Uniform

# 4 Planungsrechnung

System of Accounts" aufgestellt. Letzteres hat den Vorteil, dass einzelnen Abteilungen nur die Kosten zugeteilt werden, auf die diese Abteilung Einfluss hat.

Der Wareneinsatz ist z. B. durch die Küchenbrigade zu verantworten, die Werbekosten aber durch den Abteilungsleiter, anlagebedingte Kosten, wie die Pacht, durch die Geschäftsleitung. Veränderungen in der Kostenhöhe oder der Kostenstruktur fließen bei der Festlegung der Kosten ein.

Soll das Budget auch seiner **Motivationsfunktion** gerecht werden, müssen Mitarbeiter bereits bei seiner Erstellung einbezogen werden. Nach der Position des Mitarbeiters im Betrieb wird die Tiefe des Einblicks gestaffelt. Bestimmte Informationen werden dadurch auch nur der Geschäftsleitung zugänglich. Die Zielerreichung muss für den Mitarbeiter ebenfalls nachvollziehbar sein. Im Rahmen des Soll-Ist-Vergleiches wurde auf die Bedeutung des Budgets bereits hingewiesen.

### Beispiel

Für das „Green Paradise" soll ein Budget nach dem „Uniform System of Accounts" erstellt werden.
Die in der Planungsrechnung ermittelten Werte sollen berücksichtigt werden, und die Zahlen sollen als Monatsbudgets zur Verfügung stehen.

*Budget (€)*

| | Food | | January | February | March | | December |
|---|---|---|---|---|---|---|---|
| **Revenue** | | 1 140 000,00 | 94 900,00 | 101 400,00 | 89 200,00 | | 102 400,00 |
| ./. Cost of sale | | 394 400,00 | 32 800,00 | 35 000,00 | 31 800,00 | | 36 450,00 |
| ./. Salaries and wages | | 120 000,00 | 9 000,00 | 9 000,00 | 9 000,00 | | 12 000,00 |
| **Gros Profit** | | 625 560,00 | 53 100,00 | 57 400,00 | 48 400,00 | | 53 950,00 |
| | **Beverage and other income** | | | | | | |
| **Revenue** | | 790 000,00 | 62 300,00 | 65 800,00 | 59 200,00 | | 65 900,00 |
| ./. Cost of sale | | 234 100,00 | 18 440,00 | 19 480,00 | 17 500,00 | | 19 500,00 |
| ./. Salaries and wages | | 30 000,00 | 2 400,00 | 2 400,00 | 2 400,00 | | 3 600,00 |
| **Gros Profit** | | 525 900,00 | 41 460,00 | 43 920,00 | 39 300,00 | | 42 800,00 |
| ./. Expenses | Salaries and wages | 455 400,00 | 37 000,00 | 37 000,00 | 37 000,00 | | 48 400,00 |
| | China, glasware, silver, linen | 16 400,00 | 6 000,00 | 0,00 | 1 000,00 | | 0,00 |
| | Laundry | 38 300,00 | 3 200,00 | 3 500,00 | 2 700,00 | | 3 600,00 |
| | Music and entertainment | 2 400,00 | 1 000,00 | 100,00 | 100,00 | | 100,00 |
| | Operating supplies | 19 000,00 | 2 000,00 | 1 500,00 | 2 200,00 | | 800,00 |
| = **Departmental Income** | Uniforms | 3 500,00 | 300,00 | 3000,00 | 300,00 | | 250,00 |
| ./. Other expenses | | 616 460,00 | 45 060,00 | 58 920,00 | 44 400,00 | | 43 600,00 |
| | Administration and general | 40 250,00 | 3 500,00 | 3 500,00 | 3 200,00 | | 3 500,00 |
| | Transportation | 8 65,00 | 1 000,00 | 800,00 | 600,00 | | 1 000,00 |
| | Marketing | 69 000,00 | 9 000,00 | 3 000,00 | 3 900,00 | | 7 000,00 |
| | Guest entertainment | 1 800,00 | 150,00 | 150,00 | 150,00 | | 150,00 |
| | Energy costs | 78 660,00 | 6 500,00 | 7 500,00 | 5 400,00 | | 7 700,00 |
| | Property operation and maintenance | 15 650,00 | 0,00 | 2 500,00 | 0,00 | | 1 800,00 |
| | Rent, taxes and insurance | 222 300,00 | 17 000,00 | 17 000,00 | 18 900,00 | | 17 000,00 |
| | Interest expense | 40 350,00 | 3 360,00 | 3 360,00 | 3 360,00 | | 3 360,00 |
| | Depreciation | 80 000,00 | 6 666,00 | 6 666,00 | 6 666,00 | | 6 667,00 |
| **Total Income** | | 59 800,00 | – 2 116,00 | 14 444,00 | 2 224,00 | | – 4 577,00 |

### Aufgaben

1. Ein Unternehmen möchte einen Gewinn von 50 000,00 € erzielen. Die fixen Kosten betragen 450 000,00 € und die variablen Kosten 30 % vom Umsatz. Wie hoch muss der Umsatz zur Erreichung des gewünschten Gewinns sein?
2. Erläutern Sie, welche Funktionen ein Budget im Rahmen der Planungsrechnung übernimmt.
3. Erläutern Sie verschiedene Einflüsse, die Sie bei der Erstellung eines Umsatzbudgets berücksichtigen müssen.
4. Das Restaurant „Green Paradise" hat mit dem Verkauf von 8456 Speisen und 15644 Getränken einen Nettoumsatz von 130 877,19 € erzielt. Der Umsatz wurde zu 57 % von Speisen und zu 43 % durch Getränke erwirtschaftet. Der Speisenwareneinsatz beträgt 23 872,00 € und der Getränkewareneinsatz 14 632,07 €. Die fixen Kosten belaufen sich auf 86 000,00 €, während die zusätzlichen variablen Kosten 3,5 % vom Umsatz ausmachen.

a) Ermitteln Sie die Wareneinsatzquoten für Speisen und Getränke.
b) Ermitteln Sie den Deckungsbeitragsfaktor für Speisen und Getränke und für den Gesamtbetrieb.
c) Wie hoch ist das Betriebsergebnis?
d) Welcher Umsatz muss erzielt werden, wenn ein monatlicher Gewinn von 4000,00 € erwirtschaftet werden soll?
e) Bestimmen Sie den durchschnittlichen Umsatz pro Gast, wenn das Restaurant 15 434 Gäste bewirtete.
f) Wie viele Gäste benötigt das Restaurant pro Tag (bei 30 Öffnungstagen im Monat), um den Break-even-Punkt zu erreichen?

**Infobox Sprache am Ende des Lerninhalts 4!**

# 3 Controllingberichte

## 3.1 Inhalt

### Situation

Der monatliche Controllerbericht soll vom „Green Paradise" Hannover an die Zentrale gesandt werden. Um der Geschäftsleitung einen raschen Überblick zu gewährleisten, sollen die ausgewählten Daten und Kennzahlen anschaulich dargestellt werden.

Die **Gestaltung des Berichtswesens** hängt von der betrieblichen Organisationsstruktur ab. In einem gastronomischen Kettenbetrieb muss die Zentrale jederzeit über die Situation der einzelnen Betriebe informiert sein. Andererseits erhalten die Einzelbetriebe regelmäßig Rückmeldungen über ihre Stellung im Gesamtunternehmen. Für diese Informationen stehen verschiedene Berichtsarten zur Verfügung.
**Standardberichte** enthalten Daten für einen gleichbleibenden Empfängerkreis, die regelmäßig nach einem festgelegten Schema erstellt werden. Hier ist es wichtig, die relevanten Daten festzulegen. Die Daten müssen eine wirkliche Beurteilung der Lage zulassen. Ein Überangebot an Informationen führt zu einem Zahlenfriedhof, Berichte werden unübersichtlich und dadurch nicht mehr gründlich analysiert. So werden im Standardbericht die wichtigsten Daten im **Soll-Ist-Vergleich** zusammengestellt.

Durch den Controller wird festgestellt, wenn das aktuelle Geschehen von den Vorgaben abweicht. Übersteigen diese Abweichungen festgelegte Toleranzgrenzen, wird ein **Abweichungsbericht** erstellt.
Das **Controlling** unterstützt die Geschäftsleitung bei Entscheidungen über die Durchführung besonderer Marketingmaßnahmen, die Planung von Umbauten oder die Standortwahl neuer Betriebe. Zu diesen Anlässen werden jeweils **Bedarfsberichte** erstellt.

## 3.2 Darstellungsformen

### Situation

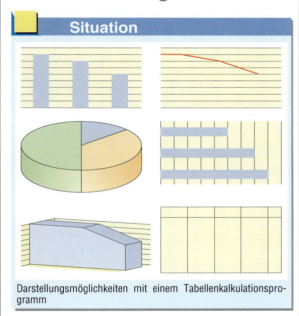

Darstellungsmöglichkeiten mit einem Tabellenkalkulationsprogramm

Die Daten der Buchführung werden in Kontenform erfasst. Die KLR und die Statistik gehen darüber hinaus und stellen die Daten in tabellarischer Form zusammen. Zur besseren Veranschaulichung können diese Daten grafisch aufbereitet werden.

### 3.2.1 Tabellarische Darstellung

| | Umsatzbericht April 20… | | | | | |
|---|---|---|---|---|---|---|
| | Speisen (€) | | Getränke (€) | | | |
| | | | alkoholisch (€) | | alkoholfrei (€) | |
| | Soll | Ist | Soll | Ist | Soll | Ist |
| **Januar** | 94 900,00 | 93 800,00 | 37 000,00 | 39 400,00 | 25 300,00 | 23 600,00 |
| **Februar** | 101 400,00 | 89 100,00 | 39 500,00 | 35 900,00 | 27 300,00 | 25 000,00 |
| **März** | 89 200,00 | 95 600,00 | 35 500,00 | 37 600,00 | 23 700,00 | 22 400,00 |
| **April** | 90 000,00 | 94 000,00 | 34 800,00 | 35 200,00 | 23 200,00 | 26 400,00 |

# 4 Darstellungsformen

Überschrift
Kopfspalte
Vorspalte
Zahlenteil

Eine **Tabelle** besteht aus einer Überschrift, einer Kopfspalte und einer Vorspalte. Die Überschrift gibt den Inhalt der Tabelle an. Die Kopfspalte führt spaltenweise die untersuchten Merkmale an und in der Vorspalte werden die Zeilen definiert. Die Zahlenwerte stehen in den durch Spalten und Zeilen gebildeten Zellen. Die Tabellenform hat den Vorteil, dass sprachliche Wiederholungen vermieden werden können. Um die Übersichtlichkeit der Tabelle zu gewährleisten, sollten nicht zu große Datenmengen in einer Tabelle erfasst werden, Beträge sollen sinnvoll gerundet werden und eventuell bei großen Werten in Tausender- oder Zehntausender-Euroeinheiten ausgewiesen werden (Beispiel siehe nächste Seite).

## 3.2.2 Grafische Darstellung

In Tabellen zusammengefasstes Datenmaterial lässt sich auch grafisch darstellen. Dieses verbessert die Anschaulichkeit, weckt das Interesse des Betrachters und erhöht die Merkfähigkeit. Es können Bilddiagramme, Kartogramme und geometrische Diagramme unterschieden werden.

### Bilddiagramme

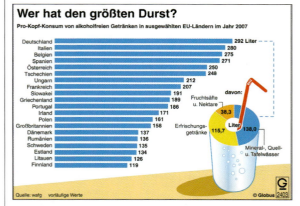

Bilddiagramme stellen relativ einfache Zusammenhänge dar. Hier wird der optische Einsatz besonders zur Erweckung der Aufmerksamkeit eingesetzt. Die bildliche Darstellung unterstreicht das Thema der Grafik, ohne eigene Informationen zu enthalten. Für Controllerberichte eignet sich diese Form daher eher weniger.

### Kartogramme

Kartogramme stellen Informationen unterschiedlicher geografischer Strukturen dar. In einfacher Form könnten dies z. B. die verschiedenen Standorte der Restaurantkette sein, um regionale Schwerpunkte aufzuzeigen. Die unterschiedliche Ausprägung von Merkmalen könnte darüber hinaus durch die Größe der Kennzeichnung oder durch farbige Gestaltung erfolgen. Es bietet sich auch eine Kombination mit geometrischen Diagrammen an.

### Geometrische Diagramme

In geometrischen Diagrammen werden auf der horizontalen x-Achse die Merkmale und auf der vertikalen y-Achse die Daten abgetragen. Beide Achsen werden mit den Geld-, Mengen- oder Zeiteinheiten bezeichnet, in denen die Werte ermittelt wurden. Die Skalen sollen gleiche Abstände von Punkt zu Punkt aufweisen und üblicherweise im Nullpunkt beginnen. Liegen die Werte eng beieinander und entfernt vom Nullpunkt, kann auch bei einem höheren Wert auf der y-Achse begonnen werden. Es ist deshalb erforderlich, die Skalen an den Achsen zu vermerken. Bei allen Diagrammformen, außer dem Kreisdiagramm, wird ausgehend von dem Merkmal eine senkrechte, ausgehend vom Wert eine horizontale Linie gezogen. Am Schnittpunkt wird die Markierung eingetragen. Die Summe der Markierungen wird in Linien, Balken, Säulen oder Flächen umgesetzt. Zur besseren Erkennbarkeit der Markierungen können Gitternetzlinien eingeblendet werden. Eine Legende erläutert Zeichen, Symbole oder verwendete Farben.

## Darstellungsformen 4

**Liniendiagramme**, auch **Kurvendiagramme** genannt, werden für die Darstellung von zeitlichen Entwicklungen und Vergleichen mehrerer zeitlicher Datenreihen verwandt.

**Flächendiagramme** stellen ebenfalls den zeitlichen Verlauf dar. Sie sind besonders geeignet, die Zusammensetzung einer Gesamtgröße aufzuzeigen.

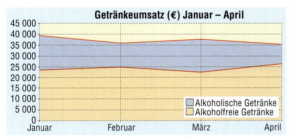

Eine spezielle Form des Flächendiagramms ist das **Kreisdiagramm**. Dieses eignet sich zur Darstellung von Teilgrößen in absoluten oder prozentualen Anteilen der Gesamtgröße.

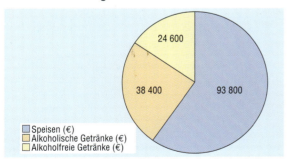

Diagramme können auch **dreidimensional** dargestellt werden. Beim Kreisdiagramm ergibt sich dann beispielsweise ein **Tortendiagramm**.

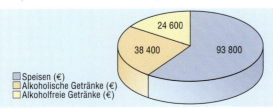

**Säulendiagramme** bilden die Werte als horizontale Rechtecke ab. Neben Veränderungen über einen Zeitraum lassen sich Beziehungen zwischen zwei oder mehr Werten darstellen.

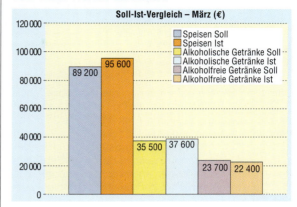

**Balkendiagramme** haben vertikal angeordnete Merkmalausprägungen, es lassen sich also keine Zeitverläufe abbilden.
Sie werden häufig genutzt, um Rangfolgen von Merkmalen darzustellen.

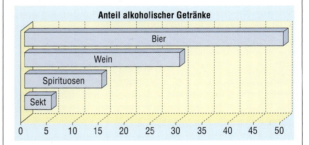

### Aufgaben

| Betrieb | 2006 (€) | 2007 (€) | 2008 (€) |
|---|---|---|---|
| Hannover | 1 245 200,00 | 1 246 100,00 | 1 261 300,00 |
| Berlin | 1 538 200,00 | 1 572 900,00 | 1 576 300,00 |
| Braunschweig | 912 100,00 | 932 700,00 | 934 400,00 |
| Halle | 734 200,00 | 872 800,00 | 895 600,00 |

1. Stellen Sie die Umsatzanteile der Zweigbetriebe am Gesamtumsatz für 2008 mithilfe eines Kreisdiagramms dar.
2. Stellen Sie die Entwicklung des Umsatzes in Hannover mit einem Liniendiagramm dar.
3. Zeigen Sie den Vergleich der Umsatzentwicklung in Hannover und Berlin anhand eines Säulendiagramms.

**Infobox Sprache am Ende des Lerninhalts 4!**

# 4 Warenwirtschaft

Damit ein Systemunternehmen die ihm obliegende „Versorgungsaufgabe" reibungslos erfüllen kann, gilt es, die notwendigen Waren/Artikel/Materialien in der benötigten Menge und Qualität zur richtigen Zeit, am richtigen Ort sowie möglichst kostengünstig zu beschaffen. Nur so kann einerseits den Anforderungen der einzelnen Abteilungen entsprochen, andererseits die Qualitätsansprüche der Gäste befriedigt werden.

Da die **Warenwirtschaft** heute überwiegend computergestützt durchgeführt wird, gilt es, die entsprechenden Fachkräfte dafür einzusetzen. Diese haben artikelgenau die Warenströme mengen- und wertmäßig zu verfolgen. Dieser Prozess von der Bedarfsermittlung über den Wareneingang, die Lagerung bis zur Produktion und dem Rechnungsausgleich wird nachstehend betrachtet, wobei insbesondere der Kostenfaktor zu berücksichtigen ist.

Im Rahmen der **Kostenanalyse** wurde der Rohgewinn als eine wesentliche Kennzahl zur Kontrolle der Wirtschaftlichkeit eines Unternehmens dargestellt. Die Analyse des hannoverschen Hotel-Restaurants „Green Paradise" ergab bei Getränken einen Rohgewinn von 69,9 %, also einen Wareneinsatz, der 30,1 % des Umsatzes ausmachte. Der Wareneinsatz ist somit wie in den meisten gastgewerblichen Betrieben neben den Personalkosten der größte Kostenfaktor. Deshalb wird der Kostenkontrolle rund um den Wareneinsatz besondere Bedeutung zugemessen.

## 4.1 Beschaffungsplanung

### Situation

Im Rahmen einer Getränkekartenanalyse wurde vom Controller festgestellt, dass der Wareneinsatz unseres Ausschankweins über dem durchschnittlichen Wareneinsatz der anderen Weine lag. Da eine Erhöhung des Verkaufspreises nicht möglich ist, soll ein Landwein der Mosel eventuell bei einem anderen Lieferanten gekauft werden. Es soll aber auch geprüft werden, ob diese Abweichung nicht auf Fehler im Bereich der Lagerhaltung zurückzuführen ist.

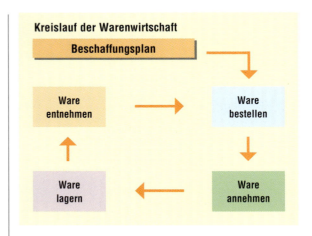

### 4.1.1 Bedarfsermittlung

**Restaurant Green Paradise**
**Verbrauchsstatistik 20...**

| Mosel-Landwein | |
|---|---|
| Januar | 280 Fl. |
| Februar | 310 Fl. |
| März | 320 Fl. |
| April | 340 Fl. |
| Mai | 360 Fl. |
| Juni | 280 Fl. |
| Juli | 250 Fl. |
| August | 260 Fl. |
| September | 290 Fl. |
| Oktober | 310 Fl. |
| November | 260 Fl. |
| Dezember | 340 Fl. |
| Summe | 3 600 Fl. |

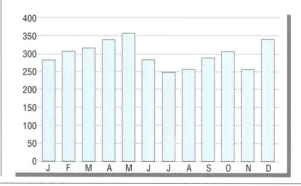

Sollen Rohstoffe für eine bestimmte Veranstaltung eingekauft werden, bei der die Anzahl der Gäste feststeht, lassen sich die erforderlichen Mengen aufgrund der Rezepturen bestimmen. In der Regel liegt aber solch eine Auftragsfertigung im Gastgewerbe nicht vor, so muss der Verbrauch für einen zukünftigen Zeitraum geschätzt werden. Frischware wird täglich oder zumindest in kurzen Abständen eingekauft, also ist auch nur der Bedarf bis zur nächsten Lieferung interessant. Für lagerfähige Artikel wird der Betrachtungszeitraum zweckmäßigerweise einen längeren Zeitraum umfassen. Ist der Artikel bereits eingeführt, kann die **Verbrauchsstatistik** des letzten Jahres herangezogen werden. Sie gibt sowohl Auskunft über den Gesamtverbrauch als auch über Verbrauchsschwankungen innerhalb des Jahres. In diesem Zeitraum wird mehrfach eine Bestellung erfolgen, sodass die optimale Bestellhäufigkeit und durch sie der Bedarf für eine Bestellperiode zu ermitteln ist.

## 4.1.2 Lieferantenauswahl

Nach dem Festlegen der benötigten Menge eines Artikels kann dieser eingekauft werden. Bei einem eingeführten Artikel stünde nun der Bestellvorgang beim bewährten Lieferanten an. Kettenbetrieben wird häufig dieser Lieferant einzelner Artikel von der Zentrale vorgeschrieben. Im „Green Paradise" wird der Weineinkauf aufgrund regional unterschiedlicher Gästegewohnheiten durch die einzelnen Häuser selbstständig vorgenommen. Wird ein neuer Artikel in das Sortiment aufgenommen oder ein neuer Lieferant für einen eingeführten Artikel gesucht, sind zunächst mögliche Lieferanten zu ermitteln.

Für die Informationsbeschaffung, also welcher Lieferant für die Lieferung eines Artikels infrage kommt, stehen neben der internen Lieferantendatei/-kartei z. B. folgende Quellen zur Verfügung:

▶ Kataloge
▶ Prospekte
▶ Internet
▶ Branchenverzeichnisse
▶ Messen und Ausstellungen
▶ Fachzeitschriften

An solche Lieferanten wird eine Anfrage gerichtet. Diese Anfrage dient lediglich der Informationsbeschaffung, aus ihr ergibt sich noch keine rechtliche Verpflichtung. Von verschiedenen Lieferanten erhält z. B. „Green Paradise" dann ein Angebot, in dem Preise, Liefer- und Zahlungsbedingungen enthalten sind. Aufgrund der unterschiedlichen Angebotsbedingungen erfolgt die Auswahl des günstigsten Lieferanten mithilfe eines **Angebotsvergleichs**. Dabei sind neben den in Geld zu messenden Bestandteilen auch qualitative Gesichtspunkte zu berücksichtigen.

---

**WEINGUT HERMANN LÜTZ**

INH. JÖRG LÜTZ

Weingut Hermann Lütz • Hauptstraße 50 • 56862 Pünderich/Mosel

56862 PÜNDERICH/MOSEL
Telefon 0 65 42/27 69 od. 2 11 72
Fax 0 65 42/15 65
E-Mail: whluetz@rz-online.de
www.weingut-luetz.de

Green Paradise GmbH
Herr Schmitz
Nord-Süd-Str. 25
30175 Hannover

Bankkonto:
Raiffeisenbank Zeller Land eG
Kto.-Nr.: 117 330
BLZ: 587 613 43

Angebot Landwein der Mosel                    Datum 14.03.20. .

Sehr geehrter Herr Schmitz,

vielen Dank für Ihre Anfrage. Wir können Ihnen unseren Landwein der Mosel zu folgenden Konditionen anbieten:

1,0-ltr.-Fl. Landwein der Mosel - Müller-Thurgau, trocken, 3,18 € pro Flasche.

Der Preis versteht sich zuzüglich Glas und Verpackung von 0,20 € pro Flasche. Bis 300 Flaschen erfolgt die Lieferung frachtfrei per Bahnspedition, ab 300 Flaschen liefern wir selbst frei Haus.
Zahlbar 30 Tage netto oder sofort bar bei Anlieferung unter Abzug von 2 % Skonto vom Warenwert.
Ab 600 Flaschen gewähren wir einen Mengenrabatt von 10 % auf den Warenwert.
Erfüllungsort ist Pünderich/Mosel mit Gerichtsstand in Cochem.

Wir würden uns freuen, wenn Ihnen unser Angebot zusagt.

Mit freundlichem Gruß

W. Lütz

# 4 Beschaffungsplanung

Beim Ermitteln des **Bezugspreises** einer Ware wird der in der Preisliste genannte Nettolistenpreis zugrunde gelegt. Darüber hinaus sind verschiedene Einflussfaktoren zu berücksichtigen, die mithilfe einer Bezugskalkulation zum günstigsten Bezugs- bzw. Einstandspreis führen.

### Bezugskalkulation

Listenpreis netto
./. Rabatt des Lieferers
= Zieleinkaufspreis

./. Skonto des Lieferers
= Bareinkaufspreis

+ Bezugskosten
= Bezugspreis (Einstandspreis)

## Rabatte und Boni

Rabatte und Boni stellen eine Verringerung des Listenpreises dar und können z.B. gewährt werden für größere Mengenabnahmen, Jubiläen des Lieferanten oder besondere Treue des Käufers. Rabatte sind bereits bei Rechnungsstellung auszuweisen, Boni werden nachträglich gewährt, häufig in Form von Jahresrückvergütungen.

## Skonto

Skonto wird gewährt für sofortige Zahlung oder Zahlung innerhalb einer vereinbarten Frist. Diese vorzeitige Zahlung belastet zwar die Liquidität des Käufers, der üblicherweise gewährte Skontosatz von 2 % oder 3 % für einen relativ kurzfristigen Zeitraum ist aber immer günstiger als der banküblichen Jahreszinssatz.

### Beispiel

Ein Lieferant gewährt bei Zahlung innerhalb von 10 Tagen 3% Skonto, nach dreißig Tagen müsste der volle Rechnungsbetrag in Höhe von 100,00 € bezahlt werden. Dazu wird das Konto des Betriebes für 20 Tage bei einem Zinssatz von 8% p.a. überzogen.

$$\text{Skonto} = \frac{100\,€ \times 3}{100} = 3{,}00\,€$$

$$\text{Zinsen} = \frac{100\,€ \times 20\,\text{Tg} \times 8}{360 \times 100} = 0{,}44\,€$$

## Bezugskosten

Die Bezugskosten umfassen die Transportkosten, die Verpackungskosten und eventuelle Zölle.

Die **Transportkosten** setzen sich zusammen aus dem 1. Rollgeld (Anfuhr und Verladekosten) vom Verkäufer zur Versandstation, der Fracht von der Versandstation zur Empfangsstation und dem 2. Rollgeld (Entladekosten und Zufuhr) von der Empfangsstation zum Käufer. Diese Kosten sind nach gesetzlicher Regelung vom Käufer zu tragen, im Kaufvertrag können aber auch andere Regelungen vereinbart werden.

Für das Berechnen von **Verpackungskosten** gibt es verschiedene Regelungen.

| | |
|---|---|
| **Gegen Berechnung** | Verpackungskosten werden dem Käufer extra in Rechnung gestellt |
| **Brutto für netto** | Verpackung wird mitgewogen und kostet den Gewichtspreis der Ware |
| **Inklusive** | Verpackungskosten sind im Preis der Ware einkalkuliert |
| **Leihweise** | Verpackung ist vom Käufer zurückzugeben |
| **Gegen Pfand** | Käufer zahlt beim Kauf eine Gebühr, die bei Rückgabe der Verpackung erstattet wird |

Vor der endgültigen Auswahl des Lieferanten sind nach dem Ermitteln des Bezugspreises weitere **qualitative Aspekte** zu berücksichtigen.

## Qualität der Ware

Die Qualität der Ware hat festgelegten Standards zu entsprechen. Besteht keine Möglichkeit, per Augenschein durch Proben oder Muster die Qualität zu bestimmen, können als Hilfsmittel beispielsweise Testberichte in Fachzeitschriften, Erfahrungen von Gästen oder Kollegen und Gütesiegel zur Beurteilung herangezogen werden.

## Lieferzeit

Werden Rohstoffe zu einem bestimmten Termin benötigt, ist eine zu lange Lieferzeit des Lieferanten eventuell ein Ausschlusskriterium. Werden häufig kurzfristig Artikel benötigt, kann auch die räumliche Entfernung zum Lieferanten die Lieferzeit beeinflussen.

## Höchst- und Mindestabnahmemengen

Um die eigenen Kosten für die Abwicklung eines Auftrages zu minimieren werden von Lieferanten Mindestabnahmemengen festgelegt. Ihre Höhe muss zum Bedarf passen, ansonsten werden eventuell Mindermengenzuschläge fällig. In diesem Zusammenhang sind auch vorgegebene Gebindegrößen zu beachten, wenn Waren nur in bestimmten Verpackungseinheiten abgegeben werden. Weine werden in der Regel beispielsweise nur in 6er-Kartons angeboten. Höchstmengen legt der Lieferer fest, wenn von einem Artikel z. B. aufgrund einer schlechten Ernte nur begrenzte Mengen zur Verfügung stehen. Dadurch kann er alle seine Kunden zumindest mit Teilmengen beliefern.

## Zuverlässigkeit des Lieferanten

Es ist wichtig, zu den Lieferanten verlässliche Geschäftsbeziehungen aufzubauen. Sonderwünsche oder kurzfristige Bestellungen können so eher realisiert werden. Das Einhalten der Lieferzeiten ist besonders wichtig für die eigene Produktionsbereitschaft. Die Gewährleistung einer gleichbleibenden Warenqualität macht Reklamationen überflüssig.

| Angebotsvergleich: 1,0 l Landwein der Mosel, Liefermenge: ca. 800 Flaschen | | |
|---|---|---|
| Kriterium | Weingut Lütz | Weingut Tremmel |
| Listenpreis | 3,18 | 3,00 |
| ./. Rabatt | 0,32 | – |
| **= Zieleinkaufspreis** | 2,86 | 3,00 |
| ./. Skonto | 0,06 | – |
| **= Bareinkaufspreis** | 2,80 | 3,00 |
| + Glas und Verpackung | 0,20 | – |
| + Transport | – | 0,40 |
| **= Bezugspreis** | 3,00 | 3,40 |
| Lieferzeit | 8 Tage | 10 Tage |
| Sonstiges | Liefert anderen Wein, sehr zuverlässig | neu |
| Erstellt: Schmitz | | Datum: 18.03.20… |

## 4.1.3 Optimale Bestellmenge

Die für eine längere Periode festgestellte Bedarfsmenge lässt sich in mehrere Bestellvorgänge zerlegen, um die kostengünstigste Beschaffung sicher zu stellen. Die zu ermittelnde optimale Bestellmenge wird durch verschiedene Einflussgrößen bestimmt.

Zur Berechnung der optimalen Bestellmenge werden die

**Beschaffungskosten**
▶ Kosten der Bestellung
▶ Kosten der Anlieferung
▶ Kosten der Warenannahme und Einlagerung und

**Lagerkosten**
▶ Energiekosten
▶ Mieten
▶ Personalkosten
▶ Kosten für Schwund und Verderb
▶ Zinskosten des eingelagerten Kapitalwertes

herangezogen (siehe Beispiel unten).

Es zeigt sich, dass die Beschaffungskosten mit der Häufigkeit der Bestellungen zunehmen, während die Lagerkosten bei häufigeren Bestellungen sinken.

 **Beispiel**

Von der zu beschaffenden Weinsorte werden bei 360 Öffnungstagen jährlich 3 600 Flaschen benötigt. Jede Bestellung verursacht Kosten in Höhe von 30,00 €. Die Lagerkosten betragen 10 % vom durchschnittlichen Wert des Lagerbestandes. Der im Angebotsvergleich ermittelte Bezugspreis pro Flasche beträgt 3,00 €.

| Bestellhäufigkeit | Bestellmenge | Beschaffungskosten (€) | Lagerkosten (€) | Gesamtkosten (€) |
|---|---|---|---|---|
| 1 × jährlich | 3600 Flaschen | 30,00 | 540,00 | 570,00 |
| halbjährlich | 1800 Flaschen | 60,00 | 270,00 | 330,00 |
| alle 3 Monate | 900 Flaschen | 120,00 | 135,00 | 255,00 |
| alle 2 Monate | 600 Flaschen | 180,00 | 90,00 | 2700,00 |

# 4 Beschaffungsplanung

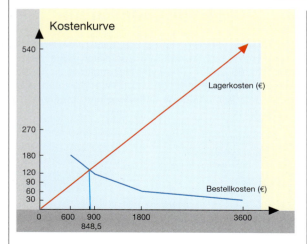

Kostenkurve

Die niedrigsten **Gesamtkosten** sind laut Tabelle bei vierteljährlicher Bestellung gegeben. Dort ist die Summe aus Lagerkosten und Bestellkosten mit 255,00 € minimal. Mathematisch liegt das Kostenminimum im Schnittpunkt der Lagerkosten- und der Bestellkostenfunktion. Das heißt, dass dort die Lagerkosten und die Bestellkosten gleich hoch sind. Dies ist bei einer vierteljährlichen Bestellung aber nicht gegeben, da die Bestellkosten bei 120,00 € und die Lagerkosten bei 135,00 € liegen. In der grafischen Darstellung liegt der Schnittpunkt der Kurven etwas unterhalb einer Menge von ungefähr 900 Flaschen (848,5).

Die Bestellhäufigkeit wurde in der Tabelle willkürlich angenommen, die exakte **optimale Bestellmenge** lässt sich mithilfe folgender Formel ermitteln:

$$\text{Optimale Bestellmenge} = \sqrt{\frac{2 \times \text{Bestellkosten} \times \text{jährlicher Verbrauch}}{\text{Lagerkostenfaktor} \times \text{Preis pro Stück}}}$$

$$= \sqrt{\frac{2 \times 30 \times 3600}{0{,}1 \times 3{,}00}} = 848{,}5$$

Wird die Summe der Lagerkosten und der Bestellkosten für diese optimale Bestellmenge ermittelt, ergibt sich ein Betrag von 254,57 €. Dies zeigt, dass sich gegenüber einer vierteljährlichen Bestellung nur eine minimale Kostenersparnis erreichen ließe. Interessant ist das Berechnen der exakten optimalen Bestellmenge, insbesondere für hochwertige Artikel mit einer hohen Verbrauchsmenge.

Der mathematische Wert ergibt häufig, wie auch in diesem Beispiel, keine Menge, die mit den Gebindegrößen zu vereinbaren ist. So soll die tatsächliche Bestellmenge dieser Weinsorte bei jeweils 900 Flaschen liegen. Der Angebotsvergleich ist daraufhin zu untersuchen, ob es bei dieser optimalen Bestellmenge eventuell veränderte Rabatt- oder Transportkostenbedingungen gibt. Das Weingut Lütz gewährt aber bei den angenommenen 800 Flaschen die gleichen Konditionen wie bei den zu bestellenden 900 Flaschen.

## 4.1.4 Optimaler Bestellzeitpunkt

Gibt die optimale Bestellmenge Auskunft darüber, welcher Teil des Gesamtbedarfs bei einer Bestellung in Auftrag gegeben wird, muss nun ermittelt werden, wann die konkrete Bestellung erfolgen muss. Eine zu frühe Bestellung verursacht unnötige Lagerkosten, eine zu späte Lieferung stört den Produktionsablauf und im Restaurant können bestellte Speisen nicht verkauft werden, weil ein Rohstoff nicht verfügbar ist. Bei der Planung der Bestellzeitpunkte gibt es verschiedene Verfahren.

Beim **Bestellpunktverfahren** wird die Bestellung eingeleitet, wenn die Ware benötigt wird. Dabei ist zu berücksichtigen, dass auch in dem Zeitraum zwischen Bestellung und Lieferung Ware verbraucht wird. Um bei Verbrauchsschwankungen oder Lieferverzögerungen die Produktionsbereitschaft aufrechtzuerhalten, muss eine **eiserne Reserve** eingeplant werden, bei deren Erreichen die neue Lieferung eintreffen sollte. Die Höhe dieser Reserve wird nach Erfahrungswerten festgesetzt und soll für den Landwein 60 Flaschen betragen.

### Beispiel

Bei der Neubestellung des Landweins erhalten wir 900 Flaschen, was bei einem durchschnittlichen Verbrauch von 10 Flaschen pro Tag zu einem Erreichen der eisernen Reserve und dem Eintreffen der nächsten Lieferung nach 84 Tagen führt. Der Bestand wird durch die Lieferung auf 960 Flaschen aufgestockt. Es dauert nun 90 Tage, bis die nächste Lieferung eintrifft. In der dritten Periode verringert sich der Verbrauch auf durchschnittlich 8 Flaschen pro Tag. Normalerweise wäre die nächste Lieferung am 264. Tag eingetroffen, so besteht an diesem Tag noch ein Bestand von 240 Flaschen. Die nächste Lieferung kann also 22 Tage später eintreffen.

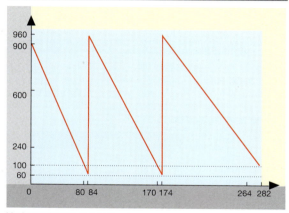

**Verbrauchskurve Landwein**

Ein unterschiedlicher Verbrauch in einzelnen Perioden führt also dazu, dass die Bestellung nicht in gleichen zeitlichen Abständen erfolgt. Da bekannt ist, wie viel Ware durchschnittlich zwischen Bestellung und Lieferung verbraucht wird, kann der Bestand ermittelt werden, bei dem eine Bestellung zu erfolgen hat. Dies ist der sogenannte **Meldebestand**, bei dem die Lagerverwaltung den Auftrag zur Bestellung an den Einkauf meldet.

---

**Meldebestand**

= eiserner Bestand + ( täglicher Verbrauch × Lieferzeit )

= 60 Fl. + ( 10 Fl. × 4 Tage ) = 100 Fl.

---

Die Bestellung erfolgt also nicht in zeitlichen Perioden, sondern bei jeweiligem Erreichen des Meldebestandes. Bestellt wird dann jeweils die vorher ermittelte **optimale Bestellmenge**.

Dieses Verfahren sollte bei hochwertigen Rohstoffen angewandt werden, die hohe Lagerkosten verursachen. Zu seiner Durchführung ist aber eine aufwendigere Lagerbestandskontrolle (vgl. 4.5) notwendig, da jederzeit ein Überblick über die im Lager vorhandenen Rohstoffe gegeben sein muss.

Bei der **auftragsbezogenen Beschaffung** wird der Bestellvorgang erst eingeleitet, wenn ein konkreter Gästeauftrag, z. B. Sonderveranstaltungen, Bankette oder Außer-Haus-Veranstaltungen, vorliegt. Werden durch diese Veranstaltung Rohstoffe verbraucht, die im Bestellpunktverfahren beschafft werden, wird deren Meldebestand eher erreicht.

Das **Bestellrhythmusverfahren** verwendet feste Lieferintervalle. Diese sind häufig auch von den Lieferanten vorgegeben, weil sie einen Betrieb auf ihrer Tour immer an einem bestimmten Wochentag beliefern. Für Artikel mit einem gleichmäßigen Verbrauch oder beschränkter Lagerfähigkeit bietet sich dieses Verfahren an. Bei fixer Bestellmenge ergibt sich ein geringer Verwaltungsaufwand, da weder eine optimale Bestellmenge noch ein Bestelltermin zu ermitteln sind.

Eventuell lässt sich die Neubestellung auch aus den Verbräuchen der letzten Periode ableiten, sodass die Liefermengen variabel sind und bei Lieferung immer eine festgelegte Höchstmenge auf Lager ist.

| Verfahren | Lieferrhythmus | Bestellmenge |
|---|---|---|
| Bestellpunkt-Verfahren | variabel | fix |
| Auftragsbezogene Bestellung | variabel | variabel |
| Bestellrhythmus-Verfahren | fix | fix oder variabel |

## Aufgaben

1. Für einen Artikel liegt folgende Verbrauchsstatistik vor:
   1. Quartal  50 kg   3. Quartal  100 kg
   2. Quartal  70 kg   4. Quartal  80 kg
   a) Stellen Sie den Verbrauch in Form eines Säulendiagramms dar.
   b) Berechnen Sie den durchschnittlichen Verbrauch pro Monat.
2. Erläutern Sie drei Quellen für die Auswahl eines neuen Lieferanten eines Convenience-Produktes.
3. Welche Kosten sind bei unfreier Lieferung vom Käufer zu tragen?
4. Erläutern Sie drei qualitative Aspekte, die Sie bei der Auswahl eines Lieferanten für die Frühstücksbrötchen berücksichtigen würden.
5. Die Lieferbedingungen eines Lieferanten lauten: Nettolistenpreis pro Stück 4,00 €, Lieferung frei Haus, auf den Warenwert gewähren wir bei Sofortzahlung 3 % Skonto. Bei Abnahme über 100 Stück gewähren wir 5 % Mengenrabatt. Ermitteln Sie den Bezugspreis bei einer Abnahmemenge von 150 Stück.
6. Die Kosten für die Beschaffung eines Waschmittels betragen pro Bestellung 5,00 €. Die Lagerkosten betragen 5 % vom durchschnittlichen Lagerwert. Die jährliche Bestellmenge beläuft sich auf 400 Stück und der Preis pro Stück ist 5,00 €.
   Berechnen Sie die optimale Bestellmenge.
7. Beschreiben Sie, welche Funktion die eiserne Reserve hat. Welche Nachteile ergeben sich aus einer zu hohen oder einer zu niedrigen Reserve?

**Infobox Sprache am Ende des Lerninhalts 4!**

## 4.2 Bestellung

### Situation

Ist der Bestellzeitpunkt erreicht, wird die Bestellung i. d. R. durch die Einkaufsabteilung durchgeführt. Beim Bestellpunktverfahren mit gleichbleibenden Bestellmengen lösen computergestützte Warenwirtschaftssysteme diesen Bestellvorgang unter Umständen selbstständig aus. Für jede Bestellung wird ein Bestellschein ausgefüllt, auf dem die wichtigsten Daten dieser Bestellung festgehalten werden. Die Bestellung ist an keine bestimmte Form gebunden. Die meisten Systeme haben ihre eigenen Bestellformulare.
Durch die Bestellung erfolgt die Annahme des Angebots des Lieferanten und es wird dadurch ein Kaufvertrag abgeschlossen.

# 4 Warenannahme / Lagerhaltung

Die Einkaufsabteilung ist anschließend für das Überwachen und Einhalten des vereinbarten Liefertermins zuständig, was anhand der Kopie des Bestellformulars erfolgt. Gleichzeitig hilft dieser Beleg bei der Raumplanung im Lager.

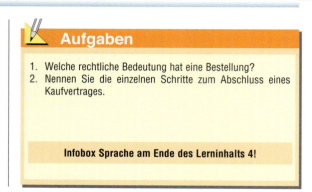

### Aufgaben

1. Welche rechtliche Bedeutung hat eine Bestellung?
2. Nennen Sie die einzelnen Schritte zum Abschluss eines Kaufvertrages.

**Infobox Sprache am Ende des Lerninhalts 4!**

## 4.3 Warenannahme

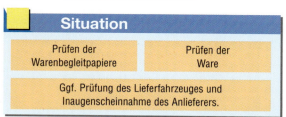

Trifft die bestellte Ware ein, ist eine sorgfältige Kontrolle erforderlich. Dazu wird zunächst der vom Lieferanten erstellte Lieferschein mit dem Bestellschein bzw. dem Angebot verglichen. Es ist zu überprüfen, ob die **richtige Ware in der bestellten Menge** zum vertragsgemäßen Zeitpunkt angeliefert wird. Danach ist die Ware selber zu überprüfen, ob es sich um die Ware handelt, die auf dem Lieferschein ausgewiesen ist, die angegebene Menge stimmt und keine Mängel zu erkennen sind. Ergeben sich Unstimmigkeiten, sind diese auf dem Lieferschein zu vermerken und vom Lieferanten bestätigen zu lassen. Eine spätere **Rechnungskontrolle** muss überprüfen, ob diese Mängel auch bei der Rechnungserstellung berücksichtigt wurden. Nach der **Wareneingangskontrolle** kann die Ware eingelagert werden.

Zur Kontrolle der Lagerbestände wird für jeden Artikel eine Lagerkartei/-datei eingerichtet. Dies kann durch die entsprechende Eintragung im Warenwirtschaftssystem oder tatsächlich durch Anlage einer Karteikarte ausgeführt werden. Am Lagerort der Ware befindet sich eine Lagerfachkarte, in die die Warenzugänge ebenfalls eingetragen werden, siehe auch Kap. 4.5.

Um die vorgenannten Lager- und Verwaltungsaufwendungen einzusparen, nutzen vor allem umsatzstarke Systemgastronomen die **Just-in-Time-Verfahren**. Damit wird die Lagerhaltung auf den Lieferanten übertragen, der zum produktionsunabhängigen Zeitpunkt zu liefern hat (Einsparung von eigenen Lagerkapazitäten = erheblicher Kostenvorteil).

### Aufgaben

1. Erstellen Sie einen Ablaufplan für die Annahme einer Warenlieferung.
2. Erläutern Sie, welche Formulare bei der Annahme einer Warenlieferung erforderlich sind.
3. Kann das Just-in-Time-Verfahren die Lagerhaltung in der Systemgastronomie ersetzen?

**Infobox Sprache am Ende des Lerninhalts 4!**

## 4.4 Lagerhaltung

### Situation

| Kühllagerung in Kellerräumen | Kühllagerung in Kühlschränken/-häusern |
|---|---|
| Konserven | Fleischwaren |
| Kartoffeln | Wurstwaren |
| Wein | Geflügel |
| Schaumwein | Molkereiprodukte |
| Bier | Gemüse |
| alkoholfreie Getränke | Eier |
| Obst | Fische |

Die **Organisation des Lagers** wird durch die Art, die Menge und die Beschaffenheit der Rohstoffe bestimmt. Grundsätzlich ist zu beachten, dass die angelieferten Rohstoffe so zu lagern sind, dass keine Qualitätsverluste während ihrer Lagerdauer eintreten. Gleichzeitig soll aber auch die Lagerhaltung kostenoptimal organisiert sein.

### Lagerbauart

Rohstoffe stellen unterschiedliche Anforderungen an Lagervorrichtungen. Manche Artikel sowie das Leergut können Umwelteinflüssen in einem offenen oder nur überdachten Lager ausgesetzt werden. Die meisten Rohstoffe erfordern aber ein **geschlossenes Lager**, um vor Trockenheit, Feuchtigkeit, Temperaturschwankungen oder Sonneneinstrahlung geschützt zu sein. **Speziallager**, z.B. das Kühlhaus, werden für Rohstoffe mit besonderen Anforderungen benötigt. Außerdem sind gesetzliche Vorgaben zu beachten, welche Artikel voneinander getrennt aufzubewahren sind.

## Lagereinrichtung

Handelt es sich um lose Ware, müssen geeignete Gefäße, ein Tank oder ein Silo vorhanden sein. Verpackte Ware kann in der Regel in Regalen verstaut werden. Ist sie stapelfähig, kann die Einlagerung direkt auf dem Boden oder in einem eingeschossigen Regal erfolgen. Zur Platzersparnis wird sonst auf mehreren Ebenen gelagert.

**Hochregallager**, für die technische Geräte – z.B. Gabelstabler – benötigt werden, sind im systemgastronomischen Bereich kaum zu finden. Ihre Anwendung erfolgt beim Produzenten oder Großhändler zum Teil vollautomatisiert. Wertvollere Rohstoffe können auch zur Sicherheit in extra verschließbaren Schränken aufbewahrt werden.

Zur Lagereinrichtung gehören auch Verlade- und Beförderungseinrichtungen, Verwaltungseinrichtungen wie Aktenschränke, Schreibtische oder EDV-Arbeitsplätze.

## Lageraufbau

Die Einlagerung der Artikel hat so zu erfolgen, dass sie bei Bedarf ohne Zeitverlust und ohne Platzprobleme entnommen werden können. Dabei ist bereits bei der Einlagerung darauf zu achten, dass Ware mit dem kürzesten Haltbarkeitsdatum als Erstes entnommen werden kann. Die räumliche Einteilung des Lagers soll so gestaltet werden, dass die Wege innerhalb des Lagers minimiert werden. Häufig benötigte Waren werden also nicht im hintersten Winkel gelagert.

## Lagerverwaltung

Je nach Größe des oder der Läger wird die personelle Ausstattung des Lagers gestaltet sein. Die erste Tätigkeit der Mitarbeiter ist die ordnungsgemäße Einlagerung der Ware. Sie hat am vorgesehenen Lagerungsort zu erfolgen und muss bei temperaturempfindlichen Artikeln unverzüglich erfolgen. Außerdem ist der Zugang sofort in die Lagerkarteikarte (vgl. 4.5) einzutragen. Alle anderen Bestandsveränderungen (z.B. Warenentnahmen oder Bruch) sind ebenfalls festzuhalten. Zur Pflege des Lagers gehört die Reinigung, die Überwachung der Lagerbedingungen und das Aussortieren verdorbener Artikel. Eine ständige **Qualitätskontrolle** sollte aber den Verderb ausschließen. Ebenso sollte eine ständige **Mengenkontrolle** Schwund oder Diebstahl minimieren. Bei Erreichen der **Meldebestände** ist die Einkaufsabteilung zu informieren und von Produktionsstellen angeforderte Artikel sind herauszugeben.

Durch die Berechnung der optimalen Bestellmenge wird die minimale Summe von Bestellkosten und Lagerkosten ermittelt. Damit eine **Kontrolle der Lagerhaltung** und der mit ihr verbundenen Kosten im Laufe des Jahres erfolgen kann, um frühzeitig Abweichungen der Ist-Zahlen von den geplanten Soll-Zahlen festzustellen, werden verschiedene Lagerkennzahlen herangezogen.

## Lagerkennzahlen

### Durchschnittlicher Lagerbestand

Der durchschnittliche Lagerbestand gibt die durchschnittlich im Lager vorhandene Menge eines Artikels in einer bestimmten Periode an.

Bei gleichmäßiger Bestellmenge ist er zu berechnen:

$$\text{Reservebestand} + \frac{\text{Bestellmenge}}{2}$$

Aus der Jahresinventur ist er zu berechnen:

$$\text{Durchschnittlicher Lagerbestand} = \frac{\text{Jahresanfangsbestand} + \text{Jahresendbestand}}{2}$$

Bei kürzeren Perioden und unterschiedlichen Bestellmengen gilt die Formel:

$$\frac{\text{Summe der Durchschnittsbestände}}{\text{Anzahl der Perioden}}$$

# 4 Lagerhaltung

## Durchschnittlicher Lagerbestand

Durch die erstmalige Bestellung von 900 Flaschen und dem Eintreffen der zweiten Lieferung beim Erreichen der Mindestreserve ist der durchschnittliche Lagerbestand in der ersten Periode (900 + 60) : 2 = 480 Flaschen. In der zweiten Periode ist der Durchschnittsbestand (960 + 60) : 2 = 510 Flaschen.

| Soll-Werte | Ist-Werte |
|---|---|
| $\dfrac{\frac{(900+60)}{2}+\frac{(960+60)}{2}+\frac{(960+60)}{2}}{3}$ | $\dfrac{\frac{(900+60)}{2}+\frac{(960+60)}{2}+\frac{(960+240)}{2}}{3}$ |
| = 500 Flaschen | = 530 Flaschen |

## Lagerumschlagshäufigkeit

Sie gibt an, wie oft der durchschnittliche Lagerbestand mengen- oder wertmäßig in einer Periode entnommen bzw. erneuert wurde:

$$\text{Lagerumschlagshäufigkeit} = \frac{\text{Verbrauch einer Periode}}{\text{durchschnittlicher Lagerbestand}}$$

Als Periode kann der Zeitraum von einem Monat bis zu einem Jahr betrachtet werden, wobei natürlich bei längerem Betrachtungszeitraum die Lagerumschlagshäufigkeit steigt oder, anders gesagt, immer nur gleiche Perioden miteinander verglichen werden können.

### Lagerumschlagshäufigkeit

| Soll-Werte | Ist-Werte |
|---|---|
| $\dfrac{2640 \text{ Flaschen}}{500 \text{ Flaschen}} = 5{,}28$ | $\dfrac{2460 \text{ Flaschen}}{530 \text{ Flaschen}} = 4{,}64$ |

Anm.: Nur bei einer Vorratshaltung ohne Mindestreserve ergibt eine dreimalige Bestellung die doppelte Lagerumschlagshäufigkeit von 6.

## Durchschnittliche Lagerdauer

Sie gibt an, wie viele Tage eine Ware durchschnittlich gelagert wurde.

$$\text{Durchschnittliche Lagerdauer} = \frac{360}{\text{Lagerumschlagshäufigkeit}}$$

Bei entsprechend kürzerer Betrachtungsdauer wird dieser Zeitraum im Zähler eingesetzt.

### Durchschnittliche Lagerdauer

| Soll-Werte | Ist-Werte |
|---|---|
| $\dfrac{264}{5{,}28} = 50$ Tage | $\dfrac{264}{4{,}64} = 56{,}9$ Tage |

## Lagerzinssatz

Der Wert der Vorräte stellt für den Betrieb **totes Kapital** dar, da sie bereits beim Lieferanten bezahlt wurden, aber noch keinen Umsatz erwirtschaftet haben. Je schneller die Ware also umgeschlagen wird, desto geringer sind die verursachten Zinsen.

$$\text{Lagerzinssatz} = \frac{\text{Jahreszinssatz} \times \text{durchschnittliche Lagerdauer}}{360}$$

### Lagerzinssatz

| Soll-Werte | Ist-Werte |
|---|---|
| $\dfrac{6\% \times 50 \text{ Tage}}{360 \text{ Tage}} = 0{,}83\%$ | $\dfrac{6\% \times 56{,}9 \text{ Tage}}{360 \text{ Tage}} = 0{,}95\%$ |

Durch den geringeren Verbrauch der neuen Weinsorte als ursprünglich angenommen, steigen der durchschnittliche Lagerbestand und die durchschnittliche Lagerdauer, während die Lagerumschlagshäufigkeit sinkt. Die **Lagerkosten** sind höher als geplant, was sich auch im höheren Lagerzinssatz ausdrückt. Höhere Lagerkosten wiederum wirken sich auf die optimale Bestellmenge aus, da ein höherer Lagerkostenfaktor eine geringere optimale Bestellmenge ergibt. Wird zukünftig eine geringere Menge bestellt, muss häufiger bestellt werden.

## Aufgaben

1. Erläutern Sie für folgende Rohstoffe unterschiedliche Anforderungen an die Lagerhaltung:
   Kartoffeln
   Tiefkühlerbsen
   Frischfleisch
2. Die Küche des „Green Paradise" benötigt jährlich 1 080 Dosen Mischgemüse. Die Lagerkosten pro Karton (Inhalt 12 Dosen) betragen 5,00 € im Jahr. Bei einer eisernen Reserve von 10 Dosen werden jeweils 36 Dosen bestellt. Der Bezugspreis pro Dose beträgt 2,00 €, der Jahreszinssatz 7 % und der Betrieb ist 360 Tage im Jahr geöffnet.
   Berechnen Sie:
   a) den durchschnittlichen Lagerbestand,
   b) die Lagerumschlagshäufigkeit,
   c) die durchschnittliche Lagerdauer,
   d) den Lagerzinssatz.
3. In einem Restaurant mit 360 Öffnungstagen beträgt die durchschnittliche Lagerumschlagshäufigkeit 40,0. Durch eine Verringerung der Bestellhäufigkeit sinkt die Lagerumschlagshäufigkeit auf 36.
   Berechnen Sie die neue durchschnittliche Lagerdauer.
   Zeigen Sie, welche Auswirkungen diese Maßnahme auf die Lagerkosten hat.
4. Die durchschnittliche Lagerdauer eines Artikels in einem Betrieb mit 360 Öffnungstagen beträgt 10 Tage.
   Wie hoch ist der durchschnittliche Lagerbestand, wenn sich der Jahresverbrauch dieses Artikels auf 720 Stück beläuft?

**Infobox Sprache am Ende des Lerninhalts 4!**

## 4.5 Warenentnahme

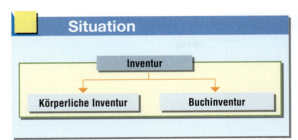

Die Organisation der Warenentnahme ist häufig eine betriebliche Schwachstelle. Waren werden oft ohne entsprechende Belege aus dem Lager entnommen und die Entnahme wird dann auch nicht in den Formularen, z. B. der Lagerkarteikarte, festgehalten. Der Verbrauch eines Artikels kann dann nur mithilfe einer **Inventur** ermittelt werden. Durch die Inventur erfasst der Systemer alle Vermögensgegenstände, u. a. auch die Waren. Dadurch erfolgt eine mengen- und wertmäßige Bestandsaufnahme (s. a. Kap. 4.6.8).

> Anfangsbestand
> + Zugänge
> ./. Schlussbestand lt. Inventur
> = Ist-Verbrauch

Die **Kontrolle des Ist-Verbrauchs** erfolgt über einen Vergleich mit dem Soll-Wareneinsatz. Durch eine **Verkaufsstatistik** kann die Anzahl der einzelnen verkauften Artikel ermittelt werden. Bei Getränken in Flaschenform müsste die Anzahl der verkauften Flaschen mit der Anzahl der verbrauchten Flaschen übereinstimmen. Eine Kontrolle ist halbwegs möglich. Soll der Verbrauch bei Speisen kontrolliert werden, müssen Rezepturen vorliegen, aus denen der Verbrauch der einzelnen Komponenten errechnet werden muss. Ein sehr aufwendiges Verfahren, vorausgesetzt, es liegen überhaupt Rezepturen vor. So wird die Kontrolle praktisch wohl allein auf die Wareneinsatzquote in der kurzfristigen Erfolgsrechnung beschränkt. Im Zeit- oder Betriebsvergleich werden zu hohe Werte dort zwar erkannt, aber eine Analyse der Fehlerquellen ist nur unzureichend möglich.

Für größere Betriebe ist es deshalb erforderlich, Warenentnahmen nur mithilfe von Materialanforderungen bzw. **Materialentnahmescheinen** zuzulassen.

**Materialanforderung**
Datum: 02. 04. 20..
Artikel: Landwein der Mosel
Artikelnummer: 98
Menge: 60
anfordernde Stelle: Büfett
Ware erhalten: Kunze
eingetragen: Wolf

Die getätigten Entnahmen werden in die Lagerkartei oder im Warenwirtschaftssystem eingetragen. Auch **Verderb** und **Bruch** müssen verzeichnet werden.

Auch in der Lagerfachkarte werden die Zu- und Abgänge vermerkt.

**Lagerfachkarte**
Artikel: Landwein der Mosel
Artikelnummer: 68

| Datum | Zugang | Abgang | Bestand Menge |
|---|---|---|---|
| 01.04.20.. | 900 | | |
| 03.04.20.. | | 60 | 840 |
| 09.04.20.. | | 90 | 750 |
| 10.04.20.. | | 20 | 730 |
| 18.04.20.. | | 80 | 650 |
| 25.04.20.. | | 60 | 590 |
| 01.05.20.. | | 12 | 578 |
| 01.05.20.. | | 60 | 518 |

Dann ist es möglich, einen Sollbestandswert zu ermitteln:

> Anfangsbestand
> + Zugänge
> ./. Abgänge
> = Sollbestand

Der Vergleich von Soll- und Ist-Bestand lässt die Abweichungen erkennen und es kann nach den Ursachen geforscht werden. Infrage kommen

▶ Verwechslungen bei der Herausgabe
▶ Entnahmen ohne Materialanforderung
▶ Bruch oder Verderb wurden nicht eingetragen
▶ Falscheintragungen in der Lagerfachkarte
▶ Zählfehler bei der Inventur

# 4 Warenwirtschaftssystem

**Lagerkartei**  Lieferant: _Lütz_

Artikel: _Landwein der Mosel_
Artikel-Nr.: _68_  TK ☐  Konserve ☐

| Mindestbestand: | 60 | | Meldebestand: | 100 | Bestellmenge: | 900 | Bestand: | |
|---|---|---|---|---|---|---|---|---|
| Datum | Zugang | | Abgang | | | | | |
| | Zugang | Preis/Fl. (€) | Abteilung | Menge | Preis/Fl. (€) | Menge | Bestandwert (€) | |
| 01.04.20.. | 900 | 3,00 | | | | | | |
| 03.04.20.. | | | Büfett | 60 | 3,00 | 840 | 2520,00 | |
| 09.04.20.. | | | Büfett | 90 | 3,00 | 750 | 2250,00 | |
| 10.04.20.. | | | Bankett | 20 | 3,00 | 730 | 2190,00 | |
| 18.04.20.. | | | Büfett | 80 | 3,00 | 650 | 1950,00 | |
| 25.04.20.. | | | Büfett | 60 | 3,00 | 590 | 1770,00 | |
| 01.05.20.. | | | Bruch | 12 | 3,00 | 578 | 1734,00 | |
| 01.05.20.. | | | Büfett | 60 | 3,00 | 518 | 1554,00 | |

Diese Organisationsmängel beruhen auf Fehlern der Mitarbeiter und müssen für eine effektive Kontrolle abgestellt werden. Denn wenn keine organisatorischen Fehler vorliegen, kann eine Abweichung nur noch auf Diebstählen beruhen.

Das Verfahren mit Materialanforderungen ist arbeitsintensiver und damit verursacht es auch höhere Kosten. Es ist also zu prüfen, wie oft ein Vergleich der Bestände durchgeführt wird. Dies hängt natürlich von der wertmäßigen Abweichung ab. Die Kontrolle darf nicht höhere Kosten verursachen, als sie durch die frühzeitige Entdeckung von Unregelmäßigkeiten einsparen kann. Im Idealfall würde eine jährliche Stichtagsinventur genügen. In anderen Fällen wird z. B. am Büfett ein Zwischenlager eingerichtet und bei jeder Dienstübergabe an den nächsten Mitarbeiter eine Inventur durchgeführt.

Ergeben sich keine Differenzen zwischen Soll- und Ist-Bestand oder konnten diese Differenzen aufgeklärt werden, ist festzustellen, dass ein zu hoher Wareneinsatz nicht auf Fehlern in der Lagerhaltung beruht.

### Aufgaben

1. Zeigen Sie zwei Möglichkeiten auf, den Ist-Warenverbrauch zu ermitteln.
2. Erläutern Sie drei Gründe, warum Soll-Bestand und Ist-Bestand bei der Lagerkontrolle voneinander abweichen können.
3. Welche Umstände würden Sie veranlassen, in Ihrem Betrieb Warenentnahmescheine einzuführen?
4. Der Anfangsbestand einer Weinsorte betrug 400 Flaschen, der Endbestand 600 Flaschen.
   Wie viele Flaschen betrug der Einkauf während des Jahres, wenn 30 Flaschen Bruch zu berücksichtigen sind?
5. Führen Sie auf, welche Lagervorgänge in einer Lagerfachkarte festgehalten werden müssen.
6. Führen Sie eine Lagerfachkarte für eine Gemüsekonserve. Anfangsbestand am 01.04. 40 Dosen, Zukäufe am 12.04. 30 Dosen und am 27.04. 24 Dosen. Entnahme am 03.04. 5 Dosen, am 11.04. 20 Dosen, am 22.04. 25 Dosen. Am 23.04. stellen wir eine Bombage von 3 Dosen fest und am 28.04. entnimmt der Unternehmer 5 Dosen für private Zwecke. Der Schlussbestand laut Inventur beträgt am 30.04. 12 Dosen. Wie hoch ist die Differenz zwischen Soll- und Ist-Bestand?

**Infobox Sprache am Ende des Lerninhalts 4!**

## 4.6 Warenwirtschaftssystem

### Situation

Das Unternehmen „Restaurant Green Paradise GmbH & Co. KG" betreibt mittlerweile 25 Restaurants im Inland und 7 im europäischen Ausland im Filial-System. Darüber hinaus konnten 18 Franchisepartner für diesen Betriebstyp gewonnen werden.
Das Marketingkonzept schreibt im Restaurantbereich einen Full Service vor. Es sind jedoch Überlegungen im Gange, ein Fast-Food-Modul im vegetarischen Snack-Bereich für Hochfrequenzlagen im Markt zu penetrieren.

In einer Betriebsleiter-Tagung wurde über die Vereinheitlichung des Warenwirtschaftssystems gesprochen, da die in den Betrieben installierten Hard- und Software-Systeme unterschiedlich angelegt sind und zu Komplikationen führen. Es wird ein Projekt-Team aus Mitarbeitern der Zentrale, Restaurant- und Hotelleiter gebildet. Ihre Aufgabe ist die Erarbeitung eines Anforderungskatalogs aus der Sicht der Zentrale, der Full-Service-Restaurants, der Hotels und möglicher Fast-Food-Module.

# 4 Warenwirtschaftssystem

## 4.6.1 Entwicklung

In der Vergangenheit stand die Umsatzkontrolle im Fokus der Betrachtung. Die Kassen lieferten täglich verlässliche Daten, die i.d.R. manuell in Listen erfasst und mit Vorjahreswerten verglichen wurden.

Mit zunehmender Professionalität und Zentralisierung gastronomischer Betriebe reichten diese Informationen nicht mehr aus. Die Schnelllebigkeit von Konzepten machte es dringend erforderlich, zeitnah und detailliert Aufschluss über die Rentabilität zu erhalten.

Die ersten Statistiken zeigten die Umsatzentwicklung im Verhältnis zum Vorjahr bzw. zur Planung und die Entwicklung des Deckungsbeitrags 1 (Brutto-Umsatz ./. Bedienungsgeld ./. MwSt. ./. Wareneinsatzkosten ./. Personalkosten).

Diese Daten wurden der Buchhaltung entnommen und monatlich ermittelt.

Erst die EDV ermöglichte es, weitreichendere Informationen zu liefern. Das Auswerten einzelner Produkte gehört heute zum Alltag. So werden zeitnahe Entscheidungen möglich, um geeignete Maßnahmen zu ergreifen.

Die ersten Warenwirtschaftssysteme entwickelten sich aus den Erfahrungen der Handelsbetriebe. Dies war naheliegend, weil die bedeutenden gastronomischen Filial-Systeme Handelskonzernen angehören. Da der Handel keine Produktionsphase hat, konnten die ersten Systeme die Bedürfnisse der Gastronomie nicht ausreichend erfüllen.

## 4.6.2 Anforderungen

Grundsätzlich soll ein **Warenwirtschaftssystem**:
- verlässlich sein,
- einfach zu handhaben,
- täglich nur geringen Zeitaufwand erfordern,
- kompatibel sein – Systeme und Hardware,
- DFÜ – internetfähig und
- 24-Stunden-Service (Telefon bzw. Internet) bieten.

Neben diesen grundsätzlichen Anforderungen wollen wir mit dem Einsatz eines Warenwirtschaftssystems Folgendes erreichen:

- Sicherstellen der vollständigen, termingerechten, qualitativ einwandfreien Warenbeschaffung
- Sicherstellen der absatzorientierten Produktion
  - Produkte
  - Mengen
  - Zeit

- Detaillierte Ermittlung der produktionsbedingten Kosten
  - Wareneinsatz
  - Personalkosten

- Übersicht über Lagerbestände
  - Art
  - Menge
  - Preis
  - MHD/Verfalldaten

- Kontrolle der Einkaufspreise
  - gemäß Angebot
  - Monats-, Tagespreise
  - vereinbarte Qualität
  - erst nach Abgleich Freigabe der Zahlung

- Kontrolle der Ergebnisse – täglich und periodisch
  - Umsatz total, pro Artikelgruppe, pro Artikel
  - Warenrohertrag total, pro Artikelgruppe, pro Artikel
  - Entwicklung der Primecost

- Forecast
  - Veränderung von Parametern eingeben können

Über diese Anforderungen hinaus wird jedes Unternehmen eigene Anforderungen an ein System haben, z.B.:

- Vernetzung zwischen Systemzentrale und Filialen/Franchisebetrieben,

- Berücksichtigung der vorhandenen Betriebsmodule, z.B. Restaurant, Fast-Food-Counter, Tagungen, Außer-Haus-Service, Shop,

- Berücksichtigung unterschiedlicher Systeme, z.B. eigene Konzepte plus Kooperationskonzepte (Systemzentrale ist selbst Franchisenehmer oder Systempartner anderer Kooperationssysteme).

## 4.6.3 Einkauf und Bestellwesen

Die Systemzentrale entwickelt i.d.R. einen **Ordersatz** für die Systembetriebe. Dieser Ordersatz enthält: Systemlieferanten, Artikel, Gebinde, Qualitätsbezeichnung, EK-Preise, ggf. sonstige von der Zentrale ausgehandelten Lieferungs- und Zahlungsbedingungen. In Filial-Systemen dürfen die Betriebe i.d.R. nur bei gelisteten Lieferanten gelistete Waren bestellen. Die Rechnungsregulierung ist auch nur bei Systemlieferanten möglich. **Systemlieferanten** können durchaus auch regionale Lieferanten sein, die Regionen oder Einzelstandorte beliefern.

# 4 Warenwirtschaftssystem

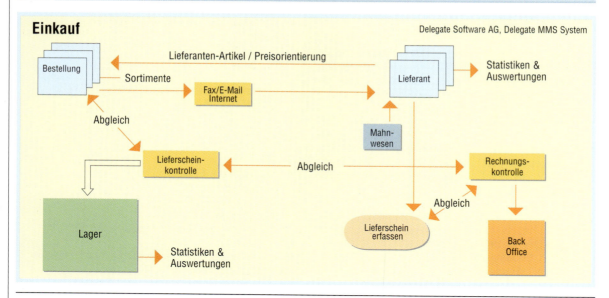

Bei Franchise-Systemen haben die Franchisenehmer eine Wahlfreiheit, die jedoch ihre Begrenzung in festen Rezepturen mit festgelegten Qualitäten hat.
Das **Warenwirtschaftssystem** soll Folgendes ermöglichen:
- Ordersatz wird in der Zentrale erstellt und kann an alle Systempartner per E-Mail oder Internet übermittelt werden.
- Veränderungen, wie Preise, Produkte, werden zentralseitig eingegeben – Systembetriebe werden informiert. Lediglich für die Änderungen örtlicher Lieferanten müssen die Stammdaten in den Systembetrieben erfasst werden.
- WW-System ermittelt Bestellvorschläge (aufgrund von zuvor eingegebenen Mindestbestandsmengen und der Abverkaufsmengen gemäß Rezepturvorgaben).
- Bestellungen können per Fax/E-Mail/Internet abgesandt werden.
- Bestellvorgänge können nur von autorisierten Personen vorgenommen werden.
- WW-System informiert, wenn Liefertermine nicht eingehalten werden (Kontrolle durch Wareneingangsdaten).
- Bestellungen werden nach Lieferant, Warenart, Liefermengen, Lieferwert zugeordnet und statistisch ausgewertet.

Der Bestellvorgang ist somit für die einzelnen Betriebe ohne großen Aufwand möglich.
Idealerweise kann auf Papierausdrucke verzichtet werden, siehe Abbildung.

## 4.6.4 Wareneingang

Das WW-System soll helfen, erste Fehlerquellen zu vermeiden. Trotz präziser Mitarbeiteranweisung in den Manuals, wie Anschrift, äußeren Zustand der Verpackung prüfen, Art, Menge, Qualität, MHD/Verfalldaten kontrollieren, sind immer wieder Fehler zu beklagen. Mobile Erfassungsgeräte leisten hier und bei der Inventur gute Dienste.

**Anforderungen an das WW-System** beim Wareneingang:
- Eingabe der Lieferscheindaten werden mit Bestellung abgeglichen
- Art, Menge, Qualität, MHD/Verfalldaten werden in der Bestandsdatei erfasst
- Zuordnung der Waren zu den einzelnen Kostenstellen (Module mit: Restaurant, Shop, Fast-Food-Counter) und Lagerplätzen
- Vernetzung zur Finanzbuchhaltung in den einzelnen Betrieben bzw. Zentrale (bei zentralseitiger Rechnungsregulierung). Erfassen der Einzellieferungen nach Lieferant und Zeitraum (Möglichkeit der Sammelrechnung)
- Vernetzung zur Rezepturdatei und Verknüpfung mit den Verkaufskassen zur Ermittlung des aktuellen Warenbestandes (Voraussetzung zum Auslösen von Bestellvorschlägen; theoretischer Inventurbestand als Vorgabe zur Ist-Aufnahme)
- Erfassen von EK-Preisänderungen in der Kalkulation der Einzelrezepturen (automatische Anpassung der Wareneinsatzkosten) in Euro und in % vom Nettoumsatz

## 4.6.5 Produktion

In der Gastronomie werden Einzelartikel zu neuen Produkten verarbeitet. Damit die o. g. Anforderungen an das WW-System erfüllt werden können, bedarf es einer genauen **Rezeptierung** aller Artikel. Je nach dem Grad der Zentralisierung wird diese Aufgabe von den Zentralen vorgenommen. So sind z. B. die Sortimente mit genauen **Rezepturen** in vielen Systemunternehmen im Fast-Food-Segment zentralseitig verbindlich vorgegeben. Es gehört zu ihrem Systemauftritt, dass der Gast an jedem Standort gleiche Produkte mit gleicher Qualität erhält.

In Systembetrieben mit einem breiteren Sortiment und einer höheren Produktionstiefe wird i. d. R. zwischen Kernsortimenten (verbindlich für alle Betriebe) und Wahlsortimenten unterschieden.

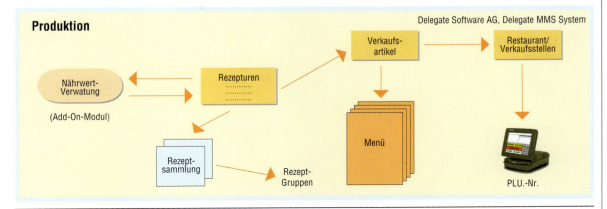

Hier ist es Aufgabe der Betriebe, die **Rezepturverwaltung** auf dem aktuellen Stand zu halten. Disziplin aller Betriebe ist gefordert. Es dürfen nur Produkte angeboten werden, für die eine aktuelle Rezeptur unterlegt ist.

Anforderung an das WW-System:
▶ Einfache Handhabung
▶ Artikel-Nr./EAN-Nr. des Lieferanten werden automatisch aus der Lagerdatei übernommen
▶ Aktuelle EK-Preise (einschließlich Wochen- und Tagespreise) werden aus der Lagerdatei übernommen
▶ Verknüpfung mit den Verkaufskassen (Verkaufspreise der einzelnen Produkte; VK-Preisänderungen werden automatisch berücksichtigt)
▶ Nach Eingabe von %-Werten für Portionsverlust und Schwund wird der Wert errechnet
▶ Errechnung von: Wareneinsatz in Euro, Aufschlag in Euro und in %, Ermittlung des Netto-VKs nach Vorgabe des MwSt.-Satzes, Ermittlung des Kalkulationsfaktors

## 4.6.6 Umsatzerfassung

Das Kassensystem muss mit dem Warenwirtschaftssystem verknüpft sein. Nur so erhalten wir die erforderlichen Informationen über Umsatzwertigkeit und Ertragswertigkeit einzelner Produkte, Produktgruppen oder der einzelnen Betriebsmodule.
Voraussetzung ist die exakte Zuordnung von Umsätzen und Kosten. Das **Warenwirtschaftssystem** benötigt vom **Kassensystem** folgende Informationen:
▶ Welche Produkte wurden in welcher Menge zu welchem Verkaufspreis kassiert
▶ Ggf. Sonderkonditionen (Rabatte, Einladungen) für einzelne Kassiervorgänge
▶ Umsatzaufgliederung bei Menüpreisen (z. B. Food, Beverage, Sonstiges wie Give-away)

▶ Umsatzaufgliederung bei Komplettpreisen (z. B. Tagungspreis, Bankett); ggf. manuelle Erfassung von autorisierten Personen
▶ Umsatzzuordnung zu den einzelnen Betriebsmodulen – unabhängig vom Kassenplatz

## 4.6.7 Rechnungsbegleichung

In Pkt. 4.6.4 wurde bereits darauf hingewiesen, dass das WW-System den Abgleich von gelieferter Ware (Art, Menge, Qualität und Preis) mit der Rechnung vornimmt. Es gibt Systeme, die den Zahlungsvorgang nur aufgrund der tatsächlich gelieferten Ware und zu dem vereinbarten Preis begleichen. Das heißt, nicht die Rechnung, sondern die Warenlieferung löst den Zahlvorgang aus.
Es muss auf alle Fälle sichergestellt werden, dass zu jeder Rechnung ein vom Wareneingang kontrollierter **Lieferschein** vorhanden ist. Erst danach kann die Zahlung angewiesen werden.

## 4.6.8 Inventur

Das Warenwirtschaftssystem kann durch die laufende Fortschreibung der Warenbestände einen theoretischen **Warenbestand** ermitteln.
Die körperliche Bestandsaufnahme (Zählen, Messen, Wiegen des gesamten Warenbestandes) wird von den einzelnen Systembetrieben unterschiedlich gehandhabt. So werden in einem bekannten Fast-Food-Unternehmen z. B. alle wesentlichen Produkte **täglich** gezählt. Eine Komplettinventur wird **wöchentlich** vorgenommen. Andere Systembetriebe nehmen eine **monatliche** Inventur vor. Wieder andere führen Inventuren im **vierteljährlichen** Rhythmus durch. Unter gewissen Umständen ist auch die Stichprobeninventur als Methode der Bestandsaufnahme zugelassen (s. hierzu *§ 241 HGB*).

## 4.6.9 Statistische Auswertung

In der Einleitung wurde bereits auf die Notwendigkeit von statistischen Auswertungen hingewiesen. Gerade in der Systemgastronomie benötigen wir zeitnahe Auswertungen. Umsätze und Erträge, die der Betrieb heute nicht erwirtschaftet, sind i. d. R. verlorene Umsätze (Ausnahmen: Verschiebung von Feiertagen, Ferien usw.).

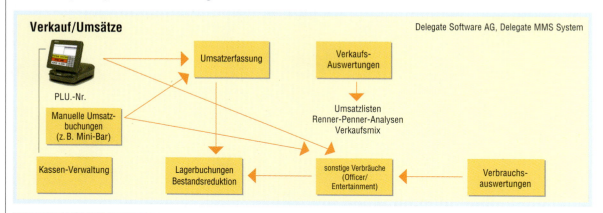

Einerseits helfen **Statistiken** bei der Budgetplanung, z. B.

- Jahres-, Monats-, Tagesumsatzplanungen,
- Ergebnisplanungen,
- Personaleinsatzplanungen.

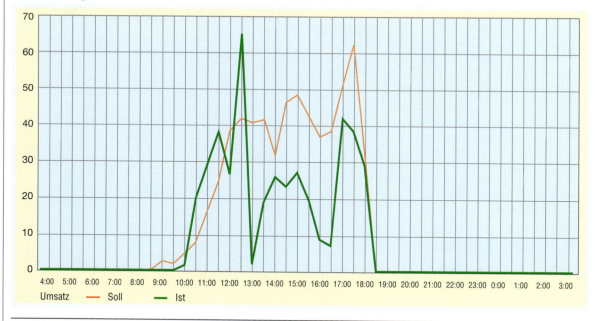

Anderseits zeigen Statistiken den tatsächlichen Status im laufenden Geschäftsjahr/Monat/Tag.
Vom **Warenwirtschaftssystem** wird benötigt:
- Vergleich: Ist – Budget – Vorjahr
- Umsatz nach Zeitperioden (umsatzstarke/umsatzschwache Zeiten)
- Sparten-, Produktgruppenergebnisse (Umsatz, Wareneinsatzkosten, Primecost)
- Einzelproduktergebnisse (Umsatz-, Ertragsanteil)

- Auswirkungen von Aktionen auf Umsatz und Ertrag
- Renner-/Penner-Liste
- Ertragsbringer

Die Lerninhalte des vorstehenden Kapitels fließen in den **Managementreport** ein, der auf den folgenden Seiten am Beispiel der Firma „Le Buffet" dargestellt ist.

# Managementreport 1

Le Buffet System-Gastronomie und Dienstleistungs-GmbH, 45133 Essen  
Haus: Musterhaus  Nr.: 123.456  
27-Nov-07 Berichtsmonat: Einzelmonat: November  2006

**Betriebsergebnisrechnung**  
Abrechnungsmonat: November 2006  
Aufgelaufen (kumuliert) Januar bis Berichtsmonat: November 2006

| Lfd. Nr. | BEZEICHNUNG | T€ IST | % v.Netto | T€ BUDGET | % v.Netto | Abweich. v.BUDGET T€ | v.Budget % | T€ VORJAHR | % v.Netto | Abweich. VORJAHR T€ | Vorjahr % | T€ IST | % v.Netto | T€ BUDGET | % v.Netto | Abweich. v.BUDGET T€ | v.Budget % | T€ VORJAHR | % v.Netto | Abweich. VORJAHR T€ | Vorjahr % |
|---|---|---|---|---|---|---|---|---|---|---|---|---|---|---|---|---|---|---|---|---|---|
| 1 | Bruttoumsatz Gastronomie | 87,4 | 115,95 | 82,7 | 115,99 | 4,7 | 5,66 | 89,6 | 115,97 | -2,2 | -2,50 | 857,8 | 115,98 | 838,5 | 115,99 | 19,3 | 2,30 | 841,9 | 115,98 | 15,9 | 1,89 |
| 2 | Umsatzsteuer | 12,0 | 15,95 | 11,4 | 15,99 | 0,6 | 5,41 | 12,3 | 15,97 | -0,3 | -2,64 | 118,2 | 15,98 | 115,6 | 15,99 | 2,6 | 2,22 | 116,0 | 15,98 | 2,2 | 1,87 |
|   | Nettoumsatz |   |   |   |   |   |   |   |   |   |   |   | 100,00 |   | 100,00 |   |   |   |   |   |   |
|   | Le Buffet Free-Flow | 0,0 | 0,00 | 0,0 | 0,00 | 0,0 | 0,00 | 0,0 | 0,00 | 0,0 | 0,00 | 0,0 | 0,00 | 722,9 | 100,00 | 0,0 | 0,00 | 0,0 | 0,00 | 0,0 | 0,00 |
|   | Bedienungsrestaurant | 0,0 | 0,00 | 0,0 | 0,00 | 0,0 | 0,00 | 0,0 | 0,00 | 0,0 | 0,00 | 0,0 | 0,00 | 0,0 | 0,00 | 0,0 | 0,00 | 0,0 | 0,00 | 0,0 | 0,00 |
|   | Cafeteria | 0,0 | 0,00 | 0,0 | 0,00 | 0,0 | 0,00 | 0,0 | 0,00 | 0,0 | 0,00 | 0,0 | 0,00 | 0,0 | 0,00 | 0,0 | 0,00 | 0,0 | 0,00 | 0,0 | 0,00 |
|   | Kuchenstand/-tisch | 0,0 | 0,00 | 0,0 | 0,00 | 0,0 | 0,00 | 0,0 | 0,00 | 0,0 | 0,00 | 0,0 | 0,00 | 0,0 | 0,00 | 0,0 | 0,00 | 0,0 | 0,00 | 0,0 | 0,00 |
|   | Cafe' | 0,0 | 0,00 | 0,0 | 0,00 | 0,0 | 0,00 | 0,0 | 0,00 | 0,0 | 0,00 | 0,0 | 0,00 | 0,0 | 0,00 | 0,0 | 0,00 | 0,0 | 0,00 | 0,0 | 0,00 |
|   | Imbißstand/Hot Dog | 0,0 | 0,00 | 0,0 | 0,00 | 0,0 | 0,00 | 0,0 | 0,00 | 0,0 | 0,00 | 0,0 | 0,00 | 0,0 | 0,00 | 0,0 | 0,00 | 0,0 | 0,00 | 0,0 | 0,00 |
|   | Eisstand | 0,0 | 0,00 | 0,0 | 0,00 | 0,0 | 0,00 | 0,0 | 0,00 | 0,0 | 0,00 | 0,0 | 0,00 | 0,0 | 0,00 | 0,0 | 0,00 | 0,0 | 0,00 | 0,0 | 0,00 |
| 3 | Nettoumsatz Gastronomie | 75,4 | 100,00 | 71,3 | 100,00 | 4,1 | 5,70 | 77,3 | 100,00 | -1,9 | -2,48 | 739,7 | 100,00 | 722,9 | 100,00 | 16,8 | 2,32 | 725,9 | 100,00 | 13,7 | 1,89 |
| 3 a | Absatzleistung Treib-/Schmierstoffe m² | 0,0 |   | 0,0 |   | 0,0 | 0,00 | 0,0 |   | 0,0 | 0,00 | 0,0 |   | 0,0 |   | 0,0 | 0,00 | 0,0 |   | 0,0 | 0,00 |
| 3 b | Absatzleistung Treib-/Schmierstoffe | 0,0 |   | 0,0 |   | 0,0 | 0,00 | 0,0 |   | 0,0 | 0,00 | 0,0 |   | 0,0 |   | 0,0 | 0,00 | 0,0 |   | 0,0 | 0,00 |
| 3 c | Absatzleistung incl. Treib-/Schmierstoffe | 75,4 |   | 71,3 |   | 4,1 |   | 77,3 |   | -1,9 |   | 739,7 |   | 722,9 |   | 16,8 |   | 725,9 |   | 13,7 |   |
|   | Wareneinsatz |   |   |   |   |   |   |   |   |   |   |   |   |   |   |   |   |   |   |   |   |
|   | Le Buffet Free-Flow | 0,0 | 0,00 | 0,0 | 0,00 | 0,0 | 0,00 | 0,0 | 0,00 | 0,0 | 0,00 | 0,0 | 0,00 | 239,5 | 33,13 | 0,0 | 0,00 | 0,0 | 0,00 | 0,0 | 0,00 |
|   | Bedienungsrestaurant | 0,0 | 0,00 | 0,0 | 0,00 | 0,0 | 0,00 | 0,0 | 0,00 | 0,0 | 0,00 | 0,0 | 0,00 | 0,0 | 0,00 | 0,0 | 0,00 | 0,0 | 0,00 | 0,0 | 0,00 |
|   | Cafeteria | 0,0 | 0,00 | 0,0 | 0,00 | 0,0 | 0,00 | 0,0 | 0,00 | 0,0 | 0,00 | 0,0 | 0,00 | 0,0 | 0,00 | 0,0 | 0,00 | 0,0 | 0,00 | 0,0 | 0,00 |
|   | Kuchenstand/-tisch | 0,0 | 0,00 | 0,0 | 0,00 | 0,0 | 0,00 | 0,0 | 0,00 | 0,0 | 0,00 | 0,0 | 0,00 | 0,0 | 0,00 | 0,0 | 0,00 | 0,0 | 0,00 | 0,0 | 0,00 |
|   | Cafe' | 0,0 | 0,00 | 0,0 | 0,00 | 0,0 | 0,00 | 0,0 | 0,00 | 0,0 | 0,00 | 0,0 | 0,00 | 0,0 | 0,00 | 0,0 | 0,00 | 0,0 | 0,00 | 0,0 | 0,00 |
|   | Imbißstand/Hot Dog | 0,0 | 0,00 | 0,0 | 0,00 | 0,0 | 0,00 | 0,0 | 0,00 | 0,0 | 0,00 | 0,0 | 0,00 | 0,0 | 0,00 | 0,0 | 0,00 | 0,0 | 0,00 | 0,0 | 0,00 |
|   | Eisstand | 0,0 | 0,00 | 0,0 | 0,00 | 0,0 | 0,00 | 0,0 | 0,00 | 0,0 | 0,00 | 0,0 | 0,00 | 0,0 | 0,00 | 0,0 | 0,00 | 0,0 | 0,00 | 0,0 | 0,00 |
| 4 | Aufwand bez. Ware incl. Boni / Skonti | 25,1 | 33,25 | 23,6 | 33,13 | 1,4 | 6,09 | 25,8 | 33,44 | -0,8 | -3,04 | 230,6 | 31,18 | 239,5 | 33,13 | -8,9 | -3,72 | 242,1 | 33,35 | -11,5 | -4,74 |
| 5 | – Warenabgaben Konzern (Kantine, etc.) | 4,1 | 5,42 | 3,7 | 5,19 | 0,4 | 10,31 | 3,8 | 4,86 | 0,3 | 8,64 | 38,7 | 5,23 | 40,0 | 5,53 | -1,3 | -3,29 | 35,1 | 4,84 | 3,5 | 10,07 |
| 6 | Aufw. bez. Ware bereinigt | 21,0 | 27,84 | 19,9 | 27,94 | 1,1 | 5,30 | 22,1 | 28,58 | -1,1 | -5,03 | 191,9 | 25,95 | 199,5 | 27,60 | -7,6 | -3,80 | 207,0 | 28,51 | -15,0 | -7,26 |
| 7 | Bruttogewinnkalkulation = DB 1 | 54,4 | 72,16 | 51,4 | 72,06 | 3,0 | 5,86 | 55,2 | 71,42 | -0,8 | -1,46 | 547,7 | 74,05 | 523,4 | 72,40 | 24,3 | 4,65 | 519,0 | 71,49 | 28,7 | 5,54 |
| 8 | sonstige Erträge | 0,0 | 0,00 | 0,0 | 0,00 | 0,0 | 0,00 | 0,5 | 0,68 | -0,5 | -100,00 | 1,8 | 0,24 | 0,2 | 0,03 | 1,6 | 825,78 | 2,7 | 0,37 | -0,9 | -33,89 |
| 9 | Provisionserlöse | 0,5 | 0,70 | 0,3 | 0,42 | 0,2 | 74,73 | 0,0 | 0,06 | 0,5 | 944,22 | 2,4 | 0,33 | 3,3 | 0,45 | -0,8 | -25,60 | 3,7 | 0,51 | -1,3 | -34,28 |
| 10 | Automaten-Erträge | 54,9 | 72,86 | 51,7 | 72,48 | 3,2 | 6,26 | 55,8 | 72,16 | -0,9 | -1,54 | 551,9 | 74,62 | 526,8 | 72,88 | 25,1 | 4,76 | 525,4 | 72,37 | 26,6 | 5,06 |
| 11 | GESAMTERTRÄGE | 16,8 | 22,29 | 18,0 | 25,27 | -1,2 | -6,75 | 17,9 | 23,19 | -1,1 | -6,25 | 182,3 | 24,65 | 195,1 | 26,99 | -12,9 | -6,59 | 190,8 | 26,28 | -8,5 | -4,45 |
| 12 | Personalk. PK1 (incl.Abgr./Aush.) | 5,6 | 7,47 | 3,8 | 5,40 | 1,8 | 46,37 | 5,7 | 7,32 | -0,1 | -0,41 | 41,2 | 5,57 | 44,0 | 6,09 | -2,8 | -6,36 | 43,3 | 5,96 | -2,1 | -4,79 |
| 13 | Gesetzl. Sozialaufw. | 0,1 | 0,13 | 0,3 | 0,39 | -0,2 | -59,54 | 0,6 | 10,38 | -7,9 | -98,59 | 1,4 | 0,19 | 3,1 | 0,42 | -1,6 | -53,05 | 9,3 | 1,29 | -7,9 | -84,57 |
| 14 | Tarifl. Sozialaufw. | 10,7 | 14,24 | 8,4 | 11,78 | 2,3 | 27,77 | 3,4 | 4,43 | 7,3 | 213,60 | 14,9 | 2,02 | 11,2 | 1,56 | 3,7 | 32,77 | 6,7 | 0,93 | 8,2 | 121,54 |
| 15 | Freiw.Sozialaufw. | 0,3 | 0,41 | 0,3 | 0,43 | 0,0 | 0,00 | 0,3 | 0,40 | 0,0 | 3,66 | 3,4 | 0,46 | 4,3 | 0,58 | 0,0 | -6,27 | 3,4 | 0,47 | 0,1 | 3,07 |
| 16 | Beteiligungen | 0,4 | 0,53 | 0,4 | 0,56 | 0,0 | 0,00 | 0,4 | 0,49 | 0,0 | 2,96 | 4,3 | 0,58 | 4,3 | 0,59 | 0,0 | -5,00 | 4,2 | 0,57 | 0,0 | 0,00 |
| 17 | Einarbeiter-Umlage | 0,0 | 0,00 | 0,0 | 0,00 | 0,0 | 0,00 | -8,0 | -10,39 | -0,2 | 0,00 | 1,4 | 0,19 | 1,4 | 0,19 | 0,0 | 0,00 | 0,7 | 0,09 | 0,7 | 111,14 |
| 18 | Vorlaufkosten Personal | -8,3 | -10,97 | -8,3 | -11,60 | 0,0 | 0,00 | -1,7 | -2,19 | 0,0 | -100,00 | 0,3 | 0,04 | 0,3 | 0,04 | 0,0 | 0,00 | 0,1 | 0,02 | 0,2 | 107,14 |
| 19 | RUCKSTELLG. frw./tar.Sozialaufw. | -1,7 | -2,27 | -1,7 | -2,40 | 0,0 | 0,00 | -1,7 | -2,19 | 0,0 | 0,00 | 35,8 | 4,54 | 35,8 | 4,95 | -2,2 | -6,27 | 33,1 | 4,56 | 0,5 | 1,38 |
| 20 | RUCKST.AGA frw./tar.Soz.Aufw. | 3,5 | 4,69 | 3,2 | 4,49 | 0,3 | 10,56 | 3,8 | 4,91 | -0,3 | -6,80 | 33,6 | 4,54 | 35,8 | 4,95 | -11,3 | -5,00 | 225,4 | 31,05 | -9,7 | -4,31 |
| 21 | – Entlastung Kantine | 20,5 | 27,14 | 18,1 | 25,33 | 2,4 | 13,26 | 22,2 | 28,70 | -1,7 | -7,77 | 215,7 | 29,16 | 227,0 | 31,41 | -11,3 | -5,00 | 225,4 | 31,05 | -9,7 | -4,31 |
| 22 | PK 2 vor Fremdarbkr. | 5,5 | 7,30 | 3,1 | 4,35 | 2,4 | 77,33 | 3,2 | 4,15 | 2,3 | 71,52 | 27,5 | 3,71 | 29,6 | 4,10 | -2,2 | -7,30 | 31,8 | 4,37 | -4,3 | -13,53 |
| 23 | Arbeitskr. Fremdfirm. | 26,0 | 34,44 | 21,2 | 29,68 | 4,8 | 22,65 | 25,4 | 32,85 | 0,6 | 2,25 | 243,1 | 32,87 | 256,7 | 35,50 | -13,5 | -5,26 | 257,2 | 35,43 | -14,0 | -5,45 |
| 24 | PK 2 Gesamt | 29,0 | 38,42 | 30,5 | 42,80 | -1,6 | -5,12 | 30,4 | 39,31 | -1,4 | -4,70 | 308,8 | 41,75 | 270,2 | 37,37 | 38,6 | 14,29 | 268,2 | 36,95 | 40,6 | 15,13 |
| 25 | DECKUNGSBEITRAG 2 | 0,4 | 0,49 | 0,4 | 0,55 | 0,0 | -5,82 | 0,4 | 0,51 | 0,0 | -5,94 | 4,0 | 0,54 | 4,5 | 0,62 | -0,5 | -10,66 | 4,2 | 0,57 | -0,2 | -4,22 |
| 26 | Berufsgenossenschaft/Altersvors. | 0,2 | 0,22 | 0,2 | 0,25 | -0,2 | -100,00 | 0,1 | 0,14 | -0,1 | -100,00 | 0,4 | 0,06 | 2,0 | 0,27 | -1,5 | -77,85 | 0,4 | 0,06 | 0,0 | -1,49 |
| 27 | Pers.Nebenko./Betr.R./Abfindung | 26,3 | 34,93 | 21,7 | 30,48 | 4,6 | 21,12 | 25,9 | 33,50 | 0,4 | 1,69 | 247,6 | 33,47 | 263,1 | 36,39 | -15,5 | -15,46 | 261,8 | 36,06 | -14,2 | -5,42 |
| 28 | GESAMT PERSONALKOSTEN | 28,6 | 37,93 | 29,9 | 42,00 | -1,4 | -4,54 | 29,9 | 38,66 | -1,3 | -4,34 | 304,4 | 41,15 | 263,8 | 36,49 | 40,6 | 15,39 | 263,6 | 36,31 | 40,8 | 15,46 |
| 29 | DB vor SACHKOSTEN | 0,1 | 0,07 | 0,2 | 0,30 | -0,2 | -75,92 | 0,1 | 0,11 | 0,0 | -40,63 | 2,1 | 0,28 | 2,2 | 0,30 | -0,1 | -3,34 | 1,4 | 0,20 | 0,7 | 45,00 |
| 30 | Werbekosten | 0,8 | 1,06 | 0,7 | 0,95 | 0,1 | 18,21 | 0,7 | 0,86 | 0,1 | 20,84 | 7,1 | 0,96 | 7,4 | 1,03 | -0,3 | -4,61 | 7,1 | 0,98 | 0,0 | -0,12 |
| 31 | Bekleidung/Waschkosten/Mietwäsche | 0,0 | 0,00 | 0,2 | 0,25 | -0,1 | -72,53 | 0,0 | 0,00 | 0,1 | 0,00 | 2,1 | 0,29 | 1,8 | 0,25 | 0,3 | 18,64 | 0,6 | 0,08 | 1,5 | 247,54 |
| 32 | Geschirr/Gläser/Bestecke | 0,6 | 0,78 | 0,1 | 0,19 | 0,5 | 333,41 | 0,1 | 0,10 | 0,5 | 694,92 | 2,5 | 0,34 | 1,4 | 0,19 | 1,2 | 84,78 | 0,9 | 0,12 | 1,7 | 193,86 |
| 33 | Verkaufs-/Packmaterial (incl. Plastikgesch.) |   |   |   |   |   |   |   |   |   |   |   |   |   |   |   |   |   |   |   |   |

## 4 - Warenwirtschaftssystem

| Lfd. Nr. | BEZEICHNUNG | T€ IST | % v.Netto | T€ BUDGET | % v.Netto | Abweichg. v.BUDGET T€ | v.Budget % | T€ VORJAHR | % v.Netto | Abweichg. VORJAHR T€ | Vorjahr % | T€ IST | % v.Netto | T€ BUDGET | % v.Netto | Abweichg. v.BUDGET T€ | v.Budget % | T€ VORJAHR | % v.Netto | Abweichg. VORJAHR T€ | Vorjahr % |
|---|---|---|---|---|---|---|---|---|---|---|---|---|---|---|---|---|---|---|---|---|---|
| 34 | Büromaterial/Post/Telefon | -0,3 | -0,43 | 0,1 | 0,10 | -0,4 | -563,97 | 0,8 | 0,98 | -1,1 | -143,02 | 1,6 | 0,22 | 0,8 | 0,11 | 0,9 | 112,99 | 1,8 | 0,25 | -0,1 | -7,85 |
| 35 | Inserate/Dekomaterial | 0,0 | 0,00 | 0,0 | 0,05 | 0,0 | -100,00 | 0,0 | 0,00 | 0,0 | 0,00 | 0,5 | 0,06 | 0,4 | 0,05 | 0,1 | 31,52 | 0,2 | 0,03 | 0,3 | 146,96 |
| 36 | Reisekosten | 0,0 | 0,00 | 0,0 | 0,05 | 0,0 | -100,00 | 0,0 | 0,00 | 0,0 | 0,00 | 0,0 | 0,00 | 0,4 | 0,05 | -0,4 | -100,00 | 0,0 | 0,01 | 0,0 | -1,55 |
| 37 | Reinigungs--/Spülmittel | 0,8 | 1,11 | 0,4 | 0,50 | 0,5 | 134,13 | 0,2 | 0,23 | 0,7 | 379,70 | 3,8 | 0,51 | 3,6 | 0,50 | 0,1 | 3,79 | 3,8 | 0,52 | -0,1 | -1,55 |
| 38 | Reinigungskosten | 0,8 | 1,08 | 0,8 | 1,12 | 0,0 | 1,52 | 0,9 | 1,11 | 0,0 | -5,34 | 8,0 | 1,08 | 8,8 | 1,22 | -0,8 | -9,21 | 8,0 | 1,10 | 0,0 | 0,00 |
| 39 | Fettabscheider | 0,0 | 0,00 | 0,2 | 0,23 | -0,2 | -100,00 | 0,0 | 0,00 | 0,0 | 0,00 | 0,0 | 0,00 | 1,8 | 0,25 | -1,8 | -100,00 | 0,0 | 0,00 | 0,0 | 0,00 |
| 40 | Müllabfuhr | 0,3 | 0,37 | 0,4 | 0,48 | -0,1 | -17,70 | 0,3 | 0,37 | 0,0 | -2,48 | 2,8 | 0,38 | 3,5 | 0,48 | -0,7 | -20,07 | 2,8 | 0,39 | 0,0 | -1,07 |
| 41 | Reparaturen/Instandhaltung | 0,1 | 0,12 | 0,4 | 0,50 | -0,3 | -75,32 | 0,2 | 0,20 | -0,1 | -41,72 | 3,3 | 0,45 | 3,6 | 0,50 | -0,3 | -7,56 | 3,7 | 0,51 | -0,3 | -9,10 |
| 42 | Versicherungen | 0,1 | 0,10 | 0,1 | 0,11 | 0,0 | -3,91 | 0,1 | 0,10 | 0,0 | -2,48 | 0,7 | 0,10 | 0,8 | 0,11 | -0,1 | -6,98 | 0,7 | 0,10 | 0,0 | 1,89 |
| 43 | Beiträge, Abgaben, Gebühren, Honorare | 0,0 | 0,00 | 0,0 | 0,03 | 0,0 | -100,00 | 0,0 | 0,00 | 0,0 | 0,00 | 0,0 | 0,12 | 0,2 | 0,03 | 0,6 | 298,85 | 0,2 | 0,02 | 0,7 | 463,92 |
| 44 | Verr. Dienstleistg. Häuser | 0,0 | 0,00 | 0,0 | 0,00 | 0,0 | 0,00 | 0,0 | 0,00 | 0,0 | 0,00 | 0,0 | 0,00 | 0,0 | 0,00 | 0,0 | 0,00 | 0,0 | 0,00 | 0,0 | 0,00 |
| 45 | KFZ-Kosten | 0,0 | 0,00 | 0,0 | 0,00 | 0,0 | 0,00 | 0,0 | 0,00 | 0,0 | 0,00 | 0,0 | 0,00 | 0,0 | 0,00 | 0,0 | 0,00 | 0,0 | 0,00 | 0,0 | 0,00 |
| 46 | Sonstige Kosten | 2,2 | 2,98 | 0,2 | 0,23 | 2,1 | 1247,93 | -0,2 | -0,21 | 2,4 | -160,14 | 3,4 | 0,46 | 1,8 | 0,25 | 1,5 | 83,75 | 0,5 | 0,07 | 2,8 | 520,05 |
| 47 | RÜCKSTELLUNG Sachkosten | 0,0 | 0,00 | 0,5 | 0,67 | -0,4 | -100,00 | 0,4 | 0,54 | -0,4 | -100,00 | 0,0 | 0,00 | 5,5 | 0,76 | -5,5 | -100,00 | 4,6 | 0,63 | -4,6 | -100,00 |
| 48 | - Entlastung Kantine | 0,5 | 0,69 | 0,5 | 0,67 | 0,1 | 9,93 | 0,6 | 0,73 | 0,0 | -7,16 | 5,1 | 0,69 | 5,5 | 0,76 | -0,4 | -7,39 | 5,0 | 0,69 | 0,1 | 2,19 |
| 49 | **SUMME SACHKOSTEN** | 5,0 | 6,60 | 3,2 | 4,43 | 1,8 | 57,70 | 2,8 | 3,64 | 2,2 | 76,79 | 33,8 | 4,56 | 33,0 | 4,56 | 0,8 | 2,31 | 31,4 | 4,32 | 2,4 | 7,58 |
| 50 | DB v. Energie | 23,6 | 31,33 | 26,8 | 37,57 | -3,2 | -11,87 | 27,1 | 35,02 | -3,5 | -12,77 | 270,6 | 36,59 | 230,8 | 31,92 | 39,8 | 17,26 | 232,2 | 31,99 | 38,4 | 16,53 |
| 51 | Strom/Gas/Wasser/Abwasser | 3,0 | 3,94 | 3,0 | 4,17 | 0,0 | 0,00 | 3,0 | 3,85 | 0,0 | 0,00 | 32,7 | 4,42 | 32,7 | 4,52 | 0,0 | 0,00 | 32,7 | 4,50 | 0,0 | 0,00 |
| 52 | Energieentlastung Kantine | 0,1 | 0,12 | 0,1 | 0,12 | 0,0 | 9,94 | 0,1 | 0,13 | 0,0 | -7,16 | 1,0 | 0,13 | 1,0 | 0,13 | -0,1 | -7,38 | 0,9 | 0,12 | 0,0 | 2,18 |
| 53 | **SUMME ENERGIE** | 2,9 | 3,82 | 2,9 | 4,05 | 0,0 | -0,29 | 2,9 | 3,72 | 0,0 | 0,25 | 31,8 | 4,30 | 31,7 | 4,39 | 0,1 | 0,23 | 31,8 | 4,38 | 0,0 | -0,06 |
| 54 | SACHKOSTEN incl. ENERGIE | 7,9 | 10,42 | 6,0 | 8,48 | 1,8 | 29,99 | 5,7 | 7,36 | 2,2 | 38,13 | 65,5 | 8,86 | 64,7 | 8,95 | 0,8 | 1,29 | 63,2 | 8,70 | 2,4 | 3,73 |
| 55 | **SPEZIFISCHES ERGEBNIS** | 20,7 | 27,51 | 23,9 | 33,52 | -3,2 | -13,27 | 24,2 | 31,31 | -3,5 | -14,32 | 238,8 | 32,29 | 199,1 | 27,54 | 39,8 | 19,98 | 200,4 | 27,61 | 38,4 | 19,16 |
| 55 | **SPEZIFISCHES ERGEBNIS** | 20,7 | 27,51 | 23,9 | 33,52 | -3,2 | -13,27 | 24,2 | 31,31 | -3,5 | -14,32 | 238,8 | 32,29 | 199,1 | 27,54 | 39,8 | 19,98 | 200,4 | 27,61 | 38,4 | 19,16 |
| 56 | Mieten Restaurant | 6,0 | 8,00 | 5,7 | 8,00 | 0,3 | 5,70 | 6,2 | 8,00 | -0,2 | -2,48 | 59,2 | 8,00 | 57,8 | 8,00 | 1,3 | 2,32 | 58,1 | 8,00 | 1,1 | 1,89 |
| 57 | Mieten Einrichtung/Mietnebenk. | -0,15 | -0,15 | 0,1 | 0,12 | -0,2 | -231,69 | -0,2 | -0,20 | 0,0 | -28,81 | 0,3 | 0,02 | 1,2 | 0,17 | -1,0 | -85,95 | 3,6 | 0,50 | -3,5 | -95,29 |
| 58 | Instandhaltg.410-5115 | 5,2 | 6,96 | 0,8 | 1,17 | 4,4 | 529,24 | 1,0 | 1,28 | 4,3 | 429,88 | 14,3 | 1,93 | 9,2 | 1,27 | 5,1 | 55,94 | 3,4 | 0,47 | 10,9 | 318,23 |
| 59 | Regel-Abschreibungen | 0,8 | 1,11 | 0,8 | 1,17 | 0,0 | 0,00 | 2,5 | 3,30 | -1,7 | -67,31 | 9,2 | 1,24 | 9,2 | 1,27 | 0,0 | 0,00 | 28,0 | 3,86 | -18,9 | -67,31 |
| 60 | Abschr.Neu-Investit. | 0,0 | 0,00 | 0,0 | 0,03 | 0,0 | 0,00 | 0,0 | 0,00 | 0,0 | 0,00 | 0,2 | 0,03 | 0,2 | 0,03 | 0,0 | 0,00 | 0,0 | 0,00 | 0,2 | 0,00 |
| 61 | GWG Abschreibungen | 0,0 | 0,00 | 0,0 | 0,00 | 0,0 | 0,00 | 0,0 | 0,00 | 0,0 | 0,00 | 0,0 | 0,00 | 0,0 | 0,00 | 0,0 | 0,00 | 0,0 | 0,00 | 0,0 | 0,00 |
| 62 | Zinsergebnis | 0,0 | 0,00 | 0,0 | 0,00 | 0,0 | 0,00 | 0,0 | 0,00 | 0,0 | 0,00 | 0,0 | 0,00 | 0,0 | 0,00 | 0,0 | 0,00 | 0,0 | 0,00 | 0,0 | 0,00 |
| 63 | **SUMME FIXKOSTEN** | 12,0 | 15,94 | 7,5 | 10,48 | 4,5 | 60,75 | 9,6 | 12,38 | 2,5 | 25,62 | 83,0 | 11,23 | 77,6 | 10,74 | 5,4 | 6,98 | 93,2 | 12,83 | -10,1 | -10,88 |
| 64 | OPERAT. BETRIEBSERG. | 8,7 | 11,56 | 16,4 | 23,04 | -7,7 | -46,95 | 14,6 | 18,93 | -5,9 | -40,43 | 155,8 | 21,06 | 121,4 | 16,80 | 34,3 | 28,28 | 107,3 | 14,77 | 48,5 | 45,26 |
| 65 | Umlagen GEM | 0,8 | 1,00 | 0,7 | 1,00 | 0,1 | 5,70 | 0,8 | 1,00 | 0,0 | -2,48 | 7,4 | 1,00 | 7,2 | 1,00 | 0,2 | 2,32 | 7,3 | 1,00 | 0,1 | 1,89 |
| 66 | Umlagen HV | 1,1 | 1,50 | 1,1 | 1,50 | 0,1 | 5,70 | 1,2 | 1,50 | 0,0 | -2,48 | 11,1 | 1,50 | 10,8 | 1,50 | 0,3 | 2,32 | 10,9 | 1,50 | 0,2 | 1,89 |
| 67 | **SUMME Konzern-Umlagen** | 1,9 | 2,50 | 1,8 | 2,50 | 0,1 | 5,70 | 1,9 | 2,50 | 0,0 | -2,48 | 18,5 | 2,50 | 18,1 | 2,50 | 0,4 | 2,32 | 18,1 | 2,50 | 0,3 | 1,89 |
| 68 | Umlage LB-Zentrale | 3,6 | 4,75 | 3,4 | 4,71 | 0,1 | 6,60 | 3,7 | 4,75 | -0,1 | -2,48 | 35,1 | 4,75 | 34,0 | 4,71 | 1,1 | 3,19 | 34,5 | 4,75 | 0,7 | 1,89 |
| 69 | **SUMME Umlagen Gesamt** | 5,5 | 7,25 | 5,1 | 7,21 | 0,3 | 6,29 | 5,6 | 7,25 | -0,1 | -2,48 | 53,6 | 7,25 | 52,1 | 7,21 | 1,5 | 2,89 | 52,6 | 7,25 | 1,0 | 1,89 |
| 70 | a.o. Ergebnis | 0,0 | 0,00 | 0,0 | 0,00 | 0,0 | 0,00 | 0,0 | 0,00 | 0,0 | 0,00 | 0,0 | 0,00 | 0,0 | 0,00 | 0,0 | 0,00 | 0,0 | 0,00 | 0,0 | 0,00 |
| 71 | GEWINN/(VERL) v. St. + Altersvers. | 3,2 | 4,31 | 11,3 | 15,83 | -8,0 | -71,21 | 9,0 | 11,68 | -5,8 | -64,00 | 102,2 | 13,81 | 69,3 | 9,59 | 32,8 | 47,38 | 54,6 | 7,52 | 47,5 | 87,04 |
| | Verkaufsfläche m²: | 377 | | 377 | | 0 | | 377 | | 0 | | 377 | | 377 | | 0 | | 377 | | | |
| | Vollbeschäftige VB: | 10,1 | | 10,9 | | -0,8 | | 10,7 | | -0,6 | | 9,7 | | 10,9 | | -1,2 | | 10,0 | | -0,3 | |
| | Sitzplätze: | 154 | | 154 | | 0 | | 154 | | 0 | | 154 | | 154 | | 0 | | 154 | | | |
| | Bonanzahl: | 15.272 | | | | | | 17.139 | | -1.867 | | 149.860 | | | | | | 158.476 | | -8.616 | |
| | ø-Umsatz/m² brutto T€ | 0,2 | | 0,2 | | 0,0 | | 0,2 | | 0,0 | | 2,3 | | 2,2 | | 0,1 | | 2,2 | | 0,0 | |
| | ø-Umsatz/m² netto T€ | 0,2 | | 0,2 | | 0,0 | | 0,2 | | 0,0 | | 2,0 | | 1,9 | | 0,0 | | 1,9 | | 0,0 | |
| | ø-Umsatz/VB brutto T€ | 8,7 | | 7,6 | | 1,1 | | 8,4 | | 0,3 | | 88,5 | | 77,0 | | 11,5 | | 83,9 | | 4,5 | |
| | ø-Umsatz/VB netto T€ | 7,5 | | 6,5 | | 0,9 | | 7,2 | | 0,2 | | 76,3 | | 66,3 | | 9,9 | | 72,4 | | 3,9 | |
| | ø-Umsatz/Sitzplatz brutto T€ | 0,6 | | 0,5 | | 0,0 | | 0,6 | | 0,0 | | 5,5 | | 5,4 | | 0,1 | | 5,5 | | 0,1 | |
| | ø-Umsatz/Sitzplatz netto T€ | 0,5 | | 0,5 | | 0,0 | | 0,5 | | 0,0 | | 4,8 | | 4,7 | | 0,1 | | 4,7 | | 0,1 | |
| | ø-Umsatz/Bon brutto € | 5,72 | | 0,00 | | 0,0 | | 5,23 | | 0,5 | | 5,72 | | 0,00 | | 0,0 | | 5,31 | | 0,4 | |
| | ø-Umsatz/Bon netto € | 4,93 | | 0,00 | | 0,0 | | 4,51 | | 0,4 | | 4,94 | | 0,00 | | 0,0 | | 4,58 | | 0,4 | |
| | ø-Gesamt Personalkosten T€/VB | 2,6 | | 2,0 | | 0,6 | | 2,4 | | 0,2 | | 25,5 | | 24,1 | | 1,4 | | 26,1 | | -0,6 | |
| | ø-Lagerumschlagsfaktor | 2,9 | | 0,0 | | 0,0 | | 2,1 | | 0,9 | | 24,9 | | 0,0 | | 0,0 | | 19,9 | | 5,1 | |
| | Inventurwert lfd. Monatsende | 7.415 | | 0,000 | | 0,000 | | 11.049 | | -3.634 | | 7.415 | | 0,000 | | 0,000 | | 11.049 | | -3.634 | |
| | Inventur Vormonat/31.12.Vorjahr | 9.619 | | 0,000 | | 0,000 | | 13.697 | | -4.078 | | 11.071 | | 0,000 | | 0,000 | | 13.326 | | -2.255 | |
| | Abgrenzung lfd. Monatsende | 6.223 | | 0,000 | | 0,000 | | 7.592 | | -1.369 | | 6.223 | | 0,000 | | 0,000 | | 7.592 | | -1.369 | |
| | Abgr. Vormonat/31.12.Vorjahr | 8.984 | | 0,000 | | 0,000 | | 10.862 | | -1.878 | | 4.612 | | 0,000 | | 0,000 | | 9.859 | | -5.247 | |

## 4.6.10 Ausblick

In diesem Kapitel wurden die Anforderungen an ein Warenwirtschaftssystem für Systembetriebe dargestellt.
Zuverlässigkeit und einfache Handhabung bilden eine wichtige Basis für das Arbeiten mit dem WWS.

Alle statistischen Auswertungen dürfen kein Selbstzweck sein, sondern nur ein Hilfsmittel. Nachdem die EDV „ihre Arbeit" getan hat, beginnt die Managerarbeit. Es gilt die Ursachen für Erfolg oder Misserfolg zu analysieren. Das heißt es müssen Handlungen ausgelöst werden, die zu Umsatzsteigerungen und/oder Ertragssteigerung führen.

**Ergebnis-Rechnung**

Delegate Software AG, Delegate MMS System

- Sparten-Analyse
- Management-Informationen
- Vergleich: Ist – Budget – Vorjahr
- Analyse der Abweichungen

- Budget-Planung
- Management-Informationen
- Vergleiche nach Zeitperioden
- Vergleich: Erlöse – Wareneinsatz – Kosten

Grafische Auswertungen

Übernahme in andere Programme

### Aufgaben

1. Erarbeiten Sie das optimale Anforderungsprofil an das Warenwirtschaftssystem für Ihren Ausbildungsbetrieb.
2. Sie erhalten den Monatsbericht und stellen fest, dass Sie eine 2%ige Umsatzsteigerung gegenüber dem Budget erzielen konnten. Leider ist Ihre Primecost um 1,5 % höher als geplant. Welche Auswertungen werden Sie kontrollieren, um die möglichen Ursachen zu ermitteln?
3. Sie stellen fest, dass Sie im Restaurantbereich ein Umsatzminus haben.
Welche statistische Auswertung des Restaurantprogramms gibt Ihnen erste Informationen über das Verzehrverhalten Ihrer Gäste?

### Infobox Sprache

**Steuerung und Kontrolle**

| Deutsch | Englisch |
|---|---|
| Auslastung | capacity utilization |
| Auswertung | evaluation, analysis |
| Bedarfsermittlung | determination of demand |
| Bestellung | order |
| Betriebskapital | working capital |
| Bezugskosten | procurement costs |
| Budgetplanung | budget planning |
| Deckungsbeitragsrechnung | break-even analysis, direct costing |
| Einzelkosten | unit costs, direct costs |
| Finanzbuchhaltung | accounting department |
| fixe Kosten | fixed costs |
| Gemeinkosten | overhead costs, overheads, general expenses |
| Inventur | stocktaking |
| Kalkulation | calculation |
| Kapazität | capacity |
| Kennzahlensysteme | ratio systems |
| Kostenanalyse | cost analysis |
| Kostenrechnung | cost accounting |
| Kosten- und Leistungs-Rechnung (KLR) | cost and performance accounting |

### Infobox Sprache – Fortsetzung

| Deutsch | Englisch |
|---|---|
| Lagerhaltung | stock-keeping, warehousing |
| Lagerkosten | storage costs |
| Lieferant | supplier, provider |
| Lieferzeit | delivery time, delivery deadline |
| Produktion | production |
| Produktivität | productivity, productive capacity |
| Rabatt | discount |
| Rentabilität | profitability |
| Rohgewinn | gross profit |
| Skonto | discount |
| Statistik | statistics |
| Transportkosten | transport costs |
| variable Kosten | variable costs |
| Warenannahme | receiving department |
| Wareneingang | goods received, incoming goods department (Abteilung) |
| Warenwirtschaft | merchandise management, enterprise resource planning |
| Warenwirtschaftssystem | merchandise management system, enterprise resource planning system |

# Übergreifende Aufgaben

1. Die Lieferanten werden in der Systemgastronomie in der Regel von der Zentrale ausgewählt und geprüft.
   a) Erstellen Sie eine Liste mit Kriterien für die Lieferantenauswahl.
   b) Ordnen Sie die Kriterien nach Wichtigkeit und vergeben Sie Punkte von 1 (= weniger wichtig) bis 3 (= sehr wichtig).
2. Entwerfen Sie einen Notfallplan für die Situation, dass der Lieferer Produkte nicht liefert/nicht rechtzeitig liefert, die Ihr Ausbildungsbetrieb aber dringend benötigt.
3. Bereiten Sie eine Mitarbeiterschulung zum Thema „Lagerhaltung – Vermeidung von Lagerverlusten" organisatorisch und inhaltlich vor.

1. Suchen Sie im Internet die Seite von www.gesetze-im-internet.de auf und dort das *Handelsgesetzbuch (HGB)*. Stellen Sie aus dem *HGB* alle die Inventur betreffenden Vorschriften zusammen.
2. Im Internet finden Sie verschiedene Anbieter, die sich auf den Bereich Systemgastronomie spezialisiert haben.
   Suchen Sie je zwei Anbieter für
   a) Verpackungsmaterial und
   b) Geschirr
   heraus und prüfen Sie die Angebotspalette auf Einsatzmöglichkeiten in Ihrem Ausbildungsbetrieb.

1. Zu den Bestellkosten gehören auch die Kosten der Übermittlung der Bestellung. Für nachfolgende Berechnungen sollen folgende Werte angenommen werden:
   Standardbrief 0,55 €
   Telefon-/Faxeinheit 0,049 €/Minute
   Online-Bestellungen durch Flatrate abgedeckt, 0,00 €
   In einem systemgastronomischen Betrieb fallen durchschnittlich pro Woche 40 Bestellungen an, wovon ca. 40 % per Fax, 20 % online, 25 % per Telefon und 15 % per Brief abgewickelt werden. Eine telefonische Bestellung dauert durchschnittlich 12 Minuten.
   a) Ermitteln Sie die wöchentlichen und jährlichen Kosten der Telefonbestellungen.
   b) Wie viel Euro könnten bei der Bestellübermittlung gespart werden, wenn die Anzahl der Telefonbestellungen halbiert werden könnte?
   c) Auf welchen Betrag könnten die jährlichen Bestellkosten sinken, wenn nur noch 5 % der Bestellungen per Brief, 10 % per Fax, 5 % per Telefon und der Rest online durchgeführt werden könnte?
2. Es müssen neue Tellerstapler angeschafft werden. Sie sind für die Beschaffung verantwortlich. Sie rufen bei der Firma Fox und Söhne an.
   a) Herr Fox macht Ihnen ein Angebot bezüglich eines fahrbaren Tellerstaplers Typ 12. Er soll 840,00 € kosten. Sie möchten sich nicht direkt entscheiden. Am nächsten Tag wollen Sie das Gerät bestellen; der Preis ist inzwischen 870,00 €.
      1) Können Sie auf dem Angebot vom Vortag bestehen?
      2) Wie wäre die Rechtslage, wenn Sie zwei Tage nach Erhalt eines per Brief versendeten Angebots über 840,00 € bestellt hätten?
      3) Herr Fox bietet Ihnen als potenziellem Neukunden beim Preis von 870,00 E einen Rabatt von 4 % an. Wie hoch wäre der Einstandspreis für einen Tellerstapler unter Berücksichtigung des Rabatts?
   b) Der Tellerstapler wird „frei Haus" geliefert.
      1) Was bedeutet das?
      2) Welche weiteren Lieferbedingungen gibt es? Nennen und erklären Sie diese.
3. Täglich werden in einer Restaurantküche 7 Dosen Spargel zu je 850 ml verbraucht. Die Lieferzeit beträgt 4 Tage, der Reservebestand/Mindestbestand wurde mit 30 Dosen festgelegt.
   a) Ermitteln Sie den Bestellbestand/Meldebestand.
   b) In wie viel Tagen müsste neu bestellt werden, wenn der derzeitige Bestand 76 Dosen beträgt?
4. Lagerräume verursachen Kosten.
   a) Welche Kosten/Kostenarten fallen für Lagerräumen an?
   b) Ein Trockenlager hat eine Größe von 4,5 m Breite, 6,2 m Länge und 3 m Höhe. Der Mietpreis beträgt 4,85 €/m²/Monat für Lagerräume.
      1) Welche Fläche hat der Lagerraum?
      2) Wie viel Euro Miete fallen für diesen Lagerraum pro Monat an?
5. Nicht fachgerechte Lagerung führt häufig zu Verlust.
   a) Bei ursprünglich 12 kg Hirschblätter stellen Sie einen Gewichtsverlust von 7,5 % fest. Wie viel Gramm wiegt das Fleisch nach dem Gewichtsverlust?
   b) Käse wurde falsch gelagert. Das Gewicht hat sich um 38 g auf 712 g verringert.
      1) Wie viel kg Käse waren es bei der Einlagerung?
      2) Wie viel % Schwund sind zu verzeichnen?
      3) Wie viel Euro Verlust sind das, wenn 1 kg dieser Käsesorte im Einkauf 6,90 € gekostet hat?
6. Eine Vierteljahresinventur ergibt für Rotwein folgende Bestände:
   02.01.   45 Flaschen
   15.01.   38 Flaschen
   31.01.   55 Flaschen
   15.02.   17 Flaschen
   28.02.   26 Flaschen
   15.03.   35 Flaschen
   31.03.   15 Flaschen
   a) Wie viel Flaschen waren durchschnittlich am Lager (durchschnittlicher Lagerbestand)?
   b) Welcher Betrag war durchschnittlich an Kapital gebunden, wenn eine Flasche Rotwein durchschnittlich 4,20 € im Einkauf kostete?
7. Ermitteln Sie aus den folgenden Angaben für Orangensaft in Flaschen zu 0,2 Litern den Lagerbestand zum 28. Februar.
   01. Februar   Anfangsbestand   148 Stück
   02. Februar   Entnahme         32 Stück
   06. Februar   Entnahme         27 Stück
   12. Februar   Lieferung        96 Stück
   17. Februar   Entnahme         22 Stück
   22. Februar   Entnahme         45 Stück
   26. Februar   Entnahme         39 Stück
8. Ihr Ausbildungsbetrieb entnimmt der Lagerbuchhaltung für das Geschäftsjahr 20.. die nachstehenden Angaben:
   Anfangsbestand Waren/Getränke   32 000,00 €
   Endbestand                      29 000,00 €
   Bezogene Waren/Wareneinkauf    478 000,00 €
   Ermitteln Sie
   a) den Wareneinsatz in Euro,
   b) den durchschnittlichen Lagerbestand in Euro,
   c) die Umschlagshäufigkeit,
   d) die durchschnittliche Lagerdauer in Tagen,
   e) den Lagerzins in Euro bei einem Zinssatz von 8 % p.a.

# Quellen und weiterführende Literatur

Ausbildungsleitfaden im Gastgewerbe, Hamburg 1999
Barth/Theis/Benden: Hotel-Marketing, Wiesbaden 1998
Berger u. a.: Kano's Methods for Understanding Customer-defined Quality, in: Center for Quality Management Journal, 1993, S. 3–36
Berthel/Becker: Personal-Management, Stuttgart 2007
Berufsbildende Schule 2, Hannover: Lehrplan für den Ausbildungsberuf Fachmann/Fachfrau für Systemgastronomie, Hannover, Juni 1998
BIBB: Ausbildungsrahmenplan für den Ausbildungsberuf Fachmann/Fachfrau für Systemgastronomie, Berlin, September 1997
Bisani, F.: Personalwesen und Personalführung, Wiesbaden 2000
Blake/Mouton: Verhaltenspsychologie im Betrieb – Das neue Grid-Management-Konzept, Düsseldorf 1980
Blake/Mouton: Verhaltenspsychologie im Betrieb, Düsseldorf/Wien 1974
Blank/Räseher: Handlungsfeld Marketing, Berlin 2003
Brockhaus Enzyklopädie, Band 10, Mannheim 2008
Bröckermann, Reiner: Personalwirtschaft, Stuttgart 2007
Bruhn: Marketing: Grundlagen für Studium und Praxis, Wiesbaden 2008
Consult (Hrsg.): Gastronomie der Zukunft; Eine Grundsatzstudie, München 2000
DEHOGA-Jahresbericht 2007/2008, Berlin 2008
Der Brockhaus Wirtschaft, Mannheim 2008
Dettmer (Hrsg.): Betriebswirtschaftslehre für das Gastgewerbe, Hamburg 2008
Dettmer (Hrsg.): Gastgewerbliche Berufe in Theorie und Praxis, Hamburg 2008
Dettmer (Hrsg.): Tourismus-Marketing-Management, München-Wien 1999
Dettmer (Hrsg.): Tourismuswirtschaft, Arbeitsbuch für Studium und Praxis, Köln 1998
Dettmer (Hrsg.): Wirtschaftslehre für Hotellerie und Gastronomie, Hamburg 2009
Dettmer/Hausmann (Hrsg.): Organisations-/Personalmanagement und Arbeitsrecht, Hamburg 2009
Dihsmaier: Das tägliche Handbuch zum aktiven Verkauf im Service, Stuttgart 1998
Dircks: Einblick, Weitblick, Durchblick, Frankfurt/Main 1992
Duden Verlag: Die deutsche Rechtschreibung, Band 1, Mannheim 2006
Dwl: Seminarbuch
Elias/Schneider: Kommunikation, Berlin 2003
Freistaat Sachsen (Hrsg.): Der umweltbewusste Hotel- und Gaststättenbetrieb, Dresden 1994
Freyer, W.: Tourismus-Marketing, München–Wien 2009
Gastgewerbliche Schriftenreihe, Nr. 72
Grothues: Marketing im Hotel- und Gaststättengewerbe, Dortmund 2006
Grothues/Schmitz: Direktwerbung für Hotellerie und Gastronomie, Hamburg 2006
Grüner/Metz/Hummel: Der junge Koch/Die junge Köchin, Haan – Gruiten 2007
Hambusch: Wirtschaftsinformatik/Organisationslehre, Darmstadt 2000
Hausmann (Hrsg.): Rechnungswesen/Controlling in Hotellerie und Gastronomie, Hamburg 2007
Henselek: Hotelmanagement: Planung und Kontrolle, München/Wien 1999
Hermann (Hrsg.): Herings Lexikon der Küche, Haan – Gruiten 2009
Hopfenbeck: Allgemeine Betriebswirtschaftslehre – und Managementlehre, Landsberg 2002
Hoyler/Kegele: Die Hotel- und Gastromacher, Stuttgart 2004
Jung: Personalwirtschaft, München und Wien 2008
Kaub/Wessel: Erfolg mit Flexibilität; Konzept-Standort-Betreiber, Gladenbach 1996
Kotler/Bliemel/Keller: Marketing-Management, Stuttgart 2007
Kroeber-Riel/Esch: Strategie und Technik der Werbung, Stuttgart 2004
Leiderer (Hrsg. Schaetzing): Kennzahlen zur Steuerung von Hotel- und Gaststättenbetrieben, in: Hotel-Restaurant-Catering-Management, Bd. 1, Stuttgart 1995
Lenz/Fritz: Gastgewerbliche Berufe – Organisation und Marketing, Bad Homburg von der Höhe 1994
Meffert: Marketing, Wiesbaden 2008
Meffert/Bruhn: Dienstleistungsmarketing, Wiesbaden 2009
Mentzel: Mitarbeitergespräch, Freiburg 2009
Olfert, K. (Hrsg.): Personalwirtschaft, Ludwigshafen 2008
Ploner (Hrsg.): Service That Sells! – Die Kunst profitabler Gastlichkeit, Stuttgart 2005
Pompl: Touristikmanagement 2, Qualitäts-, Produkt- und Preismanagement, Berlin u. a. 1996
SHV/SWV/DEHOGA/ÖHV: Marketing der Gastfreundschaft, Bonn 1992
Scharf/Schubert: Marketing, Stuttgart 2001
Schneider: Handlungsfeld Betrieb, Köln 2004
Schweiger/Schrattenecker: Werbung – Eine Einführung, Stuttgart 2005
Simon: Preismanagement Kompakt: Probleme und Methoden des modernen Pricing, Wiesbaden 1998
Statistisches Bundesamt: Fachserie 6, 2000
Swillims: Controlling im Gastgewerbe, Haan – Gruiten 2002
Thombansen: Teamgeist als Trumpf, Frankfurt 1993
Weis: Kompakt-Training Marketing, Ludwigshafen 2007
Weis: Marketing, Ludwigshafen 2007
Wiedemann: WISt-Heft 5, 1988
Wöhe/Döring: Einführung in die Allgemeine Betriebswirtschaftslehre, München 2008

**Zeitungen/Zeitschriften:** food service 2009
Personalwirtschaft 2006
Wirtschaft + Weiterbildung 2006
Magazin für Führung, Personalentwicklung und E-Learning 2006
Main-Echo

**Wir danken folgenden Firmen für ihre Unterstützung:**
BLOCK HOUSE Restaurantbetriebe AG
Autobahn Tank & Rast Betriebsgesellschaft m.b.H.
Karstadt Warenhaus AG (Le Buffet GmbH)

# Bildquellenverzeichnis

aid-infodienst, Idee, S. Mannhardt: S. 127; 128/2; 133/7; 158; 236
akg-images gmbh, Archiv für Kunst und Geschichte, Berlin: S. 73
Asics Deutschland GmbH, Neuss: . S. 126/2; 202/2
Atlanta Handelsgesellschaft Harder & Co. GmbH, Hamburg: S. 131/6; 133/3,4
©Bibliographisches Institut & F.A. Brockhaus AG, Mannheim: S. 423
©2008 McDonald's Deutschland Inc. München, Unterhaching/Germany: : S. 6; 38; 40/6; 186/1; 189/1; 223/2; 318/1; 407; 411
©2009 Rudolf Haufe Verlag GmbH & Co.KG, Freiburg: S. 515; 521
Bagel Brothers GmbH, Hannover: S. 38/8
BGN Berufsgenossenschaft Nahrungsmittel und Gaststätten, Mannheim: S. 64
Bitburger Braugruppe GmbH, Bitburg: S. 190/2
Block Gruppe, Hamburg, S. 215; 216; 217
Bobuerau, Lars Banka, Aachen: S. 54
Silke und Dr. Stefan Bosch, Sternenfels-Diefenbach: S. 96/1
Bundesministerium für Ernährung, Landwirtschaft und Verbraucherschutz (BMELV), Bonn: S. 83/3
BURGERKING GmbH, München: S. 38/1; 186/4; 412
Cambro Manufacturing Company, Wendlingen: S. 203/1, 2, 7, 8
Casio Europe GmbH, Norderstedt: S. 280/2
Celona Gastro GmbH, Oldenburg: S. 34/4, 5
Choice Hotels Franchise GmbH, München: S. 34
CMA-Fotoservice, Bonn: S. 79/2; 128/3; 148; 150; 151; 152
Coffee No. 1 Kaffeevertriebs GmbH, A-Hallwang: S. 223/4
CUP&CINO Kaffeesystem-Vertrieb GmbH & Co. KG, Hövelhof: S. 223/7
DEHOGA Bundesverband (Deutscher Hotel- und Gaststättenverband e. V.),Berlin: S.33; 439/1; 449; 456; 458
Der Grüne Punkt – Duales System Deutschland GmbH, Köln-Porz-Eil: S. 70/2
DETIA DEGESCH GMBH, Laudenbach: S. 96/2
Dettmer (Hrsg.) u.a.: Gastgewerbliche Berufe in Theorie und Praxis, HT 4963, Hamburg 2008: S. 133/2,8; 145/1; 262
Dettmer (Hrsg.) u.a.: Kochen als Beruf, HT 4966, Hamburg: S. 145/2
Dettmer (Hrsg.) u. a.: Hotel – Theorie und Praxis, HT 4981, Hamburg 2007: S. 113; 116; 129/2; 156/1; 161/1, 2; 163/5; 191
Dettmer, Prof. Dr., Hann, Hausmann, Manina, Meilwes, Meisl, Schneid, Steffens, Prüfungsbuch Gastgewerbliche Berufe – gästeorientiert/handlungsorientiert (HJ 7311), Stuttgart: S. 199/2
Deutsche Gesetzliche Unfallversicherung e.V. (DGUV), Berlin: S. 57/10
Deutsche Shell Aktiengesellschaft, Hamburg: S. 40
Deutscher Hotel- und Gaststättenverband e. V. (DEHOGA Bundesverband), Berlin: S. 10; 11; 33, (DEHOGA-Jahrbuch 2006/2007)
DINEA Gastronomie GmbH – Member of METRO Group, Köln: S. 29
DLG e.V. – (Deutsche Landwirtschafts-Gesellschaft e.V.): S. 236/2,3
dpa-infografik GmbH, Hamburg: S. 65; 68; 69; 70; 75/2; 487; 491; 492; 508; 565; 570
dpa Picture-Alliance GmbH, Frankfurt/Main: S. 85; 126; 202/1
Duni GmbH & Co.KG, Braamsche, S. 193; 194/1, 2; 195/1; 198
EINSTEIN KAFFEE Rösterei GmbH, Berlin: S. 223/9
Eising Bildagentur, München: S. 129/1; 156/2, 4, 5, 6
Enchilada Franchise GmbH, Gräfelfing: S. 29; 38/4
ESpressO Journalistenbüro, Hamburg: S. 206
Fairmont Hotel Vier Jahreszeiten, Hamburg: S. 190/4
Feldhaus Verlag, Hamburg, aus „Ausbildungsleitfaden Hotelfachmann/-fachfrau", Abschnitt: Französische Weine – II/17/28: S. 239
Alain Fion GmbH, Reutlingen: S. 246
Fischwirtschaft Marketing-Institut (FIMA), Bremerhaven: S. 142; 143/3
Foodservice Europe and Middle East, Deutscher Fachverlag, Frankfurt/Main: S. 190/7; 399/1, 2
Fotodesign Hoffmann & Reichelt, Delmenhorst: S. 258; 259/1, 2; 260; 262; 264
fotolia Deutschland, Berlin, www.fotolia.de: S. 132/4; 155/1 (Georgios Alexandria); 160/2 (arnowssr)
Förderverein für bedarfsgerechten und kontrollierten Pflanzenbau e.V., Walsrode: (Fotograf: P. Masloff): S. 134/2, 3; 143/2
FVL e.V., Köln: S. 58/1
Fritas van Holland, Karstadt AG, Essen: S. 215/2
Gameiro Consult OHG, Günter Kütemeier, Systemgastronomie, Porta Westfalica: S. 34
General Mills GmbH, Hamburg: S. 223/6
Getty Images International Ltd., München: S. 9
Gieseking, Ralph, Hamburg: S. 125; 132/2, 3; 153/1, 2
Go In GmbH, Landsberg (Fotografie & Werbung A. Kyra, Brandenburg): S. 190/1
Hallo Pizza GmbH, Langenfeld: S. 318/3; 408
Hasenpusch Dirk Fotograf, Bad Harzburg/Bündheim: S. 201; 235; 248; 261; 263
Holzindustrie Hunsrück GmbH, Mathias Tenhaeff, Ellern/Restaurant „DA VINCI", Koblenz: S. 257/1; 257/2 Bistro „FELLINI", Hildesheim
Hoons KG – Franchisezentrale, Hechingen www.hoon.de: S. 38/8
Hotelwäsche Erwin Müller GmbH & Co.KG, Wertingen: S. 189/3; 191; 194/6, 7; 195/2–4
igefa Handelsgesellschaft mbH & Co. KG, Ahrensfelde: S. 202/10–13
imu-Infografik, Duisburg: S. 477
InterCityHotel GmbH, Frankfurt: S. 33
Jankowski, Hagen, Heiligenhaus: S. 213/1
Janny's Eis Franchise GmbH, Seevetal-Meckelfeld: S. 34
Joey's Pizza Service GmbH, Systemzentrale Deutschland, Hamburg: S. 34; 38/5
KARSTADT Warenhaus GmbH, Karstadt.de, Hannover: S. 406
Kaufland Gaststätten-Betriebe GmbH & Co. KG, Neckarsulm: S. 29; 31
Kentucky Fried Chicken (Great Britain) Limited, German Branch, Düsseldorf: 457/2
Kofler & Kompanie AG, Berlin: S. 190/3
Köhnke, Elisabeth, Berlin: S. 81
Landesstelle für landwirtschaftliche Marktkunde, Dipl.oec.troph. Marina Ehrentreich, Schwäbisch Gmünd: S. 104
Le Buffet System-Gastronomie und Dienstleistungs-GmbH, Marketing Gastronomie – Karstadt Warenhaus GmbH: S. 29; 33; 34; 204/1; 210; 211; 212
Littich, Oliver Michael, München: S. 174
Luchs GmbH & Co. KG, Bochum: S. 200/3
MAFO-Institut, Schwalbach/Ts.: S. 222/2
Mank Tissue + Paper Products, Dernbach: S. 192/4
Marché Restaurants Schweiz AG, c/o Cindy's Diner, Kemptthal/Schweiz: S. 4
Maredo Restaurants Holding GmbH, Düsseldorf: S. 186/2; 318/2; 420
MEIKO Maschinenbau, Offenburg/Sushi Circle Gastronomie GmbH, Frankfurt/M.: S. 204/2
Menzi GmbH – Dr. Fuest & Lange, Suppen-Feinkost-Fertiggerichte, Versmold: S. 177/1
Ministerium für Landwirtschaft, Umwelt und ländliche Räume, Kiel: S. 83/1, 2
Mitchells & Butlers Germany GmbH, (ALEX), Wiesbaden: S. 33
Mövenpick, CH-Adliswill: S. 399/3; 418/1
Dr. August Oetker Nahrungsmittel KG, Bielefeld: S. 160/1
Neese, Anika, Fotodesign, Berlin: S. 73/3; 75/1; 405

„Nordsee" Fisch-Spezialitäten GmbH, Bremerhaven und Hamburg: S 186/3; 392
Dr. August Oetker Nahrungsmittel KG, Bielefeld: S. 160/1
Oleschinski, Georg, Kirchheim: S. 129/3–6; 130/1–7; 131/2,4; 133/1,5,6; 156/3
Ordermann GmbH, A-Salzburg: S. 281/1
PC-CASH, Kiel: S. 281/3
Porzellanfabrik Schönwald: S. 195/5,6,7–11; 196
Psychonomics AG, Köln /www.psychonomics.de/article/archive/63: S. 475
Pump Duck and Circumstances GmbH, Stuttgart: S. 14
Reidemeister & Ulrichs GmbH, Bremen: S. 240
Richter, Regina, Hamburg: S. 111; 120; 233
Saeco GmbH, Eigeltingen: S. 404/1
Erich Schmidt Verlag GmbH & Co. , Berlin: S. 225; 490; 494; 496
Schneider, Ralph / www.markenglas.de: S. 259/3,4
Segafredo Zanetti Deutschland GmbH, München: S. 223/8
Seltmann Porzellanfabriken GmbH, Weiden: S. 197
Speiserestaurant Gammastuba, CH-Ernen: S. 579
Starbucks Coffee Deutschland GmbH, Essen: S. 223/5
Stockheim GmbH & Co.KG., Düsseldorf: S. 438
Strauß, Johannes, Foto-Studio OHG, Altötting: S. 79/1; 130/8; 131/1,3; 135; 140; 143/1; 144; 153/3,4; 156/7,8; 158; 163; 166; 167; 169; 170; 171; 172; 202/1–9; 259/1,2; 281/2; 360; 372
Tank & Rast Betriebsgesellschaft mbH, Leipheim: S. 218; 220; 221
Testa Rossa Caffé GmbH, A-Mils/Tirol: S. 223/3
Textil ID, Rees: S. 189/2
The Levante Group, www.thelevante.com: S. 34
Umweltbundesamt , Daten Mauna Loa, Hawaii – Quelle: NOAA, USA und Weltdatenzentrum für Treibhausgase WDCGG, Tokio: S. 67
Ungerer, Prof. Dr. Otto Kirchheim: S. 87/3
Unilever Deutschland GmbH, Hamburg: S. 173
VAPIANO AG, Bonn: S. 190/6; 457
VBG Verwaltungs-Berufsgenossenschaft – die Berufsgenossenschaft der Banken, Versicherungen, Verwaltungen, freien Berufe und besonderer Unternehmen, Hamburg: S. 56; 57/1–7, 12–17
VDE Verband der Elektrotechnik Elektronik Informationstechnik e.V., Frankfurt am Main: S. 57/9
VDI Verlag GmbH, Düsseldorf: S. 57/11
Vega GmbH, Wertingen: S. 199/3,4
Verlag Handwerk und Technik GmbH, Hamburg: S. 58/2; 177; 222/1
WMF Württembergische Metallwarenfabrik AG, Geislingen/Steige: S. 162; 200/1, 2; 224
Yum! International Ltd. & Co. KG, Düsseldorf: S. 38/3
Zerger, Iris, Hainfeld: Für Berufsgenossenschaft Nahrungsmittel und Gaststätten – BGN Geschäftsbereich Prävention, Mannheim : S. 52
www.fotocommunity.de: S. 108/1
www.fruechteundmehr.de: S. 132/1
www.ibishotel.com (www.accorhotels): S. 34
www.leonardo.com: S. 1; 190/5; 256
www.subway-sandwiches.de, bitsinmotion, Mainz: S. 38/2

Titelbild:
McDonald's Deutschland Inc., München (1);
Nordsee GmbH & Co.KG, Bremerhaven (2)
Strategy Marketing- und Werbeagentur, Düsseldorf – Le Buffet Catering und Management GmbH, Dreieich (3)

Illustrationen:
Boris Kaip, München

# Sachwortverzeichnis

2-Sekunden-Regel 398
3-K-Regel 398
4 Ps 372
4 Ps des Marketing-Instrumentariums 332
5 Ds der Marketingforschung 332

A.O.C.-Weine 238
Abendgastronomie, Full Service 214
Abfallbehälter 70
Abfälle 69
Abgase 65
Abgrenzung 535
–, sachliche 534
Abgrenzungstabelle 535
Ablage- und Ordnungssystem 299
Ablauforganisation 20, 24
Abnehmen der Garderobe 278
Abrechnen mit dem Gast 281
Absatzmarketing 448
Absatzpotenzial 357
Absatzvolumen 357
Absatzwerbung, Advertising 395
Abschlussgliederungsprinzip 535
Abschreibung 536
–, buchhalterische 536
–, kalkulatorische 536
Abweichungsbericht 569
Abwicklung des Austritts 525
Abzüge 512
AC, Assessment-Center 462
Access 358
Advertising, Absatzwerbung 395
aerob 87
AEVO, Ausbildereignungsprüfung 444
After-Dinner-Drinks 263
AG, Aktiengesellschaften 316
AGB, allgemeine Geschäftsbedingungen 504
AGB 504
Agentursystem 39
AGG, Allgemeines Gleichbehandlungsgesetz 455, 488
AIDA-Modell 398
Akteneinsicht 506
Aktiengesellschaften, AG 316
Aktionen 216
Alkohol 87
alkoholfreie Getränke 218
–, Bedeutung 218
Alkoholgehalt 82
alkoholhaltige Getränke 231
alkoholische Getränke, Zubereitung 252
alkoholische Heißgetränke 252
allgemeine Brandverhütungsmaßnahmen 60
allgemeine Geschäftsbedingungen, AGB 504
allgemeines Gleichbehandlungsgesetz, AGG 455, 488
Alternativpläne 450
Altglas 70
Altpapier 70
ALV, Arbeitslosenversicherung 497
Amenities 358
American Bar 257
Aminosäuren 110
Aminosäurestoffwechsel 123
Amortisationszeit 554
anaerob 87
Analysemöglichkeiten zur Optimierung der Ablaufplanung 26
Anbauregionen 243
Anderskosten 536
Anerkennung 473
Anfechtung, Rechtsgeschäfte 312
Anforderungsprofil 454
Anfrage 573
Angebot 573
Angebotskarten 279, 419, 420, 421, 423
–, Aufgabe 419
–, Erstellen 421

Angebotsüberhang 331
Angebotsvergleich 573, 575
Anonymer Gast, Mystery Guest 50
Anspruch 312
Antioxidanzien 116
Antioxidationsmittel 114
AN-Überlassung 459
Aperitifs 263
Apfelsaftparagraf 323
(Arbeits)-Zeugnisse 482
Äquivalenzziffern 561
Äquivalenzziffernrechnung 561
Arbeit auf Abruf 489
Arbeitgeber 488
–, Pflichten 488, 489
Arbeitgeberverband 486
Arbeitnehmer 488, 489, 490
–, ausländische – Besonderheiten 506
–, Pflichten 488, 489
Arbeitnehmerbeitrag 500
Arbeitnehmerschutz 490
Arbeitnehmerüberlassung 459
Arbeitnehmerüberlassungsgesetz 459
–, Leih-/Zeitarbeitsverhältnis 489
Arbeitnehmerüberlassungsvertrag 459
Arbeits- und Sozialrecht 485
Arbeitsabläufe 25
–, Unterteilung 25
Arbeitsbereiche 26
Arbeitsförderung 497
Arbeitskampf 487
Arbeitskleidung 93, 94
Arbeitslosenversicherung, ALV 497
Arbeitsproben 461
Arbeitsschutz 490
–, sozialer 490
Arbeitsschutzausschuss 53
Arbeitsschutzbestimmungen 54
Arbeitsschutzgesetz, ArbSchG 52
Arbeitssicherheit 52
Arbeitssicherheitsgesetz, AsiG 52
Arbeitsstättenverordnung, ArbStättV 53, 62
Arbeitsstundenkennzahlen 26
Arbeitsunfall 53
–, Hilfemaßnahmen 62
Arbeitsverhältnisse, Arten 489
Arbeitsvermittler 458
Arbeitsvermittlung 458
–, private 459
Arbeitsvertrag 31, 488, 503
–, Abschluss 488, 503
–, Ende 525
–, Pflichten 489
Arbeitszeit 443
–, pro Portion 560
–, produktive 560
Arbeitszeitflexibilisierung 508
Arbeitszeitgesetz, ArbZG 491, 492
Arbeitszeitschutz 491
ArbSchG, Arbeitsschutzgesetz 52
ArbStättV, Arbeitsstättenverordnung 53, 62
ArbZG, Arbeitszeitgesetz 491, 492
Arithmetisches Mittel 547
Aromatisierter Tee 229
Aromatisiertes Wasser 219, 220
Artikelstatistik 26
AsiG, Arbeitssicherheitsgesetz 52
Assessment-Center, AC 462
Ätherische Öle 156
Attractions 358
Aufbauorganisation 20
Aufbereitung der Blätter für schwarzen Tee 228
Aufgussgetränke 222
Aufläufe 172
Aufstiegsfortbildungsförderungsgesetz, Meister-BAFöG 447
Aufwendungen 535
–, außerordentliche 535
–, betriebsfremde 535

–, neutrale 535
–, periodenfremde 535
Ausbildereignungsprüfung, AEVO 444
Ausbildung 476
–, Verlauf 442
–, in der Systemgastronomie 439
Ausbildungsmittel 445
Ausbildungsplan 445
Ausbildungspolitik 449
Ausbildungsrahmenplan 440
Ausbildungsstätte 444
Ausbildungsverhältnisse 439
Ausbildungsvertrag 442
Ausbildungsvoraussetzung 441
Ausgleichsquittung 525
Ausländer 506
Auslastung 549
Außengastronomie 323, 324
Außer-Haus-Geschäft 198
Außer-Haus-Verpflegung 173
Aussperrung 487
Austern 146
Austrittsgespräch 525
Austrittspapiere 525
Auswahlmethoden 460
Auswahlverfahren 460
Autobahn Tank & Rast GmbH 13
Automatenaufstellungsvertrag 313
$a_w$-Werte 86

BA, Bundesagentur für Arbeit 497, 458, 459
BAB, Betriebsabrechnungsbogen 544, 545
BAB II 546
BAföG, Berufsausbildungsförderungsgesetz 447
bakteriell verseuchte Lebensmittel 87
Bakterien 85
Balkendiagramm 571
Ballaststoffe 115
Bankettvereinbarungen 308
Bar 256
–, Arbeiten 260
–, Blender 262
–, Bier-Mixgetränke 264
–, Garnituren 260
–, Getränkegruppen 262, 263, 264
–, Gläser 259
–, Mixen im Elektromixer 262
–, Mixglas 261
–, Mixzutaten 260
–, praktisches Mixen 261
–, Rührglas 261
–, Shaker 261
–, US-Barmaße 261
–, Zubereitung im Trinkglas/Aufgießen 262
Bareinkaufspreis 575
Barkeeper, Bartender 257
Barliquidität 555
Barsetup 260
Barsprache 257
Barstock 260
Barsysteme 257
Bartender, Barkeeper 257
Barutensilien 257
Basis-Energieverbrauch 120
Bau/Technik 31
BDSG, Bundesdatenschutzgesetz 302
Bedarfsberichte 569
Bedarfsermittlung 572
Bedarfsgegenstände 76, 77
Bedienungsgeld 478
Bedürfnishierarchie von Maslow 361
Bedürfnispyramide 474
Bedürfnisziele 365
BEEG, Bundeselterngeld- und Elternzeitgesetz 492
Beendigungsgründe 524, 525
Beerenobst 133
befallene Lebensmittel 87

Before-Dinner-Drinks 263
Befragung 48, 349 ff.
Befragungsstrategien 349
befristetes Arbeitsverhältnis 489
Befristungsabrede 503
Behandeln 77
Behindertenschutz 493
Beilagen 171
Beirat 35
Beitragsbemessungsgrenze 497, 498, 516
Beitragsnachweis 518
Beitrittsstaaten 506
Belästigungen, unzumutbare 320
Beluga 144
Benchmarking 43, 359
Benchmarks 359, 360
Beobachtung 49, 352
–, Formen 354
–, Merkmale 354
Berater 529
Beratungsgespräche 284
Berechnung des Energiebedarfs 120
Berichtigungsanspruch 506
Berichtsheft 445
Berichtswesen, Gestaltung 569
Betriebsverfassungsgesetz 450
Berufsausbildung 440
Berufsausbildungsförderungsgesetz, BAFöG 447
Berufsausbildungsvertrag 442, 443, 444
Berufsbekleidung 189
Berufsbildungsgesetz 439, 442, 444
Berufsgenossenschaft 53
Berufsschulpflicht 445
Berufsschulunterricht 445
Berufswahl 441
beschädigte Verpackungen 91
Beschaffung, auftragsbezogene 577
Beschaffungskosten 575
Beschaffungsmarktpolitik 448
Beschaffungsplanung 572
Beschaffungswege 455
Beschäftigung, Ende 524
Beschäftigungsverhältnisse 511
Bescheinigung des Gesundheitsamts 80
beschränkt geschäftsfähig 305
Beschwerdeanalyse 430
Beschwerdemanagement 427, 428
Beschwerdemanagement-Maßnahmen 427
Beschwerden 427, 428
Beschwerdeprotokoll 429
Beschwerdeursachen 429
Besitz 305
Besprechungen 472, 473
Bestandsaufnahme 581
–, körperliche 585
Bestandsrechnung 532
Besteckkarten 200
Bestecke 198
Besteckgruppen 199
Besteckmaterial 199
Bestellmenge, optimale 575, 576, 577
Bestellpunktverfahren 576, 577
Bestellrhythmusverfahren 577
Bestellung 577
Bestellvorgang 584
Bestellzeitpunkt, optimaler 576
Bestimmungsfaktoren der Angebotsgestaltung 377
Best-Practise-System 359
Beteiligungslohn 511
Beteiligungsrechte 495
Betriebs- und Gefahrenschutz 490
Betriebsabrechnungsbogen, BAB 544, 545
Betriebsärzte für Arbeitssicherheit 53
Betriebserfolg 539
Betriebsergebnis I 540
Betriebsergebnis II 540
Betriebsergebnisrechnung 534

593

# Sachwortverzeichnis

Betriebsrat 450, 455, 504
–, Aufgaben 495
Betriebssicherheitsverordnung, BetrSichV 53
Betriebsstatistik 531
Betriebsstättenhygiene 89, 93
Betriebsstellen 23
–, Funktionen 23
Betriebsverfassungsgesetz 478, 494
Betriebsvergleich 549, 551, 552
Betriebswirt Systemgastronomie (HMA) 447
BetrSichV, Betriebssicherheitsverordnung, 53
Beurteilungsgespräch 481
–, Phasen 481
Beurteilungsgrundsätze 480
Beurteilungskonzepte 479
Beurteilungskriterien 479, 481
Beurteilungstermine 479
Beurteilungsverfahren 479
Bewerbungsunterlagen 460
Bewertung und Beurteilung von Mitarbeitern 478
Bewirtungsvertrag 307
Bezahlung 520
Beziehungsmarketing 372, 411, 412
Beziehungszahlen 548
Bezugskalkulation 574
Bezugskosten 574
Bezugspreis 574, 575
BfR, Bundesinstitut für Risikobewertung 74
BGN 53
Bier 246
–, Lagerdauer 247
–, Mischgetränke 249
–, Reinheitsgebot 246
Bierarten 247, 248
Bierflaschenformen 248
Biergattungen 247, 248
Bierherstellung 247
Bierlieferungsvertrag 309
Biersorten 247, 248
–, ausländische 248
Bierverordnung 328, 329
Bilanz 532
Bilddiagramme 570
bioaktive Moleküle 116
Biogas 71
Bioprodukte 329
Biosiegel 69
Blattgemüse 130
Blattgewürze 156
Blutzuckerspiegel 124
BMI, Body-Mass-Index 126
Body-Mass-Index, BMI 126
Bombage 87, 89
Boni 574
Boniersysteme, computergesteuerte 279
Bonussysteme, gastorientierte 392
Bordrestaurant 13
Bottom-up-Verfahren 366
Brachenverteilung 38
Branchendurchschnittswerte 549
Brandfall, Verhalten 59
Branding-Allianzen 37
Brandschutz 58
–, Grundsätze 58
Brandschutzbeauftragter 59
Brandschutzreiche 61
Brandschutzunterweisungen 58
Brandwein- und Alkoholausschank 323
Brausen 220
Break-even-Analyse 387, 565
Break-even-Analyse des Gesamtergebnisses 567
Break-even-Analyse einer Ableitung 566
Break-even-Point 387, 565, 566
Break-even-Umsatz 566
brennbare Flüssigkeiten und Gase, Lagerung 59
Brennspiritus 59
Briefing 397

Brotgetreide 133, 134
Bruch 581
Bruttoarbeitsentgelt 512, 516
Bruttopersonalbedarf, Soll-Personalbestand 451
Bruttoverkaufspreis, Inklusivpreis 557
BSE-Risikomaterial 149
Buchinventur 581
Budget 567
Budgetierung 567
Büfettservice 17
Büfettschürzen, Skirtings 195
Bundesagentur für Arbeit, BA 497, 458, 459
Bundesdatenschutzbeauftragter 303
Bundesdatenschutzgesetz, BDSG 302
Bundeselterngeld- und Elternzeitgesetz, BEEG 492
Bundesinstitut für Risikobewertung, BfR 74
Bundesurlaubsgesetz, BUrlG 492
BUrlG, Bundesurlaubsgesetz 492
Bürokommunikation 297
Business-Lunch 216
Business-to-Business-Zielgruppen 403
Butter 138
Buttermilch 138

Cashflow 555, 556
Catering 308
CB, Corporate Behaviour 7, 345, 395
CC, Corporate Communications 7, 345, 395
CCP 90
CD, Corporate Design 7, 345, 395
Corporate Identity, CI 189, 374, 345
Cellulose 109
Champagner 246
Champagnerrebsorten 246
Champagnerregionen 246
Checkliste, Beratungs- und Verkaufsgespräch 285
Checklisten 9
Checklisten zur Produktinformation 422
chlorfrei gebleichte Papiere 69
CI, Corporate Identity 345
Cocktailzutaten 264
Codex Alimentarius 84
Coffee-Bars 224
Coffee-Shops 224
Communication 372
computergesteuerte Schankanlagen 281
Computerkasse, Vorteile 280
Consumerbenefit 399
Controller 529, 530
Controllerin 529
Controlling 529, 530, 531, 569
–, Bereiche 531
Controllingberichte 569
Controllingprozess 531, 532, 557
–, Phasen 531
Convenience 372
Convenience-Food 173
Convenience-Grade 177, 178
Convenience-Produkte 173, 176, 177, 182, 553
–, Einsatz 182
–, Vor- und Nachteile 181
–, aus Backwaren 180
–, aus Fischen 180
–, aus Gemüse 179
–, aus Getreide 180
–, aus Hausgeflügel 181
–, aus Kartoffeln 179
–, aus Krusten- und Weichtieren 181
–, aus Obst 180
–, aus pflanzlichen Rohstoffen 179
–, aus Pilzen 179
–, aus tierischen Rohstoffen 180
–, aus und mit Fleisch 181
–, mit Obstbestandteilen 180
Convenience-Store 39
Cook and Chill 164
Cook and Freeze 164
Corporate Behaviour, CB 7, 345, 395

Corporate Communications, CC 7, 345, 395
Corporate Design, CD 7, 345, 395
Corporate Identity, CI 189, 345, 374
–, Instrumente 408
–, Unternehmensidentität 395, 406
Corporate Image 345
Corporate-Identity-Politik 408
Cost 372
Cost of sales 542
Counter 187
Counterservice 12
Coupteller 196
CPO 403
Crêpes 172
CTC-Verfahren 228
Customer 372
Customer Satisfaction, Kundenzufriedenheit 43

Darstellung, grafische 570
–, tabellarische 569
Darstellungsformen 569
Daten sichern 300
Datenmissbrauch 300
Datenschutz 302, 318, 506
Datenschutzbeauftragter 303
Datenschutzkontrolle 302
Datensicherheit 301
Datenverlust 300
DB-Service-Store 13, 17
Deckservietten, Mitteldecken 192
Deckungsbeitrag pro Stück 564
–, Ermittlung 564
Deckungsbeitragsfaktor 567
Deckungsbeitragsrechnung 387, 557, 562, 564, 565
–, retrograde 564
DEHOGA-Kontenrahmen 539
Demi-Service 187
Denaturierung 112
Denken, strategisches 366
Department 542
Departmental Income 543, 568
Departmental Statement of Income 542
Der Grüne Punkt 70
Desinfektion 94
Desk Research, Sekundärerhebung 348
destilliertes Wasser 86
Deutscher Franchise Verband e.V., DFV 36
Deutsches Bier, deutsche Rohstoffe 246
Dextrine 109
DFV, Deutscher Franchise Verband e.V. 36
–, Ethikkodex 36
Diagramme, geometrische 570
Dienstleistungsgewerbe 465
Dienstplangerechtigkeit 509
Digestifs 263
DIN EN ISO 9000 ff. 43
Direct Advertising, Direktmarketing 395
Direktmailing 403, 412
Direktmarketing 402, 403
–, Direct Advertising 395
–, Maßnahmen 403
Disaccharide 108, 109
Dissonanzen 427
Distribution 374
Distributionspolitik 372
Distributionswege, Wahl 375
Divisionskalkulation 557
Drittstaaten 506
dunkles Fleisch 146
durchschnittliche Arbeitszeit pro Gericht 561
durchschnittlicher Wareneinsatz pro Gericht 561

EBeschV, Entgeltbescheinigungsverordnung 512
Echtsilberbestecke 199
eG, eingetragene Genossenschaft 317
EG-Basis-Verordnung 76
Ei- und Eiproduktverordnung 141

Eichgesetz 201, 327
Eichordnung 327
Eier 141
–, Kennzeichnung 141
–, Lagerung 142
–, Nährwert 141
Eigenkapital 532
Eigentum 305
Einarbeitung 507
Ein-Euro-GmbH 316
einfache Mischgetränke 252, 253
Einführung neuer Mitarbeiter 475
Eingetragene Genossenschaft, eG 317
Eingruppierung 504
Einkauf 30, 584
Ein-Mann-GmbH 316
Einrichtungsgegenstände 190
Einsatz in befreundeten Unternehmen 477
Einsichtsrecht 506
Einstandspreis 574
Einstellungsgespräch 462
Einstellungsunterlagen 504
Einstiegvariante der GmbH 316
Einstufungsverfahren 480
Einteilung der Geflügelarten 154
Einwegtrinkgefäße 202
Einwegverpackungen 70
Einzelhandelsbetrieb, gastronomieorientiert 39
Einzelinterview 48
Einzelkosten 545
Einzelunternehmen 39
Einzelwagnisse 538
Eiprodukt-VO 142
Eisarten 259
Eiserne Reserve 576
Eiweiß 110 ff.
Eiweißarten 111
Eiweißstoffwechsel 123
Electronic-Cash-Karte 281
elektrischer Strom 57
Elterngeld 492
E-Mail 277
E-Mail-Marketing 412
Emotionaler Arbeitsschutz 52
Empfang der Gäste im Restaurant 278
Emulgatoren 112
Energiegewinnung 122
Energiekosten 545, 564
Energiesparen 67
Energydrinks 220
Entgegennahme der Bestellung 279
Entgelt 510
Entgeltbescheinigungsverordnung 513
–, EBeschV 512
Entgelttarifvertrag 486
Entlohnungspolitik 449
Entwicklung der Essgewohnheiten 209
Enzyme 112, 115
Erbanlagen 112
E-Recruiting, Stellenanzeigen im Internet 458
Erfolgsrechnung 532
–, kurzfristige 539, 540
Ergebnisphase 376
Ergebnistabelle 535, 539
Erhebungsarten 347, 348
Erhebungsmethoden 349
Erinnerungswerte 536, 400
Ernährung 119
Ernährungsformen 125
erneuerbare Energien 66
Erscheinungsbild 270
Erste Hilfe 61
Erste-Hilfe-Ausstattung 62
Erstellen und Präsentieren der Rechnung/Boniersysteme 279
Erstellen von Menüplänen 292
Ersthelfer, Aufgaben 61
Erträge, außerordentliche 535
–, betriebsfremde 534
–, neutrale 534
–, periodenfremde 535
Ertragskraft 550

594

# Sachwortverzeichnis

Erziehungsschutz 492
essenzielle Aminosäuren 110
Essig 157
Essigsorten 158
EU-Hygienepaket 76
EU-Mitgliedstaaten 506
EU-Öko-Audit 342
EU-Öko-Verordnung 83
Europäische Behörde für Lebensmittel-
 sicherheit, European Food Authority
 – EFSA 84
Europäische Union 506
European Food Authority – EFSA,
 Europäische Behörde für Lebens-
 mittelsicherheit 84
EU-Umweltzertifikat 342
EU-Verordnung 76
Eventgastronomie 16
Eventmanagement-Prozess 417
Eventmarketing 416
Events, Ziele 416
Eventveranstaltung, Ablaufplan 417
exotische Früchte 133
Expertenbefragung 48

FAB-Sheets 422
Fachhochschulen 447
Fachkompetenz 466
Fachkräfte für Arbeitssicherheit 53
Facility-Management 204, 205
Fähigkeiten-Analyse der Mitbewerber 359
Fahnenteller 196
Faltblattproteine 110
Farb- und Aromastoffe, Wirkung 115
faserförmige Proteine 110, 111
Fast Food 11, 12, 173
Fast-Food-Systemgastronom 12
Fast-Food-Systemgastronomie 11
Federwild 154
Feldbeobachtungen 353
Fertig verpackte Lebensmittel 81
fertigverpackungs-Verordnung 82, 83
Fettbegleitstoffe 107
Fette 105, 106, 107
–, küchentechnologische Bedeutung 106
Fettgehalt 82
fettlösliche Substanzen 107
Fettsäuren 105, 123
–, essenzielle 106
–, gesättigte 105
–, ungesättigte 106
Fettstoffwechsel 123
Fettüberschuss 123
Feuchtreinigung 102
Feuerlöscher 61
Feuermelder 61
Field Research, Primärerhebung 348
Filialorganisation 222
Filial-System 29, 39
–, Expansion 33
Filialunternehmen 29
Finanzbuchhaltung 536
Finanzen/Controlling 31
Finanzkraft des Unternehmens 555
Finanzlage 553
Finanzstruktur 554
Firma 314
Firmenpräsentation 276
Fisch 142
–, Konservierungsarten 144
–, Lagerung 143
Fisch-Convenience-Produkte 181
Fischerzeugnisse 144
Fischfleisch 145
Fixkosten 562, 563
Fixpunktstrategien 369
Flächendiagramme 571
Flächentarifvertrag 486
Fleisch 146
Fleischbeschau 147
Fleischerzeugnisse 153
–, Herstellung 153
Fleischfette 147

Fleischinhaltsstoffe 147
Fleischqualität 147
Fleischreifung 147
Flowery Orange Pekoe 228
Fluktuation 507
Fluktuationskosten 526
Fluktuationsrate 526
Flying Buffet 200
Föderalismusreform 322
Foodcourt 16
Food-Stationen 212
Foodverpackungen 198
Förderung, finanzielle 447
Forecast 391
Formen der Mitarbeiterbeurteilung 480
Formfreiheit 311, 503
Formvorschriften 311
Fortbildungsplan 477
Fortbildungspolitik 449
Fotosynthese 107, 108
Fragebogen 49
Frageformen im Verkaufsgespräch 284
Frageformulierungen 351, 352
Franchise, System 33
Franchisegeber 33, 35
–, Nutzen 34
Franchisenehmer 33, 35, 467
–, Nutzen 34
–, Ziele 34
Franchisepartner 38
Franchiseportal 38
Franchise-System 39, 467
–, Merkmale 33
–, Organe 34
Franchise-Systems in der Gastrono-
 mie, Bedeutung 38
Franchise-Vertrag 35, 37
Franchising 33
–, Verhaltenskodex 34
Freeflow-Büfett-System 174
Freeflow-Restaurant 13, 210
Freeflow-Trendartikel 211
Freeline-Büfett-System 174
freie Fettsäuren 106
freies Glycerin 106
Freizeiteinrichtungen 11
Freizeitgastronomie 14
–, Betriebstypen 15
Fremdkapital 532
Frequenzanalyse 26
Freshflow-Frische-Konzept 212
Freshflow-Menü 213
Front-Cooking 174, 204
Fruchtgemüse 128
–, exotische 128
Fruchtgewürze 156
Fruchtnektare 221
Fruchtsäfte 221
Fruchtsaftgetränke 221
Fruchttrunk 222
Führung 469
Führungsaufgaben 466
Führungsgrundsätze 471
Führungskonzeptionen 467
Führungskraft 465
Führungsmittel 472
Führungsprozess 467
Führungsstil, autoritärer 470
–, kooperativer 470
Führungsstile 469
Führungstechniken 471
Führungsverhalten 471
Full Service 17
–, Exklusiv 187
–, Tellerservice 187
Full-Service-Systemgastronomie 11, 15
Füllstrich 83, 327, 328
Fundsachen 313
Funktionsbereiche 23
Funktionsbeschreibung 20

Ganztagesanbieter, Fast-Food 213
Garantieleistungspolitik 376
Garderobenhaftung 278, 313
Garmethoden 161, 163

Garverfahren 164
Gast 376
Gäste binden 333
Gästebefragung 48, 285, 404
Gästebetreuung 276
Gästebindung 338, 367
Gästebindungsmanagement 413
Gästekommunikation per E-Mail 277
Gästekreis 290
Gästemerkmale 361
Gästeorientierung 271
Gästetypen 272, 273 ff.
Gästezufriedenheit 335
GastG, Gaststättengesetz 80
Gastorientierung 334
Gastpolitik 372
Gastronom, staatlich geprüfter 447
Gastronomie, Betriebstypen 333
Gastronomiebetrieb, einzelhandels-
 orientiert 39
Gastronomiekonzession 32
Gastronomiemarke 5
Gaststätten, Bestimmungen des
 JuSchG 325, 326
Gaststättenerlaubnis, Arten 323
–, Konzession 322
–, Vorraussetzungen 322
Gaststättengesetz 322, 323
–, GastG 80
Gaststättenname 314
Gaststättenrecht 322
Gastwirt 80
GbR, Gesellschaft des bürgerlichen
 Rechts 315
Gebotszeichen 56
Gefahrenanalyse 79
Gefahrenanalyse kritischer Kontroll-
 punkte 79
Gefahrenquellen 55
Gefahrstoffe, Kennzeichnung 57
gefährliche Mikroben 88
Geflügel 153
–, Zubereitungsarten 170
Geflügelgerichte 170
gefrorene Nachspeisen 171
Gegenstromverfahren 367
Gehacktes 152
gehärtete Fette 107
Geheimhaltung 506
Gelatine 111
GEMA 321
Gemeinkosten 544, 545
–, Verteilung 545, 546
Gemeinkostenaufschlagsatz 558
–, Ermittlung 558
–, Primecost 560
Gemüse 128 ff.
–, Schäl- und Putzverluste 161
–, Schnittarten 162
Gemüsebeilagen 171
Gemüse-Einkaufskalender 131
Gemüsegetränke 222
Generic-Placement 410
Gentechnik-Hinweis 81
Gentechnik-Produkte 329
gentechnisch veränderte Lebensmittel
 75
Geräte- und Produktsicherheitsgesetz,
 GPSG 53
geräucherter Fisch 144
geringfügig entlohnte Beschäftigung
 489, 499
geringfügige Beschäftigung, Minijob
 498, 499
Gerinnung 112
Geruchsstoffe 115
gesalzener Fisch 144
Gesamtbetriebsrat 495
Gesamtkosten 545, 576
Gesamtkostenkurve 563
Geschäftsbereichsstrategien 371
Geschäftsfähig 305
Geschäftsunfähig 305, 306
Geschichte der deutschen Gastronomie 3
Geschicklichkeitsspiele 324

Geschirrlogistik 203
Geschirrteile 195
Geschmacksstoffe 115
Gesellschaft des bürgerlichen Rechts,
 GbR 315
Gesellschaft mit beschränkter Haftung,
 GmbH 316
Gesellschaftsformen 315
Gesetz gegen den unlauteren Wettbe-
 werb, UWG 318, 319
Gesetz gegen Wettbewerbsbeschrän-
 kungen, GWB 317
Gesetz über die Erwerbs- und Wirt-
 schaftsgenossenschaft 317
Gesetz zum Ausgleich von Arbeitgeber-
 aufwendungen 519
Gesetz zur Modernisierung des GmbH-
 Rechts und zur Bekämpfung von
 Missbräuchen, MoMiG 316
Gesetzliche Krankenversicherung, GKV
 497
Gesetzliche Rentenversicherung, GRV
 496
Gespräche 472
Gesprächsführung 270, 271
–, direktive 298
–, nicht direktive 298
Gestik 268, 269
Getränke 218
Getränkebecher 202
Getränkekarten 425, 426
–, spezielle 426
Getränkeschrank 220
Getreide, Vermahlung 134
Getreidearten 133
–, sonstige 133, 134
Getreideband 250, 251, 252
Getreidekeimlinge 129
Getreidekorn, Aufbau 134
Getreidespirituosen 250, 251, 252
Gewerbeaufsicht 53
Gewerbeordnung 513
–, GewO 53, 511
Gewerkschaft 486
Gewichtsklassen 141
Gewinn 558
Gewinnaufschlag, Ermittlung 558
GewO, Gewerbeordnung 53, 511
Gewürze 155, 156
–, konservierende Wirkung 156
Gewürzmischungen 157
GEZ 321
Giftstoffe 57
GKV, gesetzliche Krankenversicherung
 497
Gläser 200
–, Rohstoffe 200
Gläserformen 201
Gläserreinigung 201
Gleichgewichtspreis 384
Gleitzone 500
Gleitzonenbeschäftigung 489
Gleitzonenprivileg 501
Gliederungszahlen 547
Globalisierung 331, 412, 448
Glücksspielgeräte 324
Glucose 108
Glycerin 106, 123
Glycin 110
GmbH & Co. KG 316
GmbH, Gesellschaft mit beschränkter
 Haftung 316
GPSG, Geräte- und Produktsicherheits-
 gesetz 53
Gros Profit 568
Grundfreibetrag 516
Grundlohn 512
Grundsätze der Sortimentsgestaltung
 216
Grundsatzplanung 342
–, unternehmerische 339
Grundsatzstrategien 369
Grundumsatz 119
–, Messung 120
grüne Keimlinge 129

# Sachwortverzeichnis

grüner Tee 228
Gruppen, informelle 298
Gruppendiskussion 48
GRV, gesetzliche Rentenversicherung 496
Güteklassen 141
GWB, Gesetz gegen Wettbewerbsbeschränkungen 317

Haarwild 154
HACCP 45, 46, 73, 79
HACCP-Konzepte, Grundsätze 79
HACCP-Stufenpläne 92
Hackfleisch 152
Hackfleischgerichte 170
Hackfleisch-VO 152
Haftung 312
Haftung für eigenes Handeln 312
Haftung für fremdes Handeln 312
Haftungsbeschränkte Unternehmensgesellschaft, UG 316
Haltbarmachen von Lebensmitteln 164, 165
Hammel 151, 152
Handbücher 7, 8, 9
–, Erstellen 9
Handeln, gastorientiertes 404
Handelsgastronomie 4, 11, 13, 14, 209
Handelsgesetzbuch, HGB 314, 532
Handelsklassen 83, 153
Handelsklassengesetz 83
Handelsrecht 314
Handelsregister 315
Händetrocknungssysteme 70
Handlungskompetenz 440
Handlungsprinzipien, umweltrechtliche 341
Handrefraktometer 233
Handservietten 194
Happy Spoons 200
Hard-Rock-Café 17
Hardware 50
Harmonie der Speisenfolge 293
Härtebereiche 105
Harzburger Modell, Management by Delegation 472
Hauptgerichte 169
Hauptkostenstelle 544, 545, 546
Haus- und Firmentarifvertrag 486
Hausgeflügel 153
–, dunkles 153
–, helles 153
Hefen 85
Heilwasser 219
helles Fleisch 146
herkömmliche Bestecke 199, 200
Herkunftsbezeichnung 83
Herstellen 77
HGB, Handelsgesetzbuch 314, 532
Hierarchie 21
Hochlandkaffee 225
Hochregallager 579
Höchstmenge 575
Höchsttemperaturen für kühlbedürftige Lebensmittel 90
Home-Delivery-Service 282
Hormone 112
Hotel-Bar 257
Hotelbetriebswirt 446
Hotelfachschule 446
Hülsenfrüchte 129
Human Resources Management 438
Humankapital 467
Humankompetenz 466
Humus 71
Hussen 195
Hygiene 85
Hygienemaßnahmen für Küchenpersonal 93
Hygienepapier 70
hygienische Anforderungen an die Betriebsausstattung 93

IfSG, Infektionsschutzgesetz 80, 504
IHK, Industrie- und Handelskammer 442

Image 345
Imagemarketing 333
Image-Placement 410
Income 542
Indexzahlen 201
Individualgastronomie 3, 12, 15, 29
Industrie- und Handelskammer, IHK 442
Infektionsschutzgesetz, IfSG 80, 504
Informationsbeschaffung 573
Informationsmanagement 27
Informationsquellen 27
In-House-Promotions 405
Inklusivpreis 385, 561
–, Bruttoverkaufspreis 557
Innenraumluft 66
Innereien 153
Innovationsmarketing 332
Insourcing 204
Instantreis 180
Intelligenz- und Leistungstests 461
International Standard Organization, ISO 43
internationale Käsesorten 140
Internetpräsenz 205
Internetwerbung 400
Interviews 462
Inventar 532
Inventur 532, 581, 582, 585
–, körperliche 581
Inventur-Arten 581
Inverkehrbringen 77
ISO, International Standard Organization 43
ISO-9000-Norm 43
ISO-Normen 9000-9004 342
Ist-Analyse 356, 377, 378
Ist-Personalbestand, Personalbestand 451
IT-Outsourcing 205

JAV, Jugend- und Auszubildendenvertretungen 494, 495
Job Rotation 477
Jöbbörsen 458
Jugend- und Auszubildendenvertretungen, JAV 494, 495
Jugendarbeitsschutzgesetz 443, 445, 463
Jugendschutzgesetz 325
Jungbier 247
Junkfood 11
Just-in-time 174
Just-in-time-Liefersystem 182
Just-in-Time-Verfahren 578

Kaffee 222, 223
–, Angebotsformen 224
–, Bestandteile 226
–, Inhaltsstoffe 225
–, Zubereitung 226
–, Zubereitung mit Alkohol 227
Kaffeeanbau 225
Kaffeebäume 225
Kaffeebohne 225
Kaffeekirschen 225
–, Aufbereitung 226
Kaffeekonsumzeiten 222
Kaffee-Länder 225
Kaffeemehl 227
Kaffeespezialitäten 223
Kaffeezubereitung, Regeln 227
Kakao 230
–, Zubereitung mit Alkohol 231
Kakao- und Schokoladengetränke, Zubereitung 231
Kakaobohne, Aufbau 230
Kakaosamen, Aufbereitung 230
Kalb, Teile 150, 151
Kalkulation 291, 386, 557
–, retrograde 387, 389
Kalkulationsblatt 559, 561
Kalkulationsfaktor 559
Kalkulationsschema 558
kalte Nachspeisen 171

kalte Suppen 168
kalte Vorspeisen 166
Kaltschalen 168
Kano-Modell 334, 430
Kano-Modell der Gästezufriedenheit 335
Kapazität 549
Kapazitätsauslastung 507
Kapital, betriebsnotwendiges 537
–, totes 580
Kapitalgesellschaften 316
Karbonaden 149
Karriereplan 477
Kartelle 317
Kartoffel 129
–, Inhaltsstoffe 129
Kartogramme 570
Käse 138
–, Fettgehalt 139
–, Lagerung und Haltbarkeit 140
Käsesorten und Reifung 139
Käse-Verordnung 82
Kassensystem 585
Kaufmann 314
Keimlinge 129
Keimlinge von Hülsenfrüchten 129
Kenn- und Prüfzeichen 57
Kennzahlen 547, 549
Kennzahlenauswertung 549
Kennzahlensystem 548
–, integriertes 548
–, gastgewerbliches 548
Kennzeichnungsrecht 327
Kennzeichnungsvorschriften 82
Kernobst 133
Kernsortiment 585
Kerntemperatur 91
Kerzenlicht 66
KfW-Mittelstandsbank 447
KG, Kommanditgesellschaft 316
Kinderfreibeträge 515
Kirchensteuer 516
Kirchensteuersatz 516
KKV, komperative Konkurrenzvorteile 368, 369
Klärfleisch 149
Kleiderordnung 189
KLR, Kosten- und Leistungsrechung 531, 536, 552
knäuelförmige Proteine 111
Knollengewächse 129
Know-how 33
Koalitionen 487
Koalitionsfreiheit 486
–, negative 487
Kohlendioxid 66, 108
Kohlenhydrate 107, 108, 109
kohlenhydrathaltige Rohstoffe 110
Kohlensäure 59
Kohlgemüse 130
kombinierte Garmethoden 164
kombinierte Konservierungsverfahren 144
kombinierte Salate 167
Kommanditgesellschaft, KG 316
Kommanditist 316
Kommissionen 35
Kommunikation 27, 267
–, analoge 268
–, asymmetrische 270
–, digitale 268
–, formelle 298
–, gekreuzte 270
–, informelle 298
–, integrierte 396
–, mündliche 299
–, nonverbale 268
–, persönliche 297
–, schriftliche 299
–, symmetrische 270
–, verbale 268
Kommunikation als Kernfunktion 297
Kommunikationsarten 298
Kommunikationsebene 270
Kommunikationsfähigkeit 206
Kommunikationsformel 396

Kommunikationsgastronomie 16
Kommunikationsmedium, Auswahl 27
Kommunikationsmittel 412
Kommunikationsmix 396
Kommunikationspolitik 372, 394
Kommunikationsprozess 396
Kommunikationsrichtung 299
Kommunikationsstörungen 270
Kommunikationssysteme 27
Kompaktgeschirr, Vorteile 197
komperative Konkurrenzvorteile, KKV 368, 369
Kompetenzen 20, 454
Komplementär 316
komplexe Lipide 107
komplexe Proteine 111
komplexe Systeme 16
kompostierbare Abfälle 70
Konkurrenzanalyse 358
–, Stärke-Schwächen-Profil 358
Konkurrenzstrategie 369
Konsumententypologien 362
Konsumverhalten, Veränderungen 291
Kontenplan 535
Kontenrahmen 535
Kontroll- oder Checklisten 92
Kontrolle 469
–, qualitative 431
–, quantitative 431
konventionelle Küche 173
Konzeptentwicklung 380
Konzession, Gaststättenerlaubnis 322
Kooperation 317
Kooperationssysteme in der Gastronomie 39
Kopplungs- und Preiserhöhungsverbot 323
Körperhaltung 268
Körpersprache 267, 268
Kosten 535
Kosten senken 333
Kosten- und Leistungs-Rechnung 536, 552
–, KLR 531
Kosten, anlagebedingte 540
–, betriebsbedingte 540
–, fixe 562
–, kalkulatorische 540
–, sprungfixe 563
–, variable 563
Kostenanalyse 552, 572
Kostenarten 544, 564
Kostenartenrechnung 534
Kostenbereiche 542
Kostendeckung 564
Kostenkontrolle 589
kostenrechnerische Korrekturen 534, 536, 537
Kostenstelle 543, 545
–, allgemeine – Verteilung 546
–, allgemeine 545, 546
–, Gliederung 544
–, Zuordnung der Kosten 545
Kostenstelleneinzelkosten 545
Kostenstellengemeinkosten 545
Kostenstellenrechnung 541
Kostenstruktur 559
Kostenträger 385, 544
Kostenträgerstückrechnung 557
Kostenträgerzeitrechnung 544, 557
Kostenverläufe in Abhängigkeit von der Beschäftigung 562
Krankentragen 62
Krankheiten, meldepflichtige 93
Kräuter 156
Kreditwürdigkeit 556
Kreisdiagramm 571
Kritik 473
kritische Kontrollpunkte 90
Krustentiere 145
KSchG, Kündigungsschutzgesetz 491, 525
Küche, Hygiene 89
kugelförmige Proteine 111
Kühlung 177

# Sachwortverzeichnis

Kulanz 309
Kundenzufriedenheit, Customer Satisfaction 43
Kundenzufriedenheitsanalyse 26
Kündigung 524
–, außerordentliche 490
–, ordentliche 490
Kündigungsschutz 490
Kündigungsschutzgesetz, KSchG 491, 525
Kündigungsvorschriften 491
Kunststoffgeschirr 198
Kurvendiagramm 571
kurzfristige Beschäftigung 489, 500

Lagedauer, durchschnittliche 580
Lager, Organisation 578
Lageraufbau 579
Lagerbauart 578
Lagerbestand, durchschnittlicher 579
Lagerdatei 578
Lagerdauer 91
Lagereinrichtung 579
Lagerfachkarte 578, 581
Lagerhaltung 578
–, Kontrolle 579
Lagerkartei 578, 582
Lagerkennzahlen 579
Lagerkosten 575, 580
Lagertemperatur 90
Lagerumschlagshäufigkeit 580
Lagerverwaltung 579
Lagerzinssatz 580
Lakto-Vegetarier 126
Lamm 151, 152
Landesdatenschutzbeauftragter 303
Landes-Gaststättengesetz 322
Leasing 311
Leasinggeber 311
Leasingnehmer 311
Leasingvertrag 311
Lebensmittel 77, 90, 104
–, Bearbeiten 91
–, Monitoring 74
–, Verarbeitungstechniken 163
Lebensmittel, Bedarfsgegenstände- und Futtermittelgesetzbuch 329
–, LFGB 328
Lebensmittel- und Futtermittelgesetzbuch, LFGB 74, 76
Lebensmittelaufsicht 74
Lebensmittelbuch, deutsches 82
Lebensmittelhygiene 79, 89
–, Grundlagen 89
Lebensmittelhygiene-Verordnung, LMHV 43
Lebensmittelkennzeichnung 81, 328
Lebensmittelkennzeichnungs-Verordnung, LMKV 81, 82, 328
Lebensmittel-Monitoring 83
Lebensmittelproben 84
Lebensmittelrecht 75
–, Begriffe 76
Lebensmitteltechnologie 160
Lebensmittelüberwachung 73
Lebensmittelunternehmen 77
Lebensmittelunternehmer 77, 80
Lebensmittelzusatzstoffe 78, 82
Lehrgänge 476
Leih-/Zeitarbeitsverhältnis, Arbeitnehmerüberlassungsgesetz 489
Leistungsbeurteilung 478, 479
Leistungsergebnisse, Ermittlung 546
Leistungskennzahlen 359
Leistungslohn 511
Leistungsmix 374, 376
Leistungspolitik 372, 375, 376
Leistungsprozess 376
Leistungsspektrum 377
Leistungsstörungen 308
–, Folgen 309
Leistungsstörungen im Gastgewerbe 309
Leistungsumsatz 120
Leistungsziele 365

Leitbild der Zusammenarbeit 206
Leitbild, Entwicklung 344
Leitbilder 344, 345
Leitsätze des Deutschen Lebensmittelbuches 329
Lernen, informelles 476
Lesen von Zeugnissen 483
LFGB, Elemente 76
–, Lebensmittel- und Futtermittelgesetzbuch 74, 76
–, Lebensmittel, Bedarfsgegenstände- und Futtermittelgesetzbuch 328, 329
Lieferant, Zuverlässigkeit 575
Lieferantenauswahl 573
Lieferantendatei 573
Lieferanten-Speisen-Sicherheitsprogramm 45
Lieferschein 575
Lieferservice-System 12
Lieferzeit 575
Liköre 252
Likörweine 244
–, gespritete 244
–, Herkunftsländer 244
–, Herstellungsverfahren 244
–, konzentrierte 244
–, natürliche 244
Limited & Company Kommanditgesellschaft, Ltd. & Co. KG 316
Limonaden 219
Liniendiagramm 571
Linienorganisation 21
Lipide 105
Liquidität 554, 555
Liquiditätskennzahlen 555
Lizenzgebühren 321
Lizenzsystem 39
LMHV, Lebensmittelhygiene-Verordnung 43
LMKV, Lebensmittelkennzeichnungs-Verordnung 81, 82, 328
Lob 473
Löffelschalen 200
Lohn- bzw. Gehaltszahlung 520
Lohn- und Gehaltsabrechung 510, 511, 512
Lohnabrechung 513, 521
Lohnbuchhaltung 520
Lohnformen 511
Lohnfortzahlung im Krankheitsfall 519
Lohnkonto 520
Lohnkosten 510, 511
Lohnnebenkosten 496, 516
Lohnsteueranmeldung 519
Lohnsteuerberechungsprogramme 516
Lohnsteuerkarte 514, 515
Lohnsteuertabelle 515
Löschdecke 61
Los-Kennzeichnung 83
Los-Kennzeichnungs-Verordnung 83
LSG SkyChef 13
Ltd. & Co. KG, Limited & Company Kommanditgesellschaft 316
Luft, Belastung 65

Macht, informelle 298
Mahlprodukte 133
Mahlzeitenarten 287, 288
Make-or-buy 204
Management 529
–, Aufgabe 467
Management by Crisis 471
Management by Decision rules 471
Management by Delegation, Harzburger Modell 472
Management by Exception 471
Management by Objectives 472
Management by Projects 471
Management by Results 471
Management by Systems 471
Managementkreis 297, 466, 467
Managementreport 586, 587
Managerunternehmer 315
Manteltarifvertrag 486
manueller Messerschnitt 162

Marinaden 157
marinierter Fisch 144
Marke 5, 318
Marken- und Lizenzsystem 40
Markenamt 318
Markengastronomie 5, 318
Markenplacement 410
Markenprofilierung 29
Markenrecht 318
Markenschutz 318
Market into Company 389
Marketing 30, 331
–, „Magische Dreieck" 384
–, Begriff 331, 332
–, Definition 332
Marketing-Aktionsplanung 434
Marketing-Audit 434
Marketingbewertung, betriebswirtschaftliche 431
Marketing-Controlling 434
–, Aufgaben 433
–, operatives 432
–, strategisches 432
Marketinginstrumente 372
–, kommunikative 395
Marketingkommunikation 412
Marketingkontrolle 431
–, umsatzbezogene 433
Marketingkonzepte 335, 336, 401
Marketingkonzept in der Systemgastronomie 336
Marketingkonzeption 434
Marketinglogistik 374
Marketingmanagement 373
Marketingmix 372, 373, 374
Marketingorientierung 332
Marketingplan, Präsentation 415
Marketingplanung 374, 414
–, strategischer 414
–, systematische 414
Marketingprognose 414, 432
Marketingprozess 414
Marketingstrategien 368
–, Wahl 357
Marketingziele 365, 414
–, Formulierung 366
–, operative 366
–, strategische 366
–, taktische 366
Marktabgrenzung 355, 356
Marktanalyse 346
Marktanteil 357
Marktbeobachtung 353
Marktdiagnose 346
Märkte, gesättigte 384
–, vollkommene 384
Marktherkunft 346
Marktforschung 346
Marktforschungsinstitut 347
Marktnischen 358
Marktpotenzial 356
Marktprognose 346
Marktsegmentierung 355, 356, 361
Marktvolumen 357
Marktziele 365
Maslow'sche Bedürfnispyramide 475
Massen 171
Maßnahmen, operative 368
Master-Franchisenehmer 37
Master-Franchising 37
Materialanforderung 581
Materialentnahmeschein 581
Matrixorganisation 22
Mediastrategie 400
Medienkontakte 406
Mega-Events 416
Megatrends 362
Megatrends in der Systemgastronomie 363
Mehrwertsteuer 558
Meinungsumfragen 526
Meister-BAFöG, Aufstiegsfortbildungsförderungsgesetz 447
Melde- und Löschanlage 58
Meldebestand 577, 579

Meldeverfahren 498
Meldungen an die zuständige Krankenkasse 517
Mengenelemente 112
Menü, Aufbau 293
–, Zusammenstellung 289, 290
Menüarten 287, 288, 289
Menüberatung 286
Menügestaltung 286
Menüzusammenstellung 286, 287, 290
Merchandising 405
Mess- und Eichgesetz 83
Messegastronomie 11, 12
Messegeschäft 13
Messer 162
Messzahlen 548
Methodenkompetenz 466
MHD, Mindesthaltbarkeitsdatum 81
Midijob 489, 500
Miete 310
–, kalkulatorische 538
Mietvertrag 310
Mikroben 85, 86
–, Stoffwechsel 87
Mikrobenvermehrung 86
Mikro-Events 416
Mikroorganismen 85
–, nützliche Arten 88
Milch 137 ff.
Milch und Milchprodukte, Lagerung 140
Milchsäurebakterien 138
Milchsäuregärung 87
Mimik 269
Mindestabnahmemengen 575
Mindesthaltbarkeit 91
Mindesthaltbarkeitsdatum 141
–, MHD 81
Mindestmostgewichte 234
Mineralstoffe 112, 113
–, Bedarf 113
Mineralstoffe, küchentechnologische Bedeutung 113
Minijob 489
–, geringfügige Beschäftigung 498, 499
Minijob-Zentrale 498
Missbrauchsprinzip 78
Mitarbeitergespräch 298, 473
Mitarbeiterpotenzial 449
Mitarbeitertypen 475
Mitarbeiterwäsche 103
Mitarbeiterzufriedenheit 26, 507
Mitbestimmung 494
Mitteldecken, Deckservietten 192
Mittelherkunft 532
Mittelverwendung 532
Mittelwerte 547
Mitwirkung 494
Mixgetränke, alkoholfreie 263
–, alkoholische 263
mobile Kassensysteme 281
Mobilität 4
Modell SMART 367
Moltons, Tischtuchunterlagen 191
MoMiG, Gesetz zur Modernisierung des GmbH-Rechts und zur Bekämpfung von Missbräuchen 316
Monokultur 17
Monoproducter 16
Monosaccharide 108, 109
Mostgewicht 233
Motivation 474
Müll 69
Mülldeponien 69
Müllreduzierung 69
Mülltrennung 69, 70
Müllverbrennung 69
Müllvermeidung 69
Multisegmentstrategie 369
Mundservietten 193, 194
–, Faltungen 193, 194
Muscheln 145, 146
MuSchG, Mutterschutzgesetz 492
Muskelfleisch, Aufbau 147

# Sachwortverzeichnis

Mutterschaft 519
Mutterschutz 492
Mutterschutzgesetz, MuSchG 492
Myspace-Seite 276
Mystery Guest, anonymer Gast 50
Mystery Shopper 50
Mystery-Shopping-Agentur 50

**N**achfrageüberhang 331
nachreifende Früchte 132
Nachspeisen 171
–, Einteilung 171
Nachteile des Garens 163
Nachweisgesetz, NachwG 503, 504
NachwG, Nachweisgesetz 503, 504
Nährmittel 135
Nahrungsmangel 123
Nahrungsüberschuss 123
Nährwertangabe 82
Nährwert-Kennzeichnungs-Verordnung 82
Naming-Marketing 361
nasse Vorbereitung 161
Nassreinigung 102
Nationalsuppen 168
natürliche Farbstoffe 115
natürliche Fette 107
natürliche Giftstoffe in Lebensmittel 115
natürliche Inhaltsstoffe 104
natürliches Recycling 70
Nebenkostenstelle 544, 545, 546
Nebenleistungen 379
Net income 542
Net Revenue 542, 543
Nettolohn 512
Nettopersonalbedarf, Berechnung 451
Nettoverkaufspreis 557
neutraler Erfolg 539
nicht essenzielle Aminosäuren 110
nicht nachreifende Früchte 132
Nichtigkeit, Rechtsgeschäfte 312
Nichtraucherschutz 66, 322
Nichtraucherschutzgesetze 323, 324
Notruf 62
Notruftelefon 61
Nüsse 133

**O**bst 132, 133
Obstaroma, typische 132
Obstarten 132
Obstinhaltsstoffe 132
Obstlagerung 132
Obstreifung 132
Öchslegrade 233, 234
Offene Handelsgesellschaft, OHG 316
Öffentlichkeitsarbeit, Public Relations 395, 406 ff.
Öffnungszeiten 507
OHG, offene Handelsgesellschaft 316
Öko-Audit 342
Ökobilanz, Wege 343
Öko-Controlling 343
Ökologische Betriebsführung, Öko-management 342
Ökologische Lebensmittel 75
Ökomanagement 343
–, ökologische Betriebsführung 342
Öko-Siegel 83
Oligosaccharide 108, 109
Ölsorten 159
Omeletts 172
One-to-one-Marketing 413
Online-Büfett-Systeme 173
Online-Kommunikation 412
Online-Marketing 351
Online-Weiterbildung 446
Online-Werbemaßnahmen 276
Operating Departments 542
Operation 32
Operation Manager 32
Orange Pekoe 228
Ordersatz 583
Organigramm 21, 508
Organisation 20
–, formelle 298

–, Kommunikationswege 24
Organisationsentwicklungspolitik 449
Osietra 144
Other expenses 542
Out of Company 389
Out of Competitor 389
Outfit 270
Out-House-Promotions 405
Outlets 6
Outsourcing 204, 205, 490
Outsourcingmotive 205
Outsoursing, Vorteile 205
Outtasking 204, 205
Ovo-lakto-Vegetarier 126
Oxidationswasser 104

**P**acht 310
Pachtsystem 39
Pachtvertrag 310
Palatschinken 172
PAL-Einheiten 120
PAL-Wert-Bestimmung 120
Panelarten 354
Panelbefragung 48
Panelerhebung 354
PartGG, Partnerschaftsgesellschaft 316
Participation and People 372
Partnerschaftsgesellschaft, PartGG 316
Partnerschaftssystem 40
Passwörter 301
Payroll 542
Pekoe 228
Peptide 110
Personal 31
Personal Selling, persönlicher Verkauf 395, 402, 404
Personalakte 504
–, Bestandteile 504
Personalauswahl 459, 460
Personalbedarf 510
–, Berechnung 451
Personalbedarfsplanung, qualitative 452
–, quantitative 451
Personalbeschaffung 448, 455, 459
–, externe 456
–, interne 455
Personalbeschaffungsplanung 455
Personalbestand, Ist-Personalbestand 451
–, Veränderungen 451
Personalbetreuung 507
Personalbeurteilung 478, 479
Personalbüro 511
Personalcontrolling 526
Personaldisposition 507
Personaleinsatzkosten 562
Personaleinsatzplanung 26, 507, 509
Personaleinzelkosten 544, 559, 560, 561
–, durchschnittliche 561
Personaleinzelkosten pro Gericht 560
Personalentwicklung 474, 476
Personalfragebogen 506
Personalführung 465, 466
Personalhygiene 89, 92, 94
Personalintegration 507
Personalkosten 26, 564
–, Bedeutung 559
Personalleasing 459, 489
Personalmarketing 448
Personalplanung 450
Personal-Service-Agenturen 459
Personalstammdatenblatt 504, 505
Personalstatistik 526
Personalverwaltung 438, 503
Personalwesen 438
Personalwirtschaft 438, 450, 485
Personalzusatzkosten 526
Persönlicher Verkauf, Personal Selling 395, 402, 404
Persönlichkeitstests 461
Pfannkuchen 172
pflanzliche Fette 159
pflanzliche Lebensmittel 116, 128
pflanzliche Öle 159
pflanzliche Stärke- und Bindemittel 135

Pflegemittel 100
Pflegeversicherung, PV 497
pH-Werte 86
Physical Evidence 372
Pilzarten 131
Pilze 131
Pilzgeflecht 89
Place 372
Plakate 426
Planung 26, 414, 468
–, dezentrale 450
–, zentrale 450
Planungsrechnung 557, 565
Plastikverpackungen 70
Plattfische 143
Platzieren der Gäste 278
Point-of-Sale 358
Pokoe Souchong 228
Polysaccharide 108, 109
Porzellan 195
–, Behandlung 197
–, Rohstoffe 196
Porzellanarten 196
Porzellandekor 196
Porzellangeschirr 197
Positionierung 368
Positionierungsmodelle 379, 381
Postmix-Anlage 220
Potenzialbeurteilung 479
Potenzialphase 376
Praktikum 498
Prämien 477, 478
Prämienlohn 511
Präsentationsrichtlinien 423
Preis 83, 291
–, kalkulierter 557
Preis-Absatz-Funktion 388, 557
Preisangaben 327
Preisangaben-Verordnung 327, 83
Preisauszeichnungen 327
Preisbestimmung, Formen 384, 385
Preisbeurteilung 562
Preisbildung auf Teilkostenbasis 387
Preisbildung, konkurrenzorientierte 387
–, kostenorientierte 385
–, marktorientierte 387
–, nachfrageorientierte 387
–, Prinzipien 385 ff.
Preisdifferenzierung 389, 390
–, überzogene 390
Preisobergrenze 388
Preispolitik 372, 383
Preisuntergrenze, kurzfristige – Ermittlung 565
–, kurzfristige 387
Preiswürdigkeitsurteile 385
Premix-Anlage 220
Prestigewert 361
Price 372
Primärerhebung, Field Research 348
Primärforschung 347
Primecost, Gemeinkostenzuschlagsatz 560
Primecost-Rechnung 559, 560, 561, 562, 564
–, Probleme 561
Printsystem 281
Prinzip der Gastlichkeit 335
Probezeit 490, 504
Process 372
Product 372
Producter 16, 17
Product-Placement, Produktintegration 395, 410
Produktanalyse, quantitative 377, 386
Produktbezogene Vorschriften 80
Produkt-Dienstleistungserwartung 375
Produkteigenschaften 376
Produktelimination 382
Produktinnovation 370
–, trendorientierte 364
Produktintegration, Product-Placement 395, 410
Produktion 584, 585

Produktionscontrolling 377, 386
Produktionshygiene 89, 91
Produktivität 510, 551
Produktlebenszyklus 381
–, Bedeutung 381
–, Phasen 382
Produktmarken 318
Produktpolitik 375, 376
Produktpräsentation 418
Produktpräsentation in der System-gastronomie 187
Produktrelaunching 382
Produktsegmente 376
Produktsicherheit 174
produktübergreifende Vorschriften 80
Proficenter 13, 22
Prognoseverfahren 432
Promotion 372
Propangas 59
Proteine 110, 111
–, Aufgaben 112
–, Eigenschaften 112
–, küchentechnologische Bedeutung 112
Provitamine 114
Prozessphase 376
Prozesspolitik 376
Public Relations, Öffentlichkeitsarbeit 395, 406, 407, 448
PV, Pflegeversicherung 497

**Q**M, Qualitätsmanagement 41, 43
Qualifizierung von Mitarbeitern 476
Qualität 41
Qualitätsentwicklung, Grundsätze 338
Qualitätskontrolle 26, 44
Qualitätskreislauf 367
Qualitätslenkung 42
Qualitätsmanagement, QM 41, 43
Qualitätsmanagement-System 42
–, Einführung 41
Qualitätsplanung 42
Qualitätspolitik, Umsetzung 43
Qualitätsprüfungsphase 42
Qualitätssicherung 42
–, Lieferantenebene 44
Qualitätssicherung auf Restaurant-ebene 48
Qualitätssicherungssystem, Aufgabe 43
–, Stufen 44
Qualitätsverbesserung 42

**R**abattarten 392, 393
Rabatte 574
Radikale 116
Radikalenfänger 116
Rastamrit 13
Rastpunkt 13
Rauchmelder 58
Rauchpunkt 107
Rauchtee 229
Rauchverbote 323
Readyfood-Küchen 173
Realisierung 468
Reason why 399
Rebsorten 233, 243
Rechnungsbegleichung 585
Rechnungskontrolle 578
Recht 32
rechtliche Vertretung 32
Rechtsfähigkeit 305
Rechtsgebiete 304
Rechtsgeschäfte 312
–, Arten 306
Rechtsobjekte 304
Rechtsordnung 304
Rechtsquellen 304
Rechtssubjekte 305
Rechungsabgrenzungsposten 532
Recycling 70
Recyclingpapier 69
Reduktionsdiät 126
Regeln der Gesprächsführung 298

# Sachwortverzeichnis

Regionalleiter, Aufgabe 30
Reinigungsgeräte 101, 102
Reinigungskonzepte 96
Reinigungsmittel 59, 100, 101
Reinigungsplan 92, 94, 100, 102
Reinigungssystemanbieter 96
Reklamation 428, 429
Rentabilität 550
–, Einflussfaktoren 551
Rentabilitätskennziffern 551
Restaurant-Bar 257
Restaurantleiter 32
–, Aufgaben 32
–, Kompetenzen 32
Restauranträume 190
Rettungszeichen 57, 61
Return-on-Investment, ROI 551
Revenue 543, 568
Rezeptierung 584
Rezeptur 584
Rezepturverwaltung 585
Rind, Teile 149
Ritsch-Ratsch-System 281
Roggen 134
Rohkaffee, Rösten 226
Rohkostgerichte 167
Rohmilch, Bestandteile 137
Rohstoffe für Backwaren 134
ROI, Return-on-Investment 551
Röstbitterstoffe 109
Röstkaffee, Lagerung 226
Rotweinherstellung 237
Rundfische 143
Rundfunkgebühren 321

Säfte 220
Salate 130
Saldieren 535
Salespromotion, Verkaufsförderung 395, 404
Salmonellen 88, 91
Salz 157
–, Eigenschaften 157
Salzwasserfische 142, 143
Samengewürze 156
Sättigungsbeilagen 171
Säuerling 219
Sauermilcherzeugnisse 138
Säulendiagramm 571
Schädlinge 96
–, Arten 96
Schaf 151, 152
Schaffleisch 151
Schalenobst 133
Schalentiere 145
Schankgefäße 201, 327, 328
Schankgefäß-Verordnung 83
Schankgläser 201
Schaumwein 244
Schaumweinbezeichnungen 244
Scheinselbstständiger 490
Schimmelpilze 85
Schlachtfleischerzeugnisse 146
Schnitttechniken 162
Schokolade 230
Schulung, permanente 476
Schutz für pflegende Angehörige 493
Schwarzer Tee 228
Schwein, Teile 148
–, Zusammensetzung und Nährwert 148
Secret Shopper, Testgäste 354
Secret Shopping 50
Segmente des Marktes 11
Segmentierung, demografische 360
Sekt, Flaschengärverfahren 245
–, Großraumgärverfahren 245
–, Herstellungsverfahren 245
–, Transvasierverfahren 245
Sekundäre Pflanzenstoffe 116
Sekundärerhebung, Desk Research 348
Sekundärforschung 347
Selbstaufschreibung 50
Selbstbedienung 17

Selbstkompetenz 466
Selbstkosten 557
Self-Service 17
–, Freeline 187
Self-Service, Online 187
SEP, strategische Erfolgspositionen 368
Service 186
Serviceaufschlag 558
Servicebogen 48
Serviceform 11, 17, 187
Servicemitarbeiter 188
–, Anforderungen 188
Serviceorganisation 188
Servicepolitik 17, 376
Sets 194
Sevruga 144
SGB, Sozialgesetzbuch 53, 458
SGE, strategische Geschäftseinheiten 368
Sicherheitsbeauftragter 53
Sicherheitsfarben 56
Sicherheitszeichen 56
Skirtings, Büffetschürzen 195
Skonto 574
Social-Marketing 336
Software 50
Soll-Ist-Vergleich 569
Soll-Personalbestand, Bruttopersonalbedarf 451
Sortiment Handelsware 217
Sortimenter 16, 17
Sortimentsbreite 17
Sortimentsentwicklung 214
Sortimentsentwicklung Freeflow 209
Sortimentsgestaltung 11, 208
–, Grundsätze 213
Sortimentspolitik 376
Sortimentsschwerpunkte 209
Sortimentstiefe 17
Soßen 171
Sous-vide-Verfahren 164
soziale Kompetenz 466
soziale Sicherheit 497
Sozialgesetzbuch 496
–, SGB 53, 458
Sozialpolitik 449
Sozialversicherung 497
–, Beiträge 497
Sozialversicherungsabzüge 516
Sozialversicherungsbeträge 497
Sozialversicherungsentgeltverordnung 522
Sozialversicherungsrecht 496, 511
Sozialversicherungsträger 496
Sozialversicherungszweige 496
Spannweite 547
Spartenorganisation 22
Speichern von Dokumenten 299
Speisefette 158
–, natürliche 106
Speisen- und Getränkesortiments-Systemgastronomie 11
Speisen, Einteilung 294
–, Warmhalten 91
–, Warmhaltezeit 91
Speisenfolge, moderne 425
Speisenkarte 82, 286, 292, 293
Speisenkartenanalyse 420, 422, 552
Speiseöle 158
Sperrzeiten 323
Spezialbesteck 200
Spezialkaffees 224
Spezialläger 579
Spielgeräte 324
Spielverordnung 324
Spirituosen 249
–, Destillate aus Wein 249
–, hochprozentige 59
–, Kategorien 249
Spirituosen aus Zuckerrohr 251
Sponsoring 395, 409
–, Objekte 409
Sporen 86
Sprache 270

Sprachgeschick 270
sprachliche Gestaltung der Speisen- und Menükarten 423
Spraydosen 59
Sprechdynamik 270
Sprinkleranlage 58
Sprossgemüse 130
Sprudel 219
Spurenelemente 112
staatlich geprüfter Betriebswirt 446
Stablinienorganisation 21
Stabstellen 21
Stammwürze 247
Standard 5
Standardberichte 569
Standardisierung 5, 6, 8, 25
–, Gründe 6
Standardisierungsgrade 8
Standardkarte 214
Standards, Bedeutung 6
Standortanalyse 358
Standortplanung 358
Standortuntersuchung 358
Stärkehaltige Lebensmittel 109
Stärkeverkleisterung 109
Statistik 531, 547, 586
–, deskriptive 547
statistische Auswertung 586
Statuswert 361
Steinobst 133
Stelle 20
Stellenanzeigen 456
Stellenanzeigen im Internet, E-Recruiting 458
Stellenanzeigen im Restaurant 458
Stellenbeschreibung 20, 452, 453, 508
Stellenbesetzung, externe – Nachteile 459
–, externe – Vorteile 459
–, interne – Nachteile 456
–, interne – Vorteile 456
Stellenbesetzungsplan 451, 508
Stichprobeninventur 585
Stichtagsinventur 582
Stichtagsliquidität 555
Stille Gesellschaft 316
Stimme 270
Stoffwechsel 122, 123
Strategie der Diversifikation 370
Strategie der Leistungsinnovation 370
Strategie der Marktpenetration 369
Strategische Erfolgspositionen, SEP 368
Strategische Geschäftseinheiten, SGE 368
Strategische Marketingkoordination, Aufgabe 332
Streik 487
Streiks, wilde 487
Streuungsmaße 547
Stromerzeugung 66
Stückkostenkurve 563
Stundenkostensatz 560
Stundenkostensatzrechnung 559
Sukzessivlieferungsvertrag 309
Suppen 168
Suppeneinlagen 168
Surimi 145
Süßungsmittel 158
Süßwasserfische 142, 143
System der Sozialversicherungen 496
Systematisierung 15
Systembestecke 199
Systemgastronomie 3, 18, 318, 439
–, Einordnung und Gegenstand 14
–, getränkeorientiert 11
–, Kennzeichen 17
–, Markt 11
–, produktorientiert 11
Systemgastronomie und Individualgastronomie 15
Systemgastronomischer Betrieb 3

System-Geber 34
Systeminstitutionen 35
Systemlieferanten 583
System-Nehmer 34
Szenario-Tableaus 362
Szenariotechnik 432
Szenegastronomie 16

Tabelle 570
Tablettsysteme 203
Tafelformen 191
Tafelgläser 201
Tafelsalz 157
Tafeltücher 192
Tagesgastronomie 209
Take-away 198
Tankshop 39
Tantiemen 477, 478
Target-Costing 389
Target-Costs 389
Target-Price 389
Tarifautonomie 486
Tarifverhandlungen 486
Tarifvertrag 486
Tarifvertragsparteien 486
Tätigkeits- und Beschäftigungsverbote 80
Teamarbeit 206, 207
Teambildung 206
Teamentwicklung 207
Teamfähigkeit 206
Teamleiter 207
Teammitglieder 207
Tee 228
–, Zubereitung 229
–, Zubereitung mit Alkohol 230
teeähnliche Erzeugnisse 229
Teebaum 228
Teemischungen 229
Tees mit Heilwirkung 229
Teige 171
Teiggerichte 169
Teilaufgaben 20
Teilkostenrechnung 541, 543, 557, 564
Teilzeitarbeitsverhältnis 489
Telecash-System 281
Telefon, Verkaufsgespräche 277
Telefoninterview 461
Telefonmarketing 277, 403, 404
Telefonverhalten 277
Teller 196, 197
Temperaturdetektoren, Wärmemelder 58
Tester 50
Testgäste, Secret Shopper 354
Tests 354, 355
Testverfahren 461
Textilkennzeichnungsgesetz 192
Tiefkühlerzeugnisse, Auftauen 92
Tiefkühlgeflügel 92, 154
Tiefkühlung 177
Tiefkühlware 92
Tieflandkaffee 225
tierische Fette 159
tierische Lebensmittel 137
tierische Öle 159
Tischaufsteller 426
Tischgläser 201
Tischgrößen 191
Tischläufer 194
Tischreservierungen 277
Tischtücher 192
Tischtuchunterlagen, Moltons 191
Tischwäsche 191, 192, 193
–, Arten 191, 192, 193
Tonality 399
Top-down-Verfahren 366
Torteletts 171
Tortendiagramm 571
Total Income 543, 568
Total Quality Management, TQM 42, 43, 418
Toxine 87, 115
TQM, Bausteine 43
–, Total Quality Management 42, 43, 418
Tracking 48

599

# Sachwortverzeichnis

Träger der Servicepolitik 418
Trägermedium 345
Training on the Job 446
Transportgeräte 62
Transportkosten 574
Traubenzucker 108, 109
Trendanalyse 362, 363
Trendforschung 347, 363
Trendzielgruppen 362
Trinkgläser aus Kunststoff 202
Trinkwasserbrauch 68
Trinkzwangverbot 323
trockene Vorbereitung 161
Trockenmasse 139
Trockenprodukte 177
Trockenreinigung 102
Tryptophan 210
Typenkombinationsvertrag 36
Typenweine 238

Uferfiltrat 68
UG, haftungsbeschränkte Unternehmensgesellschaft 316
Umfeldanalyse 346
Umgang mit dem Gast 272
Umsatz 509
Umsatzanalyse 551
Umsatzerfassung 585
Umsatzplanung 509, 510
Umweltbilanzen 342
Umweltengel 69
Umwelt-Gütesiegel 341
Umweltmanagement 340, 342
Umweltmanuals 341
Umweltschutz 65
Undercover 354
Undistributed Operating Expenses 542
unerwünschte Inhaltsstoffe 116
Unfall- und Gesundheitsschutz, Maßnahmen 55
Unfälle 55
Ungeziefer 96
Ungezieferbekämpfung 94
Uniform System of Accounts 542, 543, 567, 568
Unique Selling Proposition, USP 368, 369
Unterdeckung 564
unterlassene Hilfeleistung 61
Unternehmenserfolg 539
Unternehmensergebnis 540
Unternehmensführung 335
–, gastorientierte 335
Unternehmensführung, gastorientierte 344
–, Zielpyramide 335, 336
Unternehmensidentität, Corporate Identity 395, 406
Unternehmenskultur 344, 448
Unternehmensphilosophie 344, 448
–, umweltorientierte 340
Unternehmensvisionen 448
Unternehmenswerte 206
Unternehmensziele 337
–, Bestimmung 337
–, ökonomische 337, 338
–, sozioökonomische 337, 338
Unternehmenszusammenschlüsse, Interessengemeinschaft 317
–, Kartell 317
–, Konzern 317
–, Trust 317
Unternehmer 317
Unternehmerlohn 551
–, kalkulatorischer 538
Unternehmungen in privatrechtlicher Form 315
Untersuchung, medizinische 463
Urheberrechtsgesetz 321
Urlaubsanspruch 492
Urlaubsschutz 492
Urlaubsvertretung 477
USP, Unique Selling Proposition 368, 369

UWG, Gesetz gegen den unlauteren Wettbewerb 318, 319

VAKOG-Sinnestyp 273
Vakuumgaren 164
Vakuumierung 177
Veganer 126
Vegetarische Kostformen 126
Verarbeitungshinweis 82
Verarbeitungsstufen 177
Verbandbuch 62
Verbot irreführender Werbung 319
Verbotszeichen 56
Verbraucher 78
–, Schutz 74
Verbraucherschutz 327
Verbrauchsdatum 81
Verbrauchsstatistik 573
Verbundausbildung 442
Verdauung 120 ff.
Verdauungsorgane 121, 122
Verdauungsstörungen 122
Verdauungsvorgänge 121, 122
Verderb 581
Vergleichsrechnung 432
–, ergebnisorientierte 548
–, interne 548
Verhaltensgitter 470
Verjährung 312
Verjährung von Ansprüchen 312
Verkauf im Restaurant 286
Verkaufsbereich 189
–, Gestaltung 189
Verkaufsförderung, Salespromotion 395, 404
Verkaufsgespräch 283
Verkaufsoutlet 12
Verkaufsstatistik 581
Verkaufssysteme 17
Verkehrs- und Messegastronomie 13
Verkehrsbezeichnungen 329
Verkehrsgastronomie 4, 11, 12, 13
Vermögens- und Kapitalstruktur 553
Verpachtung 310
Verpackungsaufwand 70
Verpackungskosten 574
Verschimmelte Lebensmittel 87, 89
Versicherungsfreiheit 516
Versicherungspflicht 498
–, Sonderregelungen 498
Versilberte Bestecke 199
Verteilungsschlüssel 545
Vertragsarten in der Systemgastronomie 306, 307
Vertragsarten, Betätigungsverträge 306, 307
–, Überlassungsverträge 306, 307
–, Veräußerungsverträge 306, 307
Verwertungsgesellschaften 321
Vision 334
Vitamin-C-Verluste 162
Vitamine 113 ff.
–, Eigenschaften 114
–, technologische Bedeutung 114
–, Vorkommen und Bedeutung 114
Vlies 195
Vollkornerzeugnisse 125
Vollkostenrechnung 557
Vollmachten 32
Vollversammlung 35
Vollwerternährung 125
Vorschriften des Handelsgesetzbuchs 317
Vorstellungsgespräch 462

Wachstumsstrategie 369
Wagnisse, kalkulatorische 538
Wahl des Betriebsrats 494
Ware, Qualität 574
Warenannahme 578
Warenbestand 585
Wareneingang 584
Wareneingangskontrolle 578
Wareneinsatz 548, 562, 564
–, Ermittlung 558

Wareneinsatzquote 548
Warenentnahme 581
Warenkosten 544
Warenrohertrag 540
Warenunterschiebung 320
–, betrügerische 321
–, offene 321
–, versteckte 321
Warenwirtschaft 572
–, Kreislauf 572
Warenwirtschaftssysteme 582, 583, 584, 585, 586
–, Einsatz 583
–, computergestützte 577
warme Nachspeisen 172
warme Suppen 168
Wärmemelder, Temperaturdetektoren 58
Warnstreiks 487
Warnzeichen 56
Wasser 104, 105, 218
Wasserabgabe 104
Wasseraufnahme 104
Wasserhärte 105
Wasserverbrauch 67, 68
Wasserverschmutzungen 68
Weichtiere 145
Wein 231
–, amtliche Prüfungsnummer 236
–, Anbaugebiete im Überblick 233
–, bestimmte Anbaugebiete 232
–, Güteklassen 236
–, Prädikatsstufen 234
Wein und Speisen, Korrespondenz 294
Weinbaugebiete, französische 239
Weinbauregionen 243
Weinbauzonen 243
Weinbezeichnungen, italienische 241
Weine aus Argentinien 243
Weine aus Australien 243
Weine aus Chile 243
Weine aus der Schweiz 243
Weine aus Deutschland 232
Weine aus Frankreich 238
Weine aus Griechenland 242
Weine aus Italien 241
Weine aus Kalifornien 243
Weine aus Österreich 242
Weine aus Portugal 242
Weine aus Spanien 242
Weine aus Südafrika 243
Weine, deutsche Güteklassen 234
–, italienische 241
–, korrespondierende 293
Weineigenschaften 236
Weinetiketten 235
–, Zusatzangaben 235
Weinflaschen 235
Weingesetz 328, 329
–, italienisches 241
Weinherstellung 237
Weinlagerung 238
Weinsiegel 236
Weinsorten, spezielle 238
Weintypen 294
Weinverordnung 235
weißer Tee 228
Weißweinherstellung 237
Weiterbildung 446
–, berufliche 447
Weiterbildung im Job 476
Weiterbildungspolitik 449
Weizen 134
Wellness-Drinks 220
Werbebotschaft 399
Werbedurchführung 401
Werbeerfolg 402
Werbeerfolgskontrolle 401
Werbeetat 398
Werbekonzept 401
Werbekonzeption 397
Werbemittel 399
Werbetiming 400
Werbeträger 399

Werbeverhalten, saisonales 401
Werbewirkung 398
Werbeziele 397, 398
Werbung 397
–, direkte 402
–, vergleichende 320
Werkstoffe 96
Werkzeuge in der Küche 162
Wertschöpfungsrechnung 565
Wettbewerbsrecht 318
Wettbewerbsvorteile 368
Wiederbeschaffungswert 536
Wild 154
Wildbeeren 133
wilde Hefen 87
Wildgemüse 130, 131
Wirkung des schwarzen Tees 229
Wirkungsziele 365
Wirtschaftsdienst 96
Working Capital 555
Wurzel- und Knollengemüse 129
Wurzelgewürze 156
Würzmittel 157
WW-System, Anforderung 585
–, Anforderungen beim Wareneingang 584

Yield-Management 389, 390, 391
–, Aufgabe 391
–, Einführung 391
–, Methoden 391
Yield-Management als Form der Preisdifferenzierung 390
Yield-Philosophie 390

Zapfanlage 220
Zechprellerei 282
Zeitarbeitsfirmen 459
Zeitlohn 511
Zeitvergleich 552, 553, 554, 555
Zellteilung 85
Zentrale 23, 29
–, Funktionen 23
Zentralressort, Aufgaben 30
Zerkleinerungsarbeiten 162
Zertifizierung, Nutzen 43
Zeugnis 445
Zeugnisarten 482
Zeugnisformulierung 482
Zeugnissprache 483
Zieleinkaufspreis 575
Zielgruppenanalyse 360
Zielgruppenbildung, Merkmale 360
Zielsetzung 467
Zigarettenrauch, Bestandteile 66
Zigarrenkarte 426
Zinsen, kalkulatorische 537
Zubereitungsgarantie 174
Zuckerstoffwechsel 122, 123
Zufriedenheitsgrad der Gäste 49
Zugriffsbeschränkungen 301
Zusatzkosten 536, 538
Zusatzleistungen 379
Zusatzstoffe 78, 104, 329
Zusatzstoff-Zulassungsverordnung, ZZulV 328
Zuschläge 512
Zuschlagskalkulation 557, 562
–, Probleme 559
Zuwanderungsgesetz 489
Zwiebelgemüse 131
Zwischengerichte 169
–, typische 169
ZZulV, Zusatzstoff-Zulassungsverordnung 328